肇庆市
标准地名录

肇庆市民政局
肇庆市地理信息与规划编制研究中心 | 编

世界图书出版公司
广州·上海·西安·北京

图书在版编目（CIP）数据

肇庆市标准地名录 / 肇庆市民政局，肇庆市地理信息与规划编制研究中心编 . — 广州：世界图书出版广东有限公司，2020.6

ISBN 978-7-5192-7398-9

Ⅰ . ①肇… Ⅱ . ①肇… ②肇… Ⅲ . ①地名—肇庆—名录 Ⅳ . ① K926.53-62

中国版本图书馆 CIP 数据核字（2020）第 047241 号

书　　名	肇庆市标准地名录 ZHAOQING SHI BIAOZHUN DIMING LU
编　　者	肇庆市民政局　肇庆市地理信息与规划编制研究中心
责任编辑	程　静
装帧设计	米非米
责任技编	刘上锦
出版发行	世界图书出版广东有限公司
地　　址	广州市新港西路大江冲 25 号
邮　　编	510300
电　　话	020-84451969　84453623　84184026　84459579
网　　址	http://www.gdst.com.cn
邮　　箱	wpc_gdst@163.com
印　　刷	广州小明数码快印有限公司
开　　本	787 mm × 1092 mm 1/16
印　　张	120.75
字　　数	1570 千字
版　　次	2020 年 6 月第 1 版　2020 年 6 月第 1 次印刷
国际书号	ISBN 978-7-5192-7398-9
定　　价	398.00 元（全 3 册）

版权所有，侵权必究

咨询、投稿：020-84451258　gdstchj@126.com

目 录

怀集县

概况 ··· 515
  一、现今地名 ·· 516
    （一）行政区域类 ·· 516
    （二）非行政区域类 ·· 517
    （三）群众自治组织类 ··· 534
    （四）居民点类 ··· 545
    （五）交通运输设施类 ··· 677
    （六）水利、电力、通信设施类 ·· 690
    （七）纪念地、旅游胜地类 ·· 699
    （八）建筑物类 ··· 701
    （九）单位类 ··· 710
    （十）陆地水系类 ·· 734
    （十一）陆地地形类 ·· 735
  二、历史地名 ·· 822
  三、地名文化遗产保护 ··· 822

封开县

概况 ··· 827
  一、现今地名 ·· 828
    （一）行政区域类 ·· 828
    （二）非行政区域类 ·· 829
    （三）群众自治组织类 ··· 833

（四）居民点类 839
　　（五）交通运输设施类 914
　　（六）水利、电力、通信设施类 937
　　（七）纪念地、旅游胜地类 938
　　（八）建筑物类 951
　　（九）单位类 957
　　（十）陆地水系类 992
　　（十一）陆地地形类 992
　二、历史地名 1057
　三、地名文化遗产保护 1057

德庆县

概　况 1061
　一、现今地名 1062
　　（一）行政区域类 1062
　　（二）非行政区域类 1063
　　（三）群众自治组织类 1078
　　（四）居民点类 1085
　　（五）交通运输设施类 1144
　　（六）水利、电力、通信设施类 1172
　　（七）纪念地、旅游胜地类 1175
　　（八）建筑物类 1179
　　（九）单位类 1182
　　（十）陆地水系类 1206
　　（十一）陆地地形类 1207
　二、历史地名 1267
　三、地名文化遗产保护 1272

地名分类索引表 1273

肇庆市标准地名录 怀集县

怀集文昌阁

怀集体育馆

怀集燕岩风景区

概 况

怀集县位于广东省中西部、肇庆市北部。东接广宁县、清远市阳山县，南连德庆县，西接封开县和广西贺州市，北邻清远市连山壮族瑶族自治县、连南瑶族自治县。在北纬23°28′~24°23′和东经110°52′~112°30′之间。2014年辖怀城、连麦、中洲、洽水、凤岗、坳仔、诗洞、桥头、大岗、梁村、岗坪、马宁、冷坑、汶朗、甘洒、永固、闸岗、蓝钟18个镇和下帅壮族瑶族乡，下辖22个社区和301个行政村；土地面积3554平方千米。2014年末怀集县户籍人口为109.09万人、常住人口为83.57万人。怀集县人民政府驻怀集县城滨江南路1号，邮政编码为526400。

南朝宋元嘉十三年（436）置怀集县，因"县域内民瑶杂居，欲长民者绥怀而聚集"，而取"绥怀而聚集"之意名"怀集县"，属绥建郡。唐朝武德五年（622）属威州，仍为州治。贞观元年（627）废威州，怀集改属南绥州。贞观八年（634）改属浈州。贞观十三年（639）废浈州，怀集改属广州。开元二年（714）永固县并入。五代年间（907—960）怀集属南汉兴王府（广州）。宋朝开宝五年（972）怀集属广州，洊水县并入。元朝至元十五年（1278）改属贺州。明朝洪武九年（1376）十月至清朝光绪三十三年（1907）属梧州府，光绪三十四年（1908）改属广西平乐府信都厅。1912年属梧州府，翌年6月广西废府置道，怀集改属苍梧道。1934年属广西省平乐区，1940年属广西省第一区。1949年12月怀集县解放，属广西省平乐区；1951年改由广东省代管；1952年正式划归广东省，属西江专区，同年12月西江专区改称粤中行政区；1956年属高要专区。1958年与开建县合并，称怀建县，属江门专区。1959年复称怀集县；1961年析出原开建县地，属肇庆专区。1970年属肇庆地区。1988年肇庆市成立，怀集县属之。

怀集县，地处粤西隆起带，四围环山，是典型南方山区。地形呈南端尖小、北端露数大尖和从南至北窄而渐宽，东西比南北窄图形。西部是盆地平原，中部和南部是丘陵，东部至北部是山地，西南部的桥头镇是喀斯特岩溶地区。境内最高山峰大稠顶海拔1626米。主要河流有绥江、上帅河、太平水、马宁水、柑洞水和凤岗河。有贵广铁路和二广高速贯穿全境，有省道凤凰线、连大线、怀悦线、杨爱线、岗旺线5条省道过境，通航河道为6级航道的绥江。

怀集县是中国竹子之乡、中国攀岩之乡。土特产有茶秆竹、燕窝、六十日黄菜、岗坪切粉、汶朗蜜柚、桥头石山羊、新岗红茶、谭脉西瓜等。主要矿产资源有铁、钨、铜、花岗岩、水晶、稀土等30多种，其中铁矿储藏量最大。怀集以"怀集木"闻名，是广东省木材生产大县，林木种类繁多，其中稀有珍贵树种40余种；县内生长的茶秆竹，人称"钢竹"。水资源丰富，拥有地下矿泉水、地下热泉多处。省级风景名胜区有桥头燕岩名胜区，另有桥头燕山、世外桃源、凤岗燕峰峡温泉漂流度假区、下帅红霞湾等景区，省级文化古村落有孔洞、何屋、大浪和扶溪等；有省级文物保护单位怀城文阁，县级文物保护单位花石道士望岳四门三岩、汶朗文昌拱桥等22个；有邓拔奇故居、钱兴故居等青少年爱国主义教育基地。桥头镇、下帅乡获评"广东省民间文化艺术之乡"。地方民间艺术有怀城镇的凤舞、凤岗镇的龙鱼舞、桥头镇的贵儿戏、下帅乡的春牛舞和壮狮舞，其中龙鱼舞、贵儿戏、春牛舞是省级非物质文化遗产。大岗镇扶溪村被列为省历史文化村。特色民俗有牛王诞和燕子节。

2014年，怀集县地区生产总值209.09亿元，三次产业比例为29.03∶30.61∶40.36，规模以上工业增加值57.60亿元，人均地区生产总值2.50万元；固定资产投资78.58亿元；社会消费品零售总额54.99亿元；外贸出口总额0.49亿美元，外贸进口总额0.13亿美元，实际吸收外资0.37亿美元；地方一般公共预算收入10.87亿元，城镇常住居民人均收入2.06万元，农村常住居民人均收入1.11万元。

一、现今地名

（一）行政区域类

标准名称	汉语拼音	地名类别	相对位置	驻地
怀集县	Huáijí Xiàn	县级行政区	广东省西北部	怀集县滨江南路1号
坳仔镇	Àozǎi Zhèn	乡级行政区	怀集县东南部	坳仔镇东街88号
凤岗镇	Fènggǎng Zhèn	乡级行政区	怀集县境东北部	凤岗镇凤岗社区
甘洒镇	Gānsǎ Zhèn	乡级行政区	怀集县东部	甘洒镇甘洒圩28号
岗坪镇	Gǎngpíng Zhèn	乡级行政区	怀集县西北部	岗坪镇金山东路3号
怀城镇	Huáichéng Zhèn	乡级行政区	怀集县中部	怀城镇工业大道二路150号

（续上表）

标准名称	汉语拼音	地名类别	相对位置	驻地
冷坑镇	Lěngkēng Zhèn	乡级行政区	怀集县西北部	冷坑镇冷东街居委会镇府大院
连麦镇	Liánmài Zhèn	乡级行政区	怀集县中北部	连麦镇圩镇大道1号
洽水镇	Qiàshuǐ Zhèn	乡级行政区	怀集县东北部	洽水镇洽水社区
桥头镇	Qiáotóu Zhèn	乡级行政区	怀集县西南部	桥头镇社区政街1号
诗洞镇	Shīdòng Zhèn	乡级行政区	怀集县政府驻地西南部	诗洞镇诗洞社区府前路
永固镇	Yǒnggù Zhèn	乡级行政区	怀集县南部	永固镇永固社区
闸岗镇	Zhágǎng Zhèn	乡级行政区	怀集县中南部	闸岗镇闸岗六路2号
中洲镇	Zhōngzhōu Zhèn	乡级行政区	怀集县北部	中洲镇河北路
汶朗镇	Wènlǎng Zhèn	乡级行政区	怀集县中部偏东	汶朗镇圩镇
大岗镇	Dàgǎng Zhèn	乡级行政区	怀集县西南部	大岗镇岗东路16号
蓝钟镇	Lánzhōng Zhèn	乡级行政区	怀集县西北部	怀集县蓝钟镇圩镇
马宁镇	Mǎníng Zhèn	乡级行政区	怀集县西北部	怀集县马宁镇马宁社区
下帅壮族瑶族乡	Xiàshuàizhuàngzúyáozú Xiāng	乡级行政区	怀集县北部	怀集县下帅壮族瑶族乡文化大道1号
梁村镇	Liángcūn Zhèn	乡级行政区	怀集县西部	怀集县梁村镇梁村社区

（二）非行政区域类

标准名称	汉语拼音	地名类别	相对位置
白鹤矿区	Báihè Kuàngqū	矿区	怀集县政府驻地西南部
多罗山钨矿	Duōluóshān Wūkuàng	矿区	怀集县政府驻地西北部
丰大石场	Fēngdà Shíchǎng	矿区	怀集县政府驻地西南部
乐居矿场	Lèjū Kuàngchǎng	矿区	怀集县政府驻地西北部
双甘农场	Shuānggān Nóngchǎng	农区	怀集县政府驻地西北部
双甘农场三区队	Shuānggān Nóngchǎng Sānqūduì	农区	怀集县政府驻地西北部
大成岗农场	Dàchénggǎng Nóngchǎng	农区	怀集县政府驻地西北部
附城板栗农场	Fùchéng Bǎnlì Nóngchǎng	农区	怀集县政府驻地东北部
罗屋果园	Luówū Guǒyuán	林区	怀集县政府驻地北部
潭变果园	Tánbiàn Guǒyuán	林区	怀集县政府驻地北部

（续上表）

标准名称	汉语拼音	地名类别	相对位置
斧岭林场	Fǔlǐng Línchǎng	林区	怀集县政府驻地西北部
冷坑茶场	Lěngkēng Cháchǎng	林区	怀集县政府驻地西北部
龙头石果场	Lóngtóushí Guǒchǎng	林区	怀集县政府驻地西北部
上爱果场	Shàng'ài Guǒchǎng	林区	怀集县政府驻地西北部
太平岭三坑茶场	Tàipínglǐng Sānkēng Cháchǎng	林区	怀集县政府驻地西北部
天威果场	Tiānwēi Guǒchǎng	林区	怀集县政府驻地西北部
梁村苗圃场	Liángcūn Miáopǔchǎng	林区	怀集县政府驻地西北部
多罗茶场	Duōluó Cháchǎng	林区	怀集县政府驻地西北部
单枞茶田	Dāncōng Chátián	林区	怀集县政府驻地西北部
黄翰茶场	Huánghàn Cháchǎng	林区	怀集县政府驻地西北部
山心茶场	Shānxīn Cháchǎng	林区	怀集县政府驻地西北部
山奢果场	Shānshē Guǒchǎng	林区	怀集县政府驻地西北部
怀集县石川坑林场	Huáijí Xiàn Shíchuānkēng Línchǎng	林区	怀集县政府驻地东南部
凤岗镇林场	Fènggǎng Zhèn Línchǎng	林区	怀集县政府驻地东北部
金龙林场	Jīnlóng Línchǎng	林区	怀集县政府驻地东北部
老鸦山林场	Lǎoyāshān Línchǎng	林区	怀集县政府驻地东北部
怀集县河南苗圃场	Huáijí Xiàn Hénán Miáopǔchǎng	林区	怀集县政府驻地东南部
怀集县车头果林场	Huáijí Xiàn Chētóu Guǒlínchǎng	林区	怀集县政府驻地西北部
怀集县天湖苗圃场	Huáijí Xiàn Tiānhú Miáopǔchǎng	林区	怀集县政府驻地东北部
连塘林场	Liántáng Línchǎng	林区	怀集县政府驻地东北部
利凤茶场	Lìfèng Cháchǎng	林区	怀集县政府驻地东北部
珠洞林场	Zhūdòng Línchǎng	林区	怀集县政府驻地东北部
大坑山林场	Dàkēngshān Línchǎng	林区	怀集县政府驻地东北部
金坑林场	Jīnkēng Línchǎng	林区	怀集县冷坑镇东北部
七坑林场	Qīkēng Línchǎng	林区	怀集县怀城镇东北部
横坑茶场	Héngkēng Cháchǎng	林区	怀集县政府驻地东北部
新岗林场	Xīngǎng Línchǎng	林区	怀集县政府驻地东北部
清水林场	Qīngshuǐ Línchǎng	林区	怀集县政府驻地西南部
林坑林场	Línkēng Línchǎng	林区	怀集县政府驻地西南部
老元林场	Lǎoyuán Línchǎng	林区	怀集县政府驻地西南部

(续上表)

标准名称	汉语拼音	地名类别	相对位置
示鱼林场	Shìyú Línchǎng	林区	怀集县政府驻地西南部
双骨林场	Shuānggǔ Línchǎng	林区	怀集县政府驻地西南部
怀集县金鸡林场	Huáijí Xiàn Jīnjī Línchǎng	林区	怀集县闸岗镇南部
禾塘林场	Hétáng Línchǎng	林区	怀集县闸岗镇东南部
三崀果场	Sānlàng Guǒchǎng	林区	怀集县政府驻地西部
罗架茶场	Luójià Cháchǎng	林区	怀集县政府驻地西部
鸡屎田林场	Jīshǐtián Línchǎng	林区	怀集县政府驻地西北部
黄龙林场	Huánglóng Línchǎng	林区	怀集县政府驻地西北部
泰来茶场	Tàilái Cháchǎng	林区	怀集县政府驻地西北部
汶朗镇林场	Wènlǎng Zhèn Línchǎng	林区	怀集县政府驻地东北部
谭英林场	Tányīng Línchǎng	林区	怀集县政府驻地西南部
地厚林场	Dìhòu Línchǎng	林区	怀集县政府驻地西南部
岗脚第一林场	Gǎngjiǎo Dìyī Línchǎng	林区	怀集县政府驻地西北部
岗脚第二林场	Gǎngjiǎo Dì'èr Línchǎng	林区	怀集县政府驻地西北部
金坑林场	Jīnkēng Línchǎng	林区	怀集县政府驻地西北部
三坑林场	Sānkēng Línchǎng	林区	怀集县政府驻地西北部
森工站林源林场	Sēngōngzhàn Línyuán Línchǎng	林区	怀集县政府驻地西北部
沙糖桔种植园	Shātángjú Zhòngzhíyuán	林区	怀集县政府驻地西北部
潭汶林场	Tánwèn Línchǎng	林区	怀集县政府驻地西北部
百德林场	Bǎidé Línchǎng	林区	怀集县政府驻地西南部
湘江果园	Xiāngjiāng Guǒyuán	林区	怀集县政府驻地西北部
新宁林场	Xīnníng línchǎng	林区	怀集县政府驻地西南部
邓部林场	Dèngbù Línchǎng	林区	怀集县政府驻地西南部
附城鱼苗场	Fùchéng Yúmiáochǎng	林区	怀集县政府驻地东北部
大石马场	Dàshí Mǎchǎng	牧区	怀集县政府驻地西北部
怀集县梁村鱼苗场	Huáijí Xiàn Liángcūn Yúmiáochǎng	渔区	怀集县政府驻地西北部
马头	Mǎtóu	地片	怀集县东南部
就屋洼	Jiùwūwā	地片	怀集县东南部
茶塘	Chátáng	地片	怀集县东南部

（续上表）

标准名称	汉语拼音	地名类别	相对位置
大柏塘	Dàbǎitáng	地片	怀集县东南部
茶塘洛	Chátángluò	地片	怀集县东南部
利洼埇	Lìwāyǒng	地片	怀集县东南部
北坑	Běikēng	地片	怀集县东南部
土公坑	Tǔgōngkēng	地片	怀集县东南部
观坑	Guānkēng	地片	怀集县东南部
罗逢坑	Luóféngkēng	地片	怀集县东南部
斗坤	Dòukūn	地片	怀集县东南部
王洞坑	Wángdòngkēng	地片	怀集县东南部
沙江	Shājiāng	地片	怀集县东南部
大浪坑	Dàlàngkēng	地片	怀集县东南部
罗大麻竹	Luódàmázhú	地片	怀集县东南部
局盛埇	Júshèngyǒng	地片	怀集县东南部
旱埇坪	Hànyǒngpíng	地片	怀集县东南部
木象	Mùxiàng	地片	怀集县东南部
厥佳氹	Juéjiādàng	地片	怀集县东南部
木田岗	Mùtiángǎng	地片	怀集县东南部
辣菜心	Làcàixīn	地片	怀集县东南部
企坑塘	Qǐkēngtáng	地片	怀集县东南部
石仔塘	Shízǎitáng	地片	怀集县东南部
南塘坑	Nántángkēng	地片	怀集县东南部
美南水对坑	Měinánshuǐduìkēng	地片	怀集县东南部
大函塘头	Dàhántángtóu	地片	怀集县西北部
塘仔坑	Tángzǎikēng	地片	怀集县东南部
鸣凤坪	Míngfèngpíng	地片	怀集县东南部
陈八坑	Chénbākēng	地片	怀集县东南部
柑柞坑	Gānzhàkēng	地片	怀集县东南部
雪竹坑	Xuězhúkēng	地片	怀集县东南部
大全坑	Dàquánkēng	地片	怀集县东南部
葫芦坑	Húlúkēng	地片	怀集县东南部

(续上表)

标准名称	汉语拼音	地名类别	相对位置
高坑	Gāokēng	地片	怀集县东南部
甲戌	Jiǎxū	地片	怀集县东南部
铁炉	Tiělú	地片	怀集县东南部
石咀	Shíjǔ	地片	怀集县东南部
竹凼咀	Zhúdàngjǔ	地片	怀集县东南部
亚葵咀	Yàkuíjǔ	地片	怀集县东南部
大鱼头	Dàyútóu	地片	怀集县东南部
荷包田	Hébāotián	地片	怀集县东南部
柑树崀	Gānshùlàng	地片	怀集县东南部
富楼农田	Fùlóunóngtián	地片	怀集县西北部
关塘	Guāntáng	地片	怀集县西部
扶容岗	Fúrónggǎng	地片	怀集县西部
石桥板	Shíqiáobǎn	地片	怀集县西部
大公洞	Dàgōngdòng	地片	怀集县西南部
上石村大塘	Shàngshícūndàtáng	地片	怀集县西南部
瓦堆	Wǎduī	地片	怀集县西北部
坑仔	Kēngzǎi	地片	怀集县西北部
四保村石滑	Sìbǎocūnshíhuá	地片	怀集县西南部
大坪	Dàpíng	地片	怀集县西南部
望天	Wàngtiān	地片	怀集县西北部
谭迈	Tánmài	地片	怀集县西北部
石耿	Shígěng	地片	怀集县西北部
耕涨坑	Gēngzhǎngkēng	地片	怀集县西北部
平安村沙洲	Píng'āncūnshāzhōu	地片	怀集县西北部
高埇	Gāoyǒng	地片	怀集县西北部
六椅塘	Liùyǐtáng	地片	怀集县西北部
黄牛墩	Huángniúdūn	地片	怀集县西北部
冲显	Chōngxiǎn	地片	怀集县西北部
田洞	Tiándòng	地片	怀集县西北部
沙坪	Shāpíng	地片	怀集县西北部

（续上表）

标准名称	汉语拼音	地名类别	相对位置
石印	Shíyìn	地片	怀集县北部
岳山林场大田	Yuèshānlínchǎngdàtián	地片	怀集县北部
君昔	Jūnxī	地片	怀集县西北部
百文冲田	Bǎiwénchōngtián	地片	怀集县西北部
白郎坳	Báiláng'ào	地片	怀集县西北部
交椅田	Jiāoyǐtián	地片	怀集县西北部
三妹冲	Sānmèichōng	地片	怀集县西北部
老鼠冲	Lǎoshǔchōng	地片	怀集县西北部
岳脚	Yuèjiǎo	地片	怀集县西北部
老鼠田	Lǎoshǔtián	地片	怀集县西北部
水尾	Shuǐwěi	地片	怀集县西北部
岭积	Lǐngjī	地片	怀集县西北部
埇尾	Yǒngwěi	地片	怀集县西北部
书崩埇田	Shūbēngyǒngtián	地片	怀集县西北部
蕃撮琼	Fāncuōqióng	地片	怀集县西北部
竹池爽	Zhúchíshuǎng	地片	怀集县西北部
太平村岳脚	Tàipíngcūnyuèjiǎo	地片	怀集县北部
木稿埇	Mùgǎoyǒng	地片	怀集县北部
明辉油茶种植区	Mínghuīyóucházhǒngzhíqū	地片	怀集县北部
横福	Héngfú	地片	怀集县北部
集曼	Jímàn	地片	怀集县北部
大汤	Dàtāng	地片	怀集县西北部
大石	Dàshí	地片	怀集县西北部
深浪	Shēnlàng	地片	怀集县西北部
佛甘村高浪	Fógāncūngāolàng	地片	怀集县西北部
沙坑	Shākēng	地片	怀集县西北部
坑上	Kēngshàng	地片	怀集县西北部
冷坑田	Lěngkēngtián	地片	怀集县西北部
田条	Tiántiáo	地片	怀集县西北部
铁路	Tiělù	地片	怀集县西北部

（续上表）

标准名称	汉语拼音	地名类别	相对位置
莲塘顶	Liántángdǐng	地片	怀集县西北部
乌石垌	Wūshídòng	地片	怀集县西北部
赤桂洞	Chìguìdòng	地片	怀集县西北部
赤桂岭	Chìguìlǐng	地片	怀集县西北部
洞尾	Dòngwěi	地片	怀集县西北部
均洞	Jūndòng	地片	怀集县西北部
上均	Shàngjūn	地片	怀集县西北部
石仔	Shízǎi	地片	怀集县西北部
水拱	Shuǐgǒng	地片	怀集县西北部
潭仔塘下	Tánzǎitángxià	地片	怀集县西北部
学岭	Xuélǐng	地片	怀集县西北部
洲均	Zhōujūn	地片	怀集县西北部
路塘尾	Lùtángwěi	地片	怀集县西北部
富瑞村大岗头	Fùruìcūndàgǎngtóu	地片	怀集县西北部
胡象岗	Húxiànggǎng	地片	怀集县西北部
陂面	Bēimiàn	地片	怀集县西北部
陂下	Bēixià	地片	怀集县西北部
隔水垌	Géshuǐdòng	地片	怀集县西北部
黄叶岗	Huángyègǎng	地片	怀集县西北部
旧屋岗	Jiùwūgǎng	地片	怀集县西北部
门口垌	Ménkǒudòng	地片	怀集县西北部
庙岗	Miàogǎng	地片	怀集县西北部
沙洲尾	Shāzhōuwěi	地片	怀集县西北部
深拱	Shēngǒng	地片	怀集县西北部
塘下	Tángxià	地片	怀集县西北部
污须垌	Wūxūdòng	地片	怀集县西北部
龟下	Guīxià	地片	怀集县西北部
大谷范	Dàgǔfàn	地片	怀集县西北部
大同	Dàtóng	地片	怀集县西北部
公路下	Gōnglùxià	地片	怀集县西北部

(续上表)

标准名称	汉语拼音	地名类别	相对位置
瓜地同	Guādìtóng	地片	怀集县西北部
门口同	Ménkǒutóng	地片	怀集县西北部
庙门口	Miàoménkǒu	地片	怀集县西北部
全江	Quánjiāng	地片	怀集县西北部
加减垌	Jiājiǎndòng	地片	怀集县西北部
江山村莲塘	Jiāngshāncūnliántáng	地片	怀集县西北部
刘三垌	Liúsāndòng	地片	怀集县西北部
江山村门口垌	Jiāngshāncūnménkǒudòng	地片	怀集县西北部
上马垌	Shàngmǎdòng	地片	怀集县西北部
蛇腩垌	Shénǎndòng	地片	怀集县西北部
白街屋	Báijiēwū	地片	怀集县西北部
曾屋洞	Céngwūdòng	地片	怀集县西北部
岗根	Gǎnggēn	地片	怀集县西北部
岗头顶	Gǎngtóudǐng	地片	怀集县西北部
冷坑村江仔	Lěngkēngcūnjiāngzǎi	地片	怀集县西北部
劳江	Láojiāng	地片	怀集县西北部
龙颈洞	Lóngjǐngdòng	地片	怀集县西北部
木造	Mùzào	地片	怀集县西北部
瓦梳涃	Wǎshūkùn	地片	怀集县西北部
大塘盐	Dàtángyán	地片	怀集县西北部
范田	Fàntián	地片	怀集县西北部
狗仔路	Gǒuzǎilù	地片	怀集县西北部
满垌	Mǎndòng	地片	怀集县西北部
汶拱	Wèngǒng	地片	怀集县西北部
鱼种	Yúzhǒng	地片	怀集县西北部
中心州	Zhōngxīnzhōu	地片	怀集县西北部
格水洞	Géshuǐdòng	地片	怀集县西北部
龙凼	Lóngdāng	地片	怀集县西北部
上底洲	Shàngdǐzhōu	地片	怀集县西北部
沙洲	Shāzhōu	地片	怀集县西北部

（续上表）

标准名称	汉语拼音	地名类别	相对位置
桃花源	Táohuāyuán	地片	怀集县西北部
评泗	Píngsì	地片	怀集县西北部
大坟洞	Dàféndòng	地片	怀集县西北部
黄绿洞	Huánglǜdòng	地片	怀集县西北部
双六洞	Shuāngliùdòng	地片	怀集县西北部
坑仔垌	Kēngzǎidòng	地片	怀集县西北部
上爱村门口垌	Shàngàicūnménkǒudòng	地片	怀集县西北部
门口田	Ménkǒutián	地片	怀集县西北部
水高垌	Shuǐgāodòng	地片	怀集县西北部
正垌	Zhèngdòng	地片	怀集县西北部
大塘公	Dàtánggōng	地片	怀集县西北部
横垌	Héngdòng	地片	怀集县西北部
坎头田	Kǎntóutián	地片	怀集县西北部
石坎田	Shíkǎntián	地片	怀集县西北部
文昌田	Wénchāngtián	地片	怀集县西北部
赤珠塘	Chìzhūtáng	地片	怀集县西北部
大田头	Dàtiántóu	地片	怀集县西北部
大坳	Dà'ào	地片	怀集县西北部
格岗	Gégǎng	地片	怀集县西北部
厂后洞	Chǎnghòudòng	地片	怀集县西北部
厂前洞	Chǎngqiándòng	地片	怀集县西北部
车仔洞	Chēzǎidòng	地片	怀集县西北部
春后洞	Chūnhòudòng	地片	怀集县西北部
邓屋洞	Dèngwūdòng	地片	怀集县西北部
革岗前	Gégǎngqián	地片	怀集县西北部
根竹岗洞	Gēnzhúgǎngdòng	地片	怀集县西北部
庙井洞	Miàojǐngdòng	地片	怀集县西北部
田同心洞	Tiántóngxīndòng	地片	怀集县西北部
大狼洞	Dàlángdòng	地片	怀集县西北部
大汶	Dàwèn	地片	怀集县西北部

（续上表）

标准名称	汉语拼音	地名类别	相对位置
格岭	Gélǐng	地片	怀集县西北部
下低垌	Xiàdīdòng	地片	怀集县西北部
新塘	Xīntáng	地片	怀集县西北部
莲塘仔	Liántángzǎi	地片	怀集县西北部
拥洞	Yōngdòng	地片	怀集县西北部
坑下垌	Kēngxiàdòng	地片	怀集县西北部
大庙田	Dàmiàotián	地片	怀集县西北部
大秋地	Dàqiūdì	地片	怀集县西北部
松门口	Sōngménkǒu	地片	怀集县西北部
坞象塘	Wùxiàngtáng	地片	怀集县西北部
赤珠垌	Chìzhūdòng	地片	怀集县西北部
七片	Qīpiàn	地片	怀集县西北部
电站门口田	Diànzhànménkǒutián	地片	怀集县西部
旱坑	Hànkēng	地片	怀集县西部
天社庙田	Tiānshèmiàotián	地片	怀集县西部
涌坡塘	Yǒngpōtáng	地片	怀集县西南部
中心大垌	Zhōngxīndàdòng	地片	怀集县西北部
水对垌	Shuǐduìdòng	地片	怀集县西北部
水母圹	Shuǐmǔkuàng	地片	怀集县西北部
塘肚	Tángdù	地片	怀集县西北部
兰圹	Lánkuàng	地片	怀集县西北部
路下中	Lùxiàzhōng	地片	怀集县西北部
路下上	Lùxiàshàng	地片	怀集县西北部
有仙石	Yǒuxiānshí	地片	怀集县西北部
牛角	Niújiǎo	地片	怀集县西北部
白办根	Báibàngēn	地片	怀集县西北部
车仔高	Chēzǎigāo	地片	怀集县西北部
永红村下塘	Yǒnghóngcūnxiàtáng	地片	怀集县西北部
牛耳岭	Niú'ěrlǐng	地片	怀集县西北部
永红村大岗头	Yǒnghóngcūndàgǎngtóu	地片	怀集县西北部

（续上表）

标准名称	汉语拼音	地名类别	相对位置
大哗垌	Dàhuádòng	地片	怀集县西北部
长江旁	Zhǎngjiāngpáng	地片	怀集县西北部
水生垌	Shuǐshēngdòng	地片	怀集县西北部
庙破	Miàopò	地片	怀集县西北部
大塘边	Dàtángbiān	地片	怀集县西北部
大石米	Dàshímǐ	地片	怀集县西北部
塘仔	Tángzǎi	地片	怀集县西北部
水浸	Shuǐjìn	地片	怀集县西北部
大头岗	Dàtóugǎng	地片	怀集县西北部
太平田	Tàipíngtián	地片	怀集县境西北部
石巷坑	Shíxiàngkēng	地片	怀集县西北部
暖水坑	Nuǎnshuǐkēng	地片	怀集县西北部
大田垌	Dàtiándòng	地片	怀集县境西北部
沙洲园	Shāzhōuyuán	地片	怀集县境西北部
埇瓦坑	Yǒngwǎkēng	地片	怀集县境西北部
庙边	Miàobiān	地片	怀集县境西北部
老鼠嘴	Lǎoshǔzuǐ	地片	怀集县境西北部
天堂	Tiāntáng	地片	怀集县境西北部
围干顶	Wéigàndǐng	地片	怀集县境西北部
四方园	Sìfāngyuán	地片	怀集县境西北部
撒仔冲	Sāzǎichōng	地片	怀集县境西北部
新龙村马头	Xīnlóngcūnmǎtóu	地片	怀集县境西北部
珠岗村岗头	Zhūgǎngcūngǎngtóu	地片	怀集县境西北部
路兰	Lùlán	地片	怀集县境西北部
礼头仔	Lǐtóuzǎi	地片	怀集县境西北部
罗八坡	Luóbāpō	地片	怀集县境西北部
凤凰岗	Fènghuánggǎng	地片	怀集县境西北部
石板	Shíbǎn	地片	怀集县境西北部
瓜贡	Guāgòng	地片	怀集县境西北部
玉片	Yùpiàn	地片	怀集县境西北部

（续上表）

标准名称	汉语拼音	地名类别	相对位置
乌沙	Wūshā	地片	怀集县境西北部
大冈头	Dàgāngtóu	地片	怀集县境西北部
石桥顶	Shíqiáodǐng	地片	怀集县境西北部
石娜冈	Shínàgāng	地片	怀集县境西北部
石坑	Shíkēng	地片	怀集县境西北部
暖水冲	Nuǎnshuǐchōng	地片	怀集县境西北部
湖朗村长冲	Húlǎngcūnzhǎngchōng	地片	怀集县境西北部
瓦灶	Wǎzào	地片	怀集县境西北部
耕田	Gēngtián	地片	怀集县境西北部
深水	Shēnshuǐ	地片	怀集县境西北部
军沙洲	Jūnshāzhōu	地片	怀集县境西北部
肇茨	Zhàocí	地片	怀集县境西北部
土成	Tǔchéng	地片	怀集县境西北部
寨村村金坑	Zhàicūncūnjīnkēng	地片	怀集县境西北部
麦竹往	Màizhúwǎng	地片	怀集县境西南部
宿心	Xiǔxīn	地片	怀集县境西南部
旺堂洞	Wàngtángdòng	地片	怀集县境西南部
庙前洞	Miàoqiándòng	地片	怀集县境西南部
木连洞	Mùliándòng	地片	怀集县境西南部
徐丰村大浪	Xúfēngcūndàlàng	地片	怀集县境西南部
岗根洞	Gǎnggēndòng	地片	怀集县境西南部
六石洞	Liùshídòng	地片	怀集县境西南部
保丰村大寨	Bǎofēngcūndàzhài	地片	怀集县境西南部
茶油园	Cháyóuyuán	地片	怀集县境西南部
西牛口	Xīniúkǒu	地片	怀集县境西南部
正洞田	Zhèngdòngtián	地片	怀集县境西南部
蓝洞	Lándòng	地片	怀集县境西南部
南坪	Nánpíng	地片	怀集县境西南部
上步	Shàngbù	地片	怀集县境西南部
大坡	Dàpō	地片	怀集县境北部

（续上表）

标准名称	汉语拼音	地名类别	相对位置
佛子	Fózǐ	地片	怀集县境西南部
谭丫	Tányā	地片	怀集县境西南部
深坳	Shēn'ào	地片	怀集县境西南部
谭杏坑	Tánxìngkēng	地片	怀集县境西南部
老陈冲	Lǎochénchōng	地片	怀集县境正北部
大平屋	Dàpíngwū	地片	怀集县境内西北部
西湖	Xīhú	地片	怀集县境内西北部
八角	Bājiǎo	地片	怀集县境内北部
暗更塘	Àngēngtáng	地片	怀集县境西南部
为后坑口	Wéihòukēngkǒu	地片	怀集县境西南部
罗峡坑尾	Luóxiákēngwěi	地片	怀集县境西南部
榄岭嘴	Lǎnlǐngzuǐ	地片	怀集县境西南部
黑皮塘	Hēipítáng	地片	怀集县境西南部
三妹坑	Sānmèikēng	地片	怀集县境西南部
鸭塘	Yātáng	地片	怀集县境西南部
格江屯	Géjiāngtún	地片	怀集县境西南部
先鸡塝	Xiānjībàng	地片	怀集县境西北部
吉地	Jídì	地片	怀集县境西北部
沙积	Shājī	地片	怀集县境西北部
洞底	Dòngdǐ	地片	怀集县境西北部
南蛇	Nánshé	地片	怀集县境西北部
覃意塘	Tányìtáng	地片	怀集县境西北部
圳塘	Zhèntáng	地片	怀集县境西北部
卦榜	Guàbǎng	地片	怀集县境东北部
三寨	Sānzhài	地片	怀集县境东北部
勘塘	Kāntáng	地片	怀集县境东北部
牛洞塘	Niúdòngtáng	地片	怀集县境西北部
龙坑埇	Lóngkēngyǒng	地片	怀集县境西北部
水径凹	Shuǐjìng'āo	地片	怀集县境东北部
灰塘凹	Huītáng'āo	地片	怀集县境东北部

（续上表）

标准名称	汉语拼音	地名类别	相对位置
文飘塘	Wénpiāotáng	地片	怀集县境东北部
亚旦田	Yàdàntián	地片	怀集县境东北部
五谷山	Wǔgǔshān	地片	怀集县境东北部
藤铁埂	Téngtiěgěng	地片	怀集县境东北部
罗蓝	Luólán	地片	怀集县境西北部
罗樟坑	Luózhāngkēng	地片	怀集县境西北部
下罗庄	Xiàluózhuāng	地片	怀集县境西北部
龙潭村大岭	Lóngtáncūndàlǐng	地片	怀集县境西北部
龙溷社	Lónghùnshè	地片	怀集县境西北部
罗梅坑	Luóméikēng	地片	怀集县境西北部
水径	Shuǐjìng	地片	怀集县境西北部
岩嵊	Yánshèng	地片	怀集县境西北部
亚秋塝	Yàqiūbàng	地片	怀集县境西北部
茅坪	Máopíng	地片	怀集县境东北部
南斜	Nánxié	地片	怀集县境东北部
金塘	Jīntáng	地片	怀集县境东南部
大塘	Dàtáng	地片	怀集县境东部
根竹崀	Gēnzhúlàng	地片	怀集县境东部
特牌坳	Tèpái'ào	地片	怀集县境东部
佐坑口	Zuǒkēngkǒu	地片	怀集县境东部
狗仔塘	Gǒuzǎitáng	地片	怀集县境东部
旱塘	Hàntáng	地片	怀集县境东部
太平洞	Tàipíngdòng	地片	怀集县境东部
羊地头	Yángdìtóu	地片	怀集县境东部
长埇	Chángyǒng	地片	怀集县境东部
叉杆埇	Chāgǎnyǒng	地片	怀集县境东部
塘泳坑	Tángyǒngkēng	地片	怀集县境东部
旧村	Jiùcūn	地片	怀集县境东部
甘洒林中	Gānsǎlínzhōng	地片	怀集县境西部
大王公	Dàwánggōng	地片	怀集县境西部

(续上表)

标准名称	汉语拼音	地名类别	相对位置
黄鹿坑	Huánglùkēng	地片	怀集县境西部
大塘	Dàtáng	地片	怀集县境西部
何塘	Hétáng	地片	怀集县境西部
下埂	Xiàgěng	地片	怀集县境西部
旱埇	Hànyǒng	地片	怀集县境西部
大薯洞	Dàshǔdòng	地片	怀集县境西部
大氹洞	Dàdàngdòng	地片	怀集县境西部
黄塘坑	Huángtángkēng	地片	怀集县境西部
倒流圳	Dǎoliúzhèn	地片	怀集县境西部
淋水氹	Línshuǐdàng	地片	怀集县境西部
流坑	Liúkēng	地片	怀集县境西部
秧地崀	Yāngdìlàng	地片	怀集县境西部
芦荻尾	Lúdíwěi	地片	怀集县境西部
罗邓坑	Luódèngkēng	地片	怀集县境西部
上坑	Shàngkēng	地片	怀集县境西部
根竹塘	Gēnzhútáng	地片	怀集县境西部
龟咀	Guījǔ	地片	怀集县境西部
田氹	Tiándàng	地片	怀集县境西部
大涃塘	Dàkùntáng	地片	怀集县境西部
中心洲	Zhōngxīnzhōu	地片	怀集县西部
沙洲	Shāzhōu	地片	怀集县境西部
草鞋屋	Cǎoxiéwū	地片	怀集县境西北部
邬丈	Wūzhàng	地片	怀集县境西北部
香花	Xiānghuā	地片	怀集县境西南部
小家岭	Xiǎojiālǐng	地片	怀集县境西南部
大冻屋	Dàdòngwū	地片	怀集县境西南部
凤凰陂	Fènghuángbēi	地片	怀集县境西南部
太平堂	Tàipíngtáng	地片	怀集县境西南部
合和堂	Héhétáng	地片	怀集县境西南部
狮子尾	Shīzǐwěi	地片	怀集县境西南部

（续上表）

标准名称	汉语拼音	地名类别	相对位置
天堂背	Tiāntángbèi	地片	怀集县境西南部
白云庵	Báiyún'ān	地片	怀集县境西南部
潭介	Tánjiè	地片	怀集县境南部
金鸡头	Jīnjītóu	地片	怀集县境南部
天秋寨	Tiānqiūzhài	地片	怀集县境南部
白屋	Báiwū	地片	怀集县境南部
潭州	Tánzhōu	地片	怀集县境南部
双午	Shuāngwǔ	地片	怀集县境南部
地桥	Dìqiáo	地片	怀集县境南部
三坡	Sānpō	地片	怀集县境南部
收成	Shōuchéng	地片	怀集县境南部
龙湾岗	Lóngwāngǎng	地片	怀集县境南部
石宝顶	Shíbǎodǐng	地片	怀集县境南部
芦苇埇	Lúwěiyǒng	地片	怀集县境南部
牛牯埇	Niúgǔyǒng	地片	怀集县境南部
合水口	Héshuǐkǒu	地片	怀集县境南部
十二到	Shí'èrdào	地片	怀集县境南部
黄泥埇	Huángníyǒng	地片	怀集县境南部
双圣埇	Shuāngshèngyǒng	地片	怀集县境南部
果柚埇	Guǒyòuyǒng	地片	怀集县境南部
冷界根	Lěngjiègēn	地片	怀集县境南部
双石坑	Shuāngshíkēng	地片	怀集县境南部
石槽坑	Shícáokēng	地片	怀集县境南部
黑埇坑	Hēiyǒngkēng	地片	怀集县境南部
大洞	Dàdòng	地片	怀集县境南部
双潘	Shuāngpān	地片	怀集县境南部
赤黎坑	Chìlíkēng	地片	怀集县境南部
双谭埇	Shuāngtányǒng	地片	怀集县境南部
大水埇	Dàshuǐyǒng	地片	怀集县境南部
永埇	Yǒngyǒng	地片	怀集县境南部

（续上表）

标准名称	汉语拼音	地名类别	相对位置
洞杏埇	Dòngxìngyǒng	地片	怀集县境南部
发达埇	Fādáyǒng	地片	怀集县境南部
白花埇	Báihuāyǒng	地片	怀集县境南部
多初埇	Duōchūyǒng	地片	怀集县境南部
石局埇	Shíjúyǒng	地片	怀集县境南部
孔屋	Kǒngwū	地片	怀集县境南部
陈屋	Chénwū	地片	怀集县境南部
围垅	Wéilǒng	地片	怀集县境南部
天堂	Tiāntáng	地片	怀集县境南部
柯木根	Kēmùgēn	地片	怀集县境南部
大岗头	Dàgǎngtóu	地片	怀集县境南部
苍岭	Cānglǐng	地片	怀集县境南部
簪竹	Tánzhú	地片	怀集县境南部
双莫大	Shuāngmòdà	地片	怀集县境南部
潭洞	Tándòng	地片	怀集县境南部
祝崀	Zhùlàng	地片	怀集县境南部
罗延	Luóyán	地片	怀集县境南部
粥铺	Zhōupù	地片	怀集县境南部
㧯坪崩	Bùpíngbēng	地片	怀集县境南部
合洼	Héwā	地片	怀集县境南部
桐油坪	Tóngyóupíng	地片	怀集县境南部
即盛	Jíshèng	地片	怀集县境南部
潭陈	Tánchén	地片	怀集县境南部
芹仰	Qínyǎng	地片	怀集县境南部
安种	Ānzhǒng	地片	怀集县境南部
六瓦帆	Liùwǎfān	地片	怀集县境南部
亚落屋	Yàluòwū	地片	怀集县境南部
曲中	Qǔzhōng	地片	怀集县境南部
傍卫	Bàngwèi	地片	怀集县境南部
黄塘口	Huángtángkǒu	地片	怀集县境北部

（续上表）

标准名称	汉语拼音	地名类别	相对位置
梁桂洞	Liángguìdòng	地片	怀集县境北部
石咀	Shíjǔ	地片	怀集县境北部
麒麟塝	Qílínbàng	地片	怀集县境东北部
下岭脚	Xiàlǐngjiǎo	地片	怀集县境东北部
坳仔区	Àozǎiqū	区片	怀集县东南部
冷坑商业步行街	Lěngkēng Shāngyè Bùxíngjiē	区片	怀集县西北部

（三）群众自治组织类

标准名称	汉语拼音	地名类别	相对位置
仕儒村委会	Shìrú Cūnwěihuì	村民委员会	怀集县政府驻地东南部
坑口村委会	Kēngkǒu Cūnwěihuì	村民委员会	怀集县政府驻地东南部
盆布村委会	Pénbù Cūnwěihuì	村民委员会	怀集县政府驻地东南部
上洞村委会	Shàngdòng Cūnwěihuì	村民委员会	怀集县政府驻地东南部
璃玻村委会	Líbō Cūnwěihuì	村民委员会	怀集县政府驻地东南部
阶洞村委会	Jiēdòng Cūnwěihuì	村民委员会	怀集县政府驻地东南部
孔洞村委会	Kǒngdòng Cūnwěihuì	村民委员会	怀集县政府驻地东北部
白圳坑村委会	Báiníkēng Cūnwěihuì	村民委员会	怀集县政府驻地东北部
欧上村委会	Ōushàng Cūnwěihuì	村民委员会	怀集县政府驻地东北部
四村村委会	Sìcūn Cūnwěihuì	村民委员会	怀集县政府驻地东北部
龙门村委会	Lóngmén Cūnwěihuì	村民委员会	怀集县政府驻地东部
金坪村委会	Jīnpíng Cūnwěihuì	村民委员会	怀集县政府驻地东北部
龙凤村委会	Lóngfèng Cūnwěihuì	村民委员会	怀集县政府驻地东北部
新乡村委会	Xīnxiāng Cūnwěihuì	村民委员会	怀集县政府驻地东北部
麦村村委会	Màicūn Cūnwěihuì	村民委员会	怀集县政府驻地东北部
下南坑村委会	Xiànánkēng Cūnwěihuì	村民委员会	怀集县政府驻地东北部
上南坑村委会	Shàngnánkēng Cūnwěihuì	村民委员会	怀集县政府驻地东北部
桃花村委会	Táohuā Cūnwěihuì	村民委员会	怀集县政府驻地东北部
马头村委会	Mǎtóu Cūnwěihuì	村民委员会	怀集县政府驻地东北部
石湾村委会	Shíwān Cūnwěihuì	村民委员会	怀集县政府驻地东北部
麻地村委会	Mádì Cūnwěihuì	村民委员会	怀集县政府驻地东北部
利民村委会	Lìmín Cūnwěihuì	村民委员会	怀集县政府驻地东北部

（续上表）

标准名称	汉语拼音	地名类别	相对位置
碇下村委会	Dìxià Cūnwěihuì	村民委员会	怀集县政府驻地东北部
上良村委会	Shàngliáng Cūnwěihuì	村民委员会	怀集县政府驻地东北部
桂坑村委会	Guìkēng Cūnwěihuì	村民委员会	怀集县政府驻地东北部
黄石村委会	Huángshí Cūnwěihuì	村民委员会	怀集县政府驻地东北部
金龙村委会	Jīnlóng Cūnwěihuì	村民委员会	怀集县政府驻地东北部
小竹村委会	Xiǎozhú Cūnwěihuì	村民委员会	怀集县政府驻地东北部
罗爱村委会	Luó'ài Cūnwěihuì	村民委员会	怀集县政府驻地西北部
小布村委会	Xiǎobù Cūnwěihuì	村民委员会	怀集县政府驻地东北部
罗密村委会	Luómì Cūnwěihuì	村民委员会	怀集县政府驻地东北部
南洞村委会	Nándòng Cūnwěihuì	村民委员会	怀集县政府驻地东北部
石梅村委会	Shíméi Cūnwěihuì	村民委员会	怀集县政府驻地东北部
钱村村委会	Qiáncūn Cūnwěihuì	村民委员会	怀集县政府驻地东北部
永富村委会	Yǒngfù Cūnwěihuì	村民委员会	怀集县政府驻地东北部
下屈村委会	Xiàqū Cūnwěihuì	村民委员会	怀集县政府驻地东北部
雨凌村委会	Yǔlíng Cūnwěihuì	村民委员会	怀集县政府驻地东北部
屈东村委会	Qūdōng Cūnwěihuì	村民委员会	怀集县政府驻地东北部
上屈村委会	Shàngqū Cūnwěihuì	村民委员会	怀集县政府驻地东北部
庞庙村委会	Pángmiào Cūnwěihuì	村民委员会	怀集县政府驻地西部
红星村委会	Hóngxīng Cūnwěihuì	村民委员会	怀集县政府驻地西部
睦渊村委会	Mùyuān Cūnwěihuì	村民委员会	怀集县政府驻地西部
太原村委会	Tàiyuán Cūnwěihuì	村民委员会	怀集县政府驻地西部
四和村委会	Sìhé Cūnwěihuì	村民委员会	怀集县政府驻地西部
维安村委会	Wéi'ān Cūnwěihuì	村民委员会	怀集县政府驻地西部
四隆村委会	Sìlóng Cūnwěihuì	村民委员会	怀集县政府驻地西部
地灵村委会	Dìlíng Cūnwěihuì	村民委员会	怀集县政府驻地西部
谢屋村委会	Xièwū Cūnwěihuì	村民委员会	怀集县政府驻地西部
沙腾村委会	Shāténg Cūnwěihuì	村民委员会	怀集县政府驻地西部
曾村村委会	Céngcūn Cūnwěihuì	村民委员会	怀集县政府驻地西部
兴义村委会	Xìngyì Cūnwěihuì	村民委员会	怀集县政府驻地西部
关塘村委会	Guāntáng Cūnwěihuì	村民委员会	怀集县政府驻地西部

（续上表）

标准名称	汉语拼音	地名类别	相对位置
盘寨村委会	Pánzhài Cūnwěihuì	村民委员会	怀集县政府驻地东北部
龙湾村委会	Lóngwān Cūnwěihuì	村民委员会	怀集县政府驻地东北部
怀高村委会	Huáigāo Cūnwěihuì	村民委员会	怀集县政府驻地西南部
大龙村委会	Dàlóng Cūnwěihuì	村民委员会	怀集县政府驻地西南部
龙西村委会	Lóngxī Cūnwěihuì	村民委员会	怀集县政府驻地东北部
谭勒村委会	Tánlè Cūnwěihuì	村民委员会	怀集县政府驻地东北部
利凤村委会	Lìfèng Cūnwěihuì	村民委员会	怀集县政府驻地东北部
梅石村委会	Méishí Cūnwěihuì	村民委员会	怀集县政府驻地东南部
车头村委会	Chētóu Cūnwěihuì	村民委员会	怀集县政府驻地西北部
升平村委会	Shēngpíng Cūnwěihuì	村民委员会	怀集县政府驻地西南部
高龙村委会	Gāolóng Cūnwěihuì	村民委员会	怀集县政府驻地东南部
谭云村委会	Tányún Cūnwěihuì	村民委员会	怀集县政府驻地东南部
庙咀村委会	Miàojǔ Cūnwěihuì	村民委员会	怀集县政府驻地东北部
木兰村委会	Mùlán Cūnwěihuì	村民委员会	怀集县政府驻地南部
平南村委会	Píngnán Cūnwěihuì	村民委员会	怀集县政府驻地西南部
珠洞村委会	Zhūdòng Cūnwěihuì	村民委员会	怀集县政府驻地西南部
黄岗村委会	Huánggǎng Cūnwěihuì	村民委员会	怀集县政府驻地西北部
苍龙村委会	Cānglóng Cūnwěihuì	村民委员会	怀集县政府驻地东南部
永平村委会	Yǒngpíng Cūnwěihuì	村民委员会	怀集县政府驻地西南部
大象村委会	Dàxiàng Cūnwěihuì	村民委员会	怀集县政府驻地北部
三斗村委会	Sāndòu Cūnwěihuì	村民委员会	怀集县政府驻地西北部
富杨村委会	Fùyáng Cūnwěihuì	村民委员会	怀集县政府驻地西北部
罗龙村委会	Luólóng Cūnwěihuì	村民委员会	怀集县政府驻地东北部
眉田村委会	Méitián Cūnwěihuì	村民委员会	怀集县政府驻地西北部
石龙村委会	Shílóng Cūnwěihuì	村民委员会	怀集县政府驻地北部
谭舍村委会	Tánshě Cūnwěihuì	村民委员会	怀集县政府驻地东北部
大梨村委会	Dàlí Cūnwěihuì	村民委员会	怀集县政府驻地西南部
高凤村委会	Gāofēng Cūnwěihuì	村民委员会	怀集县政府驻地东南部
共和村委会	Gònghé Cūnwěihuì	村民委员会	怀集县政府驻地东南部
顺岗村委会	Shùngǎng Cūnwěihuì	村民委员会	怀集县政府驻地西北部

（续上表）

标准名称	汉语拼音	地名类别	相对位置
盘凤村委会	Pánfèng Cūnwěihuì	村民委员会	怀集县政府驻地东南部
扬名村委会	Yángmíng Cūnwěihuì	村民委员会	怀集县政府驻地西北部
水口村委会	Shuǐkǒu Cūnwěihuì	村民委员会	怀集县政府驻地西北部
前进村委会	Qiánjìn Cūnwěihuì	村民委员会	怀集县政府驻地西北部
莲社村委会	Liánshè Cūnwěihuì	村民委员会	怀集县政府驻地北部
下坑村委会	Xiàkēng Cūnwěihuì	村民委员会	怀集县政府驻地北部
增石村委会	Zēngshí Cūnwěihuì	村民委员会	怀集县政府驻地北部
福鹿村委会	Fúlù Cūnwěihuì	村民委员会	怀集县政府驻地北部
上凤村委会	Shàngfèng Cūnwěihuì	村民委员会	怀集县政府驻地南部
王华村委会	Wánghuá Cūnwěihuì	村民委员会	怀集县政府驻地北部
文岗村委会	Wéngǎng Cūnwěihuì	村民委员会	怀集县政府驻地北部
万坪村委会	Wànpíng Cūnwěihuì	村民委员会	怀集县政府驻地北部
步岗村委会	Bùgǎng Cūnwěihuì	村民委员会	怀集县政府驻地北部
石坑村委会	Shíkēng Cūnwěihuì	村民委员会	怀集县政府驻地北部
长岗村委会	Zhǎnggǎng Cūnwěihuì	村民委员会	怀集县政府驻地北部
大庙村委会	Dàmiào Cūnwěihuì	村民委员会	怀集县政府驻地北部
仓社村委会	Cāngshè Cūnwěihuì	村民委员会	怀集县政府驻地北部
四乌村委会	Sìwū Cūnwěihuì	村民委员会	怀集县政府驻地北部
白水村委会	Báishuǐ Cūnwěihuì	村民委员会	怀集县政府驻地东北部
坡下村委会	Pōxià Cūnwěihuì	村民委员会	怀集县政府驻地东北部
桂岭村委会	Guìlǐng Cūnwěihuì	村民委员会	怀集县政府驻地东北部
罗岗村委会	Luógǎng Cūnwěihuì	村民委员会	怀集县政府驻地东北部
鱼田村委会	Yútián Cūnwěihuì	村民委员会	怀集县政府驻地东北部
东园村委会	Dōngyuán Cūnwěihuì	村民委员会	怀集县政府驻地东北部
茶岩村委会	Cháyán Cūnwěihuì	村民委员会	怀集县政府驻地东北部
洽水村委会	Qiàshuǐ Cūnwěihuì	村民委员会	怀集县政府驻地东北部
大洞田村委会	Dàdòngtián Cūnwěihuì	村民委员会	怀集县政府驻地东北部
七坑村委会	Qīkēng Cūnwěihuì	村民委员会	怀集县政府驻地东北部
小江村委会	Xiǎojiāng Cūnwěihuì	村民委员会	怀集县政府驻地东北部
珠岗村委会	Zhūgǎng Cūnwěihuì	村民委员会	怀集县政府驻地东北部

（续上表）

标准名称	汉语拼音	地名类别	相对位置
谿村村委会	Xīcūn Cūnwěihuì	村民委员会	怀集县政府驻地东北部
石莹村委会	Shíyíng Cūnwěihuì	村民委员会	怀集县政府驻地东北部
黄沙村委会	Huángshā Cūnwěihuì	村民委员会	怀集县政府驻地东北部
新田村委会	Xīntián Cūnwěihuì	村民委员会	怀集县政府驻地东北部
丽洞村委会	Lìdòng Cūnwěihuì	村民委员会	怀集县政府驻地东北部
八洞村委会	Bādòng Cūnwěihuì	村民委员会	怀集县政府驻地东北部
旺兰村委会	Wànglán Cūnwěihuì	村民委员会	怀集县政府驻地东北部
社背村委会	Shèbèi Cūnwěihuì	村民委员会	怀集县政府驻地东北部
丰叙村委会	Fēngxù Cūnwěihuì	村民委员会	怀集县政府驻地东北部
凤真村委会	Fèngzhēn Cūnwěihuì	村民委员会	怀集县政府驻地西南部
新兴村委会	Xīnxìng Cūnwěihuì	村民委员会	怀集县政府驻地西南部
六竹村委会	Liùzhú Cūnwěihuì	村民委员会	怀集县政府驻地西南部
安华村委会	Ānhuá Cūnwěihuì	村民委员会	怀集县政府驻地西南部
保安村委会	Bǎo'ān Cūnwěihuì	村民委员会	怀集县政府驻地西南部
凤艳村委会	Fèngyàn Cūnwěihuì	村民委员会	怀集县政府驻地西南部
诗洞村委会	Shīdòng Cūnwěihuì	村民委员会	怀集县政府驻地西南部
金华村委会	Jīnhuá Cūnwěihuì	村民委员会	怀集县政府驻地西南部
双龙村委会	Shuānglóng Cūnwěihuì	村民委员会	怀集县政府驻地西南部
健丰村委会	Jiànfēng Cūnwěihuì	村民委员会	怀集县政府驻地西南部
丰安村委会	Fēng'ān Cūnwěihuì	村民委员会	怀集县政府驻地西南部
健营村委会	Jiànyíng Cūnwěihuì	村民委员会	怀集县政府驻地西南部
云田村委会	Yúntián Cūnwěihuì	村民委员会	怀集县诗洞镇西南部
金沙村委会	Jīnshā Cūnwěihuì	村民委员会	怀集县诗洞镇西南部
龙凤村委会	Lóngfèng Cūnwěihuì	村民委员会	怀集县圩镇西南部
安南村委会	Ānnán Cūnwěihuì	村民委员会	怀集县政府驻地西南部
六苏村委会	Liùsū Cūnwěihuì	村民委员会	怀集县政府驻地西南部
万诗村委会	Wànshī Cūnwěihuì	村民委员会	怀集县政府驻地西南部
中和村委会	Zhōnghé Cūnwěihuì	村民委员会	怀集县政府驻地西南部
六龙村委会	Liùlóng Cūnwěihuì	村民委员会	怀集县政府驻地西南部
实源村委会	Shíyuán Cūnwěihuì	村民委员会	怀集县政府驻地西南部

(续上表)

标准名称	汉语拼音	地名类别	相对位置
仁和村委会	Rénhé Cūnwěihuì	村民委员会	怀集县政府驻地西南部
联安村委会	Lián'ān Cūnwěihuì	村民委员会	怀集县政府驻地南部
富德村委会	Fùdé Cūnwěihuì	村民委员会	怀集县政府驻地南部
宿安村委会	Xiǔ'ān Cūnwěihuì	村民委员会	怀集县政府驻地南部
永良村委会	Yǒngliáng Cūnwěihuì	村民委员会	怀集县政府驻地永固镇北部
朝进村委会	Cháojìn Cūnwěihuì	村民委员会	怀集县政府驻地南部
多安村委会	Duō'ān Cūnwěihuì	村民委员会	怀集县政府驻地南部
保良村委会	Bǎoliáng Cūnwěihuì	村民委员会	怀集县政府驻地南部
富禄村委会	Fùlù Cūnwěihuì	村民委员会	怀集县政府驻地南部
富邦村委会	Fùbāng Cūnwěihuì	村民委员会	怀集县政府驻地南部
苍岭村委会	Cānglǐng Cūnwěihuì	村民委员会	怀集县政府驻地南部
龙田村委会	Lóngtián Cūnwěihuì	村民委员会	怀集县政府驻地南部
保安村委会	Bǎo'ān Cūnwěihuì	村民委员会	怀集县政府驻地南部
郊际村委会	Jiāojì Cūnwěihuì	村民委员会	怀集县政府驻地西南部
龙福村委会	Lóngfú Cūnwěihuì	村民委员会	怀集县政府驻地西南部
善福村委会	Shànfú Cūnwěihuì	村民委员会	怀集县政府驻地西南部
陈连村委会	Chénlián Cūnwěihuì	村民委员会	怀集县政府驻地西南部
前途村委会	Qiántú Cūnwěihuì	村民委员会	怀集县政府驻地西南部
水下村委会	Shuǐxià Cūnwěihuì	村民委员会	怀集县政府驻地北部
中心村委会	Zhōngxīn Cūnwěihuì	村民委员会	怀集县政府驻地北部
糯塘村委会	Nuòtáng Cūnwěihuì	村民委员会	怀集县政府驻地北部
根枝村委会	Gēnzhī Cūnwěihuì	村民委员会	怀集县政府驻地北部
白良村委会	Báiliáng Cūnwěihuì	村民委员会	怀集县政府驻地北部
泰西村委会	Tàixī Cūnwěihuì	村民委员会	怀集县政府驻地北部
三联村委会	Sānlián Cūnwěihuì	村民委员会	怀集县政府驻地北部
泰南村委会	Tàinán Cūnwěihuì	村民委员会	怀集县政府驻地北部
草朗村委会	Cǎolǎng Cūnwěihuì	村民委员会	怀集县政府驻地东北部
华新村委会	Huáxīn Cūnwěihuì	村民委员会	怀集县政府驻地东北部
平龙村委会	Pínglóng Cūnwěihuì	村民委员会	怀集县政府驻地东北部
汶朗村委会	Wènlǎng Cūnwěihuì	村民委员会	怀集县政府驻地东北部

（续上表）

标准名称	汉语拼音	地名类别	相对位置
汶塘村委会	Wèntáng Cūnwěihuì	村民委员会	怀集县政府驻地东北部
坳仔村委会	Àozǎi Cūnwěihuì	村民委员会	怀集县政府驻地东南部
大同村委会	Dàtóng Cūnwěihuì	村民委员会	怀集县政府驻地东南部
渡头村委会	Dùtóu Cūnwěihuì	村民委员会	怀集县政府驻地东南部
丰亨村委会	Fēnghēng Cūnwěihuì	村民委员会	怀集县政府驻地东南部
罗大村委会	Luódà Cūnwěihuì	村民委员会	怀集县政府驻地东南部
美南村委会	Měinán Cūnwěihuì	村民委员会	怀集县政府驻地东南部
七甲村委会	Qījiǎ Cūnwěihuì	村民委员会	怀集县政府驻地东南部
仙溪村委会	Xiānxī Cūnwěihuì	村民委员会	怀集县政府驻地东南部
鱼北村委会	Yúběi Cūnwěihuì	村民委员会	怀集县政府驻地东南部
鱼南村委会	Yúnán Cūnwěihuì	村民委员会	怀集县政府驻地东南部
白鹤村委会	Báihè Cūnwěihuì	村民委员会	怀集县政府驻地西南部
大岗村委会	Dàgǎng Cūnwěihuì	村民委员会	怀集县政府驻地西南部
大钟村委会	Dàzhōng Cūnwěihuì	村民委员会	怀集县政府驻地西南部
地厚村委会	Dìhòu Cūnwěihuì	村民委员会	怀集县政府驻地西南部
富楼村委会	Fùlóu Cūnwěihuì	村民委员会	怀集县政府驻地西南部
集义村委会	Jíyì Cūnwěihuì	村民委员会	怀集县政府驻地西南部
均义村委会	Jūnyì Cūnwěihuì	村民委员会	怀集县政府驻地西南部
连会村委会	Liánhuì Cūnwěihuì	村民委员会	怀集县政府驻地西南部
梁水村委会	Liángshuǐ Cūnwěihuì	村民委员会	怀集县政府驻地西南部
岭岗村委会	Lǐnggǎng Cūnwěihuì	村民委员会	怀集县政府驻地西南部
莫屋村委会	Mòwū Cūnwěihuì	村民委员会	怀集县政府驻地西南部
上石村委会	Shàngshí Cūnwěihuì	村民委员会	怀集县政府驻地西南部
上亭村委会	Shàngtíng Cūnwěihuì	村民委员会	怀集县政府驻地西南部
石群村委会	Shíqún Cūnwěihuì	村民委员会	怀集县政府驻地西南部
石田村委会	Shítián Cūnwěihuì	村民委员会	怀集县政府驻地西南部
四保村委会	Sìbǎo Cūnwěihuì	村民委员会	怀集县政府驻地西南部
谭英村委会	Tányīng Cūnwěihuì	村民委员会	怀集县政府驻地西南部
谭珠村委会	Tánzhū Cūnwěihuì	村民委员会	怀集县政府驻地西南部
秀林村委会	Xiùlín Cūnwěihuì	村民委员会	怀集县政府驻地西南部

（续上表）

标准名称	汉语拼音	地名类别	相对位置
镇南村委会	Zhènnán Cūnwěihuì	村民委员会	怀集县政府驻地西南部
平安村委会	Píng'ān Cūnwěihuì	村民委员会	怀集县政府驻地西北部
沙坪村委会	Shāpíng Cūnwěihuì	村民委员会	怀集县政府驻地西北部
下竹村委会	Xiàzhú Cūnwěihuì	村民委员会	怀集县政府驻地西北部
双兴村委会	Shuāngxìng Cūnwěihuì	村民委员会	怀集县政府驻地西北部
古城村委会	Gǔchéng Cūnwěihuì	村民委员会	怀集县政府驻地西北部
上竹村委会	Shàngzhú Cūnwěihuì	村民委员会	怀集县政府驻地西北部
太平村委会	Tàipíng Cūnwěihuì	村民委员会	怀集县政府驻地西北部
佛甘村委会	Fógān Cūnwěihuì	村民委员会	怀集县政府驻地西北部
爱二村委会	Ài'èr Cūnwěihuì	村民委员会	怀集县政府驻地西北部
爱三村委会	Àisān Cūnwěihuì	村民委员会	怀集县政府驻地西北部
爱一村委会	Àiyī Cūnwěihuì	村民委员会	怀集县政府驻地西北部
成贤村委会	Chéngxián Cūnwěihuì	村民委员会	怀集县政府驻地西北部
富瑞村委会	Fùruì Cūnwěihuì	村民委员会	怀集县政府驻地西北部
岗脚村委会	Gǎngjiǎo Cūnwěihuì	村民委员会	怀集县政府驻地西北部
和平村委会	Hépíng Cūnwěihuì	村民委员会	怀集县政府驻地西北部
红村村委会	Hóngcūn Cūnwěihuì	村民委员会	怀集县政府驻地西北部
红胜村委会	Hóngshèng Cūnwěihuì	村民委员会	怀集县政府驻地西北部
江山村委会	Jiāngshān Cūnwěihuì	村民委员会	怀集县政府驻地西北部
金吴村委会	Jīnwú Cūnwěihuì	村民委员会	怀集县政府驻地西北部
朗照村委会	Lǎngzhào Cūnwěihuì	村民委员会	怀集县政府驻地西北部
冷坑村委会	Lěngkēng Cūnwěihuì	村民委员会	怀集县政府驻地西北部
龙村村委会	Lóngcūn Cūnwěihuì	村民委员会	怀集县政府驻地西北部
龙岗村委会	Lónggǎng Cūnwěihuì	村民委员会	怀集县政府驻地西北部
楼边村委会	Lóubiān Cūnwěihuì	村民委员会	怀集县政府驻地西北部
熔炉村委会	Rónglú Cūnwěihuì	村民委员会	怀集县政府驻地西北部
三坑村委会	Sānkēng Cūnwěihuì	村民委员会	怀集县政府驻地西北部
上爱村委会	Shàng'ài Cūnwěihuì	村民委员会	怀集县政府驻地西北部
双甘村委会	Shuānggān Cūnwěihuì	村民委员会	怀集县政府驻地西北部
谭福村委会	Tánfú Cūnwěihuì	村民委员会	怀集县政府驻地西北部

（续上表）

标准名称	汉语拼音	地名类别	相对位置
谭庙村委会	Tánmiào Cūnwěihuì	村民委员会	怀集县政府驻地西北部
谭汶村委会	Tánwèn Cūnwěihuì	村民委员会	怀集县政府驻地西北部
谭新村委会	Tánxīn Cūnwěihuì	村民委员会	怀集县政府驻地西北部
田心村委会	Tiánxīn Cūnwěihuì	村民委员会	怀集县政府驻地西北部
桐光村委会	Tóngguāng Cūnwěihuì	村民委员会	怀集县政府驻地西北部
团结村委会	Tuánjié Cūnwěihuì	村民委员会	怀集县政府驻地西北部
五星村委会	Wǔxīng Cūnwěihuì	村民委员会	怀集县政府驻地西北部
西洲村委会	Xīzhōu Cūnwěihuì	村民委员会	怀集县政府驻地西北部
忠诚村委会	Zhōngchéng Cūnwěihuì	村民委员会	怀集县政府驻地西北部
百德村委会	Bǎidé Cūnwěihuì	村民委员会	怀集县政府驻地西北部
洊水村委会	Jiànshuǐ Cūnwěihuì	村民委员会	怀集县政府驻地西北部
大连村委会	Dàlián Cūnwěihuì	村民委员会	怀集县政府驻地西北部
光明村委会	Guāngmíng Cūnwěihuì	村民委员会	怀集县政府驻地西北部
花石村委会	Huāshí Cūnwěihuì	村民委员会	怀集县政府驻地西北部
加德村委会	Jiādé Cūnwěihuì	村民委员会	怀集县政府驻地西北部
栏马村委会	Lánmǎ Cūnwěihuì	村民委员会	怀集县政府驻地西北部
梁村村委会	Liángcūn Cūnwěihuì	村民委员会	怀集县政府驻地西北部
民田村委会	Míntián Cūnwěihuì	村民委员会	怀集县政府驻地西北部
沙宁村委会	Shāníng Cūnwěihuì	村民委员会	怀集县政府驻地西北部
沙田村委会	Shātián Cūnwěihuì	村民委员会	怀集县政府驻地西北部
石矮村委会	Shí'ǎi Cūnwěihuì	村民委员会	怀集县政府驻地西北部
湘田村委会	Xiāngtián Cūnwěihuì	村民委员会	怀集县政府驻地西北部
永红村委会	Yǒnghóng Cūnwěihuì	村民委员会	怀集县政府驻地西北部
永攸村委会	Yǒngyōu Cūnwěihuì	村民委员会	怀集县政府驻地西北部
镇武村委会	Zhènwǔ Cūnwěihuì	村民委员会	怀集县政府驻地西北部
镇兴村委会	Zhènxīng Cūnwěihuì	村民委员会	怀集县政府驻地西北部
蔡屋村委会	Càiwū Cūnwěihuì	村民委员会	怀集县政府驻地西北部
东升村委会	Dōngshēng Cūnwěihuì	村民委员会	怀集县政府驻地西北部
富礼村委会	Fùlǐ Cūnwěihuì	村民委员会	怀集县政府驻地西北部
钢铁村委会	Gāngtiě Cūnwěihuì	村民委员会	怀集县政府驻地西北部

(续上表)

标准名称	汉语拼音	地名类别	相对位置
湖朗村委会	Húlǎng Cūnwěihuì	村民委员会	怀集县政府驻地西北部
金群村委会	Jīnqún Cūnwěihuì	村民委员会	怀集县政府驻地西北部
马宁村委会	Mǎníng Cūnwěihuì	村民委员会	怀集县政府驻地西北部
明星村委会	Míngxīng Cūnwěihuì	村民委员会	怀集县政府驻地西北部
苏沙村委会	Sūshā Cūnwěihuì	村民委员会	怀集县政府驻地西北部
谭播村委会	Tánbō Cūnwěihuì	村民委员会	怀集县政府驻地西北部
塘岗村委会	Tánggǎng Cūnwěihuì	村民委员会	怀集县政府驻地西北部
新龙村委会	Xīnlóng Cūnwěihuì	村民委员会	怀集县政府驻地西北部
姚塘村委会	Yáotáng Cūnwěihuì	村民委员会	怀集县政府驻地西北部
寨村村委会	Zhàicūn Cūnwěihuì	村民委员会	怀集县政府驻地西北部
珠岗村委会	Zhūgǎng Cūnwěihuì	村民委员会	怀集县政府驻地西北部
丰大村委会	Fēngdà Cūnwěihuì	村民委员会	怀集县政府驻地西南部
徐丰村委会	Xúfēng Cūnwěihuì	村民委员会	怀集县政府驻地西南部
保丰村委会	Bǎofēng Cūnwěihuì	村民委员会	怀集县政府驻地西南部
红光村委会	Hóngguāng Cūnwěihuì	村民委员会	怀集县政府驻地西南部
岩旺村委会	Yánwàng Cūnwěihuì	村民委员会	怀集县政府驻地西南部
新宁村委会	Xīnníng Cūnwěihuì	村民委员会	怀集县政府驻地西南部
新平村委会	Xīnpíng Cūnwěihuì	村民委员会	怀集县政府驻地西南部
岑元村委会	Cényuán Cūnwěihuì	村民委员会	怀集县政府驻地西南部
金星村委会	Jīnxīng Cūnwěihuì	村民委员会	怀集县政府驻地西南部
徐安村委会	Xú'ān Cūnwěihuì	村民委员会	怀集县政府驻地西南部
车福村委会	Chēfú Cūnwěihuì	村民委员会	怀集县政府驻地西北部
东西村委会	Dōngxī Cūnwěihuì	村民委员会	怀集县政府驻地西北部
黄翰村委会	Huánghàn Cūnwěihuì	村民委员会	怀集县政府驻地西北部
山奢村委会	Shānshē Cūnwěihuì	村民委员会	怀集县政府驻地西北部
竹六村委会	Zhúliù Cūnwěihuì	村民委员会	怀集县政府驻地西北部
大迳村委会	Dàjìng Cūnwěihuì	村民委员会	怀集县政府驻地西南部
共和村委会	Gònghé Cūnwěihuì	村民委员会	怀集县政府驻地西南部
龙山村委会	Lóngshān Cūnwěihuì	村民委员会	怀集县政府驻地西南部
会龙村委会	Huìlóng Cūnwěihuì	村民委员会	怀集县政府驻地西北部

（续上表）

标准名称	汉语拼音	地名类别	相对位置
李岗村委会	Lǐgǎng Cūnwěihuì	村民委员会	怀集县政府驻地西北部
马岗村委会	Mǎgǎng Cūnwěihuì	村民委员会	怀集县政府驻地西北部
鱼藤村委会	Yúténg Cūnwěihuì	村民委员会	怀集县政府驻地东北部
龙潭村委会	Lóngtán Cūnwěihuì	村民委员会	怀集县政府驻地西北部
蒲洞村委会	Púdòng Cūnwěihuì	村民委员会	怀集县政府驻地东北部
泰东村委会	Tàidōng Cūnwěihuì	村民委员会	怀集县政府驻地西北部
塘头村委会	Tángtóu Cūnwěihuì	村民委员会	怀集县政府驻地西北部
群龙村委会	Qúnlóng Cūnwěihuì	村民委员会	怀集县政府驻地西北部
大成岗村委会	Dàchénggǎng Cūnwěihuì	村民委员会	怀集县政府驻地西北部
坳仔居委会	Àozǎi Jūwěihuì	社区居委会	怀集县政府驻地东南部
永安居委会	Yǒng'ān Jūwěihuì	社区居委会	怀集县政府驻地西部
幸福居委会	Xìngfú Jūwěihuì	社区居委会	怀集县政府驻地东南部
永红居委会	Yǒnghóng Jūwěihuì	社区居委会	怀集县政府驻地东南部
上郭居委会	Shàngguō Jūwěihuì	社区居委会	怀集县政府驻地东南部
河南居委会	Hénán Jūwěihuì	社区居委会	怀集县政府驻地东南部
兴贤居委会	Xìngxián Jūwěihuì	社区居委会	怀集县政府驻地东南部
育秀居委会	Yùxiù Jūwěihuì	社区居委会	怀集县政府驻地东部
文化居委会	Wénhuà Jūwěihuì	社区居委会	怀集县政府驻地东南部
山城居委会	Shānchéng Jūwěihuì	社区居委会	怀集县政府驻地东南部
永光居委会	Yǒngguāng Jūwěihuì	社区居委会	怀集县政府驻地东南部
高第居委会	Gāodì Jūwěihuì	社区居委会	怀集县政府驻地东南部
中洲镇圩镇居委会	Zhōngzhōu Zhèn Xūzhèn Jūwěihuì	社区居委会	怀集县政府驻地正北部
大岗镇大岗圩镇居委会	Dàgǎng Zhèn Dàgǎngxūzhèn Jūwěihuì	社区居委会	怀集县政府驻地西南部
冷坑镇圩镇社区居委会	Lěngkēng Zhèn Xūzhèn Shèqū Jūwěihuì	社区居委会	怀集县政府驻地西北部
梁村镇圩镇居委会	Liángcūn Zhèn Xūzhèn Jūwěihuì	社区居委会	怀集县政府驻地西北部
凤岗圩镇居委会	Fènggǎngxūzhèn Jūwěihuì	社区居委会	怀集县政府驻地东北部
岗坪圩镇居委会	Gǎngpíngxūzhèn Jūwěihuì	社区居委会	怀集县政府驻地西北部

（续上表）

标准名称	汉语拼音	地名类别	相对位置
诗洞镇诗洞圩镇居委会	Shīdòng Zhèn Shīdòngxūzhèn Jūwěihuì	社区居委会	怀集县政府驻地西南部
连麦镇圩镇居委会	Liánmài Zhèn Xūzhèn Jūwěihuì	社区居委会	怀集县政府驻地北部
桥头镇圩镇居委会	Qiáotóu Zhèn Xūzhèn Jūwěihuì	社区居委会	怀集县政府驻地西南部
洽水镇圩镇居委会	Qiàshuǐ Zhèn Xūzhèn Jūwěihuì	社区居委会	怀集县政府驻地东北部

（四）居民点类

标准名称	汉语拼音	地名类别	相对位置
东街	Dōngjiē	城镇	坳仔镇坳仔圩镇居委会
西街	Xījiē	城镇	坳仔镇坳仔圩镇居委会
教师街	Jiàoshījiē	城镇	冷坑镇冷坑圩镇居委会
宁街	Níngjiē	城镇	冷坑镇冷坑圩镇居委会
冷坑镇区东街	Lěngkēngzhènqū Dōngjiē	城镇	冷坑镇冷坑圩镇居委会
岳公	Yuègōng	城镇	冷坑镇冷坑圩镇居委会
冷坑镇区西街	Lěngkēngzhènqū Xījiē	城镇	冷坑镇冷坑圩镇居委会
东兴	Dōngxìng	城镇	梁村镇梁村圩镇居委会
西宁	Xīníng	城镇	梁村镇梁村圩镇居委会
南芬	Nánfēn	城镇	梁村镇梁村圩镇居委会
北平	Běipíng	城镇	梁村镇梁村圩镇居委会
镇兴新村	Zhènxìng Xīncūn	城镇	梁村镇梁村圩镇居委会
泰来圩	Tàiláixū	城镇	中洲镇中洲圩镇居委会
田心	Tiánxīn	城镇	怀城镇育秀居委会
梁屋	Liángwū	城镇	怀城镇育秀居委会
伍屋	Wǔwū	城镇	怀城镇育秀居委会
刘屋	Liúwū	城镇	怀城镇育秀居委会
陈屋塘	Chénwūtáng	城镇	怀城镇育秀居委会
莲花庄	Liánhuāzhuāng	城镇	怀城镇育秀居委会
王屋冲	Wángwūchōng	城镇	怀城镇育秀居委会
圳塘	Zhèntáng	城镇	怀城镇幸福居委会
毓贤	Yùxián	城镇	怀城镇幸福居委会
陈屋	Chénwū	城镇	怀城镇幸福居委会

（续上表）

标准名称	汉语拼音	地名类别	相对位置
金鸡	Jīnjī	城镇	怀城镇幸福居委会
刘屋村	Liúwūcūn	城镇	怀城镇幸福居委会
聂屋村	Nièwūcūn	城镇	怀城镇幸福居委会
凤池	Fèngchí	城镇	怀城镇幸福居委会
新屋村	Xīnwūcūn	城镇	怀城镇幸福居委会
上南巴	Shàngnánbā	城镇	怀城镇兴贤居委会
登云村	Dēngyúncūn	城镇	怀城镇兴贤居委会
席仔坳	Xízǎi'ào	城镇	怀城镇兴贤居委会
官塘村	Guāntángcūn	城镇	怀城镇兴贤居委会
庆贤	Qìngxián	城镇	怀城镇兴贤居委会
仁寿	Rénshòu	城镇	怀城镇兴贤居委会
兴贤	Xìngxián	城镇	怀城镇兴贤居委会
江树仔	Jiāngshùzǎi	城镇	怀城镇兴贤居委会
曲沙	Qǔshā	城镇	怀城镇兴贤居委会
三角塘	Sānjiǎotáng	城镇	怀城镇兴贤居委会
洋塘田	Yángtángtián	城镇	怀城镇兴贤居委会
陂头	Bēitóu	城镇	怀城镇高第居委会
田心	Tiánxīn	城镇	怀城镇高第居委会
上塔	Shàngtǎ	城镇	怀城镇高第居委会
旦家坪	Dànjiāpíng	城镇	怀城镇高第居委会
下塔	Xiàtǎ	城镇	怀城镇高第居委会
松根	Sōnggēn	城镇	怀城镇高第居委会
岗根	Gǎnggēn	城镇	怀城镇高第居委会
恒福时代花园A区	Héngfúshídàihuāyuán A Qū	城镇	怀集县城三江南路8号
锦江新城	Jǐnjiāngxīnchéng	城镇	怀集县城幸福一路
怀集县悦景康城	Huáijí Xiàn Yuèjǐngkāngchéng	城镇	怀集县城金龙二路
黄金海岸	Huángjīnhǎiàn	城镇	怀集县城滨江路
翠湖居A区	Cuìhú Jū A Qū	城镇	怀集县城滨江南路
鸿景城花园	Hóngjǐngchéng Huāyuán	城镇	怀集县城文昌路
畔江花园	Pànjiāng Huāyuán	城镇	怀集县城河南中路

(续上表)

标准名称	汉语拼音	地名类别	相对位置
城市广场	Chéngshìguǎngchǎng	城镇	怀集县城河南中路
金佳花园	Jīnjiā Huāyuán	城镇	怀集县城幸福一路
宏轩花园	Hóngxuān Huāyuán	城镇	怀集县城向群路105号
明珠花园	Míngzhū Huāyuán	城镇	怀集县城工业大道
皇御花园	Huángyù Huāyuán	城镇	怀集县城工业大道
金汇华府	Jīnhuì Huáfǔ	城镇	怀集县城解放北路九巷
汇城豪庭	Huìchéng Háotíng	城镇	怀集县城沿江西路
怀集新城	Huáijí Xīnchéng	城镇	怀集县城沿江西路
凯旋豪庭	Kǎixuán Háotíng	城镇	怀集县城沿江西路
雅豪庭园	Yǎháo Tíngyuán	城镇	怀集县城沿江西路
迪比利豪城	Díbǐlì Háochéng	城镇	怀集县城沿江西路
怀集碧桂园	Huáijí Bìguì Yuán	城镇	怀集县城解放北路
鱼汕	Yúshàn	农村	怀集县政府驻地东北部
利更	Lìgèng	农村	怀集县政府驻地东北部
坑尾寨	Kēngwěizhài	农村	怀集县政府驻地东北部
根竹	Gēnzhú	农村	怀集县政府驻地东北部
黄南洞	Huángnándòng	农村	怀集县政府驻地东北部
长江	Zhǎngjiāng	农村	怀集县政府驻地东北部
水松	Shuǐsōng	农村	怀集县政府驻地东北部
闸下	Zháxià	农村	怀集县政府驻地东北部
庙坪	Miàopíng	农村	怀集县政府驻地东北部
白泡	Báipào	农村	怀集县政府驻地东北部
赖塘	Làitáng	农村	怀集县政府驻地东北部
塘莲	Tánglián	农村	怀集县政府驻地东北部
黄沙	Huángshā	农村	怀集县政府驻地东北部
松崩	Sōngbēng	农村	怀集县政府驻地东北部
高崀洞	Gāolàngdòng	农村	怀集县政府驻地东北部
塘贡坪	Tánggòngpíng	农村	怀集县政府驻地东北部
塘洛	Tángluò	农村	怀集县政府驻地东北部
下伦	Xiàlún	农村	怀集县政府驻地东北部

（续上表）

标准名称	汉语拼音	地名类别	相对位置
蔡塝	Càibàng	农村	怀集县政府驻地东北部
上伦	Shànglún	农村	怀集县政府驻地东北部
大寨	Dàzhài	农村	怀集县政府驻地东北部
李屋	Lǐwū	农村	怀集县政府驻地东北部
蔡屋	Càiwū	农村	怀集县政府驻地东北部
陆屋	Lùwū	农村	怀集县政府驻地东北部
孔洞坑	Kǒngdòngkēng	农村	怀集县政府驻地东北部
罗坑	Luókēng	农村	怀集县政府驻地东北部
罗岗寨	Luógǎngzhài	农村	怀集县政府驻地东北部
大洞田	Dàdòngtián	农村	怀集县政府驻地东北部
新寨岗	Xīnzhàigǎng	农村	怀集县政府驻地东北部
冷水坑	Lěngshuǐkēng	农村	怀集县政府驻地东北部
松江	Sōngjiāng	农村	怀集县政府驻地东北部
月桂	Yuèguì	农村	怀集县政府驻地东北部
罗屋寨	Luówūzhài	农村	怀集县政府驻地东北部
挠拨石	Náobōshí	农村	怀集县政府驻地东北部
大崀	Dàlàng	农村	怀集县政府驻地东北部
东坑塝	Dōngkēngbàng	农村	怀集县政府驻地东北部
长江	Zhǎngjiāng	农村	怀集县政府驻地东北部
石咀	Shíjǔ	农村	怀集县政府驻地东北部
小池	Xiǎochí	农村	怀集县政府驻地东北部
李仔坑	Lǐzǎikēng	农村	怀集县政府驻地东北部
西院	Xīyuàn	农村	怀集县政府驻地东北部
蔡洞坑	Càidòngkēng	农村	怀集县政府驻地东北部
高崀	Gāolàng	农村	怀集县政府驻地东北部
佒仔洞	Yǎozǎidòng	农村	怀集县政府驻地东北部
何木沷	Hémùfǎ	农村	怀集县政府驻地东北部
鸦璘塘	Yālíntáng	农村	怀集县政府驻地东北部
田寮前	Tiánliáoqián	农村	怀集县政府驻地东北部
水埇	Shuǐyǒng	农村	怀集县政府驻地东北部

(续上表)

标准名称	汉语拼音	地名类别	相对位置
世盛	Shìshèng	农村	怀集县政府驻地东北部
田崀	Tiánlàng	农村	怀集县政府驻地东北部
师令冲	Shīlìngchōng	农村	怀集县政府驻地东北部
黄梅洞	Huángméidòng	农村	怀集县政府驻地东北部
腰心洞	Yāoxīndòng	农村	怀集县政府驻地东北部
下寨	Xiàzhài	农村	怀集县政府驻地东北部
上寨	Shàngzhài	农村	怀集县政府驻地东北部
十三坑	Shísānkēng	农村	怀集县政府驻地东北部
石屋坑	Shíwūkēng	农村	怀集县政府驻地东北部
朗坑	Lǎngkēng	农村	怀集县政府驻地东北部
大坑闲	Dàkēngxián	农村	怀集县政府驻地东北部
禾田	Hétián	农村	怀集县政府驻地东北部
白米坪	Báimǐpíng	农村	怀集县政府驻地东北部
蓝盛	Lánshèng	农村	怀集县政府驻地东北部
长塝	Zhǎngbàng	农村	怀集县政府驻地东北部
深坑	Shēnkēng	农村	怀集县政府驻地东北部
杨梅村	Yángméicūn	农村	怀集县政府驻地东北部
江咀	Jiāngjǔ	农村	怀集县政府驻地东北部
大岭	Dàlǐng	农村	怀集县政府驻地东北部
白浆	Báijiāng	农村	怀集县政府驻地东北部
七坑	Qīkēng	农村	怀集县政府驻地东北部
田心	Tiánxīn	农村	怀集县政府驻地东北部
高龙	Gāolóng	农村	怀集县政府驻地东北部
黄沙尾	Huángshāwěi	农村	怀集县政府驻地东北部
丰坪	Fēngpíng	农村	怀集县政府驻地东北部
军洞	Jūndòng	农村	怀集县政府驻地东北部
月下	Yuèxià	农村	怀集县政府驻地东北部
攸备	Yōubèi	农村	怀集县政府驻地东北部
墩头	Dūntóu	农村	怀集县政府驻地东北部
中心	Zhōngxīn	农村	怀集县政府驻地东北部

（续上表）

标准名称	汉语拼音	地名类别	相对位置
坑尾	Kēngwěi	农村	怀集县政府驻地东北部
坑口	Kēngkǒu	农村	怀集县政府驻地东北部
沙浪	Shālàng	农村	怀集县政府驻地东北部
竹头崀	Zhútóulàng	农村	怀集县政府驻地东北部
分坳	Fèn'ào	农村	怀集县政府驻地东北部
大田洲	Dàtiánzhōu	农村	怀集县政府驻地东北部
黄岐朗	Huángqílǎng	农村	怀集县政府驻地东北部
冯屋	Féngwū	农村	怀集县政府驻地东北部
岩前	Yánqián	农村	怀集县政府驻地东北部
庙边	Miàobiān	农村	怀集县政府驻地东北部
天堂	Tiāntáng	农村	怀集县政府驻地东北部
塘岭	Tánglǐng	农村	怀集县政府驻地东北部
旧屋	Jiùwū	农村	怀集县政府驻地东北部
亚洛坑	Yàluòkēng	农村	怀集县政府驻地东北部
新屋	Xīnwū	农村	怀集县政府驻地东北部
榕杵寨	Róngchǔzhài	农村	怀集县政府驻地东北部
豀村	Xīcūn	农村	怀集县政府驻地东北部
江仔头	Jiāngzǎitóu	农村	怀集县政府驻地东北部
松艮江	Sōnggènjiāng	农村	怀集县政府驻地东北部
白石崀	Báishílàng	农村	怀集县政府驻地东北部
新田	Xīntián	农村	怀集县政府驻地东北部
大圳口	Dàzhènkǒu	农村	怀集县政府驻地东北部
茶寮洞	Cháliáodòng	农村	怀集县政府驻地东北部
湖仔岗	Fǎzǎigǎng	农村	怀集县政府驻地东北部
罗屋	Luówū	农村	怀集县政府驻地东北部
黄屋	Huángwū	农村	怀集县政府驻地东北部
梁屋	Liángwū	农村	怀集县政府驻地东北部
田洞心	Tiándòngxīn	农村	怀集县政府驻地东北部
下坪	Xiàpíng	农村	怀集县政府驻地东北部
白竹坪	Báizhúpíng	农村	怀集县政府驻地东北部

(续上表)

标准名称	汉语拼音	地名类别	相对位置
下寨	Xiàzhài	农村	怀集县政府驻地东北部
社背	Shèbèi	农村	怀集县政府驻地东北部
上寨	Shàngzhài	农村	怀集县政府驻地东北部
上坪	Shàngpíng	农村	怀集县政府驻地东北部
鱼龙坪	Yúlóngpíng	农村	怀集县政府驻地东北部
董坪	Dǒngpíng	农村	怀集县政府驻地东北部
车田	Chētián	农村	怀集县政府驻地东北部
浪仔江	Làngzǎijiāng	农村	怀集县政府驻地东北部
鱼石	Yúshí	农村	怀集县政府驻地东北部
隔岗坪	Gégǎngpíng	农村	怀集县政府驻地东北部
寨凹	Zhài'āo	农村	怀集县政府驻地东北部
正洞	Zhèngdòng	农村	怀集县政府驻地东北部
苟尾崀	Gǒuwěilàng	农村	怀集县政府驻地东北部
鱼石	Yúshí	农村	怀集县政府驻地东北部
白犁坪	Báilípíng	农村	怀集县政府驻地东北部
牛燎坑	Niúliáokēng	农村	怀集县政府驻地东北部
旧屋地	Jiùwūdì	农村	怀集县政府驻地东北部
高崀	Gāolàng	农村	怀集县政府驻地东北部
郎尾	Lángwěi	农村	怀集县政府驻地东北部
浪伞	Làngsǎn	农村	怀集县政府驻地东北部
李八	Lǐbā	农村	怀集县政府驻地东北部
大夫洞	Dàfūdòng	农村	怀集县政府驻地东北部
沙坪	Shāpíng	农村	怀集县政府驻地东北部
大岭背	Dàlǐngbèi	农村	怀集县政府驻地东北部
长调	Zhǎngdiào	农村	怀集县政府驻地东北部
坑口	Kēngkǒu	农村	怀集县政府驻地东北部
凹仔	Āozǎi	农村	怀集县政府驻地东北部
界板坑	Jièbǎnkēng	农村	怀集县政府驻地东北部
石角	Shíjiǎo	农村	怀集县政府驻地东北部
坑叉	Kēngchā	农村	怀集县政府驻地东北部

（续上表）

标准名称	汉语拼音	地名类别	相对位置
黄京坑	Huángjīngkēng	农村	怀集县政府驻地东北部
石磴	Shídèng	农村	怀集县政府驻地东北部
分江	Fènjiāng	农村	怀集县政府驻地东北部
新屋	Xīnwū	农村	怀集县政府驻地北部
佛仔	Fózǎi	农村	怀集县政府驻地北部
进下寨	Jìnxiàzhài	农村	怀集县政府驻地北部
黄泥塘	Huángnítáng	农村	怀集县政府驻地北部
刘屋寨	Liúwūzhài	农村	怀集县政府驻地北部
营下	Yíngxià	农村	怀集县政府驻地北部
水下营	Shuǐxiàyíng	农村	怀集县政府驻地北部
大村	Dàcūn	农村	怀集县政府驻地北部
七份龙	Qīfènlóng	农村	怀集县政府驻地北部
龙珠寨	Lóngzhūzhài	农村	怀集县政府驻地北部
邓屋庄	Dèngwūzhuāng	农村	怀集县政府驻地北部
茅舍	Máoshè	农村	怀集县政府驻地北部
木格圩	Mùgéxū	农村	怀集县政府驻地北部
铁炉塘	Tiělútáng	农村	怀集县政府驻地北部
铁场坪	Tiěchǎngpíng	农村	怀集县政府驻地北部
铁场墩	Tiěchǎngdūn	农村	怀集县政府驻地北部
大塝	Dàbàng	农村	怀集县政府驻地北部
梁屋	Liángwū	农村	怀集县政府驻地北部
祝屋	Zhùwū	农村	怀集县政府驻地北部
陈屋	Chénwū	农村	怀集县政府驻地北部
胡屋	Húwū	农村	怀集县政府驻地北部
陈屋垌	Chénwūdòng	农村	怀集县政府驻地北部
庄家寨	Zhuāngjiāzhài	农村	怀集县政府驻地北部
军田	Jūntián	农村	怀集县政府驻地北部
灯心塘	Dēngxīntáng	农村	怀集县政府驻地北部
三坎庄	Sānkǎnzhuāng	农村	怀集县政府驻地北部
覃屋埇	Tánwūyǒng	农村	怀集县政府驻地北部

(续上表)

标准名称	汉语拼音	地名类别	相对位置
黄屋	Huángwū	农村	怀集县政府驻地北部
新寨	Xīnzhài	农村	怀集县政府驻地北部
泰西	Tàixī	农村	怀集县政府驻地北部
旧寨	Jiùzhài	农村	怀集县政府驻地北部
黄花村	Huánghuācūn	农村	怀集县政府驻地北部
仓脚	Cāngjiǎo	农村	怀集县政府驻地北部
潭中	Tánzhōng	农村	怀集县政府驻地北部
刘罗屋	Liúluówū	农村	怀集县政府驻地北部
罗合	Luóhé	农村	怀集县政府驻地北部
城围	Chéngwéi	农村	怀集县政府驻地北部
塘头村	Tángtóucūn	农村	怀集县政府驻地北部
乌石	Wūshí	农村	怀集县政府驻地北部
黄龙	Huánglóng	农村	怀集县政府驻地北部
杨树寨	Yángshùzhài	农村	怀集县政府驻地北部
大寨	Dàzhài	农村	怀集县政府驻地北部
糯塘	Nuòtáng	农村	怀集县政府驻地北部
鱼塘	Yútáng	农村	怀集县政府驻地北部
古城	Gǔchéng	农村	怀集县政府驻地北部
社背	Shèbèi	农村	怀集县政府驻地北部
文屋	Wénwū	农村	怀集县政府驻地北部
石根	Shígēn	农村	怀集县政府驻地北部
塘尾	Tángwěi	农村	怀集县政府驻地北部
大石头	Dàshítóu	农村	怀集县政府驻地北部
郭屋	Guōwū	农村	怀集县政府驻地北部
华坡	Huápō	农村	怀集县政府驻地北部
黄苟	Huánggǒu	农村	怀集县政府驻地北部
香塘	Xiāngtáng	农村	怀集县政府驻地北部
佛仔坳	Fózǎi'ào	农村	怀集县政府驻地北部
红园	Hóngyuán	农村	怀集县政府驻地北部
潭岳	Tányuè	农村	怀集县政府驻地北部

（续上表）

标准名称	汉语拼音	地名类别	相对位置
江湾	Jiāngwān	农村	怀集县政府驻地北部
园珠	Yuánzhū	农村	怀集县政府驻地北部
岗根	Gǎnggēn	农村	怀集县政府驻地北部
华地	Huádì	农村	怀集县政府驻地北部
下富岗	Xiàfùgǎng	农村	怀集县政府驻地北部
观让	Guānràng	农村	怀集县政府驻地北部
邓屋	Dèngwū	农村	怀集县政府驻地北部
桥头	Qiáotóu	农村	怀集县政府驻地北部
贡口	Gòngkǒu	农村	怀集县政府驻地北部
竹寨	Zhúzhài	农村	怀集县政府驻地北部
塘下	Tángxià	农村	怀集县政府驻地北部
青砖寨	Qīngzhuānzhài	农村	怀集县政府驻地北部
岭咀	Lǐngjǔ	农村	怀集县政府驻地北部
山田	Shāntián	农村	怀集县政府驻地北部
井边	Jǐngbiān	农村	怀集县政府驻地北部
岭坳	Lǐng'ào	农村	怀集县政府驻地北部
白莲仔	Báiliánzǎi	农村	怀集县政府驻地北部
山田埇	Shāntiányǒng	农村	怀集县政府驻地北部
新庆村	Xīnqìngcūn	农村	怀集县政府驻地北部
凤屋	Fèngwū	农村	怀集县政府驻地北部
上双学	Shàngshuāngxué	农村	怀集县政府驻地北部
旧屋	Jiùwū	农村	怀集县政府驻地北部
学堂坳	Xuétáng'ào	农村	怀集县政府驻地北部
观地	Guāndì	农村	怀集县政府驻地北部
莫屋	Mòwū	农村	怀集县政府驻地北部
那蓬洲	Nàpéngzhōu	农村	怀集县政府驻地北部
石基	Shíjī	农村	怀集县政府驻地北部
深桥	Shēnqiáo	农村	怀集县政府驻地北部
坑洲	Kēngzhōu	农村	怀集县政府驻地北部
新屋	Xīnwū	农村	怀集县政府驻地北部

(续上表)

标准名称	汉语拼音	地名类别	相对位置
社背	Shèbèi	农村	怀集县政府驻地北部
良贵	Liángguì	农村	怀集县政府驻地北部
庙坑	Miàokēng	农村	怀集县政府驻地北部
蓝坑	Lánkēng	农村	怀集县政府驻地北部
企牛	Qǐniú	农村	怀集县政府驻地北部
双狮寨	Shuāngshīzhài	农村	怀集县政府驻地北部
江仔	Jiāngzǎi	农村	怀集县政府驻地北部
崩堪甬	Bēngkānyǒng	农村	怀集县政府驻地北部
风饭寨	Fēngfànzhài	农村	怀集县政府驻地北部
西南庄	Xīnánzhuāng	农村	怀集县政府驻地北部
白竹	Báizhú	农村	怀集县政府驻地北部
潭中	Tánzhōng	农村	怀集县政府驻地北部
刘罗屋	Liúluówū	农村	怀集县政府驻地北部
罗合	Luóhé	农村	怀集县政府驻地北部
城围	Chéngwéi	农村	怀集县政府驻地北部
塘头村	Tángtóucūn	农村	怀集县政府驻地北部
乌石	Wūshí	农村	怀集县政府驻地北部
黄沙	Huángshā	农村	怀集县政府驻地北部
六我	Liùwǒ	农村	怀集县政府驻地北部
昔明塝	Xīmíngbàng	农村	怀集县政府驻地北部
三步	Sānbù	农村	怀集县政府驻地北部
伍屋	Wǔwū	农村	怀集县政府驻地北部
四姓寨	Sìxìngzhài	农村	怀集县政府驻地北部
石头磊	Shítóulěi	农村	怀集县政府驻地北部
梁屋	Liángwū	农村	怀集县政府驻地北部
水泾	Shuǐjìng	农村	怀集县政府驻地北部
山根	Shāngēn	农村	怀集县政府驻地北部
岗背	Gǎngbèi	农村	怀集县政府驻地北部
田心寨	Tiánxīnzhài	农村	怀集县政府驻地北部
大塘	Dàtáng	农村	怀集县政府驻地北部

（续上表）

标准名称	汉语拼音	地名类别	相对位置
草岗	Cǎogǎng	农村	怀集县政府驻地西北部
中官	Zhōngguān	农村	怀集县政府驻地西北部
村仔	Cūnzǎi	农村	怀集县政府驻地西北部
坑基	Kēngjī	农村	怀集县政府驻地西北部
塘头	Tángtóu	农村	怀集县政府驻地西北部
新更	Xīngèng	农村	怀集县政府驻地西北部
龙田	Lóngtián	农村	怀集县政府驻地西北部
均正	Jūnzhèng	农村	怀集县政府驻地西北部
水口村	Shuǐkǒucūn	农村	怀集县政府驻地西北部
红尾	Hóngwěi	农村	怀集县政府驻地西北部
为干	Wéigàn	农村	怀集县政府驻地西北部
水坎	Shuǐkǎn	农村	怀集县政府驻地西北部
古道	Gǔdào	农村	怀集县政府驻地西北部
水行	Shuǐháng	农村	怀集县政府驻地西北部
大元一	Dàyuányī	农村	怀集县政府驻地西北部
大元二	Dàyuán'èr	农村	怀集县政府驻地西北部
连溪	Liánxī	农村	怀集县政府驻地西北部
井盐	Jǐngyán	农村	怀集县政府驻地西北部
庙角	Miàojiǎo	农村	怀集县政府驻地西北部
大田	Dàtián	农村	怀集县政府驻地西北部
大厅	Dàtīng	农村	怀集县政府驻地西北部
四房一	Sìfángyī	农村	怀集县政府驻地西北部
四房二	Sìfáng'èr	农村	怀集县政府驻地西北部
官屋一村	Guānwūyīcūn	农村	怀集县政府驻地西北部
邬颈村	Wūjǐngcūn	农村	怀集县政府驻地西北部
官屋二村	Guānwū'èrcūn	农村	怀集县政府驻地西北部
石灰冲	Shíhuīchōng	农村	怀集县政府驻地东北部
带头坪	Dàitóupíng	农村	怀集县政府驻地东北部
梨山寨	Líshānzhài	农村	怀集县政府驻地东北部
坑墈	Kēngkàn	农村	怀集县政府驻地东北部

(续上表)

标准名称	汉语拼音	地名类别	相对位置
祐塘埇	Yòutángyǒng	农村	怀集县政府驻地东北部
沙崀	Shālàng	农村	怀集县政府驻地东北部
朗尾	Lǎngwěi	农村	怀集县政府驻地东北部
水过浪	Shuǐguòlàng	农村	怀集县政府驻地东北部
桐油	Tóngyóu	农村	怀集县政府驻地东北部
桐仔田	Tóngzǎitián	农村	怀集县政府驻地东北部
路塝	Lùbàng	农村	怀集县政府驻地东北部
竹园峒	Zhúyuándòng	农村	怀集县政府驻地东北部
径口铺	Jìngkǒupù	农村	怀集县政府驻地东北部
寨脚下	Zhàijiǎoxià	农村	怀集县政府驻地东北部
塝坪	Bàngpíng	农村	怀集县政府驻地东北部
堂下屋	Tángxiàwū	农村	怀集县政府驻地东北部
何木埇	Hémùyǒng	农村	怀集县政府驻地东北部
带头	Dàitóu	农村	怀集县政府驻地东北部
民义	Mínyì	农村	怀集县政府驻地东北部
田崀	Tiánlàng	农村	怀集县政府驻地东北部
篱更	Lígèng	农村	怀集县政府驻地东北部
高纠	Gāojiū	农村	怀集县政府驻地东北部
岗根塝	Gǎnggēnbàng	农村	怀集县政府驻地东北部
小份	Xiǎofèn	农村	怀集县政府驻地东北部
鱼尾	Yúwěi	农村	怀集县政府驻地东北部
寨坪	Zhàipíng	农村	怀集县政府驻地东北部
山埂	Shāngěng	农村	怀集县政府驻地东北部
黄峒坪	Huángdòngpíng	农村	怀集县政府驻地东北部
黄峒坑	Huángdòngkēng	农村	怀集县政府驻地东北部
鸡脚崀	Jījiǎolàng	农村	怀集县政府驻地东北部
史屋	Shǐwū	农村	怀集县政府驻地东北部
段顶	Duàndǐng	农村	怀集县政府驻地东北部
黄泥塘	Huángnítáng	农村	怀集县政府驻地东北部
邓屋坑	Dèngwūkēng	农村	怀集县政府驻地东北部

（续上表）

标准名称	汉语拼音	地名类别	相对位置
斗贡崀	Dòugònglàng	农村	怀集县政府驻地东北部
斗贡	Dòugòng	农村	怀集县政府驻地东北部
大浪坪	Dàlàngpíng	农村	怀集县政府驻地东北部
庙沙	Miàoshā	农村	怀集县政府驻地东北部
唐屋	Tángwū	农村	怀集县政府驻地东北部
排楼岗	Páilóugǎng	农村	怀集县政府驻地东北部
雷春江	Léichūnjiāng	农村	怀集县政府驻地东北部
佛仔坑	Fózǎikēng	农村	怀集县政府驻地东北部
凤岗洞	Fènggǎngdòng	农村	怀集县政府驻地东北部
梁屋墩	Liángwūdūn	农村	怀集县政府驻地东北部
红寨	Hóngzhài	农村	怀集县政府驻地东北部
映埇	Yìngyǒng	农村	怀集县政府驻地东北部
苏头坪	Sūtóupíng	农村	怀集县政府驻地东北部
岗树氹	Gǎngshùdàng	农村	怀集县政府驻地东北部
油坑塝	Yóukēngbàng	农村	怀集县政府驻地东北部
大洼塝	Dàwābàng	农村	怀集县政府驻地东北部
钱屋	Qiánwū	农村	怀集县政府驻地东北部
新乡	Xīnxiāng	农村	怀集县政府驻地东北部
雷屋塝	Léiwūbàng	农村	怀集县政府驻地东北部
社坑口	Shèkēngkǒu	农村	怀集县政府驻地东北部
深洞坑	Shēndòngkēng	农村	怀集县政府驻地东北部
豆腐磨塘	Dòufǔmótáng	农村	怀集县政府驻地东北部
朗坑	Lǎngkēng	农村	怀集县政府驻地东北部
上寨	Shàngzhài	农村	怀集县政府驻地东北部
塘诺	Tángnuò	农村	怀集县政府驻地东北部
佳近坪	Jiājìnpíng	农村	怀集县政府驻地东北部
田螺寨	Tiánluózhài	农村	怀集县政府驻地东北部
新寨	Xīnzhài	农村	怀集县政府驻地东北部
田崀	Tiánlàng	农村	怀集县政府驻地东北部
深坑	Shēnkēng	农村	怀集县政府驻地东北部

(续上表)

标准名称	汉语拼音	地名类别	相对位置
大坪坑	Dàpíngkēng	农村	怀集县政府驻地东北部
坳头	Àotóu	农村	怀集县政府驻地东北部
新田崀	Xīntiánlàng	农村	怀集县政府驻地东北部
庙咀	Miàojǔ	农村	怀集县政府驻地东北部
大崀	Dàlàng	农村	怀集县政府驻地东北部
上磴	Shàngdèng	农村	怀集县政府驻地东北部
陈屋	Chénwū	农村	怀集县政府驻地东北部
竹庄	Zhúzhuāng	农村	怀集县政府驻地东北部
岗仔墩	Gǎngzǎidūn	农村	怀集县政府驻地东北部
桃花寨	Táohuāzhài	农村	怀集县政府驻地东北部
登田坪	Dēngtiánpíng	农村	怀集县政府驻地东北部
罗汉堂	Luóhàntáng	农村	怀集县政府驻地东北部
黄屋寨	Huángwūzhài	农村	怀集县政府驻地东北部
根竹	Gēnzhú	农村	怀集县政府驻地东北部
庙前坪	Miàoqiánpíng	农村	怀集县政府驻地东北部
桃花村	Táohuācūn	农村	怀集县政府驻地东北部
高崀	Gāolàng	农村	怀集县政府驻地东北部
田心坪	Tiánxīnpíng	农村	怀集县政府驻地东北部
凤岗旧圩	Fènggǎngjiùxū	农村	怀集县政府驻地东北部
佛仔垌	Fózǎidòng	农村	怀集县政府驻地东北部
黄竹埇	Huángzhúyǒng	农村	怀集县政府驻地东北部
力崀	Lìlàng	农村	怀集县政府驻地东北部
高洞寨	Gāodòngzhài	农村	怀集县政府驻地东北部
金龙	Jīnlóng	农村	怀集县政府驻地东北部
庙背	Miàobèi	农村	怀集县政府驻地东北部
坑坪	Kēngpíng	农村	怀集县政府驻地东北部
碲头	Dìtóu	农村	怀集县政府驻地东北部
田庄	Tiánzhuāng	农村	怀集县政府驻地东北部
麻地垌	Mádìdòng	农村	怀集县政府驻地东北部
佑堂	Yòutáng	农村	怀集县政府驻地东北部

（续上表）

标准名称	汉语拼音	地名类别	相对位置
龙屋	Lóngwū	农村	怀集县政府驻地东北部
新屋寨	Xīnwūzhài	农村	怀集县政府驻地东北部
大糯埇	Dànuòyǒng	农村	怀集县政府驻地东北部
热水口	Rèshuǐkǒu	农村	怀集县政府驻地东北部
坑口	Kēngkǒu	农村	怀集县政府驻地东北部
蔡屋	Càiwū	农村	怀集县政府驻地东北部
竹埇	Zhúyǒng	农村	怀集县政府驻地东北部
太平坑	Tàipíngkēng	农村	怀集县政府驻地东北部
上寨村	Shàngzhàicūn	农村	怀集县政府驻地东北部
下寨村	Xiàzhàicūn	农村	怀集县政府驻地东北部
佐坑	Zuǒkēng	农村	怀集县政府驻地东北部
埇口	Yǒngkǒu	农村	怀集县政府驻地东北部
格铳	Géchòng	农村	怀集县政府驻地东北部
上寨	Shàngzhài	农村	怀集县政府驻地东北部
下寨	Xiàzhài	农村	怀集县政府驻地东北部
白坭坑	Báiníkēng	农村	怀集县政府驻地东北部
水口田	Shuǐkǒutián	农村	怀集县政府驻地东北部
田埇口	Tiányǒngkǒu	农村	怀集县政府驻地东北部
庙崀	Miàolàng	农村	怀集县政府驻地东北部
公万崀	Gōngwànlàng	农村	怀集县政府驻地东北部
南枚坑	Nánméikēng	农村	怀集县政府驻地东北部
下腊坑	Xiàlàkēng	农村	怀集县政府驻地东北部
鱼南坪	Yúnánpíng	农村	怀集县政府驻地东北部
六下洲	Liùxiàzhōu	农村	怀集县政府驻地东北部
石磴头	Shídèngtóu	农村	怀集县政府驻地东北部
硖下峒	Xiáxiàdòng	农村	怀集县政府驻地东北部
大良洞	Dàliángdòng	农村	怀集县政府驻地东北部
黄泥洼	Huángníwā	农村	怀集县政府驻地东北部
长埇坑	Chángyǒngkēng	农村	怀集县政府驻地东北部
上腊坑	Shànglàkēng	农村	怀集县政府驻地东北部

(续上表)

标准名称	汉语拼音	地名类别	相对位置
冬笋坑口	Dōngsǔnkēngkǒu	农村	怀集县政府驻地东北部
冬笋坑崆	Dōngsǔnkēngkōng	农村	怀集县政府驻地东北部
李仔崀	Lǐzǎilàng	农村	怀集县政府驻地东北部
大圳口	Dàzhènkǒu	农村	怀集县政府驻地东北部
油榨	Yóuzhà	农村	怀集县政府驻地东北部
盛田	Shèngtián	农村	怀集县政府驻地东北部
亚婆崀	Yàpólàng	农村	怀集县政府驻地东北部
飞水崀	Fēishuǐlàng	农村	怀集县政府驻地东北部
横埇凹	Héngyǒng'āo	农村	怀集县政府驻地东北部
六酱	Liùjiàng	农村	怀集县政府驻地东北部
白沙坪	Báishāpíng	农村	怀集县政府驻地东北部
格坳	Gé'ào	农村	怀集县政府驻地东北部
高活	Gāohuó	农村	怀集县政府驻地东北部
金坪	Jīnpíng	农村	怀集县政府驻地东北部
根竹坪	Gēnzhúpíng	农村	怀集县政府驻地东北部
冲头	Chōngtóu	农村	怀集县政府驻地东北部
叉口	Chākǒu	农村	怀集县政府驻地东北部
横坑	Héngkēng	农村	怀集县政府驻地东北部
寨塝	Zhàibàng	农村	怀集县政府驻地东北部
大夫垌	Dàfūdòng	农村	怀集县政府驻地东北部
刘屋	Liúwū	农村	怀集县政府驻地东北部
木荫	Mùyīn	农村	怀集县政府驻地东北部
山咀坪	Shānjǔpíng	农村	怀集县政府驻地东北部
太平坑	Tàipíngkēng	农村	怀集县政府驻地东北部
枫万埇	Fēngwànyǒng	农村	怀集县政府驻地东北部
庙背崀	Miàobèilàng	农村	怀集县政府驻地东北部
白石塝	Báishíbàng	农村	怀集县政府驻地东北部
则塝田	Zébàngtián	农村	怀集县政府驻地东北部
大梨根	Dàlígēn	农村	怀集县政府驻地东北部
波澜	Bōlán	农村	怀集县政府驻地东北部

（续上表）

标准名称	汉语拼音	地名类别	相对位置
沙崀	Shālàng	农村	怀集县政府驻地东北部
双凤坪	Shuāngfēngpíng	农村	怀集县政府驻地东北部
新寨	Xīnzhài	农村	怀集县政府驻地东北部
马池坪	Mǎchípíng	农村	怀集县政府驻地东北部
荔枝江咀	Lìzhījiāngjǔ	农村	怀集县政府驻地东北部
大塘	Dàtáng	农村	怀集县政府驻地东北部
高屋	Gāowū	农村	怀集县政府驻地东北部
邓屋	Dèngwū	农村	怀集县政府驻地东北部
对崀	Duìlàng	农村	怀集县政府驻地东北部
塘坪	Tángpíng	农村	怀集县政府驻地东北部
鱼坪洞	Yúpíngdòng	农村	怀集县政府驻地东北部
黄麻塝	Huángmábàng	农村	怀集县政府驻地东北部
瓦泄	Wǎxiè	农村	怀集县政府驻地东北部
坑口	Kēngkǒu	农村	怀集县政府驻地东北部
黄屋	Huángwū	农村	怀集县政府驻地东北部
莫屋	Mòwū	农村	怀集县政府驻地东北部
高吊坑	Gāodiàokēng	农村	怀集县政府驻地东北部
邓屋	Dèngwū	农村	怀集县政府驻地东北部
大坡	Dàpō	农村	怀集县政府驻地东北部
大段田	Dàduàntián	农村	怀集县政府驻地东北部
鱼汕	Yúshàn	农村	怀集县政府驻地东北部
杨力田	Yánglìtián	农村	怀集县政府驻地西北部
油崀	Yóulàng	农村	怀集县政府驻地西北部
塘仔头	Tángzǎitóu	农村	怀集县政府驻地西北部
墩头田	Dūntóutián	农村	怀集县政府驻地西北部
观仓坪	Guāncāngpíng	农村	怀集县政府驻地西北部
荣埇	Róngyǒng	农村	怀集县政府驻地西北部
有成铺	Yǒuchéngpù	农村	怀集县政府驻地西北部
罗村田	Luócūntián	农村	怀集县政府驻地西北部
牛头峙	Niútóuzhì	农村	怀集县政府驻地西北部

（续上表）

标准名称	汉语拼音	地名类别	相对位置
三姓庙	Sānxìngmiào	农村	怀集县政府驻地西北部
大门楼	Dàménlóu	农村	怀集县政府驻地西北部
黄泥塘	Huángnítáng	农村	怀集县政府驻地西北部
阶洞寨	Jiēdòngzhài	农村	怀集县政府驻地西北部
塘埇	Tángyǒng	农村	怀集县政府驻地西北部
荷木坪	Hémùpíng	农村	怀集县政府驻地西北部
横塘	Héngtáng	农村	怀集县政府驻地西北部
新教	Xīnjiào	农村	怀集县政府驻地西北部
庙前洞	Miàoqiándòng	农村	怀集县政府驻地西北部
车头埇	Chētóuyǒng	农村	怀集县政府驻地西北部
根竹	Gēnzhú	农村	怀集县政府驻地西北部
石巷口	Shíxiàngkǒu	农村	怀集县政府驻地西北部
黄落	Huángluò	农村	怀集县政府驻地西北部
石巷	Shíxiàng	农村	怀集县政府驻地西北部
桂花	Guìhuā	农村	怀集县政府驻地西北部
社由	Shèyóu	农村	怀集县政府驻地西北部
鸡笼坪	Jīlóngpíng	农村	怀集县政府驻地西北部
坑口	Kēngkǒu	农村	怀集县政府驻地西北部
下石巷	Xiàshíxiàng	农村	怀集县政府驻地西北部
荷木坐	Hémùtáng	农村	怀集县政府驻地西北部
学堂墩	Xuétángdūn	农村	怀集县政府驻地西北部
芦笛	Lúdí	农村	怀集县政府驻地西北部
高带	Gāodài	农村	怀集县政府驻地西北部
新坑	Xīnkēng	农村	怀集县政府驻地西北部
社心	Shèxīn	农村	怀集县政府驻地西北部
带头尾	Dàitóuwěi	农村	怀集县政府驻地西北部
蓝岗垌	Lángǎngdòng	农村	怀集县政府驻地西北部
仕儒坑口	Shìrúkēngkǒu	农村	怀集县政府驻地西北部
仕儒尾	Shìrúwěi	农村	怀集县政府驻地西北部
茶坑	Chákēng	农村	怀集县政府驻地西北部

（续上表）

标准名称	汉语拼音	地名类别	相对位置
王洞村	Wángdòngcūn	农村	怀集县政府驻地西北部
观冲坪	Guānchōngpíng	农村	怀集县政府驻地西北部
下坳洞	Xià'àodòng	农村	怀集县政府驻地西北部
石带	Shídài	农村	怀集县政府驻地西北部
庙洞	Miàodòng	农村	怀集县政府驻地西北部
黄界坑	Huángjièkēng	农村	怀集县政府驻地西北部
南田洞	Nántiándòng	农村	怀集县政府驻地西北部
过路朗	Guòlùlǎng	农村	怀集县政府驻地西北部
禾仓洞	Hécāngdòng	农村	怀集县政府驻地西北部
荷木塝	Hémùbàng	农村	怀集县政府驻地西北部
上洞	Shàngdòng	农村	怀集县政府驻地西北部
佛仔崀	Fózǎilàng	农村	怀集县政府驻地西北部
麦池塘	Màichítáng	农村	怀集县政府驻地西北部
社墩	Shèdūn	农村	怀集县政府驻地西北部
黄梅岗	Huángméigǎng	农村	怀集县政府驻地西北部
岗咀坪	Gǎngjǔpíng	农村	怀集县政府驻地西北部
丹竹洲	Dānzhúzhōu	农村	怀集县政府驻地西北部
深塘	Shēntáng	农村	怀集县政府驻地西北部
鱼交塘	Yújiāotáng	农村	怀集县政府驻地西北部
官路塘	Guānlùtáng	农村	怀集县政府驻地西北部
黄四埇	Huángsìyǒng	农村	怀集县政府驻地西北部
莫塘	Mòtáng	农村	怀集县政府驻地西北部
新屋	Xīnwū	农村	怀集县政府驻地西北部
回龙村	Huílóngcūn	农村	怀集县政府驻地西南部
同古美	Tónggǔměi	农村	怀集县政府驻地西南部
孟子寨	Mèngzǐzhài	农村	怀集县政府驻地西南部
大罗屋	Dàluówū	农村	怀集县政府驻地西南部
罗屋	Luówū	农村	怀集县政府驻地西南部
罗吴	Luówú	农村	怀集县政府驻地西南部
园珠村	Yuánzhūcūn	农村	怀集县政府驻地西南部

(续上表)

标准名称	汉语拼音	地名类别	相对位置
礼朝	Lǐcháo	农村	怀集县政府驻地西南部
中村	Zhōngcūn	农村	怀集县政府驻地西南部
地黎	Dìlí	农村	怀集县政府驻地西南部
白石	Báishí	农村	怀集县政府驻地西南部
姓罗	Xìngluó	农村	怀集县政府驻地西南部
芦花墩	Lúhuādūn	农村	怀集县政府驻地西南部
中村新屋	Zhōngcūnxīnwū	农村	怀集县政府驻地西南部
地黎新屋	Dìlíxīnwū	农村	怀集县政府驻地西南部
陈屋	Chénwū	农村	怀集县政府驻地西南部
灵蕴	Língyùn	农村	怀集县政府驻地西南部
长宁	Zhǎngníng	农村	怀集县政府驻地西南部
地亭	Dìtíng	农村	怀集县政府驻地西南部
长淋	Zhǎnglín	农村	怀集县政府驻地西南部
旧屋岭	Jiùwūlǐng	农村	怀集县政府驻地西南部
岗仔	Gǎngzǎi	农村	怀集县政府驻地西南部
大浪	Dàlàng	农村	怀集县政府驻地西南部
隔塘	Gétáng	农村	怀集县政府驻地西南部
簕竹寨	Lèzhúzhài	农村	怀集县政府驻地西南部
岭端	Lǐngduān	农村	怀集县政府驻地西南部
王六	Wángliù	农村	怀集县政府驻地西南部
马头寨	Mǎtóuzhài	农村	怀集县政府驻地西南部
仁里居	Rénlǐjū	农村	怀集县政府驻地西南部
秀仁里	Xiùrénlǐ	农村	怀集县政府驻地西南部
上郭居	Shàngguōjū	农村	怀集县政府驻地西南部
书房	Shūfáng	农村	怀集县政府驻地西南部
利屋	Lìwū	农村	怀集县政府驻地西南部
大客	Dàkè	农村	怀集县政府驻地西南部
元青	Yuánqīng	农村	怀集县政府驻地西南部
老中	Lǎozhōng	农村	怀集县政府驻地西南部
岗头咀	Gǎngtóujǔ	农村	怀集县政府驻地西南部

（续上表）

标准名称	汉语拼音	地名类别	相对位置
寨心村	Zhàixīncūn	农村	怀集县政府驻地西南部
老彭	Lǎopéng	农村	怀集县政府驻地西南部
龙青	Lóngqīng	农村	怀集县政府驻地西南部
高车	Gāochē	农村	怀集县政府驻地西南部
罗岗	Luógǎng	农村	怀集县政府驻地西南部
下寨	Xiàzhài	农村	怀集县政府驻地西南部
榄仔园	Lǎnzǎiyuán	农村	怀集县政府驻地西南部
文林村	Wénlíncūn	农村	怀集县政府驻地西南部
谢屋	Xièwū	农村	怀集县政府驻地西南部
格江	Géjiāng	农村	怀集县政府驻地西南部
上寨	Shàngzhài	农村	怀集县政府驻地西南部
沙腾寨	Shāténgzhài	农村	怀集县政府驻地西南部
榄根	Lǎngēn	农村	怀集县政府驻地西南部
珠塘	Zhūtáng	农村	怀集县政府驻地西南部
塘尾	Tángwěi	农村	怀集县政府驻地西南部
莫克	Mòkè	农村	怀集县政府驻地西南部
石山塘	Shíshāntáng	农村	怀集县政府驻地西南部
图巷	Túxiàng	农村	怀集县政府驻地西南部
三丫	Sānyā	农村	怀集县政府驻地西南部
陆屋	Lùwū	农村	怀集县政府驻地西南部
春堪	Chūnkān	农村	怀集县政府驻地西南部
上第塘	Shàngdìtáng	农村	怀集县政府驻地西南部
寨下	Zhàixià	农村	怀集县政府驻地西南部
白屋	Báiwū	农村	怀集县政府驻地西南部
江咀	Jiāngjǔ	农村	怀集县政府驻地西南部
龙郑	Lóngzhèng	农村	怀集县政府驻地西南部
旧庙	Jiùmiào	农村	怀集县政府驻地西南部
江根	Jiānggēn	农村	怀集县政府驻地西南部
旱埇	Hànyǒng	农村	怀集县政府驻地西南部
三丫洞	Sānyādòng	农村	怀集县政府驻地西南部

(续上表)

标准名称	汉语拼音	地名类别	相对位置
佛历	Fólì	农村	怀集县政府驻地西南部
格岗	Gégǎng	农村	怀集县政府驻地西南部
谭播	Tánbō	农村	怀集县政府驻地西南部
埇出屋	Yǒngchūwū	农村	怀集县政府驻地西南部
石杰	Shíjié	农村	怀集县政府驻地西南部
礼潮	Lǐcháo	农村	怀集县政府驻地西南部
利屋	Lìwū	农村	怀集县政府驻地西南部
汶口	Wènkǒu	农村	怀集县政府驻地西南部
新屋	Xīnwū	农村	怀集县政府驻地西南部
老谭	Lǎotán	农村	怀集县政府驻地西南部
南岗村	Nángǎngcūn	农村	怀集县政府驻地西南部
三丫屋	Sānyāwū	农村	怀集县政府驻地西南部
社村	Shècūn	农村	怀集县政府驻地西南部
黄泥赤	Huángníchì	农村	怀集县政府驻地西南部
沙洲	Shāzhōu	农村	怀集县政府驻地西南部
岗坪圩	Gǎngpíngxū	农村	怀集县政府驻地西南部
乌学	Wūxué	农村	怀集县政府驻地西南部
江坳	Jiāng'ào	农村	怀集县政府驻地西南部
沙子	Shāzǐ	农村	怀集县政府驻地西南部
文屋	Wénwū	农村	怀集县政府驻地西南部
大楼	Dàlóu	农村	怀集县政府驻地西南部
雷屋村	Léiwūcūn	农村	怀集县政府驻地西南部
城围	Chéngwéi	农村	怀集县政府驻地西南部
水楼	Shuǐlóu	农村	怀集县政府驻地西南部
新塘	Xīntáng	农村	怀集县政府驻地西南部
下关塘	Xiàguāntáng	农村	怀集县政府驻地西南部
关塘	Guāntáng	农村	怀集县政府驻地西南部
白沙寨	Báishāzhài	农村	怀集县政府驻地西南部
谭道	Tándào	农村	怀集县政府驻地西南部
思学	Sīxué	农村	怀集县政府驻地西南部

（续上表）

标准名称	汉语拼音	地名类别	相对位置
土黄	Tǔhuáng	农村	怀集县政府驻地西南部
弍田	Èrtián	农村	怀集县政府驻地西南部
桐油围	Tóngyóuwéi	农村	怀集县政府驻地西南部
增子桥	Zēngzǐqiáo	农村	怀集县政府驻地西南部
寨破	Zhàipò	农村	怀集县政府驻地西南部
谭铺洲	Tánpùzhōu	农村	怀集县政府驻地西南部
梁屋	Liángwū	农村	怀集县政府驻地西南部
福田村	Fútiáncūn	农村	怀集县政府驻地西南部
塘腰	Tángyāo	农村	怀集县政府驻地西南部
罗孔	Luókǒng	农村	怀集县政府驻地西南部
谭铺	Tánpù	农村	怀集县政府驻地西南部
紫薇村	Zǐwēicūn	农村	怀集县政府驻地西南部
邹屋	Zōuwū	农村	怀集县政府驻地西南部
文达	Wéndá	农村	怀集县政府驻地西南部
水活	Shuǐhuó	农村	怀集县政府驻地西南部
富饶	Fùráo	农村	怀集县政府驻地西南部
西庙旁	Xīmiàopáng	农村	怀集县政府驻地西南部
新寨	Xīnzhài	农村	怀集县政府驻地西南部
庙福公	Miàofúgōng	农村	怀集县政府驻地西南部
黄屋	Huángwū	农村	怀集县政府驻地西南部
旱埇	Hànyǒng	农村	怀集县政府驻地西南部
麦屋	Màiwū	农村	怀集县政府驻地西南部
宾村寨	Bīncūnzhài	农村	怀集县政府驻地西南部
黎村寨	Lícūnzhài	农村	怀集县政府驻地西南部
上寨	Shàngzhài	农村	怀集县政府驻地西南部
上高誉	Shànggāoyù	农村	怀集县政府驻地西南部
步进	Bùjìn	农村	怀集县政府驻地西南部
独木寨	Dúmùzhài	农村	怀集县政府驻地西南部
杨树根	Yángshùgēn	农村	怀集县政府驻地西南部
白碧	Báibì	农村	怀集县政府驻地西南部

（续上表）

标准名称	汉语拼音	地名类别	相对位置
松园	Sōngyuán	农村	怀集县政府驻地西南部
莲塘岗	Liántánggǎng	农村	怀集县政府驻地西南部
龙啟	Lóngqǐ	农村	怀集县政府驻地西南部
黄村	Huángcūn	农村	怀集县政府驻地西南部
瓜地	Guādì	农村	怀集县政府驻地西南部
格塘	Gétáng	农村	怀集县政府驻地西南部
连塘	Liántáng	农村	怀集县政府驻地西南部
庙背	Miàobèi	农村	怀集县政府驻地东南部
下洞村	Xiàdòngcun	农村	怀集县政府驻地东南部
三洲	Sānzhōu	农村	怀集县政府驻地西南部
山稠	Shānchóu	农村	怀集县政府驻地西南部
荔枝根	Lìzhīgēn	农村	怀集县政府驻地西南部
敢塘	Gǎntáng	农村	怀集县政府驻地西南部
罟塘	Gǔtáng	农村	怀集县政府驻地西南部
下双燕	Xiàshuāngyàn	农村	怀集县政府驻地西南部
双燕	Shuāngyàn	农村	怀集县政府驻地西南部
上双燕	Shàngshuāngyàn	农村	怀集县政府驻地西南部
沙洲	Shāzhōu	农村	怀集县政府驻地西南部
塘尾	Tángwěi	农村	怀集县政府驻地西南部
马良庄	Mǎliángzhuāng	农村	怀集县政府驻地西南部
马贵洲	Mǎguìzhōu	农村	怀集县政府驻地西南部
上石巷	Shàngshíxiàng	农村	怀集县政府驻地东南部
梅坑	Méikēng	农村	怀集县政府驻地东南部
花竹口	Huāzhúkǒu	农村	怀集县政府驻地东南部
石山塝	Shíshānbàng	农村	怀集县政府驻地东南部
狐狸塘	Húlítáng	农村	怀集县政府驻地东南部
鲁塘	Lǔtáng	农村	怀集县政府驻地东南部
梅石	Méishí	农村	怀集县政府驻地东南部
大甘塘	Dàgāntáng	农村	怀集县政府驻地东南部
黄枝塝	Huángzhībàng	农村	怀集县政府驻地东北部

（续上表）

标准名称	汉语拼音	地名类别	相对位置
欧屋	Ōuwū	农村	怀集县政府驻地东北部
油榨	Yóuzhà	农村	怀集县政府驻地东北部
双盘	Shuāngpán	农村	怀集县政府驻地东北部
沙洲寨	Shāzhōuzhài	农村	怀集县政府驻地东北部
坑尾	Kēngwěi	农村	怀集县政府驻地东北部
郭屋	Guōwū	农村	怀集县政府驻地西北部
谭屋	Tánwū	农村	怀集县政府驻地西北部
大塘边	Dàtángbiān	农村	怀集县政府驻地西北部
井边	Jǐngbiān	农村	怀集县政府驻地西北部
寨坣	Zhàitáng	农村	怀集县政府驻地西北部
长园	Chángyuán	农村	怀集县政府驻地西北部
峨眉	Éméi	农村	怀集县政府驻地西北部
新屋	Xīnwū	农村	怀集县政府驻地东北部
双塘	Shuāngtáng	农村	怀集县政府驻地东北部
新兴	Xīnxìng	农村	怀集县政府驻地东北部
陈屋塝	Chénwūbàng	农村	怀集县政府驻地东北部
陈屋	Chénwū	农村	怀集县政府驻地东北部
罗屋	Luówū	农村	怀集县政府驻地东北部
沙牛寨	Shāniúzhài	农村	怀集县政府驻地东北部
桥头	Qiáotóu	农村	怀集县政府驻地东北部
塘基	Tángjī	农村	怀集县政府驻地东北部
文屋	Wénwū	农村	怀集县政府驻地东北部
大洲	Dàzhōu	农村	怀集县政府驻地东北部
塘尾	Tángwěi	农村	怀集县政府驻地东北部
社背	Shèbèi	农村	怀集县政府驻地东北部
高寨	Gāozhài	农村	怀集县政府驻地东北部
小利	Xiǎolì	农村	怀集县政府驻地东北部
何屋	Héwū	农村	怀集县政府驻地东北部
庙背	Miàobèi	农村	怀集县政府驻地东北部
柴岭	Cháilǐng	农村	怀集县政府驻地东北部

(续上表)

标准名称	汉语拼音	地名类别	相对位置
眉田坳	Méitián'ào	农村	怀集县政府驻地西部
塘咀	Tángjǔ	农村	怀集县政府驻地西部
山稠	Shānchóu	农村	怀集县政府驻地西部
渡头	Dùtóu	农村	怀集县政府驻地西部
林屋	Línwū	农村	怀集县政府驻地西部
陆屋	Lùwū	农村	怀集县政府驻地西部
大步	Dàbù	农村	怀集县政府驻地西部
辣仔	Làzǎi	农村	怀集县政府驻地西部
连塘步	Liántángbù	农村	怀集县政府驻地西部
红心	Hóngxīn	农村	怀集县政府驻地西部
塘尾	Tángwěi	农村	怀集县政府驻地西部
下南巴	Xiànánbā	农村	怀集县政府驻地东部
梁屋	Liángwū	农村	怀集县政府驻地东部
龙坪	Lóngpíng	农村	怀集县政府驻地东部
塘内	Tángnèi	农村	怀集县政府驻地东部
青砖塝	Qīngzhuānbàng	农村	怀集县政府驻地东部
白屋庄	Báiwūzhuāng	农村	怀集县政府驻地东北部
谭变	Tánbiàn	农村	怀集县政府驻地东北部
大洞	Dàdòng	农村	怀集县政府驻地东北部
飞凤村	Fēifèngcūn	农村	怀集县政府驻地东北部
云罗	Yúnluó	农村	怀集县政府驻地东北部
四姓	Sìxìng	农村	怀集县政府驻地东北部
中心	Zhōngxīn	农村	怀集县政府驻地东北部
青年	Qīngnián	农村	怀集县政府驻地东北部
茶停	Chátíng	农村	怀集县政府驻地东北部
杨屋	Yángwū	农村	怀集县政府驻地东北部
新屋	Xīnwū	农村	怀集县政府驻地南部
莲池	Liánchí	农村	怀集县政府驻地南部
护龙	Hùlóng	农村	怀集县政府驻地南部
谢屋	Xièwū	农村	怀集县政府驻地南部

（续上表）

标准名称	汉语拼音	地名类别	相对位置
谭铁塘	Tántiětáng	农村	怀集县政府驻地南部
担布塘	Dānbùtáng	农村	怀集县政府驻地南部
苏屋	Sūwū	农村	怀集县政府驻地南部
苍塘	Cāngtáng	农村	怀集县政府驻地南部
陈屋	Chénwū	农村	怀集县政府驻地东南部
盘莲	Pánlián	农村	怀集县政府驻地东南部
冯屋塝	Féngwūbàng	农村	怀集县政府驻地东南部
莫屋	Mòwū	农村	怀集县政府驻地东南部
马岭咀	Mǎlǐngjǔ	农村	怀集县政府驻地东南部
远江庄	Yuǎnjiāngzhuāng	农村	怀集县政府驻地东南部
荔枝崀	Lìzhīlàng	农村	怀集县政府驻地东南部
下洞	Xiàdòng	农村	怀集县政府驻地东南部
羊美庄	Yángměizhuāng	农村	怀集县政府驻地东南部
格坳	Gé'ào	农村	怀集县政府驻地东南部
郑屋	Zhèngwū	农村	怀集县政府驻地东南部
松柏	Sōngbǎi	农村	怀集县政府驻地东南部
松秀	Sōngxiù	农村	怀集县政府驻地东南部
同步石塘下	Tóngbùshítángxià	农村	怀集县政府驻地东南部
同步坑	Tóngbùkēng	农村	怀集县政府驻地东南部
桂花	Guìhuā	农村	怀集县政府驻地东南部
大春	Dàchūn	农村	怀集县政府驻地东南部
芋蛤凹	Yùhá'āo	农村	怀集县政府驻地东南部
庙山	Miàoshān	农村	怀集县政府驻地东南部
莫屋	Mòwū	农村	怀集县政府驻地东南部
龙金	Lóngjīn	农村	怀集县政府驻地东南部
庙塘	Miàotáng	农村	怀集县政府驻地东南部
林屋	Línwū	农村	怀集县政府驻地东南部
力埇	Lìyǒng	农村	怀集县政府驻地东南部
沙松根	Shāsōnggēn	农村	怀集县政府驻地东南部
大平顶	Dàpíngdǐng	农村	怀集县政府驻地东南部

(续上表)

标准名称	汉语拼音	地名类别	相对位置
狮子洞	Shīzǐdòng	农村	怀集县政府驻地东南部
担门堂	Dānméntáng	农村	怀集县政府驻地东南部
过洞	Guòdòng	农村	怀集县政府驻地东南部
中心岭	Zhōngxīnlǐng	农村	怀集县政府驻地东南部
山嘴村	Shānzuǐcūn	农村	怀集县政府驻地东南部
大氹	Dàdàng	农村	怀集县政府驻地东南部
横基	Héngjī	农村	怀集县政府驻地西北部
植屋	Zhíwū	农村	怀集县政府驻地西北部
塘邹	Tángzou	农村	怀集县政府驻地西北部
郑屋	Zhèngwū	农村	怀集县政府驻地西北部
袁屋	Yuánwū	农村	怀集县政府驻地西北部
徐屋	Xúwū	农村	怀集县政府驻地西北部
聂屋	Nièwū	农村	怀集县政府驻地西北部
邓屋	Dèngwū	农村	怀集县政府驻地西北部
施屋	Shīwū	农村	怀集县政府驻地西北部
阮屋	Ruǎnwū	农村	怀集县政府驻地西北部
前进	Qiánjìn	农村	怀集县政府驻地西北部
车田洞	Chētiándòng	农村	怀集县政府驻地西北部
三江口	Sānjiāngkǒu	农村	怀集县政府驻地西北部
长塘	Chángtáng	农村	怀集县政府驻地西北部
契塘	Qìtáng	农村	怀集县政府驻地东南部
杉树崩	Shānshùbēng	农村	怀集县政府驻地东南部
罗佛	Luófó	农村	怀集县政府驻地东南部
木公塘	Mùgōngtáng	农村	怀集县政府驻地东南部
林屋	Línwū	农村	怀集县政府驻地东南部
木格村	Mùgécūn	农村	怀集县政府驻地东南部
扶地水	Fúdìshuǐ	农村	怀集县政府驻地东南部
赤黎	Chìlí	农村	怀集县政府驻地西南部
庙磴	Miàodèng	农村	怀集县政府驻地西南部
双金	Shuāngjīn	农村	怀集县政府驻地西南部

（续上表）

标准名称	汉语拼音	地名类别	相对位置
双金新村	Shuāngjīn Xīncūn	农村	怀集县政府驻地西南部
根竹	Gēnzhú	农村	怀集县政府驻地西南部
庙崀	Miàolàng	农村	怀集县政府驻地西南部
学松	Xuésōng	农村	怀集县政府驻地东南部
石鸡	Shíjī	农村	怀集县政府驻地东南部
凤仪	Fèngyí	农村	怀集县政府驻地东南部
高仪	Gāoyí	农村	怀集县政府驻地东南部
井边	Jǐngbiān	农村	怀集县政府驻地东南部
庙背	Miàobèi	农村	怀集县政府驻地东南部
丰饭	Fēngfàn	农村	怀集县政府驻地东南部
凤队	Fèngduì	农村	怀集县政府驻地东南部
白云庄	Báiyúnzhuāng	农村	怀集县政府驻地东北部
江塝村	Jiāngbàngcūn	农村	怀集县政府驻地东北部
江日村	Jiāngrìcūn	农村	怀集县政府驻地东北部
桥头	Qiáotóu	农村	怀集县政府驻地东北部
江塘村	Jiāngtángcūn	农村	怀集县政府驻地东北部
上高冲	Shànggāochōng	农村	怀集县政府驻地东北部
禾散塝	Hésànbàng	农村	怀集县政府驻地东北部
沙口	Shākǒu	农村	怀集县政府驻地西南部
过路塘	Guòlùtáng	农村	怀集县政府驻地西南部
怀七	Huáiqī	农村	怀集县政府驻地西南部
塘头	Tángtóu	农村	怀集县政府驻地西南部
庙上	Miàoshàng	农村	怀集县政府驻地西南部
庙下	Miàoxià	农村	怀集县政府驻地西南部
下格	Xiàgé	农村	怀集县政府驻地西北部
庙背	Miàobèi	农村	怀集县政府驻地西北部
罗客	Luókè	农村	怀集县政府驻地西北部
横理	Hénglǐ	农村	怀集县政府驻地西北部
上格	Shànggé	农村	怀集县政府驻地西北部
六军	Liùjūn	农村	怀集县政府驻地西北部

(续上表)

标准名称	汉语拼音	地名类别	相对位置
欧屋	Ōuwū	农村	怀集县政府驻地西北部
岭咀	Lǐngjǔ	农村	怀集县政府驻地西北部
田心	Tiánxīn	农村	怀集县政府驻地西北部
环塘	Huántáng	农村	怀集县政府驻地西北部
园咀	Yuánjǔ	农村	怀集县政府驻地西北部
曾屋	Céngwū	农村	怀集县政府驻地西北部
何屋	Héwū	农村	怀集县政府驻地西北部
旧屋地	Jiùwūdì	农村	怀集县政府驻地西南部
狗头	Gǒutóu	农村	怀集县政府驻地西南部
黄屋	Huángwū	农村	怀集县政府驻地西南部
庙崀	Miàolàng	农村	怀集县政府驻地西南部
植屋	Zhíwū	农村	怀集县政府驻地西南部
钱屋	Qiánwū	农村	怀集县政府驻地西南部
罗再	Luózài	农村	怀集县政府驻地西南部
大江脚	Dàjiāngjiǎo	农村	怀集县政府驻地西南部
城脚	Chéngjiǎo	农村	怀集县政府驻地西南部
大巷口	Dàxiàngkǒu	农村	怀集县政府驻地西南部
学田洞	Xuétiándòng	农村	怀集县政府驻地西南部
撒塘凹	Sātáng'āo	农村	怀集县政府驻地西南部
担撒	Dānsā	农村	怀集县政府驻地西南部
棠梨	Tánglí	农村	怀集县政府驻地西南部
大坪	Dàpíng	农村	怀集县政府驻地南部
丰坑	Fēngkēng	农村	怀集县政府驻地南部
旧屋	Jiùwū	农村	怀集县政府驻地南部
边坑	Biānkēng	农村	怀集县政府驻地南部
上思	Shàngsī	农村	怀集县政府驻地南部
宾管	Bīnguǎn	农村	怀集县政府驻地南部
双山	Shuāngshān	农村	怀集县政府驻地南部
六庙塝	Liùmiàobàng	农村	怀集县政府驻地南部
牛屎埇	Niúshǐyǒng	农村	怀集县政府驻地南部

（续上表）

标准名称	汉语拼音	地名类别	相对位置
帽叶	Màoyè	农村	怀集县政府驻地南部
黄羌坪	Huángqiāngpíng	农村	怀集县政府驻地东北部
塘下	Tángxià	农村	怀集县政府驻地东北部
李仔洞	Lǐzǎidòng	农村	怀集县政府驻地东北部
李埇	Lǐyǒng	农村	怀集县政府驻地东北部
格江	Géjiāng	农村	怀集县政府驻地东北部
新屋	Xīnwū	农村	怀集县政府驻地东北部
大路塝	Dàlùbàng	农村	怀集县政府驻地东北部
麻竹坪	Mázhúpíng	农村	怀集县政府驻地东北部
和合	Héhé	农村	怀集县政府驻地东北部
二公埇	Èrgōngyǒng	农村	怀集县政府驻地东北部
祝屋	Zhùwū	农村	怀集县政府驻地东北部
伍屋	Wǔwū	农村	怀集县政府驻地东北部
林屋	Línwū	农村	怀集县政府驻地东北部
麦屋	Màiwū	农村	怀集县政府驻地东北部
合禾	Héhé	农村	怀集县政府驻地东北部
岑屋	Cénwū	农村	怀集县政府驻地东北部
下平庄	Xiàpíngzhuāng	农村	怀集县政府驻地东北部
龙门江	Lóngménjiāng	农村	怀集县政府驻地东北部
上龙门	Shànglóngmén	农村	怀集县政府驻地东北部
坑口	Kēngkǒu	农村	怀集县政府驻地东北部
社墩	Shèdūn	农村	怀集县政府驻地东北部
坡头	Pōtóu	农村	怀集县政府驻地东北部
力塘	Lìtáng	农村	怀集县政府驻地东北部
都步	Dōubù	农村	怀集县政府驻地东北部
红露	Hónglù	农村	怀集县政府驻地西部
罗邓	Luódèng	农村	怀集县政府驻地西部
雨露洞	Yǔlùdòng	农村	怀集县政府驻地西部
连塘	Liántáng	农村	怀集县政府驻地西部
下浪口	Xiàlàngkǒu	农村	怀集县政府驻地西部

(续上表)

标准名称	汉语拼音	地名类别	相对位置
田心	Tiánxīn	农村	怀集县政府驻地西部
旱洞	Hàndòng	农村	怀集县政府驻地西部
桥头	Qiáotóu	农村	怀集县政府驻地西部
大吉洞	Dàjídòng	农村	怀集县政府驻地西部
江咀	Jiāngjǔ	农村	怀集县政府驻地西部
后凹园	Hòu'āoyuán	农村	怀集县政府驻地西部
料屈	Liàoqū	农村	怀集县政府驻地西部
大洼	Dàwā	农村	怀集县政府驻地西部
大沙	Dàshā	农村	怀集县政府驻地西部
社口	Shèkǒu	农村	怀集县政府驻地东北部
路下屋	Lùxiàwū	农村	怀集县政府驻地东北部
社龙	Shèlóng	农村	怀集县政府驻地东北部
埇尾	Yǒngwěi	农村	怀集县政府驻地东北部
沙塘	Shātáng	农村	怀集县政府驻地东北部
地罗	Dìluó	农村	怀集县政府驻地东北部
上刘屋	Shàngliúwū	农村	怀集县政府驻地东北部
刘屋	Liúwū	农村	怀集县政府驻地东北部
牛头岭	Niútóulǐng	农村	怀集县政府驻地东北部
罗龙	Luólóng	农村	怀集县政府驻地东北部
梁屋	Liángwū	农村	怀集县政府驻地东北部
孔屋	Kǒngwū	农村	怀集县政府驻地东北部
武屋	Wǔwū	农村	怀集县政府驻地东北部
官坑	Guānkēng	农村	怀集县政府驻地东北部
何屋	Héwū	农村	怀集县政府驻地东北部
陈屋	Chénwū	农村	怀集县政府驻地东北部
党岭	Dǎnglǐng	农村	怀集县政府驻地西北部
田心	Tiánxīn	农村	怀集县政府驻地西北部
卢屋	Lúwū	农村	怀集县政府驻地西北部
何屋	Héwū	农村	怀集县政府驻地西北部
栓江岭	Shuānjiānglǐng	农村	怀集县政府驻地西北部

（续上表）

标准名称	汉语拼音	地名类别	相对位置
罗播	Luóbō	农村	怀集县政府驻地西北部
黄叶	Huángyè	农村	怀集县政府驻地西北部
埇尾屋	Yǒngwěiwū	农村	怀集县政府驻地西北部
新庄	Xīnzhuāng	农村	怀集县政府驻地东北部
潘屋	Pānwū	农村	怀集县政府驻地东北部
陈屋	Chénwū	农村	怀集县政府驻地东北部
大块面	Dàkuàimiàn	农村	怀集县政府驻地东北部
谢屋洲	Xièwūzhōu	农村	怀集县政府驻地东北部
肥肉	Féiròu	农村	怀集县政府驻地东北部
老鸦	Lǎoyā	农村	怀集县政府驻地东北部
大山	Dàshān	农村	怀集县政府驻地东北部
南坑口	Nánkēngkǒu	农村	怀集县政府驻地东北部
大圳坑	Dàzhènkēng	农村	怀集县政府驻地东北部
寨利塘	Zhàilìtáng	农村	怀集县政府驻地东北部
高寨	Gāozhài	农村	怀集县政府驻地东北部
上浪	Shànglàng	农村	怀集县政府驻地东北部
下浪	Xiàlàng	农村	怀集县政府驻地东北部
山门	Shānmén	农村	怀集县政府驻地东北部
料滩	Liàotān	农村	怀集县政府驻地东北部
陈村	Chéncūn	农村	怀集县政府驻地西北部
顺塘	Shùntáng	农村	怀集县政府驻地西北部
圳口	Zhènkǒu	农村	怀集县政府驻地西北部
蓝坪	Lánpíng	农村	怀集县政府驻地西北部
林屋岭	Línwūlǐng	农村	怀集县政府驻地西北部
鱼崀	Yúlàng	农村	怀集县政府驻地西北部
大塘寮	Dàtángliáo	农村	怀集县政府驻地西北部
象洞涌	Xiàngdòngyǒng	农村	怀集县政府驻地西北部
大墩	Dàdūn	农村	怀集县政府驻地西北部
桃仔坑	Táozǎikēng	农村	怀集县政府驻地西北部
格岗敦	Gégǎngdūn	农村	怀集县政府驻地西北部

（续上表）

标准名称	汉语拼音	地名类别	相对位置
鹤塘	Hètáng	农村	怀集县政府驻地西北部
新屋	Xīnwū	农村	怀集县政府驻地西北部
三斗	Sāndòu	农村	怀集县政府驻地西北部
瑶头埇	Yáotóuyǒng	农村	怀集县政府驻地西北部
下洞	Xiàdòng	农村	怀集县政府驻地西北部
牛岭	Niúlǐng	农村	怀集县政府驻地西北部
社坑	Shèkēng	农村	怀集县政府驻地西北部
坑边	Kēngbiān	农村	怀集县政府驻地西北部
上洞	Shàngdòng	农村	怀集县政府驻地西北部
佛仔	Fózǎi	农村	怀集县政府驻地西北部
乌蟋	Wūxī	农村	怀集县政府驻地西北部
台洞	Táidòng	农村	怀集县政府驻地东南部
横当	Héngdāng	农村	怀集县政府驻地东南部
隔江	Géjiāng	农村	怀集县政府驻地东南部
旺牛坑	Wàngniúkēng	农村	怀集县政府驻地东南部
黄塘头	Huángtángtóu	农村	怀集县政府驻地东南部
观美村	Guānměicūn	农村	怀集县政府驻地东南部
黄塘	Huángtáng	农村	怀集县政府驻地东南部
新行埇	Xīnhángyǒng	农村	怀集县政府驻地东南部
三博	Sānbó	农村	怀集县政府驻地东南部
高车	Gāochē	农村	怀集县政府驻地东南部
新屋	Xīnwū	农村	怀集县政府驻地东南部
上苦竹	Shàngkǔzhú	农村	怀集县政府驻地东南部
坪头寨	Píngtóuzhài	农村	怀集县政府驻地东南部
石仔岗	Shízǎigǎng	农村	怀集县政府驻地东南部
桔曲岭	Júqǔlǐng	农村	怀集县政府驻地东南部
坪头庙	Píngtóumiào	农村	怀集县政府驻地东南部
山脚埇	Shānjiǎoyǒng	农村	怀集县政府驻地东南部
黄麻	Huángmá	农村	怀集县政府驻地东南部
大塘	Dàtáng	农村	怀集县政府驻地东南部

(续上表)

标准名称	汉语拼音	地名类别	相对位置
高坡下	Gāopōxià	农村	怀集县政府驻地东南部
军泉	Jūnquán	农村	怀集县政府驻地东南部
蔡屋	Càiwū	农村	怀集县政府驻地东南部
大坳江	Dà'àojiāng	农村	怀集县政府驻地东南部
社崀	Shèlàng	农村	怀集县政府驻地东南部
集脚	Jíjiǎo	农村	怀集县政府驻地东南部
车田	Chētián	农村	怀集县政府驻地东南部
过水步	Guòshuǐbù	农村	怀集县政府驻地东南部
小花寨	Xiǎohuāzhài	农村	怀集县政府驻地东南部
龙塘口	Lóngtángkǒu	农村	怀集县政府驻地东南部
白坟前	Báifénqián	农村	怀集县政府驻地东南部
马屋	Mǎwū	农村	怀集县政府驻地东北部
黄屋	Huángwū	农村	怀集县政府驻地东北部
梁屋	Liángwū	农村	怀集县政府驻地东北部
庙咀	Miàojǔ	农村	怀集县政府驻地东北部
横江	Héngjiāng	农村	怀集县政府驻地东北部
根竹	Gēnzhú	农村	怀集县政府驻地东北部
下进瑶	Xiàjìnyáo	农村	怀集县政府驻地东北部
大塘	Dàtáng	农村	怀集县政府驻地东北部
地和	Dìhé	农村	怀集县政府驻地西南部
龙塘	Lóngtáng	农村	怀集县政府驻地西南部
纯阳	Chúnyáng	农村	怀集县政府驻地西南部
新屋	Xīnwū	农村	怀集县政府驻地西南部
庙边	Miàobiān	农村	怀集县政府驻地西南部
禾仓岩	Hécāngyán	农村	怀集县政府驻地西南部
大岗头	Dàgǎngtóu	农村	怀集县政府驻地西南部
上岗头	Shànggǎngtóu	农村	怀集县政府驻地西南部
茶油山	Cháyóushān	农村	怀集县政府驻地西南部
饭池塘	Fànchítáng	农村	怀集县政府驻地西南部
那边岗	Nàbiāngǎng	农村	怀集县政府驻地西南部

（续上表）

标准名称	汉语拼音	地名类别	相对位置
井洞	Jǐngdòng	农村	怀集县政府驻地南部
安壮	Ānzhuàng	农村	怀集县政府驻地西南部
山杵岭	Shānchǔlǐng	农村	怀集县政府驻地西南部
攸发岗	Yōufāgǎng	农村	怀集县政府驻地西南部
盐水村	Yánshuǐcūn	农村	怀集县政府驻地西南部
林村	Líncūn	农村	怀集县政府驻地西南部
高村	Gāocūn	农村	怀集县政府驻地西南部
韬麟	Tāolín	农村	怀集县政府驻地西南部
旧村	Jiùcūn	农村	怀集县政府驻地西南部
石根	Shígēn	农村	怀集县政府驻地西南部
横洞	Héngdòng	农村	怀集县政府驻地西南部
谭徐	Tánxú	农村	怀集县政府驻地西南部
大稔	Dàrěn	农村	怀集县政府驻地西南部
近灯	Jìndēng	农村	怀集县政府驻地西南部
泰山	Tàishān	农村	怀集县政府驻地西南部
有达	Yǒudá	农村	怀集县政府驻地西南部
结炉	Jiélú	农村	怀集县政府驻地西南部
大埇	Dàyǒng	农村	怀集县政府驻地西南部
城围	Chéngwéi	农村	怀集县政府驻地西南部
地罗	Dìluó	农村	怀集县政府驻地西南部
河湴	Hébàn	农村	怀集县政府驻地西南部
旺口	Wàngkǒu	农村	怀集县政府驻地西南部
埇肚	Yǒngdù	农村	怀集县政府驻地西南部
丰田	Fēngtián	农村	怀集县政府驻地西南部
安堂	Āntáng	农村	怀集县政府驻地西南部
木山脚	Mùshānjiǎo	农村	怀集县政府驻地西南部
雅薛	Yǎxuē	农村	怀集县政府驻地西南部
马路	Mǎlù	农村	怀集县政府驻地西南部
徐屋	Xúwū	农村	怀集县政府驻地西南部
瑶堂	Yáotáng	农村	怀集县政府驻地西南部

（续上表）

标准名称	汉语拼音	地名类别	相对位置
桐巷	Tóngxiàng	农村	怀集县政府驻地西南部
大平	Dàpíng	农村	怀集县政府驻地西南部
大岜	Dàlàng	农村	怀集县政府驻地南部
大华	Dàhuá	农村	怀集县政府驻地南部
双模	Shuāngmó	农村	怀集县政府驻地南部
双铁	Shuāngtiě	农村	怀集县政府驻地南部
双龙	Shuānglóng	农村	怀集县政府驻地南部
罗沙	Luóshā	农村	怀集县政府驻地南部
乐特	Lètè	农村	怀集县政府驻地南部
足禾	Zúhé	农村	怀集县政府驻地南部
罗格	Luógé	农村	怀集县政府驻地南部
地企	Dìqǐ	农村	怀集县政府驻地南部
罗辰	Luóchén	农村	怀集县政府驻地南部
圣堂	Shèngtáng	农村	怀集县政府驻地南部
跃进	Yuèjìn	农村	怀集县政府驻地南部
罗舍	Luóshě	农村	怀集县政府驻地南部
茶咀	Chájǔ	农村	怀集县政府驻地南部
双坪	Shuāngpíng	农村	怀集县政府驻地南部
罗马	Luómǎ	农村	怀集县政府驻地南部
罗岜	Luólàng	农村	怀集县政府驻地南部
南厚	Nánhòu	农村	怀集县政府驻地南部
金鸡	Jīnjī	农村	怀集县政府驻地南部
红旗	Hóngqí	农村	怀集县政府驻地南部
罗云	Luóyún	农村	怀集县政府驻地南部
地进小组	Dìjìnxiǎozǔ	农村	怀集县政府驻地南部
永进	Yǒngjìn	农村	怀集县政府驻地南部
永良教师村	Yǒngliángjiàoshīcūn	农村	怀集县政府驻地南部
兰德	Lándé	农村	怀集县政府驻地南部
伦德笃	Lúndédǔ	农村	怀集县政府驻地南部
道水	Dàoshuǐ	农村	怀集县政府驻地南部

(续上表)

标准名称	汉语拼音	地名类别	相对位置
江埇	Jiāngyǒng	农村	怀集县政府驻地南部
丹笃	Dāndǔ	农村	怀集县政府驻地南部
谭龙	Tánlóng	农村	怀集县政府驻地南部
秀袍崀	Xiùpáolàng	农村	怀集县政府驻地南部
金谷	Jīngǔ	农村	怀集县政府驻地南部
天堂岗	Tiāntánggǎng	农村	怀集县政府驻地南部
富笃	Fùdǔ	农村	怀集县政府驻地南部
车陂江	Chēbēijiāng	农村	怀集县政府驻地南部
美租	Měizū	农村	怀集县政府驻地南部
佛凹	Fó'āo	农村	怀集县政府驻地南部
秀袍	Xiùpáo	农村	怀集县政府驻地南部
江珠	Jiāngzhū	农村	怀集县政府驻地南部
糯坑	Nuòkēng	农村	怀集县政府驻地南部
合崀	Hélàng	农村	怀集县政府驻地南部
禾利洞	Hélìdòng	农村	怀集县政府驻地南部
沙角	Shājiǎo	农村	怀集县政府驻地南部
凤坪	Fèngpíng	农村	怀集县政府驻地南部
伯芒底	Bómángdǐ	农村	怀集县政府驻地南部
贤塘	Xiántáng	农村	怀集县政府驻地南部
茶富	Cháfù	农村	怀集县政府驻地南部
伯芒	Bómáng	农村	怀集县政府驻地南部
罗沙	Luóshā	农村	怀集县政府驻地南部
占坑坪	Zhànkēngpíng	农村	怀集县政府驻地南部
高车	Gāochē	农村	怀集县政府驻地南部
大院	Dàyuàn	农村	怀集县政府驻地南部
南寨	Nánzhài	农村	怀集县政府驻地南部
回埇	Huíyǒng	农村	怀集县政府驻地南部
南笠	Nánlì	农村	怀集县政府驻地南部
清水口	Qīngshuǐkǒu	农村	怀集县政府驻地南部
大沙	Dàshā	农村	怀集县政府驻地南部

（续上表）

标准名称	汉语拼音	地名类别	相对位置
老元口	Lǎoyuánkǒu	农村	怀集县政府驻地南部
保福堂	Bǎofútáng	农村	怀集县政府驻地南部
蓝足	Lánzú	农村	怀集县政府驻地南部
道金	Dàojīn	农村	怀集县政府驻地南部
白屋	Báiwū	农村	怀集县政府驻地南部
书崀	Shūlàng	农村	怀集县政府驻地南部
江珠	Jiāngzhū	农村	怀集县政府驻地南部
罗屈	Luóqū	农村	怀集县政府驻地南部
登坑咀	Dēngkēngjǔ	农村	怀集县政府驻地南部
富洞口	Fùdòngkǒu	农村	怀集县政府驻地南部
帆社崀	Fānshèlàng	农村	怀集县政府驻地南部
富街	Fùjiē	农村	怀集县政府驻地南部
略主	Lüèzhǔ	农村	怀集县政府驻地南部
双龙埇	Shuānglóngyǒng	农村	怀集县政府驻地南部
破空	Pòkōng	农村	怀集县政府驻地南部
勤切	Qínqiē	农村	怀集县政府驻地南部
茶坪	Chápíng	农村	怀集县政府驻地南部
崀顶	Làngdǐng	农村	怀集县政府驻地南部
泼水坪	Pōshuǐpíng	农村	怀集县政府驻地南部
保安村	Bǎo'āncūn	农村	怀集县政府驻地南部
大洞	Dàdòng	农村	怀集县政府驻地南部
瓦厂	Wǎchǎng	农村	怀集县政府驻地南部
潘屋	Pānwū	农村	怀集县政府驻地南部
林中	Línzhōng	农村	怀集县政府驻地南部
苍岭	Cānglǐng	农村	怀集县政府驻地南部
江坑	Jiāngkēng	农村	怀集县政府驻地南部
坑顶	Kēngdǐng	农村	怀集县政府驻地南部
白马坑	Báimǎkēng	农村	怀集县政府驻地南部
旁龟田	Pángguītián	农村	怀集县政府驻地南部
半坑	Bànkēng	农村	怀集县政府驻地南部

（续上表）

标准名称	汉语拼音	地名类别	相对位置
富绅洞	Fùshēndòng	农村	怀集县政府驻地南部
岭中	Lǐngzhōng	农村	怀集县政府驻地南部
新田	Xīntián	农村	怀集县政府驻地南部
岭脚	Lǐngjiǎo	农村	怀集县政府驻地南部
和平	Hépíng	农村	怀集县政府驻地南部
大田	Dàtián	农村	怀集县政府驻地南部
竹崀	Zhúlàng	农村	怀集县政府驻地南部
谷仓	Gǔcāng	农村	怀集县政府驻地南部
龙排	Lóngpái	农村	怀集县政府驻地南部
金佛	Jīnfó	农村	怀集县政府驻地南部
金坪	Jīnpíng	农村	怀集县政府驻地南部
傍合	Bànghé	农村	怀集县政府驻地南部
竹坳	Zhú'ào	农村	怀集县政府驻地南部
白石	Báishí	农村	怀集县政府驻地南部
塘尾	Tángwěi	农村	怀集县政府驻地南部
大崀	Dàlàng	农村	怀集县政府驻地南部
地略	Dìlüè	农村	怀集县政府驻地南部
谭美	Tánměi	农村	怀集县政府驻地南部
太平	Tàipíng	农村	怀集县政府驻地南部
罗莫	Luómò	农村	怀集县政府驻地南部
谭发	Tánfā	农村	怀集县政府驻地南部
潭汶	Tánwèn	农村	怀集县政府驻地南部
罗玉	Luóyù	农村	怀集县政府驻地南部
江脚	Jiāngjiǎo	农村	怀集县政府驻地南部
播浪	Bōlàng	农村	怀集县政府驻地南部
乐里	Lèlǐ	农村	怀集县政府驻地南部
王全	Wángquán	农村	怀集县政府驻地南部
旧屋	Jiùwū	农村	怀集县政府驻地南部
亚祝	Yàzhù	农村	怀集县政府驻地南部
伯公	Bógōng	农村	怀集县政府驻地南部

（续上表）

标准名称	汉语拼音	地名类别	相对位置
长埇	Chángyǒng	农村	怀集县政府驻地南部
双迪	Shuāngdí	农村	怀集县政府驻地南部
埇口	Yǒngkǒu	农村	怀集县政府驻地南部
石头滩	Shítóutān	农村	怀集县政府驻地南部
祝公	Zhùgōng	农村	怀集县政府驻地南部
帆社	Fānshè	农村	怀集县政府驻地南部
亚崀	Yàlàng	农村	怀集县政府驻地南部
礼弄	Lǐnòng	农村	怀集县政府驻地南部
罗圣	Luóshèng	农村	怀集县政府驻地南部
红卫村	Hóngwèicūn	农村	怀集县政府驻地南部
多风	Duōfēng	农村	怀集县政府驻地南部
罗严	Luóyán	农村	怀集县政府驻地南部
磅亮咀	Pángliàngzuǐ	农村	怀集县政府驻地南部
华崀	Huálàng	农村	怀集县政府驻地南部
土地么	Tǔdìme	农村	怀集县政府驻地南部
双莫	Shuāngmò	农村	怀集县政府驻地南部
翰室坳	Hànshì'ào	农村	怀集县政府驻地南部
保胜	Bǎoshèng	农村	怀集县政府驻地南部
百古	Bǎigǔ	农村	怀集县政府驻地南部
大屋	Dàwū	农村	怀集县政府驻地南部
罗要	Luóyào	农村	怀集县政府驻地南部
马崀	Mǎlàng	农村	怀集县政府驻地南部
罗孔	Luókǒng	农村	怀集县政府驻地南部
播轴	Bōzhóu	农村	怀集县政府驻地南部
罗对	Luóduì	农村	怀集县政府驻地南部
罗焕	Luóhuàn	农村	怀集县政府驻地南部
播棉	Bōmián	农村	怀集县政府驻地南部
罗汉	Luóhàn	农村	怀集县政府驻地南部
罗中	Luózhōng	农村	怀集县政府驻地南部
寨咀	Zhàijǔ	农村	怀集县政府驻地南部

(续上表)

标准名称	汉语拼音	地名类别	相对位置
罗浮	Luófú	农村	怀集县政府驻地南部
潭梓	Tánzǐ	农村	怀集县政府驻地南部
得凹	Dé'āo	农村	怀集县政府驻地南部
潭康	Tánkāng	农村	怀集县政府驻地南部
罗实	Luóshí	农村	怀集县政府驻地南部
潭星	Tánxīng	农村	怀集县政府驻地南部
芹奄	Qínyǎn	农村	怀集县政府驻地南部
德坳	Dé'ào	农村	怀集县政府驻地南部
芹前	Qínqián	农村	怀集县政府驻地南部
芹华	Qínhuá	农村	怀集县政府驻地南部
新丰	Xīnfēng	农村	怀集县政府驻地南部
凤岗寨	Fènggǎngzhài	农村	怀集县政府驻地南部
亚速	Yàsù	农村	怀集县政府驻地南部
青云	Qīngyún	农村	怀集县政府驻地南部
亚炉	Yàlú	农村	怀集县政府驻地南部
地轴	Dìzhóu	农村	怀集县政府驻地南部
南沙	Nánshā	农村	怀集县政府驻地南部
同味	Tóngwèi	农村	怀集县政府驻地南部
示鱼	Shìyú	农村	怀集县政府驻地南部
江脚	Jiāngjiǎo	农村	怀集县政府驻地南部
宿鸾	Xiǔluán	农村	怀集县政府驻地南部
地堪	Dìkān	农村	怀集县政府驻地南部
帆社	Fānshè	农村	怀集县政府驻地南部
豪播	Háobō	农村	怀集县政府驻地南部
龙堂	Lóngtáng	农村	怀集县政府驻地南部
双吉	Shuāngjí	农村	怀集县政府驻地南部
墟坳	Xū'ào	农村	怀集县政府驻地南部
宿侠	Xiǔxiá	农村	怀集县政府驻地南部
古城	Gǔchéng	农村	怀集县政府驻地南部
亚黎	Yàlí	农村	怀集县政府驻地南部

（续上表）

标准名称	汉语拼音	地名类别	相对位置
双利	Shuānglì	农村	怀集县政府驻地南部
罗脚	Luójiǎo	农村	怀集县政府驻地南部
石咀	Shíjǔ	农村	怀集县政府驻地南部
能永	Néngyǒng	农村	怀集县政府驻地南部
帆禄	Fānlù	农村	怀集县政府驻地南部
双金	Shuāngjīn	农村	怀集县政府驻地南部
岗珠	Gǎngzhū	农村	怀集县政府驻地南部
旺咀	Wàngjǔ	农村	怀集县政府驻地南部
双埯	Shuāng'ǎn	农村	怀集县政府驻地南部
大帆	Dàfān	农村	怀集县政府驻地南部
旺洞	Wàngdòng	农村	怀集县政府驻地南部
崀谢	Làngxiè	农村	怀集县政府驻地南部
富禄村	Fùlùcūn	农村	怀集县政府驻地南部
沙溷	Shāhùn	农村	怀集县政府驻地南部
鹿庵塘	Lù'āntáng	农村	怀集县政府驻地东北部
小峰洞	Xiǎofēngdòng	农村	怀集县政府驻地东北部
龙屋塝	Lóngwūbàng	农村	怀集县政府驻地东北部
徐龙	Xúlóng	农村	怀集县政府驻地东北部
徐屋塝	Xúwūbàng	农村	怀集县政府驻地东北部
新屋	Xīnwū	农村	怀集县政府驻地东北部
台塝	Táibàng	农村	怀集县政府驻地东北部
高坎头	Gāokǎntóu	农村	怀集县政府驻地东北部
石达	Shídá	农村	怀集县政府驻地东北部
大田寨	Dàtiánzhài	农村	怀集县政府驻地东北部
大崀	Dàlàng	农村	怀集县政府驻地东北部
马斯坑	Mǎsīkēng	农村	怀集县政府驻地东北部
彭洞	Péngdòng	农村	怀集县政府驻地东北部
阿屎坳	Āshǐ'ào	农村	怀集县政府驻地东北部
二冲坪	Èrchōngpíng	农村	怀集县政府驻地东北部
金塘坪	Jīntángpíng	农村	怀集县政府驻地东北部

(续上表)

标准名称	汉语拼音	地名类别	相对位置
黑埇	Hēiyǒng	农村	怀集县政府驻地东北部
茶山	Cháshān	农村	怀集县政府驻地东北部
大塝	Dàbàng	农村	怀集县政府驻地东北部
罗车	Luóchē	农村	怀集县政府驻地东北部
坡仔	Pōzǎi	农村	怀集县政府驻地东北部
乔富坪	Qiáofùpíng	农村	怀集县政府驻地东北部
梁屋	Liángwū	农村	怀集县政府驻地东北部
黎屋塝	Líwūbàng	农村	怀集县政府驻地东北部
大路塝	Dàlùbàng	农村	怀集县政府驻地东北部
容屋	Róngwū	农村	怀集县政府驻地东北部
黄牛崀	Huángniúlàng	农村	怀集县政府驻地东北部
丰乐	Fēnglè	农村	怀集县政府驻地东北部
余田坪	Yútiánpíng	农村	怀集县政府驻地东北部
下坳	Xià'ào	农村	怀集县政府驻地东北部
上坑	Shàngkēng	农村	怀集县政府驻地东北部
李坑口	Lǐkēngkǒu	农村	怀集县政府驻地东北部
鸭颈塝	Yājǐngbàng	农村	怀集县政府驻地东北部
根竹塝	Gēnzhúbàng	农村	怀集县政府驻地东北部
余田洞	Yútiándòng	农村	怀集县政府驻地东北部
新寨冈	Xīnzhàigāng	农村	怀集县政府驻地东北部
张屋	Zhāngwū	农村	怀集县政府驻地东北部
军坡	Jūnpō	农村	怀集县政府驻地东北部
陈屋	Chénwū	农村	怀集县政府驻地东北部
杨屋	Yángwū	农村	怀集县政府驻地东北部
大塘	Dàtáng	农村	怀集县政府驻地东北部
护村寨	Hùcūnzhài	农村	怀集县政府驻地东北部
黄屋塝	Huángwūbàng	农村	怀集县政府驻地东北部
深田坑	Shēntiánkēng	农村	怀集县政府驻地东北部
李屋	Lǐwū	农村	怀集县政府驻地东北部
上氹	Shàngdàng	农村	怀集县政府驻地东北部

（续上表）

标准名称	汉语拼音	地名类别	相对位置
石坳	Shí'ào	农村	怀集县政府驻地东北部
黄糯田	Huángnuòtián	农村	怀集县政府驻地东北部
旧屋塝	Jiùwūbàng	农村	怀集县政府驻地东北部
坡头	Pōtóu	农村	怀集县政府驻地东北部
塘下	Tángxià	农村	怀集县政府驻地东北部
龙坑	Lóngkēng	农村	怀集县政府驻地东北部
岑龙	Cénlóng	农村	怀集县政府驻地东北部
岑屋	Cénwū	农村	怀集县政府驻地东北部
新屋	Xīnwū	农村	怀集县政府驻地东北部
尖尾咀	Jiānwěijǔ	农村	怀集县政府驻地东北部
竹洞	Zhúdòng	农村	怀集县政府驻地东北部
沙洲咀	Shāzhōujǔ	农村	怀集县政府驻地东北部
柯木崀	Kēmùlàng	农村	怀集县政府驻地东北部
欧屋	Ōuwū	农村	怀集县政府驻地东北部
李坑尾	Lǐkēngwěi	农村	怀集县政府驻地东北部
庙前埇	Miàoqiányǒng	农村	怀集县政府驻地东北部
沙龙塝	Shālóngbàng	农村	怀集县政府驻地东北部
林屋	Línwū	农村	怀集县政府驻地东北部
丰洞	Fēngdòng	农村	怀集县政府驻地东北部
李屋	Lǐwū	农村	怀集县政府驻地东北部
岭头塘	Lǐngtóutáng	农村	怀集县政府驻地东北部
寨塝	Zhàibàng	农村	怀集县政府驻地东北部
更口	Gèngkǒu	农村	怀集县政府驻地东北部
乌石	Wūshí	农村	怀集县政府驻地东北部
格江	Géjiāng	农村	怀集县政府驻地东北部
罗屋	Luówū	农村	怀集县政府驻地东北部
大平	Dàpíng	农村	怀集县政府驻地东北部
谢屋	Xièwū	农村	怀集县政府驻地东北部
金汶	Jīnwèn	农村	怀集县政府驻地东北部
石仔	Shízǎi	农村	怀集县政府驻地东北部

(续上表)

标准名称	汉语拼音	地名类别	相对位置
田心寨	Tiánxīnzhài	农村	怀集县政府驻地东北部
金鸡	Jīnjī	农村	怀集县政府驻地东北部
公太岽	Gōngtàilàng	农村	怀集县政府驻地东北部
大汶	Dàwèn	农村	怀集县政府驻地东北部
鹏坑	Péngkēng	农村	怀集县政府驻地东北部
桂湖	Guìhú	农村	怀集县政府驻地东北部
坑坪	Kēngpíng	农村	怀集县政府驻地东北部
松冈	Sōnggāng	农村	怀集县政府驻地东北部
麦屋	Màiwū	农村	怀集县政府驻地东北部
竹园	Zhúyuán	农村	怀集县政府驻地东北部
汶塘	Wèntáng	农村	怀集县政府驻地东北部
李坑村	Lǐkēngcūn	农村	怀集县政府驻地东北部
乐洞	Lèdòng	农村	怀集县政府驻地东北部
石陂	Shíbēi	农村	怀集县政府驻地东北部
塘塝	Tángbàng	农村	怀集县政府驻地东北部
上坳	Shàng'ào	农村	怀集县政府驻地东北部
佳交塘	Jiājiāotáng	农村	怀集县政府驻地东南部
鱼㘵塘	Yúǎtáng	农村	怀集县政府驻地东南部
文咀贡	Wénjǔgòng	农村	怀集县政府驻地东南部
木埠口	Mùbùkǒu	农村	怀集县政府驻地东南部
小烈江	Xiǎolièjiāng	农村	怀集县政府驻地东南部
长塘头	Chángtángtóu	农村	怀集县政府驻地东南部
沙塘坑	Shātángkēng	农村	怀集县政府驻地东南部
小竹坪	Xiǎozhúpíng	农村	怀集县政府驻地东南部
下巷	Xiàxiàng	农村	怀集县政府驻地东南部
平头巷	Píngtóuxiàng	农村	怀集县政府驻地东南部
上巷	Shàngxiàng	农村	怀集县政府驻地东南部
学堂坪	Xuétángpíng	农村	怀集县政府驻地东南部
东古咏	Dōnggǔyǒng	农村	怀集县政府驻地东南部
金古寨	Jīngǔzhài	农村	怀集县政府驻地东南部

（续上表）

标准名称	汉语拼音	地名类别	相对位置
五踏屋	Wǔtàwū	农村	怀集县政府驻地东南部
木头朗垒	Mùtóulǎngtáng	农村	怀集县政府驻地东南部
木头朗	Mùtóulǎng	农村	怀集县政府驻地东南部
羊姜坪	Yángjiāngpíng	农村	怀集县政府驻地东南部
罗拱	Luógǒng	农村	怀集县政府驻地东南部
租石坑	Zūshíkēng	农村	怀集县政府驻地东南部
水东坪	Shuǐdōngpíng	农村	怀集县政府驻地东南部
大榄塝	Dàlǎnbàng	农村	怀集县政府驻地东南部
梅洲坪	Méizhōupíng	农村	怀集县政府驻地东南部
租石坑口	Zūshíkēngkǒu	农村	怀集县政府驻地东南部
南塘下	Nántángxià	农村	怀集县政府驻地东南部
寺田尾	Sìtiánwěi	农村	怀集县政府驻地东南部
上左村	Shàngzuǒcūn	农村	怀集县政府驻地东南部
上右村	Shàngyòucūn	农村	怀集县政府驻地东南部
巷口	Xiàngkǒu	农村	怀集县政府驻地东南部
格岗坪	Gégǎngpíng	农村	怀集县政府驻地东南部
邵屋寨	Shàowūzhài	农村	怀集县政府驻地东南部
上坳堂	Shàng'àotáng	农村	怀集县政府驻地东南部
新寨	Xīnzhài	农村	怀集县政府驻地东南部
上洼崀	Shàngwālàng	农村	怀集县政府驻地东南部
下洼崀	Xiàwālàng	农村	怀集县政府驻地东南部
四有堂	Sìyǒutáng	农村	怀集县政府驻地东南部
新屋洞	Xīnwūdòng	农村	怀集县政府驻地东南部
黎屋	Líwū	农村	怀集县政府驻地东南部
大雾坳	Dàwù'ào	农村	怀集县政府驻地东南部
陈屋巷	Chénwūxiàng	农村	怀集县政府驻地东南部
下圳坪	Xiàzhènpíng	农村	怀集县政府驻地东南部
庙下	Miàoxià	农村	怀集县政府驻地东南部
敏朱崀	Mǐnzhūlàng	农村	怀集县政府驻地东南部
洽坑口	Qiàkēngkǒu	农村	怀集县政府驻地东南部

(续上表)

标准名称	汉语拼音	地名类别	相对位置
山厄塘	Shān'ètáng	农村	怀集县政府驻地东南部
仔狗凼	Zǎigǒudàng	农村	怀集县政府驻地东南部
邵屋新村	Shàowū Xīncūn	农村	怀集县政府驻地东南部
朱陆寨	Zhūlùzhài	农村	怀集县政府驻地东南部
龙头	Lóngtóu	农村	怀集县政府驻地东南部
木富坪	Mùfùpíng	农村	怀集县政府驻地东南部
华富洞	Huáfùdòng	农村	怀集县政府驻地东南部
柯木崀	Kēmùlàng	农村	怀集县政府驻地东南部
新塘村	Xīntángcūn	农村	怀集县政府驻地东南部
新塘坑	Xīntángkēng	农村	怀集县政府驻地东南部
马屋	Mǎwū	农村	怀集县政府驻地东南部
太平洞	Tàipíngdòng	农村	怀集县政府驻地东南部
窝盖墩	Wōgàidūn	农村	怀集县政府驻地东南部
三带	Sāndài	农村	怀集县政府驻地东南部
韩屋	Hánwū	农村	怀集县政府驻地东南部
小竹	Xiǎozhú	农村	怀集县政府驻地东南部
斗塘崀	Dòutánglàng	农村	怀集县政府驻地东南部
大崀塝	Dàlàngbàng	农村	怀集县政府驻地东南部
钱右	Qiányòu	农村	怀集县政府驻地东南部
塘虱塘	Tángshītáng	农村	怀集县政府驻地东南部
钱左	Qiánzuǒ	农村	怀集县政府驻地东南部
村前	Cūnqián	农村	怀集县政府驻地东南部
寨下	Zhàixià	农村	怀集县政府驻地东南部
乌石头	Wūshítóu	农村	怀集县政府驻地东南部
谭坑	Tánkēng	农村	怀集县政府驻地东南部
兴隆寨	Xìnglóngzhài	农村	怀集县政府驻地东南部
杉埇	Shānyǒng	农村	怀集县政府驻地东南部
樟油塘	Zhāngyóutáng	农村	怀集县政府驻地东南部
金双塘	Jīnshuāngtáng	农村	怀集县政府驻地东南部
亚拨埇	Yàbōyǒng	农村	怀集县政府驻地东南部

（续上表）

标准名称	汉语拼音	地名类别	相对位置
庙塝	Miàobàng	农村	怀集县政府驻地东南部
塘头凼	Tángtóudàng	农村	怀集县政府驻地东南部
三坑口	Sānkēngkǒu	农村	怀集县政府驻地东南部
鹿像	Lùxiàng	农村	怀集县政府驻地东南部
雨凌坑	Yǔlíngkēng	农村	怀集县政府驻地东南部
富致坪	Fùzhìpíng	农村	怀集县政府驻地东南部
石凹	Shí'āo	农村	怀集县政府驻地东南部
阳地氹	Yángdìdàng	农村	怀集县政府驻地东南部
石塘下	Shítángxià	农村	怀集县政府驻地东南部
石澜	Shílán	农村	怀集县政府驻地东南部
旺村洞	Wàngcūndòng	农村	怀集县政府驻地东南部
柯树坑	Kēshùkēng	农村	怀集县政府驻地东南部
星仔寨	Xīngzǎizhài	农村	怀集县政府驻地东南部
旺村塘下	Wàngcūntángxià	农村	怀集县政府驻地东南部
攸栏洞	Yōulándòng	农村	怀集县政府驻地东南部
杨梅洞	Yángméidòng	农村	怀集县政府驻地东南部
栗仔坪	Lìzǎipíng	农村	怀集县政府驻地东南部
杨梅洲	Yángméizhōu	农村	怀集县政府驻地东南部
大拱洲	Dàgǒngzhōu	农村	怀集县政府驻地东南部
大岗塝	Dàgǎngbàng	农村	怀集县政府驻地东南部
三面崀	Sānmiànlàng	农村	怀集县政府驻地东南部
员岗塘	Yuángǎngtáng	农村	怀集县政府驻地东南部
田庄崀	Tiánzhuānglàng	农村	怀集县政府驻地东南部
麻埂	Mágěng	农村	怀集县政府驻地东南部
峡坑	Xiákēng	农村	怀集县政府驻地东南部
罗密洞	Luómìdòng	农村	怀集县政府驻地东南部
草背崀	Cǎobèilàng	农村	怀集县政府驻地东南部
旧屋塝	Jiùwūbàng	农村	怀集县政府驻地东南部
松岗崀	Sōnggǎnglàng	农村	怀集县政府驻地东南部
木城	Mùchéng	农村	怀集县政府驻地东南部

(续上表)

标准名称	汉语拼音	地名类别	相对位置
蔡屋	Càiwū	农村	怀集县政府驻地东南部
罗密北村	Luómìběicūn	农村	怀集县政府驻地东南部
马脚寨	Mǎjiǎozhài	农村	怀集县政府驻地东南部
新富	Xīnfù	农村	怀集县政府驻地东南部
罗密南村	Luómìnáncūn	农村	怀集县政府驻地东南部
流坑口	Liúkēngkǒu	农村	怀集县政府驻地东南部
和地咀	Hédìjǔ	农村	怀集县政府驻地东南部
过坳塘	Guò'àotáng	农村	怀集县政府驻地东南部
下小布	Xiàxiǎobù	农村	怀集县政府驻地东南部
上小布	Shàngxiǎobù	农村	怀集县政府驻地东南部
华富堂	Huáfùtáng	农村	怀集县政府驻地东南部
明月	Míngyuè	农村	怀集县政府驻地东南部
沙田坑	Shātiánkēng	农村	怀集县政府驻地东南部
东国	Dōngguó	农村	怀集县政府驻地东南部
罗斗塝	Luódòubàng	农村	怀集县政府驻地东南部
员岗头	Yuángǎngtóu	农村	怀集县政府驻地东南部
下屈村	Xiàqūcūn	农村	怀集县政府驻地东南部
竹石坪	Zhúshípíng	农村	怀集县政府驻地东南部
革水坪	Géshuǐpíng	农村	怀集县政府驻地东南部
凤岂	Fèngchǎn	农村	怀集县政府驻地西南部
平沙	Píngshā	农村	怀集县政府驻地西南部
双黎	Shuānglí	农村	怀集县政府驻地西南部
双彩	Shuāngcǎi	农村	怀集县政府驻地西南部
凤坛	Fèngtán	农村	怀集县政府驻地西南部
金龙	Jīnlóng	农村	怀集县政府驻地西南部
李屋	Lǐwū	农村	怀集县政府驻地西南部
凤降	Fèngjiàng	农村	怀集县政府驻地西南部
凤金	Fèngjīn	农村	怀集县政府驻地西南部
金钱	Jīnqián	农村	怀集县政府驻地西南部
油绿	Yóulù	农村	怀集县政府驻地西南部

（续上表）

标准名称	汉语拼音	地名类别	相对位置
麦屋	Màiwū	农村	怀集县政府驻地西南部
两坑	Liǎngkēng	农村	怀集县政府驻地西南部
凤夹	Fèngjiá	农村	怀集县政府驻地西南部
金炉	Jīnlú	农村	怀集县政府驻地西南部
寨心	Zhàixīn	农村	怀集县政府驻地西南部
凤关	Fèngguān	农村	怀集县政府驻地西南部
长洞	Chángdòng	农村	怀集县政府驻地西南部
吴屋	Wúwū	农村	怀集县政府驻地西南部
文良	Wénliáng	农村	怀集县政府驻地西南部
欣降	Xīnjiàng	农村	怀集县政府驻地西南部
陈屋	Chénwū	农村	怀集县政府驻地西南部
黄屋	Huángwū	农村	怀集县政府驻地西南部
白土口	Báitǔkǒu	农村	怀集县政府驻地西南部
天堂	Tiāntáng	农村	怀集县政府驻地西南部
马地	Mǎdì	农村	怀集县政府驻地西南部
岑丕	Cénpī	农村	怀集县政府驻地西南部
双吉	Shuāngjí	农村	怀集县政府驻地西南部
琴报	Qínbào	农村	怀集县政府驻地西南部
双正	Shuāngzhèng	农村	怀集县政府驻地西南部
琴失	Qínshī	农村	怀集县政府驻地西南部
大振	Dàzhèn	农村	怀集县政府驻地西南部
琴皓	Qínhào	农村	怀集县政府驻地西南部
木崀	Mùlàng	农村	怀集县政府驻地西南部
位兴	Wèixìng	农村	怀集县政府驻地西南部
双富	Shuāngfù	农村	怀集县政府驻地西南部
尚岩	Shàngyán	农村	怀集县政府驻地西南部
岑洞	Céndòng	农村	怀集县政府驻地西南部
沉逢	Chénféng	农村	怀集县政府驻地西南部
六幼	Liùyòu	农村	怀集县政府驻地西南部
力甘	Lìgān	农村	怀集县政府驻地西南部

(续上表)

标准名称	汉语拼音	地名类别	相对位置
双笔	Shuāngbǐ	农村	怀集县政府驻地西南部
南利	Nánlì	农村	怀集县政府驻地西南部
大拉	Dàlā	农村	怀集县政府驻地西南部
油担洞	Yóudāndòng	农村	怀集县政府驻地西南部
双文	Shuāngwén	农村	怀集县政府驻地东南部
十二调	Shí'èrdiào	农村	怀集县政府驻地西南部
马盼塘	Mǎpàntáng	农村	怀集县政府驻地西南部
沙劣	Shāliè	农村	怀集县政府驻地西南部
南坑	Nánkēng	农村	怀集县政府驻地西南部
长公潦	Zhǎnggōngliáo	农村	怀集县政府驻地西南部
南坑庙	Nánkēngmiào	农村	怀集县政府驻地西南部
近青屋	Jìnqīngwū	农村	怀集县政府驻地西南部
坪岗	Pínggǎng	农村	怀集县政府驻地西南部
大罗坪	Dàluópíng	农村	怀集县政府驻地西南部
田头崀	Tiántóulàng	农村	怀集县政府驻地西南部
黄石脚	Huángshíjiǎo	农村	怀集县政府驻地西南部
林屋	Línwū	农村	怀集县政府驻地西南部
万宁寨	Wànníngzhài	农村	怀集县政府驻地西南部
凤河	Fènghé	农村	怀集县政府驻地西南部
城河	Chénghé	农村	怀集县政府驻地西南部
双坚	Shuāngjiān	农村	怀集县政府驻地西南部
凤琴	Fèngqín	农村	怀集县政府驻地西南部
冯屋	Féngwū	农村	怀集县政府驻地西南部
玉田	Yùtián	农村	怀集县政府驻地西南部
近村	Jìncūn	农村	怀集县政府驻地西南部
双康	Shuāngkāng	农村	怀集县政府驻地西南部
东柏	Dōngbǎi	农村	怀集县政府驻地西南部
凤降	Fèngjiàng	农村	怀集县政府驻地西南部
奇岩	Qíyán	农村	怀集县政府驻地西南部
张屋	Zhāngwū	农村	怀集县政府驻地西南部

（续上表）

标准名称	汉语拼音	地名类别	相对位置
由界村	Yóujiècūn	农村	怀集县政府驻地西南部
道洽	Dàoqià	农村	怀集县政府驻地西南部
南仁坑	Nánrénkēng	农村	怀集县政府驻地西南部
云风	Yúnfēng	农村	怀集县政府驻地西南部
南洲	Nánzhōu	农村	怀集县政府驻地西南部
底圩	Dǐxū	农村	怀集县政府驻地西南部
凤活	Fènghuó	农村	怀集县政府驻地西南部
凤寨	Fèngzhài	农村	怀集县政府驻地西南部
琴冷	Qínlěng	农村	怀集县政府驻地西南部
罗差	Luóchà	农村	怀集县政府驻地西南部
石牛	Shíniú	农村	怀集县政府驻地西南部
绿高	Lǜgāo	农村	怀集县政府驻地西南部
凤屈	Fèngqū	农村	怀集县政府驻地西南部
沉傍	Chénbàng	农村	怀集县政府驻地西南部
地形	Dìxíng	农村	怀集县政府驻地西南部
婆婆洞	Pópódòng	农村	怀集县政府驻地西南部
六近	Liùjìn	农村	怀集县政府驻地西南部
黄村	Huángcūn	农村	怀集县政府驻地西南部
有兴	Yǒuxìng	农村	怀集县政府驻地西南部
凤城	Fèngchéng	农村	怀集县政府驻地西南部
六弄村	Liùnòngcūn	农村	怀集县政府驻地西南部
由云村	Yóuyúncūn	农村	怀集县政府驻地西南部
钱屋	Qiánwū	农村	怀集县政府驻地西南部
下桌	Xiàzhuō	农村	怀集县政府驻地西南部
龙屋	Lóngwū	农村	怀集县政府驻地西南部
双对	Shuāngduì	农村	怀集县政府驻地西南部
大十	Dàshí	农村	怀集县政府驻地西南部
八斗	Bādǒu	农村	怀集县政府驻地西南部
柏浪	Bǎilàng	农村	怀集县政府驻地西南部
寨西	Zhàixī	农村	怀集县政府驻地西南部

(续上表)

标准名称	汉语拼音	地名类别	相对位置
平沙寨	Píngshāzhài	农村	怀集县政府驻地西南部
石甲	Shíjiǎ	农村	怀集县政府驻地西南部
黄屋	Huángwū	农村	怀集县政府驻地西南部
岑务	Cénwù	农村	怀集县政府驻地西南部
林屋	Línwū	农村	怀集县政府驻地西南部
上桌	Shàngzhuō	农村	怀集县政府驻地西南部
渔汕	Yúshàn	农村	怀集县政府驻地西南部
健体	Jiàntǐ	农村	怀集县政府驻地西南部
为见	Wéijiàn	农村	怀集县政府驻地西南部
植屋	Zhíwū	农村	怀集县政府驻地西南部
平安	Píng'ān	农村	怀集县政府驻地西南部
付良	Fùliáng	农村	怀集县政府驻地西南部
琴华	Qínhuá	农村	怀集县政府驻地西南部
双美	Shuāngměi	农村	怀集县政府驻地西南部
沉弟	Chéndì	农村	怀集县政府驻地西南部
富雅	Fùyǎ	农村	怀集县政府驻地西南部
马迳	Mǎjìng	农村	怀集县政府驻地西南部
六麦	Liùmài	农村	怀集县政府驻地西南部
高运	Gāoyùn	农村	怀集县政府驻地西南部
金楼	Jīnlóu	农村	怀集县政府驻地西南部
双众	Shuāngzhòng	农村	怀集县政府驻地西南部
沉布降	Chénbùjiàng	农村	怀集县政府驻地西南部
美龙	Měilóng	农村	怀集县政府驻地西南部
罗八村	Luóbācūn	农村	怀集县政府驻地西南部
水边	Shuǐbiān	农村	怀集县政府驻地西南部
下索降	Xiàsuǒjiàng	农村	怀集县政府驻地西南部
六钱	Liùqián	农村	怀集县政府驻地西南部
邓坑	Dèngkēng	农村	怀集县政府驻地西南部
洋辣	Yánglà	农村	怀集县政府驻地西南部
沉沙	Chénshā	农村	怀集县政府驻地西南部

（续上表）

标准名称	汉语拼音	地名类别	相对位置
大洼	Dàwā	农村	怀集县政府驻地西南部
云田村	Yúntiáncūn	农村	怀集县政府驻地西南部
大坪	Dàpíng	农村	怀集县政府驻地西南部
富洲	Fùzhōu	农村	怀集县政府驻地西南部
水竹口	Shuǐzhúkǒu	农村	怀集县政府驻地西南部
何屋	Héwū	农村	怀集县政府驻地西南部
大江坪	Dàjiāngpíng	农村	怀集县政府驻地西南部
寮理口	Liáolǐkǒu	农村	怀集县政府驻地西南部
古方坪	Gǔfāngpíng	农村	怀集县政府驻地西南部
佛仔	Fózǎi	农村	怀集县政府驻地西南部
黄坭界	Huángníjiè	农村	怀集县政府驻地西南部
白云庵	Báiyún'ān	农村	怀集县政府驻地西南部
大坑	Dàkēng	农村	怀集县政府驻地西南部
大路江	Dàlùjiāng	农村	怀集县政府驻地西南部
黄学堂	Huángxuétáng	农村	怀集县政府驻地西南部
范屋	Fànwū	农村	怀集县政府驻地西南部
大塘	Dàtáng	农村	怀集县政府驻地西南部
文告咀	Wéngàojǔ	农村	怀集县政府驻地西南部
琴模	Qínmó	农村	怀集县政府驻地西南部
双龙村	Shuānglóngcūn	农村	怀集县政府驻地西南部
沉除屈	Chénchúqū	农村	怀集县政府驻地西南部
琴合	Qínhé	农村	怀集县政府驻地西南部
文告	Wéngào	农村	怀集县政府驻地西南部
沉良	Chénliáng	农村	怀集县政府驻地西南部
油咀	Yóujǔ	农村	怀集县政府驻地西南部
沉治坳	Chénzhì'ào	农村	怀集县政府驻地西南部
近灯洞	Jìndēngdòng	农村	怀集县政府驻地西南部
扭蒙	Niǔméng	农村	怀集县政府驻地西南部
六成	Liùchéng	农村	怀集县政府驻地西南部
双弄	Shuāngnòng	农村	怀集县政府驻地西南部

(续上表)

标准名称	汉语拼音	地名类别	相对位置
琴架	Qínjià	农村	怀集县政府驻地西南部
琴了	Qínle	农村	怀集县政府驻地西南部
双进	Shuāngjìn	农村	怀集县政府驻地西南部
近勃	Jìnbó	农村	怀集县政府驻地西南部
琴银洞	Qínyíndòng	农村	怀集县政府驻地西南部
石拨	Shíbō	农村	怀集县政府驻地西南部
木梳	Mùshū	农村	怀集县政府驻地西南部
把称	Bǎchēng	农村	怀集县政府驻地西南部
更口	Gèngkǒu	农村	怀集县政府驻地西南部
白茶	Báichá	农村	怀集县政府驻地西南部
大龙	Dàlóng	农村	怀集县政府驻地西南部
洋口	Yángkǒu	农村	怀集县政府驻地西南部
天堂	Tiāntáng	农村	怀集县政府驻地西南部
国兴	Guóxìng	农村	怀集县政府驻地西南部
达堂	Dátáng	农村	怀集县政府驻地西南部
双扇洞	Shuāngshàndòng	农村	怀集县政府驻地西南部
甘屋	Gānwū	农村	怀集县政府驻地西南部
勒羊梯	Lèyángtī	农村	怀集县政府驻地西南部
双文洞	Shuāngwéndòng	农村	怀集县政府驻地西南部
琴棉	Qínmián	农村	怀集县政府驻地西南部
有胜	Yǒushèng	农村	怀集县政府驻地西南部
由援	Yóuyuán	农村	怀集县政府驻地西南部
实元村	Shíyuáncūn	农村	怀集县政府驻地西南部
六庙	Liùmiào	农村	怀集县政府驻地西南部
琴南	Qínnán	农村	怀集县政府驻地西南部
双圣	Shuāngshèng	农村	怀集县政府驻地西南部
凤庙坪	Fèngmiàopíng	农村	怀集县政府驻地西南部
六瓦坪	Liùwǎpíng	农村	怀集县政府驻地西南部
凤坪	Fèngpíng	农村	怀集县政府驻地西南部
寨门	Zhàimén	农村	怀集县政府驻地西南部

（续上表）

标准名称	汉语拼音	地名类别	相对位置
双茂	Shuāngmào	农村	怀集县政府驻地西南部
黎屋	Líwū	农村	怀集县政府驻地西南部
凤近	Fèngjìn	农村	怀集县政府驻地西南部
双炭	Shuāngtàn	农村	怀集县政府驻地西南部
六林	Liùlín	农村	怀集县政府驻地西南部
凤吊	Fèngdiào	农村	怀集县政府驻地西南部
凤对	Fèngduì	农村	怀集县政府驻地西南部
寨边	Zhàibiān	农村	怀集县政府驻地西南部
琴壮	Qínzhuàng	农村	怀集县政府驻地西南部
近明	Jìnmíng	农村	怀集县政府驻地西南部
岑稿	Céngǎo	农村	怀集县政府驻地西南部
福全	Fúquán	农村	怀集县政府驻地西南部
近少	Jìnshǎo	农村	怀集县政府驻地西南部
凤冠	Fèngguàn	农村	怀集县政府驻地西南部
总丰	Zǒngfēng	农村	怀集县政府驻地西南部
大坪山	Dàpíngshān	农村	怀集县政府驻地西南部
道院	Dàoyuàn	农村	怀集县政府驻地西南部
琴梭	Qínsuō	农村	怀集县政府驻地西南部
大村	Dàcūn	农村	怀集县政府驻地西南部
长坑口	Zhǎngkēngkǒu	农村	怀集县政府驻地西南部
六良	Liùliáng	农村	怀集县政府驻地西南部
凤珀	Fèngpò	农村	怀集县政府驻地西南部
凤社	Fèngshè	农村	怀集县政府驻地西南部
近砧	Jìnzhēn	农村	怀集县政府驻地西南部
石星	Shíxīng	农村	怀集县政府驻地西南部
南仁仔	Nánrénzǎi	农村	怀集县政府驻地西南部
南仁	Nánrén	农村	怀集县政府驻地西南部
旱洼	Hànwā	农村	怀集县政府驻地西南部
万安	Wàn'ān	农村	怀集县政府驻地西南部
有保	Yǒubǎo	农村	怀集县政府驻地西南部

（续上表）

标准名称	汉语拼音	地名类别	相对位置
金仓寨	Jīncāngzhài	农村	怀集县政府驻地西南部
沉蚌	Chénbàng	农村	怀集县政府驻地西南部
沉白	Chénbái	农村	怀集县政府驻地西南部
罗屋	Luówū	农村	怀集县政府驻地西南部
沉坳	Chén'ào	农村	怀集县政府驻地西南部
付友	Fùyǒu	农村	怀集县政府驻地西南部
六洞	Liùdòng	农村	怀集县政府驻地西南部
双文	Shuāngwén	农村	怀集县政府驻地西南部
洗马	Xǐmǎ	农村	怀集县政府驻地西南部
地宝	Dìbǎo	农村	怀集县政府驻地西南部
宝焕	Bǎohuàn	农村	怀集县政府驻地西南部
南汶	Nánwèn	农村	怀集县政府驻地西南部
吉安词	Jí'āncí	农村	怀集县政府驻地西南部
地屋	Dìwū	农村	怀集县政府驻地西南部
大壮	Dàzhuàng	农村	怀集县政府驻地西南部
邓屋	Dèngwū	农村	怀集县政府驻地西南部
有砌	Yǒuqì	农村	怀集县政府驻地西南部
地壮寨	Dìzhuàngzhài	农村	怀集县政府驻地西南部
西马	Xīmǎ	农村	怀集县政府驻地西南部
谷仓	Gǔcāng	农村	怀集县政府驻地西南部
杨树第四小组	Yángshùdìsìxiǎozǔ	农村	怀集县政府驻地西南部
乌石	Wūshí	农村	怀集县政府驻地西南部
杨树村	Yángshùcūn	农村	怀集县政府驻地西南部
江氹	Jiāngdàng	农村	怀集县政府驻地西南部
担水坑	Dānshuǐkēng	农村	怀集县政府驻地西南部
分收堂	Fènshōutáng	农村	怀集县政府驻地西南部
李屋	Lǐwū	农村	怀集县政府驻地西南部
双弄	Shuāngnòng	农村	怀集县政府驻地西南部
岑沙坑	Cénshākēng	农村	怀集县政府驻地西南部
秧坑	Yāngkēng	农村	怀集县政府驻地西南部

（续上表）

标准名称	汉语拼音	地名类别	相对位置
瓦到浪	Wǎdàolàng	农村	怀集县政府驻地西南部
塘下	Tángxià	农村	怀集县政府驻地西南部
周屋	Zhōuwū	农村	怀集县政府驻地西南部
远塘尾	Yuǎntángwěi	农村	怀集县政府驻地西南部
洞督	Dòngdū	农村	怀集县政府驻地西南部
上坪	Shàngpíng	农村	怀集县政府驻地西南部
上石	Shàngshí	农村	怀集县政府驻地西南部
苏孔	Sūkǒng	农村	怀集县政府驻地西南部
下石	Xiàshí	农村	怀集县政府驻地西南部
洼沙	Wāshā	农村	怀集县政府驻地西南部
水井	Shuǐjǐng	农村	怀集县政府驻地西南部
华听	Huátīng	农村	怀集县政府驻地西南部
大碑	Dàbēi	农村	怀集县政府驻地西南部
大平	Dàpíng	农村	怀集县政府驻地西南部
宋屋	Sòngwū	农村	怀集县政府驻地西南部
岑管	Cénguǎn	农村	怀集县政府驻地西南部
凤闸	Fèngzhá	农村	怀集县政府驻地西南部
凤值	Fèngzhí	农村	怀集县政府驻地西南部
双笋	Shuāngsǔn	农村	怀集县政府驻地西南部
其山	Qíshān	农村	怀集县政府驻地西南部
塘头	Tángtóu	农村	怀集县政府驻地西南部
苏龙	Sūlóng	农村	怀集县政府驻地西南部
木胡	Mùhú	农村	怀集县政府驻地西南部
佛仔	Fózǎi	农村	怀集县政府驻地西南部
双其	Shuāngqí	农村	怀集县政府驻地西南部
双浮	Shuāngfú	农村	怀集县政府驻地西南部
十二肖	Shí'èrxiāo	农村	怀集县政府驻地西南部
凤牛	Fèngniú	农村	怀集县政府驻地西南部
凤岫	Fèngxiù	农村	怀集县政府驻地西南部
圣堂	Shèngtáng	农村	怀集县政府驻地西南部

（续上表）

标准名称	汉语拼音	地名类别	相对位置
勒竹根	Lèzhúgēn	农村	怀集县政府驻地西南部
木格洼	Mùgéwā	农村	怀集县政府驻地西南部
凤苑	Fèngyuàn	农村	怀集县政府驻地西南部
旱洼	Hànwā	农村	怀集县政府驻地西南部
凤角	Fèngjiǎo	农村	怀集县政府驻地西南部
六降咀	Liùjiàngjǔ	农村	怀集县政府驻地西南部
江咀	Jiāngjǔ	农村	怀集县政府驻地西南部
西牛湾	Xīniúwān	农村	怀集县政府驻地西南部
宝录	Bǎolù	农村	怀集县政府驻地西南部
沉道	Chéndào	农村	怀集县政府驻地西南部
凤江	Fèngjiāng	农村	怀集县政府驻地西南部
沉西	Chénxī	农村	怀集县政府驻地西南部
沉沛	Chénpèi	农村	怀集县政府驻地西南部
金榜	Jīnbǎng	农村	怀集县政府驻地西南部
善寨	Shànzhài	农村	怀集县政府驻地西南部
马列	Mǎliè	农村	怀集县政府驻地西南部
沉氽	Chéncuān	农村	怀集县政府驻地西南部
六傍	Liùbàng	农村	怀集县政府驻地西南部
六幼	Liùyòu	农村	怀集县政府驻地西南部
田数	Tiánshù	农村	怀集县政府驻地西南部
加禁	Jiājìn	农村	怀集县政府驻地西南部
六高	Liùgāo	农村	怀集县政府驻地西南部
徐屋	Xúwū	农村	怀集县政府驻地西南部
谭屋	Tánwū	农村	怀集县政府驻地西南部
墩咀	Dūnjǔ	农村	怀集县政府驻地北部
社琳	Shèlín	农村	怀集县政府驻地北部
社山	Shèshān	农村	怀集县政府驻地北部
社陌	Shèmò	农村	怀集县政府驻地北部
莲塘	Liántáng	农村	怀集县政府驻地北部
寨塝	Zhàibàng	农村	怀集县政府驻地北部

（续上表）

标准名称	汉语拼音	地名类别	相对位置
寨下	Zhàixià	农村	怀集县政府驻地北部
吴屋	Wúwū	农村	怀集县政府驻地北部
龙脊	Lóngjǐ	农村	怀集县政府驻地北部
五间屋	Wǔjiānwū	农村	怀集县政府驻地北部
大淋	Dàlín	农村	怀集县政府驻地北部
寨凤	Zhàifèng	农村	怀集县政府驻地北部
岗根	Gǎnggēn	农村	怀集县政府驻地北部
陈屋	Chénwū	农村	怀集县政府驻地北部
大凤	Dàfèng	农村	怀集县政府驻地北部
何屋墩	Héwūdūn	农村	怀集县政府驻地北部
下卢	Xiàlú	农村	怀集县政府驻地北部
上卢	Shànglú	农村	怀集县政府驻地北部
赵屋	Zhàowū	农村	怀集县政府驻地北部
大墩	Dàdūn	农村	怀集县政府驻地北部
青皮	Qīngpí	农村	怀集县政府驻地北部
福全	Fúquán	农村	怀集县政府驻地北部
塘塝	Tángbàng	农村	怀集县政府驻地北部
徐屋	Xúwū	农村	怀集县政府驻地北部
邓屋	Dèngwū	农村	怀集县政府驻地北部
大塘尾	Dàtángwěi	农村	怀集县政府驻地北部
鹿酱	Lùjiàng	农村	怀集县政府驻地北部
梁屋	Liángwū	农村	怀集县政府驻地北部
莫屋	Mòwū	农村	怀集县政府驻地北部
园江村	Yuánjiāngcūn	农村	怀集县政府驻地北部
青枝	Qīngzhī	农村	怀集县政府驻地北部
白鹤寨	Báihèzhài	农村	怀集县政府驻地北部
塘坳	Táng'ào	农村	怀集县政府驻地北部
高陂	Gāobēi	农村	怀集县政府驻地北部
七斗米	Qīdòumǐ	农村	怀集县政府驻地北部
大塘寨	Dàtángzhài	农村	怀集县政府驻地北部

(续上表)

标准名称	汉语拼音	地名类别	相对位置
林屋	Línwū	农村	怀集县政府驻地北部
周屋	Zhōuwū	农村	怀集县政府驻地北部
军屯	Jūntún	农村	怀集县政府驻地北部
何屋	Héwū	农村	怀集县政府驻地北部
大庙岗	Dàmiàogǎng	农村	怀集县政府驻地北部
旧寨	Jiùzhài	农村	怀集县政府驻地北部
牧牛垌	Mùniúdòng	农村	怀集县政府驻地北部
鹤斗	Hèdòu	农村	怀集县政府驻地北部
江塝	Jiāngbàng	农村	怀集县政府驻地北部
旱寮	Hànliáo	农村	怀集县政府驻地北部
亚中垌	Yàzhōngdòng	农村	怀集县政府驻地北部
程屋	Chéngwū	农村	怀集县政府驻地北部
长岗	Chánggǎng	农村	怀集县政府驻地北部
罗屋	Luówū	农村	怀集县政府驻地北部
福田	Fútián	农村	怀集县政府驻地北部
邓屋	Dèngwū	农村	怀集县政府驻地北部
孔屋	Kǒngwū	农村	怀集县政府驻地北部
徐屋	Xúwū	农村	怀集县政府驻地北部
寨下	Zhàixià	农村	怀集县政府驻地北部
东波	Dōngbō	农村	怀集县政府驻地北部
下月塘	Xiàyuètáng	农村	怀集县政府驻地北部
孔塘	Kǒngtáng	农村	怀集县政府驻地北部
麻仔坪	Mázǎipíng	农村	怀集县政府驻地北部
崩埇口	Bēngyǒngkǒu	农村	怀集县政府驻地北部
孔口	Kǒngkǒu	农村	怀集县政府驻地北部
格江	Géjiāng	农村	怀集县政府驻地北部
银盏	Yínzhǎn	农村	怀集县政府驻地北部
王观塝	Wángguānbàng	农村	怀集县政府驻地北部
陈屋	Chénwū	农村	怀集县政府驻地北部
上月塘	Shàngyuètáng	农村	怀集县政府驻地北部

（续上表）

标准名称	汉语拼音	地名类别	相对位置
寨顶	Zhàidǐng	农村	怀集县政府驻地北部
新屋	Xīnwū	农村	怀集县政府驻地北部
向南	Xiàngnán	农村	怀集县政府驻地北部
石塘	Shítáng	农村	怀集县政府驻地北部
黄屋塝	Huángwūbàng	农村	怀集县政府驻地北部
植屋	Zhíwū	农村	怀集县政府驻地北部
虎山	Hǔshān	农村	怀集县政府驻地北部
横洞	Héngdòng	农村	怀集县政府驻地北部
桥仔头	Qiáozǎitóu	农村	怀集县政府驻地北部
下邹	Xiàzōu	农村	怀集县政府驻地北部
下深水	Xiàshēnshuǐ	农村	怀集县政府驻地北部
大茔	Dàyíng	农村	怀集县政府驻地北部
上深水	Shàngshēnshuǐ	农村	怀集县政府驻地北部
高迳塘	Gāojìngtáng	农村	怀集县政府驻地北部
班公塘	Bāngōngtáng	农村	怀集县政府驻地北部
路笛塘	Lùdítáng	农村	怀集县政府驻地北部
踏梯	Tàtī	农村	怀集县政府驻地北部
石咀	Shíjǔ	农村	怀集县政府驻地北部
糊塘	Hútáng	农村	怀集县政府驻地北部
隔凹	Gé'āo	农村	怀集县政府驻地北部
担订塘	Dāndìngtáng	农村	怀集县政府驻地北部
罗罢	Luóbà	农村	怀集县政府驻地北部
寨元顶	Zhàiyuándǐng	农村	怀集县政府驻地北部
新寨	Xīnzhài	农村	怀集县政府驻地北部
下担朱	Xiàdānzhū	农村	怀集县政府驻地北部
枕腰塘	Zhěnyāotáng	农村	怀集县政府驻地北部
野鸭塘	Yěyātáng	农村	怀集县政府驻地北部
横田	Héngtián	农村	怀集县政府驻地北部
山塘峙	Shāntángzhì	农村	怀集县政府驻地北部
潭罗坪	Tánluópíng	农村	怀集县政府驻地北部

(续上表)

标准名称	汉语拼音	地名类别	相对位置
河西村	Héxīcūn	农村	怀集县政府驻地北部
苏屋	Sūwū	农村	怀集县政府驻地北部
古泗	Gǔsì	农村	怀集县政府驻地北部
大松根	Dàsōnggēn	农村	怀集县政府驻地北部
花池塘	Huāchítáng	农村	怀集县政府驻地北部
何木根	Hémùgēn	农村	怀集县政府驻地北部
大塘下	Dàtángxià	农村	怀集县政府驻地北部
增田街	Zēngtiánjiē	农村	怀集县政府驻地北部
白屋	Báiwū	农村	怀集县政府驻地北部
黎屋	Líwū	农村	怀集县政府驻地北部
坑仔口	Kēngzǎikǒu	农村	怀集县政府驻地北部
石桥街	Shíqiáojiē	农村	怀集县政府驻地北部
岗头街	Gǎngtóujiē	农村	怀集县政府驻地北部
廖屋	Liàowū	农村	怀集县政府驻地北部
社墩	Shèdūn	农村	怀集县政府驻地北部
塘迳	Tángjìng	农村	怀集县政府驻地北部
新路	Xīnlù	农村	怀集县政府驻地北部
温屋	Wēnwū	农村	怀集县政府驻地北部
过路墩	Guòlùdūn	农村	怀集县政府驻地北部
黄步	Huángbù	农村	怀集县政府驻地北部
塘头	Tángtóu	农村	怀集县政府驻地北部
廖二	Liào'èr	农村	怀集县政府驻地北部
下洞	Xiàdòng	农村	怀集县政府驻地北部
油滑洞	Yóuhuádòng	农村	怀集县政府驻地北部
坑尾	Kēngwěi	农村	怀集县政府驻地北部
石燕	Shíyàn	农村	怀集县政府驻地北部
灯笼	Dēnglóng	农村	怀集县政府驻地北部
磨刀坑	Módāokēng	农村	怀集县政府驻地北部
寺前寨	Sìqiánzhài	农村	怀集县政府驻地北部
师公峙	Shīgōngzhì	农村	怀集县政府驻地北部

（续上表）

标准名称	汉语拼音	地名类别	相对位置
更口	Gèngkǒu	农村	怀集县政府驻地北部
石坑	Shíkēng	农村	怀集县政府驻地北部
旱塘	Hàntáng	农村	怀集县政府驻地北部
伦头	Lúntóu	农村	怀集县政府驻地北部
冷水崀	Lěngshuǐlàng	农村	怀集县政府驻地北部
广堂墩	Guǎngtángdūn	农村	怀集县政府驻地北部
王案	Wáng'àn	农村	怀集县政府驻地北部
文屋	Wénwū	农村	怀集县政府驻地北部
华佐	Huázuǒ	农村	怀集县政府驻地北部
大坪埇口	Dàpíngyǒngkǒu	农村	怀集县政府驻地北部
丹竹岗	Dānzhúgǎng	农村	怀集县政府驻地北部
祠堂尾	Cítángwěi	农村	怀集县政府驻地北部
沙崀	Shālàng	农村	怀集县政府驻地北部
果合岩	Guǒhéyán	农村	怀集县政府驻地北部
田竹下	Tiánzhúxià	农村	怀集县政府驻地北部
新寨	Xīnzhài	农村	怀集县政府驻地北部
凤竹	Fèngzhú	农村	怀集县政府驻地北部
力竹	Lìzhú	农村	怀集县政府驻地北部
黄牛头	Huángniútóu	农村	怀集县政府驻地北部
大村	Dàcūn	农村	怀集县政府驻地北部
石咀	Shíjǔ	农村	怀集县政府驻地北部
芹池	Qínchí	农村	怀集县政府驻地北部
上崀	Shànglàng	农村	怀集县政府驻地北部
深坳	Shēn'ào	农村	怀集县政府驻地北部
太阳地	Tàiyángdì	农村	怀集县政府驻地北部
文屋墩	Wénwūdūn	农村	怀集县政府驻地北部
廖屋	Liàowū	农村	怀集县政府驻地北部
石汶	Shíwèn	农村	怀集县政府驻地北部
亚崀岭	Yàlànglǐng	农村	怀集县政府驻地北部
到流	Dàoliú	农村	怀集县政府驻地北部

(续上表)

标准名称	汉语拼音	地名类别	相对位置
螺蚌塘	Luóbàngtáng	农村	怀集县政府驻地北部
隔塘	Gétáng	农村	怀集县政府驻地北部
松根屋	Sōnggēnwū	农村	怀集县政府驻地北部
火黑塘	Huǒhēitáng	农村	怀集县政府驻地北部
塘头	Tángtóu	农村	怀集县政府驻地北部
塘边黄	Tángbiānhuáng	农村	怀集县政府驻地北部
麻竹根	Mázhúgēn	农村	怀集县政府驻地北部
大井塝	Dàjǐngbàng	农村	怀集县政府驻地北部
牛温寨	Niúwēnzhài	农村	怀集县政府驻地北部
林屋	Línwū	农村	怀集县政府驻地北部
田心林	Tiánxīnlín	农村	怀集县政府驻地北部
坑边	Kēngbiān	农村	怀集县政府驻地北部
仓社地	Cāngshèdì	农村	怀集县政府驻地北部
仓墩	Cāngdūn	农村	怀集县政府驻地北部
沙崀	Shālàng	农村	怀集县政府驻地北部
梁圩	Liángxū	农村	怀集县政府驻地西南部
永迁	Yǒngqiān	农村	怀集县政府驻地西南部
格凹	Gé'āo	农村	怀集县政府驻地西南部
莫屋	Mòwū	农村	怀集县政府驻地西南部
凤田尾	Fèngtiánwěi	农村	怀集县政府驻地西南部
坑尾	Kēngwěi	农村	怀集县政府驻地西南部
麦屋	Màiwū	农村	怀集县政府驻地西南部
中春顶	Zhōngchūndǐng	农村	怀集县政府驻地西南部
地湿	Dìshī	农村	怀集县政府驻地西南部
新屋	Xīnwū	农村	怀集县政府驻地西南部
秀洞	Xiùdòng	农村	怀集县政府驻地西南部
大田	Dàtián	农村	怀集县政府驻地西南部
庙塝	Miàobàng	农村	怀集县政府驻地西南部
社岗	Shègǎng	农村	怀集县政府驻地西南部
地对	Dìduì	农村	怀集县政府驻地西南部

（续上表）

标准名称	汉语拼音	地名类别	相对位置
上洞	Shàngdòng	农村	怀集县政府驻地西南部
下洞凹	Xiàdòng'āo	农村	怀集县政府驻地西南部
拱仔口	Gǒngzǎikǒu	农村	怀集县政府驻地西南部
山根	Shāngēn	农村	怀集县政府驻地西南部
大邓	Dàdèng	农村	怀集县政府驻地西南部
屋仔岭	Wūzǎilǐng	农村	怀集县政府驻地西南部
酒瓶朗	Jiǔpínglǎng	农村	怀集县政府驻地西南部
田坑	Tiánkēng	农村	怀集县政府驻地西南部
下布	Xiàbù	农村	怀集县政府驻地西南部
珍田	Zhēntián	农村	怀集县政府驻地西南部
冯屋	Féngwū	农村	怀集县政府驻地西南部
罗肚	Luódù	农村	怀集县政府驻地西南部
罗塘	Luótáng	农村	怀集县政府驻地西南部
白石村	Báishícūn	农村	怀集县政府驻地西南部
地马	Dìmǎ	农村	怀集县政府驻地西南部
新寨	Xīnzhài	农村	怀集县政府驻地西南部
朝一	Cháoyī	农村	怀集县政府驻地西南部
朝二	Cháo'èr	农村	怀集县政府驻地西南部
上坑	Shàngkēng	农村	怀集县政府驻地西南部
园伯	Yuánbó	农村	怀集县政府驻地西南部
下坑	Xiàkēng	农村	怀集县政府驻地西南部
蓝屋	Lánwū	农村	怀集县政府驻地西南部
鳌塘	Áotáng	农村	怀集县政府驻地西南部
学堂	Xuétáng	农村	怀集县政府驻地西南部
石桥顶	Shíqiáodǐng	农村	怀集县政府驻地西南部
董屋	Dǒngwū	农村	怀集县政府驻地西南部
广三	Guǎngsān	农村	怀集县政府驻地西南部
松云	Sōngyún	农村	怀集县政府驻地西南部
长塘	Chángtáng	农村	怀集县政府驻地西南部
植屋	Zhíwū	农村	怀集县政府驻地西南部

(续上表)

标准名称	汉语拼音	地名类别	相对位置
瑞堂江	Ruìtángjiāng	农村	怀集县政府驻地西南部
杨屋	Yángwū	农村	怀集县政府驻地西南部
为后	Wéihòu	农村	怀集县政府驻地西南部
坑口村	Kēngkǒucūn	农村	怀集县政府驻地西南部
大厅居	Dàtīngjū	农村	怀集县政府驻地西南部
大厅	Dàtīng	农村	怀集县政府驻地西南部
旧屋	Jiùwū	农村	怀集县政府驻地西南部
江屋	Jiāngwū	农村	怀集县政府驻地西南部
严屋	Yánwū	农村	怀集县政府驻地西南部
巷口	Xiàngkǒu	农村	怀集县政府驻地西南部
巷顶	Xiàngdǐng	农村	怀集县政府驻地西南部
青砖	Qīngzhuān	农村	怀集县政府驻地西南部
地背	Dìbèi	农村	怀集县政府驻地西南部
中心	Zhōngxīn	农村	怀集县政府驻地西南部
纪屋	Jìwū	农村	怀集县政府驻地西南部
坳仔村	Àozǎicūn	农村	怀集县政府驻地东南部
白虎江	Báihǔjiāng	农村	怀集县政府驻地东南部
大岗脚	Dàgǎngjiǎo	农村	怀集县政府驻地东南部
大坑口	Dàkēngkǒu	农村	怀集县政府驻地东南部
坳仔村大塘	Àozǎicūndàtáng	农村	怀集县政府驻地东南部
高车垌	Gāochēdòng	农村	怀集县政府驻地东南部
河南	Hénán	农村	怀集县政府驻地东南部
虎跳墩	Hǔtiàodūn	农村	怀集县政府驻地东南部
龙湾塘	Lóngwāntáng	农村	怀集县政府驻地东南部
满堂	Mǎntáng	农村	怀集县政府驻地东南部
门口塝	Ménkǒubàng	农村	怀集县政府驻地东南部
猛仔沙	Měngzǎishā	农村	怀集县政府驻地东南部
木墩塘	Mùdūntáng	农村	怀集县政府驻地东南部
山伯塘	Shānbótáng	农村	怀集县政府驻地东南部
深塘迳	Shēntángjìng	农村	怀集县政府驻地东南部

（续上表）

标准名称	汉语拼音	地名类别	相对位置
水对坑	Shuǐduìkēng	农村	怀集县政府驻地东南部
水对坑口	Shuǐduìkēngkǒu	农村	怀集县政府驻地东南部
水路迳	Shuǐlùjìng	农村	怀集县政府驻地东南部
同学塘	Tóngxuétáng	农村	怀集县政府驻地东南部
同由坪	Tóngyóupíng	农村	怀集县政府驻地东南部
五七	Wǔqī	农村	怀集县政府驻地东南部
杨梅坪	Yángméipíng	农村	怀集县政府驻地东南部
洲泗	Zhōusì	农村	怀集县政府驻地东南部
富朝墩	Fùcháodūn	农村	怀集县政府驻地东南部
倒流	Dǎoliú	农村	怀集县政府驻地东南部
大同村大坪	Dàtóngcūndàpíng	农村	怀集县政府驻地东南部
乌石	Wūshí	农村	怀集县政府驻地东南部
长调崀	Zhǎngdiàolàng	农村	怀集县政府驻地东南部
滩头	Tāntóu	农村	怀集县政府驻地东南部
榄洲坑	Lǎnzhōukēng	农村	怀集县政府驻地东南部
大同村	Dàtóngcūn	农村	怀集县政府驻地东南部
黄塘	Huángtáng	农村	怀集县政府驻地东南部
田垌塝	Tiándòngbàng	农村	怀集县政府驻地东南部
大辄口	Dàzhékǒu	农村	怀集县政府驻地东南部
圳崀	Zhènlàng	农村	怀集县政府驻地东南部
屋地坪	Wūdìpíng	农村	怀集县政府驻地东南部
九婆坪	Jiǔpópíng	农村	怀集县政府驻地东南部
旧屋坪	Jiùwūpíng	农村	怀集县政府驻地东南部
长和坪	Zhǎnghépíng	农村	怀集县政府驻地东南部
渡头村	Dùtóucūn	农村	怀集县政府驻地东南部
自洞	Zìdòng	农村	怀集县政府驻地东南部
狗屎江	Gǒushǐjiāng	农村	怀集县政府驻地东南部
山头洞	Shāntóudòng	农村	怀集县政府驻地东南部
白云	Báiyún	农村	怀集县政府驻地东南部
太平塘	Tàipíngtáng	农村	怀集县政府驻地东南部

(续上表)

标准名称	汉语拼音	地名类别	相对位置
油呀塘	Yóuyatáng	农村	怀集县政府驻地东南部
发稿埇	Fāgǎoyǒng	农村	怀集县政府驻地东南部
江咀	Jiāngjǔ	农村	怀集县政府驻地东南部
金圣塘	Jīnshèngtáng	农村	怀集县政府驻地东南部
婆电	Pódiàn	农村	怀集县政府驻地东南部
南岳庙	Nányuèmiào	农村	怀集县政府驻地东南部
腊行	Làháng	农村	怀集县政府驻地东南部
渡头佛仔坳	Dùtóufózǎi'ào	农村	怀集县政府驻地东南部
仙溪黄圻坳	Xiānxīhuángní'ào	农村	怀集县政府驻地东南部
龙坑	Lóngkēng	农村	怀集县政府驻地东南部
大亨村	Dàhēngcūn	农村	怀集县政府驻地东南部
白石洼	Báishíwā	农村	怀集县政府驻地东南部
洪滩	Hóngtān	农村	怀集县政府驻地东南部
马银埇口	Mǎyínyǒngkǒu	农村	怀集县政府驻地东南部
马银坑	Mǎyínkēng	农村	怀集县政府驻地东南部
大塝	Dàbàng	农村	怀集县政府驻地东南部
丰亨坑口	Fēnghēngkēngkǒu	农村	怀集县政府驻地东南部
六分洞	Liùfèndòng	农村	怀集县政府驻地东南部
渡船头	Dùchuántóu	农村	怀集县政府驻地东南部
竹寨	Zhúzhài	农村	怀集县政府驻地东南部
丰亨村	Fēnghēngcūn	农村	怀集县政府驻地东南部
丰坑寨	Fēngkēngzhài	农村	怀集县政府驻地东南部
大岗头	Dàgǎngtóu	农村	怀集县政府驻地东南部
生财洞	Shēngcáidòng	农村	怀集县政府驻地东南部
赤岭口	Chìlǐngkǒu	农村	怀集县政府驻地东南部
王布坑	Wángbùkēng	农村	怀集县政府驻地东南部
凌角塘	Língjiǎotáng	农村	怀集县政府驻地东南部
桂花坪	Guìhuāpíng	农村	怀集县政府驻地东南部
工夫头	Gōngfūtóu	农村	怀集县政府驻地东南部
土公口	Tǔgōngkǒu	农村	怀集县政府驻地东南部

（续上表）

标准名称	汉语拼音	地名类别	相对位置
桂景墩	Guìjǐngdūn	农村	怀集县政府驻地东南部
上圣口	Shàngshèngkǒu	农村	怀集县政府驻地东南部
罗汉寨	Luóhànzhài	农村	怀集县政府驻地东南部
罗大村桂背	Luódàcūnguìbèi	农村	怀集县政府驻地东南部
大角	Dàjiǎo	农村	怀集县政府驻地东南部
王洞	Wángdòng	农村	怀集县政府驻地东南部
罗大村山口	Luódàcūnshānkǒu	农村	怀集县政府驻地东南部
下垌	Xiàdòng	农村	怀集县政府驻地东南部
上垌	Shàngdòng	农村	怀集县政府驻地东南部
大浪	Dàlàng	农村	怀集县政府驻地东南部
罗逢坑口	Luóféngkēngkǒu	农村	怀集县政府驻地东南部
辣菜	Làcài	农村	怀集县政府驻地东南部
下车	Xiàchē	农村	怀集县政府驻地东南部
磨刀崀	Módāolàng	农村	怀集县政府驻地东南部
大塅	Dàduàn	农村	怀集县政府驻地东南部
木空崀	Mùkōnglàng	农村	怀集县政府驻地东南部
塘坑口	Tángkēngkǒu	农村	怀集县政府驻地东南部
三片	Sānpiàn	农村	怀集县政府驻地东南部
林塘坑	Líntángkēng	农村	怀集县政府驻地东南部
柿树崀	Shìshùlàng	农村	怀集县政府驻地东南部
沙木埇	Shāmùyǒng	农村	怀集县政府驻地东南部
凼崀	Dànglàng	农村	怀集县政府驻地东南部
旱洞	Hàndòng	农村	怀集县政府驻地东南部
坑口	Kēngkǒu	农村	怀集县政府驻地东南部
党仔寨	Dǎngzǎizhài	农村	怀集县政府驻地东南部
企更	Qǐgèng	农村	怀集县政府驻地东南部
格凹	Gé'āo	农村	怀集县政府驻地东南部
龙对江	Lóngduìjiāng	农村	怀集县政府驻地东南部
史屋塝	Shǐwūbàng	农村	怀集县政府驻地东南部
上高寨	Shànggāozhài	农村	怀集县政府驻地东南部

(续上表)

标准名称	汉语拼音	地名类别	相对位置
美南村洞尾	Měináncūndòngwěi	农村	怀集县政府驻地东南部
罗鸭埇	Luóyāyǒng	农村	怀集县政府驻地东南部
南湾	Nánwān	农村	怀集县政府驻地东南部
文昌顶	Wénchāngdǐng	农村	怀集县政府驻地东南部
南塘	Nántáng	农村	怀集县政府驻地东南部
美南村竹园	Měináncūnzhúyuán	农村	怀集县政府驻地东南部
美南村	Měináncūn	农村	怀集县政府驻地东南部
东瓜口	Dōngguākǒu	农村	怀集县政府驻地东南部
美女村	Měinǚcūn	农村	怀集县政府驻地东南部
象角	Xiàngjiǎo	农村	怀集县政府驻地东南部
仔佳	Zǎijiā	农村	怀集县政府驻地东南部
篮靛岗	Lándiàngǎng	农村	怀集县政府驻地东南部
七甲村下坪	Qījiǎcūnxiàpíng	农村	怀集县政府驻地东南部
上白滩	Shàngbáitān	农村	怀集县政府驻地东南部
莲花洞	Liánhuādòng	农村	怀集县政府驻地东南部
牛湾	Niúwān	农村	怀集县政府驻地东南部
大布坪	Dàbùpíng	农村	怀集县政府驻地东南部
上坪	Shàngpíng	农村	怀集县政府驻地东南部
黄肚洞	Huángdùdòng	农村	怀集县政府驻地东南部
狗仔崀	Gǒuzǎilàng	农村	怀集县政府驻地东南部
斗贡	Dòugòng	农村	怀集县政府驻地东南部
下白滩	Xiàbáitān	农村	怀集县政府驻地东南部
竹富坪	Zhúfùpíng	农村	怀集县政府驻地东南部
勿滩	Wùtān	农村	怀集县政府驻地东南部
七甲村沙坪	Qījiǎcūnshāpíng	农村	怀集县政府驻地东南部
泽联	Zélián	农村	怀集县政府驻地东南部
七甲村	Qījiǎcūn	农村	怀集县政府驻地东南部
三基塘	Sānjītáng	农村	怀集县政府驻地东南部
仁塘	Réntáng	农村	怀集县政府驻地东南部
七甲村旧屋埇	Qījiǎcūnjiùwūyǒng	农村	怀集县政府驻地东南部

(续上表)

标准名称	汉语拼音	地名类别	相对位置
阶洞圩	Jiēdòngxū	农村	怀集县政府驻地东南部
回龙洞	Huílóngdòng	农村	怀集县政府驻地东南部
李树洞	Lǐshùdòng	农村	怀集县政府驻地东南部
仙溪村大榄	Xiānxīcūndàlǎn	农村	怀集县政府驻地东南部
江步	Jiāngbù	农村	怀集县政府驻地东南部
仙溪口	Xiānxīkǒu	农村	怀集县政府驻地东南部
江背洞	Jiāngbèidòng	农村	怀集县政府驻地东南部
塘堂	Tángtáng	农村	怀集县政府驻地东南部
护坑	Hùkēng	农村	怀集县政府驻地东南部
邓四洞	Dèngsìdòng	农村	怀集县政府驻地东南部
金星	Jīnxīng	农村	怀集县政府驻地东南部
翠兴岗	Cuìxìnggǎng	农村	怀集县政府驻地东南部
黄洞坑	Huángdòngkēng	农村	怀集县政府驻地东南部
先锋	Xiānfēng	农村	怀集县政府驻地东南部
仙溪村	Xiānxīcūn	农村	怀集县政府驻地东南部
白黎	Báilí	农村	怀集县政府驻地东部
崩塃	Bēngkàn	农村	怀集县政府驻地东南部
仓前	Cāngqián	农村	怀集县政府驻地东南部
凤凡	Fēngfán	农村	怀集县政府驻地东南部
佛仔崀	Fózǎilàng	农村	怀集县政府驻地东南部
富人堂	Fùréntáng	农村	怀集县政府驻地东南部
格坳塘	Gé'àotáng	农村	怀集县政府驻地东南部
观音坪	Guānyīnpíng	农村	怀集县政府驻地东南部
桂花崀	Guìhuālàng	农村	怀集县政府驻地东南部
花边口	Huābiānkǒu	农村	怀集县政府驻地东南部
坑利丫	Kēnglìyā	农村	怀集县政府驻地东南部
连珠	Liánzhū	农村	怀集县政府驻地东南部
流坑寨	Liúkēngzhài	农村	怀集县政府驻地东南部
麻竹	Mázhú	农村	怀集县政府驻地东部
梅树坪	Méishùpíng	农村	怀集县政府驻地东南部

(续上表)

标准名称	汉语拼音	地名类别	相对位置
庙背墩	Miàobèidūn	农村	怀集县政府驻地东南部
庙积	Miàojī	农村	怀集县政府驻地东南部
鸣凤楼	Míngfènglóu	农村	怀集县政府驻地东南部
牛岗堂	Niúgǎngtáng	农村	怀集县政府驻地东南部
洽坑	Qiàkēng	农村	怀集县政府驻地东南部
秋姜堂	Qiūjiāngtáng	农村	怀集县政府驻地东南部
杉崩	Shānbēng	农村	怀集县政府驻地东南部
上岭埇	Shànglǐngyǒng	农村	怀集县政府驻地东南部
塘仔头	Tángzǎitóu	农村	怀集县政府驻地东南部
桐油咀	Tóngyóujǔ	农村	怀集县政府驻地东部
瓦池坳	Wǎchí'ào	农村	怀集县政府驻地东南部
瓦屋朗	Wǎwūlǎng	农村	怀集县政府驻地东部
旺峰坪	Wàngfēngpíng	农村	怀集县政府驻地东南部
余地坪	Yúdìpíng	农村	怀集县政府驻地东南部
鱼北村下寨	Yúběicūnxiàzhài	农村	怀集县政府驻地东南部
兴堂	Xìngtáng	农村	怀集县政府驻地东南部
鱼北村	Yúběicūn	农村	怀集县政府驻地东南部
枫洼	Fēngwā	农村	怀集县政府驻地东部
禾仑洞	Hélúndòng	农村	怀集县政府驻地东部
石汶峙	Shíwènzhì	农村	怀集县政府驻地东南部
庙坪	Miàopíng	农村	怀集县政府驻地东南部
府印堂	Fǔyìntáng	农村	怀集县政府驻地东南部
禾仓口	Hécāngkǒu	农村	怀集县政府驻地东南部
平头	Píngtóu	农村	怀集县政府驻地东南部
瑞元塘	Ruìyuántáng	农村	怀集县政府驻地东南部
石腊坑	Shílàkēng	农村	怀集县政府驻地东南部
黄贡坑	Huánggòngkēng	农村	怀集县政府驻地东南部
西发	Xīfā	农村	怀集县政府驻地东南部
葫芦坑尾	Húlúkēngwěi	农村	怀集县政府驻地东南部
沙崀	Shālàng	农村	怀集县政府驻地东南部

（续上表）

标准名称	汉语拼音	地名类别	相对位置
鸭六江	Yāliùjiāng	农村	怀集县政府驻地东南部
上石堂	Shàngshítáng	农村	怀集县政府驻地东南部
鱼南村社田	Yúnáncūnshètián	农村	怀集县政府驻地东南部
大份坳	Dàfèn'ào	农村	怀集县政府驻地东南部
江塝	Jiāngbàng	农村	怀集县政府驻地东南部
寨坳	Zhài'ào	农村	怀集县政府驻地东南部
高坑口	Gāokēngkǒu	农村	怀集县政府驻地东南部
利见	Lìjiàn	农村	怀集县政府驻地东南部
寨尾	Zhàiwěi	农村	怀集县政府驻地东南部
进田洞	Jìntiándòng	农村	怀集县政府驻地东南部
丁财	Dīngcái	农村	怀集县政府驻地东南部
鱼南村高寨	Yúnáncūngāozhài	农村	怀集县政府驻地东南部
大江坪	Dàjiāngpíng	农村	怀集县政府驻地东南部
水路	Shuǐlù	农村	怀集县政府驻地东南部
杉埇口	Shānyǒngkǒu	农村	怀集县政府驻地东南部
步塘	Bùtáng	农村	怀集县政府驻地东南部
下份堂	Xiàfèntáng	农村	怀集县政府驻地东南部
牛寨塘	Niúzhàitáng	农村	怀集县政府驻地东南部
伯婆洞	Bópódòng	农村	怀集县政府驻地东南部
上份埇口	Shàngfènyǒngkǒu	农村	怀集县政府驻地东南部
竹堂	Zhútáng	农村	怀集县政府驻地东南部
鱼南村	Yúnáncūn	农村	怀集县政府驻地东南部
大江塝	Dàjiāngbàng	农村	怀集县政府驻地东南部
饭塘头	Fàntángtóu	农村	怀集县政府驻地东南部
连塘洞	Liántángdòng	农村	怀集县政府驻地东南部
丰亨村大岗头	Fēnghēngcūndàgǎngtóu	农村	怀集县政府驻地东南部
黄坭坳	Huángní'ào	农村	怀集县政府驻地东南部
沙塘寨	Shātángzhài	农村	怀集县政府驻地东南部
同性	Tóngxìng	农村	怀集县政府驻地东南部
罗大村	Luódàcūn	农村	怀集县政府驻地东南部

(续上表)

标准名称	汉语拼音	地名类别	相对位置
三叉	Sānchā	农村	怀集县政府驻地西南部
白鹤村天堂	Báihècūntiāntáng	农村	怀集县政府驻地西南部
白鹤高屋	Báihègāowū	农村	怀集县政府驻地西南部
兰寨	Lánzhài	农村	怀集县政府驻地西南部
木山	Mùshān	农村	怀集县政府驻地西南部
水声	Shuǐshēng	农村	怀集县政府驻地西南部
红色	Hóngsè	农村	怀集县政府驻地西南部
黄坑	Huángkēng	农村	怀集县政府驻地西南部
冲扶	Chōngfú	农村	怀集县政府驻地西南部
白鹤村覃屋	Báihècūntánwū	农村	怀集县政府驻地西南部
岗兴	Gǎngxìng	农村	怀集县政府驻地西南部
潘屋	Pānwū	农村	怀集县政府驻地西南部
石根	Shígēn	农村	怀集县政府驻地西南部
龙屋	Lóngwū	农村	怀集县政府驻地西南部
白鹤村孔屋	Báihècūnkǒngwū	农村	怀集县政府驻地西南部
白鹤村榄根	Báihècūnlǎngēn	农村	怀集县政府驻地西南部
白鹤村	Báihècūn	农村	怀集县政府驻地西南部
白鹤村梁屋	Báihècūnliángwū	农村	怀集县政府驻地西南部
覃浪	Tánlàng	农村	怀集县政府驻地西南部
云寨	Yúnzhài	农村	怀集县政府驻地西南部
罗瑞	Luóruì	农村	怀集县政府驻地西南部
印顶	Yìndǐng	农村	怀集县政府驻地西南部
白鹤木园	Báihèmùyuán	农村	怀集县政府驻地西南部
社哔	Shèbì	农村	怀集县政府驻地西南部
白鹤村坑边	Báihècūnkēngbiān	农村	怀集县政府驻地西南部
鸡岭	Jīlǐng	农村	怀集县政府驻地西南部
白鹤村白屋	Báihècūnbáiwū	农村	怀集县政府驻地西南部
白鹤村江仔	Báihècūnjiāngzǎi	农村	怀集县政府驻地西南部
岗坳	Gǎng'ào	农村	怀集县政府驻地西南部
卢均	Lújūn	农村	怀集县政府驻地西北部

（续上表）

标准名称	汉语拼音	地名类别	相对位置
大岗村巷口	Dàgǎngcūnxiàngkǒu	农村	怀集县政府驻地西南部
罗岗	Luógǎng	农村	怀集县政府驻地西南部
中心洞	Zhōngxīndòng	农村	怀集县政府驻地西南部
马安	Mǎ'ān	农村	怀集县政府驻地西南部
卢屋	Lúwū	农村	怀集县政府驻地西南部
鹩岗	Liáogǎng	农村	怀集县政府驻地西南部
大岗村黎屋	Dàgǎngcūnlíwū	农村	怀集县政府驻地西南部
大岗村	Dàgǎngcūn	农村	怀集县政府驻地西南部
上贡	Shànggòng	农村	怀集县政府驻地西南部
白石	Báishí	农村	怀集县政府驻地西南部
庙中	Miàozhōng	农村	怀集县政府驻地西南部
大钟村白庙	Dàzhōngcūnbáimiào	农村	怀集县政府驻地西南部
大钟村孔屋	Dàzhōngcūnkǒngwū	农村	怀集县政府驻地西南部
连会	Liánhuì	农村	怀集县政府驻地西南部
叶屋	Yèwū	农村	怀集县政府驻地西南部
大钟村坡头	Dàzhōngcūnpōtóu	农村	怀集县政府驻地西南部
鹅劲	Éjìn	农村	怀集县政府驻地西南部
大钟村奇龙	Dàzhōngcūnqílóng	农村	怀集县政府驻地西南部
大钟村	Dàzhōngcūn	农村	怀集县政府驻地西南部
大钟村岭根	Dàzhōngcūnlǐnggēn	农村	怀集县政府驻地西南部
庙上	Miàoshàng	农村	怀集县政府驻地西南部
木根	Mùgēn	农村	怀集县政府驻地西南部
大木根	Dàmùgēn	农村	怀集县政府驻地西南部
大箩口	Dàluókǒu	农村	怀集县政府驻地西南部
大钟村格岗	Dàzhōngcūngégǎng	农村	怀集县政府驻地西南部
仙岗	Xiāngǎng	农村	怀集县政府驻地西南部
下甘	Xiàgān	农村	怀集县政府驻地西南部
大钟村浪美	Dàzhōngcūnlàngměi	农村	怀集县政府驻地西南部
林育下	Línyùxià	农村	怀集县政府驻地西部
地厚村大岭	Dìhòucūndàlǐng	农村	怀集县政府驻地西部

(续上表)

标准名称	汉语拼音	地名类别	相对位置
积昌	Jīchāng	农村	怀集县政府驻地西部
佛仔	Fózǎi	农村	怀集县政府驻地西部
傍社	Bàngshè	农村	怀集县政府驻地西部
东园	Dōngyuán	农村	怀集县政府驻地西部
地厚村	Dìhòucūn	农村	怀集县政府驻地西部
高岗	Gāogǎng	农村	怀集县政府驻地西部
社田	Shètián	农村	怀集县政府驻地西部
琴田	Qíntián	农村	怀集县政府驻地西部
华田	Huátián	农村	怀集县政府驻地西部
成为	Chéngwéi	农村	怀集县政府驻地西部
南阳	Nányáng	农村	怀集县政府驻地西部
新南	Xīnnán	农村	怀集县政府驻地西部
华地	Huádì	农村	怀集县政府驻地西北部
黄珍	Huángzhēn	农村	怀集县政府驻地西北部
坚岗	Jiāngǎng	农村	怀集县政府驻地西北部
富楼村林屋	Fùlóucūnlínwū	农村	怀集县政府驻地西北部
富楼岗	Fùlóugǎng	农村	怀集县政府驻地西北部
石跳	Shítiào	农村	怀集县政府驻地西北部
老襕	Lǎoxuān	农村	怀集县政府驻地西北部
彩堂	Cǎitáng	农村	怀集县政府驻地西北部
上彩堂	Shàngcǎitáng	农村	怀集县政府驻地西北部
老陈	Lǎochén	农村	怀集县政府驻地西北部
富楼村	Fùlóucūn	农村	怀集县政府驻地西北部
下彩堂	Xiàcǎitáng	农村	怀集县政府驻地西北部
华地墩	Huádìdūn	农村	怀集县政府驻地西北部
智择	Zhìzé	农村	怀集县政府驻地西北部
谭变	Tánbiàn	农村	怀集县政府驻地西南部
双溪	Shuāngxī	农村	怀集县政府驻地西南部
集义村林屋	Jíyìcūnlínwū	农村	怀集县政府驻地西南部
集义村罗屋	Jíyìcūnluówū	农村	怀集县政府驻地西南部

（续上表）

标准名称	汉语拼音	地名类别	相对位置
集义村	Jíyìcūn	农村	怀集县政府驻地西南部
集义村刘屋	Jíyìcūnliúwū	农村	怀集县政府驻地西南部
相思庙	Xiàngsīmiào	农村	怀集县政府驻地西南部
卢田	Lútián	农村	怀集县政府驻地西南部
大罗屋	Dàluówū	农村	怀集县政府驻地西南部
圆珠	Yuánzhū	农村	怀集县政府驻地西部
均团	Jūntuán	农村	怀集县政府驻地西部
路兴	Lùxìng	农村	怀集县政府驻地西北部
均义村莫屋	Jūnyìcūnmòwū	农村	怀集县政府驻地西北部
均义村	Jūnyìcūn	农村	怀集县政府驻地西部
均义村大浪	Jūnyìcūndàlàng	农村	怀集县政府驻地西部
均义村廖屋	Jūnyìcūnliàowū	农村	怀集县政府驻地西部
岗勇	Gǎngyǒng	农村	怀集县政府驻地西部
利田村	Lìtiáncūn	农村	怀集县政府驻地西部
北染	Běirǎn	农村	怀集县政府驻地西部
连会村苏屋	Liánhuìcūnsūwū	农村	怀集县政府驻地西南部
连会村陈屋	Liánhuìcūnchénwū	农村	怀集县政府驻地西南部
塘基头	Tángjītóu	农村	怀集县政府驻地西南部
扶溪	Fúxī	农村	怀集县政府驻地西南部
深潭	Shēntán	农村	怀集县政府驻地西南部
芙蓉	Fúróng	农村	怀集县政府驻地西南部
连会村古城	Liánhuìcūngǔchéng	农村	怀集县政府驻地西南部
甘院	Gānyuàn	农村	怀集县政府驻地西南部
徐屋	Xúwū	农村	怀集县政府驻地西南部
连会村孔屋	Liánhuìcūnkǒngwū	农村	怀集县政府驻地西南部
连会村李屋	Liánhuìcūnlǐwū	农村	怀集县政府驻地西南部
连会村	Liánhuìcūn	农村	怀集县政府驻地西南部
旱田	Hàntián	农村	怀集县政府驻地西南部
梁水村林育	Liángshuǐcūnlínyù	农村	怀集县政府驻地西南部
梁水村西门	Liángshuǐcūnxīmén	农村	怀集县政府驻地西南部

(续上表)

标准名称	汉语拼音	地名类别	相对位置
梁水村上寨	Liángshuǐcūnshàngzhài	农村	怀集县政府驻地西部
格社	Géshè	农村	怀集县政府驻地西部
南门	Nánmén	农村	怀集县政府驻地西南部
在田	Zàitián	农村	怀集县政府驻地西部
梁水村大寨	Liángshuǐcūndàzhài	农村	怀集县政府驻地西部
岭坳	Lǐng'ào	农村	怀集县政府驻地西部
蒲塘	Pútáng	农村	怀集县政府驻地西部
梁水村	Liángshuǐcūn	农村	怀集县政府驻地西南部
李屋村	Lǐwūcūn	农村	怀集县政府驻地西南部
新屋	Xīnwū	农村	怀集县政府驻地西部
全屋	Quánwū	农村	怀集县政府驻地西部
岭岗村上寨	Lǐnggǎngcūnshàngzhài	农村	怀集县政府驻地西部
邵屋	Shàowū	农村	怀集县政府驻地西部
岭岗村寨岭	Lǐnggǎngcūnzhàilǐng	农村	怀集县政府驻地西部
知岭	Zhīlǐng	农村	怀集县政府驻地西部
清源寨	Qīngyuánzhài	农村	怀集县政府驻地西部
岭岗村	Lǐnggǎngcūn	农村	怀集县政府驻地西部
和里村	Hélǐcūn	农村	怀集县政府驻地西部
汶水	Wènshuǐ	农村	怀集县政府驻地西部
莫屋村浪头	Mòwūcūnlàngtóu	农村	怀集县政府驻地西南部
寨后	Zhàihòu	农村	怀集县政府驻地西南部
莫屋村瓦灶	Mòwūcūnwǎzào	农村	怀集县政府驻地西南部
莫屋村莫屋	Mòwūcūnmòwū	农村	怀集县政府驻地西南部
莫屋村岗头	Mòwūcūngǎngtóu	农村	怀集县政府驻地西南部
莫屋村	Mòwūcūn	农村	怀集县政府驻地西南部
龙头寨	Lóngtóuzhài	农村	怀集县政府驻地西南部
鸡脚寨	Jījiǎozhài	农村	怀集县政府驻地西南部
韦屋	Wéiwū	农村	怀集县政府驻地西南部
上石村覃屋	Shàngshícūntánwū	农村	怀集县政府驻地西南部
上石村刘屋	Shàngshícūnliúwū	农村	怀集县政府驻地西南部

（续上表）

标准名称	汉语拼音	地名类别	相对位置
上石村	Shàngshícūn	农村	怀集县政府驻地西南部
上石村深水	Shàngshícūnshēnshuǐ	农村	怀集县政府驻地西南部
上高屋	Shànggāowū	农村	怀集县政府驻地西南部
中心屋	Zhōngxīnwū	农村	怀集县政府驻地西南部
杨树	Yángshù	农村	怀集县政府驻地西南部
上石村中心洞	Shàngshícūnzhōngxīndòng	农村	怀集县政府驻地西南部
上石村廖屋	Shàngshícūnliàowū	农村	怀集县政府驻地西南部
力寨	Lìzhài	农村	怀集县政府驻地西南部
沙岗	Shāgǎng	农村	怀集县政府驻地西南部
本吉	Běnjí	农村	怀集县政府驻地西部
上亭村覃屋	Shàngtíngcūntánwū	农村	怀集县政府驻地西部
瓦厂	Wǎchǎng	农村	怀集县政府驻地西北部
三中	Sānzhōng	农村	怀集县政府驻地西北部
上亭村郭屋	Shàngtíngcūnguōwū	农村	怀集县政府驻地西北部
上亭村朱屋	Shàngtíngcūnzhūwū	农村	怀集县政府驻地西部
上亭村莫屋	Shàngtíngcūnmòwū	农村	怀集县政府驻地西部
红树	Hóngshù	农村	怀集县政府驻地西部
上亭村	Shàngtíngcūn	农村	怀集县政府驻地西北部
社岗	Shègǎng	农村	怀集县政府驻地西部
蓝田	Lántián	农村	怀集县政府驻地西南部
楼脚	Lóujiǎo	农村	怀集县政府驻地西南部
塘堪	Tángkān	农村	怀集县政府驻地西南部
柯木涌	Kēmùyǒng	农村	怀集县政府驻地西南部
崩坭	Bēngní	农村	怀集县政府驻地西南部
石头洼	Shítóuwā	农村	怀集县政府驻地西南部
鹤咀	Hèjǔ	农村	怀集县政府驻地西南部
蛤仔坟	Házǎifén	农村	怀集县政府驻地西南部
石群村木浪	Shíqúncūnmùlàng	农村	怀集县政府驻地西南部
坑州	Kēngzhōu	农村	怀集县政府驻地西南部
路塘	Lùtáng	农村	怀集县政府驻地西南部

(续上表)

标准名称	汉语拼音	地名类别	相对位置
石群村埇尾	Shíqúncūnyǒngwěi	农村	怀集县政府驻地西南部
岗墩	Gǎngdūn	农村	怀集县政府驻地西南部
大岭塝	Dàlǐngbàng	农村	怀集县政府驻地西南部
郭屋	Guōwū	农村	怀集县政府驻地西南部
石群村龙眼根	Shíqúncūnlóngyǎngēn	农村	怀集县政府驻地西南部
根竹根	Gēnzhúgēn	农村	怀集县政府驻地西南部
石群村田洞	Shíqúncūntiándòng	农村	怀集县政府驻地西南部
大松根	Dàsōnggēn	农村	怀集县政府驻地西南部
大垌	Dàdòng	农村	怀集县政府驻地西南部
石屋	Shíwū	农村	怀集县政府驻地西南部
旧屋岭	Jiùwūlǐng	农村	怀集县政府驻地西南部
谭舍	Tánshě	农村	怀集县政府驻地西南部
石群村	Shíqúncūn	农村	怀集县政府驻地西南部
大散	Dàsàn	农村	怀集县政府驻地西南部
石田村下寨	Shítiáncūnxiàzhài	农村	怀集县政府驻地西北部
高屋	Gāowū	农村	怀集县政府驻地西北部
连村	Liáncūn	农村	怀集县政府驻地西部
秀田新屋	Xiùtiánxīnwū	农村	怀集县政府驻地西北部
石田村	Shítiáncūn	农村	怀集县政府驻地西北部
秀田	Xiùtián	农村	怀集县政府驻地西北部
聂屋	Nièwū	农村	怀集县政府驻地西北部
聂屋新屋	Nièwūxīnwū	农村	怀集县政府驻地西北部
七斗	Qīdǒu	农村	怀集县政府驻地西部
桂背新屋	Guìbèixīnwū	农村	怀集县政府驻地西北部
桂背	Guìbèi	农村	怀集县政府驻地西北部
桂背下寨	Guìbèixiàzhài	农村	怀集县政府驻地西北部
石田村上寨	Shítiáncūnshàngzhài	农村	怀集县政府驻地西北部
石田村黄屋	Shítiáncūnhuángwū	农村	怀集县政府驻地西北部
石滑	Shíhuá	农村	怀集县政府驻地西北部
牛运涌	Niúyùnyǒng	农村	怀集县政府驻地西南部

（续上表）

标准名称	汉语拼音	地名类别	相对位置
凤田崀	Fèngtiánlàng	农村	怀集县政府驻地西南部
崀积	Làngjī	农村	怀集县政府驻地西南部
四保村徐屋	Sìbǎocūnxúwū	农村	怀集县政府驻地西南部
侯屋	Hóuwū	农村	怀集县政府驻地西南部
罗正	Luózhèng	农村	怀集县政府驻地西南部
地湿	Dìshī	农村	怀集县政府驻地西南部
塘尾	Tángwěi	农村	怀集县政府驻地西南部
沙冲	Shāchōng	农村	怀集县政府驻地西南部
木桥	Mùqiáo	农村	怀集县政府驻地西南部
仓屋	Cāngwū	农村	怀集县政府驻地西南部
四保村	Sìbǎocūn	农村	怀集县政府驻地西南部
高被洞	Gāobèidòng	农村	怀集县政府驻地西南部
谭播	Tánbō	农村	怀集县政府驻地西南部
桥坑村	Qiáokēngcūn	农村	怀集县政府驻地西南部
利庙地	Lìmiàodì	农村	怀集县政府驻地西南部
江园里	Jiāngyuánlǐ	农村	怀集县政府驻地西南部
竹园	Zhúyuán	农村	怀集县政府驻地西南部
谭英村旱塘	Tányīngcūnhàntáng	农村	怀集县政府驻地西南部
谭西	Tánxī	农村	怀集县政府驻地西南部
谭英村岗根	Tányīngcūngǎnggēn	农村	怀集县政府驻地西南部
谭冲	Tánchōng	农村	怀集县政府驻地西南部
三林	Sānlín	农村	怀集县政府驻地西南部
梁头村	Liángtóucūn	农村	怀集县政府驻地西南部
谭英村木园	Tányīngcūnmùyuán	农村	怀集县政府驻地西南部
谭英村关塘	Tányīngcūnguāntáng	农村	怀集县政府驻地西南部
谭英村梁屋	Tányīngcūnliángwū	农村	怀集县政府驻地西南部
烟枝	Yānzhī	农村	怀集县政府驻地西南部
木林	Mùlín	农村	怀集县政府驻地西南部
谭英村下寨	Tányīngcūnxiàzhài	农村	怀集县政府驻地西南部
谭英村榄根	Tányīngcūnlǎngēn	农村	怀集县政府驻地西南部

(续上表)

标准名称	汉语拼音	地名类别	相对位置
谭英村	Tányīngcūn	农村	怀集县政府驻地西南部
大村	Dàcūn	农村	怀集县政府驻地西南部
林育	Línyù	农村	怀集县政府驻地东部
谭英村大汶	Tányīngcūndàwèn	农村	怀集县政府驻地西南部
社坦	Shètǎn	农村	怀集县政府驻地西南部
木园尾	Mùyuánwěi	农村	怀集县政府驻地西南部
谭英村陈屋	Tányīngcūnchénwū	农村	怀集县政府驻地西南部
上陈	Shàngchén	农村	怀集县政府驻地西南部
下陈	Xiàchén	农村	怀集县政府驻地西南部
谭英村李屋	Tányīngcūnlǐwū	农村	怀集县政府驻地西南部
文园	Wényuán	农村	怀集县政府驻地西北部
谭珠村刘屋	Tánzhūcūnliúwū	农村	怀集县政府驻地西北部
礼口	Lǐkǒu	农村	怀集县政府驻地西北部
谭珠村长江	Tánzhūcūnchángjiāng	农村	怀集县政府驻地西南部
永江	Yǒngjiāng	农村	怀集县政府驻地西南部
罗屋仔	Luówūzǎi	农村	怀集县政府驻地西南部
过双岭	Guòshuānglǐng	农村	怀集县政府驻地西北部
谭珠村李屋	Tánzhūcūnlǐwū	农村	怀集县政府驻地西北部
谭珠村东向	Tánzhūcūndōngxiàng	农村	怀集县政府驻地西北部
上三屋	Shàngsānwū	农村	怀集县政府驻地西北部
塘美	Tángměi	农村	怀集县政府驻地西北部
谭珠村太平	Tánzhūcūntàipíng	农村	怀集县政府驻地西北部
元龙	Yuánlóng	农村	怀集县政府驻地西北部
谭路	Tánlù	农村	怀集县政府驻地西北部
谭沙	Tánshā	农村	怀集县政府驻地西北部
谭珠村新屋	Tánzhūcūnxīnwū	农村	怀集县政府驻地西北部
谭珠村旧屋	Tánzhūcūnjiùwū	农村	怀集县政府驻地西北部
谭珠村	Tánzhūcūn	农村	怀集县政府驻地西北部
双园	Shuāngyuán	农村	怀集县政府驻地西北部
谭珠村龙田	Tánzhūcūnlóngtián	农村	怀集县政府驻地西北部

（续上表）

标准名称	汉语拼音	地名类别	相对位置
下三屋	Xiàsānwū	农村	怀集县政府驻地西北部
龙眼根	Lóngyǎngēn	农村	怀集县政府驻地西北部
多贺	Duōhè	农村	怀集县政府驻地西北部
岭惠	Lǐnghuì	农村	怀集县政府驻地西北部
下郭	Xiàguō	农村	怀集县政府驻地西北部
秀林村白屋	Xiùlíncūnbáiwū	农村	怀集县政府驻地西北部
秀林村杨树	Xiùlíncūnyángshù	农村	怀集县政府驻地西北部
碧塘	Bìtáng	农村	怀集县政府驻地西北部
秀林竹园	Xiùlínzhúyuán	农村	怀集县政府驻地西北部
山口	Shānkǒu	农村	怀集县政府驻地西北部
浪尾	Làngwěi	农村	怀集县政府驻地西北部
庞眉	Pángméi	农村	怀集县政府驻地西北部
合掌	Hézhǎng	农村	怀集县政府驻地西北部
秀林村	Xiùlíncūn	农村	怀集县政府驻地西北部
秀林村榄根	Xiùlíncūnlǎngēn	农村	怀集县政府驻地西北部
上孔	Shàngkǒng	农村	怀集县政府驻地西南部
镇南村林屋	Zhènnáncūnlínwū	农村	怀集县政府驻地西南部
镇南村黄屋	Zhènnáncūnhuángwū	农村	怀集县政府驻地西南部
镇南村	Zhènnáncūn	农村	怀集县政府驻地西南部
黄寨李屋	Huángzhàilǐwū	农村	怀集县政府驻地西南部
景福	Jǐngfú	农村	怀集县政府驻地西南部
云岭	Yúnlǐng	农村	怀集县政府驻地西南部
中黎	Zhōnglí	农村	怀集县政府驻地西南部
上黎	Shànglí	农村	怀集县政府驻地西南部
黄寨	Huángzhài	农村	怀集县政府驻地西南部
镇南村钟屋	Zhènnáncūnzhōngwū	农村	怀集县政府驻地西南部
中心	Zhōngxīn	农村	怀集县政府驻地西南部
旱冲李屋	Hànchōnglǐwū	农村	怀集县政府驻地西南部
南堡	Nánbǎo	农村	怀集县政府驻地西南部
镇南村梁屋	Zhènnáncūnliángwū	农村	怀集县政府驻地西南部

(续上表)

标准名称	汉语拼音	地名类别	相对位置
镇南村大汶	Zhènnáncūndàwèn	农村	怀集县政府驻地西南部
镇南村白屋	Zhènnáncūnbáiwū	农村	怀集县政府驻地西北部
龙江	Lóngjiāng	农村	怀集县政府驻地西南部
下孔	Xiàkǒng	农村	怀集县政府驻地西南部
麦屋	Màiwū	农村	怀集县政府驻地西南部
下黎	Xiàlí	农村	怀集县政府驻地西南部
人头岗	Réntóugǎng	农村	怀集县政府驻地西南部
华南居	Huánánjū	农村	怀集县政府驻地西北部
同荣	Tóngróng	农村	怀集县政府驻地西北部
平安村新寨	Píng'āncūnxīnzhài	农村	怀集县政府驻地西北部
平安村	Píng'āncūn	农村	怀集县政府驻地西北部
平安村大浪	Píng'āncūndàlàng	农村	怀集县政府驻地西北部
平安村白屋	Píng'āncūnbáiwū	农村	怀集县政府驻地西北部
石牛	Shíniú	农村	怀集县政府驻地西北部
木浪	Mùlàng	农村	怀集县政府驻地西北部
廖屋	Liàowū	农村	怀集县政府驻地西北部
平安村钟屋	Píng'āncūnzhōngwū	农村	怀集县政府驻地西北部
新庆	Xīnqìng	农村	怀集县政府驻地西北部
程屋	Chéngwū	农村	怀集县政府驻地西北部
平安村新村	Píng'āncūn Xīncūn	农村	怀集县政府驻地西北部
四角	Sìjiǎo	农村	怀集县政府驻地西北部
冯屋	Féngwū	农村	怀集县政府驻地西北部
岗种	Gǎngzhǒng	农村	怀集县政府驻地西北部
蓝平	Lánpíng	农村	怀集县政府驻地西北部
社洛	Shèluò	农村	怀集县政府驻地西北部
平安村卢屋	Píng'āncūnlúwū	农村	怀集县政府驻地西北部
田磴	Tiándèng	农村	怀集县政府驻地西北部
沙坪村瓦灶	Shāpíngcūnwǎzào	农村	怀集县政府驻地西北部
潭域	Tányù	农村	怀集县政府驻地西北部
沙坪村	Shāpíngcūn	农村	怀集县政府驻地西北部

（续上表）

标准名称	汉语拼音	地名类别	相对位置
江屋	Jiāngwū	农村	怀集县政府驻地西北部
葵扇	Kuíshàn	农村	怀集县政府驻地西北部
六决头	Liùjuétóu	农村	怀集县政府驻地西北部
蓝钟教师村	Lánzhōngjiàoshīcūn	农村	怀集县政府驻地西北部
沙坪村韦屋	Shāpíngcūnwéiwū	农村	怀集县政府驻地西北部
沙坪村石板	Shāpíngcūnshíbǎn	农村	怀集县政府驻地西北部
沙坪村大冲	Shāpíngcūndàchōng	农村	怀集县政府驻地西北部
田文岗	Tiánwéngǎng	农村	怀集县政府驻地西北部
沙坪村谭屋	Shāpíngcūntánwū	农村	怀集县政府驻地西北部
石良	Shíliáng	农村	怀集县政府驻地西北部
北耿	Běigěng	农村	怀集县政府驻地西北部
急滩	Jítān	农村	怀集县政府驻地西北部
九十	Jiǔshí	农村	怀集县政府驻地西北部
龙眼寨	Lóngyǎnzhài	农村	怀集县政府驻地西北部
马屋	Mǎwū	农村	怀集县政府驻地西北部
蓝塘街	Lántángjiē	农村	怀集县政府驻地西北部
礼仪寨	Lǐyízhài	农村	怀集县政府驻地西北部
双鹅	Shuāng'é	农村	怀集县政府驻地西北部
回龙寨	Huílóngzhài	农村	怀集县政府驻地西北部
枫木寨	Fēngmùzhài	农村	怀集县政府驻地西北部
谢边	Xièbiān	农村	怀集县政府驻地西北部
杨梅头	Yángméitóu	农村	怀集县政府驻地西北部
下竹村井汶	Xiàzhúcūnjǐngwèn	农村	怀集县政府驻地西北部
大田旱	Dàtiánhàn	农村	怀集县政府驻地西北部
石羊	Shíyáng	农村	怀集县政府驻地西北部
薄竹	Báozhú	农村	怀集县政府驻地西北部
烂庄	Lànzhuāng	农村	怀集县政府驻地西北部
坪尾	Píngwěi	农村	怀集县政府驻地西北部
黄庆	Huángqìng	农村	怀集县政府驻地西北部
云崇	Yúnchóng	农村	怀集县政府驻地西北部

(续上表)

标准名称	汉语拼音	地名类别	相对位置
下竹村	Xiàzhúcūn	农村	怀集县政府驻地西北部
步竹	Bùzhú	农村	怀集县政府驻地西北部
牛辣	Niúlà	农村	怀集县政府驻地西北部
刘屋	Liúwū	农村	怀集县政府驻地西北部
双兴村旱塘	Shuāngxìngcūnhàntáng	农村	怀集县政府驻地西北部
双兴村根竹	Shuāngxìngcūngēnzhú	农村	怀集县政府驻地西北部
梅木	Méimù	农村	怀集县政府驻地西北部
双兴村高崀	Shuāngxìngcūngāolàng	农村	怀集县政府驻地西北部
双兴村田心	Shuāngxìngcūntiánxīn	农村	怀集县政府驻地西北部
岩口	Yánkǒu	农村	怀集县政府驻地西北部
文才	Wéncái	农村	怀集县政府驻地西北部
双兴村石挞	Shuāngxìngcūnshítà	农村	怀集县政府驻地西北部
大田塝	Dàtiánbàng	农村	怀集县政府驻地西北部
加简	Jiājiǎn	农村	怀集县政府驻地西北部
汤水	Tāngshuǐ	农村	怀集县政府驻地西北部
二劣	Èrliè	农村	怀集县政府驻地西北部
双兴村冲口	Shuāngxìngcūnchōngkǒu	农村	怀集县政府驻地西北部
可真	Kězhēn	农村	怀集县政府驻地西北部
麻坎	Mákǎn	农村	怀集县政府驻地西北部
双兴村山塘	Shuāngxìngcūnshāntáng	农村	怀集县政府驻地西北部
瓦塝	Wǎbàng	农村	怀集县政府驻地西北部
庙角	Miàojiǎo	农村	怀集县政府驻地西北部
下丰堡寨	Xiàfēngbǎozhài	农村	怀集县政府驻地西北部
双兴村	Shuāngxìngcūn	农村	怀集县政府驻地西北部
兴华	Xìnghuá	农村	怀集县政府驻地西北部
山袖	Shānxiù	农村	怀集县政府驻地西北部
榄塝	Lǎnbàng	农村	怀集县政府驻地西北部
山枣	Shānzǎo	农村	怀集县政府驻地西北部
塘背	Tángbèi	农村	怀集县政府驻地西北部
寨统	Zhàitǒng	农村	怀集县政府驻地西北部

（续上表）

标准名称	汉语拼音	地名类别	相对位置
古城村	Gǔchéngcūn	农村	怀集县政府驻地西北部
白郎	Báiláng	农村	怀集县政府驻地西北部
三妹	Sānmèi	农村	怀集县政府驻地西北部
上洞	Shàngdòng	农村	怀集县政府驻地西北部
古城村岭背	Gǔchéngcūnlǐngbèi	农村	怀集县政府驻地西北部
薄竹岗	Báozhúgǎng	农村	怀集县政府驻地西北部
古城村欧屋	Gǔchéngcūn'ōuwū	农村	怀集县政府驻地西北部
古城村高崀	Gǔchéngcūngāolàng	农村	怀集县政府驻地西北部
田劣	Tiánliè	农村	怀集县政府驻地西北部
冲坑	Chōngkēng	农村	怀集县政府驻地西北部
古城村莲塘	Gǔchéngcūnliántáng	农村	怀集县政府驻地西北部
交椅	Jiāoyǐ	农村	怀集县政府驻地西北部
古城村石寨	Gǔchéngcūnshízhài	农村	怀集县政府驻地西北部
古城村勒竹	Gǔchéngcūnlèzhú	农村	怀集县政府驻地西北部
古城	Gǔchéng	农村	怀集县政府驻地西北部
上竹村龙屋	Shàngzhúcūnlóngwū	农村	怀集县政府驻地西北部
上竹村桂花	Shàngzhúcūnguìhuā	农村	怀集县政府驻地西北部
铺地	Pùdì	农村	怀集县政府驻地西北部
岭脚	Lǐngjiǎo	农村	怀集县政府驻地西北部
上竹村唐屋	Shàngzhúcūntángwū	农村	怀集县政府驻地西北部
石牛埇	Shíniúyǒng	农村	怀集县政府驻地西北部
孖竹根	Māzhúgēn	农村	怀集县政府驻地西北部
水汶头	Shuǐwèntóu	农村	怀集县政府驻地西北部
大林根	Dàlíngēn	农村	怀集县政府驻地西北部
上竹村田心	Shàngzhúcūntiánxīn	农村	怀集县政府驻地西北部
上竹村	Shàngzhúcūn	农村	怀集县政府驻地西北部
大塘屋	Dàtángwū	农村	怀集县政府驻地西北部
石杰	Shíjié	农村	怀集县政府驻地西北部
瓦屋	Wǎwū	农村	怀集县政府驻地西北部
黄沙	Huángshā	农村	怀集县政府驻地西北部

(续上表)

标准名称	汉语拼音	地名类别	相对位置
太平村大塘	Tàipíngcūndàtáng	农村	怀集县政府驻地西北部
兆六	Zhàoliù	农村	怀集县政府驻地西北部
木稿口	Mùgǎokǒu	农村	怀集县政府驻地西北部
太平村大浪	Tàipíngcūndàlàng	农村	怀集县政府驻地西北部
甫后	Fǔhòu	农村	怀集县政府驻地西北部
湿柿	Shīshì	农村	怀集县政府驻地西北部
太平村李屋	Tàipíngcūnlǐwū	农村	怀集县政府驻地西北部
塘垎	Tánghè	农村	怀集县政府驻地西北部
纸厂	Zhǐchǎng	农村	怀集县政府驻地西北部
瓦梳	Wǎshū	农村	怀集县政府驻地西北部
冲顶	Chōngdǐng	农村	怀集县政府驻地西北部
太平村寨顶	Tàipíngcūnzhàidǐng	农村	怀集县政府驻地西北部
太平村林屋	Tàipíngcūnlínwū	农村	怀集县政府驻地西北部
牛背	Niúbèi	农村	怀集县政府驻地西北部
太平村大田	Tàipíngcūndàtián	农村	怀集县政府驻地西北部
英满	Yīngmǎn	农村	怀集县政府驻地西北部
太平村岗根	Tàipíngcūngǎnggēn	农村	怀集县政府驻地西北部
更口	Gèngkǒu	农村	怀集县政府驻地西北部
太平村塘下	Tàipíngcūntángxià	农村	怀集县政府驻地西北部
太平村	Tàipíngcūn	农村	怀集县政府驻地西北部
佛仔村	Fózǎicūn	农村	怀集县政府驻地西北部
庞屋	Pángwū	农村	怀集县政府驻地西北部
亚梁坑	Yàliángkēng	农村	怀集县政府驻地西北部
佛甘村甘屋	Fógāncūngānwū	农村	怀集县政府驻地西北部
佛甘村	Fógāncūn	农村	怀集县政府驻地西北部
东方	Dōngfāng	农村	怀集县政府驻地西北部
田洞心	Tiándòngxīn	农村	怀集县政府驻地西北部
利藏	Lìcáng	农村	怀集县政府驻地西北部
牛仔田	Niúzǎitián	农村	怀集县政府驻地西北部
高塘	Gāotáng	农村	怀集县政府驻地西北部

（续上表）

标准名称	汉语拼音	地名类别	相对位置
楼边村格岗	Lóubiāncūngégǎng	农村	怀集县政府驻地西北部
横脊峒	Héngjǐdòng	农村	怀集县政府驻地西北部
长江	Chángjiāng	农村	怀集县政府驻地西北部
楼边村	Lóubiāncūn	农村	怀集县政府驻地西北部
邹屋	Zōuwū	农村	怀集县政府驻地西北部
格岗下	Gégǎngxià	农村	怀集县政府驻地西北部
村仔	Cūnzǎi	农村	怀集县政府驻地西北部
新坑	Xīnkēng	农村	怀集县政府驻地西北部
熔炉村	Rónglúcūn	农村	怀集县政府驻地西北部
万松根	Wànsōnggēn	农村	怀集县政府驻地西北部
石烂	Shílàn	农村	怀集县政府驻地西北部
和顺	Héshùn	农村	怀集县政府驻地西北部
石隆	Shílóng	农村	怀集县政府驻地西北部
白庙	Báimiào	农村	怀集县政府驻地西北部
内埇	Nèiyǒng	农村	怀集县政府驻地西北部
俭堆	Jiǎnduī	农村	怀集县政府驻地西北部
和平	Hépíng	农村	怀集县政府驻地西北部
伏虎	Fúhǔ	农村	怀集县政府驻地西北部
三坑村石挞	Sānkēngcūnshítà	农村	怀集县政府驻地西北部
下墩	Xiàdūn	农村	怀集县政府驻地西北部
三坑村	Sānkēngcūn	农村	怀集县政府驻地西北部
湖必	Húbì	农村	怀集县政府驻地西北部
上墩	Shàngdūn	农村	怀集县政府驻地西北部
高山	Gāoshān	农村	怀集县政府驻地西北部
白石塝	Báishíbàng	农村	怀集县政府驻地西北部
国友岭	Guóyǒulǐng	农村	怀集县政府驻地西北部
三坑村高寨	Sānkēngcūngāozhài	农村	怀集县政府驻地西北部
大化	Dàhuà	农村	怀集县政府驻地西北部
奇洞	Qídòng	农村	怀集县政府驻地西北部
玉楼	Yùlóu	农村	怀集县政府驻地西北部

(续上表)

标准名称	汉语拼音	地名类别	相对位置
三坑村塘头	Sānkēngcūntángtóu	农村	怀集县政府驻地西北部
湖产	Húchǎn	农村	怀集县政府驻地西北部
范塘	Fàntáng	农村	怀集县政府驻地西北部
太平寨	Tàipíngzhài	农村	怀集县政府驻地西北部
岗脊	Gǎngjǐ	农村	怀集县政府驻地西北部
牛得塘	Niúdétáng	农村	怀集县政府驻地西北部
大涃	Dàkùn	农村	怀集县政府驻地西北部
仁和寨	Rénhézhài	农村	怀集县政府驻地西北部
和平寨	Hépíngzhài	农村	怀集县政府驻地西北部
大竹根	Dàzhúgēn	农村	怀集县政府驻地西北部
上爱村	Shàngàicūn	农村	怀集县政府驻地西北部
爱莲	Àilián	农村	怀集县政府驻地西北部
双甘村格江	Shuānggāncūngéjiāng	农村	怀集县政府驻地西北部
竹林	Zhúlín	农村	怀集县政府驻地西北部
龙胫	Lóngjìng	农村	怀集县政府驻地西北部
中荔枝	Zhōnglìzhī	农村	怀集县政府驻地西北部
上荔枝	Shànglìzhī	农村	怀集县政府驻地西北部
步冲口	Bùchōngkǒu	农村	怀集县政府驻地西北部
荔枝洞	Lìzhīdòng	农村	怀集县政府驻地西北部
天顺脚	Tiānshùnjiǎo	农村	怀集县政府驻地西北部
中田	Zhōngtián	农村	怀集县政府驻地西北部
陆屋	Lùwū	农村	怀集县政府驻地西北部
下荔枝	Xiàlìzhī	农村	怀集县政府驻地西北部
大哗	Dàhuá	农村	怀集县政府驻地西北部
福田	Fútián	农村	怀集县政府驻地西北部
昔米	Xīmǐ	农村	怀集县政府驻地西北部
双甘村白屋	Shuānggāncūnbáiwū	农村	怀集县政府驻地西北部
双甘村	Shuānggāncūn	农村	怀集县政府驻地西北部
大田	Dàtián	农村	怀集县政府驻地西北部
专一	Zhuānyī	农村	怀集县政府驻地西北部

（续上表）

标准名称	汉语拼音	地名类别	相对位置
西一	Xīyī	农村	怀集县政府驻地西北部
大寨	Dàzhài	农村	怀集县政府驻地西北部
六桥	Liùqiáo	农村	怀集县政府驻地西北部
谭福村红光	Tánfúcūnhóngguāng	农村	怀集县政府驻地西北部
枫木根	Fēngmùgēn	农村	怀集县政府驻地西北部
苏屋	Sūwū	农村	怀集县政府驻地西北部
冷坑尾	Lěngkēngwěi	农村	怀集县政府驻地西北部
拱尾	Gǒngwěi	农村	怀集县政府驻地西北部
谭待	Tándài	农村	怀集县政府驻地西北部
红强	Hóngqiáng	农村	怀集县政府驻地西北部
红寨	Hóngzhài	农村	怀集县政府驻地西北部
谭福村	Tánfúcūn	农村	怀集县政府驻地西北部
红风	Hóngfēng	农村	怀集县政府驻地西北部
红阳	Hóngyáng	农村	怀集县政府驻地西北部
红星	Hóngxīng	农村	怀集县政府驻地西北部
红林一	Hónglínyī	农村	怀集县政府驻地西北部
谭福村新铺	Tánfúcūnxīnpù	农村	怀集县政府驻地西北部
谭福村红卫	Tánfúcūnhóngwèi	农村	怀集县政府驻地西北部
红林二	Hónglín'èr	农村	怀集县政府驻地西北部
红旗	Hóngqí	农村	怀集县政府驻地西北部
红文	Hóngwén	农村	怀集县政府驻地西北部
红村	Hóngcūn	农村	怀集县政府驻地西北部
谭拱	Tángǒng	农村	怀集县政府驻地西北部
木根寨	Mùgēnzhài	农村	怀集县政府驻地西北部
古善寨	Gǔshànzhài	农村	怀集县政府驻地西北部
佛仔岗	Fózǎigǎng	农村	怀集县政府驻地西北部
谭庙村	Tánmiàocūn	农村	怀集县政府驻地西北部
谭庙寨	Tánmiàozhài	农村	怀集县政府驻地西北部
白水塘墩	Báishuǐtángdūn	农村	怀集县政府驻地西北部
谭汶村谭聘	Tánwèncūntánpìn	农村	怀集县政府驻地西北部

(续上表)

标准名称	汉语拼音	地名类别	相对位置
横枝	Héngzhī	农村	怀集县政府驻地西北部
谭汶村邹屋	Tánwèncūnzōuwū	农村	怀集县政府驻地西北部
谭汶村白屋	Tánwèncūnbáiwū	农村	怀集县政府驻地西北部
邬瑞	Wūruì	农村	怀集县政府驻地西北部
谭汶村大园	Tánwèncūndàyuán	农村	怀集县政府驻地西北部
同青根	Tóngqīnggēn	农村	怀集县政府驻地西北部
大油园	Dàyóuyuán	农村	怀集县政府驻地西北部
牛特塘	Niútètáng	农村	怀集县政府驻地西北部
大基	Dàjī	农村	怀集县政府驻地西北部
瓜地	Guādì	农村	怀集县政府驻地西北部
水坑	Shuǐkēng	农村	怀集县政府驻地西北部
铛耳	Chēng'ěr	农村	怀集县政府驻地西北部
岭根	Lǐnggēn	农村	怀集县政府驻地西北部
谭新村白屋	Tánxīncūnbáiwū	农村	怀集县政府驻地西北部
中塘	Zhōngtáng	农村	怀集县政府驻地西北部
铁铺	Tiěpù	农村	怀集县政府驻地西北部
谭新村格塘	Tánxīncūngétáng	农村	怀集县政府驻地西北部
政新	Zhèngxīn	农村	怀集县政府驻地西北部
谭新村岭坳	Tánxīncūnlǐng'ào	农村	怀集县政府驻地西北部
大厅	Dàtīng	农村	怀集县政府驻地西北部
谭新村	Tánxīncūn	农村	怀集县政府驻地西北部
谭新	Tánxīn	农村	怀集县政府驻地西北部
谭新尾	Tánxīnwěi	农村	怀集县政府驻地西北部
金庙岗	Jīnmiàogǎng	农村	怀集县政府驻地西北部
佛仔坑	Fózǎikēng	农村	怀集县政府驻地西北部
塘边	Tángbiān	农村	怀集县政府驻地西北部
田心村	Tiánxīncūn	农村	怀集县政府驻地西北部
塘竹	Tángzhú	农村	怀集县政府驻地西北部
田心村桥头	Tiánxīncūnqiáotóu	农村	怀集县政府驻地西北部
东村	Dōngcūn	农村	怀集县政府驻地西北部

（续上表）

标准名称	汉语拼音	地名类别	相对位置
西村	Xīcūn	农村	怀集县政府驻地西北部
三托	Sāntuō	农村	怀集县政府驻地西北部
田心村大村	Tiánxīncūndàcūn	农村	怀集县政府驻地西北部
田心村白屋	Tiánxīncūnbáiwū	农村	怀集县政府驻地西北部
田心村田心	Tiánxīncūntiánxīn	农村	怀集县政府驻地西北部
谭中岗	Tánzhōnggǎng	农村	怀集县政府驻地西北部
陈龙	Chénlóng	农村	怀集县政府驻地西北部
低涸	Dīkùn	农村	怀集县政府驻地西北部
花树岗	Huāshùgǎng	农村	怀集县政府驻地西北部
桐光村	Tóngguāngcūn	农村	怀集县政府驻地西北部
钱村	Qiáncūn	农村	怀集县政府驻地西北部
蒋屋	Jiǎngwū	农村	怀集县政府驻地西北部
桐油	Tóngyóu	农村	怀集县政府驻地西北部
冷汶	Lěngwèn	农村	怀集县政府驻地西北部
卫东	Wèidōng	农村	怀集县政府驻地西北部
黎屋	Líwū	农村	怀集县政府驻地西北部
坎下	Kǎnxià	农村	怀集县政府驻地西北部
塘盐	Tángyán	农村	怀集县政府驻地西北部
桐光村新屋	Tóngguāngcūnxīnwū	农村	怀集县政府驻地西北部
上范	Shàngfàn	农村	怀集县政府驻地西北部
桐光村井边	Tóngguāngcūnjǐngbiān	农村	怀集县政府驻地西北部
桐光村供门	Tóngguāngcūngòngmén	农村	怀集县政府驻地西北部
上钱	Shàngqián	农村	怀集县政府驻地西北部
上塘一	Shàngtángyī	农村	怀集县政府驻地西北部
上塘二	Shàngtáng'èr	农村	怀集县政府驻地西北部
下塘	Xiàtáng	农村	怀集县政府驻地西北部
桐光村沙洲	Tóngguāngcūnshāzhōu	农村	怀集县政府驻地西北部
石湾	Shíwān	农村	怀集县政府驻地西北部
桐光村中心	Tóngguāngcūnzhōngxīn	农村	怀集县政府驻地西北部
辰龙	Chénlóng	农村	怀集县政府驻地西北部

(续上表)

标准名称	汉语拼音	地名类别	相对位置
范屋	Fànwū	农村	怀集县政府驻地西北部
刘三洞	Liúsāndòng	农村	怀集县政府驻地西北部
团结村坑口	Tuánjiécūnkēngkǒu	农村	怀集县政府驻地西北部
岗咀	Gǎngjǔ	农村	怀集县政府驻地西北部
寨仔	Zhàizǎi	农村	怀集县政府驻地西北部
团结村程屋	Tuánjiécūnchéngwū	农村	怀集县政府驻地西北部
团结村黎屋	Tuánjiécūnlíwū	农村	怀集县政府驻地西北部
团结村木桥头	Tuánjiécūnmùqiáotóu	农村	怀集县政府驻地西北部
团结村	Tuánjiécūn	农村	怀集县政府驻地西北部
五星村糯塘	Wǔxīngcūnnuòtáng	农村	怀集县政府驻地西北部
长岗	Chánggǎng	农村	怀集县政府驻地西北部
五星村岗头	Wǔxīngcūngǎngtóu	农村	怀集县政府驻地西北部
龙潭	Lóngtán	农村	怀集县政府驻地西北部
勒竹	Lèzhú	农村	怀集县政府驻地西北部
五星村草塘	Wǔxīngcūncǎotáng	农村	怀集县政府驻地西北部
沙洲下	Shāzhōuxià	农村	怀集县政府驻地西北部
城围	Chéngwéi	农村	怀集县政府驻地西北部
五星村龟咀	Wǔxīngcūnguījǔ	农村	怀集县政府驻地西北部
五星村	Wǔxīngcūn	农村	怀集县政府驻地西北部
五星村大岗头	Wǔxīngcūndàgǎngtóu	农村	怀集县政府驻地西北部
林磡沅	Línkànyuán	农村	怀集县政府驻地西北部
西洲村水尾	Xīzhōucūnshuǐwěi	农村	怀集县政府驻地西北部
山马暗	Shānmǎ'àn	农村	怀集县政府驻地西北部
文仔田	Wénzǎitián	农村	怀集县政府驻地西北部
金坑	Jīnkēng	农村	怀集县政府驻地西北部
洽水口	Qiàshuǐkǒu	农村	怀集县政府驻地西北部
面梅木埇	Miànméimùyǒng	农村	怀集县政府驻地西北部
苗岭	Miáolǐng	农村	怀集县政府驻地西北部
马地	Mǎdì	农村	怀集县政府驻地西北部
路陶	Lùtáo	农村	怀集县政府驻地西北部

（续上表）

标准名称	汉语拼音	地名类别	相对位置
林磡	Línkàn	农村	怀集县政府驻地西北部
大岭脚	Dàlǐngjiǎo	农村	怀集县政府驻地西北部
西洲村大塘	Xīzhōucūndàtáng	农村	怀集县政府驻地西北部
西洲村	Xīzhōucūn	农村	怀集县政府驻地西北部
东蛤	Dōnghá	农村	怀集县政府驻地西北部
马尿	Mǎniào	农村	怀集县政府驻地西北部
邦赞	Bāngzàn	农村	怀集县政府驻地西北部
门楼墩	Ménlóudūn	农村	怀集县政府驻地西北部
格田	Gétián	农村	怀集县政府驻地西北部
双桂	Shuāngguì	农村	怀集县政府驻地西北部
忠诚村黎屋	Zhōngchéngcūnlíwū	农村	怀集县政府驻地西北部
花白	Huābái	农村	怀集县政府驻地西北部
忠诚村莲塘仔	Zhōngchéngcūnliántángzǎi	农村	怀集县政府驻地西北部
大庙岗	Dàmiàogǎng	农村	怀集县政府驻地西北部
忠诚村	Zhōngchéngcūn	农村	怀集县政府驻地西北部
忠诚村大田	Zhōngchéngcūndàtián	农村	怀集县政府驻地西北部
爱三村	Àisāncūnshíqiáo	农村	怀集县政府驻地西北部
加蓝	Jiālán	农村	怀集县政府驻地西北部
北门	Běimén	农村	怀集县政府驻地西北部
上爱	Shàng'ài	农村	怀集县政府驻地西北部
东门	Dōngmén	农村	怀集县政府驻地西北部
蔡屋	Càiwū	农村	怀集县政府驻地西北部
罗汉	Luóhàn	农村	怀集县政府驻地西北部
酒铺	Jiǔpù	农村	怀集县政府驻地西北部
爱三村石桥	Àisāncūnshíqiáo	农村	怀集县政府驻地西北部
马头岭	Mǎtóulǐng	农村	怀集县政府驻地西北部
新藏	Xīncáng	农村	怀集县政府驻地西北部
百禾塘	Bǎihétáng	农村	怀集县政府驻地西北部
翠竹	Cuìzhú	农村	怀集县政府驻地西北部
格江	Géjiāng	农村	怀集县政府驻地西北部

（续上表）

标准名称	汉语拼音	地名类别	相对位置
坑边	Kēngbiān	农村	怀集县政府驻地西北部
爱二村新塘	Ài'èrcūnxīntáng	农村	怀集县政府驻地西北部
鱼深	Yúshēn	农村	怀集县政府驻地西北部
爱一村	Àiyīcūn	农村	怀集县政府驻地西北部
大松	Dàsōng	农村	怀集县政府驻地西北部
根竹	Gēnzhú	农村	怀集县政府驻地西北部
大巷	Dàxiàng	农村	怀集县政府驻地西北部
爱一村白屋	Àiyīcūnbáiwū	农村	怀集县政府驻地西北部
谭汶村	Tánwèncūn	农村	怀集县政府驻地西北部
罗贡	Luógòng	农村	怀集县政府驻地西北部
成贤村水边	Chéngxiáncūnshuǐbiān	农村	怀集县政府驻地西北部
利春岗	Lìchūngǎng	农村	怀集县政府驻地西北部
赤米洞	Chìmǐdòng	农村	怀集县政府驻地西北部
佛仔岭	Fózǎilǐng	农村	怀集县政府驻地西北部
栗根	Lìgēn	农村	怀集县政府驻地西北部
谭城塘	Tánchéngtáng	农村	怀集县政府驻地西北部
于屋	Yúwū	农村	怀集县政府驻地西北部
成贤村	Chéngxiáncūn	农村	怀集县政府驻地西北部
富瑞村新屋	Fùruìcūnxīnwū	农村	怀集县政府驻地西北部
沙路	Shālù	农村	怀集县政府驻地西北部
植屋	Zhíwū	农村	怀集县政府驻地西北部
岸塘下	Àntángxià	农村	怀集县政府驻地西北部
富瑞村江背	Fùruìcūnjiāngbèi	农村	怀集县政府驻地西北部
富瑞村	Fùruìcūn	农村	怀集县政府驻地西北部
富瑞村郭屋	Fùruìcūnguōwū	农村	怀集县政府驻地西北部
富瑞村莫屋	Fùruìcūnmòwū	农村	怀集县政府驻地西北部
甘屋	Gānwū	农村	怀集县政府驻地西北部
富瑞村水边	Fùruìcūnshuǐbiān	农村	怀集县政府驻地西北部
富瑞村莲塘	Fùruìcūnliántáng	农村	怀集县政府驻地西北部
倪屋	Níwū	农村	怀集县政府驻地西北部

（续上表）

标准名称	汉语拼音	地名类别	相对位置
坑尾	Kēngwěi	农村	怀集县政府驻地西北部
双龙	Shuānglóng	农村	怀集县政府驻地西北部
岭咀	Lǐngjǔ	农村	怀集县政府驻地西北部
岗脚村红寨	Gǎngjiǎocūnhóngzhài	农村	怀集县政府驻地西北部
钟屋	Zhōngwū	农村	怀集县政府驻地西北部
岗脚村沙洲尾	Gǎngjiǎocūnshāzhōuwěi	农村	怀集县政府驻地西北部
岗脚村沙洲	Gǎngjiǎocūnshāzhōu	农村	怀集县政府驻地西北部
岗脚村长田	Gǎngjiǎocūnzhǎngtián	农村	怀集县政府驻地西北部
六肚	Liùdù	农村	怀集县政府驻地西北部
岗脚村塘下	Gǎngjiǎocūntángxià	农村	怀集县政府驻地西北部
岗脚村井汶	Gǎngjiǎocūnjǐngwèn	农村	怀集县政府驻地西北部
岗脚村冯屋	Gǎngjiǎocūnféngwū	农村	怀集县政府驻地西北部
岗脚村	Gǎngjiǎocūn	农村	怀集县政府驻地西北部
桐美	Tóngměi	农村	怀集县政府驻地西北部
岗脚	Gǎngjiǎo	农村	怀集县政府驻地西北部
平安	Píng'ān	农村	怀集县政府驻地西北部
天灯盏	Tiāndēngzhǎn	农村	怀集县政府驻地西北部
和平村桥头	Hépíngcūnqiáotóu	农村	怀集县政府驻地西北部
岗头尾	Gǎngtóuwěi	农村	怀集县政府驻地西北部
和平村岗头	Hépíngcūngǎngtóu	农村	怀集县政府驻地西北部
和平村莫屋	Hépíngcūnmòwū	农村	怀集县政府驻地西北部
黄甲	Huángjiǎ	农村	怀集县政府驻地西北部
和平村	Hépíngcūn	农村	怀集县政府驻地西北部
和平村太平	Hépíngcūntàipíng	农村	怀集县政府驻地西北部
安宁	Ānníng	农村	怀集县政府驻地西北部
和平村大塘	Hépíngcūndàtáng	农村	怀集县政府驻地西北部
和平村中心	Hépíngcūnzhōngxīn	农村	怀集县政府驻地西北部
和平村七星岗	Hépíngcūnqīxīnggǎng	农村	怀集县政府驻地西北部
大楼	Dàlóu	农村	怀集县政府驻地西北部
和平村上寨	Hépíngcūnshàngzhài	农村	怀集县政府驻地西北部

（续上表）

标准名称	汉语拼音	地名类别	相对位置
二箫	Èrxiāo	农村	怀集县政府驻地西北部
红村村洞尾	Hóngcūncūndòngwěi	农村	怀集县政府驻地西北部
吴氏旧屋	Wúshìjiùwū	农村	怀集县政府驻地西北部
红村村黄屋	Hóngcūncūnhuángwū	农村	怀集县政府驻地西北部
红村村石塘	Hóngcūncūnshítáng	农村	怀集县政府驻地西北部
谭村	Táncūn	农村	怀集县政府驻地西北部
红村村上爱	Hóngcūncūnshàng'ài	农村	怀集县政府驻地西北部
红村村郭屋	Hóngcūncūnguōwū	农村	怀集县政府驻地西北部
红村村	Hóngcūncūn	农村	怀集县政府驻地西北部
刘福村	Liúfúcūn	农村	怀集县政府驻地西北部
红胜村刘屋	Hóngshèngcūnliúwū	农村	怀集县政府驻地西北部
根竹巷	Gēnzhúxiàng	农村	怀集县政府驻地西北部
红胜村江头仔	Hóngshèngcūnjiāngtóuzǎi	农村	怀集县政府驻地西北部
红胜村白屋	Hóngshèngcūnbáiwū	农村	怀集县政府驻地西北部
红胜村大楼	Hóngshèngcūndàlóu	农村	怀集县政府驻地西北部
领咀	Lǐngjǔ	农村	怀集县政府驻地西北部
观塘埇	Guāntángyǒng	农村	怀集县政府驻地西北部
红胜村黄屋	Hóngshèngcūnhuángwū	农村	怀集县政府驻地西北部
红胜村	Hóngshèngcūn	农村	怀集县政府驻地西北部
龙花岗	Lónghuāgǎng	农村	怀集县政府驻地西北部
柯杉岗	Kēshāngǎng	农村	怀集县政府驻地西北部
江山村李屋	Jiāngshāncūnlǐwū	农村	怀集县政府驻地西北部
陈屋	Chénwū	农村	怀集县政府驻地西北部
江山村周屋	Jiāngshāncūnzhōuwū	农村	怀集县政府驻地西北部
楼岗	Lóugǎng	农村	怀集县政府驻地西北部
江山村社岗	Jiāngshāncūnshègǎng	农村	怀集县政府驻地西北部
江山村谭洽塘	Jiāngshāncūntánqiàtáng	农村	怀集县政府驻地西北部
三头松	Sāntóusōng	农村	怀集县政府驻地西北部
江山村	Jiāngshāncūn	农村	怀集县政府驻地西北部
刘脚	Liújiǎo	农村	怀集县政府驻地西北部

（续上表）

标准名称	汉语拼音	地名类别	相对位置
金吴村长塘	Jīnwúcūnchángtáng	农村	怀集县政府驻地西北部
金吴村格江	Jīnwúcūngéjiāng	农村	怀集县政府驻地西北部
金吴村大村	Jīnwúcūndàcūn	农村	怀集县政府驻地西北部
金吴村梁屋	Jīnwúcūnliángwū	农村	怀集县政府驻地西北部
埇口	Yǒngkǒu	农村	怀集县政府驻地西北部
格洞	Gédòng	农村	怀集县政府驻地西北部
塘头	Tángtóu	农村	怀集县政府驻地西北部
塘中	Tángzhōng	农村	怀集县政府驻地西北部
金屋村塘尾	Jīnwūcūntángwěi	农村	怀集县政府驻地西北部
金屋	Jīnwū	农村	怀集县政府驻地西北部
金吴村于屋	Jīnwúcūnyúwū	农村	怀集县政府驻地西北部
汶洞	Wèndòng	农村	怀集县政府驻地西北部
大到	Dàdào	农村	怀集县政府驻地西北部
金吴村刘屋	Jīnwúcūnliúwū	农村	怀集县政府驻地西北部
金一	Jīnyī	农村	怀集县政府驻地西北部
金吴村	Jīnwúcūn	农村	怀集县政府驻地西北部
金二	Jīn'èr	农村	怀集县政府驻地西北部
大村一	Dàcūnyī	农村	怀集县政府驻地西北部
大村二	Dàcūn'èr	农村	怀集县政府驻地西北部
大村三	Dàcūnsān	农村	怀集县政府驻地西北部
梁上	Liángshàng	农村	怀集县政府驻地西北部
梁下	Liángxià	农村	怀集县政府驻地西北部
金吴村井汶	Jīnwúcūnjǐngwèn	农村	怀集县政府驻地西北部
格沙	Géshā	农村	怀集县政府驻地西北部
范朗寨一队	Fànlǎngzhàiyīduì	农村	怀集县政府驻地西北部
谭徐	Tánxú	农村	怀集县政府驻地西北部
范朗寨二队	Fànlǎngzhài'èrduì	农村	怀集县政府驻地西北部
范朗寨	Fànlǎngzhài	农村	怀集县政府驻地西北部
范朗寨三队	Fànlǎngzhàisānduì	农村	怀集县政府驻地西北部
石学	Shíxué	农村	怀集县政府驻地西北部

(续上表)

标准名称	汉语拼音	地名类别	相对位置
太平岗	Tàipínggǎng	农村	怀集县政府驻地西北部
黎木涃	Límùkùn	农村	怀集县政府驻地西北部
朗照村	Lǎngzhàocūn	农村	怀集县政府驻地西北部
范朗寨九队	Fànlǎngzhàijiǔduì	农村	怀集县政府驻地西北部
谭徐六队	Tánxúliùduì	农村	怀集县政府驻地西北部
谭徐七队	Tánxúqīduì	农村	怀集县政府驻地西北部
谭徐五队	Tánxúwǔduì	农村	怀集县政府驻地西北部
冷中	Lěngzhōng	农村	怀集县政府驻地西北部
冷坑村李屋	Lěngkēngcūnlǐwū	农村	怀集县政府驻地西北部
鹅公	Égōng	农村	怀集县政府驻地西北部
曾屋	Céngwū	农村	怀集县政府驻地西北部
木桥头	Mùqiáotóu	农村	怀集县政府驻地西北部
冷坑村苏屋	Lěngkēngcūnsūwū	农村	怀集县政府驻地西北部
郑屋	Zhèngwū	农村	怀集县政府驻地西北部
冷坑村	Lěngkēngcūn	农村	怀集县政府驻地西北部
龙村村	Lóngcūncūn	农村	怀集县政府驻地西北部
旧河	Jiùhé	农村	怀集县政府驻地西北部
现龙	Xiànlóng	农村	怀集县政府驻地西北部
松根	Sōnggēn	农村	怀集县政府驻地西北部
面门	Miànmén	农村	怀集县政府驻地西北部
红专	Hóngzhuān	农村	怀集县政府驻地西北部
红光	Hóngguāng	农村	怀集县政府驻地西北部
龙村村罗屋	Lóngcūncūnluówū	农村	怀集县政府驻地西北部
井边	Jǐngbiān	农村	怀集县政府驻地西北部
港田	Gǎngtián	农村	怀集县政府驻地西北部
新集	Xīnjí	农村	怀集县政府驻地西北部
供门	Gòngmén	农村	怀集县政府驻地西北部
龙村村中心	Lóngcūncūnzhōngxīn	农村	怀集县政府驻地西北部
红门	Hóngmén	农村	怀集县政府驻地西北部
下厅	Xiàtīng	农村	怀集县政府驻地西北部

（续上表）

标准名称	汉语拼音	地名类别	相对位置
龙村村郭屋	Lóngcūncūnguōwū	农村	怀集县政府驻地西北部
东红	Dōnghóng	农村	怀集县政府驻地西北部
红心	Hóngxīn	农村	怀集县政府驻地西北部
新建	Xīnjiàn	农村	怀集县政府驻地西北部
果范	Guǒfàn	农村	怀集县政府驻地西北部
龙岗村林屋	Lónggǎngcūnlínwū	农村	怀集县政府驻地西北部
龙岗村白屋	Lónggǎngcūnbáiwū	农村	怀集县政府驻地西北部
红卫	Hóngwèi	农村	怀集县政府驻地西北部
龙岗村上寨	Lónggǎngcūnshàngzhài	农村	怀集县政府驻地西北部
福祥	Fúxiáng	农村	怀集县政府驻地西北部
范罗	Fànluó	农村	怀集县政府驻地西北部
桂星片	Guìxīngpiàn	农村	怀集县政府驻地西北部
忠诚寨	Zhōngchéngzhài	农村	怀集县政府驻地西北部
乌石墩	Wūshídūn	农村	怀集县政府驻地西北部
木兰	Mùlán	农村	怀集县政府驻地西北部
光安	Guāng'ān	农村	怀集县政府驻地西北部
龙颈	Lóngjǐng	农村	怀集县政府驻地西北部
沙渖	Shāshěn	农村	怀集县政府驻地西北部
罗柿	Luóshì	农村	怀集县政府驻地西部
谭秀	Tánxiù	农村	怀集县政府驻地西部
凤岗	Fènggǎng	农村	怀集县政府驻地西北部
谭载	Tánzǎi	农村	怀集县政府驻地西北部
百德村埇口	Bǎidécūnyǒngkǒu	农村	怀集县政府驻地西北部
世美	Shìměi	农村	怀集县政府驻地西北部
覃定	Tándìng	农村	怀集县政府驻地西北部
百德村大村	Bǎidécūndàcūn	农村	怀集县政府驻地西北部
百福寨	Bǎifúzhài	农村	怀集县政府驻地西北部
百德村塘美	Bǎidécūntángměi	农村	怀集县政府驻地西北部
谭里	Tánlǐ	农村	怀集县政府驻地西北部
百德村莫屋	Bǎidécūnmòwū	农村	怀集县政府驻地西北部

(续上表)

标准名称	汉语拼音	地名类别	相对位置
百德村冯屋	Bǎidécūnféngwū	农村	怀集县政府驻地西北部
百德村	Bǎidécūn	农村	怀集县政府驻地西北部
百德村新屋	Bǎidécūnxīnwū	农村	怀集县政府驻地西北部
怀州	Huáizhōu	农村	怀集县政府驻地西北部
文楼	Wénlóu	农村	怀集县政府驻地西北部
安塘	Āntáng	农村	怀集县政府驻地西北部
冬瓜墩	Dōngguādūn	农村	怀集县政府驻地西北部
涀水村坑口	Jiànshuǐcūnkēngkǒu	农村	怀集县政府驻地西北部
绿竹村	Lǜzhúcūn	农村	怀集县政府驻地西北部
千彩	Qiāncǎi	农村	怀集县政府驻地西北部
林仓	Líncāng	农村	怀集县政府驻地西北部
如田	Rútián	农村	怀集县政府驻地西北部
涀水村苏屋	Jiànshuǐcūnsūwū	农村	怀集县政府驻地西北部
龙俊	Lóngjùn	农村	怀集县政府驻地西北部
涀水村石板	Jiànshuǐcūnshíbǎn	农村	怀集县政府驻地西北部
佛岭	Fólǐng	农村	怀集县政府驻地西北部
李屋	Lǐwū	农村	怀集县政府驻地西北部
涀水村石塘	Jiànshuǐcūnshítáng	农村	怀集县政府驻地西北部
涀水村何屋	Jiànshuǐcūnhéwū	农村	怀集县政府驻地西北部
下潭州	Xiàtánzhōu	农村	怀集县政府驻地西北部
涀水村白鹤	Jiànshuǐcūnbáihè	农村	怀集县政府驻地西北部
上潭州	Shàngtánzhōu	农村	怀集县政府驻地西北部
文道学	Wéndàoxué	农村	怀集县政府驻地西北部
水口	Shuǐkǒu	农村	怀集县政府驻地西北部
石桥	Shíqiáo	农村	怀集县政府驻地西北部
老寨	Lǎozhài	农村	怀集县政府驻地西北部
唐屋	Tángwū	农村	怀集县政府驻地西北部
涀水村陆屋	Jiànshuǐcūnlùwū	农村	怀集县政府驻地西北部
后龙	Hòulóng	农村	怀集县政府驻地西北部
黑石根	Hēishígēn	农村	怀集县政府驻地西北部

（续上表）

标准名称	汉语拼音	地名类别	相对位置
浕水村新寨	Jiànshuǐcūnxīnzhài	农村	怀集县政府驻地西北部
浕水村	Jiànshuǐcūn	农村	怀集县政府驻地东北部
东风	Dōngfēng	农村	怀集县政府驻地西北部
大园	Dàyuán	农村	怀集县政府驻地西北部
赤水	Chìshuǐ	农村	怀集县政府驻地西北部
谭州	Tánzhōu	农村	怀集县政府驻地西北部
水测	Shuǐcè	农村	怀集县政府驻地西北部
白楼	Báilóu	农村	怀集县政府驻地西北部
大成岗圩	Dàchénggǎngxū	农村	怀集县政府驻地西部
宿泊洲	Xiǔbózhōu	农村	怀集县政府驻地西部
罗徐	Luóxú	农村	怀集县政府驻地西部
大欢岭	Dàhuānlǐng	农村	怀集县政府驻地西部
周屋	Zhōuwū	农村	怀集县政府驻地西部
大连村朱屋	Dàliáncūnzhūwū	农村	怀集县政府驻地西北部
廿十岗	Niànshígǎng	农村	怀集县政府驻地西部
大连村横垌	Dàliáncūnhéngdòng	农村	怀集县政府驻地西部
上周屋	Shàngzhōuwū	农村	怀集县政府驻地西北部
下周屋	Xiàzhōuwū	农村	怀集县政府驻地西北部
大连村林屋	Dàliáncūnlínwū	农村	怀集县政府驻地西北部
大连村中心屋	Dàliáncūnzhōngxīnwū	农村	怀集县政府驻地西北部
大昍	Dàchǎn	农村	怀集县政府驻地西北部
大连村欧屋	Dàliáncūn'ōuwū	农村	怀集县政府驻地西北部
大连村陈屋	Dàliáncūnchénwū	农村	怀集县政府驻地西北部
下大崩	Xiàdàbēng	农村	怀集县政府驻地西北部
大连村黎屋	Dàliáncūnlíwū	农村	怀集县政府驻地西北部
大连村大坡	Dàliáncūndàpō	农村	怀集县政府驻地西北部
大连村黄屋	Dàliáncūnhuángwū	农村	怀集县政府驻地西北部
坡四村	Pōsìcūn	农村	怀集县政府驻地西北部
坡头	Pōtóu	农村	怀集县政府驻地西北部
庙后	Miàohòu	农村	怀集县政府驻地西北部

(续上表)

标准名称	汉语拼音	地名类别	相对位置
大连村	Dàliáncūn	农村	怀集县政府驻地西北部
上大崩	Shàngdàbēng	农村	怀集县政府驻地西北部
凌角	Língjiǎo	农村	怀集县政府驻地西北部
大连村大崩	Dàliáncūndàbēng	农村	怀集县政府驻地西北部
大甘	Dàgān	农村	怀集县政府驻地西北部
大连村周屋	Dàliáncūnzhōuwū	农村	怀集县政府驻地西北部
王志	Wángzhì	农村	怀集县政府驻地西部
华盛片	Huáshèngpiàn	农村	怀集县政府驻地西北部
罗孔	Luókǒng	农村	怀集县政府驻地西北部
光明村大田	Guāngmíngcūndàtián	农村	怀集县政府驻地西北部
南向	Nánxiàng	农村	怀集县政府驻地西北部
木棉	Mùmián	农村	怀集县政府驻地西北部
东向	Dōngxiàng	农村	怀集县政府驻地西北部
北向	Běixiàng	农村	怀集县政府驻地西北部
光明村	Guāngmíngcūn	农村	怀集县政府驻地西北部
雅屋	Yǎwū	农村	怀集县政府驻地西北部
南安	Nán'ān	农村	怀集县政府驻地西北部
龙洲	Lóngzhōu	农村	怀集县政府驻地西北部
西园	Xīyuán	农村	怀集县政府驻地西北部
谭聘	Tánpìn	农村	怀集县政府驻地西北部
光明村大园	Guāngmíngcūndàyuán	农村	怀集县政府驻地西北部
南松园	Nánsōngyuán	农村	怀集县政府驻地西北部
钱屋	Qiánwū	农村	怀集县政府驻地西北部
峰洞	Fēngdòng	农村	怀集县政府驻地西北部
花石村坡头	Huāshícūnpōtóu	农村	怀集县政府驻地西北部
峰剑	Fēngjiàn	农村	怀集县政府驻地西北部
花石村龙屋	Huāshícūnlóngwū	农村	怀集县政府驻地西北部
三柏	Sānbǎi	农村	怀集县政府驻地西北部
英桂	Yīngguì	农村	怀集县政府驻地西北部
有新	Yǒuxīn	农村	怀集县政府驻地西北部

（续上表）

标准名称	汉语拼音	地名类别	相对位置
石谰	Shílán	农村	怀集县政府驻地西北部
石根村	Shígēncūn	农村	怀集县政府驻地西北部
花石村七星岗	Huāshícūnqīxīnggǎng	农村	怀集县政府驻地西北部
花石村大寨	Huāshícūndàzhài	农村	怀集县政府驻地西北部
山寨石	Shānzhàishí	农村	怀集县政府驻地西北部
花石村	Huāshícūn	农村	怀集县政府驻地西北部
花石村孔屋	Huāshícūnkǒngwū	农村	怀集县政府驻地西北部
加德村田尾	Jiādécūntiánwěi	农村	怀集县政府驻地西部
加德村汶水	Jiādécūnwènshuǐ	农村	怀集县政府驻地西南部
鸡头岭	Jītóulǐng	农村	怀集县政府驻地西南部
加德村大埇	Jiādécūndàyǒng	农村	怀集县政府驻地西北部
加德村根竹	Jiādécūngēnzhú	农村	怀集县政府驻地西部
加德村	Jiādécūn	农村	怀集县政府驻地西部
杨屋	Yángwū	农村	怀集县政府驻地西部
加德村崩岗	Jiādécūnbēnggǎng	农村	怀集县政府驻地西部
三丫	Sānyā	农村	怀集县政府驻地西部
栏中	Lánzhōng	农村	怀集县政府驻地西北部
栏马村南蛇	Lánmǎcūnnánshé	农村	怀集县政府驻地西部
太平	Tàipíng	农村	怀集县政府驻地西北部
栏马村大松	Lánmǎcūndàsōng	农村	怀集县政府驻地西部
栏马村大崩	Lánmǎcūndàbēng	农村	怀集县政府驻地西北部
三节	Sānjié	农村	怀集县政府驻地西部
李上	Lǐshàng	农村	怀集县政府驻地西北部
李下	Lǐxià	农村	怀集县政府驻地西部
栏下	Lánxià	农村	怀集县政府驻地西部
栏马村林屋	Lánmǎcūnlínwū	农村	怀集县政府驻地西部
栏马村	Lánmǎcūn	农村	怀集县政府驻地西部
栏马村白屋	Lánmǎcūnbáiwū	农村	怀集县政府驻地西北部
水对	Shuǐduì	农村	怀集县政府驻地西北部
回龙岗	Huílónggǎng	农村	怀集县政府驻地西北部

（续上表）

标准名称	汉语拼音	地名类别	相对位置
谭园	Tányuán	农村	怀集县政府驻地西部
西门	Xīmén	农村	怀集县政府驻地西部
葵扇村	Kuíshàncūn	农村	怀集县政府驻地西北部
谭祝	Tánzhù	农村	怀集县政府驻地西部
谭山	Tánshān	农村	怀集县政府驻地西部
罗西	Luóxī	农村	怀集县政府驻地西北部
老邹	Lǎozōu	农村	怀集县政府驻地西北部
近岗	Jìngǎng	农村	怀集县政府驻地西北部
老务	Lǎowù	农村	怀集县政府驻地西北部
西林	Xīlín	农村	怀集县政府驻地西北部
水福岗	Shuǐfúgǎng	农村	怀集县政府驻地西北部
梁村村白屋	Liángcūncūnbáiwū	农村	怀集县政府驻地西北部
梁村村	Liángcūncūn	农村	怀集县政府驻地西北部
南慕	Nánmù	农村	怀集县政府驻地西北部
谭脉	Tánmò	农村	怀集县政府驻地西北部
维毕	Wéibì	农村	怀集县政府驻地西部
瓜地口	Guādìkǒu	农村	怀集县政府驻地西部
民田村黄屋	Míntiáncūnhuángwū	农村	怀集县政府驻地西北部
民田村莫屋	Míntiáncūnmòwū	农村	怀集县政府驻地西北部
大汶村	Dàwèncūn	农村	怀集县政府驻地西北部
水劣	Shuǐliè	农村	怀集县政府驻地西南部
祝洞	Zhùdòng	农村	怀集县政府驻地西北部
家简	Jiājiǎn	农村	怀集县政府驻地西部
江仔	Jiāngzǎi	农村	怀集县政府驻地西部
上田心	Shàngtiánxīn	农村	怀集县政府驻地西北部
民田村田心	Míntiáncūntiánxīn	农村	怀集县政府驻地西北部
下田心	Xiàtiánxīn	农村	怀集县政府驻地西部
文黎	Wénlí	农村	怀集县政府驻地西北部
旧陵	Jiùlíng	农村	怀集县政府驻地西部
浪头	Làngtóu	农村	怀集县政府驻地西部

（续上表）

标准名称	汉语拼音	地名类别	相对位置
民首	Mínshǒu	农村	怀集县政府驻地西部
民田村刘屋	Míntiáncūnliúwū	农村	怀集县政府驻地西北部
民田村	Míntiáncūn	农村	怀集县政府驻地西北部
学堂	Xuétáng	农村	怀集县政府驻地东部
水边	Shuǐbiān	农村	怀集县政府驻地西北部
沙宁村中心	Shāníngcūnzhōngxīn	农村	怀集县政府驻地西北部
龙洞	Lóngdòng	农村	怀集县政府驻地西北部
沙宁村岭根	Shāníngcūnlǐnggēn	农村	怀集县政府驻地西北部
百程	Bǎichéng	农村	怀集县政府驻地西北部
沙宁村圳口	Shāníngcūnzhènkǒu	农村	怀集县政府驻地西北部
沙宁村	Shāníngcūn	农村	怀集县政府驻地西北部
中进	Zhōngjìn	农村	怀集县政府驻地西北部
傍庙	Bàngmiào	农村	怀集县政府驻地东南部
六房屋	Liùfángwū	农村	怀集县政府驻地西北部
大成村	Dàchéngcūn	农村	怀集县政府驻地西北部
沙田村黄塘	Shātiáncūnhuángtáng	农村	怀集县政府驻地西北部
盛龙村	Shènglóngcūn	农村	怀集县政府驻地西北部
白龙村	Báilóngcūn	农村	怀集县政府驻地西北部
新楼村	Xīnlóucūn	农村	怀集县政府驻地西北部
沙田村	Shātiáncūn	农村	怀集县政府驻地西北部
谭了	Tánle	农村	怀集县政府驻地西北部
果园	Guǒyuán	农村	怀集县政府驻地西北部
乌寨	Wūzhài	农村	怀集县政府驻地西北部
乌胃	Wūwèi	农村	怀集县政府驻地西北
下户	Xiàhù	农村	怀集县政府驻地西北部
码头	Mǎtóu	农村	怀集县政府驻地西北部
乌不凼	Wūbúdàng	农村	怀集县政府驻地西北部
乌茂	Wūmào	农村	怀集县政府驻地西北部
文昌新村	Wénchāng Xīncūn	农村	怀集县政府驻地西北部
积善寨	Jīshànzhài	农村	怀集县政府驻地西北部

(续上表)

标准名称	汉语拼音	地名类别	相对位置
立中	Lìzhōng	农村	怀集县政府驻地西北部
罗五村	Luówǔcūn	农村	怀集县政府驻地西北部
六凼	Liùdàng	农村	怀集县政府驻地西北部
陂盐	Bēiyán	农村	怀集县政府驻地西北部
华祝	Huázhù	农村	怀集县政府驻地西北部
井汶	Jǐngwèn	农村	怀集县政府驻地西北部
利田	Lìtián	农村	怀集县政府驻地西北部
利三	Lìsān	农村	怀集县政府驻地西北部
小罗屋	Xiǎoluówū	农村	怀集县政府驻地西北部
石矮村新屋	Shí'ǎicūnxīnwū	农村	怀集县政府驻地西北部
石矮村罗屋	Shí'ǎicūnluówū	农村	怀集县政府驻地西北部
石矮村岭根	Shí'ǎicūnlǐnggēn	农村	怀集县政府驻地西北部
石矮村	Shí'ǎicūn	农村	怀集县政府驻地西北部
石矮街	Shí'ǎijiē	农村	怀集县政府驻地西北部
古城河	Gǔchénghé	农村	怀集县政府驻地西北部
沙州屋	Shāzhōuwū	农村	怀集县政府驻地西北部
湘岗	Xiānggǎng	农村	怀集县政府驻地西北部
湘田村庙边	Xiāngtiáncūnmiàobiān	农村	怀集县政府驻地西北部
湘田村陈屋	Xiāngtiáncūnchénwū	农村	怀集县政府驻地西北部
立迈	Lìmài	农村	怀集县政府驻地西北部
湘红	Xiānghóng	农村	怀集县政府驻地西北部
上陈屋	Shàngchénwū	农村	怀集县政府驻地西北部
梁相	Liángxiàng	农村	怀集县政府驻地西北部
湘田村	Xiāngtiáncūn	农村	怀集县政府驻地西北部
湘田村冯屋	Xiāngtiáncūnféngwū	农村	怀集县政府驻地西北部
湘田	Xiāngtián	农村	怀集县政府驻地西北部
雷屋	Léiwū	农村	怀集县政府驻地西北部
下雷屋	Xiàléiwū	农村	怀集县政府驻地西北部
汶塘口	Wèntángkǒu	农村	怀集县政府驻地西北部
李田	Lǐtián	农村	怀集县政府驻地西北部

（续上表）

标准名称	汉语拼音	地名类别	相对位置
永红村格水	Yǒnghóngcūngéshuǐ	农村	怀集县政府驻地西北部
范铁	Fàntiě	农村	怀集县政府驻地西北部
上雷屋	Shàngléiwū	农村	怀集县政府驻地西北部
社墩	Shèdūn	农村	怀集县政府驻地西北部
阮屋	Ruǎnwū	农村	怀集县政府驻地西北部
永红村冯屋	Yǒnghóngcūnféngwū	农村	怀集县政府驻地西北部
圳口	Zhènkǒu	农村	怀集县政府驻地西北部
铺船岭	Pùchuánlǐng	农村	怀集县政府驻地西北部
永红村	Yǒnghóngcūn	农村	怀集县政府驻地西北部
范铁十二队	Fàntiěshí'èrduì	农村	怀集县政府驻地西北部
永红村赤水	Yǒnghóngcūnchìshuǐ	农村	怀集县政府驻地西北部
朝阳	Cháoyáng	农村	怀集县政府驻地西北部
沙洲村	Shāzhōucūn	农村	怀集县政府驻地西北部
瓦窑	Wǎyáo	农村	怀集县政府驻地西北部
南阳屋	Nányángwū	农村	怀集县政府驻地西北部
下攸	Xiàyōu	农村	怀集县政府驻地西北部
上攸岗	Shàngyōugǎng	农村	怀集县政府驻地西北部
上攸	Shàngyōu	农村	怀集县政府驻地西北部
永攸村岗背	Yǒngyōucūngǎngbèi	农村	怀集县政府驻地西北部
黄圯赤	Huángníchì	农村	怀集县政府驻地西北部
永攸村西向	Yǒngyōucūnxīxiàng	农村	怀集县政府驻地西北部
光明北向	Guāngmíngběixiàng	农村	怀集县政府驻地西北部
天和	Tiānhé	农村	怀集县政府驻地西北部
谭义	Tányì	农村	怀集县政府驻地西北部
谭梳	Tánshū	农村	怀集县政府驻地西北部
乌石黑	Wūshíhēi	农村	怀集县政府驻地西北部
永攸村	Yǒngyōucūn	农村	怀集县政府驻地西北部
西龙	Xīlóng	农村	怀集县政府驻地西北部
永攸村邓屋	Yǒngyōucūndèngwū	农村	怀集县政府驻地西北部
谭石拱	Tánshígǒng	农村	怀集县政府驻地西北部

（续上表）

标准名称	汉语拼音	地名类别	相对位置
三屋	Sānwū	农村	怀集县政府驻地西北部
水南	Shuǐnán	农村	怀集县政府驻地西北部
羊咩	Yángmiē	农村	怀集县政府驻地西北部
哈咀	Hājǔ	农村	怀集县政府驻地西北部
上植	Shàngzhí	农村	怀集县政府驻地西北部
下植	Xiàzhí	农村	怀集县政府驻地西北部
镇武村水边	Zhènwǔcūnshuǐbiān	农村	怀集县政府驻地西北部
上覃	Shàngtán	农村	怀集县政府驻地西北部
中覃	Zhōngtán	农村	怀集县政府驻地西北部
下覃	Xiàtán	农村	怀集县政府驻地西北部
覃村	Táncūn	农村	怀集县政府驻地西北部
镇武村植屋	Zhènwǔcūnzhíwū	农村	怀集县政府驻地西北部
镇兴村	Zhènxìngcūn	农村	怀集县政府驻地西北部
蔡屋村	Càiwūcūn	农村	怀集县政府驻地西北部
龙珠	Lóngzhū	农村	怀集县政府驻地西北部
迴龙	Huílóng	农村	怀集县政府驻地西北部
邬屋	Wūwū	农村	怀集县政府驻地西北部
六祖	Liùzǔ	农村	怀集县政府驻地西北部
东升村奇龙	Dōngshēngcūnqílóng	农村	怀集县政府驻地西北部
青洞	Qīngdòng	农村	怀集县政府驻地西北部
大坑基	Dàkēngjī	农村	怀集县政府驻地西北部
东升村	Dōngshēngcūn	农村	怀集县政府驻地西北部
东升村李屋	Dōngshēngcūnlǐwū	农村	怀集县政府驻地西北部
罗烈	Luóliè	农村	怀集县政府驻地西北部
富礼村	Fùlǐcūn	农村	怀集县政府驻地西北部
富礼村山口	Fùlǐcūnshānkǒu	农村	怀集县政府驻地西北部
社坛	Shètán	农村	怀集县政府驻地西北部
堪龙	Kānlóng	农村	怀集县政府驻地西北部
富礼村赤岗	Fùlǐcūnchìgǎng	农村	怀集县政府驻地西北部
硬骨岗	Yìnggǔgǎng	农村	怀集县政府驻地西北部

（续上表）

标准名称	汉语拼音	地名类别	相对位置
高松根	Gāosōnggēn	农村	怀集县政府驻地西北部
罗李岗	Luólǐgǎng	农村	怀集县政府驻地西北部
钢铁村曾屋	Gāngtiěcūncéngwū	农村	怀集县政府驻地西北部
钢铁村罗屋	Gāngtiěcūnluówū	农村	怀集县政府驻地西北部
钢铁村	Gāngtiěcūn	农村	怀集县政府驻地西北部
糯塘	Nuòtáng	农村	怀集县政府驻地西北部
湖朗村平山	Húlǎngcūnpíngshān	农村	怀集县政府驻地西北部
湖朗村	Húlǎngcūn	农村	怀集县政府驻地西北部
蓝桐界	Lántóngjiè	农村	怀集县政府驻地西北部
湖朗村林屋	Húlǎngcūnlínwū	农村	怀集县政府驻地西北部
湖朗村沙洲	Húlǎngcūnshāzhōu	农村	怀集县政府驻地西北部
中浪	Zhōnglàng	农村	怀集县政府驻地西北部
宏祥	Hóngxiáng	农村	怀集县政府驻地西北部
山美	Shānměi	农村	怀集县政府驻地西北部
应允	Yīngyǔn	农村	怀集县政府驻地西北部
湖朗村新村	Húlǎngcūnxīncūn	农村	怀集县政府驻地西北部
木栏	Mùlán	农村	怀集县政府驻地西北部
文屋	Wénwū	农村	怀集县政府驻地西北部
金群村朱屋	Jīnqúncūnzhūwū	农村	怀集县政府驻地西北部
金群村梁屋	Jīnqúncūnliángwū	农村	怀集县政府驻地西北部
洪屋	Hóngwū	农村	怀集县政府驻地西北部
石头塘	Shítóutáng	农村	怀集县政府驻地西北部
榄根	Lǎngēn	农村	怀集县政府驻地西北部
金群村黎屋	Jīnqúncūnlíwū	农村	怀集县政府驻地西北部
金群村	Jīnqúncūn	农村	怀集县政府驻地西北部
朱文屋	Zhūwénwū	农村	怀集县政府驻地西北部
群龙村	Qúnlóngcūn	农村	怀集县政府驻地西北部
旧圩	Jiùxū	农村	怀集县政府驻地西北部
新路	Xīnlù	农村	怀集县政府驻地西北部
旧屋	Jiùwū	农村	怀集县政府驻地西北部

(续上表)

标准名称	汉语拼音	地名类别	相对位置
马宁村上寨	Mǎníngcūnshàngzhài	农村	怀集县政府驻地西北部
田心	Tiánxīn	农村	怀集县政府驻地西北部
候田	Hòutián	农村	怀集县政府驻地西北部
赵屋	Zhàowū	农村	怀集县政府驻地西北部
礼头	Lǐtóu	农村	怀集县政府驻地西北部
马宁村	Mǎníngcūn	农村	怀集县政府驻地西北部
东壁	Dōngbì	农村	怀集县政府驻地西北部
马宁寨	Mǎníngzhài	农村	怀集县政府驻地西北部
黄谢	Huángxiè	农村	怀集县政府驻地西北部
兴隆	Xìnglóng	农村	怀集县政府驻地西北部
明星村坡头	Míngxīngcūnpōtóu	农村	怀集县政府驻地西北部
平林	Pínglín	农村	怀集县政府驻地西北部
明星村	Míngxīngcūn	农村	怀集县政府驻地西北部
大沙	Dàshā	农村	怀集县政府驻地西北部
黄竹	Huángzhú	农村	怀集县政府驻地西北部
苏沙村林屋	Sūshācūnlínwū	农村	怀集县政府驻地西北部
大蓝	Dàlán	农村	怀集县政府驻地西北部
长田	Zhǎngtián	农村	怀集县政府驻地西北部
苏村	Sūcūn	农村	怀集县政府驻地西北部
城怀	Chénghuái	农村	怀集县政府驻地西北部
苏沙村瓦堆	Sūshācūnwǎduī	农村	怀集县政府驻地西北部
曲坑	Qǔkēng	农村	怀集县政府驻地西北部
苏沙村	Sūshācūn	农村	怀集县政府驻地西北部
岑屋	Cénwū	农村	怀集县政府驻地西北部
沙洲屋	Shāzhōuwū	农村	怀集县政府驻地西北部
苏沙村苏屋	Sūshācūnsūwū	农村	怀集县政府驻地西北部
苏村一组	Sūcūnyīzǔ	农村	怀集县政府驻地西北部
苏村六组	Sūcūnliùzǔ	农村	怀集县政府驻地西北部
苏沙村大塘	Sūshācūndàtáng	农村	怀集县政府驻地西北部
木辰	Mùchén	农村	怀集县政府驻地西北部

（续上表）

标准名称	汉语拼音	地名类别	相对位置
塘檐	Tángyán	农村	怀集县政府驻地西北部
围献寨	Wéixiànzhài	农村	怀集县政府驻地西北部
门楼	Ménlóu	农村	怀集县政府驻地西北部
旺龙	Wànglóng	农村	怀集县政府驻地西北部
灵山	Língshān	农村	怀集县政府驻地西北部
芝岗	Zhīgǎng	农村	怀集县政府驻地西北部
三条龙	Sāntiáolóng	农村	怀集县政府驻地西北部
林敬	Línjìng	农村	怀集县政府驻地西北部
天和堂	Tiānhétáng	农村	怀集县政府驻地西北部
谭播村	Tánbōcūn	农村	怀集县政府驻地西北部
格坑	Gékēng	农村	怀集县政府驻地西北部
旺门	Wàngmén	农村	怀集县政府驻地西北部
谭播村田尾	Tánbōcūntiánwěi	农村	怀集县政府驻地西北部
谭播村谭文	Tánbōcūntánwén	农村	怀集县政府驻地西北部
塘岗村黎屋	Tánggǎngcūnlíwū	农村	怀集县政府驻地西北部
蛤腿	Hátuǐ	农村	怀集县政府驻地西北部
富厢	Fùxiāng	农村	怀集县政府驻地西北部
塘岗村石基	Tánggǎngcūnshíjī	农村	怀集县政府驻地西北部
三水	Sānshuǐ	农村	怀集县政府驻地西北部
谭文	Tánwén	农村	怀集县政府驻地西北部
高沙	Gāoshā	农村	怀集县政府驻地西北部
富秀	Fùxiù	农村	怀集县政府驻地西北部
佛池	Fóchí	农村	怀集县政府驻地西北部
新寨	Xīnzhài	农村	怀集县政府驻地西北部
塘岗村	Tánggǎngcūn	农村	怀集县政府驻地西北部
塘岗村植屋	Tánggǎngcūnzhíwū	农村	怀集县政府驻地西北部
龙凼	Lóngdàng	农村	怀集县政府驻地西北部
新龙村新村	Xīnlóngcūnxīncūn	农村	怀集县政府驻地西北部
新龙村	Xīnlóngcūn	农村	怀集县政府驻地西北部
谭七	Tánqī	农村	怀集县政府驻地西北部

(续上表)

标准名称	汉语拼音	地名类别	相对位置
土地岗	Tǔdìgǎng	农村	怀集县政府驻地西北部
新龙村水坑	Xīnlóngcūnshuǐkēng	农村	怀集县政府驻地西北部
榕树根	Róngshùgēn	农村	怀集县政府驻地西北部
高崀	Gāolàng	农村	怀集县政府驻地西北部
姚塘村酒铺	Yáotángcūnjiǔpù	农村	怀集县政府驻地西北部
姚塘村叶屋	Yáotángcūnyèwū	农村	怀集县政府驻地西北部
姚塘村陈屋	Yáotángcūnchénwū	农村	怀集县政府驻地西北部
岗头屋	Gǎngtóuwū	农村	怀集县政府驻地西北部
旱塘	Hùntáng	农村	怀集县政府驻地西北部
姚塘村朱屋	Yáotángcūnzhūwū	农村	怀集县政府驻地西北部
姚塘村下塘	Yáotángcūnxiàtáng	农村	怀集县政府驻地西北部
老罗	Lǎoluó	农村	怀集县政府驻地西北部
礼姚	Lǐyáo	农村	怀集县政府驻地西北部
姚塘村桥头	Yáotángcūnqiáotóu	农村	怀集县政府驻地西北部
姚塘村上塘	Yáotángcūnshàngtáng	农村	怀集县政府驻地西北部
中寨	Zhōngzhài	农村	怀集县政府驻地西北部
姚塘村	Yáotángcūn	农村	怀集县政府驻地西北部
杨江	Yángjiāng	农村	怀集县政府驻地西北部
沙潮	Shācháo	农村	怀集县政府驻地西北部
马宁水坝	Mǎníngshuǐbà	农村	怀集县政府驻地西北部
沙基	Shājī	农村	怀集县政府驻地西北部
寨村村格江	Zhàicūncūngéjiāng	农村	怀集县政府驻地西北部
大并	Dàbìng	农村	怀集县政府驻地西北部
寨村村	Zhàicūncūn	农村	怀集县政府驻地西北部
寨村村大田	Zhàicūncūndàtián	农村	怀集县政府驻地西北部
寨村村罗社	Zhàicūncūnluóshè	农村	怀集县政府驻地西北部
上圳	Shàngzhèn	农村	怀集县政府驻地西北部
江头屋	Jiāngtóuwū	农村	怀集县政府驻地西北部
珠岗村水坑	Zhūgǎngcūnshuǐkēng	农村	怀集县政府驻地西北部
冲岗	Chōnggǎng	农村	怀集县政府驻地西北部

（续上表）

标准名称	汉语拼音	地名类别	相对位置
珠岗村	Zhūgǎngcūn	农村	怀集县政府驻地西北部
珠岗	Zhūgǎng	农村	怀集县政府驻地西北部
税高	Shuìgāo	农村	怀集县政府驻地西南部
保丰村谭村	Bǎofēngcūntáncūn	农村	怀集县政府驻地西南部
崩石	Bēngshí	农村	怀集县政府驻地西南部
罗符	Luófú	农村	怀集县政府驻地西南部
蝴蝶村	Húdiécūn	农村	怀集县政府驻地西南部
水汶	Shuǐwèn	农村	怀集县政府驻地西南部
天田	Tiāntián	农村	怀集县政府驻地西南部
保丰村大村	Bǎofēngcūndàcūn	农村	怀集县政府驻地西南部
东山	Dōngshān	农村	怀集县政府驻地西南部
保丰村上洞	Bǎofēngcūnshàngdòng	农村	怀集县政府驻地西南部
水窿	Shuǐlóng	农村	怀集县政府驻地西南部
保丰村新屋	Bǎofēngcūnxīnwū	农村	怀集县政府驻地西南部
屋子头	Wūzǐtóu	农村	怀集县政府驻地西南部
对岗村	Duìgǎngcūn	农村	怀集县政府驻地西南部
安社	Ānshè	农村	怀集县政府驻地西南部
保丰村	Bǎofēngcūn	农村	怀集县政府驻地西南部
供口	Gòngkǒu	农村	怀集县政府驻地西南部
江头儿	Jiāngtóu'ér	农村	怀集县政府驻地西南部
岑元村石脚	Cényuáncūnshíjiǎo	农村	怀集县政府驻地西南部
光明	Guāngmíng	农村	怀集县政府驻地西南部
木园	Mùyuán	农村	怀集县政府驻地西南部
岑元村横岗	Cényuáncūnhénggǎng	农村	怀集县政府驻地西南部
烟墩	Yāndūn	农村	怀集县政府驻地西南部
光星	Guāngxīng	农村	怀集县政府驻地西南部
大地	Dàdì	农村	怀集县政府驻地西南部
旺好	Wànghǎo	农村	怀集县政府驻地西南部
陈林	Chénlín	农村	怀集县政府驻地西南部
深岗	Shēngǎng	农村	怀集县政府驻地西南部

(续上表)

标准名称	汉语拼音	地名类别	相对位置
石桥头	Shíqiáotóu	农村	怀集县政府驻地西南部
深圳	Shēnzhèn	农村	怀集县政府驻地西南部
堪头	Kāntóu	农村	怀集县政府驻地西南部
岑元村乌石	Cényuáncūnwūshí	农村	怀集县政府驻地西南部
光辉	Guānghuī	农村	怀集县政府驻地西南部
园塘	Yuántáng	农村	怀集县政府驻地西南部
岑元村牛辣	Cényuáncūnniúlà	农村	怀集县政府驻地西南部
白马脚	Báimǎjiǎo	农村	怀集县政府驻地西南部
美月	Měimù	农村	怀集县政府驻地西南部
松岭	Sōnglǐng	农村	怀集县政府驻地西南部
岑元村	Cényuáncūn	农村	怀集县政府驻地西南部
岑元村田心	Cényuáncūntiánxīn	农村	怀集县政府驻地西南部
七单	Qīdān	农村	怀集县政府驻地西南部
丰田	Fēngtián	农村	怀集县政府驻地西南部
盐枚	Yánméi	农村	怀集县政府驻地西南部
旺发	Wàngfā	农村	怀集县政府驻地西南部
枫木头	Fēngmùtóu	农村	怀集县政府驻地西南部
石汶	Shíwèn	农村	怀集县政府驻地西南部
丰大村刘屋	Fēngdàcūnliúwū	农村	怀集县政府驻地西南部
龙秀	Lóngxiù	农村	怀集县政府驻地西南部
丰大村梁屋	Fēngdàcūnliángwū	农村	怀集县政府驻地西南部
吴屋	Wúwū	农村	怀集县政府驻地西南部
富竹塘	Fùzhútáng	农村	怀集县政府驻地西南部
石洞	Shídòng	农村	怀集县政府驻地西南部
云龙尾	Yúnlóngwěi	农村	怀集县政府驻地西南部
水出	Shuǐchū	农村	怀集县政府驻地西南部
黄泥凹	Huángní'āo	农村	怀集县政府驻地西南部
横龙岗	Hénglónggǎng	农村	怀集县政府驻地西南部
丰大村白屋	Fēngdàcūnbáiwū	农村	怀集县政府驻地西南部
鲤鱼	Lǐyú	农村	怀集县政府驻地西南部

（续上表）

标准名称	汉语拼音	地名类别	相对位置
勒茄	Lèqié	农村	怀集县政府驻地西南部
山秀	Shānxiù	农村	怀集县政府驻地西南部
丰大村龙屋	Fēngdàcūnlóngwū	农村	怀集县政府驻地西南部
林屋	Línwū	农村	怀集县政府驻地西南部
六塘	Liùtáng	农村	怀集县政府驻地西南部
上滩	Shàngtān	农村	怀集县政府驻地西南部
老虎头	Lǎohǔtóu	农村	怀集县政府驻地西南部
思赖	Sīlài	农村	怀集县政府驻地西南部
丰大村岗脊	Fēngdàcūngǎngjǐ	农村	怀集县政府驻地西南部
天龙	Tiānlóng	农村	怀集县政府驻地西南部
丰大村楠木塘	Fēngdàcūnnánmùtáng	农村	怀集县政府驻地西南部
牛尾塘	Niúwěitáng	农村	怀集县政府驻地西南部
分水坳	Fēnshuǐ'ào	农村	怀集县政府驻地西南部
丰大村朝阳	Fēngdàcūncháoyáng	农村	怀集县政府驻地西南部
丰大村何屋	Fēngdàcūnhéwū	农村	怀集县政府驻地西南部
鲤鱼塘	Lǐyútáng	农村	怀集县政府驻地西南部
丰大村	Fēngdàcūn	农村	怀集县政府驻地西南部
双六	Shuāngliù	农村	怀集县政府驻地西南部
桂塘	Guìtáng	农村	怀集县政府驻地西南部
红光村植屋	Hóngguāngcūnzhíwū	农村	怀集县政府驻地西南部
三村	Sāncūn	农村	怀集县政府驻地西南部
春暖	Chūnnuǎn	农村	怀集县政府驻地西南部
桂花	Guìhuā	农村	怀集县政府驻地西南部
连塘	Liántáng	农村	怀集县政府驻地西南部
旺口	Wàngkǒu	农村	怀集县政府驻地西南部
金仙	Jīnxiān	农村	怀集县政府驻地西南部
金富	Jīnfù	农村	怀集县政府驻地西南部
浊水	Zhuóshuǐ	农村	怀集县政府驻地西南部
岭背	Lǐngbèi	农村	怀集县政府驻地西南部
双上	Shuāngshàng	农村	怀集县政府驻地西南部

(续上表)

标准名称	汉语拼音	地名类别	相对位置
红光村	Hóngguāngcūn	农村	怀集县政府驻地西南部
石坳	Shí'ào	农村	怀集县政府驻地西南部
红光村正洞	Hóngguāngcūnzhèngdòng	农村	怀集县政府驻地西南部
黄豪塘	Huángháotáng	农村	怀集县政府驻地西南部
谭杏	Tánxìng	农村	怀集县政府驻地西南部
六庙	Liùmiào	农村	怀集县政府驻地西南部
连头岗	Liántóugǎng	农村	怀集县政府驻地西南部
谭坑	Tánkēng	农村	怀集县政府驻地西南部
金星村李屋	Jīnxīngcūnlǐwū	农村	怀集县政府驻地西南部
山根	Shāngēn	农村	怀集县政府驻地西南部
寺岗	Sìgǎng	农村	怀集县政府驻地西南部
社边	Shèbiān	农村	怀集县政府驻地西南部
大马岗	Dàmǎgǎng	农村	怀集县政府驻地西南部
金星村	Jīnxīngcūn	农村	怀集县政府驻地西南部
高碰	Gāochàn	农村	怀集县政府驻地西南部
金星村旧圩	Jīnxīngcūnjiùxū	农村	怀集县政府驻地西南部
孔屋	Kǒngwū	农村	怀集县政府驻地西南部
拱桥	Gǒngqiáo	农村	怀集县政府驻地西南部
桥头	Qiáotóu	农村	怀集县政府驻地西南部
桥中	Qiáozhōng	农村	怀集县政府驻地西南部
桥卫	Qiáowèi	农村	怀集县政府驻地西南部
谭泗	Tánsì	农村	怀集县政府驻地西南部
竹高岭	Zhúgāolǐng	农村	怀集县政府驻地西南部
近脱顶	Jìntuōdǐng	农村	怀集县政府驻地西南部
严芬	Yánfēn	农村	怀集县政府驻地西南部
黄岗	Huánggǎng	农村	怀集县政府驻地西南部
民国洞	Mínguódòng	农村	怀集县政府驻地西南部
六棣	Liùdì	农村	怀集县政府驻地西南部
翰室	Hànshì	农村	怀集县政府驻地西南部
新宁村马屋	Xīnníngcūnmǎwū	农村	怀集县政府驻地西南部

（续上表）

标准名称	汉语拼音	地名类别	相对位置
新宁村孔屋	Xīnníngcūnkǒngwū	农村	怀集县政府驻地西南部
上角	Shàngjiǎo	农村	怀集县政府驻地西南部
地罗坪	Dìluópíng	农村	怀集县政府驻地西南部
三亚	Sānyà	农村	怀集县政府驻地西南部
新宁植屋	Xīnníngzhíwū	农村	怀集县政府驻地西南部
独塘	Dútáng	农村	怀集县政府驻地西南部
埇堀田	Yǒngkūtián	农村	怀集县政府驻地西南部
何村	Hécūn	农村	怀集县政府驻地西南部
新宁村岭头	Xīnníngcūnlǐngtóu	农村	怀集县政府驻地西南部
深埇尾	Shēnyǒngwěi	农村	怀集县政府驻地西南部
榕岭	Róinglǐng	农村	怀集县政府驻地西南部
岭坪	Lǐngpíng	农村	怀集县政府驻地西南部
新宁村大汶	Xīnníngcūndàwèn	农村	怀集县政府驻地西南部
高洞	Gāodòng	农村	怀集县政府驻地西南部
安洞尾	Āndòngwěi	农村	怀集县政府驻地西南部
安洞	Āndòng	农村	怀集县政府驻地西南部
谭桥	Tánqiáo	农村	怀集县政府驻地西南部
谭崩	Tánbēng	农村	怀集县政府驻地西南部
罗洒	Luósǎ	农村	怀集县政府驻地西南部
新宁村大岭	Xīnníngcūndàlǐng	农村	怀集县政府驻地西南部
宿燕	Xiǔyàn	农村	怀集县政府驻地西南部
白虎头	Báihǔtóu	农村	怀集县政府驻地西南部
高浪	Gāolàng	农村	怀集县政府驻地西南部
水蛤下	Shuǐháxià	农村	怀集县政府驻地西南部
水榕	Shuǐróng	农村	怀集县政府驻地西南部
新宁村三村	Xīnníngcūnsāncūn	农村	怀集县政府驻地西南部
上阵	Shàngzhèn	农村	怀集县政府驻地西南部
新宁村	Xīnníngcūn	农村	怀集县政府驻地西南部
新宁村新屋	Xīnníngcūnxīnwū	农村	怀集县政府驻地西南部
对面	Duìmiàn	农村	怀集县政府驻地西南部

(续上表)

标准名称	汉语拼音	地名类别	相对位置
奇雅	Qíyǎ	农村	怀集县政府驻地西南部
公然	Gōngrán	农村	怀集县政府驻地西南部
闲屋	Xiánwū	农村	怀集县政府驻地西南部
新平村斗水	Xīnpíngcūndòushuǐ	农村	怀集县政府驻地西南部
解元	Jiěyuán	农村	怀集县政府驻地西南部
蔡村	Càicūn	农村	怀集县政府驻地西南部
江头	Jiāngtóu	农村	怀集县政府驻地西南部
新平正洞	Xīnpíngzhèngdòng	农村	怀集县政府驻地西南部
罗康	Luókāng	农村	怀集县政府驻地西南部
新平村新村	Xīnpíngcūn Xīncūn	农村	怀集县政府驻地西南部
陈村	Chéncūn	农村	怀集县政府驻地西南部
讲义	Jiǎngyì	农村	怀集县政府驻地西南部
新平村	Xīnpíngcūn	农村	怀集县政府驻地西南部
水谷	Shuǐgǔ	农村	怀集县政府驻地西南部
岗背	Gǎngbèi	农村	怀集县政府驻地西南部
大和口	Dàhékǒu	农村	怀集县政府驻地西南部
谭芬	Tánfēn	农村	怀集县政府驻地西南部
松山	Sōngshān	农村	怀集县政府驻地西南部
新平村蔡屋	Xīnpíngcūncàiwū	农村	怀集县政府驻地西南部
新平村庙岗	Xīnpíngcūnmiàogǎng	农村	怀集县政府驻地西南部
金龙	Jīnlóng	农村	怀集县政府驻地西南部
新平村白屋	Xīnpíngcūnbáiwū	农村	怀集县政府驻地西南部
石陂	Shíbēi	农村	怀集县政府驻地西南部
双下	Shuāngxià	农村	怀集县政府驻地西南部
山塘	Shāntáng	农村	怀集县政府驻地西南部
金鸡	Jīnjī	农村	怀集县政府驻地西南部
霄洞	Xiāodòng	农村	怀集县政府驻地西南部
徐安村陈屋	Xú'āncūnchénwū	农村	怀集县政府驻地西南部
竹根坳	Zhúgēn'ào	农村	怀集县政府驻地西南部
谢屋	Xièwū	农村	怀集县政府驻地西南部

（续上表）

标准名称	汉语拼音	地名类别	相对位置
徐安村塘尾	Xú'āncūntángwěi	农村	怀集县政府驻地西南部
大路下	Dàlùxià	农村	怀集县政府驻地西南部
山田河	Shāntiánhé	农村	怀集县政府驻地西南部
大田凹	Dàtián'āo	农村	怀集县政府驻地西南部
徐安村	Xú'āncūn	农村	怀集县政府驻地西南部
苍坪	Cāngpíng	农村	怀集县政府驻地西南部
徐安村周屋	Xú'āncūnzhōuwū	农村	怀集县政府驻地西南部
大徐	Dàxú	农村	怀集县政府驻地西南部
徐安村高屋	Xú'āncūngāowū	农村	怀集县政府驻地西南部
徐安村冯屋	Xú'āncūnféngwū	农村	怀集县政府驻地西南部
徐安村孔屋	Xú'āncūnkǒngwū	农村	怀集县政府驻地西南部
山田尾	Shāntiánwěi	农村	怀集县政府驻地西南部
白鹤	Báihè	农村	怀集县政府驻地西南部
岭岗	Lǐnggǎng	农村	怀集县政府驻地西南部
徐安村红卫	Xú'āncūnhóngwèi	农村	怀集县政府驻地西南部
徐安村安洞	Xú'āncūn'āndòng	农村	怀集县政府驻地西南部
罗甘口	Luógānkǒu	农村	怀集县政府驻地西南部
木连	Mùlián	农村	怀集县政府驻地西南部
凤村	Fèngcūn	农村	怀集县政府驻地西南部
旭斗	Xùdòu	农村	怀集县政府驻地西南部
石排	Shípái	农村	怀集县政府驻地西南部
凤鸣	Fèngmíng	农村	怀集县政府驻地西南部
西埇	Xīyǒng	农村	怀集县政府驻地西南部
徐丰村社岗	Xúfēngcūnshègǎng	农村	怀集县政府驻地西南部
徐丰村大村	Xúfēngcūndàcūn	农村	怀集县政府驻地西南部
禄毫	Lùháo	农村	怀集县政府驻地西南部
青石下	Qīngshíxià	农村	怀集县政府驻地西南部
大村新屋	Dàcūnxīnwū	农村	怀集县政府驻地西南部
勒岗村	Lègǎngcūn	农村	怀集县政府驻地西南部
徐闲	Xúxián	农村	怀集县政府驻地西南部

(续上表)

标准名称	汉语拼音	地名类别	相对位置
旺堂	Wàngtáng	农村	怀集县政府驻地西南部
甘罗根	Gānluógēn	农村	怀集县政府驻地西南部
丰田岗	Fēngtiángǎng	农村	怀集县政府驻地西南部
杨柳	Yángliǔ	农村	怀集县政府驻地西南部
太山	Tàishān	农村	怀集县政府驻地西南部
礼部	Lǐbù	农村	怀集县政府驻地西南部
平江	Píngjiāng	农村	怀集县政府驻地西南部
江儿屋	Jiāng'érwū	农村	怀集县政府驻地西南部
徐丰村东江	Xúfēngcūndōngjiāng	农村	怀集县政府驻地西南部
凤和	Fènghé	农村	怀集县政府驻地西南部
徐丰村	Xúfēngcūn	农村	怀集县政府驻地西南部
埇度	Yǒngdù	农村	怀集县政府驻地西南部
金边	Jīnbiān	农村	怀集县政府驻地西南部
岩旺村岭脚	Yánwàngcūnlǐngjiǎo	农村	怀集县政府驻地南部
元村	Yuáncūn	农村	怀集县政府驻地西南部
社后	Shèhòu	农村	怀集县政府驻地西南部
新安	Xīn'ān	农村	怀集县政府驻地西南部
大宝	Dàbǎo	农村	怀集县政府驻地西南部
岩旺村	Yánwàngcūn	农村	怀集县政府驻地西南部
岩旺旺口	Yánwàngwàngkǒu	农村	怀集县政府驻地西南部
寨脚	Zhàijiǎo	农村	怀集县政府驻地西南部
岩旺村巷口	Yánwàngcūnxiàngkǒu	农村	怀集县政府驻地西南部
浪美	Làngměi	农村	怀集县政府驻地西南部
岩旺村莲塘	Yánwàngcūnliántáng	农村	怀集县政府驻地西南部
岩旺村东山	Yánwàngcūndōngshān	农村	怀集县政府驻地西南部
岩旺山塘	Yánwàngshāntáng	农村	怀集县政府驻地西南部
石脚	Shíjiǎo	农村	怀集县政府驻地西北部
高寨	Gāozhài	农村	怀集县政府驻地西北部
范浪	Fànlàng	农村	怀集县政府驻地西北部
东西村田心	Dōngxīcūntiánxīn	农村	怀集县政府驻地西北部

（续上表）

标准名称	汉语拼音	地名类别	相对位置
东西村大浪	Dōngxīcūndàlàng	农村	怀集县政府驻地西北部
东西村黄屋	Dōngxīcūnhuángwū	农村	怀集县政府驻地西北部
东西村冲口	Dōngxīcūnchōngkǒu	农村	怀集县政府驻地西北部
冲口坪	Chōngkǒupíng	农村	怀集县政府驻地西北部
大村村	Dàcūncūn	农村	怀集县政府驻地西北部
观冲	Guānchōng	农村	怀集县政府驻地西北部
营后	Yínghòu	农村	怀集县政府驻地西北部
三庆	Sānqìng	农村	怀集县政府驻地西北部
大范	Dàfàn	农村	怀集县政府驻地西北部
黄洞寨	Huángdòngzhài	农村	怀集县政府驻地西北部
田崩	Tiánbēng	农村	怀集县政府驻地西北部
车田	Chētián	农村	怀集县政府驻地西北部
鸡公冲	Jīgōngchōng	农村	怀集县政府驻地西北部
下廖寨	Xiàliàozhài	农村	怀集县政府驻地西北部
龙穗村	Lóngsuìcūn	农村	怀集县政府驻地西北部
横岭寨	Hénglǐngzhài	农村	怀集县政府驻地西北部
黄翰村	Huánghàncūn	农村	怀集县政府驻地西北部
旱田寨	Hàntiánzhài	农村	怀集县政府驻地西北部
浪带村	Làngdàicūn	农村	怀集县政府驻地西北部
中心村	Zhōngxīncūn	农村	怀集县政府驻地西北部
马屋村	Mǎwūcūn	农村	怀集县政府驻地西北部
黄田	Huángtián	农村	怀集县政府驻地西北部
大岗	Dàgǎng	农村	怀集县政府驻地西北部
山奢田崩	Shānshētiánbēng	农村	怀集县政府驻地西北部
王挪	Wángnuó	农村	怀集县政府驻地西北部
罗力	Luólì	农村	怀集县政府驻地西北部
山奢村	Shānshēcūn	农村	怀集县政府驻地西北部
上田块	Shàngtiánkuài	农村	怀集县政府驻地西北部
石基	Shíjī	农村	怀集县政府驻地西北部
山奢村根竹	Shānshēcūngēnzhú	农村	怀集县政府驻地西北部

（续上表）

标准名称	汉语拼音	地名类别	相对位置
张屋	Zhāngwū	农村	怀集县政府驻地西北部
山奢陈屋	Shānshēchénwū	农村	怀集县政府驻地西北部
曰六	Yuēliù	农村	怀集县政府驻地西北部
正垌	Zhèngdòng	农村	怀集县政府驻地西北部
上塘	Shàngtáng	农村	怀集县政府驻地西北部
山奢村下塘	Shānshēcūnxiàtáng	农村	怀集县政府驻地西北部
罗屋	Luówū	农村	怀集县政府驻地西北部
罗昔	Luóxī	农村	怀集县政府驻地西北部
牛韫	Niúyùn	农村	怀集县政府驻地西北部
竹六村六桥	Zhúliùcūnliùqiáo	农村	怀集县政府驻地西北部
元木	Yuánmù	农村	怀集县政府驻地西北部
银参	Yíncān	农村	怀集县政府驻地西北部
沙坪寨	Shāpíngzhài	农村	怀集县政府驻地西北部
旧寨	Jiùzhài	农村	怀集县政府驻地西北部
竹六村陈屋	Zhúliùcūnchénwū	农村	怀集县政府驻地西北部
杨达	Yángdá	农村	怀集县政府驻地西北部
沈屋	Shěnwū	农村	怀集县政府驻地西北部
大圳	Dàzhèn	农村	怀集县政府驻地西北部
闸脚	Zhájiǎo	农村	怀集县政府驻地西北部
谭屋	Tánwū	农村	怀集县政府驻地西北部
竹六村	Zhúliùcūn	农村	怀集县政府驻地西北部
竹六冲口	Zhúliùchōngkǒu	农村	怀集县政府驻地西北部
涂寨	Túzhài	农村	怀集县政府驻地西北部
车村	Chēcūn	农村	怀集县政府驻地西北部
韦寨	Wéizhài	农村	怀集县政府驻地西北部
那面	Nàmiàn	农村	怀集县政府驻地西北部
车福村上寨	Chēfúcūnshàngzhài	农村	怀集县政府驻地西北部
安宁寨	Ānníngzhài	农村	怀集县政府驻地西北部
碧桂园新村	Bìguìyuán Xīncūn	农村	怀集县政府驻地西北部
那寨	Nàzhài	农村	怀集县政府驻地西北部

(续上表)

标准名称	汉语拼音	地名类别	相对位置
陈友寨	Chényǒuzhài	农村	怀集县政府驻地西北部
珈琅寨	Jiālángzhài	农村	怀集县政府驻地西北部
车福村	Chēfúcūn	农村	怀集县政府驻地西北部
下寨	Xiàzhài	农村	怀集县政府驻地西北部
东西村	Dōngxīcūn	农村	怀集县政府驻地西北部
铁炉塝	Tiělúbàng	农村	怀集县政府驻地西南部
大迳村	Dàjìngcūn	农村	怀集县政府驻地西南部
亚黎坑	Yàlíkēng	农村	怀集县政府驻地西南部
文仔山	Wénzǎishān	农村	怀集县政府驻地西南部
大迳村寨背	Dàjìngcūnzhàibèi	农村	怀集县政府驻地西南部
大迳村格江	Dàjìngcūngéjiāng	农村	怀集县政府驻地西南部
力界	Lìjiè	农村	怀集县政府驻地西南部
同径	Tóngjìng	农村	怀集县政府驻地西南部
塘基	Tángjī	农村	怀集县政府驻地西南部
巷口	Xiàngkǒu	农村	怀集县政府驻地西南部
上巷	Shàngxiàng	农村	怀集县政府驻地西南部
罗社	Luóshè	农村	怀集县政府驻地西南部
大迳村中心	Dàjìngcūnzhōngxīn	农村	怀集县政府驻地西南部
大迳村楼脚	Dàjìngcūnlóujiǎo	农村	怀集县政府驻地西南部
大迳村大塘	Dàjìngcūndàtáng	农村	怀集县政府驻地西南部
松柏	Sōngbǎi	农村	怀集县政府驻地西南部
墩头	Dūntóu	农村	怀集县政府驻地西南部
罗妹	Luómèi	农村	怀集县政府驻地西南部
雅梳	Yǎshū	农村	怀集县政府驻地西南部
邓屋	Dèngwū	农村	怀集县政府驻地西南部
何屋	Héwū	农村	怀集县政府驻地西南部
罗斗	Luódòu	农村	怀集县政府驻地西南部
反塘	Fǎntáng	农村	怀集县政府驻地西南部
三多村	Sānduōcūn	农村	怀集县政府驻地西南部
桥坑	Qiáokēng	农村	怀集县政府驻地西南部

（续上表）

标准名称	汉语拼音	地名类别	相对位置
担粒塘	Dānlìtáng	农村	怀集县政府驻地西南部
学斗	Xuédòu	农村	怀集县政府驻地西南部
来龙	Láilóng	农村	怀集县政府驻地西南部
黄姜	Huángjiāng	农村	怀集县政府驻地西南部
上罗架	Shàngluójià	农村	怀集县政府驻地西南部
下屋	Xiàwū	农村	怀集县政府驻地西南部
榄岭	Lǎnlǐng	农村	怀集县政府驻地西南部
上屋	Shàngwū	农村	怀集县政府驻地西南部
罗架村	Luójiàcūn	农村	怀集县政府驻地西南部
下罗架	Xiàluójià	农村	怀集县政府驻地西南部
白塘	Báitáng	农村	怀集县政府驻地西南部
官塘	Guāntáng	农村	怀集县政府驻地西南部
共和村	Gònghécūn	农村	怀集县政府驻地西南部
君全	Jūnquán	农村	怀集县政府驻地西南部
龙山村高屋	Lóngshāncūngāowū	农村	怀集县政府驻地西南部
四屋	Sìwū	农村	怀集县政府驻地西南部
龙山村瓜地	Lóngshāncūnguādì	农村	怀集县政府驻地西南部
对面塘	Duìmiàntáng	农村	怀集县政府驻地西南部
果幼塘	Guǒyòutáng	农村	怀集县政府驻地西南部
甘塘	Gāntáng	农村	怀集县政府驻地西南部
龙山村	Lóngshāncūn	农村	怀集县政府驻地西南部
龙山村塘尾	Lóngshāncūntángwěi	农村	怀集县政府驻地西南部
会龙村罗汉寨	Huìlóngcūnluóhànzhài	农村	怀集县政府驻地西北部
韦屋寨	Wéiwūzhài	农村	怀集县政府驻地西北部
陵岗	Línggǎng	农村	怀集县政府驻地西北部
彭对	Péngduì	农村	怀集县政府驻地西北部
会龙村何屋	Huìlóngcūnhéwū	农村	怀集县政府驻地西北部
会龙村大园	Huìlóngcūndàyuán	农村	怀集县政府驻地西北部
麻地	Mádì	农村	怀集县政府驻地西北部
真岭	Zhēnlǐng	农村	怀集县政府驻地西北部

（续上表）

标准名称	汉语拼音	地名类别	相对位置
旱塘尾	Hàntángwěi	农村	怀集县政府驻地西北部
岭仔	Lǐngzǎi	农村	怀集县政府驻地西北部
会龙村	Huìlóngcūn	农村	怀集县政府驻地西北部
岩背	Yánbèi	农村	怀集县政府驻地北部
李岗村廖屋	Lǐgǎngcūnliàowū	农村	怀集县政府驻地北部
上富岗	Shàngfùgǎng	农村	怀集县政府驻地北部
谭墨	Tánmò	农村	怀集县政府驻地北部
亚伞埌	Yàsǎnlàng	农村	怀集县政府驻地北部
骆岗	Luògǎng	农村	怀集县政府驻地北部
新寨岗	Xīnzhàigǎng	农村	怀集县政府驻地北部
李岗村	Lǐgǎngcūn	农村	怀集县政府驻地北部
上岗	Shànggǎng	农村	怀集县政府驻地北部
下岗	Xiàgǎng	农村	怀集县政府驻地北部
李岗村格岗	Lǐgǎngcūngégǎng	农村	怀集县政府驻地北部
李岗村叶屋	Lǐgǎngcūnyèwū	农村	怀集县政府驻地北部
三才堂	Sāncáitáng	农村	怀集县政府驻地北部
李岗村上寨	Lǐgǎngcūnshàngzhài	农村	怀集县政府驻地北部
全心洲	Quánxīnzhōu	农村	怀集县政府驻地北部
文岗	Wéngǎng	农村	怀集县政府驻地北部
观音洲	Guānyīnzhōu	农村	怀集县政府驻地北部
崩塘	Bēngtáng	农村	怀集县政府驻地西北部
塝社	Bàngshè	农村	怀集县政府驻地西北部
新村	Xīncūn	农村	怀集县政府驻地西北部
江头仔	Jiāngtóuzǎi	农村	怀集县政府驻地西北部
社塝口	Shèbàngkǒu	农村	怀集县政府驻地西北部
田尾	Tiánwěi	农村	怀集县政府驻地西北部
芝连寨	Zhīliánzhài	农村	怀集县政府驻地西北部
欧岗	Ōugǎng	农村	怀集县政府驻地西北部
马岗村庙岗	Mǎgǎngcūnmiàogǎng	农村	怀集县政府驻地西北部
中洲	Zhōngzhōu	农村	怀集县政府驻地西北部

(续上表)

标准名称	汉语拼音	地名类别	相对位置
新铺	Xīnpù	农村	怀集县政府驻地西北部
欧屋	Ōuwū	农村	怀集县政府驻地西北部
中兴	Zhōngxìng	农村	怀集县政府驻地西北部
马岗大寨	Mǎgǎngdàzhài	农村	怀集县政府驻地西北部
马岗村马屋	Mǎgǎngcūnmǎwū	农村	怀集县政府驻地西北部
军岗	Jūngǎng	农村	怀集县政府驻地西北部
社塝	Shèbàng	农村	怀集县政府驻地西北部
马岗村	Mǎgǎngcūn	农村	怀集县政府驻地西北部
金龙村	Jīnlóngcūn	农村	怀集县政府驻地西北部
应阳寨	Yīngyángzhài	农村	怀集县政府驻地东北部
鱼藤村下寨	Yúténgcūnxiàzhài	农村	怀集县政府驻地东北部
藤铁	Téngtiě	农村	怀集县政府驻地东北部
简背	Jiǎnbèi	农村	怀集县政府驻地东北部
鱼藤村上寨	Yúténgcūnshàngzhài	农村	怀集县政府驻地东北部
下村	Xiàcūn	农村	怀集县政府驻地东北部
鱼藤村坑尾	Yúténgcūnkēngwěi	农村	怀集县政府驻地东北部
鱼藤村天堂	Yúténgcūntiāntáng	农村	怀集县政府驻地东北部
鱼东	Yúdōng	农村	怀集县政府驻地东北部
鱼西	Yúxī	农村	怀集县政府驻地东北部
根竹窝	Gēnzhúwō	农村	怀集县政府驻地东北部
鱼鹿	Yúlù	农村	怀集县政府驻地东北部
南宁	Nánníng	农村	怀集县政府驻地东北部
鱼藤村黄屋	Yúténgcūnhuángwū	农村	怀集县政府驻地东北部
妹仔络	Mèizǎiluò	农村	怀集县政府驻地东北部
牛岭塘	Niúlǐngtáng	农村	怀集县政府驻地东北部
小鱼鹿	Xiǎoyúlù	农村	怀集县政府驻地东北部
灰塘	Huītáng	农村	怀集县政府驻地东北部
将军寨	Jiāngjūnzhài	农村	怀集县政府驻地东北部
汶塘	Wèntáng	农村	怀集县政府驻地东北部
鱼藤村	Yúténgcūn	农村	怀集县政府驻地东北部

（续上表）

标准名称	汉语拼音	地名类别	相对位置
梁屋	Liángwū	农村	怀集县政府驻地西北部
龙涽口	Lónghùnkǒu	农村	怀集县政府驻地西北部
龙田	Lóngtián	农村	怀集县政府驻地西北部
石硖	Shíxiá	农村	怀集县政府驻地西北部
黑屋	Hēiwū	农村	怀集县政府驻地西北部
龙潭村	Lóngtáncūn	农村	怀集县政府驻地西北部
三连根	Sānliángēn	农村	怀集县政府驻地西北部
楼洞	Lóudòng	农村	怀集县政府驻地西北部
大平岭	Dàpínglǐng	农村	怀集县政府驻地西北部
百成	Bǎichéng	农村	怀集县政府驻地西北部
利屋	Lìwū	农村	怀集县政府驻地西北部
小塘	Xiǎotáng	农村	怀集县政府驻地东北部
塘塝寨	Tángbàngzhài	农村	怀集县政府驻地东北部
蒲洞村覃屋	Púdòngcūntánwū	农村	怀集县政府驻地东北部
伍屋	Wǔwū	农村	怀集县政府驻地东北部
蒲洞村莫屋	Púdòngcūnmòwū	农村	怀集县政府驻地东北部
蒲洞村梁屋	Púdòngcūnliángwū	农村	怀集县政府驻地东北部
坑头	Kēngtóu	农村	怀集县政府驻地东北部
蒲洞村大坪	Púdòngcūndàpíng	农村	怀集县政府驻地东北部
下坪	Xiàpíng	农村	怀集县政府驻地东北部
蒲洞村上坪	Púdòngcūnshàngpíng	农村	怀集县政府驻地西北部
蒲洞村	Púdòngcūn	农村	怀集县政府驻地东北部
蒲洞村兰寨	Púdòngcūnlánzhài	农村	怀集县政府驻地东北部
朱屋	Zhūwū	农村	怀集县政府驻地西北部
汶尾	Wènwěi	农村	怀集县政府驻地西北部
泰东村格坑	Tàidōngcūngékēng	农村	怀集县政府驻地西北部
寨倪	Zhàiní	农村	怀集县政府驻地西北部
岭头	Lǐngtóu	农村	怀集县政府驻地西北部
黄岗寨	Huánggǎngzhài	农村	怀集县政府驻地西北部
高阶	Gāojiē	农村	怀集县政府驻地西北部

（续上表）

标准名称	汉语拼音	地名类别	相对位置
罗栈	Luózhàn	农村	怀集县政府驻地西北部
岭头珠	Lǐngtóuzhū	农村	怀集县政府驻地西北部
寨背	Zhàibèi	农村	怀集县政府驻地西北部
门前屋	Ménqiánwū	农村	怀集县政府驻地西北部
榄滩	Lǎntān	农村	怀集县政府驻地西北部
泰东村	Tàidōngcūn	农村	怀集县政府驻地西北部
二渡	Èrdù	农村	怀集县政府驻地西北部
潭中	Tánzhōng	农村	怀集县政府驻地西北部
刘罗屋	Liúluówū	农村	怀集县政府驻地西北部
罗合	Luóhé	农村	怀集县政府驻地西北部
塘头村城围	Tángtóucūnchéngwéi	农村	怀集县政府驻地西北部
桂枝	Guìzhī	农村	怀集县政府驻地西北部
塘头村大竹根	Tángtóucūndàzhúgēn	农村	怀集县政府驻地西北部
塘头村	Tángtóucūn	农村	怀集县政府驻地西北部
塘头屋	Tángtóuwū	农村	怀集县政府驻地西北部
塘头村乌石	Tángtóucūnwūshí	农村	怀集县政府驻地西北部
蒲洞村上寨	Púdòngcūnshàngzhài	农村	怀集县政府驻地东北部
冲堂	Chōngtáng	农村	怀集县政府驻地东北部
黄屋	Huángwū	农村	怀集县政府驻地东北部
黄屋塝	Huángwūbàng	农村	怀集县政府驻地东北部
花园	Huāyuán	农村	怀集县政府驻地北部
岩骆	Yánluò	农村	怀集县政府驻地北部

（五）交通运输设施类

1. 公路运输、城镇交通运输

标准名称	汉语拼音	地名类别	相对位置	起讫点
二广高速	Èrguǎng Gāosù	国道	怀集县中部	内蒙古自治区二连浩特市—广东省广州市
连大公路	Liándà Gōnglù	省道	怀集县中部	连山县城—四会市大沙
杨爱公路	Yáng'ài Gōnglù	省道	怀集县东部	清远市阳山县城—广西省灵峰镇

（续上表）

标准名称	汉语拼音	地名类别	相对位置	起讫点
凤凤公路	Fèngfèng Gōnglù	省道	怀集县东北部	清远市凤埠—怀集县凤岗
怀悦公路	Huáiyuè Gōnglù	省道	怀集县西南部	怀集县—德庆县悦城
水谷公路	Shuǐgǔ Gōnglù	省道	怀集县西部	岗坪镇水楼—谷圩村
怀大公路	Huáidà Gōnglù	县道	怀集县南部	幸福—大坑山
栏中公路	Lánzhōng Gōnglù	县道	怀集县西北部	冷坑—中洲
利汶公路	Lìwèn Gōnglù	县道	怀集县东北部	怀城镇利凤—汶朗镇汶塘
大琴公路	Dàqín Gōnglù	县道	怀集县西南部	桥头镇大成岗—诗洞镇琴壮
赤上公路	Chìshàng Gōnglù	县道	怀集县西北部	下帅乡赤黎塘—上帅
莲桥公路	Liánqiáo Gōnglù	县道	怀集县西南部	莲都镇—桥头镇
永联路	Yǒnglián Lù	乡道	怀集县南部	永固镇镇区—联安村
永多路	Yǒngduō Lù	乡道	怀集县南部	永固镇镇区—多安村
坳仕路	Àoshì Lù	乡道	怀集县东南部	坳仔镇镇区—仕儒村
谭大路	Tándà Lù	乡道	怀集县中部	谭勒村—大象村
兴官路	Xìngguān Lù	乡道	怀集县中部	兴贤村—官塘村
秀上路	Xiùshàng Lù	乡道	怀集县西部	秀林村—上亭村
谭地路	Tándì Lù	乡道	怀集县中部	谭英村—地厚村
马东路	Mǎdōng Lù	乡道	怀集县西北部	马宁镇镇区—马东村
连万路	Liánwàn Lù	乡道	怀集县北部	连麦镇镇区—万坪村
连步路	Liánbù Lù	乡道	怀集县北部	连麦镇镇区—步岗村
冷五路	Lěngwǔ Lù	乡道	怀集县西北部	冷坑镇镇区—五星村
冷红路	Lěnghóng Lù	乡道	怀集县西北部	冷坑镇镇区—红村
闸利路	Zhálì Lù	乡道	怀集县东北部	闸坳村—利民村
新小路	Xīnxiǎo Lù	乡道	怀集县东北部	新岗村—小江村
大滩路	Dàtān Lù	乡道	怀集县东南部	大同村—小江村
兴小路	Xìngxiǎo Lù	乡道	怀集县中部	兴贤村—小利村
怀扬路	Huáiyáng Lù	乡道	怀集县中部	怀城镇镇区—扬名村
社庙路	Shèmiào Lù	乡道	怀集县中部	社口村—庙咀村
下黄路	Xiàhuáng Lù	乡道	怀集县中部	下朗口—黄岗村
冷谭路	Lěngtán Lù	乡道	怀集县西北部	冷坑镇镇区—谭新村
三鱼路	Sānyú Lù	乡道	怀集县东部	三其塘—鱼南村

(续上表)

标准名称	汉语拼音	地名类别	相对位置	起讫点
下山路	Xiàshān Lù	乡道	怀集县北部	下帅乡—山奢村
中蒲路	Zhōngpú Lù	乡道	怀集县北部	中洲镇镇区—蒲洞村
灰小路	Huīxiǎo Lù	乡道	怀集县北部	灰塘村—小塘村
中糯路	Zhōngnuò Lù	乡道	怀集县北部	中洲镇镇区—糯塘村
连福路	Liánfú Lù	乡道	怀集县北部	连社村—福禄村
连石路	Liánshí Lù	乡道	怀集县北部	连麦镇镇区—石坑村
洽丰路	Qiàfēng Lù	乡道	怀集县东北部	洽水镇镇区—丰叙村
大梁路	Dàliáng Lù	乡道	怀集县西部	大岗镇镇区—梁水村
大均路	Dàjūn Lù	乡道	怀集县西部	大岗镇镇区—均义村
大谭路	Dàtán Lù	乡道	怀集县西部	大岗镇镇区—谭英村
蓝佛路	Lánfó Lù	乡道	怀集县西北部	蓝钟镇镇区—佛甘村
坳丰路	Àofēng Lù	乡道	怀集县东南部	坳仔镇镇区—丰亨村
怀盘路	Huáipán Lù	乡道	怀集县中部	怀城镇镇区—盘寨村
文增路	Wénzēng Lù	乡道	怀集县北部	文岗村—增石村
叉上路	Chāshàng Lù	乡道	怀集县东北部	连叉口村—上良村
石罗路	Shíluó Lù	乡道	怀集县西部	石梅村—罗密村
谭田路	Tántián Lù	乡道	怀集县西北部	谭福村—田心村
新桂路	Xīnguì Lù	乡道	怀集县东北部	新岗村—桂岭村
南会路	Nánhuì Lù	乡道	怀集县北部	南蛇桥—会龙村
长岭路	Zhǎnglǐng Lù	乡道	怀集县西部	长江—岭岗村
岗地路	Gǎngdì Lù	乡道	怀集县西部	岗坪镇镇区—地灵村
花沙路	Huāshā Lù	乡道	怀集县西部	花石村—沙腾村
赤永路	Chìyǒng Lù	乡道	怀集县西部	赤水—永红村
梁沙路	Liángshā Lù	乡道	怀集县西部	梁村镇镇区—沙宁村
花石路	Huāshí Lù	乡道	怀集县西北部	花石村—石矮村
大大路	Dàdà Lù	乡道	怀集县西部	大岗镇镇区—大忠村
石富路	Shífù Lù	乡道	怀集县西部	石田村—富楼村
大上路	Dàshàng Lù	乡道	怀集县西部	大岗镇镇区—上亭村
红姚路	Hóngyáo Lù	乡道	怀集县西北部	红旗—姚塘村
凤六路	Fèngliù Lù	乡道	怀集县西南部	凤真村—六竹村

（续上表）

标准名称	汉语拼音	地名类别	相对位置	起讫点
闸大路	Zhádà Lù	乡道	怀集县中部	闸岗镇镇区—大迳村
新新路	Xīnxīn Lù	乡道	怀集县西南部	新兴村—新宁村
大上路	Dàshàng Lù	乡道	怀集县西部	大岗镇镇区—上石村
巷石路	Xiàngshí Lù	乡道	怀集县西南部	巷口村—石群村
奚新路	Xīxīn Lù	乡道	怀集县东北部	奚村—新岗村
龙深路	Lóngshēn Lù	乡道	怀集县东北部	龙门村—深坑村
热白路	Rèbái Lù	乡道	怀集县东北部	热水口村—白泥坑村
坳上路	Àoshàng Lù	乡道	怀集县东部	坳头村—上磴村
甘南路	Gānnán Lù	乡道	怀集县东部	甘洒镇镇区—南洞村
石钱路	Shíqián Lù	乡道	怀集县东部	石梅村—钱村
永下路	Yǒngxià Lù	乡道	怀集县中部	永富村—下屈村
上永路	Shàngyǒng Lù	乡道	怀集县中部	上屈村—永富村
汶白路	Wènbái Lù	乡道	怀集县东北部	汶塘村—白水带村
李平路	Lǐpíng Lù	乡道	怀集县中部	李坑口村—平龙村
平珠路	Píngzhū Lù	乡道	怀集县中部	平南村—珠洞村
三奇路	Sānqí Lù	乡道	怀集县西北部	三坑村—奇洞村
冷红路	Lěnghóng Lù	乡道	怀集县西北部	冷坑镇镇区—红卫村
谭谭路	Tántán Lù	乡道	怀集县西北部	谭汶村—谭庙村
冷前路	Lěngqián Lù	乡道	怀集县西北部	冷坑镇镇区—前进村
泰泰路	Tàitài Lù	乡道	怀集县北部	泰来—泰南村
新新路	Xīnxīn Lù	乡道	怀集县北部	新庆村—新田村
苍大路	Cāngdà Lù	乡道	怀集县中部	苍龙村—大坑山
连四路	Liánsì Lù	乡道	怀集县西南部	连会村—四宝村
大盘路	Dàpán Lù	乡道	怀集县东南部	大坑山—盘布村
龙共路	Lónggòng Lù	乡道	怀集县中部	龙湾村—共和村
闸交路	Zhájiāo Lù	乡道	怀集县中部	闸岗镇镇区—交际村
闸龙路	Zhálóng Lù	乡道	怀集县中部	闸岗镇镇区—龙山村
民加路	Mínjiā Lù	乡道	怀集县西部	民田村—加德村
凤六路	Fèngliù Lù	乡道	怀集县南部	凤艳村—六龙村
诗胡路	Shīhú Lù	乡道	怀集县南部	诗洞镇镇区—胡文村

（续上表）

标准名称	汉语拼音	地名类别	相对位置	起讫点
双金路	Shuāngjīn Lù	乡道	怀集县南部	双凤村—金沙村
诗云路	Shīyún Lù	乡道	怀集县南部	诗洞镇镇区—云田村
金安路	Jīn'ān Lù	乡道	怀集县南部	金华村—安南村
诗宝路	Shībǎo Lù	乡道	怀集县南部	诗洞镇镇区—宝安村
诗万路	Shīwàn Lù	乡道	怀集县南部	诗洞镇镇区—万诗村
佳苍路	Jiācāng Lù	乡道	怀集县南部	佳地村—苍岭村
宿什路	Xiǔshí Lù	乡道	怀集县南部	宿安村—什洞村
闸罗路	Zháluó Lù	乡道	怀集县中部	闸岗镇镇区—罗架村
金沙路	Jīnshā Lù	乡道	怀集县西部	金吴村　沙田村
冷桐路	Lěngtóng Lù	乡道	怀集县西部	冷坑镇镇区—桐光村
冷三路	Lěngsān Lù	乡道	怀集县西北部	冷坑镇镇区—三坑村
蓝上路	Lánshàng Lù	乡道	怀集县西北部	蓝钟镇镇区—上竹村
岗庞路	Gǎngpáng Lù	乡道	怀集县西部	岗坪镇镇区—庞庙村
庞曾路	Pángcéng Lù	乡道	怀集县西部	庞庙村—曾村
岗太路	Gǎngtài Lù	乡道	怀集县西部	岗坪镇镇区—太原村
桥岑路	Qiáocén Lù	乡道	怀集县西南部	桥头镇镇区—岑元村
桥燕路	Qiáoyàn Lù	乡道	怀集县西南部	桥头镇镇区—燕岩
蓝太路	Lántài Lù	乡道	怀集县西北部	蓝钟镇镇区—太平村
冷马路	Lěngmǎ Lù	乡道	怀集县西北部	冷坑镇镇区—马宁村
梁存路	Liángcún Lù	乡道	怀集县西部	梁村镇镇区—存水村
上雨路	Shàngyǔ Lù	乡道	怀集县东部	上屈村—雨陵村
岗维路	Gǎngwéi Lù	乡道	怀集县西部	岗坪镇镇区—维安村
宝朝路	Bǎocháo Lù	乡道	怀集县南部	宝安村—朝进村
洽社路	Qiàshè Lù	乡道	怀集县东北部	洽水镇镇区—社背村
坳璃路	Àolí Lù	乡道	怀集县东南部	坳仔镇镇区—璃玻村
凤徐路	Fèngxú Lù	乡道	怀集县西南部	凤真村—徐安村
梅美路	Méiměi Lù	乡道	怀集县中部	梅石村—美南村
诗安路	Shī'ān Lù	乡道	怀集县南部	诗洞镇镇区—安华村
诗六路	Shīliù Lù	乡道	怀集县南部	诗洞镇镇区—六苏村
闸善路	Zháshàn Lù	乡道	怀集县中部	闸岗镇镇区—善福村

（续上表）

标准名称	汉语拼音	地名类别	相对位置	起讫点
洽八路	Qiàbā Lù	乡道	怀集县东北部	洽水镇镇区—八洞村
花木路	Huāmù Lù	乡道	怀集县西部	花石村—木渊村
谭镇路	Tánzhèn Lù	乡道	怀集县西部	谭拼村—镇武村
连四路	Liánsì Lù	乡道	怀集县中部	连麦镇镇区—四乌村
红谢路	Hóngxiè Lù	乡道	怀集县西北部	红星村—谢屋
冷朗路	Lěnglǎng Lù	乡道	怀集县西北部	冷坑镇镇区—朗照村
桃马路	Táomǎ Lù	乡道	怀集县东部	桃花村—马头村
怀龙路	Huáilóng Lù	乡道	怀集县中部	怀城镇镇区—龙西村
甘小路	Gānxiǎo Lù	乡道	怀集县东部	甘洒镇镇区—小布村
岗团路	Gǎngtuán Lù	乡道	怀集县西北部	岗脚村—团结村
叉黄路	Chāhuáng Lù	乡道	怀集县东北部	叉口村—黄石村
城北三路	Chéngběi SānLù	主干路	怀集县北部	城北二路—怀城大道
解放北路	Jiěfàng BěiLù	主干路	怀集县北部	解放中路—自来水厂
金龙一路	Jīnlóng 1 Lù	主干路	怀集县西北部	金鸡大桥—汽配厂
城北一路	Chéngběi 1 Lù	主干路	怀集县西北部	城北二路—三江路
沿江中路	Yánjiāng ZhōngLù	主干路	怀集县南部	文昌书院—金鸡大桥
城中路	Chéngzhōng Lù	主干路	怀集县中部	龙湾氮肥厂—二轻木器厂
城北二路	Chéngběi 2 Lù	主干路	怀集县北部	城北三路—城北一路
上郭中路	Shàngguō ZhōngLù	主干路	怀集县西北部	城北一路、二路—上郭南路
上郭北路	Shàngguō BěiLù	主干路	怀集县西北部	沿江中路—上郭中路
上郭南路	Shàngguō NánLù	主干路	怀集县西北部	中洲河—国税局
工业大道	Gōngyèdàdào	主干路	怀集县中部	文昌路—解放中路
解放南路	Jiěfàng NánLù	主干路	怀集县南部	怀城大桥与河南中路—幸福二路与幸福三路
解放中路	Jiěfàng ZhōngLù	主干路	怀集县中部	怀城大桥北段—城中路
沿江东路	Yánjiāng DōngLù	主干路	怀集县东部	文昌书院—龙湾
沿江西路	Yánjiāng XīLù	主干路	怀集县西北部	金鸡大桥—龙头湾
怀城大道	Huáichéngdàdào	主干路	怀集县东部	洊江大桥—金龙二路
红旗南路	Hóngqí NánLù	次干路	怀集县中部	沿江中路—公路局
国泰路	Guótài Lù	次干路	怀集县东部	红卫路—城中路
登云路	Dēngyún Lù	次干路	怀集县北部	城北二路—龙头湾大桥

（续上表）

标准名称	汉语拼音	地名类别	相对位置	起讫点
三江路	Sānjiāng Lù	次干路	怀集县西部	三江口大桥—社保局
红光路	Hóngguāng Lù	支路	怀集县中部	航道站—林化厂宿舍
人民路	Rénmín Lù	支路	怀集县中部	副食品宿舍—县武装部
兴贤路	Xìngxián Lù	支路	怀集县东部	扬塘拱与沿江中路—罗屋村
解放北路二巷	Jiěfàng Běilù 2 Xiàng	支路	怀集县北部	解放北路—登云路
向群路	Xiàngqún Lù	支路	怀集县中部	——
新通街	Xīntōng Jiē	支路	怀集县南部	河南路—上塘街以巷

2. 铁路运输

标准名称	汉语拼音	地名类别	相对位置	起讫点
贵广高速铁路	Guìguǎnggāosù Tiělù	铁路	怀集县中部	贵阳北站—广州南站

3. 桥梁

标准名称	汉语拼音	地名类别	相对位置	所在线路	所跨河流（道路）
阶洞桥	Jiēdòng Qiáo	桥梁	怀集县政府驻地西北部	447县道	——
文昌桥	Wénchāng Qiáo	桥梁	怀集县政府驻地东北部	——	
凤岗桥	Fènggǎng Qiáo	桥梁	怀集县政府驻地东北部	——	
热水口桥	Rèshuǐkǒu Qiáo	桥梁	怀集县政府驻地东北部	622乡道	
白坭坑桥	Báiníkēng Qiáo	桥梁	怀集县政府驻地东北部	622乡道	
流泗桥	Liúsì Qiáo	桥梁	怀集县政府驻地东北部	620乡道	
下培荫桥	Xiàpéiyīn Qiáo	桥梁	怀集县政府驻地东北部	620乡道	
叉口桥	Chākǒu Qiáo	桥梁	怀集县政府驻地东北部	621乡道	
深坑桥	Shēnkēng Qiáo	桥梁	怀集县政府驻地东北部	620乡道	
坳头桥	Àotóu Qiáo	桥梁	怀集县政府驻地东北部	623乡道	
甘洒大桥	Gānsǎ Dàqiáo	桥梁	怀集县政府驻地东北部	808县道	凤岗河
罗拱桥	Luógǒng Qiáo	桥梁	怀集县政府驻地东南部	447县道	凤岗河
石旁石拱桥	Shípángshígǒng Qiáo	桥梁	怀集县政府驻地东北部	——	横钱村小河
雨凌大桥	Yǔlíng Dàqiáo	桥梁	怀集县政府驻地东南部	683乡道	凤岗河

（续上表）

标准名称	汉语拼音	地名类别	相对位置	所在线路	所跨河流（道路）
龙湾桥	Lóngwān Qiáo	桥梁	怀集县政府驻地西部	677乡道	绥江
怀城大桥	Huáichéng Dàqiáo	桥梁	怀城镇	063乡道	绥江
金鸡大桥	Jīnjī Dàqiáo	桥梁	怀集县政府驻地东南部	349省道	绥江
幸福大桥	Xìngfú Dàqiáo	桥梁	怀集县政府驻地东南部	349省道	绥江
柑洞桥	Gāndòng Qiáo	桥梁	怀集县政府驻地南部	446县道	柑洞水
罗龙桥	Luólóng Qiáo	桥梁	怀集县政府驻地东北部	605乡道	中洲河
盘布桥	Pánbù Qiáo	桥梁	怀集县政府驻地东南部	446县道	群泉水河
群泉桥	Qúnquán Qiáo	桥梁	怀集县政府驻地东南部	446县道	群泉水河
漫水桥	Mànshuǐ Qiáo	桥梁	怀集县政府驻地东北部	615乡道	中洲河
下坑桥	Xiàkēng Qiáo	桥梁	怀集县政府驻地东北部	615乡道	中洲河
步岗桥	Bùgǎng Qiáo	桥梁	怀集县政府驻地北部	615乡道	中洲河
东园大桥	Dōngyuán Dàqiáo	桥梁	怀集县政府驻地东北部	813县道	东园坑河
罗岗桥	Luógǎng Qiáo	桥梁	怀集县政府驻地东北部	747乡道	凤岗河
新湾桥	Xīnwān Qiáo	桥梁	怀集县政府驻地东北部	696乡道	凤岗河
八洞桥	Bādòng Qiáo	桥梁	怀集县政府驻地东北部	696乡道	凤岗河
坡下桥	Pōxià Qiáo	桥梁	怀集县政府驻地东北部	813县道	凤岗河
丰叙桥	Fēngxù Qiáo	桥梁	怀集县政府驻地东北部	697乡道	大洲河
西院桥	Xīyuàn Qiáo	桥梁	怀集县政府驻地东北部	813县道	凤岗河
鱼田桥	Yútián Qiáo	桥梁	怀集县政府驻地东北部	813县道	鱼田坑河
凤真小桥	Fèngzhēn Xiǎoqiáo	桥梁	怀集县政府驻地南部	——	凤真河
洋辣桥	Yánglà Qiáo	桥梁	怀集县政府驻地西南部	653乡道	白云水河
金沙桥	Jīnshā Qiáo	桥梁	怀集县政府驻地西南部	652乡道	永固河支流
朝进桥	Cháojìn Qiáo	桥梁	怀集县政府驻地西南部	685乡道	永固河
南沙桥	Nánshā Qiáo	桥梁	怀集县政府驻地西南部	——	永固河
泰南桥	Tàinán Qiáo	桥梁	怀集县政府驻地北部	672乡道	中洲河
中学桥	Zhōngxué Qiáo	桥梁	怀集县政府驻地北部	——	中洲河
全心桥	Quánxīn Qiáo	桥梁	怀集县政府驻地北部	——	中州河
良贵桥	Liángguì Qiáo	桥梁	怀集县政府驻地北部	——	中洲河
鹅咀桥	Ézuǐ Qiáo	桥梁	怀集县政府驻地北部	——	中洲河

（续上表）

标准名称	汉语拼音	地名类别	相对位置	所在线路	所跨河流（道路）
华新桥	Huáxīn Qiáo	桥梁	怀集县政府驻地东北部	717乡道	凤岗河
汶塘桥	Wèntáng Qiáo	桥梁	怀集县政府驻地东北部	630乡道	凤岗河
红卫桥	Hóngwèi Qiáo	桥梁	怀集县政府驻地东北部	426县道	凤岗河
大同桥	Dàtóng Qiáo	桥梁	怀集县政府驻地西南部	263省道	
渡头大桥	Dùtóu Dàqiáo	桥梁	怀集县政府驻地东南部	263省道	绥江
大布桥	Dàbù Qiáo	桥梁	怀集县政府驻地东南部	608乡道	凤岗河
七甲桥	Qījiǎ Qiáo	桥梁	怀集县政府驻地东南部	447县道	县道447
利见桥	Lìjiàn Qiáo	桥梁	怀集县政府驻地东南部	——	绥江
浪美桥	Làngměi Qiáo	桥梁	怀集县政府驻地西北部	645县道	三八运河
白石桥	Báishí Qiáo	桥梁	怀集县政府驻地西北部	645县道	三八运河
大钟桥	Dàzhōng Qiáo	桥梁	怀集县政府驻地西北部	645县道	三八运河
连会桥	Liánhuì Qiáo	桥梁	怀集县政府驻地西北部	645县道	三八运河
地厚桥	Dìhòu Qiáo	桥梁	怀集县政府驻地西北部	706乡道	青年运河
北染桥	Běirǎn Qiáo	桥梁	怀集县政府驻地西南部	——	三八运河
岭岗桥	Lǐnggǎng Qiáo	桥梁	怀集县政府驻地西南部	——	三八运河
全屋桥	Quánwū Qiáo	桥梁	怀集县政府驻地西南部	——	三八运河
青年运河桥	Qīngniányùnhé Qiáo	桥梁	怀集县政府驻地西北部	647县道	青年运河
桂背桥	Guìbèi Qiáo	桥梁	怀集县政府驻地西北部	647县道	青年运河
和仓一桥	Hécāng Yīqiáo	桥梁	怀集县政府驻地西南部	——	村内溪流
大成岗桥	Dàchénggǎng Qiáo	桥梁	怀集县政府驻地西北部	424县道	三八运河
富楼桥	Fùlóu Qiáo	桥梁	怀集县政府驻地西北部	424县道	三八运河
平安桥	Píng'ān Qiáo	桥梁	怀集县政府驻地西北部	423县道	蓝钟河
文昌桥	Wénchāng Qiáo	桥梁	怀集县政府驻地西北部	423县道	蓝钟河
朝阳桥	Cháoyáng Qiáo	桥梁	怀集县政府驻地西北部	423县道	蓝钟河
横塘桥	Héngtáng Qiáo	桥梁	怀集县政府驻地西北部	635乡道	村内溪流
水库下大桥	Shuǐkùxià Dàqiáo	桥梁	怀集县政府驻地西北部	635乡道	村内溪流
双鹅桥	Shuāng'é Qiáo	桥梁	怀集县政府驻地西北部	635乡道	村内溪流
山袖桥	Shānxiù Qiáo	桥梁	怀集县政府驻地西北部	06112乡道	村内溪流
根竹桥	Gēnzhú Qiáo	桥梁	怀集县政府驻地西北部	06112乡道	村内溪流
温泉桥	Wēnquán Qiáo	桥梁	怀集县政府驻地西北部	06112乡道	村内溪流

（续上表）

标准名称	汉语拼音	地名类别	相对位置	所在线路	所跨河流（道路）
古城一桥	Gǔchéng Yīqiáo	桥梁	怀集县政府驻地西北部	423县道	村内溪流
鱼跳桥	Yútiào Qiáo	桥梁	怀集县政府驻地西北部	423县道	村内溪流
薄竹岗桥	Báozhúgǎng Qiáo	桥梁	怀集县政府驻地西北部	423县道	村内溪流
古城二桥	Gǔchéng Èrqiáo	桥梁	怀集县政府驻地西北部	423县道	村内溪流
瓦屋桥	Wǎwū Qiáo	桥梁	怀集县政府驻地西北部	06112乡道	村内溪流
江腾桥	Jiāngténg Qiáo	桥梁	怀集县政府驻地西北部	06112乡道	江腾河
佛甘桥	Fógān Qiáo	桥梁	怀集县政府驻地西北部	701乡道	村内溪流
佛甘一桥	Fógān Yīqiáo	桥梁	怀集县政府驻地西北部	06112乡道	古城河
水口桥	Shuǐkǒu Qiáo	桥梁	怀集县政府驻地西北部	425县道	冷坑改河工程
佛祖大桥	Fózǔ Dàqiáo	桥梁	怀集县政府驻地西北部	——	村内溪流
双六桥	Shuāngliù Qiáo	桥梁	怀集县政府驻地西北部	425县道	村内溪流
朗照桥	Lǎngzhào Qiáo	桥梁	怀集县政府驻地西北部	425县道	村内溪流
六桥桥	Liùqiáo Qiáo	桥梁	怀集县政府驻地西北部	667乡道	村内溪流
田心桥	Tiánxīn Qiáo	桥梁	怀集县政府驻地西北部	737乡道	冷坑改河工程
佛仔岗桥	Fózǎigǎng Qiáo	桥梁	怀集县政府驻地西北部	667乡道	冷坑改河工程
黄泥桥	Huángní Qiáo	桥梁	怀集县政府驻地西北部	667乡道	冷坑改河工程
木根桥	Mùgēn Qiáo	桥梁	怀集县政府驻地西北部	667乡道	冷坑改河工程
谭庙桥	Tánmiào Qiáo	桥梁	怀集县政府驻地西北部	667乡道	冷坑改河工程
双岗桥	Shuānggǎng Qiáo	桥梁	怀集县政府驻地西北部	667乡道	冷坑改河工程
桐光桥	Tóngguāng Qiáo	桥梁	怀集县政府驻地西北部	663乡道	冷坑改河工程
林磡大桥	Línkàn Dàqiáo	桥梁	怀集县政府驻地西北部	——	村内溪流
冷坑桥	Lěngkēng Qiáo	桥梁	怀集县政府驻地西北部	425县道	冷坑改河工程
顺龙桥	Shùnlóng Qiáo	桥梁	怀集县政府驻地西北部	——	村内溪流
河扬桥	Héyáng Qiáo	桥梁	怀集县政府驻地西北部	——	冷坑河改造河

（续上表）

标准名称	汉语拼音	地名类别	相对位置	所在线路	所跨河流（道路）
水边大桥	Shuǐbiān Dàqiáo	桥梁	怀集县政府驻地西北部	——	冷坑改河工程
石栏大桥	Shílán Dàqiáo	桥梁	怀集县政府驻地西北部	728乡道	冷坑改河工程
成鳌桥	Chéng'áo Qiáo	桥梁	怀集县政府驻地西北部	425县道	村内溪流
李屋桥	Lǐwū Qiáo	桥梁	怀集县政府驻地西北部	662乡道	冷坑改河工程
陈屋桥	Chénwū Qiáo	桥梁	怀集县政府驻地西北部	662乡道	冷坑改河工程
龙涵一桥	Lónghán Yīqiáo	桥梁	怀集县政府驻地西北部	716乡道	冷坑改河工程
龙涵二桥	Lónghán Èrqiáo	桥梁	怀集县政府驻地西北部	716乡道	村内溪流
三坑桥	Sānkēng Qiáo	桥梁	怀集县政府驻地西北部	814县道	冷坑改河工程支流
水库一桥	Shuǐkù Yīqiáo	桥梁	怀集县政府驻地西北部	814县道	冷坑改河工程
水库二桥	Shuǐkù Èrqiáo	桥梁	怀集县政府驻地西北部	814县道	冷坑改河工程
百福桥	Bǎifú Qiáo	桥梁	怀集县政府驻地西北部	648乡道	村内溪流
龙头桥	Lóngtóu Qiáo	桥梁	怀集县政府驻地西北部	648乡道	村内溪流
大昆桥	Dàchǎn Qiáo	桥梁	怀集县政府驻地西北部	649乡道	村内溪流
拱桥头桥	Gǒngqiáotóu Qiáo	桥梁	怀集县政府驻地西北部	649乡道	村内溪流
栏马桥	Lánmǎ Qiáo	桥梁	怀集县政府驻地西北部	425县道	蓝钟河
栏马二桥	Lánmǎ ÈrQiáo	桥梁	怀集县政府驻地西北部	425县道	冷坑改河工程
沙帽大桥	Shāmào Dàqiáo	桥梁	怀集县政府驻地西北部	733乡道	蓝钟河
沙田大桥	Shātián Dàqiáo	桥梁	怀集县政府驻地西北部	660乡道	蓝钟河
石矮桥	Shí'ǎi Qiáo	桥梁	怀集县政府驻地西北部	746乡道	蓝钟河
湘田桥	Xiāngtián Qiáo	桥梁	怀集县政府驻地西北部	661乡道	蓝钟河
范铁大桥	Fàntiě Dàqiáo	桥梁	怀集县政府驻地西北部	763乡道	蓝钟河
赤水桥	Chìshuǐ Qiáo	桥梁	怀集县政府驻地西北部	349省道	松柏河
宿泊桥	Xiǔbó Qiáo	桥梁	怀集县政府驻地西北部	349省道	三八运河
珠岗桥	Zhūgǎng Qiáo	桥梁	怀集县政府驻地西北部	06212乡道	珠岗运河

（续上表）

标准名称	汉语拼音	地名类别	相对位置	所在线路	所跨河流（道路）
大庙桥	Dàmiào Qiáo	桥梁	怀集县政府驻地西北部	636 乡道	村内溪流
苏沙桥	Sūshā Qiáo	桥梁	怀集县政府驻地西北部	423 县道	珠岗运河
林屋桥	Línwū Qiáo	桥梁	怀集县政府驻地西北部	423 县道	村内溪流
上圳桥	Shàngzhèn Qiáo	桥梁	怀集县政府驻地西北部	423 县道	蓝钟河
更口桥	Gèngkǒu Qiáo	桥梁	怀集县政府驻地西北部	423 县道	蓝钟河
大村石拱桥	Dàcūnshígǒng Qiáo	桥梁	怀集县政府驻地西南部	——	金装河
安社桥	Ānshè Qiáo	桥梁	怀集县政府驻地西南部	安社村道	金装河
谭村桥	Táncūn Qiáo	桥梁	怀集县政府驻地西南部	424 县道	金装河
东山桥	Dōngshān Qiáo	桥梁	怀集县政府驻地西南部	642 乡道	金装河
石坳一桥	Shí'ào Yīqiáo	桥梁	怀集县政府驻地西南部	424 乡道	石坳山谷
石坳二桥	Shí'ào Èrqiáo	桥梁	怀集县政府驻地西北部	424 乡道	石坳山谷
巷口桥	Xiàngkǒu Qiáo	桥梁	怀集县政府驻地西南部	641 乡道	村内溪流
西岩桥	Xīyán Qiáo	桥梁	怀集县政府驻地西南部	——	金装河
水库桥	Shuǐkù Qiáo	桥梁	怀集县政府驻地西南部	新平至双敢水库	浮塘水库
金鸡桥	Jīnjī Qiáo	桥梁	怀集县政府驻地西南部	新平村道	金装河
新村桥	Xīncūn Qiáo	桥梁	怀集县政府驻地西南部	643 乡道	金装河
悟沙桥	Wùshā Qiáo	桥梁	怀集县政府驻地西南部	岑元村道	村内溪流
大坡桥	Dàpō Qiáo	桥梁	怀集县政府驻地西南部	岑元村道	村内溪流
桥头桥	Qiáotóu Qiáo	桥梁	怀集县政府驻地西北部	424 县道	金装河
下帅民族大桥	Xiàshuàimínzú Dàqiáo	桥梁	怀集县政府驻地西北部	411 县道	——
坑仔桥	Kēngzǎi Qiáo	桥梁	怀集县政府驻地西北部	东西村水泥村道	村内溪流
范浪桥	Fànlàng Qiáo	桥梁	怀集县政府驻地西北部	东西村村道	中洲河
下帅大桥	Xiàshuài Dàqiáo	桥梁	怀集县政府驻地西北部	814 县道	中洲河
浪带桥	Làngdài Qiáo	桥梁	怀集县政府驻地西北部	814 县道	中洲河
竹六桥	Zhúliù Qiáo	桥梁	怀集县政府驻地西北部	竹六村村道	中洲河
崩江桥	Bēngjiāng Qiáo	桥梁	怀集县政府驻地西南部	757 乡道	崩江

（续上表）

标准名称	汉语拼音	地名类别	相对位置	所在线路	所跨河流（道路）
大迳村巷口桥	Dàjìngcūnxiàngkǒu Qiáo	桥梁	怀集县政府驻地西南部	757乡道	崩江
大塘桥	Dàtáng Qiáo	桥梁	怀集县政府驻地西南部	757乡道	崩江
格江桥	Géjiāng Qiáo	桥梁	怀集县政府驻地西南部	757乡道	崩江
南蛇桥	Nánshé Qiáo	桥梁	怀集县政府驻地西北部	——	中洲河
华阳桥	Huáyáng Qiáo	桥梁	怀集县政府驻地西北部	——	冷坑改河工程
覃屋桥	Tánwū Qiáo	桥梁	怀集县政府驻地东北部	——	村内溪流
牛古水桥	Niúgǔshuǐ Qiáo	桥梁	怀集县政府驻地西北部	——	中洲河
坑尾桥	Kēngwěi Qiáo	桥梁	怀集县政府驻地西北部	——	村内溪流

4. 其他类

标准名称	汉语拼音	地名类别	相对位置
坳仔镇客运站	Àozǎi Zhèn KèyùnZhàn	长途汽车站	怀集县政府驻地东南部
冷坑镇客运站	Lěngkēng Zhèn KèyùnZhàn	长途汽车站	怀集县政府驻地西北部
梁村镇客运站	Liángcūn Zhèn KèyùnZhàn	长途汽车站	怀集县政府驻地西北部
桥头镇客运站	Qiáotóu Zhèn KèyùnZhàn	长途汽车站	怀集县政府驻地西南部
怀集县城南客运站	Huáijí Xiàn Chéngnán KèyùnZhàn	长途汽车站	怀集县政府驻地东南部
怀集县中心客运站	Huáijí Xiàn Zhōngxīn KèyùnZhàn	长途汽车站	怀集县政府驻地东南部
怀集县粤运汽车站	Huáijí Xiàn Yuèyùn Qìchēzhàn	长途汽车站	怀集县政府驻地东南部
贵广铁路怀集站	Guìguǎng Tiělù Huáijízhàn	火车站	怀集县政府驻地西南部
诗洞镇养道班	Shīdòng Zhèn Yǎngdàobān	道班	怀集县政府驻地西南部
大岗镇公路道班	Dàgǎng Zhèn Gōnglù dàobān	道班	怀集县政府驻地西南部
下帅道班	Xiàshuài Dàobān	道班	怀集县政府驻地西北部
白庙道班	Báimiào Dàobān	道班	怀集县政府驻地西北部
礼部道班	Lǐbù Dàobān	道班	怀集县政府驻地西南部
中洲镇镇养中心道班	Zhōngzhōu Zhèn Zhènyǎngzhōngxīn Dàobān	道班	怀集县政府驻地西北部
永口道班	Yǒngkǒu Dàobān	道班	怀集县政府驻地西北部
幸福道班	Xìngfú Dàobān	道班	怀集县政府驻地南部

（续上表）

标准名称	汉语拼音	地名类别	相对位置
大坑山道班	Dàkēngshān Dàobān	道班	怀集县政府驻地南部
闸岗道班	Zhágǎng Dàobān	道班	怀集县政府驻地南部
凤艳道班	Fèngyàn Dàobān	道班	怀集县政府驻地西南部
水下道班	Shuǐxià Dàobān	道班	怀集县政府驻地西北部
凤凰道班	Fènghuáng Dàobān	道班	怀集县政府驻地西北部
中洲道班	Zhōngzhōu Dàobān	道班	怀集县政府驻地西北部
龙湾加油站	Lóngwān Jiāyóuzhàn	加油站	怀集县政府驻地东部
中国石化加油站	Zhōngguóshíhuà Jiāyóuzhàn	加油站	怀集县政府驻地东南部
金三角加油站	Jīnsānjiǎo Jiāyóuzhàn	加油站	怀集县政府驻地西南部
蓝钟加油站	Lánzhōng Jiāyóuzhàn	加油站	怀集县政府驻地西北部
冷坑加油站	Lěngkēng Jiāyóuzhàn	加油站	怀集县政府驻地西北部
广州石化梁村镇加油站	Guǎngzhōushíhuà Liángcūn Zhèn Jiāyóuzhàn	加油站	怀集县政府驻地西北部
中国石化梁村加油站	Zhōngguóshíhuà Liángcūn Jiāyóuzhàn	加油站	怀集县政府驻地西北部
大成岗加油站	Dàchénggǎng Jiāyóuzhàn	加油站	怀集县政府驻地西北部

（六）水利、电力、通信设施类

标准名称	汉语拼音	地名类别	相对位置
鸡嬷塘	Jīnǎ Táng	池塘	怀集县政府驻地东南部
美南村水瓜塘	Měináncūn Shuǐguā Táng	池塘	怀集县政府驻地东南部
香胜塘	Xiāngshèng Táng	池塘	怀集县政府驻地东南部
南蛇塘	Nánshé Táng	池塘	怀集县政府驻地东南部
热水塘	Rèshuǐ Táng	池塘	怀集县政府驻地东南部
电站塘	Diànzhàn Táng	池塘	怀集县政府驻地东南部
石塘	Shítáng	池塘	怀集县政府驻地西部
牛角塘	Niújiǎo Táng	池塘	怀集县政府驻地西南部
河密塘	Hémì Táng	池塘	怀集县政府驻地西北部
长塘	Chángtáng	池塘	怀集县政府驻地西北部
水母塘	Shuǐmǔ Táng	池塘	怀集县政府驻地西北部
黄珍鱼塘	Huángzhēnyú Táng	池塘	怀集县政府驻地西北部

(续上表)

标准名称	汉语拼音	地名类别	相对位置
华地鱼塘	Huádìyú Táng	池塘	怀集县政府驻地西北部
浪寨塘	Làngzhài Táng	池塘	怀集县政府驻地西北部
长岗鱼塘	Zhǎnggǎng Yútáng	池塘	怀集县政府驻地西北部
均义鱼塘	Jūnyì Yútáng	池塘	怀集县政府驻地西北部
复耕鱼塘	Fùgēng Yútáng	池塘	怀集县政府驻地西北部
廖屋水塘	Liàowū Shuǐtáng	池塘	怀集县政府驻地西北部
浪塘	Làngtáng	池塘	怀集县政府驻地西北部
荔枝塘	Lìzhī Táng	池塘	怀集县政府驻地西南部
谭华塘	Tánhuá Táng	池塘	怀集县政府驻地西南部
牛泮浪	Niúpànlàng	池塘	怀集县政府驻地西北部
水瓜塘	Shuǐguā Táng	池塘	怀集县政府驻地西北部
上石村石塘	Shàngshícūn Shítáng	池塘	怀集县政府驻地西南部
云仙岩塘	Yúnxiānyán Táng	池塘	怀集县政府驻地西北部
西鸡塘	Xījī Táng	池塘	怀集县政府驻地西北部
园珠塘	Yuánzhū Táng	池塘	怀集县政府驻地西北部
谭匀塘	Tányún Táng	池塘	怀集县政府驻地西北部
罗丝塘	Luósī Táng	池塘	怀集县政府驻地西北部
谭再塘	Tánzài Táng	池塘	怀集县政府驻地西北部
秀林村大塘	Xiùlíncūn Dàtáng	池塘	怀集县政府驻地西北部
秀林村山塘	Xiùlíncūn Shāntáng	池塘	怀集县政府驻地西北部
山上塘	Shānshàng Táng	池塘	怀集县政府驻地西北部
水雾塘	Shuǐwù Táng	池塘	怀集县政府驻地西南部
文秀埇塘	Wénxiùyǒng Táng	池塘	怀集县政府驻地西南部
谭崩塘	Tánbēng Táng	池塘	怀集县政府驻地西南部
六瑶塘	Liùyáo Táng	池塘	怀集县政府驻地西北部
六埇塘	Liùyǒng Táng	池塘	怀集县政府驻地西北部
岸塘	Àntáng	池塘	怀集县政府驻地西北部
步冲搪	Bùchōng Táng	池塘	怀集县政府驻地西北部
蔡屋塘	Càiwū Táng	池塘	怀集县政府驻地西北部
草被	Cǎobèi	池塘	怀集县政府驻地西北部

（续上表）

标准名称	汉语拼音	地名类别	相对位置
插仔塘	Chāzǎi Táng	池塘	怀集县政府驻地西北部
大步交塘	Dàbùjiāo Táng	池塘	怀集县政府驻地西北部
大垢塘	Dàgòu Táng	池塘	怀集县政府驻地西北部
团结村大塘	Tuánjiécūn Dàtáng	池塘	怀集县政府驻地西北部
大塘	Dàtáng	池塘	怀集县政府驻地西北部
大塘坡	Dàtángpō	池塘	怀集县政府驻地西北部
东管塘	Dōngguǎn Táng	池塘	怀集县政府驻地西北部
格水	Géshuǐ	池塘	怀集县政府驻地西北部
弓步塘	Gōngbù Táng	池塘	怀集县政府驻地西北部
古龙塘	Gǔlóng Táng	池塘	怀集县政府驻地西北部
关草塘	Guāncǎo Táng	池塘	怀集县政府驻地西北部
过路塘	Guòlù Táng	池塘	怀集县政府驻地西北部
黑石塘	Hēishí Táng	池塘	怀集县政府驻地西北部
虎威塘	Hǔwēi Táng	池塘	怀集县政府驻地西北部
黄泥塘	Huángní Táng	池塘	怀集县政府驻地西北部
九选塘	Jiǔxuǎn Táng	池塘	怀集县政府驻地西北部
黎青塘	Líqīng Táng	池塘	怀集县政府驻地西北部
黎星埇塘	Líxīngyǒng Táng	池塘	怀集县政府驻地西北部
莲塘	Liántáng	池塘	怀集县政府驻地西北部
桐光村莲塘	Tóngguāngcūn Liántáng	池塘	怀集县政府驻地西北部
菱角塘	Língjiǎo Táng	池塘	怀集县政府驻地西北部
岭坳塘	Lǐng'ào Táng	池塘	怀集县政府驻地西北部
六伯塘	Liùbó Táng	池塘	怀集县政府驻地西北部
麻地塘	Mádì Táng	池塘	怀集县政府驻地西北部
民众塘	Mínzhòng Táng	池塘	怀集县政府驻地西北部
七甲塘	Qījiǎ Táng	池塘	怀集县政府驻地西北部
七星塘	Qīxīng Táng	池塘	怀集县政府驻地西北部
沙汶塘	Shāwèn Táng	池塘	怀集县政府驻地西北部
沙洲池塘	Shāzhōu Chítáng	池塘	怀集县政府驻地西北部
上屈塘	Shàngqū Táng	池塘	怀集县政府驻地西北部

(续上表)

标准名称	汉语拼音	地名类别	相对位置
红村村上塘	Hóngcūncūn Shàngtáng	池塘	怀集县政府驻地西北部
十二乘	Shí'èrchéng	池塘	怀集县政府驻地西北部
十二两塘	Shí'èrliǎng Táng	池塘	怀集县政府驻地西北部
石江塘	Shíjiāng Táng	池塘	怀集县政府驻地西北部
书房塘	Shūfáng Táng	池塘	怀集县政府驻地西北部
水月塘	Shuǐyuè Táng	池塘	怀集县政府驻地西北部
四方塘	Sìfāng Táng	池塘	怀集县政府驻地西北部
谭笔塘	Tánbǐ Táng	池塘	怀集县政府驻地西北部
谭阔塘	Tánkuò Táng	池塘	怀集县政府驻地西北部
谭洽塘	Tánqià Táng	池塘	怀集县政府驻地西北部
谭挞塘	Tántà Táng	池塘	怀集县政府驻地西北部
谭州塘	Tánzhōu Táng	池塘	怀集县政府驻地西北部
潭叠塘	Tándié Táng	池塘	怀集县政府驻地西北部
文献塘	Wénxiàn Táng	池塘	怀集县政府驻地西北部
新庙塘	Xīnmiào Táng	池塘	怀集县政府驻地西北部
桐光村新塘	Tóngguāngcūn Xīntáng	池塘	怀集县政府驻地西北部
鱼急腿	Yújítuǐ	池塘	怀集县政府驻地西北部
鱼塘	Yútáng	池塘	怀集县政府驻地西北部
玉应塘	Yùyīng Táng	池塘	怀集县政府驻地西北部
云潭塘	Yúntán Táng	池塘	怀集县政府驻地西北部
桐光村长塘	Tóngguāngcūn Chángtáng	池塘	怀集县政府驻地东南部
鸡公塘	Jīgōng Táng	池塘	怀集县政府驻地西北部
马塘	Mǎtáng	池塘	怀集县政府驻地西北部
覃浮	Tánfú	池塘	怀集县政府驻地西北部
生鸡塘	Shēngjī Táng	池塘	怀集县政府驻地西北部
爱一塘	Àiyī Táng	池塘	怀集县政府驻地西北部
青塘	Qīngtáng	池塘	怀集县政府驻地西北部
班狗泽鱼塘	Bāngǒuféng Yútáng	池塘	怀集县政府驻地西北部
涝扫塘	Làosǎo Táng	池塘	怀集县政府驻地西北部
格塘	Gétáng	池塘	怀集县政府驻地西北部

（续上表）

标准名称	汉语拼音	地名类别	相对位置
明塘	Míngtáng	池塘	怀集县政府驻地西北部
白坟丫水利塘	Báifényā Shuǐlìtáng	池塘	怀集县政府驻地西北部
三丫塘	Sānyā Táng	池塘	怀集县政府驻地西北部
上塘	Shàngtáng	池塘	怀集县政府驻地西北部
潭丫塘	Tányā Táng	池塘	怀集县政府驻地西北部
栏马村汶塘	Lánmǎcūn Wèntáng	池塘	怀集县政府驻地西北部
后屋塘	Hòuwū Táng	池塘	怀集县政府驻地西北部
门口塘	Ménkǒu Táng	池塘	怀集县政府驻地西北部
坳圹涌	Àokuàng Yǒng	池塘	怀集县政府驻地西北部
团结塘	Tuánjié Táng	池塘	怀集县政府驻地西北部
谭员	Tányuán	池塘	怀集县政府驻地西北部
寨岭塘	Zhàilǐng Táng	池塘	怀集县政府驻地西北部
谭逆塘	Tánnì Táng	池塘	怀集县政府驻地西北部
白丫塘	Báiyā Táng	池塘	怀集县政府驻地西北部
河达塘	Hédá Táng	池塘	怀集县政府驻地西北部
黄坭赤鱼塘	Huángníchì Yútáng	池塘	怀集县政府驻地西北部
蔡屋村大塘	Càiwūcūn Dàtáng	池塘	怀集县政府驻地西北部
庙角塘	Miàojiǎo Táng	池塘	怀集县政府驻地西北部
黑仔埇	Hēizǎi Yǒng	池塘	怀集县政府驻地西北部
谭梦塘	Tánmèng Táng	池塘	怀集县政府驻地西北部
荣埇塘	Róngyǒng Táng	池塘	怀集县政府驻地西北部
谭中塘	Tánzhōng Táng	池塘	怀集县政府驻地西北部
潭七塘	Tánqī Táng	池塘	怀集县政府驻地西北部
三官塘	Sānguān Táng	池塘	怀集县政府驻地西北部
石桂坡塘	Shíguìpō Táng	池塘	怀集县政府驻地西北部
多罗塘	Duōluó Táng	池塘	怀集县政府驻地西北部
塘岗村莲塘	Tánggǎngcūn Liántáng	池塘	怀集县政府驻地西北部
谭七潭	Tánqī Tán	池塘	怀集县政府驻地西北部
日升塘	Rìshēng Táng	池塘	怀集县政府驻地西北部
草陂塘	Cǎobēi Táng	池塘	怀集县政府驻地西北部

(续上表)

标准名称	汉语拼音	地名类别	相对位置
草塘	Cǎotáng	池塘	怀集县政府驻地西北部
大块浪	Dàkuàilàng	池塘	怀集县政府驻地西北部
大蓝塘	Dàlán Táng	池塘	怀集县政府驻地西北部
莲塘池塘	Liántáng Chítáng	池塘	怀集县政府驻地西南部
鲢鱼塘	Liányú Táng	池塘	怀集县政府驻地西南部
堪头塘	Kāntóu Táng	池塘	怀集县政府驻地西南部
岑家塘	Cénjiā Táng	池塘	怀集县政府驻地西南部
大汶塘	Dàwèn Táng	池塘	怀集县政府驻地西南部
黄翰村水务塘	Huánghàncūn Shuǐwùtáng	池塘	怀集县政府驻地西北部
然水塘	Ránshuǐ Táng	池塘	怀集县政府驻地西南部
罗架塘	Luójià Táng	池塘	怀集县政府驻地西南部
乌糯塘	Wūnuò Táng	池塘	怀集县政府驻地西南部
楠木塘	Nánmù Táng	池塘	怀集县政府驻地西北部
崩塘盂	Bēngtángyú	池塘	怀集县政府驻地西北部
水井塘	Shuǐjǐng Táng	池塘	怀集县政府驻地西北部
上浪塘	Shànglàng Táng	池塘	怀集县政府驻地西北部
青水塘	Qīngshuǐ Táng	池塘	怀集县政府驻地东北部
新步塘	Xīnbù Táng	池塘	怀集县政府驻地北部
大梅塘	Dàméi Táng	池塘	怀集县政府驻地北部
沐竹塘	Mùzhú Táng	池塘	怀集县政府驻地北部
枫木塘	Fēngmù Táng	池塘	怀集县政府驻地北部
如升塘	Rúshēng Táng	池塘	怀集县政府驻地北部
黄塘	Huángtáng	池塘	怀集县政府驻地北部
水母塘	Shuǐmǔ Táng	池塘	怀集县政府驻地北部
吉塘	Jítáng	池塘	怀集县政府驻地北部
北姑塘	Běigū Táng	池塘	怀集县政府驻地北部
老迪	Lǎodí	池塘	怀集县政府驻地北部
潭径岭口	Tánjìnglǐngkǒu	池塘	怀集县政府驻地北部
哑柱塘	Yǎzhù Táng	池塘	怀集县政府驻地北部
伍份塘	Wǔfèn Táng	池塘	怀集县政府驻地北部

（续上表）

标准名称	汉语拼音	地名类别	相对位置
下塘	Xiàtáng	池塘	怀集县政府驻地北部
高屋塘	Gāowū Táng	池塘	怀集县政府驻地北部
双下水塘	Shuāngxià Shuǐtáng	池塘	怀集县政府驻地北部
泰南村莲塘	Tàináncūn Liántáng	池塘	怀集县政府驻地西北部
担浪塘	Dānlàng Táng	池塘	怀集县政府驻地北部
连塘	Liántáng	池塘	怀集县政府驻地北部
砍岩塘	Kǎnyán Táng	池塘	怀集县政府驻地北部
旱塘	Hàntáng	池塘	怀集县政府驻地北部
架吊塘	Jiàdiào Táng	池塘	怀集县政府驻地北部
下扫塘	Xiàsǎo Táng	池塘	怀集县政府驻地北部
望界塘	Wàngjiè Táng	池塘	怀集县政府驻地北部
四乌村莲塘	Sìwūcūn Liántáng	池塘	怀集县政府驻地北部
白练塘	Báiliàn Táng	池塘	怀集县政府驻地北部
四客塘	Sìkè Táng	池塘	怀集县政府驻地西南部
大平塘	Dàpíng Táng	池塘	怀集县政府驻地西南部
麻自塘	Mázì Táng	池塘	怀集县政府驻地南部
单家塘	Dānjiā Táng	池塘	怀集县政府驻地南部
富杨村莲塘	Fùyángcūn Liántáng	池塘	怀集县政府驻地南部
石头塘	Shítóu Táng	池塘	怀集县政府驻地北部
火烧塘	Huǒshāo Táng	池塘	怀集县政府驻地北部
潭沙塘	Tánshā Táng	池塘	怀集县政府驻地西部
鸭婆塘	Yāpó Táng	池塘	怀集县政府驻地西部
石脚塘	Shíjiǎo Táng	池塘	怀集县政府驻地西部
军塘	Jūntáng	池塘	怀集县政府驻地西部
上高塘	Shànggāo Táng	池塘	怀集县政府驻地西部
沉良水塘	Chénliáng Shuǐtáng	池塘	怀集县政府驻地南部
根竹塘	Gēnzhú Táng	池塘	怀集县政府驻地南部
得代塘	Dédài Táng	池塘	怀集县政府驻地南部
冬叶塘	Dōngyè Táng	池塘	怀集县政府驻地南部
得稿塘	Dégǎo Táng	池塘	怀集县政府驻地南部

（续上表）

标准名称	汉语拼音	地名类别	相对位置
善福村莲塘	Shànfúcūn Liántáng	池塘	怀集县政府驻地南部
牛㙟尾塘	Niúnǎwěi Táng	池塘	怀集县政府驻地南部
黄昧塘	Huángmèi Táng	池塘	怀集县政府驻地南部
柯木塘	Kēmù Táng	池塘	怀集县政府驻地南部
鸡㙟塘	Jīnǎ Táng	池塘	怀集县政府驻地南部
水库塘	Shuǐkù Táng	池塘	怀集县政府驻地东部
明满塘	Míngmǎn Táng	池塘	怀集县政府驻地南部
雨露塘	Yǔlù Táng	池塘	怀集县政府驻地西部
清水塘	Qīngshuǐ Táng	池塘	怀集县政府驻地东部
大氹塘	Dàdàng Táng	池塘	怀集县政府驻地西部
基范塘	Jīfàn Táng	池塘	怀集县政府驻地西部
文莫塘	Wénmò Táng	池塘	怀集县政府驻地南部
鱼良塘	Yúliáng Táng	池塘	怀集县政府驻地南部
芦笛塘	Lúdí Táng	池塘	怀集县政府驻地南部
步山塘	Bùshān Táng	池塘	怀集县政府驻地南部
禾塘尾	Hétángwěi	池塘	怀集县政府驻地北部
梁眼塘	Liángyǎn Táng	池塘	怀集县政府驻地南部
灵塘	Língtáng	池塘	怀集县政府驻地南部
水幼塘	Shuǐyòu Táng	池塘	怀集县政府驻地南部
罗佛塘	Luófó Táng	池塘	怀集县政府驻地南部
山塘	Shāntáng	池塘	怀集县政府驻地南部
四婆塘	Sìpó Táng	池塘	怀集县政府驻地南部
四客塘	Sìkè Táng	池塘	怀集县政府驻地西部
白练塘	Báiliàn Táng	池塘	怀集县政府驻地北部
大平塘	Dàpíng Táng	池塘	怀集县政府驻地西部
水梅塘	Shuǐméi Táng	池塘	怀集县政府驻地东部
青山塘	Qīngshān Táng	池塘	怀集县政府驻地南部
山口塘	Shānkǒu Táng	池塘	怀集县政府驻地东部
六塘	Liùtáng	池塘	怀集县政府驻地东部
黄肚塘	Huángdù Táng	池塘	怀集县政府驻地东部

（续上表）

标准名称	汉语拼音	地名类别	相对位置
芒竹坑水库	Mángzhúkēng Shuǐkù	水库	怀集县东南部
林砧塘水库	Línzhēntáng Shuǐkù	水库	怀集县西南部
木桥水库	Mùqiáo Shuǐkù	水库	怀集县西南部
龙塘水库	Lóngtáng Shuǐkù	水库	怀集县西南部
下竹水库	Xiàzhú Shuǐkù	水库	怀集县西北部
杉坪水库	Shānpíng Shuǐkù	水库	怀集县西北部
小水库	Xiǎo Shuǐkù	水库	怀集县西北部
三坑水库	Sānkēng Shuǐkù	水库	怀集县西北部
双甘大冲水库	Shuānggāndàchōng Shuǐkù	水库	怀集县西北部
金坑水库	Jīnkēng Shuǐkù	水库	怀集县西北部
南性水库	Nánxìng Shuǐkù	水库	怀集县西北部
谭勃水库	Tánbó Shuǐkù	水库	怀集县西北部
连塘水库	Liántáng Shuǐkù	水库	怀集县西北部
新塘水库	Xīntáng Shuǐkù	水库	怀集县西北部
卢罗大塘水库	Lúluódàtáng Shuǐkù	水库	怀集县西北部
湖朗水库	Húlǎng Shuǐkù	水库	怀集县西北部
礼部水库	Lǐbù Shuǐkù	水库	怀集县西南部
谭杏坑水库	Tánxìngkēng Shuǐkù	水库	怀集县西南部
双敢水库	Shuānggǎn Shuǐkù	水库	怀集县西南部
浮塘水库	Fútáng Shuǐkù	水库	怀集县西南部
林养水库	Línyǎng Shuǐkù	水库	怀集县西北部
金鸡水库	Jīnjī Shuǐkù	水库	怀集县西南部
厘梗坪水库	Lígěngpíng Shuǐkù	水库	怀集县西北部
山心水库	Shānxīn Shuǐkù	水库	怀集县西北部
新湾水库	Xīnwān Shuǐkù	水库	怀集县东北部
高塘水库	Gāotáng Shuǐkù	水库	怀集县东北部
长调水库	Zhǎngdiào Shuǐkù	水库	怀集县东北部
水下三级电站水库	Shuǐxiàsānjídiànzhàn Shuǐkù	水库	怀集县北部
银盏水库	Yínzhǎn Shuǐkù	水库	怀集县北部
南雄水库	Nánxióng Shuǐkù	水库	怀集县西北部

(续上表)

标准名称	汉语拼音	地名类别	相对位置
冲王水库	Chōngwáng Shuǐkù	水库	怀集县西北部
草贡塘	Cǎogòng Táng	水库	怀集县东北部
金鸡水库	Jīnjī Shuǐkù	水库	怀集县政府驻地南部
幸福水库	Xìngfú Shuǐkù	水库	怀集县政府驻地南部
天湖水库	Tiānhú Shuǐkù	水库	怀集县政府驻地东部
内洞水库	Nèidòng Shuǐkù	水库	怀集县政府驻地北部
鹤塘水库	Hètáng Shuǐkù	水库	怀集县政府驻地北部
云坑水库	Yúnkēng Shuǐkù	水库	怀集县政府驻地东部
马路塘水库	Mǎlùtáng Shuǐkù	水库	怀集县政府驻地东南部
大山建水库	Dàshānjiàn Shuǐkù	水库	怀集县政府驻地南部
龙凤水库	Lóngfèng Shuǐkù	水库	怀集县政府驻地南部
长塘水库	Zhǎngtáng Shuǐkù	水库	怀集县政府驻地西部
珍亮水库	Zhēnliàng Shuǐkù	水库	怀集县政府驻地南部
黄牛坑水库	Huángniúkēng Shuǐkù	水库	怀集县政府驻地南部
增文水库	Zēngwén Shuǐkù	水库	怀集县政府驻地西北部
大陂水库	Dàbēi Shuǐkù	水库	怀集县政府驻地西北部
茶亭水库	Chátíng Shuǐkù	水库	怀集县政府驻地西北部
丰洞水库	Fēngdòng Shuǐkù	水库	怀集县政府驻地东部
性塘水库	Xìngtáng Shuǐkù	水库	怀集县政府驻地西部

（七）纪念地、旅游胜地类

标准名称	汉语拼音	地名类别	相对位置
邓拔奇烈士故居	Dèngbáqí Lièshì Gùjū	人物纪念地	怀集县政府驻地东北部
钱兴烈士故居	Qiánxìng Lièshì Gùjū	人物纪念地	怀集县政府驻地西南部
植广富故居	Zhíguǎngfù Gùjū	人物纪念地	怀集县政府驻地西南部
植启芬故居	Zhíqǐfēn Gùjū	人物纪念地	怀集县政府驻地西南部
郑作贤烈士故居	Zhèngzuòxián Lièshì Gùjū	人物纪念地	怀集县政府驻地东南部
谭盛发夫妻墓	Tánshèngfā Fūqīmù	人物纪念地	怀集县政府驻地西北部
梁殿柏墓	Liángdiànbǎi Mù	人物纪念地	怀集县政府驻地西北部
怀集县烈士陵园	Huáijí Xiàn Lièshì Língyuán	事件纪念地	怀集县政府驻地东北部
毓秀寺	Yùxiù Sì	寺	怀集县政府驻地西北部

（续上表）

标准名称	汉语拼音	地名类别	相对位置
双禄寺	Shuānglù Sì	寺	怀集县政府驻地西北部
孔洞观音堂	Kǒngdòng Guānyīn Táng	庙	怀集县政府驻地东北部
鱼北村观音庙	Yúběicūn Guānyīn Miào	庙	怀集县政府驻地东南部
大岗庙	Dàgǎng Miào	庙	怀集县政府驻地西南部
土主庙	Tǔzhǔ Miào	庙	怀集县政府驻地西北部
西向	Xīxiàng	庙	怀集县政府驻地西北部
总龙庙	Zǒnglóng Miào	庙	怀集县政府驻地西北部
代龙庙	Dàilóng Miào	庙	怀集县政府驻地西北部
珠塘庙	Zhūtáng Miào	庙	怀集县政府驻地西北部
三江庙	Sānjiāng Miào	庙	怀集县政府驻地西北部
关帝庙	Guāndì Miào	庙	怀集县政府驻地西北部
中山庙	Zhōngshān Miào	庙	怀集县政府驻地西北部
六祖禅院	Liùzǔ Chányuàn	庙	怀集县政府驻地西北部
福凤庙	Fúfèng Miào	庙	怀集县政府驻地西北部
观音庙	Guānyīn Miào	庙	怀集县政府驻地西北部
三界庙	Sānjiè Miào	庙	怀集县政府驻地西北部
灰塘玄帝宫	Huītáng Xuándì Gōng	庙	怀集县政府驻地东北部
古帝庙	Gǔdì Miào	庙	怀集县政府驻地东南部
广东怀集燕都国家湿地公园	Guǎngdōng Huáijí Yàndōu Guójiāshīdì Gōngyuán	公园	怀集县政府驻地西部
六祖生态公园	Liùzǔ Shēngtài Gōngyuán	公园	怀集县政府驻地西北部
怀集六祖景区	Huáijí Liùzǔ Jǐngqū	风景区	怀集县政府驻地西北部
怀集县燕岩风景区	Huáijí Xiàn Yànyán Fēngjǐngqū	风景区	怀集县政府驻地西南部
怀集县世外桃源景区	Huáijí Xiàn Shìwàitáoyuán Jǐngqū	风景区	怀集县政府驻地西南部
怀集县燕山风景区	Huáijí Xiàn Yànshān Fēngjǐngqū	风景区	怀集县政府驻地西南部
燕峰峡温泉漂流景区	Yànfēngxiá Wēnquánpiāoliú Jǐngqū	风景区	怀集县政府驻地东南部

（八）建筑物类

标准名称	汉语拼音	地名类别	相对位置
坳仔镇文化大楼	Àozǎi Zhèn Wénhuà Dàlóu	房屋	怀集县政府驻地东南部
陈氏宗祠	Chénshì Zōngcí	房屋	怀集县政府驻地东南部
黄氏宗祠	Huángshì Zōngcí	房屋	怀集县政府驻地东南部
蔡朝溪祠	Càicháoxī Cí	房屋	怀集县政府驻地东南部
六德堂	Liùdé Táng	房屋	怀集县政府驻地东南部
孔屋厅堂	Kǒngwū Tīngtáng	房屋	怀集县政府驻地西南部
甘院村厅堂	Gānyuàncūn Tīngtáng	房屋	怀集县政府驻地西南部
芙蓉村厅堂	Fúróngcūn Tīngtáng	房屋	怀集县政府驻地西南部
深潭村厅堂	Shēntáncūn Tīngtáng	房屋	怀集县政府驻地西南部
陈屋村厅堂	Chénwūcūn Tīngtáng	房屋	怀集县政府驻地西南部
武威堂	Wǔwēi Táng	房屋	怀集县政府驻地西南部
万福堂	Wànfú Táng	房屋	怀集县政府驻地西南部
青莲村厅堂	Qīngliáncūn Tīngtáng	房屋	怀集县政府驻地西南部
聂屋文化楼	Nièwūwénhuà Lóu	房屋	怀集县政府驻地西南部
岭岗村黎氏宗祠	Lǐnggǎngcūn Líshì Zōngcí	房屋	怀集县政府驻地西南部
全屋厅屋	Quánwū Tīngwū	房屋	怀集县政府驻地西南部
和里厅屋	Hélǐ Tīngwū	房屋	怀集县政府驻地西南部
清源厅屋	Qīngyuán Tīngwū	房屋	怀集县政府驻地西南部
知岭厅屋	Zhīlǐng Tīngwū	房屋	怀集县政府驻地西南部
邵屋厅屋	Shàowū Tīngwū	房屋	怀集县政府驻地西南部
上寨厅屋	Shàngzhài Tīngwū	房屋	怀集县政府驻地西南部
寨岭厅屋	Zhàilǐng Tīngwū	房屋	怀集县政府驻地西南部
乐善居	Lèshàn Jū	房屋	怀集县政府驻地西南部
汶水厅屋	Wènshuǐ Tīngwū	房屋	怀集县政府驻地西部
石氏宗祠	Shíshì Zōngcí	房屋	怀集县政府驻地西南部
上彩堂	Shàngcǎi Táng	房屋	怀集县政府驻地西南部
智择祠堂	Zhìzé Cítáng	房屋	怀集县政府驻地西南部
老陈祠堂	Lǎochén Cítáng	房屋	怀集县政府驻地西南部
东园祠堂	Dōngyuán Cítáng	房屋	怀集县政府驻地西南部

（续上表）

标准名称	汉语拼音	地名类别	相对位置
聂氏宗祠	Nièshì Zōngcí	房屋	怀集县政府驻地西南部
岗勇文化楼	Gǎngyǒngwénhuà Lóu	房屋	怀集县政府驻地西南部
路兴祠堂	Lùxìng Cítáng	房屋	怀集县政府驻地西南部
均团祠堂	Jūntuán Cítáng	房屋	怀集县政府驻地西南部
大进口厅堂	Dàjìnkǒu Tīngtáng	房屋	怀集县政府驻地西南部
利田祠堂	Lìtián Cítáng	房屋	怀集县政府驻地西南部
琴传祠堂	Qínchuán Cítáng	房屋	怀集县政府驻地西南部
圆珠祠堂	Yuánzhū Cítáng	房屋	怀集县政府驻地西南部
大浪祠堂	Dàlàng Cítáng	房屋	怀集县政府驻地西南部
罗氏宗祠	Luóshì Zōngcí	房屋	怀集县政府驻地西南部
集义村陈氏宗祠	Jíyìcūn Chénshì Zōngcí	房屋	怀集县政府驻地西南部
集义村卢氏宗祠	Jíyìcūn Lúshì Zōngcí	房屋	怀集县政府驻地西南部
郭屋祠堂	Guōwū Cítáng	房屋	怀集县政府驻地西南部
覃屋祠堂	Tánwū Cítáng	房屋	怀集县政府驻地西南部
社岗居祠堂	Shègǎngjū Cítáng	房屋	怀集县政府驻地西南部
广信居祠堂	Guǎngxìnjū Cítáng	房屋	怀集县政府驻地西南部
朱屋村祠堂	Zhūwūcūn Cítáng	房屋	怀集县政府驻地西南部
华南居祠堂	Huánánjū Cítáng	房屋	怀集县政府驻地西南部
地厚村岑氏宗祠	Dìhòucūn Cénshì Zōngcí	房屋	怀集县政府驻地西南部
白鹤村覃屋祠堂	Báihècūn Tánwū Cítáng	房屋	怀集县政府驻地西南部
平乐居祠堂	Pínglèjū Cítáng	房屋	怀集县政府驻地西南部
平乐村祠堂	Pínglècūn Cítáng	房屋	怀集县政府驻地西南部
罗岗村祠堂	Luógǎngcūn Cítáng	房屋	怀集县政府驻地西南部
罗安村祠堂	Luó'āncūn Cítáng	房屋	怀集县政府驻地西南部
马安村祠堂	Mǎ'āncūn Cítáng	房屋	怀集县政府驻地西南部
君堂村祠堂	Jūntángcūn Cítáng	房屋	怀集县政府驻地西南部
迴龙村祠堂	Huílóngcūn Cítáng	房屋	怀集县政府驻地西南部
卢均村祠堂	Lújùncūn Cítáng	房屋	怀集县政府驻地西南部
堂构村祠堂	Tánggòucūn Cítáng	房屋	怀集县政府驻地西南部
灵龙祠	Línglóng Cí	房屋	怀集县政府驻地西部

(续上表)

标准名称	汉语拼音	地名类别	相对位置
秀林村林氏宗祠	Xiùlíncūn Línshì Zōngcí	房屋	怀集县政府驻地西北部
莫氏宗祠	Mòshì Zōngcí	房屋	怀集县政府驻地西北部
付井祠堂	Fùjǐng Cítáng	房屋	怀集县政府驻地西南部
梁水村李氏宗祠	Liángshuǐcūn Lǐshì Zōngcí	房屋	怀集县政府驻地西南部
梁氏宗祠	Liángshì Zōngcí	房屋	怀集县政府驻地西南部
石上璞厅堂	Shíshàngpú Tīngtáng	房屋	怀集县政府驻地西部
石高德厅堂	Shígāodé Tīngtáng	房屋	怀集县政府驻地西部
黎氏宗祠	Líshì Zōngcí	房屋	怀集县政府驻地西部
佛仔篇海堂	Fózǎipiānhǎi Táng	房屋	怀集县政府驻地西北部
渤海堂	Bóhǎi Táng	房屋	怀集县政府驻地西北部
廖氏宗祠	Liàoshì Zōngcí	房屋	怀集县政府驻地西北部
杨梅居	Yángméi Jū	房屋	怀集县政府驻地西北部
枫木寨厅屋	Fēngmùzhài Tīngwū	房屋	怀集县政府驻地西北部
翠竹祠堂	Cuìzhú Cítáng	房屋	怀集县政府驻地西北部
坑边祠堂	Kēngbiān Cítáng	房屋	怀集县政府驻地西北部
新塘一号祠堂	Xīntáng Yīhào Cítáng	房屋	怀集县政府驻地西北部
新塘二号祠堂	Xīntáng Èrhào Cítáng	房屋	怀集县政府驻地西北部
鱼深祠堂	Yúshēn Cítáng	房屋	怀集县政府驻地西北部
东门宗祠	Dōngmén Zōngcí	房屋	怀集县政府驻地西北部
应龙庙	Yīnglóng Miào	房屋	怀集县政府驻地西北部
蔡先阁	Càixiān Gé	房屋	怀集县政府驻地西北部
谭盛发旧宅	Tánshèngfā Jiùzhái	房屋	怀集县政府驻地西北部
大巷宗堂	Dàxiàng Zōngtáng	房屋	怀集县政府驻地西北部
谭氏祠堂	Tánshì Cítáng	房屋	怀集县政府驻地西北部
元龙屋	Yuánlóng Wū	房屋	怀集县政府驻地西北部
成贤村罗氏宗祠	Chéngxiáncūn Luóshì Zōngcí	房屋	怀集县政府驻地西北部
富瑞村兴隆祠	Fùruìcūn Xīnglóng Cí	房屋	怀集县政府驻地西北部
顺斋	Shùn Zhāi	房屋	怀集县政府驻地西北部
青凤祠	Qīngfèng Cí	房屋	怀集县政府驻地西北部
倪氏宗祠	Níshì Zōngcí	房屋	怀集县政府驻地西北部

（续上表）

标准名称	汉语拼音	地名类别	相对位置
庆龙祠	Qìnglóng Cí	房屋	怀集县政府驻地西北部
和平村卢氏宗祠	Hépíngcūn Lúshì Zōngcí	房屋	怀集县政府驻地西北部
中堂	Zhōng Táng	房屋	怀集县政府驻地西北部
復龙祠	Fùlóng Cí	房屋	怀集县政府驻地西北部
永丰祠	Yǒngfēng Cí	房屋	怀集县政府驻地西北部
飞凤祠	Fēifèng Cí	房屋	怀集县政府驻地西北部
柯杉岗祠堂	Kēshāngǎng Cítáng	房屋	怀集县政府驻地西北部
李氏祠堂	Lǐshì Cítáng	房屋	怀集县政府驻地西北部
龙岗村庆龙祠	Lónggǎngcūn Qìnglóng Cí	房屋	怀集县政府驻地西北部
三坑村庆龙祠	Sānkēngcūn Qìnglóng Cí	房屋	怀集县政府驻地西北部
格木屋	Gémù Wū	房屋	怀集县政府驻地西北部
老厅屋	Lǎo Tīngwū	房屋	怀集县政府驻地西北部
宁丰祠	Níngfēng Cí	房屋	怀集县政府驻地西北部
双夏祠	Shuāngxià Cí	房屋	怀集县政府驻地西北部
钱氏宗祠	Qiánshì Zōngcí	房屋	怀集县政府驻地西北部
范氏宗祠	Fànshì Zōngcí	房屋	怀集县政府驻地西北部
团结村黎氏宗祠	Tuánjiécūn Líshì Zōngcí	房屋	怀集县政府驻地西北部
胜祥居	Shèngxiáng Jū	房屋	怀集县政府驻地西北部
李氏宗祠	Lǐshì Zōngcí	房屋	怀集县政府驻地西北部
高松普济堂	Gāosōng Pǔjìtáng	房屋	怀集县政府驻地西北部
衍庆祠	Yǎnqìng Cí	房屋	怀集县政府驻地西北部
井边屋堂	Jǐngbiān Wūtáng	房屋	怀集县政府驻地西北部
胜一堂	Shèngyī Táng	房屋	怀集县政府驻地西北部
拔彩堂	Bácǎi Táng	房屋	怀集县政府驻地西北部
大庙岗堂	Dàmiàogǎng Táng	房屋	怀集县政府驻地西北部
楼边村卢氏宗祠	Lóubiāncūn Lúshì Zōngcí	房屋	怀集县政府驻地西北部
周氏庙	Zhōushì Miào	房屋	怀集县政府驻地西北部
何屋晖曦楼	Héwū Huīxī Lóu	房屋	怀集县政府驻地西北部
何屋水月宫	Héwū Shuǐyuè Gōng	房屋	怀集县政府驻地西北部
何屋隆庆塘	Héwū Lóngqìng Táng	房屋	怀集县政府驻地西北部

(续上表)

标准名称	汉语拼音	地名类别	相对位置
何屋秀龙居	Héwū Xiùlóng Jū	房屋	怀集县政府驻地西北部
何屋武馆	Héwū Wǔguǎn	房屋	怀集县政府驻地西北部
何屋丹霞居	Héwū Dānxiá Jū	房屋	怀集县政府驻地西北部
何屋燕南居	Héwū Yànnán Jū	房屋	怀集县政府驻地西北部
何屋荣归堂	Héwū Róngguī Táng	房屋	怀集县政府驻地西北部
何屋斌然居	Héwū Bīnrán Jū	房屋	怀集县政府驻地西北部
何屋令尹第	Héwū Lìngyǐn Dì	房屋	怀集县政府驻地西北部
明环堂	Mínghuán Táng	房屋	怀集县政府驻地西北部
集义堂	Jíyì Táng	房屋	怀集县政府驻地西北部
兴隆祠	Xìnglóng Cí	房屋	怀集县政府驻地西北部
西园村门楼	Xīyuáncūn Ménlóu	房屋	怀集县政府驻地西北部
西园村厅堂	Xīyuáncūn Tīngtáng	房屋	怀集县政府驻地西北部
雅屋村厅堂	Yǎwūcūn Tīngtáng	房屋	怀集县政府驻地西北部
木棉村厅堂	Mùmiáncūn Tīngtáng	房屋	怀集县政府驻地西北部
北向村门楼	Běixiàngcūn Ménlóu	房屋	怀集县政府驻地西北部
北向村厅堂	Běixiàngcūn Tīngtáng	房屋	怀集县政府驻地西北部
新屋见龙居	Xīnwūjiànlóng Jū	房屋	怀集县政府驻地西北部
白屋祠堂	Báiwū Cítáng	房屋	怀集县政府驻地西北部
刘屋庙	Liúwū Miào	房屋	怀集县政府驻地西北部
民田村刘氏宗祠	Míntiáncūn Liúshì Zōngcí	房屋	怀集县政府驻地西北部
民田村李氏宗祠	Míntiáncūn Lǐshì Zōngcí	房屋	怀集县政府驻地西北部
岭根村祠堂	Lǐnggēncūn Cítáng	房屋	怀集县政府驻地西北部
中心村祠堂	Zhōngxīncūn Cítáng	房屋	怀集县政府驻地西北部
中进居祠堂	Zhōngjìnjū Cítáng	房屋	怀集县政府驻地西北部
水边寨祠堂	Shuǐbiānzhài Cítáng	房屋	怀集县政府驻地西北部
学堂居祠堂	Xuétángjū Cítáng	房屋	怀集县政府驻地西北部
沙宁村文化楼	Shānníngcūn Wénhuà Lóu	房屋	怀集县政府驻地西北部
沙田李氏宗祠	Shātiánlǐshì Zōngcí	房屋	怀集县政府驻地西北部
下户德堂	Xiàhùdé Táng	房屋	怀集县政府驻地西北部
大成厅屋	Dàchéng Tīngwū	房屋	怀集县政府驻地西北部

（续上表）

标准名称	汉语拼音	地名类别	相对位置
回龙村厅屋	Huílóngcūn Tīngwū	房屋	怀集县政府驻地西北部
泰龙村厅屋	Tàilóngcūn Tīngwū	房屋	怀集县政府驻地西北部
古龙村厅屋	Gǔlóngcūn Tīngwū	房屋	怀集县政府驻地西北部
杨梅村厅屋	Yángméicūn Tīngwū	房屋	怀集县政府驻地西北部
龙埚村厅屋	Lóngguōcūn Tīngwū	房屋	怀集县政府驻地西北部
聚良村厅屋	Jùliángcūn Tīngwū	房屋	怀集县政府驻地西北部
新龙村厅屋	Xīnlóngcūn Tīngwū	房屋	怀集县政府驻地西北部
西园居	Xīyuán Jū	房屋	怀集县政府驻地西北部
白龙村厅屋	Báilóngcūn Tīngwū	房屋	怀集县政府驻地西北部
白龙居	Báilóng Jū	房屋	怀集县政府驻地西北部
石矮村黎氏宗祠	Shí'ǎicūn Líshì Zōngcí	房屋	怀集县政府驻地西北部
卢氏宗祠	Lúshì Zōngcí	房屋	怀集县政府驻地西北部
湘田李氏祠堂	Xiāngtiánlǐshì Cítáng	房屋	怀集县政府驻地西北部
康宁居	Kāngníng Jū	房屋	怀集县政府驻地西北部
奇龙	Qílóng	房屋	怀集县政府驻地西北部
永安居	Yǒng'ān Jū	房屋	怀集县政府驻地西北部
湘江厅居	Xiāngjiāng Tīngjū	房屋	怀集县政府驻地西北部
立迈厅居	Lìmài Tīngjū	房屋	怀集县政府驻地西北部
湘龙居	Xiānglóng Jū	房屋	怀集县政府驻地西北部
永红村范氏宗祠	Yǒnghóngcūn Fànshì Zōngcí	房屋	怀集县政府驻地西北部
谭义厅屋	Tányì Tīngwū	房屋	怀集县政府驻地西北部
天和厅屋	Tiānhé Tīngwū	房屋	怀集县政府驻地西北部
镇武湘南居	Zhènwǔxiāngnán Jū	房屋	怀集县政府驻地西北部
见龙居祠堂	Jiànlóngjū Cítáng	房屋	怀集县政府驻地西北部
下植祠堂	Xiàzhí Cítáng	房屋	怀集县政府驻地西北部
上寨村祠堂	Shàngzhàicūn Cítáng	房屋	怀集县政府驻地西北部
迎园村祠堂	Yíngyuáncūn Cítáng	房屋	怀集县政府驻地西北部
迎龙寨祠堂	Yínglóngzhài Cítáng	房屋	怀集县政府驻地西北部
湘南居门楼	Xiāngnánjū Ménlóu	房屋	怀集县政府驻地西北部
三屋祠堂	Sānwū Cítáng	房屋	怀集县政府驻地西北部

（续上表）

标准名称	汉语拼音	地名类别	相对位置
中南居祠堂	Zhōngnánjū Cítáng	房屋	怀集县政府驻地西北部
何南居祠堂	Hénánjū Cítáng	房屋	怀集县政府驻地西北部
镇兴村梁氏宗祠	Zhènxìngcūn Liángshì Zōngcí	房屋	怀集县政府驻地西北部
崇福宫	Chóngfú Gōng	房屋	怀集县政府驻地西北部
上攸厅堂	Shàngyōu Tīngtáng	房屋	怀集县政府驻地西北部
北向厅堂	Běixiàng Tīngtáng	房屋	怀集县政府驻地西北部
蔡屋村蔡氏宗祠	Càiwūcūn Càishì Zōngcí	房屋	怀集县政府驻地西北部
邬屋宗祠	Wūwū Zōngcí	房屋	怀集县政府驻地西北部
宗堂	Zōngtáng	房屋	怀集县政府驻地西北部
林氏大宗祠	Línshì Dàzōngcí	房屋	怀集县政府驻地西北部
平林青云阁	Pínglínqīngyún Gé	房屋	怀集县政府驻地西北部
明星村苏氏宗祠	Míngxīngcūn Sūshì Zōngcí	房屋	怀集县政府驻地西北部
姚塘村李氏宗祠	Yáotángcūn Lǐshì Zōngcí	房屋	怀集县政府驻地西北部
姚氏宗祠	Yáoshì Zōngcí	房屋	怀集县政府驻地西北部
苏氏宗祠	Sūshì Zōngcí	房屋	怀集县政府驻地西北部
苏村一组宗堂	Sūcūnyīzǔ Zōngtáng	房屋	怀集县政府驻地西北部
塘岗村梁氏宗祠	Tánggǎngcūn Liángshì Zōngcí	房屋	怀集县政府驻地西北部
金王祠	Jīnwáng Cí	房屋	怀集县政府驻地西北部
新龙村林氏宗祠	Xīnlóngcūn Línshì Zōngcí	房屋	怀集县政府驻地西北部
珠岗官厅	Zhūgǎng Guāntīng	房屋	怀集县政府驻地西北部
骑尉第	Qíwèi Dì	房屋	怀集县政府驻地西北部
刘氏宗祠	Liúshì Zōngcí	房屋	怀集县政府驻地西南部
岑氏宗祠	Cénshì Zōngcí	房屋	怀集县政府驻地西南部
岑元村李氏宗祠	Cényuáncūn Lǐshì Zōngcí	房屋	怀集县政府驻地西南部
林氏宗祠	Línshì Zōngcí	房屋	怀集县政府驻地西南部
陈氏祠堂	Chénshì Cítáng	房屋	怀集县政府驻地西南部
陈家宗堂	Chénjiā Zōngtáng	房屋	怀集县政府驻地西南部
金星村福德祠	Jīnxīngcūn Fúdé Cí	房屋	怀集县政府驻地西南部
金星村李氏宗祠	Jīnxīngcūn Lǐshì Zōngcí	房屋	怀集县政府驻地西南部
蓝洞总福宫	Lándòngzǒngfú Gōng	房屋	怀集县政府驻地西南部

（续上表）

标准名称	汉语拼音	地名类别	相对位置
孔氏宗祠	Kǒngshì Zōngcí	房屋	怀集县政府驻地西南部
周氏宗祠	Zhōushì Zōngcí	房屋	怀集县政府驻地西南部
植氏宗祠	Zhíshì Zōngcí	房屋	怀集县政府驻地西南部
司马第	Sīmǎ Dì	房屋	怀集县政府驻地西北部
谭氏宗祠	Tánshì Zōngcí	房屋	怀集县政府驻地西北部
王龙居	Wánglóng Jū	房屋	怀集县政府驻地西北部
福德祠	Fúdé Cí	房屋	怀集县政府驻地西南部
巷口厅堂	Xiàngkǒu Tīngtáng	房屋	怀集县政府驻地西南部
阮氏宗祠	Ruǎnshì Zōngcí	房屋	怀集县政府驻地西南部
高屋宗堂	Gāowū Zōngtáng	房屋	怀集县政府驻地西南部
塘尾宗堂	Tángwěi Zōngtáng	房屋	怀集县政府驻地西南部
四屋宗堂	Sìwū Zōngtáng	房屋	怀集县政府驻地西南部
甘塘宗堂	Gāntáng Zōngtáng	房屋	怀集县政府驻地西南部
华阳观	Huáyáng Guān	房屋	怀集县政府驻地西北部
灵姑祠	Línggū Cí	房屋	怀集县政府驻地西北部
李岗村李氏宗祠	Lǐgǎngcūn Lǐshì Zōngcí	房屋	怀集县政府驻地正北部
先颜伍公祠	Xiānyán Wǔgōng Cí	房屋	怀集县政府驻地东北部
蔡屋下寨厅堂	Càiwū Xiàzhài Tīngtáng	房屋	怀集县政府驻地东北部
宗培陈公祠	Zōngpéi Chéngōng Cí	房屋	怀集县政府驻地东北部
祝氏厅堂	Zhùshì Tīngtáng	房屋	怀集县政府驻地东北部
庙沙石氏宗祠	Miàoshā Shíshì Zōngcí	房屋	怀集县政府驻地东北部
邵氏宗祠	Shàoshì Zōngcí	房屋	怀集县政府驻地东北部
法志董公祠	Fǎzhì Dǒnggōng Cí	房屋	怀集县政府驻地东北部
宗青邓公祠	Zōngqīng Dènggōng Cí	房屋	怀集县政府驻地东北部
小竹村司马第	Xiǎozhúcūn Sīmǎ Dì	房屋	怀集县政府驻地东北部
文光韩公祠	Wénguāng Hángōng Cí	房屋	怀集县政府驻地东北部
积厚钱公祠	Jīhòu Qiángōng Cí	房屋	怀集县政府驻地东北部
石梅冯氏宗祠	Shíméi Féngshì Zōngcí	房屋	怀集县政府驻地东北部
宥孙黄祠	Yòusūn Huángcí	房屋	怀集县政府驻地东北部
小布高氏宗祠	Xiǎobùgāoshì Zōngcí	房屋	怀集县政府驻地东北部

（续上表）

标准名称	汉语拼音	地名类别	相对位置
谢氏宗祠	Xièshì Zōngcí	房屋	怀集县政府驻地北部
邓氏宗祠	Dèngshì Zōngcí	房屋	怀集县政府驻地东部
镇野邓公祠	Zhènyě Dènggōng Cí	房屋	怀集县政府驻地东北部
镇南郑公祠	Zhènnán Zhènggōng Cí	房屋	怀集县政府驻地东南部
康宝黄公祠	Kāngbǎo Huánggōng Cí	房屋	怀集县政府驻地东南部
蔡氏宗祠	Càishì Zōngcí	房屋	怀集县政府驻地西北部
大梨大成庙	Dàlídàchéng Miào	房屋	怀集县政府驻地西南部
孔乡书院	Kǒngxiāng Shūyuàn	房屋	怀集县政府驻地东北部
璃玻天成铺	Líbōtiānchéng Pù	房屋	怀集县政府驻地东北部
裕后楼	Yùhòu Lóu	房屋	怀集县政府驻地东北部
解元庙	Jiěyuán Miào	房屋	怀集县政府驻地西北部
市民广场	Shìmín Guǎngchǎng	广场	怀集县政府驻地东南部
燕城广场	Yànchéng Guǎngchǎng	广场	怀集县政府驻地东南部
城市广场	Chéngshì Guǎngchǎng	广场	怀集县政府驻地东南部
燕都广场	Yàndōu Guǎngchǎng	广场	怀集县政府驻地东南部
鱼南村文化健身广场	Yúnáncūn Wénhuàjiànshēn Guǎngchǎng	广场	怀集县政府驻地东南部
鹩岗村文化广场	Liáogǎngcūn Wénhuà Guǎngchǎng	广场	怀集县政府驻地西南部
和里村广场	Hélǐcūn Guǎngchǎng	广场	怀集县政府驻地西南部
莫屋村文化广场	Mòwūcūn Wénhuà Guǎngchǎng	广场	怀集县政府驻地西南部
龙头寨文化广场	Lóngtóuzhài Wénhuà Guǎngchǎng	广场	怀集县政府驻地西南部
本吉村文化广场	Běnjícūn Wénhuà Guǎngchǎng	广场	怀集县政府驻地西北部
沙冲文化广场	Shāchōng Wénhuà Guǎngchǎng	广场	怀集县政府驻地西南部
下竹村文化广场	Xiàzhúcūn Wénhuà Guǎngchǎng	广场	怀集县政府驻地西北部
熔炉村文化广场	Rónglúcūn Wénhuà Guǎngchǎng	广场	怀集县政府驻地西北部
冷坑文化广场	Lěngkēng Wénhuà Guǎngchǎng	广场	怀集县政府驻地西北部
爱二村文化广场	Ài'èrcūn Wénhuà Guǎngchǎng	广场	怀集县政府驻地西北部
马宁水电站广场	Mǎníng Shuǐdiànzhàn Guǎngchǎng	广场	怀集县政府驻地西北部
沙田广场	Shātián Guǎngchǎng	广场	怀集县政府驻地西北部
梁村镇法治文化广场	Liángcūn Zhèn Fǎzhìwénhuà Guǎngchǎng	广场	怀集县政府驻地西北部

（续上表）

标准名称	汉语拼音	地名类别	相对位置
罗徐文化广场	Luóxú Wénhuà Guǎngchǎng	广场	怀集县政府驻地西北部
东升村文化广场	Dōngshēngcūn Wénhuà Guǎngchǎng	广场	怀集县政府驻地西北部
富厢文化活动广场	Fùxiāng Wénhuàhuódòng Guǎngchǎng	广场	怀集县政府驻地西北部
珠岗村文化广场	Zhūgǎngcūn Wénhuà Guǎngchǎng	广场	怀集县政府驻地西北部
山美文化广场	Shānměi Wénhuà Guǎngchǎng	广场	怀集县政府驻地西北部
杨江文化广场	Yángjiāng Wénhuà Guǎngchǎng	广场	怀集县政府驻地西北部
金燕广场	Jīnyàn Guǎngchǎng	广场	怀集县政府驻地西南部
银参文化广场	Yíncān Wénhuà Guǎngchǎng	广场	怀集县政府驻地西北部
图腾柱小广场	Túténgzhù Xiǎo Guǎngchǎng	广场	怀集县政府驻地西北部
大迳村文化广场	Dàjìngcūn Wénhuà Guǎngchǎng	广场	怀集县政府驻地西南部
怀集县体育场	Huáijí Xiàn Tǐyùchǎng	体育场	怀集县政府驻地东北部
天福亭	Tiānfú Tíng	亭	怀集县政府驻地西北部
聚福亭	Jùfú Tíng	亭	怀集县政府驻地西南部
利藏六祖亭	Lìcáng Liùzǔ Tíng	亭	怀集县政府驻地西北部
甘洒革命烈士纪念碑	Gānsǎ Gémìnglièshì Jìniànbēi	碑	怀集县政府驻地东北部
六龙坑革命烈士纪念碑	Liùlóngkēng Gémìnglièshì Jìniànbēi	碑	诗洞镇健营村
钱兴烈士纪念碑	Qiánxìng Lièshì Jìniànbēi	碑	诗洞镇安华付
文昌塔	Wénchāng Tǎ	塔	怀集县政府驻地东部
文昌塔	Wénchāng Tǎ	塔	怀集县政府驻地西北部

（九）单位类

标准名称	汉语拼音	地名类别	相对位置
坳仔镇财政所	Àozǎi Zhèn Cáizhèngsuǒ	党政机关	坳仔镇坳仔村
怀集县公安局坳仔派出所	Huáijí Xiàn Gōng'ānjú Àozǎi Pàichūsuǒ	党政机关	坳仔镇坳仔村
怀集县坳仔镇国土资源管理所	Huáijí Xiàn Àozǎi Zhèn Guótǔzīyuánguǎnlǐsuǒ	党政机关	坳仔镇政府附近
坳仔镇人民政府	Àozǎi Zhèn Rénmínzhèngfǔ	党政机关	坳仔镇东街88号

(续上表)

标准名称	汉语拼音	地名类别	相对位置
大岗镇人民政府	Dàgǎng Zhèn Rénmínzhèngfǔ	党政机关	大岗镇岗东路16号
蓝钟镇人民政府	Lánzhōng Zhèn Rénmínzhèngfǔ	党政机关	蓝钟镇圩镇
怀集县公安局蓝钟派出所	Huáijí Xiàn Gōng'ānjú Lánzhōng Pàichūsuǒ	党政机关	蓝钟镇沙坪村
蓝钟镇财政所	Lánzhōng Zhèn Cáizhèngsuǒ	党政机关	蓝钟镇沙坪村
怀集县蓝钟镇国土资源管理所	Huáijí Xiàn Lánzhōngshèn Guótǔzīyuánguǎnlǐsuǒ	党政机关	蓝钟镇政府附近
冷坑镇人民政府	Lěngkēng Zhèn Rénmínzhèngfǔ	党政机关	冷坑镇冷坑圩镇社区
冷坑镇工商所	Lěngkēng Zhèn Gōngshāngsuǒ	党政机关	冷坑镇墟镇社区
冷坑镇财政所	Lěngkēng Zhèn Cáizhèngsuǒ	党政机关	冷坑镇墟镇社区
梁村镇人民政府	Liángcūn Zhèn Rénmínzhèngfǔ	党政机关	梁村镇梁村社区
怀集县公安局梁村派出所	Huáijí Xiàn Gōng'ānjú Liángcūn Pàichūsuǒ	党政机关	梁村镇镇兴村
怀集县梁村镇国土资源管理所	Huáijí Xiàn Liángcūn Zhèn Guótǔzīyuánguǎnlǐsuǒ	党政机关	梁村镇政府附近
梁村镇工商所	Liángcūn Zhèn Gōngshāngsuǒ	党政机关	梁村镇镇兴村
梁村镇财政所	Liángcūn Zhèn Cáizhèngsuǒ	党政机关	梁村镇镇兴村
怀集县公安局交通警察大队岗坪中队	Huáijí Xiàn Gōng'ānjú Jiāotōngjǐngchádàduì Gǎngpíngzhōngduì	党政机关	梁村镇镇兴村
梁村镇人民法庭	Liángcūn Zhèn Rénmínfǎtíng	党政机关	梁村镇镇兴村
怀集县公安局马宁派出所	Huáijí Xiàn Gōng'ānjú Mǎníng Pàichūsuǒ	党政机关	马宁镇金群村
马宁镇人民政府	Mǎníng Zhèn Rénmínzhèngfǔ	党政机关	马宁镇马宁社区
桥头镇人民政府	Qiáotóu Zhèn Rénmínzhèngfǔ	党政机关	桥头镇社区政街1号
桥头镇财政所	Qiáotóu Zhèn Cáizhèngsuǒ	党政机关	桥头镇金星村
怀集县公安局桥头派出所	Huáijí Xiàn Gōng'ānjú Qiáotóu Pàichūsuǒ	党政机关	桥头镇金星村
桥头镇司法所	Qiáotóu Zhèn Sīfǎsuǒ	党政机关	桥头镇金星村
怀集县桥头镇国土资源管理所	Huáijí Xiàn Qiáotóu Zhèn Guótǔzīyuánguǎnlǐsuǒ	党政机关	镇桥头工商所对面
怀集县公安局下帅派出所	Huáijí Xiàn Gōng'ānjú Xiàshuài Pàichūsuǒ	党政机关	下帅壮族瑶族自治乡车福村

(续上表)

标准名称	汉语拼音	地名类别	相对位置
下帅乡财政所	Xiàshuài Xiāng Cáizhèngsuǒ	党政机关	下帅壮族瑶族自治乡车福村
下帅乡计生所	Xiàshuài Xiāng Jìshēngsuǒ	党政机关	下帅壮族瑶族自治乡车福村
下帅乡文化站	Xiàshuài Xiāng Wénhuàzhàn	党政机关	下帅壮族瑶族自治乡车福村
怀集县下帅乡国土资源管理所	Huáijí Xiàn Xiàshuài Xiāng Guótǔzīyuánguǎnlǐsuǒ	党政机关	下帅乡下帅大道
下帅乡司法所	Xiàshuài Xiāng Sīfǎsuǒ	党政机关	下帅壮族瑶族自治乡车福村
下帅壮族瑶族乡人民政府	Xiàshuàizhuàngzúyáozú Xiāng Rénmínzhèngfǔ	党政机关	下帅壮族瑶族乡文化大道1号
中洲镇人民政府	Zhōngzhōu Zhèn Rénmínzhèngfǔ	党政机关	中洲镇社区河北路
怀集县公安局森林分局	Huáijí Xiàn Gōng'ānjú Sēnlínfēnjú	党政机关	怀城镇沿江中路119号
怀集县公安局交通警察大队凤岗中队	Huáijí Xiàn Gōng'ānjú Jiāotōngjǐngchádàduì Fènggǎngzhōngduì	党政机关	凤岗镇凤翔二路龙凤村委会西南100米
凤岗人民法庭	Fènggǎng Rénmínfǎtíng	党政机关	凤岗镇圩镇
怀集县凤岗镇国土资源管理所	Huáijí Xiàn Fènggǎng Zhèn Guótǔzīyuánguǎnlǐsuǒ	党政机关	349省道附近
凤岗镇人民政府	Fènggǎng Zhèn Rénmínzhèngfǔ	党政机关	凤岗镇凤岗社区
怀集县公安局凤岗派出所	Huáijí Xiàn Gōng'ānjú Fènggǎng Pàichūsuǒ	党政机关	凤岗镇圩镇
怀集县诗洞镇国土资源管理所	Huáijí Xiàn Shīdòng Zhèn Guótǔzīyuánguǎnlǐsuǒ	党政机关	诗洞客运站旁
诗洞镇人民政府	Shīdòng Zhèn Rénmínzhèngfǔ	党政机关	诗洞镇诗洞社区府前路
怀集县公安局诗洞派出所	Huáijí Xiàn Gōng'ānjú Shīdòng Pàichūsuǒ	党政机关	诗洞镇615乡道东50米
连麦镇人民政府	Liánmài Zhèn Rénmínzhèngfǔ	党政机关	连麦镇连麦社区
怀集县连麦镇国土资源管理所	Huáijí Xiàn Liánmài Zhèn Guótǔzīyuánguǎnlǐsuǒ	党政机关	连麦客运站附近
闸岗镇人民政府	Zhágǎng Zhèn Rénmínzhèngfǔ	党政机关	闸岗镇闸岗六路2号

（续上表）

标准名称	汉语拼音	地名类别	相对位置
怀集县公安局闸岗派出所	Huáijí Xiàn Gōng'ānjú Zhágǎng Pàichūsuǒ	党政机关	闸岗镇陈连村
怀集县闸岗镇国土资源管理所	Huáijí Xiàn Zhágǎngzhèn Guótǔzīyuánguǎnlǐsuǒ	党政机关	闸岗客运站旁
闸岗镇财政所	Zhágǎng Zhèn Cáizhèngsuǒ	党政机关	闸岗镇陈连村
怀集县公安局永固派出所	Huáijí Xiàn Gōng'ānjú Yǒnggù Pàichūsuǒ	党政机关	永固镇宿安村
怀集县公安局大岗派出所	Huáijí Xiàn Gōng'ānjú Dàgǎng Pàichūsuǒ	党政机关	大岗镇政府大岗街
怀集县公安局岗坪派出所	Huáijí Xiàn Gōng'ānjú Gǎngpíng Pàichūsuǒ	党政机关	岗坪邮政支局旁
怀集县公安局洽水派出所	Huáijí Xiàn Gōng'ānjú Qiàshuǐ Pàichūsuǒ	党政机关	洽水镇政府旁
怀集县公安局冷坑派出所	Huáijí Xiàn Gōng'ānjú Lěngkēng Pàichūsuǒ	党政机关	冷坑镇人民法庭旁
怀集县公安局汶朗派出所	Huáijí Xiàn Gōng'ānjú Wènlǎng Pàichūsuǒ	党政机关	汶朗镇
怀集县公安局甘洒派出所	Huáijí Xiàn Gōng'ānjú Gānsǎ Pàichūsuǒ	党政机关	甘洒镇349省道旁
怀集县公安局中洲派出所	Huáijí Xiàn Gōng'ānjú Zhōngzhōu Pàichūsuǒ	党政机关	中洲镇圩镇
怀集县公安局城中派出所	Huáijí Xiàn Gōng'ānjú Chéngzhōng Pàichūsuǒ	党政机关	解放北路161号对面
怀集县公安局城东派出所	Huáijí Xiàn Gōng'ānjú Chéngdōng Pàichūsuǒ	党政机关	怀城镇城东省道349路旁
怀集县公安局城南派出所	Huáijí Xiàn Gōng'ānjú Chéngnán Pàichūsuǒ	党政机关	怀城镇幸福路45号
怀集县岗坪镇国土资源管理所	Huáijí Xiàn Gǎngpíng Zhèn Guótǔzīyuánguǎnlǐsuǒ	党政机关	岗坪文化中心旁
永固镇人民政府	Yǒnggù Zhèn Rénmínzhèngfǔ	党政机关	永固镇永固社区
洽水镇人民政府	Qiàshuǐ Zhèn Rénmínzhèngfǔ	党政机关	洽水镇洽水社区
汶朗镇人民政府	Wènlǎng Zhèn Rénmínzhèngfǔ	党政机关	汶朗圩镇
岗坪镇人民政府	Gǎngpíng Zhèn Rénmínzhèngfǔ	党政机关	岗坪镇金山东路3号
甘洒镇人民政府	Gānsǎ Zhèn Rénmínzhèngfǔ	党政机关	甘洒镇甘洒圩28号

（续上表）

标准名称	汉语拼音	地名类别	相对位置
怀城镇人民政府	Huáichéng Zhèn Rénmínzhèngfǔ	党政机关	怀城镇滨江中路
怀集县冷坑镇国土资源管理所	Huáijí Xiàn Lěngkēng Zhèn Guótǔzīyuánguǎnlǐsuǒ	党政机关	冷坑镇苏屋村县道424旁
怀集县大岗镇国土资源管理所	Huáijí Xiàn Dàgǎng Zhèn Guótǔzīyuánguǎnlǐsuǒ	党政机关	大岗镇政府旁
怀集县汶朗镇国土资源管理所	Huáijí Xiàn Wènlǎng Zhèn Guótǔzīyuánguǎnlǐsuǒ	党政机关	汶朗派出所西南200米县道426旁
怀集县洽水镇国土资源管理所	Huáijí Xiàn Qiàshuǐ Zhèn Guótǔzīyuánguǎnlǐsuǒ	党政机关	洽水镇政府旁
怀集县中洲镇国土资源管理所	Huáijí Xiàn Zhōngzhōu Zhèn Guótǔzīyuánguǎnlǐsuǒ	党政机关	中洲镇客运站旁
怀集县永固镇国土资源管理所	Huáijí Xiàn Yǒnggù Zhèn Guótǔzīyuánguǎnlǐsuǒ	党政机关	永固镇政府附近
怀集县马宁镇国土资源管理所	Huáijí Xiàn Mǎníng Zhèn Guótǔzīyuánguǎnlǐsuǒ	党政机关	马宁镇政府附近
怀集县怀城镇国土资源管理所	Huáijí Xiàn Huáichéng Zhèn Guótǔzīyuánguǎnlǐsuǒ	党政机关	永固镇政府附近
怀集县甘洒镇国土资源管理所	Huáijí Xiàn Gānsǎ Zhèn Guótǔzīyuánguǎnlǐsuǒ	党政机关	甘洒镇政府附近
怀集县人民政府	Huáijí Xiàn Rénmínzhèngfǔ	党政机关	怀城镇沿江西路
怀集县教育局	Huáijí Xiàn Jiàoyùjú	党政机关	怀城镇工业二路二巷125号
怀集县发展和改革局	Huáijí Xiàn Fāzhǎnhégǎigéjú	党政机关	怀城镇解放中路46号
怀集县市场监督管理局	Huáijí Xiàn Shìchǎngjiāndūguǎnlǐjú	党政机关	怀城镇解放南路（海逸酒店对面）
怀集县林业局	Huáijí Xiàn Línyèjú	党政机关	怀城镇沿江中路139号
怀集县国土资源局	Huáijí Xiàn Guótǔzīyuánjú	党政机关	怀城镇上郭北路69号
怀集县卫生和计划生育局	Huáijí Xiàn Wèishēnghéjìhuáshēngyùjú	党政机关	城园丁路
怀集县交通运输局	Huáijí Xiàn Jiāotōngyùnshūjú	党政机关	怀城镇解放北路交通大楼
怀集县住房和城乡规划建设局	Huáijí Xiàn Zhùfánghéchéngxiāngguīhuájiànshèjú	党政机关	怀城镇工业大道63号

(续上表)

标准名称	汉语拼音	地名类别	相对位置
怀集县公安局	Huáijí Xiàn Gōng'ānjú	党政机关	怀城镇红光路16号
怀集县人民检察院	Huáijí Xiàn Rénmínjiǎncháyuàn	党政机关	怀城镇县城新城西区
怀集县工商行政管理局	Huáijí Xiàn Gōngshāngxíngzhèngguǎnlǐjú	党政机关	怀城镇解放南路
怀集县市政管理局	Huáijí Xiàn Shìzhèngguǎnlǐjú	党政机关	怀城镇幸福路39号
怀集县食品药品监督管理局	Huáijí Xiàn Shípǐnyàopǐnjiāndūguǎnlǐjú	党政机关	怀城镇幸福二路35号
怀集县城南工商管理局	Huáijí Xiàn Chéngnángōngshangguǎnlǐjú	党政机关	怀城镇幸福一路
怀集县粮食局	Huáijí Xiàn Liángshíjú	党政机关	解放中路46号
怀集县国家税务局	Huáijí Xiàn Guójiāshuìwùjú	党政机关	怀城镇上郭中路三巷98号
怀集县财政局	Huáijí Xiàn Cáizhèngjú	党政机关	怀城镇上郭中路
怀集县环境保护局	Huáijí Xiàn Huàijìngbǎohùjú	党政机关	怀城镇环保大楼
怀集县信访局	Huáijí Xiàn Xìnfǎngjú	党政机关	怀城镇国泰路17号
怀集县地方税务局	Huáijí Xiàn Dìfāngshuìwùjú	党政机关	怀城镇红光路123号
怀集县畜牧水产局	Huáijí Xiàn Chùmùshuǐchǎnjú	党政机关	怀城镇国泰路26号附近
怀集县司法局	Huáijí Xiàn Sīfǎjú	党政机关	怀城镇国泰路75号
怀集县供电局	Huáijí Xiàn Gòngdiànjú	党政机关	怀城镇红光路15号
怀集县民政局	Huáijí Xiàn Mínzhèngjú	党政机关	怀城镇解放中路64号
怀集县农业局	Huáijí Xiàn Nóngyèjú	党政机关	怀城镇工业大道四巷17号
怀集县公路局	Huáijí Xiàn Gōnglùjú	党政机关	怀城镇工业大道二路43号
中共怀集县委老干部局	Zhōnggònghuáijíxiànwěi Lǎogànbùjú	党政机关	怀城镇解放北路40号
怀集县交通局	Huáijí Xiàn Jiāotōngjú	党政机关	怀城镇解放北路交通大楼

(续上表)

标准名称	汉语拼音	地名类别	相对位置
怀集县水务局	Huáijí Xiàn Shuǐwùjú	党政机关	怀城镇红旗北路59号
怀集县公安局交警大队	Huáijí Xiàn Gōng'ānjú Jiāojǐngdàduì	党政机关	金龙一路1号
永固镇财政所	Yǒnggù Zhèn Cáizhèngsuǒ	党政机关	永固镇宿安村
怀城镇财政所	Huáichéng Zhèn Cáizhèngsuǒ	党政机关	解放中路62号
汶朗镇财政所	Wènlǎng Zhèn Cáizhèngsuǒ	党政机关	汶朗镇政府附近
大岗镇财政所	Dàgǎng Zhèn Cáizhèngsuǒ	党政机关	岗坪镇政府附近
岗坪镇财政所	Gǎngpíng Zhèn Cáizhèngsuǒ	党政机关	关塘金山西路岗坪镇政府西100米
诗洞镇财政所	Shīdòng Zhèn Cáizhèngsuǒ	党政机关	诗洞镇政府附近
凤岗镇财政所	Fènggǎng Zhèn Cáizhèngsuǒ	党政机关	349省道与龙华路交汇处
洽水镇财政所	Qiàshuǐ Zhèn Cáizhèngsuǒ	党政机关	洽水镇政府附近
甘洒镇财政所	Gānsǎ Zhèn Cáizhèngsuǒ	党政机关	甘洒镇金龙甘洒大桥中国邮政北50米
连麦镇财政所	Liánmài Zhèn Cáizhèngsuǒ	党政机关	连麦镇白沙加油站西北50米
中洲镇财政所	Zhōngzhōu Zhèn Cáizhèngsuǒ	党政机关	连麦镇白沙加油站西北50米
马宁镇财政所	Mǎníng Zhèn Cáizhèngsuǒ	党政机关	马宁镇政府附近
爱宝幼儿园	Àibǎo Yòu'éryuán	民间组织	大岗镇集义村
石田村幼儿园	Shítiáncūn Yòu'éryuán	民间组织	大岗镇石田村
太兴幼儿园	Tàixìng Yòu'éryuán	民间组织	蓝钟镇太平村
金山幼儿园	Jīnshān Yòu'éryuán	民间组织	冷坑镇金吴村
金太阳幼儿园	Jīntàiyáng Yòu'éryuán	民间组织	冷坑镇龙村村
梁村育童幼儿园	Liángcūn Yùtóng Yòu'éryuán	民间组织	梁村镇梁村村
小博士幼儿园	Xiǎobóshì Yòu'éryuán	民间组织	马宁镇钢铁村
金燕子幼儿园	Jīnyànzǐ Yòu'éryuán	民间组织	马宁镇金群村
红星幼儿园	Hóngxīng Yòu'éryuán	民间组织	岗坪镇红星村
维安幼儿园	Wéi'ān Yòu'éryuán	民间组织	岗坪镇维安村

(续上表)

标准名称	汉语拼音	地名类别	相对位置
郊际幼儿园	Jiāojì Yòu'éryuán	民间组织	闸岗镇郊际村
怀集县工交幼儿园	Huáijí Xiàn Gōngjiāo Yòu'éryuán	民间组织	怀城镇国泰路127号
怀集县启雅幼儿园	Huáijí Xiàn Qǐyǎ Yòu'éryuán	民间组织	怀城镇沿江中路68号
怀集县财贸幼儿园	Huáijí Xiàn Cáimào Yòu'éryuán	民间组织	怀城镇红旗北路49号
大成岗幼儿园	Dàchénggǎng Yòu'éryuán	民间组织	梁村镇大成岗农场
大连幼儿园	Dàlián Yòu'éryuán	民间组织	梁村镇大连村
坳仔镇中心小学	Àozǎi Zhèn Zhōngxīn Xiǎoxué	事业单位	坳仔镇坳仔村
坳仔中学	Àozǎi Zhōngxué	事业单位	坳仔镇坳仔村
坳仔镇中心幼儿园	Àozǎi Zhèn Zhōngxīn Yòu'éryuán	事业单位	坳仔镇坳仔村
坳仔镇公共服务中心	Àozǎi Zhèn Gōnggòngfúwùzhōngxīn	事业单位	坳仔镇坳仔村
大同小学	Dàtóng Xiǎoxué	事业单位	坳仔镇大同村
渡头小学	Dùtóu Xiǎoxué	事业单位	坳仔镇渡头村
自洞小学	Zìdòng Xiǎoxué	事业单位	坳仔镇渡头村自洞居民点
大亨小学	Dàhēng Xiǎoxué	事业单位	坳仔镇渡头村大亨居民点
丰亨小学	Fēnghēng Xiǎoxué	事业单位	坳仔镇丰亨村
洪滩小学	Hóngtān Xiǎoxué	事业单位	坳仔镇丰亨村洪滩居民点
罗大小学	Luódà Xiǎoxué	事业单位	坳仔镇罗大村
美女小学	Měinǚ Xiǎoxué	事业单位	坳仔镇美南村美女居民点
南湾小学	Nánwān Xiǎoxué	事业单位	坳仔镇美南村南湾居民点
美南小学	Měinán Xiǎoxué	事业单位	坳仔镇美南村
七甲小学	Qījiǎ Xiǎoxué	事业单位	坳仔镇七甲村
白象小学	Báixiàng Xiǎoxué	事业单位	坳仔镇七甲村白象居民点
仙溪小学	Xiānxī Xiǎoxué	事业单位	坳仔镇仙溪村

(续上表)

标准名称	汉语拼音	地名类别	相对位置
护坑小学	Hùkēng Xiǎoxué	事业单位	坳仔镇仙溪村护坑居民点
农兴小学	Nóngxìng Xiǎoxué	事业单位	坳仔镇鱼北村农兴居民点
鱼北小学	Yúběi Xiǎoxué	事业单位	坳仔镇鱼北村农兴居民点
连麻小学	Liánmá Xiǎoxué	事业单位	坳仔镇鱼北村连麻居民点
甲戌小学	Jiǎxū Xiǎoxué	事业单位	坳仔镇鱼南村甲戌居民点
鱼南小学	Yúnán Xiǎoxué	事业单位	坳仔镇鱼南村
坳仔镇卫生院	Àozǎi Zhèn Wèishēngyuàn	事业单位	坳仔镇坳仔村
白鹤小学	Báihè Xiǎoxué	事业单位	大岗镇白鹤村
大岗小学	Dàgǎng Xiǎoxué	事业单位	大岗镇大岗村
大岗镇中心幼儿园	Dàgǎng Zhèn Zhōngxīn Yòu'éryuán	事业单位	大岗镇大岗村
大钟小学	Dàzhōng Xiǎoxué	事业单位	大岗镇大钟村
地厚小学	Dìhòu Xiǎoxué	事业单位	大岗镇地厚村
富楼小学	Fùlóu Xiǎoxué	事业单位	大岗镇富楼村
大岗镇中心小学	Dàgǎng Zhèn Zhōngxīn Xiǎoxué	事业单位	大岗镇集义村
大岗中学	Dàgǎng Zhōngxué	事业单位	大岗镇集义村
大岗镇敬老院	Dàgǎng Zhèn Jìnglǎoyuàn	事业单位	大岗镇集义村
均义小学	Jūnyì Xiǎoxué	事业单位	大岗镇均义村
南天中学	Nántiān Zhōngxué	事业单位	大岗镇连会村
连会小学	Liánhuì Xiǎoxué	事业单位	大岗镇连会村
梁水小学	Liángshuǐ Xiǎoxué	事业单位	大岗镇梁水村
岭岗小学	Lǐnggǎng Xiǎoxué	事业单位	大岗镇岭岗村
木桥水库管理站	Mùqiáo Shuǐkù Guǎnlǐzhàn	事业单位	大岗镇岭岗村
莫屋小学	Mòwū Xiǎoxué	事业单位	大岗镇莫屋村
上石小学	Shàngshí Xiǎoxué	事业单位	大岗镇上石村
上亭小学	Shàngtíng Xiǎoxué	事业单位	大岗镇上亭村
石群小学	Shíqún Xiǎoxué	事业单位	大岗镇石群村
石田小学	Shítián Xiǎoxué	事业单位	大岗镇石田村

(续上表)

标准名称	汉语拼音	地名类别	相对位置
四保希望小学	Sìbǎo Xīwàngxiǎoxué	事业单位	大岗镇四保村
谭英小学	Tányīng Xiǎoxué	事业单位	大岗镇谭英村
谭珠小学	Tánzhū Xiǎoxué	事业单位	大岗镇谭珠村
秀林小学	Xiùlín Xiǎoxué	事业单位	大岗镇秀林村
镇南小学	Zhènnán Xiǎoxué	事业单位	大岗镇镇南村
大岗镇卫生院	Dàgǎng Zhèn Wèishēngyuàn	事业单位	大岗镇大岗村
金光小学	Jīnguāng Xiǎoxué	事业单位	蓝钟镇平安村
蓝钟中学	Lánzhōng Zhōngxué	事业单位	蓝钟镇沙坪村
蓝钟镇中心小学	Lánzhōng Zhèn Zhōngxīn Xiǎoxué	事业单位	蓝钟镇沙坪村
下竹水库管理处	Xiàzhú Shuǐkù Guǎnlǐchù	事业单位	蓝钟镇下竹村
下竹小学	Xiàzhú Xiǎoxué	事业单位	蓝钟镇下竹村
双兴小学	Shuāngxìng Xiǎoxué	事业单位	蓝钟镇双兴村
古城小学	Gǔchéng Xiǎoxué	事业单位	蓝钟镇古城村
上竹小学	Shàngzhú Xiǎoxué	事业单位	蓝钟镇上竹村
太平小学	Tàipíng Xiǎoxué	事业单位	蓝钟镇太平村
东方小学	Dōngfāng Xiǎoxué	事业单位	蓝钟镇佛甘村
冷坑镇中心卫生院	Lěngkēng Zhèn Zhōngxīn Wèishēngyuàn	事业单位	冷坑镇墟镇社区
冷坑镇敬老院	Lěngkēng Zhèn Jìnglǎoyuàn	事业单位	冷坑镇墟镇社区
朗照小学	Lǎngzhào Xiǎoxué	事业单位	冷坑镇朗照村
三坑水库管理处	Sānkēng Shuǐkù Guǎnlǐchù	事业单位	冷坑镇龙岗村
三坑水文站	Sānkēng Shuǐwénzhàn	事业单位	冷坑镇龙岗村
楼边小学	Lóubiān Xiǎoxué	事业单位	冷坑镇楼边村
熔炉小学	Rónglú Xiǎoxué	事业单位	冷坑镇熔炉村
亩田小学	Mǔtián Xiǎoxué	事业单位	冷坑镇熔炉村
秀湖小学	Xiùhú Xiǎoxué	事业单位	冷坑镇三坑村
三坑小学	Sānkēng Xiǎoxué	事业单位	冷坑镇三坑村
上爱小学	Shàng'ài Xiǎoxué	事业单位	冷坑镇上爱村
双甘学校	Shuānggān Xuéxiào	事业单位	冷坑镇双甘村
双三小学	Shuāngsān Xiǎoxué	事业单位	冷坑镇双甘村
谭福小学	Tánfú Xiǎoxué	事业单位	冷坑镇谭福村

（续上表）

标准名称	汉语拼音	地名类别	相对位置
圣堂小学	Shèngtáng Xiǎoxué	事业单位	冷坑镇谭庙村
谭汶小学	Tánwèn Xiǎoxué	事业单位	冷坑镇谭汶村
谭新小学	Tánxīn Xiǎoxué	事业单位	冷坑镇谭新村
田心小学	Tiánxīn Xiǎoxué	事业单位	冷坑镇田心村
桐光小学	Tóngguāng Xiǎoxué	事业单位	冷坑镇桐光村
团结小学	Tuánjié Xiǎoxué	事业单位	冷坑镇团结村
五星小学	Wǔxīng Xiǎoxué	事业单位	冷坑镇五星村
马地小学	Mǎdì Xiǎoxué	事业单位	冷坑镇西洲村
林磡小学	Línkàn Xiǎoxué	事业单位	冷坑镇西洲村
西洲小学	Xīzhōu Xiǎoxué	事业单位	冷坑镇西洲村
桂星小学	Guìxīng Xiǎoxué	事业单位	冷坑镇忠诚村
忠诚小学	Zhōngchéng Xiǎoxué	事业单位	冷坑镇忠诚村
冷坑镇中心幼儿园	Lěngkēng Zhèn Zhōngxīn Yòu'éryuán	事业单位	冷坑镇墟镇社区
怀集县冷坑中学	Huáijí Xiàn Lěngkēng Zhōngxué	事业单位	冷坑镇墟镇社区
爱三小学	Àisān Xiǎoxué	事业单位	冷坑镇爱三村
成贤小学	Chéngxián Xiǎoxué	事业单位	冷坑镇成贤村
富瑞小学	Fùruì Xiǎoxué	事业单位	冷坑镇富瑞村
观塘中学	Guāntáng Zhōngxué	事业单位	冷坑镇富瑞村
岗脚小学	Gǎngjiǎo Xiǎoxué	事业单位	冷坑镇岗脚村
平安小学	Píng'ān Xiǎoxué	事业单位	冷坑镇和平村
和平小学	Hépíng Xiǎoxué	事业单位	冷坑镇和平村
红村小学	Hóngcūn Xiǎoxué	事业单位	冷坑镇红村村
红胜小学	Hóngshèng Xiǎoxué	事业单位	冷坑镇红胜村
永兴小学	Yǒngxìng Xiǎoxué	事业单位	冷坑镇红胜村
社岗小学	Shègǎng Xiǎoxué	事业单位	冷坑镇江山村
龙岗小学	Lónggǎng Xiǎoxué	事业单位	冷坑镇龙岗村
龙村小学	Lóngcūn Xiǎoxué	事业单位	冷坑镇龙村村
三洲吉祥希望小学	Sānzhōujíxiáng Xīwàngxiǎoxué	事业单位	冷坑镇龙岗村
爱二村幸福院	Ài'èrcūn Xìngfúyuàn	事业单位	冷坑镇爱二村
金山小学	Jīnshān Xiǎoxué	事业单位	冷坑镇金吴村

(续上表)

标准名称	汉语拼音	地名类别	相对位置
百德小学	Bǎidé Xiǎoxué	事业单位	梁村镇百德村
高村小学	Gāocūn Xiǎoxué	事业单位	梁村镇百德村
东风小学	Dōngfēng Xiǎoxué	事业单位	梁村镇浍水村
水测小学	Shuǐcè Xiǎoxué	事业单位	梁村镇浍水村
大成岗小学	Dàchénggǎng Xiǎoxué	事业单位	梁村镇大成岗农场
大连小学	Dàlián Xiǎoxué	事业单位	梁村镇大连村
光明小学	Guāngmíng Xiǎoxué	事业单位	梁村镇光明村
怀集县第二中学	Huáijí Xiàn Dì'èr Zhōngxué	事业单位	梁村镇花石村
花石村小学	Huāshícūn Xiǎoxué	事业单位	梁村镇花石村
加德小学	Jiādé Xiǎoxué	事业单位	梁村镇加德村
栏马小学	Lánmǎ Xiǎoxué	事业单位	梁村镇栏马村
梁村小学	Liángcūn Xiǎoxué	事业单位	梁村镇梁村村
梁村镇中心小学	Liángcūn Zhèn Zhōngxīn Xiǎoxué	事业单位	梁村镇梁村村
梁村镇中心初级中学	Liángcūn Zhèn Zhōngxīn Chūjí Zhōngxué	事业单位	梁村镇梁村村
田心学校	Tiánxīn Xuéxiào	事业单位	梁村镇民田村
民秀小学	Mínxiù Xiǎoxué	事业单位	梁村镇民田村
沙田小学	Shātián Xiǎoxué	事业单位	梁村镇沙田村
梁村镇第四中心小学	Liángcūn Zhèn Dìsì Zhōngxīn Xiǎoxué	事业单位	梁村镇沙田村
下户文化楼	Xiàhù Wénhuàlóu	事业单位	梁村镇沙田村
石矮村小学	Shí'ǎicūn Xiǎoxué	事业单位	梁村镇石矮村
湘田小学	Xiāngtián Xiǎoxué	事业单位	梁村镇湘田村
永红小学	Yǒnghóng Xiǎoxué	事业单位	梁村镇永红村
永攸小学	Yǒngyōu Xiǎoxué	事业单位	梁村镇永攸村
永镇中学	Yǒngzhèn Zhōngxué	事业单位	梁村镇永攸村
水南小学	Shuǐnán Xiǎoxué	事业单位	梁村镇镇武村
镇武小学	Zhènwǔ Xiǎoxué	事业单位	梁村镇镇武村
梁村镇中心卫生院	Liángcūn Zhèn Zhōngxīn Wèishēngyuàn	事业单位	梁村镇镇兴村
梁村镇中心幼儿园	Liángcūn Zhèn Zhōngxīn Yòu'éryuán	事业单位	梁村镇镇兴村

（续上表）

标准名称	汉语拼音	地名类别	相对位置
高村中学	Gāocūn Zhōngxué	事业单位	梁村镇百德村
马宁镇卫生院	Mǎníng Zhèn Wèishēngyuàn	事业单位	马宁镇金群村
钢铁小学	Gāngtiě Xiǎoxué	事业单位	马宁镇钢铁村
蔡屋小学	Càiwū Xiǎoxué	事业单位	马宁镇蔡屋村
东升小学	Dōngshēng Xiǎoxué	事业单位	马宁镇东升村
马宁中学	Mǎníng Zhōngxué	事业单位	马宁镇马宁村
马宁镇幼儿园	Mǎníng Zhèn Yòu'éryuán	事业单位	马宁镇马宁村
兴隆小学	Xīnglóng Xiǎoxué	事业单位	马宁镇明星村
明星小学	Míngxīng Xiǎoxué	事业单位	马宁镇明星村
红旗小学	Hóngqí Xiǎoxué	事业单位	马宁镇姚塘村
谭播小学	Tánbō Xiǎoxué	事业单位	马宁镇谭播村
塘岗小学	Tánggǎng Xiǎoxué	事业单位	马宁镇塘岗村
塘岗幼儿园	Tánggǎng Yòu'éryuán	事业单位	马宁镇塘岗村
新龙小学	Xīnlóng Xiǎoxué	事业单位	马宁镇新龙村
珠岗小学	Zhūgǎng Xiǎoxué	事业单位	马宁镇珠岗村
湖朗小学	Húlǎng Xiǎoxué	事业单位	马宁镇湖朗村
马宁镇中心小学	Mǎníng Zhèn Zhōngxīn Xiǎoxué	事业单位	马宁镇金群村
苏沙学校	Sūshā Xuéxiào	事业单位	马宁镇苏沙村
马宁镇中心幼儿园	Mǎníng Zhèn Zhōngxīn Yòu'éryuán	事业单位	马宁镇苏沙村
大田小学	Dàtián Xiǎoxué	事业单位	马宁镇寨村村
寨村小学	Zhàicūn Xiǎoxué	事业单位	马宁镇寨村村
马宁镇水保站	Mǎníng Zhèn Shuǐbǎozhàn	事业单位	马宁镇塘岗村
桥头中心小学	Qiáotóu Zhōngxīn Xiǎoxué	事业单位	桥头镇保丰村
红光小学	Hóngguāng Xiǎoxué	事业单位	桥头镇红光村
燕岩小学	Yànyán Xiǎoxué	事业单位	桥头镇岩旺村
莲花小学	Liánhuā Xiǎoxué	事业单位	桥头镇岩旺村
丰田小学	Fēngtián Xiǎoxué	事业单位	桥头镇丰大村
丰大小学	Fēngdà Xiǎoxué	事业单位	桥头镇丰大村
徐丰小学	Xúfēng Xiǎoxué	事业单位	桥头镇徐丰村
联丰小学	Liánfēng Xiǎoxué	事业单位	桥头镇徐丰村

(续上表)

标准名称	汉语拼音	地名类别	相对位置
新宁小学	Xīnníng Xiǎoxué	事业单位	桥头镇新宁村
桥头中学	Qiáotóu Zhōngxué	事业单位	桥头镇新平村
新平村和平小学	Xīnpíngcūn Hépíng Xiǎoxué	事业单位	桥头镇新平村
金丰小学	Jīnfēng Xiǎoxué	事业单位	桥头镇新平村
岑元小学	Cényuán Xiǎoxué	事业单位	桥头镇岑元村
岑元村光明小学	Cényuáncūn Guāngmíng Xiǎoxué	事业单位	桥头镇岑元村
徐安小学	Xú'ān Xiǎoxué	事业单位	桥头镇徐安村
桥头镇中心幼儿园	Qiáotóu Zhèn Zhōngxīn Yòu'éryuán	事业单位	桥头镇金星村
桥头镇卫生院	Qiáotóu Zhèn Wèishēngyuàn	事业单位	桥头镇圩镇正街007号
怀集县下帅乡中心幼儿园	Huáijí Xiàn Xiàshuài Xiāng Zhōngxīn Yòu'éryuán	事业单位	下帅壮族瑶族自治乡车福村
怀集县下帅乡民族学校	Huáijí Xiàn Xiàshuài Xiāng Mínzú Xuéxiào	事业单位	下帅壮族瑶族自治乡车福村圩镇东路13号
下帅乡卫生院	Xiàshuài Xiāng Wèishēngyuàn	事业单位	下帅壮族瑶族自治乡车福村
下帅乡文化中心	Xiàshuài Xiāng Wénhuàzhōngxīn	事业单位	下帅壮族瑶族自治乡车福村
东西小学	Dōngxī Xiǎoxué	事业单位	下帅壮族瑶族自治乡东西村
黄翰小学	Huánghàn Xiǎoxué	事业单位	下帅壮族瑶族自治乡黄翰村
同径小学	Tóngjìng Xiǎoxué	事业单位	闸岗镇大迳村同径居民点
罗架小学	Luójià Xiǎoxué	事业单位	闸岗镇共和村罗架居民点
三多小学	Sānduō Xiǎoxué	事业单位	闸岗镇共和村三多居民点
金鸡水库管理站	Jīnjī Shuǐkù Guǎnlǐzhàn	事业单位	闸岗镇共和村最南端
会龙小学	Huìlóng Xiǎoxué	事业单位	中洲镇会龙村
李岗村杜景成希望小学	Lǐgǎngcūn Dùjǐngchéng Xīwàngxiǎoxué	事业单位	中洲镇李岗村
马岗小学	Mǎgǎng Xiǎoxué	事业单位	中洲镇马岗村

（续上表）

标准名称	汉语拼音	地名类别	相对位置
藤铁小学	Téngtiě Xiǎoxué	事业单位	中洲镇鱼藤村
灰塘小学	Huītáng Xiǎoxué	事业单位	中洲镇鱼藤村
鱼藤小学	Yúténg Xiǎoxué	事业单位	中洲镇鱼藤村
龙潭小学	Lóngtán Xiǎoxué	事业单位	中洲镇龙潭村
蒲洞小学	Púdòng Xiǎoxué	事业单位	中洲镇蒲洞村
泰东小学	Tàidōng Xiǎoxué	事业单位	中洲镇泰东村
大陂水管站	Dàbēi Shuǐguǎnzhàn	事业单位	中洲镇塘头村
泰来学校	Tàilái Xuéxiào	事业单位	中洲镇塘头村
泰来希望小学	Tàilái Xīwàngxiǎoxué	事业单位	中洲镇塘头村
中洲镇中心卫生院	Zhōngzhōu Zhèn Zhōngxīn Wèishēngyuàn	事业单位	中洲镇马岗村
凤岗镇凤东小学	Fènggǎng Zhèn Fèngdōng Xiǎoxué	事业单位	凤岗镇龙门村
凤岗镇中心小学	Fènggǎng Zhèn Zhōngxīn Xiǎoxué	事业单位	凤岗镇圩镇
凤岗镇初级中学	Fènggǎng Zhèn Chūjí Zhōngxué	事业单位	凤岗镇新乡村
凤岗镇中心幼儿园	Fènggǎng Zhèn Zhōngxīn Yòu'éryuán	事业单位	凤岗镇262省道与349省道交叉口北100米
孔洞小学	Kǒngdòng Xiǎoxué	事业单位	凤岗镇孔洞村
利民小学	Lìmín Xiǎoxué	事业单位	凤岗镇利民村
四村小学	Sìcūn Xiǎoxué	事业单位	凤岗镇四村村
凤岗镇卫生院	Fènggǎng Zhèn Wèishēngyuàn	事业单位	凤岗镇龙凤村
新乡小学	Xīnxiāng Xiǎoxué	事业单位	凤岗镇新乡村
桃花小学	Táohuā Xiǎoxué	事业单位	凤岗镇桃花村
磜下小学	Dìxià Xiǎoxué	事业单位	凤岗镇磜下村
麻地小学	Mádì Xiǎoxué	事业单位	凤岗镇麻地村
黄石教学点	Huángshí Jiàoxuédiǎn	事业单位	凤岗镇黄石村
麦村小学	Màicūn Xiǎoxué	事业单位	凤岗镇麦村村
白坭坑小学	Báiníkēng Xiǎoxué	事业单位	凤岗镇白坭村
石湾小学	Shíwān Xiǎoxué	事业单位	凤岗镇石湾村
金坪小学	Jīnpíng Xiǎoxué	事业单位	凤岗镇金坪村
上良小学	Shàngliáng Xiǎoxué	事业单位	凤岗镇上良村

（续上表）

标准名称	汉语拼音	地名类别	相对位置
马头小学	Mǎtóu Xiǎoxué	事业单位	凤岗镇马头村
上南坑教学点	Shàngnánkēng Jiàoxuédiǎn	事业单位	凤岗镇上南坑村
冷坑镇中心小学	Lěngkēng Zhèn Zhōngxīn Xiǎoxué	事业单位	冷坑镇圩镇
冷坑镇中心初级中学	Lěngkēngzhèn Zhōngxīn Chūjí Zhōngxué	事业单位	冷坑镇和平村
爱莲初级中学	Àilián Chūjí Zhōngxué	事业单位	冷坑镇上爱村
水口希望小学	Shuǐkǒu Xīwàngxiǎoxué	事业单位	冷坑镇水口村
前进小学	Qiánjìn Xiǎoxué	事业单位	冷坑镇前进村
璃玻小学	Líbō Xiǎoxué	事业单位	坳仔镇璃玻村
阶洞小学	Jiēdòng Xiǎoxué	事业单位	坳仔镇阶洞村
盘布小学	Pánbù Xiǎoxué	事业单位	坳仔镇盘布村
仕儒小学	Shìrú Xiǎoxué	事业单位	坳仔镇仕儒村
王洞学校	Wángdòng Xuéxiào	事业单位	坳仔镇坑口村
上洞小学	Shàngdòng Xiǎoxué	事业单位	坳仔镇上洞村
岗坪镇中心小学	Gǎngpíng Zhèn Zhōngxīn Xiǎoxué	事业单位	岗坪镇圩镇
岗坪镇中心幼儿园	Gǎngpíng Zhèn Zhōngxīn Yòu'éryuán	事业单位	岗坪镇圩镇
岗坪镇初级中学	Gǎngpíng Zhèn Chūjí Zhōngxué	事业单位	岗坪镇圩镇
岗坪镇中心小学第二教学点	Gǎngpíng Zhèn Zhōngxīn Xiǎoxué Dì'èr Jiàoxuédiǎn	事业单位	岗坪镇睦渊村
岗坪镇中心小学第三教学点	Gǎngpíng Zhèn Zhōngxīn Xiǎoxué Dìsān Jiàoxuédiǎn	事业单位	岗坪镇太原村
岗坪镇中心小学第一教学点	Gǎngpíng Zhèn Zhōngxīn Xiǎoxué Dìyī Jiàoxuédiǎn	事业单位	岗坪镇兴义村
岗坪镇中心小学第四教学点	Gǎngpíng Zhèn Zhōngxīn Xiǎoxué Dìsì Jiàoxuédiǎn	事业单位	岗坪镇庞庙村
地灵新校	Dìlíng Xīnxiào	事业单位	岗坪镇庞庙村
四和小学	Sìhé Xiǎoxué	事业单位	岗坪镇四和村
曾村小学	Céngcūn Xiǎoxué	事业单位	岗坪镇庞庙村
新兴完全小学	Xīnxìngwánquán Xiǎoxué	事业单位	桥头镇新兴村
桥头镇初级中学	Qiáotóu Zhèn Chūjí Zhōngxué	事业单位	桥头镇424县道附近
六化小学	Liùhuà Xiǎoxué	事业单位	桥头镇凤真村

（续上表）

标准名称	汉语拼音	地名类别	相对位置
凤真小学	Fèngzhēn Xiǎoxué	事业单位	桥头镇凤真村
新兴小学	Xīnxìng Xiǎoxué	事业单位	桥头镇新兴村
六竹小学	Liùzhú Xiǎoxué	事业单位	桥头镇六竹村
永固镇中心小学	Yǒnggù Zhèn Zhōngxīn Xiǎoxué	事业单位	永固镇圩镇
永固镇保良小学	Yǒnggù Zhèn bǎoliáng Xiǎoxué	事业单位	永固镇保良村
永固镇中心幼儿园	Yǒnggù Zhèn Zhōngxīn Yòu'éryuán	事业单位	永固镇圩镇
永固镇初级中学	Yǒnggù Zhèn Chūjí Zhōngxué	事业单位	永固镇宿安村
富德小学	Fùdé Xiǎoxué	事业单位	永固镇富德村
保安学校	Bǎo'ān Xuéxiào	事业单位	永固镇保安村
汶朗镇中心学校	Wènlǎng Zhèn Zhōngxīn Xuéxiào	事业单位	汶朗镇圩镇
汶朗镇中心幼儿园	Wènlǎng Zhèn Zhōngxīn Yòu'éryuán	事业单位	汶朗镇圩镇
洽水镇中心小学	Qiàshuǐ Zhèn Zhōngxīn Xiǎoxué	事业单位	洽水镇圩镇
洽水镇初级中学	Qiàshuǐ Zhèn Chūjí Zhōngxué	事业单位	洽水镇洽水村
洽水镇中心幼儿园	Qiàshuǐ Zhèn Zhōngxīn Yòu'éryuán	事业单位	洽水镇洽水村
石莹小学	Shíyíng Xiǎoxué	事业单位	洽水镇石莹村
黄沙小学	Huángshā Xiǎoxué	事业单位	洽水镇黄沙村
东园小学	Dōngyuán Xiǎoxué	事业单位	洽水镇东园村
珠岗小学	Zhūgǎng Xiǎoxué	事业单位	洽水镇珠岗村
罗岗培苗小平小学	Luógǎng Péimiáoxiǎopíng Xiǎoxué	事业单位	洽水镇罗岗村
丽洞小学	Lìdòng Xiǎoxué	事业单位	洽水镇丽洞村
月桂小学	Yuèguì Xiǎoxué	事业单位	洽水镇丽洞村
小江小学	Xiǎojiāng Xiǎoxué	事业单位	洽水镇小江村
坡下小学	Pōxià Xiǎoxué	事业单位	洽水镇坡下村
白水小学	Báishuǐ Xiǎoxué	事业单位	洽水镇白水村
洽水镇卫生院	Qiàshuǐ Zhèn Wèishēngyuàn	事业单位	洽水镇洽水村
洽水镇敬老院	Qiàshuǐ Zhèn Jìnglǎoyuàn	事业单位	洽水镇洽水村
七坑小学	Qīkēng Xiǎoxué	事业单位	洽水镇七坑村
大山鱼小学	Dàshānyú Xiǎoxué	事业单位	洽水镇七坑村
丰叙小学	Fēngxù Xiǎoxué	事业单位	洽水镇丰叙村
八洞小学	Bādòng Xiǎoxué	事业单位	洽水镇八洞村

（续上表）

标准名称	汉语拼音	地名类别	相对位置
黎村小学	Xīcūn Xiǎoxué	事业单位	洽水镇黎村
旺洞小学	Wàngdòng Xiǎoxué	事业单位	洽水镇旺兰村
兰洞小学	Lándòng Xiǎoxué	事业单位	洽水镇旺兰村
社背小学	Shèbèi Xiǎoxué	事业单位	洽水镇社背村
鱼田小学	Yútián Xiǎoxué	事业单位	洽水镇鱼田村
新岗小学	Xīngǎng Xiǎoxué	事业单位	洽水镇新田村
茶岩小学	Cháyán Xiǎoxué	事业单位	洽水镇茶岩村
大洞田小学	Dàdòngtián Xiǎoxué	事业单位	洽水镇大洞田村
甘洒镇中心小学	Gānsǎ Zhèn Zhōngxīn Xiǎoxué	事业单位	甘洒镇圩镇
甘洒镇初级中学	Gānsǎ Zhèn Chūjí Zhōngxué	事业单位	甘洒镇屈东村
甘洒镇中心幼儿园	Gānsǎ Zhèn Zhōngxīn Yòu'éryuán	事业单位	甘洒镇圩镇
甘洒镇卫生院	Gānsǎ Zhèn Wèishēngyuàn	事业单位	甘洒镇金龙村
甘洒镇敬老院	Gānsǎ Zhèn Jìnglǎoyuàn	事业单位	甘洒镇金龙村
永富小学	Yǒngfù Xiǎoxué	事业单位	甘洒镇永富村
罗爱小学	Luó'ài Xiǎoxué	事业单位	甘洒镇罗爱村
上屈小学	Shàngqū Xiǎoxué	事业单位	甘洒镇上屈村
南洞小学	Nándòng Xiǎoxué	事业单位	甘洒镇南洞村
屈东小学	Qūdōng Xiǎoxué	事业单位	甘洒镇屈东村
小竹教学点	Xiǎozhú Jiàoxuédiǎn	事业单位	甘洒镇小竹村
钱村小学	Qiáncūn Xiǎoxué	事业单位	甘洒镇钱村
雨凌小学	Yǔlíng Xiǎoxué	事业单位	甘洒镇雨凌村
石梅小学	Shíméi Xiǎoxué	事业单位	甘洒镇石梅村
小布小学	Xiǎobù Xiǎoxué	事业单位	甘洒镇小布村
下屈小学	Xiàqū Xiǎoxué	事业单位	甘洒镇下屈村
安华小学	Ānhuá Xiǎoxué	事业单位	诗洞镇安华村
诗洞镇中心幼儿园	Shīdòng Zhèn Zhōngxīn Yòu'éryuán	事业单位	诗洞镇圩镇
诗洞镇中和小学	Shīdòng Zhèn Zhōnghé Xiǎoxué	事业单位	诗洞镇中和村
诗洞镇中心小学	Shīdòng Zhèn Zhōngxīn Xiǎoxué	事业单位	诗洞镇诗洞村
诗洞镇初级中学	Shīdòng Zhèn Chūjí Zhōngxué	事业单位	诗洞镇诗洞村
万诗小学	Wànshī Xiǎoxué	事业单位	诗洞镇万诗村

（续上表）

标准名称	汉语拼音	地名类别	相对位置
万田小学	Wàntián Xiǎoxué	事业单位	诗洞镇万诗村
仁安小学	Rén'ān Xiǎoxué	事业单位	诗洞镇安南村
南平小学	Nánpíng Xiǎoxué	事业单位	诗洞镇安南村
金沙小学	Jīnshā Xiǎoxué	事业单位	诗洞镇金沙村
金华小学	Jīnhuá Xiǎoxué	事业单位	诗洞镇金华村
六龙小学	Liùlóng Xiǎoxué	事业单位	诗洞镇六龙村
人安学校	Rén'ān Xuéxiào	事业单位	诗洞镇仁和村
水边小学	Shuǐbiān Xiǎoxué	事业单位	诗洞镇仁和村
云田小学	Yúntián Xiǎoxué	事业单位	诗洞镇云田村
双龙完小	Shuānglóng Wánxiǎo	事业单位	诗洞镇双龙村
琴模—石绿色小学	Qínmó—Shílǜsè Xiǎoxué	事业单位	诗洞镇双龙村
平山小学	Píngshān Xiǎoxué	事业单位	诗洞镇健营村
实源小学	Shíyuán Xiǎoxué	事业单位	诗洞镇实源村
六苏小学	Liùsū Xiǎoxué	事业单位	诗洞镇六苏村
中和小学	Zhōnghé Xiǎoxué	事业单位	诗洞镇中和村
钱兴小学	Qiánxìng Xiǎoxué	事业单位	诗洞镇安华村
丰安小学	Fēng'ān Xiǎoxué	事业单位	诗洞镇丰安村
凤艳小学	Fèngyàn Xiǎoxué	事业单位	诗洞镇凤艳村
大东小学	Dàdōng Xiǎoxué	事业单位	诗洞镇凤艳村
双新小学	Shuāngxīn Xiǎoxué	事业单位	诗洞镇龙凤村
双砧小学	Shuāngzhēn Xiǎoxué	事业单位	诗洞镇龙凤村
龙华小学	Lónghuá Xiǎoxué	事业单位	诗洞镇龙凤村
连麦镇中心小学	Liánmài Zhèn Zhōngxīn Xiǎoxué	事业单位	连麦镇圩镇
文岗小学	Wéngǎng Xiǎoxué	事业单位	连麦镇文岗村
连麦镇初级中学	Liánmài Zhèn Chūjí Zhōngxué	事业单位	连麦镇圩镇
连麦镇中心幼儿园	Liánmài Zhèn Zhōngxīn Yòu'éryuán	事业单位	连麦镇圩镇
连西小学	Liánxī Xiǎoxué	事业单位	连麦镇莲社村
万坪小学	Wànpíng Xiǎoxué	事业单位	连麦镇万坪村
福鹿小学	Fúlù Xiǎoxué	事业单位	连麦镇福鹿村
青枝小学	Qīngzhī Xiǎoxué	事业单位	连麦镇福鹿村

（续上表）

标准名称	汉语拼音	地名类别	相对位置
下坑小学	Xiàkēng Xiǎoxué	事业单位	连麦镇下坑村
长岗小学	Zhǎnggǎng Xiǎoxué	事业单位	连麦镇长岗村
孔塘小学	Kǒngtáng Xiǎoxué	事业单位	连麦镇长岗村孔塘自然村
四乌小学	Sìwū Xiǎoxué	事业单位	连麦镇四乌村
增石小学	Zēngshí Xiǎoxué	事业单位	连麦镇增石村
步岗小学	Bùgǎng Xiǎoxué	事业单位	连麦镇步岗村
王华小学	Wánghuá Xiǎoxué	事业单位	连麦镇王华村
上凤小学	Shàngfèng Xiǎoxué	事业单位	连麦镇上凤村
连麦镇卫生院	Liánmài Zhèn Wèishēngyuàn	事业单位	连麦镇大庙村
闸岗镇中心幼儿园	Zhágǎng Zhèn Zhōngxīn Yòu'éryuán	事业单位	闸岗镇圩镇
闸岗镇中心学校	Zhágǎng Zhèn Zhōngxīn Xuéxiào	事业单位	闸岗镇圩镇
善福小学	Shànfú Xiǎoxué	事业单位	闸岗镇善福村
前途小学	Qiántú Xiǎoxué	事业单位	闸岗镇前途村
复兴小学	Fùxìng Xiǎoxué	事业单位	闸岗镇龙福村
郊际小学	Jiāojì Xiǎoxué	事业单位	闸岗镇郊际村
闸岗镇卫生院	Zhágǎng Zhèn Wèishēngyuàn	事业单位	闸岗镇陈连村265省道旁
中洲镇中心初级中学	Zhōngzhōu Zhèn Zhōngxīn Chūjí Zhōngxué	事业单位	中洲镇中心村
中洲镇中心小学	Zhōngzhōu Zhèn Zhōngxīn Xiǎoxué	事业单位	中洲镇圩镇
中洲镇中心幼儿园	Zhōngzhōu Zhèn Zhōngxīn Yòu'éryuán	事业单位	中洲镇圩镇
水下教学点	Shuǐxià Jiàoxuédiǎn	事业单位	中洲镇水下村
良贵小学	Liángguì Xiǎoxué	事业单位	中洲镇白良村
白竹学校	Báizhú Xuéxiào	事业单位	中洲镇白良村
糯塘小学	Nuòtáng Xiǎoxué	事业单位	中洲镇糯塘村
根枝小学	Gēnzhī Xiǎoxué	事业单位	中洲镇根枝村
泰西小学	Tàixī Xiǎoxué	事业单位	中洲镇泰西村
怀集县卫生监督所	Huáijí Xiàn Wèishēngjiāndūsuǒ	事业单位	怀城镇登云路3巷1号
怀集县人民医院	Huáijí Xiàn Rénmín Yīyuàn	事业单位	怀城镇红旗路139号

（续上表）

标准名称	汉语拼音	地名类别	相对位置
怀集县中医院	Huáijí Xiàn Zhōngyīyuàn	事业单位	怀城镇红旗路44号
怀集县妇幼保健院	Huáijí Xiàn Fùyòubǎojiànyuàn	事业单位	怀城镇工业大道二路71号
怀集县第三人民医院	Huáijí Xiàn Dìsān Rénmín Yīyuàn	事业单位	602乡道与734乡道交叉口北100米
怀集县紧急医疗救援指挥中心	Huáijí Xiàn Jǐnjíyīliáojiùyuán Zhǐhuīzhōngxīn	事业单位	怀城镇红旗南路
怀集县疾病预防控制中心	Huáijí Xiàn Jíbìngyùfángkòngzhì- zhōngxīn	事业单位	怀城镇登云路3巷
怀集县慢性病防治站	Huáijí Xiàn Mànxìngbìngfángzhìzhàn	事业单位	怀城镇工业大道394号
怀集县广播电视台	Huáijí Xiàn Guǎngbōdiànshìtái	事业单位	怀城镇怀中路3号
怀集县机关幼儿园	Huáijí Xiàn Jīguān Yòu'éryuán	事业单位	怀城镇国泰路
怀集县教育幼儿园	Huáijí Xiàn Jiàoyù Yòu'éryuán	事业单位	怀城镇工业大道152号
怀城镇第一幼儿园	Huáichéng Zhèn Dìyī Yòu'éryuán	事业单位	怀城镇解放南路43号
怀集中学	Huáijí Zhōngxué	事业单位	怀城镇263省道东100米
怀集县第一中学	Huáijí Xiàn Dìyī Zhōngxué	事业单位	怀城镇红旗南路263号
城南初级中学	Chéngnán Chūjí Zhōngxué	事业单位	怀城镇城南黄牛园路
怀集县广播电视大学	Huáijí Xiàn Guǎngbōdiànshì Dàxué	事业单位	怀城镇解放北路162号
怀集县实验小学	Huáijí Xiàn Shíyàn Xiǎoxué	事业单位	怀城镇人民路23号
城东初级中学	Chéngdōng Chūjí Zhōngxué	事业单位	怀城镇城区东郊
眉田小学	Méitián Xiǎoxué	事业单位	怀城镇眉田村
龙西小学	Lóngxī Xiǎoxué	事业单位	怀城镇龙西村
谭勒小学	Tánlè Xiǎoxué	事业单位	怀城镇谭勒村
高龙小学	Gāolóng Xiǎoxué	事业单位	怀城镇高龙村

(续上表)

标准名称	汉语拼音	地名类别	相对位置
怀城镇第六小学	Huáichéng Zhèn Dìliù Xiǎoxué	事业单位	怀城镇城南幸福路
怀城镇第五小学	Huáichéng Zhèn Dìwǔ Xiǎoxué	事业单位	怀城镇上郭居委会左侧
怀城镇第三小学	Huáichéng Zhèn Dìsān Xiǎoxué	事业单位	怀城镇工业大道一路五巷路口附近
怀城镇中心小学	Huáichéng Zhèn Zhōngxīn Xiǎoxué	事业单位	怀城镇城北3路
怀城镇第二小学	Huáichéng Zhèn Dì'èr Xiǎoxué	事业单位	怀城镇向群路3号
大象小学	Dàxiàng Xiǎoxué	事业单位	怀城镇大象村
新利小学	Xīnlì Xiǎoxué	事业单位	怀城镇利凤村
利凤小学	Lìfèng Xiǎoxué	事业单位	怀城镇利凤村
车头小学	Chētóu Xiǎoxué	事业单位	怀城镇车头村
育秀小学	Yùxiù Xiǎoxué	事业单位	怀城镇育秀社区
谭舍小学	Tánshè Xiǎoxué	事业单位	怀城镇谭舍村
龙湾小学	Lóngwān Xiǎoxué	事业单位	怀城镇龙湾村
飞云小学	Fēiyún Xiǎoxué	事业单位	怀城镇谭云村
苍龙小学	Cānglóng Xiǎoxué	事业单位	怀城镇苍龙村
苍铁分校	Cāngtiě Fēnxiào	事业单位	怀城镇苍龙村
大龙小学	Dàlóng Xiǎoxué	事业单位	怀城镇大龙村
石龙小学	Shílóng Xiǎoxué	事业单位	怀城镇石龙村
木兰小学	Mùlán Xiǎoxué	事业单位	怀城镇木兰村
永平小学	Yǒngpíng Xiǎoxué	事业单位	怀城镇永平村
高凤小学	Gāofèng Xiǎoxué	事业单位	怀城镇高凤村
怀高小学	Huáigāo Xiǎoxué	事业单位	怀城镇怀高村
平安小学	Píng'ān Xiǎoxué	事业单位	怀城镇平安村
大梨小学	Dàlí Xiǎoxué	事业单位	怀城镇大梨村
富扬教学点	Fùyáng Jiàoxuédiǎn	事业单位	怀城镇富杨村
黄岗小学	Huánggǎng Xiǎoxué	事业单位	怀城镇黄岗村
罗龙小学	Luólóng Xiǎoxué	事业单位	怀城镇罗龙村
扬名小学	Yángmíng Xiǎoxué	事业单位	怀城镇扬名村

（续上表）

标准名称	汉语拼音	地名类别	相对位置
共和小学	Gònghé Xiǎoxué	事业单位	怀城镇共和村
明和小学	Mínghé Xiǎoxué	事业单位	怀城镇共和村
顺岗小学	Shùngǎng Xiǎoxué	事业单位	怀城镇顺岗村
教师进修学校	Jiàoshījìnxiū Xuéxiào	事业单位	怀城镇高第
高龙小学	Gāolóng Xiǎoxué	事业单位	怀城镇高龙村
庙咀小学	Miàojǔ Xiǎoxué	事业单位	怀城镇庙咀村
大塘小学	Dàtáng Xiǎoxué	事业单位	怀城镇庙咀村
沙宁村幸福院	Shānīngcūn Xìngfúyuàn	事业单位	梁村镇沙宁村
上爱村第一卫生站	Shàng'àicūn Dìyī Wèishēngzhàn	事业单位	冷坑镇上爱村
岗脚村卫生站	Gǎngjiǎocūn Wèishēngzhàn	事业单位	冷坑镇岗脚村
红村村卫生站	Hóngcūncūn Wèishēngzhàn	事业单位	冷坑镇红村村
金吴村卫生站	Jīnwúcūn Wèishēngzhàn	事业单位	冷坑镇金吴村
谭庙村卫生站	Tánmiàocūn Wèishēngzhàn	事业单位	冷坑镇谭庙村
怀集县红十字会	Huáijí Xiàn Hóngshízìhuì	事业单位	怀城镇城中路6号附近
泰南小学	Tàinán Xiǎoxué	事业单位	中洲镇泰南村委会桥头自然村
大龙小学	Dàlóng Xiǎoxué	事业单位	诗洞镇大龙村委会庙山村
健丰小学	Jiànfēng Xiǎoxué	事业单位	诗洞镇健丰村党群服务中心办公楼旁
多安小学	Duō'ān Xiǎoxué	事业单位	永固镇多安村委会旁
朝进小学	Cháojìn Xiǎoxué	事业单位	永固镇朝进村委会旁
汶朗镇中心小学	Wènlàng Zhèn Zhōngxīn Xiǎoxué	事业单位	汶朗镇草朗圩镇
李坑小学	Lǐkēng Xiǎoxué	事业单位	汶朗镇平龙村李坑二队
茶坑学校	Chákēng Xuéxiào	事业单位	坳仔镇坳仔口村
盘寨小学	Pánzhài Xiǎoxué	事业单位	怀城镇盘寨村上巷队
盘凤小学	Pánfēng Xiǎoxué	事业单位	怀城镇盘凤村委会郑屋村

(续上表)

标准名称	汉语拼音	地名类别	相对位置
坳仔镇供电所	Àozǎi Zhèn Gōngdiànsuǒ	企业	坳仔镇坳仔村
坳仔镇农信社	Àozǎi Zhèn Nóngxìnshè	企业	坳仔镇坳仔村
中国邮政储蓄银行坳仔营业所	Zhōngguóyóuzhèngchǔxùyínháng Àozǎi Yíngyèsuǒ	企业	坳仔镇坳仔村
中国邮政储蓄银行蓝钟营业所	Zhōngguóyóuzhèngchǔxùyínháng Lánzhōng Yíngyèsuǒ	企业	蓝钟镇沙坪村
冷坑供电所	Lěngkēng Gōngdiànsuǒ	企业	冷坑镇墟镇社区
梁村镇供电所	Liángcūn Zhèn Gōngdiànsuǒ	企业	梁村镇镇兴村
下帅乡供电所	Xiàshuàixiāng Gōngdiànsuǒ	企业	下帅壮族瑶族自治乡车福村
怀集县农村信用合作联社甘洒信用社	Huáijí Xiàn Nóngcūnxìnyònghézuòliánshè Gānsǎ Xìnyòngshè	企业	甘洒镇圩镇
中国邮政储蓄银行甘洒营业所	Zhōngguóyóuzhèngchǔxùyínháng Gānsǎ Yíngyèsuǒ	企业	甘洒镇金龙村
中国邮政储蓄银行诗洞营业所	Zhōngguóyóuzhèngchǔxùyínháng Shīdòng Yíngyèsuǒ	企业	怀南路与651乡道交叉口东100米
怀集县农村信用合作联社闸岗信用社	Huáijí Xiàn Nóngcūnxìnyònghézuòliánshè Zhágǎng Xìnyòngshè	企业	闸岗镇陈连村
中国邮政储蓄银行闸岗营业所	Zhōngguóyóuzhèngchǔxùyínháng Zhágǎng Yíngyèsuǒ	企业	闸岗镇265省道与680乡道交叉口北200米
中国邮政储蓄银行怀集县支行	Zhōngguóyóuzhèngchǔxùyínháng Huáijí Xiàn Zhīháng	企业	怀城镇
怀集县怀城镇农村信用合作联社第二营业部	Huáijí Xiàn Huáichéng Zhèn Nóngcūnxìnyònghézuòliánshè Dì'èr Yíngyèbù	企业	怀城镇金龙一路与三江路交汇处
怀集县怀城镇农村信用合作联社附城信用社	Huáijí Xiàn Huáichéng Zhèn Nóngcūnxìnyònghézuòliánshè Fùchéng Xìnyòngshè	企业	怀城镇城北二路147号
怀集县怀城镇农村信用合作联社城区信用社	Huáijí Xiàn Huáichéng Zhèn Nóngcūnxìnyònghézuòliánshè Chéngqūxìnyòngshè	企业	怀城镇工业大道二路11—13号
怀集县怀城镇农村信用合作联社怀城镇信用社	Huáijí Xiàn Huáichéng Zhèn Nóngcūnxìnyònghézuòliánshè Huáichéng Zhèn Xìnyòngshè	企业	怀城镇城北二路147号

（续上表）

标准名称	汉语拼音	地名类别	相对位置
怀集县怀城镇农村信用合作联社幸福信用社	Huáijí Xiàn Huáichéng Zhèn Nóngcūnxìnyònghézuòliánshè Xìngfú Xìnyòngshè	企业	怀城镇解放南路100号
怀集县怀城镇农村信用合作联社解放中信用社	Huáijí Xiàn Huáichéng Zhèn Nóngcūnxìnyònghézuòliánshè Jiěfàngzhōng Xìnyòngshè	企业	怀城镇解放中路83号
怀集县怀城镇农村信用合作联社河南信用社	Huáijí Xiàn Huáichéng Zhèn Nóngcūnxìnyònghézuòliánshè Hénán Xìnyòngshè	企业	怀城镇
怀集县怀城镇农村信用合作联社新村信用社	Huáijí Xiàn Huáichéng Zhèn Nóngcūnxìnyònghézuòliánshè Xīncūn Xìnyòngshè	企业	怀城镇环城西路
万福墓园	Wànfú Mùyuán	企业	坳仔镇渡头村
肇庆市电信实业有限公司怀集县分公司	Zhàoqìng Shì Diànxìnshíyè Yǒuxiàngōngsī Huáijí Xiàn Fēngōngsī	企业	怀城镇登云路32号
怀集县农村信用合作联社汶朗信用社	Huáijí Xiàn Nóngcūnxìnyònghézuòliánshè Wènlǎng Xìnyòngshè	企业	汶朗镇圩镇
怀集县农村信用合作联社连麦信用社	Huáijí Xiàn Nóngcūnxìnyònghézuòliánshè Liánmài Xìnyòngshè	企业	连麦镇圩镇
怀集县电信局	Huáijí Xiàn Diànxìnjú	企业	甘洒镇金龙村
洽水邮政支局	Qiàshuǐ Yóuzhèngzhījú	企业	洽水镇洽水村

（十）陆地水系类

标准名称	汉语拼音	地名类别	发源地	所在（跨）行政区
永固河	Yǒnggù Hé	河流	怀集县南部天厌顶	永固镇
凤岗河	Fènggǎng Hé	河流	怀集县与连南瑶族自治县分界的分水坳	凤岗镇
桃花水	Táohuāshuǐ	河流	怀集县阳山县龙芽坳	凤岗镇
柑洞水	Gāndòngshuǐ	河流	黎青顶	怀城镇
绥江	Suíjiāng	河流	连山县擒鸦岭	怀城镇
冷坑水	Lěngkēngshuǐ	河流	怀集县冷坑镇北连门顶	冷坑镇
茶岩水	Cháyánshuǐ	河流	怀集县北桐油顶	洽水镇
燕岩河	Yànyán Hé	河流	怀集县永固镇大帽山	桥头镇
闸岗水	Zhágǎngshuǐ	河流	怀集县桥头镇大徐	闸岗镇
马宁水	Mǎníngshuǐ	河流	怀集县老黄顶	马宁镇

（十一）陆地地形类

标准名称	汉语拼音	地名类别	相对位置	所在（跨）行政区
梅仔尾	Méizǎiwěi	山谷、谷地	怀集县政府驻地东南部	坳仔镇
上潮坑	Shàngcháo Kēng	山谷、谷地	怀集县政府驻地东南部	坳仔镇
崔人塘	Cuīrén Táng	山谷、谷地	怀集县政府驻地东南部	坳仔镇
下潮坑	Xiàcháo Kēng	山谷、谷地	怀集县政府驻地东南部	坳仔镇
坳仔村长塘	Àozǎicūnchángg Táng	山谷、谷地	怀集县政府驻地东南部	坳仔镇
明下塘	Míngxià Táng	山谷、谷地	怀集县政府驻地东南部	坳仔镇
竹仔坑	Zhúzǎi Kēng	山谷、谷地	怀集县政府驻地东南部	坳仔镇
灶鸡塘	Zàojī Táng	山谷、谷地	怀集县政府驻地东南部	坳仔镇
背埔坑	Bèipǔ Kēng	山谷、谷地	怀集县政府驻地东南部	坳仔镇
旧屋坑	Jiùwū Kēng	山谷、谷地	怀集县政府驻地东南部	坳仔镇
长埇坳	Chángyǒng Ào	山谷、谷地	怀集县政府驻地东南部	坳仔镇
长埇尾	Chángyǒngwěi	山谷、谷地	怀集县政府驻地东南部	坳仔镇
大树尾	Dàshùwěi	山谷、谷地	怀集县政府驻地东南部	坳仔镇
佛仔坳	Fózǎi Ào	山谷、谷地	怀集县政府驻地东南部	坳仔镇
大洞坑	Dàdòng Kēng	山谷、谷地	怀集县政府驻地东南部	坳仔镇
亚增塘	Yàzēng Táng	山谷、谷地	怀集县政府驻地东南部	坳仔镇
凉坑	Liángkēng	山谷、谷地	怀集县政府驻地东南部	坳仔镇
罗王坑	Luówáng Kēng	山谷、谷地	怀集县政府驻地东南部	坳仔镇
茶坑塘	Chákēng Táng	山谷、谷地	怀集县政府驻地东南部	坳仔镇
黄洞坑尾	Huángdòng Kēngwěi	山谷、谷地	怀集县政府驻地东南部	坳仔镇
磨刀坑口	Módāo Kēngkǒu	山谷、谷地	怀集县政府驻地东南部	坳仔镇
仙溪村黄猄坑	Xiānxīcūn Huángjīng Kēng	山谷、谷地	怀集县政府驻地东南部	坳仔镇
大坑	Dàkēng	山谷、谷地	怀集县政府驻地东南部	坳仔镇
观音坑	Guānyīn Kēng	山谷、谷地	怀集县政府驻地东南部	坳仔镇
黑坑尾	Hēi Kēngwěi	山谷、谷地	怀集县政府驻地东南部	坳仔镇
胡益塘	Húyì Táng	山谷、谷地	怀集县政府驻地东南部	坳仔镇
芒竹坑	Mángzhú Kēng	山谷、谷地	怀集县政府驻地东南部	坳仔镇
塘黎坑	Tánglí Kēng	山谷、谷地	怀集县政府驻地东南部	坳仔镇
鱼南村塘尾	Yúnáncūn Tángwěi	山谷、谷地	怀集县政府驻地东南部	坳仔镇

（续上表）

标准名称	汉语拼音	地名类别	相对位置	所在(跨)行政区
半坑	Bànkēng	山谷、谷地	怀集县政府驻地东南部	坳仔镇
下更	Xiàgèng	山谷、谷地	怀集县政府驻地东南部	坳仔镇
冲扶坑	Chōngfú Kēng	山谷、谷地	怀集县政府西南部	大岗镇
双圣坑	Shuāngshèng Kēng	山谷、谷地	怀集县政府西南部	大岗镇
蛤塘	Hátáng	山谷、谷地	怀集县政府西北部	蓝钟镇
三坑	Sānkēng	山谷、谷地	怀集县政府西北部	蓝钟镇
黑冲口	Hēichōngkǒu	山谷、谷地	怀集县政府西北部	蓝钟镇
冲崩坑	Chōngbēng Kēng	山谷、谷地	怀集县政府西北部	蓝钟镇
麻塘	Mátáng	山谷、谷地	怀集县政府西北部	蓝钟镇
黄四塘	Huángsì Táng	山谷、谷地	怀集县政府西北部	蓝钟镇
大龙爽坑	Dàlóngshuǎng Kēng	山谷、谷地	怀集县政府西北部	蓝钟镇
藤茶坳	Téngchá Ào	山谷、谷地	怀集县政府西北部	蓝钟镇
大岭塘	Dàlǐng Táng	山谷、谷地	怀集县政府西北部	蓝钟镇
高石坳	Gāoshí Ào	山谷、谷地	怀集县政府西北部	蓝钟镇
野塘	Yětáng	山谷、谷地	怀集县政府西北部	蓝钟镇
下竹村连塘	Xiàzhúcūnlián Táng	山谷、谷地	怀集县政府西北部	蓝钟镇
冲口	Chōngkǒu	山谷、谷地	怀集县政府西北部	冷坑镇
鹅塘	Étáng	山谷、谷地	怀集县政府西北部	冷坑镇
三冲口	Sānchōngkǒu	山谷、谷地	怀集县政府西北部	冷坑镇
南性口	Nánxìngkǒu	山谷、谷地	怀集县政府西北部	冷坑镇
三连塘	Sānlián Táng	山谷、谷地	怀集县政府西北部	冷坑镇
大化凹	Dàhuà'āo	山谷、谷地	怀集县政府西北部	冷坑镇
分界凹	Fēnjiè'āo	山谷、谷地	怀集县政府西北部	冷坑镇
湖产尾	Húchǎnwěi	山谷、谷地	怀集县政府西北部	冷坑镇
牛角尾	Niújiǎowěi	山谷、谷地	怀集县政府西北部	冷坑镇
正坑	Zhèngkēng	山谷、谷地	怀集县政府西北部	冷坑镇
草风凹	Cǎofēng'āo	山谷、谷地	怀集县政府西北部	冷坑镇
金坑尾	Jīnkēngwěi	山谷、谷地	怀集县政府西北部	冷坑镇
牛角坑	Niújiǎo Kēng	山谷、谷地	怀集县政府西部	梁村镇
埇仔坑	Yǒngzǎi Kēng	山谷、谷地	怀集县政府西部	梁村镇

（续上表）

标准名称	汉语拼音	地名类别	相对位置	所在(跨)行政区
双计坑	Shuāngjì Kēng	山谷、谷地	怀集县政府西部	梁村镇
陈塘	Chéntáng	山谷、谷地	怀集县政府西北部	梁村镇
石拱口	Shígǒngkǒu	山谷、谷地	怀集县政府西部	梁村镇
文坳	Wén'ào	山谷、谷地	怀集县政府西北部	梁村镇
沙崩口	Shābēngkǒu	山谷、谷地	怀集县政府西北部	马宁镇
山塘尾	Shāntángwěi	山谷、谷地	怀集县政府西南部	桥头镇
底坳	Dǐ'ào	山谷、谷地	怀集县政府西南部	桥头镇
鸡地口	Jīdìkǒu	山谷、谷地	怀集县政府西南部	桥头镇
独洞坳	Dúdòng Ào	山谷、谷地	怀集县政府西南部	桥头镇
正凹	Zhèng'āo	山谷、谷地	怀集县政府西南部	桥头镇
六藤坑	Liùténg Kēng	山谷、谷地	怀集县政府驻地西北部	下帅壮族瑶族乡
天塘	Tiāntáng	山谷、谷地	怀集县政府驻地西北部	下帅壮族瑶族乡
六厘坑	Liùlí Kēng	山谷、谷地	怀集县政府驻地西北部	下帅壮族瑶族乡
芹斗塘	Qíndòu Táng	山谷、谷地	怀集县政府驻地西北部	下帅壮族瑶族乡
新兴坑	Xīnxìng Kēng	山谷、谷地	怀集县政府驻地西北部	下帅壮族瑶族乡
山奢村大塘	Shānshēcūndà Táng	山谷、谷地	怀集县政府驻地西北部	下帅壮族瑶族乡
竹冲凹	Zhúchōng'āo	山谷、谷地	怀集县政府驻地西北部	下帅壮族瑶族乡
山奢村牛角尾	Shānshēcūnniújiǎowěi	山谷、谷地	怀集县政府驻地西北部	下帅壮族瑶族乡
简西塘	Jiǎnxī Táng	山谷、谷地	怀集县政府驻地东北部	下帅壮族瑶族乡
折水坑	Shéshuǐ Kēng	山谷、谷地	怀集县政府西南部	闸岗镇
南铲坑	Nánchǎn Kēng	山谷、谷地	怀集县政府西南部	闸岗镇
刀担坑	Dāodān Kēng	山谷、谷地	怀集县政府西南部	闸岗镇
黄猄坑	Huángjīng Kēng	山谷、谷地	怀集县政府西南部	闸岗镇
杨梅坑	Yángméi Kēng	山谷、谷地	怀集县政府西南部	闸岗镇

(续上表)

标准名称	汉语拼音	地名类别	相对位置	所在(跨)行政区
来龙坑	Láilóng Kēng	山谷、谷地	怀集县政府西南部	闸岗镇
罗更塘	Luógèng Táng	山谷、谷地	怀集县政府西北部	中洲镇
灯心塘	Dēngxīn Táng	山谷、谷地	怀集县政府西北部	中洲镇
大坪坑	Dàpíng Kēng	山谷、谷地	怀集县政府东北部	中洲镇
灯龙坑	Dēnglóng Kēng	山谷、谷地	怀集县政府东北部	中洲镇
捉马塘	Zhuōmǎ Táng	山谷、谷地	怀集县政府西北部	中洲镇
上水坳	Shàngshuǐ Ào	山谷、谷地	怀集县政府东北部	中洲镇
大埇口	Dàyǒngkǒu	山谷、谷地	怀集县政府东北部	中洲镇
猪鹿埇	Zhūlùyǒng	山谷、谷地	怀集县政府驻地北部	中洲镇
长埇	Chángyǒng	山谷、谷地	怀集县政府驻地北部	中洲镇
小祺埇	Xiǎoqíyǒng	山谷、谷地	怀集县政府驻地北部	中洲镇
大埇	Dàyǒng	山谷、谷地	怀集县政府驻地北部	中洲镇
小埇	Xiǎoyǒng	山谷、谷地	怀集县政府驻地北部	中洲镇
九斗埇	Jiǔdòuyǒng	山谷、谷地	怀集县政府驻地北部	中洲镇
黄龙冲	Huánglóngchōng	山谷、谷地	怀集县政府驻地北部	中洲镇
吉地冲	Jídìchōng	山谷、谷地	怀集县政府驻地北部	中洲镇
木竹冲	Mùzhúchōng	山谷、谷地	怀集县政府驻地北部	中洲镇
黄垌塘	Huángdòng Táng	山谷、谷地	怀集县政府驻地北部	中洲镇
葛菜塘	Gěcài Táng	山谷、谷地	怀集县政府驻地北部	中洲镇
半水	Bànshuǐ	山谷、谷地	怀集县政府驻地北部	中洲镇
黑石洞	Hēishí Dòng	山谷、谷地	怀集县政府驻地北部	中洲镇
梅子果根	Méizǐguǒgēn	山谷、谷地	怀集县政府驻地北部	中洲镇
两头塘	Liǎngtóu Táng	山谷、谷地	怀集县政府驻地北部	中洲镇
罗笛塘	Luódí Táng	山谷、谷地	怀集县政府驻地北部	中洲镇
黄沙塘	Huángshā Táng	山谷、谷地	怀集县政府驻地北部	中洲镇
白寒塘	Báihán Táng	山谷、谷地	怀集县政府驻地北部	中洲镇
长冲	Zhǎngchōng	山谷、谷地	怀集县政府驻地北部	中洲镇
下洞	Xiàdòng	山谷、谷地	怀集县政府驻地北部	中洲镇
大篱八冲	Dàlíbāchōng	山谷、谷地	怀集县政府驻地北部	中洲镇
走叉塘	Zǒuchā Táng	山谷、谷地	怀集县政府驻地北部	中洲镇

（续上表）

标准名称	汉语拼音	地名类别	相对位置	所在（跨）行政区
观汶塘	Guānwèn Táng	山谷、谷地	怀集县政府驻地北部	中洲镇
黄花	Huánghuā	山谷、谷地	怀集县政府驻地西北部	中洲镇
三家浪	Sānjiālàng	山谷、谷地	怀集县政府驻地北部	中洲镇
牛婆塘	Niúpó Táng	山谷、谷地	怀集县政府驻地西北部	冷坑镇
勒竹冲	Lèzhúchōng	山谷、谷地	怀集县政府驻地西北部	冷坑镇
打铁埇	Dǎtiěyǒng	山谷、谷地	怀集县政府驻地东北部	凤岗镇
坑尾	Kēngwěi	山谷、谷地	怀集县政府驻地东北部	凤岗镇
汤家坑	Tāngjiā Kēng	山谷、谷地	怀集县政府驻地北部	凤岗镇
大风坳坑	Dàfēng'ào Kēng	山谷、谷地	怀集县政府驻地东北部	凤岗镇
大垌坑	Dàdòng Kēng	山谷、谷地	怀集县政府驻地东北部	凤岗镇
深坑	Shēnkēng	山谷、谷地	怀集县政府驻地东北部	凤岗镇
石门坑	Shímén Kēng	山谷、谷地	怀集县政府驻地东北部	凤岗镇
西瓜尾	Xīguāwěi	山谷、谷地	怀集县政府驻地东北部	凤岗镇
大山坑	Dàshān kēng	山谷、谷地	怀集县政府驻地东北部	凤岗镇
鱼伞坑	Yúsǎn Kēng	山谷、谷地	怀集县政府驻地东北部	凤岗镇
沙坑埇	Shākēngyǒng	山谷、谷地	怀集县政府驻地东北部	凤岗镇
当刀坑	Dāngdāo Kēng	山谷、谷地	怀集县政府驻地东北部	凤岗镇
罗洪埇	Luóhóngyǒng	山谷、谷地	怀集县政府驻地东北部	凤岗镇
民义坑	Mínyì Kēng	山谷、谷地	怀集县政府驻地东北部	凤岗镇
婆太埇	Pótàiyǒng	山谷、谷地	怀集县政府驻地东北部	凤岗镇
牛头坑埇	Niútóukēngyǒng	山谷、谷地	怀集县政府驻地东北部	凤岗镇
洽印埇	Qiàyìnyǒng	山谷、谷地	怀集县政府驻地东北部	凤岗镇
水作埇	Shuǐzuòyǒng	山谷、谷地	怀集县政府驻地东北部	凤岗镇
长埇	Chángyǒng	山谷、谷地	怀集县政府驻地东北部	凤岗镇
小份坑	Xiǎofèn Kēng	山谷、谷地	怀集县政府驻地东北部	凤岗镇
坡仔坑	Pōzǎi Kēng	山谷、谷地	怀集县政府驻地东北部	凤岗镇
鸡脚山坑	Jījiǎoshān Kēng	山谷、谷地	怀集县政府驻地东北部	凤岗镇
黄垌坑	Huángdòng Kēng	山谷、谷地	怀集县政府驻地东北部	凤岗镇
南蛇塘	Nánshé Táng	山谷、谷地	怀集县政府驻地东北部	凤岗镇

（续上表）

标准名称	汉语拼音	地名类别	相对位置	所在（跨）行政区
石岩埇	Shíyányǒng	山谷、谷地	怀集县政府驻地东北部	凤岗镇
黑坑	Hēikēng	山谷、谷地	怀集县政府驻地东北部	凤岗镇
苦竹埇	Kǔzhúyǒng	山谷、谷地	怀集县政府驻地东北部	凤岗镇
正坑	Zhèngkēng	山谷、谷地	怀集县政府驻地东北部	凤岗镇
麻地坑	Mádì Kēng	山谷、谷地	怀集县政府驻地东北部	凤岗镇
晕牛埇	Yūnniúyǒng	山谷、谷地	怀集县政府驻地东北部	凤岗镇
正埇	Zhèngyǒng	山谷、谷地	怀集县政府驻地东北部	凤岗镇
二丈埇	Èrzhàngyǒng	山谷、谷地	怀集县政府驻地东北部	凤岗镇
深埇	Shēnyǒng	山谷、谷地	怀集县政府驻地东北部	凤岗镇
峰洞塘	Fēngdòng Táng	山谷、谷地	怀集县政府驻地东北部	凤岗镇
映埇	Yìngyǒng	山谷、谷地	怀集县政府驻地东北部	凤岗镇
旺埇	Wàngyǒng	山谷、谷地	怀集县政府驻地东北部	凤岗镇
油坑埇	Yóukēngyǒng	山谷、谷地	怀集县政府驻地东北部	凤岗镇
砍竹坑	Kǎnzhú Kēng	山谷、谷地	怀集县政府驻地东北部	凤岗镇
鬼仔埇	Guǐzǎiyǒng	山谷、谷地	怀集县政府驻地东北部	凤岗镇
小竹塘	Xiǎozhú Táng	山谷、谷地	怀集县政府驻地东北部	凤岗镇
森洞坑	Sēndòng Kēng	山谷、谷地	怀集县政府驻地东北部	凤岗镇
石门坑	Shímén Kēng	山谷、谷地	怀集县政府驻地东北部	凤岗镇
梅树埇	Méishùyǒng	山谷、谷地	怀集县政府驻地东北部	凤岗镇
大人埇	Dàrényǒng	山谷、谷地	怀集县政府驻地东北部	凤岗镇
对崀埇	Duìlàngyǒng	山谷、谷地	怀集县政府驻地东北部	凤岗镇
齐羊埇	Qíyángyǒng	山谷、谷地	怀集县政府驻地东北部	凤岗镇
徒木坑	Túmù Kēng	山谷、谷地	怀集县政府驻地东北部	凤岗镇
梅仔坑	Méizǎi Kēng	山谷、谷地	怀集县政府驻地东北部	凤岗镇
瓦窑埇	Wǎyáoyǒng	山谷、谷地	怀集县政府驻地东北部	凤岗镇
坑仔坑	Kēngzǎi Kēng	山谷、谷地	怀集县政府驻地东北部	凤岗镇
庙崀埇	Miàolàngyǒng	山谷、谷地	怀集县政府驻地东北部	凤岗镇
狮狗埇	Shīgǒuyǒng	山谷、谷地	怀集县政府驻地东北部	凤岗镇
麻地悸	Mádìjì	山谷、谷地	怀集县政府驻地东北部	凤岗镇
李仔坪	Lǐzǎi Píng	山谷、谷地	怀集县政府驻地东北部	凤岗镇

(续上表)

标准名称	汉语拼音	地名类别	相对位置	所在(跨)行政区
吉地坪	Jídì Píng	山谷、谷地	怀集县政府驻地东北部	凤岗镇
腊坑埇	Làkēngyǒng	山谷、谷地	怀集县政府驻地东北部	凤岗镇
大耀埇	Dàyàoyǒng	山谷、谷地	怀集县政府驻地东北部	凤岗镇
塘坳	Táng'ào	山谷、谷地	怀集县政府驻地东北部	凤岗镇
大岩坑	Dàyán Kēng	山谷、谷地	怀集县政府驻地东北部	凤岗镇
水对埇	Shuǐduìyǒng	山谷、谷地	怀集县政府驻地东北部	凤岗镇
上坑	Shàngkēng	山谷、谷地	怀集县政府驻地东北部	凤岗镇
西结塘坑	Xījiétáng Kēng	山谷、谷地	怀集县政府驻地东北部	凤岗镇
喇叭埇	Lǎbāyǒng	山谷、谷地	怀集县政府驻地东北部	凤岗镇
洽印埇	Qiàyìnyǒng	山谷、谷地	怀集县政府驻地东北部	凤岗镇
修钩埇	Xiūgōuyǒng	山谷、谷地	怀集县政府驻地东北部	凤岗镇
蒙塘坑	Méngtáng Kēng	山谷、谷地	怀集县政府驻地东北部	凤岗镇
五公埇	Wǔgōngyǒng	山谷、谷地	怀集县政府驻地东北部	凤岗镇
温家埇	Wēnjiāyǒng	山谷、谷地	怀集县政府驻地东北部	凤岗镇
格根	Gégēn	山谷、谷地	怀集县政府驻地东北部	凤岗镇
冬山埇	Dōngshānyǒng	山谷、谷地	怀集县政府驻地东北部	凤岗镇
猪碗垌	Zhūwǎndòng	山谷、谷地	怀集县政府驻地东北部	凤岗镇
水决埇	Shuǐjuéyǒng	山谷、谷地	怀集县政府驻地东北部	凤岗镇
冬笋埇	Dōngsǔnyǒng	山谷、谷地	怀集县政府驻地东北部	凤岗镇
禾虾埇	Héxiāyǒng	山谷、谷地	怀集县政府驻地东北部	凤岗镇
虎尾匿	Hǔwěinì	山谷、谷地	怀集县政府驻地东北部	凤岗镇
成堂埇	Chéngtángyǒng	山谷、谷地	怀集县政府驻地东北部	凤岗镇
佛仔坑	Fózǎi Kēng	山谷、谷地	怀集县政府驻地东北部	凤岗镇
长山坑	Zhǎngshān Kēng	山谷、谷地	怀集县政府驻地东北部	凤岗镇
西庄凹	Xīzhuāng'āo	山谷、谷地	怀集县政府驻地东北部	凤岗镇
下老坑	Xiàlǎo Kēng	山谷、谷地	怀集县政府驻地东北部	凤岗镇
鸡步塘	Jībù Táng	山谷、谷地	怀集县政府驻地东北部	凤岗镇
凹老头	Āolǎotóu	山谷、谷地	怀集县政府驻地东北部	凤岗镇
羊地冲	Yángdìchōng	山谷、谷地	怀集县政府驻地东北部	凤岗镇
径坑	Jìngkēng	山谷、谷地	怀集县政府驻地东北部	凤岗镇

（续上表）

标准名称	汉语拼音	地名类别	相对位置	所在（跨）行政区
赤脚坑	Chìjiǎo Kēng	山谷、谷地	怀集县政府驻地东北部	凤岗镇
佛仔坑	Fózǎi Kēng	山谷、谷地	怀集县政府驻地东北部	凤岗镇
冷水坑	Lěngshuǐ Kēng	山谷、谷地	怀集县政府驻地东北部	凤岗镇
李仔坑	Lǐzǎi Kēng	山谷、谷地	怀集县政府驻地东北部	凤岗镇
白石洞坑	Báishídòng Kēng	山谷、谷地	怀集县政府驻地东北部	凤岗镇
庙埇	Miàoyǒng	山谷、谷地	怀集县政府驻地东北部	凤岗镇
对凳坑	Duìdèng Kēng	山谷、谷地	怀集县政府驻地东北部	凤岗镇
叉干坑	Chāgàn Kēng	山谷、谷地	怀集县政府驻地东北部	凤岗镇
田埇	Tiányǒng	山谷、谷地	怀集县政府驻地东北部	凤岗镇
石床坑	Shíchuáng Kēng	山谷、谷地	怀集县政府驻地东北部	凤岗镇
马印坑	Mǎyìn Kēng	山谷、谷地	怀集县政府驻地东北部	凤岗镇
鱼龙埇仔	Yúlóngyǒngzǎi	山谷、谷地	怀集县政府驻地东北部	凤岗镇
南蛇湾	Nánshé Wān	山谷、谷地	怀集县政府驻地东北部	凤岗镇
六唵坑	Liù'ǎn Kēng	山谷、谷地	怀集县政府驻地东北部	凤岗镇
苦竹坑	Kǔzhú Kēng	山谷、谷地	怀集县政府驻地东北部	凤岗镇
放牛埇	Fàngniúyǒng	山谷、谷地	怀集县政府驻地东北部	凤岗镇
大崀峒	Dàlàngdòng	山谷、谷地	怀集县政府驻地东北部	凤岗镇
大竹岩坑	Dàzhúyán Kēng	山谷、谷地	怀集县政府驻地东北部	凤岗镇
芋软坑	Yùruǎn Kēng	山谷、谷地	怀集县政府驻地东北部	凤岗镇
格坳坑	Gé'ào Kēng	山谷、谷地	怀集县政府驻地东北部	凤岗镇
坑坳	Kēng'ào	山谷、谷地	怀集县政府驻地东北部	凤岗镇
石京坑	Shíjīng Kēng	山谷、谷地	怀集县政府驻地东北部	凤岗镇
白坭坑	Báiní Kēng	山谷、谷地	怀集县政府驻地东北部	凤岗镇
茶坑	Chákēng	山谷、谷地	怀集县政府驻地东北部	凤岗镇
竹州湾	Zhúzhōuwān	山谷、谷地	怀集县政府驻地东北部	凤岗镇
深坳	Shēn'ào	山谷、谷地	怀集县政府驻地东北部	凤岗镇
青湾	Qīngwān	山谷、谷地	怀集县政府驻地东北部	凤岗镇
鱼散田头冲	Yúsàntiántóuchōng	山谷、谷地	怀集县政府驻地东北部	凤岗镇
范湾口	Fànwānkǒu	山谷、谷地	怀集县政府驻地东北部	凤岗镇
龙湾	Lóngwān	山谷、谷地	怀集县政府驻地东北部	凤岗镇

(续上表)

标准名称	汉语拼音	地名类别	相对位置	所在(跨)行政区
茶坑田	Chákēngtián	山谷、谷地	怀集县政府驻地东北部	凤岗镇
龙隐田	Lóngyǐntián	山谷、谷地	怀集县政府驻地东北部	凤岗镇
石人湾	Shírénwān	山谷、谷地	怀集县政府驻地东北部	凤岗镇
苦竹塘	Kǔzhú Táng	山谷、谷地	怀集县政府驻地东北部	凤岗镇
上高坑	Shànggāo Kēng	山谷、谷地	怀集县政府驻地东北部	凤岗镇
增公湾	Zēnggōngwān	山谷、谷地	怀集县政府驻地东北部	凤岗镇
白竹坑	Báizhú Kēng	山谷、谷地	怀集县政府驻地东北部	凤岗镇
大山埇	Dàshānyǒng	山谷、谷地	怀集县政府驻地东北部	凤岗镇
下座坑	Xiàzuò Kēng	山谷、谷地	怀集县政府驻地东北部	凤岗镇
大更埇	Dàgèngyǒng	山谷、谷地	怀集县政府驻地东北部	凤岗镇
鱼伞坑	Yúsǎn Kēng	山谷、谷地	怀集县政府驻地东北部	凤岗镇
乌必坑	Wūbì Kēng	山谷、谷地	怀集县政府驻地东北部	凤岗镇
灯蕊塘	Dēngruǐtáng	山谷、谷地	怀集县政府驻地东北部	凤岗镇
湖南坑	Húnán Kēng	山谷、谷地	怀集县政府驻地东北部	凤岗镇
塘埇	Tángyǒng	山谷、谷地	怀集县政府驻地东北部	凤岗镇
崩江坑	Bēngjiāng Kēng	山谷、谷地	怀集县政府驻地东北部	凤岗镇
大头田	Dàtóutián	山谷、谷地	怀集县政府驻地东北部	凤岗镇
大风凹	Dàfēng'āo	山谷、谷地	怀集县政府驻地东北部	凤岗镇
深埇	Shēnyǒng	山谷、谷地	怀集县政府驻地东北部	凤岗镇
撩木坑	Liáomù Kēng	山谷、谷地	怀集县政府驻地东北部	凤岗镇
竹园	Zhúyuán	山谷、谷地	怀集县政府驻地东北部	凤岗镇
秋菊塘	Qiūjú Táng	山谷、谷地	怀集县政府驻地东北部	凤岗镇
大塘	Dàtáng	山谷、谷地	怀集县政府驻地东北部	凤岗镇
田洞佛	Tiándòngfó	山谷、谷地	怀集县政府驻地东北部	凤岗镇
新塘	Xīntáng	山谷、谷地	怀集县政府驻地东北部	凤岗镇
大松坳	Dàsōng Ào	山谷、谷地	怀集县政府驻地东北部	凤岗镇
雷公塘	Léigōng Táng	山谷、谷地	怀集县政府驻地东北部	凤岗镇
狗藏塘	Gǒucáng Táng	山谷、谷地	怀集县政府驻地东北部	凤岗镇
仔狗坑	Zǎigǒu Kēng	山谷、谷地	怀集县政府驻地东北部	凤岗镇
锅坑	Guōkēng	山谷、谷地	怀集县政府驻地东北部	凤岗镇

（续上表）

标准名称	汉语拼音	地名类别	相对位置	所在（跨）行政区
竹坳	Zhú'ào	山谷、谷地	怀集县政府驻地东北部	凤岗镇
竹坑	Zhúkēng	山谷、谷地	怀集县政府驻地东北部	凤岗镇
石坪坑	Shípíng Kēng	山谷、谷地	怀集县政府驻地东北部	凤岗镇
四直埇	Sìzhíyǒng	山谷、谷地	怀集县政府驻地东北部	凤岗镇
边水坑	Biānshuǐ Kēng	山谷、谷地	怀集县政府驻地东北部	凤岗镇
佛仔凹	Fózǎi'āo	山谷、谷地	怀集县政府驻地东北部	凤岗镇
足关坑	Zúguān Kēng	山谷、谷地	怀集县政府驻地东北部	凤岗镇
对仔坑	Duìzǎi Kēng	山谷、谷地	怀集县政府驻地东北部	凤岗镇
舍仔坑	Shězǎi Kēng	山谷、谷地	怀集县政府驻地东北部	凤岗镇
葫芦田坑	Húlútián Kēng	山谷、谷地	怀集县政府驻地东北部	凤岗镇
白水带坑	Báishuǐdài Kēng	山谷、谷地	怀集县政府驻地东北部	凤岗镇
大坑塝	Dàkēngbàng	山谷、谷地	怀集县政府驻地东北部	凤岗镇
过江庙	Guòjiāngmiào	山谷、谷地	怀集县政府驻地东北部	凤岗镇
大坑山	Dàkēng Shān	山谷、谷地	怀集县政府驻地东北部	凤岗镇
碑头塘	Bēitóu Táng	山谷、谷地	怀集县政府驻地东北部	凤岗镇
苏婆坑尾	Sūpó Kēngwěi	山谷、谷地	怀集县政府驻地东北部	凤岗镇
大王带尾	Dàwángdàiwěi	山谷、谷地	怀集县政府驻地东北部	凤岗镇
青皮坪	Qīngpí Píng	山谷、谷地	怀集县政府驻地东北部	凤岗镇
曲湾	Qǔwān	山谷、谷地	怀集县政府驻地东北部	凤岗镇
苦竹崀	Kǔzhúlàng	山谷、谷地	怀集县政府驻地东北部	凤岗镇
生毛埇口	Shēngmáoyǒngkǒu	山谷、谷地	怀集县政府驻地东北部	凤岗镇
山仔尾	Shānzǎiwěi	山谷、谷地	怀集县政府驻地东北部	凤岗镇
坑尾	Kēngwěi	山谷、谷地	怀集县政府驻地东北部	凤岗镇
深坳	Shēn'ào	山谷、谷地	怀集县政府驻地东北部	凤岗镇
灯蕊塘	Dēngruǐ Táng	山谷、谷地	怀集县政府驻地东北部	凤岗镇
大塘	Dàtáng	山谷、谷地	怀集县政府驻地东北部	凤岗镇
埇龙湾	Yǒnglóngwān	山谷、谷地	怀集县政府驻地东北部	凤岗镇
杨梅地拱	Yángméidìgǒng	山谷、谷地	怀集县政府驻地东北部	凤岗镇
白带头	Báidàitóu	山谷、谷地	怀集县政府驻地东北部	凤岗镇
毕仔埇	Bìzǎiyǒng	山谷、谷地	怀集县政府驻地东北部	凤岗镇

(续上表)

标准名称	汉语拼音	地名类别	相对位置	所在(跨)行政区
旱塘坑	Hàntáng Kēng	山谷、谷地	怀集县政府驻地东北部	凤岗镇
分水坳埇	Fènshuǐ'àoyǒng	山谷、谷地	怀集县政府驻地东北部	凤岗镇
三门坑	Sānmén Kēng	山谷、谷地	怀集县政府驻地东北部	凤岗镇
木窝坑	Mùwō Kēng	山谷、谷地	怀集县政府驻地东北部	凤岗镇
任鱼塘	Rènyú Táng	山谷、谷地	怀集县政府驻地东北部	凤岗镇
桂树坑	Guìshù Kēng	山谷、谷地	怀集县政府驻地东北部	凤岗镇
竹丝坑	Zhúsī Kēng	山谷、谷地	怀集县政府驻地东北部	凤岗镇
冬笋塘	Dōngsǔn Táng	山谷、谷地	怀集县政府驻地东北部	凤岗镇
对坑	Duìkēng	山谷、谷地	怀集县政府驻地东北部	凤岗镇
芋瓣坑	Yùbàn Kēng	山谷、谷地	怀集县政府驻地东北部	凤岗镇
横坑	Héngkēng	山谷、谷地	怀集县政府驻地东北部	凤岗镇
牛律头埇	Niúlǜtóuyǒng	山谷、谷地	怀集县政府驻地东北部	凤岗镇
松崩坑	Sōngbēng Kēng	山谷、谷地	怀集县政府驻地东北部	凤岗镇
雷公坑	Léigōng Kēng	山谷、谷地	怀集县政府驻地东北部	凤岗镇
赤螺塘	Chìluó Táng	山谷、谷地	怀集县政府驻地东北部	凤岗镇
烂进埇	Lànjìnyǒng	山谷、谷地	怀集县政府驻地东北部	凤岗镇
同心埇	Tóngxīnyǒng	山谷、谷地	怀集县政府驻地东北部	凤岗镇
辽前埇	Liáoqiányǒng	山谷、谷地	怀集县政府驻地东北部	凤岗镇
石墩	Shídūn	山谷、谷地	怀集县政府驻地东北部	凤岗镇
清水塘	Qīngshuǐ Táng	山谷、谷地	怀集县政府驻地东北部	凤岗镇
大洞冲	Dàdòngchōng	山谷、谷地	怀集县政府驻地东北部	凤岗镇
大山冲	Dàshānchōng	山谷、谷地	怀集县政府驻地东北部	凤岗镇
松仔崩	Sōngzǎibēng	山谷、谷地	怀集县政府驻地东北部	凤岗镇
增加坳	Zēngjiā Ào	山谷、谷地	怀集县政府驻地东北部	凤岗镇
木鱼坪	Mùyú Píng	山谷、谷地	怀集县政府驻地东北部	凤岗镇
白带坪	Báidài Píng	山谷、谷地	怀集县政府驻地东北部	凤岗镇
倍荫	Bèiyīn	山谷、谷地	怀集县政府驻地东北部	凤岗镇
乌必巴	Wūbì'āo	山谷、谷地	怀集县政府驻地东北部	凤岗镇
田庄背	Tiánzhuāngbèi	山谷、谷地	怀集县政府驻地东北部	凤岗镇
木上占	Mùshàngzhàn	山谷、谷地	怀集县政府驻地东北部	凤岗镇

（续上表）

标准名称	汉语拼音	地名类别	相对位置	所在(跨)行政区
鹅公头	Égōngtóu	山谷、谷地	怀集县政府驻地东北部	凤岗镇
龙凹	Lóng'āo	山谷、谷地	怀集县政府驻地东北部	凤岗镇
松头山	Sōngtóu Shān	山谷、谷地	怀集县政府驻地东北部	凤岗镇
三夫田	Sānfūtián	山谷、谷地	怀集县政府驻地东北部	凤岗镇
鸭舌塝	Yāshébàng	山谷、谷地	怀集县政府驻地东北部	凤岗镇
修钩根	Xiūgōugēn	山谷、谷地	怀集县政府驻地东北部	凤岗镇
图马带	Túmǎdài	山谷、谷地	怀集县政府驻地东北部	凤岗镇
石龟坑	Shíguī Kēng	山谷、谷地	怀集县政府驻地东北部	凤岗镇
坟洼	Fénwā	山谷、谷地	怀集县政府驻地东北部	凤岗镇
唱歌岩	Chànggēyán	山谷、谷地	怀集县政府驻地东北部	凤岗镇
硖更	Xiágèng	山谷、谷地	怀集县政府驻地东北部	凤岗镇
将军头铁矿场	Jiāngjūntóu Tiěkuàngchǎng	山谷、谷地	怀集县政府驻地东北部	凤岗镇
破密斗	Pòmìdòu	山谷、谷地	怀集县政府驻地东北部	凤岗镇
深埇口	Shēnyǒngkǒu	山谷、谷地	怀集县政府驻地东北部	凤岗镇
长沙峙	Zhǎngshāzhì	山谷、谷地	怀集县政府驻地东北部	凤岗镇
虾脑凹	Xiānǎo'āo	山谷、谷地	怀集县政府驻地东北部	凤岗镇
流坑	Liúkēng	山谷、谷地	怀集县政府驻地西北部	坳仔镇
炉笛坑	Lúdí Kēng	山谷、谷地	怀集县政府驻地西北部	坳仔镇
林砧坑	Línzhēn Kēng	山谷、谷地	怀集县政府驻地西北部	坳仔镇
桐油埇	Tóngyóuyǒng	山谷、谷地	怀集县政府驻地西北部	坳仔镇
芥菜坑	Jiècài Kēng	山谷、谷地	怀集县政府驻地西北部	坳仔镇
对坑	Duìkēng	山谷、谷地	怀集县政府驻地西北部	坳仔镇
南蛇埇	Nánshéyǒng	山谷、谷地	怀集县政府驻地西北部	坳仔镇
璃玻坑	Líbō Kēng	山谷、谷地	怀集县政府驻地西北部	坳仔镇
珠塘坑	Zhūtáng Kēng	山谷、谷地	怀集县政府驻地西北部	坳仔镇
百花坑	Bǎihuā Kēng	山谷、谷地	怀集县政府驻地西北部	坳仔镇
雷公埇	Léigōngyǒng	山谷、谷地	怀集县政府驻地西北部	坳仔镇
狗仔坑	Gǒuzǎi Kēng	山谷、谷地	怀集县政府驻地西北部	坳仔镇
大葵坑	Dàkuí Kēng	山谷、谷地	怀集县政府驻地西北部	坳仔镇

（续上表）

标准名称	汉语拼音	地名类别	相对位置	所在(跨)行政区
横塘坑	Héngtáng Kēng	山谷、谷地	怀集县政府驻地西北部	坳仔镇
黄沙坑	Huángshā Kēng	山谷、谷地	怀集县政府驻地西北部	坳仔镇
根竹坑	Gēnzhú Kēng	山谷、谷地	怀集县政府驻地西北部	坳仔镇
北丫坑	Běiyā Kēng	山谷、谷地	怀集县政府驻地西北部	坳仔镇
屋头埇	Wūtóuyǒng	山谷、谷地	怀集县政府驻地西北部	坳仔镇
松仔坑	Sōngzǎi Kēng	山谷、谷地	怀集县政府驻地西北部	坳仔镇
烂坑	Lànkēng	山谷、谷地	怀集县政府驻地西北部	坳仔镇
石带坳	Shídài Ào	山谷、谷地	怀集县政府驻地西北部	坳仔镇
直坑	Zhíkēng	山谷、谷地	怀集县政府驻地西北部	坳仔镇
沙岩埇	Shāyányǒng	山谷、谷地	怀集县政府驻地西北部	坳仔镇
陈坑	Chénkēng	山谷、谷地	怀集县政府驻地西北部	坳仔镇
小魁坑	Xiǎokuí Kēng	山谷、谷地	怀集县政府驻地西北部	坳仔镇
石带更	Shídàigèng	山谷、谷地	怀集县政府驻地西北部	坳仔镇
才对	Cáiduì	山谷、谷地	怀集县政府驻地西北部	坳仔镇
长更	Zhǎnggèng	山谷、谷地	怀集县政府驻地西北部	坳仔镇
果柚冲	Guǒyòuchōng	山谷、谷地	怀集县政府驻地西北部	岗坪镇
狮仔头	Shīzǎitóu	山谷、谷地	怀集县政府驻地西北部	岗坪镇
岭叉冲	Lǐngchāchōng	山谷、谷地	怀集县政府驻地西北部	岗坪镇
南驼山	Nántuó Shān	山谷、谷地	怀集县政府驻地西北部	岗坪镇
大坳	Dà'ào	山谷、谷地	怀集县政府驻地西北部	岗坪镇
横后山	Hénghòu Shān	山谷、谷地	怀集县政府驻地西北部	岗坪镇
南舵坑	Nánduò Kēng	山谷、谷地	怀集县政府驻地西北部	岗坪镇
铁塔冲	Tiětǎchōng	山谷、谷地	怀集县政府驻地西北部	岗坪镇
牛岐冲	Niúqíchōng	山谷、谷地	怀集县政府驻地西北部	岗坪镇
埇桁坑	Yǒnghéng Kēng	山谷、谷地	怀集县政府驻地西北部	岗坪镇
范塘埇	Fàntángyǒng	山谷、谷地	怀集县政府驻地西北部	岗坪镇
上高埇	Shànggāoyǒng	山谷、谷地	怀集县政府驻地西北部	岗坪镇
本坑	Běnkēng	山谷、谷地	怀集县政府驻地西北部	岗坪镇
长埇	Chángyǒng	山谷、谷地	怀集县政府驻地西北部	岗坪镇
青高岭	Qīnggāo Lǐng	山谷、谷地	怀集县政府驻地西北部	岗坪镇

（续上表）

标准名称	汉语拼音	地名类别	相对位置	所在(跨)行政区
塘冲	Tángchōng	山谷、谷地	怀集县政府驻地西北部	岗坪镇
上郭	Shàngguō	山谷、谷地	怀集县政府驻地西部	岗坪镇
三叉	Sānchā	山谷、谷地	怀集县政府驻地西北部	岗坪镇
大沙石	Dàshāshí	山谷、谷地	怀集县政府驻地西北部	岗坪镇
三丫岭	Sānyā Lǐng	山谷、谷地	怀集县政府驻地西北部	岗坪镇
江根岭	Jiānggēn Lǐng	山谷、谷地	怀集县政府驻地西北部	岗坪镇
高岭	Gāolǐng	山谷、谷地	怀集县政府驻地西北部	岗坪镇
高塘冲	Gāotángchōng	山谷、谷地	怀集县政府驻地西北部	岗坪镇
石杰坑	Shíjié Kēng	山谷、谷地	怀集县政府驻地西北部	岗坪镇
拙头冲	Zhuōtóuchōng	山谷、谷地	怀集县政府驻地西北部	岗坪镇
新界冲	Xīnjièchōng	山谷、谷地	怀集县政府驻地西北部	岗坪镇
水源埇	Shuǐyuányǒng	山谷、谷地	怀集县政府驻地西北部	岗坪镇
丰田埇	Fēngtiányǒng	山谷、谷地	怀集县政府驻地西北部	岗坪镇
集雨	Jíyǔ	山谷、谷地	怀集县政府驻地西北部	岗坪镇
冲王坑	Chōngwáng Kēng	山谷、谷地	怀集县政府驻地西北部	岗坪镇
岗艳埇	Gǎngyànyǒng	山谷、谷地	怀集县政府驻地东南部	怀城镇
黄梅坑	Huángméi Kēng	山谷、谷地	怀集县政府驻地东南部	怀城镇
大坑	Dàkēng	山谷、谷地	怀集县政府驻地东南部	怀城镇
石巷坑	Shíxiàng Kēng	山谷、谷地	怀集县政府驻地东南部	怀城镇
桐油坑	Tóngyóu Kēng	山谷、谷地	怀集县政府驻地东南部	怀城镇
黄梅坑	Huángméi Kēng	山谷、谷地	怀集县政府驻地东北部	怀城镇
欧屋埇	Ōuwūyǒng	山谷、谷地	怀集县政府驻地东北部	怀城镇
半闭塘	Bànbì Táng	山谷、谷地	怀集县政府驻地东北部	怀城镇
汶埇	Wènyǒng	山谷、谷地	怀集县政府驻地东北部	怀城镇
车头	Chētóu	山谷、谷地	怀集县政府驻地西北部	怀城镇
睇鸭墩	Dìyādūn	山谷、谷地	怀集县政府驻地西北部	怀城镇
细丫埇	Xìyāyǒng	山谷、谷地	怀集县政府驻地西北部	怀城镇
罗祝坑	Luózhù Kēng	山谷、谷地	怀集县政府驻地西北部	怀城镇
里仔下	Lǐzǎixià	山谷、谷地	怀集县政府驻地东南部	怀城镇
大塘	Dàtáng	山谷、谷地	怀集县政府驻地东南部	怀城镇

（续上表）

标准名称	汉语拼音	地名类别	相对位置	所在(跨)行政区
里仔尾	Lǐzǎiwěi	山谷、谷地	怀集县政府驻地东南部	怀城镇
石巷	Shíxiàng	山谷、谷地	怀集县政府驻地东南部	怀城镇
长坑	Zhǎngkēng	山谷、谷地	怀集县政府驻地东南部	怀城镇
花竹坑	Huāzhú Kēng	山谷、谷地	怀集县政府驻地东南部	怀城镇
杨善大塘	Yángshàndà Táng	山谷、谷地	怀集县政府驻地东北部	怀城镇
湖埇塘	Húyǒng Táng	山谷、谷地	怀集县政府驻地东北部	怀城镇
独块田	Dúkuàitián	山谷、谷地	怀集县政府驻地西北部	怀城镇
佛仔坳	Fózǎi Ào	山谷、谷地	怀集县政府驻地西北部	怀城镇
土乡	Tǔxiāng	山谷、谷地	怀集县政府驻地西北部	怀城镇
桃仔坑	Táozǎi Kēng	山谷、谷地	怀集县政府驻地西北部	怀城镇
亚婆埇	Yàpóyǒng	山谷、谷地	怀集县政府驻地东南部	怀城镇
灶佛埇	Zàofóyǒng	山谷、谷地	怀集县政府驻地东南部	怀城镇
羊历坑	Yánglì Kēng	山谷、谷地	怀集县政府驻地东北部	怀城镇
中心埇	Zhōngxīnyǒng	山谷、谷地	怀集县政府驻地东北部	怀城镇
云罗坑	Yúnluó Kēng	山谷、谷地	怀集县政府驻地东北部	怀城镇
白坑埇	Báikēngyǒng	山谷、谷地	怀集县政府驻地东北部	怀城镇
新塘仔	Xīntángzǎi	山谷、谷地	怀集县政府驻地东南部	怀城镇
崩塘	Bēngtáng	山谷、谷地	怀集县政府驻地东南部	怀城镇
佛仔坳	Fózǎi Ào	山谷、谷地	怀集县政府驻地东南部	怀城镇
七星庄	Qīxīngzhuāng	山谷、谷地	怀集县政府驻地西南部	怀城镇
磨刀埇	Módāoyǒng	山谷、谷地	怀集县政府驻地西南部	怀城镇
双械坑	Shuāngxiè Kēng	山谷、谷地	怀集县政府驻地西南部	怀城镇
围城坑	Wéichéng Kēng	山谷、谷地	怀集县政府驻地南部	怀城镇
谷城坑	Gǔchéng Kēng	山谷、谷地	怀集县政府驻地西南部	怀城镇
苟仔坑	Gǒuzǎi Kēng	山谷、谷地	怀集县政府驻地西南部	怀城镇
禾仓埇	Hécāngyǒng	山谷、谷地	怀集县政府驻地西南部	怀城镇
大埇	Dàyǒng	山谷、谷地	怀集县政府驻地西南部	怀城镇
石带埇	Shídàiyǒng	山谷、谷地	怀集县政府驻地东南部	怀城镇
大肚埇	Dàdùyǒng	山谷、谷地	怀集县政府驻地东南部	怀城镇
大花坑	Dàhuā Kēng	山谷、谷地	怀集县政府驻地东南部	怀城镇

（续上表）

标准名称	汉语拼音	地名类别	相对位置	所在(跨)行政区
洪塘埇	Hóngtángyǒng	山谷、谷地	怀集县政府驻地东南部	怀城镇
黄泥坑	Huángní Kēng	山谷、谷地	怀集县政府驻地西南部	怀城镇
白劳埇	Báiláoyǒng	山谷、谷地	怀集县政府驻地西南部	怀城镇
横耳埇	Héng'ěryǒng	山谷、谷地	怀集县政府驻地西南部	怀城镇
双权坑	Shuāngquán Kēng	山谷、谷地	怀集县政府驻地西南部	怀城镇
中江坑	Zhōngjiāng Kēng	山谷、谷地	怀集县政府驻地西南部	怀城镇
双鹅坑	Shuāng'é Kēng	山谷、谷地	怀集县政府驻地西南部	怀城镇
邓屋坑	Dèngwū Kēng	山谷、谷地	怀集县政府驻地西南部	怀城镇
崀作埇	Làngzuòyǒng	山谷、谷地	怀集县政府驻地西南部	怀城镇
力莱坑	Lìcài Kēng	山谷、谷地	怀集县政府驻地西南部	怀城镇
公坑	Gōngkēng	山谷、谷地	怀集县政府驻地西南部	怀城镇
淋润坑	Línkùn Kēng	山谷、谷地	怀集县政府驻地南部	怀城镇
双对埇	Shuāngduìyǒng	山谷、谷地	怀集县政府驻地南部	怀城镇
塘坑	Tángkēng	山谷、谷地	怀集县政府驻地南部	怀城镇
风坑	Fēngkēng	山谷、谷地	怀集县政府驻地南部	怀城镇
瓦堆埇	Wǎduīyǒng	山谷、谷地	怀集县政府驻地南部	怀城镇
下坑	Xiàkēng	山谷、谷地	怀集县政府驻地东北部	怀城镇
上洞尾	Shàngdòngwěi	山谷、谷地	怀集县政府驻地西北部	怀城镇
上坑	Shàngkēng	山谷、谷地	怀集县政府驻地东北部	怀城镇
冷水坑	Lěngshuǐ Kēng	山谷、谷地	怀集县政府驻地东北部	怀城镇
锅坑	Guōkēng	山谷、谷地	怀集县政府驻地东北部	怀城镇
高录坑	Gāolù Kēng	山谷、谷地	怀集县政府驻地西北部	怀城镇
径埇坑	Jìngyǒng Kēng	山谷、谷地	怀集县政府驻地北部	怀城镇
长埇	Chángyǒng	山谷、谷地	怀集县政府驻地东北部	怀城镇
长埇	Chángyǒng	山谷、谷地	怀集县政府驻地西北部	怀城镇
罗滤埇	Luólǜyǒng	山谷、谷地	怀集县政府驻地西北部	怀城镇
黄叶坑	Huángyè Kēng	山谷、谷地	怀集县政府驻地西北部	怀城镇
黄雀田	Huángquètián	山谷、谷地	怀集县政府驻地北部	怀城镇
双坪埇	Shuāngpíngyǒng	山谷、谷地	怀集县政府驻地东部	怀城镇
蛇埇口	Shéyǒngkǒu	山谷、谷地	怀集县政府驻地东部	怀城镇

（续上表）

标准名称	汉语拼音	地名类别	相对位置	所在（跨）行政区
坑塘	Kēngtáng	山谷、谷地	怀集县政府驻地东部	怀城镇
琼坑	Qióngkēng	山谷、谷地	怀集县政府驻地东部	怀城镇
牛塘坑	Niútáng Kēng	山谷、谷地	怀集县政府驻地东部	怀城镇
岑竹埇	Cénzhúyǒng	山谷、谷地	怀集县政府驻地东北部	怀城镇
大崩坑	Dàbēng Kēng	山谷、谷地	怀集县政府驻地东南部	怀城镇
老虎塘	Lǎohǔ Táng	山谷、谷地	怀集县政府驻地东南部	怀城镇
小藤塘坑	Xiǎoténgtáng Kēng	山谷、谷地	怀集县政府驻地东南部	怀城镇
大藤塘坑	Dàténgtáng Kēng	山谷、谷地	怀集县政府驻地东南部	怀城镇
南坑	Nánkēng	山谷、谷地	怀集县政府驻地东南部	怀城镇
府昌坑口	Fǔchāng Kēngkǒu	山谷、谷地	怀集县政府驻地东部	怀城镇
甘利	Gānlì	山谷、谷地	怀集县政府驻地西北部	怀城镇
浑水	Húnshuǐ	山谷、谷地	怀集县政府驻地西北部	怀城镇
查炳	Chábǐng	山谷、谷地	怀集县政府驻地西北部	怀城镇
鱼陂	Yúbēi	山谷、谷地	怀集县政府驻地西北部	怀城镇
大册	Dàcè	山谷、谷地	怀集县政府驻地西北部	怀城镇
坳迁	Àoqiān	山谷、谷地	怀集县政府驻地西北部	怀城镇
沙洲	Shāzhōu	山谷、谷地	怀集县政府驻地西北部	怀城镇
吉地埇	Jídìyǒng	山谷、谷地	怀集县政府驻地东北部	怀城镇
四塘	Sìtáng	山谷、谷地	怀集县政府驻地东北部	怀城镇
沙地埇	Shādìyǒng	山谷、谷地	怀集县政府驻地东北部	怀城镇
龙塘坑	Lóngtáng Kēng	山谷、谷地	怀集县政府驻地东南部	怀城镇
小花坑	Xiǎohuā Kēng	山谷、谷地	怀集县政府驻地东南部	怀城镇
小坑	Xiǎokēng	山谷、谷地	怀集县政府驻地东南部	怀城镇
大竹尾	Dàzhúwěi	山谷、谷地	怀集县政府驻地东南部	怀城镇
白贫埇	Báipínyǒng	山谷、谷地	怀集县政府驻地东南部	怀城镇
仔坑	Zǎikēng	山谷、谷地	怀集县政府驻地东南部	怀城镇
大塘坑	Dàtáng Kēng	山谷、谷地	怀集县政府驻地东南部	怀城镇
蓝坑	Lánkēng	山谷、谷地	怀集县政府驻地东南部	怀城镇
双槟坑	Shuāngbīn Kēng	山谷、谷地	怀集县政府驻地东南部	怀城镇
登仙埇	Dēngxiānyǒng	山谷、谷地	怀集县政府驻地西南部	怀城镇

（续上表）

标准名称	汉语拼音	地名类别	相对位置	所在(跨)行政区
曲坑口	Qǔ Kēngkǒu	山谷、谷地	怀集县政府驻地南部	怀城镇
仕坑	Shìkēng	山谷、谷地	怀集县政府驻地南部	怀城镇
蓝坑	Lánkēng	山谷、谷地	怀集县政府驻地南部	怀城镇
双柱坑	Shuāngzhù Kēng	山谷、谷地	怀集县政府驻地东南部	怀城镇
鸡嘴尾	Jīzuǐwěi	山谷、谷地	怀集县政府驻地东南部	怀城镇
黄梅坑	Huángméi Kēng	山谷、谷地	怀集县政府驻地西南部	怀城镇
赤黎洼	Chìlíwā	山谷、谷地	怀集县政府驻地南部	怀城镇
竹叶尾	Zhúyèwěi	山谷、谷地	怀集县政府驻地西南部	怀城镇
不仔坑	Búzǎi Kēng	山谷、谷地	怀集县政府驻地东南部	怀城镇
社坑埇	Shèkēngyǒng	山谷、谷地	怀集县政府驻地西北部	怀城镇
根竹坑	Gēnzhú Kēng	山谷、谷地	怀集县政府驻地西北部	怀城镇
党坑	Dǎngkēng	山谷、谷地	怀集县政府驻地东北部	怀城镇
石凹	Shí'āo	山谷、谷地	怀集县政府驻地东北部	怀城镇
罗洞坑	Luódòng Kēng	山谷、谷地	怀集县政府驻地东北部	怀城镇
正坑	Zhèngkēng	山谷、谷地	怀集县政府驻地东北部	怀城镇
合掌坑	Hézhǎng Kēng	山谷、谷地	怀集县政府驻地东北部	怀城镇
九龙埇	Jiǔlóngyǒng	山谷、谷地	怀集县政府驻地东部	怀城镇
中山岭	Zhōngshān Lǐng	山谷、谷地	怀集县政府驻地东南部	怀城镇
桐油坪	Tóngyóu Píng	山谷、谷地	怀集县政府驻地东南部	怀城镇
柑洞	Gāndòng	山谷、谷地	怀集县政府驻地西南部	怀城镇
大岗岭	Dàgǎng Lǐng	山谷、谷地	怀集县政府驻地西南部	怀城镇
屋背岭	Wūbèi Lǐng	山谷、谷地	怀集县政府驻地西南部	怀城镇
二千银塘	Èrqiānyín Táng	山谷、谷地	怀集县政府驻地西南部	怀城镇
单竹	Dānzhú	山谷、谷地	怀集县政府驻地西北部	怀城镇
大塘	Dàtáng	山谷、谷地	怀集县政府驻地西北部	怀城镇
大埇坑	Dàyǒng Kēng	山谷、谷地	怀集县政府驻地西南部	桥头镇
洒罐埇	Sǎguànyǒng	山谷、谷地	怀集县政府驻地西南部	桥头镇
水埇	Shuǐyǒng	山谷、谷地	怀集县政府驻地西南部	桥头镇
多罗埇	Duōluóyǒng	山谷、谷地	怀集县政府驻地西南部	桥头镇
红头岭坑	Hóngtóulǐng Kēng	山谷、谷地	怀集县政府驻地西南部	桥头镇

(续上表)

标准名称	汉语拼音	地名类别	相对位置	所在(跨)行政区
丁宁	Dīngníng	山谷、谷地	怀集县政府驻地西南部	永固镇
潭穿坑	Tánchuān Kēng	山谷、谷地	怀集县政府驻地西南部	永固镇
大鹤埇	Dàhèyǒng	山谷、谷地	怀集县政府驻地南部	永固镇
双六埇	Shuāngliùyǒng	山谷、谷地	怀集县政府驻地南部	永固镇
谭龙凹	Tánlóng'āo	山谷、谷地	怀集县政府驻地南部	永固镇
江坑	Jiāngkēng	山谷、谷地	怀集县政府驻地南部	永固镇
道水埇尾	Dàoshuǐyǒngwěi	山谷、谷地	怀集县政府驻地南部	永固镇
水对埇	Shuǐduìyǒng	山谷、谷地	怀集县政府驻地南部	永固镇
正埇	Zhèngyǒng	山谷、谷地	怀集县政府驻地南部	永固镇
大塘	Dàtáng	山谷、谷地	怀集县政府驻地东南部	永固镇
支坑	Zhīkēng	山谷、谷地	怀集县政府驻地南部	永固镇
糯坑	Nuòkēng	山谷、谷地	怀集县政府驻地西南部	永固镇
正埇	Zhèngyǒng	山谷、谷地	怀集县政府驻地西南部	永固镇
芋客埇	Yùkèyǒng	山谷、谷地	怀集县政府驻地南部	永固镇
罗蒙坑	Luóméng Kēng	山谷、谷地	怀集县政府驻地西南部	永固镇
占坑	Zhànkēng	山谷、谷地	怀集县政府驻地西南部	永固镇
磅兰坑	Pánglán Kēng	山谷、谷地	怀集县政府驻地西南部	永固镇
双正埇	Shuāngzhèngyǒng	山谷、谷地	怀集县政府驻地西南部	永固镇
南笠埇	Nánlìyǒng	山谷、谷地	怀集县政府驻地西南部	永固镇
清水埇	Qīngshuǐyǒng	山谷、谷地	怀集县政府驻地西南部	永固镇
磨刀埇	Módāoyǒng	山谷、谷地	怀集县政府驻地西南部	永固镇
糯坑正埇	Nuòkēngzhèngyǒng	山谷、谷地	怀集县政府驻地西南部	永固镇
林坑	Línkēng	山谷、谷地	怀集县政府驻地西南部	永固镇
道金埇	Dàojīnyǒng	山谷、谷地	怀集县政府驻地西南部	永固镇
石羊埇	Shíyángyǒng	山谷、谷地	怀集县政府驻地西南部	永固镇
桐油埇	Tóngyóuyǒng	山谷、谷地	怀集县政府驻地西南部	永固镇
富洞埇	Fùdòngyǒng	山谷、谷地	怀集县政府驻地西南部	永固镇
东凹	Dōng'āo	山谷、谷地	怀集县政府驻地西南部	永固镇
松柏埇	Sōngbǎiyǒng	山谷、谷地	怀集县政府驻地西南部	永固镇
罗贺埇	Luóhèyǒng	山谷、谷地	怀集县政府驻地西南部	永固镇

（续上表）

标准名称	汉语拼音	地名类别	相对位置	所在(跨)行政区
启石埇	Qǐshíyǒng	山谷、谷地	怀集县政府驻地西南部	永固镇
双正埇	Shuāngzhèngyǒng	山谷、谷地	怀集县政府驻地西南部	永固镇
泼水	Pōshuǐ	山谷、谷地	怀集县政府驻地西南部	永固镇
容鞋埇	Róngxiéyǒng	山谷、谷地	怀集县政府驻地西南部	永固镇
大田埇	Dàtiányǒng	山谷、谷地	怀集县政府驻地西南部	永固镇
水对埇	Shuǐduìyǒng	山谷、谷地	怀集县政府驻地西南部	永固镇
立推片	Lìtuīpiàn	山谷、谷地	怀集县政府驻地西南部	永固镇
勤切埇	Qínqiēyǒng	山谷、谷地	怀集县政府驻地西南部	永固镇
泮坑	Pànkēng	山谷、谷地	怀集县政府驻地西南部	永固镇
朝天罗坳	Cháotiānluó Ào	山谷、谷地	怀集县政府驻地西南部	永固镇
扶林	Fúlín	山谷、谷地	怀集县政府驻地西南部	永固镇
大坑	Dàkēng	山谷、谷地	怀集县政府驻地西南部	永固镇
双落埇	Shuāngluòyǒng	山谷、谷地	怀集县政府驻地西南部	永固镇
白马坑	Báimǎ Kēng	山谷、谷地	怀集县政府驻地西南部	永固镇
东游埇	Dōngyóuyǒng	山谷、谷地	怀集县政府驻地西南部	永固镇
鸡地	Jīdì	山谷、谷地	怀集县政府驻地西南部	永固镇
社邓	Shèdèng	山谷、谷地	怀集县政府驻地西南部	永固镇
小坑口	Xiǎo Kēngkǒu	山谷、谷地	怀集县政府驻地西南部	永固镇
金佛埇	Jīnfóyǒng	山谷、谷地	怀集县政府驻地西南部	永固镇
小坑	Xiǎokēng	山谷、谷地	怀集县政府驻地西南部	永固镇
杨梅埇	Yángméiyǒng	山谷、谷地	怀集县政府驻地西南部	永固镇
茶坑	Chákēng	山谷、谷地	怀集县政府驻地西南部	永固镇
青皮埇	Qīngpíyǒng	山谷、谷地	怀集县政府驻地西南部	永固镇
天堂埇	Tiāntángyǒng	山谷、谷地	怀集县政府驻地西南部	永固镇
余坑	Yúkēng	山谷、谷地	怀集县政府驻地西南部	永固镇
铁炉埇	Tiělúyǒng	山谷、谷地	怀集县政府驻地西南部	永固镇
旧屋埇	Jiùwūyǒng	山谷、谷地	怀集县政府驻地西南部	永固镇
马楼台	Mǎlóutái	山谷、谷地	怀集县政府驻地西南部	永固镇
宝财坳	Bǎocái Ào	山谷、谷地	怀集县政府驻地西南部	永固镇
勤拖坑	Qíntuō Kēng	山谷、谷地	怀集县政府驻地西南部	永固镇

（续上表）

标准名称	汉语拼音	地名类别	相对位置	所在(跨)行政区
翰室凹	Hànshì'āo	山谷、谷地	怀集县政府驻地西南部	永固镇
旧地埇	Jiùdìyǒng	山谷、谷地	怀集县政府驻地西南部	永固镇
潭长埇	Tánzhǎngyǒng	山谷、谷地	怀集县政府驻地西南部	永固镇
双实坑	Shuāngshí Kēng	山谷、谷地	怀集县政府驻地西南部	永固镇
双圆	Shuāngyuán	山谷、谷地	怀集县政府驻地西南部	永固镇
潭墨埇	Tánmòyǒng	山谷、谷地	怀集县政府驻地西南部	永固镇
下正坑	Xiàzhèng Kēng	山谷、谷地	怀集县政府驻地西南部	永固镇
上正坑	Shàngzhèng Kēng	山谷、谷地	怀集县政府驻地西南部	永固镇
谭去埇	Tánqùyǒng	山谷、谷地	怀集县政府驻地西南部	永固镇
南坑	Nánkēng	山谷、谷地	怀集县政府驻地西南部	永固镇
磅尖	Pángjiān	山谷、谷地	怀集县政府驻地西南部	永固镇
旁所山	Pángsuǒ Shān	山谷、谷地	怀集县政府驻地西南部	永固镇
蓬脚	Péngjiǎo	山谷、谷地	怀集县政府驻地西南部	永固镇
大山脚	Dàshānjiǎo	山谷、谷地	怀集县政府驻地西南部	永固镇
勒进咀	Lèjìnjǔ	山谷、谷地	怀集县政府驻地西南部	永固镇
双十埇	Shuāngshíyǒng	山谷、谷地	怀集县政府驻地西南部	永固镇
亚速埇	Yàsùyǒng	山谷、谷地	怀集县政府驻地西南部	永固镇
木格桥	Mùgéqiáo	山谷、谷地	怀集县政府驻地西南部	永固镇
双圣埇	Shuāngshèngyǒng	山谷、谷地	怀集县政府驻地西南部	永固镇
双落埇	Shuāngluòyǒng	山谷、谷地	怀集县政府驻地西南部	永固镇
双袖埇	Shuāngxiùyǒng	山谷、谷地	怀集县政府驻地西南部	永固镇
双治埇	Shuāngzhìyǒng	山谷、谷地	怀集县政府驻地西南部	永固镇
水声埇	Shuǐshēngyǒng	山谷、谷地	怀集县政府驻地西南部	永固镇
南沙埇	Nánshāyǒng	山谷、谷地	怀集县政府驻地西南部	永固镇
横头埇	Héngtóuyǒng	山谷、谷地	怀集县政府驻地西南部	永固镇
马鞍埇	Mǎ'ānyǒng	山谷、谷地	怀集县政府驻地西南部	永固镇
双标埇	Shuāngbiāoyǒng	山谷、谷地	怀集县政府驻地西南部	永固镇
双曲埇	Shuāngqǔyǒng	山谷、谷地	怀集县政府驻地西南部	永固镇
示鱼四	Shìyúsì	山谷、谷地	怀集县政府驻地西南部	永固镇
南若埇	Nánruòyǒng	山谷、谷地	怀集县政府驻地西南部	永固镇

（续上表）

标准名称	汉语拼音	地名类别	相对位置	所在(跨)行政区
石村埇	Shícūnyǒng	山谷、谷地	怀集县政府驻地西南部	永固镇
江道坑	Jiāngdào Kēng	山谷、谷地	怀集县政府驻地西南部	永固镇
双见埇	Shuāngjiànyǒng	山谷、谷地	怀集县政府驻地西南部	永固镇
墨熟埇	Mòshúyǒng	山谷、谷地	怀集县政府驻地西南部	永固镇
九曲埇	Jiǔqǔyǒng	山谷、谷地	怀集县政府驻地西南部	永固镇
幼埇	Yòuyǒng	山谷、谷地	怀集县政府驻地西南部	永固镇
天埇	Tiānyǒng	山谷、谷地	怀集县政府驻地西南部	永固镇
双甘埇	Shuānggānyǒng	山谷、谷地	怀集县政府驻地西南部	永固镇
双音埇	Shuāngyīnyǒng	山谷、谷地	怀集县政府驻地西南部	永固镇
勒野埇	Lèyěyǒng	山谷、谷地	怀集县政府驻地西南部	永固镇
石巷埇	Shíxiàngyǒng	山谷、谷地	怀集县政府驻地西南部	永固镇
蓝山埇	Lánshānyǒng	山谷、谷地	怀集县政府驻地西南部	永固镇
大坑	Dàkēng	山谷、谷地	怀集县政府驻地西南部	永固镇
双爱埇	Shuāngàiyǒng	山谷、谷地	怀集县政府驻地西南部	永固镇
双审	Shuāngshěn	山谷、谷地	怀集县政府驻地西南部	永固镇
双傍埇	Shuāngbàngyǒng	山谷、谷地	怀集县政府驻地西南部	永固镇
挂榜山	Guàbǎng Shān	山谷、谷地	怀集县政府驻地西南部	永固镇
双骨埇	Shuānggǔyǒng	山谷、谷地	怀集县政府驻地西南部	永固镇
潭梯埇	Tántīyǒng	山谷、谷地	怀集县政府驻地西南部	永固镇
亚崀	Yàlàng	山谷、谷地	怀集县政府驻地西南部	永固镇
双实	Shuāngshí	山谷、谷地	怀集县政府驻地西南部	永固镇
乌槛埇	Wūlǎnyǒng	山谷、谷地	怀集县政府驻地西南部	永固镇
双粉埇	Shuāngfěnyǒng	山谷、谷地	怀集县政府驻地西南部	永固镇
清水埇	Qīngshuǐyǒng	山谷、谷地	怀集县政府驻地西南部	永固镇
南埇	Nányǒng	山谷、谷地	怀集县政府驻地西南部	永固镇
双降埇	Shuāngjiàngyǒng	山谷、谷地	怀集县政府驻地西南部	永固镇
龙蛟	Lóngjiāo	山谷、谷地	怀集县政府驻地西南部	永固镇
木陂	Mùbēi	山谷、谷地	怀集县政府驻地西南部	永固镇
罗蒙埇	Luóméngyǒng	山谷、谷地	怀集县政府驻地西南部	永固镇
大埇	Dàyǒng	山谷、谷地	怀集县政府驻地西南部	永固镇

(续上表)

标准名称	汉语拼音	地名类别	相对位置	所在(跨)行政区
正埇	Zhèngyǒng	山谷、谷地	怀集县政府驻地西南部	永固镇
金顶	Jīndǐng	山谷、谷地	怀集县政府驻地西南部	永固镇
板洞迳	Bǎndòngjìng	山谷、谷地	怀集县政府驻地东北部	洽水镇
石蛤坑	Shíhá Kēng	山谷、谷地	怀集县政府驻地东北部	洽水镇
根竹坑	Gēnzhú Kēng	山谷、谷地	怀集县政府驻地东北部	洽水镇
天井坑	Tiānjǐng Kēng	山谷、谷地	怀集县政府驻地东北部	洽水镇
牛韫坑	Niúyùn Kēng	山谷、谷地	怀集县政府驻地东北部	洽水镇
庙坑	Miàokēng	山谷、谷地	怀集县政府驻地东北部	洽水镇
桂扇坑	Guìshàn Kēng	山谷、谷地	怀集县政府驻地东北部	洽水镇
峡坑	Xiákēng	山谷、谷地	怀集县政府驻地东北部	洽水镇
塘下坑	Tángxià Kēng	山谷、谷地	怀集县政府驻地东北部	洽水镇
庙坪坑	Miàopíng Kēng	山谷、谷地	怀集县政府驻地东北部	洽水镇
六背埇	Liùbèiyǒng	山谷、谷地	怀集县政府驻地东北部	洽水镇
犁公冲	Lígōngchōng	山谷、谷地	怀集县政府驻地东北部	洽水镇
沙坝坑	Shābà Kēng	山谷、谷地	怀集县政府驻地东北部	洽水镇
旱塘	Hàntáng	山谷、谷地	怀集县政府驻地东北部	洽水镇
罗坑	Luókēng	山谷、谷地	怀集县政府驻地东北部	洽水镇
白坟埇	Báifényǒng	山谷、谷地	怀集县政府驻地东北部	洽水镇
正坑	Zhèngkēng	山谷、谷地	怀集县政府驻地东北部	洽水镇
白泡坑	Báipào Kēng	山谷、谷地	怀集县政府驻地东北部	洽水镇
冷水坑	Lěngshuǐ Kēng	山谷、谷地	怀集县政府驻地东北部	洽水镇
捉狗坑	Zhuōgǒu Kēng	山谷、谷地	怀集县政府驻地东北部	洽水镇
东坑	Dōngkēng	山谷、谷地	怀集县政府驻地东北部	洽水镇
六浆坑	Liùjiāng Kēng	山谷、谷地	怀集县政府驻地东北部	洽水镇
单竹坑	Dānzhú Kēng	山谷、谷地	怀集县政府驻地东北部	洽水镇
大舍埇	Dàshěyǒng	山谷、谷地	怀集县政府驻地东北部	洽水镇
鱼伞坑	Yúsǎn Kēng	山谷、谷地	怀集县政府驻地东北部	洽水镇
深冲	Shēnchōng	山谷、谷地	怀集县政府驻地东北部	洽水镇
山寮坑	Shānliáo Kēng	山谷、谷地	怀集县政府驻地东北部	洽水镇
黄盛冲	Huángshèngchōng	山谷、谷地	怀集县政府驻地东北部	洽水镇

（续上表）

标准名称	汉语拼音	地名类别	相对位置	所在(跨)行政区
磨刀坑	Módāo Kēng	山谷、谷地	怀集县政府驻地东北部	洽水镇
千里坑	Qiānlǐ Kēng	山谷、谷地	怀集县政府驻地东北部	洽水镇
坳坑	Àokēng	山谷、谷地	怀集县政府驻地东北部	洽水镇
正坑	Zhèngkēng	山谷、谷地	怀集县政府驻地东北部	洽水镇
龙塘坑	Lóngtáng Kēng	山谷、谷地	怀集县政府驻地东北部	洽水镇
叉坑	Chākēng	山谷、谷地	怀集县政府驻地东北部	洽水镇
木皮坑	Mùpí Kēng	山谷、谷地	怀集县政府驻地东北部	洽水镇
江峪坑	Jiāngyù Kēng	山谷、谷地	怀集县政府驻地东北部	洽水镇
山马塘	Shānmǎ Táng	山谷、谷地	怀集县政府驻地东北部	洽水镇
大灶坑	Dàzào Kēng	山谷、谷地	怀集县政府驻地东北部	洽水镇
大坑	Dàkēng	山谷、谷地	怀集县政府驻地东北部	洽水镇
心坑	Xīnkēng	山谷、谷地	怀集县政府驻地东北部	洽水镇
锅坑	Guōkēng	山谷、谷地	怀集县政府驻地东北部	洽水镇
猪婆塘	Zhūpó Táng	山谷、谷地	怀集县政府驻地东北部	洽水镇
大岩坑	Dàyán Kēng	山谷、谷地	怀集县政府驻地东北部	洽水镇
右草塘	Yòucǎo Táng	山谷、谷地	怀集县政府驻地东北部	洽水镇
黄京坑	Huángjīng Kēng	山谷、谷地	怀集县政府驻地东北部	洽水镇
茅草塘	Máocǎo Táng	山谷、谷地	怀集县政府驻地东北部	洽水镇
独高坑	Dúgāo Kēng	山谷、谷地	怀集县政府驻地东北部	洽水镇
马坪坑	Mǎpíng Kēng	山谷、谷地	怀集县政府驻地东北部	洽水镇
大坑沟	Dàkēnggōu	山谷、谷地	怀集县政府驻地东北部	洽水镇
天井坑	Tiānjǐng Kēng	山谷、谷地	怀集县政府驻地东北部	洽水镇
南坑冲	Nánkēngchōng	山谷、谷地	怀集县政府驻地东北部	洽水镇
杜小坑	Dùxiǎo Kēng	山谷、谷地	怀集县政府驻地东北部	洽水镇
寨脚埇	Zhàijiǎoyǒng	山谷、谷地	怀集县政府驻地东北部	洽水镇
田庄	Tiánzhuāng	山谷、谷地	怀集县政府驻地东北部	洽水镇
山塘	Shāntáng	山谷、谷地	怀集县政府驻地东北部	洽水镇
大塘	Dàtáng	山谷、谷地	怀集县政府驻地东北部	洽水镇
黄塘坑	Huángtáng Kēng	山谷、谷地	怀集县政府驻地东北部	洽水镇
火烧寮	Huǒshāoliáo	山谷、谷地	怀集县政府驻地东北部	洽水镇

（续上表）

标准名称	汉语拼音	地名类别	相对位置	所在(跨)行政区
白石坑	Báishí Kēng	山谷、谷地	怀集县政府驻地东北部	洽水镇
麻竹坑	Mázhú Kēng	山谷、谷地	怀集县政府驻地东北部	洽水镇
大朗塘	Dàlǎng Táng	山谷、谷地	怀集县政府驻地东北部	洽水镇
桂岭沟	Guìlǐnggōu	山谷、谷地	怀集县政府驻地东北部	洽水镇
大坑沟	Dàkēnggōu	山谷、谷地	怀集县政府驻地东北部	洽水镇
飞鹅塘	Fēi'é Táng	山谷、谷地	怀集县政府驻地东北部	洽水镇
红桃埇	Hóngtáoyǒng	山谷、谷地	怀集县政府驻地东北部	洽水镇
崩岗坑	Bēnggǎng Kēng	山谷、谷地	怀集县政府驻地东北部	洽水镇
屋背冲	Wūbèichōng	山谷、谷地	怀集县政府驻地东北部	洽水镇
大冲	Dàchōng	山谷、谷地	怀集县政府驻地东北部	洽水镇
江背塘	Jiāngbèi Táng	山谷、谷地	怀集县政府驻地东北部	洽水镇
三马冲	Sānmǎchōng	山谷、谷地	怀集县政府驻地东北部	洽水镇
密仔坑	Mìzǎi Kēng	山谷、谷地	怀集县政府驻地东北部	洽水镇
亚冲坑	Yàchōng Kēng	山谷、谷地	怀集县政府驻地东北部	洽水镇
飞水坑	Fēishuǐ Kēng	山谷、谷地	怀集县政府驻地东北部	洽水镇
深坑	Shēnkēng	山谷、谷地	怀集县政府驻地东北部	洽水镇
石马坑	Shímǎ Kēng	山谷、谷地	怀集县政府驻地东北部	洽水镇
屋背坑	Wūbèi Kēng	山谷、谷地	怀集县政府驻地东北部	洽水镇
对屋坑	Duìwū Kēng	山谷、谷地	怀集县政府驻地东北部	洽水镇
上莲塘	Shànglián Táng	山谷、谷地	怀集县政府驻地东北部	洽水镇
横坑	Héngkēng	山谷、谷地	怀集县政府驻地东北部	洽水镇
龙顺坑	Lóngshùn Kēng	山谷、谷地	怀集县政府驻地东北部	洽水镇
黄京坑	Huángjīng Kēng	山谷、谷地	怀集县政府驻地东北部	洽水镇
坑塘蛤	Kēngtánghá	山谷、谷地	怀集县政府驻地东北部	洽水镇
庙坪坳	Miàopíng Ào	山谷、谷地	怀集县政府驻地东北部	洽水镇
凤门坳	Fēngmén Ào	山谷、谷地	怀集县政府驻地东北部	洽水镇
白花坪	Báihuā Píng	山谷、谷地	怀集县政府驻地东北部	洽水镇
正坑尾	Zhèng Kēngwěi	山谷、谷地	怀集县政府驻地东北部	洽水镇
白峒	Báidòng	山谷、谷地	怀集县政府驻地东北部	洽水镇
木长	Mùzhǎng	山谷、谷地	怀集县政府驻地东北部	洽水镇

(续上表)

标准名称	汉语拼音	地名类别	相对位置	所在(跨)行政区
石羊寨	Shíyángzhài	山谷、谷地	怀集县政府驻地东北部	洽水镇
大头坪	Dàtóu Píng	山谷、谷地	怀集县政府驻地东北部	洽水镇
下埂	Xiàgěng	山谷、谷地	怀集县政府驻地东北部	洽水镇
庙迳	Miàojìng	山谷、谷地	怀集县政府驻地东北部	洽水镇
黄乍桥	Huángzhàqiáo	山谷、谷地	怀集县政府驻地东北部	洽水镇
木茨朗	Mùcílǎng	山谷、谷地	怀集县政府驻地东北部	洽水镇
松崩口	Sōngbēngkǒu	山谷、谷地	怀集县政府驻地东北部	洽水镇
打锣头	Dǎluótóu	山谷、谷地	怀集县政府驻地东北部	洽水镇
大禾坳	Dàhé Ào	山谷、谷地	怀集县政府驻地东北部	洽水镇
四里塝	Sìlǐbàng	山谷、谷地	怀集县政府驻地东北部	洽水镇
李八	Lǐbā	山谷、谷地	怀集县政府驻地东北部	洽水镇
梨禾	Líhé	山谷、谷地	怀集县政府驻地东北部	洽水镇
大冲	Dàchōng	山谷、谷地	怀集县政府驻地东北部	洽水镇
梅仔坑	Méizǎi Kēng	山谷、谷地	怀集县政府驻地东北部	洽水镇
鹿角埇	Lùjiǎoyǒng	山谷、谷地	怀集县政府驻地东北部	甘洒镇
黄抱埇	Huángbàoyǒng	山谷、谷地	怀集县政府驻地东北部	甘洒镇
连塘	Liántáng	山谷、谷地	怀集县政府驻地东北部	甘洒镇
新塘	Xīntáng	山谷、谷地	怀集县政府驻地东北部	甘洒镇
中心塘	Zhōngxīn Táng	山谷、谷地	怀集县政府驻地东北部	甘洒镇
沙塘	Shātáng	山谷、谷地	怀集县政府驻地东北部	甘洒镇
乌九	Wūjiǔ	山谷、谷地	怀集县政府驻地东北部	甘洒镇
镰埇	Liányǒng	山谷、谷地	怀集县政府驻地东北部	甘洒镇
瑶坑	Yáokēng	山谷、谷地	怀集县政府驻地东北部	甘洒镇
高崀埇	Gāolàngyǒng	山谷、谷地	怀集县政府驻地东北部	甘洒镇
老禾埇	Lǎohéyǒng	山谷、谷地	怀集县政府驻地东北部	甘洒镇
芒坑	Mángkēng	山谷、谷地	怀集县政府驻地东北部	甘洒镇
芦坜塘	Lúlì Táng	山谷、谷地	怀集县政府驻地东北部	甘洒镇
牛角坑	Niújiǎo Kēng	山谷、谷地	怀集县政府驻地东北部	甘洒镇
长朗	Zhǎnglǎng	山谷、谷地	怀集县政府驻地东北部	甘洒镇
仙洞坑	Xiāndòng Kēng	山谷、谷地	怀集县政府驻地东北部	甘洒镇

（续上表）

标准名称	汉语拼音	地名类别	相对位置	所在(跨)行政区
刘屋顶	Liúwū Dǐng	山谷、谷地	怀集县政府驻地东北部	甘洒镇
双树塘	Shuāngshù Táng	山谷、谷地	怀集县政府驻地东北部	甘洒镇
牛恩塘	Niú'ēn Táng	山谷、谷地	怀集县政府驻地东北部	甘洒镇
麦地埇	Màidìyǒng	山谷、谷地	怀集县政府驻地东北部	甘洒镇
下坑	Xiàkēng	山谷、谷地	怀集县政府驻地东北部	甘洒镇
大洞田	Dàdòngtián	山谷、谷地	怀集县政府驻地东北部	甘洒镇
横坑	Héngkēng	山谷、谷地	怀集县政府驻地东北部	甘洒镇
利更坑	Lìgèng Kēng	山谷、谷地	怀集县政府驻地东北部	甘洒镇
塘坑	Tángkēng	山谷、谷地	怀集县政府驻地东北部	甘洒镇
大仔坑	Dàzǎi Kēng	山谷、谷地	怀集县政府驻地东北部	甘洒镇
横坑仔	Héngkēngzǎi	山谷、谷地	怀集县政府驻地东北部	甘洒镇
旱埇	Hànyǒng	山谷、谷地	怀集县政府驻地东北部	甘洒镇
水沟坑	Shuǐgōu Kēng	山谷、谷地	怀集县政府驻地东北部	甘洒镇
旱坑	Hànkēng	山谷、谷地	怀集县政府驻地东北部	甘洒镇
吃水埇	Chīshuǐyǒng	山谷、谷地	怀集县政府驻地东北部	甘洒镇
大架坑	Dàjià Kēng	山谷、谷地	怀集县政府驻地东北部	甘洒镇
黄泥坑	Huángní Kēng	山谷、谷地	怀集县政府驻地东北部	甘洒镇
天塘坑	Tiāntáng Kēng	山谷、谷地	怀集县政府驻地东北部	甘洒镇
葵扇埇	Kuíshànyǒng	山谷、谷地	怀集县政府驻地东北部	甘洒镇
长冲	Zhǎngchōng	山谷、谷地	怀集县政府驻地东北部	甘洒镇
罗丫冲	Luóyāchōng	山谷、谷地	怀集县政府驻地东北部	甘洒镇
塘冲	Tángchōng	山谷、谷地	怀集县政府驻地东北部	甘洒镇
白决坑	Báijué Kēng	山谷、谷地	怀集县政府驻地东北部	甘洒镇
鹤塘坪	Hètáng Píng	山谷、谷地	怀集县政府驻地东北部	甘洒镇
信人埇	Xìnrényǒng	山谷、谷地	怀集县政府驻地东北部	甘洒镇
桥草塘	Qiáocǎo Táng	山谷、谷地	怀集县政府驻地东北部	甘洒镇
鸭坑	Yākēng	山谷、谷地	怀集县政府驻地东北部	甘洒镇
儒雅	Rúyǎ	山谷、谷地	怀集县政府驻地东北部	甘洒镇
亚端塘	Yàduān Táng	山谷、谷地	怀集县政府驻地东北部	甘洒镇
大坪岭	Dàpíng Lǐng	山谷、谷地	怀集县政府驻地东北部	甘洒镇

（续上表）

标准名称	汉语拼音	地名类别	相对位置	所在(跨)行政区
大会山	Dàhuì Shān	山谷、谷地	怀集县政府驻地东北部	甘洒镇
禾称埇	Héchēngyǒng	山谷、谷地	怀集县政府驻地东北部	甘洒镇
柯木头埇	Kēmùtóuyǒng	山谷、谷地	怀集县政府驻地东北部	甘洒镇
大谢尾	Dàxièwěi	山谷、谷地	怀集县政府驻地东北部	甘洒镇
蓝埇	Lányǒng	山谷、谷地	怀集县政府驻地东北部	甘洒镇
小谢尾	Xiǎoxièwěi	山谷、谷地	怀集县政府驻地东北部	甘洒镇
大谢坑	Dàxiè Kēng	山谷、谷地	怀集县政府驻地东北部	甘洒镇
长埇	Chángyǒng	山谷、谷地	怀集县政府驻地东北部	甘洒镇
鱼坑	Yúkēng	山谷、谷地	怀集县政府驻地东北部	甘洒镇
四块田埇	Sìkuàitiányǒng	山谷、谷地	怀集县政府驻地东北部	甘洒镇
帽叶埇	Màoyèyǒng	山谷、谷地	怀集县政府驻地东北部	甘洒镇
柴霜湾	Cháishuāngwān	山谷、谷地	怀集县政府驻地东北部	甘洒镇
李仔坑	Lǐzǎi Kēng	山谷、谷地	怀集县政府驻地东北部	甘洒镇
上塘	Shàngtáng	山谷、谷地	怀集县政府驻地东北部	甘洒镇
大坑	Dàkēng	山谷、谷地	怀集县政府驻地东北部	甘洒镇
竹头坑	Zhútóu Kēng	山谷、谷地	怀集县政府驻地东北部	甘洒镇
三坑	Sānkēng	山谷、谷地	怀集县政府驻地东北部	甘洒镇
大山尾	Dàshānwěi	山谷、谷地	怀集县政府驻地东北部	甘洒镇
黄雀塘	Huángquè Táng	山谷、谷地	怀集县政府驻地东北部	甘洒镇
小迳	Xiǎojìng	山谷、谷地	怀集县政府驻地东北部	甘洒镇
石路塘	Shílù Táng	山谷、谷地	怀集县政府驻地东北部	甘洒镇
笔莲塘	Bǐlián Táng	山谷、谷地	怀集县政府驻地东北部	甘洒镇
坑口	Kēngkǒu	山谷、谷地	怀集县政府驻地东北部	甘洒镇
赤梨头	Chìlítóu	山谷、谷地	怀集县政府驻地东北部	甘洒镇
界板坑	Jièbǎn Kēng	山谷、谷地	怀集县政府驻地东北部	甘洒镇
下河塘	Xiàhé Táng	山谷、谷地	怀集县政府驻地东北部	甘洒镇
河塘	Hétáng	山谷、谷地	怀集县政府驻地东北部	甘洒镇
羊簕塘	Yánglè Táng	山谷、谷地	怀集县政府驻地东北部	甘洒镇
上河塘	Shànghé Táng	山谷、谷地	怀集县政府驻地东北部	甘洒镇
江塘	Jiāngtáng	山谷、谷地	怀集县政府驻地东北部	甘洒镇

(续上表)

标准名称	汉语拼音	地名类别	相对位置	所在(跨)行政区
老鼠埇	Lǎoshǔyǒng	山谷、谷地	怀集县政府驻地东北部	甘洒镇
竹塘	Zhútáng	山谷、谷地	怀集县政府驻地东北部	甘洒镇
炎坑	Yánkēng	山谷、谷地	怀集县政府驻地东北部	甘洒镇
养牛塘	Yǎngniú Táng	山谷、谷地	怀集县政府驻地东北部	甘洒镇
黄梅	Huángméi	山谷、谷地	怀集县政府驻地东北部	甘洒镇
罗放坑口	Luófàng Kēngkǒu	山谷、谷地	怀集县政府驻地东北部	甘洒镇
大塘下	Dàtángxià	山谷、谷地	怀集县政府驻地东北部	甘洒镇
哈坑咀	Hākēngjǔ	山谷、谷地	怀集县政府驻地东北部	甘洒镇
用老埇	Yònglǎoyǒng	山谷、谷地	怀集县政府驻地西南部	诗洞镇
双黎坑	Shuānglí Kēng	山谷、谷地	怀集县政府驻地西南部	诗洞镇
双统坑	Shuāngtǒng Kēng	山谷、谷地	怀集县政府驻地西南部	诗洞镇
加冷	Jiālěng	山谷、谷地	怀集县政府驻地西南部	诗洞镇
双炭坑	Shuāngtàn Kēng	山谷、谷地	怀集县政府驻地西南部	诗洞镇
架吊坑	Jiàdiào Kēng	山谷、谷地	怀集县政府驻地西南部	诗洞镇
白鹤坑	Báihè Kēng	山谷、谷地	怀集县政府驻地西南部	诗洞镇
沉毛	Chénmáo	山谷、谷地	怀集县政府驻地西南部	诗洞镇
琴列坑	Qínliè Kēng	山谷、谷地	怀集县政府驻地西南部	诗洞镇
沥患坑	Lìhuàn Kēng	山谷、谷地	怀集县政府驻地西南部	诗洞镇
双车坑	Shuāngchē Kēng	山谷、谷地	怀集县政府驻地西南部	诗洞镇
白土坑	Báitǔ Kēng	山谷、谷地	怀集县政府驻地西南部	诗洞镇
沉陈坑	Chénchén Kēng	山谷、谷地	怀集县政府驻地西南部	诗洞镇
沉社坑	Chénshè Kēng	山谷、谷地	怀集县政府驻地西南部	诗洞镇
凿石坑	Záoshí Kēng	山谷、谷地	怀集县政府驻地西南部	诗洞镇
双好	Shuānghǎo	山谷、谷地	怀集县政府驻地西南部	诗洞镇
大振坑	Dàzhèn Kēng	山谷、谷地	怀集县政府驻地西南部	诗洞镇
双富埇	Shuāngfùyǒng	山谷、谷地	怀集县政府驻地西南部	诗洞镇
岑㔶坑	Cénpī Kēng	山谷、谷地	怀集县政府驻地西南部	诗洞镇
沉逢坑	Chénféng Kēng	山谷、谷地	怀集县政府驻地西南部	诗洞镇
南利坑	Nánlì Kēng	山谷、谷地	怀集县政府驻地西南部	诗洞镇
沉迷坑	Chénmí Kēng	山谷、谷地	怀集县政府驻地西南部	诗洞镇

（续上表）

标准名称	汉语拼音	地名类别	相对位置	所在(跨)行政区
近村坑	Jìncūn Kēng	山谷、谷地	怀集县政府驻地西南部	诗洞镇
沉寮	Chénliáo	山谷、谷地	怀集县政府驻地西南部	诗洞镇
双井坑	Shuāngjǐng Kēng	山谷、谷地	怀集县政府驻地西南部	诗洞镇
花地	Huādì	山谷、谷地	怀集县政府驻地西南部	诗洞镇
沉种	Chénzhǒng	山谷、谷地	怀集县政府驻地西南部	诗洞镇
天堂坑	Tiāntáng Kēng	山谷、谷地	怀集县政府驻地西南部	诗洞镇
亚得坪	Yàdé Píng	山谷、谷地	怀集县政府驻地西南部	诗洞镇
山联坑	Shānlián Kēng	山谷、谷地	怀集县政府驻地西南部	诗洞镇
双孔窝	Shuāngkǒng Wō	山谷、谷地	怀集县政府驻地西南部	诗洞镇
马白	Mǎbái	山谷、谷地	怀集县政府驻地西南部	诗洞镇
平坡	Píngpō	山谷、谷地	怀集县政府驻地西南部	诗洞镇
双降	Shuāngjiàng	山谷、谷地	怀集县政府驻地西南部	诗洞镇
沉处骑	Chénchùqí	山谷、谷地	怀集县政府驻地西南部	诗洞镇
南海界	Nánhǎijiè	山谷、谷地	怀集县政府驻地西南部	诗洞镇
南仁坑	Nánrén Kēng	山谷、谷地	怀集县政府驻地西南部	诗洞镇
黎勤窝	Líqín Wō	山谷、谷地	怀集县政府驻地西南部	诗洞镇
木龙坑	Mùlóng Kēng	山谷、谷地	怀集县政府驻地西南部	诗洞镇
云中坑	Yúnzhōng Kēng	山谷、谷地	怀集县政府驻地西南部	诗洞镇
天堂	Tiāntáng	山谷、谷地	怀集县政府驻地西南部	诗洞镇
企坑	Qǐkēng	山谷、谷地	怀集县政府驻地西南部	诗洞镇
沉星坑	Chénxīng Kēng	山谷、谷地	怀集县政府驻地西南部	诗洞镇
沉相坑	Chénxiàng Kēng	山谷、谷地	怀集县政府驻地西南部	诗洞镇
珠沙坑	Zhūshā Kēng	山谷、谷地	怀集县政府驻地西南部	诗洞镇
珠沙长	Zhūshāzhǎng	山谷、谷地	怀集县政府驻地西南部	诗洞镇
佛仔坳	Fózǎi Ào	山谷、谷地	怀集县政府驻地西南部	诗洞镇
南寻洼	Nánxúnwā	山谷、谷地	怀集县政府驻地西南部	诗洞镇
双罐坑	Shuāngguàn Kēng	山谷、谷地	怀集县政府驻地西南部	诗洞镇
双竹坑	Shuāngzhú Kēng	山谷、谷地	怀集县政府驻地西南部	诗洞镇
双六	Shuāngliù	山谷、谷地	怀集县政府驻地西南部	诗洞镇
三坝涝	Sānbàlào	山谷、谷地	怀集县政府驻地西南部	诗洞镇

（续上表）

标准名称	汉语拼音	地名类别	相对位置	所在(跨)行政区
石鼓场	Shígǔchǎng	山谷、谷地	怀集县政府驻地西南部	诗洞镇
大口田	Dàkǒutián	山谷、谷地	怀集县政府驻地西南部	诗洞镇
割退塘	Gētuì Táng	山谷、谷地	怀集县政府驻地西南部	诗洞镇
大口坳坑	Dàkǒu'ào Kēng	山谷、谷地	怀集县政府驻地西南部	诗洞镇
水竹坑	Shuǐzhú Kēng	山谷、谷地	怀集县政府驻地西南部	诗洞镇
猪婆坑	Zhūpó Kēng	山谷、谷地	怀集县政府驻地西南部	诗洞镇
杨六坑	Yángliù Kēng	山谷、谷地	怀集县政府驻地西南部	诗洞镇
边氹	Biāndàng	山谷、谷地	怀集县政府驻地西南部	诗洞镇
大洼坑	Dàwā Kēng	山谷、谷地	怀集县政府驻地西南部	诗洞镇
南坑	Nánkēng	山谷、谷地	怀集县政府驻地西南部	诗洞镇
佛仔坑	Fózǎi Kēng	山谷、谷地	怀集县政府驻地西南部	诗洞镇
木龙坑	Mùlóng Kēng	山谷、谷地	怀集县政府驻地西南部	诗洞镇
苔代	Táidài	山谷、谷地	怀集县政府驻地西南部	诗洞镇
沉道	Chéndào	山谷、谷地	怀集县政府驻地西南部	诗洞镇
洼弄	Wānòng	山谷、谷地	怀集县政府驻地西南部	诗洞镇
沙迳	Shājìng	山谷、谷地	怀集县政府驻地西南部	诗洞镇
双傍埇	Shuāngbàngyǒng	山谷、谷地	怀集县政府驻地西南部	诗洞镇
罗江埇	Luójiāngyǒng	山谷、谷地	怀集县政府驻地西南部	诗洞镇
石蛤埇	Shíháyǒng	山谷、谷地	怀集县政府驻地西南部	诗洞镇
天窿	Tiānlóng	山谷、谷地	怀集县政府驻地西南部	诗洞镇
白石坑	Báishí Kēng	山谷、谷地	怀集县政府驻地西南部	诗洞镇
沉班	Chénbān	山谷、谷地	怀集县政府驻地西南部	诗洞镇
分界坑	Fēnjiè Kēng	山谷、谷地	怀集县政府驻地西南部	诗洞镇
双门	Shuāngmén	山谷、谷地	怀集县政府驻地西南部	诗洞镇
双棉	Shuāngmián	山谷、谷地	怀集县政府驻地西南部	诗洞镇
双炭坑	Shuāngtàn Kēng	山谷、谷地	怀集县政府驻地西南部	诗洞镇
木头坑	Mùtóu Kēng	山谷、谷地	怀集县政府驻地西南部	诗洞镇
木癣界	Mùxuǎnjiè	山谷、谷地	怀集县政府驻地西南部	诗洞镇
谷粒窝	Gǔlì Wō	山谷、谷地	怀集县政府驻地西南部	诗洞镇
双进坑	Shuāngjìn Kēng	山谷、谷地	怀集县政府驻地西南部	诗洞镇

(续上表)

标准名称	汉语拼音	地名类别	相对位置	所在(跨)行政区
实源坑	Shíyuán Kēng	山谷、谷地	怀集县政府驻地西南部	诗洞镇
山猪塘	Shānzhū Táng	山谷、谷地	怀集县政府驻地西南部	诗洞镇
学山坑	Xué Shān Kēng	山谷、谷地	怀集县政府驻地西南部	诗洞镇
琴率埇	Qínlǜyǒng	山谷、谷地	怀集县政府驻地西南部	诗洞镇
南泼坑	Nánpō Kēng	山谷、谷地	怀集县政府驻地西南部	诗洞镇
万就埇	Wànjiùyǒng	山谷、谷地	怀集县政府驻地西南部	诗洞镇
石岛	Shídǎo	山谷、谷地	怀集县政府驻地西南部	诗洞镇
石脚坑	Shíjiǎo Kēng	山谷、谷地	怀集县政府驻地西南部	诗洞镇
双墩坑	Shuāngdūn Kēng	山谷、谷地	怀集县政府驻地西南部	诗洞镇
万安寨坑	Wàn'ānzhài Kēng	山谷、谷地	怀集县政府驻地西南部	诗洞镇
凤南	Fèngnán	山谷、谷地	怀集县政府驻地西南部	诗洞镇
近砧坑	Jìnzhēn Kēng	山谷、谷地	怀集县政府驻地西南部	诗洞镇
长坑	Zhǎngkēng	山谷、谷地	怀集县政府驻地西南部	诗洞镇
白头坑	Báitóu Kēng	山谷、谷地	怀集县政府驻地西南部	诗洞镇
沉白坑	Chénbái Kēng	山谷、谷地	怀集县政府驻地西南部	诗洞镇
黄磨坑	Huángmó Kēng	山谷、谷地	怀集县政府驻地西南部	诗洞镇
皮熟坑	Píshú Kēng	山谷、谷地	怀集县政府驻地西南部	诗洞镇
文石坑	Wénshí Kēng	山谷、谷地	怀集县政府驻地西南部	诗洞镇
水坑	Shuǐkēng	山谷、谷地	怀集县政府驻地西南部	诗洞镇
琴弄坑	Qínnòng Kēng	山谷、谷地	怀集县政府驻地西南部	诗洞镇
学校洼	Xuéxiàowā	山谷、谷地	怀集县政府驻地西南部	诗洞镇
南炉坑	Nánlú Kēng	山谷、谷地	怀集县政府驻地西南部	诗洞镇
金竹洼	Jīnzhúwā	山谷、谷地	怀集县政府驻地西南部	诗洞镇
上面坑	Shàngmiàn Kēng	山谷、谷地	怀集县政府驻地西南部	诗洞镇
双砧坑	Shuāngzhēn Kēng	山谷、谷地	怀集县政府驻地西南部	诗洞镇
石岩坑	Shíyán Kēng	山谷、谷地	怀集县政府驻地西南部	诗洞镇
火鸭坑	Huǒyā Kēng	山谷、谷地	怀集县政府驻地西南部	诗洞镇
双弄坑	Shuāngnòng Kēng	山谷、谷地	怀集县政府驻地西南部	诗洞镇
逢四坑	Féngsì Kēng	山谷、谷地	怀集县政府驻地西南部	诗洞镇
金榜坑	Jīnbǎng Kēng	山谷、谷地	怀集县政府驻地西南部	诗洞镇

（续上表）

标准名称	汉语拼音	地名类别	相对位置	所在（跨）行政区
蜡杆洞	Làgǎn Dòng	山谷、谷地	怀集县政府驻地西南部	诗洞镇
沉氽坑	Chéncuān Kēng	山谷、谷地	怀集县政府驻地西南部	诗洞镇
双长	Shuāngzhǎng	山谷、谷地	怀集县政府驻地西南部	诗洞镇
三东	Sāndōng	山谷、谷地	怀集县政府驻地西南部	诗洞镇
双商	Shuāngshāng	山谷、谷地	怀集县政府驻地西南部	诗洞镇
六林埇	Liùlínyǒng	山谷、谷地	怀集县政府驻地西南部	诗洞镇
打户坑	Dǎhù Kēng	山谷、谷地	怀集县政府驻地西南部	诗洞镇
木格窝	Mùgé Wō	山谷、谷地	怀集县政府驻地西南部	诗洞镇
双传	Shuāngchuán	山谷、谷地	怀集县政府驻地西南部	诗洞镇
马迳坑	Mǎjìng Kēng	山谷、谷地	怀集县政府驻地西南部	诗洞镇
罗八坑	Luóbā Kēng	山谷、谷地	怀集县政府驻地西南部	诗洞镇
富雅坑	Fùyǎ Kēng	山谷、谷地	怀集县政府驻地西南部	诗洞镇
沉春坑	Chénchūn Kēng	山谷、谷地	怀集县政府驻地西南部	诗洞镇
南坑	Nánkēng	山谷、谷地	怀集县政府驻地西南部	诗洞镇
级罗洼	Jíluówā	山谷、谷地	怀集县政府驻地西南部	诗洞镇
森坳	Sēn'ào	山谷、谷地	怀集县政府驻地西南部	诗洞镇
南泼	Nánpō	山谷、谷地	怀集县政府驻地西南部	诗洞镇
洼帽	Wāmào	山谷、谷地	怀集县政府驻地西南部	诗洞镇
金磅	Jīnpáng	山谷、谷地	怀集县政府驻地西南部	诗洞镇
塘杆	Tánggǎn	山谷、谷地	怀集县政府驻地西南部	诗洞镇
金匹坑	Jīnpǐ Kēng	山谷、谷地	怀集县政府驻地西南部	诗洞镇
旱埇墩	Hànyǒngdūn	山谷、谷地	怀集县政府驻地东北部	连麦镇
分水坳	Fènshuǐ Ào	山谷、谷地	怀集县政府驻地东北部	连麦镇
山伯坳	Shānbó Ào	山谷、谷地	怀集县政府驻地东北部	连麦镇
王四塘	Wángsì Táng	山谷、谷地	怀集县政府驻地北部	连麦镇
什洞	Shídòng	山谷、谷地	怀集县政府驻地北部	连麦镇
新路背埇	Xīnlùbèiyǒng	山谷、谷地	怀集县政府驻地东北部	连麦镇
深埇	Shēnyǒng	山谷、谷地	怀集县政府驻地东北部	连麦镇
野鬼埇	Yěguǐyǒng	山谷、谷地	怀集县政府驻地东北部	连麦镇
塘头埇	Tángtóuyǒng	山谷、谷地	怀集县政府驻地东北部	连麦镇

(续上表)

标准名称	汉语拼音	地名类别	相对位置	所在(跨)行政区
大坡坑	Dàpō Kēng	山谷、谷地	怀集县政府驻地东北部	连麦镇
黄泥坑	Huángní Kēng	山谷、谷地	怀集县政府驻地东北部	连麦镇
南坑埇	Nánkēngyǒng	山谷、谷地	怀集县政府驻地东北部	连麦镇
山猪埇	Shān zhūyǒng	山谷、谷地	怀集县政府驻地东北部	连麦镇
塘沟埇	Tánggōuyǒng	山谷、谷地	怀集县政府驻地东北部	连麦镇
牛绳坑	Niúshéng Kēng	山谷、谷地	怀集县政府驻地东北部	连麦镇
平山坑	Píngshān Kēng	山谷、谷地	怀集县政府驻地东北部	连麦镇
黑埇坑	Hēiyǒng Kēng	山谷、谷地	怀集县政府驻地东北部	连麦镇
大石埇	Dàshíyǒng	山谷、谷地	怀集县政府驻地东北部	连麦镇
丫干坑	Yāgàn Kēng	山谷、谷地	怀集县政府驻地东北部	连麦镇
虾公坑	Xiāgōng Kēng	山谷、谷地	怀集县政府驻地东北部	连麦镇
风门坳	Fēngmén Ào	山谷、谷地	怀集县政府驻地东北部	连麦镇
大头坑	Dàtóu Kēng	山谷、谷地	怀集县政府驻地东北部	连麦镇
竹埇	Zhúyǒng	山谷、谷地	怀集县政府驻地东北部	连麦镇
李长坑	Lǐzhǎng Kēng	山谷、谷地	怀集县政府驻地东北部	连麦镇
桃花塘	Táohuā Táng	山谷、谷地	怀集县政府驻地北部	连麦镇
下塘	Xiàtáng	山谷、谷地	怀集县政府驻地北部	连麦镇
黄竹迳	Huángzhújìng	山谷、谷地	怀集县政府驻地北部	连麦镇
柴尾塘	Cháiwěi Táng	山谷、谷地	怀集县政府驻地北部	连麦镇
老虎头	Lǎohǔtóu	山谷、谷地	怀集县政府驻地北部	连麦镇
六运塘	Liùyùn Táng	山谷、谷地	怀集县政府驻地北部	连麦镇
麻竹冲	Mázhúchōng	山谷、谷地	怀集县政府驻地东北部	连麦镇
山田冲	Shāntiánchōng	山谷、谷地	怀集县政府驻地西南部	闸岗镇
白藤岭	Báiténg Lǐng	山谷、谷地	怀集县政府驻地西南部	闸岗镇
架雕山	Jiàdiāo Shān	山谷、谷地	怀集县政府驻地西南部	闸岗镇
禾塘	Hétáng	山谷、谷地	怀集县政府驻地西南部	闸岗镇
小利坑	Xiǎolì Kēng	山谷、谷地	怀集县政府驻地东北部	汶朗镇
合掌坑	Hézhǎng Kēng	山谷、谷地	怀集县政府驻地东北部	汶朗镇
下坑	Xiàkēng	山谷、谷地	怀集县政府驻地东北部	汶朗镇
石坳坑	Shí'ào Kēng	山谷、谷地	怀集县政府驻地东北部	汶朗镇

（续上表）

标准名称	汉语拼音	地名类别	相对位置	所在(跨)行政区
观音坑	Guānyīn Kēng	山谷、谷地	怀集县政府驻地东北部	汶朗镇
牛温坑	Niúwēn Kēng	山谷、谷地	怀集县政府驻地东北部	汶朗镇
大塘坑	Dàtáng Kēng	山谷、谷地	怀集县政府驻地东北部	汶朗镇
凿石坑	Záoshí Kēng	山谷、谷地	怀集县政府驻地东北部	汶朗镇
老虎埇	Lǎohǔyǒng	山谷、谷地	怀集县政府驻地东北部	汶朗镇
玉叶坑	Yùyè Kēng	山谷、谷地	怀集县政府驻地东北部	汶朗镇
水老坑	Shuǐlǎo Kēng	山谷、谷地	怀集县政府驻地东北部	汶朗镇
大埇	Dàyǒng	山谷、谷地	怀集县政府驻地东北部	汶朗镇
水坑	Shuǐkēng	山谷、谷地	怀集县政府驻地东北部	汶朗镇
正坑	Zhèngkēng	山谷、谷地	怀集县政府驻地东北部	汶朗镇
罗车坑	Luóchē Kēng	山谷、谷地	怀集县政府驻地东北部	汶朗镇
佛仔埇	Fózǎiyǒng	山谷、谷地	怀集县政府驻地东北部	汶朗镇
麻四坑	Másì Kēng	山谷、谷地	怀集县政府驻地东北部	汶朗镇
办塘埇	Bàntángyǒng	山谷、谷地	怀集县政府驻地东北部	汶朗镇
尾头坑	Wěitóu Kēng	山谷、谷地	怀集县政府驻地东北部	汶朗镇
灯龙埇	Dēnglóngyǒng	山谷、谷地	怀集县政府驻地东北部	汶朗镇
下懒埇	Xiàlǎnyǒng	山谷、谷地	怀集县政府驻地东北部	汶朗镇
槐枝埇	Huáizhīyǒng	山谷、谷地	怀集县政府驻地东北部	汶朗镇
旱埇	Hànyǒng	山谷、谷地	怀集县政府驻地东北部	汶朗镇
出水埇	Chūshuǐyǒng	山谷、谷地	怀集县政府驻地东北部	汶朗镇
甘果埇	Gānguǒyǒng	山谷、谷地	怀集县政府驻地东北部	汶朗镇
石件埇	Shíjiànyǒng	山谷、谷地	怀集县政府驻地东北部	汶朗镇
大蛇埇	Dàshéyǒng	山谷、谷地	怀集县政府驻地东北部	汶朗镇
亚秀埇	Yàxiùyǒng	山谷、谷地	怀集县政府驻地东北部	汶朗镇
长埇	Chángyǒng	山谷、谷地	怀集县政府驻地东北部	汶朗镇
木界塘	Mùjiè Táng	山谷、谷地	怀集县政府驻地东北部	汶朗镇
石挞塘	Shítà Táng	山谷、谷地	怀集县政府驻地东北部	汶朗镇
犁三埇	Lísānyǒng	山谷、谷地	怀集县政府驻地东北部	汶朗镇
乌山坑	Wūshān kēng	山谷、谷地	怀集县政府驻地东北部	汶朗镇
赤脚埇	Chìjiǎoyǒng	山谷、谷地	怀集县政府驻地东北部	汶朗镇

（续上表）

标准名称	汉语拼音	地名类别	相对位置	所在（跨）行政区
解胜坑	Jiěshèng Kēng	山谷、谷地	怀集县政府驻地东北部	汶朗镇
凹埇	Āoyǒng	山谷、谷地	怀集县政府驻地东北部	汶朗镇
亚公埇	Yàgōngyǒng	山谷、谷地	怀集县政府驻地东北部	汶朗镇
石贡塘	Shígòng Táng	山谷、谷地	怀集县政府驻地东北部	汶朗镇
牛圳埇	Niúzhènyǒng	山谷、谷地	怀集县政府驻地东北部	汶朗镇
和大埇	Hédàyǒng	山谷、谷地	怀集县政府驻地东北部	汶朗镇
沙地埇	Shādìyǒng	山谷、谷地	怀集县政府驻地东北部	汶朗镇
稔仔塘	Rěnzǎi Táng	山谷、谷地	怀集县政府驻地东北部	汶朗镇
山塘坑	Shāntáng Kēng	山谷、谷地	怀集县政府驻地东北部	汶朗镇
屋头埇	Wūtóuyǒng	山谷、谷地	怀集县政府驻地东北部	汶朗镇
崩岗埇	Bēnggǎngyǒng	山谷、谷地	怀集县政府驻地东北部	汶朗镇
骨蛇埇	Gǔshéyǒng	山谷、谷地	怀集县政府驻地东北部	汶朗镇
罗水埇	Luóshuǐyǒng	山谷、谷地	怀集县政府驻地东北部	汶朗镇
闸塘	Zhátáng	山谷、谷地	怀集县政府驻地东北部	汶朗镇
高山坑	Gāoshān Kēng	山谷、谷地	怀集县政府驻地东北部	汶朗镇
高塘	Gāotáng	山谷、谷地	怀集县政府驻地东北部	汶朗镇
六淹埇	Liùyānyǒng	山谷、谷地	怀集县政府驻地东北部	汶朗镇
莲塘	Liántáng	山谷、谷地	怀集县政府驻地东北部	汶朗镇
舍下埇	Shěxiàyǒng	山谷、谷地	怀集县政府驻地东北部	汶朗镇
什塘埇	Shítángyǒng	山谷、谷地	怀集县政府驻地东北部	汶朗镇
白更埇	Báigèngyǒng	山谷、谷地	怀集县政府驻地东北部	汶朗镇
力埇	Lìyǒng	山谷、谷地	怀集县政府驻地东北部	汶朗镇
孟生塘	Mèngshēng Táng	山谷、谷地	怀集县政府驻地东北部	汶朗镇
新塞塘	Xīnsāi Táng	山谷、谷地	怀集县政府驻地东北部	汶朗镇
罗洞坑	Luódòng Kēng	山谷、谷地	怀集县政府驻地东北部	汶朗镇
半甲埇	Bànjiǎyǒng	山谷、谷地	怀集县政府驻地东北部	汶朗镇
桥头埇	Qiáotóuyǒng	山谷、谷地	怀集县政府驻地东北部	汶朗镇
蛇仔坑	Shézǎi Kēng	山谷、谷地	怀集县政府驻地东北部	汶朗镇
岩舍坑	Yánshě Kēng	山谷、谷地	怀集县政府驻地东北部	汶朗镇
大坡坑	Dàpō Kēng	山谷、谷地	怀集县政府驻地东北部	汶朗镇

（续上表）

标准名称	汉语拼音	地名类别	相对位置	所在(跨)行政区
寨脚埇	Zhàijiǎoyǒng	山谷、谷地	怀集县政府驻地东北部	汶朗镇
铁炉塘	Tiělú Táng	山谷、谷地	怀集县政府驻地东北部	汶朗镇
青口山坑	Qīngkǒushān Kēng	山谷、谷地	怀集县政府驻地东北部	汶朗镇
大夫田	Dàfūtián	山谷、谷地	怀集县政府驻地东北部	汶朗镇
饭池界	Fànchíjiè	山峰	怀集县政府驻地西南部	桥头镇
严岭山	Yánlǐng Shān	山峰	怀集县政府驻地西南部	永固镇
三宝顶	Sānbǎo Dǐng	山峰	怀集县政府驻地西南部	永固镇
鳌岭	Áolǐng	山峰	怀集县政府驻地西南部	永固镇
尖峰顶	Jiānfēng Dǐng	山峰	怀集县政府驻地西南部	永固镇
大平头顶	Dàpíngtóu Dǐng	山峰	怀集县政府驻地东北部	洽水镇
天井坑尾	Tiānjǐng Kēngwěi	山峰	怀集县政府驻地东北部	洽水镇
占山顶	Zhànshān Dǐng	山峰	怀集县政府驻地东北部	洽水镇
狮子头	Shīzǐtóu	山峰	怀集县政府驻地东北部	洽水镇
牛二界	Niú'èrjiè	山峰	怀集县政府驻地东北部	洽水镇
界凹	Jiè'āo	山峰	怀集县政府驻地东北部	洽水镇
佛仔凹	Fózǎi'āo	山峰	怀集县政府驻地东北部	洽水镇
大卢山	Dàlú Shān	山峰	怀集县政府驻地东北部	洽水镇
望军山	Wàngjūn Shān	山峰	怀集县政府驻地东北部	洽水镇
大塝	Dàbàng	山峰	怀集县政府驻地东北部	洽水镇
大墩	Dàdūn	山峰	怀集县政府驻地东北部	洽水镇
韩信点兵	Hánxìndiǎnbīng	山峰	怀集县政府驻地东北部	洽水镇
麻思	Másī	山峰	怀集县政府驻地东北部	洽水镇
陈天公	Chéntiāngōng	山峰	怀集县政府驻地东北部	洽水镇
分水界	Fènshuǐjiè	山峰	怀集县政府驻地东北部	洽水镇
更仔洞	Gèngzǎi Dòng	山峰	怀集县政府驻地东北部	洽水镇
观音山	Guānyīn Shān	山峰	怀集县政府驻地东北部	洽水镇
白水村石羊顶	Báishuǐcūn-shíyáng Dǐng	山峰	怀集县政府驻地东北部	洽水镇
岩峙	Yánzhì	山峰	怀集县政府驻地东北部	洽水镇
黄梅顶	Huángméi Dǐng	山峰	怀集县政府驻地东北部	洽水镇

（续上表）

标准名称	汉语拼音	地名类别	相对位置	所在(跨)行政区
民埇坳	Mínyǒng Ào	山峰	怀集县政府驻地东北部	洽水镇
望天顶	Wàngtiān Dǐng	山峰	怀集县政府驻地东北部	洽水镇
木皮顶	Mùpí Dǐng	山峰	怀集县政府驻地东北部	洽水镇
鹅公头	Égōngtóu	山峰	怀集县政府驻地东北部	洽水镇
燕子顶	Yànzǐ Dǐng	山峰	怀集县政府驻地东北部	洽水镇
鸡公关	Jīgōngguān	山峰	怀集县政府驻地东北部	洽水镇
四方山	Sìfāng Shān	山峰	怀集县政府驻地东北部	洽水镇
青皮岭	Qīngpí Lǐng	山峰	怀集县政府驻地东北部	洽水镇
石羊顶	Shíyáng Dǐng	山峰	怀集县政府驻地东北部	洽水镇
六塘城	Liùtángchéng	山峰	怀集县政府驻地东北部	洽水镇
天堂顶	Tiāntáng Dǐng	山峰	怀集县政府驻地东北部	洽水镇
大风尖	Dàfēngjiān	山峰	怀集县政府驻地东北部	洽水镇
大坑峡	Dàkēngxiá	山峰	怀集县政府驻地东北部	洽水镇
婆太岭	Pótài Lǐng	山峰	怀集县政府驻地东北部	洽水镇
白石岭	Báishí Lǐng	山峰	怀集县政府驻地东北部	洽水镇
银佛松顶	Yínfósōng Dǐng	山峰	怀集县政府驻地东北部	洽水镇
看牛岭	Kànniú Lǐng	山峰	怀集县政府驻地东北部	洽水镇
大稠顶	Dàchóu Dǐng	山峰	怀集县政府驻地东北部	洽水镇
南佳坪	Nánjiā Píng	山峰	怀集县政府驻地东北部	洽水镇
石人坳	Shírén Ào	山峰	怀集县政府驻地东北部	洽水镇
石川下	Shíchuānxià	山峰	怀集县政府驻地东北部	洽水镇
铁思坪	Tiěsī Píng	山峰	怀集县政府驻地东北部	洽水镇
篱更坳	Lígèng Ào	山峰	怀集县政府驻地东北部	洽水镇
羊田坪	Yángtián Píng	山峰	怀集县政府驻地东北部	洽水镇
竹冲	Zhúchōng	山峰	怀集县政府驻地东北部	洽水镇
牛尾山	Niúwěi Shān	山峰	怀集县政府驻地东北部	洽水镇
歧山	Qíshān	山峰	怀集县政府驻地东北部	洽水镇
孖竹顶	Māzhú Dǐng	山峰	怀集县政府驻地西南部	诗洞镇
石根山	Shígēn Shān	山峰	怀集县政府驻地西南部	诗洞镇
金鸡顶	Jīnjī Dǐng	山峰	怀集县政府驻地西南部	诗洞镇

（续上表）

标准名称	汉语拼音	地名类别	相对位置	所在(跨)行政区
水浪顶	Shuǐlàng Dǐng	山峰	怀集县政府驻地西南部	诗洞镇
三瀑石	Sānbàoshí	山峰	怀集县政府驻地西南部	诗洞镇
七星岩顶	Qīxīngyán Dǐng	山峰	怀集县政府驻地西南部	诗洞镇
山猪大坑	Shānzhūdà Kēng	山峰	怀集县政府驻地西南部	诗洞镇
天厌顶	Tiānyàn Dǐng	山峰	怀集县政府驻地西南部	诗洞镇
东粉浪	Dōngfěnlàng	山峰	怀集县政府驻地西南部	诗洞镇
大口坳顶	Dàkǒu'ào Dǐng	山峰	怀集县政府驻地西南部	诗洞镇
青梅岭	Qīngméi Lǐng	山峰	怀集县政府驻地东北部	连麦镇
高排山	Gāopái Shān	山	怀集县政府驻地东北部	坳仔镇
水吹顶	Shuǐchuī Dǐng	山	怀集县政府驻地东南部	坳仔镇
调头顶	Diàotóu Dǐng	山	怀集县政府驻地东南部	坳仔镇
铁帽顶	Tiěmào Dǐng	山	怀集县政府驻地东南部	坳仔镇
洲春塝	Zhōuchūnbàng	山	怀集县政府驻地东南部	坳仔镇
观音山	Guānyīn Shān	山	怀集县政府驻地东南部	坳仔镇
权婆顶	Quánpó Dǐng	山	怀集县政府驻地东南部	坳仔镇
大更顶	Dàgèng Dǐng	山	怀集县政府驻地东南部	坳仔镇
旱埇	Hànyǒng	山	怀集县政府驻地东南部	坳仔镇
寨顶	Zhàidǐng	山	怀集县政府驻地东南部	坳仔镇
竹坪顶	Zhúpíng Dǐng	山	怀集县政府驻地东南部	坳仔镇
高崀塝顶	Gāolàngbàng Dǐng	山	怀集县政府驻地东南部	坳仔镇
企冲顶	Qǐchōng Dǐng	山	怀集县政府驻地东南部	坳仔镇
铁炉顶	Tiělú Dǐng	山	怀集县政府驻地东南部	坳仔镇
旧屋坪背	Jiùwūpíngbèi	山	怀集县政府驻地东南部	坳仔镇
文埇	Wényǒng	山	怀集县政府驻地东南部	坳仔镇
观文埇顶	Guānwényǒng Dǐng	山	怀集县政府驻地东南部	坳仔镇
同企埇顶	Tóngqǐyǒng Dǐng	山	怀集县政府驻地东南部	坳仔镇
水塝	Shuǐbàng	山	怀集县政府驻地东南部	坳仔镇
滩头埇顶	Tāntóuyǒng Dǐng	山	怀集县政府驻地东南部	坳仔镇
田洞塝	Tiándòngbàng	山	怀集县政府驻地东南部	坳仔镇

（续上表）

标准名称	汉语拼音	地名类别	相对位置	所在（跨）行政区
鹤步顶	Hèbù Dǐng	山	怀集县政府驻地东南部	坳仔镇
火烧顶	Huǒshāo Dǐng	山	怀集县政府驻地东南部	坳仔镇
后杆埇顶	Hòugǎnyǒng Dǐng	山	怀集县政府驻地东南部	坳仔镇
双对顶	Shuāngduì Dǐng	山	怀集县政府驻地东南部	坳仔镇
伯公顶	Bógōng Dǐng	山	怀集县政府驻地东南部	坳仔镇
大岗洼	Dàgǎngwā	山	怀集县政府驻地东南部	坳仔镇
塘仔顶	Tángzǎi Dǐng	山	怀集县政府驻地东南部	坳仔镇
进行顶	Jìnháng Dǐng	山	怀集县政府驻地东南部	坳仔镇
豆腐磨	Dòufǔmó	山	怀集县政府驻地东南部	坳仔镇
沙四顶	Shāsì Dǐng	山	怀集县政府驻地东南部	坳仔镇
金鸡头	Jīnjītóu	山	怀集县政府驻地东南部	坳仔镇
黄鹰美	Huángyīngměi	山	怀集县政府驻地东南部	坳仔镇
桐油埇	Tóngyóuyǒng	山	怀集县政府驻地东南部	坳仔镇
白象	Báixiàng	山	怀集县政府驻地东南部	坳仔镇
单稼埇	Dānjiàyǒng	山	怀集县政府驻地东南部	坳仔镇
风饭埇	Fēngfànyǒng	山	怀集县政府驻地东南部	坳仔镇
大蕉埇	Dàjiāoyǒng	山	怀集县政府驻地东南部	坳仔镇
黄应岭	Huángyīng Lǐng	山	怀集县政府驻地东南部	坳仔镇
园墩顶	Yuándūn Dǐng	山	怀集县政府驻地东南部	坳仔镇
大水岭	Dàshuǐ Lǐng	山	怀集县政府驻地东南部	坳仔镇
马安顶	Mǎ'ān Dǐng	山	怀集县政府驻地东南部	坳仔镇
黎塘塝	Lítángbàng	山	怀集县政府驻地东南部	坳仔镇
高塘顶	Gāotáng Dǐng	山	怀集县政府驻地东南部	坳仔镇
水瓜顶	Shuǐguā Dǐng	山	怀集县政府驻地东南部	坳仔镇
鸡木埇	Jīmùyǒng	山	怀集县政府驻地东南部	坳仔镇
王鹿岭	Wánglù Lǐng	山	怀集县政府驻地东南部	坳仔镇
犁公顶	Lígōng Dǐng	山	怀集县政府驻地东南部	坳仔镇
湖北顶	Húběi Dǐng	山	怀集县政府驻地东南部	坳仔镇
后岗埇	Hòugǎngyǒng	山	怀集县政府驻地东南部	坳仔镇
八粒顶	Bālì Dǐng	山	怀集县政府驻地东南部	坳仔镇

(续上表)

标准名称	汉语拼音	地名类别	相对位置	所在(跨)行政区
李柞顶	Lǐzhà Dǐng	山	怀集县政府驻地东南部	坳仔镇
凉水塝	Liángshuǐbàng	山	怀集县政府驻地东南部	坳仔镇
三槛石	Sānkǎnshí	山	怀集县政府驻地东南部	坳仔镇
松光顶	Sōngguāng Dǐng	山	怀集县政府驻地东南部	坳仔镇
铁芦埇	Tiělúyǒng	山	怀集县政府驻地东南部	坳仔镇
寨塝	Zhàibàng	山	怀集县政府驻地东南部	坳仔镇
寨厅顶	Zhàitīng Dǐng	山	怀集县政府驻地东南部	坳仔镇
边桂	Biānguì	山	怀集县政府驻地东南部	坳仔镇
柳菜	Liǔcài	山	怀集县政府驻地东南部	坳仔镇
麻竹山	Mázhú Shān	山	怀集县政府驻地东南部	坳仔镇
农兴	Nóngxìng	山	怀集县政府驻地东南部	坳仔镇
上更	Shànggèng	山	怀集县政府驻地东南部	坳仔镇
苏汶埇	Sūwènyǒng	山	怀集县政府驻地东南部	坳仔镇
西丫	Xīyā	山	怀集县政府驻地东南部	坳仔镇
十婆更	Shípógèng	山	怀集县政府驻地东南部	坳仔镇
料角埇	Liàojiǎoyǒng	山	怀集县政府驻地东南部	坳仔镇
南坑埇	Nánkēngyǒng	山	怀集县政府驻地东南部	坳仔镇
大坪埇	Dàpíngyǒng	山	怀集县政府驻地东南部	坳仔镇
柳九埇	Liǔjiǔyǒng	山	怀集县政府驻地东南部	坳仔镇
山客埇	Shānkèyǒng	山	怀集县政府驻地东南部	坳仔镇
黄牛尾顶	Huángniúwěi Dǐng	山	怀集县政府驻地东南部	坳仔镇
山焦冲	Shānjiāochōng	山	怀集县政府驻地东南部	坳仔镇
园墩山	Yuándūn Shān	山	怀集县政府驻地东南部	坳仔镇
杉埇山	Shānyǒng Shān	山	怀集县政府驻地东南部	坳仔镇
文贵顶	Wénguì Dǐng	山	怀集县政府驻地东南部	坳仔镇
石挞	Shítà	山	怀集县政府驻地东南部	坳仔镇
白芒山	Báimáng Shān	山	怀集县政府驻地东南部	坳仔镇
塘含埇	Tánghányǒng	山	怀集县政府驻地东南部	坳仔镇
大浪顶	Dàlàng Dǐng	山	怀集县政府驻地东南部	坳仔镇
崩岗	Bēnggǎng	山	怀集县政府驻地西南部	大岗镇

（续上表）

标准名称	汉语拼音	地名类别	相对位置	所在(跨)行政区
石塘山	Shítáng Shān	山	怀集县政府驻地西南部	大岗镇
石银山	Shíyín Shān	山	怀集县政府驻地西南部	大岗镇
深埇界	Shēnyǒngjiè	山	怀集县政府驻地西南部	大岗镇
白鹤头	Báihètóu	山	怀集县政府驻地西南部	大岗镇
黄珩	Huánghéng	山	怀集县政府驻地西南部	大岗镇
堂冲	Tángchōng	山	怀集县政府驻地西南部	大岗镇
正岭	Zhènglǐng	山	怀集县政府驻地西南部	大岗镇
黄坭山	Huángní Shān	山	怀集县政府驻地西南部	大岗镇
松时	Sōngshí	山	怀集县政府驻地正西部	大岗镇
冷水山	Lěngshuǐ Shān	山	怀集县政府驻地正西部	大岗镇
堋坭山	Péngní Shān	山	怀集县政府驻地正西部	大岗镇
潭拉山	Tánlā Shān	山	怀集县政府驻地正西部	大岗镇
蛤退山	Hátuì Shān	山	怀集县政府驻地正西部	大岗镇
山仔山	Shānzǎi Shān	山	怀集县政府驻地正西部	大岗镇
屋后山	Wūhòu Shān	山	怀集县政府驻地正西部	大岗镇
庙岭山	Miàolǐng Shān	山	怀集县政府驻地正西部	大岗镇
潭陈山	Tánchén Shān	山	怀集县政府驻地正西部	大岗镇
大朗山	Dàlǎng Shān	山	怀集县政府驻地正西部	大岗镇
谭皮	Tánpí	山	怀集县政府驻地西南部	大岗镇
九夹岭	Jiǔjiá Lǐng	山	怀集县政府驻地西南部	大岗镇
交椅山	Jiāoyǐ Shān	山	怀集县政府驻地西南部	大岗镇
白腾山	Báiténg Shān	山	怀集县政府驻地西南部	大岗镇
柯飞寨	Kēfēizhài	山	怀集县政府西北部	大岗镇
深埇	Shēnyǒng	山	怀集县政府驻地西南部	大岗镇
天马顶	Tiānmǎ Dǐng	山	怀集县政府驻地西南部	大岗镇
大白塝	Dàbáibàng	山	怀集县政府驻地西南部	大岗镇
白鹤顶	Báihè Dǐng	山	怀集县政府驻地西南部	大岗镇
崀顶	Làngdǐng	山	怀集县政府驻地西南部	大岗镇
大伞	Dàsǎn	山	怀集县政府驻地西南部	大岗镇
大岭山	Dàlǐng Shān	山	怀集县政府驻地西南部	大岗镇

(续上表)

标准名称	汉语拼音	地名类别	相对位置	所在(跨)行政区
大庙岭	Dàmiào Lǐng	山	怀集县政府驻地西南部	大岗镇
蛇头山	Shétóu Shān	山	怀集县政府驻地西南部	大岗镇
大岭	Dàlǐng	山	怀集县政府驻地西南部	大岗镇
三桥岩	Sānqiáoyán	山	怀集县政府驻地西南部	大岗镇
饭池顶	Fànchí Dǐng	山	怀集县政府驻地西南部	大岗镇
三岗顶	Sāngǎng Dǐng	山	怀集县政府驻地西北部	蓝钟镇
百文冲	Bǎiwénchōng	山	怀集县政府驻地西北部	蓝钟镇
古城村大冲山	Gǔchéngcūn-dàchōng Shān	山	怀集县政府驻地西北部	蓝钟镇
神楼	Shénlóu	山	怀集县政府驻地西北部	蓝钟镇
古城村山伯顶	Gǔchéngcūn Shānbó Dǐng	山	怀集县政府驻地西北部	蓝钟镇
大界	Dàjiè	山	怀集县政府驻地西北部	蓝钟镇
东江	Dōngjiāng	山	怀集县政府驻地西北部	蓝钟镇
三岳顶	Sānyuè Dǐng	山	怀集县政府驻地西北部	蓝钟镇
二岳顶	Èryuè Dǐng	山	怀集县政府驻地西北部	蓝钟镇
上王四	Shàngwángsì	山	怀集县政府驻地西北部	蓝钟镇
大山顶	DàShān Dǐng	山	怀集县政府驻地西北部	蓝钟镇
黄牛旗	Huángniúqí	山	怀集县政府驻地西北部	蓝钟镇
七星岗	Qīxīnggǎng	山	怀集县政府驻地西北部	蓝钟镇
老黄顶	Lǎohuáng Dǐng	山	怀集县政府驻地西北部	蓝钟镇
架对冲	Jiàduìchōng	山	怀集县政府驻地西北部	蓝钟镇
显冲	Xiǎnchōng	山	怀集县政府驻地西北部	蓝钟镇
黄坭田	Huángnítián	山	怀集县政府驻地西北部	蓝钟镇
黄连冲	Huángliánchōng	山	怀集县政府驻地西北部	蓝钟镇
岳荒	Yuèhuāng	山	怀集县政府驻地西北部	蓝钟镇
山坪	Shānpíng	山	怀集县政府驻地西北部	蓝钟镇
了兰冲	Lelánchōng	山	怀集县政府驻地西北部	蓝钟镇
桂洲冲	Guìzhōuchōng	山	怀集县政府驻地西北部	蓝钟镇
得良冲	Déliángchōng	山	怀集县政府驻地西北部	蓝钟镇

(续上表)

标准名称	汉语拼音	地名类别	相对位置	所在(跨)行政区
风暴冲	Fēngbàochōng	山	怀集县政府驻地西北部	蓝钟镇
牙了冲	Yálechōng	山	怀集县政府驻地西北部	蓝钟镇
甘仔	Gānzǎi	山	怀集县政府驻地西北部	蓝钟镇
风暴社	Fēngbàoshè	山	怀集县政府驻地西北部	蓝钟镇
桂冲	Guìchōng	山	怀集县政府驻地西北部	蓝钟镇
下杉坪	Xiàshān Píng	山	怀集县政府驻地西北部	蓝钟镇
上杉坪	Shàngshān Píng	山	怀集县政府驻地西北部	蓝钟镇
杉坪	Shānpíng	山	怀集县政府驻地西北部	蓝钟镇
大车肚	Dàchēdù	山	怀集县政府驻地西北部	蓝钟镇
石鼓冲	Shígǔchōng	山	怀集县政府驻地西北部	蓝钟镇
田庄	Tiánzhuāng	山	怀集县政府驻地西北部	蓝钟镇
高岭冲	Gāolǐngchōng	山	怀集县政府驻地西北部	蓝钟镇
横冲	Héngchōng	山	怀集县政府驻地西北部	蓝钟镇
跑马冲	Pǎomǎchōng	山	怀集县政府驻地西北部	蓝钟镇
龙奈冲	Lóngnàichōng	山	怀集县政府驻地西北部	蓝钟镇
石人顶	Shírén Dǐng	山	怀集县政府驻地西北部	蓝钟镇
狮子头	Shīzǐtóu	山	怀集县政府驻地西北部	蓝钟镇
显牌冲	Xiǎnpáichōng	山	怀集县政府驻地西北部	蓝钟镇
大塘顶	Dàtáng Dǐng	山	怀集县政府西北米	蓝钟镇
苦竹	Kǔzhú	山	怀集县政府驻地西北部	蓝钟镇
大界岭	Dàjiè Lǐng	山	怀集县政府驻地西北部	蓝钟镇
山田	Shāntián	山	怀集县政府驻地西北部	蓝钟镇
野里坪	Yělǐ Píng	山	怀集县政府驻地西北部	蓝钟镇
郎伞顶	Lángsǎn Dǐng	山	怀集县政府驻地西北部	蓝钟镇
高山顶	Gāoshān Dǐng	山	怀集县政府驻地西北部	蓝钟镇
大崩	Dàbēng	山	怀集县政府驻地西北部	蓝钟镇
大埇山	Dàyǒng Shān	山	怀集县政府驻地西北部	蓝钟镇
根竹坪	Gēnzhú Píng	山	怀集县政府驻地西北部	蓝钟镇
双髻顶	Shuāngjì Dǐng	山	怀集县政府驻地西北部	蓝钟镇
六瑶山	Liùyáo Shān	山	怀集县政府驻地西北部	蓝钟镇

(续上表)

标准名称	汉语拼音	地名类别	相对位置	所在(跨)行政区
六细山	Liùxì Shān	山	怀集县政府驻地西北部	蓝钟镇
白坟冲	Báifénchōng	山	怀集县政府驻地西北部	蓝钟镇
捉芒顶	Zhuōmáng Dǐng	山	怀集县政府驻地西北部	蓝钟镇
水冲	Shuǐchōng	山	怀集县政府驻地西北部	蓝钟镇
中间峡	Zhōngjiānxiá	山	怀集县政府驻地西北部	蓝钟镇
园郎	Yuánláng	山	怀集县政府驻地西北部	蓝钟镇
曲湾	Qǔwān	山	怀集县政府驻地西北部	蓝钟镇
旱禾冲	Hànhéchōng	山	怀集县政府驻地西北部	蓝钟镇
川圳	Chuānzhèn	山	怀集县政府驻地西北部	蓝钟镇
猪六冲	Zhūliùchōng	山	怀集县政府驻地西北部	蓝钟镇
吃水冲	Chīshuǐchōng	山	怀集县政府驻地西北部	蓝钟镇
架简埇	Jiàjiǎnyǒng	山	怀集县政府驻地西北部	蓝钟镇
太平村高山	Tàipíngcūngāo Shān	山	怀集县政府驻地西北部	蓝钟镇
灯高	Dēnggāo	山	怀集县政府驻地西北部	蓝钟镇
滑油	Huáyóu	山	怀集县政府驻地西北部	蓝钟镇
兴汉	Xìnghàn	山	怀集县政府驻地西北部	蓝钟镇
头岳	Tóuyuè	山	怀集县政府驻地西北部	蓝钟镇
白石顶	Báishí Dǐng	山	怀集县政府驻地西北部	蓝钟镇
正埇	Zhèngyǒng	山	怀集县政府驻地西北部	蓝钟镇
大桥头	Dàqiáotóu	山	怀集县政府驻地西北部	蓝钟镇
鸭洞	Yādòng	山	怀集县政府驻地西北部	蓝钟镇
薄竹仔	Báozhúzǎi	山	怀集县政府驻地西北部	蓝钟镇
鱼跳峡	Yútiàoxiá	山	怀集县政府驻地西北部	蓝钟镇
大榄	Dàlǎn	山	怀集县政府驻地西北部	蓝钟镇
木堆	Mùduī	山	怀集县政府驻地西北部	蓝钟镇
巡司	Xúnsī	山	怀集县政府驻地西北部	蓝钟镇
尽水尾	Jìnshuǐwěi	山	怀集县政府驻地西北部	蓝钟镇
石杰岗坳	Shíjiégǎng Ào	山	怀集县政府驻地西北部	蓝钟镇
火烟坟	Huǒyānfén	山	怀集县政府驻地西北部	冷坑镇
六祖山	Liùzǔ Shān	山	怀集县政府驻地西北部	冷坑镇

（续上表）

标准名称	汉语拼音	地名类别	相对位置	所在(跨)行政区
深微山垌	Shēnwēishānyǒng	山	怀集县政府驻地西北部	冷坑镇
石梯山	Shítī Shān	山	怀集县政府驻地西北部	冷坑镇
谭官垌	Tánguānyǒng	山	怀集县政府驻地西北部	冷坑镇
龟咀岭	Guījǔ Lǐng	山	怀集县政府驻地西北部	冷坑镇
观音岭	Guānyīn Lǐng	山	怀集县政府驻地西北部	冷坑镇
龟咀	Guījǔ	山	怀集县政府驻地西北部	冷坑镇
鸡咀岭	Jījǔ Lǐng	山	怀集县政府驻地西北部	冷坑镇
孔德岭	Kǒngdé Lǐng	山	怀集县政府驻地西北部	冷坑镇
龙潭岭	Lóngtán Lǐng	山	怀集县政府驻地西北部	冷坑镇
马鞍岭	Mǎān Lǐng	山	怀集县政府驻地西北部	冷坑镇
牛头岭	Niútóu Lǐng	山	怀集县政府驻地西北部	冷坑镇
热勃岭	Rèbó Lǐng	山	怀集县政府驻地西北部	冷坑镇
谭任	Tánrèn	山	怀集县政府驻地西北部	冷坑镇
成贤村寨岭	Chéngxiáncūnzhài Lǐng	山	怀集县政府驻地西北部	冷坑镇
长冲岭	Zhǎngchōng Lǐng	山	怀集县政府驻地西北部	冷坑镇
蚂蝗垌	Mǎhuángyǒng	山	怀集县政府驻地西北部	冷坑镇
矮英冲	ǎiyīngchōng	山	怀集县政府驻地西北部	冷坑镇
冲仔	Chōngzǎi	山	怀集县政府驻地西北部	冷坑镇
大凤山	Dàfēng Shān	山	怀集县政府驻地西北部	冷坑镇
大岭后	Dàlǐnghòu	山	怀集县政府驻地西北部	冷坑镇
大岭前	Dàlǐngqián	山	怀集县政府驻地西北部	冷坑镇
大其	Dàqí	山	怀集县政府驻地西北部	冷坑镇
大一	Dàyī	山	怀集县政府驻地西北部	冷坑镇
独岭	Dúlǐng	山	怀集县政府驻地西北部	冷坑镇
短冲	Duǎnchōng	山	怀集县政府驻地西北部	冷坑镇
岗禾岭	Gǎnghé Lǐng	山	怀集县政府驻地西北部	冷坑镇
黑石	Hēishí	山	怀集县政府驻地西北部	冷坑镇
红村村横冲	Hóngcūncūn-héngchōng	山	怀集县政府驻地西北部	冷坑镇
后塘仔	Hòutángzǎi	山	怀集县政府驻地西北部	冷坑镇

（续上表）

标准名称	汉语拼音	地名类别	相对位置	所在(跨)行政区
柯木根	Kēmùgēn	山	怀集县政府驻地西北部	冷坑镇
七蝉燕	Qīchányàn	山	怀集县政府驻地西北部	冷坑镇
钳冲	Qiánchōng	山	怀集县政府驻地西北部	冷坑镇
长冲	Zhǎngchōng	山	怀集县政府驻地西北部	冷坑镇
竹冲	Zhúchōng	山	怀集县政府驻地西北部	冷坑镇
高岭	Gāolǐng	山	怀集县政府驻地西北部	冷坑镇
后岗岭	Hòugǎng Lǐng	山	怀集县政府驻地西北部	冷坑镇
将军岭	Jiāngjūn Lǐng	山	怀集县政府驻地西北部	冷坑镇
良伞	Liángsǎn	山	怀集县政府驻地西北部	冷坑镇
庙岭	Miàolǐng	山	怀集县政府驻地西北部	冷坑镇
上文岭	Shàngwén Lǐng	山	怀集县政府驻地西北部	冷坑镇
覃坪顶	Tánpíng Dǐng	山	怀集县政府驻地西北部	冷坑镇
覃中	Tánzhōng	山	怀集县政府驻地西北部	冷坑镇
先峰岭	Xiānfēng Lǐng	山	怀集县政府驻地西北部	冷坑镇
油云岭	Yóuyún Lǐng	山	怀集县政府驻地西北部	冷坑镇
崩岗岭	Bēnggǎng Lǐng	山	怀集县政府驻地西北部	冷坑镇
江山村大岭	Jiāngshāncūndà Lǐng	山	怀集县政府驻地西北部	冷坑镇
火洞冲	Huǒdòngchōng	山	怀集县政府驻地西北部	冷坑镇
咀岭	Jǔlǐng	山	怀集县政府驻地西北部	冷坑镇
老虎中岭	Lǎohǔzhōng Lǐng	山	怀集县政府驻地西北部	冷坑镇
生鸡岭	Shēngjī Lǐng	山	怀集县政府驻地西北部	冷坑镇
石娜岭	Shínà Lǐng	山	怀集县政府驻地西北部	冷坑镇
屋后岭	Wūhòu Lǐng	山	怀集县政府驻地西北部	冷坑镇
虾公岭	Xiāgōng Lǐng	山	怀集县政府驻地西北部	冷坑镇
燕子岭	Yànzǐ Lǐng	山	怀集县政府驻地西北部	冷坑镇
东高	Dōnggāo	山	怀集县政府驻地西北部	冷坑镇
狗头窝	Gǒutóu Wō	山	怀集县政府驻地西北部	冷坑镇
龙岗村马鞍岭	Lónggǎngcūn-mǎ'ān Lǐng	山	怀集县政府驻地西北部	冷坑镇
石菅岭	Shíjiān Lǐng	山	怀集县政府驻地西北部	冷坑镇

（续上表）

标准名称	汉语拼音	地名类别	相对位置	所在(跨)行政区
文围岭	Wénwéi Lǐng	山	怀集县政府驻地西北部	冷坑镇
西瓜地	Xīguādì	山	怀集县政府驻地西北部	冷坑镇
谭沸山	Tánfèi Shān	山	怀集县政府驻地西北部	冷坑镇
谭四山	Tánsì Shān	山	怀集县政府驻地西北部	冷坑镇
谭住山	Tánzhù Shān	山	怀集县政府驻地西北部	冷坑镇
三坑村马鞍岭	Sānkēngcūnmǎ'ān Lǐng	山	怀集县政府驻地西北部	冷坑镇
庙旗岭	Miàoqí Lǐng	山	怀集县政府驻地西北部	冷坑镇
热背岭	Rèbèi Lǐng	山	怀集县政府驻地西北部	冷坑镇
石龙	Shílóng	山	怀集县政府驻地西北部	冷坑镇
三坑村天堂	Sānkēngcūntiāntáng	山	怀集县政府驻地西北部	冷坑镇
先锋顶	Xiānfēng Dǐng	山	怀集县政府驻地西北部	冷坑镇
亚九冲	Yàjiǔchōng	山	怀集县政府驻地西北部	冷坑镇
大州岭	Dàzhōu Lǐng	山	怀集县政府驻地西北部	冷坑镇
门韦山	Ménwéi Shān	山	怀集县政府驻地西北部	冷坑镇
素绿顶	Sùlǜ Dǐng	山	怀集县政府驻地西北部	冷坑镇
圣堂岭	Shèngtáng Lǐng	山	怀集县政府驻地西北部	冷坑镇
大洼岭	Dàwā Lǐng	山	怀集县政府驻地西北部	冷坑镇
记石岭	Jìshí Lǐng	山	怀集县政府驻地西北部	冷坑镇
石九岭	Shíjiǔ Lǐng	山	怀集县政府驻地西北部	冷坑镇
黄泥岭	Huángní Lǐng	山	怀集县政府驻地西北部	冷坑镇
沙仔岭	Shāzǎi Lǐng	山	怀集县政府驻地西北部	冷坑镇
蛇背	Shébèi	山	怀集县政府驻地西北部	冷坑镇
羊归岭	Yángguī Lǐng	山	怀集县政府驻地西北部	冷坑镇
鱼尾岭	Yúwěi Lǐng	山	怀集县政府驻地西北部	冷坑镇
大冲	Dàchōng	山	怀集县政府驻地西北部	冷坑镇
横岗	Hénggǎng	山	怀集县政府驻地西北部	冷坑镇
桐光村寨岭	Tóngguāngcūnzhài Lǐng	山	怀集县政府驻地西北部	冷坑镇
大步交	Dàbùjiāo	山	怀集县政府驻地西北部	冷坑镇
团结村大岭山	Tuánjiécūndàlǐng Shān	山	怀集县政府驻地西北部	冷坑镇
金江冲	Jīnjiāngchōng	山	怀集县政府驻地西北部	冷坑镇

（续上表）

标准名称	汉语拼音	地名类别	相对位置	所在(跨)行政区
牛角岭	Niújiǎo Lǐng	山	怀集县政府驻地西北部	冷坑镇
石江背	Shíjiāngbèi	山	怀集县政府驻地西北部	冷坑镇
谈笔岭	Tánbǐ Lǐng	山	怀集县政府驻地西北部	冷坑镇
大岭区	Dàlǐngqū	山	怀集县政府驻地西北部	冷坑镇
西洲村大石头	Xīzhōucūndàshítóu	山	怀集县政府驻地西北部	冷坑镇
金钟	Jīnzhōng	山	怀集县政府驻地西北部	冷坑镇
马寮	Mǎliáo	山	怀集县政府驻地西北部	冷坑镇
马头地	Mǎtóudì	山	怀集县政府驻地西北部	冷坑镇
马仔界	Mǎzǎijiè	山	怀集县政府驻地西北部	冷坑镇
南性	Nánxìng	山	怀集县政府驻地西北部	冷坑镇
牛顶	Niúdǐng	山	怀集县政府驻地西北部	冷坑镇
牛屎佛	Niúshǐfó	山	怀集县政府驻地西北部	冷坑镇
石山头	Shíshāntóu	山	怀集县政府驻地西北部	冷坑镇
石羊顶	Shíyáng Dǐng	山	怀集县政府驻地西北部	冷坑镇
水尾冲	Shuǐwěichōng	山	怀集县政府驻地西北部	冷坑镇
下马地	Xiàmǎdì	山	怀集县政府驻地西北部	冷坑镇
英鱼	Yīngyú	山	怀集县政府驻地西北部	冷坑镇
京气岭	Jīngqì Lǐng	山	怀集县政府驻地西北部	冷坑镇
来龙岭	Láilóng Lǐng	山	怀集县政府驻地西北部	冷坑镇
忠诚村马鞍岭	Zhōngchéngcūnmǎān Lǐng	山	怀集县政府驻地西北部	冷坑镇
党山	Dǎngshān	山	怀集县政府西部	梁村镇
阿庙石	Āmiàoshí	山	怀集县政府西部	梁村镇
崎岭界	Qílǐngjiè	山	怀集县政府西部	梁村镇
黄竹顶	Huángzhú Dǐng	山	怀集县政府西部	梁村镇
丹山	Dānshān	山	怀集县政府驻地西北部	梁村镇
望岳岩	Wàngyuèyán	山	怀集县政府驻地西北部	梁村镇
礼院	Lǐyuàn	山	怀集县政府驻地西北部	梁村镇
三峰	Sānfēng	山	怀集县政府驻地西北部	梁村镇
三柏石	Sānbǎishí	山	怀集县政府驻地西北部	梁村镇

（续上表）

标准名称	汉语拼音	地名类别	相对位置	所在(跨)行政区
峰剑石	Fēngjiànshí	山	怀集县政府驻地西北部	梁村镇
茶岭顶	Chálǐng Dǐng	山	怀集县政府驻地西北部	梁村镇
田心山	Tiánxīn Shān	山	怀集县政府驻地西北部	梁村镇
大粒岭	Dàlì Lǐng	山	怀集县政府驻地西北部	梁村镇
谷堆	Gǔduī	山	怀集县政府驻地西北部	梁村镇
寨岭	Zhàilǐng	山	怀集县政府驻地西北部	梁村镇
鸡公岭	Jīgōng Lǐng	山	怀集县政府驻地西北部	梁村镇
大岭顶	Dàlǐng Dǐng	山	怀集县政府驻地西北部	梁村镇
旗岭山	Qílǐng Shān	山	怀集县政府驻地西北部	梁村镇
屈头冲	Qūtóuchōng	山	怀集县政府驻地西北部	梁村镇
罗欠	Luóqiàn	山	怀集县政府驻地西北部	梁村镇
旗岭	Qílǐng	山	怀集县政府驻地西北部	梁村镇
岭根顶	Lǐnggēn Dǐng	山	怀集县政府驻地西北部	梁村镇
冲凉顶	Chōngliáng Dǐng	山	怀集县政府东部	梁村镇
良希	Liángxī	山	怀集县政府驻地西北部	梁村镇
狮子岭	Shīzǐ Lǐng	山	怀集县政府驻地西北部	梁村镇
江背	Jiāngbèi	山	怀集县政府驻地西北部	梁村镇
横耳煲	Héngěrbāo	山	怀集县政府驻地西北部	梁村镇
桐油岭	Tóngyóu Lǐng	山	怀集县政府驻地西北部	梁村镇
蛇岭	Shélǐng	山	怀集县政府驻地西北部	梁村镇
白鹤岭	Báihè Lǐng	山	怀集县政府驻地西北部	梁村镇
多罗	Duōluó	山	怀集县政府驻地西南部	梁村镇
岭八	Lǐngbā	山	怀集县政府驻地西南部	梁村镇
冲姜	Chōngjiāng	山	怀集县政府驻地西北部	马宁镇
河通	Hétōng	山	怀集县政府驻地西北部	马宁镇
二达	Èrdá	山	怀集县政府驻地西北部	马宁镇
三笠顶	Sānlì Dǐng	山	怀集县政府驻地西北部	马宁镇
先锋头	Xiānfēngtóu	山	怀集县政府驻地西北部	马宁镇
龙涃埇	Lóngkùnyǒng	山	怀集县政府驻地西北部	马宁镇
赤岗	Chìgǎng	山	怀集县政府驻地西北部	马宁镇

(续上表)

标准名称	汉语拼音	地名类别	相对位置	所在(跨)行政区
黄谢岭	Huángxiè Lǐng	山	怀集县政府驻地西北部	马宁镇
天子岭	Tiānzǐ Lǐng	山	怀集县政府驻地西北部	马宁镇
三叉松	Sānchāsōng	山	怀集县政府驻地西北部	马宁镇
瓦灶山	Wǎzào Shān	山	怀集县政府驻地西北部	马宁镇
撑盖岭	Chēnggài Lǐng	山	怀集县政府驻地西北部	马宁镇
围岗顶	Wéigǎng Dǐng	山	怀集县政府驻地西北部	马宁镇
复船岭	Fùchuán Lǐng	山	怀集县政府驻地西北部	马宁镇
罗烈岭	Luóliè Lǐng	山	怀集县政府驻地西北部	马宁镇
高岗岭	Gāogǎng Lǐng	山	怀集县政府驻地西南部	桥头镇
石洋降	Shíyángjiàng	山	怀集县政府驻地西南部	桥头镇
天龙山	Tiānlóng Shān	山	怀集县政府驻地西南部	桥头镇
谭叉冲	Tánchāchōng	山	怀集县政府驻地西南部	桥头镇
葫芦颈	Húlújǐng	山	怀集县政府驻地西南部	桥头镇
盐枚岩	Yánméiyán	山	怀集县政府驻地西南部	桥头镇
三马山	Sānmǎ Shān	山	怀集县政府驻地西南部	桥头镇
丰大村大山顶	Fēngdàcūndàshān Dǐng	山	怀集县政府驻地西南部	桥头镇
十箭顶	Shíjiàn Dǐng	山	怀集县政府驻地西南部	桥头镇
狮子奔	Shīzǐbēn	山	怀集县政府驻地西南部	桥头镇
木山旺	Mùshānwàng	山	怀集县政府驻地西南部	桥头镇
茯苓顶	Fúlíng Dǐng	山	怀集县政府驻地西南部	桥头镇
高顶	Gāodǐng	山	怀集县政府驻地西南部	桥头镇
交床	Jiāochuáng	山	怀集县政府驻地西南部	桥头镇
埇屈	Yǒngqū	山	怀集县政府驻地西南部	桥头镇
水洪	Shuǐhóng	山	怀集县政府驻地西南部	桥头镇
平山脚	Píngshānjiǎo	山	怀集县政府驻地西南部	桥头镇
谭界	Tánjiè	山	怀集县政府驻地西南部	桥头镇
徐丰村天堂顶	Xúfēngcūntiāntáng Dǐng	山	怀集县政府驻地西南部	桥头镇
蛤蚧山	Hájiè Shān	山	怀集县政府驻地西南部	桥头镇

（续上表）

标准名称	汉语拼音	地名类别	相对位置	所在(跨)行政区
平山	Píngshān	山	怀集县政府驻地西南部	桥头镇
尖峰顶	Jiānfēng Dǐng	山	怀集县政府驻地西南部	桥头镇
笔架山	Bǐjià Shān	山	怀集县政府驻地西南部	桥头镇
大埇往	Dàyǒngwǎng	山	怀集县政府驻地西南部	桥头镇
白崖山	Báiyá Shān	山	怀集县政府驻地西南部	桥头镇
旺堂山	Wàngtáng Shān	山	怀集县政府驻地西南部	桥头镇
鸡笼头	Jīlóngtóu	山	怀集县政府驻地西南部	桥头镇
马秋山	Mǎqiū Shān	山	怀集县政府驻地西南部	桥头镇
白马山	Báimǎ Shān	山	怀集县政府驻地西南部	桥头镇
武依山	Wǔyī Shān	山	怀集县政府驻地西南部	桥头镇
石夹颈	Shíjiájǐng	山	怀集县政府驻地西南部	桥头镇
徐丰村谷堆山	Xúfēngcūngǔduī Shān	山	怀集县政府驻地西南部	桥头镇
大寨山	Dàzhài Shān	山	怀集县政府驻地西南部	桥头镇
黑岩	Hēiyán	山	怀集县政府驻地西南部	桥头镇
山蜞蟥	Shānqíhuáng	山	怀集县政府驻地西南部	桥头镇
往督	Wǎngdū	山	怀集县政府驻地西南部	桥头镇
马头山	Mǎtóu Shān	山	怀集县政府驻地西南部	桥头镇
延毕	Yánbì	山	怀集县政府驻地西南部	桥头镇
安社山	Ānshè Shān	山	怀集县政府驻地西南部	桥头镇
西牛山	Xīniú Shān	山	怀集县政府驻地西南部	桥头镇
旱田山	Hàntián Shān	山	怀集县政府驻地西南部	桥头镇
石门	Shímén	山	怀集县政府驻地西南部	桥头镇
石往顶	Shíwǎng Dǐng	山	怀集县政府驻地西南部	桥头镇
亚龟田	Yàguītián	山	怀集县政府驻地西南部	桥头镇
西牛颈	Xīniújǐng	山	怀集县政府驻地西南部	桥头镇
卖粥坪	Màizhōu Píng	山	怀集县政府驻地西南部	桥头镇
亚蓉顶	Yàróng Dǐng	山	怀集县政府驻地西南部	桥头镇
蓝电瓮	Lándiànwèng	山	怀集县政府驻地西南部	桥头镇
柴岭顶	Cháilǐng Dǐng	山	怀集县政府驻地西南部	桥头镇
金仙顶	Jīnxiān Dǐng	山	怀集县政府驻地西南部	桥头镇

（续上表）

标准名称	汉语拼音	地名类别	相对位置	所在（跨）行政区
田卖	Tiánmài	山	怀集县政府驻地西南部	桥头镇
斗水	Dòushuǐ	山	怀集县政府驻地西南部	桥头镇
植林坟	Zhílínfén	山	怀集县政府驻地西南部	桥头镇
石崩	Shíbēng	山	怀集县政府驻地西南部	桥头镇
菩萨岭	Púsà Lǐng	山	怀集县政府驻地西南部	桥头镇
罗甘山	Luógān Shān	山	怀集县政府驻地西南部	桥头镇
杜埇	Dùyǒng	山	怀集县政府驻地西南部	桥头镇
盘铁埇	Pántiěyǒng	山	怀集县政府驻地西南部	桥头镇
燕岩	Yànyán	山	怀集县政府驻地西南部	桥头镇
吊水往	Diàoshuǐwǎng	山	怀集县政府驻地西南部	桥头镇
王岭头	Wánglǐngtóu	山	怀集县政府驻地西南部	桥头镇
莲塘岭顶	Liántánglǐng Dǐng	山	怀集县政府驻地西南部	桥头镇
南岩	Nányán	山	怀集县政府驻地西南部	桥头镇
岩旺村天堂顶	Yánwàngcūn-tiāntáng Dǐng	山	怀集县政府驻地西南部	桥头镇
仙人秋	Xiānrénqiū	山	怀集县政府驻地西南部	桥头镇
朝天狮	Cháotiānshī	山	怀集县政府驻地西南部	桥头镇
风洞	Fēng Dòng	山	怀集县政府驻地西南部	桥头镇
盘古顶	Pángǔ Dǐng	山	怀集县政府驻地西南部	桥头镇
大山	Dàshān	山	怀集县政府驻地西南部	桥头镇
盘古记	Pángǔjì	山	怀集县政府驻地西南部	桥头镇
高岩	Gāoyán	山	怀集县政府驻地西南部	桥头镇
莲塘窿	Liántánglóng	山	怀集县政府驻地西南部	桥头镇
岩旺村谷堆山	Yánwàngcūn-gǔduī Shān	山	怀集县政府驻地西南部	桥头镇
翰埇	Hànyǒng	山	怀集县政府驻地西南部	桥头镇
过冷埇	Guòlěngyǒng	山	怀集县政府驻地西南部	桥头镇
担水埇	Dānshuǐyǒng	山	怀集县政府驻地西南部	桥头镇
冷界根	Lěngjiègēn	山	怀集县政府驻地西南部	桥头镇
上思江	Shàngsījiāng	山	怀集县政府驻地西南部	桥头镇

（续上表）

标准名称	汉语拼音	地名类别	相对位置	所在(跨)行政区
木竹根	Mùzhúgēn	山	怀集县政府驻地西南部	桥头镇
老虎舌	Lǎohǔshé	山	怀集县政府驻地西南部	桥头镇
大芒岭	Dàmáng Lǐng	山	怀集县政府驻地西南部	桥头镇
汶顶	Wèndǐng	山	怀集县政府驻地西南部	桥头镇
汶谭岭	Wèntán Lǐng	山	怀集县政府驻地西南部	桥头镇
红岭界	Hónglǐngjiè	山	怀集县政府驻地西南部	桥头镇
新宁村天堂顶	Xīnníngcūn-tiāntáng Dǐng	山	怀集县政府驻地西南部	桥头镇
山伯顶	Shānbó Dǐng	山	怀集县政府驻地西南部	桥头镇
十八步水	Shíbābùshuǐ	山	怀集县政府驻地西南部	桥头镇
松根岭	Sōnggēn Lǐng	山	怀集县政府驻地西南部	桥头镇
三叉顶	Sānchā Dǐng	山	怀集县政府驻地西南部	桥头镇
山龙背	Shānlóngbèi	山	怀集县政府驻地西南部	桥头镇
崩鸡山	Bēngjī Shān	山	怀集县政府驻地西南部	桥头镇
金丰	Jīnfēng	山	怀集县政府驻地西南部	桥头镇
龙船顶	Lóngchuán Dǐng	山	怀集县政府驻地西南部	桥头镇
牛角岭顶	Niújiǎolǐng Dǐng	山	怀集县政府驻地西南部	桥头镇
六庙界	Liùmiàojiè	山	怀集县政府驻地西南部	桥头镇
永分坟	Yǒngfènfén	山	怀集县政府驻地西南部	桥头镇
均埇	Jūnyǒng	山	怀集县政府驻地西南部	桥头镇
谷架岭	Gǔjià Lǐng	山	怀集县政府驻地西南部	桥头镇
芹竹往	Qínzhúwǎng	山	怀集县政府驻地西南部	桥头镇
盐枚顶	Yánméi Dǐng	山	怀集县政府驻地西南部	桥头镇
后岗山	Hòugǎng Shān	山	怀集县政府驻地西南部	桥头镇
谷堆山	Gǔduī Shān	山	怀集县政府驻地西南部	桥头镇
钟下埇顶	Zhōngxiàyǒng Dǐng	山	怀集县政府驻地西南部	桥头镇
大岭头	Dàlǐngtóu	山	怀集县政府驻地西南部	桥头镇
田螺山	Tiánluó Shān	山	怀集县政府驻地西南部	桥头镇
深圳屋后山	Shēnzhènwūhòu Shān	山	怀集县政府驻地西南部	桥头镇
岩山	Yánshān	山	怀集县政府驻地西南部	桥头镇

（续上表）

标准名称	汉语拼音	地名类别	相对位置	所在(跨)行政区
大谷岭	Dàgǔ Lǐng	山	怀集县政府驻地西南部	桥头镇
岩头岭	Yántóu Lǐng	山	怀集县政府驻地西南部	桥头镇
石钟山	Shízhōng Shān	山	怀集县政府驻地西南部	桥头镇
七星顶	Qīxīng Dǐng	山	怀集县政府驻地西南部	桥头镇
小徐	Xiǎoxú	山	怀集县政府驻地西南部	桥头镇
军埇	Jūnyǒng	山	怀集县政府驻地西南部	桥头镇
真竹山	Zhēnzhú Shān	山	怀集县政府驻地西南部	桥头镇
双圣顶	Shuāngshèng Dǐng	山	怀集县政府驻地西南部	桥头镇
徐安村天马顶	Xú'āncūntiānmǎ Dǐng	山	怀集县政府驻地西南部	桥头镇
马牯山	Mǎgǔ Shān	山	怀集县政府驻地西南部	桥头镇
石崩山	Shíbēng Shān	山	怀集县政府驻地西南部	桥头镇
猫头山	Māotóu Shān	山	怀集县政府驻地西南部	桥头镇
新寨山	Xīnzhài Shān	山	怀集县政府驻地西南部	桥头镇
石床山	Shíchuáng Shān	山	怀集县政府驻地西南部	桥头镇
狗隆大山	Gǒulóngdà Shān	山	怀集县政府驻地西南部	桥头镇
狗隆山脚	Gǒulóngshānjiǎo	山	怀集县政府驻地西南部	桥头镇
比头顶	Bǐtóu Dǐng	山	怀集县政府驻地西南部	桥头镇
石寨	Shízhài	山	怀集县政府驻地西南部	桥头镇
石川	Shíchuān	山	怀集县政府驻地西南部	桥头镇
古在	Gǔzài	山	怀集县政府驻地西南部	桥头镇
臭凹山	Chòu'āo Shān	山	怀集县政府驻地西南部	桥头镇
流营冲	Liúyíngchōng	山	怀集县政府驻地西北部	下帅壮族瑶族乡
马加山	Mǎjiā Shān	山	怀集县政府驻地西北部	下帅壮族瑶族乡
车村坡	Chēcūnpō	山	怀集县政府驻地西北部	下帅壮族瑶族乡
六利	Liùlì	山	怀集县政府驻地西北部	下帅壮族瑶族乡
大冲山	Dàchōng Shān	山	怀集政府驻地北部	下帅壮族瑶族乡

（续上表）

标准名称	汉语拼音	地名类别	相对位置	所在(跨)行政区
东西村牛洞冲	Dōngxīcūnniúdòngchōng	山	怀集县政府驻地北部	下帅壮族瑶族乡
营坑仔	Yíngkēngzǎi	山	怀集县政府驻地西北部	下帅壮族瑶族乡
星怪山	Xīngguài Shān	山	怀集县政府驻地西北部	下帅壮族瑶族乡
龙冲山	Lóngchōng Shān	山	怀集县政府驻地西北部	下帅壮族瑶族乡
六括冲	Liùkuòchōng	山	怀集县政府驻地西北部	下帅壮族瑶族乡
老邓冲	Lǎodèngchōng	山	怀集县政府驻地西北部	下帅壮族瑶族乡
庚桔冲	Gēngjúchōng	山	怀集县政府驻地西北部	下帅壮族瑶族乡
黄翰村天堂顶	Huánghàncūntiāntáng Dǐng	山	怀集县政府驻地西北米	下帅壮族瑶族乡
深冲	Shēnchōng	山	怀集县政府驻地西北部	下帅壮族瑶族乡
天子岭脚	Tiānzǐlǐngjiǎo	山	怀集县政府驻地西北部	下帅壮族瑶族乡
野狸屈	Yělíqū	山	怀集县政府驻地西北部	下帅壮族瑶族乡
鱼跳岐	Yútiàoqí	山	怀集县政府驻地西北部	下帅壮族瑶族乡
积水山	Jīshuǐ Shān	山	怀集县政府驻地西北部	下帅壮族瑶族乡
世形	Shìxíng	山	怀集县政府驻地西北部	下帅壮族瑶族乡
玉楼山	Yùlóu Shān	山	怀集县政府驻地西北部	下帅壮族瑶族乡
沙园	Shāyuán	山	怀集县政府驻地西北部	下帅壮族瑶族乡
黎耕洞	Lígēngdòng	山	怀集县政府驻地西北部	下帅壮族瑶族乡
烧相	Shāoxiàng	山	怀集县政府驻地西北部	下帅壮族瑶族乡

(续上表)

标准名称	汉语拼音	地名类别	相对位置	所在(跨)行政区
林养	Línyǎng	山	怀集县政府驻地西北部	下帅壮族瑶族乡
独头松	Dútóusōng	山	怀集县政府驻地西北部	下帅壮族瑶族乡
六旦冲	Liùdànchōng	山	怀集县政府驻地西北部	下帅壮族瑶族乡
麻面	Mámiàn	山	怀集县政府驻地西北部	下帅壮族瑶族乡
李屋山	Lǐwū Shān	山	怀集县政府驻地西北部	下帅壮族瑶族乡
唐周界	Tángzhōujiè	山	怀集县政府驻地西北部	下帅壮族瑶族乡
六招界	Liùzhāojiè	山	怀集县政府驻地西北部	下帅壮族瑶族乡
黑六山	Hēiliù Shān	山	怀集县政府驻地西北部	下帅壮族瑶族乡
马耳界	Mǎěrjiè	山	怀集县政府驻地西北部	下帅壮族瑶族乡
鸡屎岭	Jīshǐ Lǐng	山	怀集县政府驻地西北部	下帅壮族瑶族乡
大罗山	Dàluó Shān	山	怀集县政府驻地西北部	下帅壮族瑶族乡
山崩	Shānbēng	山	怀集县政府驻地西北部	下帅壮族瑶族乡
竹六村大冲	Zhúliùcūndàchōng	山	怀集县政府驻地西北部	下帅壮族瑶族乡
葫芦脚	Húlújiǎo	山	怀集县政府驻地西北部	下帅壮族瑶族乡
猪乐冲	Zhūlèchōng	山	怀集县政府驻地西北部	下帅壮族瑶族乡
竹六村长冲	Zhúliùcūnzhǎngchōng	山	怀集县政府驻地西北部	下帅壮族瑶族乡
望君顶	Wàngjūn Dǐng	山	怀集县政府驻地西北部	下帅壮族瑶族乡
高排顶	Gāopái Dǐng	山	怀集县政府驻地西北部	下帅壮族瑶族乡

（续上表）

标准名称	汉语拼音	地名类别	相对位置	所在(跨)行政区
古楼	Gǔlóu	山	怀集县政府驻地西北部	下帅壮族瑶族乡
西阳山	Xīyáng Shān	山	怀集县政府驻地西南部	闸岗镇
三妹岭	Sānmèi Lǐng	山	怀集县政府驻地西南部	闸岗镇
笔仔顶	Bǐzǎi Dǐng	山	怀集县政府驻地西部	闸岗镇
青皮降	Qīngpíjiàng	山	怀集县政府驻地西南部	闸岗镇
时坑埇	Shíkēngyǒng	山	怀集县政府驻地西南部	闸岗镇
架吊塝	Jiàdiàobàng	山	怀集县政府驻地西南部	闸岗镇
石景陂	Shíjǐngbēi	山	怀集县政府驻地西南部	闸岗镇
企岭	Qǐlǐng	山	怀集县政府驻地西南部	闸岗镇
三崀山	Sānlàng Shān	山	怀集县政府驻地西南部	闸岗镇
共和村旱埇	Gònghécūnhànyǒng	山	怀集县政府驻地西南部	闸岗镇
来龙寨	Láilóngzhài	山	怀集县政府驻地西南部	闸岗镇
黄泥埇	Huángníyǒng	山	怀集县政府驻地西南部	闸岗镇
上对埇	Shàngduìyǒng	山	怀集县政府驻地西南部	闸岗镇
下对埇	Xiàduìyǒng	山	怀集县政府驻地西南部	闸岗镇
牛二奶	Niú'èrnǎi	山	怀集县政府驻地西北部	中洲镇
梁出冲	Liángchūchōng	山	怀集县政府驻地西北部	中洲镇
根竹塝	Gēnzhúbàng	山	怀集县政府驻地西北部	中洲镇
乌燕埇	Wūyànyǒng	山	怀集县政府驻地西北部	中洲镇
白铁	Báitiě	山	怀集县政府驻地西北部	中洲镇
真岭山	Zhēnlǐng Shān	山	怀集县政府驻地西北部	中洲镇
祖煲岭	Zǔbāo Lǐng	山	怀集县政府正北部	中洲镇
富岗山	Fùgǎng Shān	山	怀集县政府正北部	中洲镇
旧屋埇	Jiùwūyǒng	山	怀集县政府东北部	中洲镇
正山岭	Zhèngshān Lǐng	山	怀集县政府东北部	中洲镇
大石头	Dàshítóu	山	怀集县政府东北部	中洲镇
姑婆背	Gūpóbèi	山	怀集县政府东北部	中洲镇
牛洞冲	Niúdòngchōng	山	怀集县政府驻地西北部	中洲镇
志洞田	Zhìdòngtián	山	怀集县政府驻地西北部	中洲镇

（续上表）

标准名称	汉语拼音	地名类别	相对位置	所在(跨)行政区
油滑界顶	Yóuhuájiè Dǐng	山	怀集县政府驻地西北部	中洲镇
葫芦岭	Húlú Lǐng	山	怀集县政府驻地西北部	中洲镇
尖峰岭	Jiānfēng Lǐng	山	怀集县政府驻地西北部	中洲镇
石埂洲	Shígěngzhōu	山	怀集县政府驻地西北部	中洲镇
亚元冲	Yàyuánchōng	山	怀集县政府驻地西北部	中洲镇
天堂顶	Tiāntáng Dǐng	山	怀集县政府东北部	中洲镇
将军山	Jiāngjūn Shān	山	怀集县政府东北部	中洲镇
华阳	Huáyáng	山	怀集县政府驻地西北部	中洲镇
千旗岭	Qiānqí Lǐng	山	怀集县政府东北部	中洲镇
高巴岭	Gāobā Lǐng	山	怀集县政府东北部	中洲镇
大埇	Dàyǒng	山	怀集县政府东北部	中洲镇
崩江山	Bēngjiāng Shān	山	怀集县政府东北部	中洲镇
旧屋田	Jiùwūtián	山	怀集县政府东北部	中洲镇
下双	Xiàshuāng	山	怀集县政府东北部	中洲镇
应塘湾	Yīngtángwān	山	怀集县政府东北部	中洲镇
三屯石	Sāntúnshí	山	怀集县政府东北部	中洲镇
石羊岩	Shíyángyán	山	怀集县政府东北部	中洲镇
兰田山	Lántián Shān	山	怀集县政府驻地西北部	中洲镇
水倪山	Shuǐní Shān	山	怀集县政府驻地西北部	中洲镇
四客山	Sìkè Shān	山	怀集县政府驻地西北部	中洲镇
上埇山	Shàngyǒng Shān	山	怀集县政府驻地西北部	中洲镇
皇帝殿	Huángdìdiàn	山	怀集县政府驻地西北部	中洲镇
马鞍鸟	Mǎānniǎo	山	怀集县政府驻地西北部	中洲镇
牛牯峰	Niúgǔ fēng	山	怀集县政府驻地西北部	中洲镇
马耳顶	Mǎ'ěr Dǐng	山	怀集县政府驻地西北部	中洲镇
麻竹埇	Mázhúyǒng	山	怀集县政府驻地西北部	中洲镇
金头坪	Jīntóu Píng	山	怀集县政府驻地西北部	中洲镇
荷木埇	Hémùyǒng	山	怀集县政府驻地西北部	中洲镇
一字案	Yīzì'àn	山	怀集县政府驻地西北部	中洲镇
大崩山	Dàbēng Shān	山	怀集县政府驻地北部	中洲镇

（续上表）

标准名称	汉语拼音	地名类别	相对位置	所在(跨)行政区
淹塘界	Yāntángjiè	山	怀集县政府驻地北部	中洲镇
狮子岭	Shīzǐ Lǐng	山	怀集县政府驻地北部	中洲镇
大淹塘	Dàyān Táng	山	怀集县政府驻地北部	中洲镇
双燕	Shuāngyàn	山	怀集县政府驻地北部	中洲镇
天堂山	Tiāntáng Shān	山	怀集县政府驻地北部	中洲镇
牛牯峰	Niúgǔ Fēng	山	怀集县政府驻地北部	中洲镇
冬菇场	Dōnggūchǎng	山	怀集县政府驻地西北部	中洲镇
尖峰山	Jiānfēng Shān	山	怀集县政府驻地东北部	中洲镇
青波岭	Qīngbō Lǐng	山	怀集县政府驻地东北部	中洲镇
连儿汶	Lián'érwèn	山	怀集县政府驻地西北部	中洲镇
瓜丁仔	Guādīngzǎi	山	怀集县政府驻地西北部	中洲镇
牛排山	Niúpái Shān	山	怀集县政府驻地北部	中洲镇
双界山	Shuāngjiè Shān	山	怀集县政府驻地东北部	中洲镇
亚公山	Yàgōng Shān	山	怀集县政府驻地北部	中洲镇
金龙岗	Jīnlóng Gǎng	山	怀集县政府驻地北部	中洲镇
三家浪	Sānjiālàng	山	怀集县政府驻地北部	中洲镇
墓龙山	Mùlóng Shān	山	怀集县政府驻地北部	中洲镇
二额顶	Èr'é Dǐng	山	怀集县政府驻地北部	中洲镇
架凳山	Jiàdèng Shān	山	怀集县政府驻地北部	中洲镇
谷满田	Gǔmǎntián	山	怀集县政府驻地北部	中洲镇
上天堂	Shàngtiān Táng	山	怀集县政府驻地北部	中洲镇
牛韫	Niúyùn	山	怀集县政府驻地北部	中洲镇
下天堂	Xiàtiāntáng	山	怀集县政府驻地北部	中洲镇
茅坪塘	Máopíng Táng	山	怀集县政府驻地北部	中洲镇
洲胜汝	Zhōushèngrǔ	山	怀集县政府驻地北部	中洲镇
六练大崩	Liùliàndàbēng	山	怀集县政府驻地北部	中洲镇
山牛坪	Shānniú Píng	山	怀集县政府驻地北部	中洲镇
蛤蟆界	Hámájiè	山	怀集县政府驻地北部	中洲镇
石门岭	Shímén Lǐng	山	怀集县政府驻地北部	中洲镇
浪伞岗	Làngsǎn Gǎng	山	怀集县政府驻地北部	中洲镇

(续上表)

标准名称	汉语拼音	地名类别	相对位置	所在(跨)行政区
谭狗老仙坑	Tángǒulǎoxiān Kēng	山	怀集县政府驻地北部	中洲镇
谭狗	Tángǒu	山	怀集县政府驻地北部	中洲镇
酸笋山	Suānsǔn Shān	山	怀集县政府驻地北部	中洲镇
深坑	Shēnkēng	山	怀集县政府驻地北部	中洲镇
界止田	Jièzhǐtián	山	怀集县政府驻地北部	中洲镇
头夹	Tóujiá	山	怀集县政府驻地西北部	冷坑镇
双计岭	Shuāngjì Lǐng	山	怀集县政府驻地西北部	冷坑镇
大岭	Dàlǐng	山	怀集县政府驻地西北部	冷坑镇
十山顶	Shíshān dǐng	山	怀集县政府驻地东北部	凤岗镇
禾仓山顶	Hécāngshān dǐng	山	怀集县政府驻地东北部	凤岗镇
石槽山	Shícáo Shān	山	怀集县政府驻地东北部	凤岗镇
欧青山	Ōuqīng Shān	山	怀集县政府驻地东北部	凤岗镇
石基	Shíjī	山	怀集县政府驻地东北部	凤岗镇
根竹坪	Gēnzhú Píng	山	怀集县政府驻地东北部	凤岗镇
山猪斗	Shān zhūdòu	山	怀集县政府驻地东北部	凤岗镇
马塝山	Mǎbàng Shān	山	怀集县政府驻地东北部	凤岗镇
石羊楼	Shíyánglóu	山	怀集县政府驻地东北部	凤岗镇
木脚占	Mùjiǎozhàn	山	怀集县政府驻地东北部	凤岗镇
龟石头	Guīshítóu	山	怀集县政府驻地东北部	凤岗镇
田场塝	Tiánchǎngbàng	山	怀集县政府驻地东北部	凤岗镇
大塝山	Dàbàng Shān	山	怀集县政府驻地东北部	凤岗镇
长塝岭	Zhǎngbàng Lǐng	山	怀集县政府驻地东北部	凤岗镇
鹅公坳	Égōng Ào	山	怀集县政府驻地东北部	凤岗镇
新仁山	Xīnrén Shān	山	怀集县政府驻地东北部	凤岗镇
黄屋埇顶	Huángwūyǒng Dǐng	山	怀集县政府驻地东北部	凤岗镇
头步水	Tóubùshuǐ	山	怀集县政府驻地东北部	凤岗镇
板坳	Bǎn'ào	山	怀集县政府驻地东北部	凤岗镇
根竹塘	Gēnzhú Táng	山	怀集县政府驻地东北部	凤岗镇
葫芦田	Húlútián	山	怀集县政府驻地东北部	凤岗镇
西牛头	Xīniútóu	山	怀集县政府驻地东北部	凤岗镇

（续上表）

标准名称	汉语拼音	地名类别	相对位置	所在(跨)行政区
独石栏	Dúshílán	山	怀集县政府驻地东北部	凤岗镇
崩江头	Bēngjiāngtóu	山	怀集县政府驻地东北部	凤岗镇
大坪塝	Dàpíngbàng	山	怀集县政府驻地东北部	凤岗镇
鱼肠岭头	Yúchánglǐngtóu	山	怀集县政府驻地东北部	凤岗镇
鸡脚崀顶	Jījiǎolàng Dǐng	山	怀集县政府驻地东北部	凤岗镇
南木山	Nánmù Shān	山	怀集县政府驻地东北部	凤岗镇
白石山	Báishí Shān	山	怀集县政府驻地东北部	凤岗镇
深基仔	Shēnjīzǎi	山	怀集县政府驻地东北部	凤岗镇
白象栏	Báixiànglán	山	怀集县政府驻地东北部	凤岗镇
高尖顶	Gāojiān Dǐng	山	怀集县政府驻地东北部	凤岗镇
狮子头	Shīzǐtóu	山	怀集县政府驻地东北部	凤岗镇
风洞顶	Fēngdòng Dǐng	山	怀集县政府驻地东北部	凤岗镇
老鸦头	Lǎoyātóu	山	怀集县政府驻地东北部	凤岗镇
狗母崀	Gǒumǔlàng	山	怀集县政府驻地东北部	凤岗镇
饭匙岭	Fànshí Lǐng	山	怀集县政府驻地东北部	凤岗镇
上坪	Shàngpíng	山	怀集县政府驻地东北部	凤岗镇
冷翁顶	Lěngwēng Dǐng	山	怀集县政府驻地东北部	凤岗镇
大射山	Dàshè Shān	山	怀集县政府驻地东北部	凤岗镇
高尖顶	Gāojiān Dǐng	山	怀集县政府驻地东北部	凤岗镇
松岗头	Sōnggǎngtóu	山	怀集县政府驻地东北部	凤岗镇
头槽	Tóucáo	山	怀集县政府驻地东北部	凤岗镇
修钩埇顶	Xiūgōuyǒng Dǐng	山	怀集县政府驻地东北部	凤岗镇
寨顶	Zhàidǐng	山	怀集县政府驻地东北部	凤岗镇
温家埇顶	Wēnjiāyǒng Dǐng	山	怀集县政府驻地东北部	凤岗镇
竹仔尾	Zhúzǎiwěi	山	怀集县政府驻地东北部	凤岗镇
木橡双头	Mùxiàngshuāngtóu	山	怀集县政府驻地东北部	凤岗镇
企山崩	Qǐshānbēng	山	怀集县政府驻地东北部	凤岗镇
塘梨咀	Tánglíjǔ	山	怀集县政府驻地东北部	凤岗镇
饭盖顶	Fàngài Dǐng	山	怀集县政府驻地东北部	凤岗镇
白石洞	Báishí Dòng	山	怀集县政府驻地东北部	凤岗镇

（续上表）

标准名称	汉语拼音	地名类别	相对位置	所在(跨)行政区
上埇顶	Shàngyǒng Dǐng	山	怀集县政府驻地东北部	凤岗镇
金鸡头	Jīnjītóu	山	怀集县政府驻地东北部	凤岗镇
羊地山	Yángdì Shān	山	怀集县政府驻地东北部	凤岗镇
三山岭	Sānshān Lǐng	山	怀集县政府驻地东北部	凤岗镇
大团	Dàtuán	山	怀集县政府驻地东北部	凤岗镇
将军头	Jiāngjūntóu	山	怀集县政府驻地东北部	凤岗镇
三面崀	Sānmiànlàng	山	怀集县政府驻地东北部	凤岗镇
曾加地	Céngjiādì	山	怀集县政府驻地东北部	凤岗镇
石朱头	Shízhūtóu	山	怀集县政府驻地东北部	凤岗镇
天灯顶	Tiāndēng Dǐng	山	怀集县政府驻地东北部	凤岗镇
莲花头	Liánhuātóu	山	怀集县政府驻地东北部	凤岗镇
大㙟山	Dàbàng Shān	山	怀集县政府驻地东北部	凤岗镇
田坳当	Tián'àodāng	山	怀集县政府驻地东北部	凤岗镇
燕子岩	Yànzǐyán	山	怀集县政府驻地东北部	凤岗镇
犀牛头	Xīniútóu	山	怀集县政府驻地东北部	凤岗镇
鸡公冠	Jīgōngguàn	山	怀集县政府驻地东北部	凤岗镇
高寨顶	Gāozhài Dǐng	山	怀集县政府驻地东北部	凤岗镇
佛仔箖	Fózǎilè	山	怀集县政府驻地东北部	凤岗镇
寨冲山	Zhàichōng Shān	山	怀集县政府驻地东北部	凤岗镇
石龟头	Shíguītóu	山	怀集县政府驻地东北部	凤岗镇
白水寨	Báishuǐzhài	山	怀集县政府驻地东北部	凤岗镇
后背岭	Hòubèi Lǐng	山	怀集县政府驻地东北部	凤岗镇
大江头	Dàjiāngtóu	山	怀集县政府驻地东北部	凤岗镇
埔搏坪顶	Pǔbópíng Dǐng	山	怀集县政府驻地东北部	凤岗镇
白酥贫	Báisūpín	山	怀集县政府驻地东北部	凤岗镇
马槽尾	Mǎcáowěi	山	怀集县政府驻地东北部	凤岗镇
结採顶	Jiécǎi Dǐng	山	怀集县政府驻地东北部	凤岗镇
松咀顶	Sōngjǔ Dǐng	山	怀集县政府驻地东北部	凤岗镇
官山顶	Guānshān Dǐng	山	怀集县政府驻地东北部	凤岗镇
大引顶	Dàyǐn Dǐng	山	怀集县政府驻地东北部	凤岗镇

（续上表）

标准名称	汉语拼音	地名类别	相对位置	所在(跨)行政区
高排山	Gāopái Shān	山	怀集县政府驻地东北部	凤岗镇
大树山	Dàshù Shān	山	怀集县政府驻地东北部	凤岗镇
牛鼻垅顶	Niúbílǒng Dǐng	山	怀集县政府驻地东北部	凤岗镇
高寨顶	Gāozhài Dǐng	山	怀集县政府驻地东北部	凤岗镇
上当顶	Shàngdāng Dǐng	山	怀集县政府驻地东北部	凤岗镇
下当顶	Xiàdāng Dǐng	山	怀集县政府驻地东北部	凤岗镇
寨顶	Zhàidǐng	山	怀集县政府驻地东北部	凤岗镇
马公山	Mǎgōng Shān	山	怀集县政府驻地东北部	凤岗镇
龙苏岩	Lóngsūyán	山	怀集县政府驻地东北部	凤岗镇
白竹顶	Báizhú Dǐng	山	怀集县政府驻地东北部	凤岗镇
龙苏坪	Lóngsū Píng	山	怀集县政府驻地东北部	凤岗镇
大下山	Dàxià Shān	山	怀集县政府驻地东北部	凤岗镇
土地坛	Tǔdìtán	山	怀集县政府驻地东北部	凤岗镇
大头山	Dàtóu Shān	山	怀集县政府驻地东北部	凤岗镇
石桥尾	Shíqiáowěi	山	怀集县政府驻地东北部	凤岗镇
鹅公坳	Égōng Ào	山	怀集县政府驻地东北部	凤岗镇
牛仔岭头	Niúzǎilǐngtóu	山	怀集县政府驻地东北部	凤岗镇
柴背岭	Cháibèi Lǐng	山	怀集县政府驻地东北部	凤岗镇
高尖顶	Gāojiān Dǐng	山	怀集县政府驻地东北部	凤岗镇
深圳顶	Shēnzhèn Dǐng	山	怀集县政府驻地东北部	凤岗镇
麻地档	Mádìdàng	山	怀集县政府驻地东北部	凤岗镇
仙人盖被	Xiānréngàibèi	山	怀集县政府驻地东北部	凤岗镇
鬼簕	Guǐlè	山	怀集县政府驻地东北部	凤岗镇
横埇凹	Héngyǒng'āo	山	怀集县政府驻地东北部	凤岗镇
湖南山	Húnán Shān	山	怀集县政府驻地东北部	凤岗镇
对崀埇顶	Duìlàngyǒng Dǐng	山	怀集县政府驻地东北部	凤岗镇
寨山顶	Zhàishān Dǐng	山	怀集县政府驻地东北部	凤岗镇
高尖顶	Gāojiān Dǐng	山	怀集县政府驻地东北部	凤岗镇
马古埇顶	Mǎgǔyǒng Dǐng	山	怀集县政府驻地东北部	凤岗镇
石厘顶	Shílí Dǐng	山	怀集县政府驻地东北部	凤岗镇

(续上表)

标准名称	汉语拼音	地名类别	相对位置	所在(跨)行政区
乌石头	Wūshítóu	山	怀集县政府驻地东北部	凤岗镇
鱼南山	Yúnán Shān	山	怀集县政府驻地东北部	凤岗镇
柴埇顶	Cháiyǒng Dǐng	山	怀集县政府驻地东北部	凤岗镇
大夫田团	Dàfūtiántuán	山	怀集县政府驻地东北部	凤岗镇
荷木根	Hémùgēn	山	怀集县政府驻地东北部	凤岗镇
碑仔顶	Bēizǎi Dǐng	山	怀集县政府驻地东北部	凤岗镇
圳埇大平	Zhènyǒngdàpíng	山	怀集县政府驻地东北部	凤岗镇
花石	Huāshí	山	怀集县政府驻地东北部	凤岗镇
狐狸尖顶	Húlíjiān Dǐng	山	怀集县政府驻地东北部	凤岗镇
叉杆头	Chāgǎntóu	山	怀集县政府驻地东北部	凤岗镇
石床顶	Shíchuáng Dǐng	山	怀集县政府驻地东北部	凤岗镇
朝天马	Cháotiānmǎ	山	怀集县政府驻地东北部	凤岗镇
旦笃顶	Dàndǔ Dǐng	山	怀集县政府驻地东北部	凤岗镇
笃丢冲	Dǔdiūchōng	山	怀集县政府驻地东北部	凤岗镇
石灰佛	Shíhuīfó	山	怀集县政府驻地东北部	凤岗镇
大水坪	Dàshuǐ Píng	山	怀集县政府驻地东北部	凤岗镇
欧公山	Ōugōng Shān	山	怀集县政府驻地东北部	凤岗镇
竹头埇	Zhútóuyǒng	山	怀集县政府驻地东北部	凤岗镇
大岭顶	Dàlǐng Dǐng	山	怀集县政府驻地东北部	凤岗镇
黑石脚	Hēishíjiǎo	山	怀集县政府驻地东北部	凤岗镇
平岗头	Pínggǎngtóu	山	怀集县政府驻地东北部	凤岗镇
高寨顶	Gāozhài Dǐng	山	怀集县政府驻地东北部	凤岗镇
打锣头	Dǎluótóu	山	怀集县政府驻地东北部	凤岗镇
当梨顶	Dānglí Dǐng	山	怀集县政府驻地东北部	凤岗镇
浪口	Làngkǒu	山	怀集县政府驻地东北部	凤岗镇
祠堂背	Cítángbèi	山	怀集县政府驻地东北部	凤岗镇
下山冲顶	Xiàshānchōng Dǐng	山	怀集县政府驻地东北部	凤岗镇
鸡笼岭	Jīlóng Lǐng	山	怀集县政府驻地东北部	凤岗镇
牛鼻山	Niúbí Shān	山	怀集县政府驻地东北部	凤岗镇
长塝顶	Zhǎngbàng Dǐng	山	怀集县政府驻地东北部	凤岗镇

（续上表）

标准名称	汉语拼音	地名类别	相对位置	所在（跨）行政区
大头塝	Dàtóubàng	山	怀集县政府驻地东北部	凤岗镇
杉行顶	Shānháng Dǐng	山	怀集县政府驻地东北部	凤岗镇
大利山	Dàlì Shān	山	怀集县政府驻地西北部	坳仔镇
林砧口	Línzhēnkǒu	山	怀集县政府驻地西北部	坳仔镇
霹雳顶	Pīlì Dǐng	山	怀集县政府驻地西北部	坳仔镇
深坳顶	Shēn'ào Dǐng	山	怀集县政府驻地西北部	坳仔镇
青蓝	Qīnglán	山	怀集县政府驻地西北部	坳仔镇
八笠顶	Bālì Dǐng	山	怀集县政府驻地西北部	坳仔镇
梅坑山	Méikēng Shān	山	怀集县政府驻地西北部	坳仔镇
禾仓	Hécāng	山	怀集县政府驻地西北部	坳仔镇
四块崀	Sìkuàilàng	山	怀集县政府驻地西北部	坳仔镇
白花塘	Báihuā Táng	山	怀集县政府驻地西北部	坳仔镇
雷公塘	Léigōng Táng	山	怀集县政府驻地西北部	坳仔镇
胡地塝	Húdìbàng	山	怀集县政府驻地西北部	坳仔镇
大山	Dàshān	山	怀集县政府驻地西北部	坳仔镇
水吊顶	Shuǐdiào Dǐng	山	怀集县政府驻地西北部	坳仔镇
石汶埇顶	Shíwènyǒng Dǐng	山	怀集县政府驻地西北部	坳仔镇
厘仔埇顶	Lízǎiyǒng Dǐng	山	怀集县政府驻地西北部	坳仔镇
工厂背	Gōngchǎngbèi	山	怀集县政府驻地西北部	坳仔镇
老山尾	Lǎoshānwěi	山	怀集县政府驻地西北部	坳仔镇
老虎尾	Lǎohǔwěi	山	怀集县政府驻地西北部	坳仔镇
塘旱头	Tánghàntóu	山	怀集县政府驻地西北部	坳仔镇
柑柞尖	Gānzhàjiān	山	怀集县政府驻地西北部	坳仔镇
吃水汶	Chīshuǐwèn	山	怀集县政府驻地西北部	坳仔镇
禾狸山	Hélí Shān	山	怀集县政府驻地西北部	坳仔镇
都管山	Dōuguǎn Shān	山	怀集县政府驻地西北部	坳仔镇
蓝岗顶	Lángǎng Dǐng	山	怀集县政府驻地西北部	坳仔镇
子梅大顶	Zǐméidà Dǐng	山	怀集县政府驻地西北部	坳仔镇
山仔寨	Shānzǎizhài	山	怀集县政府驻地西北部	坳仔镇
王洞	Wángdòng	山	怀集县政府驻地西北部	坳仔镇

（续上表）

标准名称	汉语拼音	地名类别	相对位置	所在(跨)行政区
下份塘	Xiàfèn Táng	山	怀集县政府驻地西北部	坳仔镇
下岩山	Xiàyán Shān	山	怀集县政府驻地西北部	坳仔镇
梨曲顶	Líqǔ Dǐng	山	怀集县政府驻地西北部	坳仔镇
蛇咀洞	Shéjǔ Dòng	山	怀集县政府驻地西北部	坳仔镇
山塘寨	Shāntángzhài	山	怀集县政府驻地西北部	坳仔镇
南蛇岭	Nánshé Lǐng	山	怀集县政府驻地西北部	坳仔镇
二顺顶	Èrshùn Dǐng	山	怀集县政府驻地西北部	坳仔镇
鸡公尾	Jīgōngwěi	山	怀集县政府驻地西北部	坳仔镇
黄狗山顶	Huánggǒushān dǐng	山	怀集县政府驻地西北部	坳仔镇
石纹埇顶	Shíwényǒng Dǐng	山	怀集县政府驻地西北部	坳仔镇
中心嶂	Zhōngxīnzhàng	山	怀集县政府驻地西北部	坳仔镇
桃花口	Táohuākǒu	山	怀集县政府驻地西北部	坳仔镇
猫腰	Māoyāo	山	怀集县政府驻地西北部	岗坪镇
杉冲顶	Shānchōng Dǐng	山	怀集县政府驻地西北部	岗坪镇
大王公	Dàwánggōng	山	怀集县政府驻地西北部	岗坪镇
中界顶	Zhōngjiè Dǐng	山	怀集县政府驻地西北部	岗坪镇
范桂顶	Fànguì Dǐng	山	怀集县政府驻地西北部	岗坪镇
中界	Zhōngjiè	山	怀集县政府驻地西北部	岗坪镇
大坪	Dàpíng	山	怀集县政府驻地西北部	岗坪镇
龙滚山	Lónggǔn Shān	山	怀集县政府驻地西北部	岗坪镇
埇丝	Yǒngsī	山	怀集县政府驻地西北部	岗坪镇
盘龙江	Pánlóngjiāng	山	怀集县政府驻地西北部	岗坪镇
挂灯山	Guàdēng Shān	山	怀集县政府驻地西北部	岗坪镇
步龙岗	Bùlóng Gǎng	山	怀集县政府驻地西北部	岗坪镇
埇出	Yǒngchū	山	怀集县政府驻地西北部	岗坪镇
白花界	Báihuājiè	山	怀集县政府驻地西北部	岗坪镇
步朋	Bùpéng	山	怀集县政府驻地西北部	岗坪镇
百弍梯	Bǎièrtī	山	怀集县政府驻地西北部	岗坪镇
横闩顶	Héngshuān Dǐng	山	怀集县政府驻地西北部	岗坪镇
睇牛厂	Dìniúchǎng	山	怀集县政府驻地西北部	岗坪镇

(续上表)

标准名称	汉语拼音	地名类别	相对位置	所在(跨)行政区
范田	Fàntián	山	怀集县政府驻地西北部	岗坪镇
大埇	Dàyǒng	山	怀集县政府驻地东南部	怀城镇
大象山	Dàxiàng Shān	山	怀集县政府驻地东南部	怀城镇
稔仔岭	Rěnzǎi Lǐng	山	怀集县政府驻地西南部	怀城镇
坑仔山	Kēngzǎi Shān	山	怀集县政府驻地东南部	怀城镇
牛角松顶	Niújiǎosōng Dǐng	山	怀集县政府驻地东南部	怀城镇
竹佳崀	Zhújiālàng	山	怀集县政府驻地东南部	怀城镇
梅坑岭顶	Méikēnglǐng Dǐng	山	怀集县政府驻地东南部	怀城镇
黄梅塝	Huángméibàng	山	怀集县政府驻地东南部	怀城镇
亚公松	Yàgōngsōng	山	怀集县政府驻地东南部	怀城镇
朝埇顶	Cháoyǒng Dǐng	山	怀集县政府驻地东南部	怀城镇
萝石	Luóshí	山	怀集县政府驻地东南部	怀城镇
梅鲁	Méilǔ	山	怀集县政府驻地东南部	怀城镇
铁炉	Tiělú	山	怀集县政府驻地东南部	怀城镇
五月吖	Wǔyuèā	山	怀集县政府驻地东南部	怀城镇
对门岭	Duìmén Lǐng	山	怀集县政府驻地东北部	怀城镇
麻竹顶	Mázhú Dǐng	山	怀集县政府驻地东北部	怀城镇
大坪顶	Dàpíng Dǐng	山	怀集县政府驻地东北部	怀城镇
大坑尾	Dà Kēngwěi	山	怀集县政府驻地东北部	怀城镇
骨脊岭	Gǔjǐ Lǐng	山	怀集县政府驻地西北部	怀城镇
高岭庙	Gāolǐngmiào	山	怀集县政府驻地西北部	怀城镇
四片山	Sìpiàn Shān	山	怀集县政府驻地西部	怀城镇
连珠塘	Liánzhū Táng	山	怀集县政府驻地东部	怀城镇
妇岭	Fùlǐng	山	怀集县政府驻地东部	怀城镇
屋背山	Wūbèi Shān	山	怀集县政府驻地东南部	怀城镇
大塝	Dàbàng	山	怀集县政府驻地东南部	怀城镇
望夫石	Wàngfūshí	山	怀集县政府驻地东北部	怀城镇
大花岭	Dàhuā Lǐng	山	怀集县政府驻地东南部	怀城镇
塔山	Tǎshān	山	怀集县政府驻地东南部	怀城镇
寨顶	Zhàidǐng	山	怀集县政府驻地东南部	怀城镇

(续上表)

标准名称	汉语拼音	地名类别	相对位置	所在(跨)行政区
更大岭	Gèngdà Lǐng	山	怀集县政府驻地西北部	怀城镇
高尖岭	Gāojiān Lǐng	山	怀集县政府驻地西北部	怀城镇
多驴顶	Duōlǘ Dǐng	山	怀集县政府驻地东南部	怀城镇
马鞍岗	Mǎ'ān Gǎng	山	怀集县政府驻地西南部	怀城镇
车田岭	Chētián Lǐng	山	怀集县政府驻地西南部	怀城镇
担双岭	Dānshuāng Lǐng	山	怀集县政府驻地西南部	怀城镇
大岭	Dàlǐng	山	怀集县政府驻地西南部	怀城镇
鱼岭	Yúlǐng	山	怀集县政府驻地东南部	怀城镇
担背岭	Dānbèi Lǐng	山	怀集县政府驻地西南部	怀城镇
狮子岭	Shīzǐ Lǐng	山	怀集县政府驻地西南部	怀城镇
担密岭	Dānmì Lǐng	山	怀集县政府驻地南部	怀城镇
罗虎冲顶	Luóhǔchōng Dǐng	山	怀集县政府驻地南部	怀城镇
凤基岭	Fèngjī Lǐng	山	怀集县政府驻地西北部	怀城镇
天堂岭	Tiāntáng Lǐng	山	怀集县政府驻地东南部	怀城镇
珍亮山	Zhēnliàng Shān	山	怀集县政府驻地西南部	怀城镇
大石塝	Dàshíbàng	山	怀集县政府驻地东南部	怀城镇
石仁山岭	Shírénshān Lǐng	山	怀集县政府驻地西南部	怀城镇
犁壁塝	Líbìbàng	山	怀集县政府驻地西南部	怀城镇
桥坑顶	Qiáokēng Dǐng	山	怀集县政府驻地南部	怀城镇
麦坑顶	Màikēng Dǐng	山	怀集县政府驻地南部	怀城镇
蛇颈埇	Shéjǐngyǒng	山	怀集县政府驻地西南部	怀城镇
阿精岭	Ājīng Lǐng	山	怀集县政府驻地东南部	怀城镇
屋背岭	Wūbèi Lǐng	山	怀集县政府驻地东南部	怀城镇
大花顶	Dàhuā Dǐng	山	怀集县政府驻地东南部	怀城镇
尖金山	Jiānjīn Shān	山	怀集县政府驻地东南部	怀城镇
马口顶	Mǎkǒu Dǐng	山	怀集县政府驻地东南部	怀城镇
高寨	Gāozhài	山	怀集县政府驻地东南部	怀城镇
花竹顶	Huāzhú Dǐng	山	怀集县政府驻地东南部	怀城镇
磨公山	Mógōng Shān	山	怀集县政府驻地东北部	怀城镇
白坟顶	Báifén Dǐng	山	怀集县政府驻地西南部	怀城镇

(续上表)

标准名称	汉语拼音	地名类别	相对位置	所在(跨)行政区
鸟杭山	Niǎoháng Shān	山	怀集县政府驻地东北部	怀城镇
乌石	Wūshí	山	怀集县政府驻地东北部	怀城镇
亚留埇顶	Yàliúyǒng Dǐng	山	怀集县政府驻地西南部	怀城镇
淋涃坑尾	Línkùn Kēngwěi	山	怀集县政府驻地西南部	怀城镇
石仁岭	Shírén Lǐng	山	怀集县政府驻地西南部	怀城镇
亚公山	Yàgōng Shān	山	怀集县政府驻地西南部	怀城镇
凤凰山	Fènghuáng Shān	山	怀集县政府驻地西南部	怀城镇
担吉岭	Dānjí Lǐng	山	怀集县政府驻地西南部	怀城镇
桑队	Sāngduì	山	怀集县政府驻地西南部	怀城镇
芋全夹	Yùquánjiá	山	怀集县政府驻地西南部	怀城镇
鼻佛埇顶	Bífóyǒng Dǐng	山	怀集县政府驻地南部	怀城镇
罗四顶	Luósì Dǐng	山	怀集县政府驻地南部	怀城镇
双对顶	Shuāngduì Dǐng	山	怀集县政府驻地南部	怀城镇
崩岗埇顶	Bēnggǎngyǒng Dǐng	山	怀集县政府驻地南部	怀城镇
大坑尾	Dà Kēngwěi	山	怀集县政府驻地南部	怀城镇
边坑尾	Biān Kēngwěi	山	怀集县政府驻地南部	怀城镇
高带尾	Gāodàiwěi	山	怀集县政府驻地南部	怀城镇
上思尾	Shàngsīwěi	山	怀集县政府驻地南部	怀城镇
榄冲塝顶	Lǎnchōngbàng Dǐng	山	怀集县政府驻地东北部	怀城镇
饭塘顶	Fàntáng Dǐng	山	怀集县政府驻地东北部	怀城镇
屋背顶	Wūbèi Dǐng	山	怀集县政府驻地东北部	怀城镇
大山埇顶	Dàshānyǒng Dǐng	山	怀集县政府驻地东北部	怀城镇
攀高寨顶	Pāngāozhài Dǐng	山	怀集县政府驻地东北部	怀城镇
芹菜山	Qíncài Shān	山	怀集县政府驻地西北部	怀城镇
庙坑埇	Miàokēngyǒng	山	怀集县政府驻地东北部	怀城镇
马山	Mǎshān	山	怀集县政府驻地北部	怀城镇
天子山	Tiānzǐ Shān	山	怀集县政府驻地西部	怀城镇
庙背坑	Miàobèi Kēng	山	怀集县政府驻地西部	怀城镇
后岗沥	Hòugǎnglì	山	怀集县政府驻地东北部	怀城镇
亚后头	Yàhòutóu	山	怀集县政府驻地东北部	怀城镇

（续上表）

标准名称	汉语拼音	地名类别	相对位置	所在(跨)行政区
企埇	Qǐyǒng	山	怀集县政府驻地西北部	怀城镇
大寨岭	Dàzhài Lǐng	山	怀集县政府驻地西北部	怀城镇
木竹埇	Mùzhúyǒng	山	怀集县政府驻地西北部	怀城镇
马山顶	Mǎshān Dǐng	山	怀集县政府驻地北部	怀城镇
攀高寨顶	Pāngāozhài Dǐng	山	怀集县政府驻地东北部	怀城镇
双埇	Shuāngyǒng	山	怀集县政府驻地东部	怀城镇
甘仔塝	Gānzǎibàng	山	怀集县政府驻地东部	怀城镇
左对	Zuǒduì	山	怀集县政府驻地东部	怀城镇
猫脚埇	Māojiǎoyǒng	山	怀集县政府驻地东北部	怀城镇
杉塘	Shāntáng	山	怀集县政府驻地西南部	怀城镇
大伞顶	Dàpíng Dǐng	山	怀集县政府驻地东南部	怀城镇
鹅步顶	Ébù Dǐng	山	怀集县政府驻地东南部	怀城镇
大山	Dàshān	山	怀集县政府驻地东南部	怀城镇
行路崀	Hánglùlàng	山	怀集县政府驻地东南部	怀城镇
岭头塘	Lǐngtóu Táng	山	怀集县政府驻地东南部	怀城镇
子京洞	Zǐjīng Dòng	山	怀集县政府驻地东南部	怀城镇
蚊塝	Wénbàng	山	怀集县政府驻地西北部	怀城镇
崩江山	Bēngjiāng Shān	山	怀集县政府驻地东北部	怀城镇
四塘岭	Sìtáng Lǐng	山	怀集县政府驻地东北部	怀城镇
庙背山	Miàobèi Shān	山	怀集县政府驻地东北部	怀城镇
寨岭顶	Zhàilǐng Dǐng	山	怀集县政府驻地东北部	怀城镇
芋地山	Yùdì Shān	山	怀集县政府驻地东北部	怀城镇
后岗岭	Hòugǎng Lǐng	山	怀集县政府驻地东北部	怀城镇
白黎坪	Báilí Píng	山	怀集县政府驻地东北部	怀城镇
三塘	Sāntáng	山	怀集县政府驻地东北部	怀城镇
先峰顶	Xiānfēng Dǐng	山	怀集县政府驻地南部	怀城镇
陈铁顶	Chéntiě Dǐng	山	怀集县政府驻地东南部	怀城镇
大松顶	Dàsōng Dǐng	山	怀集县政府驻地东南部	怀城镇
狮子埇顶	Shīzǐyǒng Dǐng	山	怀集县政府驻地东南部	怀城镇
大坳顶	Dà'ào Dǐng	山	怀集县政府驻地东南部	怀城镇

（续上表）

标准名称	汉语拼音	地名类别	相对位置	所在(跨)行政区
大坳山	Dà'ào Shān	山	怀集县政府驻地东南部	怀城镇
新碑顶	Xīnbēi Dǐng	山	怀集县政府驻地东南部	怀城镇
桔地埇顶	Júdìyǒng Dǐng	山	怀集县政府驻地东南部	怀城镇
黄梅埇顶	Huángméiyǒng Dǐng	山	怀集县政府驻地东南部	怀城镇
牛㙟尾	Niúnǎwěi	山	怀集县政府驻地东南部	怀城镇
大坳岗	Dà'ào Gǎng	山	怀集县政府驻地东南部	怀城镇
天鹅头	Tiān'étóu	山	怀集县政府驻地东南部	怀城镇
仕坑顶	Shìkēng Dǐng	山	怀集县政府驻地东南部	怀城镇
山寨顶	Shānzhài Dǐng	山	怀集县政府驻地东南部	怀城镇
犁公顶	Lígōng Dǐng	山	怀集县政府驻地东南部	怀城镇
桥鼓顶	Qiáogǔ Dǐng	山	怀集县政府驻地西南部	怀城镇
鸡笼山	Jīlóng Shān	山	怀集县政府驻地南部	怀城镇
罗塘顶	Luótáng Dǐng	山	怀集县政府驻地西南部	怀城镇
飞龙岭	Fēilóng Lǐng	山	怀集县政府驻地西南部	怀城镇
榄岭	Lǎnlǐng	山	怀集县政府驻地西北部	怀城镇
油云山	Yóuyún Shān	山	怀集县政府驻地西北部	怀城镇
浪伞顶	Làngsǎn Dǐng	山	怀集县政府驻地西北部	怀城镇
企椅山	Qǐyǐ Shān	山	怀集县政府驻地西北部	怀城镇
对撑	Duìchēng	山	怀集县政府驻地西北部	怀城镇
牛头山	Niútóu Shān	山	怀集县政府驻地西北部	怀城镇
大塘头	Dàtángtóu	山	怀集县政府驻地西北部	怀城镇
大洼埇顶	Dàwāyǒng Dǐng	山	怀集县政府驻地东北部	怀城镇
大塝顶	Dàbàng Dǐng	山	怀集县政府驻地东北部	怀城镇
大埇岭	Dàyǒng Lǐng	山	怀集县政府驻地东北部	怀城镇
寨顶	Zhàidǐng	山	怀集县政府驻地东北部	怀城镇
柴岭	Cháilǐng	山	怀集县政府驻地东北部	怀城镇
厘背岭	Líbèi Lǐng	山	怀集县政府驻地东北部	怀城镇
太坪	Tàipíng	山	怀集县政府驻地东北部	怀城镇
猪㙟塘	Zhūnǎ Táng	山	怀集县政府驻地东北部	怀城镇
富竹山	Fùzhú Shān	山	怀集县政府驻地南部	怀城镇

（续上表）

标准名称	汉语拼音	地名类别	相对位置	所在(跨)行政区
谷磊山	Gǔlěi Shān	山	怀集县政府驻地西南部	桥头镇
三堂山	Sāntáng Shān	山	怀集县政府驻地西南部	桥头镇
和苍岩	Hécāngyán	山	怀集县政府驻地西南部	桥头镇
涅埇界	Bànyǒngjiè	山	怀集县政府驻地西南部	桥头镇
落水岭	Luòshuǐ Lǐng	山	怀集县政府驻地西南部	桥头镇
山杵岭	Shānchǔ Lǐng	山	怀集县政府驻地西南部	桥头镇
朝岩	Cháoyán	山	怀集县政府驻地西南部	桥头镇
上思江	Shàngsījiāng	山	怀集县政府驻地西南部	桥头镇
朝天螺	Cháotiānluó	山	怀集县政府驻地西南部	桥头镇
火山	Huǒshān	山	怀集县政府驻地西南部	桥头镇
天马寨	Tiānmǎzhài	山	怀集县政府驻地西南部	桥头镇
大雁山	Dàyàn Shān	山	怀集县政府驻地西南部	桥头镇
洞华屋	Dònghuáwū	山	怀集县政府驻地西南部	桥头镇
石脊	Shíjǐ	山	怀集县政府驻地西南部	桥头镇
雅薛	Yǎxuē	山	怀集县政府驻地西南部	桥头镇
松山	Sōngshān	山	怀集县政府驻地西南部	桥头镇
山更寨	Shāngèngzhài	山	怀集县政府驻地西南部	桥头镇
纱帽顶	Shāmào Dǐng	山	怀集县政府驻地西南部	桥头镇
狮子岩	Shīzǐyán	山	怀集县政府驻地西南部	桥头镇
白鹅	Bái'é	山	怀集县政府驻地西南部	桥头镇
三叉岭	Sānchā Lǐng	山	怀集县政府驻地西南部	桥头镇
括断	Kuòduàn	山	怀集县政府驻地西南部	桥头镇
大岭坪	Dàlǐng Píng	山	怀集县政府驻地西南部	桥头镇
狮子尾	Shīzǐwěi	山	怀集县政府驻地西南部	桥头镇
山婆顶	Shānpó Dǐng	山	怀集县政府驻地西南部	永固镇
双伍山	Shuāngwǔ Shān	山	怀集县政府驻地西南部	永固镇
牛喑山	Niúyīn Shān	山	怀集县政府驻地西南部	永固镇
牛军顶	Niújūn Dǐng	山	怀集县政府驻地西南部	永固镇
六晏塘	Liùyàn Táng	山	怀集县政府驻地南部	永固镇
白石顶	Báishí Dǐng	山	怀集县政府驻地南部	永固镇

（续上表）

标准名称	汉语拼音	地名类别	相对位置	所在(跨)行政区
坑仔顶	Kēngzǎi Dǐng	山	怀集县政府驻地南部	永固镇
寨顶	Zhàidǐng	山	怀集县政府驻地南部	永固镇
盐塘岭	Yántáng Lǐng	山	怀集县政府驻地南部	永固镇
车公岭	Chēgōng Lǐng	山	怀集县政府驻地南部	永固镇
掘银溷	Juéyínhùn	山	怀集县政府驻地南部	永固镇
高带	Gāodài	山	怀集县政府驻地南部	永固镇
上塘	Shàngtáng	山	怀集县政府驻地东南部	永固镇
石龙顶	Shílóng Dǐng	山	怀集县政府驻地西南部	永固镇
金竹尾	Jīnzhúwěi	山	怀集县政府驻地西南部	永固镇
深坳顶	Shēn'ào Dǐng	山	怀集县政府驻地西南部	永固镇
南蛇	Nánshé	山	怀集县政府驻地西南部	永固镇
百花大田	Bǎihuādàtián	山	怀集县政府驻地西南部	永固镇
锅耳顶	Guō'ěr Dǐng	山	怀集县政府驻地西南部	永固镇
石硖	Shíxiá	山	怀集县政府驻地西南部	永固镇
石带山	Shídài Shān	山	怀集县政府驻地西南部	永固镇
加吊山	Jiādiào Shān	山	怀集县政府驻地西南部	永固镇
谭崀顶	Tánlàng Dǐng	山	怀集县政府驻地西南部	永固镇
小登仙	Xiǎodēngxiān	山	怀集县政府驻地西南部	永固镇
小坑凹顶	Xiǎokēng'āo Dǐng	山	怀集县政府驻地西南部	永固镇
企南	Qǐnán	山	怀集县政府驻地西南部	永固镇
天富顶	Tiānfù Dǐng	山	怀集县政府驻地西南部	永固镇
东凹尾	Dōngāowěi	山	怀集县政府驻地西南部	永固镇
破空岭	Pòkōng Lǐng	山	怀集县政府驻地西南部	永固镇
河口	Hékǒu	山	怀集县政府驻地西南部	永固镇
大话	Dàhuà	山	怀集县政府驻地西南部	永固镇
文超洞	Wénchāo Dòng	山	怀集县政府驻地西南部	永固镇
大帽	Dàmào	山	怀集县政府驻地西南部	永固镇
牛浴窝	Niúyù Wō	山	怀集县政府驻地西南部	永固镇
天堂顶	Tiāntáng Dǐng	山	怀集县政府驻地西南部	永固镇
半坑顶	Bànkēng Dǐng	山	怀集县政府驻地西南部	永固镇

（续上表）

标准名称	汉语拼音	地名类别	相对位置	所在(跨)行政区
登仙顶	Dēngxiān Dǐng	山	怀集县政府驻地西南部	永固镇
育草岗顶	Yùcǎogǎng Dǐng	山	怀集县政府驻地西部	永固镇
石羊顶	Shíyáng Dǐng	山	怀集县政府驻地西南部	永固镇
火坑顶	Huǒkēng Dǐng	山	怀集县政府驻地西南部	永固镇
旗埂顶	Qígěng Dǐng	山	怀集县政府驻地西南部	永固镇
潭洞背	Tándòngbèi	山	怀集县政府驻地西南部	永固镇
松柏埇顶	Sōngbǎiyǒng Dǐng	山	怀集县政府驻地西南部	永固镇
学洼顶	Xuéwā Dǐng	山	怀集县政府驻地西南部	永固镇
岗瓦坪	Gǎngwǎ Píng	山	怀集县政府驻地西南部	永固镇
黎青岭	Líqīng Lǐng	山	怀集县政府驻地西南部	永固镇
和尚顶	Héshàng Dǐng	山	怀集县政府驻地西南部	永固镇
黎晚山	Líwǎn Shān	山	怀集县政府驻地西南部	永固镇
马六山	Mǎliù Shān	山	怀集县政府驻地西南部	永固镇
谭河足	Tánhézú	山	怀集县政府驻地西南部	永固镇
柯木凹	Kēmù'āo	山	怀集县政府驻地西南部	永固镇
三星聚党	Sānxīngjùdǎng	山	怀集县政府驻地西南部	永固镇
双甘	Shuānggān	山	怀集县政府驻地西南部	永固镇
双根	Shuānggēn	山	怀集县政府驻地西南部	永固镇
谭选	Tánxuǎn	山	怀集县政府驻地西南部	永固镇
富龙山	Fùlóng Shān	山	怀集县政府驻地西南部	永固镇
潭莫顶	Tánmò Dǐng	山	怀集县政府驻地西南部	永固镇
潭楂坪	Tánzhā Píng	山	怀集县政府驻地西南部	永固镇
镇墟山	Zhènxū Shān	山	怀集县政府驻地西南部	永固镇
水井华	Shuǐjǐnghuá	山	怀集县政府驻地西南部	永固镇
企龙山	Qǐlóng Shān	山	怀集县政府驻地西南部	永固镇
佛埇华	Fóyǒnghuá	山	怀集县政府驻地西南部	永固镇
合听山	Hétīng Shān	山	怀集县政府驻地西南部	永固镇
潭空山	Tánkōng Shān	山	怀集县政府驻地西南部	永固镇
蓝山	Lánshān	山	怀集县政府驻地西南部	永固镇
牛肝	Niúgān	山	怀集县政府驻地西南部	永固镇

（续上表）

标准名称	汉语拼音	地名类别	相对位置	所在（跨）行政区
沙芋角	Shāyùjiǎo	山	怀集县政府驻地西南部	永固镇
帆社咀	Fānshèjǔ	山	怀集县政府驻地西南部	永固镇
青云村后山	Qīngyúncūnhòu Shān	山	怀集县政府驻地西南部	永固镇
三坑顶	Sānkēng Dǐng	山	怀集县政府驻地西南部	永固镇
南沙凹顶	Nánshā'āo Dǐng	山	怀集县政府驻地西南部	永固镇
马鞍山	Mǎ'ān Shān	山	怀集县政府驻地西南部	永固镇
凤门顶	Fēngmén Dǐng	山	怀集县政府驻地西南部	永固镇
画眉顶	Huàméi Dǐng	山	怀集县政府驻地西南部	永固镇
白帝顶	Báidì Dǐng	山	怀集县政府驻地西南部	永固镇
三片顶	Sānpiàn Dǐng	山	怀集县政府驻地西南部	永固镇
十三公顶	Shísāngōng Dǐng	山	怀集县政府驻地西南部	永固镇
大帽顶	Dàmào Dǐng	山	怀集县政府驻地西南部	永固镇
白芋凹顶	Báiyù'āo Dǐng	山	怀集县政府驻地西南部	永固镇
近尖顶	Jìnjiān Dǐng	山	怀集县政府驻地西南部	永固镇
炮墩山	Pàodūn Shān	山	怀集县政府驻地西南部	永固镇
火星顶	Huǒxīng Dǐng	山	怀集县政府驻地西南部	永固镇
金龟山	Jīnguī Shān	山	怀集县政府驻地西南部	永固镇
双曲	Shuāngqǔ	山	怀集县政府驻地西南部	永固镇
三坑	Sānkēng	山	怀集县政府驻地西南部	永固镇
马场	Mǎchǎng	山	怀集县政府驻地西南部	永固镇
双轴山	Shuāngzhóu Shān	山	怀集县政府驻地西南部	永固镇
宿鸾屋背山	Xiǔluánwūbèi Shān	山	怀集县政府驻地西南部	永固镇
潭塱山	Tánlǎng Shān	山	怀集县政府驻地西南部	永固镇
松柏崀	Sōngbǎilàng	山	怀集县政府驻地西南部	永固镇
民团馆	Míntuánguǎn	山	怀集县政府驻地西南部	永固镇
双粉山	Shuāngfěn Shān	山	怀集县政府驻地西南部	永固镇
双推山	Shuāngtuī Shān	山	怀集县政府驻地西南部	永固镇
死埋山	Sǐmái Shān	山	怀集县政府驻地西南部	永固镇
大帆顶	Dàfān Dǐng	山	怀集县政府驻地西南部	永固镇
占梯顶	Zhàntī Dǐng	山	怀集县政府驻地西南部	永固镇

(续上表)

标准名称	汉语拼音	地名类别	相对位置	所在(跨)行政区
双备咀	Shuāngbèijǔ	山	怀集县政府驻地西南部	永固镇
土坑	Tǔkēng	山	怀集县政府驻地西南部	永固镇
过路坪	Guòlù Píng	山	怀集县政府驻地东北部	洽水镇
跳坳	Tiào'ào	山	怀集县政府驻地东北部	洽水镇
根竹园	Gēnzhú Yuán	山	怀集县政府驻地东北部	洽水镇
庙坪坑尾	Miàopíng Kēngwěi	山	怀集县政府驻地东北部	洽水镇
新寨顶	Xīnzhài Dǐng	山	怀集县政府驻地东北部	洽水镇
山坡塝	Shānpōbàng	山	怀集县政府驻地东北部	洽水镇
塘风坳	Tángfēng Ào	山	怀集县政府驻地东北部	洽水镇
大崩山	Dàbēng Shān	山	怀集县政府驻地东北部	洽水镇
棋拦塘顶	Qílántáng Dǐng	山	怀集县政府驻地东北部	洽水镇
洼仔	Wāzǎi	山	怀集县政府驻地东北部	洽水镇
鸡笼岭	Jīlóng Lǐng	山	怀集县政府驻地东北部	洽水镇
庙背岭	Miàobèi Lǐng	山	怀集县政府驻地东北部	洽水镇
云梯顶	Yúntī Dǐng	山	怀集县政府驻地东北部	洽水镇
天堂	Tiāntáng	山	怀集县政府驻地东北部	洽水镇
石挟尾	Shíjiāwěi	山	怀集县政府驻地东北部	洽水镇
大洞田	Dàdòngtián	山	怀集县政府驻地东北部	洽水镇
二妹带	Èrmèidài	山	怀集县政府驻地东北部	洽水镇
双飞蝴蝶	Shuāngfēihúdié	山	怀集县政府驻地东北部	洽水镇
泥碑旁	Níbēipáng	山	怀集县政府驻地东北部	洽水镇
围园顶	Wéiyuán Dǐng	山	怀集县政府驻地东北部	洽水镇
大洼顶	Dàwā Dǐng	山	怀集县政府驻地东北部	洽水镇
仔爹山	Zǎidiē Shān	山	怀集县政府驻地东北部	洽水镇
犁金更	Líjīngèng	山	怀集县政府驻地东北部	洽水镇
犀牛头	Xīniútóu	山	怀集县政府驻地东北部	洽水镇
燕子山	Yànzǐ Shān	山	怀集县政府驻地东北部	洽水镇
燕子顶	Yànzǐ Dǐng	山	怀集县政府驻地东北部	洽水镇
长塝岩	Zhǎngbàngyán	山	怀集县政府驻地东北部	洽水镇
崩江	Bēngjiāng	山	怀集县政府驻地东北部	洽水镇

（续上表）

标准名称	汉语拼音	地名类别	相对位置	所在(跨)行政区
列场山	Lièchǎng Shān	山	怀集县政府驻地东北部	洽水镇
黄梅冲凹	Huángméichōng'āo	山	怀集县政府驻地东北部	洽水镇
高寨顶	Gāozhài Dǐng	山	怀集县政府驻地东北部	洽水镇
亚更山	Yàgèng Shān	山	怀集县政府驻地东北部	洽水镇
大坦岭	Dàtǎn Lǐng	山	怀集县政府驻地东北部	洽水镇
毕直山	Bìzhí Shān	山	怀集县政府驻地东北部	洽水镇
高塘顶	Gāotáng Dǐng	山	怀集县政府驻地东北部	洽水镇
望天云顶	Wàngtiānyún Dǐng	山	怀集县政府驻地东北部	洽水镇
松山	Sōng Shān	山	怀集县政府驻地东北部	洽水镇
老坳婆	Lǎo'àopó	山	怀集县政府驻地东北部	洽水镇
大灶	Dàzào	山	怀集县政府驻地东北部	洽水镇
日出轿顶	Rìchūjiào Dǐng	山	怀集县政府驻地东北部	洽水镇
鱼跳	Yútiào	山	怀集县政府驻地东北部	洽水镇
深坑口	Shēn Kēngkǒu	山	怀集县政府驻地东北部	洽水镇
永根凹	Yǒnggēn'āo	山	怀集县政府驻地东北部	洽水镇
大地顶	Dàdì Dǐng	山	怀集县政府驻地东北部	洽水镇
金泊沸	Jīnbófèi	山	怀集县政府驻地东北部	洽水镇
横冈背	Hénggāngbèi	山	怀集县政府驻地东北部	洽水镇
大坪	Dàpíng	山	怀集县政府驻地东北部	洽水镇
格岗界	Gégǎngjiè	山	怀集县政府驻地东北部	洽水镇
锅坑尾	Guō Kēngwěi	山	怀集县政府驻地东北部	洽水镇
大甘山	Dàgān Shān	山	怀集县政府驻地东北部	洽水镇
分坳	Fēn'ào	山	怀集县政府驻地东北部	洽水镇
大山	Dàshān	山	怀集县政府驻地东北部	洽水镇
大朗	Dàlǎng	山	怀集县政府驻地东北部	洽水镇
天堂	Tiāntáng	山	怀集县政府驻地东北部	洽水镇
大凹山	Dà'āo Shān	山	怀集县政府驻地东北部	洽水镇
大山顶	Dàshān Dǐng	山	怀集县政府驻地东北部	洽水镇
岗头凹	Gǎngtóu'āo	山	怀集县政府驻地东北部	洽水镇
大田头	Dàtiántóu	山	怀集县政府驻地东北部	洽水镇

（续上表）

标准名称	汉语拼音	地名类别	相对位置	所在(跨)行政区
浪伞坳	Làngsǎn Ào	山	怀集县政府驻地东北部	洽水镇
茶饭堂	Cháfàntáng	山	怀集县政府驻地东北部	洽水镇
黄乍桥	Huángzhàqiáo	山	怀集县政府驻地东北部	洽水镇
打锣头顶	Dǎluótóu Dǐng	山	怀集县政府驻地东北部	洽水镇
崩岗头	Bēnggǎngtóu	山	怀集县政府驻地东北部	洽水镇
塘汜	Tángfǎ	山	怀集县政府驻地东北部	洽水镇
十石顶	Shíshí Dǐng	山	怀集县政府驻地东北部	洽水镇
二公山	Èrgōng Shān	山	怀集县政府驻地东北部	洽水镇
细菌顶	Xìjūn Dǐng	山	怀集县政府驻地东北部	洽水镇
横当	Héngdāng	山	怀集县政府驻地东北部	洽水镇
洞竹山	Dòngzhú Shān	山	怀集县政府驻地东北部	洽水镇
锅坑口	Guōkēngkǒu	山	怀集县政府驻地东北部	洽水镇
亚婆界	Yàpójiè	山	怀集县政府驻地东北部	洽水镇
长带下	Zhǎngdàixià	山	怀集县政府驻地东北部	洽水镇
大松山	Dàsōng Shān	山	怀集县政府驻地东北部	洽水镇
洞竹山	Dòngzhú Shān	山	怀集县政府驻地东北部	洽水镇
金婆顶	Jīnpó Dǐng	山	怀集县政府驻地东北部	洽水镇
棋拦塘顶	Qílántáng Dǐng	山	怀集县政府驻地东北部	洽水镇
打鼓塘	Dǎgǔ Táng	山	怀集县政府驻地东北部	洽水镇
黄梅顶	Huángméi Dǐng	山	怀集县政府驻地东北部	洽水镇
天堂氹	Tiāntángdàng	山	怀集县政府驻地东北部	洽水镇
高塘	Gāotáng	山	怀集县政府驻地东北部	洽水镇
牛凹塘	Niú'āo Táng	山	怀集县政府驻地东北部	洽水镇
上形岭	Shàngxíng Lǐng	山	怀集县政府驻地东北部	甘洒镇
长调尾	Zhǎngdiàowěi	山	怀集县政府驻地东北部	甘洒镇
文敬岭	Wénjìng Lǐng	山	怀集县政府驻地东北部	甘洒镇
黎径顶	Líjìng Dǐng	山	怀集县政府驻地东北部	甘洒镇
旧寨	Jiùzhài	山	怀集县政府驻地东北部	甘洒镇
高崀	Gāoláng	山	怀集县政府驻地东北部	甘洒镇
东文笔	Dōngwénbǐ	山	怀集县政府驻地东北部	甘洒镇

（续上表）

标准名称	汉语拼音	地名类别	相对位置	所在(跨)行政区
火炼埇	Huǒliànyǒng	山	怀集县政府驻地东北部	甘洒镇
寨顶	Zhàidǐng	山	怀集县政府驻地东北部	甘洒镇
西文笔	Xīwénbǐ	山	怀集县政府驻地东北部	甘洒镇
界婆尖	Jièpójiān	山	怀集县政府驻地东北部	甘洒镇
吃水埇顶	Chīshuǐyǒng Dǐng	山	怀集县政府驻地东北部	甘洒镇
大寨顶	Dàzhài Dǐng	山	怀集县政府驻地东北部	甘洒镇
葵扇山	Kuíshàn Shān	山	怀集县政府驻地东北部	甘洒镇
青山	Qīngshān	山	怀集县政府驻地东北部	甘洒镇
上呔	Shàngtǎi	山	怀集县政府驻地东北部	甘洒镇
风水岗	Fēngshuǐ Gǎng	山	怀集县政府驻地东北部	甘洒镇
荷木山	Hémù Shān	山	怀集县政府驻地东北部	甘洒镇
七星岗	Qīxīng Gǎng	山	怀集县政府驻地东北部	甘洒镇
坏鬼顶	Huàiguǐ Dǐng	山	怀集县政府驻地东北部	甘洒镇
麻竹顶	Mázhú Dǐng	山	怀集县政府驻地东北部	甘洒镇
泬塘头	Bàntángtóu	山	怀集县政府驻地东北部	甘洒镇
三堆谷	Sānduīgǔ	山	怀集县政府驻地东北部	甘洒镇
大崩岗	Dàbēng Gǎng	山	怀集县政府驻地东北部	甘洒镇
狮子头	Shīzǐtóu	山	怀集县政府驻地东北部	甘洒镇
高寨岭	Gāozhài Lǐng	山	怀集县政府驻地东北部	甘洒镇
打若顶	Dǎruò Dǐng	山	怀集县政府驻地西南部	诗洞镇
南双顶	Nánshuāng Dǐng	山	怀集县政府驻地西南部	诗洞镇
天堂	Tiāntáng	山	怀集县政府驻地西南部	诗洞镇
学山顶	Xuéshān Dǐng	山	怀集县政府驻地西南部	诗洞镇
寨群山	Zhàiqún Shān	山	怀集县政府驻地西南部	诗洞镇
双苏	Shuāngsū	山	怀集县政府驻地西南部	诗洞镇
双奇	Shuāngqí	山	怀集县政府驻地西南部	诗洞镇
陈屋顶	Chénwū Dǐng	山	怀集县政府驻地西南部	诗洞镇
沉龙花	Chénlónghuā	山	怀集县政府驻地西南部	诗洞镇
茶孔	Chákǒng	山	怀集县政府驻地西南部	诗洞镇
大双旗	Dàshuāngqí	山	怀集县政府驻地西南部	诗洞镇

（续上表）

标准名称	汉语拼音	地名类别	相对位置	所在(跨)行政区
双块	Shuāngkuài	山	怀集县政府驻地西南部	诗洞镇
沉洼	Chénwā	山	怀集县政府驻地西南部	诗洞镇
古东山	Gǔdōng Shān	山	怀集县政府驻地西南部	诗洞镇
伯公坑顶	Bógōng Kēngdǐng	山	怀集县政府驻地西南部	诗洞镇
山伯	Shānbó	山	怀集县政府驻地西南部	诗洞镇
双松	Shuāngsōng	山	怀集县政府驻地西南部	诗洞镇
十庙坟	Shímiàofén	山	怀集县政府驻地西南部	诗洞镇
上老塘	Shànglǎo Táng	山	怀集县政府驻地西南部	诗洞镇
长黄塘	Zhǎnghuáng Táng	山	怀集县政府驻地西南部	诗洞镇
思坑坳	Sīkēng Ào	山	怀集县政府驻地西南部	诗洞镇
云雾顶	Yúnwù Dǐng	山	怀集县政府驻地西南部	诗洞镇
八东顶	Bādōng Dǐng	山	怀集县政府驻地西南部	诗洞镇
金仔山	Jīnzǎi Shān	山	怀集县政府驻地西南部	诗洞镇
太平	Tàipíng	山	怀集县政府驻地西南部	诗洞镇
木头棵	Mùtóukē	山	怀集县政府驻地西南部	诗洞镇
岗斫	Gǎngzhuó	山	怀集县政府驻地西南部	诗洞镇
企坑顶	Qǐkēng Dǐng	山	怀集县政府驻地西南部	诗洞镇
正坑顶	Zhèngkēng Dǐng	山	怀集县政府驻地西南部	诗洞镇
上矿浪	Shàngkuànglàng	山	怀集县政府驻地西南部	诗洞镇
平山	Píngshān	山	怀集县政府驻地西南部	诗洞镇
麻竹山	Mázhú Shān	山	怀集县政府驻地西南部	诗洞镇
勒赏坑	Lèshǎng Kēng	山	怀集县政府驻地西南部	诗洞镇
双楠顶	Shuāngnán Dǐng	山	怀集县政府驻地西南部	诗洞镇
琴胡	Qínhú	山	怀集县政府驻地西南部	诗洞镇
沉圆坑	Chényuán Kēng	山	怀集县政府驻地西南部	诗洞镇
天堂顶	Tiāntáng Dǐng	山	怀集县政府驻地西南部	诗洞镇
石高岭	Shígāo Lǐng	山	怀集县政府驻地西南部	诗洞镇
十二罗岭	Shí'èrluó Lǐng	山	怀集县政府驻地西南部	诗洞镇
大岭	Dàlǐng	山	怀集县政府驻地西南部	诗洞镇
三百钢	Sānbǎigāng	山	怀集县政府驻地西南部	诗洞镇

（续上表）

标准名称	汉语拼音	地名类别	相对位置	所在（跨）行政区
山寨	Shānzhài	山	怀集县政府驻地西南部	诗洞镇
企山顶	Qǐshān dǐng	山	怀集县政府驻地西南部	诗洞镇
大顶	Dàdǐng	山	怀集县政府驻地西南部	诗洞镇
六龙	Liùlóng	山	怀集县政府驻地西南部	诗洞镇
桂香田寮	Guìxiāngtiánliáo	山	怀集县政府驻地西南部	诗洞镇
禾叉顶	Héchā Dǐng	山	怀集县政府驻地西南部	诗洞镇
乌石山	Wūshí Shān	山	怀集县政府驻地西南部	诗洞镇
寨高顶	Zhàigāo Dǐng	山	怀集县政府驻地西南部	诗洞镇
南岭（官罩山）	Nánlǐng（Guānzhào Shān）	山	怀集县政府驻地西南部	诗洞镇
地寮山	Dìliáo Shān	山	怀集县政府驻地西南部	诗洞镇
根竹山顶	Gēnzhúshān Dǐng	山	怀集县政府驻地西南部	诗洞镇
木坡	Mùpō	山	怀集县政府驻地西南部	诗洞镇
双六	Shuāngliù	山	怀集县政府驻地西南部	诗洞镇
老石坑	Lǎoshí Kēng	山	怀集县政府驻地西南部	诗洞镇
木文	Mùwén	山	怀集县政府驻地西南部	诗洞镇
水边	Shuǐbiān	山	怀集县政府驻地西南部	诗洞镇
亚得坪	Yàdé Píng	山	怀集县政府驻地西南部	诗洞镇
下索降	Xiàsuǒjiàng	山	怀集县政府驻地西南部	诗洞镇
南寻洼	Nánxúnwā	山	怀集县政府驻地西南部	诗洞镇
勒文顶	Lèwén Dǐng	山	怀集县政府驻地西南部	诗洞镇
大界顶	Dàjiè Dǐng	山	怀集县政府驻地西南部	诗洞镇
松湴	Sōngbàn	山	怀集县政府驻地西南部	诗洞镇
灯笼顶	Dēnglóng Dǐng	山	怀集县政府驻地西南部	诗洞镇
埌翻顶	Làngfān Dǐng	山	怀集县政府驻地西南部	诗洞镇
山寨顶	Shānzhài Dǐng	山	怀集县政府驻地西南部	诗洞镇
界沥	Jièlì	山	怀集县政府驻地西南部	诗洞镇
文果浪	Wénguǒlàng	山	怀集县政府驻地西南部	诗洞镇
勒稔南	Lèrěnnán	山	怀集县政府驻地西南部	诗洞镇
山柏南	Shānbǎinán	山	怀集县政府驻地西南部	诗洞镇

(续上表)

标准名称	汉语拼音	地名类别	相对位置	所在(跨)行政区
沙稔坪	Shārěn Píng	山	怀集县政府驻地西南部	诗洞镇
上堂	Shàngtáng	山	怀集县政府驻地西南部	诗洞镇
织鸡寮	Zhījīliáo	山	怀集县政府驻地西南部	诗洞镇
高浪田	Gāolàngtián	山	怀集县政府驻地西南部	诗洞镇
和洼田	Héwātián	山	怀集县政府驻地西南部	诗洞镇
大桥头	Dàqiáotóu	山	怀集县政府驻地西南部	诗洞镇
沉车	Chénchē	山	怀集县政府驻地西南部	诗洞镇
木湖顶	Mùhú Dǐng	山	怀集县政府驻地西南部	诗洞镇
黄疆顶	Huángjiāng Dǐng	山	怀集县政府驻地西南部	诗洞镇
高黄	Gāohuáng	山	怀集县政府驻地西南部	诗洞镇
铜鼓顶	Tónggǔ Dǐng	山	怀集县政府驻地西南部	诗洞镇
登仙	Dēngxiān	山	怀集县政府驻地西南部	诗洞镇
底陈	Dǐchén	山	怀集县政府驻地西南部	诗洞镇
观音顶	Guānyīn Dǐng	山	怀集县政府驻地西南部	诗洞镇
降社	Jiàngshè	山	怀集县政府驻地西南部	诗洞镇
深寨	Shēnzhài	山	怀集县政府驻地西南部	诗洞镇
地窝顶	Dìwō Dǐng	山	怀集县政府驻地西南部	诗洞镇
猪头山	Zhūtóu Shān	山	怀集县政府驻地西南部	诗洞镇
山寨顶	Shānzhài Dǐng	山	怀集县政府驻地西南部	诗洞镇
平山岗	Píngshān Gǎng	山	怀集县政府驻地西南部	诗洞镇
白鹤岭	Báihè lǐng	山	怀集县政府驻地西南部	诗洞镇
仓华列	Cānghuáliè	山	怀集县政府驻地西南部	诗洞镇
盆古电窝	Péngǔdiàn Wō	山	怀集县政府驻地西南部	诗洞镇
皮熟洼	Píshúwā	山	怀集县政府驻地西南部	诗洞镇
洞埇顶	Dòngyǒng Dǐng	山	怀集县政府驻地西南部	诗洞镇
寨圳岭	Zhàizhèn Lǐng	山	怀集县政府驻地西南部	诗洞镇
仙峰顶	Xiānfēng Dǐng	山	怀集县政府驻地西南部	诗洞镇
南仁顶	Nánrén Dǐng	山	怀集县政府驻地西南部	诗洞镇
中踊顶	Zhōngyǒng Dǐng	山	怀集县政府驻地西南部	诗洞镇

（续上表）

标准名称	汉语拼音	地名类别	相对位置	所在(跨)行政区
塘僧山	Tángsēng Shān	山	怀集县政府驻地西南部	诗洞镇
沉布山	Chénbù Shān	山	怀集县政府驻地西南部	诗洞镇
木文山	Mùwén Shān	山	怀集县政府驻地西南部	诗洞镇
马连	Mǎlián	山	怀集县政府驻地西南部	诗洞镇
木坡	Mùpō	山	怀集县政府驻地西南部	诗洞镇
沉尾山寨	Chénwěishānzhài	山	怀集县政府驻地西南部	诗洞镇
山寨	Shānzhài	山	怀集县政府驻地西南部	诗洞镇
双架	Shuāngjià	山	怀集县政府驻地西南部	诗洞镇
就处	Jiùchù	山	怀集县政府驻地西南部	诗洞镇
沙垒	Shālěi	山	怀集县政府驻地西南部	诗洞镇
社则	Shèzé	山	怀集县政府驻地西南部	诗洞镇
牛角岭	Niújiǎo Lǐng	山	怀集县政府驻地西南部	诗洞镇
十二崀	Shí'èrlàng	山	怀集县政府驻地西南部	诗洞镇
麻多杆	Máduōgǎn	山	怀集县政府驻地西南部	诗洞镇
大阴	Dàyīn	山	怀集县政府驻地西南部	诗洞镇
鸡轮望	Jīlúnwàng	山	怀集县政府驻地西南部	诗洞镇
蒙古替	Ménggǔtán	山	怀集县政府驻地西南部	诗洞镇
大汗	Dàhàn	山	怀集县政府驻地西南部	诗洞镇
参塘	Cāntáng	山	怀集县政府驻地西南部	诗洞镇
南炉	Nánlú	山	怀集县政府驻地西南部	诗洞镇
双路头	Shuānglùtóu	山	怀集县政府驻地西南部	诗洞镇
加工顶	Jiāgōng Dǐng	山	怀集县政府驻地西南部	诗洞镇
沉草	Chéncǎo	山	怀集县政府驻地西南部	诗洞镇
坑咀	Kēngjǔ	山	怀集县政府驻地西南部	诗洞镇
石崩	Shíbēng	山	怀集县政府驻地西南部	诗洞镇
木火	Mùhuǒ	山	怀集县政府驻地西南部	诗洞镇
牛牯山	Niúgǔ Shān	山	怀集县政府驻地西南部	诗洞镇
天马顶	Tiānmǎ Dǐng	山	怀集县政府驻地西南部	诗洞镇
打户山	Dǎhù Shān	山	怀集县政府驻地西南部	诗洞镇
坑烟顶	Kēngyān Dǐng	山	怀集县政府驻地西南部	诗洞镇

(续上表)

标准名称	汉语拼音	地名类别	相对位置	所在(跨)行政区
木远印	Mùyuǎnyìn	山	怀集县政府驻地西南部	诗洞镇
山寨顶	Shānzhài Dǐng	山	怀集县政府驻地北部	连麦镇
天堂岭	Tiāntáng Lǐng	山	怀集县政府驻地北部	连麦镇
老虎岭	Lǎohǔ Lǐng	山	怀集县政府驻地北部	连麦镇
高尖岭顶	Gāojiānlǐng Dǐng	山	怀集县政府驻地北部	连麦镇
围猎塘顶	Wéiliètáng Dǐng	山	怀集县政府驻地北部	连麦镇
破撑	Pòchēng	山	怀集县政府驻地北部	连麦镇
水岩	Shuǐyán	山	怀集县政府驻地北部	连麦镇
双生界顶	Shuāngshēngjiè Dǐng	山	怀集县政府驻地北部	连麦镇
黄鱼坪	Huángyú Píng	山	怀集县政府驻地北部	连麦镇
松山顶	Sōngshān Dǐng	山	怀集县政府驻地北部	连麦镇
亚婆塘	Yàpó Táng	山	怀集县政府驻地北部	连麦镇
仔苟塘	Zǎigǒu Táng	山	怀集县政府驻地北部	连麦镇
仔狗塘坪	Zǎigǒutáng Píng	山	怀集县政府驻地北部	连麦镇
白梅塘	Báiméi Táng	山	怀集县政府驻地北部	连麦镇
黄旗塘	Huángqí Táng	山	怀集县政府驻地北部	连麦镇
珍宝塘	Zhēnbǎo Táng	山	怀集县政府驻地北部	连麦镇
亚婆界	Yàpójiè	山	怀集县政府驻地北部	连麦镇
六份塘	Liùfèn Táng	山	怀集县政府驻地北部	连麦镇
大洞	Dàdòng	山	怀集县政府驻地北部	连麦镇
不仔洞	Búzǎi Dòng	山	怀集县政府驻地北部	连麦镇
石寨顶	Shízhài Dǐng	山	怀集县政府驻地北部	连麦镇
王案山	Wángàn Shān	山	怀集县政府驻地北部	连麦镇
白芒	Báimáng	山	怀集县政府驻地北部	连麦镇
牛企岭	Niúqǐ Lǐng	山	怀集县政府驻地北部	连麦镇
白鹤	Báihè	山	怀集县政府驻地西南部	闸岗镇
撑界岭	Chēngjiè Lǐng	山	怀集县政府驻地西南部	闸岗镇
新色	Xīnsè	山	怀集县政府驻地西南部	闸岗镇
犀牛岭	Xīniú Lǐng	山	怀集县政府驻地西南部	闸岗镇
水气岭	Shuǐqì Lǐng	山	怀集县政府驻地西南部	闸岗镇

(续上表)

标准名称	汉语拼音	地名类别	相对位置	所在(跨)行政区
白坟山	Báifén Shān	山	怀集县政府驻地西部	闸岗镇
企岭	Qǐlǐng	山	怀集县政府驻地西南部	闸岗镇
牛皮岭	Niúpí Lǐng	山	怀集县政府驻地西南部	闸岗镇
大岭	Dàlǐng	山	怀集县政府驻地西南部	闸岗镇
分界坳	Fēnjiè Ào	山	怀集县政府驻地西南部	闸岗镇
牛屎贡	Niúshǐgòng	山	怀集县政府驻地东北部	汶朗镇
大洞咀	Dàdòngjǔ	山	怀集县政府驻地东北部	汶朗镇
人字山顶	Rénzìshān Dǐng	山	怀集县政府驻地东北部	汶朗镇
大夫田顶	Dàfūtián Dǐng	山	怀集县政府驻地东北部	汶朗镇
高尖山	Gāojiān Shān	山	怀集县政府驻地东北部	汶朗镇
面前岭	Miànqián Lǐng	山	怀集县政府驻地东北部	汶朗镇
马斯坑尾	Mǎsī Kēngwěi	山	怀集县政府驻地东北部	汶朗镇
高尖顶	Gāojiān Dǐng	山	怀集县政府驻地东北部	汶朗镇
大头顶	Dàtóu Dǐng	山	怀集县政府驻地东北部	汶朗镇
大岗顶	Dàgǎng Dǐng	山	怀集县政府驻地东北部	汶朗镇
乌塘顶	Wūtáng Dǐng	山	怀集县政府驻地东北部	汶朗镇
大塝山	Dàbàng Shān	山	怀集县政府驻地东北部	汶朗镇
办崀田	Bànlàngtián	山	怀集县政府驻地东北部	汶朗镇
云梯	Yúntī	山	怀集县政府驻地东北部	汶朗镇
飞鼠岩	Fēishǔyán	山	怀集县政府驻地东北部	汶朗镇
通天岩	Tōngtiānyán	山	怀集县政府驻地东北部	汶朗镇
牛角塉	Niújiǎoquè	山	怀集县政府驻地东北部	汶朗镇
蕉锄田	Jiāochútián	山	怀集县政府驻地东北部	汶朗镇
石钟背	Shízhōngbèi	山	怀集县政府驻地东北部	汶朗镇
三梅崀	Sānméilàng	山	怀集县政府驻地东北部	汶朗镇
石苟塝	Shígǒubàng	山	怀集县政府驻地东北部	汶朗镇
罗星头	Luóxīngtóu	山	怀集县政府驻地东北部	汶朗镇
崀伞顶	Làngsǎn Dǐng	山	怀集县政府驻地东北部	汶朗镇
薄刀脊	Báodāojǐ	山	怀集县政府驻地东北部	汶朗镇
银佛	Yínfó	山	怀集县政府驻地东北部	汶朗镇

（续上表）

标准名称	汉语拼音	地名类别	相对位置	所在(跨)行政区
龟身顶	Guīshēn Dǐng	山	怀集县政府驻地东北部	汶朗镇
旧下坳	Jiùxià Ào	山	怀集县政府驻地东北部	汶朗镇
石坳	Shí'ào	山	怀集县政府驻地东北部	汶朗镇
邓学塘	Dèngxué Táng	山	怀集县政府驻地东北部	汶朗镇
牛温	Niúwēn	山	怀集县政府驻地东北部	汶朗镇
南蛇岭	Nánshé Lǐng	山	怀集县政府驻地东北部	汶朗镇
西牛岭	Xīniú Lǐng	山	怀集县政府驻地东北部	汶朗镇
格冈岭顶	Gégānglǐng Dǐng	山	怀集县政府驻地东北部	汶朗镇
伴龙岭	Bànlóng Lǐng	山	怀集县政府驻地东北部	汶朗镇
牛温顶	Niúwēn Dǐng	山	怀集县政府驻地东北部	汶朗镇
高埇顶	Gāoyǒng Dǐng	山	怀集县政府驻地东北部	汶朗镇
蓝埇顶	Lányǒng Dǐng	山	怀集县政府驻地东北部	汶朗镇
吉地坪	Jídì Píng	山	怀集县政府驻地东北部	汶朗镇
山更尾	Shāngèngwěi	山	怀集县政府驻地东北部	汶朗镇
大江头	Dàjiāngtóu	山	怀集县政府驻地东北部	汶朗镇
铁夹尾	Tiějiáwěi	山	怀集县政府驻地东北部	汶朗镇
大山	Dàshān	山	怀集县政府驻地东北部	汶朗镇
石龙寨	Shílóngzhài	山	怀集县政府驻地东北部	汶朗镇
新寨岭	Xīnzhài Lǐng	山	怀集县政府驻地东北部	汶朗镇
崩江山	Bēngjiāng Shān	山	怀集县政府驻地东北部	汶朗镇
太平岭	Tàipíng Lǐng	山	怀集县政府驻地东北部	汶朗镇
大洞田	Dàdòngtián	山	怀集县政府驻地东北部	汶朗镇
石根	Shígēn	山	怀集县政府驻地东北部	汶朗镇
牛巷	Niúxiàng	山	怀集县政府驻地东北部	汶朗镇
中村峙	Zhōngcūnzhì	山	怀集县政府驻地东北部	汶朗镇
二公顶	Èrgōng Dǐng	山	怀集县政府驻地东北部	汶朗镇
黄雀顶	Huángquè Dǐng	山	怀集县政府驻地东北部	汶朗镇
沙帽头	Shāmàotóu	山	怀集县政府驻地东北部	汶朗镇
白梅头	Báiméitóu	山	怀集县政府驻地东北部	汶朗镇
塘塝岗顶	Tángbànggǎng Dǐng	山	怀集县政府驻地东北部	汶朗镇

(续上表)

标准名称	汉语拼音	地名类别	相对位置	所在(跨)行政区
田江山	Tiánjiāng Shān	山	怀集县政府驻地东北部	汶朗镇
仙人顶	Xiānrén Dǐng	山	怀集县政府驻地东北部	汶朗镇
寨头顶	Zhàitóu Dǐng	山	怀集县政府驻地东北部	汶朗镇
大塝顶	Dàbàng Dǐng	山	怀集县政府驻地东北部	汶朗镇
狮子头	Shīzǐtóu	山	怀集县政府驻地东北部	汶朗镇
大竹埇顶	Dàzhúyǒng Dǐng	山	怀集县政府驻地东北部	汶朗镇
塝口埇顶	Bàngkǒuyǒng Dǐng	山	怀集县政府驻地东北部	汶朗镇

二、历史地名

标准名称	汉语拼音	地名类别	废止时间	相对位置
寨村林场	Zhàicūn Línchǎng	林区	1980年	怀集县马宁镇
冷坑镇粮食管理所	Lěngkēng Zhèn Liángshíguǎnlǐsuǒ	党政机关	1992年	冷坑镇墟镇社区
梁村镇粮食管理所	Liángcūn Zhèn Liángshíguǎnlǐsuǒ	党政机关	1992年	怀集县梁村镇镇兴村
沙田小学	Shātián Xiǎoxué	事业单位	2007年	怀集县梁村镇沙田村
龙山小学	Lóngshān Xiǎoxué	事业单位	2014年	闸岗镇龙山村
大迳小学	Dàjìng Xiǎoxué	事业单位	2014年	闸岗镇大迳村大迳居民点

三、地名文化遗产保护

标准名称	汉语拼音	地名类别	建议保护等级	相对位置
甘洒镇	Gānsǎ Zhèn	名镇	省级	肇庆市怀集县
诗洞镇	Shī Dòng Zhèn	名镇	省级	肇庆市怀集县
永固镇	Yǒnggù Zhèn	名镇	省级	肇庆市怀集县
洽水镇	Qiàshuǐ Zhèn	名镇	省级	肇庆市怀集县
六祖岩遗址	Liùzǔyán Yízhǐ	名山	县级	怀集县冷坑镇
松岗兵营遗址	Sōnggǎngbīngyíng Yízhǐ	名山	县级	怀集县甘洒镇罗密村
四门岩摩崖石刻	Sìményán Móyáshíkè	名山	县级	怀集县怀城镇

(续上表)

标准名称	汉语拼音	地名类别	建议保护等级	相对位置
道士岩摩崖石刻	Dàoshìyán Móyáshíkè	名山	县级	怀集县怀城镇
望岳岩摩崖石刻	Wàngyuèyán Móyáshíkè	名山	县级	怀集县怀城镇
文昌拱桥	Wénchāng Gǒngqiáo	名桥	县级	怀集县甘洒镇钱村
龙湾古石桥	Lóngwān Gǔ Shíqiáo	名桥	县级	怀集县城东郊龙湾村
邓拔奇烈士故居	Dèngbáqí Lièshì Gùjū	红色地名	县级	怀集县甘洒镇
六龙坑革命烈士纪念碑	Liùlóngkēng Gémìnglièshì Jìniànbēi	红色地名	县级	怀集县诗洞镇
植启芬故居	Zhíqǐfēn Gùjū	红色地名	县级	怀集县永固镇
邓倓故居	Dèngtǎng Gùjū	红色地名	县级	怀集县中洲镇中心村
钱兴烈士故居	Qiánxìng Lièshì Gùjū	红色地名	县级	怀集县诗洞镇
怀集南区农民协会旧址	Huáijínánqū Nóngmínxiéhuì Jiùzhǐ	红色地名	县级	怀集县诗洞镇保安村
黄凡元烈士墓	Huángfányuán Lièshì Mù	红色地名	县级	怀集县甘洒镇罗密村
郑作贤烈士故居	Zhèngzuòxián Lièshì Gùjū	红色地名	县级	怀集县坳仔镇罗大村
六德堂	Liùdé Táng	著名建筑物	县级	怀集县坳仔镇
宥孙黄公祠	Yòusūnhuánggōng Cí	著名建筑物	县级	怀集县甘洒镇罗密村
德惠成公祠	Déhuìchénggōng Cí	著名建筑物	县级	怀集县凤岗镇孔洞村
孔洞观音庙	Kǒngdòng Guānyīn Miào	著名建筑物	县级	怀集县凤岗镇孔洞村
孔乡书院	Kǒngxiāng Shūyuàn	著名建筑物	县级	怀集县凤岗镇
成国选公堂	Chéngguóxuǎngōng Táng	著名建筑物	县级	怀集县凤岗镇
裕后楼	Yùhòu Lóu	著名建筑物	县级	怀集县凤岗镇
幸福六祖井	Xìngfúliùzǔ Jǐng	著名建筑物	县级	怀集县冷坑镇
怀城文阁	Huáichéng Wéngé	著名建筑物	省级	怀集县怀城镇
法志董公祠	Fǎzhì Dǒnggōng Cí	著名建筑物	县级	怀集县甘洒镇
陶然亭	Táorán Tíng	著名建筑物	县级	怀集县怀城镇
双禄寺	Shuānglù Sì	著名建筑物	县级	怀集县冷坑镇

肇庆市标准地名录　封开县

封开县人民政府

杏花十二座民居

开建古城

概 况

封开县，位于广东省中西部、肇庆市西部。东临怀集县、东南、西南分别与德庆县、云浮市郁南县接壤，西、北与广西梧州市交界。在北纬23°13′~23°59′和东经111°2′~112°3′之间。2014年辖江口、南丰、长安、金装、白垢、莲都、渔涝、杏花、罗董、长岗、平凤、大洲、都平、大玉口、江川、河儿口16个镇，下辖21个社区和178个行政村；土地面积2723平方千米。年末户籍人口50.76万人、常住人口40.75万人。县人民政府驻江口镇府前路行政中心，邮政编码526500。

西汉元鼎六年（公元前111），今封开区划设广信县。民国时期，封开县境置封川县、开建县；1961年，封川县、开建县合并，取两县名首字为县名而置封开县。1914—1920年封川、开建2县同属粤海道。1936年属广东省第三行政督察区。1947年属第四行政督察区。1949年属西江专区。1952年3月，2县合署办公，1957年后几经分合，1961年4月，复置封开县，属肇庆专区。1970年属肇庆地区，1988年1月属肇庆市管辖。

封开县，属山地丘陵区，集石灰岩、沙页岩、花岗岩3种地质地貌于一体。东部高山，西部丘陵，中间低丘和河谷盆地，为丘陵山区地带；地势东西两侧高，中间凹，南北低，两边向中间倾斜。海拔800米以上的山峰集中于东部边境，最高点七星顶，海拔1274米；最低点长岗镇都苗村古靖，海拔14.5米。境内主要河流有西江、贺江、谷圩河、蟠龙河、渌水河。国道G321、省道封怀公路等经过境域，公路通车里程183千米。境内主要通航河道有西江和贺江。水产资源十分丰富，盛产特稀鱼类广东鲂、青竹鱼、黄颡鱼、桂花鱼等50多种。

封开县是中国松脂之乡、中国油栗之乡。主要矿产资源有黄金、水晶、锡、铜、钼、钨、锰、云母、钛、花岗岩、大理石、石灰石等。土特产有竹木、黄烟、蜂蜜、杏花鸡、麻竹笋、莲都羊、冬菇、猴头菇、白马茶、麒麟李、封开油栗等。主要旅游景区（点）有封开国家地质公园、龙山风景名胜区（省级风景名胜区）、杏花大斑石景区、杨池古村、"岭南第一状元"莫宣卿故居、广信塔、黑石顶自然保护区等。省级文物保护单位有黄岩洞洞穴遗址、泰新桥、塘角嘴遗址、大梁宫大殿、垌中岩遗址、罗沙岩遗址、封川县古城墙。市爱国主义教育基地有封开县博物馆、李炳辉烈士纪念祠、封开县革命烈士纪念碑、封开县第二农民协会自卫军总部旧址、封开县渔涝镇革命烈士纪念碑、黄岩洞遗址陈列馆等，国防教育基地有大旺海鹰博览中心。省级非物质文化遗产有五马巡城、麒麟白马舞。

2014年，封开县地区生产总值127.33亿元，三次产业比例为27.97∶33.78∶38.25，规模以上工业增加值32.60亿元，人均地区生产总值3.13万元；固定资产投资74.23亿元，社会消费品零售总额29.39亿元，外贸出口总额0.60亿美元，外贸进口总额0.09亿美元，实际吸收外资0.84亿美元；地方一般公共预算收入7.51亿元，城镇常住居民人均收入1.78万元，农村常住居民人均收入1.05万元。

一、现今地名

（一）行政区域类

标准名称	汉语拼音	地名类别	相对位置	驻地
封开县	Fēngkāi Xiàn	县级行政区	广东省西北部	江口镇府前路
白垢镇	Báigòu Zhèn	乡级行政区	封开县中部	白垢镇人民政府大院
大洲镇	Dàzhōu Zhèn	乡级行政区	封开县西部	大洲镇人民政府大院
河儿口镇	Hé'érkǒu Zhèn	乡级行政区	封开县中部	河儿口镇大园垌
江川镇	Jiāngchuān Zhèn	乡级行政区	封开县南部	江川街1号
莲都镇	Liándū Zhèn	乡级行政区	封开县东北部	莲都镇人民政府大院
平凤镇	Píngfèng Zhèn	乡级行政区	封开县西南部	平凤镇新宁社区东华村
杏花镇	Xìnghuā Zhèn	乡级行政区	封开县南部	杏花街794乡道旁政府大院
长岗镇	Chánggǎng Zhèn	乡级行政区	封开县南部	长岗镇人民政府大院
都平镇	Dūpíng Zhèn	乡级行政区	封开县西北部	都平镇人民政府大院
金装镇	Jīnzhuāng Zhèn	乡级行政区	封开县北部	金装镇人民政府大院
南丰镇	Nánfēng Zhèn	乡级行政区	封开县东北部	南丰镇人民路城肚2号
渔涝镇	Yúláo Zhèn	乡级行政区	封开县中部	渔涝镇文德路128号
长安镇	Cháng'ān Zhèn	乡级行政区	封开县北部	长安镇人民政府大院
江口镇	Jiāngkǒu Zhèn	乡级行政区	封开县西北部	江口镇封州二路政府大院
罗董镇	Luódǒng Zhèn	乡级行政区	封开县中南部	罗董镇人民政府大院
大玉口镇	Dàyùkǒu Zhèn	乡级行政区	封开县西北部	大玉口镇龙门街1号

（二）非行政区域类

标准名称	汉语拼音	别名	地名类别	相对位置
文洲	Wénzhōu	——	农区	封开县北部
梨木坪	Límùpíng	——	农区	封开县北部
浪伞	Làngsǎn	——	农区	封开县东北部
文华果场	Wénhuá Guǒchǎng	——	农区	封开县东部
寮蹄	Liáotí	——	农区	封开县东北部
岭肚	Lǐngdù	——	农区	封开县东北部
银盏	Yínzhǎn	——	农区	封开县东北部
宝山镇果场	Bǎoshān Zhèn Guǒchǎng	——	农区	封开县东北部
大木根茶场	Dàmùgēn Cháchǎng	——	农区	封开县东北部
埇哥果场	Yǒnggē Guǒchǎng	——	农区	封开县西南部
凤楼茶场	Fènglóu Cháchǎng	——	农区	封开县南部
洪氏葡萄园	Hóngshì Pútáoyuán	——	农区	封开县南部
绿丰农场	Lǜfēng Nóngchǎng	——	农区	封开县南部
新墟镇林场	Xīnxū Zhèn Línchǎng	——	林区	封开县东北部
五菱肚	Wǔlíngdù	——	林区	封开县东北部
开明七星肚林场	Kāimíng Qīxīngdù Línchǎng	——	林区	封开县东北部
金楼林场	Jīnlóu Línchǎng	——	林区	封开县东北部
蟠龙木场	Pánlóng Mùchǎng	——	林区	封开县西南部
大水口林场	Dàshuǐkǒu Línchǎng	——	林区	封开县东北部
续岭林场	Xùlǐng Línchǎng	——	林区	封开县中部
新泽林场	Xīnzé Línchǎng	——	林区	封开县中部
国合林场	Guóhé Línchǎng	白垢林场	林区	封开县中部
护弟林场	Hùdì Línchǎng	——	林区	封开县西部
社界林场	Shèjiè Línchǎng	——	林区	封开县西部
山寮	Shānliáo	——	林区	封开县北部
青山林场	Qīngshān Línchǎng	——	林区	封开县北部
麻园林场	Máyuán Línchǎng	——	林区	封开县西南部
平岗林场	Pínggǎng Línchǎng	——	林区	封开县西南部
麻园林场神源分场	Máyuán Línchǎng Shényuán Fēnchǎng	——	林区	封开县西南部

（续上表）

标准名称	汉语拼音	别名	地名类别	相对位置
大林林场	Dàlín Línchǎng	—	林区	封开县东北部
开祥林场	Kāixiáng Línchǎng	—	林区	封开县东北部
金装镇林场	Jīnzhuāng Zhèn Línchǎng	—	林区	封开县东北部
万安林场	Wàn'ān Línchǎng	—	林区	封开县东北部
狼岭林场	Lánglǐng Línchǎng	—	林区	封开县东部
簕竹林场	Lèzhú Línchǎng	—	林区	封开县东北部
富孟林场	Fùmèng Línchǎng	—	林区	封开县东北部
万寿林场	Wànshòu Línchǎng	—	林区	封开县东北部
大旭林场	Dàxù Línchǎng	—	林区	封开县中部
国和林场	Guóhé Línchǎng	—	林区	封开县东北部
平凤国合林场	Píngfèng Guóhé Línchǎng	—	林区	封开县西南部
大岩坪林场	Dàyánpíng Línchǎng	—	林区	封开县南部
马欧林场	Mǎ'ōu Línchǎng	—	林区	封开县南部
长岗镇国合林场	Chánggǎng Zhèn Guóhé Línchǎng	—	林区	封开县南部
埇敢林场	Yǒnggǎn Línchǎng	—	林区	封开县南部
马山林场	Mǎshān Línchǎng	—	林区	封开县南部
玉塘林场	Yùtáng Línchǎng	—	林区	封开县南部
竹山开发区	Zhúshān Kāifāqū	—	开发区	封开县东北部
玉贵开发区	Yùguì Kāifāqū	—	开发区	封开县西南部
谷圩开发区	Gǔxū Kāifāqū	—	开发区	封开县南部
樟木根	Zhāngmùgēn	—	地片	封开县中部
榕木根	Róngmùgēn	—	地片	封开县中部
胜塘垌	Shèngtángdòng	—	地片	封开县中部
竹拐	Zhúguǎi	—	地片	封开县中部
旧街	Jiùjiē	—	地片	封开县中部
大洲咀	Dàzhōuzuǐ	—	地片	封开县西部
圣塘口	Shèngtángkǒu	—	地片	封开县西部
塘山口	Tángshānkǒu	—	地片	封开县西部
大台口	Dàtáikǒu	—	地片	封开县北部
泪坭	Lèiní	—	地片	封开县西南部

（续上表）

标准名称	汉语拼音	别名	地名类别	相对位置
白沙洲	Báishāzhōu	——	地片	封开县西部
掘蛇地	Juéshédì	——	地片	封开县西部
龙塘	Lóngtáng	——	地片	封开县西部
旺江	Wàngjiāng	——	地片	封开县西部
地坎	Dìkǎn	——	地片	封开县西部
黄蜂埌	Huángfēnglàng	——	地片	封开县西部
学堂坪	Xuétángpíng		地片	封开县西部
中间垌	Zhōngjiāndòng	——	地片	封开县西部
下沙洲	Xiàshāzhōu	——	地片	封开县西部
小禾岭咀	Xiǎohélǐngzuǐ	——	地片	封开县西部
替木表	Tánmùbiǎo	——	地片	封开县西部
对堰口	Duìyànkǒu	——	地片	封开县西部
石牛脚	Shíniújiǎo	——	地片	封开县西部
黑坭源	Hēiníyuán	——	地片	封开县西部
牛园口	Niúyuánkǒu	——	地片	封开县西北部
圣埇口	Shèngyǒngkǒu	——	地片	封开县西北部
埇窑口	Yǒngyáokǒu	——	地片	封开县西北部
天堂	Tiāntáng	——	地片	封开县东部
垌心	Dòngxīn	——	地片	封开县东部
林塘	Líntáng	——	地片	封开县东部
田程	Tiánchéng	——	地片	封开县南部
武刀口	Wǔdāokǒu	——	地片	封开县东北部
大田下	Dàtiánxià	——	地片	封开县北部
朱儿垌	Zhū'érdòng	——	地片	封开县中部
寿福地	Shòufúdì	——	地片	封开县中部
黄村埌	Huángcūnlàng	——	地片	封开县中部
沙腰	Shāyāo	——	地片	封开县中部
大边岭	Dàbiānlǐng	——	地片	封开县东北部
祐塘	Yòutáng	——	地片	封开县西南部
大澳垌	Dà'àodòng	——	地片	封开县西南部

（续上表）

标准名称	汉语拼音	别名	地名类别	相对位置
都允	Dūyǔn	——	地片	封开县西南部
田坪	Tiánpíng	——	地片	封开县西南部
新美	Xīnměi	——	地片	封开县西南部
蛇尾咀	Shéwěizuǐ	——	地片	封开县西南部
垌埌	Dònglàng	——	地片	封开县西南部
大塝	Dàbàng	——	地片	封开县西南部
罗拔	Luóbá	——	地片	封开县西南部
佛子塘	Fózǐtáng	——	地片	封开县西南部
秧地头	Yāngdìtóu	——	地片	封开县西南部
真竹塝	Zhēnzhúbàng	——	地片	封开县西南部
粪箕塘	Fènjītáng	——	地片	封开县南部
旦家塘	Dànjiātáng	——	地片	封开县南部
鸡公峒	Jīgōngdòng	——	地片	封开县南部
屋面峒	Wūmiàndòng	——	地片	封开县南部
佛子峒	Fózǐdòng	——	地片	封开县南部
水对	Shuǐduì	——	地片	封开县东部
雀儿塘	Què'értáng	——	地片	封开县东部
六河	Liùhé	——	地片	封开县东部
石硖	Shíxiá	——	地片	封开县东部
岭脚	Lǐngjiǎo	——	地片	封开县东部
水臭	Shuǐchòu	——	地片	封开县东部
峡面	Xiámiàn	——	地片	封开县东部
花地坪	Huādìpíng	——	地片	封开县东部
百家村	Bǎijiācūn	——	地片	封开县东部
鱼花塘	Yúhuātáng	——	地片	封开县东部
大埇口	Dàyǒngkǒu	——	地片	封开县东部
河口	Hékǒu	——	地片	封开县东部
龙颈	Lóngjǐng	——	地片	封开县中部
长岗圩	Chánggǎngxū	——	地片	封开县南部

（三）群众自治组织类

标准名称	汉语拼音	地名类别	相对位置
新泽村委会	Xīnzé Cūnwěihuì	村民委员会	白垢镇政府驻地西部
续岭村委会	Xùlǐng Cūnwěihuì	村民委员会	白垢镇政府驻地西南部
日光村委会	Rìguāng Cūnwěihuì	村民委员会	白垢镇政府驻地东北部
望楼村委会	Wànglóu Cūnwěihuì	村民委员会	白垢镇政府驻地东南部
扶六村委会	Fúliù Cūnwěihuì	村民委员会	白垢镇政府驻地东南部
滍村村委会	Zhūncūn Cūnwěihuì	村民委员会	白垢镇政府驻地东北部
寿山村委会	Shòushān Cūnwěihuì	村民委员会	白垢镇政府驻地东北部
民进村委会	Mínjìn Cūnwěihuì	村民委员会	大玉口镇政府驻地北部
民强村委会	Mínqiáng Cūnwěihuì	村民委员会	大玉口镇政府驻地西北部
古罗村委会	Gǔluó Cūnwěihuì	村民委员会	大玉口镇政府驻地北部
群星村委会	Qúnxīng Cūnwěihuì	村民委员会	大玉口镇政府驻地西北部
赤黎村委会	Chìlí Cūnwěihuì	村民委员会	大玉口镇政府驻地西北部
群胜村委会	Qúnshèng Cūnwěihuì	村民委员会	大玉口镇政府驻地西南部
长群村委会	Chángqún Cūnwěihuì	村民委员会	大玉口镇政府驻地北部
寨河村委会	Zhàihé Cūnwěihuì	村民委员会	大玉口镇政府驻地北部
官滩村委会	Guāntān Cūnwěihuì	村民委员会	大玉口镇政府驻地东北部
东坡村委会	Dōngpō Cūnwěihuì	村民委员会	大洲镇政府驻地东北部
上律村委会	Shànglǜ Cūnwěihuì	村民委员会	大洲镇政府驻地东北部
东畔村委会	Dōngpàn Cūnwěihuì	村民委员会	大洲镇政府驻地东北部
泗科村委会	Sìkē Cūnwěihuì	村民委员会	大洲镇政府驻地东北部
大和村委会	Dàhé Cūnwěihuì	村民委员会	大洲镇政府驻地北部
垢塘村委会	Gòutáng Cūnwěihuì	村民委员会	大洲镇政府驻地西北部
岐岭村委会	Qílǐng Cūnwěihuì	村民委员会	大洲镇政府驻地北部
大播村委会	Dàbō Cūnwěihuì	村民委员会	大洲镇政府驻地东部
胜塘村委会	Shèngtáng Cūnwěihuì	村民委员会	都平镇政府驻地西北部
高浪村委会	Gāolàng Cūnwěihuì	村民委员会	都平镇政府驻地西北部
勿乃村委会	Wùnǎi Cūnwěihuì	村民委员会	都平镇政府驻地西南部
三洲村委会	Sānzhōu Cūnwěihuì	村民委员会	都平镇政府驻地南部
官埇村委会	Guānyǒng Cūnwěihuì	村民委员会	都平镇政府驻地南部
大滩村委会	Dàtān Cūnwěihuì	村民委员会	都平镇政府驻地东部

（续上表）

标准名称	汉语拼音	地名类别	相对位置
清水湾村委会	Qīngshuǐwān Cūnwěihuì	村民委员会	都平镇政府驻地南部
罗源村委会	Luóyuán Cūnwěihuì	村民委员会	河儿口镇政府驻地西南部
香车村委会	Xiāngchē Cūnwěihuì	村民委员会	河儿口镇政府驻地西南部
黄岗村委会	Huánggǎng Cūnwěihuì	村民委员会	河儿口镇政府驻地东南部
深六村委会	Shēnliù Cūnwěihuì	村民委员会	河儿口镇政府驻地东北部
三垌村委会	Sāndòng Cūnwěihuì	村民委员会	河儿口镇政府驻地东南部
东光村委会	Dōngguāng Cūnwěihuì	村民委员会	河儿口镇政府驻地东南部
进民村委会	Jìnmín Cūnwěihuì	村民委员会	河儿口镇政府驻地东南部
平垌村委会	Píngdòng Cūnwěihuì	村民委员会	河儿口镇政府驻地东南部
向阳村委会	Xiàngyáng Cūnwěihuì	村民委员会	河儿口镇政府驻地东南部
光明村委会	Guāngmíng Cūnwěihuì	村民委员会	河儿口镇政府驻地东南部
庙边村委会	Miàobiān Cūnwěihuì	村民委员会	河儿口镇政府驻地东北部
扶学村委会	Fúxué Cūnwěihuì	村民委员会	河儿口镇政府驻地东南部
替炭村委会	Tántàn Cūnwěihuì	村民委员会	河儿口镇政府驻地东部
双枧村委会	Shuāngjiǎn Cūnwěihuì	村民委员会	河儿口镇政府驻地东北部
西村村委会	Xīcūn Cūnwěihuì	村民委员会	河儿口镇政府驻地中部
江山村委会	Jiāngshān Cūnwěihuì	村民委员会	江川镇政府驻地南部
五合村委会	Wǔhé Cūnwěihuì	村民委员会	江川镇政府驻地西部
料塘村委会	Liàotáng Cūnwěihuì	村民委员会	江川镇政府驻地北部
界首村委会	Jièshǒu Cūnwěihuì	村民委员会	江川镇政府驻地西部
新泰村委会	Xīntài Cūnwěihuì	村民委员会	江川镇政府驻地西部
裕丰村委会	Yùfēng Cūnwěihuì	村民委员会	江川镇政府驻地南部
新兴村委会	Xīnxīng Cūnwěihuì	村民委员会	江川镇政府驻地北部
台洞村委会	Táidòng Cūnwěihuì	村民委员会	江口镇政府驻地北部
扶来村委会	Fúlái Cūnwěihuì	村民委员会	江口镇政府驻地西北部
勒竹口村委会	Lèzhúkǒu Cūnwěihuì	村民委员会	江口镇政府驻地东北部
丰沙村委会	Fēngshā Cūnwěihuì	村民委员会	江口镇县城中部
群丰村委会	Qúnfēng Cūnwěihuì	村民委员会	江口镇县城中部
大旺村委会	Dàwàng Cūnwěihuì	村民委员会	江口镇政府驻地西北部
封川村委会	Fēngchuān Cūnwěihuì	村民委员会	江口镇政府驻地南部

(续上表)

标准名称	汉语拼音	地名类别	相对位置
胜利村委会	Shènglì Cūnwěihuì	村民委员会	江口镇政府驻地东南部
新进村委会	Xīnjìn Cūnwěihuì	村民委员会	江口镇政府驻地东南部
曙光村委会	Shǔguāng Cūnwěihuì	村民委员会	江口镇政府驻地西南部
仁厚村委会	Rénhòu Cūnwěihuì	村民委员会	金装镇西北部
安靖村委会	Ānjìng Cūnwěihuì	村民委员会	金装镇东南部
水石村委会	Shuǐshí Cūnwěihuì	村民委员会	金装镇东南部
大林村委会	Dàlín Cūnwěihuì	村民委员会	金装镇东北部
开祥村委会	Kāixiáng Cūnwěihuì	村民委员会	金装镇东北部
大田村委会	Dàtián Cūnwěihuì	村民委员会	金装镇东北部
万安村委会	Wàn'ān Cūnwěihuì	村民委员会	金装镇西北部
望高村委会	Wànggāo Cūnwěihuì	村民委员会	金装镇西北部
民益村委会	Mínyì Cūnwěihuì	村民委员会	金装镇东北部
大府村委会	Dàfǔ Cūnwěihuì	村民委员会	金装镇北部
新圩村委会	Xīnxū Cūnwěihuì	村民委员会	金装镇中部
四村村委会	Sìcūn Cūnwěihuì	村民委员会	莲都镇南部
华石村委会	Huáshí Cūnwěihuì	村民委员会	莲都镇中部
冷水村委会	Lěngshuǐ Cūnwěihuì	村民委员会	莲都镇西部
芬守村委会	Fēnshǒu Cūnwěihuì	村民委员会	莲都镇西部
文华村委会	Wénhuá Cūnwěihuì	村民委员会	莲都镇政府驻地西南部
河口村委会	Hékǒu Cūnwěihuì	村民委员会	莲都镇政府驻地东北部
深底村委会	Shēndǐ Cūnwěihuì	村民委员会	莲都镇东部
社墩村委会	Shèdūn Cūnwěihuì	村民委员会	莲都镇东部
清水村委会	Qīngshuǐ Cūnwěihuì	村民委员会	莲都镇东部
东安村委会	Dōng'ān Cūnwěihuì	村民委员会	莲都镇东部
云塘村委会	Yúntáng Cūnwěihuì	村民委员会	莲都镇东部
五星村委会	Wǔxīng Cūnwěihuì	村民委员会	罗董镇西部
思寮村委会	Sīliáo Cūnwěihuì	村民委员会	罗董镇政府驻地西南部
大洞村委会	Dàdòng Cūnwěihuì	村民委员会	罗董镇政府驻地东北部
扶塘村委会	Fútáng Cūnwěihuì	村民委员会	罗董镇政府驻地南部
思念村委会	Sīniàn Cūnwěihuì	村民委员会	罗董镇政府驻地东北部

（续上表）

标准名称	汉语拼音	地名类别	相对位置
红星村委会	Hóngxīng Cūnwěihuì	村民委员会	罗董镇东北部
寨岗村委会	Zhàigǎng Cūnwěihuì	村民委员会	罗董镇西北部
罗演村委会	Luóyǎn Cūnwěihuì	村民委员会	罗董镇东西部
欧村村委会	Ōucūn Cūnwěihuì	村民委员会	罗董镇东部
勒竹村委会	Lèzhú Cūnwěihuì	村民委员会	南丰镇中部
平滩村委会	Píngtān Cūnwěihuì	村民委员会	南丰镇南部
九盘村委会	Jiǔpán Cūnwěihuì	村民委员会	南丰镇西南部
尚岗村委会	Shànggǎng Cūnwěihuì	村民委员会	南丰镇东南部
富孟村委会	Fùmèng Cūnwěihuì	村民委员会	南丰镇东部
利水村委会	Lìshuǐ Cūnwěihuì	村民委员会	南丰镇南部
金岗村委会	Jīngāng Cūnwěihuì	村民委员会	南丰镇南部
侯村村委会	Hóucūn Cūnwěihuì	村民委员会	南丰镇南部
似龙村委会	Sìlóng Cūnwěihuì	村民委员会	南丰镇东部
山口村委会	Shānkǒu Cūnwěihuì	村民委员会	南丰镇南部
汶塘村委会	Wèntáng Cūnwěihuì	村民委员会	南丰镇西南部
江贝村委会	Jiāngbèi Cūnwěihuì	村民委员会	南丰镇南部
小洞村委会	Xiǎodòng Cūnwěihuì	村民委员会	南丰镇西南部
沙冲村委会	Shāchōng Cūnwěihuì	村民委员会	南丰镇西北部
莲塘村委会	Liántáng Cūnwěihuì	村民委员会	南丰镇西北部
思料村委会	Sīliào Cūnwěihuì	村民委员会	南丰镇西北部
小玉村委会	Xiǎoyù Cūnwěihuì	村民委员会	南丰镇西北部
官亨村委会	Guānhēng Cūnwěihuì	村民委员会	南丰镇西部
宝塘村委会	Bǎotáng Cūnwěihuì	村民委员会	南丰镇北部
金明村委会	Jīnmíng Cūnwěihuì	村民委员会	南丰镇北部
大清村委会	Dàqīng Cūnwěihuì	村民委员会	南丰镇北部
永平村委会	Yǒngpíng Cūnwěihuì	村民委员会	南丰镇北部
金塘村委会	Jīntáng Cūnwěihuì	村民委员会	南丰镇北部
渡头村委会	Dùtóu Cūnwěihuì	村民委员会	南丰镇西部
万寿村委会	Wànshòu Cūnwěihuì	村民委员会	南丰镇东北部
开明村委会	Kāimíng Cūnwěihuì	村民委员会	南丰镇北部

（续上表）

标准名称	汉语拼音	地名类别	相对位置
金楼村委会	Jīnlóu Cūnwěihuì	村民委员会	南丰镇东北部
且止村委会	Qiězhǐ Cūnwěihuì	村民委员会	南丰镇西北部
附城村委会	Fùchéng Cūnwěihuì	村民委员会	南丰镇城郊
莲岐村委会	Liánqí Cūnwěihuì	村民委员会	南丰镇北部
白沙塘村委会	Báishātáng Cūnwěihuì	村民委员会	渔涝镇政府驻地东北部
督良村委会	Tánliáng Cūnwěihuì	村民委员会	渔涝镇政府驻地东部
贺江村委会	Hèjiāng Cūnwěihuì	村民委员会	渔涝镇政府驻地西北部
上扶村委会	Shàngfú Cūnwěihuì	村民委员会	渔涝镇东部
前进村委会	Qiánjìn Cūnwěihuì	村民委员会	渔涝镇政府驻地中部
石便村委会	Shíbiàn Cūnwěihuì	村民委员会	渔涝镇政府驻地西北部
戴村村委会	Dàicūn Cūnwěihuì	村民委员会	渔涝镇西北部
禾楼村委会	Hélóu Cūnwěihuì	村民委员会	渔涝镇北部
袁村村委会	Yuáncūn Cūnwěihuì	村民委员会	渔涝镇西北部
金星村委会	Jīnxīng Cūnwěihuì	村民委员会	长安镇北部
莫罗村委会	Mòluó Cūnwěihuì	村民委员会	长安镇北部
新地村委会	Xīndì Cūnwěihuì	村民委员会	长安镇北部
中良村委会	Zhōngliáng Cūnwěihuì	村民委员会	长安镇北部
万岗村委会	Wàngǎng Cūnwěihuì	村民委员会	长安镇中部
民成村委会	Mínchéng Cūnwěihuì	村民委员会	长安镇中部
今宝村委会	Jīnbǎo Cūnwěihuì	村民委员会	长安镇中部
宝山村委会	Bǎoshān Cūnwěihuì	村民委员会	长安镇南部
西山村委会	Xīshān Cūnwěihuì	村民委员会	长安镇西南部
东山村委会	Dōngshān Cūnwěihuì	村民委员会	长安镇南部
红庄村委会	Hóngzhuāng Cūnwěihuì	村民委员会	平凤镇政府驻地西南部
平岗村委会	Pínggǎng Cūnwěihuì	村民委员会	平凤镇政府驻地西北部
平原村委会	Píngyuán Cūnwěihuì	村民委员会	平凤镇中部
登河村委会	Dēnghé Cūnwěihuì	村民委员会	平凤镇政府驻地西北部
广峰村委会	Guǎngfēng Cūnwěihuì	村民委员会	平凤镇政府驻地西北部
凤塘村委会	Fèngtáng Cūnwěihuì	村民委员会	平凤镇政府驻地东北部
蟠龙村委会	Pánlóng Cūnwěihuì	村民委员会	平凤镇政府驻地东北部

（续上表）

标准名称	汉语拼音	地名类别	相对位置
范村村委会	Fàncūn Cūnwěihuì	村民委员会	平凤镇政府驻地西北部
五一村委会	Wǔyī Cūnwěihuì	村民委员会	平凤镇西南部
古石村委会	Gǔshí Cūnwěihuì	村民委员会	平凤镇西南部
古显村委会	Gǔxiǎn Cūnwěihuì	村民委员会	平凤镇西南部
斑石村委会	Bānshí Cūnwěihuì	村民委员会	杏花镇政府驻地北部
永和村委会	Yǒnghé Cūnwěihuì	村民委员会	杏花镇北部
和平村委会	Hépíng Cūnwěihuì	村民委员会	杏花镇东北部
三联村委会	Sānlián Cūnwěihuì	村民委员会	杏花镇北部
东和村委会	Dōnghé Cūnwěihuì	村民委员会	杏花镇北部
下营村委会	Xiàyíng Cūnwěihuì	村民委员会	杏花镇中部
新和村委会	Xīnhé Cūnwěihuì	村民委员会	杏花镇政府驻地中部
凤楼村委会	Fènglóu Cūnwěihuì	村民委员会	杏花镇东南部
双联村委会	Shuānglián Cūnwěihuì	村民委员会	杏花镇东部
新联村委会	Xīnlián Cūnwěihuì	村民委员会	杏花镇南部
三礼村委会	Sānlǐ Cūnwěihuì	村民委员会	杏花镇东部
旺村村委会	Wàngcūn Cūnwěihuì	村民委员会	长岗镇中北部
周黎村委会	Zhōulí Cūnwěihuì	村民委员会	长岗镇北部
光升村委会	Guāngshēng Cūnwěihuì	村民委员会	长岗镇中部
谷圩村委会	Gǔxū Cūnwěihuì	村民委员会	长岗镇北部
马欧村委会	Mǎ'ōu Cūnwěihuì	村民委员会	长岗镇中北部
联合村委会	Liánhé Cūnwěihuì	村民委员会	长岗镇中部
新丰村委会	Xīnfēng Cūnwěihuì	村民委员会	长岗镇中北部
都苗村委会	Dūmiáo Cūnwěihuì	村民委员会	长岗镇南部
福石村委会	Fúshí Cūnwěihuì	村民委员会	长岗镇南部
小圩村委会	Xiǎoxū Cūnwěihuì	村民委员会	长岗镇南部
前程村委会	Qiánchéng Cūnwěihuì	村民委员会	长岗镇南部
前庄村委会	Qiánzhuāng Cūnwěihuì	村民委员会	长岗镇南部
榄迳村委会	Lǎnjìng Cūnwěihuì	村民委员会	长岗镇西部
新宁居委会	Xīnníng Jūwěihuì	社区居委会	平凤镇政府驻地中部
白垢居委会	Báigòu Jūwěihuì	社区居委会	白垢镇政府驻地中部

(续上表)

标准名称	汉语拼音	地名类别	相对位置
大玉口居委会	Dàyùkǒu Jūwěihuì	社区居委会	大玉口镇政府驻地中部
大洲居委会	Dàzhōu Jūwěihuì	社区居委会	大洲镇政府驻地中部
都平居委会	Dūpíng Jūwěihuì	社区居委会	都平镇政府驻地中部
河儿口居委会	Hé'érkǒu Jūwěihuì	社区居委会	河儿口镇政府驻地中部
豆腐坑居委会	Dòufǔkēng Jūwěihuì	社区居委会	江川镇政府驻地南部
大塘居委会	Dàtáng Jūwěihuì	社区居委会	江口镇政府驻地西北部
江口居委会	Jiāngkǒu Jūwěihuì	社区居委会	江口镇政府驻地西北部
河南居委会	Hénán Jūwěihuì	社区居委会	江口镇政府驻地南部
封川居委会	Fēngchuān Jūwěihuì	社区居委会	江口镇政府驻地南部
水上居委会	Shuǐshàng Jūwěihuì	社区居委会	江口镇政府驻地中部
金装居委会	Jīnzhuāng Jūwěihuì	社区居委会	金装镇东南部
长罗居委会	Chángluó Jūwěihuì	社区居委会	莲都镇政府驻地中部
罗董居委会	Luódǒng Jūwěihuì	社区居委会	罗董镇政府驻地中部
街道居委会	Jiēdào Jūwěihuì	社区居委会	南丰镇政府驻地中部
南丰居委会	Nánfēng Jūwěihuì	社区居委会	南丰镇政府驻地中部
渔涝居委会	Yúlào Jūwěihuì	社区居委会	渔涝镇政府驻地中部
长安居委会	Cháng'ān Jūwěihuì	社区居委会	长安镇南部
长岗居委会	Chánggǎng Jūwěihuì	社区居委会	长岗镇中部
杏花居委会	Xìnghuā Jūwěihuì	社区居委会	杏花镇政府驻地中部

（四）居民点类

标准名称	汉语拼音	别名	地名类别	相对位置
都平口	Dūpíngkǒu	——	城镇	都平镇都平口村
都平圩	Dūpíngxū	——	城镇	都平镇都平街道
新圩	Xīnxū	——	城镇	都平镇都平街道
新街	Xīnjiē	——	城镇	都平镇都平街道
颐景海湾	Yíjǐng Hǎiwān	——	城镇	江口镇东方路
龙山华庭	Lóngshān Huátíng	——	城镇	江口镇龙山路
德利华府	Délì Huáfǔ	——	城镇	江口镇西堤路
汇景湾大厦	Huìjǐngwān Dàshà	——	城镇	江口镇建设路
西堤领秀	Xīdīlǐngxiù	——	城镇	江口镇西堤路

（续上表）

标准名称	汉语拼音	别名	地名类别	相对位置
佰隆山河小区	Bǎilóngshānhé Xiǎoqū	——	城镇	江口镇贺江路
嘉皓苑	Jiāhào Yuàn	——	城镇	江口镇大塘路
华润家园	Huárùn Jiāyuán	——	城镇	江口镇封州路
枫华粤江	Fēnghuáyuèjiāng	——	城镇	江口镇江滨中路
贺电小区	Hèdiàn Xiǎoqū	——	城镇	江口镇封州二路
和富家园	Héfù Jiāyuán	——	城镇	江口镇府前路
东苑	Dōngyuàn	——	城镇	江口镇府前东路
碧桂园豪园	Bìguìyuán Háoyuán	——	城镇	江口镇府前东路
幸福家园	Xìngfú Jiāyuán	——	城镇	江口镇府前路
龙泉居	Lóngquán Jū	——	城镇	江口镇府前路
教师村	Jiàoshīcūn	——	城镇	江口镇三元一路
香槟壹号	Xiāngbīnyīhào	——	城镇	江口镇封州一路
盛世商贸城	Shèngshì Shāngmàochéng	——	城镇	江口镇瑞隆大厦东南角
碧桂园	Bìguì Yuán	——	城镇	江口镇封州一路
金装教师村	Jīnzhuāng Jiàoshīcūn	——	城镇	金装镇教育路
金装村	Jīnzhuāngcūn	——	城镇	金装镇西街路
工农村	Gōngnóngcūn	——	城镇	金装镇东街路
街尾村	Jiēwěicūn	——	城镇	金装镇东街路
街道村	Jiēdàocūn	——	城镇	金装镇东横街路
旧圩	Jiùxū	——	城镇	金装镇人民路
莲都圩	Liándūxū	——	城镇	莲都镇莲都街道
永城和花园	Yǒngchénghé Huāyuán	——	城镇	南丰镇城东路
南丰酒井教师村	Nánfēngjiǔjǐng Jiàoshīcūn	——	城镇	南丰镇商业大道东
新庙	Xīnmiào	——	城镇	南丰镇解放路
八二	Bā'èr	——	农村	莲都镇政府驻地东部
铺儿	Pù'ér	——	农村	白垢镇政府驻地西部
铺儿新村	Pù'ér Xīncūn	——	农村	白垢镇政府驻地西部
下罗	Xiàluó	——	农村	白垢镇政府驻地西部

（续上表）

标准名称	汉语拼音	别名	地名类别	相对位置
龙田	Lóngtián	——	农村	白垢镇政府驻地西北部
白沙	Báishā	——	农村	白垢镇政府驻地东北部
大浒	Dàhǔ	——	农村	白垢镇政府驻地东北部
禾田口	Hétiánkǒu	——	农村	白垢镇政府驻地东北部
古尧	Gǔyáo	——	农村	白垢镇政府驻地北部
古余	Gǔyú	——	农村	白垢镇政府驻地北部
白石	Báishí	——	农村	河儿口镇政府驻地西部
大云	Dàyún	——	农村	白垢镇政府驻地北部
冲良	Chōngliáng	——	农村	白垢镇政府驻地南部
湖尾坪	Húwěipíng	——	农村	白垢镇政府驻地西北部
三鸦	Sānyā	——	农村	白垢镇政府驻地西部
白贯	Báiguàn	——	农村	白垢镇政府驻地西北部
岐山口	Qíshānkǒu	——	农村	白垢镇政府驻地西部
桐油根	Tóngyóugēn	——	农村	白垢镇政府驻地西部
双田	Shuāngtián	岐岷	农村	白垢镇政府驻地西北部
固傍	Gùbàng	岐岷	农村	白垢镇政府驻地西北部
下赖	Xiàlài	——	农村	白垢镇政府驻地西部
贵坑口	Guìkēngkǒu	——	农村	白垢镇政府驻地西南部
岐山尾	Qíshānwěi	——	农村	白垢镇政府驻地西部
白石埇	Báishíyǒng	——	农村	白垢镇政府驻地西部
上湖	Shànghú	——	农村	白垢镇政府驻地西部
盘湖	Pánhú	——	农村	白垢镇政府驻地西部
连池	Liánchí	——	农村	白垢镇政府驻地西部
扶埇	Fúyǒng	——	农村	白垢镇政府驻地西部
黄毛垌	Huángmáodòng	黄毛洞	农村	白垢镇政府驻地西南部
大水口	Dàshuǐkǒu	——	农村	白垢镇政府驻地西南部
交椅	Jiāoyǐ	——	农村	白垢镇政府驻地西南部
恩田	ēntián	——	农村	白垢镇政府驻地西南部
合水	Héshuǐ	——	农村	白垢镇政府驻地西南部
续岭	Xùlǐng	——	农村	白垢镇政府驻地西南部

（续上表）

标准名称	汉语拼音	别名	地名类别	相对位置
牛江	Niújiāng	——	农村	白垢镇政府驻地西南部
富利	Fùlì	——	农村	白垢镇政府驻地西南部
铺头后	Pùtóuhòu	——	农村	白垢镇政府驻地西南部
白屋	Báiwū	——	农村	河儿口镇政府驻地东部
吉塘	Jítáng	——	农村	白垢镇政府驻地西南部
孔村	Kǒngcūn	——	农村	白垢镇政府驻地西南部
大段	Dàduàn	——	农村	白垢镇政府驻地西南部
塘底	Tángdǐ	——	农村	白垢镇政府驻地西南部
简定	Jiǎndìng	——	农村	白垢镇政府驻地西南部
寺村	Sìcūn	——	农村	白垢镇政府驻地西部
沙灵	Shālíng	——	农村	白垢镇政府驻地西南部
禾楼	Hélóu	——	农村	白垢镇政府驻地西南部
石咀	Shízuǐ	——	农村	白垢镇政府驻地西南部
公塘	Gōngtáng	——	农村	白垢镇政府驻地西南部
地菇岭	Dìgūlǐng	——	农村	白垢镇政府驻地西南部
福垌	Fúdòng	福洞	农村	白垢镇政府驻地西部
日光	Rìguāng	——	农村	白垢镇政府驻地东部
冲建	Chōngjiàn	——	农村	白垢镇政府驻地东南部
扶恒	Fúhéng	——	农村	白垢镇政府驻地东南部
上垌	Shàngdòng	——	农村	白垢镇政府驻地东南部
旧屯	Jiùtún	——	农村	白垢镇政府驻地东南部
上高村	Shànggāocūn	——	农村	白垢镇政府驻地东部
上练埇	Shàngliànyǒng	——	农村	白垢镇政府驻地南部
冲有	Chōngyǒu	——	农村	白垢镇政府驻地东部
扶村	Fúcūn	——	农村	白垢镇政府驻地东部
望楼	Wànglóu	——	农村	白垢镇政府驻地东部
六九	Liùjiǔ	——	农村	白垢镇政府驻地东部
罗告	Luógào	——	农村	白垢镇政府驻地东南部
寺下	Sìxià	——	农村	白垢镇政府驻地东南部
替武	Tánwǔ	——	农村	白垢镇政府驻地东南部

（续上表）

标准名称	汉语拼音	别名	地名类别	相对位置
洞心	Dòngxīn	——	农村	白垢镇政府驻地东南部
罗唇咀	Luóchúnzuǐ	——	农村	白垢镇政府驻地东部
周学	Zhōuxué	——	农村	白垢镇政府驻地东南部
江背山	Jiāngbèishān	——	农村	白垢镇政府驻地东部
百吉	Bǎijí	——	农村	大洲镇政府驻地东南部
埇巷	Yǒngxiàng	——	农村	白垢镇政府驻地东南部
旧平头	Jiùpíngtóu	旧坪头	农村	白垢镇政府驻地东部
扶六	Fúliù	——	农村	白垢镇政府驻地东部
湩村	Zhūncūn	——	农村	白垢镇政府驻地东南部
洋额头	Yángétóu	——	农村	白垢镇政府驻地东部
罗郁	Luóyù	——	农村	白垢镇政府驻地东北部
大庙角	Dàmiàojiǎo	——	农村	白垢镇政府驻地东部
风车儿	Fēngchē'ēr	——	农村	白垢镇政府驻地东部
亚边垌	Yàbiāndòng	——	农村	白垢镇政府驻地东部
文章坪	Wénzhāngpíng	——	农村	白垢镇政府驻地东部
龟胫	Guījìng	——	农村	白垢镇政府驻地东部
寿山	Shòushān	——	农村	白垢镇政府驻地东北部
锅耳屋	Guōěrwū	锅平屋	农村	白垢镇政府驻地西北部
简头	Jiǎntóu	——	农村	白垢镇政府驻地东部
古达口	Gǔdákǒu	——	农村	白垢镇政府驻地东北部
古达	Gǔdá	——	农村	白垢镇政府驻地东北部
湖筛	Húshāi	——	农村	白垢镇政府驻地东部
旧地	Jiùdì	——	农村	白垢镇政府驻地东北部
埇口	Yǒngkǒu	——	农村	白垢镇政府驻地东南部
大勒	Dàlè	——	农村	白垢镇政府驻地东北部
大勒口	Dàlèkǒu	——	农村	白垢镇政府驻地东北部
大勒尾	Dàlèwěi	——	农村	白垢镇政府驻地东北部
古毛口	Gǔmáokǒu	——	农村	白垢镇政府驻地中部东部
上官滩	Shàngguāntān	——	农村	大玉口镇政府驻地东北部
安板	Ānbǎn	——	农村	大玉口镇政府驻地西北部

（续上表）

标准名称	汉语拼音	别名	地名类别	相对位置
白绳	Báishéng	——	农村	大玉口镇政府驻地西北部
柏青	Bǎiqīng	——	农村	大玉口镇政府驻地西北部
边江	Biānjiāng	——	农村	金装镇政府驻地北部
丙日	Bǐngrì	——	农村	大玉口镇政府驻地西北部
茶巷	Cháxiàng	——	农村	大玉口镇政府驻地西南部
祠堂地	Cítángdì	——	农村	大玉口镇政府驻地西部
大木	Dàmù	——	农村	大玉口镇政府驻地西部
边水	Biānshuǐ	——	农村	大玉口镇政府驻地北部
大平洲	Dàpíngzhōu	——	农村	大玉口镇政府驻地西北部
东盟	Dōngméng	——	农村	大玉口镇政府驻地东部
独田	Dútián	——	农村	大玉口镇政府驻地西北部
对面	Duìmiàn	——	农村	大玉口镇政府驻地北部
凤塘	Fēngtáng	——	农村	大玉口镇政府驻地南部
边屋	Biānwū	——	农村	大玉口镇政府驻地西部
凤塘口	Fèngtángkǒu	——	农村	大玉口镇政府驻地西北部
佛仔	Fózǎi	——	农村	大玉口镇政府驻地北部
车儿	Chē'ér	——	农村	都平镇政府驻地西北部
高山	Gāoshān	——	农村	大玉口镇政府驻地北部
格木	Gémù	——	农村	大玉口镇政府驻地北部
狗卵口	Gǒuluǎnkǒu	——	农村	大玉口镇政府驻地西北部
车田	Chētián	——	农村	大玉口镇政府驻地北部
国集口	Guójíkǒu	——	农村	大玉口镇政府驻地北部
旱塘洲	Hàntángzhōu	——	农村	大玉口镇政府驻地西部
旱田岗	Hàntiángǎng	——	农村	大玉口镇政府驻地西北部
冲尾	Chōngwěi	——	农村	都平镇政府驻地西北部
禾叶	Héyè	——	农村	大玉口镇政府驻地北部
黄集	Huángjí	——	农村	大玉口镇政府驻地西北部
积水	Jīshuǐ	——	农村	大玉口镇政府驻地西北部
吉地	Jídì	——	农村	大玉口镇政府驻地西北部
加枧	Jiājiǎn	——	农村	大玉口镇政府驻地西北部

(续上表)

标准名称	汉语拼音	别名	地名类别	相对位置
金里	Jīnlǐ	——	农村	大玉口镇政府驻地西北部
进步	Jìnbù	——	农村	大玉口镇政府驻地南部
克水	Kèshuǐ	——	农村	大玉口镇政府驻地西北部
力莲	Lìlián	——	农村	大玉口镇政府驻地东北部
力塘	Lìtáng	——	农村	大玉口镇政府驻地西部
荔枝口	Lìzhīkǒu	——	农村	大玉口镇政府驻地西北部
林香	Línxiāng	——	农村	大玉口镇政府驻地西部
灵肚	Língdù	——	农村	大玉口镇政府驻地西北部
人崩	Dùbēng		农村	大洲镇政府驻地西北部
六一	Liùyī	——	农村	大玉口镇政府驻地北部
六幼	Liùyòu	——	农村	大玉口镇政府驻地西北部
麻骨	Mágǔ	——	农村	大玉口镇政府驻地北部
毛窑	Máoyáo	——	农村	大玉口镇政府驻地北部
梅冲口	Méichōngkǒu	——	农村	大玉口镇政府驻地西北部
庙冲口	Miàochōngkǒu	——	农村	大玉口镇政府驻地西北部
木两	Mùliǎng	——	农村	大玉口镇政府驻地西北部
木头湾	Mùtóuwān	——	农村	大玉口镇政府驻地西北部
大播	Dàbō	——	农村	大洲镇政府驻地东部
南塘口	Nántángkǒu	——	农村	大玉口镇政府驻地西北部
南塘尾	Nántángwěi	——	农村	大玉口镇政府驻地北部
牛石仔	Niúshízǎi	——	农村	大玉口镇政府驻地西北部
朋伞	Péngsǎn	——	农村	大玉口镇政府驻地西北部
岐岭洲	Qílǐngzhōu	——	农村	大玉口镇政府驻地东北部
芹竹塘	Qínzhútáng	——	农村	大玉口镇政府驻地西部
如菜	Rúcài	——	农村	大玉口镇政府驻地东部
三人洞	Sānréndòng	——	农村	大玉口镇政府驻地西北部
三星	Sānxīng	——	农村	大玉口镇政府驻地西部
沙一	Shāyī	——	农村	大玉口镇政府驻地西北部
大冲	Dàchōng		农村	白垢镇政府驻地西北部
上水	Shàngshuǐ		农村	大玉口镇政府驻地北部

（续上表）

标准名称	汉语拼音	别名	地名类别	相对位置
上屋	Shàngwū	——	农村	大玉口镇政府驻地西北部
社邓	Shèdèng	——	农村	大玉口镇政府驻地西北部
社下	Shèxià	——	农村	大玉口镇政府驻地东部
神兴	Shénxīng	——	农村	大玉口镇政府驻地南部
圣田	Shèngtián	——	农村	大玉口镇政府驻地西北部
石宝	Shíbǎo	——	农村	大玉口镇政府驻地南部
石宝洲	Shíbǎozhōu	——	农村	大玉口镇政府驻地南部
石岗	Shígǎng	——	农村	大玉口镇政府驻地东部
大村	Dàcūn	——	农村	都平镇政府驻地西南部
水泽	Shuǐzé	——	农村	大玉口镇政府驻地北部
思维冲	Sīwéichōng	——	农村	大玉口镇政府驻地北部
四块	Sìkuài	——	农村	大玉口镇政府驻地西北部
滩步	Tānbù	——	农村	大玉口镇政府驻地西北部
谈棍	Tángùn	——	农村	大玉口镇政府驻地西北部
䜴蚁	Tányǐ	——	农村	大玉口镇政府驻地北部
桃冲	Táochōng	——	农村	大玉口镇政府驻地西北部
桃枝口	Táozhīkǒu	——	农村	大玉口镇政府驻地西部
天石	Tiānshí	——	农村	大玉口镇政府驻地西北部
天堂顶	Tiāntángdǐng	——	农村	大玉口镇政府驻地北部
天堂下	Tiāntángxià	——	农村	大玉口镇政府驻地西北部
田尾	Tiánwěi	——	农村	大玉口镇政府驻地西北部
湾到	Wāndào	——	农村	大玉口镇政府驻地南部
五分	Wǔfēn	——	农村	大玉口镇政府驻地北部
下官滩	Xiàguāntān	——	农村	大玉口镇政府驻地东北部
夏清口	Xiàqīngkǒu	——	农村	大玉口镇政府驻地西北部
新冲	Xīnchōng	——	农村	大玉口镇政府驻地西南部
大地	Dàdì	——	农村	白垢镇政府驻地东部
新桥	Xīnqiáo	——	农村	大玉口镇政府驻地北部
信地	Xìndì	——	农村	大玉口镇政府驻地西北部
杏口	Xìngkǒu	——	农村	大玉口镇政府驻地西部

（续上表）

标准名称	汉语拼音	别名	地名类别	相对位置
杏尾	Xìngwěi	——	农村	大玉口镇西北部
雅笃	Yǎdǔ	——	农村	大玉口镇政府驻地北部
阳栈	Yángzhàn	——	农村	大玉口镇政府驻地北部
叶板	Yèbǎn	——	农村	大玉口镇政府驻地西南部
英塘口	Yīngtángkǒu	——	农村	大玉口镇政府驻地西部
英塘尾	Yīngtángwěi	——	农村	大玉口镇政府驻地西部
元湾	Yuánwān	——	农村	大玉口镇政府驻地西部
元珠尾	Yuánzhūwěi	——	农村	大玉口镇政府驻地西北部
寨河	Zhàihé	——	农村	大玉口镇政府驻地西北部
寨珠	Zhàizhū	——	农村	大玉口镇政府驻地西北部
长群	Chángqún	——	农村	大玉口镇政府驻地西部
竹冲口	Zhúchōngkǒu	——	农村	大玉口镇政府驻地西北部
峡蛇	Xiáshé	——	农村	大洲镇政府驻地东北部
东合	Dōnghé	——	农村	大洲镇政府驻地东北部
东坡	Dōngpō	——	农村	大洲镇政府驻地东北部
大黎	Dàlí	——	农村	大洲镇政府驻地东北部
大黎埇	Dàlíyǒng	——	农村	大洲镇政府驻地东北部
岐垌	Qídòng	——	农村	大洲镇政府驻地东北部
连塘	Liántáng	——	农村	大洲镇政府驻地东北部
茅赊	Máoshē	——	农村	大洲镇政府驻地西北部
大岗	Dàgǎng	——	农村	南丰镇政府驻地东南部
桂山头	Guìshāntóu	——	农村	大洲镇政府驻地东北部
禾仓平	Hécāngpíng	——	农村	大洲镇政府驻地东北部
勒竹根	Lèzhúgēn	——	农村	大洲镇政府驻地西北部
上律村	Shànglǜ Cūn	——	农村	大洲镇政府驻地西北部
大浪	Dàlàng	——	农村	大洲镇政府驻地东北部
司蓬	Sīpéng	——	农村	大洲镇政府驻地西北部
冲口	Chōngkǒu	——	农村	大洲镇政府驻地北部
班皮	Bānpí	——	农村	大洲镇政府驻地西北部
福洞埇	Fúdòngyǒng	——	农村	大洲镇政府驻地西北部

（续上表）

标准名称	汉语拼音	别名	地名类别	相对位置
羊角尾	Yángjiǎowěi	——	农村	大洲镇政府驻地西北部
莫婆	Mòpó	——	农村	大洲镇政府驻地东北部
上罗田	Shàngluótián	——	农村	大洲镇政府驻地西北部
下罗田	Xiàluótián	——	农村	大洲镇政府驻地西北部
屋洞口	Wūdòngkǒu	——	农村	大洲镇政府驻地东北部
泗科村	Sìkēcūn	——	农村	大洲镇政府驻地东北部
大两	Dàliǎng	——	农村	江口镇政府驻地东北部
石段	Shíduàn	——	农村	大洲镇政府驻地东北部
富竹儿	Fùzhú'ér	——	农村	大洲镇政府驻地东北部
黄坭岭	Huángnílǐng	——	农村	大洲镇政府驻地东北部
大屋地	Dàwūdì	——	农村	大洲镇政府驻地东北部
石峡	Shíxiá	——	农村	大洲镇政府驻地东北部
乌授	Wūshòu	——	农村	大洲镇政府驻地东北部
圣堂	Shèngtáng	——	农村	大洲镇政府驻地东北部
金堂口	Jīntángkǒu	——	农村	大洲镇政府驻地东北部
大塘堪	Dàtángkān	——	农村	大洲镇政府驻地东北部
天塘坪	Tiāntángpíng	——	农村	大洲镇政府驻地东北部
上埇尾	Shàngyǒngwěi	——	农村	大洲镇政府驻地东北部
和地头	Hédìtóu	——	农村	大洲镇政府驻地东北部
新埇口	Xīnyǒngkǒu	——	农村	大洲镇政府驻地东北部
勘头	Kāntóu	——	农村	大洲镇政府驻地西北部
大和口	Dàhékǒu	——	农村	大洲镇政府驻地东北部
大柳田	Dàliǔtián	——	农村	大洲镇政府驻地东北部
大田堪	Dàtiánkān	——	农村	大洲镇政府驻地东北部
大怀	Dàhuái	——	农村	大洲镇政府驻地东北部
胡全	Húquán	——	农村	大洲镇政府驻地东北部
白坟底	Báiféndǐ	——	农村	大洲镇政府驻地东北部
外坪	Wàipíng	——	农村	大洲镇政府驻地东北部
香更	Xiānggèng	——	农村	大洲镇政府驻地东北部
大穴地	Dàxuédì	——	农村	大洲镇政府驻地东北部

（续上表）

标准名称	汉语拼音	别名	地名类别	相对位置
过辽	Guòliáo	——	农村	大洲镇政府驻地东北部
大和尾	Dàhéwěi	——	农村	大洲镇政府驻地东北部
高界	Gāojiè	——	农村	大洲镇政府驻地东北部
小和埇	Xiǎohéyǒng	——	农村	大洲镇政府驻地东北部
浪头	Làngtóu	——	农村	大洲镇政府驻地东北部
南湾	Nánwān	——	农村	大洲镇政府驻地东北部
思留远	Sīliúyuǎn	——	农村	大洲镇政府驻地东北部
圳口	Zhènkǒu	——	农村	大洲镇政府驻地东北部
坪殿	Píngdiàn	——	农村	大洲镇政府驻地东北部
大地新村	Dàdì Xīncūn	——	农村	大洲镇政府驻地东北部
思留口	Sīliúkǒu	——	农村	大洲镇政府驻地东北部
新屋地	Xīnwūdì	——	农村	大洲镇政府驻地东北部
佛子底	Fózǐdǐ	——	农村	大洲镇政府驻地东北部
高枧	Gāojiǎn	——	农村	大洲镇政府驻地东北部
思位尾	Sīwèiwěi	——	农村	大洲镇政府驻地东北部
思位口	Sīwèikǒu	——	农村	大洲镇政府驻地东北部
古则	Gǔzé	——	农村	大洲镇政府驻地东北部
大坪	Dàpíng	——	农村	白垢镇政府驻地东南部
芋胎	Yùtāi	——	农村	大洲镇政府驻地西北部
三传口	Sānchuánkǒu	——	农村	大洲镇政府驻地西北部
岭珠头	Lǐngzhūtóu	——	农村	大洲镇政府驻地西北部
足食	Zúshí	——	农村	大洲镇政府驻地西南部
下足食	Xiàzúshí	——	农村	大洲镇政府驻地西南部
上足食	Shàngzúshí	——	农村	大洲镇政府驻地西南部
大洲村	Dàzhōucūn	——	农村	大洲镇政府驻地西部
西畔	Xīpàn	——	农村	大洲镇政府驻地西北部
下西畔	Xiàxīpàn	——	农村	大洲镇政府驻地西北部
上西畔	Shàngxīpàn	——	农村	大洲镇政府驻地西北部
天堂窝	Tiāntángwō	——	农村	大洲镇政府驻地西北部
古邓头	Gǔdèngtóu	——	农村	大洲镇政府驻地西北部

（续上表）

标准名称	汉语拼音	别名	地名类别	相对位置
葛塝	Gěbàng	——	农村	大洲镇政府驻地西北部
大塘舍	Dàtángshě	——	农村	大洲镇政府驻地西北部
绿塘珠	Lǜtángzhū	——	农村	大洲镇政府驻地西北部
簪桃	Tántáo	——	农村	大洲镇政府驻地西北部
方田儿	Fāngtián'ér	——	农村	大洲镇政府驻地西北部
户埇口	Hùyǒngkǒu	——	农村	大洲镇政府驻地西北部
会田	Huìtián	——	农村	大洲镇政府驻地西北部
简塘口	Jiǎntángkǒu	——	农村	大洲镇政府驻地西北部
垢塘	Gòutáng	——	农村	大洲镇政府驻地西北部
昔罗埇	Xīluóyǒng	——	农村	大洲镇政府驻地西北部
邓儿口	Dèng'érkǒu	——	农村	大洲镇政府驻地西北部
涩田堪	Bàntiánkān	——	农村	大洲镇政府驻地西北部
料田	Liàotián	——	农村	大洲镇政府驻地西北部
庄田塝	Zhuāngtiánbàng	——	农村	大洲镇政府驻地西北部
大敢尾	Dàgǎnwěi	——	农村	大洲镇政府驻地西北部
大简	Dàjiǎn	——	农村	大洲镇政府驻地西北部
伏田头	Fútiántóu	——	农村	大洲镇政府驻地西北部
高村	Gāocūn	——	农村	大洲镇政府驻地西北部
华夏岭	Huáxiàlǐng	——	农村	大洲镇政府驻地西北部
井埇口	Jǐngyǒngkǒu	——	农村	大洲镇政府驻地西北部
竞渡浪	Jìngdùlàng	——	农村	大洲镇政府驻地西北部
两秤	Liǎngchèng	——	农村	大洲镇政府驻地北部
龙塝	Lóngbàng	——	农村	大洲镇政府驻地西北部
罗洞口	Luódòngkǒu	——	农村	大洲镇政府驻地西北部
木古埇	Mùgǔyǒng	——	农村	大洲镇政府驻地西北部
令角头	Lìngjiǎotóu	——	农村	大洲镇政府驻地西北部
蓬埇	Péngyǒng	——	农村	大洲镇政府驻地北部
上和口	Shànghékǒu	——	农村	大洲镇政府驻地西北部
石劫口	Shíjiékǒu	——	农村	大洲镇政府驻地西北部
松木头	Sōngmùtóu	——	农村	大洲镇政府驻地西北部

(续上表)

标准名称	汉语拼音	别名	地名类别	相对位置
小敢	Xiǎogǎn	——	农村	大洲镇政府驻地西北部
大敢坪	Dàgǎnpíng	——	农村	大洲镇政府驻地北部
文高	Wéngāo	——	农村	大洲镇政府驻地东北部
小段	Xiǎoduàn	——	农村	都平镇政府驻地北部
茶田	Chátián	——	农村	都平镇政府驻地西北部
胜塘	Shèngtáng	——	农村	都平镇政府驻地西北部
胜塘旱田	Shèngtánghàntián	——	农村	都平镇政府驻地西北部
鸡峒	Jīdòng	计峒	农村	都平镇政府驻地西北部
更楼	Gènglóu	——	农村	都平镇政府驻地西北部
柑根	Gāngēn	——	农村	都平镇政府驻地西北部
绵塘尾	Miántángwěi	——	农村	都平镇政府驻地西北部
大行	Dàxíng	——	农村	都平镇政府驻地西北部
康冲口	Kāngchōngkǒu	空埇口	农村	都平镇政府驻地西北部
上调	Shàngdiào	——	农村	都平镇政府驻地西北部
旱田	Hàntián	——	农村	都平镇政府驻地西北部
付竹	Fùzhú	苦竹	农村	都平镇政府驻地西北部
大溢尾	Dàbànwěi	——	农村	都平镇政府驻地西北部
龙虎尾	Lónghǔwěi	——	农村	都平镇政府驻地西北部
真竹口	Zhēnzhúkǒu	——	农村	都平镇政府驻地西北部
真竹尾	Zhēnzhúwěi	——	农村	都平镇政府驻地西北部
真竹	Zhēnzhú	——	农村	都平镇政府驻地西北部
鸡辽	Jīliáo	——	农村	都平镇政府驻地西北部
鸡扶口	Jīfúkǒu	——	农村	都平镇政府驻地西北部
高舍	Gāoshě	——	农村	都平镇政府驻地西北部
高浪	Gāolàng	——	农村	都平镇政府驻地西北部
马坟	Mǎfén	——	农村	都平镇政府驻地西南部
天窝	Tiānwō	——	农村	都平镇政府驻地西南部
盆王	Pénwáng	——	农村	都平镇政府驻地西南部
上须	Shàngxū	——	农村	都平镇政府驻地西南部
古通	Gǔtōng	——	农村	都平镇政府驻地西南部

（续上表）

标准名称	汉语拼音	别名	地名类别	相对位置
大更村	Dàgèngcūn	——	农村	都平镇政府驻地西南部
走屋坪	Zǒuwūpíng	——	农村	都平镇政府驻地西南部
杨梅尾	Yángméiwěi	——	农村	都平镇政府驻地西南部
勿乃	Wùnǎi	——	农村	都平镇政府驻地西南部
大坡	Dàpō	——	农村	都平镇政府驻地西南部
大峒	Dàdòng	——	农村	都平镇政府驻地西南部
三峒	Sāndòng	——	农村	都平镇政府驻地南部
部口	Bùkǒu	婆口	农村	都平镇政府驻地南部
旱秧地	Hànyāngdì	——	农村	都平镇政府驻地西南部
大石	Dàshí	——	农村	莲都镇政府驻地西南部
上庙门	Shàngmiàomén	——	农村	都平镇政府驻地西南部
马逢劣	Mǎféngliè	——	农村	都平镇政府驻地西南部
花黎	Huālí	——	农村	都平镇政府驻地西南部
杨梅	Yángméi	——	农村	都平镇政府驻地西南部
大埇尾	Dàyǒngwěi	——	农村	都平镇政府驻地西南部
禾栈	Hézhàn	——	农村	都平镇政府驻地南部
渡船头	Dùchuántóu	——	农村	都平镇政府驻地南部
三洲	Sānzhōu	——	农村	都平镇政府驻地南部
大滩	Dàtān	信地	农村	都平镇政府驻地南部
底替	Dǐtán	——	农村	都平镇政府驻地西南部
黄茅	Huángmáo	——	农村	都平镇政府驻地南部
社前	Shèqián	——	农村	都平镇政府驻地南部
社后	Shèhòu	——	农村	都平镇政府驻地南部
大坦	Dàtǎn	——	农村	白垢镇政府驻地西南部
扶赖	Fúlài	富来	农村	都平镇政府驻地西南部
龙边	Lóngbiān	——	农村	都平镇政府驻地西南部
猪笼峒	Zhūlóngdòng	——	农村	都平镇政府驻地西南部
上旺	Shàngwàng	——	农村	都平镇政府驻地西南部
大伐	Dàfá	——	农村	都平镇政府驻地西南部
下伐	Xiàfá	——	农村	都平镇政府驻地西南部

（续上表）

标准名称	汉语拼音	别名	地名类别	相对位置
盈田	Yíngtián	——	农村	都平镇政府驻地西南部
石景	Shíjǐng	——	农村	都平镇政府驻地西南部
花菊埌	Huājúlàng	——	农村	都平镇政府驻地西南部
榕根垌	Rónggēndòng	——	农村	都平镇政府驻地西南部
天窝埌	Tiānwōlàng	——	农村	都平镇政府驻地西部
冲出	Chōngchū	——	农村	都平镇政府驻地西南部
冲入	Chōngrù	——	农村	都平镇政府驻地西南部
四七口	Sìqīkǒu	——	农村	都平镇政府驻地西南部
龙窟	Lóngkū	龙屈	农村	都平镇政府驻地南部
簷唛口	Tánmàikǒu	——	农村	都平镇政府驻地南部
都逢	Dūféng	斗蓬	农村	都平镇政府驻地南部
大滩汛	Dàtānxùn	——	农村	都平镇政府驻地南部
滩腰	Tānyāo	——	农村	都平镇政府驻地南部
石山岭	Shíshānlǐng	——	农村	都平镇政府驻地南部
下境肚	Xiàjìngdù	——	农村	都平镇政府驻地南部
神塘	Shéntáng	陈塘	农村	都平镇政府驻地南部
神塘头	Shéntángtóu	——	农村	都平镇政府驻地南部
下境口	Xiàjìngkǒu	——	农村	都平镇政府驻地南部
康宁冲	Kāngníngchōng	——	农村	都平镇政府驻地南部
清水湾村	Qīngshuǐwāncūn	——	农村	都平镇政府驻地南部
黄头埌	Huángtóulàng	——	农村	都平镇政府驻地南部
迪田	Dítián	石田	农村	都平镇政府驻地南部
聂埇口	Nièyǒngkǒu	——	农村	都平镇政府驻地南部
埌尾	Làngwěi	——	农村	都平镇政府驻地南部
江珠	Jiāngzhū	——	农村	都平镇政府驻地南部
大塘	Dàtáng	——	农村	河儿口镇政府驻地东南部
石巷	Shíxiàng	——	农村	都平镇政府驻地南部
福地坪	Fúdìpíng	——	农村	都平镇政府驻地南部
旧步头	Jiùbùtóu	——	农村	都平镇政府驻地南部
木检坪	Mùjiǎnpíng	——	农村	都平镇政府驻地南部

（续上表）

标准名称	汉语拼音	别名	地名类别	相对位置
下共强	Xiàgòngqiáng	——	农村	都平镇政府驻地南部
古蚕坪	Gǔcánpíng	——	农村	都平镇政府驻地南部
太丰洲	Tàifēngzhōu	——	农村	都平镇政府驻地南部
铁炉	Tiělú	——	农村	都平镇政府驻地北部
螳狗	Tángǒu	——	农村	都平镇政府驻地西北部
克石口	Kèshíkǒu	——	农村	都平镇政府驻地西北部
螳肚	Tándù	——	农村	都平镇政府驻地西北部
杨梅根	Yángméigēn	——	农村	都平镇政府驻地西北部
标塘	Biāotáng	——	农村	都平镇政府驻地西北部
宜菜	Yícài	——	农村	都平镇政府驻地西北部
石头田	Shítóutián	——	农村	都平镇政府驻地西北部
加简口	Jiājiǎnkǒu	——	农村	都平镇政府驻地西部
路下	Lùxià	——	农村	都平镇政府驻地西北部
福田	Fútián	——	农村	都平镇政府驻地西北部
都罗口	Dūluókǒu	——	农村	都平镇政府驻地西北部
大格	Dàgé	——	农村	都平镇政府驻地北部
大田	Dàtián	——	农村	大玉口镇政府驻地西北部
石狗	Shígǒu	——	农村	都平镇政府驻地南部
幸福村	Xìngfúcūn	——	农村	河儿口镇政府驻地东部
东门	Dōngmén	——	农村	河儿口镇政府驻地南部
凤底	Fèngdǐ	——	农村	河儿口镇政府驻地南部
边山	Biānshān	——	农村	河儿口镇政府驻地北部
上榄	Shànglǎn	——	农村	河儿口镇政府驻地南部
双蛤	Shuānghá	——	农村	河儿口镇政府驻地东部
盆古顶	Péngǔdǐng	——	农村	河儿口镇政府驻地北部
大窝	Dàwō	——	农村	莲都镇政府驻地北部
二脚垌	Èrjiǎodòng	——	农村	河儿口镇政府驻地西南部
玉垌	Yùdòng	——	农村	河儿口镇政府驻地东南部
石基塘	Shíjītáng	——	农村	河儿口镇政府驻地西南部
窝笼	Wōlóng	——	农村	河儿口镇政府驻地西南部

(续上表)

标准名称	汉语拼音	别名	地名类别	相对位置
大屋	Dàwū	——	农村	大洲镇政府驻地东北部
债虾	Zhàixiā	——	农村	河儿口镇政府驻地西南部
石灶	Shízào	——	农村	河儿口镇政府驻地东南部
龙公儿	Lónggōng'ér	——	农村	河儿口镇政府驻地东南部
利板	Lìbǎn	——	农村	河儿口镇政府驻地西部
卫杆	Wèigǎn	——	农村	河儿口镇政府驻地西部
下两岔	Xiàliǎngchà	——	农村	河儿口镇政府驻地西部
上两岔	Shàngliǎngchà	——	农村	河儿口镇政府驻地西部
黄岗村	Huánggǎngcun	——	农村	河儿口镇政府驻地西部
鸡毛田	Jīmáotián	——	农村	河儿口镇政府驻地西部
柏木根	Bǎimùgēn	——	农村	河儿口镇政府驻地西部
黄沙	Huángshā	——	农村	河儿口镇政府驻地西部
猪肚河	Zhūdùhé	——	农村	河儿口镇政府驻地西部
庄屋	Zhuāngwū	——	农村	河儿口镇政府驻地西部
班石	Bānshí	——	农村	河儿口镇政府驻地西部
大新	Dàxīn	——	农村	南丰镇政府驻地东北部
柯子河	Kēzǐhé	——	农村	河儿口镇政府驻地西部
三步河	Sānbùhé	——	农村	河儿口镇政府驻地西部
南埇	Nányǒng	——	农村	河儿口镇政府驻地西部
大步河	Dàbùhé	——	农村	河儿口镇政府驻地东部
仇屋	Qiúwū	——	农村	河儿口镇政府驻地东部
瓦屋	Wǎwū	——	农村	河儿口镇政府驻地东部
新光	Xīnguāng	——	农村	河儿口镇政府驻地东部
下沙田	Xiàshātián	——	农村	河儿口镇政府驻地东部
上沙田	Shàngshātián	——	农村	河儿口镇政府驻地东部
勿儿	Wù'ér	——	农村	河儿口镇政府驻地南部
孖竹	Māzhú	——	农村	河儿口镇政府驻地南部
蓝厂	Lánchǎng	——	农村	河儿口镇政府驻地南部
並涽	Bìngbàn	——	农村	河儿口镇政府驻地东部
埇礼口	Yǒnglǐkǒu	——	农村	河儿口镇政府驻地东部

（续上表）

标准名称	汉语拼音	别名	地名类别	相对位置
蛤塘	Hátáng	——	农村	河儿口镇政府驻地东部
步水儿	Bùshuǐ'ér	——	农村	河儿口镇政府驻地东部
高头浪	Gāotóulàng	——	农村	河儿口镇政府驻地东部
深坑	Shēnkēng	——	农村	河儿口镇政府驻地东部
白水	Báishuǐ	——	农村	河儿口镇政府驻地东部
念鱼	Niànyú	——	农村	河儿口镇政府驻地东部
上古	Shànggǔ	——	农村	河儿口镇政府驻地东部
中古	Zhōnggǔ	——	农村	河儿口镇政府驻地东部
下古	Xiàgǔ	——	农村	河儿口镇政府驻地东部
罗屋	Luówū	——	农村	河儿口镇政府驻地东部
坑尾	Kēngwěi	——	农村	河儿口镇政府驻地西部
植屋	Zhíwū	——	农村	河儿口镇政府驻地西部
架板坑	Jiàbǎnkēng	——	农村	河儿口镇政府驻地西部
大元	Dàyuán	——	农村	南丰镇政府驻地北部
坡下	Pōxià	——	农村	河儿口镇政府驻地西部
镇竹坪	Zhènzhúpíng	——	农村	河儿口镇政府驻地东南部
麒麟坪	Qílínpíng	——	农村	河儿口镇政府驻地东南部
鲶鱼坑	Niányúkēng	——	农村	河儿口镇政府驻地东南部
巡检坪	Xúnjiǎnpíng	——	农村	河儿口镇政府驻地东南部
双正	Shuāngzhèng	——	农村	河儿口镇政府驻地东南部
大界	Dàjiè	——	农村	河儿口镇政府驻地东部
石蛤坑	Shíhákēng	——	农村	河儿口镇政府驻地东南部
平垌	Píngdòng	——	农村	河儿口镇政府驻地东部
小垌	Xiǎodòng	——	农村	河儿口镇政府驻地东部
林砧	Línzhēn	——	农村	河儿口镇政府驻地东部
清水河	Qīngshuǐhé	——	农村	河儿口镇政府驻地东部
分水	Fēnshuǐ	——	农村	河儿口镇政府驻地东部
沙子岭	Shāzǐlǐng	——	农村	河儿口镇政府驻地东部
大园	Dàyuán	——	农村	江川镇政府驻地北部
岗岭	Gǎnglǐng	——	农村	河儿口镇政府驻地东部

（续上表）

标准名称	汉语拼音	别名	地名类别	相对位置
刘村	Liúcūn	——	农村	河儿口镇政府驻地东部
岩口	Yánkǒu	——	农村	河儿口镇政府驻地东部
陈村	Chéncūn	——	农村	河儿口镇政府驻地东部
罾凤口	Tánfèngkǒu	——	农村	河儿口镇政府驻地东部
罗林	Luólín	——	农村	河儿口镇政府驻地东部
仁理	Rénlǐ	——	农村	河儿口镇政府驻地东部
麦垌	Màidòng	——	农村	河儿口镇政府驻地东部
埇花	Yǒnghuā	——	农村	河儿口镇政府驻地东北部
罾汶	Tánwèn	——	农村	河儿口镇政府驻地东北部
东岸	Dōng'àn	——	农村	大洲镇政府驻地东北部
礼头	Lǐtóu	——	农村	河儿口镇政府驻地东北部
山腰	Shānyāo	——	农村	河儿口镇政府驻地东北部
述礼	Shùlǐ	——	农村	河儿口镇政府驻地东北部
江积	Jiāngjī	——	农村	河儿口镇政府驻地东部
胜岗	Shènggǎng	——	农村	河儿口镇政府驻地东北部
上圳	Shàngzhèn	——	农村	河儿口镇政府驻地东北部
洞口	Dòngkǒu	——	农村	河儿口镇政府驻地东北部
新凤	Xīnfèng	——	农村	河儿口镇政府驻地东部
石仁头	Shíréntóu	——	农村	河儿口镇政府驻地东南部
凤楼	Fènglóu	——	农村	河儿口镇政府驻地东部
崩河	Bēnghé	——	农村	河儿口镇政府驻地东南部
东方红	Dōngfānghóng	——	农村	白垢镇政府驻地南部
盐铺	Yánpù	——	农村	河儿口镇政府驻地东南部
冲冷	Chōnglěng	——	农村	河儿口镇政府驻地东南部
山塘埇	Shāntángyǒng	——	农村	河儿口镇政府驻地东南部
古湖	Gǔhú	——	农村	河儿口镇政府驻地东南部
平坦	Píngtǎn	——	农村	河儿口镇政府驻地东南部
登田	Dēngtián	——	农村	河儿口镇政府驻地东部
秋旺	Qiūwàng	——	农村	河儿口镇政府驻地东部
梁家	Liángjiā	——	农村	河儿口镇政府驻地东部

（续上表）

标准名称	汉语拼音	别名	地名类别	相对位置
符家	Fújiā	——	农村	河儿口镇政府驻地东部
扶学	Fúxué	——	农村	河儿口镇政府驻地东部
东风	Dōngfēng	——	农村	莲都镇政府驻地东部
甫务	Fǔwù	——	农村	河儿口镇政府驻地东部
石中	Shízhōng	——	农村	河儿口镇政府驻地东部
凤院	Fèngyuàn	——	农村	河儿口镇政府驻地东部
蕳炭	Tántàn	——	农村	河儿口镇政府驻地东部
院塘	Yuàntáng	——	农村	河儿口镇政府驻地东部
蕳炭塘	Tántàntáng	——	农村	河儿口镇政府驻地北部
叶家	Yèjiā	——	农村	河儿口镇政府驻地北部
石迳	Shíjìng	——	农村	河儿口镇政府驻地北部
大为	Dàwéi	——	农村	河儿口镇政府驻地北部
河儿岗	Hé'érgǎng	——	农村	河儿口镇政府驻地北部
大旺口	Dàwàngkǒu	——	农村	河儿口镇政府驻地北部
蕳甘	Tángān	——	农村	河儿口镇政府驻地北部
乌石	Wūshí	——	农村	河儿口镇政府驻地北部
双枧	Shuāngjiǎn	——	农村	河儿口镇政府驻地北部
水柳	Shuǐliǔ	——	农村	河儿口镇政府驻地北部
石桥	Shíqiáo	——	农村	河儿口镇政府驻地北部
山根地	Shāngēndì	——	农村	河儿口镇政府驻地西部
东畔	Dōngpàn	——	农村	大洲镇政府驻地东北部
蕳垌	Tándòng	——	农村	河儿口镇政府驻地西北部
暗脚	Ànjiǎo	——	农村	河儿口镇政府驻地西北部
踏梯	Tàtī	——	农村	河儿口镇政府驻地西部
蕳犁	Tánlí	——	农村	河儿口镇政府驻地西北部
青皮	Qīngpí	——	农村	河儿口镇政府驻地西北部
茶屋	Cháwū	——	农村	河儿口镇政府驻地西北部
西村	Xīcūn	——	农村	河儿口镇政府驻地西部
河儿口村	Hé'érkǒucūn	——	农村	河儿口镇政府驻地南部
独松	Dúsōng	——	农村	大玉口镇政府驻地北部

(续上表)

标准名称	汉语拼音	别名	地名类别	相对位置
都尚	Dūshàng	——	农村	河儿口镇政府驻地西南部
沙坝	Shābà	——	农村	河儿口镇政府驻地西南部
姚家	Yáojiā	——	农村	河儿口镇政府驻地南部
岗儿	Gǎng'ér	——	农村	河儿口镇政府驻地东南部
新岗	Xīngǎng	——	农村	河儿口镇政府驻地东南部
三房	Sānfáng	——	农村	河儿口镇政府驻地东南部
军田	Jūntián	——	农村	河儿口镇政府驻地南部
竹围	Zhúwéi	——	农村	河儿口镇政府驻地东南部
两尾	Liǎngwěi	——	农村	河儿口镇政府驻地东南部
陆家	Lùjiā	——	农村	河儿口镇政府驻地西部
罗古	Luógǔ	——	农村	河儿口镇政府驻地南部
风口	Fēngkǒu	——	农村	河儿口镇政府驻地南部
崩寨城	Bēngzhàichéng	——	农村	河儿口镇政府驻地南部
和朗脊	Hélǎngjǐ	——	农村	河儿口镇政府驻地南部
凤塘	Fèngtáng	——	农村	大玉口镇政府驻地北部
合塘	Hétáng	——	农村	江川镇政府驻地南部
石羊口	Shíyángkǒu	——	农村	江川镇政府驻地西部
三贯	Sānguàn	——	农村	江川镇政府驻地西部
大榕塘	Dàróngtáng	——	农村	江川镇政府驻地南部
周源	Zhōuyuán	——	农村	江川镇政府驻地西南部
古龙头	Gǔlóngtóu	——	农村	江川镇政府驻地西部
村头	Cūntóu	——	农村	江川镇政府驻地西部
小丹	Xiǎodān	——	农村	江川镇政府驻地西部
佛子	Fózǐ	——	农村	江川镇政府驻地西南部
旱塘	Hàntáng	——	农村	江川镇政府驻地西部
花根	Huāgēn	——	农村	江川镇政府驻地西部
新贤村	Xīnxiáncūn	——	农村	江川镇政府驻地北部
麻园	Máyuán	——	农村	江川镇政府驻地北部
地头	Dìtóu	——	农村	江川镇政府驻地北部
龙眼埇	Lóngyǎnyǒng	——	农村	江川镇政府驻地南部

（续上表）

标准名称	汉语拼音	别名	地名类别	相对位置
沙子表	Shāzǐbiǎo	——	农村	江川镇政府驻地南部
龙眼埇尾	Lóngyǎnyǒngwěi	——	农村	江川镇政府驻地南部
扶塘	Fútáng	——	农村	白垢镇政府驻地东部
代村	Dàicūn	——	农村	江川镇政府驻地南部
北凤咀	Běifèngzuǐ	——	农村	江川镇政府驻地南部
洲尾湖	Zhōuwěihú	——	农村	江川镇政府驻地南部
青皮塘	Qīngpítáng	——	农村	江川镇政府驻地南部
铺边	Pùbiān	铺边新村	农村	江川镇政府驻地北部
料塘	Liàotáng	红星村	农村	江川镇政府驻地北部
车地	Chēdì	——	农村	江川镇政府驻地北部
腩口	Nǎnkǒu	腩咀社	农村	江川镇政府驻地西部
塘埇口	Tángyǒngkǒu	——	农村	江川镇政府驻地北部
社田埌	Shètiánlàng	——	农村	江川镇政府驻地北部
大巷埇	Dàxiàngyǒng	——	农村	江川镇政府驻地西部
上埌	Shànglàng	——	农村	江川镇政府驻地北部
竹洲塘	Zhúzhōutáng	——	农村	江川镇政府驻地北部
孟塘	Mèngtáng	——	农村	江川镇政府驻地东部
跤塘	Jiāotáng	——	农村	江川镇政府驻地南部
下马头	Xiàmǎtóu	——	农村	江川镇政府驻地南部
庄地	Zhuāngdì	——	农村	江川镇政府驻地南部
蟾蜍口	Chánchúkǒu	——	农村	江川镇政府驻地西部
大马界	Dàmǎjiè	——	农村	江川镇政府驻地南部
二塘尾	Èrtángwěi	——	农村	江川镇政府驻地西部
黄岗咀	Huánggǎngjǔ	——	农村	江川镇政府驻地西部
江新新村	Jiāngxīn Xīncūn	——	农村	江川镇政府驻地南部
藤旺界	Téngwàngjiè	藤马界	农村	江川镇政府驻地南部
富竹	Fùzhú	——	农村	大玉口镇政府驻地东部
仙田口	Xiāntiánkǒu	——	农村	江川镇政府驻地北部
旺塘埇口	Wàngtángyǒngkǒu	——	农村	江川镇政府驻地西北部
六竹口	Liùzhúkǒu	——	农村	江川镇政府驻地南部

(续上表)

标准名称	汉语拼音	别名	地名类别	相对位置
周家	Zhōujiā	——	农村	江川镇政府驻地北部
绿竹口	Lǜzhúkǒu	——	农村	江川镇政府驻地北部
大界脚	Dàjièjiǎo	——	农村	江川镇政府驻地北部
护林埇	Hùlínyǒng	——	农村	江川镇政府驻地西部
旺塘埇	Wàngtángyǒng	——	农村	江川镇政府驻地北部
盐关	Yánguān	——	农村	江川镇政府驻地北部
岐茶	Qíchá	——	农村	江川镇政府驻地北部
西营口	Xīyíngkǒu	——	农村	江川镇政府驻地北部
古斗	Gǔdǒu	——	农村	江川镇政府驻地西部
古垒	Gǔlěi	——	农村	江川镇政府驻地西部
尚品	Shàngpǐn	——	农村	江川镇政府驻地西部
古头岭	Gǔtóulǐng	——	农村	江川镇政府驻地西南部
针星脚	Zhēnxīngjiǎo	——	农村	江川镇政府驻地西部
大崩口	Dàbēngkǒu	——	农村	江川镇政府驻地西部
六田	Liùtián	——	农村	江川镇政府驻地西部
古贝	Gǔbèi	——	农村	江川镇政府驻地西部
古岗	Gǔgǎng	——	农村	江川镇政府驻地西部
河塘脚	Hétángjiǎo	河塘坪	农村	江川镇政府驻地西北部
岗头	Gǎngtóu	——	农村	河儿口镇政府驻地东南部
樟木咀	Zhāngmùzuǐ	——	农村	江川镇政府驻地西部
白牛岗	Báiniúgǎng	——	农村	江川镇政府驻地西部
大岭脚	Dàlǐngjiǎo	——	农村	江川镇政府驻地西部
白凡咀	Báifánzuǐ	——	农村	江口镇政府驻地东南部
白石口	Báishíkǒu	——	农村	江口镇政府驻地西北部
半岗	Bàngǎng	——	农村	江口镇政府驻地东南部
车岭	Chēlǐng	——	农村	江口镇政府驻地西北部
趁圩	Chènxū	——	农村	江口镇政府驻地北部
村脚	Cūnjiǎo	——	农村	江口镇政府驻地东南部
村尾江	Cūnwěijiāng	——	农村	江口镇政府驻地东南部
大湖塘	Dàhútáng	——	农村	江口镇政府驻地西北部

（续上表）

标准名称	汉语拼音	别名	地名类别	相对位置
高枧	Gāojiǎn	——	农村	大玉口镇政府驻地西北部
大林山	Dàlínshān	——	农村	江口镇政府驻地东南部
大庙	Dàmiào	——	农村	江口镇政府驻地北部
大恧	Dànǜ	——	农村	江口镇政府驻地北部
大袍	Dàpáo	——	农村	江口镇政府驻地东南部
大旺	Dàwàng	——	农村	江口镇政府驻地西北部
大向	Dàxiàng	——	农村	江口镇政府驻地东部
定子	Dìngzǐ	——	农村	江口镇政府驻地北部
独江浪	Dújiānglàng	——	农村	江口镇政府驻地北部
飞鸦	Fēiyā	——	农村	江口镇政府驻地东南部
岗背头	Gǎngbèitóu	——	农村	江口镇政府驻地东南部
共禾田	Gònghétián	——	农村	江口镇政府驻地北部
古杭咀	Gǔhángzuǐ	——	农村	江口镇政府驻地北部
古杭口	Gǔhángkǒu	——	农村	江口镇政府驻地北部
古岭山	Gǔlǐngshān	——	农村	江口镇政府驻地东南部
古苗	Gǔmiáo	——	农村	江口镇政府驻地北部
古楠	Gǔnán	——	农村	江口镇政府驻地东南部
古埇口	Gǔyǒngkǒu	——	农村	江口镇政府驻地东北部
谷塘	Gǔtáng	——	农村	江口镇政府驻地北部
旱恧	Hànnǜ	——	农村	江口镇政府驻地东北部
荷木	Hémù	——	农村	江口镇政府驻地东北部
户头	Hùtóu	——	农村	江口镇政府驻地西北部
黄岭中	Huánglǐngzhōng	——	农村	江口镇政府驻地东南部
黄岭足	Huánglǐngzú	——	农村	江口镇政府驻地东南部
交草	Jiāocǎo	——	农村	江口镇政府驻地东南部
高屋	Gāowū	——	农村	金装镇政府驻地南部
旧村	Jiùcūn	——	农村	江口镇政府驻地北部
坎头	Kǎntóu	——	农村	江口镇政府驻地西北部
康埇	Kāngyǒng	——	农村	江口镇政府驻地东南部
浪禾	Lànghé	——	农村	江口镇政府驻地西北部

（续上表）

标准名称	汉语拼音	别名	地名类别	相对位置
勒竹口	Lèzhúkǒu	——	农村	江口镇政府驻地东北部
冷头	Lěngtóu	——	农村	江口镇政府驻地西北部
梨木根	Límùgēn	——	农村	江口镇政府驻地东北部
黎岸	Lí'àn	——	农村	江口镇政府驻地东南部
励志新村	Lìzhì Xīncūn	——	农村	江口镇政府驻地东北部
利林咀	Lìlínzuǐ	——	农村	江口镇政府驻地东部
六耳	Liù'ěr	——	农村	江口镇政府驻地东南部
马头塘	Mǎtóutáng	——	农村	江口镇政府驻地西北部
庙角	Miàojiǎo	——	农村	江口镇政府驻地东北部
古罗	Gǔluó	——	农村	大玉口镇政府驻地北部
糯埇口	Nuòyǒngkǒu	——	农村	江口镇政府驻地北部
朋江	Péngjiāng	——	农村	江口镇政府驻地北部
平田辽	Píngtiánliáo	——	农村	江口镇政府驻地北部
平团	Píngtuán	——	农村	江口镇政府驻地东北部
岐岭	Qílǐng	——	农村	江口镇政府驻地西北部
三伯头	Sānbótóu	——	农村	江口镇政府驻地西北部
三元	Sānyuán	——	农村	江口镇政府驻地南部
沙禾岗	Shāhégǎng	——	农村	江口镇政府驻地东南部
观塘	Guāntáng	——	农村	大洲镇政府驻地东北部
山塘新村	Shāntáng Xīncūn	——	农村	江口镇政府驻地东南部
山早塘	Shānzǎotáng	——	农村	江口镇政府驻地北部
旱冲	Hànchōng	——	农村	大玉口镇政府驻地北部
上耳口	Shàng'ěrkǒu	——	农村	江口镇政府驻地东北部
上丰沙	Shàngfēngshā	——	农村	江口镇政府驻地北部
上湖塘	Shànghútáng	——	农村	江口镇政府驻地北部
上花塘	Shànghuātáng	——	农村	江口镇政府驻地北部
上岭头	Shànglǐngtóu	——	农村	江口镇政府驻地东南部
上刘头	Shàngliútóu	——	农村	江口镇政府驻地西北部
上竹洲	Shàngzhúzhōu	——	农村	江口镇政府驻地东北部
蛇咀	Shézuǐ	——	农村	江口镇政府驻地东北部

（续上表）

标准名称	汉语拼音	别名	地名类别	相对位置
社脚埇	Shèjiǎoyǒng	——	农村	江口镇政府驻地西北部
十里中	Shílǐzhōng	——	农村	江口镇政府驻地东南部
十里足	Shílǐzú	——	农村	江口镇政府驻地东南部
石牛界	Shíniújiè	——	农村	江口镇政府驻地北部
石主	Shízhǔ	——	农村	江口镇政府驻地北部
世和洲	Shìhézhōu	——	农村	江口镇政府驻地东北部
思奕	Sīyì	——	农村	江口镇政府驻地东南部
泗水口	Sìshuǐkǒu	——	农村	江口镇政府驻地东南部
梭江	Suōjiāng	——	农村	江口镇政府驻地东南部
台洞村	Táidòngcūn	——	农村	江口镇政府驻地北部
替田	Tántián	——	农村	江口镇政府驻地东南部
桃源	Táoyuán	——	农村	江口镇政府驻地东南部
桐古埌	Tónggǔlàng	——	农村	江口镇政府驻地东南部
桐油埌	Tóngyóulàng	——	农村	江口镇政府驻地东南部
旺坪	Wàngpíng	——	农村	江口镇政府驻地北部
文平	Wénpíng	——	农村	江口镇政府驻地北部
细笋口	Xìsǔnkǒu	——	农村	江口镇政府驻地西北部
下典口	Xiàdiǎnkǒu	——	农村	江口镇政府驻地西北部
下典尾	Xiàdiǎnwěi	——	农村	江口镇政府驻地西北部
下丰沙	Xiàfēngshā	——	农村	江口镇政府驻地南部
下贺	Xiàhè	——	农村	江口镇政府驻地东北部
下湖塘	Xiàhútáng	——	农村	江口镇政府驻地北部
下花塘	Xiàhuātáng	——	农村	江口镇政府驻地北部
下岭头	Xiàlǐngtóu	——	农村	江口镇政府驻地东南部
旱埇	Hànyǒng	——	农村	大玉口镇政府驻地西北部
下竹洲	Xiàzhúzhōu	——	农村	江口镇政府驻地东北部
仙洞	Xiāndòng	——	农村	江口镇政府驻地东南部
祥眉	Xiángméi	——	农村	江口镇政府驻地东南部
新岭	Xīnlǐng	——	农村	江口镇政府驻地东南部
新田头	Xīntiántóu	——	农村	江口镇政府驻地东北部

(续上表)

标准名称	汉语拼音	别名	地名类别	相对位置
埇二恶	Yǒng'èrnù	——	农村	江口镇政府驻地东北部
埇零	Yǒnglíng	——	农村	江口镇政府驻地东部
埇银	Yǒngyín	——	农村	江口镇政府驻地东北部
召江	Zhàojiāng	——	农村	江口镇政府驻地东南部
圳田	Zhèntián	——	农村	江口镇政府驻地北部
珠龙	Zhūlóng	——	农村	江口镇政府驻地东北部
竹根儿	Zhúgēn'ér	——	农村	江口镇政府驻地北部
竹拱	Zhúgǒng	——	农村	江口镇政府驻地北部
仁厚村	Rénhòucūn	——	农村	金装镇政府驻地西北部
罗盖	Luógài	——	农村	金装镇政府驻地西部
埇窑	Yǒngyáo	——	农村	金装镇政府驻地西部
上和	Shànghé	——	农村	金装镇政府驻地西北部
翰堂	Hàntáng	——	农村	大洲镇政府驻地东北部
龙堤	Lóngdī	——	农村	金装镇政府驻地北部
两合口	Liǎnghékǒu	——	农村	金装镇政府驻地西北部
扶心	Fúxīn	——	农村	金装镇政府驻地西北部
扶列	Fúliè	——	农村	金装镇政府驻地西北部
河塘州	Hétángzhōu	——	农村	金装镇政府驻地西北部
竹西	Zhúxī	——	农村	金装镇政府驻地西北部
硬骨	Yìnggǔ	——	农村	金装镇政府驻地西北部
合水口	Héshuǐkǒu	——	农村	大洲镇政府驻地东北部
井门	Jǐngmén	——	农村	金装镇政府驻地东部
高等	Gāoděng	——	农村	金装镇政府驻地东部
东方	Dōngfāng	——	农村	金装镇政府驻地东部
六座	Liùzuò	——	农村	金装镇政府驻地东部
鹅塘	Étáng	——	农村	金装镇政府驻地东部
黎屋	Líwū	——	农村	金装镇政府驻地东部
罗厅	Luótīng	——	农村	金装镇政府驻地东部
罗坑	Luókēng	——	农村	金装镇政府驻地东部
屋后	Wūhòu	——	农村	金装镇政府驻地东部

（续上表）

标准名称	汉语拼音	别名	地名类别	相对位置
大路口	Dàlùkǒu	——	农村	金装镇政府驻地东部
上坑	Shàngkēng	——	农村	金装镇政府驻地东部
下坑	Xiàkēng	——	农村	金装镇政府驻地南部
罗停	Luótíng	——	农村	金装镇政府驻地东南部
罗珀	Luópò	——	农村	金装镇政府驻地东部
沙北	Shāběi	——	农村	金装镇政府驻地东部
沙中	Shāzhōng	——	农村	金装镇政府驻地东部
沙南	Shānán	——	农村	金装镇政府驻地东部
水冲	Shuǐchōng	——	农村	金装镇政府驻地东南部
大集	Dàjí	——	农村	金装镇政府驻地东部
老黎	Lǎolí	——	农村	金装镇政府驻地南部
全屋	Quánwū	——	农村	金装镇政府驻地南部
大眼边	Dàyǎnbiān	——	农村	金装镇政府驻地南部
谢屋	Xièwū	——	农村	金装镇政府驻地南部
石燕肚	Shíyàndù	——	农村	金装镇政府驻地南部
水石村	Shuǐshícūn	——	农村	金装镇政府驻地南部
岗仔	Gǎngzǎi	——	农村	金装镇政府驻地南部
横峒	Héngdòng	——	农村	南丰镇政府驻地东南部
岑罗	Cénluó	——	农村	金装镇政府驻地东部
红光	Hóngguāng	——	农村	南丰镇政府驻地西北部
理江	Lǐjiāng	——	农村	金装镇政府驻地东部
双根	Shuānggēn	——	农村	金装镇政府驻地东部
天岗	Tiāngǎng	——	农村	金装镇政府驻地东北部
白路	Báilù	——	农村	金装镇政府驻地北部
大林	Dàlín	——	农村	金装镇政府驻地北部
大星	Dàxīng	——	农村	金装镇政府驻地东北部
岗脚	Gǎngjiǎo	——	农村	金装镇政府驻地东部
开祥村	Kāixiángcūn	——	农村	金装镇政府驻地北部
红卫	Hóngwèi	——	农村	南丰镇政府驻地西南部
渴洲	Kězhōu	——	农村	金装镇政府驻地东部

(续上表)

标准名称	汉语拼音	别名	地名类别	相对位置
水仔口	Shuǐzǎikǒu	——	农村	金装镇政府驻地东部
邓屋	Dèngwū	——	农村	金装镇政府驻地东北部
上林	Shànglín	——	农村	金装镇政府驻地东部
下林	Xiàlín	——	农村	金装镇政府驻地东部
罗团	Luótuán	——	农村	金装镇政府驻地东部
红星	Hóngxīng	——	农村	河儿口镇政府驻地西部
榕下	Róngxià	——	农村	金装镇政府驻地东北部
开祥寨	Kāixiángzhài	——	农村	金装镇政府驻地东部
道河	Dàohé		农村	金装镇政府驻地东部
罗寺	Luósì	——	农村	金装镇政府驻地东部
罗道	Luódào	——	农村	金装镇政府驻地东北部
小林	Xiǎolín	——	农村	金装镇政府驻地东部
罗佳	Luójiā	——	农村	金装镇政府驻地东部
上山	Shàngshān	——	农村	金装镇政府驻地东部
苏村寨	Sūcūnzhài	——	农村	金装镇政府驻地东北部
够运寨	Gòuyùnzhài	——	农村	金装镇政府驻地东北部
黄塘	Huángtáng	——	农村	莲都镇政府驻地北部
井巷	Jǐngxiàng	——	农村	金装镇政府驻地东北部
万安	Wàn'ān	——	农村	金装镇政府驻地北部
罗令	Luólìng	——	农村	金装镇政府驻地北部
罗铺	Luópù	——	农村	金装镇政府驻地北部
黄屋	Huángwū	——	农村	金装镇政府驻地东部
谭沙	Tánshā	——	农村	金装镇政府驻地北部
关塘	Guāntáng	——	农村	金装镇政府驻地北部
谭搏	Tánbó	——	农村	金装镇政府驻地北部
凤动	Fèngdòng	——	农村	金装镇政府驻地北部
谭贝	Tánbèi	——	农村	金装镇政府驻地北部
乌城	Wūchéng	——	农村	金装镇政府驻地北部
锦秀	Jǐnxiù	——	农村	金装镇政府驻地北部
梁屋	Liángwū	——	农村	金装镇政府驻地东北部

(续上表)

标准名称	汉语拼音	别名	地名类别	相对位置
会龙	Huìlóng	——	农村	莲都镇政府驻地东部
叶屋	Yèwū	——	农村	金装镇政府驻地东北部
岑屋	Cénwū	——	农村	金装镇政府驻地东北部
卢屋	Lúwū	——	农村	金装镇政府驻地东北部
朱屋	Zhūwū	——	农村	金装镇政府驻地东北部
文昌	Wénchāng	——	农村	金装镇政府驻地西北部
谭亭	Tántíng	——	农村	金装镇政府驻地西北部
石克	Shíkè	——	农村	金装镇政府驻地西北部
谭宝	Tánbǎo	——	农村	金装镇政府驻地西北部
平南	Píngnán	——	农村	金装镇政府驻地西北部
七宝寨	Qībǎozhài	——	农村	金装镇政府驻地西北部
下莫	Xiàmò	——	农村	金装镇政府驻地西北部
江脚	Jiāngjiǎo	——	农村	白垢镇政府驻地东部
和亭	Hétíng	——	农村	金装镇政府驻地西北部
寺后	Sìhòu	——	农村	金装镇政府驻地北部
神俗	Shénsú	——	农村	金装镇政府驻地北部
社江	Shèjiāng	——	农村	金装镇政府驻地北部
谭吻	Tánwěn	——	农村	金装镇政府驻地北部
大梁	Dàliáng	——	农村	金装镇政府驻地东北部
罗麻	Luómá	——	农村	金装镇政府驻地东北部
老爷	Lǎoyé	——	农村	金装镇政府驻地北部
罗胜	Luóshèng	——	农村	金装镇政府驻地东北部
亚袁	Yàyuán	——	农村	金装镇政府驻地东北部
帝动	Dìdòng	——	农村	金装镇政府驻地北部
神社	Shénshè	——	农村	金装镇政府驻地北部
岗墩	Gǎngdūn	——	农村	金装镇政府驻地东北部
谭殿	Tándiàn	——	农村	金装镇政府驻地西北部
竹枝	Zhúzhī	——	农村	金装镇政府驻地西北部
下新圩	Xiàxīnxū	——	农村	金装镇政府驻地东北部
上新圩	Shàngxīnxū	——	农村	金装镇政府驻地东北部

(续上表)

标准名称	汉语拼音	别名	地名类别	相对位置
回塘	Huítáng	——	农村	金装镇政府驻地东北部
蔡村	Càicūn	——	农村	金装镇政府驻地东北部
下蔡	Xiàcài	——	农村	金装镇政府驻地东北部
林屋	Línwū	——	农村	金装镇政府驻地东北部
司理	Sīlǐ	——	农村	金装镇政府驻地西北部
西水	Xīshuǐ	——	农村	金装镇政府驻地西北部
大鹅	Dà'é	——	农村	金装镇政府驻地东北部
石塘	Shítáng	——	农村	金装镇政府驻地南部
龙潭	Lónglún	——	农村	金装镇政府驻地南部
六合	Liùhé	——	农村	金装镇政府驻地南部
江头	Jiāngtóu	——	农村	金装镇政府驻地东北部
琅屋	Lángwū	——	农村	金装镇政府驻地东南部
厅屋	Tīngwū	——	农村	金装镇政府驻地东南部
植村	Zhícūn	——	农村	金装镇政府驻地东南部
昆岗	Kūngǎng	藤岗	农村	金装镇政府驻地东南部
符屋	Fúwū	——	农村	金装镇政府驻地南部
上寨	Shàngzhài	——	农村	金装镇政府驻地东南部
石顶	Shídǐng	——	农村	金装镇政府驻地东南部
木潭	Mùtán	——	农村	莲都镇政府驻地西部
旧莲都	Jiùliándū	——	农村	莲都镇政府驻地南部
中石	Zhōngshí	——	农村	莲都镇政府驻地东部
江尾	Jiāngwěi	——	农村	金装镇政府驻地东部
罗计	Luójì	——	农村	莲都镇政府驻地东部
江仔	Jiāngzǎi	——	农村	金装镇政府驻地北部
白马寨	Báimǎzhài	——	农村	莲都镇政府驻地东部
平福	Píngfú	——	农村	莲都镇政府驻地东部
长塘	Chángtáng	——	农村	莲都镇政府驻地东部
井边	Jǐngbiān	——	农村	大玉口镇政府驻地南部
上细	Shàngxì	——	农村	莲都镇政府驻地东部
福林	Fúlín	——	农村	莲都镇政府驻地东北部

（续上表）

标准名称	汉语拼音	别名	地名类别	相对位置
黎婆	Lípó	——	农村	莲都镇政府驻地东部
上黎	Shànglí	——	农村	莲都镇政府驻地东部
七一	Qīyī	——	农村	莲都镇政府驻地东部
力朗	Lìlǎng	——	农村	莲都镇政府驻地东南部
付元	Fùyuán	——	农村	莲都镇政府驻地东南部
水来	Shuǐlái	——	农村	莲都镇政府驻地东南部
甘恩	Gān'ēn	——	农村	莲都镇政府驻地东南部
井塘	Jǐngtáng	——	农村	白垢镇政府驻地东部
井头	Jǐngtóu	——	农村	江口镇政府驻地东南部
井后	Jǐnghòu	——	农村	莲都镇政府驻地西南部
六秀	Liùxiù	——	农村	莲都镇政府驻地西南部
何村	Hécūn	——	农村	莲都镇政府驻地西南部
萫寺	Tánsì	——	农村	莲都镇政府驻地西南部
聂村	Niècūn	——	农村	莲都镇政府驻地西南部
萫吉	Tánjí	——	农村	莲都镇政府驻地西南部
平心	Píngxīn	——	农村	莲都镇政府驻地西南部
简头埇	Jiǎntóuyǒng	——	农村	莲都镇政府驻地西南部
应羊	Yīngyáng	——	农村	莲都镇政府驻地西部
旧屋地	Jiùwūdì	——	农村	大洲镇政府驻地东北部
萫麦	Tánmài	——	农村	莲都镇政府驻地西部
新寨	Xīnzhài	——	农村	莲都镇政府驻地北部
下埇	Xiàyǒng	——	农村	莲都镇政府驻地北部
坎下	Kǎnxià	——	农村	南丰镇政府驻地南部
上埇	Shàngyǒng	——	农村	莲都镇政府驻地北部
华兰	Huálán	——	农村	莲都镇政府驻地北部
冯村	Féngcūn	——	农村	莲都镇政府驻地北部
恩塘口	Ēntángkǒu	——	农村	莲都镇政府驻地北部
恩塘	Ēntáng	——	农村	莲都镇政府驻地北部
崩塘口	Bēngtángkǒu	——	农村	莲都镇政府驻地北部
榄根	Lǎngēn	杬根	农村	白垢镇政府驻地北部

(续上表)

标准名称	汉语拼音	别名	地名类别	相对位置
四罗	Sìluó	——	农村	莲都镇政府驻地北部
枧辽	Jiǎnliáo	——	农村	莲都镇政府驻地西部
猪肚坪	Zhūdùpíng	——	农村	莲都镇政府驻地西部
山马埌	Shānmǎlàng	——	农村	莲都镇政府驻地西部
大塘口	Dàtángkǒu	——	农村	莲都镇政府驻地西部
古傍	Gǔbàng	——	农村	莲都镇政府驻地西部
涟埇	Bànyǒng	——	农村	莲都镇政府驻地西部
旺兴	Wàngxīng	——	农村	莲都镇政府驻地西部
三步	Sānbù		农村	莲都镇政府驻地西部
古六口	Gǔliùkǒu	——	农村	莲都镇政府驻地西部
岭咀	Lǐngzuǐ	——	农村	莲都镇政府驻地西部
义子塘	Yìzǐtáng	——	农村	莲都镇政府驻地西部
芬守村	Fēnshǒucūn	——	农村	莲都镇政府驻地西部
不坦辽	Bútǎnliáo	——	农村	莲都镇政府驻地西部
车禾地	Chēhédì	——	农村	莲都镇政府驻地西部
下沙台	Xiàshātái	——	农村	莲都镇政府驻地西部
上沙台	Shàngshātái	——	农村	莲都镇政府驻地西部
中七	Zhōngqī	——	农村	莲都镇政府驻地西南部
蕃中	Tánzhōng	——	农村	莲都镇政府驻地西南部
双丙	Shuāngbǐng	——	农村	莲都镇政府驻地南部
蕃深	Tánshēn	——	农村	莲都镇政府驻地南部
杜村	Dùcūn	——	农村	莲都镇政府驻地西南部
良心寨村	Liángxīnzhàicūn	——	农村	莲都镇政府驻地南部
古训	Gǔxùn	——	农村	莲都镇政府驻地西南部
井岗村	Jǐnggǎngcūn	——	农村	莲都镇政府驻地南部
老屋	Lǎowū	——	农村	金装镇政府驻地东北部
信用	Xìnyòng	——	农村	莲都镇政府驻地西南部
横江	Héngjiāng	——	农村	莲都镇政府驻地西南部
竹埇	Zhúyǒng	——	农村	莲都镇政府驻地西南部
均中	Jūnzhōng	——	农村	莲都镇政府驻地西南部

（续上表）

标准名称	汉语拼音	别名	地名类别	相对位置
下湖屋	Xiàhúwū	——	农村	莲都镇政府驻地西部
荔枝	Lìzhī	——	农村	河儿口镇政府驻地东南部
莲塘	Liántáng	——	农村	莲都镇政府驻地北部
崩坎	Bēngkǎn	——	农村	莲都镇政府驻地北部
埇闰	Yǒngrùn	——	农村	莲都镇政府驻地北部
东畔新村	Dōngpàn Xīncūn	——	农村	莲都镇政府驻地北部
伟龙	Wěilóng	——	农村	莲都镇政府驻地北部
罗梁	Luóliáng	——	农村	莲都镇政府驻地北部
罗马	Luómǎ	——	农村	莲都镇政府驻地北部
平屯	Píngtún	——	农村	莲都镇政府驻地北部
三峰	Sānfēng	——	农村	莲都镇政府驻地北部
西岸	Xī'àn	——	农村	莲都镇政府驻地北部
吟诗	Yínshī	——	农村	莲都镇政府驻地北部
石练	Shíliàn	——	农村	莲都镇政府驻地北部
大话口	Dàhuàkǒu	——	农村	莲都镇政府驻地北部
花浪	Huālàng	——	农村	莲都镇政府驻地东北部
横水口	Héngshuǐkǒu	——	农村	莲都镇政府驻地北部
大应	Dàyīng	——	农村	莲都镇政府驻地北部
牛疗	Niúliáo	——	农村	莲都镇政府驻地东北部
伍份坪	Wǔfènpíng	——	农村	莲都镇政府驻地东北部
竹根尾	Zhúgēnwěi	——	农村	莲都镇政府驻地北部
蜘蛛顶	Zhīzhūdǐng	——	农村	莲都镇政府驻地东北部
坑脚	Kēngjiǎo	——	农村	莲都镇政府驻地东北部
英雄	Yīngxióng	——	农村	莲都镇政府驻地东北部
合里坪	Hélǐpíng	——	农村	莲都镇政府驻地东北部
深头	Shēntóu	——	农村	莲都镇政府驻地东北部
六胡	Liùhú	——	农村	莲都镇政府驻地东北部
岭坪	Lǐngpíng	——	农村	都平镇政府驻地西南部
田边	Tiánbiān	——	农村	莲都镇政府驻地东北部
寨贝	Zhàibèi	——	农村	莲都镇政府驻地东北部

(续上表)

标准名称	汉语拼音	别名	地名类别	相对位置
六庙	Liùmiào	——	农村	金装镇政府驻地东部
仓屋	Cāngwū	——	农村	莲都镇政府驻地北部
枫木根	Fēngmùgēn	——	农村	莲都镇政府驻地北部
银塘	Yíntáng	——	农村	莲都镇政府驻地东北部
大车塝	Dàchēbàng	——	农村	莲都镇政府驻地东北部
石龙脚	Shílóngjiǎo	——	农村	莲都镇政府驻地东北部
飞鹅	Fēi'é	——	农村	莲都镇政府驻地北部
大石两	Dàshíliǎng	——	农村	莲都镇政府驻地北部
万户墩	Wànhùdūn	——	农村	莲都镇政府驻地东部
大埇	Dàyǒng	——	农村	莲都镇政府驻地东部
水井埇	Shuǐjǐngyǒng	——	农村	莲都镇政府驻地东部
天塘	Tiāntáng	——	农村	莲都镇政府驻地东部
龙胫	Lóngjìng	——	农村	南丰镇政府驻地南部
柑子塘	Gānzǐtáng	——	农村	莲都镇政府驻地东部
石佛	Shífó	——	农村	莲都镇政府驻地东北部
石音	Shíyīn	——	农村	莲都镇政府驻地东北部
龙潭村	Lóngtáncūn	——	农村	莲都镇政府驻地西部
狮子头	Shīzǐtóu	——	农村	莲都镇政府驻地北部
冷寮	Lěngliáo	——	农村	莲都镇政府驻地东北部
牛蹄坑	Niútíkēng	——	农村	莲都镇政府驻地东部
社墩	Shèdūn	——	农村	莲都镇政府驻地东部
板塘	Bǎntáng	——	农村	莲都镇政府驻地东部
凭伞	Píngsǎn	——	农村	莲都镇政府驻地北部
大塘岭	Dàtánglǐng	——	农村	莲都镇政府驻地北部
路边	Lùbiān	——	农村	莲都镇政府驻地东北部
清水	Qīngshuǐ	——	农村	莲都镇政府驻地北部
玉叶埇	Yùyèyǒng	——	农村	莲都镇政府驻地东北部
大岗头	Dàgǎngtóu	——	农村	莲都镇政府驻地北部
根竹坪	Gēnzhúpíng	——	农村	莲都镇政府驻地北部
浸谷塘	Jìngǔtáng	——	农村	莲都镇政府驻地北部

(续上表)

标准名称	汉语拼音	别名	地名类别	相对位置
坑口	Kēngkǒu	——	农村	莲都镇政府驻地北部
帝水	Dìshuǐ	——	农村	莲都镇政府驻地北部
杨梅岭	Yángméilǐng	——	农村	莲都镇政府驻地北部
中心峒	Zhōngxīndòng	——	农村	莲都镇政府驻地北部
上水船	Shàngshuǐchuán	——	农村	莲都镇政府驻地北部
盘古塘	Pángǔtáng	——	农村	莲都镇政府驻地北部
桐油浪	Tóngyóulàng	——	农村	莲都镇政府驻地北部
罗鸦	Luóyā	——	农村	莲都镇政府驻地北部
大降	Dàjiàng	——	农村	莲都镇政府驻地北部
大塘心	Dàtángxīn	——	农村	莲都镇政府驻地北部
茅坪	Máopíng	——	农村	莲都镇政府驻地东部
罗江	Luójiāng	——	农村	金装镇政府驻地北部
竹塘	Zhútáng	——	农村	莲都镇政府驻地东部
大祐涌	Dàyòuyǒng	——	农村	莲都镇政府驻地东部
樟祐坪	Zhāngyòupíng	——	农村	莲都镇政府驻地东部
蛤水口	Háshuǐkǒu	——	农村	莲都镇政府驻地东部
埇火	Yǒnghuǒ	——	农村	莲都镇政府驻地东部
三加	Sānjiā	——	农村	莲都镇政府驻地东部
深埇	Shēnyǒng	——	农村	莲都镇政府驻地东部
对面铺	Duìmiànpù	——	农村	莲都镇政府驻地北部
庙边	Miàobiān	——	农村	大玉口镇政府驻地西北部
企岭	Qǐlǐng	——	农村	莲都镇政府驻地北部
春地	Chūndì	——	农村	莲都镇政府驻地北部
大塘尾	Dàtángwěi	——	农村	莲都镇政府驻地北部
其头坑	Qítóukēng	——	农村	莲都镇政府驻地北部
田七峒	Tiánqīdòng	——	农村	莲都镇政府驻地北部
蕃吉坑	Tánjíkēng	——	农村	莲都镇政府驻地北部
冷峥	Lěngzhēng	——	农村	莲都镇政府驻地北部
石上崀	Shíshànglàng	——	农村	莲都镇政府驻地北部
旱坑	Hànkēng	——	农村	莲都镇政府驻地北部

(续上表)

标准名称	汉语拼音	别名	地名类别	相对位置
大崀	Dàlàng	——	农村	莲都镇政府驻地北部
替吉头	Tánjítóu	——	农村	莲都镇政府驻地北部
石桥崀	Shíqiáonǎng	——	农村	莲都镇政府驻地北部
翁邓	Wēngdèng	——	农村	罗董镇政府驻地东南部
长石尾	Chángshíwěi	——	农村	罗董镇政府驻地北部
替旧塘	Tánjiùtáng	——	农村	罗董镇政府驻地东南部
马岭	Mǎlǐng	——	农村	罗董镇政府驻地东南部
黄塘埇	Huángtángyǒng	——	农村	罗董镇政府驻地东南部
塔田	Tǎtián		农村	罗董镇政府驻地东南部
替庆	Tánqìng	——	农村	罗董镇政府驻地东南部
大佃	Dàdiàn	——	农村	罗董镇政府驻地东南部
留村	Liúcūn	——	农村	罗董镇政府驻地东部
罗董埇	Luódǒngyǒng	——	农村	罗董镇政府驻地西部
洞尾岭	Dòngwěilǐng	——	农村	罗董镇政府驻地北部
罗学	Luóxué	——	农村	罗董镇政府驻地北部
塘村	Tángcūn	——	农村	罗董镇政府驻地北部
石古	Shígǔ	——	农村	罗董镇政府驻地北部
平岗	Pínggǎng	——	农村	罗董镇政府驻地西部
罗朝	Luócháo	罗烧	农村	罗董镇政府驻地北部
井埇	Jǐngyǒng	——	农村	罗董镇政府驻地西北部
双河	Shuānghé	——	农村	罗董镇政府驻地东北部
寺坦	Sìtǎn	——	农村	罗董镇政府驻地西北部
迳口	Jìngkǒu	——	农村	罗董镇政府驻地西部
三家村	Sānjiācūn	——	农村	罗董镇政府驻地北部
广元	Guǎngyuán	广源	农村	罗董镇政府驻地西北部
桥塘	Qiáotáng	——	农村	罗董镇政府驻地西部
梨园	Líyuán	——	农村	罗董镇政府驻地南部
新月	Xīnyuè	——	农村	罗董镇政府驻地南部
平城	Píngchéng	——	农村	罗董镇政府驻地南部
大岸	Dà'àn	——	农村	罗董镇政府驻地南部

（续上表）

标准名称	汉语拼音	别名	地名类别	相对位置
山塘岭	Shāntánglǐng	——	农村	罗董镇政府驻地东南部
龙迎	Lóngyíng	——	农村	罗董镇政府驻地南部
下埌	Xiàlàng	——	农村	罗董镇政府驻地西部
贯村	Guàncūn	——	农村	罗董镇政府驻地西部
大洞	Dàdòng	——	农村	罗董镇政府驻地北部
古棒村	Gǔbàngcūn	——	农村	罗董镇政府驻地东北部
猪肚塘	Zhūdùtáng	——	农村	罗董镇政府驻地东北部
下浩村	Xiàgàocūn	——	农村	罗董镇政府驻地北部
浩村	Gàocūn	——	农村	罗董镇政府驻地北部
上浩村	Shànggàocūn	——	农村	罗董镇政府驻地北部
山门庙	Shānménmiào	——	农村	罗董镇政府驻地中部
大窝口	Dàwōkǒu	——	农村	罗董镇政府驻地部
古贤埇	Gǔxiányǒng	——	农村	罗董镇政府驻地部
德可村	Dékěcūn	——	农村	罗董镇政府驻地北部
钦埇口	Qīnyǒngkǒu	——	农村	罗董镇政府驻地北部
大贡底	Dàgòngdǐ	——	农村	罗董镇政府驻地北部
涏塘	Bàntáng	——	农村	罗董镇政府驻地东南部
扶塘村	Fútángcūn	——	农村	罗董镇政府驻地东南部
庙门	Miàomén	——	农村	江口镇政府驻地东北部
神脚山	Shénjiǎoshān	——	农村	罗董镇政府驻地东南部
杨池	Yángchí	——	农村	罗董镇政府驻地北部
云疏	Yúnshū	——	农村	罗董镇政府驻地东南部
镇灵寺	Zhènlíngsì	——	农村	罗董镇政府驻地东南部
阿婆埇	Āpóyǒng	——	农村	罗董镇政府驻地东北部
罗床	Luóchuáng	——	农村	罗董镇政府驻地东北部
木薑村	Mùqiángcūn	——	农村	莲都镇政府驻地西部
三门垌	Sānméndòng	——	农村	罗董镇政府驻地东北部
实竹	Shízhú	——	农村	罗董镇政府驻地东北部
双味	Shuāngwèi	——	农村	罗董镇政府驻地东北部
思念	Sīniàn	思念埇	农村	罗董镇政府驻地东北部

（续上表）

标准名称	汉语拼音	别名	地名类别	相对位置
簪迷	Tánmí	——	农村	罗董镇政府驻地东北部
簪弄	Tánnòng	——	农村	罗董镇政府驻地东北部
弯塘	Wāntáng	——	农村	罗董镇政府驻地东北部
亚婆冲	Yàpóchōng	——	农村	罗董镇政府驻地东北部
黄牛	Huángniú	——	农村	罗董镇政府驻地东北部
南塘	Nántáng	——	农村	大玉口镇政府驻地北部
寺底	Sìdǐ	——	农村	罗董镇政府驻地北部
河坦	Hétǎn	——	农村	罗董镇政府驻地北部
疏脑	Shūnǎo	——	农村	罗董镇政府驻地北部
屋镜	Wūjìng	——	农村	罗董镇政府驻地北部
古卞	Gǔbiàn	——	农村	罗董镇政府驻地西北部
欧村	Ōucūn	——	农村	江口镇政府驻地北部
大涝冲	Dàlàochōng	——	农村	罗董镇政府驻地东北部
屋殿	Wūdiàn	——	农村	罗董镇政府驻地北部
太平	Tàipíng	——	农村	罗董镇政府驻地北部
沙良洞	Shāliángdòng	——	农村	罗董镇政府驻地北部
桃子埌	Táozǐlàng	——	农村	罗董镇政府驻地北部
山早根	Shānzǎogēn	——	农村	罗董镇政府驻地东北部
社底	Shèdǐ	——	农村	罗董镇政府驻地东北部
寺力	Sìlì	——	农村	罗董镇政府驻地西北部
群力	Qúnlì	——	农村	罗董镇政府驻地北部
罗辣	Luólà	——	农村	罗董镇政府驻地西北部
桥头	Qiáotóu	——	农村	南丰镇政府驻地西北部
罗导	Luódǎo	——	农村	罗董镇政府驻地西北部
寨岗	Zhàigǎng	——	农村	罗董镇政府驻地西北部
谋城	Móuchéng	——	农村	罗董镇政府驻地西北部
芙蓉	Fúróng	——	农村	罗董镇政府驻地北部
簪广	Tánguǎng	——	农村	罗董镇政府驻地东北部
鸡公	Jīgōng	——	农村	罗董镇政府驻地北部
大观塘	Dàguāntáng	——	农村	罗董镇政府驻地北部

（续上表）

标准名称	汉语拼音	别名	地名类别	相对位置
洞源	Dòngyuán	——	农村	罗董镇政府驻地东南部
古康	Gǔkāng	——	农村	罗董镇政府驻地东部
桂江	Guìjiāng	——	农村	罗董镇政府驻地东南部
黄鳌垌	Huángáodòng	——	农村	罗董镇政府驻地东北部
林琴	Línqín	——	农村	罗董镇政府驻地东北部
留云冲	Liúyúnchōng	——	农村	罗董镇政府驻地东南部
罗田	Luótián	——	农村	罗董镇政府驻地东南部
罗文埇	Luówényǒng	——	农村	罗董镇政府驻地东北部
罗演	Luóyǎn	——	农村	罗董镇政府驻地东部
罗阳	Luóyáng	——	农村	罗董镇政府驻地东北部
罗远洞	Luóyuǎndòng	——	农村	罗董镇政府驻地东北部
莫埇	Mòyǒng	——	农村	罗董镇政府驻地东北部
榕树	Róngshù	——	农村	莲都镇政府驻地北部
霹雳	Pīlì	——	农村	罗董镇政府驻地东南部
山埌口	Shānlàngkǒu	——	农村	罗董镇政府驻地东南部
上岐塝	Shàngqíbàng	——	农村	罗董镇政府驻地东北部
上岐岭	Shàngqílǐng	——	农村	罗董镇政府驻地东北部
石港	Shígǎng	——	农村	罗董镇政府驻地东北部
石梅	Shíméi	——	农村	罗董镇政府驻地东北部
石桥坟	Shíqiáofén	——	农村	罗董镇政府驻地东北部
双沅	Shuāngyuán	龟江	农村	罗董镇政府驻地东南部
屋莫	Wūmò	——	农村	罗董镇政府驻地东南部
西瓜坦	Xīguātǎn	——	农村	罗董镇政府驻地东南部
沙田	Shātián	——	农村	江川镇政府驻地西部
羊头埇	Yángtóuyǒng	——	农村	罗董镇政府驻地东北部
埇江	Yǒngjiāng	——	农村	罗董镇政府驻地东北部
大边	Dàbiān	——	农村	南丰镇政府驻地南部
寨后	Zhàihòu	——	农村	南丰镇政府驻地南部
利婆	Lìpó	——	农村	南丰镇政府驻地南部
利翁	Lìwēng	——	农村	南丰镇政府驻地南部

（续上表）

标准名称	汉语拼音	别名	地名类别	相对位置
大佛	Dàfó	——	农村	南丰镇政府驻地南部
榕根	Rónggēn	——	农村	南丰镇政府驻地南部
灯亭	Dēngtíng	——	农村	南丰镇政府驻地南部
城围	Chéngwéi	——	农村	南丰镇政府驻地南部
半路铺	Bànlùpù	——	农村	南丰镇政府驻地南部
上盘高	Shàngpángāo	——	农村	南丰镇政府驻地西部
九子母	Jiǔzǐmǔ	——	农村	南丰镇政府驻地西部
沙尾	Shāwěi	——	农村	莲都镇政府驻地西部
塘头	Tángtóu	——	农村	南丰镇政府驻地西南部
范田	Fàntián	——	农村	南丰镇政府驻地西部
进竹	Jìnzhú	——	农村	南丰镇政府驻地西部
龙须口	Lóngxūkǒu	——	农村	南丰镇政府驻地西南部
力斗	Lìdòu	——	农村	南丰镇政府驻地西部
龙须	Lóngxū	——	农村	南丰镇政府驻地西南部
龙须尾	Lóngxūwěi	——	农村	南丰镇政府驻地西南部
塘冲	Tángchōng	——	农村	南丰镇政府驻地西部
自灯	Zìdēng	——	农村	南丰镇政府驻地西南部
洲尾	Zhōuwěi	——	农村	南丰镇政府驻地西部
马宁五队	Mǎníngwǔduì	——	农村	南丰镇政府驻地西部
马宁六队	Mǎníngliùduì	——	农村	南丰镇政府驻地西部
马宁尾	Mǎníngwěi	——	农村	南丰镇政府驻地西部
马宁肚	Mǎníngdù	——	农村	南丰镇政府驻地南部
马宁	Mǎníng	——	农村	南丰镇政府驻地西南部
大范肚	Dàfàndù	——	农村	南丰镇政府驻地西部
大江头	Dàjiāngtóu	——	农村	南丰镇政府驻地南部
于村	Yúcūn	——	农村	南丰镇政府驻地南部
银岗	Yíngǎng	——	农村	南丰镇政府驻地东南部
七星	Qīxīng	——	农村	南丰镇政府驻地南部
簕竹	Lèzhú	——	农村	南丰镇政府驻地东南部
大圆	Dàyuán	——	农村	南丰镇政府驻地东南部

（续上表）

标准名称	汉语拼音	别名	地名类别	相对位置
村尾	Cūnwěi	——	农村	南丰镇政府驻地东南部
江墩	Jiāngdūn	——	农村	南丰镇政府驻地南部
竹根利	Zhúgēnlì	——	农村	南丰镇政府驻地东南部
大竹根	Dàzhúgēn	——	农村	南丰镇政府驻地东南部
沙汾塘	Shāféntáng	——	农村	南丰镇政府驻地东南部
沙洲	Shāzhōu	——	农村	莲都镇政府驻地北部
大莫	Dàmò	——	农村	南丰镇政府驻地南部
万禄	Wànlù	——	农村	南丰镇政府驻地东南部
坡头	Pōtóu	——	农村	南丰镇政府驻地东南部
山根	Shāngēn	——	农村	大洲镇政府驻地西北部
竹壳	Zhúké	——	农村	南丰镇政府驻地东南部
石仔	Shízǎi	——	农村	南丰镇政府驻地东南部
长田	Chángtián	——	农村	南丰镇政府驻地东南部
大楼	Dàlóu	——	农村	南丰镇政府驻地东南部
寨肚	Zhàidù	——	农村	南丰镇政府驻地东南部
甘村	Gāncūn	——	农村	南丰镇政府驻地东南部
尚礼	Shànglǐ	——	农村	南丰镇政府驻地东南部
龙耳	Lóng'ěr	——	农村	南丰镇政府驻地东南部
双圆	Shuāngyuán	——	农村	南丰镇政府驻地东部
寺堂	Sìtáng	——	农村	南丰镇政府驻地东北部
黑石	Hēishí	——	农村	南丰镇政府驻地东南部
岗峡	Gǎngxiá	——	农村	南丰镇政府驻地东南部
寿村	Shòucūn	——	农村	南丰镇政府驻地东南部
山脚	Shānjiǎo	——	农村	都平镇政府驻地北部
沙片	Shāpiàn	——	农村	南丰镇政府驻地东部
力江	Lìjiāng	——	农村	南丰镇政府驻地南部
塔塘	Tǎtáng	——	农村	南丰镇政府驻地南部
鱼鳞岗	Yúlíngǎng	——	农村	南丰镇政府驻地东南部
山口	Shānkǒu	——	农村	大玉口镇政府驻地西部
片玉	Piànyù	——	农村	南丰镇政府驻地东北部

(续上表)

标准名称	汉语拼音	别名	地名类别	相对位置
石龙	Shílóng	——	农村	南丰镇政府驻地南部
石江	Shíjiāng	——	农村	南丰镇政府驻地北部
竹冲	Zhúchōng	——	农村	南丰镇政府驻地东南部
岭鼻嘴	Lǐngbízuǐ	——	农村	南丰镇政府驻地东南部
果龙口	Guǒlóngkǒu	——	农村	南丰镇政府驻地东南部
新大路	Xīndàlù	——	农村	南丰镇政府驻地东南部
寮门洞	Liáoméndòng	——	农村	南丰镇政府驻地东南部
交椅口	Jiāoyǐkǒu	——	农村	南丰镇政府驻地东南部
石鼓	Shígǔ	——	农村	南丰镇政府驻地东南部
山塘	Shāntáng	——	农村	河儿口镇政府驻地东北部
威田	Wēitián	——	农村	南丰镇政府驻地南部
吾念	Wúniàn	——	农村	南丰镇政府驻地东南部
冲腮	Chōngsāi	——	农村	南丰镇政府驻地南部
狗肚	Gǒudù	——	农村	南丰镇政府驻地南部
四坪	Sìpíng	——	农村	南丰镇政府驻地东南部
埇下	Yǒngxià	——	农村	南丰镇政府驻地东南部
葫芦坪	Húlúpíng	——	农村	南丰镇政府驻地东南部
令脚	Lìngjiǎo	——	农村	南丰镇政府驻地东南部
大浪头	Dàlàngtóu	——	农村	南丰镇政府驻地东南部
埇尾肚	Yǒngwěidù	——	农村	南丰镇政府驻地东南部
大尾	Dàwěi	——	农村	南丰镇政府驻地东南部
大筏	Dàfá	——	农村	南丰镇政府驻地东南部
金岗	Jīngǎng	——	农村	南丰镇政府驻地南部
上村	ShàngCūn	——	农村	大玉口镇政府驻地北部
时学	Shíxué	——	农村	南丰镇政府驻地南部
过队界	Guòduìjiè	——	农村	南丰镇政府驻地南部
塔塘头	Tǎtángtóu	——	农村	南丰镇政府驻地南部
江松界	Jiāngsōngjiè	——	农村	南丰镇政府驻地南部
钟联	Zhōnglián	——	农村	南丰镇政府驻地南部
江峡	Jiāngxiá	——	农村	南丰镇政府驻地南部

（续上表）

标准名称	汉语拼音	别名	地名类别	相对位置
马榨	Mǎzhà	——	农村	南丰镇政府驻地南部
侯村	Hóucūn	——	农村	南丰镇政府驻地南部
蛟寨	Jiāozhài	——	农村	南丰镇政府驻地南部
蛟水	Jiāoshuǐ	——	农村	南丰镇政府驻地南部
都旁	Dūpáng	——	农村	南丰镇政府驻地南部
榄岗	Lǎngǎng	——	农村	南丰镇政府驻地南部
横岗	Hénggǎng	——	农村	南丰镇政府驻地南部
侯村公路队	Hóucūngōnglùduì	——	农村	南丰镇政府驻地南部
竹根肚	Zhúgēndù	——	农村	南丰镇政府驻地东部
岭坳	Lǐng'ào	——	农村	南丰镇政府驻地东部
塘肚似龙	Tángdùsìlóng	——	农村	南丰镇政府驻地东部
芹竹鼻	Qínzhúbí	——	农村	南丰镇政府驻地东部
盐水口	Yánshuǐkǒu	——	农村	南丰镇政府驻地东部
下坪	Xiàpíng	——	农村	南丰镇政府驻地东部
岭界	Lǐngjiè	——	农村	南丰镇政府驻地东部
丁车	Dīngchē	——	农村	南丰镇政府驻地东部
东山	Dōngshān	——	农村	南丰镇政府驻地南部
大圳头	Dàzhèntóu	——	农村	南丰镇政府驻地南部
玉岗	Yùgǎng	——	农村	南丰镇政府驻地南部
枧塘	Jiǎntáng	——	农村	南丰镇政府驻地南部
都蓬	Dūpéng	——	农村	南丰镇政府驻地南部
上洞	Shàngdòng	——	农村	江口镇政府驻地东北部
狼洲	Lángzhōu	——	农村	南丰镇政府驻地南部
杉木根	Shānmùgēn	——	农村	南丰镇政府驻地南部
胡力水	Húlìshuǐ	——	农村	南丰镇政府驻地南部
三江口	Sānjiāngkǒu	——	农村	南丰镇政府驻地西南部
冲塘	Chōngtáng	——	农村	南丰镇政府驻地西南部
下龙	Xiàlóng	——	农村	南丰镇政府驻地西南部
中龙	Zhōnglóng	——	农村	南丰镇政府驻地西南部
上龙	Shànglóng	——	农村	南丰镇政府驻地西南部

(续上表)

标准名称	汉语拼音	别名	地名类别	相对位置
塘铺	Tángpù	——	农村	南丰镇政府驻地西南部
木朗	Mùlǎng	——	农村	南丰镇政府驻地西南部
元堤	Yuándī	——	农村	南丰镇政府驻地西南部
岭鼻咀	Lǐngbízuǐ	——	农村	南丰镇政府驻地西南部
上江	Shàngjiāng	——	农村	金装镇政府驻地东部
拱桥	Gǒngqiáo	——	农村	南丰镇政府驻地西南部
社冲	Shèchōng	——	农村	大玉口镇政府驻地西北部
旺江头	Wàngjiāngtóu	——	农村	南丰镇政府驻地西南部
龙蛟肚	Lóngjiāodù	——	农村	南丰镇政府驻地西南部
宝善道德村	Bǎoshàndàodécūn	——	农村	南丰镇政府驻地西南部
社村	Shècūn	——	农村	金装镇政府驻地东部
江兴	Jiāngxīng	——	农村	南丰镇政府驻地西南部
金宝	Jīnbǎo	——	农村	南丰镇政府驻地西南部
社咀	Shèzuǐ	——	农村	江川镇政府驻地西北部
大社	Dàshè	——	农村	南丰镇政府驻地南部
小冲	Xiǎochōng	——	农村	南丰镇政府驻地南部
惠洲	Huìzhōu	——	农村	南丰镇政府驻地西南部
峡塘	Xiátáng	——	农村	南丰镇政府驻地南部
世禄	Shìlù	——	农村	南丰镇政府驻地西南部
下原	Xiàyuán	——	农村	南丰镇政府驻地西南部
大同	Dàtóng	——	农村	南丰镇政府驻地南部
梅塘下	Méitángxià	——	农村	南丰镇政府驻地南部
上欧	Shàng'ōu	——	农村	南丰镇政府驻地南部
上原	Shàngyuán	——	农村	南丰镇政府驻地西南部
大圳	Dàzhèn	——	农村	南丰镇政府驻地南部
江中	Jiāngzhōng	——	农村	南丰镇政府驻地西南部
三石	Sānshí	——	农村	南丰镇政府驻地南部
灯龙根	Dēnglónggēn	——	农村	南丰镇政府驻地东部
架简鼻	Jiàjiǎnbí	——	农村	南丰镇政府驻地东部
大岭肚	Dàlǐngdù	——	农村	南丰镇政府驻地东部

（续上表）

标准名称	汉语拼音	别名	地名类别	相对位置
双简头	Shuāngjiǎntóu	——	农村	南丰镇政府驻地东南部
山塘背	Shāntángbèi	——	农村	南丰镇政府驻地东部
深范	Shēnfàn	——	农村	南丰镇政府驻地西南部
深袅	Shēnniǎo	——	农村	南丰镇政府驻地东南部
似龙新屋	Sìlóngxīnwū	——	农村	南丰镇政府驻地东部
黄坭基	Huángníjī	——	农村	南丰镇政府驻地东部
大洲	Dàzhōu	——	农村	南丰镇政府驻地东南部
沙塘	Shātáng	——	农村	南丰镇政府驻地东南部
榄櫈	Lǎndèng	——	农村	南丰镇政府驻地东南部
平榕	Píngróng	——	农村	南丰镇政府驻地东南部
丰田	Fēngtián	——	农村	南丰镇政府驻地东部
石头湾	Shítóuwān	——	农村	南丰镇政府驻地西南部
老鸭岗	Lǎoyāgǎng	——	农村	南丰镇政府驻地西南部
高照	Gāozhào	——	农村	南丰镇政府驻地西南部
小洞寨肚	Xiǎodòngzhàidù	——	农村	南丰镇政府驻地西南部
飞凤村	Fēifèngcūn	——	农村	南丰镇政府驻地西南部
徐塘村	Xútángcūn	——	农村	南丰镇政府驻地西南部
福安	Fú'ān	——	农村	南丰镇政府驻地西南部
深圳	Shēnzhèn	——	农村	莲都镇政府驻地北部
头塘	Tóutáng	——	农村	南丰镇政府驻地西南部
坭集肚	Níjídù	——	农村	南丰镇政府驻地西南部
良梧	Liángwú	——	农村	南丰镇政府驻地西南部
吊狗肚	Diàogǒudù	——	农村	南丰镇政府驻地西北部
马辿	Mǎchān	——	农村	南丰镇政府驻地西北部
大洼肚	Dàwādù	——	农村	南丰镇政府驻地西北部
社坪	Shèpíng	——	农村	南丰镇政府驻地西北部
桂冲坪	Guìchōngpíng	——	农村	南丰镇政府驻地西北部
暗塘	Àntáng	——	农村	南丰镇政府驻地西北部
思安口	Sī'ānkǒu	——	农村	南丰镇政府驻地西北部
执茶	Zhíchá	——	农村	南丰镇政府驻地西北部

（续上表）

标准名称	汉语拼音	别名	地名类别	相对位置
执茶尾	Zhícháwěi	——	农村	南丰镇政府驻地西北部
安量	Ānliàng	——	农村	南丰镇政府驻地西北部
沙冲	Shāchōng	——	农村	南丰镇政府驻地西北部
沙冲尾	Shāchōngwěi	——	农村	南丰镇政府驻地西北部
料冲	Liàochōng	——	农村	南丰镇政府驻地西北部
三车	Sānchē	——	农村	南丰镇政府驻地西北部
塘屋	Tángwū	——	农村	南丰镇政府驻地西北部
埠坪	Bùpíng	——	农村	南丰镇政府驻地西北部
江顶	Jiāngdǐng	——	农村	南丰镇政府驻地西北部
石带	Shídài	——	农村	南丰镇政府驻地西北部
果蓬	Guǒpéng	——	农村	南丰镇政府驻地西北部
岭尾	Lǐngwěi	——	农村	南丰镇政府驻地西北部
南木	Nánmù	——	农村	南丰镇政府驻地西北部
旺塘头	Wàngtángtóu	——	农村	南丰镇政府驻地西北部
虾辣钳	Xiālàqián	——	农村	南丰镇政府驻地西北部
七塘	Qītáng	——	农村	南丰镇政府驻地西北部
石根	Shígēn	——	农村	莲都镇政府驻地北部
藤岭	Ténglǐng	——	农村	南丰镇政府驻地西北部
社面	Shèmiàn	——	农村	南丰镇政府驻地西北部
浪禾地	Lànghédì	——	农村	南丰镇政府驻地西北部
思料口	Sīliàokǒu	——	农村	南丰镇政府驻地西北部
东迎	Dōngyíng	——	农村	南丰镇政府驻地西北部
石牛	Shíniú	——	农村	大玉口镇政府驻地北部
架枧	Jiàjiǎn	——	农村	南丰镇政府驻地西北部
界塘	Jiètáng	——	农村	南丰镇政府驻地西北部
金鹅卵	Jīnéluǎn	——	农村	南丰镇政府驻地西北部
莲塘村	Liántángcūn	——	农村	南丰镇政府驻地西北部
马塘下	Mǎtángxià	——	农村	南丰镇政府驻地西北部
马塘冲	Mǎtángchōng	——	农村	南丰镇政府驻地西北部
排塘	Páitáng	——	农村	南丰镇政府驻地西北部

（续上表）

标准名称	汉语拼音	别名	地名类别	相对位置
镇西	Zhènxī	——	农村	南丰镇政府驻地西北部
梧稔塘	Wúrěntáng	——	农村	南丰镇政府驻地西北部
鱼良	Yúliáng	——	农村	南丰镇政府驻地西北部
寨吨	Zhàidūn	——	农村	南丰镇政府驻地西北部
寨门	Zhàimén	——	农村	南丰镇政府驻地西北部
山堤	Shāndī	——	农村	南丰镇政府驻地北部
水口	Shuǐkǒu	——	农村	大玉口镇政府驻地西部
两合	Liǎnghé	——	农村	南丰镇政府驻地西北部
南海	Nánhǎi	——	农村	南丰镇政府驻地西北部
那里	Nàlǐ	——	农村	南丰镇政府驻地西北部
介冲	Jièchōng	——	农村	南丰镇政府驻地西北部
水声	Shuǐshēng	——	农村	南丰镇政府驻地西北部
开明	Kāimíng	——	农村	南丰镇政府驻地西北部
满塘	Mǎntáng	——	农村	南丰镇政府驻地西北部
思寮	Sīliáo	——	农村	罗董镇政府驻地南部
新福	Xīnfú	——	农村	南丰镇政府驻地西北部
冲黎	Chōnglí	——	农村	南丰镇政府驻地西北部
寺塘	Sìtáng	——	农村	南丰镇政府驻地西北部
下赤坭	Xiàchìní	——	农村	南丰镇政府驻地西北部
上赤坭	Shàngchìní	——	农村	南丰镇政府驻地西北部
俭铃	Jiǎnlíng	——	农村	南丰镇政府驻地西北部
双豆	Shuāngdòu	——	农村	南丰镇政府驻地西北部
松根	Sōnggēn	——	农村	莲都镇政府驻地西南部
社边	Shèbiān	——	农村	南丰镇政府驻地西北部
赤林	Chìlín	——	农村	南丰镇政府驻地西北部
赤悦	Chìyuè	——	农村	南丰镇政府驻地西北部
大塘头	Dàtángtóu	——	农村	南丰镇政府驻地西北部
门脚	Ménjiǎo	——	农村	南丰镇政府驻地西北部
大港	Dàgǎng	——	农村	南丰镇政府驻地西北部
赤卫	Chìwèi	——	农村	南丰镇政府驻地西北部

(续上表)

标准名称	汉语拼音	别名	地名类别	相对位置
土巷	Tǔxiàng	——	农村	南丰镇政府驻地西北部
把伞	Bǎsǎn	——	农村	南丰镇政府驻地西北部
利逸	Lìyì	——	农村	南丰镇政府驻地西北部
石头	Shítóu	——	农村	南丰镇政府驻地西北部
大山	Dàshān	——	农村	南丰镇政府驻地西北部
大努	Dànǔ	——	农村	南丰镇政府驻地西北部
思鸦	Sīyā	——	农村	南丰镇政府驻地西部
金腰	Jīnyāo	——	农村	南丰镇政府驻地西北部
松岭	Sōnglǐng	——	农村	莲都镇政府驻地东北部
屋面	Wūmiàn	——	农村	南丰镇政府驻地西北部
官坑村	Guānkēngcūn	——	农村	南丰镇政府驻地西北部
大岭	Dàlǐng	——	农村	南丰镇政府驻地西北部
茶埠	Chábù	——	农村	南丰镇政府驻地西部
河塘	Hétáng	——	农村	南丰镇政府驻地西北部
才塘下	Cáitángxià	——	农村	南丰镇政府驻地西部
嶜社	Tánshè	——	农村	河儿口镇政府驻地北部
下南	Xiànán	——	农村	南丰镇政府驻地西北部
下北	Xiàběi	——	农村	南丰镇政府驻地西北部
大禾地	Dàhédì	——	农村	南丰镇政府驻地西北部
思料	Sīliào	——	农村	南丰镇政府驻地西北部
下萍	Xiàpíng	——	农村	南丰镇政府驻地西北部
其龙	Qílóng	——	农村	南丰镇政府驻地西北部
井贝	Jǐngbèi	——	农村	南丰镇政府驻地西北部
倒全	Dǎoquán	——	农村	南丰镇政府驻地西北部
柑园	Gānyuán	——	农村	南丰镇政府驻地北部
旱塘贝	Hàntángbèi	——	农村	南丰镇政府驻地西北部
上禾地	Shànghédì	——	农村	南丰镇政府驻地北部
江下	Jiāngxià	——	农村	南丰镇政府驻地北部
江上	Jiāngshàng	——	农村	南丰镇政府驻地北部
冯屋	Féngwū	——	农村	南丰镇政府驻地北部

（续上表）

标准名称	汉语拼音	别名	地名类别	相对位置
红梅二	Hóngméi'èr	——	农村	南丰镇政府驻地西北部
塘肚	Tángdù	——	农村	都平镇政府驻地南部
新强	Xīnqiáng	——	农村	南丰镇政府驻地西北部
新和	Xīnhé	——	农村	南丰镇政府驻地西北部
塘梨	Tánglí	——	农村	大玉口镇政府驻地北部
学脐	Xuéqí	——	农村	南丰镇政府驻地西北部
大岑	Dàcén	——	农村	南丰镇政府驻地西北部
新平	Xīnpíng	——	农村	南丰镇政府驻地西北部
旱两	Hànliǎng	——	农村	南丰镇政府驻地西北部
七队	Qīduì	——	农村	南丰镇政府驻地西北部
八一	Bāyī	——	农村	南丰镇政府驻地西北部
边水洞	Biānshuǐdòng	——	农村	南丰镇政府驻地北部
第九经济社	Dìjiǔjīngjìshè	——	农村	南丰镇政府驻地西北部
安马	Ānmǎ	——	农村	南丰镇政府驻地北部
红梅三	Hóngméisān	——	农村	南丰镇政府驻地西北部
红梅一	Hóngméiyī	——	农村	南丰镇政府驻地西北部
塘尾	Tángwěi	——	农村	金装镇政府驻地西北部
大清村	Dàqīngcūn	——	农村	南丰镇政府驻地北部
田心	Tiánxīn	——	农村	金装镇政府驻地东北部
塘坎	Tángkǎn	——	农村	南丰镇政府驻地北部
果糙	Guǒcāo	——	农村	南丰镇政府驻地北部
白云肚	Báiyúndù	——	农村	南丰镇政府驻地东北部
秧地	Yāngdì	——	农村	南丰镇政府驻地东北部
山茶下	Shāncháxià	——	农村	南丰镇政府驻地东北部
汶塘	Wèntáng	——	农村	金装镇政府驻地南部
岭鼻	Lǐngbí	——	农村	南丰镇政府驻地东北部
西河	Xīhé	——	农村	白垢镇政府驻地西部
茅塘	Máotáng	——	农村	南丰镇政府驻地东北部
边岗	Biāngǎng	——	农村	南丰镇政府驻地东北部
大盐寨	Dàyánzhài	大盐塞	农村	南丰镇政府驻地东北部

(续上表)

标准名称	汉语拼音	别名	地名类别	相对位置
彩岭	Cǎilǐng	——	农村	南丰镇政府驻地东北部
花岭肚	Huālǐngdù	——	农村	南丰镇政府驻地东北部
榕根肚	Rónggēndù	——	农村	南丰镇政府驻地东北部
白门楼	Báiménlóu	——	农村	南丰镇政府驻地东北部
江眼	Jiāngyǎn	——	农村	南丰镇政府驻地东北部
凤嘴	Fèngzuǐ	——	农村	南丰镇政府驻地东北部
下村	Xiàcūn	——	农村	河儿口镇政府驻地东部
花塘	Huātáng	——	农村	南丰镇政府驻地东北部
山涁坪	Shūnbùnpíng	——	农村	南丰镇政府驻地西南部
社滩	Shètān	——	农村	南丰镇政府驻地西部
社头	Shètóu	——	农村	南丰镇政府驻地西南部
西庙下	Xīmiàoxià	——	农村	南丰镇政府驻地西部
莫屋	Mòwū	——	农村	南丰镇政府驻地西部
公所	Gōngsuǒ	——	农村	南丰镇政府驻地西部
炮地	Pàodì	——	农村	南丰镇政府驻地西北部
渡头街	Dùtóujiē	——	农村	南丰镇政府驻地西北部
莲塘角	Liántángjiǎo	——	农村	南丰镇政府驻地西部
三根松	Sāngēnsōng	——	农村	南丰镇政府驻地西北部
庙冲	Miàochōng	——	农村	南丰镇政府驻地西北部
岭中	Lǐngzhōng	——	农村	南丰镇政府驻地西北部
长合下村	Chánghéxiàcūn	——	农村	南丰镇政府驻地西北部
长合上村	Chánghéshàngcūn	——	农村	南丰镇政府驻地西北部
长合中村	Chánghézhōngcūn	——	农村	南丰镇政府驻地西北部
大方	Dàfāng	——	农村	南丰镇政府驻地西北部
阉鱼	Yānyú	——	农村	南丰镇政府驻地西北部
长合洲	Chánghézhōu	——	农村	南丰镇政府驻地西北部
葛藤	Gěténg	——	农村	南丰镇政府驻地东北部
龙福	Lóngfú	——	农村	南丰镇政府驻地东北部
下湖	Xiàhú	——	农村	白垢镇政府驻地西部
万历	Wànlì	——	农村	南丰镇政府驻地东部

（续上表）

标准名称	汉语拼音	别名	地名类别	相对位置
文村	Wéncūn	——	农村	南丰镇政府驻地东部
下严坡	Xiàyánpō	——	农村	南丰镇政府驻地东北部
扶辇	Fúniǎn	——	农村	南丰镇政府驻地东部
前进	Qiánjìn	——	农村	南丰镇政府驻地东北部
公江	Gōngjiāng	——	农村	南丰镇政府驻地东北部
木村	Mùcūn	——	农村	南丰镇政府驻地东北部
平村	Píngcūn	——	农村	南丰镇政府驻地东北部
下旺	Xiàwàng	——	农村	江口镇政府驻地西北部
大双	Dàshuāng	——	农村	南丰镇政府驻地东北部
下屋	Xiàwū	——	农村	南丰镇政府驻地南部
石岐	Shíqí	——	农村	南丰镇政府驻地东北部
双下	Shuāngxià	——	农村	南丰镇政府驻地东北部
长乐	Chánglè	——	农村	南丰镇政府驻地东北部
罗华	Luóhuá	——	农村	南丰镇政府驻地东北部
高江	Gāojiāng	——	农村	南丰镇政府驻地东北部
大寨	Dàzhài	——	农村	南丰镇政府驻地东北部
石碑	Shíbēi	——	农村	南丰镇政府驻地东北部
南向	Nánxiàng	——	农村	南丰镇政府驻地东北部
下圳	Xiàzhèn	——	农村	南丰镇政府驻地东北部
靖乐	Jìnglè	——	农村	南丰镇政府驻地东北部
下寨	Xiàzhài	——	农村	南丰镇政府驻地东北部
地尾	Dìwěi	——	农村	南丰镇政府驻地北部
对面江	Duìmiànjiāng	——	农村	南丰镇政府驻地北部
苏屋	Sūwū	——	农村	南丰镇政府驻地北部
香车	Xiāngchē	——	农村	大洲镇政府驻地东北部
南社肚	Nánshèdù	——	农村	南丰镇政府驻地北部
古廊二	Gǔláng'èr	——	农村	南丰镇政府驻地北部
大张	Dàzhāng	——	农村	南丰镇政府驻地北部
江湾	Jiāngwān	——	农村	南丰镇政府驻地北部
杉木园	Shānmùyuán	——	农村	南丰镇政府驻地北部

（续上表）

标准名称	汉语拼音	别名	地名类别	相对位置
马田	Mǎtián	——	农村	南丰镇政府驻地北部
古廊一	Gǔlángyī	——	农村	南丰镇政府驻地北部
田村	Tiáncūn	——	农村	南丰镇政府驻地北部
梧渡一	Wúdùyī	——	农村	南丰镇政府驻地北部
巷口	Xiàngkǒu	——	农村	南丰镇政府驻地北部
新屋洲	Xīnwūzhōu	——	农村	南丰镇政府驻地北部
竹下	Zhúxià	——	农村	南丰镇政府驻地北部
车心	Chēxīn	——	农村	南丰镇政府驻地北部
梧渡二	Wúdù'èr	——	农村	南丰镇政府驻地北部
江后	Jiānghòu	——	农村	南丰镇政府驻地北部
龙眼岭	Lóngyǎnlǐng	——	农村	南丰镇政府驻地北部
大芋	Dàyù	——	农村	南丰镇政府驻地东北部
新村	Xīncūn	——	农村	白垢镇政府驻地南部
附城	Fùchéng	——	农村	南丰镇政府驻地北部
楼墩	Lóudūn	——	农村	南丰镇政府驻地北部
马中	Mǎzhōng	——	农村	南丰镇政府驻地西北部
南坳	Nán'ào	——	农村	南丰镇政府驻地东北部
上街	Shàngjiē	——	农村	南丰镇政府驻地西北部
上在	Shàngzài	——	农村	南丰镇政府驻地东北部
望高脚	Wànggāojiǎo	——	农村	南丰镇政府驻地东部
虾辣塘	Xiālàtáng	——	农村	南丰镇政府驻地北部
下山口	Xiàshānkǒu	——	农村	南丰镇政府驻地东北部
下塘	Xiàtáng	——	农村	南丰镇政府驻地东北部
城后	Chénghòu	——	农村	南丰镇政府驻地北部
河边	Hébiān	——	农村	南丰镇政府驻地北部
深水	Shēnshuǐ	——	农村	渔涝镇政府驻地东北部
三圳	Sānzhèn	——	农村	渔涝镇政府驻地东北部
白沙塘	Báishātáng	——	农村	渔涝镇政府驻地东北部
大桥头	Dàqiáotóu	——	农村	渔涝镇政府驻地东北部
賷良	Tánliáng	——	农村	渔涝镇政府驻地东部

（续上表）

标准名称	汉语拼音	别名	地名类别	相对位置
军塘	Jūntáng	军蒲	农村	渔涝镇政府驻地东部
罗院	Luóyuàn	——	农村	渔涝镇政府驻地东部
莫家	Mòjiā	——	农村	渔涝镇政府驻地南部
陈家	Chénjiā	——	农村	渔涝镇政府驻地南部
罗乐	Luólè	——	农村	渔涝镇政府驻地东部
南和	Nánhé	——	农村	渔涝镇政府驻地西北部
林口	Línkǒu	——	农村	渔涝镇政府驻地西北部
下岭脚	Xiàlǐngjiǎo	——	农村	渔涝镇政府驻地西北部
古榄	Gǔlǎn	——	农村	渔涝镇政府驻地西北部
笄言口	Jīyánkǒu	——	农村	渔涝镇政府驻地西北部
南垌口	Nándòngkǒu	——	农村	渔涝镇政府驻地西北部
黎起来	Líqǐlái	——	农村	渔涝镇政府驻地西北部
古隆	Gǔlóng	——	农村	渔涝镇政府驻地西北部
下料	Xiàliào	——	农村	渔涝镇政府驻地西北部
上扶	Shàngfú	——	农村	渔涝镇政府驻地东部
下扶	Xiàfú	——	农村	渔涝镇政府驻地东部
六袍	Liùpáo	——	农村	渔涝镇政府驻地东部
白花	Báihuā	——	农村	渔涝镇政府驻地东部
余鸡塘	Yújītáng	——	农村	渔涝镇政府驻地东部
鸡塘	Jītáng	——	农村	渔涝镇政府驻地东部
上岗头	Shànggǎngtóu	——	农村	渔涝镇政府驻地东南部
下岗头	Xiàgǎngtóu	——	农村	渔涝镇政府驻地东部
田埇	Tiányǒng	——	农村	渔涝镇政府驻地东部
新建	Xīnjiàn	——	农村	莲都镇政府驻地东南部
罗川	Luóchuān	——	农村	渔涝镇政府驻地东部
弯弓	Wāngōng	——	农村	渔涝镇政府驻地东南部
街边	Jiēbiān	——	农村	渔涝镇政府驻地东部
上扶龙胫	Shàngfúlóngjìng	——	农村	渔涝镇政府驻地东南部
岗腰	Gǎngyāo	江腰	农村	渔涝镇政府驻地东部
社山	Shèshān	——	农村	渔涝镇政府驻地东部

（续上表）

标准名称	汉语拼音	别名	地名类别	相对位置
荔枝园	Lìzhīyuán	——	农村	渔涝镇政府驻地东部
埇侣	Yǒnglǚ	——	农村	渔涝镇政府驻地东部
大坪口	Dàpíngkǒu	——	农村	渔涝镇政府驻地东部
新开	Xīnkāi	——	农村	大玉口镇政府驻地西部
山边	Shānbiān	——	农村	渔涝镇政府驻地东南部
白社	Báishè	——	农村	渔涝镇政府驻地北部
新塘	Xīntáng	——	农村	都平镇政府驻地西南部
蕨村	Juécūn	——	农村	渔涝镇政府驻地北部
水松寨	Shuǐsōngzhài	——	农村	渔涝镇政府驻地北部
水竹管	Shuǐzhúguǎn	——	农村	渔涝镇政府驻地北部
琴瑟	Qínsè	——	农村	渔涝镇政府驻地北部
下安罗	Xià'ānluó	——	农村	渔涝镇政府驻地北部
上安罗	Shàng'ānluó	——	农村	渔涝镇政府驻地北部
石便	Shíbiàn	——	农村	渔涝镇政府驻地西北部
信塘	Xìntáng	——	农村	渔涝镇政府驻地西部
畔山	Pànshān	——	农村	渔涝镇政府驻地西部
林家	Línjiā	——	农村	渔涝镇政府驻地西部
黎家	Líjiā	——	农村	渔涝镇政府驻地西北部
潘家	Pānjiā	——	农村	渔涝镇政府驻地西北部
白梅	Báiméi	——	农村	渔涝镇政府驻地西部
凭伞垌	Píngsǎndòng	——	农村	渔涝镇政府驻地西北部
上洒	Shàngsǎ	——	农村	渔涝镇政府驻地西部
竹桥	Zhúqiáo	——	农村	渔涝镇政府驻地西北部
新田	Xīntián	——	农村	都平镇政府驻地北部
下洒	Xiàsǎ	——	农村	渔涝镇政府驻地西北部
上大江	Shàngdàjiāng	——	农村	渔涝镇政府驻地西部
禾埌	Hélàng	——	农村	渔涝镇政府驻地西北部
井后岭	Jǐnghòulǐng	——	农村	渔涝镇政府驻地西部
戴村	Dàicūn	——	农村	渔涝镇政府驻地西部
仙塘	Xiāntáng	——	农村	渔涝镇政府驻地西部

（续上表）

标准名称	汉语拼音	别名	地名类别	相对位置
江波	Jiāngbō	——	农村	渔涝镇政府驻地西部
力马	Lìmǎ	——	农村	渔涝镇政府驻地西北部
吉村	Jícūn	——	农村	渔涝镇政府驻地西部
江咀	Jiāngzuǐ	——	农村	渔涝镇政府驻地西部
莲花	Liánhuā	——	农村	渔涝镇政府驻地西部
新屋	Xīnwū	——	农村	河儿口镇政府驻地西部
麒麟田	Qílíntián	——	农村	渔涝镇政府驻地西南部
禾楼咀	Hélóuzuǐ	——	农村	渔涝镇政府驻地北部
上埇坦	Shàngyǒngtǎn	——	农村	渔涝镇政府驻地西北部
禾断	Héduàn	——	农村	渔涝镇政府驻地西北部
崩山	Bēngshān	——	农村	渔涝镇政府驻地北部
和平	Hépíng	——	农村	渔涝镇政府驻地西北部
旧屋凹	Jiùwū'āo	——	农村	渔涝镇政府驻地北部
寨苟	Zhàigǒu	——	农村	渔涝镇政府驻地北部
泮老	Pànlǎo	——	农村	渔涝镇政府驻地北部
下底塘	Xiàdǐtáng	——	农村	渔涝镇政府驻地北部
磨刀	Módāo	——	农村	渔涝镇政府驻地西北部
禾迳	Héjìng	——	农村	渔涝镇政府驻地西北部
相生塘	Xiàngshēngtáng	——	农村	渔涝镇政府驻地西北部
文子	Wénzǐ	——	农村	渔涝镇政府驻地西北部
下围	Xiàwéi	——	农村	渔涝镇政府驻地西北部
马力	Mǎlì	——	农村	渔涝镇政府驻地西北部
上袁	Shàngyuán	——	农村	渔涝镇政府驻地西北部
袁村	Yuáncūn	——	农村	渔涝镇政府驻地北部
下袁	Xiàyuán	——	农村	渔涝镇政府驻地西北部
䎦双口	Tánshuāngkǒu	——	农村	渔涝镇政府驻地西北部
山咀	Shānzuǐ	——	农村	渔涝镇政府驻地东部
禾稠	Héchóu	——	农村	渔涝镇政府驻地东部
古更	Gǔgèng	——	农村	渔涝镇政府驻地东南部
沙院	Shāyuàn	——	农村	渔涝镇政府驻地南部

(续上表)

标准名称	汉语拼音	别名	地名类别	相对位置
均昌	Jūnchāng	——	农村	渔涝镇政府驻地东南部
渔涝新村	Yúlào Xīncūn	——	农村	渔涝镇政府驻地南部
新屋脚	Xīnwūjiǎo	——	农村	渔涝镇政府驻地南部
蛟龙	Jiāolóng	——	农村	渔涝镇政府驻地南部
罗曾	Luócéng	——	农村	渔涝镇政府驻地南部
白土	Báitǔ	——	农村	长安镇政府驻地北部
飞跃	Fēiyuè	——	农村	长安镇政府驻地北部
谭恕	Tánshù	——	农村	长安镇政府驻地北部
谭中	Tánzhōng	——	农村	长安镇政府驻地东北部
丰洞	Fēngdòng	——	农村	长安镇政府驻地北部
李生村	Lǐshēngcūn	——	农村	长安镇政府驻地北部
山丁	Shāndīng	——	农村	长安镇政府驻地东北部
红忠	Hóngzhōng	——	农村	长安镇政府驻地北部
长岗	Chánggǎng	——	农村	长安镇政府驻地东北部
全岗	Quángǎng	——	农村	长安镇政府驻地东北部
新江	Xīnjiāng	——	农村	长安镇政府驻地东北部
福居	Fújū	——	农村	长安镇政府驻地北部
书房	Shūfáng	——	农村	长安镇政府驻地西北部
福岗	Fúgǎng	——	农村	长安镇政府驻地北部
福村	Fúcūn	——	农村	长安镇政府驻地西北部
福兴	Fúxīng	——	农村	长安镇政府驻地北部
朱龙	Zhūlóng	——	农村	长安镇政府驻地北部
岗来	Gǎnglái	——	农村	长安镇政府驻地北部
爱群	Àiqún	——	农村	长安镇政府驻地北部
罗铛	Luóchēng	——	农村	长安镇政府驻地北部
幸福旧址	Xìngfújiùzhǐ	——	农村	长安镇政府驻地东北部
安平	Ānpíng	——	农村	长安镇政府驻地北部
幸福	Xìngfú	——	农村	长安镇政府驻地北部
福安村	Fú'āncūn	——	农村	长安镇政府驻地东北部
莫罗	Mòluó	——	农村	长安镇政府驻地北部

（续上表）

标准名称	汉语拼音	别名	地名类别	相对位置
陈屋	Chénwū	——	农村	长安镇政府驻地北部
莲池	Liánchí	——	农村	长安镇政府驻地东北部
莲居	Liánjū	——	农村	长安镇政府驻地东北部
龙西	Lóngxī	——	农村	长安镇政府驻地东北部
新地	Xīndì	——	农村	长安镇政府驻地北部
新华	Xīnhuá	——	农村	长安镇政府驻地东北部
新兴	Xīnxīng	——	农村	长安镇政府驻地北部
红花	Hónghuā	——	农村	长安镇政府驻地北部
张屋	Zhāngwū	——	农村	长安镇政府驻地北部
大岗脚	Dàgǎngjiǎo	——	农村	长安镇政府驻地北部
苏村	Sūcūn	——	农村	长安镇政府驻地北部
谭召	Tánzhào	——	农村	长安镇政府驻地北部
水尾	Shuǐwěi	——	农村	长安镇政府驻地东北部
大门楼	Dàménlóu	——	农村	长安镇政府驻地北部
水秀	Shuǐxiù	——	农村	长安镇政府驻地北部
吴屋	Wúwū	——	农村	长安镇政府驻地北部
桂芬	Guìfēn	——	农村	长安镇政府驻地东北部
贵安	Guì'ān	——	农村	长安镇政府驻地东北部
桂居	Guìjū	——	农村	长安镇政府驻地东北部
红旗	Hóngqí	——	农村	长安镇政府驻地北部
新群	Xīnqún	——	农村	长安镇政府驻地东北部
石堂	Shítáng	——	农村	长安镇政府驻地北部
贵新	Guìxīn	——	农村	长安镇政府驻地北部
大路寨	Dàlùzhài	——	农村	长安镇政府驻地北部
水边屋	Shuǐbiānwū	——	农村	长安镇政府驻地北部
大乙	Dàyǐ	——	农村	长安镇政府驻地东北部
金村	Jīncūn	——	农村	长安镇政府驻地北部
白邴	Báibǐng	——	农村	长安镇政府驻地北部
白西	Báixī	——	农村	长安镇政府驻地东北部
白青	Báiqīng	——	农村	长安镇政府驻地东北部

(续上表)

标准名称	汉语拼音	别名	地名类别	相对位置
建新	Jiànxīn	—	农村	长安镇政府驻地东北部
成新	Chéngxīn	—	农村	长安镇政府驻地北部
成后	Chénghòu	—	农村	长安镇政府驻地东北部
上坎	Shàngkǎn	—	农村	长安镇政府驻地东北部
藕心	Ǒuxīn	—	农村	长安镇政府驻地北部
藕关	Ǒuguān	—	农村	长安镇政府驻地北部
义良	Yìliáng	—	农村	长安镇政府驻地东北部
大咁	Dàgān	—	农村	长安镇政府驻地北部
龙亭	Lóngtíng	—	农村	长安镇政府驻地东北部
中兴	Zhōngxīng	—	农村	长安镇政府驻地东北部
中良	Zhōngliáng	—	农村	长安镇政府驻地北部
马咀	Mǎzuǐ	—	农村	长安镇政府驻地北部
藕上	Ǒushàng	—	农村	长安镇政府驻地东北部
新一	Xīnyī	—	农村	长安镇政府驻地东北部
新二	Xīn'èr	—	农村	长安镇政府驻地东北部
新三	Xīnsān	—	农村	长安镇政府驻地东北部
新四	Xīnsì	—	农村	长安镇政府驻地东北部
社塘	Shètáng	—	农村	长安镇政府驻地东北部
下洲	Xiàzhōu	—	农村	长安镇政府驻地东北部
中洲	Zhōngzhōu	—	农村	长安镇政府驻地东北部
上洲	Shàngzhōu	—	农村	长安镇政府驻地东北部
咁新	Gānxīn	—	农村	长安镇政府驻地东北部
大岗下	Dàgǎngxià	—	农村	长安镇政府驻地北部
田顶	Tiándǐng	—	农村	长安镇政府驻地北部
石条	Shítiáo	—	农村	长安镇政府驻地北部
万石	Wànshí	—	农村	长安镇政府驻地北部
寨仔	Zhàizǎi	寨宅	农村	长安镇政府驻地北部
井口	Jǐngkǒu	—	农村	长安镇政府驻地北部
李上	Lǐshàng	—	农村	长安镇政府驻地北部
李下	Lǐxià	—	农村	长安镇政府驻地北部

(续上表)

标准名称	汉语拼音	别名	地名类别	相对位置
天元	Tiānyuán	——	农村	长安镇政府驻地东北部
埇儿口	Yǒng'érkǒu	——	农村	大洲镇政府驻地西北部
边巷	Biānxiàng	——	农村	长安镇政府驻地北部
里池	Lǐchí	——	农村	长安镇政府驻地北部
埇尾	Yǒngwěi	——	农村	江川镇政府驻地南部
付交	Fùjiāo	——	农村	长安镇政府驻地北部
下门	Xiàmén	——	农村	长安镇政府驻地北部
社岗	Shègǎng	——	农村	长安镇政府驻地北部
藕尾	Ǒuwěi	——	农村	长安镇政府驻地北部
共和	Gònghé	——	农村	长安镇政府驻地北部
川塘	Chuāntáng	——	农村	长安镇政府驻地东北部
上竹	Shàngzhú	——	农村	长安镇政府驻地东北部
岗顶	Gǎngdǐng	——	农村	长安镇政府驻地北部
石坎	Shíkǎn	——	农村	长安镇政府驻地北部
下尾	Xiàwěi	——	农村	长安镇政府驻地东北部
旧尾	Jiùwěi	——	农村	长安镇政府驻地东北部
新丰	Xīnfēng	——	农村	长安镇政府驻地东北部
民政	Mínzhèng	——	农村	长安镇政府驻地北部
下竹	Xiàzhú	——	农村	长安镇政府驻地北部
袁屋	Yuánwū	——	农村	河儿口镇政府驻地东部
迎兴	Yíngxīng	——	农村	长安镇政府驻地东北部
停边	Tíngbiān	——	农村	长安镇政府驻地东北部
新民	Xīnmín	——	农村	长安镇政府驻地东北部
罗蒙	Luóméng	——	农村	长安镇政府驻地北部
寨顶	Zhàidǐng	——	农村	南丰镇政府驻地西北部
上文	Shàngwén	——	农村	长安镇政府驻地东北部
供桥	Gòngqiáo	——	农村	长安镇政府驻地东北部
会珠	Huìzhū	——	农村	长安镇政府驻地北部
寨脚	Zhàijiǎo	——	农村	大洲镇政府驻地东北部
边村	Biāncūn	——	农村	长安镇政府驻地北部

(续上表)

标准名称	汉语拼音	别名	地名类别	相对位置
上莫	Shàngmò	——	农村	长安镇政府驻地北部
塘乙	Tángyǐ	——	农村	长安镇政府驻地北部
大水	Dàshuǐ	——	农村	长安镇政府驻地西北部
南靓	Nánliàng	——	农村	长安镇政府驻地西北部
东口	Dōngkǒu	——	农村	长安镇政府驻地西北部
罗坎	Luókǎn	——	农村	长安镇政府驻地西北部
思地	Sīdì	——	农村	长安镇政府驻地北部
六和	Liùhé	——	农村	长安镇政府驻地西北部
寨下	Zhàixià	——	农村	大玉口镇政府驻地北部
思缴	Sījiǎo	——	农村	长安镇政府驻地北部
帝拱	Dìgǒng	——	农村	长安镇政府驻地北部
罗待	Luódài	——	农村	长安镇政府驻地北部
竹咁	Zhúgān	——	农村	长安镇政府驻地西北部
石澜	Shílán	——	农村	长安镇政府驻地北部
早禾村	Zǎohécūn	——	农村	长安镇政府驻地西北部
今梅	Jīnméi	——	农村	长安镇政府驻地北部
休风	Xiūfēng	——	农村	长安镇政府驻地西北部
下巷	Xiàxiàng	——	农村	长安镇政府驻地西北部
上东	Shàngdōng	——	农村	长安镇政府驻地东北部
文林	Wénlín	——	农村	长安镇政府驻地东北部
中心	Zhōngxīn	——	农村	莲都镇政府驻地东北部
回周	Huízhōu	——	农村	长安镇政府驻地东北部
大颟	Dàmān	——	农村	长安镇政府驻地东北部
东巷	Dōngxiàng	——	农村	长安镇政府驻地东北部
祠堂边	Cítángbiān	——	农村	长安镇政府驻地北部
西巷	Xīxiàng	——	农村	长安镇政府驻地东北部
宿水	Sùshuǐ	——	农村	长安镇政府驻地东北部
下罗柴	Xiàluóchái	——	农村	长安镇政府驻地北部
竹根	Zhúgēn	——	农村	白垢镇政府驻地东南部
上石边	Shàngshíbiān	——	农村	长安镇政府驻地北部

（续上表）

标准名称	汉语拼音	别名	地名类别	相对位置
汶口	Wènkǒu	——	农村	长安镇政府驻地东北部
马安	Mǎ'ān	——	农村	长安镇政府驻地东北部
下石三	Xiàshísān	——	农村	长安镇政府驻地北部
下石二	Xiàshí'èr	——	农村	长安镇政府驻地北部
范颟	Fànmān	——	农村	长安镇政府驻地东北部
下石一	Xiàshíyī	——	农村	长安镇政府驻地北部
石坡	Shípō	——	农村	长安镇政府驻地西南部
石排	Shípái	——	农村	长安镇政府驻地西南部
利枝	Lìzhī	——	农村	长安镇政府驻地西部
石坑	Shíkēng	——	农村	长安镇政府驻地西部
井背	Jǐngbèi	——	农村	长安镇政府驻地西部
门楼	Ménlóu	——	农村	长安镇政府驻地西部
茶洞	Chádòng	——	农村	长安镇政府驻地西部
边合	Biānhé	——	农村	长安镇政府驻地西部
官帮	Guānbāng	——	农村	长安镇政府驻地西部
河旭	Héxù	——	农村	长安镇政府驻地西部
塘道	Tángdào	——	农村	长安镇政府驻地西部
联丰	Liánfēng	——	农村	长安镇政府驻地西部
廊岭	Lánglǐng	——	农村	长安镇政府驻地南部
小良	Xiǎoliáng	——	农村	长安镇政府驻地西部
力根	Lìgēn	——	农村	长安镇政府驻地西部
寨道	Zhàidào	——	农村	长安镇政府驻地西南部
力两	Lìliǎng	——	农村	长安镇政府驻地西南部
三汶	Sānwèn	——	农村	长安镇政府驻地西部
中南	Zhōngnán	——	农村	长安镇政府驻地东南部
竹园	Zhúyuán	——	农村	江口镇政府驻地东北部
李宅	Lǐzhái	——	农村	长安镇政府驻地东南部
李户	Lǐhù	——	农村	长安镇政府驻地东南部
花门楼	Huāménlóu	——	农村	长安镇政府驻地东南部
南屋	Nánwū	——	农村	长安镇政府驻地东南部

（续上表）

标准名称	汉语拼音	别名	地名类别	相对位置
寨东	Zhàidōng	——	农村	长安镇政府驻地东南部
罗中墩	Luózhōngdūn	——	农村	长安镇政府驻地南部
神贯	Shénguàn	——	农村	长安镇政府驻地东南部
谭关	Tánguān	——	农村	长安镇政府驻地东南部
高楼	Gāolóu	——	农村	长安镇政府驻地西南部
谭牛榕	Tánniúróng	——	农村	长安镇政府驻地西南部
安城	Ānchéng	——	农村	长安镇政府驻地东部
安和	Ānhé	——	农村	长安镇政府驻地东部
成巷	Chéngxiàng	——	农村	长安镇政府驻地东部
大街	Dàjiē	——	农村	长安镇政府驻地北部
大彭	Dàpéng	——	农村	长安镇政府驻地西部
大平	Dàpíng	——	农村	长安镇政府驻地西部
大松	Dàsōng	——	农村	长安镇政府驻地东北部
帝颟	Dìmān	——	农村	长安镇政府驻地东部
帝木	Dìmù	——	农村	长安镇政府驻地西北部
凤谭	Fèngtán	——	农村	长安镇政府驻地东部
凤寨	Fèngzhài	——	农村	长安镇政府驻地东北部
军荣	Jūnróng	——	农村	长安镇政府驻地东部
龙东	Lóngdōng	——	农村	长安镇政府驻地西南部
龙南	Lóngnán	——	农村	长安镇政府驻地西南部
楼下	Lóuxià	——	农村	长安镇政府驻地东部
罗仇	Luóchóu	——	农村	长安镇政府驻地北部
罗迈	Luómài	——	农村	长安镇政府驻地北部
庙后	Miàohòu	——	农村	长安镇政府驻地东北部
平阳	Píngyáng	——	农村	长安镇政府驻地东北部
上境	Shàngjìng	——	农村	长安镇政府驻地东北部
上谭	Shàngtán	——	农村	长安镇政府驻地东北部
上宅	Shàngzhái	——	农村	长安镇政府驻地东北部
水涝	Shuǐlào	——	农村	长安镇政府驻地北部
谭榕	Tánróng	——	农村	长安镇政府驻地东北部

（续上表）

标准名称	汉语拼音	别名	地名类别	相对位置
谭寺	Tánsì	——	农村	长安镇政府驻地东部
谭田	Tántián	——	农村	长安镇政府驻地南部
万荣	Wànróng	——	农村	长安镇政府驻地东北部
下境	Xiàjìng	——	农村	长安镇政府驻地东北部
下谭	Xiàtán	——	农村	长安镇政府驻地东北部
银铺	Yínpù	——	农村	长安镇政府驻地东北部
长东	Chángdōng	——	农村	长安镇政府驻地东北部
长丰	Chángfēng	——	农村	长安镇政府驻地西南部
长进	Chángjìn	——	农村	长安镇政府驻地北部
长水	Chángshuǐ	——	农村	长安镇政府驻地西北部
长伟	Chángwěi	——	农村	长安镇政府驻地西部
长西	Chángxī	——	农村	长安镇政府驻地东北部
长远	Chángyuǎn	——	农村	长安镇政府驻地东北部
长征	Chángzhēng	——	农村	长安镇政府驻地西南部
黄泥塝	Huángníbàng	——	农村	平凤镇政府驻地南部
起凤	Qǐfèng	——	农村	平凤镇政府驻地西北部
牛圩	Niúxū	水长	农村	平凤镇政府驻地西部
吉邓	Jídèng	——	农村	平凤镇政府驻地西南部
吉羡	Jíxiàn	——	农村	平凤镇政府驻地西南部
寺门	Sìmén	——	农村	平凤镇政府驻地西南部
走马里	Zǒumǎlǐ	——	农村	平凤镇政府驻地西南部
方田头	Fāngtiántóu	——	农村	平凤镇政府驻地西南部
扶导埇	Fúdǎoyǒng	——	农村	平凤镇政府驻地南部
埇摩	Yǒngmó	——	农村	平凤镇政府驻地西北部
平岗村	Pínggǎngcūn	——	农村	平凤镇政府驻地西北部
电雷	Diànléi	——	农村	平凤镇政府驻地西部
圩底	Xūdǐ	——	农村	平凤镇政府驻地西部
罗寨	Luózhài	——	农村	平凤镇政府驻地西部
九埌	Jiǔlàng	——	农村	平凤镇政府驻地西部
新围	Xīnwéi	——	农村	平凤镇政府驻地西部

(续上表)

标准名称	汉语拼音	别名	地名类别	相对位置
登元	Dēngyuán	——	农村	平凤镇政府驻地西北部
河村	Hécūn	——	农村	平凤镇政府驻地西北部
城埮	Chéngyǎn	——	农村	平凤镇政府驻地西北部
城村	Chéngcūn	——	农村	平凤镇政府驻地西北部
思民	Sīmín	——	农村	平凤镇政府驻地西北部
后埇	Hòuyǒng	——	农村	平凤镇政府驻地西北部
古贤	Gǔxián	屋吟村	农村	平凤镇政府驻地西北部
占村	Zhàncūn	——	农村	平凤镇政府驻地西北部
领底洞	Lǐngdǐdòng	——	农村	平凤镇政府驻地北部
罗练	Luóliàn	——	农村	平凤镇政府驻地北部
猪六咀	Zhūliùzuǐ	——	农村	平凤镇政府驻地北部
罗村口	Luócūnkǒu	——	农村	平凤镇政府驻地西北部
蛇田山	Shétiánshān	——	农村	平凤镇政府驻地北部
下蟠龙	Xiàpánlóng	——	农村	平凤镇政府驻地南部
贵久	Guìjiǔ	——	农村	平凤镇政府驻地南部
翰塘塝	Hàntángbàng	——	农村	平凤镇政府驻地南部
翰塘咀	Hàntángzuǐ	——	农村	平凤镇政府驻地南部
龙背	Lóngbèi	——	农村	平凤镇政府驻地东北部
崩山口	Bēngshānkǒu	——	农村	平凤镇政府驻地东北部
上蟠龙	Shàngpánlóng	——	农村	平凤镇政府驻地东北部
下地	Xiàdì	——	农村	平凤镇政府驻地东部
蟠龙口	Pánlóngkǒu	——	农村	平凤镇政府驻地东北部
祐塘肚	Yòutángdù	——	农村	平凤镇政府驻地东北部
祐塘口	Yòutángkǒu	——	农村	平凤镇政府驻地东北部
麻洲	Mázhōu	——	农村	平凤镇政府驻地东北部
范村	Fàncūn	——	农村	平凤镇政府驻地西北部
古凤	Gǔfèng	——	农村	平凤镇政府驻地西北部
峡村	Xiácūn	——	农村	平凤镇政府驻地西部
屋耸	Wūsǒng	——	农村	平凤镇政府驻地西部
罗围	Luówéi	——	农村	平凤镇政府驻地西部

（续上表）

标准名称	汉语拼音	别名	地名类别	相对位置
荒田埌	Huāngtiánlàng	——	农村	平凤镇政府驻地西北部
江嘴	Jiāngzuǐ	——	农村	平凤镇政府驻地西北部
古悦	Gǔyuè	——	农村	平凤镇政府驻地东北部
交坦	Jiāotǎn	——	农村	平凤镇政府驻地北部
罗蚊咀	Luówénzuǐ	——	农村	平凤镇政府驻地北部
古劳埇	Gǔláoyǒng	——	农村	平凤镇政府驻地北部
东芦	Dōnglú	——	农村	平凤镇政府驻地北部
埇安	Yǒng'ān	——	农村	平凤镇政府驻地北部
蟠果	Pánguǒ	——	农村	平凤镇政府驻地东北部
茶塘	Chátáng	——	农村	平凤镇政府驻地西部
大塘上村	Dàtángshàngcūn	——	农村	平凤镇政府驻地西北部
大塘下村	Dàtángxiàcūn	——	农村	平凤镇政府驻地西北部
古邓	Gǔdèng	——	农村	平凤镇政府驻地西北部
古石村	Gǔshícūn	——	农村	平凤镇政府驻地西北部
脚田村	Jiǎotiáncūn	——	农村	平凤镇政府驻地西北部
坭桥	Níqiáo	——	农村	平凤镇政府驻地西北部
石排湾	Shípáiwān	新古邓村	农村	平凤镇政府驻地西北部
冷水	Lěngshuǐ	——	农村	平凤镇政府驻地西部
沙王	Shāwáng	——	农村	平凤镇政府驻地西部
埇暗	Yǒng'àn	——	农村	平凤镇政府驻地西部
古邓新村	Gǔdèng Xīncūn	——	农村	平凤镇政府驻地西北部
古池	Gǔchí	——	农村	平凤镇政府驻地西北部
埌寺	Làngsì	——	农村	平凤镇政府驻地西北部
思礼	Sīlǐ	——	农村	平凤镇政府驻地西北部
屋显	Wūxiǎn	——	农村	平凤镇政府驻地西北部
茶塘新村	Chátáng Xīncūn	——	农村	平凤镇政府驻地西部
斑石村	Bānshícūn	——	农村	杏花镇政府驻地东北部
罗平岗	Luópínggǎng	罗平江	农村	杏花镇政府驻地北部
上演	Shàngyǎn	——	农村	杏花镇政府驻地北部
东津	Dōngjīn	——	农村	杏花镇政府驻地北部

(续上表)

标准名称	汉语拼音	别名	地名类别	相对位置
大六坪	Dàliùpíng	——	农村	杏花镇政府驻地东北部
深冲	Shēnchōng	深埇	农村	杏花镇政府驻地北部
䇭莫	Tánmò	䇭诺	农村	杏花镇政府驻地北部
渔浮山	Yúfúshān	——	农村	杏花镇政府驻地北部
北片	Běipiàn	——	农村	杏花镇政府驻地北部
上林垌	Shànglíndòng	——	农村	杏花镇政府驻地东北部
下林垌	Xiàlíndòng	——	农村	杏花镇政府驻地东北部
军营	Jūnyíng	——	农村	杏花镇政府驻地北部
高朗	Gāolǎng	——	农村	杏花镇政府驻地北部
乌儿山	Wū'érshān	——	农村	杏花镇政府驻地北部
屋底	Wūdǐ	——	农村	杏花镇政府驻地北部
永和	Yǒnghé	——	农村	杏花镇政府驻地北部
罗能	Luónéng	——	农村	杏花镇政府驻地北部
西衣塘	Xīyītáng	——	农村	杏花镇政府驻地北部
城上	Chéngshàng	——	农村	杏花镇政府驻地东北部
宾家	Bīnjiā	——	农村	杏花镇政府驻地东北部
红二	Hóng'èr	——	农村	杏花镇政府驻地东北部
䇭路	Tánlù	——	农村	杏花镇政府驻地北部
䇭厄	Tán'è	——	农村	杏花镇政府驻地北部
分洲	Fēnzhōu	——	农村	杏花镇政府驻地东北部
白马	Báimǎ	——	农村	杏花镇政府驻地东北部
小印	Xiǎoyìn	——	农村	杏花镇政府驻地东北部
石埇	Shíyǒng	——	农村	杏花镇政府驻地东北部
大片	Dàpiàn	——	农村	杏花镇政府驻地北部
花坪	Huāpíng	——	农村	杏花镇政府驻地北部
大岩	Dàyán	——	农村	杏花镇政府驻地北部
禾里垌	Hélǐdòng	——	农村	杏花镇政府驻地北部
坎口	Kǎnkǒu	——	农村	杏花镇政府驻地东北部
墙围塝	Qiángwéibàng	围墙傍	农村	杏花镇政府驻地东北部
三力	Sānlì	——	农村	杏花镇政府驻地北部

（续上表）

标准名称	汉语拼音	别名	地名类别	相对位置
大田头	Dàtiántóu	——	农村	杏花镇政府驻地北部
湖连垌	Húliándòng	——	农村	杏花镇政府驻地北部
茂兰江	Màolánjiāng	——	农村	杏花镇政府驻地东北部
麦面	Màimiàn	——	农村	杏花镇政府驻地北部
观地洞	Guāndìdòng	观地垌	农村	杏花镇政府驻地东北部
下观	Xiàguān	——	农村	杏花镇政府驻地东北部
上观	Shàngguān	——	农村	杏花镇政府驻地北部
寨墩	Zhàidūn	——	农村	杏花镇政府驻地北部
新罗沙	Xīnluóshā	——	农村	杏花镇政府驻地北部
旧罗沙	Jiùluóshā	——	农村	杏花镇政府驻地北部
簪竹	Tánzhú	——	农村	杏花镇政府驻地北部
簪归	Tánguī	——	农村	杏花镇政府驻地北部
沙江	Shājiāng	——	农村	杏花镇政府驻地北部
扶兰	Fúlán	——	农村	杏花镇政府驻地北部
洞尾	Dòngwěi	——	农村	杏花镇政府驻地北部
簪傍	Tánbàng	——	农村	杏花镇政府驻地北部
军团	Jūntuán	——	农村	杏花镇政府驻地北部
龙舟江	Lóngzhōujiāng	——	农村	杏花镇政府驻地西北部
朝阳	Cháoyáng	——	农村	杏花镇政府驻地北部
牛儿塘	Niú'ertáng	——	农村	杏花镇政府驻地西北部
尾头河	Wěitóuhé	——	农村	杏花镇政府驻地西北部
向阳	Xiàngyáng	——	农村	杏花镇政府驻地北部
半迳	Bànjìng	——	农村	杏花镇政府驻地西北部
庙脚	Miàojiǎo	——	农村	杏花镇政府驻地西北部
马蓬	Mǎpéng	——	农村	杏花镇政府驻地北部
下垌	Xiàdòng	——	农村	杏花镇政府驻地北部
寨联	Zhàilián	——	农村	杏花镇政府驻地北部
黎皮	Lípí	——	农村	杏花镇政府驻地北部
松咀岗	Sōngzuǐgǎng	——	农村	杏花镇政府驻地北部
大平尾	Dàpíngwěi	——	农村	杏花镇政府驻地北部

(续上表)

标准名称	汉语拼音	别名	地名类别	相对位置
塘咀	Tángzuǐ	——	农村	杏花镇政府驻地北部
旧屋	Jiùwū	——	农村	杏花镇政府驻地西部
江根	Jiānggēn	——	农村	杏花镇政府驻地西部
东联	Dōnglián	——	农村	杏花镇政府驻地西北部
大阳光	Dàyángguāng	——	农村	杏花镇政府驻地西北部
禾目山	Hémùshān	——	农村	杏花镇政府驻地西北部
罗伏咀	Luófúzuǐ	——	农村	杏花镇政府驻地西北部
下清水	Xiàqīngshuǐ	——	农村	杏花镇政府驻地西部
清四	Qīngsì	——	农村	杏花镇政府驻地北部
铺门	Pùmén	——	农村	杏花镇政府驻地西北部
上畚京	Shàngtánjīng	——	农村	杏花镇政府驻地东北部
畚京	Tánjīng	——	农村	杏花镇政府驻地东北部
下畚京	Xiàtánjīng	——	农村	杏花镇政府驻地东北部
罗马峒	Luómǎdòng	——	农村	杏花镇政府驻地西南部
文寨	Wénzhài	——	农村	杏花镇政府驻地西南部
江平	Jiāngpíng	——	农村	杏花镇政府驻地西部
斯文咀	Sīwénzuǐ	——	农村	杏花镇政府驻地南部
古令	Gǔlìng	——	农村	杏花镇政府驻地西南部
古一	Gǔyī	——	农村	杏花镇政府驻地西南部
古二	Gǔ'èr	——	农村	杏花镇政府驻地西南部
石头碑	Shítóubēi	——	农村	杏花镇政府驻地西南部
园口	Yuánkǒu	——	农村	杏花镇政府驻地西部
林村	Líncūn	——	农村	杏花镇政府驻地西南部
佛追	Fózhuī	——	农村	杏花镇政府驻地东北部
双逢	Shuāngféng	——	农村	杏花镇政府驻地东北部
畚峒塘	Tándòngtáng	畚均塘	农村	杏花镇政府驻地东北部
桂地	Guìdì	——	农村	杏花镇政府驻地东北部
佛轴	Fózhóu	——	农村	杏花镇政府驻地东部
秀彩	Xiùcǎi	——	农村	杏花镇政府驻地东北部
盆古塝	Péngǔbàng	——	农村	杏花镇政府驻地东北部

(续上表)

标准名称	汉语拼音	别名	地名类别	相对位置
太岭	Tàilǐng	——	农村	杏花镇政府驻地东北部
大河	Dàhé	——	农村	杏花镇政府驻地东部
大榕垌	Dàróngdòng	——	农村	杏花镇政府驻地东北部
九华根	Jiǔhuágēn	——	农村	杏花镇政府驻地东北部
富华景	Fùhuájǐng	富华境	农村	杏花镇政府驻地东北部
替华	Tánhuá	——	农村	杏花镇政府驻地东北部
犁峡河	Líxiáhé	——	农村	杏花镇政府驻地东北部
塘表	Tángbiǎo	——	农村	杏花镇政府驻地东北部
增儿	Zēng'ér	——	农村	杏花镇政府驻地北部
九座屋	Jiǔzuòwū	——	农村	杏花镇政府驻地东北部
新迁	Xīnqiān	——	农村	杏花镇政府驻地东北部
罗蚊	Luówén	——	农村	杏花镇政府驻地东北部
桂井岗	Guìjǐnggǎng	——	农村	杏花镇政府驻地东部
黄竹塝	Huángzhúbàng	——	农村	杏花镇政府驻地东部
文扶	Wénfú	——	农村	杏花镇政府驻地东部
木口	Mùkǒu	——	农村	杏花镇政府驻地东部
水松岭	Shuǐsōnglǐng	——	农村	杏花镇政府驻地东部
双福	Shuāngfú	——	农村	杏花镇政府驻地东部
双福冲	Shuāngfúchōng	——	农村	杏花镇政府驻地东部
打古岭	Dǎgǔlǐng	——	农村	杏花镇政府驻地东部
多连	Duōlián	——	农村	杏花镇政府驻地东部
荔枝根	Lìzhīgēn	——	农村	杏花镇政府驻地东部
罗垌山	Luódòngshān	罗洞山	农村	杏花镇政府驻地东部
岭头儿	Lǐngtóu'ér	——	农村	杏花镇政府驻地东部
花厅	Huātīng	——	农村	杏花镇政府驻地南部
甫头地	Fǔtóudì	——	农村	杏花镇政府驻地东南部
罗茂	Luómào	——	农村	杏花镇政府驻地东南部
河南	Hénán	——	农村	杏花镇政府驻地西部
包围	Bāowéi	——	农村	杏花镇政府驻地南部
江门	Jiāngmén	——	农村	杏花镇政府驻地东部

（续上表）

标准名称	汉语拼音	别名	地名类别	相对位置
寨儿	Zhài'ér	——	农村	杏花镇政府驻地东部
利宅	Lìzhái	——	农村	杏花镇政府驻地东部
利三	Lìsān	——	农村	杏花镇政府驻地东部
利二	Lì'èr	——	农村	杏花镇政府驻地东部
利一	Lìyī	——	农村	杏花镇政府驻地东部
罗伏	Luófú	——	农村	杏花镇政府驻地南部
双联	Shuānglián	——	农村	杏花镇政府驻地东南部
木寨	Mùzhài	——	农村	杏花镇政府驻地东南部
罗湖	Luóhú	——	农村	杏花镇政府驻地东南部
利江	Lìjiāng	——	农村	杏花镇政府驻地东南部
四村	Sìcūn	——	农村	杏花镇政府驻地东南部
上寮	Shàngliáo	——	农村	杏花镇政府驻地东南部
乌池塘	Wūchítáng	——	农村	杏花镇政府驻地南部
古河	Gǔhé	——	农村	杏花镇政府驻地东南部
大乐	Dàlè	——	农村	杏花镇政府驻地东南部
双文峰	Shuāngwénfēng	——	农村	杏花镇政府驻地南部
新罗	Xīnluó	——	农村	杏花镇政府驻地东部
刘家	Liújiā	——	农村	杏花镇政府驻地南部
李家	Lǐjiā	——	农村	杏花镇政府驻地南部
双芬	Shuāngfēn	——	农村	杏花镇政府驻地南部
黄岐岭	Huángqílǐng	——	农村	杏花镇政府驻地南部
林迳	Línjìng	——	农村	杏花镇政府驻地南部
中迳	Zhōngjìng	——	农村	杏花镇政府驻地南部
三迳	Sānjìng	——	农村	杏花镇政府驻地南部
下迳	Xiàjìng	——	农村	杏花镇政府驻地南部
书石	Shūshí	——	农村	杏花镇政府驻地南部
石围	Shíwéi	——	农村	杏花镇政府驻地东南部
都幸	Dūxìng	——	农村	杏花镇政府驻地南部
明利	Mínglì	——	农村	杏花镇政府驻地西南部
思扶	Sīfú	——	农村	杏花镇政府驻地南部

(续上表)

标准名称	汉语拼音	别名	地名类别	相对位置
禄美	Lùměi	——	农村	杏花镇政府驻地东南部
永安	Yǒng'ān	——	农村	杏花镇政府驻地南部
居中	Jūzhōng	——	农村	杏花镇政府驻地南部
永宁村	Yǒngníngcūn	——	农村	杏花镇政府驻地东南部
九学	Jiǔxué	——	农村	杏花镇政府驻地东南部
鹅颈岗	Éjǐnggǎng	——	农村	杏花镇政府驻地东南部
红台	Hóngtái	——	农村	杏花镇政府驻地东南部
滩底	Tāndǐ	——	农村	杏花镇政府驻地东南部
盐田	Yántián	——	农村	杏花镇政府驻地东南部
贺神	Hèshén	——	农村	杏花镇政府驻地东南部
中观	Zhōngguān	——	农村	杏花镇政府驻地北部
古贤寨	Gǔxiánzhài	——	农村	杏花镇政府驻地东南部
河县	Héxiàn	——	农村	杏花镇政府驻地东南部
旺村埇	Wàngcūnyǒng	——	农村	长岗镇政府驻地西北部
旺村口	Wàngcūnkǒu	——	农村	长岗镇政府驻地西北部
白瓦窑	Báiwǎyáo	——	农村	长岗镇政府驻地西北部
大山脚	Dàshānjiǎo	——	农村	长岗镇政府驻地西北部
大竹埇	Dàzhúyǒng	——	农村	长岗镇政府驻地西北部
鸡脚埇	Jījiǎoyǒng	——	农村	长岗镇政府驻地西北部
金钱咀	Jīnqiánjǔ	——	农村	长岗镇政府驻地西北部
黎官塘	Líguāntáng	——	农村	长岗镇政府驻地西北部
上周塘	Shàngzhōutáng	——	农村	长岗镇政府驻地西北部
思蓬埇	Sīpéngyǒng	——	农村	长岗镇政府驻地西北部
下周塘	Xiàzhōutáng	——	农村	长岗镇政府驻地西北部
埇儿	Yǒng'ér	——	农村	长岗镇政府驻地西北部
周塘	Zhōutáng	——	农村	长岗镇政府驻地西北部
思贤埇	Sīxiányǒng	——	农村	长岗镇政府驻地西北部
营头	Yíngtóu	——	农村	长岗镇政府驻地西北部
思皮埇	Sīpíyǒng	——	农村	长岗镇政府驻地西北部
谷圩	Gǔxū	——	农村	长岗镇政府驻地北部

(续上表)

标准名称	汉语拼音	别名	地名类别	相对位置
山岸	Shān'àn	——	农村	长岗镇政府驻地北部
思连埇	Sīliányǒng	——	农村	长岗镇政府驻地北部
九里咀	Jiǔlǐzuǐ	——	农村	长岗镇政府驻地北部
谷尾咀	Gǔwěizuǐ	——	农村	长岗镇政府驻地北部
庙儿	Miào'ér	——	农村	长岗镇政府驻地北部
北华埇	Běihuáyǒng	——	农村	长岗镇政府驻地北部
檐勿塘	Tánwùtáng	——	农村	长岗镇政府驻地北部
河山埇	Héshānyǒng	——	农村	长岗镇政府驻地北部
旺岗	Wànggǎng	——	农村	长岗镇政府驻地北部
下马尖	Xiàmǎjiān	——	农村	长岗镇政府驻地东北部
上马尖	Shàngmǎjiān	——	农村	长岗镇政府驻地东北部
下江	Xiàjiāng	——	农村	长岗镇政府驻地东北部
古林峒	Gǔlíndòng	——	农村	长岗镇政府驻地东北部
欧峒	Ōudòng	——	农村	长岗镇政府驻地东北部
大桥地	Dàqiáodì	——	农村	长岗镇政府驻地西北部
江背	Jiāngbèi	——	农村	长岗镇政府驻地北部
寺咀	Sìzuǐ	——	农村	长岗镇政府驻地北部
桥头埌	Qiáotóulàng	——	农村	长岗镇政府驻地北部
庙咀	Miàozuǐ	——	农村	长岗镇政府驻地东北部
茅佃	Máodiàn	——	农村	长岗镇政府驻地东北部
贺村	Hècūn	——	农村	长岗镇政府驻地东北部
西园	Xīyuán	——	农村	长岗镇政府驻地东北部
罗莫	Luómò	——	农村	长岗镇政府驻地东北部
都廊	Dūláng	——	农村	长岗镇政府驻地东北部
思褐	Sīhè	——	农村	长岗镇政府驻地东北部
古味咀	Gǔwèizuǐ	——	农村	长岗镇政府驻地东北部
莺元埇	Yīngyuányǒng	——	农村	长岗镇政府驻地东北部
大埌	Dàlàng	——	农村	长岗镇政府驻地南部
都乐圩	Dūlèxū	——	农村	长岗镇政府驻地南部
古靖	Gǔjìng	——	农村	长岗镇政府驻地西南部

（续上表）

标准名称	汉语拼音	别名	地名类别	相对位置
龙湾	Lóngwān	——	农村	长岗镇政府驻地西南部
龙湾新村	Lóngwān Xīncūn	——	农村	长岗镇政府驻地西南部
亚吉	Yàjí	——	农村	长岗镇政府驻地东南部
瓮塘	Wèngtáng	——	农村	长岗镇政府驻地东南部
大横	Dàhéng	——	农村	长岗镇政府驻地东南部
福石	Fúshí	——	农村	长岗镇政府驻地东南部
封堆	Fēngduī	——	农村	长岗镇政府驻地东北部
罗蓬	Luópéng	——	农村	长岗镇政府驻地东北部
旺羌	Wàngqiāng	——	农村	长岗镇政府驻地东北部
荫源	Yīnyuán	——	农村	长岗镇政府驻地东北部
灶埇	Zàoyǒng	——	农村	长岗镇政府驻地东北部
磊村	Lěicūn	——	农村	长岗镇政府驻地东北部
世羊口	Shìyángkǒu	——	农村	长岗镇政府驻地东北部
大沙	Dàshā	——	农村	长岗镇政府驻地东北部
瑶山	Yáoshān	——	农村	长岗镇政府驻地东北部
太平埇	Tàipíngyǒng	——	农村	长岗镇政府驻地东南部
贺木	Hèmù	——	农村	长岗镇政府驻地东南部
宾山	Bīnshān	——	农村	长岗镇政府驻地东南部
斗罗围	Dǒuluówéi	——	农村	长岗镇政府驻地东南部
福护埇	Fúhùyǒng	——	农村	长岗镇政府驻地东南部
社贵	Shèguì	——	农村	长岗镇政府驻地东南部
周村	Zhōucūn	——	农村	长岗镇政府驻地东南部
冲状	Chōngzhuàng	——	农村	长岗镇政府驻地东南部
标村	Biāocūn	——	农村	长岗镇政府驻地东南部
羊鹿头	Yánglùtóu	——	农村	长岗镇政府驻地东南部
古畔	Gǔpàn	——	农村	长岗镇政府驻地东南部
竹岗	Zhúgǎng	——	农村	长岗镇政府驻地东南部
六圩	Liùxū	——	农村	长岗镇政府驻地东南部
江边尾	Jiāngbiānwěi	——	农村	长岗镇政府驻地东南部
上屋洞	Shàngwūdòng	——	农村	长岗镇政府驻地东南部

(续上表)

标准名称	汉语拼音	别名	地名类别	相对位置
围山	Wéishān	——	农村	长岗镇政府驻地东南部
古吝	Gǔlìn	——	农村	长岗镇政府驻地东南部
力木根	Lìmùgēn	——	农村	长岗镇政府驻地东南部
七两	Qīliǎng	——	农村	长岗镇政府驻地东北部
替迫	Tánpò	——	农村	长岗镇政府驻地东北部
扶突	Fútū	——	农村	长岗镇政府驻地东北部
封门	Fēngmén	——	农村	长岗镇政府驻地东北部
佛架	Fójià	——	农村	长岗镇政府驻地东北部
大冲塝	Dàchōngbàng	大埇塝	农村	罗董镇政府驻地南部
大培恶	Dàpéinù	——	农村	江口镇政府驻地北部
九江岭	Jiǔjiānglǐng	——	农村	江口镇政府驻地北部
平岗林场小塘工区	Pínggǎnglínchǎng Xiǎotáng Gōngqū	——	农、林、牧场点	江川镇政府驻地西部
平岗林场场部	Pínggǎnglínchǎng Chǎngbù	——	农、林、牧场点	江川镇政府驻地南部
麻园林场工区	Máyuánlínchǎng Gōngqū	——	农、林、牧场点	江川镇政府驻地西北部
平岗林场金钱工区	Pínggǎnglínchǎng Jīnqián Gōngqū	——	农、林、牧场点	江川镇政府驻地南部
平岗林场大坪工区	Pínggǎnglínchǎng Dàpíng Gōngqū	——	农、林、牧场点	江川镇政府驻地西南部
麻园林场古岗茶场工区	Máyuánlínchǎng Gǔgǎngcháchǎng Gōngqū	——	农、林、牧场点	江川镇政府驻地西南部
平岗林场沙子表工区	Pínggǎnglínchǎng Shāzǐbiǎo Gōngqū	——	农、林、牧场点	江川镇政府驻地西部
大水口林场桃栗工区	Dàshuǐkǒulínchǎng Táolì Gōngqū	——	农、林、牧场点	金装镇政府驻地南部
大水口林场场部工区	Dàshuǐkǒulínchǎng Chǎngbù Gōngqū	——	农、林、牧场点	金装镇政府驻地东南部
大水口林场三座工区	Dàshuǐkǒulínchǎng Sānzuò Gōngqū	——	农、林、牧场点	金装镇政府驻地南部
大水口林场利九工区	Dàshuǐkǒulínchǎng Lìjiǔ Gōngqū	——	农、林、牧场点	金装镇政府驻地南部

（五）交通运输设施类
1. 公路运输、城镇交通运输

标准名称	汉语拼音	地名类别	相对位置	起讫点
321国道	321 Guódào	国道	封开县	肇庆—梧州
水谷公路	Shuǐgǔ Gōnglù	省道	封开县	水口—谷圩
河莫公路	Hémò Gōnglù	省道	封开县	河儿口—莫村
信都至怀集公路	Xìndū Zhì Huáijí Gōnglù	省道	封开县	信都镇—怀集
广梧高速	Guǎngwú Gāosù	省道	封开县	广州—梧州
长江线	Chángjiāng Xiàn	县道	封开县	长岗—吉普冲
封都公路	Fēngdū Gōnglù	县道	封开县	江川—分界
南白公路	Nánbái Gōnglù	县道	封开县	南丰—白沙
侯都线	Hóudū Xiàn	县道	封开县	侯村—都平
江渡线	Jiāngdù Xiàn	县道	封开县	江口—渡头
半岗至白垢线	Bàngǎng Zhì Báigòu Xiàn	县道	封开县	半岗—白垢
渔涝至日光线	Yúlào Zhì Rìguāng Xiàn	县道	封开县	渔涝—日光
木双至上律公路	Mùshuāng Zhì Shànglǜ Gōnglù	县道	封开县	上律—岐岭
桥头至莲都线	Qiáotóu Zhì Liándū Xiàn	县道	封开县	桥头—莲都
寺村至六水	Sìcūn Zhì Liùshuǐ	县道	封开县	寺村—六水
杏花至大塘公路	Xìnghuā Zhì Dàtáng Gōnglù	县道	封开县	杏花—大塘
大播至冷水冲	Dàbō Zhì Lěngshuǐchōng	乡道	白垢镇	大播—冷水冲
岐山口至白石冲	Qíshānkǒu Zhì Báishíchōng	乡道	白垢镇	岐山口—白石冲
望楼至罗告	Wànglóu Zhì Luógào	乡道	白垢镇	望楼—罗告
大浒至简头	Dàhǔ Zhì Jiǎntóu	乡道	白垢镇	大浒—简头
续岭至桂坑	Xùlǐng Zhì Guìkēng	乡道	白垢镇	续岭—桂坑
白垢至大冲	Báigòu Zhì Dàchōng	乡道	白垢镇	白垢—大冲
桂坑至新泽	Guìkēng Zhì Xīnzé	乡道	白垢镇	桂坑—新泽
白垢至寿山	Báigòu Zhì Shòushān	乡道	白垢镇	白垢—寿山
粥店至学堂坪	Zhōudiàn Zhì Xuétángpíng	乡道	白垢镇	粥店—学堂坪
日光至扶村	Rìguāng Zhì Fúcūn	乡道	白垢镇	日光—扶村

（续上表）

标准名称	汉语拼音	地名类别	相对位置	起讫点
扶怛至旧屯	Fúdá Zhì Jiùtún	乡道	白垢镇	扶怛—旧屯
桂坑至三鸦	Guìkēng Zhì Sānyā	乡道	白垢镇	桂坑—三鸦
岔路口至上湖	Chàlùkǒu Zhì Shànghú	乡道	白垢镇	岔路口—上湖
群星至群胜	Qúnxīng Zhì Qúnshèng	乡道	大玉口镇	群星—群胜
柏青至群胜	Bǎiqīng Zhì Qúnshèng	乡道	大玉口镇	柏青—群胜
赤黎至申田	Chìlí Zhì Shēntián	乡道	大玉口镇	赤黎—申田
黑水至群胜	Hēishuǐ Zhì Qúnshèng	乡道	大玉口镇	黑水—群胜
赤黎至民进	Chìlí Zhì Mínjìn	乡道	大玉口镇	赤黎—民进
大玉口至官滩	Dàyùkǒu Zhì Guāntān	乡道	大玉口镇	大玉口—官滩
桥头至石牛	Qiáotóu Zhì Shíniú	乡道	大玉口镇	桥头—石牛
光朗根至石峡尾	Guānglǎnggēn Zhì Shíxiáwěi	乡道	大洲镇	光朗根—石峡尾
泗科至林场	Sìkē Zhì Línchǎng	乡道	大洲镇	泗科—林场
屋洞口至屋洞埇	Wūdòngkǒu Zhì Wūdòngyǒng	乡道	大洲镇	屋洞口—屋洞埇
上律至护弟	Shànglǜ Zhì Hùdì	乡道	大洲镇	上律—护弟
泗科至高枧	Sìkē Zhì Gāojiǎn	乡道	大洲镇	泗科—高枧
泗科至龙皇岛	Sìkē Zhì Lónghuángdǎo	乡道	大洲镇	泗科—龙皇岛
岐岭至大敢尾	Qílǐng Zhì Dàgǎnwěi	乡道	大洲镇	岐岭—大敢尾
大和口至大和尾	Dàhékǒu Zhì Dàhéwěi	乡道	大洲镇	大和口—大和尾
勤塘至下境口	Qíntáng Zhì Xiàjìngkǒu	乡道	都平镇	勤塘—下境口
勒塘至石山岭	Lètáng Zhì Shíshānlǐng	乡道	都平镇	勒塘—石山岭
浪尾至古蚕	Làngwěi Zhì Gǔcán	乡道	都平镇	浪尾—古蚕
电站至官河口	Diànzhàn Zhì Guānhékǒu	乡道	都平镇	电站—官河口
都平至清水	Dūupíng Zhì Qīngshuǐ	乡道	都平镇	都平—清水
合水口至冲尾	Héshuǐkǒu Zhì Chōngwěi	乡道	都平镇	合水口—冲尾
泗水口至贯村	Sìshuǐkǒu Zhì Guàncūn	乡道	大玉口镇	泗水口—贯村
江贝至神兴	Jiāngbèi Zhì Shénxìng	乡道	大玉口镇	江贝—神兴
勿乃至横垌	Wùnǎi Zhì Héngdòng	乡道	江口镇、罗董镇	勿乃—横垌
丰砂至新泽	Fēngshā Zhì Xīnzé	乡道	大玉口镇、南丰镇	丰砂—新泽

（续上表）

标准名称	汉语拼音	地名类别	相对位置	起讫点
都平至长群	Dūpíng Zhì Zhǎngqún	乡道	都平镇、渔涝镇	都平—长群
周黎至下浪	Zhōulí Zhì Xiàlàng	乡道	白垢镇、江口镇、大洲镇	周黎—下浪
渔涝至碰冲	Yúlào Zhì Pèngchōng	乡道	都平镇、大玉口镇	渔涝—碰冲
裕丰至五一	Yùfēng Zhì Wǔyī	乡道	罗董镇、长岗镇	裕丰—五一
胜利小学至下埇	Shènglìxiǎoxué Zhì Xiàyǒng	乡道	莲都镇、渔涝镇	胜利小学—下埇
新和至罗床	Xīnhé Zhì Luóchuáng	乡道	江川镇、平凤镇	新和—罗床
禾楼咀至均中	Hélóuzuǐ Zhì Jūnzhōng	乡道	江口镇、长岗镇	禾楼咀—均中
香车至富竹	Xiāngchē Zhì Fùzhú	乡道	罗董镇、杏花镇	香车—富竹
富竹至大塘	Fùzhú Zhì Dàtáng	乡道	河儿口镇	富竹—大塘
白水桥至鲶鱼	Báishuǐqiáo Zhì Niányú	乡道	河儿口镇	白水桥—鲶鱼
姚家至独木	Yáojiā Zhì Dúmù	乡道	河儿口镇	姚家—独木
光明至庙边	Guāngmíng Zhì Miàobiān	乡道	河儿口镇	光明—庙边
大滩河至桠口	Dàtānhé Zhì Yākǒu	乡道	河儿口镇	大滩河—桠口
沙子岭至坑尾	Shāzǐlǐng Zhì Kēngwěi	乡道	河儿口镇	沙子岭—坑尾
罗源至离板	Luóyuán Zhì Líbǎn	乡道	河儿口镇	罗源—离板
渔涝至清水	Yúlào Zhì Qīngshuǐ	乡道	河儿口镇	渔涝—清水
河儿口至罗源	Hé'érkǒu Zhì Luóyuán	乡道	河儿口镇	河儿口—罗源
罗古岗至簪炭	Luógǔgǎng Zhì Tántàn	乡道	河儿口镇	罗古岗—簪炭
平坦至光明	Píngtǎn Zhì Guāngmíng	乡道	河儿口镇	平坦—光明
扶学至松坪	Fúxué Zhì Sōngpíng	乡道	河儿口镇	扶学—松坪
七星至大界	Qīxīng Zhì Dàjiè	乡道	河儿口镇	七星—大界
牌头至三洞	Páitóu Zhì Sāndòng	乡道	河儿口镇	牌头—三洞
红星至茶坪	Hóngxīng Zhì Cháping	乡道	河儿口镇	红星—茶坪
街尾至山根	Jiēwěi Zhì Shāngēn	乡道	河儿口镇	街尾—山根
平垌至小垌	Píngdòng Zhì Xiǎodòng	乡道	河儿口镇	平垌—小垌
冲冷至七星河水库	Chōnglěng Zhì Qīxīnghéshuǐkù	乡道	河儿口镇	冲冷—七星河水库
保护区至鹤膝坪	Bǎohùqū Zhì Hèxīpíng	乡道	河儿口镇	保护区—鹤膝坪

(续上表)

标准名称	汉语拼音	地名类别	相对位置	起讫点
河儿口至白石岩	Hé'érkǒu Zhì Báishíyán	乡道	河儿口镇	河儿口—白石岩
平垌至一村	Píngdòng Zhì Yīcūn	乡道	河儿口镇	平垌——村
簪甘至水泥厂	Tángān Zhì Shuǐníchǎng	乡道	河儿口镇	簪甘—水泥厂
述礼至洞口	Shùlǐ Zhì Dòngkǒu	乡道	河儿口镇	述礼—洞口
河儿口至禾楼	Hé'érkǒu Zhì Hélóu	乡道	河儿口镇	河儿口—禾楼
进民至麒麟坪	Jìnmín Zhì Qílínpíng	乡道	河儿口镇	进民—麒麟坪
进民至巡俭	Jìnmín Zhì Xúnjiǎn	乡道	河儿口镇	进民—巡俭
双枧至陈家	Shuāngjiǎn Zhì Chénjiā	乡道	河儿口镇	双枧—陈家
向阳至分水	Xiàngyáng Zhì Fēnshuǐ	乡道	河儿口镇	向阳—分水
上行嘴至大岭脚	Shàngxíngzuǐ Zhì Dàlǐngjiǎo	乡道	江川镇	上行嘴—大岭脚
新泰至大崩口	Xīntài Zhì Dàbēngkǒu	乡道	江川镇	新泰—大崩口
冲口至冲尾	Chōngkǒu Zhì Chōngwěi	乡道	江川镇	冲口—冲尾
大马界至古来	Dàmǎjiè Zhì Gǔlái	乡道	江川镇	大马界—古来
界首至胡林冲	Jièshǒu Zhì Húlínchōng	乡道	江川镇	界首—胡林冲
裕丰至周源	Yùfēng Zhì Zhōuyuán	乡道	江川镇	裕丰—周源
江川至界首	Jiāngchuān Zhì Jièshǒu	乡道	江川镇	江川—界首
江川至蟠龙口	Jiāngchuān Zhì Pánlóngkǒu	乡道	江川镇	江川—蟠龙口
观音岭至同古塱	Guānyīnlǐng Zhì Tónggǔlǎng	乡道	江口镇	观音岭—同古塱
寅辽至山早塘	Yínliáo Zhì Shānzǎotáng	乡道	江口镇	寅辽—山早塘
体育馆至干部楼	Tǐyùguǎn Zhì Gànbùlóu	乡道	江口镇	体育馆—干部楼
象鼻山至曙光	Xiàngbíshān Zhì Shǔguāng	乡道	江口镇	象鼻山—曙光
下典口至下典尾	Xiàdiǎnkǒu Zhì Xiàdiǎnwěi	乡道	江口镇	下典口—下典尾
大塘至公园	Dàtáng Zhì Gōngyuán	乡道	江口镇	大塘—公园
新进至交草	Xīnjìn Zhì Jiāocǎo	乡道	江口镇	新进—交草
侯车亭至封川	Hóuchētíng Zhì Fēngchuān	乡道	江口镇	侯车亭—封川

（续上表）

标准名称	汉语拼音	地名类别	相对位置	起讫点
扶来至六角	Fúlái Zhì Liùjiǎo	乡道	江口镇	扶来—六角
新进至桃园村尾	Xīnjìn Zhì Táoyuáncūnwěi	乡道	江口镇	新进—桃园村尾
崩坭至旧村	Bēngní Zhì Jiùcūn	乡道	江口镇	崩坭—旧村
台洞口至石牛界	Táidòngkǒu Zhì Shíniújiè	乡道	江口镇	台洞口—石牛界
大旺至一沟	Dàwàng Zhì Yīgōu	乡道	江口镇	大旺——沟
大旺至二沟	Dàwàng Zhì Èrgōu	乡道	江口镇	大旺—二沟
江口至塔山	Jiāngkǒu Zhì Tǎshān	乡道	江口镇	江口—塔山
六村至海关	Liùcūn Zhì Hǎiguān	乡道	江口镇	六村—海关
江口至勒竹口	Jiāngkǒu Zhì Lèzhúkǒu	乡道	江口镇	江口—勒竹口
四村至封川	Sìcūn Zhì Fēngchuān	乡道	江口镇	四村—封川
江口至虎鼻山	Jiāngkǒu Zhì Hǔbíshān	乡道	江口镇	江口—虎鼻山
纸厂至林化厂	Zhǐchǎng Zhì Línhuàchǎng	乡道	江口镇	纸厂—林化厂
新进至思奕	Xīnjìn Zhì Sīyì	乡道	江口镇	新进—思奕
三元至嘉宜造纸厂	Sānyuán Zhì Jiāyízàozhǐchǎng	乡道	江口镇	三元—嘉宜造纸厂
砖厂至大湖塘	Zhuānchǎng Zhì Dàhútáng	乡道	江口镇	砖厂—大湖塘
泗水口至黄岭	Sìshuǐkǒu Zhì Huánglǐng	乡道	江口镇	泗水口—黄岭
冷头桥至长征冲	Lěngtóuqiáo Zhì Chángzhēngchōng	乡道	江口镇	冷头桥—长征冲
封川至三村	Fēngchuān Zhì Sāncūn	乡道	江口镇	封川—三村
仁厚至上和	Rénhòu Zhì Shànghé	乡道	金装镇	仁厚—上和
丰牌岭至肇谷矿山	Fēngpáilǐng Zhì Zhàogǔkuàngshān	乡道	金装镇	丰牌岭—肇谷矿山
金装至三座	Jīnzhuāng Zhì Sānzuò	乡道	金装镇	金装—三座
金装至蛇长	Jīnzhuāng Zhì Shécháng	乡道	金装镇	金装—蛇长
长安至利枝	Cháng'ān Zhì Lìzhī	乡道	长安镇	长安—利枝
上官当至大府	Shàngguāndāng Zhì Dàfǔ	乡道	金装镇	上官当—大府
田心至大田	Tiánxīn Zhì Dàtián	乡道	金装镇	田心—大田

(续上表)

标准名称	汉语拼音	地名类别	相对位置	起讫点
丰牌岭至岑罗	Fēngpáilǐng Zhì Cénluó	乡道	金装镇	丰牌岭—岑罗
金装至水石	Jīnzhuāng Zhì Shuǐshí	乡道	金装镇	金装—水石
金装至中学	Jīnzhuāng Zhì Zhōngxué	乡道	金装镇	金装—中学
新圩至上菜	Xīnxū Zhì Shàngcài	乡道	金装镇	新圩—上菜
寨河至安晴	Zhàihé Zhì Ānqíng	乡道	金装镇	寨河—安晴
开祥至罗团	Kāixiáng Zhì Luótuán	乡道	金装镇	开祥—罗团
金装至埇窑	Jīnzhuāng Zhì Yǒngyáo	乡道	金装镇	金装—埇窑
万安至罗铺	Wàn'ān Zhì Luópù	乡道	金装镇	万安—罗铺
大塘口至官河口	Dàtángkǒu Zhì Guānhékǒu	乡道	莲都镇	大塘口—官河口
松根至水库	Sōnggēn Zhì Shuǐkù	乡道	莲都镇	松根—水库
替吉至筒头	Tánjí Zhì Tǒngtóu	乡道	莲都镇	替吉—筒头
云塘桥至大埌	Yúntángqiáo Zhì Dàlàng	乡道	莲都镇	云塘桥—大埌
深冲至水库	Shēnchōng Zhì Shuǐkù	乡道	莲都镇	深冲—水库
良心寨至水库	Liángxīnzhài Zhì Shuǐkù	乡道	莲都镇	良心寨—水库
恩塘至山田	Ēntáng Zhì Shāntián	乡道	莲都镇	恩塘—山田
百哥至深六	Bǎigē Zhì Shēnliù	乡道	莲都镇	百哥—深六
大冲电站至云塘	Dàchōngdiànzhàn Zhì Yúntáng	乡道	莲都镇	大冲电站—云塘
分守至冷水	Fènshǒu Zhì Lěngshuǐ	乡道	莲都镇	分守—冷水
旧莲都至东安	Jiùliándū Zhì Dōng'ān	乡道	莲都镇	旧莲都—东安
银塘至大江	Yíntáng Zhì Dàjiāng	乡道	莲都镇	银塘—大江
清水至大堂心	Qīngshuǐ Zhì Dàtángxīn	乡道	莲都镇	清水—大堂心
横水口至知朱	Héngshuǐkǒu Zhì Zhīzhū	乡道	莲都镇	横水口—知朱
良心寨至芬守	Liángxīnzhài Zhì Fēnshǒu	乡道	莲都镇	良心寨—芬守
林场至大塘尾	Línchǎng Zhì Dàtángwěi	乡道	莲都镇	林场—大塘尾
禾庶坪至云迳	Héshùpíng Zhì Yúnjìng	乡道	莲都镇	禾庶坪—云迳
东安至深冲	Dōng'ān Zhì Shēnchōng	乡道	莲都镇	东安—深冲
四村至龙潭	Sìcūn Zhì Lóngtán	乡道	莲都镇	四村—龙潭
冷水至红星	Lěngshuǐ Zhì Hóngxīng	乡道	莲都镇	冷水—红星

（续上表）

标准名称	汉语拼音	地名类别	相对位置	起讫点
大坪至大塘尾	Dàpíng Zhì Dàtángwěi	乡道	莲都镇	大坪—大塘尾
四村至何村	Sìcūn Zhì Hécūn	乡道	莲都镇	四村—何村
良心寨至杜村	Liángxīnzhài Zhì Dùcūn	乡道	莲都镇	良心寨—杜村
䉀甘至古训	Tángān Zhì Gǔxùn	乡道	莲都镇	䉀甘—古训
社墩至大冲	Shèdūn Zhì Dàchōng	乡道	莲都镇	社墩—大冲
百哥至中学	Bǎigē Zhì Zhōngxué	乡道	莲都镇	百哥—中学
平岗至迳口	Pínggǎng Zhì Jìngkǒu	乡道	罗董镇	平岗—迳口
沙尾至社底	Shāwěi Zhì Shèdǐ	乡道	罗董镇	沙尾—社底
欧村至大贡底	Ōucūn Zhì Dàgòngdǐ	乡道	罗董镇	欧村—大贡底
扶塘至流云冲	Fútáng Zhì Liúyúnchōng	乡道	罗董镇	扶塘—流云冲
寺力至大地	Sìlì Zhì Dàdì	乡道	罗董镇	寺力—大地
上石尾至观塘	Shàngshíwěi Zhì Guāntáng	乡道	罗董镇	上石尾—观塘
欧村至石场	Ōucūn Zhì Shíchǎng	乡道	罗董镇	欧村—石场
古饶至石场	Gǔráo Zhì Shíchǎng	乡道	罗董镇	古饶—石场
欧村至辟力	Ōucūn Zhì Pìlì	乡道	罗董镇	欧村—辟力
大垌至新丰	Dàdòng Zhì Xīnfēng	乡道	罗董镇	大垌—新丰
古康至新屋	Gǔkāng Zhì Xīnwū	乡道	罗董镇	古康—新屋
罗演至山口	Luóyǎn Zhì Shānkǒu	乡道	罗董镇	罗演—山口
扬池至上朗	Yángchí Zhì Shànglǎng	乡道	罗董镇	扬池—上朗
五星至双河	Wǔxīng Zhì Shuānghé	乡道	罗董镇	五星—双河
思寮至上浪	Sīliáo Zhì Shànglàng	乡道	罗董镇	思寮—上浪
鸡公山至大石	Jīgōngshān Zhì Dàshí	乡道	南丰镇	鸡公山—大石
塘屋至水口	Tángwū Zhì Shuǐkǒu	乡道	南丰镇	塘屋—水口
氮肥厂至塔塘	Dànféichǎng Zhì Tǎtáng	乡道	南丰镇	氮肥厂—塔塘
南丰至金岗	Nánfēng Zhì Jīngǎng	乡道	南丰镇	南丰—金岗
自灯至龙须	Zìdēng Zhì Lóngxū	乡道	南丰镇	自灯—龙须
大冲至白芒	Dàchōng Zhì Báimáng	乡道	南丰镇	大冲—白芒
岭肚至下洲	Lǐngdù Zhì Xiàzhōu	乡道	南丰镇	岭肚—下洲
利九至分界岭	Lìjiǔ Zhì Fēnjièlǐng	乡道	南丰镇	利九—分界岭

(续上表)

标准名称	汉语拼音	地名类别	相对位置	起讫点
利九至江湾	Lìjiǔ Zhì Jiāngwān	乡道	南丰镇	利九—江湾
水磨塘至三队粮仓	Shuǐmótáng Zhì Sānduìliángcāng	乡道	南丰镇	水磨塘—三队粮仓
莲塘庙至镇西	Liántángmiào Zhì Zhènxī	乡道	南丰镇	莲塘庙—镇西
旧市场至糖厂	Jiùshìchǎng Zhì Tángchǎng	乡道	南丰镇	旧市场—糖厂
开明至南坳	Kāimíng Zhì Nán'ào	乡道	南丰镇	开明—南坳
田心至水库	Tiánxīn Zhì Shuǐkù	乡道	南丰镇	田心—水库
路口至搭塘	Lùkǒu Zhì Dātáng	乡道	南丰镇	路口—搭塘
进竹至鸡婆冲	Jìnzhú Zhì Jīpóchōng	乡道	南丰镇	进竹—鸡婆冲
南丰至永平	Nánfēng Zhì Yǒngpíng	乡道	南丰镇	南丰—永平
氮肥厂至上盘高	Dànféichǎng Zhì Shàngpángāo	乡道	南丰镇	氮肥厂—上盘高
龙罩桥至葛藤	Lóngtán Qiáo Zhì Gěténg	乡道	南丰镇	龙罩桥—葛藤
石塘至花塘	Shítáng Zhì Huātáng	乡道	南丰镇	石塘—花塘
双福寺至冲口	Shuāngfúsì Zhì Chōngkǒu	乡道	南丰镇	双福寺—冲口
粥店至东方红	Zhōudiàn Zhì Dōngfānghóng	乡道	南丰镇	粥店—东方红
思料至沙冲	Sīliào Zhì Shāchōng	乡道	南丰镇	思料—沙冲
候中至汶塘	Hòuzhōng Zhì Wèntáng	乡道	南丰镇	候中—汶塘
大方至小玉	Dàfāng Zhì Xiǎoyù	乡道	南丰镇	大方—小玉
南丰至双下	Nánfēng Zhì Shuāngxià	乡道	南丰镇	南丰—双下
东冲口至九盘	Dōngchōngkǒu Zhì Jiǔpán	乡道	南丰镇	东冲口—九盘
南丰至利民	Nánfēng Zhì Lìmín	乡道	南丰镇	南丰—利民
南丰至富孟	Nánfēng Zhì Fùmèng	乡道	南丰镇	南丰—富孟
南丰至七单	Nánfēng Zhì Qīdān	乡道	南丰镇	南丰—七单
南丰至尚岗	Nánfēng Zhì Shànggǎng	乡道	南丰镇	南丰—尚岗
南丰至大岗村	Nánfēng Zhì Dàgǎngcūn	乡道	南丰镇	南丰—大岗村
南丰至大岗顶	Nánfēng Zhì Dàgǎngdǐng	乡道	南丰镇	南丰—大岗顶

（续上表）

标准名称	汉语拼音	地名类别	相对位置	起讫点
上盘高至九子母	Shàngpángāo Zhì Jiǔzǐmǔ	乡道	南丰镇	上盘高—九子母
勒竹至万六	Lèzhú Zhì Wànliù	乡道	南丰镇	勒竹—万六
小洞至良梧	Xiǎodòng Zhì Liángwú	乡道	南丰镇	小洞—良梧
大山至河塘	Dàshān Zhì Hétáng	乡道	南丰镇	大山—河塘
寺塘至民进	Sìtáng Zhì Mínjìn	乡道	南丰镇	寺塘—民进
红坭埠至桂洞	Hóngníbù Zhì Guìdòng	乡道	南丰镇	红坭埠—桂洞
汶塘至平滩	Wèntáng Zhì Píngtān	乡道	南丰镇	汶塘—平滩
黄屋至江湾	Huángwū Zhì Jiāngwān	乡道	南丰镇	黄屋—江湾
渡头至晒地	Dùtóu Zhì Shàidì	乡道	南丰镇	渡头—晒地
侯村至大村	Hóucūn Zhì Dàcūn	乡道	南丰镇	侯村—大村
侯村至蛟水	Hóucūn Zhì Jiāoshuǐ	乡道	南丰镇	侯村—蛟水
楼墩至塘梨	Lóudūn Zhì Tánglí	乡道	南丰镇	楼墩—塘梨
贵爪至汗塘咀	Guìzhǎo Zhì Hàntángzuǐ	乡道	平凤镇	贵爪—汗塘咀
平岗至白梅	Pínggǎng Zhì Báiméi	乡道	平凤镇	平岗—白梅
范村至石塘公路	Fàncūn Zhì Shítáng Gōnglù	乡道	平凤镇	范村—石塘
平凤至蟠龙口	Píngfèng Zhì Pánlóngkǒu	乡道	平凤镇	平凤—蟠龙口
刘村至拉尾	Liúcūn Zhì Lāwěi	乡道	平凤镇	刘村—拉尾
平果至东卢	Píngguǒ Zhì Dōnglú	乡道	平凤镇	平果—东卢
水保站至寺门	Shuǐbǎozhàn Zhì Sìmén	乡道	平凤镇	水保站—寺门
库斗塘至红庄	Kùdòutáng Zhì Hóngzhuāng	乡道	平凤镇	库斗塘—红庄
旧村至何村	Jiùcūn Zhì Hécūn	乡道	平凤镇	旧村—何村
登元至水下	Dēngyuán Zhì Shuǐxià	乡道	平凤镇	登元—水下
平畔至凤塘	Píngpàn Zhì Fèngtáng	乡道	平凤镇	平畔—凤塘
新宁至寺门	Xīnníng Zhì Sìmén	乡道	平凤镇	新宁—寺门
马浪岗至脚田	Mǎlànggǎng Zhì Jiǎotián	乡道	平凤镇	马浪岗—脚田
峡口至古则	Xiákǒu Zhì Gǔzé	乡道	平凤镇	峡口—古则
登元至河村	Dēngyuán Zhì Hécūn	乡道	平凤镇	登元—河村
水保站至九埌	Shuǐbǎozhàn Zhì Jiǔlàng	乡道	平凤镇	水保站—九埌

（续上表）

标准名称	汉语拼音	地名类别	相对位置	起讫点
菊花咀至扶导冲	Júhuāzuǐ Zhì Fúdǎochōng	乡道	平凤镇	菊花咀—扶导冲
埌寺至茶塘	Làngsì Zhì Chátáng	乡道	平凤镇	埌寺—茶塘
起凤至占村	Qǐfèng Zhì Zhàncūn	乡道	平凤镇	起凤—占村
古石至茶塘	Gǔshí Zhì Chátáng	乡道	平凤镇	古石—茶塘
斑石至北片	Bānshí Zhì Běipiàn	乡道	杏花镇	斑石—北片
中迳至九学	Zhōngjìng Zhì Jiǔxué	乡道	杏花镇	中迳—九学
双蓬至大岭头	Shuāngpéng Zhì Dàlǐngtóu	乡道	杏花镇	双蓬—大岭头
罗平岗至深冲	Luópínggǎng Zhì Shēnchōng	乡道	杏花镇	罗平岗—深冲
路口至盐田	Lùkǒu Zhì Yántián	乡道	杏花镇	路口—盐田
杏花至山口	Xìnghuā Zhì Shānkǒu	乡道	杏花镇	杏花—山口
镬厂至桐油根	Huòchǎng Zhì Tóngyóugēn	乡道	杏花镇	镬厂—桐油根
利宅至罗湖	Lìzhái Zhì Luóhú	乡道	杏花镇	利宅—罗湖
东和至三联	Dōnghé Zhì Sānlián	乡道	杏花镇	东和—三联
下营至黎皮	Xiàyíng Zhì Lípí	乡道	杏花镇	下营—黎皮
永和至和平	Yǒnghé Zhì Hépíng	乡道	杏花镇	永和—和平
岭脚至罗平岗	Lǐngjiǎo Zhì Luópínggǎng	乡道	杏花镇	岭脚—罗平岗
凤楼至黄竹帮	Fènglóu Zhì Huángzhúbāng	乡道	杏花镇	凤楼—黄竹帮
东方红至新联	Dōngfānghóng Zhì Xīnlián	乡道	杏花镇	东方红—新联
双联至上寮	Shuānglián Zhì Shàngliáo	乡道	杏花镇	双联—上寮
斑石至龙田	Bānshí Zhì Lóngtián	乡道	杏花镇	斑石—龙田
大平至多莲	Dàpíng Zhì Duōlián	乡道	杏花镇	大平—多莲
大平至白梅	Dàpíng Zhì Báiméi	乡道	杏花镇	大平—白梅
白马至坎口	Báimǎ Zhì Kǎnkǒu	乡道	杏花镇	白马—坎口
思扶小学至明利	Sīfúxiǎoxué Zhì Mínglì	乡道	杏花镇	思扶小学—明利
文村口至文寨	Wéncūnkǒu Zhì Wénzhài	乡道	杏花镇	文村口—文寨
猿岭迳至新联	Yuánlǐngjìng Zhì Xīnlián	乡道	渔涝镇	猿岭迳—新联
深水至三中	Shēnshuǐ Zhì Sānzhōng	乡道	渔涝镇	深水—三中

(续上表)

标准名称	汉语拼音	地名类别	相对位置	起讫点
斑石至边村	Bānshí Zhì Biāncūn	乡道	渔涝镇	斑石—边村
文子至彬木根	Wénzǐ Zhì Bīnmùgēn	乡道	渔涝镇	文子—彬木根
上扶至大坪岗	Shàngfú Zhì Dàpínggǎng	乡道	渔涝镇	上扶—大坪岗
力马至古榄	Lìmǎ Zhì Gǔlǎn	乡道	渔涝镇	力马—古榄
弯弓至罾良	Wāngōng Zhì Tánliáng	乡道	渔涝镇	弯弓—罾良
渔涝至袁村	Yúlào Zhì Yuáncūn	乡道	渔涝镇	渔涝—袁村
蛟龙至麒麟顶	Jiāolóng Zhì Qílíndǐng	乡道	渔涝镇	蛟龙—麒麟顶
石便至罗冲尾	Shíbiàn Zhì Luóchōngwěi	乡道	渔涝镇	石便—罗冲尾
江波至戴村	Jiāngbō Zhì Dàicūn	乡道	渔涝镇	江波—戴村
渔涝至小学	Yúlào Zhì Xiǎoxué	乡道	渔涝镇	渔涝—小学
文子至林场	Wénzǐ Zhì Línchǎng	乡道	渔涝镇	文子—林场
江信桥至鸡塘	Jiāngxìn Qiáo Zhì Jītáng	乡道	渔涝镇	江信桥—鸡塘
经济场至禾峡塘	Jīngjìchǎng Zhì Héxiátáng	乡道	长安镇	经济场—禾峡塘
福居至朱龙	Fújū Zhì Zhūlóng	乡道	长安镇	福居—朱龙
西山小学至石排村	Xīshānxiǎoxué Zhì Shípáicūn	乡道	长安镇	西山小学—石排村
井边至藕尾	Jǐngbiān Zhì Ǒuwěi	乡道	长安镇	井边—藕尾
莫罗至福兴	Mòluó Zhì Fúxìng	乡道	长安镇	莫罗—福兴
打石边至大水	Dǎshíbiān Zhì Dàshuǐ	乡道	长安镇	打石边—大水
李宅至东山	Lǐzhái Zhì Dōngshān	乡道	长安镇	李宅—东山
土旺至金星	Tǔwàng Zhì Jīnxīng	乡道	长安镇	土旺—金星
长安至二级站	Cháng'ān Zhì Èrjízhàn	乡道	长安镇	长安—二级站
西山至兴荐	Xīshān Zhì Xìngjiàn	乡道	长安镇	西山—兴荐
上飘至茶洞	Shàngpiāo Zhì Chádòng	乡道	长安镇	上飘—茶洞
水库至大水口	Shuǐkù Zhì Dàshuǐkǒu	乡道	长安镇	水库—大水口
西山水库至大水口	Xīshānshuǐkù Zhì Dàshuǐkǒu	乡道	长安镇	西山水库—大水口
长安至中学	Cháng'ān Zhì Zhōngxué	乡道	长安镇	长安—中学
民成至西边小学	Mínchéng Zhì Xībiānxiǎoxué	乡道	长安镇	民成—西边小学

(续上表)

标准名称	汉语拼音	地名类别	相对位置	起讫点
长岗至均冲渡口	Zhǎnggǎng Zhì Jūnchōngdùkǒu	乡道	长岗镇	长岗—均冲渡口
六圩至岭头儿	Liùxū Zhì Lǐngtóu'ér	乡道	长岗镇	六圩—岭头儿
磊村嘴至磊村	Lěicūnzuǐ Zhì Lěicūn	乡道	长岗镇	磊村嘴—磊村
修配厂至竹围	Xiūpèichǎng Zhì Zhúwéi	乡道	长岗镇	修配厂—竹围
收费站至上屋洞	Shōufèizhàn Zhì Shàngwūdòng	乡道	长岗镇	收费站—上屋洞
冷塘口至龙湾	Lěngtángkǒu Zhì Lóngwān	乡道	长岗镇	冷塘口—龙湾
罗莫至都廊	Luómò Zhì Dūláng	乡道	长岗镇	罗莫—都廊
双塘至古林洞	Shuāngtáng Zhì Gǔlíndòng	乡道	长岗镇	双塘—古林洞
罗莫至小圩	Luómò Zhì Xiǎoxū	乡道	长岗镇	罗莫—小圩
长岗至世基塘	Zhǎnggǎng Zhì Shìjītáng	乡道	长岗镇	长岗—世基塘
羊鹿角至前庄	Yánglùjiǎo Zhì Qiánzhuāng	乡道	长岗镇	羊鹿角—前庄
长岗至前庄	Zhǎnggǎng Zhì Qiánzhuāng	乡道	长岗镇	长岗—前庄
营头至石场	Yíngtóu Zhì Shíchǎng	乡道	长岗镇	营头—石场
下埇至周塘	Xiàyǒng Zhì Zhōutáng	乡道	长岗镇	下埇—周塘
联合至大田	Liánhé Zhì Dàtián	乡道	长岗镇	联合—大田
谷圩至大村	Gǔxū Zhì Dàcūn	乡道	长岗镇	谷圩—大村
下岭脚至大冲	Xiàlǐngjiǎo Zhì Dàchōng	乡道	长岗镇	下岭脚—大冲
龙门街	Lóngmén Jiē	次干路	大玉口镇政府驻地西北部	江渡线—大玉口小学
解放路一巷	Jiěfàng Lù 1 Xiàng	次干路	江口镇政府驻地西北部	河堤一路—东堤路
解放路四巷	Jiěfàng Lù 4 Xiàng	次干路	江口镇政府驻地西北部	河堤一路—封开县住房和城乡规划建设局
解放路五巷	Jiěfàng Lù ó Xiàng	次干路	江口镇政府驻地西北部	解放路—东堤路
建设一路	Jiànshè 1 Lù	次干路	江口镇政府驻地西北部	河堤一路—贺江一路

（续上表）

标准名称	汉语拼音	地名类别	相对位置	起讫点
红卫路	Hóngwèi Lù	次干路	江口镇政府驻地西北部	井根路—河堤一路
东方二路	Dōngfāng 2 Lù	次干路	江口镇政府驻地西北部	江口中学—东堤路
博爱路	Bó'ài Lù	次干路	江口镇政府驻地西北部	大塘一路—建设北路
大塘一路	Dàtáng 1 Lù	次干路	江口镇政府驻地西北部	建设一路—肇梧公路
大塘二路	Dàtáng 2 Lù	次干路	江口镇政府驻地西北部	建设一路—封开县看守所
蝴蝶塘路	Húdiétáng Lù	次干路	江口镇政府驻地西北部	龙山路—建设北路
龙山路	Lóngshān Lù	次干路	江口镇政府驻地西北部	建设一路—封开县税务局
井根路	Jǐnggēn Lù	次干路	江口镇政府驻地西北部	东方红二路—龙山华庭
河堤二路	Hédī 2 Lù	次干路	江口镇政府驻地西北部	承智服饰生产基地—封开县贵星房地产有限公司
河堤一路	Hédī 1 Lù	次干路	江口镇政府驻地西北部	江滨酒店—古广信码头碑
曙光路	Shǔguāng Lù	次干路	江口镇政府驻地西北部	封开县林业局—封开县住房和城乡规划建设局
东堤路	Dōngdī Lù	次干路	江口镇政府驻地西北部	古广信码头碑—东方二路
解放路	Jiěfàng Lù	次干路	江口镇政府驻地西北部	解放路一巷—建设一路
贺江一路	Hèjiāng 1 Lù	次干路	江口镇政府驻地北部	昆仑好客加油站—建设一路
贺江二路	Hèjiāng 2 Lù	次干路	江口镇政府驻地西南部	建设一路—龙庭假日酒店
府前路	Fǔqián Lù	次干路	江口镇政府驻地东南部	广东封开农村信用社—封开县文化中心
绿道	Lùdào	次干路	江口镇政府驻地东南部	封开县行政服务中心—东苑

（续上表）

标准名称	汉语拼音	地名类别	相对位置	起讫点
三元一路	Sānyuán 1 Lù	次干路	江口镇政府驻地南部	中国农业银行—封开农村信用社封川店
建设二路	Jiànshè 2 Lù	次干路	江口镇政府驻地北部	河南社区居委会—封开县青少年体育训练竞赛中心
建设西路	Jiànshè Xīlù	次干路	江口镇政府驻地西北部	封开县江口镇江滨公园—建设一路
建设北路	Jiànshè Běilù	次干路	江口镇政府驻地西北部	建设一路—江口镇中心小学
罗董街	Luódǒng Jiē	次干路	罗董镇政府驻地东北部	罗董镇人民政府—寺村至六水乡道
大坪巷	Dàpíng Xiàng	支路	白垢街东北部	悦宾酒楼—白垢司法所
环镇路	Huánzhèn Lù	支路	白垢街南部	卫生院路口—白垢街
沿江路	Yánjiāng Lù	支路	白垢街北部	白垢道班—白垢至寿山乡道
白垢街	Báigòu Jiē	支路	白垢镇政府驻地北部	白垢镇卫生院—柴格埇
泗科街	Sìkē Jiē	支路	大洲镇东北部	泗科村委会—泗科至高枧乡道
大洲街	Dàzhōu Jiē	支路	大洲镇西部	大洲咀—大洲中学
永胜大道	Yǒngshèng Dàdào	支路	都平镇北部	都平口—永胜宫
都平路	Dūpíng Lù	支路	都平镇东南部	官埔村委会—山脚
都平街	Dūpíng Jiē	支路	都平镇南部	都平学校—都平口
江川街	Jiāngchuān Jiē	支路	江川镇南部	江川大堤—跤塘
西街路	Xījiē Lù	支路	金装镇政府驻地西部	金装卫生站—中国人寿
建设路	Jiànshè Lù	支路	金装镇南部	东横路—和平路

（续上表）

标准名称	汉语拼音	地名类别	相对位置	起讫点
和平路	Hépíng Lù	支路	金装镇南部	金装至中学乡道—水谷公路
东山路	Dōngshān Lù	支路	金装镇南部	东横路—和平路
东横路	Dōnghéng Lù	支路	金装镇南部	金装至中学乡道—水谷公路
东街路	Dōngjiē Lù	支路	金装镇西南部	金装至中学乡道—金装卫生站
金兴路	Jīnxīng Lù	支路	金装镇东部	和平路—金绿酒店
江铺路	Jiāngpù Lù	支路	金装镇西北部	岑屋—袁屋宗厅
七宝寨路	Qībǎozhài Lù	支路	金装镇北部	水谷公路—民益小学
教育路	Jiàoyù Lù	支路	莲都镇政府驻地西部	莲都中学—莲都酒厂
莲花路	Liánhuā Lù	支路	莲都镇政府驻地北部	解放路—水谷公路
广场路	Guǎngchǎng Lù	支路	莲都镇政府驻地东北部	水谷公路—莲都文化广场
莲安路	Lián'ān Lù	支路	莲都镇政府驻地北部	解放路—水谷公路
白沙街	Báishā Jiē	支路	南丰镇北部	天后宫—白沙渡口
商业大道	Shāngyè Dàdào	支路	南丰镇新城区中部	封开县体育彩票站—嘉年华网吧
酒井路	Jiǔjǐng Lù	支路	南丰镇政府驻地东南部	嘉年华网吧—环城路
环城路	Huánchéng Lù	支路	南丰镇东部	南丰大桥—酒井路
十八米街	Shíbāmǐ Jiē	支路	南丰镇东南部	南丰至大岗顶—阳光路
阳光路	Yángguāng Lù	支路	南丰镇南部	新庙路—河西路
吉祥街	Jíxiáng Jiē	支路	南丰镇南部	阳光路—南丰文化中心
河西路	Héxī Lù	支路	南丰镇东南部	酒井路—开建酒店

(续上表)

标准名称	汉语拼音	地名类别	相对位置	起讫点
福祥路	Fúxiáng Lù	支路	南丰镇南部	商业大道—十八米街
景泰路	Jǐngtài Lù	支路	南丰镇南部	商业大道—十八米街
新庙路	Xīnmiào Lù	支路	南丰镇南部	勒竹村委会—封开县肉联厂南丰屠宰厂
解放南路	Jiěfàngnán Lù	支路	南丰镇政府驻地西北部	封开县肉联厂南丰屠宰厂—嘉年华网吧
河东路	Hédōng Lù	支路	南丰镇东南部	酒井桥—金鸿旅馆
花岭大街	Huālǐng DàJiē	支路	南丰镇东南部	环城路—鸿景驾校
河堤路	Hédī Lù	支路	南丰城区中西部	街道社区居委会—文昌阁
新华路	Xīnhuá Lù	支路	南丰镇南部	南丰婚姻登记处—新丰路
建设路	Jiànshè Lù	支路	南丰城区中部	龙吟桥—新丰路
城东路	Chéngdōng Lù	支路	南丰城区北部	环城路—龙吟桥
城门口路	Chéngménkǒu Lù	支路	南丰镇东部	封开县人民法院—南丰中学
城肚	Chéngdù	支路	南丰镇中部	南丰镇政府—南丰中心粮食管理所
新丰路	Xīnfēng Lù	支路	南丰城区南部	河堤路—嘉年华网吧
石鼓大道	Shígǔ Dàdào	支路	南丰镇东南部	七星—石鼓庙
解放路	Jiěfàng Lù	支路	莲都镇政府驻地西部	莲都镇中心小学—喜洋洋幼儿园
环镇路一巷	Huánzhèn Lù 1 Xiàng	支路	白垢街北部	白垢社区居委会—贺江边

2. 桥梁

标准名称	汉语拼音	地名类别	相对位置	所在线路	所跨河流（道路）
渔涝桥	Yúlào Qiáo	桥梁	渔涝镇东北部	水谷公路	渔涝河
贺江二桥	Hèjiāng 2 Qiáo	桥梁	江口镇政府驻地北部	肇封公路	贺江
贺江一桥	Hèjiāng 1 Qiáo	桥梁	江口镇政府驻地西北部	建设一路	贺江
桂坑口桥	Guìkēngkǒu Qiáo	桥梁	白垢镇政府驻地西部	白垢至大冲	贺江
莲花桥	Liánhuā Qiáo	桥梁	白垢镇政府驻地东部	渔涝至日光线	——
扶塘桥	Fútáng Qiáo	桥梁	大玉口镇政府驻地北部	——	
圣田桥	Shèngtián Qiáo	桥梁	大玉口镇政府驻地西北部	赤黎至申田	
赤黎桥	Chìlí Qiáo	桥梁	大玉口镇政府驻地西北部	江渡线	大玉口河
林香桥	Línxiāng Qiáo	桥梁	大玉口镇政府驻地西北部	——	长群河
长群桥	Chángqún Qiáo	桥梁	大玉口镇西北部	柏青至群胜	长群河
两合桥	Liǎnghé Qiáo	桥梁	大玉口镇政府驻地北部	——	大玉口河
大玉口镇两合桥	Dàyùkǒu Zhèn Liǎnghé Qiáo	桥梁	大玉口镇政府驻地北部		长群河
力塘桥	Lìtáng Qiáo	桥梁	大玉口镇政府驻地西部	江渡线	大玉口河
泗科二桥	Sìkē 2 Qiáo	桥梁	大洲镇政府驻地北部	——	东安江
泗科桥	Sìkē Qiáo	桥梁	大洲镇政府驻地东北部	江渡线	东安江
合水桥	Héshuǐ Qiáo	桥梁	大洲镇政府驻地东部	——	——
伏田头桥	Fútiántóu Qiáo	桥梁	大洲镇政府驻地北部	——	
马文桥	Mǎwén Qiáo	桥梁	都平镇西南部	江渡线	
上弯桥	Shàngwān Qiáo	桥梁	都平镇西南部	勿乃至横峒	
凤栗桥	Fènglì Qiáo	桥梁	都平镇西南部	江渡线	
木拱桥	Mùgǒng Qiáo	桥梁	都平镇西南部	勿乃至横峒	
盈田桥	Yíngtián Qiáo	桥梁	都平镇西南部	江渡线	
永胜宫桥	Yǒngshènggōng Qiáo	桥梁	都平镇西北部	永胜大道	
都罗口桥	Dūluókǒu Qiáo	桥梁	都平镇北部	江渡线	
都平口桥	Dūpíngkǒu Qiáo	桥梁	都平镇西北部	都平路	
柑根桥	Gāngēn Qiáo	桥梁	都平镇西北部	都平至长群	
罗源桥	Luóyuán Qiáo	桥梁	河儿口镇政府驻地南部	渔涝至清水	——

(续上表)

标准名称	汉语拼音	地名类别	相对位置	所在线路	所跨河流（道路）
黄岗桥	Huánggǎng Qiáo	桥梁	河儿口镇政府驻地南部	罗源至离板	——
南冲口桥	Nánchōngkǒu Qiáo	桥梁	河儿口镇政府驻地南部	渔涝至清水	——
南质桥	Nánzhì Qiáo	桥梁	河儿口镇政府驻地南部	渔涝至清水	——
步河桥	Bùhé Qiáo	桥梁	河儿口镇政府驻地南部	渔涝至清水	——
黄沙桥	Huángshā Qiáo	桥梁	河儿口镇政府驻地南部	渔涝至清水	——
深六桥	Shēnliù Qiáo	桥梁	河儿口镇政府驻地东部	百哥至深六	——
白河口桥	Báihékǒu Qiáo	桥梁	河儿口镇政府驻地东部	大滩河至桠口	——
蛤坑场桥	Hákēngchǎng Qiáo	桥梁	河儿口镇政府驻地东南部	——	——
降底桥	Jiàngdǐ Qiáo	桥梁	河儿口镇政府驻地东南部	渔涝至清水	——
进民桥	Jìnmín Qiáo	桥梁	河儿口镇政府驻地东部	渔涝至清水	——
向阳桥	Xiàngyáng Qiáo	桥梁	河儿口镇政府驻地东部	——	——
双龙桥	Shuānglóng Qiáo	桥梁	河儿口镇政府驻地东部	河儿口至白石岩	——
河儿口桥	Hé'érkǒu Qiáo	桥梁	河儿口镇政府驻地南部	河儿口至罗源	——
凤头埌桥	Fèngtóulàng Qiáo	桥梁	江川镇政府驻地西南部	封都线	——
下典桥	Xiàdiǎn Qiáo	桥梁	江口镇政府驻地西北部	肇梧公路	——
平岗桥	Pínggǎng Qiáo	桥梁	江口镇政府驻地东南部	半岗至白垢线	——
古田桥	Gǔtián Qiáo	桥梁	江口镇政府驻地东南部	半岗至白垢线	——
冲零桥	Chōnglíng Qiáo	桥梁	江口镇政府驻东部	半岗至白垢线	——
利林咀桥	Lìlínzuǐ Qiáo	桥梁	江口镇政府驻东部	半岗至白垢线	——
安靖桥	Ānjìng Qiáo	桥梁	金装镇东部	——	金装河
大水口天桥	Dàshuǐkǒu Tiānqiáo	桥梁	金装镇东南部	——	金装河
马步桥	Mǎbù Qiáo	桥梁	金装镇北部	——	金装河
逢铺桥	Féngpù Qiáo	桥梁	金装镇北部	长安至利枝	长安河
泽宝桥	Zébǎo Qiáo	桥梁	金装镇北部	——	金装河
生久桥	Shēngjiǔ Qiáo	桥梁	金装镇北部	——	金装河

（续上表）

标准名称	汉语拼音	地名类别	相对位置	所在线路	所跨河流（道路）
大府桥	Dàfǔ Qiáo	桥梁	金装镇东北部	上官当至大府	——
状元桥	Zhuàngyuán Qiáo	桥梁	金装镇东南部	金装至三座	金装河
金装桥	Jīnzhuāng Qiáo	桥梁	金装镇北部	水谷公路	金装河
北哥桥	Běigē Qiáo	桥梁	莲都镇政府驻地北部	水谷公路	莲都河
旧北哥桥	Jiùběigē Qiáo	桥梁	莲都镇政府驻地北部	教育路	莲都河
水来桥	Shuǐlái Qiáo	桥梁	莲都镇政府驻地东南部	——	莲都河
大坪桥	Dàpíng Qiáo	桥梁	莲都镇政府驻地西部	分守至冷水	莲都河
放生桥	Fàngshēng Qiáo	桥梁	莲都镇政府驻地南部	水谷公路	莲都河
蕈麦桥	Tánmài Qiáo	桥梁	莲都镇政府驻地西部	——	莲都河
上塘桥	Shàngtáng Qiáo	桥梁	莲都镇政府驻地北部	百哥至深六	莲都河
冷水大桥	Lěngshuǐ Dàqiáo	桥梁	莲都镇政府驻地西部	分守至冷水	莲都河
三步桥	Sānbù Qiáo	桥梁	莲都镇政府驻地西部	——	莲都河
义子桥	Yìzǐ Qiáo	桥梁	莲都镇政府驻地西部	——	莲都河
莲塘桥	Liántáng Qiáo	桥梁	莲都镇政府驻地东北部	——	莲都河
观音大桥	Guānyīn Dàqiáo	桥梁	莲都镇政府驻地东北部	——	莲都河
东畔桥	Dōngpàn Qiáo	桥梁	莲都镇政府驻地东北部	——	莲都河
西岸桥	Xī'àn Qiáo	桥梁	莲都镇政府驻地东北部	——	莲都河
大平桥	Dàpíng Qiáo	桥梁	莲都镇政府驻地东北部	——	莲都河
银塘桥	Yíntáng Qiáo	桥梁	莲都镇政府驻地东北部	银塘至大江	莲都河
石龙桥	Shílóng Qiáo	桥梁	莲都镇政府驻地东北部	银塘至大江	——
新田桥	Xīntián Qiáo	桥梁	莲都镇政府驻地东北部	桥头至莲都线	——
横水口桥	Héngshuǐkǒu Qiáo	桥梁	莲都镇政府驻地东北部	桥头至莲都线	——
花浪桥	Huālàng Qiáo	桥梁	莲都镇政府驻地东北部	桥头至莲都线	——
石佛桥	Shífó Qiáo	桥梁	莲都镇政府驻地东部	社墩至大冲	——
白沙桥	Báishā Qiáo	桥梁	莲都镇政府驻地东南部	——	——
东安桥	Dōng'ān Qiáo	桥梁	莲都镇政府驻地东南部	百哥至深六	——
三家口桥	Sānjiākǒu Qiáo	桥梁	莲都镇政府驻地东南部	百哥至深六	——

（续上表）

标准名称	汉语拼音	地名类别	相对位置	所在线路	所跨河流（道路）
云塘桥	Yúntáng Qiáo	桥梁	莲都镇政府驻地东部	大冲电站至云塘	大埇水库
塘村桥	Tángcūn Qiáo	桥梁	罗董镇政府驻地北部	寺村至六水	——
五星桥	Wǔxīng Qiáo	桥梁	罗董镇政府驻地西北部	寺村至六水	——
罗董桥	Luódǒng Qiáo	桥梁	罗董镇政府驻地西南部	——	——
酒井桥	Jiǔjǐng Qiáo	桥梁	南丰镇东部	酒井路	——
老酒井桥	Lǎojiǔjǐng Qiáo	桥梁	南丰镇东南部	——	——
南丰桥	Nánfēng Qiáo	桥梁	南丰镇北部	南丰至大岗顶	——
龙吟桥	Lóngyín Qiáo	桥梁	南丰镇北部	城东路	——
利婆桥	Lìpó Qiáo	桥梁	南丰镇西南部	氮肥厂至上盘高	——
侯村桥	Hóucūn Qiáo	桥梁	南丰镇南部	侯都线	——
中龙桥	Zhōnglóng Qiáo	桥梁	南丰镇南部	汶塘至平滩	——
莲塘桥	Liántáng Qiáo	桥梁	南丰镇西北部	莲塘庙至镇西	思料河
思鸦桥	Sīyā Qiáo	桥梁	南丰镇政府驻地西北部	大方至小玉	——
南丰大桥	Nánfēng Dàqiáo	桥梁	南丰镇北部	环城路	贺江
水拱	Shuǐgǒng	桥梁	南丰镇东部	水谷公路	——
下山脚桥	Xiàshānjiǎo Qiáo	桥梁	南丰镇东北部	——	——
望高桥	Wànggāo Qiáo	桥梁	南丰镇东北部	环城路	——
河口大桥	Hékǒu Dàqiáo	桥梁	渔涝镇西北部	力马至古榄	渔涝河
白梅桥	Báiméi Qiáo	桥梁	渔涝镇西北部	文子至彬木根	渔涝河
白屋桥	Báiwū Qiáo	桥梁	渔涝镇西北部	——	渔涝河
石便桥	Shíbiàn Qiáo	桥梁	渔涝镇西北部	力马至古榄	——
江信桥	Jiāngxìn Qiáo	桥梁	渔涝镇东南部	——	——
老瓜桥	Lǎoguā Qiáo	桥梁	长安镇政府驻地东北部	——	长安河
双供桥	Shuānggòng Qiáo	桥梁	长安镇政府驻地东北部	——	——
和平桥	Hépíng Qiáo	桥梁	杏花镇北部	——	——
泰新桥	Tàixīn Qiáo	桥梁	平凤镇政府驻地西北部	——	——

（续上表）

标准名称	汉语拼音	地名类别	相对位置	所在线路	所跨河流（道路）
人民桥	Rénmín Qiáo	桥梁	平凤镇政府驻地西部	封都线	蟠龙河
清水桥	Qīngshuǐ Qiáo	桥梁	杏花镇西部	水谷公路	——
林垌桥	Líndòng Qiáo	桥梁	杏花镇北部	水谷公路	——
斑石桥	Bānshí Qiáo	桥梁	杏花镇北部	斑石至龙田	——
下垌桥	Xiàdòng Qiáo	桥梁	杏花镇西北部	杏花至山口	——
杏花镇大坪桥	Xìnghuā Zhèn Dàpíng Qiáo	桥梁	杏花镇南部	杏花至大塘	——
利宅桥	Lìzhái Qiáo	桥梁	杏花镇南部	利宅至罗湖	——
旺村桥	Wàngcūn Qiáo	桥梁	长岗镇政府驻地西北部	321国道	——
文子冲桥	Wénzǐchōng Qiáo	桥梁	长岗镇政府驻地西北部	321国道	——
长岗镇谷墟桥	Zhǎnggǎng Zhèn Gǔxū Qiáo	桥梁	长岗镇政府驻地北部	427县道	——
谷墟桥	Gǔxū Qiáo	桥梁	长岗镇政府驻地北部	266省道	——
小圩桥	Xiǎoxū Qiáo	桥梁	长岗镇政府驻地东北部	818县道	——
标村桥	Biāocūn Qiáo	桥梁	长岗镇政府驻地东南部	321国道	——
西基塘桥	Xījītáng Qiáo	桥梁	长岗镇政府驻地西部	321国道	——
六圩桥	Liùxū Qiáo	桥梁	长岗镇政府驻地西部	321国道	——

3. 其他

标准名称	汉语拼音	地名类别	相对位置
封川客运站	Fēngchuān Kèyùnzhàn	长途汽车站	江口镇政府驻地西北部
杏花客运站	Xìnghuā Kèyùnzhàn	长途汽车站	杏花镇政府驻地西北部
旺村长途汽车站	Wàngcūn Chángtú Qìchēzhàn	长途汽车站	长岗镇政府驻地西北部
长安汽车客运站	Cháng'ān Qìchē Kèyùnzhàn	长途汽车站	长安镇政府驻地北部
碧桂园站	Bìguìyuán Zhàn	公共交通车站	江口镇政府驻地南部
碧桂园江山站	Bìguìyuán Jiāngshān Zhàn	公共交通车站	江口镇政府驻地南部
东丽新城站	Dōnglìxīnchéng Zhàn	公共交通车站	江口镇政府驻地南部
东和候车亭	Dōnghé Hòuchētíng	公共交通车站	杏花镇政府驻地西北部
下营候车亭	Xiàyíng Hòuchētíng	公共交通车站	杏花镇政府驻地北部
新和候车亭	Xīnhé Hòuchētíng	公共交通车站	杏花镇政府驻地西南部

(续上表)

标准名称	汉语拼音	地名类别	相对位置
垌心候车亭	Dòngxīn Hòuchētíng	公共交通车站	杏花镇政府驻地南部
金村候车亭	Jīncūn Hòuchētíng	公共交通车站	杏花镇政府驻地南部
旺村候车亭	Wàngcūn Hòuchētíng	公共交通车站	长岗镇政府驻地西北部
周黎候车亭	Zhōulí Hòuchētíng	公共交通车站	长岗镇政府驻地北部
谷圩候车亭	Gǔxū Hòuchētíng	公共交通车站	长岗镇政府驻地北部
马欧候车亭	Mǎ'ōu Hòuchētíng	公共交通车站	长岗镇政府驻地北部
竹围候车亭	Zhúwéi Hòuchētíng	公共交通车站	长岗镇政府驻地西北部
桥头埌候车亭	Qiáotóulàng Hòuchētíng	公共交通车站	长岗镇政府驻地北部
罗莫候车亭	Luómò Hòuchētíng	公共交通车站	长岗镇政府驻地东部
新丰候车亭	Xīnfēng Hòuchētíng	公共交通车站	长岗镇政府驻地东北部
扶塘道班	Fútáng Dàobān	道班	白垢镇政府驻地东部
寺村道班	Sìcūn Dàobān	道班	白垢镇政府驻地西部
白垢道班	Báigòu Dàobān	道班	白垢镇政府驻地北部
赤黎道班	Chìlí Dàobān	道班	大玉口镇政府驻地北部
泗科道班	Sìkē Dàobān	道班	大洲镇政府驻地东北部
都平道班	Dūpíng Dàobān	道班	都平镇政府驻地东北部
罗源道班	Luóyuán Dàobān	道班	河儿口镇政府驻地南部
深六道班	Shēnliù Dàobān	道班	河儿口镇政府驻地东部
七星道班	Qīxīng Dàobān	道班	河儿口镇政府驻地东南部
封开县公路局江口道班	Fēngkāi Xiàn Gōnglùjú Jiāngkǒu Dàobān	道班	江口镇政府驻地北部
扶来道班	Fúlái Dàobān	道班	江口镇政府驻地西北部
新进道班	Xīnjìn Dàobān	道班	江口镇政府驻地东南部
华石道班	Huáshí Dàobān	道班	莲都镇政府驻地北部
东安道班	Dōng'ān Dàobān	道班	莲都镇政府驻地东南部
罗董镇公路中心道班	Luódǒng Zhèn Gōnglù Zhōngxīn Dàobān	道班	罗董镇政府驻地东南部
江贝道班	Jiāngbèi Dàobān	道班	南丰镇政府驻地西南部
渡头道班	Dùtóu Dàobān	道班	南丰镇政府驻地西北部
渔涝镇公路中心道班	Yúlào Zhèn Gōnglù Zhōngxīn Dàobān	道班	渔涝镇政府驻地西北部
长安道班	Cháng'ān Dàobān	道班	长安镇政府驻地北部

（续上表）

标准名称	汉语拼音	地名类别	相对位置
登河道班	Dēnghé Dàobān	道班	平凤镇政府驻地西北部
谷圩道班	Gǔxū Dàobān	道班	长岗镇政府驻地北部
双塘道班	Shuāngtáng Dàobān	道班	长岗镇政府驻地北部
标村道班	Biāocūn Dàobān	道班	长岗镇政府驻地东部
宝洲加油站	Bǎozhōu Jiāyóuzhàn	加油站	大洲镇政府驻地东北部
利民加油站	Lìmín Jiāyóuzhàn	加油站	都平镇政府驻地东北部
小湘河儿口加油站	Xiǎoxiāng Hé'érkǒu Jiāyóuzhàn	加油站	河儿口镇政府驻地西部
中国石化河儿口油站	Zhōngguóshíhuà Hé'érkǒu Yóuzhàn	加油站	河儿口镇政府驻地西部
昆仑好客加油站	Kūnlúnhǎokè Jiāyóuzhàn	加油站	江口镇政府驻地北部
封洲加油站	Fēngzhōu Jiāyóuzhàn	加油站	江口镇政府驻地西北部
大旺村中国石化加油站	Dàwàngcūn Zhōngguóshíhuà Jiāyóuzhàn	加油站	江口镇政府驻地西北部
宏诚加油站	Hóngchéng Jiāyóuzhàn	加油站	江口镇政府驻地西南部
新光加油站	Xīnguāng Jiāyóuzhàn	加油站	江口镇政府驻地南部
中国石化加油站封川一路店	Zhōngguóshíhuà Jiāyóuzhàn Fēngchuān 1 Lù Diàn	加油站	江口镇政府驻地南部
封牌岭加油站	Fēngpáilǐng Jiāyóuzhàn	加油站	金装镇东北部
旧莲都加油站	Jiùliándū Jiāyóuzhàn	加油站	莲都镇政府驻地南部
连都加油站	Liándū Jiāyóuzhàn	加油站	莲都镇政府驻地北部
太子山加油站	Tàizǐshān Jiāyóuzhàn	加油站	罗董镇政府驻地西部
金丰江加油站	Jīnfēngjiāng Jiāyóuzhàn	加油站	南丰镇北部
南丰加油站	Nánfēng Jiāyóuzhàn	加油站	南丰镇东部
渡头农机加油站	Dùtóunóngjī Jiāyóuzhàn	加油站	南丰镇西北部
长河加油站	Chánghé Jiāyóuzhàn	加油站	长安镇政府驻地西南部
平凤加油站	Píngfèng Jiāyóuzhàn	加油站	平凤镇政府驻地西南部
杏花油站	Xìnghuā Yóuzhàn	加油站	杏花镇政府驻地北部
永安加油站	Yǒng'ān Jiāyóuzhàn	加油站	渔涝镇东北部
渔涝加油站	Yúlào Jiāyóuzhàn	加油站	渔涝镇东北部

（六）水利、电力、通信设施类

标准名称	汉语拼音	地名类别	相对位置
大浒水库	Dàhǔ Shuǐkù	水库	白垢镇政府驻地东北部
大冲水库	Dàchōng Shuǐkù	水库	白垢镇政府驻地西北部
龙崩水库	Lóngbēng Shuǐkù	水库	白垢镇政府驻地东部
古达水库	Gǔdá Shuǐkù	水库	白垢镇政府驻地东北部
迪田水库	Dítián Shuǐkù	水库	都平镇南部
松坪水库	Sōngpíng Shuǐkù	水库	河儿口镇东北部
白鹤河水库	Báihèhé Shuǐkù	水库	江川镇政府驻地北部
山心水库	Shānxīn Shuǐkù	水库	金装镇西北部
圣埇水库	Shèngyǒng Shuǐkù	水库	金装镇东北部
松根水库	Sōnggēn Shuǐkù	水库	莲都镇政府驻地西南部
大埇水库	Dàyǒng Shuǐkù	水库	莲都镇政府驻地东部
小垌水库	Xiǎodòng Shuǐkù	水库	封开县东部
河蒙水库	Héméng Shuǐkù	水库	罗董镇政府驻地西北部
迳口水库	Jìngkǒu Shuǐkù	水库	罗董镇政府驻地南部
四燕塘水库	Sìyàntáng Shuǐkù	水库	罗董镇政府驻地西北部
观塘水库	Guāntáng Shuǐkù	水库	罗董镇政府驻地北部
峡埇水库	Xiáyǒng Shuǐkù	水库	南丰镇东部
利水水库	Lìshuǐ Shuǐkù	水库	南丰镇东部
都斛水库	Dūhú Shuǐkù	水库	南丰镇西部
九源埇水库	Jiǔyuányǒng Shuǐkù	水库	南丰镇东南部
大门塘水库	Dàméntáng Shuǐkù	水库	南丰镇西南部
秋风塘	Qiūfēngtáng	水库	南丰镇北部
林青水库	Línqīng Shuǐkù	水库	南丰镇东北部
屈埇水库	Qūyǒng Shuǐkù	水库	南丰镇东部
野埇水库	Yěyǒng Shuǐkù	水库	南丰镇东北部
白沙水库	Báishā Shuǐkù	水库	南丰镇北部
牛蕰冲水库	Niúwēnchōng Shuǐkù	水库	长安镇政府驻地东北部
石桥冲水库	Shíqiáochōng Shuǐkù	水库	长安镇政府驻地东北部
谭双水库	Tánshuāng Shuǐkù	水库	长安镇政府驻地西北部
上铁炉水库	Shàngtiělú Shuǐkù	水库	长安镇政府驻地东北部

(续上表)

标准名称	汉语拼音	地名类别	相对位置
大木根水库	Dàmùgēn Shuǐkù	水库	长安镇政府驻地东北部
党山水库	Dǎngshān Shuǐkù	水库	长安镇政府驻地西南部
燕梅水库	Yànméi Shuǐkù	水库	长安镇政府驻地东部
上高基水库	Shànggāojī Shuǐkù	水库	长安镇政府驻地西南部
琵琶水库	Pípá Shuǐkù	水库	长安镇政府驻地西南部
石硬水库	Shíyìng Shuǐkù	水库	长安镇政府驻地西南部
上萍水库	Shàngpíng Shuǐkù	水库	长安镇政府驻地西南部
耕深水库	Gēngshēn Shuǐkù	水库	长安镇政府驻地西北部
西山水库	Xīshān Shuǐkù	水库	长安镇政府驻地西北部
远滕水库	Yuǎnméng Shuǐkù	水库	长安镇政府驻地西南部
冲浮水库	Chōngfú Shuǐkù	水库	平凤镇政府驻地西北部
大石岭水库	Dàshílǐng Shuǐkù	水库	平凤镇政府驻地西北部
罗马水库	Luómǎ Shuǐkù	水库	杏花镇西北部
朝阳水库	Cháoyáng Shuǐkù	水库	杏花镇西部
茶坪水库	Chápíng Shuǐkù	水库	杏花镇东部
蛤头水库	Hátóu Shuǐkù	水库	杏花镇东部
白梅水库	Báiméi Shuǐkù	水库	杏花镇东南部
东方红水库	Dōngfānghóng Shuǐkù	水库	杏花镇南部
东风水库	Dōngfēng Shuǐkù	水库	杏花镇东部
糯米河水库	Nuòmǐhé Shuǐkù	水库	长岗镇政府驻地东北部
吉宝水库	Jíbǎo Shuǐkù	水库	江口镇政府驻地西北部

（七）纪念地、旅游胜地类

标准名称	汉语拼音	别名	地名类别	相对位置
莫处士墓	Mòchùshì Mù	——	人物纪念地	白垢镇政府驻地西南部
莫平田墓	Mòpíngtián Mù	——	人物纪念地	白垢镇政府驻地西南部
诺吾童公祠	Nuòwútónggōng Cí	——	人物纪念地	白垢镇政府驻地南部
陈公国韬祠	Chéngōngguótāo Cí	——	人物纪念地	大洲镇政府驻地西北部

（续上表）

标准名称	汉语拼音	别名	地名类别	相对位置
邓作永公祠	Dèngzuòyǒnggōng Cí	——	人物纪念地	都平镇政府驻地东南部
茶田钟英现公祠	Chátián Zhōngyīngxiàngōng Cí	——	人物纪念地	都平镇政府驻地西北部
莫让仁墓	Mòràngrén Mù	——	人物纪念地	河儿口镇政府驻地南部
高轩梁公祠	Gāoxuānliánggōng Cí	——	人物纪念地	河儿口镇政府驻地南部
莫宣卿墓	Mòxuānqīng Mù	——	人物纪念地	河儿口镇政府驻地西北部
孝甫状元	Xiàofǔzhuàngyuán	——	人物纪念地	河儿口镇政府驻地西部
鲤鱼山墓葬	Lǐyúshān Mùzàng	——	人物纪念地	金装镇政府驻地北部
天乙苏公之墓	Tiānyǐsūgōngzhīmù	——	人物纪念地	金装镇政府驻地东北部
乡贤夷庚侯公祠	Xiāngxiányígēnghóugōng Cí	——	人物纪念地	南丰镇南部
毛主席纪念堂	Máozhǔxí Jìniàntáng	——	人物纪念地	南丰镇政府驻地北部
候应遴墓	Hòuyīnglín Mù	——	人物纪念地	南丰镇北部
林南莫状元纪念堂	Línnánmòzhuàngyuán Jìniàntáng	——	人物纪念地	南丰镇政府驻地东北部
状元府	Zhuàngyuán Fǔ	——	人物纪念地	南丰镇政府驻地东部
凤村革命烈士纪念碑	Fèngcūn Gémìnglièshì Jìniànbēi	——	人物纪念地	平凤镇政府驻地西北部
平岗马埌岗革命烈士纪念碑	Pínggǎng Mǎlànggǎng Gémìnglièshì Jìniànbēi	——	人物纪念地	平凤镇政府驻地西北部
李炳辉烈士祠	Lǐbǐnghuīlièshì Cí	——	人物纪念地	平凤镇政府驻地西北部
敏经陈公祠	Mǐnjīngchéngōng Cí	——	人物纪念地	平凤镇政府驻地西北部
敬原陈公祠	Jìngyuánchéngōng Cí	——	人物纪念地	平凤镇政府驻地西北部
伍应韬夫妇合葬墓	Wǔyīngtāofūfù Hézàng Mù	——	人物纪念地	杏花镇政府驻地东南部

（续上表）

标准名称	汉语拼音	别名	地名类别	相对位置
刘公一墓	Liúgōngyī Mù	——	人物纪念地	杏花镇政府驻地东南部
法应宾公祠	Fǎyīngbīngōng Cí	——	人物纪念地	长岗镇政府驻地东南部
竹根陈氏祠堂	Zhúgēnchénshì Cítáng	——	人物纪念地	白垢镇政府驻地南部
革命老区烈士纪念碑	Gémìnglǎoqū Lièshì Jìniànbēi	——	人物纪念地	大玉口镇政府驻地西北部
革命烈士纪念碑	Gémìnglièshì Jìniànbēi	——	人物纪念地	江口镇政府驻地西北部
罗董革命烈士纪念碑	Luódǒng Gémìnglièshì Jìniànbēi	——	人物纪念地	罗董镇政府驻地东南部
杏花革命烈士纪念碑	Xìnghuā Gémìnglièshì Jìniànbēi	——	人物纪念地	杏花镇政府驻地北部
绥贺支队旧址	Suíhèzhīduì Jiùzhǐ	——	事件纪念地	河儿口镇政府驻地东部
火煅岩石刻	Huǒqūyán Shíkè	——	事件纪念地	河儿口镇政府驻地东部
古岗炮楼	Gǔgǎng Pàolóu	——	事件纪念地	江川镇政府驻地西部
佛子村梁氏炮楼	Fózǐcūn Liángshì Pàolóu	——	事件纪念地	江川镇政府驻地西部
大田炮楼	Dàtián Pàolóu	——	事件纪念地	金装镇政府驻地东北部
岭南总会	Lǐngnán Zǒnghuì	——	事件纪念地	南丰镇政府驻地东部
聚贤堂	Jùxián Táng	徐塘聚贤堂	事件纪念地	南丰镇政府驻地西南部
圆珠山遗址	Yuánzhūshān Yízhǐ	——	事件纪念地	南丰镇政府驻地西北部
椰揄寨遗址	Yēyúzhài Yízhǐ	——	事件纪念地	南丰镇政府驻地东部
思寮炮楼	Sīliáo Pàolóu	——	事件纪念地	南丰镇政府驻地东部
平村炮楼	Píngcūn Pàolóu	——	事件纪念地	南丰镇政府驻地东部

(续上表)

标准名称	汉语拼音	别名	地名类别	相对位置
古榄炮楼	Gǔlǎn Pàolóu	——	事件纪念地	渔涝镇政府驻地西北部
大豪岩	Dàháoyán	——	事件纪念地	平凤镇
石氏书室	Shíshì Shūshì	——	事件纪念地	平凤镇政府驻地西北部
三联后山遗址	Sānliánhòushān Yízhǐ	——	事件纪念地	杏花镇
羊额山遗址	Yángéshān Yízhǐ	——	事件纪念地	杏花镇
簪秧岗遗址	Tányānggǎng Yízhǐ	——	事件纪念地	杏花镇
沙嘴山遗址	Shāzuǐshān Yízhǐ	——	事件纪念地	杏花镇
石峡后山遗址	Shíxiáhòushān Yízhǐ	——	事件纪念地	杏花镇
沙江山遗址	Shājiāngshān Yízhǐ	——	事件纪念地	杏花镇
庙脚遗址	Miàojiǎo Yízhǐ	——	事件纪念地	杏花镇
井背村新社岭头山遗址	Jǐngbèicūn Xīnshèlǐngtóushān Yízhǐ	——	事件纪念地	杏花镇
井背村新社岭头山墓葬	Jǐngbèicūn Xīnshèlǐngtóushān Mùzàng	——	事件纪念地	杏花镇
罗马水库遗址	Luómǎshuǐkù Yízhǐ	——	事件纪念地	杏花镇
牛扼山遗址	Niúèshān Yízhǐ	——	事件纪念地	杏花镇
松嘴岗遗址	Sōngzuǐgǎng Yízhǐ	——	事件纪念地	杏花镇
黎皮山遗址	Lípíshān Yízhǐ	——	事件纪念地	杏花镇
下营白屋后山遗址	Xiàyíng Báiwūhòushān Yízhǐ	——	事件纪念地	杏花镇
罗欧山遗址	Luó'ōushān Yízhǐ	——	事件纪念地	杏花镇
长岗顶窑址	Chánggǎngdǐngyáozhǐ	——	事件纪念地	杏花镇
秃嘴岗遗址	Tūzuǐgǎng Yízhǐ	——	事件纪念地	杏花镇
德一家塾	Déyī Jiāshú	——	事件纪念地	杏花镇
奇龙山遗址	Qílóngshān Yízhǐ	——	事件纪念地	杏花镇
罗伏咀遗址	Luófúzuǐ Yízhǐ	——	事件纪念地	江川镇政府驻地西部
独岭头遗址	Dúlǐngtóu Yízhǐ	——	事件纪念地	杏花镇
簪洲岗遗址	Tánzhōugǎng Yízhǐ	——	事件纪念地	杏花镇
鸡罩顶山遗址	Jīzhàodǐngshān Yízhǐ	——	事件纪念地	杏花镇

（续上表）

标准名称	汉语拼音	别名	地名类别	相对位置
清水深冲窑址	Qīngshuǐ Shēnchōngyáozhǐ	——	事件纪念地	杏花镇
清水村广信河遗址	Qīngshuǐcūn Guǎngxìnhé Yízhǐ	——	事件纪念地	杏花镇
苦稔岗窑址	Kǔrěngǎngyáozhǐ	——	事件纪念地	杏花镇
苦稔岗遗址	Kǔrěngǎng Yízhǐ	——	事件纪念地	杏花镇
旧屋垌遗址	Jiùwūdòng Yízhǐ	——	事件纪念地	杏花镇
龙颈山遗址	Lóngjǐngshān Yízhǐ	——	事件纪念地	杏花镇
铺门岗遗址	Pùméngǎng Yízhǐ	——	事件纪念地	杏花镇
清水塝遗址	Qīngshuǐbàng Yízhǐ	——	事件纪念地	杏花镇
岗岭头山遗址	Gǎnglǐngtóushān Yízhǐ	——	事件纪念地	杏花镇
旧屋后山遗址	Jiùwūhòushān Yízhǐ	——	事件纪念地	杏花镇
斯文村背后山东遗物点	Sīwéncūn Bèihòushāndōng Yíwùdiǎn	——	事件纪念地	杏花镇
竹舌山遗址	Zhúshéshān Yízhǐ	——	事件纪念地	杏花镇
铜钟山遗址	Tóngzhōngshān Yízhǐ	——	事件纪念地	杏花镇
双窑冲遗址	Shuāngyáochōng Yízhǐ	——	事件纪念地	杏花镇
岗平后山遗址	Gǎngpínghòushān Yízhǐ	——	事件纪念地	杏花镇
狗尾岭遗址	Gǒuwěilǐng Yízhǐ	——	事件纪念地	杏花镇
凤楼狗儿岭遗址	Fènglóu Gǒu'érlǐng Yízhǐ	——	事件纪念地	杏花镇
佛龙旁遗址	Fólóngpáng Yízhǐ	——	事件纪念地	杏花镇
猫爪撑遗址	Māozhǎocheng Yízhǐ	——	事件纪念地	杏花镇
凤楼社岭头遗址	Fènglóu Shèlǐngtóu Yízhǐ	——	事件纪念地	杏花镇
罗围山遗址	Luówéishān Yízhǐ	——	事件纪念地	杏花镇
佛崩山遗址	Fóbēngshān Yízhǐ	——	事件纪念地	杏花镇
罗茂后山遗址	Luómàohòushān Yízhǐ	——	事件纪念地	杏花镇
斑鸠冲遗址	Bānjiūchōng Yízhǐ	——	事件纪念地	杏花镇
河南背后山遗址	Hénán Bèihòushān Yízhǐ	——	事件纪念地	杏花镇
佛子岗遗址	Fózǐgǎng Yízhǐ	——	事件纪念地	杏花镇
利宅后山遗址	Lìzháihòushān Yízhǐ	——	事件纪念地	杏花镇
秃头山遗址	Tūtóushān Yízhǐ	——	事件纪念地	杏花镇
塘角嘴遗址	Tángjiǎozuǐ Yízhǐ	——	事件纪念地	杏花镇

(续上表)

标准名称	汉语拼音	别名	地名类别	相对位置
乌骚岭墓葬	Wūsāolǐng Mùzàng	——	事件纪念地	杏花镇
茶籽冲遗址	Cházǐchōng Yízhǐ	——	事件纪念地	杏花镇
罗霍后山遗址	Luóhuòhòushān Yízhǐ	——	事件纪念地	杏花镇
鲊土顶遗址	Zhǎtǔdǐng Yízhǐ	——	事件纪念地	杏花镇
黄泥塘遗址	Huángnítáng Yízhǐ	——	事件纪念地	杏花镇
大坪山遗址	Dàpíngshān Yízhǐ	——	事件纪念地	杏花镇
大乐岗遗址	Dàlègǎng Yízhǐ	——	事件纪念地	杏花镇
佛子庙遗址	Fózǐmiào Yízhǐ	——	事件纪念地	杏花镇
禄美村对面山遗址	Lùměicūn Duìmiànshān Yízhǐ	——	事件纪念地	杏花镇
禄美后山遗址	Lùměihòushān Yízhǐ	——	事件纪念地	杏花镇
文丰后山遗址	Wénfēnghòushān Yízhǐ	——	事件纪念地	杏花镇
营路后山遗址	Tánlùhòushān Yízhǐ	——	事件纪念地	杏花镇
永和石嘴遗址	Yǒnghéshízuǐ Yízhǐ	——	事件纪念地	杏花镇
崩口山遗址	Bēngkǒushān Yízhǐ	——	事件纪念地	杏花镇
小广山遗址	Xiǎoguǎngshān Yízhǐ	——	事件纪念地	杏花镇
白马岗遗址	Báimǎgǎng Yízhǐ	——	事件纪念地	杏花镇
大圳头遗址	Dàzhèntóu Yízhǐ	——	事件纪念地	杏花镇
鲤鱼嘴遗址	Lǐyúzuǐ Yízhǐ	——	事件纪念地	杏花镇
真竹旁遗址	Zhēnzhúpáng Yízhǐ	——	事件纪念地	杏花镇
和平石嘴遗址	Hépíngshízuǐ Yízhǐ	——	事件纪念地	杏花镇
和平村白屋后山遗址	Hépíngcūn Báiwūhòushān Yízhǐ	——	事件纪念地	杏花镇
苦稔岗墓葬	Kǔrěngǎng Mùzàng	——	事件纪念地	杏花镇
鹤头岗墓葬	Hètóugǎng Mùzàng	——	事件纪念地	杏花镇
禄美村对面山墓葬	Lùměicūn Duìmiànshān Mùzàng	——	事件纪念地	杏花镇
罗沙岗墓葬	Luóshāgǎng Mùzàng	——	事件纪念地	杏花镇
莲花寺	Liánhuā Sì	——	寺	金装镇政府驻地北部
梅花寺	Méihuā Sì	——	寺	长安镇政府驻地北部

(续上表)

标准名称	汉语拼音	别名	地名类别	相对位置
荣华寺	Rónghuá Sì	——	寺	河儿口镇政府驻地西部
宣灵寺	Xuānlíng Sì	——	寺	都平镇东部
镇福寺	Zhènfú Sì	——	寺	罗董镇政府驻地东部
绿容寺	Lǜróng Sì	——	寺	平凤镇政府驻地东部
大云寺	Dàyún Sì	——	寺	平凤镇
北帝庙	Běidì Miào	——	庙	大玉口镇
两合庙	Liǎnghé Miào	——	庙	大玉口镇政府驻地西北部
灵田庙	Língtián Miào	——	庙	大玉口镇
龙门庙	Lóngmén Miào	——	庙	大玉口镇
南宫祠	Nángōng Cí	——	庙	金装镇东北部
南山大庙	Nánshān Dàmiào	——	庙	南丰镇东北部
盘古庙	Pángǔ Miào	——	庙	大玉口镇政府驻地北部
玄妙观	Xuánmiào Guàn	——	庙	南丰镇东部
石鼓庙	Shígǔ Miào	——	庙	南丰镇东南部
石主玄帝宫	Shízhǔxuándì Gōng	——	庙	江口镇政府驻地东北部
安福祠	Ānfú Cí	——	庙	南丰镇北部
宝月宫	Bǎoyuè Gōng	——	庙	南丰镇南部
保丰宫	Bǎofēng Gōng	——	庙	河儿口镇政府驻地东南部
新进北帝庙	Xīnjìn Běidì Miào	——	庙	江口镇政府驻地东南部
弼帝宫	Bìdì Gōng	——	庙	江川镇
边江宗厅	Biānjiāngzōng Tīng	——	庙	金装镇东北部
城西庙	Chéngxī Miào	——	庙	南丰镇西南部
翠山宫	Cuìshān Gōng	——	庙	大和村委会西部
大段宫	Dàduàn Gōng	——	庙	大洲镇
大峨祖庙	Dà'ézǔ Miào	——	庙	江川镇政府驻地西部

（续上表）

标准名称	汉语拼音	别名	地名类别	相对位置
大梁宫大殿	Dàliánggōng Dàdiàn	——	庙	河儿口镇
党洞宫	Dǎngdòng Gōng	——	庙	大洲镇
东江庙	Dōngjiāng Miào	——	庙	南丰镇西南部
都触大庙	Dūchù Dàmiào	——	庙	南丰镇南部
都统宫	Dūtǒng Gōng	——	庙	江川镇政府驻地北部
丰庆宫	Fēngqìng Gōng	——	庙	莲都镇政府驻地西部
丰稔宫	Fēngrěn Gōng	——	庙	都平镇西南部
丰稔祖庙	Fēngrěnzǔ Miào	——	庙	河儿口镇政府驻地东部
凤动宗厅	Fèngdòngzōng Tīng	——	庙	金装镇东北部
佛子殿	Fózǐ Diàn	——	庙	大洲镇
佛子庙	Fózǐ Miào	——	庙	大洲镇政府驻地北部
阜蕃祠	Fùfān Cí	——	庙	都平镇南部
高浪观音庙	Gāolàng Guānyīn Miào	——	庙	都平镇西北部
高浪聚福堂	Gāolàng Jùfú Táng	——	庙	都平镇西北部
更吉庙	Gèngjí Miào	——	庙	金装镇西北部
姑婆庙	Gūpó Miào	——	庙	南丰镇东北部
古余社	Gǔyú Shè	——	庙	白垢镇
古镇宫	Gǔzhèn Gōng	——	庙	河儿口镇政府驻地南部
关帝殿	Guāndì Diàn	——	庙	河儿口镇政府驻地南部
关塘宗厅	Guāntángzōng Tīng	——	庙	金装镇东北部
观音阁	Guānyīn Gé	——	庙	金装镇西部
大田观音庙	Dàtián Guānyīn Miào	——	庙	金装镇东北部
观音亭	Guānyīn Tíng	——	庙	南丰镇北部
广勇庙	Guǎngyǒng Miào	——	庙	南丰镇北部
旱秧地华帝宫	Hànyāngdì Huádì Gōng	——	庙	都平镇西南部
行军庙	Xíngjūn Miào	——	庙	南丰镇南部

（续上表）

标准名称	汉语拼音	别名	地名类别	相对位置
洪圣宫	Hóngshèng Gōng	——	庙	江口镇政府驻地东南部
户头北帝庙	Hùtóu Běidì Miào	——	庙	江口镇政府驻地西北部
护福堂庙	Hùfútáng Miào	——	庙	河儿口镇政府驻地东南部
华光庙	Huáguāng Miào	——	庙	大洲镇政府驻地北部
回龙祖庙	Huílóngzǔ Miào	——	庙	大洲镇政府驻地北部
回珠宫	Huízhū Gōng	——	庙	罗董镇政府驻地西南部
会龙宫	Huìlóng Gōng	——	庙	罗董镇政府驻地东北部
建藏莫公祠	Jiàncángmògōng Cí	——	庙	罗董镇政府驻地东南部
建庄莫公祠	Jiànzhuāngmògōng Cí	——	庙	罗董镇政府驻地东南部
金龙祠	Jīnlóng Cí	——	庙	金装镇西部
金装大廟	Jīnzhuāng Dàmiào	——	庙	南丰镇西北部
兰口庙	Lánkǒu Miào	——	庙	大洲镇政府驻地东北部
雷祖宫	Léizǔ Gōng	——	庙	大洲镇
雷祖庙	Léizǔ Miào	——	庙	江口镇政府驻地东北部
历田庙	Lìtián Miào	——	庙	大洲镇政府驻地西北部
莲都祖庙	Liándūzǔ Miào	——	庙	莲都镇政府驻地南部
莲塘大廟	Liántáng Dàmiào	——	庙	南丰镇北部
梁屋宗厅	Liángwūzōng Tīng	——	庙	金装镇东北部
龙母庙	Lóngmǔ Miào	——	庙	南丰镇西南部
龙山大庙	Lóngshān Dàmiào	——	庙	南丰镇东部
卢氏家祠	Lúshìjiā Cí	——	庙	渔涝镇东南部
庙角玄帝宫	Miàojiǎoxuándì Gōng	——	庙	江口镇政府驻地东北部

（续上表）

标准名称	汉语拼音	别名	地名类别	相对位置
宁阳宫	Níngyáng Gōng	——	庙	罗董镇政府驻地西北部
平安宫	Píng'ān Gōng	——	庙	莲都镇政府驻地东北部
七月宫	Qīyuè Gōng	——	庙	罗董镇政府驻地东北部
且止福德祠	Qiězhǐ Fúdé Cí	——	庙	南丰镇北部
庆丰宫	Qìngfēng Gōng	——	庙	莲都镇政府驻地东北部
庆福宫	Qìngfú Gōng	——	庙	莲都镇政府驻地东北部
庆宁寺	Qìngníng Sì	——	庙	大洲镇
庆云观	Qìngyún Guàn	——	庙	莲都镇政府驻地东北部
荣富欧公祠	Róngfù'ōugōng Cí	——	庙	河儿口镇政府驻地北部
榕下宗厅	Róngxiàzōng Tīng	——	庙	金装镇东北部
三宝庙	Sānbǎo Miào	——	庙	江川镇政府驻地西南部
三部宫	Sānbù Gōng	——	庙	大洲镇
三帝宫	Sāndì Gōng	——	庙	都平镇东南部
三龙宫	Sānlóng Gōng	——	庙	大洲镇西北部
三圣宫	Sānshèng Gōng	——	庙	大洲镇
三洲三圣宫	Sānzhōu Sānshèng Gōng	——	庙	都平镇南部
上花塘玄帝宫	Shànghuātáng Xuándì Gōng	——	庙	江口镇政府驻地北部
上林宗厅	Shànglínzōng Tīng	——	庙	金装镇东北部
圣帝宫	Shèngdì Gōng	——	庙	江口镇政府驻地东部
石葵庙	Shíkuí Miào	——	庙	渔涝镇政府驻地西北部
世禄侯氏书林	Shìlùhóushìshūlín	——	庙	南丰镇西南部
四圣庙	Sìshèng Miào	——	庙	莲都镇政府驻地东部

（续上表）

标准名称	汉语拼音	别名	地名类别	相对位置
太安宫	Tài'ān Gōng	——	庙	莲都镇政府驻地东北部
太平宫	Tàipíng Gōng	——	庙	莲都镇政府驻地东北部
太平社	Tàipíng Shè	——	庙	江川镇政府驻地北部
谭贝宗厅	Tánbèizōng Tīng	——	庙	金装镇东北部
谭沙宗厅	Tánshāzōng Tīng	——	庙	金装镇东北部
天后宫	Tiānhòu Gōng	——	庙	南丰镇北部
天神庙	Tiānshén Miào	——	庙	大玉口镇政府驻地西北部
万福宫	Wànfú Gōng	——	庙	莲都镇政府驻地东部
望天狮	Wàngtiānshī	——	庙	大玉口镇政府驻地西北部
文昌阁	Wénchāng Gé	——	庙	南丰镇西南部
文昌宫	Wénchāng Gōng	——	庙	南丰镇北部
文佛寺	Wénfó Sì	——	庙	大洲镇
文武宫	Wénwǔ Gōng	——	庙	金装镇西部
五谷社	Wǔgǔ Shè	——	庙	江川镇政府驻地西北部
五圣宫	Wǔshèng Gōng	——	庙	白垢镇
五通宫	Wǔtōng Gōng	——	庙	大播村中部
五显宫	Wǔxiǎn Gōng	——	庙	大洲镇
五相祖庙	Wǔxiàngzǔ Miào	——	庙	江川镇政府驻地西北部
下林宗厅	Xiàlínzōng Tīng	——	庙	金装镇东北部
下莫东厅	Xiàmòdōng Tīng	——	庙	金装镇北部
下莫西厅	Xiàmòxī Tīng	——	庙	金装镇北部
显圣宫	Xiǎnshèng Gōng	——	庙	大洲镇
新庆宫	Xīnqìng Gōng	——	庙	上律村
新庆祖社	Xīnqìngzǔ Shè	——	庙	江川镇政府驻地西北部

(续上表)

标准名称	汉语拼音	别名	地名类别	相对位置
兴福祠	Xīngfú Cí	——	庙	南丰镇东南部
玄帝宫	Xuándì Gōng	——	庙	大洲镇
玄帝金羖宫	Xuándìjīné Gōng	——	庙	江口镇政府驻地东南部
玄华宫	Xuánhuá Gōng	——	庙	渔涝镇西北部
永胜宫	Yǒngshèng Gōng	——	庙	都平镇西北部
元帅宫	Yuánshuài Gōng	——	庙	都平镇东南部
袁屋宗厅	Yuánwūzōng Tīng	——	庙	金装镇东北部
赞元宫	Zùnyuán Gōng	——	庙	莲都镇政府驻地西部
张仙庙	Zhāngxiān Miào	——	庙	南丰镇北部
长安庙	Chángān Miào	——	庙	南丰镇北部
真武殿	Zhēnwǔ Diàn	——	庙	白垢镇
真武庙	Zhēnwǔ Miào	——	庙	江川镇政府驻地西南部
镇龙宫	Zhènlóng Gōng	——	庙	罗董镇政府驻地东北部
镇庆宫	Zhènqìng Gōng	——	庙	莲都镇政府驻地西部
镇武宫	Zhènwǔ Gōng	五马归曹	庙	都平镇西北部
镇武庙	Zhènwǔ Miào	——	庙	江川镇政府驻地西部
至圣家庙	Zhìshèngjiā Miào	——	庙	莲都镇
朱屋宗厅	Zhūwūzōng Tīng	——	庙	金装镇东北部
庄田宫	Zhuāngtián Gōng	——	庙	大洲镇
状元祠	Zhuàngyuán Cí	——	庙	渔涝镇北部
大造宫	Dàzào Gōng	——	庙	平凤镇
广利宫	Guǎnglì Gōng	——	庙	平凤镇政府驻地西部
龙头宫	Lóngtóu Gōng	——	庙	平凤镇
北帝宫	Běidì Gōng	——	庙	平凤镇
下马庙	Xiàmǎ Miào	——	庙	平凤镇北部

（续上表）

标准名称	汉语拼音	别名	地名类别	相对位置
圣人宫	Shèngrén Gōng	——	庙	平凤镇西北部
亭子庙	Tíngzǐ Miào	——	庙	平凤镇
八帝宫	Bādì Gōng	——	庙	平凤镇
景福宫	Jǐngfú Gōng	——	庙	平凤镇
思蓬宫	Sīpéng Gōng	——	庙	平凤镇
文昌庙	Wénchāng Miào	——	庙	平凤镇政府驻地东北部
寺院庙	Sìyuàn Miào	——	庙	平凤镇
盘古宫	Pángǔ Gōng	——	庙	平凤镇西北部
神尾宫	Shénwěi Gōng	——	庙	平凤镇
五帝庙	Wǔdì Miào	——	庙	平凤镇
致富宫	Zhìfù Gōng	——	庙	平凤镇政府驻地西北部
思黎庙	Sīlí Miào	——	庙	平凤镇
麒麟山寺	Qílínshān Sì	——	庙	杏花镇政府驻地北部
新寨六庙	Xīnzhàiliù Miào	——	庙	杏花镇
斑石观音庙	Bānshí Guānyīn Miào	——	庙	杏花镇北部
圣妃宫	Shèngfēi Gōng	——	庙	杏花镇
福德祠	Fúdé Cí	——	庙	长安镇政府驻地东北部
金富祠	Jīnfù Cí	——	庙	长安镇政府驻地东北部
圣妃祠	Shèngfēi Cí	——	庙	长安镇政府驻地东北部
金村宗厅	Jīncūnzōng Tīng	——	庙	长安镇政府驻地东北部
新屋宗厅	Xīnwūzōng Tīng	——	庙	长安镇政府驻地东北部
龙皇岛森林公园	Lónghuángdǎo Sēnlín Gōngyuán	——	公园	封开县西北部
塔山森林公园	Tǎshān Sēnlín Gōngyuán	——	公园	封开县东南部
江滨公园	Jiāngbīn Gōngyuán	——	公园	封开县东南部
南丰森林公园	Nánfēng Sēnlín Gōngyuán	——	公园	封开县北部

(续上表)

标准名称	汉语拼音	别名	地名类别	相对位置
平凤镇森林公园	Píngfèng Zhèn Sēnlín Gōngyuán	——	公园	封开县东南部
千层峰景区	Qiāncéngfēng Jǐngqū	——	风景区	河口镇政府南部
黄岩洞景区	Huángyándòng Jǐngqū	——	风景区	河儿口镇政府驻地东南部
龙山风景区	Lóngshān Fēngjǐngqū	——	风景区	河儿口镇政府驻地北部
大斑石景区	Dàbānshí Jǐngqū	——	风景区	杏花镇

(八)建筑物类

标准名称	汉语拼音	地名类别	相对位置
禾楼村罗氏老屋	Hélóucūn Luóshì Lǎowū	房屋	白垢镇
邓氏书屋	Dèngshì Shūwū	房屋	大玉口镇政府驻地东北部
上丰沙苏家镬耳楼	Shàngfēngshā Sūjiā Huò'ěrlóu	房屋	江口镇政府北部
外经贸大厦	Wàijīngmào Dàshà	房屋	江口镇政府西北部
袁屋上四座民居	Yuánwū Shàngsìzuò Mínjū	房屋	金装镇政府驻地东北部
袁屋下四座民居	Yuánwū Xiàsìzuò Mínjū	房屋	金装镇东北部
玉辉堂	Yùhuī Táng	房屋	莲都镇
锄经书室	Chújīng Shūshì	房屋	罗董镇政府驻地南部
迳口村莫氏白屋	Jìngkǒucūn Mòshì Báiwū	房屋	罗董镇政府驻地南部
迳口村莫氏炮楼	Jìngkǒucūn Mòshì Pàolóu	房屋	罗董镇政府驻地南部
杨池村谷我士女社学	Yángchícūn Gǔwǒ Shìnǚshèxué	房屋	罗董镇政府驻地南部
杨池村三房门楼	Yángchícūn Sānfáng Ménlóu	房屋	罗董镇政府驻地南部
杨池钱庄	Yángchí Qiánzhuāng	房屋	罗董镇政府驻地南部
叶建和老屋	Yèjiànhé Lǎowū	房屋	罗董镇政府驻地南部
叶建深老屋	Yèjiànshēn Lǎowū	房屋	罗董镇政府驻地南部
叶锦泉老屋	Yèjǐnquán Lǎowū	房屋	罗董镇政府驻地南部
叶锦荣香火屋	Yèjǐnróng Xiānghuǒwū	房屋	罗董镇政府驻地南部
叶锐煌老屋	Yèruìhuáng Lǎowū	房屋	罗董镇政府驻地南部
叶思晨老屋	Yèsīchén Lǎowū	房屋	罗董镇政府驻地南部
叶思增香火屋	Yèsīzēng Xiānghuǒwū	房屋	罗董镇政府驻地南部

（续上表）

标准名称	汉语拼音	地名类别	相对位置
叶伟文老屋	Yèwěiwén Lǎowū	房屋	罗董镇政府驻地南部
叶志君老屋	Yèzhìjūn Lǎowū	房屋	罗董镇政府驻地南部
叶子坚老屋	Yèzǐjiān Lǎowū	房屋	罗董镇政府驻地南部
叶子修老屋	Yèzǐxiū Lǎowū	房屋	罗董镇政府驻地南部
爱群村文化室	Àiqúncūn Wénhuàshì	房屋	长安镇政府驻地东北部
白邴祖屋	Báibǐng Zǔwū	房屋	长安镇政府驻地东北部
大咁老屋	Dàgān Lǎowū	房屋	长安镇政府驻地东北部
大乙文化室	Dàyǐ Wénhuàshì	房屋	长安镇政府驻地东北部
宿水遗址	Xiǔshuǐ Yízhǐ	房屋	长安镇政府驻地东北部
富安居	Fù'ān Jū	房屋	长安镇政府驻地东北部
履義居	Lǚyì Jū	房屋	长安镇政府驻地东北部
万石祖屋	Wànshí Zǔwū	房屋	长安镇政府驻地东北部
寨宅祖屋	Zhàizhái Zǔwū	房屋	长安镇政府驻地东北部
福龙居	Fúlóng Jū	房屋	长安镇政府驻地东北部
福田村	Fútián Cūn	房屋	长安镇政府驻地东北部
福岗村	Fúgǎng Cūn	房屋	长安镇政府驻地东北部
莫罗寨必昌户二房	Mòluózhài Bìchānghù Èrfáng	房屋	长安镇政府驻地东北部
林氏祖堂	Línshì Zǔtáng	房屋	长安镇政府驻地东部
下营伍家大屋	Xiàyíng Wǔjiā Dàwū	房屋	杏花镇
清水村梁氏旧屋	Qīngshuǐcūn Liángshì Jiùwū	房屋	杏花镇
蔼然书室	Ǎirán Shūshì	房屋	杏花镇
杏花十二座民居	Xìnghuā Shí'èrzuò Mínjū	房屋	杏花镇
新屋村伍氏新屋	Xīnwūcūn Wǔshì Xīnwū	房屋	杏花镇
新屋村奉政第	Xīnwūcūn Fèngzhèngdì	房屋	杏花镇
杏花公社会堂	Xìnghuāgōngshè Huìtáng	房屋	杏花镇
花厅村花厅民居	Huātīngcūn Huātīng Mínjū	房屋	杏花镇
花厅村中厅民居	Huātīngcūn Zhōngtīng Mínjū	房屋	杏花镇
伍德培老屋	Wǔdépéi Lǎowū	房屋	杏花镇
利宅村伍麟老屋	Lìzháicūn Wǔlín Lǎowū	房屋	杏花镇
伍授辉老屋	Wǔshòuhuī Lǎowū	房屋	杏花镇

(续上表)

标准名称	汉语拼音	地名类别	相对位置
井埇村伍氏老屋	Jǐngyǒngcūn Wǔshì Lǎowū	房屋	杏花镇
罗湖村大夫第	Luóhúcūn Dàfūdì	房屋	杏花镇
罗湖村钟氏九座民居	Luóhúcūn Zhōngshìjiǔzuò Mínjū	房屋	杏花镇
林迳花厅	Línjìng Huātīng	房屋	杏花镇
禄美村伍氏老屋	Lùměicūn Wǔshì Lǎowū	房屋	杏花镇
永宁村大业书室	Yǒngníngcūn Dàyè Shūshì	房屋	杏花镇
庙脚村孔氏家塾	Miàojiǎocūn Kǒngshì Jiāshú	房屋	杏花镇
宝塘莫氏宗祠	Bǎotángmòshì Zōngcí	房屋	南丰镇北部
岑氏宗祠	Cénshì Zōngcí	房屋	金装镇东北部
陈氏大宗祠	Chénshì Dàzōngcí	房屋	金装镇南部
陈氏宗祠	Chénshì Zōngcí	房屋	渔涝镇东南部
邓氏宗祠	Dèngshì Zōngcí	房屋	金装镇东部
东门村欧氏宗祠	Dōngméncūn Ōushì Zōngcí	房屋	河儿口镇
洞面莫氏宗祠	Dòngmiànmòshì Zōngcí	房屋	南丰镇北部
飞凤李氏宗祠	Fēifènglǐshì Zōngcí	房屋	南丰镇西南部
福安龙氏宗祠	Fú'ānlóngshì Zōngcí	房屋	南丰镇西南部
高浪刘氏宗祠	Gāolàngliúshì Zōngcí	房屋	都平镇西北部
高浪容氏宗祠	Gāolàngróngshì Zōngcí	房屋	都平镇西北部
高氏宗祠	Gāoshì Zōngcí	房屋	金装镇南部
高照莫氏宗祠	Gāozhàomòshì Zōngcí	房屋	南丰镇西南部
高照谢氏宗祠	Gāozhàoxièshì Zōngcí	房屋	南丰镇西南部
葛藤植氏宗祠	Gěténgzhíshì Zōngcí	房屋	南丰镇东部
更楼莫氏宗祠	Gènglóumòshì Zōngcí	房屋	都平镇西北部
关氏宗祠	Guānshì Zōngcí	房屋	南丰镇西南部
侯氏老宗祠	Hóushì Lǎozōngcí	房屋	南丰镇南部
黄氏宗祠	Huángshì Zōngcí	房屋	金装镇东北部
鸡垌莫氏宗祠	Jīdòngmòshì Zōngcí	房屋	都平镇西北部
江贝侯氏宗祠	Jiāngbèihóushì Zōngcí	房屋	南丰镇西南部
江脚张氏宗祠	Jiāngjiǎozhāngshì Zōngcí	房屋	南丰镇西北部
金塘莫氏宗祠	Jīntángmòshì Zōngcí	房屋	南丰镇东北部

（续上表）

标准名称	汉语拼音	地名类别	相对位置
琅屋宗祠	Lángwū Zōngcí	房屋	金装镇东南部
黎氏宗祠	Líshì Zōngcí	房屋	罗董镇东北部
梁氏永奇宗祠	Liángshìyǒngqí Zōngcí	房屋	河儿口镇政府驻地南部
罗告李氏宗祠	Luógàolǐshì Zōngcí	房屋	白垢镇政府驻地东南部
罗氏宗祠	Luóshì Zōngcí	房屋	金装镇西南部
马中陈氏宗祠	Mǎzhōngchénshì Zōngcí	房屋	南丰镇东北部
庙边梁氏宗祠	Miàobiānliángshì Zōngcí	房屋	河儿口镇政府驻地东部
庙冲张氏宗祠	Miàochōngzhāngshì Zōngcí	房屋	南丰镇西北部
清水湾梁氏宗祠	Qīngshuǐwānliángshì Zōngcí	房屋	都平镇东南部
三房梁氏宗祠	Sānfángliángshì Zōngcí	房屋	河儿口镇政府驻地南部
上垌孔氏宗祠	Shàngdòngkǒngshì Zōngcí	房屋	白垢镇政府驻地南部
上垌童氏宗祠	Shàngdòngtóngshì Zōngcí	房屋	白垢镇政府驻地南部
上街姚氏宗祠	Shàngjiēyáoshì Zōngcí	房屋	南丰镇北部
上庙门黄氏宗祠	Shàngmiàoménhuángshì Zōngcí	房屋	都平镇西南部
双枧陈氏宗祠	Shuāngjiǎnchénshì Zōngcí	房屋	河儿口镇政府驻地北部
思料口张氏宗祠	Sīliàokǒuzhāngshì Zōngcí	房屋	南丰镇西北部
四甲宗祠	Sìjiǎ Zōngcí	房屋	南丰镇东北部
寺下陈氏宗祠	Sìxiàchénshì Zōngcí	房屋	白垢镇政府驻地东南部
谈氏宗祠	Tánshì Zōngcí	房屋	都平镇西部
替炭梁氏宗祠	Tántànliángshì Zōngcí	房屋	河儿口镇政府驻地东北部
谭氏宗祠	Tánshì Zōngcí	房屋	金装镇北部
唐氏宗祠	Tángshì Zōngcí	房屋	南丰镇西南部
西河明氏宗祠	Xīhémíngshì Zōngcí	房屋	白垢镇
西河莫氏宗祠	Xīhémòshì Zōngcí	房屋	白垢镇
下山李氏宗祠	Xiàshānlǐshì Zōngcí	房屋	南丰镇东北部
杨池村叶氏大宗祠	Yángchícūn Yèshìdà Zōngcí	房屋	罗董镇政府驻地东南部
叶氏宗祠	Yèshì Zōngcí	房屋	南丰镇西北部
张氏宗祠	Zhāngshì Zōngcí	房屋	金装镇西北部
长合张氏宗祠	Chánghézhāngshì Zōngcí	房屋	南丰镇西北部

(续上表)

标准名称	汉语拼音	地名类别	相对位置
长合张族宗祠	Chánghézhāngzú Zōngcí	房屋	南丰镇西北部
植氏宗祠	Zhíshì Zōngcí	房屋	金装镇东南部
钟氏宗祠	Zhōngshì Zōngcí	房屋	南丰镇南部
竹根陈氏宗祠	Zhúgēnchénshì Zōngcí	房屋	南丰镇东部
水斗村伍氏大宗祠	Shuǐdǒucūn Wǔshì Dàzōngcí	房屋	杏花镇政府驻地东南部
文峰张氏宗祠	Wénfēngzhāngshì Zōngcí	房屋	杏花镇政府驻地南部
侯氏宗祠	Hóushì Zōngcí	房屋	大玉口镇政府驻地西北部
车田吴氏宗祠	Chētiánwúshì Zōngcí	房屋	大玉口镇政府驻地西北部
石基梁氏宗祠	Shíjīliángshì Zōngcí	房屋	大玉口镇政府驻地西北部
欧氏宗祠	Ōushì Zōngcí	房屋	大玉口镇政府驻地西北部
李氏宗祠	Lǐshì Zōngcí	房屋	长安镇政府驻地东北部
莫氏宗祠	Mòshì Zōngcí	房屋	长安镇政府驻地东北部
藕心宗祠	Ǒuxīn Zōngcí	房屋	长安镇政府驻地东北部
邓氏宗祠	Dèngshì Zōngcí	房屋	长安镇政府驻地东北部
梁氏宗祠	Liángshì Zōngcí	房屋	长安镇政府驻地东北部
伦氏宗祠	Lúnshì Zōngcí	房屋	长安镇政府驻地东北部
苏氏宗祠	Sūshì Zōngcí	房屋	长安镇政府驻地东北部
姚氏宗祠	Yáoshì Zōngcí	房屋	长安镇政府驻地东北部
全氏宗祠	Quánshì Zōngcí	房屋	长安镇政府驻地西南部
谢氏宗祠	Xièshì Zōngcí	房屋	长安镇政府驻地西南部
林氏宗祠	Línshì Zōngcí	房屋	长安镇政府驻地东北部
卢氏宗祠	Lúshì Zōngcí	房屋	长安镇政府驻地东北部
褥氏宗祠	Rùshì Zōngcí	房屋	长安镇政府驻地东北部
仇氏宗祠	Qiúshì Zōngcí	房屋	长安镇政府驻地北部
桃冲亭	Táochōng Tíng	亭	大玉口镇
莺岭亭	Yīnglǐng Tíng	亭	大玉口镇政府驻地西北部
爱心亭	Àixīn Tíng	亭	罗董镇
思寮灯亭	Sīliáodēng Tíng	亭	罗董镇政府驻地西南部
迴龙亭	Huílóng Tíng	亭	南丰镇政府驻地西北部
灵山宫	Língshān Gōng	亭	南丰镇政府驻地西北部

（续上表）

标准名称	汉语拼音	地名类别	相对位置
民心亭	Mínxīn Tíng	亭	南丰镇东北部
石人步头亭	Shírénbùtóu Tíng	亭	南丰镇北部
上洲村	Shàngzhōucūn	亭	长安镇政府驻地东北部
罗坎亭	Luókǎn Tíng	亭	长安镇政府驻地北部
思乡亭	Sīxiāng Tíng	亭	平凤镇
望富亭	Wàngfù Tíng	亭	平凤镇
古广信码头碑	Gǔguǎngxìn Mǎtóu Bēi	碑	江口镇政府驻地西部
广信塔	Guǎngxìn Tǎ	塔	江口镇政府驻地西南部
文笔塔	Wénbǐ Tǎ	塔	南丰镇东南部
北回归线标志塔	Běihuíguīxiàn Biāozhì Tǎ	塔	封开县城
大坦文体广场	Dàtǎn Wéntǐ Guǎngchǎng	广场	白垢镇政府驻地南部
扶六文化广场	Fúliù Wénhuà Guǎngchǎng	广场	白垢镇政府驻地东部
湭村文化广场	Zhūncūn Wénhuà Guǎngchǎng	广场	白垢镇湭村
扶六村公园	Fúliùcūn Gōngyuán	广场	白垢镇扶六村
群星广场	Qúnxīng Guǎngchǎng	广场	大玉口镇政府驻地西北部
顺安交通培训中心大玉口分教点训练场	Shùn'ān Jiāotōngpéixùnzhōngxīn Dàyùkǒu Fēnjiàodiǎn Xùnliànchǎng	广场	大玉口镇政府驻地西北部
上律文化广场	Shànglù Wénhuà Guǎngchǎng	广场	大洲镇
罗源幸福村文体广场	Luóyuán Xìngfúcūn Wéntǐ Guǎngchǎng	广场	河儿口镇政府驻地南部
古岗广场	Gǔgǎng Guǎngchǎng	广场	江川镇新泰村委会古岗村
古垒广场	Gǔlěi Guǎngchǎng	广场	江川镇
江川广场	Jiāngchuān Guǎngchǎng	广场	江川镇
人民广场	Rénmín Guǎngchǎng	广场	江口镇政府驻地南部
儿童乐园	Értóng Lèyuán	广场	金装镇北部
莲都文化广场	Liándū Wénhuà Guǎngchǎng	广场	莲都镇政府驻地北部
农副产品市场	Nóngfùchǎnpǐn Shìchǎng	广场	南丰镇东南部
南丰市场	Nánfēng Shìchǎng	广场	南丰镇东南部
南丰中心市场	Nánfēng Zhōngxīn Shìchǎng	广场	南丰镇东南部

(续上表)

标准名称	汉语拼音	地名类别	相对位置
侯村文化广场	Hóucūn Wénhuà Guǎngchǎng	广场	南丰镇北部
莲塘文化广场	Liántáng Wénhuà Guǎngchǎng	广场	南丰镇西北部
贺江古榄文体广场	Hèjiānggǔlǎn Wéntǐ Guǎngchǎng	广场	渔涝镇西北部
蕨村文化广场	Juécūn Wénhuà Guǎngchǎng	广场	渔涝镇北部
平凤文化广场	Píngfèng Wénhuà Guǎngchǎng	广场	平凤镇
封开体育馆	Fēngkāi Tǐyùguǎn	体育场	江口镇政府驻地东北部
封开县南丰镇文体广场	Fēngkāi Xiàn Nánfēng Zhèn Wéntǐ Guǎngchǎng	体育场	南丰镇东南部
开建古城	Kāijiàn Gǔchéng	墙	南丰镇
封川县古城墙	Fēngchuān Xiàn Gǔchéngqiáng	墙	江口镇政府驻地南部

（九）单位类

标准名称	汉语拼音	地名类别	相对位置
白垢司法所	Báigòu Sīfǎsuǒ	党政机关	白垢镇
白垢镇人民政府	Báigòu Zhèn Rénmínzhèngfǔ	党政机关	白垢镇白垢街
白垢派出所	Báigòu Pàichūsuǒ	党政机关	白垢镇白垢街
白垢财政所	Báigòu Cáizhèngsuǒ	党政机关	白垢镇
大玉口镇人民政府	Dàyùkǒu Zhèn Rénmínzhèngfǔ	党政机关	大玉口镇
大玉口派出所	Dàyùkǒu Pàichūsuǒ	党政机关	大玉口镇
大玉口国土资源管理所	Dàyùkǒu Guótǔzīyuánguǎnlǐsuǒ	党政机关	大玉口镇
大洲镇人民政府	Dàzhōu Zhèn Rénmínzhèngfǔ	党政机关	大洲社区
大洲财政所	Dàzhōu Cáizhèngsuǒ	党政机关	大洲社区
大洲派出所	Dàzhōu Pàichūsuǒ	党政机关	大洲社区
河儿口镇人民政府	Hé'érkǒu Zhèn Rénmínzhèngfǔ	党政机关	河儿口镇
河儿口派出所	Hé'érkǒu Pàichūsuǒ	党政机关	河儿口镇
河儿口国土资源管理所	Hé'érkǒu Guótǔzīyuánguǎnlǐsuǒ	党政机关	河儿口镇
河儿口财政所	Hé'érkǒu Cáizhèngsuǒ	党政机关	河儿口镇

(续上表)

标准名称	汉语拼音	地名类别	相对位置
江川镇人民政府	Jiāngchuān Zhèn Rénmínzhèngfǔ	党政机关	豆腐坑社区
江川财政所	Jiāngchuān Cáizhèngsuǒ	党政机关	豆腐坑社区
江川文化站	Jiāngchuān Wénhuàzhàn	党政机关	豆腐坑社区
江川国土资源管理所	Jiāngchuān Guótǔzīyuánguǎnlǐsuǒ	党政机关	豆腐坑社区
广东渔业船舶检验局	Guǎngdōng Yúyèchuánbójiǎnyànjú	党政机关	江口镇红卫路
封开县水务局	Fēngkāi Xiàn Shuǐwùjú	党政机关	江口镇建设路
封开县民政局	Fēngkāi Xiàn Mínzhèngjú	党政机关	江口镇大塘一路
封开县林业局	Fēngkāi Xiàn Línyèjú	党政机关	江口镇建设西路
封开县住房和城乡规划建设局	Fēngkāi Xiàn Zhùfánghéchéngxiāngguīhuájiànshèjú	党政机关	江口镇大塘路
封开县粮食局	Fēngkāi Xiàn Liángshíjú	党政机关	江口镇大塘一路
封开县档案局	Fēngkāi Xiàn Dàng'ànjú	党政机关	江口镇红卫路
封开县畜牧兽医局	Fēngkāi Xiàn Xùmùshòuyījú	党政机关	江口镇曙光路
封开县国土资源局不动产登记局	Fēngkāi Xiàn Guótǔzīyuánjú Búdòngchǎndēngjìjú	党政机关	江口镇大塘二路
封开县教育局	Fēngkāi Xiàn Jiàoyùjú	党政机关	江口镇封州二路
江口镇人民政府	Jiāngkǒu Zhèn Rénmínzhèngfǔ	党政机关	江口镇封州二路
封开县地方税务局	Fēngkāi Xiàn Dìfāngshuìwùjú	党政机关	江口镇大塘一路
封开县公安局	Fēngkāi Xiàn Gōng'ānjú	党政机关	江口镇封州二路
河南旧粮食局	Hénán Jiù Liángshíjú	党政机关	江口镇贺江二路
封开县人民政府	Fēngkāi Xiàn Rénmínzhèngfǔ	党政机关	江口镇府前路
封开县食品药品监督管理局	Fēngkāi Xiàn Shípǐnyàopǐnjiāndūguǎnlǐjú	党政机关	江口镇河堤一路
封开县信访局	Fēngkāi Xiàn Xìnfǎngjú	党政机关	江口镇封州二路
封开县市场监督管理局	Fēngkāi Xiàn Shìchǎngjiāndūguǎnlǐjú	党政机关	江口镇封州二路
江口镇工商行政管理局	Jiāngkǒu Zhèn Gōngshāngxíngzhèngguǎnlǐjú	党政机关	江口镇封州一路
封开县卫生和计划生育局	Fēngkāi Xiàn Wèishēnghéjìhuáshēngyùjú	党政机关	江口镇红卫路

（续上表）

标准名称	汉语拼音	地名类别	相对位置
封开县公路局	Fēngkāi Xiàn Gōnglùjú	党政机关	江口镇封州二路
封开县环境保护局	Fēngkāi Xiàn Huánjìngbǎohùjú	党政机关	江口镇新行政中心
封开县国家税务局	Fēngkāi Xiàn Guójiāshuìwùjú	党政机关	江口镇封州一路
广东省西江航道局	Guǎngdōng Shěng Xījiānghángdàojú	党政机关	江口镇封州一路
封开县交通运输局	Fēngkāi Xiàn Jiāotōngyùnshūjú	党政机关	江口镇封州路
封开县人力资源和社会保障局	Fēngkāi Xiàn Rénlìzīyuánhé-shèhuìbǎozhàngjú	党政机关	江口镇321国道附近
封开县气象局	Fēngkāi Xiàn Qìxiàngjú	党政机关	江口镇红卫路64号
莲都财政所	Liándū Cáizhèngsuǒ	党政机关	莲都镇
莲都镇人民政府	Liándū Zhèn Rénmínzhèngfǔ	党政机关	莲都镇
莲都文化站	Liándū Wénhuàzhàn	党政机关	莲都镇
莲都派出所	Liándū Pàichūsuǒ	党政机关	莲都镇
罗董镇人民政府	Luódǒng Zhèn Rénmínzhèngfǔ	党政机关	罗董镇政府大院内
罗董国土资源管理所	Luódǒng Guótǔzīyuánguǎnlǐsuǒ	党政机关	罗董镇政府大院内
罗董派出所	Luódǒng Pàichūsuǒ	党政机关	罗董镇政府大院内
罗董财政所	Luódǒng Cáizhèngsuǒ	党政机关	罗董镇政府大院内
罗董文化站	Luódǒng Wénhuàzhàn	党政机关	罗董镇政府大院内
长安镇党政综合办公室	Cháng'ān Zhèn Dǎngzhèng-zōnghébàngōngshì	党政机关	长安镇政府大院内
长安国土资源管理所	Cháng'ān Guótǔzīyuánguǎnlǐsuǒ	党政机关	长安镇政府大院内
长安镇人民政府	Cháng'ān Zhèn Rénmínzhèngfǔ	党政机关	长安镇政府大院内
长安派出所	Cháng'ān Pàichūsuǒ	党政机关	长安镇政府大院内

（续上表）

标准名称	汉语拼音	地名类别	相对位置
长安财政所	Cháng'ān Cáizhèngsuǒ	党政机关	长安镇政府大院内
封开县人民法院	Fēngkāi Xiàn Rénmínfǎyuàn	党政机关	江口镇解放路七巷7号
平凤镇人民政府	Píngfèng Zhèn Rénmínzhèngfǔ	党政机关	新宁社区
平凤财政所	Píngfèng Cáizhèngsuǒ	党政机关	新宁社区
平凤派出所	Píngfèng Pàichūsuǒ	党政机关	新宁社区
平凤文化站	Píngfèng Wénhuàzhàn	党政机关	新宁社区
平凤国土资源管理所	Píngfèng Guótǔzīyuánguǎnlǐsuǒ	党政机关	新宁社区
杏花镇人民政府	Xìnghuā Zhèn Rénmínzhèngfǔ	党政机关	杏花镇
杏花派出所	Xìnghuā Pàichūsuǒ	党政机关	杏花镇
杏花国土资源管理所	Xìnghuā Guótǔzīyuánguǎnlǐsuǒ	党政机关	杏花镇
杏花文化站	Xìnghuā Wénhuàzhàn	党政机关	杏花镇
杏花财务所	Xìnghuā Cáiwùsuǒ	党政机关	杏花镇
长岗国土资源管理所	Chánggǎng Guótǔzīyuánguǎnlǐsuǒ	党政机关	长岗圩
长岗镇人民政府	Chánggǎng Zhèn Rénmínzhèngfǔ	党政机关	长岗圩
长岗派出所	Chánggǎng Pàichūsuǒ	党政机关	长岗圩
长岗文化站	Chánggǎng Wénhuàzhàn	党政机关	长岗圩
长岗财政所	Chánggǎng Cáizhèngsuǒ	党政机关	长岗圩
都平财政所	Dūpíng Cáizhèngsuǒ	党政机关	都平社区
都平镇人民政府	Dūpíng Zhèn Rénmínzhèngfǔ	党政机关	都平社区
封开县公安局交通警察大队渔涝中队	Fēngkāi Xiàn Gōng'ānjú Jiāotōngjǐngchádàduì Yúlàozhōngduì	党政机关	前进村
封开县公安局森林分局	Fēngkāi Xiàn Gōng'ānjú Sēnlínfēnjú	党政机关	江口镇
封开县广播电视台	Fēngkāi Xiàn Guǎngbōdiànshìtái	党政机关	江口镇红卫路9号
封开县行政服务中心	Fēngkāi Xiàn Xíngzhèngfúwùzhōngxīn	党政机关	江口镇府前路3号

（续上表）

标准名称	汉语拼音	地名类别	相对位置
河南派出所	Hénán Pàichūsuǒ	党政机关	江口镇封开二路68号
江口财政所	Jiāngkǒu Cáizhèngsuǒ	党政机关	江口镇红卫路
江口国土资源管理所	Jiāngkǒu Guótǔzīyuánguǎnlǐsuǒ	党政机关	江口镇大塘二路2号
封开县交通警察大队南丰中队	Fēngkāi Xiàn Jiāotōngjǐngchádàduì Nánfēngzhōngduì	党政机关	南丰镇花岭大道
封开县交通局第四中队	Fēngkāi Xiàn Jiāotōngjú Dì-4 Zhōngduì	党政机关	南丰镇大岗顶
金装财政所	Jīnzhuāng Cáizhèngsuǒ	党政机关	金装镇政府路口
封开县林科所	Fēngkāi Xiàn Línkēsuǒ	党政机关	河儿口镇
南丰财政所	Nánfēng Cáizhèngsuǒ	党政机关	南丰镇新车站对面
南丰派出所	Nánfēng Pàichūsuǒ	党政机关	南丰镇酒井路
南丰国土资源管理所	Nánfēng Guótǔzīyuán guǎnlǐsuǒ	党政机关	南丰镇南丰街
渔涝国土资源管理所	Yúlào Guótǔzīyuánguǎnlǐsuǒ	党政机关	渔涝社区
渔涝镇人民政府	Yúlào Zhèn Rénmínzhèngfǔ	党政机关	渔涝社区
长安文化站	Cháng'ān Wénhuàzhàn	党政机关	长安镇
封开县质量技术监督检测所	Fēngkāi Xiàn Zhìliàngjìshùjiāndūjiǎncèsuǒ	党政机关	江口镇贺江二路106号
工商行政管理所	Gōngshāngxíngzhèngguǎnlǐsuǒ	党政机关	南丰镇新华路
江口文化站	Jiāngkǒu Wénhuàzhàn	党政机关	江口镇
江口派出所	Jiāngkǒu Pàichūsuǒ	党政机关	江口镇江川街1号
金装派出所	Jīnzhuāng Pàichūsuǒ	党政机关	金装社区
金装文化站	Jīnzhuāng Wénhuàzhàn	党政机关	金装社区
金装国土资源管理所	Jīnzhuāng Guótǔzīyuánguǎnlǐsuǒ	党政机关	金装社区
金装镇民政办	Jīnzhuāng Zhèn Mínzhèngbàn	党政机关	金装社区
金装镇人民政府	Jīnzhuāng Zhèn Rénmínzhèngfǔ	党政机关	金装社区
金装镇水利所	Jīnzhuāng Zhèn Shuǐlìsuǒ	党政机关	金装社区
南丰国税局	Nánfēng Guóshuìjú	党政机关	南丰镇鸡仔山

（续上表）

标准名称	汉语拼音	地名类别	相对位置
南丰森林派出所	Nánfēng Sēnlín Pàichūsuǒ	党政机关	南丰镇解放路
南丰人民法庭	Nánfēng Rénmínfǎtíng	党政机关	南丰镇城肚路
南丰镇人民政府	Nánfēng Zhèn Rénmínzhèngfǔ	党政机关	南丰镇人民路城肚2号
渔涝森林派出所	Yúlào Sēnlín Pàichūsuǒ	党政机关	渔涝社区
肇庆封开海事处	Zhàoqìng Fēngkāi Hǎishìchù	党政机关	江口镇解放路一巷12号
肇庆市德封交通稽查站	Zhàoqìng Shì Défēng Jiāotōngjīcházhàn	党政机关	江口镇三元一路附近
白垢文化站	Báigòu Wénhuàzhàn	党政机关	白垢社区
都平文化站	Dūpíng Wénhuàzhàn	党政机关	都平社区
河儿口文化站	Hé'érkǒu Wénhuàzhàn	党政机关	河儿口镇
都平派出所	Dūpíng Pàichūsuǒ	党政机关	都平镇
河儿口派出所七星执勤点	Hé'érkǒu Pàichūsuǒ Qīxīng Zhíqíndiǎn	党政机关	河儿口镇
封开县罗董镇彩虹幼儿园	Fēngkāi Xiàn Luódǒng Zhèn Cǎihóng Yòu'éryuán	民间组织	罗董镇
封开县小太阳幼儿园	Fēngkāi Xiàn Xiǎotàiyáng Yòu'éryuán	民间组织	江口镇东风路163号
文化幼儿园	Wénhuà Yòu'éryuán	民间组织	江口镇东堤路01号
鸿宝幼儿园	Hóngbǎo Yòu'éryuán	民间组织	江口镇广信嘉园
鸿华幼儿园	Hónghuá Yòu'éryuán	民间组织	江口镇封州一路
侯村育德幼儿园	Hóucūn Yùdé Yòu'éryuán	民间组织	侯村
金丰幼儿园	Jīnfēng Yòu'éryuán	民间组织	金装镇西北部
商业幼儿园	Shāngyè Yòu'éryuán	民间组织	江口镇建设北路6号
桃园幼儿园	Táoyuán Yòu'éryuán	民间组织	南丰镇东北部
小清华幼儿园	Xiǎoqīnghuá Yòu'éryuán	民间组织	大塘龙山路01号
阳光幼儿园	Yángguāng Yòu'éryuán	民间组织	江口镇东堤2号
乐韵幼儿园	Lèyùn Yòu'éryuán	民间组织	平凤镇政府右侧
星光幼儿园	Xīngguāng Yòu'éryuán	民间组织	平岗村委会后背江平公路

（续上表）

标准名称	汉语拼音	地名类别	相对位置
长安镇少年先锋幼儿园	Cháng'ān Zhèn Shàoniánxiānfēng Yòu'éryuán	民间组织	长安镇
天骄幼儿园	Tiānjiāo Yòu'éryuán	民间组织	金装镇东北部
喜洋洋幼儿园	Xǐyángyáng Yòu'éryuán	民间组织	莲都镇政府驻地北部
星辉幼儿园	Xīnghuī Yòu'éryuán	民间组织	长安镇
渔涝镇爱心幼儿园	Yúlào Zhèn Àixīn Yòu'éryuán	民间组织	渔涝镇西北部
乐洋洋幼儿园	Lèyángyáng Yòu'éryuán	民间组织	河儿口镇政府驻地西部
朝阳幼儿园	Cháoyáng Yòu'éryuán	民间组织	杏花镇政府驻地北部
河儿口镇翔龙幼儿园	Hé'érkǒu Zhèn Xiánglóng Yòu'éryuán	民间组织	河儿口镇政府驻地西部
白垢镇湻村小学	Báigòu Zhèn Chúncūn Xiǎoxué	民间组织	白垢镇东部
白垢镇寿山小学	Báigòu Zhèn Shòushān Xiǎoxué	民间组织	贺江边
宝山小学	Bǎoshān Xiǎoxué	民间组织	宝山村
赤黎小学	Chìlí Xiǎoxué	民间组织	大玉口镇赤黎村
大播村卫生站	Dàbōcūn Wèishēngzhàn	民间组织	大洲镇东部
大播小学	Dàbō Xiǎoxué	民间组织	大洲镇东部
大玉口赤黎卫生所	Dàyùkǒu Chìlí Wèishēngsuǒ	民间组织	大玉口镇赤黎村
大玉口村卫生站	Dàyùkǒucūn Wèishēngzhàn	民间组织	大玉口镇驻地西北部
东安村卫生站	Dōng'āncūn Wèishēngzhàn	民间组织	莲都镇政府驻地东部
东安小学	Dōng'ān Xiǎoxué	民间组织	莲都镇政府驻地东部
东光小学	Dōngguāng Xiǎoxué	民间组织	河儿口镇政府驻地东部
东畔小学	Dōngpàn Xiǎoxué	民间组织	东畔村
东山卫生站	Dōngshān Wèishēngzhàn	民间组织	东山村
东山小学	Dōngshān Xiǎoxué	民间组织	东山村
芬守村卫生站	Fēnshǒucūn Wèishēngzhàn	民间组织	莲都镇政府驻地西部

（续上表）

标准名称	汉语拼音	地名类别	相对位置
芬守小学	Fēnshǒu Xiǎoxué	民间组织	莲都镇政府驻地西部
中良村小学	Zhōngliángcūn Xiǎoxué	民间组织	中良村
平岗小学	Pínggǎng Xiǎoxué	民间组织	平岗村街头山山腰位置
平岗粮站	Pínggǎng Liángzhàn	民间组织	平凤镇平岗村
平原小学	Píngyuán Xiǎoxué	民间组织	平凤镇政府驻地西部
城琰小学	Chéngyǎn Xiǎoxué	民间组织	平凤镇政府驻地西北部
思民小学	Sīmín Xiǎoxué	民间组织	平凤镇政府驻地西北部
范村村卫生站	Fàncūn Cūnwèishēngzhàn	民间组织	平凤镇西北偏南部
范村小学	Fàncūn Xiǎoxué	民间组织	平凤镇西北偏南部
古悦小学	Gǔyuè Xiǎoxué	民间组织	平凤镇政府驻地东北部
古石小学	Gǔshí Xiǎoxué	民间组织	平凤镇西北部
屋显小学	Wūxiǎn Xiǎoxué	民间组织	平凤镇政府驻地西北部
平凤敬老院	Píngfèng Jìnglǎoyuàn	民间组织	平岗村田塘窝
旺村小学	Wàngcūn Xiǎoxué	民间组织	长岗镇政府驻地西北部
光升小学	Guāngshēng Xiǎoxué	民间组织	长岗镇政府驻地西北部
龙腾小学	Lóngténg Xiǎoxué	民间组织	长岗镇政府驻地东北部
长岗镇敬老院	Chánggǎng Zhèn Jìnglǎoyuàn	民间组织	长岗镇政府驻地北部
马欧小学	Mǎ'ōu Xiǎoxué	民间组织	长岗镇政府驻地东北部
新丰小学	Xīnfēng Xiǎoxué	民间组织	长岗镇政府驻地东北部
龙圣小学	Lóngshèng Xiǎoxué	民间组织	长岗镇政府驻地东北部

(续上表)

标准名称	汉语拼音	地名类别	相对位置
江川镇江山小学	Jiāngchuān Zhèn Jiāngshān Xiǎoxué	民间组织	江川镇南部
江川镇料塘小学	Jiāngchuān Zhèn Liàotáng Xiǎoxué	民间组织	江川镇北部
江川镇五星小学	Jiāngchuān Zhèn Wǔxīng Xiǎoxué	民间组织	江川镇西部
佛步小学	Fóbù Xiǎoxué	民间组织	大玉口镇政府驻地南部的社下村
岗顶小学	Gǎngdǐng Xiǎoxué	民间组织	民成村
垢塘小学	Gòutáng Xiǎoxué	民间组织	垢塘村
古罗小学	Gǔluó Xiǎoxué	民间组织	大玉口镇政府驻地北部的佛仔村
官滩村卫生站	Guāntāncūn Wèishēngzhàn	民间组织	大玉口镇政府驻地西南部
官滩小学	Guāntān Xiǎoxué	民间组织	大玉口镇政府驻地东北部的下官滩村
光明小学	Guāngmíng Xiǎoxué	民间组织	河儿口镇政府驻地东南部
河口村卫生站	Hékǒucūn Wèishēngzhàn	民间组织	莲都镇政府驻地北部
河口小学	Hékǒu Xiǎoxué	民间组织	莲都镇政府驻地北部
华石村卫生站	Huáshícūn Wèishēngzhàn	民间组织	莲都镇政府驻地东北部
华石小学	Huáshí Xiǎoxué	民间组织	莲都镇政府驻地北部
黄岗小学	Huánggǎng Xiǎoxué	民间组织	河儿口镇政府驻地南部
江贝学校	Jiāngbèi Xuéxiào	民间组织	南丰镇西南部
今宝卫生站	Jīnbǎo Wèishēngzhàn	民间组织	今宝村
金星小学	Jīnxīng Xiǎoxué	民间组织	金星村
进民小学	Jìnmín Xiǎoxué	民间组织	河儿口镇政府驻地东南部
冷水小学	Lěngshuǐ Xiǎoxué	民间组织	莲都镇政府驻地西部
灵田小学	Língtián Xiǎoxué	民间组织	大玉口镇驻地西北部

（续上表）

标准名称	汉语拼音	地名类别	相对位置
罗源小学	Luóyuán Xiǎoxué	民间组织	河儿口镇政府驻地南部
庙边小学	Miàobiān Xiǎoxué	民间组织	河儿口镇政府驻地东部
民成小学	Mínchéng Xiǎoxué	民间组织	民成村
民进小学	Mínjìn Xiǎoxué	民间组织	大玉口镇政府驻地西北部
莫罗小学	Mòluó Xiǎoxué	民间组织	莫罗村
平垌小学	Píngdòng Xiǎoxué	民间组织	河儿口镇政府驻地东部
七星镇敬老院	Qīxīng Zhèn Jìnglǎoyuàn	民间组织	河儿口镇政府驻地东南部
岐岭小学	Qílǐng Xiǎoxué	民间组织	岐岭龙塝村
清水小学	Qīngshuǐ Xiǎoxué	民间组织	莲都镇政府驻地北部
群胜村卫生站	Qúnshèngcūn Wèishēngzhàn	民间组织	大玉口镇政府驻地西北部
群胜小学	Qúnshèng Xiǎoxué	民间组织	大玉口镇驻地西北部
群星小学	Qúnxīng Xiǎoxué	民间组织	大玉口镇驻地西北部
三垌小学	Sāndòng Xiǎoxué	民间组织	河儿口镇政府驻地东部
三正且止小学	Sānzhèngqiězhǐ Xiǎoxué	民间组织	南丰镇北部
三洲小学	Sānzhōu Xiǎoxué	民间组织	都平镇南部
山口小学	Shānkǒu Xiǎoxué	民间组织	南丰镇南部
上律小学	Shànglǜ Xiǎoxué	民间组织	上律村平都
社墩学校	Shèdūn Xuéxiào	民间组织	莲都镇政府驻地东部
社山小学	Shèshān Xiǎoxué	民间组织	莲都镇政府驻地东北部
深底村卫生站	Shēndǐcūn Wèishēngzhàn	民间组织	莲都镇政府驻地北部
深底小学	Shēndǐ Xiǎoxué	民间组织	莲都镇政府驻地北部

（续上表）

标准名称	汉语拼音	地名类别	相对位置
深六小学	Shēnliù Xiǎoxué	民间组织	河儿口镇政府驻地东部
双枧小学	Shuāngjiǎn Xiǎoxué	民间组织	河儿口镇政府驻地北部
四村村卫生站	Sìcūn Cūnwèishēngzhàn	民间组织	莲都镇政府驻地西南部
四村小学	Sìcūn Xiǎoxué	民间组织	莲都镇政府驻地西南部
箸炭小学	Tántàn Xiǎoxué	民间组织	河儿口镇政府驻地东部
万安小学	Wàn'ān Xiǎoxué	民间组织	金装镇西北部
万岗小学	Wàngǎng Xiǎoxué	民间组织	万岗村
卫东小学	Wèidōng Xiǎoxué	民间组织	河儿口镇政府驻地东部
文华村卫生站	Wénhuácūn Wèishēngzhàn	民间组织	莲都镇政府驻地西南部
文华小学	Wénhuá Xiǎoxué	民间组织	莲都镇政府驻地南部
西边小学	Xībiān Xiǎoxué	民间组织	民成村
西山卫生站	Xīshān Wèishēngzhàn	民间组织	西山村
西山小学	Xīshān Xiǎoxué	民间组织	渔涝镇西北部
香车小学	Xiāngchē Xiǎoxué	民间组织	河儿口镇政府驻地西南部
向阳小学	Xiàngyáng Xiǎoxué	民间组织	河儿口镇政府驻地东南部
新地学校	Xīndì Xuéxiào	民间组织	新地村
云塘村卫生站	Yúntángcūn Wèishēngzhàn	民间组织	莲都镇政府驻地北部
云塘小学	Yúntáng Xiǎoxué	民间组织	莲都镇政府驻地北部
寨河卫生站	Zhàihé Wèishēngzhàn	民间组织	大玉口镇驻地西北部
寨河小学	Zhàihé Xiǎoxué	民间组织	大玉口镇驻地西北部
长罗村卫生站	Chángluócūn Wèishēngzhàn	民间组织	莲都镇政府驻地北部

（续上表）

标准名称	汉语拼音	地名类别	相对位置
长罗小学	Chángluó Xiǎoxué	民间组织	莲都镇政府驻地东部
长群村卫生站	Chángqúncūn Wèishēngzhàn	民间组织	大玉口镇政府驻地西北部
长群小学	Chángqún Xiǎoxué	民间组织	玉口镇政府驻地西北部
长安敬老院	Cháng'ān Jìnglǎoyuàn	民间组织	东山村
白垢镇扶六小学	Báigòu Zhèn Fúliù Xiǎoxué	民间组织	白垢镇
白垢镇日光小学	Báigòu Zhèn Rìguāng Xiǎoxué	民间组织	白垢镇东部
白垢镇望楼小学	Báigòu Zhèn Wànglóu Xiǎoxué	民间组织	白垢镇东南部
大和教学点	Dàhé Jiàoxuédiǎn	民间组织	大洲镇政府驻地北部
东坡教学点	Dōngpō Jiàoxuédiǎn	民间组织	大洲镇政府驻地东北部
三正今宝小学	Sānzhèngjīnbǎo Xiǎoxué	民间组织	今宝村
泗科中心小学	Sìkē Zhōngxīn Xiǎoxué	民间组织	大洲镇东南部
安靖小学	Ānjìng Xiǎoxué	民间组织	金装镇东部
安罗小学	Ānluó Xiǎoxué	民间组织	渔涝镇北部
白垢村卫生站	Báigòucūn Wèishēngzhàn	民间组织	白垢镇政府驻地西部
白垢镇白垢小学	Báigòu Zhèn Báigòu Xiǎoxué	民间组织	白垢镇政府驻地东部
白垢镇大浒小学	Báigòu Zhèn Dàhǔ Xiǎoxué	民间组织	白垢镇政府驻地北部
白垢镇大云小学	Báigòu Zhèn Dàyún Xiǎoxué	民间组织	白垢镇政府驻地西北部
白垢镇敬老院	Báigòu Zhèn Jìnglǎoyuàn	民间组织	白垢镇政府驻地西部
白垢镇续岭小学	Báigòu Zhèn Xùlǐng Xiǎoxué	民间组织	白垢镇西南部
白沙塘小学	Báishātáng Xiǎoxué	民间组织	渔涝镇东北部
白水文化活动中心	Báishuǐ Wénhuàhuódòngzhōngxīn	民间组织	河儿口镇政府驻地东部
宝塘村卫生站	Bǎotángcūn Wèishēngzhàn	民间组织	南丰镇西北部
宝鸭小学	Bǎoyā Xiǎoxué	民间组织	南丰镇西北部

（续上表）

标准名称	汉语拼音	地名类别	相对位置
湻村卫生站	Zhūncūn Wèishēngzhàn	民间组织	白垢镇东北部
大府村卫生站	Dàfǔcūn Wèishēngzhàn	民间组织	金装镇东北部
大府小学	Dàfǔ Xiǎoxué	民间组织	金装镇东北部
大林村卫生站	Dàlíncūn Wèishēngzhàn	民间组织	金装镇东部
大林小学	Dàlín Xiǎoxué	民间组织	金装镇东北部
大清村卫生站	Dàqīngcūn Wèishēngzhàn	民间组织	南丰镇北部
大清小学	Dàqīng Xiǎoxué	民间组织	南丰镇北部
大田小学	Dàtián Xiǎoxué	民间组织	金装镇西北部
东光村卫生站	Dōngguāngcūn Wèishēngzhàn	民间组织	河儿口镇政府驻地东南部
东畔村卫生站	Dōngpàncūn Wèishēngzhàn	民间组织	大洲镇东北部
东坡村卫生站	Dōngpōcūn Wèishēngzhàn	民间组织	大洲镇政府驻地东北部
洞源小学	Dòngyuán Xiǎoxué	民间组织	罗演村
渡头村卫生站	Dùtóucūn Wèishēngzhàn	民间组织	南丰镇西北部
渡头小学	Dùtóu Xiǎoxué	民间组织	南丰镇西南部
渡头中学	Dùtóu Zhōngxué	民间组织	南丰镇西北部
丰沙村卫生站	Fēngshācūn Wèishēngzhàn	民间组织	江口镇丰沙村
竹洲小学	Zhúzhōu Xiǎoxué	民间组织	江口镇勒竹口村
平原村卫生站	Píngyuáncūn Wèishēngzhàn	民间组织	平原村委会办公楼旁
登河卫生站	Dēnghé Wèishēngzhàn	民间组织	城琰村
新地小学	Xīndì Xiǎoxué	民间组织	广峰北边
平岗卫生所	Pínggǎng Wèishēngsuǒ	民间组织	平凤镇政府驻地西北部
蟠龙小学	Pánlóng Xiǎoxué	民间组织	平凤镇政府驻地东北部
蟠龙村卫生站	Pánlóngcūn Wèishēngzhàn	民间组织	平凤镇政府驻地东北部
五一村卫生站	Wǔyīcūn Wèishēngzhàn	民间组织	镇政府东北部
斑石卓慧希望小学	Bānshí Zhuóhuì Xīwàngxiǎoxué	民间组织	杏花镇东北部
和平小学	Hépíng Xiǎoxué	民间组织	杏花镇北部

（续上表）

标准名称	汉语拼音	地名类别	相对位置
三联小学	Sānlián Xiǎoxué	民间组织	杏花镇北部
观地中学	Guāndì Zhōngxué	民间组织	杏花镇北部
东和小学	Dōnghé Xiǎoxué	民间组织	杏花镇西北部
下营小学	Xiàyíng Xiǎoxué	民间组织	杏花镇西北部
凤楼小学	Fènglóu Xiǎoxué	民间组织	杏花镇东部
杏花镇十联小学	Xìnghuā Zhèn Shílián Xiǎoxué	民间组织	杏花镇政府驻地西南部
杏花村卫生站	Xìnghuācūn Wèishēngzhàn	民间组织	杏花镇政府驻地南部
杏花镇中心小学四村教学点	Xìnghuā Zhèn Zhōngxīn Xiǎoxué Sìcūn Jiàoxuédiǎn	民间组织	杏花镇南部
新联小学	Xīnlián Xiǎoxué	民间组织	杏花镇政府驻地南部
周黎小学	Zhōulí Xiǎoxué	民间组织	长岗镇政府驻地西北部
谷圩小学	Gǔxū Xiǎoxué	民间组织	长岗镇政府驻地北部
福石小学	Fúshí Xiǎoxué	民间组织	长岗镇政府驻地东南部
前程小学	Qiánchéng Xiǎoxué	民间组织	长岗镇政府驻地东南部
前庄小学	Qiánzhuāng Xiǎoxué	民间组织	长岗镇政府驻地东南部
榄迳小学	Lǎnjìng Xiǎoxué	民间组织	长岗镇政府驻地东北部
江川镇界首小学	Jiāngchuān Zhèn Jièshǒu Xiǎoxué	民间组织	江川镇西南部
江川镇新泰小学	Jiāngchuān Zhèn Xīntài Xiǎoxué	民间组织	江川镇政府驻地西部
江川镇裕丰小学	Jiāngchuān Zhèn Yùfēng Xiǎoxué	民间组织	江川镇政府驻地西部
扶来卫生站	Fúlái Wèishēngzhàn	民间组织	江口镇扶来村
扶六村卫生站	Fúliùcūn Wèishēngzhàn	民间组织	扶六村村口
扶塘教学点	Fútáng Jiàoxuédiǎn	民间组织	扶塘村
扶学村卫生站	Fúxuécūn Wèishēngzhàn	民间组织	河儿口镇政府驻地东南部

（续上表）

标准名称	汉语拼音	地名类别	相对位置
附城小学	Fùchéng Xiǎoxué	民间组织	南丰镇西北部
富孟小学	Fùmèng Xiǎoxué	民间组织	南丰镇东部
高浪村卫生站	Gāolàngcūn Wèishēngzhàn	民间组织	都平镇西北部
高浪小学	Gāolàng Xiǎoxué	民间组织	都平镇西北部
古榄小学	Gǔlǎn Xiǎoxué	民间组织	渔涝镇西北部
古罗村卫生站	Gǔluócūn Wèishēngzhàn	民间组织	大玉口镇政府驻地北部
官亨村卫生站	Guānhēngcūn Wèishēngzhàn	民间组织	南丰镇西部
官亨小学	Guānhēng Xiǎoxué	民间组织	南丰镇西部
官埇小学	Guānyǒng Xiǎoxué	民间组织	都平镇西南部
江口镇和平小学	Jiāngkǒu Zhèn Hépíng Xiǎoxué	民间组织	江口镇新进村
河儿口镇敬老院	Hé'érkǒu Zhèn Jìnglǎoyuàn	民间组织	河儿口镇政府驻地东南部
红星教学点	Hóngxīng Jiàoxuédiǎn	民间组织	红星村
侯村小学	Hóucūn Xiǎoxué	民间组织	南丰镇南部
侯村诊所	Hóucūn Zhěnsuǒ	民间组织	南丰镇南部
侯村中学	Hóucūn Zhōngxué	民间组织	南丰镇南部
黄鳌教学点	Huángáo Jiàoxuédiǎn	民间组织	罗演村
鸡塘小学	Jītáng Xiǎoxué	民间组织	渔涝镇东南部
建光小学	Jiànguāng Xiǎoxué	民间组织	江口镇扶来村
江贝村卫生站	Jiāngbèicūn Wèishēngzhàn	民间组织	南丰镇西南部
江口镇扶来小学	Jiāngkǒu Zhèn Fúlái Xiǎoxué	民间组织	江口镇扶来村
界首村卫生站	Jièshǒucūn Wèishēngzhàn	民间组织	江川镇西部
金岗村卫生站	Jīngǎngcūn Wèishēngzhàn	民间组织	南丰镇南部
金岗学校	Jīngǎng Xuéxiào	民间组织	南丰镇南部
金楼村卫生站	Jīnlóucūn Wèishēngzhàn	民间组织	南丰镇东北部
金明卫生站	Jīnmíng Wèishēngzhàn	民间组织	南丰镇西北部
金明小学	Jīnmíng Xiǎoxué	民间组织	南丰镇西北部
金塘村卫生站	Jīntángcūn Wèishēngzhàn	民间组织	南丰镇东北部
金塘小学	Jīntáng Xiǎoxué	民间组织	南丰镇东北部
金星村卫生站	Jīnxīngcūn Wèishēngzhàn	民间组织	金星村

（续上表）

标准名称	汉语拼音	地名类别	相对位置
金装村卫生站	Jīnzhuāngcūn Wèishēngzhàn	民间组织	金装镇西南部
九盘小学	Jiǔpán Xiǎoxué	民间组织	南丰镇西部
开明村卫生站	Kāimíngcūn Wèishēngzhàn	民间组织	南丰镇东北部
开明小学	Kāimíng Xiǎoxué	民间组织	南丰镇东北部
开祥村卫生站	Kāixiángcūn Wèishēngzhàn	民间组织	金装镇东北部
开祥小学	Kāixiáng Xiǎoxué	民间组织	金装镇东部
勒竹村卫生站	Lèzhúcūn Wèishēngzhàn	民间组织	江口镇勒竹口村
勒竹小学	Lèzhú Xiǎoxué	民间组织	江口镇勒竹口村
簕竹小学	Lèzhú Xiǎoxué	民间组织	南丰镇南部
李寿安纪念学校	Lǐshòu'ān Jìniàn Xuéxiào	民间组织	都平镇东部
历田小学	Lìtián Xiǎoxué	民间组织	垢塘村
利水小学	Lìshuǐ Xiǎoxué	民间组织	南丰镇东南部
莲都敬老院	Liándū Jìnglǎoyuàn	民间组织	莲都镇政府驻东北部
莲岐卫生站	Liánqí Wèishēngzhàn	民间组织	南丰镇北部
莲岐小学	Liánqí Xiǎoxué	民间组织	南丰镇驻地西北部
莲塘卫生站	Liántáng Wèishēngzhàn	民间组织	南丰镇西北部
莲塘小学	Liántáng Xiǎoxué	民间组织	南丰镇西北部
龙山慈君小学	Lóngshān Cíjūn Xiǎoxué	民间组织	思念村
罗源村卫生室	Luóyuáncūn Wèishēngshì	民间组织	河儿口镇政府驻地南部
民进村卫生站	Mínjìncūn Wèishēngzhàn	民间组织	大玉口镇政府驻地西北部
民强村卫生站	Mínqiángcūn Wèishēngzhàn	民间组织	大玉口镇
民益小学	Mínyì Xiǎoxué	民间组织	金装镇西北部
莫罗村卫生站	Mòluócūn Wèishēngzhàn	民间组织	莫罗村
南丰第二卫生站	Nánfēng Dì-2 Wèishēngzhàn	民间组织	南丰镇东南部
南丰第一卫生站	Nánfēng Dì-1 Wèishēngzhàn	民间组织	南丰镇政府附近
欧村小学	Ōucūn Xiǎoxué	民间组织	欧村
霹雳小学	Pīlì Xiǎoxué	民间组织	欧村
平滩村卫生站	Píngtāncūn Wèishēngzhàn	民间组织	南丰镇北部

(续上表)

标准名称	汉语拼音	地名类别	相对位置
平滩小学	Píngtān Xiǎoxué	民间组织	南丰镇北部
前进小学	Qiánjìn Xiǎoxué	民间组织	渔涝镇西北部
且止村卫生站	Qiězhǐcūn Wèishēngzhàn	民间组织	南丰镇北部
青云小学	Qīngyún Xiǎoxué	民间组织	渔涝镇西北部
清水湾小学	Qīngshuǐwān Xiǎoxué	民间组织	都平镇南部
仁厚村卫生站	Rénhòucūn Wèishēngzhàn	民间组织	金装镇西北部
日光村卫生站	Rìguāngcūn Wèishēngzhàn	民间组织	白垢镇东北部
三正金楼小学	Sānzhèngjīnlóu Xiǎoxué	民间组织	南丰镇东北部
三洲村卫生站	Sānzhōucūn Wèishēngzhàn	民间组织	都平镇南部
沙冲卫生站	Shāchōng Wèishēngzhàn	民间组织	南丰镇西北部
山口村卫生站	Shānkǒucūn Wèishēngzhàn	民间组织	南丰镇南部
上律村卫生站	Shànglǜcūn Wèishēngzhàn	民间组织	大洲镇
上盘高小学	Shàngpángāo Xiǎoxué	民间组织	南丰镇南部
尚岗村卫生站	Shànggǎngcūn Wèishēngzhàn	民间组织	南丰镇东南部
尚岗小学	Shànggǎng Xiǎoxué	民间组织	南丰镇东南部
胜利小学	Shènglì Xiǎoxué	民间组织	江口镇胜利村
胜塘小学	Shèngtáng Xiǎoxué	民间组织	都平镇西北部
石便村卫生站	Shíbiàncūn Wèishēngzhàn	民间组织	渔涝镇西北部
石便小学	Shíbiàn Xiǎoxué	民间组织	渔涝镇西北部
似龙村卫生站	Sìlóngcūn Wèishēngzhàn	民间组织	南丰镇东南部
似龙小学	Sìlóng Xiǎoxué	民间组织	南丰镇东部
寿山村卫生站	Shòushāncūn Wèishēngzhàn	民间组织	贺江边
水石小学	Shuǐshí Xiǎoxué	民间组织	金装镇东南部
思料村卫生站	Sīliàocūn Wèishēngzhàn	民间组织	南丰镇西北部
思料达能希望小学	Sīliàodánéng Xīwàngxiǎoxué	民间组织	南丰镇西北部
思平教学点	Sīpíng Jiàoxuédiǎn	民间组织	思寮村
台洞小学	Táidòng Xiǎoxué	民间组织	江口镇台洞村
簪良小学	Tánliáng Xiǎoxué	民间组织	渔涝镇东部
万岗卫生站	Wàngǎng Wèishēngzhàn	民间组织	万岗村
万禄小学	Wànlù Xiǎoxué	民间组织	南丰镇东南部

（续上表）

标准名称	汉语拼音	地名类别	相对位置
万寿村卫生站	Wànshòucūn Wèishēngzhàn	民间组织	南丰镇东部
万寿小学	Wànshòu Xiǎoxué	民间组织	南丰镇东部
望高小学	Wànggāo Xiǎoxué	民间组织	金装镇东北部
汶塘村卫生站	Wèntángcūn Wèishēngzhàn	民间组织	南丰镇西南部
汶塘学校	Wèntáng Xuéxiào	民间组织	南丰镇西南部
梧塘小学	Wútáng Xiǎoxué	民间组织	南丰镇北部
五星教学点	Wǔxīng Jiàoxuédiǎn	民间组织	五星村
勿乃小学	Wùnǎi Xiǎoxué	民间组织	都平镇西南部
西村小学	Xīcūn Xiǎoxué	民间组织	河儿口镇政府驻地西南部
小洞村卫生站	Xiǎodòngcūn Wèishēngzhàn	民间组织	南丰镇西南部
小洞学校	Xiǎodòng Xuéxiào	民间组织	南丰镇西南部
小玉村卫生站	Xiǎoyùcūn Wèishēngzhàn	民间组织	南丰镇西部
小玉小学	Xiǎoyù Xiǎoxué	民间组织	南丰镇西部
心连心大洞小学	Xīnliánxīn Dàdòng Xiǎoxué	民间组织	大洞村
新地村卫生站	Xīndìcūn Wèishēngzhàn	民间组织	新地村
新进小学	Xīnjìn Xiǎoxué	民间组织	江口镇新进村
新泰村卫生站	Xīntàicūn Wèishēngzhàn	民间组织	江川镇新泰村
新兴完全小学	Xīnxīng Wánquán Xiǎoxué	民间组织	江川镇政府驻地北部
新墟小学	Xīnxū Xiǎoxué	民间组织	金装镇东北部
新泽村卫生站	Xīnzécūn Wèishēngzhàn	民间组织	新泽村
续岭村卫生站	Xùlǐngcūn Wèishēngzhàn	民间组织	白垢镇政府驻地南部
永平卫生站	Yǒngpíng Wèishēngzhàn	民间组织	南丰镇东北部
永平小学	Yǒngpíng Xiǎoxué	民间组织	南丰镇东北部
粤教基金太平小学	Yuèjiàojījīn Tàipíng Xiǎoxué	民间组织	红星村
寨岗教学点	Zhàigǎng Jiàoxuédiǎn	民间组织	寨岗村
长合小学	Chánghé Xiǎoxué	民间组织	南丰镇西北部
大旺村卫生站	Dàwàngcūn Wèishēngzhàn	民间组织	江口镇大旺村
大旺小学	Dàwàng Xiǎoxué	民间组织	江口镇大旺村

(续上表)

标准名称	汉语拼音	地名类别	相对位置
罗董镇敬老院	Luódǒng Zhèn Jìnglǎoyuàn	民间组织	罗董镇
南丰敬老院	Nánfēng Jìnglǎoyuàn	民间组织	南丰镇西南部
大玉口镇敬老院	Dàyùkǒu Zhèn Jìnglǎoyuàn	民间组织	大玉口镇政府驻地西北部
江口镇福星敬老院	Jiāngkǒu Zhèn Fúxīng Jìnglǎoyuàn	民间组织	江口镇
大冲水库养护站	Dàchōng Shuǐkù Yǎnghùzhàn	事业单位	莲都镇
大玉口畜牧兽医站	Dàyùkǒu Xùmùshòuyīzhàn	事业单位	大玉口社区
大玉口小学	Dàyùkǒu Xiǎoxué	事业单位	大玉口社区
大玉口镇社会保险事务所	Dàyùkǒu Zhèn Shèhuìbǎoxiǎnshìwùsuǒ	事业单位	大玉口社区
大玉口镇卫生院	Dàyùkǒu Zhèn Wèishēngyuàn	事业单位	大玉口社区
大玉口镇中心幼儿园	Dàyùkǒu Zhèn Zhōngxīn Yòu'éryuán	事业单位	大玉口社区
大玉口中学	Dàyùkǒu Zhōngxué	事业单位	大玉口社区
大洲中心小学	Dàzhōu Zhōngxīn Xiǎoxué	事业单位	大洲社区
大洲中学	Dàzhōu Zhōngxué	事业单位	大洲社区
都平学校	Dūpíng Xuéxiào	事业单位	都平社区
平凤中心小学	Píngfèng Zhōngxīn Xiǎoxué	事业单位	新宁社区
平凤中学	Píngfèng Zhōngxué	事业单位	新宁社区
平凤水保站	Píngfèng Shuǐbǎozhàn	事业单位	平岗村
封开县农业科学研究所	Fēngkāi Xiàn Nóngyèkēxué Yánjiūsuǒ	事业单位	河儿口镇
河儿口财政所七星站	Hé'érkǒu Cáizhèngsuǒ Qīxīng Zhàn	事业单位	河儿口镇
河儿口中学	Hé'érkǒu Zhōngxué	事业单位	河儿口镇
莲都卫生院	Liándū Wèishēngyuàn	事业单位	莲都镇
莲都镇中心幼儿园	Liándū Zhèn Zhōngxīn Yòu'éryuán	事业单位	莲都镇
莲都镇综治维稳信访中心	Liándū Zhèn Zōngzhìwéiwěnxìnfǎng-zhōngxīn	事业单位	莲都镇
莲都中心小学	Liándū Zhōngxīn Xiǎoxué	事业单位	莲都镇

（续上表）

标准名称	汉语拼音	地名类别	相对位置
莲都中学	Liándū Zhōngxué	事业单位	莲都镇
南丰公路养护管理站	Nánfēng Gōnglùyǎnghùguǎnlǐzhàn	事业单位	山口村
长安第二小学	Cháng'ān Dì-2 Xiǎoxué	事业单位	民成村
长安镇卫生预防接种门诊	Cháng'ān Zhèn Wèishēngyùfángjiēzhǒng Ménzhěn	事业单位	长安镇
长安镇中心小学	Cháng'ān Zhèn Zhōngxīn Xiǎoxué	事业单位	长安镇
长安中心幼儿园	Cháng'ān Zhōngxīn Yòu'éryuán	事业单位	长安镇
长安中学	Cháng'ān Zhōngxué	事业单位	长安镇
长安镇农业技术推广站	Cháng'ān Zhèn Nóngyèjìshùtuīguǎngzhàn	事业单位	长安镇政府大院内
长安镇道路交通安全管理办公室	Cháng'ān Zhèn Dàolùjiāotōng'ānquánguǎnlǐbàngōngshì	事业单位	长安镇政府大院内
长安镇社会保险事务所	Cháng'ān Zhèn Shèhuìbǎoxiǎnshìwùsuǒ	事业单位	长安镇政府大院内
长安镇社会事务办	Cháng'ān Zhèn Shèhuìshìwùbàn	事业单位	长安镇政府大院内
封开县封川中学	Fēngkāi Xiàn Fēngchuān Zhōngxué	事业单位	江口镇
新贤经济合作社	Xīnxián Jīngjìhézuòshè	事业单位	江川镇
麻元经济合作社	Máyuán Jīngjìhézuòshè	事业单位	江川镇
封开县白垢学校	Fēngkāi Xiàn Báigòu Xuéxiào	事业单位	白垢社区
平凤镇卫生院	Píngfèng Zhèn Wèishēngyuàn	事业单位	新宁社区
平凤自来水管理所	Píngfèng Zìláishuǐguǎnlǐsuǒ	事业单位	新宁社区
长岗镇中心小学	Chánggǎng Zhèn Zhōngxīn Xiǎoxué	事业单位	长岗社区
江川镇江川中学	Jiāngchuān Zhèn Jiāngchuān Zhōngxué	事业单位	江川镇
河儿口中心小学	Hé'érkǒu Zhōngxīn Xiǎoxué	事业单位	河儿口镇
七星中心小学	Qīxīng Zhōngxīn Xiǎoxué	事业单位	河儿口镇
白垢镇林业站	Báigòu Zhèn Línyè Zhàn	事业单位	白垢镇
白垢镇卫生院	Báigòu Zhèn Wèishēngyuàn	事业单位	白垢社区
白垢镇卫生院门诊部	Báigòu Zhèn Wèishēngyuàn Ménzhěnbù	事业单位	白垢社区

(续上表)

标准名称	汉语拼音	地名类别	相对位置
江口镇车辆管理所	Jiāngkǒu Zhèn Chēliàngguǎnlǐsuǒ	事业单位	江口镇321国道附近
大洲村卫生室	Dàzhōucūn Wèishēngshì	事业单位	大洲社区
大洲镇敬老院	Dàzhōu Zhèn Jìnglǎoyuàn	事业单位	上律村
大洲镇卫生院	Dàzhōu Zhèn Wèishēngyuàn	事业单位	大洲社区
大洲镇综治信访维稳中心	Dàzhōu Zhèn Zōngzhìxìnfǎng-wéiwěnzhōngxīn	事业单位	大洲社区
都斛水库坝管养站	Dūhú Shuǐkùbà Guǎnyǎngzhàn	事业单位	侯村
都平卫生院	Dūpíng Wèishēngyuàn	事业单位	都平社区
都平文化中心	Dūpíng Wénhuàzhōngxīn	事业单位	都平社区
都平镇综治信访维稳中心	Dūpíng Zhèn Zōngzhìxìnfǎng-wéiwěnzhōngxīn	事业单位	都平社区
都平中心幼儿园	Dūpíng Zhōngxīn Yòu'éryuán	事业单位	都平社区
封川公路养护管理站	Fēngchuān Gōnglùyǎnghùguǎnlǐzhàn	事业单位	江口镇封川街
封川中心小学	Fēngchuān Zhōngxīn Xiǎoxué	事业单位	江口镇封川街
封开博物馆	Fēngkāi Bówùguǎn	事业单位	江口镇大塘一路31号附近
封开地税南丰办税服务厅	Fēngkāi Dìshuì Nánfēng Bànshuìfúwùtīng	事业单位	266省道附近
封开地税渔涝办税营业厅	Fēngkāi Dìshuì Yúlàobànshuìyíngyètīng	事业单位	渔涝社区
封开文化中心	Fēngkāi Wénhuàzhōngxīn	事业单位	江口镇府前路
封开县第二人民医院	Fēngkāi Xiàn Dì-2 Rénmínyīyuàn	事业单位	南丰镇新丰路
封开县第二人民医院第二诊所	Fēngkāi Xiàn Dì-2 Rénmínyīyuàn Dì-2 Zhěnsuǒ	事业单位	南丰镇城肚路
肇庆市公共资源交易中心封开分中心	Zhàoqìng Shì Gōnggòngzīyuánjiāoyìzhōngxīn Fēngkāi Fēnzhōngxīn	事业单位	江口镇
平凤镇社会保险事务所	Píngfēng Zhèn Shèhuìbǎoxiǎnshìwùsuǒ	事业单位	新宁社区
安全生产监督管理所	Ānquánshēngchǎnjiāndū Guǎnlǐsuǒ	事业单位	新宁社区

（续上表）

标准名称	汉语拼音	地名类别	相对位置
平凤电视站	Píngfèng Diànshìzhàn	事业单位	新宁社区
封开县杏花人口和计划生育办公室	Fēngkāi Xiàn Xìnghuā Rénkǒuhéjìhuáshēngyùbàngōngshì	事业单位	杏花镇
杏花卫生院	Xìnghuā Wèishēngyuàn	事业单位	杏花镇
罗马水库管理所	Luómǎ Shuǐkù Guǎnlǐsuǒ	事业单位	杏花镇
杏花公路养护管理站	Xìnghuā Gōnglùyǎnghùguǎnlǐzhàn	事业单位	杏花镇
杏花中学	Xìnghuā Zhōngxué	事业单位	杏花镇
杏花林业站	Xìnghuā Línyèzhàn	事业单位	杏花镇
杏花食品药品监督管理所	Xìnghuā Shípǐnyàopǐnjiāndūguǎnlǐsuǒ	事业单位	杏花镇
杏花中心小学	Xìnghuā Zhōngxīn Xiǎoxué	事业单位	杏花镇
封开县杏花镇畜牧兽医站	Fēngkāi Xiàn Xìnghuā Zhèn Xùmùshòuyīzhàn	事业单位	杏花镇
封开县杏花卫生院第二门诊部	Fēngkāi Xiàn Xìnghuā Wèishēngyuàn Dì-2 Ménzhěnbù	事业单位	杏花镇
杏花镇中心幼儿园	Xìnghuā Zhèn Zhōngxīn Yòu'éryuán	事业单位	杏花镇
长岗镇林业工作站	Chánggǎng Zhèn Línyègōngzuòzhàn	事业单位	长岗社区
长岗镇卫生院	Chánggǎng Zhèn Wèishēngyuàn	事业单位	长岗社区
长岗镇人口和计划生育服务站	Chánggǎng Zhèn Rénkǒuhéjìhuàshēngyùfúwùzhàn	事业单位	长岗社区
长岗镇综治信访维稳中心	Chánggǎng Zhèn Zōngzhìxìnfǎngwéiwěnzhōngxīn	事业单位	长岗社区
封开县妇幼保健院	Fēngkāi Xiàn Fùyòubǎojiànyuàn	事业单位	江口镇贺江二路117号
封开县公安局综合服务大厅	Fēngkāi Xiàn Gōng'ānjú Zōnghéfúwùdàtīng	事业单位	江口镇封州二路22号对面
封开县广播电视大学	Fēngkāi Xiàn Guǎngbōdiànshì Dàxué	事业单位	江口镇红卫路42号
封开县河儿口卫生院	Fēngkāi Xiàn Hé'érkǒu Wèishēngyuàn	事业单位	河儿口镇
封开县疾病预防控制中心	Fēngkāi Xiàn Jíbìngyùfángkòngzhìzhōngxīn	事业单位	江口镇解放路五巷3号

(续上表)

标准名称	汉语拼音	地名类别	相对位置
封开县建筑工程质量监督站	Fēngkāi Xiàn Jiànzhùgōngchéngzhìliàngjiāndūzhàn	事业单位	江口镇大塘一路附近
封开县江口中学	Fēngkāi Xiàn Jiāngkǒu Zhōngxué	事业单位	江口镇红卫路146号
封开县江口中学初中部	Fēngkāi Xiàn Jiāngkǒu Zhōngxué Chūzhōngbù	事业单位	江口镇东方二路156号
封开县教师进修学校	Fēngkāi Xiàn Jiàoshījìnxiū Xuéxiào	事业单位	江口镇建设二路南50米
封开县流动治超检测站	Fēngkāi Xiàn Liúdòngzhìchāojiǎncèzhàn	事业单位	前进村
封开县慢性病防治站	Fēngkāi Xiàn Mànxìngbìngfángzhìzhàn	事业单位	江口镇解放路五巷5号
封开县青少年体育训练竞赛中心	Fēngkāi Xiàn Qīngshǎonián Tǐyùxùnliànjìngsàizhōngxīn	事业单位	江口镇封州二路附近
封开县人民医院	Fēngkāi Xiàn Rénmínyīyuàn	事业单位	江口镇红卫路55号
封开县市场监督管理局渔涝市场监督管理所	Fēngkāi Xiàn Shìchǎngjiāndūguǎnlǐjú Yúlào Shìchǎngjiāndūguǎnlǐsuǒ	事业单位	渔涝社区
封开县水生动物防疫检疫站	Fēngkāi Xiàn Shuǐshēngdòngwùfángyìjiǎnyìzhàn	事业单位	江口镇建设北巷附近
封开县总工会	Fēngkāi Xiàn Zǒnggōnghuì	事业单位	江口镇建设北路8号
古榄村水文站	Gǔlǎncūn Shuǐwénzhàn	事业单位	贺江村
江口镇国税局招待所	Jiāngkǒu Zhèn Guóshuìjú Zhāodàisuǒ	事业单位	江口镇大塘一路
河儿口电视站	Hé'érkǒu Diànshìzhàn	事业单位	河儿口镇新城区街口
河儿口公路养护管理站	Hé'érkǒu Gōnglùyǎnghùguǎnlǐzhàn	事业单位	河儿口镇
河儿口镇畜牧兽医管理站	Hé'érkǒu Zhèn Xùmùshòuyīguǎnlǐzhàn	事业单位	河儿口镇
河儿口镇人口和计划生育服务站	Hé'érkǒu Zhèn Rénkǒuhéjìhuàshēngyùfúwùzhàn	事业单位	河儿口镇
河儿口镇综治信访维稳中心	Hé'érkǒu Zhèn Zōngzhìxìnfǎngwéiwěnzhōngxīn	事业单位	河儿口镇
江川镇林业工作站	Jiāngchuān Zhèn Línyègōngzuòzhàn	事业单位	江川镇

（续上表）

标准名称	汉语拼音	地名类别	相对位置
江川镇人口和计划生育服务站	Jiāngchuān Zhèn Rénkǒuhéjìhuàshēngyùfúwùzhàn	事业单位	江川镇
江川镇卫生院	Jiāngchuān Zhèn Wèishēngyuàn	事业单位	江川镇
江口第三小学	Jiāngkǒu Dì-3 Xiǎoxué	事业单位	江口镇贺江二路18号
江口五小	Jiāngkǒuwǔxiǎo	事业单位	江口镇丰沙村
江口镇第四小学	Jiāngkǒu Zhèn Dì-4 Xiǎoxué	事业单位	江口镇三元一巷2号
江口镇实验小学	Jiāngkǒu Zhèn Shíyàn Xiǎoxué	事业单位	江口镇红卫路19号
江口镇卫生院	Jiāngkǒu Zhèn Wèishēngyuàn	事业单位	江口镇三元一路23号
江口镇卫生院城区门诊	Jiāngkǒu Zhèn Wèishēngyuàn Chéngqū Ménzhěn	事业单位	江口镇河堤二路11号
江口镇中心小学	Jiāngkǒu Zhèn Zhōngxīn Xiǎoxué	事业单位	江口镇红卫路50号
江口镇综治信访维稳中心	Jiāngkǒu Zhèn Zōngzhìxìnfǎngwéiwěnzhōngxīn	事业单位	江口镇龙山路15号
江口中学高中部	Jiāngkǒu Zhōngxué Gāozhōngbù	事业单位	江口镇封川街
金装畜牧兽医站	Jīnzhuāng Xùmùshòuyīzhàn	事业单位	金装社区
金装电视台	Jīnzhuāng Diànshìtái	事业单位	金装社区
金装卫生院第二门诊	Jīnzhuāng Wèishēngyuàn Dì-2 Ménzhěn	事业单位	金装社区
金装卫生院锦秀分院	Jīnzhuāng Wèishēngyuàn Jǐnxiù Fēnyuàn	事业单位	万安村
金装镇党政办公室	Jīnzhuāng Zhèn Dǎngzhèngbàngōngshì	事业单位	金装社区
金装镇妇联	Jīnzhuāng Zhèn Fùlián	事业单位	金装社区
金装镇会计核算中心	Jīnzhuāng Zhèn Kuàijìhésuànzhōngxīn	事业单位	金装社区
金装镇林业工作站	Jīnzhuāng Zhèn Línyègōngzuòzhàn	事业单位	金装社区
金装镇社会保险事务所	Jīnzhuāng Zhèn Shèhuìbǎoxiǎnshìwùsuǒ	事业单位	金装社区
金装镇卫生院	Jīnzhuāng Zhèn Wèishēngyuàn	事业单位	金装社区

（续上表）

标准名称	汉语拼音	地名类别	相对位置
金装镇综治信访维稳中心	Jīnzhuāng Zhèn Zōngzhìxìnfǎngwéiwěnzhōngxīn	事业单位	金装社区
金装中心小学	Jīnzhuāng Zhōngxīn Xiǎoxué	事业单位	金装社区
金装中心幼儿园	Jīnzhuāng Zhōngxīn Yòu'éryuán	事业单位	金装社区
金装中学	Jīnzhuāng Zhōngxué	事业单位	金装社区
利水水库管养站	Lìshuǐ Shuǐkù Guǎnyǎngzhàn	事业单位	金岗村
罗董粮所	Luódǒng LiángSuǒ	事业单位	罗董镇政府驻地
罗董镇中心幼儿园	Luódǒng Zhèn Zhōngxīn Yòu'éryuán	事业单位	罗董社区
罗董中心卫生院	Luódǒng Zhōngxīn Wèishēngyuàn	事业单位	罗董镇政府驻地
罗董中心小学	Luódǒng Zhōngxīn Xiǎoxué	事业单位	罗董社区
罗董中学	Luódǒng Zhōngxué	事业单位	罗董社区
南丰婚姻登记处	Nánfēng Hūnyīndēngjìchù	事业单位	建设路和新华路交接处
南丰林业工作站	Nánfēng Línyègōngzuòzhàn	事业单位	南丰镇商业大道
南丰文化中心	Nánfēng Wénhuàzhōngxīn	事业单位	南丰镇东南部
南丰镇第一幼儿园	Nánfēng Zhèn Dì-1 Yòu'éryuán	事业单位	南丰市场路
南丰镇防疫站	Nánfēng Zhèn Fángyìzhàn	事业单位	南丰镇建设路
南丰镇行政服务中心	Nánfēng Zhèn Xíngzhèngfúwùzhōngxīn	事业单位	南丰镇人民政府内
南丰镇计划生育服务所	Nánfēng Zhèn Jìhuáshēngyùfúwùsuǒ	事业单位	南丰镇青西下
南丰镇中心小学南区	Nánfēng Zhèn Zhōngxīn Xiǎoxué Nánqū	事业单位	南丰镇解放路
南丰镇中心医院渡头诊所	Nánfēng Zhèn Zhōngxīn Yīyuàn Dùtóu Zhěnsuǒ	事业单位	渡头村
南丰镇中心幼儿园	Nánfēng Zhèn Zhōngxīn Yòu'éryuán	事业单位	南丰镇商业大道
南丰镇综治信访维稳中心	Nánfēng Zhèn Zōngzhìxìnfǎngwéiwěnzhōngxīn	事业单位	南丰镇人民政府内
南丰中心粮食管理所	Nánfēng Zhōngxīn Liángshíguǎnlǐsuǒ	事业单位	南丰镇人民路城肚
南丰中心小学	Nánfēng Zhōngxīn Xiǎoxué	事业单位	南丰镇人民路

（续上表）

标准名称	汉语拼音	地名类别	相对位置
南丰中学	Nánfēng Zhōngxué	事业单位	南丰镇新华路
南丰中学开明中心校区	Nánfēng Zhōngxué Kāimíng Zhōngxīn Xiàoqū	事业单位	开明村
七星卫生院	Qīxīng Wèishēngyuàn	事业单位	河儿口镇
渔涝镇人口和计划生育服务站	Yúlào Zhèn Rénkǒuhéjìhuàshēngyùfúwùzhàn	事业单位	渔涝社区
长安镇人口和计划生育服务站	Cháng'ān Zhèn Rénkǒuhéjìhuàshēngyùfúwùzhàn	事业单位	长安镇
都平镇社会保险事务所	Dūpíng Zhèn Shèhuìbǎoxiǎnshìwùsuǒ	事业单位	都平社区
省水质监测站封开南丰子站	Shěng shuǐzhìjiāncèzhàn Fēngkāi Nánfēngzǐzhàn	事业单位	莲岐村
渔涝食品药品监督管理所	Yúlào Shípǐnyàopǐnjiāndūguǎnlǐsuǒ	事业单位	渔涝社区
渔涝镇敬老院	Yúlào Zhèn Jìnglǎoyuàn	事业单位	渔涝社区
渔涝镇中心小学	Yúlào Zhèn Zhōngxīn Xiǎoxué	事业单位	渔涝社区
渔涝镇综治信访维稳中心	Yúlào Zhèn Zōngzhìxìnfǎngwéiwěnzhōngxīn	事业单位	渔涝社区
渔涝中心卫生院	Yúlào Zhōngxīn Wèishēngyuàn	事业单位	渔涝社区
渔涝中心幼儿园	Yúlào Zhōngxīn Yòu'éryuán	事业单位	渔涝社区
渔涝中学	Yúlào Zhōngxué	事业单位	渔涝社区
预防接种门诊	Yùfángjiēzhǒng Ménzhěn	事业单位	都平社区
长安镇会计服务中心	Cháng'ān Zhèn Kuàijìfúwùzhōngxīn	事业单位	长安镇
长安镇卫生院	Cháng'ān Zhèn Wèishēngyuàn	事业单位	长安镇
长安镇综治信访维稳中心	Cháng'ān Zhèn Zōngzhìxìnfǎngwéiwěnzhōngxīn	事业单位	长安镇
大玉口镇综治信访维稳中心	Dàyùkǒu Zhèn Zōngzhìxìnfǎngwéiwěnzhōngxīn	事业单位	大玉口镇
大玉口镇社会管理综合治理委员会	Dàyùkǒu Zhèn Shèhuìguǎnlǐzōnghézhìlǐwěiyuánhuì	事业单位	大玉口镇
大玉口镇人口和计划生育服务站	Dàyùkǒu Zhèn Rénkǒuhéjìhuàshēngyùfúwùzhàn	事业单位	大玉口镇
罗董镇人口和计划生育服务站	Luódǒng Zhèn Rénkǒuhéjìhuàshēngyùfúwùzhàn	事业单位	罗董镇政府大院

(续上表)

标准名称	汉语拼音	地名类别	相对位置
罗董镇综治信访维稳中心	Luódǒng Zhèn Zōngzhìxìnfǎngwéiwěnzhōngxīn	事业单位	罗董镇政府大院
平凤镇粮所	Píngfèng Zhèn Liángsuǒ	事业单位	新宁社区
长安镇食品药品监督管理所	Cháng'ān Zhèn Shípǐnyàopǐnjiāndūguǎnlǐsuǒ	事业单位	长安镇政府大院内
南丰农科站	Nánfēng Nóngkēzhàn	事业单位	金岗村
大玉口林业站	Dàyùkǒu Línyèzhàn	事业单位	大玉口社区
大玉口文化中心	Dàyùkǒu Wénhuàzhōngxīn	事业单位	大玉口社区
封开县教育第二幼儿园	Fēngkāi Xiàn Jiàoyù Dì-2 Yòu'éryuán	事业单位	江口镇贺江二路
封开县教育第一幼儿园	Fēngkāi Xiàn Jiàoyù Dì-1 Yòu'éryuán	事业单位	江口镇红卫路33号
封开县军粮供应站	Fēngkāi Xiàn Jūnliánggòngyīngzhàn	事业单位	江口镇博爱路附近
封开县粮食局白垢粮油管理所	Fēngkāi Xiàn Liángshíjú Báigòu Liángyóuguǎnlǐsuǒ	事业单位	白垢镇
封开县企业退休人员社会化管理服务中心	Fēngkāi Xiàn Qǐyètuìxiūrényuánshèhuìhuàguǎnlǐfúwùzhōngxīn	事业单位	江口镇建设北路
封开县渔涝人民法院	Fēngkāi Xiàn Yúlào Rénmínfǎyuàn	事业单位	渔涝社区
封开县中等职业学校	Fēngkāi Xiàn Zhōngděng Zhíyèxuéxiào	事业单位	江口镇卫生院附近
广东省封开县农机学校	Guǎngdōng Shěng Fēngkāi Xiàn Nóngjī Xuéxiào	事业单位	江口镇三元一路
西山水库管理处	Xīshān Shuǐkù Guǎnlǐchù	事业单位	西山村
封开富利达木业有限公司	Fēngkāi Fùlìdá Mùyè Yǒuxiàngōngsī	企业	江川镇
封开县莲都镇创烨网吧	Fēngkāi Xiàn Liándū Zhèn Chuàngyè Wǎngbā	企业	莲都镇莲都新街
封开县农村信用合作联社江川分社	Fēngkāi Xiàn Nóngcūnxìnyònghézuòliánshè Jiāngchuān Fēnshè	企业	江川镇
封开县农村信用合作联社莲都分社	Fēngkāi Xiàn Nóngcūnxìnyònghézuòliánshè Liándū Fēnshè	企业	莲都镇莲都街

（续上表）

标准名称	汉语拼音	地名类别	相对位置
广东电网肇庆封开供电局江川供电所	Guǎngdōngdiànwǎng Zhàoqìng Fēngkāi Gòngdiànjú Jiāngchuān Gōngdiànsuǒ	企业	江川镇
广东电网肇庆封开供电局莲都供电所	Guǎngdōngdiànwǎng Zhàoqìng Fēngkāi Gòngdiànjú Liándū Gōngdiànsuǒ	企业	莲都镇莲都街
万康大药房	Wànkāng Dàyàofáng	企业	长安镇
新兴车行	Xīnxīng Chēháng	企业	长安镇
安信证券股份有限公司	Ānxìnzhèngquàn Gǔfènyǒuxiàngōngsī	企业	江口镇红卫路15号
昌隆酒店	Chānglóng Jiǔdiàn	企业	河儿口镇
昌盛酒楼	Chāngshèng Jiǔlóu	企业	罗董镇
创智网吧	Chuàngzhì Wǎngbā	企业	江口镇大塘开发区12号
东升旅业	Dōngshēng Lǚyè	企业	渔涝社区
封开大山石材有限公司	Fēngkāi Dàshān Shícái Yǒuxiàngōngsī	企业	河儿口镇七星林场
封开劳特化工有限公司	Fēngkāi Láotè Huàgōng Yǒuxiàngōngsī	企业	江口镇三元西路51号
封开县农村信用合作联社大玉口分社	Fēngkāi Xiàn Nóngcūnxìnyònghézuòliánshè Dàyùkǒu Fēnshè	企业	大玉口社区
封开县白垢镇工艺厂	Fēngkāi Xiàn Báigòu Zhèn Gōngyìchǎng	企业	白垢镇
封开县保安服务公司	Fēngkāi Xiàn Bǎo'ānfúwù Gōngsī	企业	江口镇封州二路31号
封开县岑广食品厂	Fēngkāi Xiàn Cénguǎng Shípǐnchǎng	企业	江口镇封川四村一队
封开县诚林贸易有限公司	Fēngkāi Xiàn Chénglín Màoyì Yǒuxiàngōngsī	企业	江口镇大塘二路36号
封开县承丰担保有限公司	Fēngkāi Xiàn Chéngfēng Dānbǎo Yǒuxiàngōngsī	企业	江口镇封州二路贺电生活区商铺第6号铺位
封开县丰庆畜牧有限公司	Fēngkāi Xiàn Fēngqìngxùmù Yǒuxiàngōngsī	企业	河儿口镇双梘椿甘村

(续上表)

标准名称	汉语拼音	地名类别	相对位置
封开县广林木工艺制品有限责任公司	Fēngkāi Xiàn Guǎnglínmùgōngyìzhìpǐn Yǒuxiànzérèngōngsī	企业	上律村
封开县广视广告装饰有限公司	Fēngkāi Xiàn Guǎngshìguǎnggàozhuāngshì Yǒuxiàngōngsī	企业	江口镇大塘一路6号
封开县广业环保有限公司	Fēngkāi Xiàn Guǎngyèhuánbǎo Yǒuxiàngōngsī	企业	江口镇河南新区上龙涌
封开县广远家禽育种有限公司	Fēngkāi Xiàn Guǎngyuǎnjiāqínyùzhǒng Yǒuxiàngōngsī	企业	江口镇群丰村水筒冲
封开县贵星房地产有限公司	Fēngkāi Xiàn Guìxīngfángdìchǎn Yǒuxiàngōngsī	企业	江口镇河堤二路26号后怡景花园B座
封开县汉伟达贸易有限公司	Fēngkāi Xiàn Hànwěidámàoyì Yǒuxiàngōngsī	企业	江口镇府前路
封开县河儿口镇恩记兽药经销部	Fēngkāi Xiàn Hé'érkǒu Zhèn Ēnjìshòuyào Jīngxiāobù	企业	河儿口镇
封开县河儿口镇发记网吧	Fēngkāi Xiàn Hé'érkǒu Zhèn Fājì Wǎngbā	企业	河儿口镇
封开县河儿口镇福庆农资店	Fēngkāi Xiàn Hé'érkǒu Zhèn Fúqìng Nóngzīdiàn	企业	河儿口镇
封开县宏威石膏有限公司	Fēngkāi Xiàn Hóngwēi Shígāo Yǒuxiàngōngsī	企业	金星村
封开县黄岗林场	Fēngkāi Xiàn Huánggǎng Línchǎng	企业	河儿口镇黄岗村
封开县佳华木业有限公司	Fēngkāi Xiàn Jiāhuá Mùyè Yǒuxiàngōngsī	企业	泗科村
封开县嘉诚纸业有限公司	Fēngkāi Xiàn Jiāchéng Zhǐyè Yǒuxiàngōngsī	企业	江口镇封川大山冲
封开县江口镇康业餐具消毒中心	Fēngkāi Xiàn Jiāngkǒu Zhèn Kāngyè Cānjùxiāodú Zhōngxīn	企业	江口镇大塘一路附近
封开县金悦家政服务有限公司	Fēngkāi Xiàn Jīnyuè Jiāzhèngfúwù Yǒuxiàngōngsī	企业	江口镇建设北路12号首层1—4卡铺位
封开县朗成畜牧服务中心	Fēngkāi Xiàn Lǎngchéng Chùmùfúwù Zhōngxīn	企业	江口镇奔辉花园一号楼首层第六卡铺位
封开县龙传广告工程有限公司	Fēngkāi Xiàn Lóngchuán Guǎnggàogōngchéng Yǒuxiàngōngsī	企业	江口镇龙山路26号（龙山华庭）A座首层及夹层102号铺

（续上表）

标准名称	汉语拼音	地名类别	相对位置
封开县罗董镇美香饼厂	Fēngkāi Xiàn Luódǒng Zhèn Měixiāng Bǐngchǎng	企业	罗董镇罗董街二桥头旁（室内）
封开县罗董镇长强网吧	Fēngkāi Xiàn Luódǒng Zhèn Chángqiáng Wǎngbā	企业	罗董镇
封开县美绿农业开发有限公司	Fēngkāi Xiàn Měilǜ Nóngyèkāifā Yǒuxiàngōngsī	企业	江口镇勒竹口村委会第1号店铺
封开县农村信用合作联社大洲信用社	Fēngkāi Xiàn Nóngcūnxìnyònghézuòliánshè Dàzhōu Xìnyòngshè	企业	大洲社区
封开县农村信用合作联社河儿口信用社	Fēngkāi Xiàn Nóngcūnxìnyònghézuòliánshè Hé'érkǒu Xìnyòngshè	企业	河儿口镇新街
封开县农村信用合作联社泗科分社	Fēngkāi Xiàn Nóngcūnxìnyònghézuòliánshè Sìkē Fēnshè	企业	上律村
封开县培鑫医用材料有限公司	Fēngkāi Xiàn Péixīn Yīyòngcáiliào Yǒuxiàngōngsī	企业	江口镇东方二路129号
封开县品和源农业有限公司	Fēngkāi Xiàn Pǐnhéyuán Nóngyè Yǒuxiàngōngsī	企业	前进村
封开县肉联厂城区分厂	Fēngkāi Xiàn Ròuliánchǎng Chéngqū Fēnchǎng	企业	江口镇河堤二路69号
封开县肉联厂罗董分厂	Fēngkāi Xiàn Ròuliánchǎng Luódǒng Fēnchǎng	企业	罗董镇
封开县顺安交通服务中心	Fēngkāi Xiàn Shùn'ān Jiāotōngfúwù Zhōngxīn	企业	江口镇封州二路32号
封开县显艺装饰广告有限公司	Fēngkāi Xiàn Xiǎnyì Zhuāngshìguǎnggào Yǒuxiàngōngsī	企业	江口镇大塘一路85号首层南面商铺
封开县雄都实业有限公司	Fēngkāi Xiàn Xióngdū Shíyè Yǒuxiàngōngsī	企业	江口镇大塘一路35号
封开县耀鑫实业有限公司	Fēngkāi Xiàn Yàoxīn Shíyè Yǒuxiàngōngsī	企业	渔涝社区
封开县一德化工有限公司	Fēngkāi Xiàn Yīdé Huàgōng Yǒuxiàngōngsī	企业	江口镇河堤路182号
封开县长兴船务发展有限公司	Fēngkāi Xiàn Chángxīng Chuánwùfāzhǎn Yǒuxiàngōngsī	企业	江口镇解放路一巷18号
封开县正旺贸易有限公司	Fēngkāi Xiàn Zhèngwàng Màoyì Yǒuxiàngōngsī	企业	江口镇封州二路

（续上表）

标准名称	汉语拼音	地名类别	相对位置
封开县智杰园林绿化工程有限公司	Fēngkāi Xiàn Zhìjié Yuánlínlǜhuàgōngchéng Yǒuxiàngōngsī	企业	江口镇大塘二路3号
封开县智龙建筑工程有限责任公司	Fēngkāi Xiàn Zhìlóng Jiànzhùgōngchéng Yǒuxiànzérèngōngsī	企业	江口镇曙光路58号
封开县智鹏房地产开发有限公司	Fēngkāi Xiàn Zhìpéng Fángdìchǎnkāifā Yǒuxiàngōngsī	企业	江口镇曙光路58号
封州宾馆	Fēngzhōu Bīnguǎn	企业	江口镇建设一路8号
广东北回归绿洲森林度假村有限公司	Guǎngdōng Běihuíguī Lǜzhōusēnlíndùjiǎcūn Yǒuxiàngōngsī	企业	河儿口镇七星林场内
广东电网肇庆封开供电局大洲供电所	Guǎngdōngdiànwǎng Zhàoqìng Fēngkāi Gòngdiànjú Dàzhōu Gōngdiànsuǒ	企业	大洲社区
广东丰菱机电设备工程有限公司封开分公司	Guǎngdōng Fēnglíng Jīdiànshèbèigōngchéng Yǒuxiàngōngsī Fēngkāi Fēngōngsī	企业	江口镇龙山路114号
广东华林化工有限公司	Guǎngdōng Huálín Huàgōng Yǒuxiàngōngsī	企业	广东省江口镇江梧公路
广东李冠成房地产开发有限公司	Guǎngdōng Lǐguànchéng Fángdìchǎnkāifā Yǒuxiàngōngsī	企业	江口镇封州二路幸福家园小区第8幢首层北面3—5卡
广西致源实业投资有限公司	Guǎngxī Zhìyuán Shíyètóuzī Yǒuxiàngōngsī	企业	江口镇封州二路
华兴酒楼	Huáxīng Jiǔlóu	企业	白垢镇白垢社区
龙都宾馆	Lóngdū Bīnguǎn	企业	河儿口镇
龙山餐厅	Lóngshān Cāntīng	企业	龙山风景区内
星期八网吧	Xīngqībā Wǎngbā	企业	江口镇红卫路
杏花宾馆	Xìnghuā Bīnguǎn	企业	江口镇河堤一路28号
阳光网吧	Yángguāng Wǎngbā	企业	江口镇龙山路26号（龙山华庭）A座首层103、104号铺
亿家人超市	Yìjiārén Chāoshì	企业	渔涝社区

（续上表）

标准名称	汉语拼音	地名类别	相对位置
圆通快递	Yuántōng Kuàidì	企业	江口镇大塘一路附近
悦宾酒楼	Yuèbīn Jiǔlóu	企业	白垢镇白垢社区
云龙采石场	Yúnlóng Cǎishíchǎng	企业	河儿口镇七星林场
肇庆市贺江电力发展有限公司	Zhàoqìng Shì Hèjiāng Diànlìfāzhǎn Yǒuxiàngōngsī	企业	江口镇
肇庆市贺江电力发展有限公司悦封苑招待所	Zhàoqìng Shì Hèjiāng Diànlìfāzhǎn Yǒuxiàngōngsī Yuèfēngyuàn Zhāodàisuǒ	企业	江口镇扶来村江口电厂内
肇庆市龙昌水泥制造集团有限公司	Zhàoqìng Shì Lóngchāng Shuǐnízhìzào Jítuán Yǒuxiàngōngsī	企业	江口镇三元一路37号
肇庆市益信农业发展有限公司	Zhàoqìng Shì Yìxìn Nóngyèfāzhǎn Yǒuxiàngōngsī	企业	江口镇封州二路178号
肇庆园众教育信息化服务有限公司	Zhàoqìng Yuánzhòng Jiàoyùxìnxīhuàfúwù Yǒuxiàngōngsī	企业	江口镇封州二路
中国电信股份有限公司封开都平客户服务中心	Zhōngguódiànxìn Gǔfènyǒuxiàngōngsī Fēngkāi Dūpíng Kèhùfúwùzhōngxīn	企业	都平社区
中国电信股份有限公司封开分公司	Zhōngguódiànxìn Gǔfènyǒuxiàngōngsī Fēngkāi Fēngōngsī	企业	江口镇建设北路11号
中国电信股份有限公司封开河儿口客户服务中心	Zhōngguódiànxìn Gǔfènyǒuxiàngōngsī Fēngkāi Hé'érkǒu Kèhùfúwùzhōngxīn	企业	河儿口镇
中国电信全网通手机卖场	Zhōngguódiànxìn Quánwǎngtōng Shǒujīmàichǎng	企业	罗董镇
中国建设银行股份有限公司封开支行	Zhōngguójiànshè Yínháng Gǔfènyǒuxiàngōngsī Fēngkāi Zhīháng	企业	江口镇大塘一路龙山路路口
中国农业发展银行封开县支行	Zhōngguónóngyèfāzhǎn Yínháng Fēngkāi Xiàn Zhīháng	企业	江口镇封州二路（银行右侧）
中国人民财产保险股份有限公司	Zhōngguórénmíncáichǎnbǎoxiǎn Gǔfènyǒuxiàngōngsī	企业	江口镇封州二路山水商贸城2号商铺2—48号

（续上表）

标准名称	汉语拼音	地名类别	相对位置
中国人寿保险股份有限公司封开县支公司封川营销服务部	Zhōngguórénshòubǎoxiǎn Gǔfènyǒuxiàngōngsī Fēngkāi Xiàn Zhīgōngsī Fēngchuān Yíngxiāofúwùbù	企业	江口镇河南三元茶亭
中国人寿保险股份有限公司封开县支公司	Zhōngguórénshòubǎoxiǎn Gǔfènyǒuxiàngōngsī Fēngkāi Xiàn Zhīgōngsī	企业	江口镇大塘一路28号
中国石化销售有限公司广东肇庆封开石油分公司	Zhōngguóshíhuà Xiāoshòu Yǒuxiàngōngsī Guǎngdōng Zhàoqìng Fēngkāi Shíyóu Fēngōngsī	企业	江口镇封州二路附近
中国移动通信集团广东有限公司封开分公司	Zhōngguóyídòngtōngxìnjítuán Guǎngdōng Yǒuxiàngōngsī Fēngkāi Fēngōngsī	企业	江口镇大塘一路75号
中国邮政储蓄银行股份有限公司封开县都平营业所	Zhōngguóyóuzhèngchǔxù Yínháng Gǔfènyǒuxiàngōngsī Fēngkāi Xiàn Dūpíng Yíngyèsuǒ	企业	都平社区
中国邮政储蓄银行股份有限公司封开县大塘营业所	Zhōngguóyóuzhèngchǔxù Yínháng Gǔfènyǒuxiàngōngsī Fēngkāi Xiàn Dàtáng Yíngyèsuǒ	企业	江口镇大塘一路23号A座首层1—4卡西区
中国邮政储蓄银行股份有限公司封开县白垢营业所	Zhōngguóyóuzhèngchǔxù Yínháng Gǔfènyǒuxiàngōngsī Fēngkāi Xiàn Báigòu Yíngyèsuǒ	企业	白垢镇
中通快递	Zhōngtōng Kuàidì	企业	江口镇封州二路
广东电网肇庆封开供电局杏花供电所	Guǎngdōngdiànwǎng Zhàoqìng Fēngkāi Gòngdiànjú Xìnghuā Gōngdiànsuǒ	企业	杏花镇新街首层
杏花饭店	Xìnghuā Fàndiàn	企业	杏花镇新街首层
封开县东鹏摩托车销售有限责任公司杏花分公司	Fēngkāi Xiàn Dōngpéng Mótuōchēxiāoshòu Yǒuxiànzérèngōngsī Xìnghuā Fēngōngsī	企业	杏花镇杏花杏联茶冲（杏花街）
封开县恒牧兽药店	Fēngkāi Xiàn Héngmùshòu Yàodiàn	企业	杏花镇杏花街
封开县新兴摩托车销售有限公司杏花分公司	Fēngkāi Xiàn Xīnxīng Mótuōchēxiāoshòu Yǒuxiàngōngsī Xìnghuā Fēngōngsī	企业	杏花镇杏花圩新街(钢根垌)
封开县肉联厂杏花分厂	Fēngkāi Xiàn Ròuliánchǎng Xìnghuā Fēnchǎng	企业	杏花镇杏花街

(续上表)

标准名称	汉语拼音	地名类别	相对位置
向阳药店	Xiàngyáng Yàodiàn	企业	杏花镇杏花街
封开县杏花镇有间网吧	Fēngkāi Xiàn Xìnghuā Zhèn Yǒujiān Wǎngbā	企业	杏花镇新街首层
杏花酒店	Xìnghuā Jiǔdiàn	企业	杏花镇新街首层
中国电信股份有限公司封开杏花客户服务中心	Zhōngguódiànxìn Gǔfènyǒuxiàngōngsī Fēngkāi Xìnghuā Kèhùfúwùzhōngxīn	企业	杏花镇杏花圩（大榕树侧）
铁厂	Tiěchǎng	企业	双联村委会
封开县农村信用合作联社杏花信用社	Fēngkāi Xiàn Nóngcūnxìnyònghézuòliánshè Xìnghuā Xìnyòngshè	企业	杏花镇杏花新街
封开县杏花基层供销合作社	Fēngkāi Xiàn Xìnghuā Jīcénggòngxiāohézuòshè	企业	杏花镇
封开县长岗镇旺村新型环保墙体砖厂矿场	Fēngkāi Xiàn Chánggǎng Zhèn Wàngcūn Xīnxínghuánbǎoqiángtǐzhuānchǎng Kuàngchǎng	企业	长岗镇旺村
封开县粤华塑料色母有限责任公司	Fēngkāi Xiàn Yuèhuá Sùliàosèmǔ Yǒuxiànzérèngōngsī	企业	长岗镇旺村管理区振竹坑（321国道边）
封开县恒大酒业有限公司	Fēngkāi Xiàn Héngdà Jiǔyè Yǒuxiàngōngsī	企业	长岗镇旺村车站对面（广信驿站）
广东电网肇庆封开供电局谷圩供电所	Guǎngdōngdiànwǎng Zhàoqìng Fēngkāi Gòngdiànjú Gǔxū Gōngdiànsuǒ	企业	长岗镇谷圩开发区
封开县李氏石材厂	Fēngkāi Xiàn Lǐshì Shícáichǎng	企业	长岗镇谷圩开发区
永兴石材厂	Yǒngxīng Shícáichǎng	企业	长岗镇谷圩开发区
鸿运石材	Hóngyùn Shícái	企业	长岗镇谷圩开发区
华润水泥（封开）有限公司	Huárùnshuǐní（fēngkāi）Yǒuxiàngōngsī	企业	长岗镇长岗工业园
封开县雄都实业有限公司生态农业分公司	Fēngkāi Xiàn Xióngdū Shíyè Yǒuxiàngōngsī Shēngtàinóngyè Fēngōngsī	企业	长岗镇都苗村
封开县农村信用合作联社长岗信用社	Fēngkāi Xiàn Nóngcūnxìnyònghézuòliánshè Chánggǎng Xìnyòngshè	企业	长岗镇长岗街

(续上表)

标准名称	汉语拼音	地名类别	相对位置
封开县辉腾农资有限公司	Fēngkāi Xiàn Huīténg Nóngzī Yǒuxiàngōngsī	企业	长岗镇长岗社区（大桥塘）42号
中国人寿保险股份有限公司封开县支公司长岗营销服务部	Zhōngguórénshòubǎoxiǎn Gǔfènyǒuxiàngōngsī Fēngkāi Xiàn Zhīgōngsī Chánggǎng Yíngxiāofúwùbù	企业	长岗镇长岗街54号
封开华润混凝土有限公司	Fēngkāi Huárùn Húnníngtǔ Yǒuxiàngōngsī	企业	长岗镇长岗社区贺木村
封开县长岗镇红河网吧	Fēngkāi Xiàn Chánggǎng Zhèn Hónghé Wǎngbā	企业	长岗镇长岗新街
广东电网肇庆封开供电局平凤供电所	Guǎngdōngdiànwǎng Zhàoqìng Fēngkāi Gòngdiànjú Píngfèng Gōngdiànsuǒ	企业	新宁社区
封开县农村信用合作联社平凤信用社	Fēngkāi Xiàn Nóngcūnxìnyònghézuòliánshè Píngfèng Xìnyòngshè	企业	新宁社区
封开县农村信用合作联社平岗分社	Fēngkāi Xiàn Nóngcūnxìnyònghézuòliánshè Pínggǎng Fēnshè	企业	平岗村
封开县肉联厂都平分厂	Fēngkāi Xiàn Ròuliánchǎng Dūpíng Fēnchǎng	企业	官埔村
封开县农村信用合作联社南丰信用社	Fēngkāi Xiàn Nóngcūnxìnyònghézuòliánshè Nánfēng Xìnyòngshè	企业	南丰商业大道90号
封开县农村信用合作联社新丰分社	Fēngkāi Xiàn Nóngcūnxìnyònghézuòliánshè Xīnfēng Fēnshè	企业	南丰镇新丰路1号
封开县人民印刷厂南丰分厂	Fēngkāi Xiàn Rénmínyìnshuāchǎng Nánfēng Fēnchǎng	企业	南丰镇新庙
封开县肉联厂南丰屠宰厂	Fēngkāi Xiàn Ròuliánchǎng Nánfēng Túzǎichǎng	企业	南丰镇解放路
嘉年华网吧	Jiāniánhuá Wǎngbā	企业	南丰镇商业大道78号
喜悦酒店	Xǐyuè Jiǔdiàn	企业	南丰镇开建大道
肇庆弘建达混凝土有限公司	Zhàoqìng Hóngjiàndá Húnníngtǔ Yǒuxiàngōngsī	企业	金岗村
中国农业银行股份有限公司封开南丰支行	Zhōngguónóngyè Yínháng Gǔfènyǒuxiàngōngsī Fēngkāi Nánfēng Zhīháng	企业	南丰镇酒井路22号

（续上表）

标准名称	汉语拼音	地名类别	相对位置
中国人寿保险股份有限公司封开县支公司南丰营销服务部	Zhōngguórénshòubǎoxiǎn Gǔfènyǒuxiàngōngsī Fēngkāi Xiàn Zhīgōngsī Nánfēng Yíngxiāofúwùbù	企业	南丰商业大道33号

（十）陆地水系类

标准名称	汉语拼音	地名类别	相对位置	发源地	所在（跨）行政区
贺江	Hè Jiāng	河流	封开县西南部	富川瑶族自治县麦岭乡茗山	白垢镇、南丰镇、都平镇、渔涝镇、大玉口镇、大洲镇、江口镇
西江	Xī Jiāng	河流	封开县西南部	贵州省南盘江	江口镇、江川镇、平凤镇、长岗镇
东安河	Dōng'ān Hé	河流	封开县中部	——	大洲镇
渔涝河	Yúlào Hé	河流	封开县中部	河儿口镇松柏坡	渔涝镇
蟠龙河	Pánlóng Hé	河流	封开县西南部	——	平凤镇
金装河	Jīnzhuāng Hé	河流	封开县东北部	——	金装镇
莲都河	Liándū Hé	河流	封开县东部	莲都清水黄茅顶	莲都镇
平台河	Píngtái Hé	河流	封开县西南部	——	平凤镇
大玉口河	Dàyùkǒu Hé	河流	封开县北部	——	大玉口镇
思料河	Sīliào Hé	河流	封开县北部	——	南丰镇
长安河	Cháng'ān Hé	河流	封开县东北部	——	长安镇
长群河	Chángqún Hé	河流	封开县北部	——	大玉口镇
陆水河	Lùshuǐ Hé	河流	封开县南部	封开县黄岐岭	长岗镇、杏花镇

（十一）陆地地形类

标准名称	汉语拼音	别名	地名类别	相对位置	所在（跨）行政区
並埇口	Bìngyǒngkǒu	——	山口、关隘	江川镇政府驻地西北部	江川镇
揞勉口	Tánmiǎnkǒu	——	山口、关隘	渔涝镇政府驻地东北部	渔涝镇
那冲口	Nàchōngkǒu	——	山口、关隘	长安镇政府驻地西部	长安镇

(续上表)

标准名称	汉语拼音	别名	地名类别	相对位置	所在（跨）行政区
安埇	Ānyǒng	——	山谷、谷地	封开县西部	大洲镇
暗斗耳	Àndòu'ěr	——	山谷、谷地	封开县东部	河儿口镇
暗罗	Ànluó	——	山谷、谷地	封开县西部	江口镇
八十箩	Bāshíluó	——	山谷、谷地	封开县东部	莲都镇
八字石坑	Bāzìshí Kēng	——	山谷、谷地	封开县东部	河儿口镇
白埠埇	Báibùyǒng	——	山谷、谷地	封开县东北部	南丰镇
白花冲	Báihuāchōng	——	山谷、谷地	封开县中部	白垢镇
白花埇	Báihuāyǒng	——	山谷、谷地	江川镇政府驻地西部	江川镇
白梅界	Báiméijiè	——	山谷、谷地	封开县中部	白垢镇
白梅田	Báiméitián	——	山谷、谷地	封开县东部	河儿口镇
白沙埇	Báishāyǒng	——	山谷、谷地	封开县北部	都平镇
白石笃	Báishídǔ	——	山谷、谷地	封开县西南部	江川镇
白云埇	Báiyúnyǒng	——	山谷、谷地	封开县东北部	南丰镇
百吉埇	Bǎijíyǒng	——	山谷、谷地	封开县西部	大洲镇
败埇	Bàiyǒng	埇拜	山谷、谷地	封开县南部	罗董镇
半月埇	Bànyuèyǒng	——	山谷、谷地	封开县西南部	江川镇
豹源埇	Bàoyuányǒng	——	山谷、谷地	封开县西南部	江川镇
北埇	Běiyǒng	——	山谷、谷地	封开县西南部	江川镇
崩埇	Bēngyǒng	——	山谷、谷地	封开县东北部	南丰镇
比角埇	Bǐjiǎoyǒng	——	山谷、谷地	封开县中部	渔涝镇
必埇	Bìyǒng	——	山谷、谷地	封开县东部	河儿口镇
鳖埇	Biēyǒng	——	山谷、谷地	封开县北部	大玉口镇
步梯埇	Bùtīyǒng	——	山谷、谷地	封开县西部	江口镇
部冲	Bùchōng	——	山谷、谷地	封开县北部	都平镇
茶埇	Cháyǒng	——	山谷、谷地	封开县西部	江口镇
柴格埇	Cháigéyǒng	——	山谷、谷地	封开县中部	白垢镇
冲记	Chōngjì	——	山谷、谷地	封开县中部	白垢镇
冲云塘	Chōngyún Táng	——	山谷、谷地	封开县东北部	金装镇
出埇	Chūyǒng	——	山谷、谷地	封开县中部	渔涝镇

（续上表）

标准名称	汉语拼音	别名	地名类别	相对位置	所在（跨）行政区
搭寮埇	Dāliáoyǒng	——	山谷、谷地	封开县东部	河儿口镇
打石埇	Dǎshíyǒng	——	山谷、谷地	封开县南部	罗董镇
打铁唐	Dǎtiětáng	——	山谷、谷地	封开县北部	大玉口镇
大板笃	Dàbǎndǔ	——	山谷、谷地	封开县东部	河儿口镇
大暴埇	Dàbàoyǒng	——	山谷、谷地	封开县中部	白垢镇
大陂头	Dàbēitóu	——	山谷、谷地	封开县西部	大洲镇
大达埇	Dàdáyǒng	——	山谷、谷地	封开县东部	莲都镇
大断埇	Dàduànyǒng	——	山谷、谷地	封开县北部	大玉口镇
大枫埇	Dàfēngyǒng	——	山谷、谷地	封开县中部	白垢镇
大和埇	Dàhéyǒng	——	山谷、谷地	封开县西部	大洲镇
大降底	Dàjiàngdǐ	——	山谷、谷地	封开县东部	河儿口镇
大迳	Dàjìng	——	山谷、谷地	封开县南部	罗董镇
大迳尾	Dàjìngwěi	——	山谷、谷地	封开县北部	都平镇
大坑	Dàkēng	——	山谷、谷地	封开县东部	河儿口镇
大坑河	Dàkēnghé	——	山谷、谷地	封开县东部	河儿口镇
大坑尾	Dàkēngwěi	——	山谷、谷地	封开县东部	河儿口镇
大赖埇	Dàlàiyǒng	——	山谷、谷地	封开县东北部	长安镇
大老塘	Dàlǎotáng	——	山谷、谷地	封开县南部	罗董镇
大廉埇	Dàliányǒng	——	山谷、谷地	封开县中部	渔涝镇
大蓼埇	Dàliǎoyǒng	——	山谷、谷地	封开县东北部	南丰镇
大林埇	Dàlínyǒng	——	山谷、谷地	封开县中部	渔涝镇
大垄道	Dàlǒngdào	——	山谷、谷地	封开县东北部	南丰镇
大麻埇	Dàmáyǒng	——	山谷、谷地	封开县西部	大洲镇
大马道坑	Dàmǎdào Kēng	——	山谷、谷地	封开县东北部	长安镇
大芒	Dàmáng	——	山谷、谷地	封开县西南部	江川镇
大南埇	Dànányǒng	——	山谷、谷地	封开县东部	河儿口镇
大坡埇	Dàpōyǒng	——	山谷、谷地	封开县中部	渔涝镇
大曲	Dàqū	——	山谷、谷地	封开县中部	白垢镇
大仁埇	Dàrényǒng	——	山谷、谷地	封开县西南部	江川镇
大山田	Dàshāntián	——	山谷、谷地	封开县中部	白垢镇

（续上表）

标准名称	汉语拼音	别名	地名类别	相对位置	所在（跨）行政区
大山尾	Dàshānwěi	——	山谷、谷地	封开县东北部	南丰镇
大山埇	Dàshānyǒng	——	山谷、谷地	封开县西部	大洲镇
大山足	Dàshānzú	——	山谷、谷地	封开县西南部	江川镇
大石排埇	Dàshípáiyǒng	——	山谷、谷地	封开县东北部	长安镇
大树笃	Dàshùdǔ	——	山谷、谷地	封开县西部	江口镇
大甩埇	Dàshuǎiyǒng	——	山谷、谷地	封开县东北部	南丰镇
大水迳	Dàshuǐjìng	——	山谷、谷地	封开县中部	白垢镇
大水坑	Dàshuǐ Kēng	——	山谷、谷地	封开县东北部	长安镇
大台冲	Dàtáichōng	——	山谷、谷地	封开县北部	都平镇
大塘埇	Dàtángyǒng	——	山谷、谷地	封开县北部	都平镇
大险	Dàxiǎn	——	山谷、谷地	封开县东北部	金装镇
大芸坪坑	Dàyúnpíng Kēng	——	山谷、谷地	封开县东部	莲都镇
大灶埇	Dàzàoyǒng	——	山谷、谷地	封开县中部	白垢镇
担水埇	Dānshuǐyǒng	——	山谷、谷地	封开县东部	莲都镇
担水埇口	Dānshuǐyǒngkǒu	——	山谷、谷地	封开县西南部	江川镇
到坐塘	Dàozuò Táng	——	山谷、谷地	封开县中部	白垢镇
低头坑	Dītóu Kēng	——	山谷、谷地	封开县东部	莲都镇
第竹埌	Dìzhúlàng	——	山谷、谷地	封开县西部	江口镇
跌冲	Diēchōng	——	山谷、谷地	封开县东部	莲都镇
东合埇	Dōnghéyǒng	——	山谷、谷地	封开县西部	大洲镇
东水坑	Dōngshuǐ Kēng	——	山谷、谷地	封开县东部	河儿口镇
东叶埇	Dōngyèyǒng	——	山谷、谷地	封开县西南部	江川镇
东埇	Dōngyǒng	——	山谷、谷地	封开县东北部	长安镇
都含埇	Dūhányǒng	——	山谷、谷地	封开县中部	渔涝镇
都罗埇	Dūluóyǒng	——	山谷、谷地	封开县北部	都平镇
荳根埇	Dòugēnyǒng	——	山谷、谷地	封开县北部	都平镇
杜庵	Dù'ān	——	山谷、谷地	封开县南部	罗董镇
杜坪埇	Dùpíngyǒng	——	山谷、谷地	封开县东部	河儿口镇
杜埇	Dùyǒng	——	山谷、谷地	封开县东北部	金装镇
肚河	Dùhé	——	山谷、谷地	封开县东部	河儿口镇

（续上表）

标准名称	汉语拼音	别名	地名类别	相对位置	所在（跨）行政区
肚埇	Dùyǒng	——	山谷、谷地	封开县东北部	南丰镇
对埇	Duìyǒng	——	山谷、谷地	封开县中部	白垢镇
多打	Duōdǎ	——	山谷、谷地	封开县东部	河儿口镇
鹅车埇	Échēyǒng	——	山谷、谷地	封开县东北部	长安镇
贰塘埇	Èrtángyǒng	——	山谷、谷地	封开县北部	大玉口镇
范埇	Fànyǒng	——	山谷、谷地	封开县东北部	南丰镇
分水坳	Fēnshuǐ Ào	——	山谷、谷地	封开县南部	罗董镇
丰田埇	Fēngtiányǒng	——	山谷、谷地	封开县东北部	南丰镇
枫木埇	Fēngmùyǒng	——	山谷、谷地	封开县西部	江口镇
逢埇	Féngyǒng	——	山谷、谷地	封开县北部	都平镇
凤冲	Fèngchōng	——	山谷、谷地	封开县北部	都平镇
凤埇坑	Fèngyǒng Kēng	——	山谷、谷地	封开县西南部	江川镇
佛地埇	Fódìyǒng	——	山谷、谷地	封开县中部	白垢镇
佛仔冲	Fózǎichōng	——	山谷、谷地	封开县北部	都平镇
佛仔塘	Fózǎi Táng	——	山谷、谷地	封开县北部	都平镇
扶来枫木埇	Fúláifēngmùyǒng	——	山谷、谷地	封开县西部	江口镇
扶来埇	Fúláiyǒng	——	山谷、谷地	封开县西部	江口镇
付班埇	Fùbānyǒng	——	山谷、谷地	封开县东北部	南丰镇
富太埇	Fùtàiyǒng	——	山谷、谷地	封开县西部	江口镇
高木埇	Gāomùyǒng	——	山谷、谷地	封开县东部	河儿口镇
割菜埇	Gēcàiyǒng	——	山谷、谷地	封开县西部	江口镇
葛埇	Géyǒng	——	山谷、谷地	封开县西部	大洲镇
巩桥埇	Gǒngqiáoyǒng	——	山谷、谷地	封开县西部	大洲镇
勾埇	Gōuyǒng	——	山谷、谷地	封开县东部	河儿口镇
古傍埇	Gǔbàngyǒng	——	山谷、谷地	封开县东部	莲都镇
古塝	Gǔbàng	——	山谷、谷地	封开县东部	莲都镇
古蚕埇	Gǔcányǒng	——	山谷、谷地	封开县北部	都平镇
古党埇	Gǔdǎngyǒng	——	山谷、谷地	封开县中部	渔涝镇
古榄埇	Gǔlǎnyǒng	——	山谷、谷地	封开县中部	渔涝镇
古捞	Gǔlāo	——	山谷、谷地	封开县中部	白垢镇

(续上表)

标准名称	汉语拼音	别名	地名类别	相对位置	所在（跨）行政区
古骆埇	Gǔluòyǒng	——	山谷、谷地	封开县东部	莲都镇
古塘埇	Gǔtángyǒng	——	山谷、谷地	封开县西部	大洲镇
古味埇	Gǔwèiyǒng	——	山谷、谷地	封开县西部	江口镇
古秀	Gǔxiù	——	山谷、谷地	封开县西南部	江川镇
谷信冲	Gǔxìnchōng	——	山谷、谷地	封开县北部	都平镇
固定埇	Gùdìngyǒng	——	山谷、谷地	封开县中部	白垢镇
观塘迳	Guāntángjìng	——	山谷、谷地	封开县南部	罗董镇
官塘埇	Guāntángyǒng	——	山谷、谷地	封开县西南部	江川镇
官埇	Guānyǒng	——	山谷、谷地	封开县北部	都平镇
官埇尾	Guānyǒngwěi	——	山谷、谷地	封开县北部	都平镇
贯埇	Guànyǒng	——	山谷、谷地	封开县西部	大洲镇
果芒	Guǒmáng	——	山谷、谷地	封开县东北部	南丰镇
果芒冲	Guǒmángchōng	——	山谷、谷地	封开县北部	大玉口镇
蛤蟆塘	Hánǎ Táng	——	山谷、谷地	封开县中部	白垢镇
蛤埇	Háyǒng	——	山谷、谷地	封开县东部	河儿口镇
寒埇	Hányǒng	——	山谷、谷地	封开县西部	江口镇
禾地儿	Hédì'ér	——	山谷、谷地	封开县中部	白垢镇
禾链冲	Héliànchōng	——	山谷、谷地	封开县北部	都平镇
禾苗坑	Hémiáo Kēng	——	山谷、谷地	封开县东北部	长安镇
和龙	Hélóng	——	山谷、谷地	封开县中部	白垢镇
河蒙埇	Héméngyǒng	——	山谷、谷地	封开县南部	罗董镇
河木尾	Hémùwěi	——	山谷、谷地	封开县西部	江口镇
横洞	Héngdòng	——	山谷、谷地	封开县西南部	江川镇
横埇	Héngyǒng	——	山谷、谷地	封开县西部	江口镇
红荳埇	Hóngdòuyǒng	——	山谷、谷地	封开县西部	大洲镇
红旗冲	Hóngqíchōng	——	山谷、谷地	封开县北部	大玉口镇
胡力尾	Húlìwěi	——	山谷、谷地	封开县东北部	南丰镇
胡腮埇	Húsāiyǒng	——	山谷、谷地	封开县东北部	南丰镇
胡选埇	Húxuǎnyǒng	——	山谷、谷地	封开县西部	大洲镇
户林埇	Hùlínyǒng	——	山谷、谷地	封开县西部	大洲镇

（续上表）

标准名称	汉语拼音	别名	地名类别	相对位置	所在（跨）行政区
户埇	Hùyǒng	——	山谷、谷地	封开县西部	大洲镇
皇粥尾	Huángzhōuwěi	——	山谷、谷地	封开县北部	大玉口镇
黄姜埇	Huángjiāngyǒng	——	山谷、谷地	渔涝镇西北部	渔涝镇
黄坭埇	Huángníyǒng	——	山谷、谷地	江口镇北部	江口镇
黄泥埇	Huángníyǒng	——	山谷、谷地	河儿口镇东北部	河儿口镇
黄糯埇	Huángnuòyǒng	——	山谷、谷地	渔涝镇北部	渔涝镇
黄湾	Huángwān	——	山谷、谷地	江川镇政府驻地南部	江川镇
会埇	Huìyǒng	——	山谷、谷地	南丰镇东南部	南丰镇
鸡公尾	Jīgōngwěi	——	山谷、谷地	江口镇西北部	江口镇
鸡公埇	Jīgōngyǒng	——	山谷、谷地	罗董镇政府驻地北部	罗董镇
鸡近埇	Jījìnyǒng	——	山谷、谷地	白垢镇政府驻地西部	白垢镇
鸡笼埇	Jīlóngyǒng	——	山谷、谷地	渔涝镇西北部	渔涝镇
集埇	Jíyǒng	——	山谷、谷地	南丰镇东南部	南丰镇
架间埇	Jiàjiānyǒng	——	山谷、谷地	河儿口镇西南部	河儿口镇
架简埇	Jiàjiǎnyǒng	——	山谷、谷地	金装镇东部	金装镇
架桥埇	Jiàqiáoyǒng	——	山谷、谷地	河儿口镇东南部	河儿口镇
简塘埇	Jiǎntángyǒng	——	山谷、谷地	大洲镇政府驻地西北部	大洲镇
涧埇	Jiànyǒng	——	山谷、谷地	渔涝镇北部	渔涝镇
姜埇	Jiāngyǒng	——	山谷、谷地	大洲镇政府驻地西北部	大洲镇
窖头	Jiàotóu	——	山谷、谷地	河儿口镇东部	河儿口镇
界对埇	Jièduìyǒng	——	山谷、谷地	江口镇西北部	江口镇
界木坑	Jièmù Kēng	——	山谷、谷地	金装镇东北部	金装镇
金壁埇	Jīnbìyǒng	——	山谷、谷地	封开县中部	白垢镇
金鹅埇	Jīn'éyǒng	——	山谷、谷地	南丰镇南部	南丰镇
金古埇	Jīngǔyǒng	——	山谷、谷地	金装镇东部	金装镇

(续上表)

标准名称	汉语拼音	别名	地名类别	相对位置	所在（跨）行政区
金鸡埇	Jīnjīyǒng	——	山谷、谷地	都平镇南部	都平镇
金盆埇	Jīnpényǒng	——	山谷、谷地	大玉口镇政府驻地西北部	大玉口镇
金山埇	Jīnshānyǒng	——	山谷、谷地	金装镇东北部	金装镇
金埇	Jīnyǒng	——	山谷、谷地	封开县中部	白垢镇
进竹冲	Jìnzhúchōng	——	山谷、谷地	大玉口镇政府驻地西部	大玉口镇
井贯埇	Jǐngguànyǒng	——	山谷、谷地	江川镇政府驻地北部	江川镇
迳塘埇	Jìngtángyǒng	——	山谷、谷地	大洲镇政府驻地西部	大洲镇
竞渡埇	Jìngdùyǒng	——	山谷、谷地	大洲镇政府驻地西北部	大洲镇
九台埇	Jiǔtáiyǒng	——	山谷、谷地	江川镇政府驻地北部	江川镇
九源埇	Jiǔyuányǒng	——	山谷、谷地	南丰镇南部	南丰镇
桔子埇	Júzǐyǒng	——	山谷、谷地	江川镇政府驻地西北部	江川镇
㘵坟坑	Kǎnfén Kēng	——	山谷、谷地	莲都镇东部	莲都镇
康冲	Kāngchōng	——	山谷、谷地	都平镇西北部	都平镇
柯木冲	Kēmùchōng	——	山谷、谷地	大玉口镇政府驻地西北部	大玉口镇
克锣埇	Kèluóyǒng	——	山谷、谷地	河儿口镇南部	河儿口镇
苦竹埇	Kǔzhúyǒng	——	山谷、谷地	封开县中部	白垢镇
兰胡浪	Lánhúlàng	——	山谷、谷地	大洲镇政府驻地东北部	大洲镇
榄埇	Lǎnyǒng	——	山谷、谷地	封开县中部	白垢镇
朗底	Lǎngdǐ	——	山谷、谷地	南丰镇西南部	南丰镇
老笛冲	Lǎodíchōng	——	山谷、谷地	大玉口镇政府驻地北部	大玉口镇
老虎坳	Lǎohǔ Ào	——	山谷、谷地	河儿口镇东部	河儿口镇
老钱塘	Lǎoqián Táng	——	山谷、谷地	大玉口镇政府驻地西北部	大玉口镇
老石埇	Lǎoshíyǒng	——	山谷、谷地	封开县中部	白垢镇

（续上表）

标准名称	汉语拼音	别名	地名类别	相对位置	所在（跨）行政区
老肖埇	Lǎoxiāoyǒng	——	山谷、谷地	大玉口镇政府驻地西北部	大玉口镇
老埇	Lǎoyǒng	——	山谷、谷地	江口镇东北部	江口镇
勒琼	Lèqióng	——	山谷、谷地	江口镇东北部	江口镇
勒长埇	Lèchángyǒng	——	山谷、谷地	江口镇北部	江口镇
簕橙埇	Lèchéngyǒng	——	山谷、谷地	罗董镇政府驻地东部	罗董镇
簕塘口	Lètángkǒu	——	山谷、谷地	南丰镇西部	南丰镇
雷公潭	Léigōngtán	——	山谷、谷地	河儿口镇南部	河儿口镇
冷水口	Lěngshuǐkǒu	——	山谷、谷地	白垢镇政府驻地西部	白垢镇
冷水埇	Lěngshuǐyǒng	——	山谷、谷地	莲都镇西部	莲都镇
梨婆	Lípó	——	山谷、谷地	白垢镇政府驻地西南部	白垢镇
犁祖	Lízǔ	——	山谷、谷地	莲都镇西南部	莲都镇
礼义埇	Lǐyìyǒng	——	山谷、谷地	南丰镇南部	南丰镇
力心埇	Lìxīnyǒng	——	山谷、谷地	都平镇南部	都平镇
利九埇	Lìjiǔyǒng	——	山谷、谷地	金装镇政府驻地东南部	金装镇
利蒙	Lìméng	——	山谷、谷地	大洲镇政府驻地西北部	大洲镇
利士埇	Lìshìyǒng	——	山谷、谷地	白垢镇政府驻地西南部	白垢镇
利水埇	Lìshuǐyǒng	——	山谷、谷地	南丰镇南部	南丰镇
利协	Lìxié	——	山谷、谷地	江川镇政府驻地南部	江川镇
荔枝塘	Lìzhītáng	——	山谷、谷地	莲都镇政府驻地西南部	莲都镇
连奋	Liánfèn	——	山谷、谷地	河儿口镇东部	河儿口镇
镰茅埇	Liánmáoyǒng	——	山谷、谷地	江口镇东南部	江口镇
良梧埇	Liángwúyǒng	——	山谷、谷地	南丰镇西部	南丰镇
凉冲	Liángchōng	——	山谷、谷地	渔涝镇西部	渔涝镇
寮塘肚	Liáotángdù	——	山谷、谷地	南丰镇西部	南丰镇

(续上表)

标准名称	汉语拼音	别名	地名类别	相对位置	所在（跨）行政区
嘹冲	Liáochōng	——	山谷、谷地	大玉口镇政府驻地西北部	大玉口镇
林辽降	Línliáojiàng	——	山谷、谷地	河儿口镇东部	河儿口镇
硫磺坑	Liúhuángkēng	——	山谷、谷地	长安镇政府驻地东北部	长安镇
六河坑	Liùhé Kēng	——	山谷、谷地	河儿口镇东南部	河儿口镇
六霜	Liùshuāng	——	山谷、谷地	江口镇西部	江口镇
龙公	Lónggōng	——	山谷、谷地	河儿口镇南部	河儿口镇
龙虎埇	Lónghǔyǒng	——	山谷、谷地	都平镇西部	都平镇
龙护埇	Lónghùyǒng	——	山谷、谷地	都平镇西部	都平镇
龙坑	Lóngkēng	——	山谷、谷地	莲都镇东部	莲都镇
龙屈埇	Lóngqūyǒng	——	山谷、谷地	大玉口镇政府驻地西北部	大玉口镇
龙埇	Lóngyǒng	——	山谷、谷地	莲都镇西部	莲都镇
陆双埇	Lùshuāngyǒng	——	山谷、谷地	大玉口镇政府驻地西北部	大玉口镇
罗洞埇	Luódòngyǒng	——	山谷、谷地	大洲镇政府驻地西北部	大洲镇
罗埇	Luóyǒng	——	山谷、谷地	白垢镇政府驻地东南部	白垢镇
箩头埇	Luótóuyǒng	——	山谷、谷地	罗董镇政府驻地西北部	罗董镇
律埇	Lǜyǒng	——	山谷、谷地	白垢镇政府驻地西南部	白垢镇
麻茶埇	Mácháyǒng	——	山谷、谷地	大洲镇政府驻地东北部	大洲镇
麻疯甘子	Máfēnggānzǐ	——	山谷、谷地	莲都镇西部	莲都镇
麻园埇	Máyuányǒng	——	山谷、谷地	江川镇政府驻地西北部	江川镇
马辽埇	Mǎliáoyǒng	——	山谷、谷地	江口镇东部	江口镇
马尿埇	Mǎniàoyǒng	——	山谷、谷地	金装镇东部	金装镇
蚂蚱	Mǎzhà	——	山谷、谷地	莲都镇东部	莲都镇

（续上表）

标准名称	汉语拼音	别名	地名类别	相对位置	所在（跨）行政区
满水埇	Mǎnshuǐyǒng	——	山谷、谷地	罗董镇政府驻地东南部	罗董镇
梅塘埇	Méitángyǒng	——	山谷、谷地	南丰镇西部	南丰镇
梅在冲	Méizàichōng	——	山谷、谷地	大玉口镇政府驻地西北部	大玉口镇
庙埇	Miàoyǒng	——	山谷、谷地	江口镇西部	江口镇
磨刀埇	Módāoyǒng	——	山谷、谷地	都平镇南部	都平镇
莫冲	Mòchōng	——	山谷、谷地	南丰镇西部	南丰镇
木耳埇	Mùěryǒng	——	山谷、谷地	江口镇东南部	江口镇
木患	Mùhuàn	——	山谷、谷地	大洲镇政府驻地东北部	大洲镇
木良埇	Mùliángyǒng	——	山谷、谷地	都平镇南部	都平镇
木须埇	Mùxūyǒng	——	山谷、谷地	大洲镇政府驻地西北部	大洲镇
木叶埇	Mùyèyǒng	——	山谷、谷地	河儿口镇东南部	河儿口镇
南丰林中	Nánfēnglínzhōng	——	山谷、谷地	南丰镇南部	南丰镇
南木冲	Nánmùchōng	——	山谷、谷地	都平镇西南部	都平镇
南木口	Nánmùkǒu	——	山谷、谷地	渔涝镇西北部	渔涝镇
南蛇两	Nánshéliǎng	——	山谷、谷地	大玉口镇政府驻地西北部	大玉口镇
南塘冲	Nántángchōng	——	山谷、谷地	大玉口镇政府驻地北部	大玉口镇
南埇儿	Nányǒng'ér	——	山谷、谷地	河儿口镇南部	河儿口镇
楠楠埇	Nánnányǒng	——	山谷、谷地	河儿口镇东部	河儿口镇
聂埇	Nièyǒng	——	山谷、谷地	都平镇东南部	都平镇
牛肚埇	Niúdùyǒng	——	山谷、谷地	河儿口镇南部	河儿口镇
牛辣	Niúlà	——	山谷、谷地	河儿口镇东部	河儿口镇
牛栏坑	Niúlánkēng	——	山谷、谷地	莲都镇东部	莲都镇
牛栏塘	Niúlántáng	——	山谷、谷地	罗董镇政府驻地西部	罗董镇
牛栏埇	Niúlányǒng	——	山谷、谷地	金装镇东部	金装镇

（续上表）

标准名称	汉语拼音	别名	地名类别	相对位置	所在（跨）行政区
牛桥口	Niúqiáokǒu	——	山谷、谷地	大玉口镇政府驻地西北部	大玉口镇
牛头埇	Niútóuyǒng	——	山谷、谷地	江口镇东北部	江口镇
牛围	Niúwéi	——	山谷、谷地	河儿口镇东北部	河儿口镇
牛尾	Niúwěi	——	山谷、谷地	大洲镇东北部	大洲镇
牛运埇	Niúyùnyǒng	——	山谷、谷地	罗董镇政府驻地北部	罗董镇
糯埇	Nuòyǒng	——	山谷、谷地	江口镇北部	江口镇
泮柳埇	Pànliǔyǒng	——	山谷、谷地	渔涝镇北部	渔涝镇
培地	Péidì	——	山谷、谷地	大洲镇政府驻地东北部	大洲镇
蓬埇口	Péngyǒngkǒu	——	山谷、谷地	大洲镇政府驻地西北部	大洲镇
平地埇	Píngdìyǒng	——	山谷、谷地	河儿口镇东南部	河儿口镇
平垌尾	Píngdòngwěi	——	山谷、谷地	河儿口镇东部	河儿口镇
平埇	Píngyǒng	——	山谷、谷地	江川镇政府驻地西部	江川镇
坡塘	Pōtáng	——	山谷、谷地	江川镇政府驻地西部	江川镇
坡埇	Pōyǒng	——	山谷、谷地	大洲镇政府驻地西北部	大洲镇
婆娘埇	Póniángyǒng	——	山谷、谷地	江口镇西部	江口镇
七塘埇	Qītángyǒng	——	山谷、谷地	南丰镇西部	南丰镇
七星埇	Qīxīngyǒng	——	山谷、谷地	白垢镇政府驻地西南部	白垢镇
岐茶埇	Qícháyǒng	——	山谷、谷地	江川镇政府驻地北部	江川镇
岐山埇	Qíshānyǒng	——	山谷、谷地	白垢镇政府驻地西部	白垢镇
岐运埇	Qíyùnyǒng	——	山谷、谷地	大玉口镇政府驻地西北部	大玉口镇
其水埇	Qíshuǐyǒng	——	山谷、谷地	金装镇东南部	金装镇

（续上表）

标准名称	汉语拼音	别名	地名类别	相对位置	所在（跨）行政区
其尾埇	Qíwěiyǒng	—	山谷、谷地	金装镇西部	金装镇
企岭埇	Qǐlǐngyǒng	—	山谷、谷地	莲都镇北部	莲都镇
启塘埇	Qǐtángyǒng	—	山谷、谷地	南丰镇西部	南丰镇
前塘	Qiántáng	—	山谷、谷地	河儿口镇东南部	河儿口镇
清水埇	Qīngshuǐyǒng	—	山谷、谷地	都平镇南部	都平镇
秋址埇	Qiūzhǐyǒng	—	山谷、谷地	金装镇东部	金装镇
屈埇	Qūyǒng	—	山谷、谷地	南丰镇东部	南丰镇
全埇	Quányǒng	—	山谷、谷地	南丰镇北部	南丰镇
壬枝埇	Rénzhīyǒng	—	山谷、谷地	江口镇东南部	江口镇
容麻	Róngmá	—	山谷、谷地	大洲镇政府驻地西南部	大洲镇
人埇	Rùyǒng	—	山谷、谷地	封开县中部	白垢镇
塞宁埇	Sāiníngyǒng	—	山谷、谷地	江口镇东北部	江口镇
三份	Sānfèn	—	山谷、谷地	河儿口镇东南部	河儿口镇
三鸽埇	Sāngēyǒng	—	山谷、谷地	南丰镇北部	南丰镇
三桂埇	Sānguìyǒng	—	山谷、谷地	大洲镇政府驻地东北部	大洲镇
三力埇	Sānlìyǒng	—	山谷、谷地	江口镇东北部	江口镇
三闸埇	Sānzháyǒng	—	山谷、谷地	河儿口镇西部	河儿口镇
沙梨埇	Shālíyǒng	—	山谷、谷地	河儿口镇东南部	河儿口镇
沙罗陂	Shāluóbēi		山谷、谷地	渔涝镇西南部	渔涝镇
山垌岗	Shāndònggǎng	—	山谷、谷地	河儿口镇东部	河儿口镇
山塘尾	Shāntángwěi	—	山谷、谷地	莲都镇西部	莲都镇
山瑶田	Shānyáotián	—	山谷、谷地	河儿口镇东部	河儿口镇
杉埇	Shānyǒng	—	山谷、谷地	长安镇政府驻地东北部	长安镇
上福埇	Shàngfúyǒng	—	山谷、谷地	渔涝镇西北部	渔涝镇
上汗埇	Shànghànyǒng	—	山谷、谷地	封开县中部	白垢镇

（续上表）

标准名称	汉语拼音	别名	地名类别	相对位置	所在（跨）行政区
上降	Shàngjiàng	——	山谷、谷地	河儿口镇东南部	河儿口镇
上龙埇	Shànglóngyǒng	——	山谷、谷地	莲都镇东部	莲都镇
上罗埇	Shàngluóyǒng	——	山谷、谷地	白垢镇政府驻地西南部	白垢镇
上律埇	Shànglǜyǒng	——	山谷、谷地	大洲镇政府驻地西北部	大洲镇
上麦埇	Shàngmàiyǒng	——	山谷、谷地	大洲镇政府驻地东北部	大洲镇
上南侧	Shàngnáncè	——	山谷、谷地	河儿口镇西部	河儿口镇
上培	Shàngpéi	——	山谷、谷地	大玉口镇政府驻地西北部	大玉口镇
上蓬	Shàngpéng	——	山谷、谷地	南丰镇西部	南丰镇
上塘	Shàngtáng	——	山谷、谷地	南丰镇西部	南丰镇
尚岗似龙埇	Shànggǎngsìlóngyǒng	——	山谷、谷地	南丰镇东部	南丰镇
蛇埇	Shéyǒng	——	山谷、谷地	大洲镇政府驻地西北部	大洲镇
深堤	Shēndī	——	山谷、谷地	南丰镇东北部	南丰镇
深塘	Shēntáng	——	山谷、谷地	南丰镇西部	南丰镇
神村	Shéncūn	——	山谷、谷地	大洲镇政府驻地东北部	大洲镇
神塘冲	Shéntángchōng	——	山谷、谷地	大玉口镇政府驻地北部	大玉口镇
神仙阴	Shénxiānyīn	——	山谷、谷地	长安镇政府驻地东北部	长安镇
圣埇	Shèngyǒng	——	山谷、谷地	金装镇东北部	金装镇
师安埇	Shī'ānyǒng	——	山谷、谷地	白垢镇政府驻地西南部	白垢镇
十二岭	Shí'èrlǐng	——	山谷、谷地	莲都镇南部	莲都镇
十块埇	Shíkuàiyǒng	——	山谷、谷地	白垢镇政府驻地东北部	白垢镇
石板埇	Shíbǎnyǒng	——	山谷、谷地	江口镇西部	江口镇
石壁埇	Shíbìyǒng	——	山谷、谷地	长安镇政府驻地东部	长安镇

（续上表）

标准名称	汉语拼音	别名	地名类别	相对位置	所在（跨）行政区
石叠埇	Shídiéyǒng	——	山谷、谷地	莲都镇北部	莲都镇
石贵埇	Shíguìyǒng	——	山谷、谷地	金装镇西部	金装镇
石蛤屋	Shíháwū	——	山谷、谷地	大玉口镇政府驻地西北部	大玉口镇
石降尾	Shíjiàngwěi	——	山谷、谷地	大玉口镇政府驻地西北部	大玉口镇
石坑冲	Shíkēngchōng	——	山谷、谷地	大玉口镇政府驻地西北部	大玉口镇
石袍	Shípáo	——	山谷、谷地	南丰镇北部	南丰镇
石人埇	Shírényǒng	——	山谷、谷地	江口镇西部	江口镇
石屋坑	Shíwū Kēng	——	山谷、谷地	河儿口镇东南部	河儿口镇
石峡埇	Shíxiáyǒng	——	山谷、谷地	大洲镇东北部	大洲镇
石巷儿	Shíxiàng'ér	——	山谷、谷地	江川镇政府驻地西北部	江川镇
石丫坑	Shíyā Kēng	——	山谷、谷地	长安镇政府驻地东北部	长安镇
石柱冲	Shízhùchōng	——	山谷、谷地	大玉口镇政府驻地北部	大玉口镇
似龙埇	Sìlóngyǒng	——	山谷、谷地	南丰镇东部	南丰镇
双坑	Shuāngkēng	——	山谷、谷地	河儿口镇东部	河儿口镇
双六儿	Shuāngliù'ér	——	山谷、谷地	莲都镇西部	莲都镇
双垅埇	Shuānglǒngyǒng	——	山谷、谷地	罗董镇中部东北部	罗董镇
双塘	Shuāngtáng	——	山谷、谷地	罗董镇政府驻地西北部	罗董镇
双燕	Shuāngyàn	——	山谷、谷地	南丰镇东南部	南丰镇
水口缸	Shuǐkǒugāng	——	山谷、谷地	河儿口镇东部	河儿口镇
水利埇	Shuǐlìyǒng	——	山谷、谷地	都平镇南部	都平镇
水母埇	Shuǐmǔyǒng	——	山谷、谷地	都平镇南部	都平镇
水响埇	Shuǐxiǎngyǒng	——	山谷、谷地	大洲镇政府驻地北部	大洲镇
司马埇	Sīmǎyǒng	——	山谷、谷地	金装镇东部	金装镇

(续上表)

标准名称	汉语拼音	别名	地名类别	相对位置	所在（跨）行政区
思礼表	Sīlǐbiǎo	——	山谷、谷地	江川镇政府驻地西部	江川镇
思留埇	Sīliúyǒng	——	山谷、谷地	大洲镇政府驻地东北部	大洲镇
思峡埇	Sīxiáyǒng	——	山谷、谷地	南丰镇东部	南丰镇
四达埇	Sìdáyǒng	——	山谷、谷地	罗董镇政府驻地西部	罗董镇
四方埇	Sìfāngyǒng	——	山谷、谷地	江口镇西部	江口镇
塑洞埇	Sùdòngyǒng	——	山谷、谷地	大洲镇政府驻地东北部	大洲镇
塔埇	Tǎyǒng	——	山谷、谷地	都平镇东部	都平镇
台洞尾	Táidòngwěi	——	山谷、谷地	江口镇西部	江口镇
台洞埇	Táidòngyǒng	——	山谷、谷地	江口镇东北部	江口镇
蕁茶埇	Táncháyǒng	——	山谷、谷地	莲都镇西北部	莲都镇
蕁成埇	Tánchéngyǒng	——	山谷、谷地	莲都镇西部	莲都镇
蕁阻	Tánzǔ	——	山谷、谷地	渔涝镇西部	渔涝镇
谭迈	Tánmài	——	山谷、谷地	金装镇西部	金装镇
潭洋埇	Tányángyǒng	——	山谷、谷地	大玉口镇政府驻地西北部	大玉口镇
堂儿埇	Táng'éryǒng	——	山谷、谷地	封开县中部	白垢镇
塘扦	Tánggǎn	——	山谷、谷地	河儿口镇东部	河儿口镇
桃子坑	Táozǐ Kēng	——	山谷、谷地	河儿口镇东南部	河儿口镇
天蚕尾	Tiāncánwěi	——	山谷、谷地	大洲镇政府驻地东北部	大洲镇
田埇口	Tiányǒngkǒu	——	山谷、谷地	金装镇东部	金装镇
甜代埇	Tiándàiyǒng	——	山谷、谷地	都平镇南部	都平镇
瓦音尾	Wǎyīnwěi	——	山谷、谷地	南丰镇东南部	南丰镇
王集埇	Wángjíyǒng	——	山谷、谷地	江口镇西部	江口镇
王茅埇	Wángmáoyǒng	——	山谷、谷地	大洲镇政府驻地西南部	大洲镇
王竹埇	Wángzhúyǒng	——	山谷、谷地	渔涝镇西北部	渔涝镇

(续上表)

标准名称	汉语拼音	别名	地名类别	相对位置	所在（跨）行政区
旺兴蚂蚱坑	Wàngxīngmǎzhà Kēng	——	山谷、谷地	莲都镇西部	莲都镇
望了	Wàngliǎo	——	山谷、谷地	大洲镇政府驻地东北部	大洲镇
为长埇	Wéichángyǒng	——	山谷、谷地	长安镇政府驻地北部	长安镇
尾头埇	Wěitóuyǒng	——	山谷、谷地	莲都镇西部	莲都镇
卫星沟	Wèixīnggōu	——	山谷、谷地	金装镇东部	金装镇
文除埇	Wénchúyǒng	——	山谷、谷地	渔涝镇西北部	渔涝镇
乌龟埇	Wūguīyǒng	——	山谷、谷地	都平镇南部	都平镇
乌志埇	Wūzhìyǒng	——	山谷、谷地	大洲镇政府驻地西北部	大洲镇
屋斗埇	Wūdòuyǒng	——	山谷、谷地	江口镇西部	江口镇
武刀埇	Wǔdāoyǒng	——	山谷、谷地	南丰镇东南部	南丰镇
雾树表	Wùshùbiǎo	——	山谷、谷地	罗董镇政府驻地西北部	罗董镇
西埇	Xīyǒng	——	山谷、谷地	莲都镇东北部	莲都镇
细寮	Xìliáo	——	山谷、谷地	江口镇东北部	江口镇
虾塘	Xiātáng	——	山谷、谷地	金装镇东北部	金装镇
峡埇	Xiáyǒng	——	山谷、谷地	南丰镇东部	南丰镇
下典埇	Xiàdiǎnyǒng	——	山谷、谷地	江口镇西部	江口镇
下流埇	Xiàliúyǒng	——	山谷、谷地	白垢镇政府驻地东南部	白垢镇
下路埇	Xiàlùyǒng	——	山谷、谷地	江口镇东部	江口镇
下罗埇	Xiàluóyǒng	——	山谷、谷地	白垢镇政府驻地西南部	白垢镇
下南侧	Xiànáncè	——	山谷、谷地	河儿口镇东南部	河儿口镇
下南埇	Xiànányǒng	——	山谷、谷地	渔涝镇北部	渔涝镇
下山埇	Xiàshānyǒng	——	山谷、谷地	南丰镇东北部	南丰镇
下塘圳	Xiàtángzhèn	——	山谷、谷地	大玉口镇政府驻地北部	大玉口镇
下续埇	Xiàxùyǒng	——	山谷、谷地	渔涝镇西北部	渔涝镇

（续上表）

标准名称	汉语拼音	别名	地名类别	相对位置	所在（跨）行政区
下埇儿	Xiàyǒng'ér	——	山谷、谷地	江川镇政府驻地西北部	江川镇
献冲	Xiànchōng	——	山谷、谷地	都平镇西南部	都平镇
香油埇	Xiāngyóuyǒng	——	山谷、谷地	白垢镇政府驻地西南部	白垢镇
祥眉埇	Xiángméiyǒng	——	山谷、谷地	白垢镇政府驻地东北部	白垢镇
小定口	Xiǎodìngkǒu	——	山谷、谷地	江川镇政府驻地西北部	江川镇
小洞	Xiǎodòng	——	山谷、谷地	白垢镇政府驻地东南部	白垢镇
小官埇	Xiǎoguānyǒng	——	山谷、谷地	都平镇南部	都平镇
小鸡尾	Xiǎojīwěi	——	山谷、谷地	大洲镇府北部	大洲镇
小金	Xiǎojīn	——	山谷、谷地	大玉口镇政府驻地西北部	大玉口镇
小萝埇	Xiǎoluóyǒng	——	山谷、谷地	大洲镇政府驻地西北部	大洲镇
小鲶鱼坑	Xiǎoniányú Kēng	——	山谷、谷地	河儿口镇东南部	河儿口镇
小台冲	Xiǎotáichōng	——	山谷、谷地	都平镇北部	都平镇
小埇	Xiǎoyǒng	——	山谷、谷地	白垢镇政府驻地西北部	白垢镇
小玉埇	Xiǎoyùyǒng	——	山谷、谷地	南丰镇西部	南丰镇
新塘儿	Xīntáng'ér	——	山谷、谷地	莲都镇西部	莲都镇
新田肚	Xīntiándù	——	山谷、谷地	河儿口镇南部	河儿口镇
杏仔冲	Xìngzǎichōng	——	山谷、谷地	大玉口镇政府驻地西北部	大玉口镇
杏子埇	Xìngzǐyǒng	——	山谷、谷地	都平镇南部	都平镇
寻埇	Xúnyǒng	——	山谷、谷地	大洲镇政府驻地西北部	大洲镇
亚黎	Yàlí	——	山谷、谷地	江川镇政府驻地政府北部	江川镇
亚西尾	Yàxīwěi	——	山谷、谷地	南丰镇东南部	南丰镇
烟筒埇	Yāntǒngyǒng	——	山谷、谷地	江口镇东南部	江口镇

（续上表）

标准名称	汉语拼音	别名	地名类别	相对位置	所在（跨）行政区
岩口埇	Yánkǒuyǒng	——	山谷、谷地	都平镇西南部	都平镇
盐水埇	Yánshuǐyǒng	——	山谷、谷地	南丰镇东部	南丰镇
燕子沟	Yànzǐgōu	——	山谷、谷地	金装镇东北部	金装镇
杨梅埇	Yángméiyǒng	——	山谷、谷地	南丰镇南部	南丰镇
野埇	Yěyǒng	——	山谷、谷地	南丰镇东南部	南丰镇
叶板口	Yèbǎnkǒu	——	山谷、谷地	大玉口镇政府驻地西北部	大玉口镇
英塘	Yīngtáng	——	山谷、谷地	大玉口镇政府驻地西北部	大玉口镇
埇抱	Yǒngbào	——	山谷、谷地	江川镇政府驻地西部	江川镇
埇碑尾	Yǒngbēiwěi	——	山谷、谷地	江川镇政府驻地西部	江川镇
埇北	Yǒngběi	——	山谷、谷地	金装镇东部	金装镇
埇典口	Yǒngdiǎnkǒu	——	山谷、谷地	江川镇政府驻地西部	江川镇
埇坎	Yǒngkǎn	——	山谷、谷地	金装镇东部	金装镇
埇淋	Yǒnglín	——	山谷、谷地	白垢镇西部	白垢镇
埇能	Yǒngnéng	——	山谷、谷地	渔涝镇西北部	渔涝镇
埇沙	Yǒngshā	——	山谷、谷地	河儿口镇南部	河儿口镇
埇胜	Yǒngshèng	——	山谷、谷地	江口镇东北部	江口镇
埇水坑	Yǒngshuǐ Kēng	——	山谷、谷地	渔涝镇北部	渔涝镇
埇味	Yǒngwèi	——	山谷、谷地	罗董镇政府驻地西部	罗董镇
埇腰埇	Yǒngyāoyǒng	——	山谷、谷地	江口镇东部	江口镇
埇元	Yǒngyuán	——	山谷、谷地	白垢镇政府驻地南部	白垢镇
埇仔	Yǒngzǎi	——	山谷、谷地	长安镇政府驻地东北部	长安镇
埇寨	Yǒngzhài	——	山谷、谷地	金装镇东北部	金装镇
玉容冲	Yùróngchōng	——	山谷、谷地	大玉口镇政府驻地西北部	大玉口镇

(续上表)

标准名称	汉语拼音	别名	地名类别	相对位置	所在(跨)行政区
增行埇	Zēngxíngyǒng	——	山谷、谷地	江川镇政府驻地北部	江川镇
债下背埇	Zhàixiàbèiyǒng	——	山谷、谷地	河儿口镇东南部	河儿口镇
斩船	Zhǎnchuán	——	山谷、谷地	封开县中部	白垢镇
樟木埇	Zhāngmùyǒng	——	山谷、谷地	长安镇政府驻地东部	长安镇
长冲	Chángchōng	——	山谷、谷地	大玉口镇政府驻地西北部	大玉口镇
长简	Chángjiǎn	——	山谷、谷地	罗董镇政府驻地西南部	罗董镇
长坑	Chángkēng	——	山谷、谷地	河儿口镇东部	河儿口镇
长埇	Chángyǒng	——	山谷、谷地	江川镇政府驻地南部	江川镇
照埇	Zhàoyǒng	——	山谷、谷地	南丰镇东部	南丰镇
真竹埇	Zhēnzhúyǒng	——	山谷、谷地	都平镇西北部	都平镇
圳竹埇	Zhènzhúyǒng	——	山谷、谷地	江口镇西北部	江口镇
振竹埇	Zhènzhúyǒng	——	山谷、谷地	白垢镇政府驻地东南部	白垢镇
正埇屈	Zhèngyǒngqū	——	山谷、谷地	莲都镇	莲都镇
之字埇	Zhīzìyǒng	——	山谷、谷地	大洲镇东北部	大洲镇
直降	Zhíjiàng	——	山谷、谷地	莲都镇西部	莲都镇
直龙尾	Zhílóngwěi	——	山谷、谷地	河儿口镇东北部	河儿口镇
直律埇	Zhílùyǒng	——	山谷、谷地	江川镇政府驻地西南部	江川镇
直丝埇	Zhísīyǒng	——	山谷、谷地	河儿口镇南部	河儿口镇
纸厂	Zhǐchǎng	——	山谷、谷地	河儿口镇东部	河儿口镇
珠龙埇	Zhūlóngyǒng	——	山谷、谷地	江口镇东北部	江口镇
猪头坑	Zhūtóu Kēng	——	山谷、谷地	莲都镇北部	莲都镇
竹简埇	Zhújiǎnyǒng	——	山谷、谷地	南丰镇东南部	南丰镇
竹马埇	Zhúmǎyǒng	——	山谷、谷地	渔涝镇西北部	渔涝镇
竹箳口	Zhútánkǒu	——	山谷、谷地	莲都镇西部	莲都镇

(续上表)

标准名称	汉语拼音	别名	地名类别	相对位置	所在（跨）行政区
竹瓦埇	Zhúwǎyǒng	——	山谷、谷地	大洲镇政府驻地西北部	大洲镇
状元埇	Zhuàngyuányǒng	——	山谷、谷地	金装镇东部	金装镇
钻竹埇	Zuànzhúyǒng	——	山谷、谷地	江口镇东南部	江口镇
黑石坑	Hēishí Kēng	——	山谷、谷地	河儿口镇东部	河儿口镇
鸭埇	Yāyǒng	——	山谷、谷地	平凤镇政府驻地北部	平凤镇
大贯埇	Dàguànyǒng	——	山谷、谷地	平凤镇政府驻地西北部	平凤镇
埇哥	Yǒnggē	——	山谷、谷地	平凤镇政府驻地西南部	平凤镇
埇春	Yǒngchūn	——	山谷、谷地	平凤镇政府驻地西南部	平凤镇
相思根	Xiàngsīgēn	——	山谷、谷地	平凤镇政府驻地西北部	平凤镇
马埌岗	Mǎlàng Gǎng	——	山谷、谷地	平凤镇政府驻地西北部	平凤镇
阿秧塘	Āyāngtáng	——	山谷、谷地	平凤镇政府驻地西北部	平凤镇
监清	Jiānqīng	——	山谷、谷地	平凤镇政府驻地西北部	平凤镇
林场埇	Línchǎngyǒng	——	山谷、谷地	平凤镇政府驻地西北部	平凤镇
冲浮	Chōngfú	——	山谷、谷地	平凤镇政府驻地西北部	平凤镇
冲表	Chōngbiǎo	——	山谷、谷地	平凤镇政府驻地西北部	平凤镇
垌蒙	Dòngméng	——	山谷、谷地	平凤镇政府驻地西北部	平凤镇
埇大	Yǒngdà	——	山谷、谷地	平凤镇政府驻地西北部	平凤镇
古扒口	Gǔpákǒu	——	山谷、谷地	平凤镇政府驻地西北部	平凤镇
石律口	Shílǜkǒu	——	山谷、谷地	平凤镇政府驻地西北部	平凤镇

（续上表）

标准名称	汉语拼音	别名	地名类别	相对位置	所在（跨）行政区
下径	Xiàjìng	——	山谷、谷地	平凤镇政府驻地西北部	平凤镇
大关垌	Dàguāndòng	——	山谷、谷地	平凤镇政府驻地西北部	平凤镇
甬显	Yǒngxiǎn	——	山谷、谷地	平凤镇政府驻地西北部	平凤镇
崩山甬	Bēngshānyǒng	——	山谷、谷地	平凤镇政府驻地东南部	平凤镇
塘竹甬	Tángzhúyǒng	——	山谷、谷地	平凤镇政府驻地东部	平凤镇
磅赖	Pánglài	——	山谷、谷地	平凤镇政府驻地东北部	平凤镇
白眼斩	Báiyǎnzhǎn	——	山谷、谷地	平凤镇政府驻地北部	平凤镇
睡塘	Shuìtáng	——	山谷、谷地	平凤镇政府驻地北部	平凤镇
古坑	Gǔkēng	——	山谷、谷地	平凤镇政府驻地东北部	平凤镇
富贵峡	Fùguì Xiá	——	山谷、谷地	平凤镇政府驻地北部	平凤镇
水人岭	Shuǐrén Lǐng	——	山谷、谷地	平凤镇政府驻地东南部	平凤镇
黄猫界	Huángmāojiè	——	山谷、谷地	平凤镇政府驻地东部	平凤镇
大望	Dàwàng	——	山谷、谷地	平凤镇政府驻地北部	平凤镇
大岭甬	Dàlǐngyǒng	——	山谷、谷地	平凤镇政府驻地北部	平凤镇
甬劳	Yǒngláo	——	山谷、谷地	平凤镇政府驻地北部	平凤镇
卜甬	Púyǒng	——	山谷、谷地	平凤镇政府驻地西北部	平凤镇
过桥窝	Guòqiáowō	——	山谷、谷地	平凤镇政府驻地西北部	平凤镇
冲盆	Chōngpén	——	山谷、谷地	平凤镇西北部	平凤镇
大王坑	Dàwáng Kēng	——	山谷、谷地	平凤镇西北部	平凤镇

（续上表）

标准名称	汉语拼音	别名	地名类别	相对位置	所在（跨）行政区
九长坑	Jiǔcháng Kēng	——	山谷、谷地	平凤镇西北部	平凤镇
冲壳	Chōngké	——	山谷、谷地	平凤镇西北部	平凤镇
桃子窝	Táozǐ Wō	——	山谷、谷地	平凤镇西北部	平凤镇
古邓埇	Gǔdèngyǒng	——	山谷、谷地	平凤镇西北部	平凤镇
恶埇	Wùyǒng	——	山谷、谷地	平凤镇西北部	平凤镇
鸡母表	Jīmǔbiǎo	——	山谷、谷地	平凤镇政府驻地北部	平凤镇
石塘埇	Shítángyǒng	塘尔埇	山谷、谷地	杏花镇西北部	杏花镇
鸭脚埇	Yājiǎoyǒng	——	山谷、谷地	杏花镇东北部	杏花镇
天标埇	Tiānbiāoyǒng	——	山谷、谷地	杏花镇东北部	杏花镇
山鲩鱼	Shānhuànyú	山鲩鱼	山谷、谷地	杏花镇北部	杏花镇
顶埇	Dǐngyǒng	顶塘	山谷、谷地	杏花镇政府驻地北部	杏花镇
新塘头	Xīntángtóu	——	山谷、谷地	杏花镇北部	杏花镇
谷冲	Gǔchōng	谷埇	山谷、谷地	杏花镇北部	杏花镇
唱歌坪	Chànggē Píng	歌坪	山谷、谷地	杏花镇北部	杏花镇
四杏	Sìxìng	——	山谷、谷地	杏花镇西部	杏花镇
到不埇	Dàobúyǒng	——	山谷、谷地	杏花镇西南部	杏花镇
新塘埇	Xīntángyǒng	——	山谷、谷地	杏花镇政府驻地西南部	杏花镇
公埇	Gōngyǒng	——	山谷、谷地	杏花镇南部	杏花镇
二神社	Èrshénshè	——	山谷、谷地	杏花镇南部	杏花镇
大皇埇	Dàhuángyǒng	——	山谷、谷地	杏花镇东南部	杏花镇
石井表	Shíjǐngbiǎo	——	山谷、谷地	杏花镇南部	杏花镇
草凤平	Cǎofèngpíng	——	山谷、谷地	杏花镇政府驻地南部	杏花镇
白坭埇	Báiníyǒng	——	山谷、谷地	杏花镇南部	杏花镇
蟳篓	Tánlǒu	——	山谷、谷地	杏花镇西部	杏花镇
圳竹	Zhènzhú	——	山谷、谷地	杏花镇北部	杏花镇
雀儿埇	Què'ryǒng	——	山谷、谷地	长岗镇西北部	长岗镇
关子埇	Guānzǐyǒng	——	山谷、谷地	长岗镇西北部	长岗镇

（续上表）

标准名称	汉语拼音	别名	地名类别	相对位置	所在（跨）行政区
长山埇	Chángshānyǒng	——	山谷、谷地	长岗镇西北部	长岗镇
石箩埇	Shíluóyǒng	——	山谷、谷地	长岗镇北部	长岗镇
大石根	Dàshígēn	——	山谷、谷地	长岗镇北部	长岗镇
埇实	Yǒngshí	——	山谷、谷地	长岗镇北部	长岗镇
瘦解	Shòujiě	——	山谷、谷地	长岗镇北部	长岗镇
水力埇	Shuǐlìyǒng	——	山谷、谷地	长岗镇北部	长岗镇
大礼埇	Dàlǐyǒng	——	山谷、谷地	长岗镇北部	长岗镇
佛灶	Fózào	——	山谷、谷地	长岗镇东北部	长岗镇
正埇	Zhèngyǒng	——	山谷、谷地	长岗镇东北部	长岗镇
播基塘	Bōjītáng	——	山谷、谷地	长岗镇东北部	长岗镇
乌云埇	Wūyúnyǒng	——	山谷、谷地	长岗镇东北部	长岗镇
百桂埇	Bǎiguìyǒng	——	山谷、谷地	长岗镇东南部	长岗镇
凹埇	Āoyǒng	——	山谷、谷地	长岗镇南部	长岗镇
勒埇	Lèyǒng	——	山谷、谷地	长岗镇西南部	长岗镇
井王埇	Jǐngwángyǒng	——	山谷、谷地	长岗镇东南部	长岗镇
岗宜	Gǎngyí	——	山谷、谷地	长岗镇东北部	长岗镇
韩埇表	Hányǒngbiǎo	——	山谷、谷地	长岗镇东北部	长岗镇
大座	Dàzuò	——	山谷、谷地	长岗镇东北部	长岗镇
新社	Xīnshè	——	山谷、谷地	长岗镇东南部	长岗镇
罗头埇	Luótóuyǒng	——	山谷、谷地	长岗镇西北部	长岗镇
长埇塝	Chángyǒngbàng	——	山谷、谷地	长岗镇西南部	长岗镇
葫芦埇	Húlúyǒng	——	山谷、谷地	长岗镇东南部	长岗镇
都鸡埇	Dūjīyǒng	——	山谷、谷地	长岗镇东南部	长岗镇
石头塘	Shítóutáng	——	山谷、谷地	长岗镇东南部	长岗镇
双埇	Shuāngyǒng	——	山谷、谷地	长岗镇东南部	长岗镇
瑞源	Ruìyuán	——	山谷、谷地	长岗镇东北部	长岗镇
沙罗坪	Shāluó Píng	——	山谷、谷地	长岗镇东北部	长岗镇
礃蛤	Tánhá	——	山谷、谷地	长岗镇东北部	长岗镇
山埌	Shānlàng	——	山谷、谷地	长岗镇北部	长岗镇

(续上表)

标准名称	汉语拼音	别名	地名类别	相对位置	所在（跨）行政区
官窑	Guānyáo	——	山谷、谷地	长岗镇东北部	长岗镇
两叉塘	Liǎngchā Táng	——	山谷、谷地	长岗镇东南部	长岗镇
天堂坑	Tiāntáng Kēng	——	山谷、谷地	七星镇南部	河儿口镇
石顶反背坑	Shídǐngfǎnbèi Kēng	——	山谷、谷地	七星镇西南部	河儿口镇
上茅坪	Shàngmáo Píng	——	山谷、谷地	七星镇西部	河儿口镇
上行埇	Shàngháng yǒng	——	山谷、谷地	七星镇西部	河儿口镇
打铁坪	Dǎtiě Píng	——	山谷、谷地	七星镇西部	河儿口镇
打铁埇	Dǎtiěyǒng	——	山谷、谷地	七星镇西部	河儿口镇
交梯	Jiāotī	——	山谷、谷地	七星镇西部	河儿口镇
豆地埇	Dòudìyǒng	——	山谷、谷地	七星镇西南部	河儿口镇
全大窝	Quándà Wō	——	山谷、谷地	七星镇西部	河儿口镇
大坳坑	Dà'ào Kēng	——	山谷、谷地	七星镇西部	河儿口镇
风景坑	Fēngjǐng Kēng	——	山谷、谷地	七星镇西部	河儿口镇
直梅埇	Zhíméiyǒng	——	山谷、谷地	七星镇西部	河儿口镇
石川	Shíchuān	——	山坡	莲都镇东北部	莲都镇
百吉岭	Bǎijí Lǐng	——	山坡	莲都镇西部	莲都镇
大坪儿	Dàpíng'ér	——	山坡	莲都镇西南部	莲都镇
白梅埇尾	Báiméiyǒngwěi	——	山坡	莲都镇西南部	莲都镇
南蛇坳	Nánshé Ào	——	山坡	莲都镇西部	莲都镇
田鱼大山	Tiányú Dàshān	——	山坡	莲都镇西南部	莲都镇
吟盆顶	Yínpén Dǐng	二运头	山峰	平凤镇政府驻地西部	平凤镇
冲锁	Chōngsuǒ	——	山峰	平凤镇政府驻地西北部	平凤镇
大雷顶	Dàléi Dǐng	——	山峰	平凤镇政府驻地西北部	平凤镇
大南山	Dànán Shān	——	山峰	平凤镇政府驻地西北部	平凤镇
大舍头	Dàshétóu	——	山峰	平凤镇政府驻地西北部	平凤镇
青山宫	Qīngshāngōng	——	山峰	平凤镇政府驻地西南部	平凤镇

(续上表)

标准名称	汉语拼音	别名	地名类别	相对位置	所在（跨）行政区
通天腊竹	Tōngtiānlàzhú	通天腊烛	山峰	平凤镇政府驻地南部	平凤镇
冲连顶	Chōnglián Dǐng	——	山峰	平凤镇政府驻地西北部	平凤镇
竹埇头	Zhúyǒngtóu	——	山峰	平凤镇政府驻地西北部	平凤镇
莺岩头	Yīngyántóu	——	山峰	平凤镇政府驻地西北部	平凤镇
大石岭	Dàshí Lǐng	——	山峰	平凤镇政府驻地西北部	平凤镇
观音山	Guānyīn Shān	——	山峰	平凤镇政府驻地东南部	平凤镇
文笔山	Wénbǐ Shān	——	山峰	平凤镇政府驻地东部	平凤镇
鼻头山	Bítóu Shān	——	山峰	平凤镇政府驻地西北部	平凤镇
木叶岭头	Mùyèlǐngtóu	——	山峰	平凤镇政府驻地东北部	平凤镇
古崩	Gǔbēng	——	山峰	平凤镇政府驻地北部	平凤镇
石排垌	Shípáidòng	——	山峰	平凤镇政府驻地西北部	平凤镇
白坟窝	Báifénwō	——	山峰	平凤镇政府驻地西北部	平凤镇
卡防顶	Kǎfáng Dǐng	——	山峰	平凤镇政府驻地西部	平凤镇
石帽棕头	Shímàozōngtóu	石帽头顶	山峰	平凤镇政府驻地西北部	平凤镇
杀人冲顶	Shārénchōng Dǐng	——	山峰	平凤镇政府驻地西北部	平凤镇
深窝顶	Shēnwō Dǐng	——	山峰	平凤镇政府驻地西北部	平凤镇
西牛头	Xīniútóu	——	山峰	平凤镇政府驻地西部	平凤镇
四力山	Sìlì Shān	——	山峰	平凤镇政府驻地南部	平凤镇

（续上表）

标准名称	汉语拼音	别名	地名类别	相对位置	所在（跨）行政区
三堆石	Sānduīshí	——	山峰	平凤镇政府驻地西北部	平凤镇
凤冲顶	Fèngchōng Dǐng	——	山峰	平凤镇政府驻地西北部	平凤镇
阿公岭	Āgōng Lǐng	——	山峰	罗董镇东北部	罗董镇
阿公头	Āgōngtóu	——	山峰	罗董镇政府驻地西北部	罗董镇
矮加秋	Ǎijiāqiū	鸡冠秋	山峰	河儿口镇东南部	河儿口镇
暗头儿	Àntóu'ér	——	山峰	河儿口镇东南部	河儿口镇
凹竹坝	Āozhúbà	——	山峰	河儿口镇南部	河儿口镇
八卦秋	Bāguàqiū	——	山峰	莲都镇东部	莲都镇
八角排	Bājiǎopái	——	山峰	长安镇政府驻地东北部	长安镇
八台山	Bātái Shān	——	山峰	罗董镇政府驻地西南部	罗董镇
八仙脊	Bāxiānjǐ	——	山峰	河儿口镇南部	河儿口镇
白凡尾	Báifánwěi	——	山峰	莲都镇西部	莲都镇
白贯顶	Báiguàn Dǐng	——	山峰	白垢镇政府驻地东北部	白垢镇
白鹤头	Báihètóu	——	山峰	罗董镇东北部	罗董镇
白虎顶	Báihǔ Dǐng	——	山峰	都平镇南部	都平镇
白虎界	Báihǔjiè	——	山峰	江口镇政府驻地东南部	江口镇
白花顶	Báihuā Dǐng	——	山峰	江口镇政府驻地东南部	江口镇
白花山顶	Báihuā Shāndǐng	——	山峰	江川驻地北部	江川镇
白马山	Báimǎ Shān	——	山峰	河儿口镇西南部	河儿口镇
白梅埇	Báiméiyǒng	——	山峰	莲都镇东部	莲都镇
白泥坑	Báiní Kēng	——	山峰	河儿口镇东南部	河儿口镇

（续上表）

标准名称	汉语拼音	别名	地名类别	相对位置	所在（跨）行政区
白牛岗顶	Báiniúgǎng Dǐng	——	山峰	江川镇政府驻地西部	江川镇
白牛坦	Báiniútǎn	——	山峰	罗董镇政府驻地西北部	罗董镇
白沙岭	Báishā Lǐng	——	山峰	河儿口镇东南部	河儿口镇
白沙头	Báishātóu	——	山峰	长安镇政府驻地东南部	长安镇
白石背	Báishíbèi	——	山峰	河儿口镇东部	河儿口镇
白石顶	Báishí Dǐng	——	山峰	江口镇政府驻地东南部	江口镇
白石头	Báishítóu	——	山峰	白垢镇政府驻地西北部	白垢镇
白石岩	Báishíyán	——	山峰	河儿口镇东部	河儿口镇
百玩坟	Bǎiwánfén	——	山峰	白垢镇政府驻地西南部	白垢镇
板头	Bǎntóu	——	山峰	罗董镇东北部	罗董镇
宝传山	Bǎochuán Shān	——	山峰	长安镇政府驻地西北部	长安镇
宝盖顶	Bǎogài Dǐng	——	山峰	长安镇政府驻地东南部	长安镇
宝盖山	Bǎogài Shān	——	山峰	长安镇政府驻地东北部	长安镇
宝山	Bǎo Shān	——	山峰	长安镇政府驻地东北部	长安镇
北帝头	Běidìtóu	——	山峰	江川镇政府驻地西部	江川镇
北勾顶	Běigōu Dǐng	——	山峰	大玉口镇政府驻地西部	大玉口镇
北免	Běimiǎn	——	山峰	罗董镇东北部	罗董镇
北塘界脚	Běitángjièjiǎo	——	山峰	大玉口镇政府驻地西北部	大玉口镇
背后山	Bèihòu Shān	——	山峰	白垢镇政府驻地南部	白垢镇
背水坳	Bèishuǐ Ào	——	山峰	河儿口镇东部	河儿口镇

（续上表）

标准名称	汉语拼音	别名	地名类别	相对位置	所在（跨）行政区
崩泥	Bēngní	——	山峰	白垢镇政府驻地东南部	白垢镇
崩山塌	Bēngshāntā	——	山峰	江口镇西北部	江口镇
崩塘	Bēngtáng	——	山峰	莲都镇北部	莲都镇
笔架顶	Bǐjià Dǐng	——	山峰	白垢镇政府驻地东部	白垢镇
笔架山	Bǐjià Shān	——	山峰	罗董镇政府驻地西南部	罗董镇
必埇顶	Bìyǒng Dǐng	——	山峰	河儿口镇东南部	河儿口镇
丙峰顶	Bǐngfēng Dǐng	——	山峰	江口镇政府驻地东北部	江口镇
步梯顶	Bùtī Dǐng	——	山峰	江口镇政府驻地西北部	江口镇
步田头	Bùtiántóu	——	山峰	江川镇政府驻地西部	江川镇
曾子顶	Zēngzǐ Dǐng	——	山峰	白垢镇政府驻地东南部	白垢镇
曾子坪	Zēngzǐ Píng	——	山峰	江川镇政府驻地西部	江川镇
茶山	Cháshān	——	山峰	莲都镇西北部	莲都镇
茶亭顶	Chátíng Dǐng	——	山峰	白垢镇政府驻地西南部	白垢镇
茶亭头	Chátíngtóu	——	山峰	罗董镇政府驻地西北部	罗董镇
柴顶	Cháidǐng	——	山峰	白垢镇政府驻地西南部	白垢镇
朝天龙	Cháotiānlóng	——	山峰	大洲镇政府驻地西北部	大洲镇
臣贡山	Chéngòng Shān	——	山峰	江川镇政府驻地北部	江川镇
冲儿头	Chōng'értóu	——	山峰	罗董镇政府驻地西北部	罗董镇
冲岭	Chōnglǐng	——	山峰	莲都镇南部	莲都镇

(续上表)

标准名称	汉语拼音	别名	地名类别	相对位置	所在（跨）行政区
出文咀	Chūwénzuǐ	—	山峰	江川镇政府驻地西部	江川镇
打宏顶	Dǎhóng Dǐng	—	山峰	白垢镇政府驻地东北部	白垢镇
大岸山	Dààn Shān	—	山峰	江川镇政府驻地西南部	江川镇
大背顶	Dàbèi Dǐng	—	山峰	河儿口镇东部	河儿口镇
大崩顶	Dàbēng Dǐng	—	山峰	大洲镇政府驻地西北部	大洲镇
大车头	Dàchētóu	—	山峰	江口镇政府驻地东南部	江口镇
大撑足	Dàchēngzú	—	山峰	江口镇政府驻地东北部	江口镇
大秤勾	Dàchènggōu	—	山峰	大洲镇政府驻地西北部	大洲镇
大冲了	Dàchōngliǎo	—	山峰	长安镇政府驻地西北部	长安镇
大顶	Dàdǐng	—	山峰	金装镇东部	金装镇
大顶山	Dàdǐng Shān	—	山峰	河儿口镇东南部	河儿口镇
大凤顶	Dàfēng Dǐng	—	山峰	都平镇西北部	都平镇
大佛界	Dàfójiè	—	山峰	大洲镇政府驻地东北部	大洲镇
大高界顶	Dàgāojiè Dǐng	—	山峰	南丰镇西北部	南丰镇
大根顶	Dàgēn Dǐng	—	山峰	莲都镇西部	莲都镇
大公头	Dàgōngtóu	—	山峰	河儿口镇东部	河儿口镇
大贵山	Dàguì Shān	—	山峰	莲都镇北部	莲都镇
大和头	Dàhétóu	—	山峰	江川镇政府驻地西部	江川镇
大虎山	Dàhǔ Shān	—	山峰	罗董镇政府驻地东北部	罗董镇
大华山	Dàhuá Shān	—	山峰	莲都镇东部	莲都镇
大怀顶	Dàhuái Dǐng	—	山峰	白垢镇政府驻地西南部	白垢镇

（续上表）

标准名称	汉语拼音	别名	地名类别	相对位置	所在（跨）行政区
大怀山	Dàhuái Shān	——	山峰	罗董镇政府驻地东部	罗董镇
大怀头	Dàhuáitóu	——	山峰	渔涝镇北部	渔涝镇
大鸡集顶	Dàjījí Dǐng	——	山峰	南丰镇东部	南丰镇
大鸡山	Dàjī Shān	——	山峰	大洲镇政府驻地西北部	大洲镇
大髻顶	Dàjì Dǐng	——	山峰	长安镇政府驻地北部东部	长安镇
大金	Dàjīn	——	山峰	渔涝镇北部	渔涝镇
大军厂顶	Dàjūnchǎng Dǐng	——	山峰	长安镇政府驻地东南部	长安镇
大朗	Dàlǎng	——	山峰	罗董镇政府驻地北部	罗董镇
大埌塘	Dàlàngtáng	——	山峰	罗董镇政府驻地西部	罗董镇
大梨	Dàlí	——	山峰	江口镇政府驻地东北部	江口镇
大粒山	Dàlì Shān	——	山峰	莲都镇东部	莲都镇
大岭咀	Dàlǐngzuǐ	——	山峰	江川镇政府驻地西南部	江川镇
大岭头	Dàlǐngtóu	——	山峰	江川镇政府驻地西南部	江川镇
大马坪	Dàmǎ Píng	——	山峰	南丰镇东部	南丰镇
大帽顶	Dàmào Dǐng	——	山峰	罗董镇政府驻地西北部	罗董镇
大门扇	Dàménshàn	——	山峰	白垢镇政府驻地东南部	白垢镇
大磨刀坪	Dàmódāo Píng	——	山峰	江口镇政府驻地西北部	江口镇
大木山	Dàmù Shān	——	山峰	莲都镇北部	莲都镇
大脑头	Dànǎotóu	——	山峰	白垢镇政府驻地东南部	白垢镇
大牛界	Dàniújiè	——	山峰	罗董镇东南部	罗董镇
大排顶	Dàpái Dǐng	——	山峰	南丰镇东南部	南丰镇

(续上表)

标准名称	汉语拼音	别名	地名类别	相对位置	所在（跨）行政区
大朋顶	Dàpéng Dǐng	——	山峰	江口镇北部	江口镇
大坪顶	Dàpíng Dǐng	——	山峰	河儿口镇东部	河儿口镇
大旗山	Dàqí Shān	——	山峰	莲都镇西北部	莲都镇
大桥表	Dàqiáobiǎo	——	山峰	罗董镇政府驻地西北部	罗董镇
大山顶	Dàshān Dǐng	——	山峰	大洲镇政府驻地东北部	大洲镇
大山笃	Dàshāndǔ	——	山峰	江川镇政府驻地北部	江川镇
大山夹	Dàshānjiá	——	山峰	大洲镇政府驻地西北部	大洲镇
大山手	Dàshānshǒu	——	山峰	南丰镇东部	南丰镇
大声顶	Dàshēng Dǐng	——	山峰	罗董镇政府驻地西北部	罗董镇
大石顶	Dàshí Dǐng	——	山峰	河儿口镇北部	河儿口镇
大石龙	Dàshílóng	——	山峰	南丰镇东南部	南丰镇
大石山	Dàshí Shān	——	山峰	大洲镇政府驻地东北部	大洲镇
大耍	Dàshuǎ	——	山峰	江口镇政府驻地东南部	江口镇
大耍顶	Dàshuǎ Dǐng	——	山峰	江口镇东南部	江口镇
大水星	Dàshuǐxīng	——	山峰	莲都镇东部	莲都镇
大松根	Dàsōnggēn	——	山峰	白垢镇政府驻地东南部	白垢镇
大松界	Dàsōngjiè	——	山峰	莲都镇北部	莲都镇
大素顶	Dàsù Dǐng	——	山峰	长安镇政府驻地东北部	长安镇
大塘山	Dàtáng Shān	——	山峰	江口镇东南部	江口镇
大天堂	Dàtiāntáng	——	山峰	大玉口镇政府驻地西北部	大玉口镇
大田顶	Dàtián Dǐng	——	山峰	莲都镇东部	莲都镇
大头秋	Dàtóuqiū	——	山峰	莲都镇东部	莲都镇
大弯顶	Dàwān Dǐng	——	山峰	莲都镇西部	莲都镇

（续上表）

标准名称	汉语拼音	别名	地名类别	相对位置	所在（跨）行政区
大旺界	Dàwàngjiè	——	山峰	罗董镇政府驻地西南部	罗董镇
大尾顶	Dàwěi Dǐng	——	山峰	南丰镇东南部	南丰镇
大稳顶	Dàwěn Dǐng	——	山峰	长安镇政府驻地西北部	长安镇
大埇顶	Dàyǒng Dǐng	——	山峰	都平镇东部	都平镇
大埇斗	Dàyǒngdǒu	——	山峰	渔涝镇东南部	渔涝镇
大埇山	Dàyǒng Shān	——	山峰	莲都镇南部	莲都镇
大芸坪	Dàyún Píng	——	山峰	莲都镇东部	莲都镇
大猪顶	Dàzhū Dǐng	——	山峰	莲都镇西部	莲都镇
大竹头顶	Dàzhútóu Dǐng	——	山峰	河儿口镇西北部	河儿口镇
担担岭	Dāndān Lǐng	——	山峰	河儿口镇东部	河儿口镇
旦竹界	Dànzhújiè	——	山峰	江川镇政府驻地北部	江川镇
党山	Dǎngshān	——	山峰	长安镇政府驻地东北部	长安镇
刀磨启顶	Dāomóqǐ Dǐng	——	山峰	江川镇政府驻地西部	江川镇
刀汝山	Dāorǔ Shān	——	山峰	河儿口镇东南部	河儿口镇
刀筒顶	Dāotǒng Dǐng	——	山峰	南丰镇东部	南丰镇
等风坳	Děngfēng Ào	等风辽	山峰	大洲镇政府驻地西北部	大洲镇
第一埇	Dìyīyǒng	——	山峰	长安镇政府驻地东南部	长安镇
刁麻顶	Diāomá Dǐng	——	山峰	江川镇政府驻地北部	江川镇
吊狗大山	Diàogǒu Dàshān	——	山峰	南丰镇西北部	南丰镇
跌米顶	Diēmǐ Dǐng	——	山峰	莲都镇东部	莲都镇
顶埇岭头	Dǐngyǒnglǐngtóu	——	山峰	江川镇政府驻地西北部	江川镇
东冲山寨顶	Dōngchōngshānzhài Dǐng	——	山峰	长安镇政府驻地西北部	长安镇

(续上表)

标准名称	汉语拼音	别名	地名类别	相对位置	所在（跨）行政区
东瓜顶	Dōngguā Dǐng	——	山峰	长安镇政府驻地西北部	长安镇
东坑	Dōngkēng	——	山峰	莲都镇东部	莲都镇
冬叶山	Dōngyè Shān	——	山峰	白垢镇政府驻地东北部	白垢镇
垌翻球	Dòngfānqiú	——	山峰	都平镇西南部	都平镇
独石	Dúshí	——	山峰	长安镇政府驻地东北部	长安镇
鹅春顶	Échūn Dǐng	——	山峰	都平镇东部	都平镇
鹅坪顶	Épíng Dǐng	——	山峰	南丰镇东南部	南丰镇
儿埇界	Éryǒngjiè	——	山峰	莲都镇东南部	莲都镇
二铜佛	Èrtóngfó	——	山峰	罗董镇政府驻地东南部	罗董镇
二掀山	Èrxiān Shān	——	山峰	大玉口镇政府驻地南部	大玉口镇
二针顶	Èrzhēn Dǐng	——	山峰	江川镇政府驻地南部	江川镇
饭包坑顶	Fànbāokēng Dǐng	——	山峰	河儿口镇东南部	河儿口镇
饭池界	Fànchíjiè	——	山峰	江川镇政府驻地东北部	罗董镇
牛鹰	Niúyīng	牙鹰	山峰	长安镇政府驻地西南部	长安镇
凤堵顶	Fēngdǔ Dǐng	——	山峰	南丰镇东北部	南丰镇
风流垌	Fēngliúdòng	——	山峰	罗董镇政府驻地西南部	罗董镇
蜂鸟	Fēngniǎo	迁树山	山峰	莲都镇东北部	莲都镇
冯村山	Féngcūn Shān	——	山峰	莲都镇西北部	莲都镇
凤凰顶	Fènghuáng Dǐng	——	山峰	江川镇政府驻地西部	江川镇
佛仔公	Fózǎigōng	——	山峰	河儿口镇北部	河儿口镇
佛仔翁	Fózǎiwēng	——	山峰	都平镇南部	都平镇
佛子翁	Fózǐwēng	——	山峰	河儿口镇东部	河儿口镇
茯苓顶	Fúlíng Dǐng	——	山峰	莲都镇东北部	莲都镇

(续上表)

标准名称	汉语拼音	别名	地名类别	相对位置	所在（跨）行政区
甘子埇	Gānzǐyǒng	—	山峰	莲都镇南部	莲都镇
干竹头	Gànzhútóu	—	山峰	江川镇政府驻地北部	江川镇
高步山	Gāobù Shān	—	山峰	莲都镇南部	莲都镇
高顶	Gāodǐng	—	山峰	大玉口镇政府驻地西部	大玉口镇
高岗石排头	Gāogǎngshípáitóu	—	山峰	河儿口镇北部	河儿口镇
高坑顶	Gāokēng Dǐng	—	山峰	南丰镇西南部	南丰镇
高桥	Gāoqiáo	—	山峰	莲都镇东部	莲都镇
高山顶	Gāoshān Dǐng	—	山峰	南丰镇政府驻地东南部	南丰镇
高山禾地屋	Gāoshānhédìwū	—	山峰	莲都镇西部	莲都镇
高山琼	Gāoshānqióng	—	山峰	江川镇政府驻地西部	江川镇
高山寨	Gāoshānzhài	—	山峰	大玉口镇政府驻地北部	大玉口镇
高头顶	Gāotóu Dǐng	—	山峰	白垢镇政府驻地西南部	白垢镇
高头山	Gāotóu Shān	—	山峰	莲都镇西南部	莲都镇
高寨	Gāozhài	—	山峰	莲都镇东北部	莲都镇
高寨顶	Gāozhài Dǐng	—	山峰	渔涝镇西南部	渔涝镇
格木鼻	Gémùbí	—	山峰	大玉口镇政府驻地西北部	大玉口镇
狗毛毡顶	Gǒumáozhān Dǐng	—	山峰	河儿口镇东南部	河儿口镇
狗塘	Gǒutáng	—	山峰	长安镇政府驻地西北部	长安镇
古背头	Gǔbèitóu	—	山峰	江口镇政府驻地东南部	江口镇
古丽顶	Gǔlì Dǐng	—	山峰	江口镇政府驻地东北部	江口镇
古苗埇顶	Gǔmiáoyǒng Dǐng	—	山峰	江口镇政府驻地北部	江口镇
古墓尾	Gǔmùwěi	—	山峰	河儿口镇西部	河儿口镇

(续上表)

标准名称	汉语拼音	别名	地名类别	相对位置	所在（跨）行政区
古石顶	Gǔshí Dǐng	——	山峰	江口镇东南部	江口镇
古羊顶	Gǔyáng Dǐng	——	山峰	都平镇西南部	都平镇
谷堆顶	Gǔduī Dǐng	——	山峰	河儿口镇东北部	河儿口镇
谷堆山	Gǔduī Shān	——	山峰	长安镇政府驻地西北部	长安镇
谷磊秋	Gǔlěiqiū	——	山峰	莲都镇东部	莲都镇
挂灯顶	Guàdēng Dǐng	——	山峰	渔涝镇北部	渔涝镇
观埇	Guānyǒng	——	山峰	江川镇政府驻地政府西部	江川镇
贵龙坑	Guìlóng Kēng	——	山峰	莲都镇东部	莲都镇
桂冲顶	Guìchōng Dǐng	——	山峰	南丰镇西北部	南丰镇
过幼顶	Guòyòu Dǐng	——	山峰	金装镇东南部	金装镇
蛤屋	Háwū	——	山峰	大玉口镇政府驻地西北部	大玉口镇
含埇头	Hányǒngtóu	——	山峰	江川镇政府驻地西部	江川镇
寒冲	Hánchōng	——	山峰	白垢镇政府驻地东南部	白垢镇
杭扣界	Hángkòujiè	——	山峰	罗董镇政府驻地西北部	罗董镇
禾厂	Héchǎng	——	山峰	河儿口镇北部	河儿口镇
禾迳顶	Héjìng Dǐng	——	山峰	渔涝镇东北部	渔涝镇
禾镰埇尾	Héliányǒngwěi	——	山峰	金装镇东北部	金装镇
禾论岭	Hélùn Lǐng	——	山峰	金装镇东部	金装镇
和尚头	Héshàngtóu	——	山峰	河儿口镇东部	河儿口镇
黑石顶	Hēishí Dǐng	——	山峰	白垢镇政府驻地东南部	白垢镇
黑石山	Hēishí Shān	——	山峰	都平镇东部	都平镇
横步	Héngbù	——	山峰	河儿口镇东部	河儿口镇
横坑顶	Héngkēng Dǐng	——	山峰	江川镇政府驻地南部	江川镇
横拼顶	Héngpīn Dǐng	——	山峰	南丰镇东南部	南丰镇

（续上表）

标准名称	汉语拼音	别名	地名类别	相对位置	所在（跨）行政区
横水	Héngshuǐ	——	山峰	河儿口镇东南部	河儿口镇
横水岭	Héngshuǐ Lǐng	——	山峰	莲都镇北部	莲都镇
红坭顶	Hóngní Dǐng	——	山峰	南丰镇东部	南丰镇
洪公界	Hónggōngjiè	——	山峰	白垢镇政府驻地西南部	白垢镇
葫芦顶	Húlú Dǐng	——	山峰	江口镇政府驻地西北部	江口镇
蝴蝶顶	Húdié Dǐng	——	山峰	江口镇政府驻地东北部	江口镇
蝴蝶岭	Húdié Lǐng	——	山峰	长安镇政府驻地西部	长安镇
虎星顶	Hǔxīng Dǐng	——	山峰	大玉口镇政府驻地西北部	大玉口镇
户推儿	Hùtuī'ér	——	山峰	大洲镇政府驻地西北部	大洲镇
花坪寨	Huāpíngzhài	——	山峰	莲都镇北部	莲都镇
花烛冲顶	Huāzhúchōng Dǐng	——	山峰	河儿口镇东部	河儿口镇
黄额头	Huángétóu	——	山峰	罗董镇的北部	罗董镇
黄猫凹	Huángmāo Āo	——	山峰	河儿口镇南部	河儿口镇
黄茅顶	Huángmáo Dǐng	——	山峰	莲都镇东北部	莲都镇
黄茅根	Huángmáogēn	——	山峰	白垢镇政府驻地西部	白垢镇
黄茅岭	Huángmáo Lǐng	——	山峰	河儿口镇东南部	河儿口镇
黄泥坳	Huángní Ào	——	山峰	江口镇政府驻地北部	江口镇
黄鳝头	Huángshàntóu	——	山峰	江川镇政府驻地西部	江川镇
黄万记	Huángwànjì	——	山峰	莲都镇北部	莲都镇
迴龙顶	Huílóng Dǐng	——	山峰	南丰镇西北部	南丰镇
会埇顶	Huìyǒng Dǐng	——	山峰	大洲镇政府驻地西北部	大洲镇

(续上表)

标准名称	汉语拼音	别名	地名类别	相对位置	所在（跨）行政区
火烧坟	Huǒshāofén	——	山峰	河儿口镇东南部	河儿口镇
鸡公关	Jīgōngguān	——	山峰	大玉口镇政府驻地西北部	大玉口镇
鸡笼顶	Jīlóng Dǐng	——	山峰	渔涝镇西北部	渔涝镇
鸡笼山	Jīlóng Shān	——	山峰	江川镇政府驻地西部	江川镇
鸡婆寨山	Jīpózhài Shān	——	山峰	南丰镇东北部	南丰镇
甲了顶	Jiǎzǐ Dǐng	——	山峰	白垢镇政府驻地东南部	白垢镇
甲子田	Jiǎzǐtián	——	山峰	白垢镇政府驻地东南部	白垢镇
架简	Jiàjiǎn	——	山峰	河儿口镇政府驻地东南部	河儿口镇
尖峰儿	Jiānfēng'ér	——	山峰	渔涝镇北部	渔涝镇
尖咀秋	Jiānzuǐqiū	——	山峰	莲都镇东部	莲都镇
尖利	Jiānlì	——	山峰	莲都镇东部	莲都镇
尖利顶	Jiānlì Dǐng	——	山峰	河儿口镇东部	河儿口镇
间塘	Jiāntáng	——	山峰	江川镇政府驻地南部	江川镇
简埇顶	Jiǎnyǒng Dǐng	——	山峰	南丰镇东部	南丰镇
江头山	Jiāngtóu Shān	——	山峰	莲都镇东部	莲都镇
降马山	Jiàngmǎ Shān	——	山峰	河儿口镇东部	河儿口镇
今宝山寨	Jīnbǎo Shānzhài	——	山峰	长安镇政府驻地西北部	长安镇
金板顶	Jīnbǎn Dǐng	——	山峰	都平镇东部	都平镇
金壁顶	Jīnbì Dǐng	——	山峰	白垢镇政府驻地南部	白垢镇
金伯旺	Jīnbówàng	——	山峰	河儿口镇东部	河儿口镇
金狗顶	Jīngǒu Dǐng	——	山峰	大玉口镇政府驻地西北部	大玉口镇
金鸡咀	Jīnjīzuǐ	——	山峰	河儿口镇政府驻地东南部	河儿口镇

(续上表)

标准名称	汉语拼音	别名	地名类别	相对位置	所在（跨）行政区
金鸡坑	Jīnjī Kēng	—	山峰	长安镇政府驻地东北部	长安镇
金鸡头	Jīnjītóu	—	山峰	莲都镇东部	莲都镇
金口	Jīnkǒu	—	山峰	长安镇政府驻地东北部	长安镇
金钱山	Jīnqián Shān	—	山峰	江川镇政府驻地政府南部	江川镇
金山顶	Jīnshān Dǐng	—	山峰	金装镇东部	金装镇
进足顶	Jìnzú Dǐng	—	山峰	大玉口镇政府驻地西北部	大玉口镇
井门顶	Jǐngmén Dǐng	—	山峰	大玉口镇政府驻地北部	大玉口镇
井田	Jǐngtián	—	山峰	白垢镇政府驻地东北部	白垢镇
井埇埌顶	Jǐngyǒnglàng Dǐng	—	山峰	白垢镇政府驻地西南部	白垢镇
旧寨	Jiùzhài	—	山峰	渔涝镇西南部	渔涝镇
均埇顶	Jūnyǒng Dǐng	—	山峰	南丰镇东部	南丰镇
开建岭	Kāijiàn Lǐng	—	山峰	金装镇东部	金装镇
看官岭顶	Kànguānlǐng Dǐng	—	山峰	长安镇政府驻地北部	长安镇
客姑乳	Kègūrǔ	—	山峰	南丰镇南部	南丰镇
括断	Kuòduàn	—	山峰	金装镇东北部	金装镇
兰堂	Lántáng	—	山峰	莲都镇北部	莲都镇
岚岗	Lángǎng	—	山峰	罗董镇东北部	罗董镇
蓝青顶	Lánqīng Dǐng	—	山峰	白垢镇政府驻地西南部	白垢镇
蓝天顶	Lántiān Dǐng	—	山峰	大洲镇政府驻地东部	大洲镇
狼岭	Lánglǐng	—	山峰	莲都镇北部	莲都镇
朗底山	Lǎngdǐ Shān	—	山峰	南丰镇东北部	南丰镇
埌翻顶	Làngfān Dǐng	—	山峰	河儿口镇东部	河儿口镇
老虎尾顶	Lǎohǔwěi Dǐng	—	山峰	大玉口镇政府驻地西北部	大玉口镇

(续上表)

标准名称	汉语拼音	别名	地名类别	相对位置	所在（跨）行政区
勒车碑	Lèchēbēi	——	山峰	罗董镇政府驻地东北部	罗董镇
勒逆朗	Lènìlǎng	——	山峰	河儿口镇东部	河儿口镇
勒竹顶	Lèzhú Dǐng	——	山峰	江川镇政府驻地西部	江川镇
簕竹界	Lèzhújiè	——	山峰	南丰镇西部	南丰镇
冷其山	Lěngqí Shān	——	山峰	长安镇政府驻地东北部	长安镇
冷水顶	Lěngshuǐ Dǐng	——	山峰	江口镇政府驻地北部	江口镇
冷水头	Lěngshuǐtóu	——	山峰	江川镇政府驻地西部	江川镇
冷埇顶	Lěngyǒng Dǐng	——	山峰	白垢镇政府驻地西南部	白垢镇
冷埇尾	Lěngyǒngwěi	——	山峰	长安镇政府驻地东北部	长安镇
离队顶	Líduì Dǐng	——	山峰	白垢镇政府驻地东北部	白垢镇
黎木埇顶	Límùyǒng Dǐng	——	山峰	都平镇西部	都平镇
李兰山	Lǐlán Shān	——	山峰	河儿口镇西北部	河儿口镇
立蚧界	Lìjièjiè	——	山峰	江口镇西北部	江口镇
连塘顶	Liántáng Dǐng	——	山峰	白垢镇西南部	白垢镇
莲花肚顶	Liánhuādù Dǐng	——	山峰	南丰镇东南部	南丰镇
良伞顶	Liángsǎn Dǐng	——	山峰	河儿口镇东南部	河儿口镇
凉伞秋	Liángsǎnqiū	——	山峰	莲都镇东部	莲都镇
凉亭坳	Liángtíng Ào	——	山峰	渔涝镇北部	渔涝镇
两叉顶	Liǎngchā Dǐng	——	山峰	罗董镇政府驻地西南部	罗董镇
两岔口	Liǎngchàkǒu	——	山峰	河儿口镇东部	河儿口镇
两军顶	Liǎngjūn Dǐng	——	山峰	南丰镇西北部	南丰镇
辽儿	Liáo'ér	——	山峰	莲都镇东北部	莲都镇

（续上表）

标准名称	汉语拼音	别名	地名类别	相对位置	所在（跨）行政区
林塘山顶	Líntáng Shāndǐng	——	山峰	莲都镇东北部	莲都镇
岭古顶	Lǐnggǔ Dǐng	——	山峰	白垢镇政府驻地西南部	白垢镇
六角顶	Liùjiǎo Dǐng	——	山峰	江口镇政府驻地西北部	江口镇
龙峒顶	Lóngdòng Dǐng	——	山峰	江口镇政府驻地西北部	江口镇
龙集埇顶	Lóngjíyǒng Dǐng	——	山峰	河儿口镇东南部	河儿口镇
龙坑辽顶	Lóngkēngliáo Dǐng	——	山峰	莲都镇北部	莲都镇
龙屈	Lóngqū	——	山峰	莲都镇东部	莲都镇
龙潭顶	Lóngtán Dǐng	——	山峰	莲都镇西部	莲都镇
龙弯	Lóngwān	——	山峰	罗董镇政府驻地西部	罗董镇
芦笛顶	Lúdí Dǐng	——	山峰	大玉口镇政府驻地西北部	大玉口镇
炉灶岭	Lúzào Lǐng	——	山峰	长安镇政府驻地东北部	长安镇
陆塘埇	Lùtángyǒng	——	山峰	南丰镇西北部	南丰镇
陆腰埇	Lùyāoyǒng	——	山峰	南丰镇西北部	南丰镇
陆窑顶	Lùyáo Dǐng	——	山峰	南丰镇西部	南丰镇
路埇顶	Lùyǒng Dǐng	——	山峰	渔涝镇北部	渔涝镇
罗白坳	Luóbái Ào	——	山峰	河儿口镇东南部	河儿口镇
罗播头	Luóbōtóu	——	山峰	白垢镇政府驻地东部	白垢镇
罗山顶	Luóshān Dǐng	——	山峰	江川镇政府驻地西部	江川镇
罗万岭	Luówàn Lǐng	——	山峰	莲都镇西北部	莲都镇
罗围头	Luówéitóu	——	山峰	河儿口镇东部	河儿口镇
罗文顶	Luówén Dǐng	——	山峰	罗董镇北部	罗董镇
罗五	Luówǔ	——	山峰	金装镇东北部	金装镇
罗鸦山	Luóyā Shān	——	山峰	渔涝镇北部	渔涝镇

（续上表）

标准名称	汉语拼音	别名	地名类别	相对位置	所在（跨）行政区
律埇顶	Lǜyǒng Dǐng	——	山峰	白垢镇政府驻地西南部	白垢镇
麻子顶	Mázǐ Dǐng	——	山峰	大洲镇政府驻地西北部	大洲镇
马鞍	Mǎ'ān	——	山峰	长安镇政府驻地东北部	长安镇
马鞍顶	Mǎ'ān Dǐng	——	山峰	南丰镇东南部	南丰镇
马鞍辽	Mǎ'ānliáo	——	山峰	莲都镇北部	莲都镇
马鞍那	Mǎ'ānnà	——	山峰	金装镇东部	金装镇
马鞍山	Mǎ'ān Shān	——	山峰	莲都镇东北部	莲都镇
马鞍头	Mǎ'āntóu	——	山峰	罗董镇政府驻地北部	罗董镇
马地	Mǎdì	——	山峰	白垢镇政府驻地东南部	白垢镇
马利敦	Mǎlìdūn	——	山峰	河儿口镇东部	河儿口镇
马鹿头	Mǎlùtóu	——	山峰	莲都镇西部	莲都镇
马鹿寨裊	Mǎlùzhàiniǎo	——	山峰	南丰镇东部	南丰镇
马平头	Mǎpíngtóu	——	山峰	罗董镇政府驻地西北部	罗董镇
马坪儿	Mǎpíng'ér	——	山峰	南丰镇东部	南丰镇
马爽顶	Mǎshuǎng Dǐng	——	山峰	大洲镇政府驻地东北部	大洲镇
满水顶	Mǎnshuǐ Dǐng	——	山峰	渔涝镇南部	渔涝镇
猫腩秋	Māonǎnqiū	——	山峰	莲都镇东部	莲都镇
茅坦	Máotǎn	——	山峰	白垢镇政府驻地东南部	白垢镇
茅样	Máoyàng	——	山峰	罗东镇东南部	罗董镇
帽毡顶	Màozhān Dǐng	——	山峰	金装镇东部	金装镇
帽毡寨	Màozhānzhài	——	山峰	南丰镇东部	南丰镇
眉头冲	Méitóuchōng	——	山峰	河儿口镇东部	河儿口镇
猛虎顶	Měnghǔ Dǐng	——	山峰	白垢镇政府驻地西南部	白垢镇
猛牙头	Měngyátóu	——	山峰	河儿口镇南部	河儿口镇

(续上表)

标准名称	汉语拼音	别名	地名类别	相对位置	所在（跨）行政区
庙岭	Miàolǐng	——	山峰	江川镇政府驻地西部	江川镇
摩天岭	Mótiān Lǐng	——	山峰	江川镇政府驻地西部	江川镇
磨刀顶	Módāo Dǐng	——	山峰	莲都镇西部	莲都镇
磨刀源	Módāoyuán	——	山峰	罗董镇政府驻地西北部	罗董镇
木古顶	Mùgǔ Dǐng	——	山峰	大洲镇政府驻地西北部	大洲镇
木林顶	Mùlín Dǐng	——	山峰	莲都镇北部	莲都镇
木坪	Mùpíng	——	山峰	大洲镇政府驻地西北部	大洲镇
乃雄顶	Nǎixióng Dǐng	——	山峰	南丰镇西北部	南丰镇
南木埇	Nánmùyǒng	——	山峰	罗董镇政府驻地西部	罗董镇
南蛇顶	Nánshé Dǐng	——	山峰	都平镇西南部	都平镇
南塘顶	Nántáng Dǐng	——	山峰	江口镇政府驻地东南部	江口镇
坭城顶	Níchéng Dǐng	——	山峰	莲都镇西北部	莲都镇
柠檬	Níngméng	——	山峰	白垢镇东北部	白垢镇
牛耳顶	Niú'ěr Dǐng	——	山峰	大玉口镇政府驻地西部	大玉口镇
牛峰顶	Niúfēng Dǐng	——	山峰	长安镇政府驻地东北部	长安镇
牛凤岭	Niúfèng Lǐng	——	山峰	长安镇政府驻地东北部	长安镇
牛古顶	Niúgǔ Dǐng	——	山峰	罗董镇政府驻地西北部	罗董镇
牛怀山	Niúhuái Shān	——	山峰	白垢镇政府驻地东南部	白垢镇
牛角顶	Niújiǎo Dǐng	——	山峰	南丰镇东南部	南丰镇
牛角山	Niújiǎo Shān	——	山峰	大洲镇政府驻地东北部	大洲镇
牛锦岭	Niújǐn Lǐng	——	山峰	江川镇政府驻地西南部	江川镇

（续上表）

标准名称	汉语拼音	别名	地名类别	相对位置	所在（跨）行政区
牛栏门	Niúlánmén	——	山峰	都平镇南部	都平镇
牛了头	Niúliǎotóu	——	山峰	大洲镇政府驻地东北部	大洲镇
牛绳山	Niúshéng Shān	——	山峰	渔涝镇北部	渔涝镇
牛绳头	Niúshéngtóu	叶埇	山峰	江川镇政府驻地西部	江川镇
牛头界	Niútóujiè	——	山峰	江口镇政府驻地东北部	江口镇
牛围顶	Niúwéi Dǐng	——	山峰	河儿口镇东部	河儿口镇
牛围界	Niúwéijiè	——	山峰	罗董镇东北部	罗董镇
牛云顶	Niúyún Dǐng	——	山峰	都平镇西北部	都平镇
盘古辽	Pángǔliáo	——	山峰	莲都镇北部	莲都镇
蓬杏	Péngxìng	——	山峰	南丰镇西北部	南丰镇
平地	Píngdì	——	山峰	河儿口镇东南部	河儿口镇
婆等顶	Póděng Dǐng	——	山峰	罗董镇政府驻地西北部	罗董镇
七厘肚	Qīlídù	——	山峰	南丰镇东南部	南丰镇
七片顶	Qīpiàn Dǐng	——	山峰	都平镇东部	都平镇
七星顶	Qīxīng Dǐng	——	山峰	莲都镇北部	莲都镇
其洞岭	Qídòng Lǐng	——	山峰	江川镇政府驻地西部	江川镇
其岭	Qílǐng	——	山峰	南丰镇北部	南丰镇
其山顶	Qíshān Dǐng	——	山峰	莲都镇东部	莲都镇
歧山尾	Qíshānwěi	——	山峰	白垢镇政府驻地西南部	白垢镇
旗杆顶	Qígǎn Dǐng	——	山峰	长安镇政府驻地东北部	长安镇
旗岭	Qílǐng	——	山峰	河儿口镇北部	河儿口镇
麒麟山	Qílín Shān	——	山峰	白垢镇政府驻地东部	白垢镇
企河界	Qǐhéjiè	——	山峰	河儿口镇南部	河儿口镇

（续上表）

标准名称	汉语拼音	别名	地名类别	相对位置	所在（跨）行政区
桥片头	Qiáopiàntóu	—	山峰	江川镇政府驻地北部	江川镇
青翠山	Qīngcuì Shān	—	山峰	长安镇政府驻地东部	长安镇
青洞山	Qīngdòng Shān	—	山峰	长安镇政府驻地东北部	长安镇
青山坳	Qīngshān Ào	—	山峰	金装镇东部	金装镇
青山顶	Qīngshān Dǐng	—	山峰	都平镇东部	都平镇
青埇山	Qīngyǒng Shān	—	山峰	长安镇政府驻地东北部	长安镇
人熊	Rénxióng	—	山峰	南丰镇南部	南丰镇
人勇头	Rényǒngtóu	—	山峰	罗董镇政府驻地北部	罗董镇
三份顶	Sānfèn Dǐng	—	山峰	莲都镇北部	莲都镇
三高顶	Sāngāo Dǐng	—	山峰	大洲镇政府驻地西北部	大洲镇
三个坟	Sāngèfén	—	山峰	河儿口镇西北部	河儿口镇
三火山	Sānhuǒ Shān	—	山峰	莲都镇东部	莲都镇
三级顶	Sānjí Dǐng	—	山峰	莲都镇府南部	莲都镇
三角灶	Sānjiǎozào	—	山峰	莲都镇北部	莲都镇
三脚峰炉	Sānjiǎofēnglú	—	山峰	白垢镇政府驻地西南部	白垢镇
三界顶	Sānjiè Dǐng	—	山峰	莲都镇东部	莲都镇
三木夹顶	Sānmùjiá Dǐng	—	山峰	南丰镇东南部	南丰镇
三腩顶	Sānnǎn Dǐng	—	山峰	南丰镇南部	南丰镇
三婆岭	Sānpó Lǐng	—	山峰	南丰镇东部	南丰镇
三瀑石	Sānpùshí	—	山峰	河儿口镇东部	河儿口镇
三山	Sānshān	—	山峰	大玉口镇政府驻地西北部	大玉口镇
三山顶	Sānshān Dǐng	—	山峰	大洲镇政府驻地东北部	大洲镇
三塔石	Sāntǎshí	—	山峰	莲都镇东部	莲都镇

（续上表）

标准名称	汉语拼音	别名	地名类别	相对位置	所在（跨）行政区
三台顶	Sāntái Dǐng	—	山峰	南丰镇东南部	南丰镇
三丫塘	Sānyātáng	—	山峰	河儿口镇东南部	河儿口镇
色燕界	Sèyànjiè	—	山峰	大玉口镇政府驻地西南部	大玉口镇
沙夹塘头	Shājiátángtóu	—	山峰	白垢镇政府驻地东南部	白垢镇
沙洲山	Shāzhōu Shān	—	山峰	江口镇政府驻地东部	江口镇
山菜顶	Shāncài Dǐng	—	山峰	河儿口镇东南部	河儿口镇
山峒寨顶	Shāndòngzhài Dǐng	—	山峰	河儿口镇东部	河儿口镇
山马塘	Shānmǎtáng	—	山峰	河儿口镇南部	河儿口镇
山晚窝	Shānwǎn Wō	—	山峰	河儿口镇东南部	河儿口镇
山窑坪	Shānyáo Píng	—	山峰	江川镇政府驻地南部	江川镇
山仔坳	Shānzǎi Ào	—	山峰	河儿口镇东部	河儿口镇
山早埇	Shānzǎoyǒng	—	山峰	河儿口镇东南部	河儿口镇
山寨	Shānzhài	—	山峰	河儿口镇东南部	河儿口镇
山寨顶	Shānzhài Dǐng	—	山峰	大玉口镇政府驻地西北部	大玉口镇
山寨顶似龙	Shānzhàidǐngsìlóng	—	山峰	南丰镇东部	南丰镇
山寨口	Shānzhàikǒu	—	山峰	河儿口镇东部	河儿口镇
山猪头	Shānzhūtóu	—	山峰	白垢镇政府驻地西南部	白垢镇
杉排山	Shānpái Shān	—	山峰	江川镇政府驻地西部	江川镇
上四七顶	Shàngsìqī Dǐng	—	山峰	都平镇西南部	都平镇
上塘顶	Shàngtáng Dǐng	—	山峰	南丰镇西南部	南丰镇
蛇塘顶	Shétáng Dǐng	—	山峰	江口镇东南部	江口镇
社山顶	Shèshān Dǐng	—	山峰	河儿口镇北部	河儿口镇

（续上表）

标准名称	汉语拼音	别名	地名类别	相对位置	所在（跨）行政区
社山口	Shèshānkǒu	——	山峰	大洲镇政府驻地北部	大洲镇
深坑顶	Shēnkēng Dǐng	——	山峰	河儿口镇东部	河儿口镇
深坑口	Shēnkēngkǒu	——	山峰	河儿口镇东部	河儿口镇
深袅顶	Shēnniǎo Dǐng	——	山峰	南丰镇东部	南丰镇
深埇顶	Shēnyǒng Dǐng	——	山峰	莲都镇东部	莲都镇
神仙顶	Shénxiān Dǐng	——	山峰	白垢镇政府驻地西南部	白垢镇
神仙棋盘	Shénxiānqípán	——	山峰	长安镇政府驻地东南部	长安镇
神仙寨	Shénxiānzhài	——	山峰	南丰镇东南部	南丰镇
圣人顶	Shèngrén Dǐng	——	山峰	金装镇东北部	金装镇
狮子顶	Shīzǐ Dǐng	——	山峰	白垢镇政府驻地东南部	白垢镇
狮子楼台	Shīzǐlóutái	——	山峰	都平镇西北部	都平镇
狮子崎顶	Shīzǐqí Dǐng	——	山峰	金装镇东部	金装镇
十二塝	Shí'èrbàng	——	山峰	白垢镇政府驻地西南部	白垢镇
石板寨	Shíbǎnzhài	——	山峰	莲都镇东部	莲都镇
石冲顶	Shíchōng Dǐng	——	山峰	大玉口镇政府驻地西部	大玉口镇
石狗顶	Shígǒu Dǐng	——	山峰	江川镇政府驻地西南部	江川镇
石古顶	Shígǔ Dǐng	——	山峰	河儿口镇东部	河儿口镇
石鼓顶	Shígǔ Dǐng	——	山峰	长安镇政府驻地西北部	长安镇
石降顶	Shíjiàng Dǐng	——	山峰	大玉口镇政府驻地西北部	大玉口镇
石岭	Shílǐng	——	山峰	金装镇东部	金装镇
石龙头	Shílóngtóu	——	山峰	莲都镇东北部	莲都镇
石落	Shíluò	——	山峰	莲都镇东北部	莲都镇
石梅顶	Shíméi Dǐng	——	山峰	白垢镇政府驻地西南部	白垢镇

（续上表）

标准名称	汉语拼音	别名	地名类别	相对位置	所在（跨）行政区
石牛底	Shíniúdǐ	——	山峰	罗董镇政府驻地东北部	罗董镇
石旗岭	Shíqí Lǐng	——	山峰	罗董镇南部	罗董镇
石桥朗	Shíqiáolǎng	——	山峰	莲都镇东北部	莲都镇
石磉山	Shísǎng Shān	——	山峰	大玉口镇政府驻地西北部	大玉口镇
石山顶	Shíshān Dǐng	鸡公记	山峰	河儿口镇西南部	河儿口镇
石梯头	Shítītóu	——	山峰	莲都镇东部	莲都镇
石问顶	Shíwèn Dǐng	——	山峰	江口镇政府驻地东南部	江口镇
石屋界	Shíwūjiè	——	山峰	莲都镇东北部	莲都镇
石羊脑	Shíyángnǎo	——	山峰	都平镇南部	都平镇
石寨	Shízhài	——	山峰	罗董镇东南部	罗董镇
石柱界	Shízhùjiè	——	山峰	大玉口镇政府驻地驻地北部	大玉口镇
书房头	Shūfángtóu	——	山峰	罗董镇政府驻地西南部	罗董镇
双茶	Shuāngchá	——	山峰	罗董镇东北部	罗董镇
双对坑	Shuāngduì Kēng	——	山峰	河儿口镇东南部	河儿口镇
双峰岭	Shuāngfēng Lǐng	——	山峰	南丰镇西北部	南丰镇
双峰钳	Shuāngfēngqián	——	山峰	白垢镇东北部	白垢镇
双髻顶	Shuāngjì Dǐng	——	山峰	长安镇政府驻地东北部	长安镇
水对顶	Shuǐduì Dǐng	——	山峰	大玉口镇政府驻地北部	大玉口镇
水枧顶	Shuǐjiǎn Dǐng	——	山峰	莲都镇西部	莲都镇
水母头	Shuǐmǔtóu	——	山峰	罗董镇政府驻地西北部	罗董镇
水沙埂顶	Shuǐshāgěng Dǐng	——	山峰	河儿口镇东北部	河儿口镇
水深	Shuǐshēn	——	山峰	莲都镇南部	莲都镇

（续上表）

标准名称	汉语拼音	别名	地名类别	相对位置	所在（跨）行政区
水头岭	Shuǐtóu Lǐng	——	山峰	长安镇政府驻地东北部	长安镇
水星顶	Shuǐxīng Dǐng	——	山峰	都平镇东部	都平镇
四方岩	Sìfāngyán	——	山峰	莲都镇北部	莲都镇
四方正	Sìfāngzhèng	——	山峰	渔涝镇北部	渔涝镇
四高顶	Sìgāo Dǐng	——	山峰	大洲镇政府驻地西北部	大洲镇
四京顶	Sìjīng Dǐng	——	山峰	大玉口镇政府驻地北部	大玉口镇
四块塘	Sìkuàitáng	——	山峰	南丰镇东部	南丰镇
四人头	Sìréntóu	——	山峰	大玉口镇政府驻地西北部	大玉口镇
四正山	Sìzhèng Shān	——	山峰	白垢镇政府驻地东北部	白垢镇
松柏头	Sōngbǎitóu	——	山峰	江川镇政府驻地北部	江川镇
松根山	Sōnggēn Shān	——	山峰	河儿口镇北部	河儿口镇
松根塘	Sōnggēntáng	——	山峰	莲都镇东部	莲都镇
松山泮	Sōngshānbàn	——	山峰	河儿口镇东部	河儿口镇
梭棚顶	Suōpéng Dǐng	——	山峰	江口镇政府驻地东南部	江口镇
塔顶	Tǎdǐng	——	山峰	南丰镇东南部	南丰镇
太婆岭髻顶	Tàipólǐngjì Dǐng	——	山峰	莲都镇西北部	莲都镇
太慰顶	Tàiwèi Dǐng	——	山峰	金装镇东部	金装镇
太子寨	Tàizǐzhài	——	山峰	罗董镇政府驻地西南部	罗董镇
替塝顶	Tánbàng Dǐng	——	山峰	罗董镇政府驻地东南部	罗董镇
替高	Tángāo	——	山峰	白垢镇政府驻地东南部	白垢镇
替公顶	Tángōng Dǐng	——	山峰	罗董镇政府驻地西北部	罗董镇
替来	Tánlái	——	山峰	罗董镇政府驻地西北部	罗董镇

(续上表)

标准名称	汉语拼音	别名	地名类别	相对位置	所在（跨）行政区
蕈帽	Tánmào	——	山峰	莲都镇南部	莲都镇
蕈日顶	Tánrì Dǐng	——	山峰	莲都镇西部	莲都镇
蕈塘顶	Tántáng Dǐng	——	山峰	江川镇政府驻地南部	江川镇
蕈桃界	Tántáojiè	——	山峰	大洲镇政府驻地西北部	大洲镇
谭峒顶	Tándòng Dǐng	——	山峰	金装镇东西部	金装镇
潭狗坳	Tángǒu Ào	——	山峰	长安镇政府驻地北部	长安镇
潭西顶	Tánxī Dǐng	——	山峰	都平镇西部	都平镇
唐冲顶	Tángchōng Dǐng	——	山峰	大玉口镇政府驻地西北部	大玉口镇
塘顶	Tángdǐng	——	山峰	莲都镇西北部	莲都镇
塘肚山	Tángdù Shān	——	山峰	江口镇中部	江口镇
塘兰顶	Tánglán Dǐng	——	山峰	大玉口镇政府驻地东北部	大玉口镇
塘梨山	Tánglí Shān	——	山峰	大玉口镇政府驻地北部	大玉口镇
塘清顶	Tángqīng Dǐng	——	山峰	江口镇政府驻地西北部	江口镇
塘埇	Tángyǒng	——	山峰	金装镇东北部	金装镇
桃子顶	Táozǐ Dǐng	——	山峰	白垢镇政府驻地北部	白垢镇、大洲镇
桃子埇顶	Táozǐyǒng Dǐng	——	山峰	江川镇政府驻地西南部	江川镇
腾四顶	Téngsì Dǐng	——	山峰	南丰镇西北部	南丰镇
藤帽界	Téngmàojiè	——	山峰	金装镇东北部	金装镇
天斗	Tiāndǒu	——	山峰	南丰镇东南部	南丰镇
天旱头	Tiānhàntóu	——	山峰	都平镇西南部	都平镇
天台顶	Tiāntái Dǐng	——	山峰	南丰镇东南部	南丰镇
天窝山	Tiānwō Shān	——	山峰	白垢镇政府驻地东南部	白垢镇
田坎顶	Tiánkǎn Dǐng	——	山峰	大玉口镇政府驻地西北部	大玉口镇

（续上表）

标准名称	汉语拼音	别名	地名类别	相对位置	所在（跨）行政区
通天烛	Tōngtiānzhú	——	山峰	莲都镇东北部	莲都镇
桐油顶	Tóngyóu Dǐng	——	山峰	大玉口镇政府驻地西北部	大玉口镇
桐油坪	Tóngyóu Píng	——	山峰	河儿口镇南部	河儿口镇
铜锣顶	Tóngluó Dǐng	——	山峰	莲都镇东北部	莲都镇
土地坑顶	Tǔdìkēng Dǐng	——	山峰	江川镇政府驻地西部	江川镇
瓦窑埇	Wǎyáoyǒng	——	山峰	河儿口镇东部	河儿口镇
湾到界	Wāndàojiè	——	山峰	大玉口镇政府驻地南部	大玉口镇
万花顶	Wànhuā Dǐng	——	山峰	大玉口镇政府驻地西北部	大玉口镇
王坭岭	Wángní Lǐng	——	山峰	大洲镇政府驻地东北部	大洲镇
王屋顶	Wángwū Dǐng	——	山峰	渔涝镇北部	渔涝镇
王衣	Wángyī	——	山峰	白垢镇政府驻地东北部	白垢镇
望塘	Wàngtáng	——	山峰	渔涝镇西部	渔涝镇
围杆顶	Wéigǎn Dǐng	——	山峰	莲都镇北部	莲都镇
未分坳	Wèifēn Ào	——	山峰	莲都镇北部	莲都镇
文笔顶	Wénbǐ Dǐng	——	山峰	白垢镇政府驻地西南部	白垢镇
文明顶	Wénmíng Dǐng	——	山峰	南丰镇西南部	南丰镇
翁顶头	Wēngdǐngtóu	——	山峰	江口镇政府驻地东南部	江口镇
乌纱	Wūshā	——	山峰	河儿口镇东部	河儿口镇
乌石寨	Wūshízhài	——	山峰	莲都镇北部	莲都镇
屋背岭	Wūbèi Lǐng	——	山峰	白垢镇政府驻地东北部	白垢镇
屋背山	Wūbèi Shān	——	山峰	河儿口镇东部	河儿口镇
屋头塘顶	Wūtóutáng Dǐng	——	山峰	江川镇政府驻地南部	江川镇
屋头埇	Wūtóuyǒng	——	山峰	莲都镇西北部	莲都镇

(续上表)

标准名称	汉语拼音	别名	地名类别	相对位置	所在（跨）行政区
屋头埇顶	Wūtóuyǒng Dǐng	—	山峰	白垢镇政府驻地东南部	白垢镇
五辇顶	Wǔniǎn Dǐng	—	山峰	大玉口镇政府驻地西部	大玉口镇
五旗	Wǔqí	—	山峰	莲都镇东部	莲都镇
五指顶	Wǔzhǐ Dǐng	—	山峰	渔涝镇西部	渔涝镇
西牛顶	Xīniú Dǐng	—	山峰	江川镇政府驻地西部	江川镇
西牛山	Xīniú Shān	—	山峰	长安镇政府驻地西北部	长安镇
西旺顶	Xīwàng Dǐng	—	山峰	河儿口镇北部	河儿口镇
西旺山寨	Xīwàng Shānzhài	—	山峰	河儿口镇北部	河儿口镇
虾辣钳顶	Xiālàqián Dǐng	—	山峰	南丰镇南部	南丰镇
下简头	Xiàjiǎntóu	—	山峰	江川镇政府驻地南部	江川镇
下山蛇	Xiàshānshé	—	山峰	都平镇南部	都平镇
下四七顶	Xiàsìqī Dǐng	—	山峰	都平镇西南部	都平镇
显标顶	Xiǎnbiāo Dǐng	—	山峰	南丰镇西南部	南丰镇
小垌顶	Xiǎodòng Dǐng	—	山峰	河儿口镇东部	河儿口镇
新妇石屋	Xīnfùshíwū	—	山峰	罗董镇政府驻地西南部	罗董镇
新举顶	Xīnjǔ Dǐng	—	山峰	白垢镇政府驻地东南部	白垢镇
哑明山	Yǎmíng Shān	—	山峰	渔涝镇北部	渔涝镇
亚婆埇顶	Yàpóyǒng Dǐng	—	山峰	江口镇政府驻地东南部	江口镇
淹水塘	Yānshuǐtáng	—	山峰	江口镇政府驻地东南部	江口镇
岩口顶	Yánkǒu Dǐng	—	山峰	都平镇西南部	都平镇
羊古顶	Yánggǔ Dǐng	—	山峰	罗董镇政府驻地西南部	罗董镇
羊麻岭	Yángmá Lǐng	—	山峰	河儿口镇南部	河儿口镇
羊窝顶	Yángwō Dǐng	—	山峰	河儿口镇东南部	河儿口镇

（续上表）

标准名称	汉语拼音	别名	地名类别	相对位置	所在（跨）行政区
杨梅坑顶	Yángméikēng Dǐng	——	山峰	莲都镇东北部	莲都镇
野窝背	Yěwōbèi	——	山峰	河儿口镇东南部	河儿口镇
宜台	Yítái	——	山峰	大玉口镇政府驻地西北部	大玉口镇
蚁斗山	Yǐdòu Shān	——	山峰	长安镇政府驻地东北部	长安镇
蚁窝顶	Yǐwō Dǐng	——	山峰	长安镇政府驻地东北部	长安镇
永星盘顶	Yǒngxīngpán Dǐng	——	山峰	南丰镇东南部	南丰镇
埇儿顶	Yǒng'ér Dǐng	——	山峰	江口镇政府驻地东北部	江口镇
埇儿尾	Yǒng'érwěi	——	山峰	白垢镇政府驻地东北部	白垢镇
埇二顶	Yǒng'èr Dǐng	——	山峰	莲都镇西北部	莲都镇
埇田	Yǒngtián	——	山峰	金装镇东北部	金装镇
埇锡口	Yǒngxīkǒu	——	山峰	长安镇政府驻地西北部	长安镇
埇崖顶	Yǒngyá Dǐng	——	山峰	江川镇政府驻地西南部	江川镇
埇仔顶	Yǒngzǎi Dǐng	——	山峰	南丰镇东南部	南丰镇
涌坎	Yǒngkǎn	——	山峰	河儿口镇北部	河儿口镇
芋龙界	Yùlóngjiè	——	山峰	白垢镇政府驻地西南部	白垢镇
元岭迳	Yuánlǐngjìng	——	山峰	渔涝镇南部	渔涝镇
圆珠顶	Yuánzhū Dǐng	——	山峰	南丰镇西北部	南丰镇
月亮山	Yuèliàng Shān	——	山峰	都平镇西南部	都平镇
赞广山	Zànguǎng Shān	——	山峰	都平镇南部	都平镇
早顶	Zǎodǐng	——	山峰	莲都镇东部	莲都镇
寨马头	Zhàimǎtóu	——	山峰	河儿口镇北部	河儿口镇
寨塘顶	Zhàitáng Dǐng	——	山峰	都平镇西北部	都平镇
长冲顶	Chángchōng Dǐng	——	山峰	大玉口镇政府驻地西北部	大玉口镇
长岗顶	Chánggǎng Dǐng	——	山峰	河儿口镇南部	河儿口镇

（续上表）

标准名称	汉语拼音	别名	地名类别	相对位置	所在（跨）行政区
长埇顶	Cháng yǒng Dǐng	——	山峰	莲都镇东部	莲都镇
镇竹倒	Zhènzhúdǎo	——	山峰	大洲镇政府驻地西北部	大洲镇
正冲顶	Zhèngchōng Dǐng	——	山峰	都平镇西北部	都平镇
正埇头	Zhèngyǒngtóu	——	山峰	罗董镇政府驻地西南部	罗董镇
之字岭	Zhīzì Lǐng	——	山峰	河儿口镇东部	河儿口镇
直岗	Zhígǎng	——	山峰	莲都镇西部	莲都镇
直骨顶	Zhígǔ Dǐng	——	山峰	都平镇西南部	都平镇
志德顶	Zhìdé Dǐng	——	山峰	莲都镇东部	莲都镇
中良山寨	Zhōngliáng Shānzhài	——	山峰	长安镇政府驻地东北部	长安镇
中山	Zhōngshān	——	山峰	白垢镇政府驻地西北部	白垢镇
周屋顶	Zhōuwū Dǐng	——	山峰	金装镇东部	金装镇
珠含山	Zhūhán Shān	——	山峰	江川镇政府驻地西部	江川镇
猪儿头	Zhū'értóu	——	山峰	白垢镇政府驻地东南部	白垢镇
猪婆坑顶	Zhūpókēng Dǐng	——	山峰	河儿口镇东部	河儿口镇
竹冲顶	Zhúchōng Dǐng	——	山峰	都平镇西北部	都平镇
竹马尾	Zhúmǎwěi	——	山峰	都平镇西南部	都平镇
孖捞秋	Mālāoqiū	——	山峰	河儿口镇东部	河儿口镇
孖竹顶	Māzhú Dǐng	——	山峰	河儿口镇东部	河儿口镇
自龙车头	Zìlóngchētóu	——	山峰	罗董镇政府驻地西南部	罗董镇
鸡儿冲崩	Jī'érchōngbēng	——	山峰	杏花镇西部	杏花镇
社背头	Shèbèitóu	——	山峰	杏花镇南部	杏花镇
长冲岭	Chángchōng Lǐng	——	山峰	杏花镇北部	杏花镇
石寨顶	Shízhài Dǐng	——	山峰	杏花镇东部	杏花镇
牛塘顶	Niútáng Dǐng	——	山峰	杏花镇北部	杏花镇
鸡同头	Jītóngtóu	——	山峰	杏花镇北部	杏花镇

（续上表）

标准名称	汉语拼音	别名	地名类别	相对位置	所在（跨）行政区
黑河湾	Hēihéwān	—	山峰	杏花镇西部	杏花镇
罗克迳	Luókèjìng	—	山峰	杏花镇西部	杏花镇
破石	Pòshí	—	山峰	杏花镇东部	杏花镇
石人头顶	Shíréntóu Dǐng	—	山峰	杏花镇东北部	杏花镇
大佃背山	Dàdiànbèi Shān	—	山峰	杏花镇南部	杏花镇
竹冲头	Zhúchōngtóu	—	山峰	杏花镇西部	杏花镇
羊尾头	Yángwěitóu	—	山峰	杏花镇西北部	杏花镇
双笋顶	Shuāngsǔn Dǐng	—	山峰	杏花镇东部	杏花镇
大竹顶	Dàzhú Dǐng	—	山峰	杏花镇西部	杏花镇
龙头顶	Lóngtóu Dǐng	—	山峰	杏花镇西北部	杏花镇
大岗老	Dàgǎnglǎo	—	山峰	杏花镇西部	杏花镇
猛虎头	Měnghǔtóu	—	山峰	杏花镇西北部	杏花镇
深冲顶	Shēnchōng Dǐng	森埇顶	山峰	杏花镇东部	杏花镇
三叉顶	Sānchā Dǐng	—	山峰	杏花镇东南部	杏花镇
桅杆顶	Wéigǎn Dǐng	—	山峰	杏花镇东南部	杏花镇
狮子山	Shīzǐ Shān	—	山峰	杏花镇东南部	杏花镇
耙止山	Pázhǐ Shān	—	山峰	杏花镇南部	杏花镇
大耳公	Dà'ěrgōng	—	山峰	杏花镇南部	杏花镇
第一额	Dìyī'é	—	山峰	杏花镇东部	杏花镇
石山头	Shíshāntóu	—	山峰	杏花镇东南部	杏花镇
火星界	Huǒxīngjiè	—	山峰	杏花镇南部	杏花镇
古利山	Gǔlì Shān	—	山峰	杏花镇南部	杏花镇
第二额	Dì'èr'é	—	山峰	杏花镇东南部	杏花镇
贰岭头	Èrlǐngtóu	—	山峰	杏花镇南部	杏花镇
分界岭	Fēnjièlǐng	—	山峰	杏花镇东南部	杏花镇
茶坪凹	Chápíng Āo	—	山峰	杏花镇东部	杏花镇
亚婆髻	Yàpójì	—	山峰	杏花镇东北部	杏花镇
大云山	Dàyún Shān	—	山峰	杏花镇东北部	杏花镇
登峰坳顶	Dēngfēng'ào Dǐng	—	山峰	杏花镇东部	杏花镇
凤凰头	Fènghuángtóu	—	山峰	长岗镇西北部	长岗镇

（续上表）

标准名称	汉语拼音	别名	地名类别	相对位置	所在（跨）行政区
狮子山顶	Shīzǐ Shāndǐng	——	山峰	长岗镇东南部	长岗镇
大槐	Dàhuái	——	山峰	长岗镇东南部	长岗镇
崩山头	Bēngshāntóu	——	山峰	长岗镇东北部	长岗镇
新岭顶	Xīnlǐng Dǐng	——	山峰	长岗镇东北部	长岗镇
大虾山	Dàxiā Shān	——	山峰	长岗镇西北部	长岗镇
尖山顶	Jiānshān Dǐng	——	山峰	长岗镇西北部	长岗镇
石燕埇	Shíyànyǒng	——	山峰	长岗镇西北部	长岗镇
马鹿山	Mǎlù Shān	——	山峰	长岗镇西北部	长岗镇
百牛界	Bǎiniújiè	——	山峰	长岗镇西北部	长岗镇
尖岗	Jiāngǎng	——	山峰	长岗镇东部	长岗镇
凤凰山	Fènghuáng Shān	——	山峰	长岗镇西南部	长岗镇
白沙斗	Báishādǒu	——	山峰	长岗镇北部	长岗镇
河山	Héshān	——	山峰	长岗镇东南部	长岗镇
腐竹头	Fǔzhútóu	——	山峰	长岗镇北部	长岗镇
水影埇	Shuǐyǐngyǒng	——	山峰	长岗镇东北部	长岗镇
豆芽后界	Dòuyáhòujiè	——	山峰	长岗镇东北部	长岗镇
松二林	Sōng'èrlín	——	山峰	长岗镇东北部	长岗镇
拜六表	Bàiliùbiǎo	——	山峰	长岗镇东北部	长岗镇
大白山	Dàbái Shān	——	山峰	长岗镇东北部	长岗镇
埇斗表	Yǒngdòubiǎo	——	山峰	长岗镇东北部	长岗镇
大排	Dàpái	——	山峰	长岗镇东北部	长岗镇
山猪爆	Shānzhūbào	——	山峰	长岗镇东北部	长岗镇
封门辽	Fēngménliáo	——	山峰	长岗镇东北部	长岗镇
华山	Huáshān	——	山峰	长岗镇东部	长岗镇
炎宝湖	Yánbǎohú	——	山峰	长岗镇东南部	长岗镇
高申埇斗	Gāoshēnyǒngdǒu	——	山峰	长岗镇东南部	长岗镇
马山	Mǎshān	——	山峰	长岗镇东南部	长岗镇
铜佛头	Tóngfótóu	——	山峰	长岗镇东北部	长岗镇
高头	Gāotóu	——	山峰	长岗镇东北部	长岗镇
犁迫山	Lípò Shān	——	山峰	长岗镇东北部	长岗镇

（续上表）

标准名称	汉语拼音	别名	地名类别	相对位置	所在（跨）行政区
金鸡岭	Jīnjī Lǐng	——	山峰	旧七星镇西部	河儿口镇
交梯顶	Jiāotī Dǐng	——	山峰	旧七星镇西部	河儿口镇
鹤虱顶	Hèshī Dǐng	——	山峰	旧七星镇西部	河儿口镇
谷窝	Gǔwō	——	山峰	旧七星镇西南部	河儿口镇
龙埇顶	Lóngyǒng Dǐng	——	山峰	旧七星镇西部	河儿口镇
高爽顶	Gāoshuǎng Dǐng	——	山峰	江口镇政府驻地西北部	江口镇
浪伞顶	Làngsǎn Dǐng	——	山峰	长安镇政府驻地西北部	长安镇
尖峰顶	Jiānfēng Dǐng	——	山峰	平凤镇政府驻地西部	平凤镇
东叶坳顶	Dōngyè'ào Dǐng	——	山峰	南丰镇西北部	南丰镇
塘背顶	Tángbèi Dǐng	——	山峰	都平镇政府驻地西北部	都平镇
南蛇垄	Nánshélǒng	——	山峰	大玉口镇政府驻地西北部	大玉口镇
茶仔岭	Cházǎi Lǐng	——	山峰	江川镇西北部	江川镇
大坳山	Dà'ào Shān	——	山峰	长安镇政府驻地北部	长安镇
飞鹰山	Fēiyīng Shān	——	山峰	长安镇政府驻地东北部	长安镇
双埇界	Shuāngyǒngjiè	——	山峰	长岗镇政府驻地东南部	长岗镇
青山	Qīngshān	——	山峰	杏花镇政府驻地东南部	杏花镇
白石斗	Báishídǒu	——	山峰	长岗镇政府驻地东部	长岗镇
白石界	Báishíjiè	——	山峰	长岗镇政府驻地东北部	长岗镇
十二级	Shí'èrjí	——	山峰	杏花镇政府驻地东南部	杏花镇
面头岭	Miàntóu Lǐng	——	山峰	杏花镇政府驻地东南部	杏花镇

（续上表）

标准名称	汉语拼音	别名	地名类别	相对位置	所在（跨）行政区
大槐山	Dàhuái Shān	—	山峰	杏花镇政府驻地东南部	杏花镇
石狗头	Shígǒutóu	—	山峰	杏花镇政府驻地东南部	杏花镇
巢顶	Cháodǐng	—	山峰	河儿口镇政府驻地南部	河儿口镇
鸡下巴	Jīxiàbā	—	山峰	河儿口镇政府驻地南部	河儿口镇
大河坳	Dàhé Ào	—	山峰	河儿口镇政府驻地南部	河儿口镇
凤肚坳	Fēngdù Ào	—	山峰	河儿口镇政府驻地东南部	河儿口镇
石交椅坳	Shíjiāoyǐ Ào	—	山峰	河儿口镇政府驻地东南部	河儿口镇
大岭顶	Dàlǐng Dǐng	—	山峰	河儿口镇政府驻地东南部	河儿口镇
芙蓉坪坳	Fúróngpíng Ào	—	山峰	河儿口镇政府驻地东南部	河儿口镇
大王竹	Dàwángzhú	—	山峰	长安镇政府驻地东北部	长安镇
黄竹顶	Huángzhú Dǐng	—	山峰	长安镇政府驻地东北部	长安镇
双计	Shuāngjì	—	山峰	长安镇政府驻地东北部	长安镇
崎岭界	Qílǐngjiè	—	山峰	长安镇政府驻地东北部	长安镇
党山肚	Dǎngshāndù	—	山峰	长安镇政府驻地东北部	长安镇
多罗山	Duōluó Shān	—	山峰	长安镇政府驻地东部	长安镇
过界顶	Guòjiè Dǐng	—	山峰	金装镇政府驻地东北部	金装镇
均冲顶	Jūnchōng Dǐng	—	山峰	长安镇政府驻地东南部	南丰镇
七星岩顶	Qīxīngyán Dǐng	—	山峰	河儿口镇政府驻地东部	河儿口镇

（续上表）

标准名称	汉语拼音	别名	地名类别	相对位置	所在（跨）行政区
大坳	Dà'ào	——	山峰	河儿口镇政府驻地东部	河儿口镇
七星岩	Qīxīngyán	——	山峰	南丰镇政府驻地东部	南丰镇
水浪顶	Shuǐlàng Dǐng	——	山峰	河儿口镇政府驻地东部	河儿口镇
大界顶	Dàjiè Dǐng	——	山峰	河儿口镇政府驻地东南部	河儿口镇
勒文顶	Lèwén Dǐng	——	山峰	河儿口镇政府驻地东南部	河儿口镇
分界顶	Fēnjiè Dǐng	——	山峰	河儿口镇政府驻地东南部	河儿口镇
滴水岩	Dīshuǐyán	——	山峰	河儿口镇政府驻地东南部	河儿口镇
岩头岭	Yántóu Lǐng	——	山峰	南丰镇政府驻地东部	南丰镇
盆古电窝	Péngǔdiàn Wō	——	山峰	莲都镇政府驻地东部	莲都镇
十庙坟	Shímiàofén	——	山峰	莲都镇政府驻地东南部	莲都镇
梅坑顶	Méikēng Dǐng	——	山峰	莲都镇政府驻地东部	莲都镇
通天腊烛	Tōngtiānlàzhú	——	山峰	平凤镇政府驻地西南部	平凤镇
石砚山	Shíyàn Shān	——	山峰	大洲镇政府驻地东北部	大洲镇
辣菜坳	Làcài Ào	——	山峰	大玉口镇政府驻地西北部	大玉口镇
大平山	Dàpíng Shān	——	山峰	江川镇政府驻地西部	江川镇
水冲顶	Shuǐchōng Dǐng	——	山峰	平凤镇政府驻地东部	平凤镇
大冲顶	Dàchōng Dǐng	——	山峰	平凤镇政府驻地东部	平凤镇
暗罗顶	Ànluó Dǐng	——	山	江口镇东北部	江口镇
霸王山	Bàwáng Shān	——	山	南丰镇东北部	南丰镇

（续上表）

标准名称	汉语拼音	别名	地名类别	相对位置	所在（跨）行政区
白坟头岭	Báiféntóu Lǐng	——	山	罗董镇西南部	罗董镇
崩山遗址	Bēngshānyízhǐ	——	山	金装镇西南部	金装镇
崩塘顶	Bēngtáng Dǐng	——	山	都平镇南部	都平镇
插花公	Chāhuāgōng	——	山	江川镇南部	江川镇
朝田	Cháotián	——	山	江川镇北部	江川镇
成维山	Chéngwéi Shān	——	山	长安镇东南部	长安镇
冲旺	Chōngwàng	——	山	罗董镇东北部	罗董镇
大笔山	Dàbǐ Shān	——	山	金装镇北部	金装镇
大茶山	Dàchá Shān	——	山	南丰镇西部	南丰镇
大车	Dàchē	——	山	渔涝镇西北部	渔涝镇
大风岭界顶	Dàfēnglǐngjiè Dǐng	人鬼岭头	山	南丰镇西部	南丰镇
大岗顶	Dàgǎng Dǐng	——	山	南丰镇东部	南丰镇
大龟山	Dàguī Shān	——	山	金装镇西部	金装镇
大梨肚	Dàlídù	——	山	南丰镇北部	南丰镇
大木头	Dàmùtóu	——	山	金装镇东部	金装镇
大塘鼻	Dàtángbí	——	山	南丰镇西部	南丰镇
大屋头	Dàwūtóu	——	山	大洲镇东北部	大洲镇
大雾顶	Dàwù Dǐng	——	山	南丰镇西北部	南丰镇
道葛	Dàogě	——	山	金装镇西北部	金装镇
德洪顶	Déhóng Dǐng	——	山	南丰镇西南部	南丰镇
登高岭	Dēnggāo Lǐng	——	山	金装镇北部	金装镇
吊狗	Diàogǒu	——	山	南丰镇北部	南丰镇
独江顶	Dújiāng Dǐng	——	山	江口镇北部	江口镇
二塘山	Èrtáng Shān	——	山	江川镇西部	江川镇
凡塘	Fántáng	——	山	南丰镇南部	南丰镇
飞鹅头	Fēi'étóu	——	山	江川镇北部	江川镇
飞蛾顶	Fēi'é Dǐng	——	山	南丰镇南部	南丰镇
飞鸦山	Fēiyā Shān	——	山	江口镇东南部	江口镇
分水界	Fēnshuǐjiè	——	山	莲都镇北部	莲都镇

（续上表）

标准名称	汉语拼音	别名	地名类别	相对位置	所在（跨）行政区
佛地庙	Fódìmiào	——	山	渔涝镇西北部	渔涝镇
佛婆儿	Fópó'ér	——	山	江口镇西北部	江口镇
佛子岭	Fózǐ Lǐng	——	山	罗董镇西部	罗董镇
伏虎山	Fúhǔ Shān	——	山	金装镇南部	金装镇
高界顶	Gāojiè Dǐng	——	山	南丰镇西部	南丰镇
高岭界	Gāolǐngjiè	——	山	南丰镇西北部	南丰镇
高照顶	Gāozhào Dǐng	——	山	南丰镇西南部	南丰镇
鸽地头	Gēdìtóu	——	山	江川镇北部	江川镇
狗儿山	Gǒu'ér Shān	——	山	罗董镇西北部	罗董镇
古俸山	Gǔfèng Shān	——	山	江川镇西部	江川镇
古野咀	Gǔyězuǐ	——	山	江川镇南部	江川镇
古宅	Gǔzhái	——	山	莲都镇西部	莲都镇
龟蛇塘	Guīshétáng	——	山	南丰镇西部	南丰镇
桂山	Guìshān	——	山	都平镇西南部	都平镇
国母头	Guómǔtóu	——	山	江川镇北部	江川镇
河浪坪	Hélàng Píng	——	山	江川镇西部	江川镇
横梁基	Héngliángjī	——	山	罗董镇东部	罗董镇
虎鼻顶	Hǔbí Dǐng	——	山	江口镇西北部	江口镇
花岭	Huālǐng	——	山	南丰镇东北部	南丰镇
滑步	Huábù	——	山	金装镇北部	金装镇
会龙圩	Huìlóngxū	——	山	罗董镇东北部	罗董镇
鸡埇头	Jīyǒngtóu	——	山	江口镇东南部	江口镇
架涧顶	Jiàjiàn Dǐng	——	山	大洲镇东南部	大洲镇
金宝山	Jīnbǎo Shān	——	山	南丰镇南部	南丰镇
金鸡山	Jīnjī Shān	——	山	长安镇东北部	长安镇
金星山	Jīnxīng Shān	——	山	江川镇西部	江川镇
井埇顶	Jǐngyǒng Dǐng	顶埇岭头	山	江川镇北部	江川镇
九盘顶	Jiǔpán Dǐng	——	山	南丰镇西部	南丰镇
桔子顶	Júzǐ Dǐng	——	山	江川镇西北部	江川镇

(续上表)

标准名称	汉语拼音	别名	地名类别	相对位置	所在（跨）行政区
老花	Lǎohuā	——	山	金装镇北部	金装镇
雷埇顶	Léiyǒng Dǐng	——	山	罗董镇东南部	罗董镇
雷埇咀	Léiyǒngzuǐ	——	山	江川镇西部	江川镇
冷水埇岭头	Lěngshuǐyǒng Lǐngtóu	——	山	江川镇南部	江川镇
冷水埇头	Lěngshuǐyǒngtóu	——	山	江川镇南部	江川镇
犁塘	Lítáng	——	山	罗东镇北部	罗董镇
利万墩	Lìwàndūn	——	山	金装镇东部	金装镇
两口塘	Liǎngkǒutáng	——	山	罗董镇东南部	罗董镇
岭扼	Lǐng'è	——	山	南丰镇东北部	南丰镇
岭平顶	Lǐngpíng Dǐng	——	山	大洲镇东部	大洲镇
龙塘山庄	Lóngtáng Shānzhuāng	——	山	罗董镇东北部	罗董镇
罗瓜	Luóguā	——	山	罗董镇东北部	罗董镇
罗这口	Luózhèkǒu	——	山	罗董镇南部	罗董镇
箩丫	Luóyā	——	山	莲都镇西南部	莲都镇
马尖山	Mǎjiān Shān	——	山	南丰镇西部	南丰镇
马口浪	Mǎkǒulàng	——	山	江川镇西部	江川镇
马宁大山	Mǎníng Dàshān	——	山	南丰镇南部	南丰镇
马排	Mǎpái	——	山	莲都镇西部	莲都镇
毛古头	Máogǔtóu	——	山	江口镇东南部	江口镇
茅光顶	Máoguāng Dǐng	——	山	江口镇东南部	江口镇
茅埇顶	Máoyǒng Dǐng	——	山	江川镇北部	江川镇
蒙塘	Méngtáng	——	山	罗董镇西南部	罗董镇
庙门顶	Miàomén Dǐng	——	山	江口镇东北部	江口镇
莫冲顶	Mòchōng Dǐng	——	山	南丰镇西南部	南丰镇
木山脚	Mùshānjiǎo	——	山	江川镇北部	江川镇
牧人山	Mùrén Shān	——	山	南丰镇东北部	南丰镇
南蛇高顶	Nánshégāo Dǐng	——	山	都平镇东部	都平镇
柠檬顶	Níngméng Dǐng	——	山	莲都镇西部	莲都镇
牛儿山	Niú'ér Shān	——	山	江口镇西北部	江口镇

（续上表）

标准名称	汉语拼音	别名	地名类别	相对位置	所在（跨）行政区
牛角	Niújiǎo	——	山	南丰镇西部	南丰镇
牛郎坦	Niúlángtǎn	——	山	罗董镇北部	罗董镇
藕塘顶	Ǒutáng Dǐng	——	山	莲都镇西部	莲都镇
旗岭山	Qílǐng Shān	——	山	南丰镇西北部	南丰镇
犬汶尾	Quǎnwènwěi	——	山	南丰镇东北部	南丰镇
入山龟	Rùshānguī	——	山	罗董镇西部	罗董镇
三快洲	Sānkuàizhōu	——	山	渔涝镇北部	渔涝镇
沙板	Shābǎn	沙板埇	山	江川镇西部	江川镇
沙雾头	Shāwùtóu	——	山	渔涝镇北部	渔涝镇
沙涌头	Shāyǒngtóu	——	山	江口镇东南部	江口镇
晒谷坪	Shàigǔpíng	——	山	江川镇西部	江川镇
山口坪	Shānkǒupíng	——	山	江川镇西部	江川镇
山色	Shānsè	——	山	南丰镇北部	南丰镇
山枣界	Shānzǎojiè	——	山	南丰镇西部	南丰镇
上班	Shàngbān	——	山	莲都镇西南部	莲都镇
上蛤	Shànghá	——	山	金装镇西北部	金装镇
绍龙	Shàolóng	——	山	南丰镇北部	南丰镇
蛇埇顶	Shéyǒng Dǐng	——	山	莲都镇西部	莲都镇
狮子尾	Shīzǐwěi	——	山	江川镇北部	江川镇
石壁山	Shíbì Shān	——	山	江川镇西部	江川镇
石罗顶	Shíluó Dǐng	——	山	江口镇北部	江口镇
石排顶	Shípái Dǐng	——	山	金装镇西北部	金装镇
石梯顶	Shítī Dǐng	——	山	南丰镇南部	南丰镇
双货	Shuānghuò	——	山	罗董镇东北部	罗董镇
双味崩	Shuāngwèibēng	——	山	罗董镇北部	罗董镇
水鼻脚	Shuǐbíjiǎo	——	山	金装镇南部	南丰镇
水石山	Shuǐshí Shān	——	山	金装镇南部	金装镇
水筒埇	Shuǐtǒngyǒng	——	山	江口镇西北部	江口镇
水埇顶	Shuǐyǒng Dǐng	——	山	南丰镇南部	南丰镇

(续上表)

标准名称	汉语拼音	别名	地名类别	相对位置	所在（跨）行政区
四过头	Sìguòtóu	——	山	罗董镇东南部	罗董镇
四雾头	Sìwùtóu	——	山	江口镇东南部	江口镇
四燕塘	Sìyàntáng	——	山	罗董镇东南部	罗董镇
天顶岭	Tiāndǐng Lǐng	立柴脑	山	江口镇西北部	江川镇
五指山	Wǔzhǐ Shān	——	山	江口镇西北部	江口镇
峡李根	Xiálǐgēn	——	山	罗董镇镇北部	罗董镇
下蛤	Xiàhá	——	山	金装镇西北部	金装镇
小耍	Xiǎoshuǎ	——	山	江口镇南部	江口镇
雁江	Yànjiāng	——	山	渔涝镇西北部	渔涝镇
燕岭	Yànlǐng	——	山	长安镇东北部	长安镇
燕子山	Yànzǐ Shān	——	山	江川镇西部	江川镇
羊牯苏	Yánggǔsū	——	山	渔涝镇北部	渔涝镇
腰冲顶	Yāochōng Dǐng	——	山	金装镇西北部	金装镇
夜鬼头	Yèguǐtóu	——	山	江川镇西部	江川镇
埇侵山	Yǒngqīn Shān	——	山	金装镇北部	金装镇
埇尾顶	Yǒngwěi Dǐng	——	山	南丰镇南部	南丰镇
寨龙	Zhàilóng	——	山	都平镇西部	都平镇
枕板头	Zhěnbǎntóu	——	山	罗董镇东南部	罗董镇
竹磨	Zhúmó	——	山	南丰镇西南部	南丰镇
竹山	Zhúshān	——	山	南丰镇南部	南丰镇
竹洲	Zhúzhōu	——	山	江口镇东北部	江口镇
糯米寨	Nuòmǐzhài	——	山	平凤镇西南部	平凤镇
园珠岗	Yuánzhū Gǎng	——	山	平凤镇西南部	平凤镇
虾山	Xiāshān	——	山	平凤镇北部	平凤镇
高车岭头	Gāochēlǐngtóu	——	山	平凤镇东南部	平凤镇
大葛山	Dàgě Shān	——	山	平凤镇西部	平凤镇
格岭头	Gélǐngtóu	——	山	平凤镇西部	平凤镇
鲤鱼山	Lǐyú Shān	——	山	平凤镇西南部	平凤镇
古老山	Gǔlǎo Shān	——	山	平凤镇西部	平凤镇
畲表岭	Shēbiǎo Lǐng	——	山	平凤镇西北部	平凤镇

（续上表）

标准名称	汉语拼音	别名	地名类别	相对位置	所在（跨）行政区
大玉岭	Dàyù Lǐng	——	山	平凤镇西南部	平凤镇
黄毛头	Huángmáotóu	——	山	平凤镇西北部	平凤镇
神背岭	Shénbèi Lǐng	——	山	平凤镇西北部	平凤镇
北金寨	Běijīnzhài	比金寨	山	平凤镇西北部	平凤镇
狗仔恋窝	Gǒuzǎiliàn Wō	——	山	平凤镇北部	平凤镇
深木岭头	Shēnmùlǐngtóu	——	山	平凤镇东北部	平凤镇
猪𤜵腩顶	Zhūnǎn Dǐng	麻州山	山	平凤镇东北部	平凤镇
佛地磨	Fódìmó	——	山	平凤镇正北部	平凤镇
三叉	Sānchā	——	山	平凤镇东北部	平凤镇
埇万岭	Yǒngwàn Lǐng	——	山	平凤镇东北部	平凤镇
埇莫	Yǒngmò	——	山	平凤镇北部	平凤镇
北帝山	Běidì Shān	——	山	平凤镇西北部	平凤镇
塝塘山	Bàngtáng Shān	——	山	平凤镇东部	平凤镇
古密崩	Gǔmìbēng	——	山	平凤镇西南部	平凤镇
抚蓝足	Fǔlánzú	——	山	长岗镇东南部	长岗镇
必婆苀	Bìpókōu	——	山	长岗镇东南部	长岗镇
关子	Guānzǐ	——	山	长岗镇西北部	长岗镇
塘义尾	Tángyìwěi	——	山	长岗镇西北部	长岗镇
古柚山	Gǔyòu Shān	——	山	长岗镇西北部	长岗镇
火烧山	Huǒshāo Shān	——	山	长岗镇东南部	长岗镇
四龙迳	Sìlóngjìng	——	山	长岗镇西北部	长岗镇
长岗后山	Chánggǎng Hòushān	——	山	长岗镇东面部	长岗镇
猫儿岭	Māo'ér Lǐng	——	山	长岗镇东南部	长岗镇
牛郎山	Niúláng Shān	——	山	长岗镇东南部	长岗镇
高埌坪	Gāolàng Píng	——	山	长岗镇东北部	长岗镇
塘义	Tángyì	——	山	长岗镇西北部	长岗镇
腿岗山	Tuǐgǎng Shān	——	山	长岗镇东南部	长岗镇

二、历史地名

标准名称	汉语拼音	地名类型	废止时间	相对位置
七星镇	Qīxīng Zhèn	乡级行政区	2002 年	肇庆市封开县
封川镇	Fēngchuān Zhèn	乡级行政区	1988 年	肇庆市封开县
渡头镇	Dùtóu Zhèn	乡级行政区	2002 年	肇庆市封开县

三、地名文化遗产保护

标准名称	汉语拼音	地名类别	建议保护等级	相对位置
泰新桥	Tàixīn Qiáo	名桥	省级	封开县平凤镇
酒井桥	Jiǔjǐng Qiáo	名桥	县级	封开县南丰镇
封川县古城墙	Fēngchuān Xiàn Gǔchéngqiáng	著名建筑物	省级	封开县江口镇
大梁宫大殿	Dàliánggōng Dàdiàn	著名建筑物	省级	封开县河儿口镇
黄岩洞洞穴遗址	Huángyándòng Dòngxué Yízhǐ	其他	省级	封开县河儿口镇
罗沙岩遗址	Luóshāyán Yízhǐ	其他	省级	封开县渔捞镇庙边村后山
垌中岩遗址	Dòngzhōngyán Yízhǐ	其他	省级	封开县渔涝镇河儿口村北面
塘角嘴遗址	Tángjiǎozuǐ Yízhǐ	其他	省级	封开县杏花镇
罗髻岩遗址	Luójìyán Yízhǐ	其他	县级	封开县莲都镇

肇庆市标准地名录　德庆县

悦城龙母祖庙

德庆学宫

金林水乡

概　况

德庆县位于广东省中西部，东接高要市，西邻封开县，南与云浮市的郁南县、云安区隔江相望，北和东北与怀集县、广宁县交界。地处北纬23°04′~23°30′、东经111°32′~112°17′之间。2014年辖德城街道和新圩、官圩、马圩、高良、莫村、永丰、武垄、播植、凤村、九市、悦城、回龙等12个镇，下辖18个社区和175个行政村；土地面积2003平方千米。2014年末户籍人口38.77万人，常住人口34.99万人。县人民政府驻德城街道德庆大道县府机关大院，邮政编码：526600。

德庆，汉元鼎六年（公元前111）设县，名端溪县，隶属苍梧郡。隋开皇九年（589）置端州，端溪县属端州。唐武德五年（622），析端州地置南康州，兼置总管府（后称康州），属岭南道。唐天宝元年（742），改康州为晋康郡（后复名康州）。宋绍兴元年（1131），赵构由康王称帝（宋高宗），因康州（今德庆）为其潜邸，升康州为德庆府，"德庆"意为"颂其以德致庆"，并置永庆军节度，划为望郡。元至元十六年（1279）改为德庆路，端溪县为德庆路治。明洪武元年（1368），改路为府，端溪县为府治。明洪武九年（1376），改德庆府为德庆州，属广东布政使司肇庆府。清雍正八年（1730）封川、开建二县改隶肇庆府，德庆州无领县，属广东布政使司岭西道肇庆府，后改广肇罗道肇庆府。1912年改德庆州为德庆县。1920年直属广东省。1922年属广东省西北区。1936年属广东省第三区。1949年属广东省第十二区。1949年属广东省西江专区。1952年属粤中区。1956年属高要专区。1958年德庆县与封川县合并称德封县，属江门专区。1961年恢复德庆县建制，属肇庆专区。1970年属肇庆地区。1988年后隶属肇庆市。

德庆县属丘陵低山及河流冲积地貌，东、西、北三面环山，南临西江，内地丘陵与河谷交错。山地主要为横亘于北部的金钗大山、大顶大山、车牛大山三列大山及其向南、南西走向的山脉形成。最高峰是巢顶，海拔1049米。丘陵分布于山地四周，或与山地连接。主要河流有西江、悦城河、马圩河、绿水河、大冲河等。境内公路有省道怀悦线、荔池线德庆段、莫河线，通车里程1064千米。

德庆县是中国贡柑之乡。贡柑注册"皇妃"牌商标，获"中华名果"称号并通过中国绿色食品A级产品认证，获"世界生产率（中国）科学成果奖"。有矿产铁、锰、铌、钽、锆、金、银、石英、水晶、高岭土、陶瓷土（砂）、白云母、重晶石、花岗石、石灰石等30多种。土特产有松脂、肉桂、巴戟天、何首乌、沙糖桔、贡柑、鸳鸯桂味荔枝、广佛手、茶叶、蜂蜜、紫淮山。特色美食有竹篙粉、大船糕、酢。主要旅游景区（点）有悦城龙母祖庙、德庆学宫、三元塔、盘龙峡生态旅游景区、金林水乡景区、玉龙寨旅游景区、三洲桃花源景区，其中德庆学宫和悦城龙母祖庙是全国重点文物保护单位。特色民俗有悦城龙母诞，被列入国家级非物质文化遗产名录扩展项目名录。省级非物质文化遗产有雄鸡舞和德庆学宫祭孔活动。省级文物保护单位有三元塔、龙山宫、三洲岩摩崖石刻、华表石摩崖石刻。

2014年，德庆县地区生产总值113.98亿元，三次产业比例为22.18∶38.81∶39.01，规模以上工业增加值57.08亿元，人均地区生产总值3.26万元；固定资产投资87.85亿元，社会消费品零售总额35.82亿元，外贸出口总额1.54亿美元，外贸进口总额0.18亿美元，实际吸收外资0.52亿美元；地方一般公共预算收入8.57亿元，城镇常住居民人均收入2.60万元，农村常住居民人均收入1.58万元。

一、现今地名

（一）行政区域类

标准名称	汉语拼音	地名类别	相对位置	驻地
德庆县	Déqìng Xiàn	县级行政区	广东省中西部	德城街道德庆大道8号
播植镇	Bōzhí Zhèn	乡级行政区	德庆县东部	播植镇播植街110号
德城街道	Déchéng Jiēdào	乡级行政区	广东西江中游北岸	高街23号
凤村镇	Fèngcūn Zhèn	乡级行政区	德庆县中部偏东南	凤村镇府前路4号
高良镇	Gāoliáng Zhèn	乡级行政区	德庆县中部	府前路18号
官圩镇	Guānxū Zhèn	乡级行政区	德庆县西北部	官圩镇凤凰大道63号
回龙镇	Huílóng Zhèn	乡级行政区	德庆县西南部	回龙镇三北口26号
九市镇	Jiǔshì Zhèn	乡级行政区	德庆县东南部	九市镇圩镇321国道边
马圩镇	Mǎxū Zhèn	乡级行政区	德庆县中部	马圩镇政通路1号
莫村镇	Mòcūn Zhèn	乡级行政区	德庆县东北部	忠良路83号
武垄镇	Wǔlǒng Zhèn	乡级行政区	德庆县东部	宝岗东路19号
新圩镇	Xīnxū Zhèn	乡级行政区	德庆县西南部	新圩镇龙母西街19号

(续上表)

标准名称	汉语拼音	地名类别	相对位置	驻地
永丰镇	Yǒngfēng Zhèn	乡级行政区	德庆县东北部	永丰街001号
悦城镇	Yuèchéng Zhèn	乡级行政区	德庆县东南部	悦城大道东3号

（二）非行政区域类

标准名称	汉语拼音	地名类别	相对位置
碧云农庄	Bìyún Nóngzhuāng	农区	马圩镇政府东部
播植农场	Bōzhí Nóngchǎng	农区	播植镇政府南部
德庆县莫村镇民陈伟芬家庭农场	Déqìng Xiàn Mòcūn Zhèn Mín Chénwěifēn Jiātíng Nóngchǎng	农区	莫村镇政府西南部
凤村镇庄氏农场	Fèngcūn Zhèn Zhuāngshì Nóngchǎng	农区	凤村镇政府西北部
莫村中学农场	Mòcūn Zhōngxué Nóngchǎng	农区	莫村镇政府北部
象牙湖农场	Xiàngyáhú Nóngchǎng	农区	凤村镇政府西北部
白坟工区	Báifén Gōngqū	林区	九市镇政府北部
白沙滩工区	Báishātān Gōngqū	林区	九市镇政府北部
白石口林场	Báishíkǒu Línchǎng	林区	莫村镇政府东北部
百册山林场	Bǎicèshān Línchǎng	林区	永丰镇政府东北部
册鱼塘林场	Cèyútáng Línchǎng	林区	武垄镇政府北部
茶顶林场	Chádǐng Línchǎng	林区	播植镇政府东部
大暗林场	Dà'àn Línchǎng	林区	高良镇政府西北部
大广林场	Dàguǎng Línchǎng	林区	马圩镇政府北部
大坑林场	Dàkēng Línchǎng	林区	九市镇政府东北部
大坑林场	Dàkēnglínchǎng	林区	武垄镇政府东北部
大埌坑工区	Dàlàngkēng Gōngqū	林区	悦城镇政府东北部
大埌尾工区	Dàlàngwěi Gōngqū	林区	悦城镇政府东北部
大平林场	Dàpíng Línchǎng	林区	高良镇政府东北部
大坪岗果场	Dàpínggǎng Guǒchǎng	林区	莫村镇政府东北部
大坪山工区	Dàpíngshān Gōngqū	林区	悦城镇政府东部
大坪山林场	Dàpíngshān Línchǎng	林区	悦城镇政府东部
大石峡工区	Dàshíxiá Gōngqū	林区	九市镇政府西北部
德时岗林场	Déshígǎng Línchǎng	林区	莫村镇政府西北部

（续上表）

标准名称	汉语拼音	地名类别	相对位置
东坑工区	Dōngkēng Gōngqū	林区	九市镇政府西北部
多驳林场	Duōbó Línchǎng	林区	武垄镇政府东部
二工区林场	Èrgōngqū Línchǎng	林区	官圩镇政府东南部
付竹工区	Fùzhú Gōngqū	林区	九市镇政府北部
富石林场	Fùshí Línchǎng	林区	回龙镇政府东南部
富石林场	Fùshí Línchǎng	林区	新圩镇政府西北部
富石林场狮姑工区	Fùshí Línchǎng Shīgū Gōngqū	林区	回龙镇政府西南部
富石林场下六冲工区	Fùshí Línchǎng Xiàliùchōng Gōngqū	林区	回龙镇政府西部
干河茶场	Gànhé Cháchǎng	林区	官圩镇政府东南部
高峰林场	Gāofēng Línchǎng	林区	高良镇政府东南部
高良茶场	Gāoliáng Cháchǎng	林区	高良镇政府西南部
古杏林场	Gǔxìng Línchǎng	林区	凤村镇政府北部
古亦工区	Gǔyì Gōngqū	林区	悦城镇政府东南部
古有茶场	Gǔyǒu Cháchǎng	林区	莫村镇政府东北部
国营富石林场	Guóyíng Fùshí Línchǎng	林区	回龙镇政府南部
鹤斗林场	Hèdòu Línchǎng	林区	高良镇政府北部
横降林场	Héngjiàng Línchǎng	林区	官圩镇政府北部
火箭林场	Huǒjiàn Línchǎng	林区	悦城镇政府西北部
江南大都塘单丛茶叶基地	Jiāngnán Dàdūtáng Dāncóngcháyè Jīdì	林区	高良镇政府北部
金林林场	Jīnlín Línchǎng	林区	官圩镇政府东南部
金山茶场	Jīnshān Cháchǎng	林区	高良镇政府东北部
金山林场	Jīnshān Línchǎng	林区	高良镇政府东北部
金西林场	Jīnxī Línchǎng	林区	官圩镇政府东南部
九市大磅林场	Jiǔshì Dàpáng Línchǎng	林区	九市镇政府东南部
巨能林场	Jùnéng Línchǎng	林区	官圩镇政府北部
坑仔林场	Kēngzǎi Línchǎng	林区	武垄镇政府东南部
里村工区	Lǐcūn Gōngqū	林区	悦城镇政府东北部
历麻工区	Lìmá Gōngqū	林区	新圩镇政府西北部
龙降林场	Lóngjiàng Línchǎng	林区	悦城镇政府北部

(续上表)

标准名称	汉语拼音	地名类别	相对位置
罗茅林场	Luómáo Línchǎng	林区	永丰镇政府东北部
芒坑工区	Mángkēng Gōngqū	林区	悦城镇政府东北部
茅坪林场	Máopíng Línchǎng	林区	马圩镇政府东北部
梅岭河林场	Méilǐnghé Línchǎng	林区	官圩镇政府东北部
梅仔岭工区	Méizǎilǐng Gōngqū	林区	九市镇政府西北部
牛湖林场	Niúhú Línchǎng	林区	莫村镇政府东北部
盆古殿林场	Péngǔdiàn Línchǎng	林区	莫村镇政府东北部
七星坪联户柑桔场	Qīxīngpíng Liánhù Gānjú Chǎng	林区	凤村镇政府西北部
三柏岀螺云林场	Sānbǎitiánluóyún Línchǎng	林区	永丰镇政府西南部
三叉顶林场	Sānchādǐng Línchǎng	林区	莫村镇政府西北部
三马埇林场	Sānmǎyǒng Línchǎng	林区	高良镇政府南部
上八仙工区	Shàngbāxiān Gōngqū	林区	九市镇政府北部
上高圳工区	Shànggāozhèn Gōngqū	林区	九市镇政府北部
胜敢林场	Shènggǎn Línchǎng	林区	官圩镇政府东南部
石龟林场	Shíguī Línchǎng	林区	高良镇政府东北部
石角区河口林场	Shíjiǎoqūhékǒu Línchǎng	林区	新圩镇政府东部
双栋林场	Shuāngdòng Línchǎng	林区	莫村镇政府东部
双官林场	Shuāngguān Línchǎng	林区	播植镇政府东南部
水晶工区	Shuǐjīng Gōngqū	林区	九市镇政府西北部
簪堆果场	Tánduī Guǒchǎng	林区	官圩镇政府东北部
簪泉坑林场	Tánquánkēng Línchǎng	林区	武垄镇政府东部
万星林场	Wànxīng Línchǎng	林区	高良镇政府东部
望龙林场	Wànglóng Línchǎng	林区	凤村镇政府西部
卫星林场	Wèixīng Línchǎng	林区	九市镇政府北部
卫星林场大占坑工区	Wèixīng Línchǎng Dàzhànkēng Gōngqū	林区	九市镇政府西北部
西成文林场	Xīchéngwén Línchǎng	林区	马圩镇政府东南部
西河林场	Xīhé Línchǎng	林区	官圩镇政府西北部
西江林业局富石林场	Xījiāng Línyèjú Fùshí Línchǎng	林区	德庆县政府西部
虾坜窝里村工区	Xiālìwōlǐcūn Gōngqū	林区	悦城镇政府东北部
下八仙工区	Xiàbāxiān Gōngqū	林区	九市镇政府北部

（续上表）

标准名称	汉语拼音	地名类别	相对位置
下高圳工区	Xiàgāozhèn Gōngqū	林区	九市镇政府北部
下庙工区	Xiàmiào Gōngqū	林区	悦城镇政府北部
象牙山林场	Xiàngyáshān Línchǎng	林区	九市镇政府西北部
象牙山林场大坪工区	Xiàngyáshān Línchǎng Dàpíng Gōngqū	林区	九市镇政府西北部
象牙山林场单竹工区	Xiàngyáshān Línchǎng Dānzhú Gōngqū	林区	九市镇政府西北部
象牙山林场高降工区	Xiàngyáshān Línchǎng Gāojiàng Gōngqū	林区	九市镇政府西北部
象牙山林场荷苞工区	Xiàngyáshān Línchǎng Hébāo Gōngqū	林区	九市镇政府西北部
象牙山林场铁马工区	Xiàngyáshān Línchǎng Tiěmǎ Gōngqū	林区	九市镇政府西北部
象牙山林场西坑工区	Xiàngyáshān Línchǎng Xīkēng Gōngqū	林区	九市镇政府西北部
象牙山林场西演工区	Xiàngyáshān Línchǎng Xīyǎn Gōngqū	林区	九市镇政府西部
新创河林场	Xīnchuànghé Línchǎng	林区	高良镇政府西北部
新荷苞工区	Xīnhébāo Gōngqū	林区	九市镇政府西北部
新江林场	Xīnjiāng Línchǎng	林区	高良镇政府西南部
新围林场	Xīnwéi Línchǎng	林区	悦城镇政府西北部
新星林场	Xīnxīng Línchǎng	林区	凤村镇政府西部
亚鸡叉工区	Yàjīchā Gōngqū	林区	九市镇政府北部
一工区	Yī Gōngqū	林区	悦城镇政府西北部
益村林场	Yìcūn Línchǎng	林区	莫村镇政府北部
埇袍茶场	Yǒngpáo Cháchǎng	林区	官圩镇政府西北部
元岗仔果场	Yuángǎngzǎi Guǒchǎng	林区	凤村镇政府西部
悦城林场	Yuèchéng Línchǎng	林区	悦城镇政府东部
云凼工区	Yúndàng Gōngqū	林区	悦城镇政府东北部
云贞林场	Yúnzhēn Línchǎng	林区	高良镇政府西北部
长营工区	Chángyíng Gōngqū	林区	九市镇政府西部
德庆县金福绿色家禽科技发展有限公司	Déqìng Xiàn Jīnfú Lǜsè Jiāqín Kējì Fāzhǎn Yǒuxiàngōngsī	牧区	播植镇政府西北部

(续上表)

标准名称	汉语拼音	地名类别	相对位置
大益种养场	Dàyì Zhǒngyǎng Chǎng	牧区	马圩镇政府东南部
德庆县吴桂华猪场	Déqìng Xiàn Wúguìhuá Zhūchǎng	牧区	新圩镇政府东部
官圩苗圃场	Guānxū Miáopǔ Chǎng	牧区	官圩镇政府东北部
六罗种养场	Liùluó Zhǒngyǎng Chǎng	牧区	莫村镇政府西北部
铝厂鸡场	Lǔchǎng Jīchǎng	牧区	马圩镇政府东北部
马圩种养场	Mǎxū Zhǒngyǎng Chǎng	牧区	马圩镇政府北部
西塘种养场	Xītáng Zhǒngyǎng Chǎng	牧区	官圩镇政府西南部
新圩种养场	Xīnxū Zhǒngyǎng Chǎng	牧区	新圩镇政府东南部
炎塘种养场	Yántáng Zhǒngyǎng Chǎng	牧区	马圩镇政府东部
养殖场	Yǎngzhí Chǎng	牧区	莫村镇政府西部
大益村委会鱼塘	Dàyì Cūnwěihuì Yútáng	渔区	马圩镇政府东南部
古楼大赢鱼塘	Gǔlóu Dàyíng Yútáng	渔区	莫村镇政府西南部
三坊学校门前鱼塘	Sānfāng Xuéxiào Ménqián Yútáng	渔区	武垄镇政府西南部
胜敢林场鱼塘	Shènggǎn Línchǎng Yútáng	渔区	官圩镇政府东南部
双垓鱼塘	Shuānggāi Yútáng	渔区	武垄镇政府西南部
顺德龙江产业转移工业园官圩片区	Shùndé Lóngjiāng Chǎnyèzhuǎnyí Gōngyèyuán Guānxū Piànqū	工业区	官圩镇政府西南部
顺德龙江产业转移工业园县城片区	Shùndé Lóngjiāng Chǎnyèzhuǎnyí Gōngyèyuán Xiànchéng Piànqū	工业区	德庆县政府东北部
白坟坑	Báifén Kēng	地片	九市镇政府东北部
白马塘	Báimǎ Táng	地片	新圩镇政府东北部
白梅塘	Báiméi Táng	地片	马圩镇政府东南部
白门楼	Báimén Lóu	地片	官圩镇政府北部
白面坑	Báimiàn Kēng	地片	播植镇政府西南部
白石坑	Báishí Kēng	地片	播植镇政府西南部
白水藤	Báishuǐténg	地片	回龙镇政府西部
百步降	Bǎibùjiàng	地片	悦城镇政府北部
百册降	Bǎicèjiàng	地片	高良镇政府北部

（续上表）

标准名称	汉语拼音	地名类别	相对位置
百贯	Bǎiguàn	地片	高良镇政府西部
百片	Bǎipiàn	地片	官圩镇政府东北部
班周凹	Bānzhōu Āo	地片	悦城镇政府东北部
办坑仔	Bànkēngzǎi	地片	悦城镇政府西北部
办塘	Bàntáng	地片	高良镇政府东南部
办头坑	Bàntóu Kēng	地片	莫村镇政府东北部
湴仔坑	Bànzǎi Kēng	地片	悦城镇政府西北部
宝鸭嘴	Bǎoyāzuǐ	地片	播植镇政府东北部
陂塘	Bēitáng	地片	新圩镇政府东北部
背后岗	Bèihòu Gǎng	地片	官圩镇政府东北部
崩底垌	Bēngdǐ Dòng	地片	官圩镇政府东北部
崩坑	Bēngkēng	地片	莫村镇政府东南部
崩眉头	Bēngméitóu	地片	凤村镇政府西北部
崩山垌	Bēngshān Dòng	地片	新圩镇政府东北部
崩塘	Bēngtáng	地片	德庆县政府东北部
崩塘	Bēngtáng	地片	武垄镇政府东北部
崩塘底	Bēngtángdǐ	地片	凤村镇政府东南部
菜塘	Càitáng	地片	新圩镇政府西北部
冲表	Chōngbiǎo	地片	官圩镇政府北部
冲桃	Chōngtáo	地片	高良镇政府西部
冲头地	Chōngtóudì	地片	悦城镇政府东部
冲巷	Chōngxiàng	地片	回龙镇政府北部
寸坑	Cùnkēng	地片	永丰镇政府南部
大傍	Dàbàng	地片	永丰镇政府南部
大铲塘	Dàchǎn Táng	地片	播植镇政府东南部
大灯笼	Dàdēnglóng	地片	莫村镇政府西部
大肚坪	Dàdù Píng	地片	悦城镇政府北部
大火烧	Dàhuǒshāo	地片	高良镇政府东北部
大降头	Dàjiàngtóu	地片	高良镇政府西北部
大坑	Dàkēng	地片	莫村镇政府西北部

(续上表)

标准名称	汉语拼音	地名类别	相对位置
大坑	Dàkēng	地片	永丰镇政府西南部
大坑	Dàkēng	地片	悦城镇政府西北部
大坑	Dàkēng	地片	凤村镇政府西部
大坑口	Dàkēngkǒu	地片	悦城镇政府西部
大埌坑	Dàlàng Kēng	地片	悦城镇政府东北部
大埌头	Dàlàngtóu	地片	悦城镇政府西北部
大庙岗	Dàmiào Gǎng	地片	悦城镇政府东北部
大坪	Dàpíng	地片	莫村镇政府东北部
大坡塘	Dàpō Táng	地片	高良镇政府西南部
大沙洲	Dàshāzhōu	地片	高良镇政府西南部
大石坑	Dàshí Kēng	地片	莫村镇政府西北部
大塘	Dàtáng	地片	莫村镇政府西南部
大塘	Dàtáng	地片	莫村镇政府东部
大塘峒	Dàtáng Dòng	地片	莫村镇政府西部
大塘山	Dàtáng Shān	地片	高良镇政府西南部
大田塞	Dàtiánsāi	地片	回龙镇政府西部
大头竹根	Dàtóuzhúgēn	地片	高良镇政府北部
大头竹簪	Dàtóuzhútán	地片	悦城镇政府北部
大翁冲	Dàwēng Chōng	地片	新圩镇政府西北部
大涌坑	Dàchōng Kēng	地片	九市镇政府东南部
大祐凹	Dàyòu Āo	地片	悦城镇政府北部
大中臼	Dàzhōngjiù	地片	高良镇政府东北部
刀陂	Dāobēi	地片	高良镇政府东北部
刀竹坑	Dāozhú Kēng	地片	莫村镇政府东北部
倒流塘	Dǎoliú Táng	地片	新圩镇政府东部
到收坑	Dàoshōu Kēng	地片	凤村镇政府东北部
灯对塘	Dēngduì Táng	地片	回龙镇政府西北部
灯水塘	Dēngshuǐ Táng	地片	马圩镇政府东南部
灯心坑	Dēngxīn Kēng	地片	悦城镇政府东北部
灯心塘	Dēngxīn Táng	地片	高良镇政府南部

（续上表）

标准名称	汉语拼音	地名类别	相对位置
地直	Dìzhí	地片	永丰镇政府南部
帝岭脚	Dìlǐngjiǎo	地片	凤村镇政府西北部
东坑	Dōngkēng	地片	莫村镇政府东北部
东坑坳	Dōngkēng Ào	地片	莫村镇政府东北部
栋叶冲	Dòngyè Chōng	地片	新圩镇政府西北部
独屋	Dúwū	地片	回龙镇政府北部
肚塘	Dùtáng	地片	高良镇政府西南部
对面山	Duìmiàn Shān	地片	官圩镇政府北部
二子埌	Èrzǐlàng	地片	九市镇政府东北部
二子埌	Èrzǐlàng	地片	九市镇政府北部
饭塘冲口	Fàntángchōngkǒu	地片	新圩镇政府西北部
分界塘	Fēnjiètáng	地片	悦城镇政府西北部
分水界	Fènshuǐjiè	地片	悦城镇政府东北部
分踏冲口	Fēntàchōngkǒu	地片	新圩镇政府西北部
风堆	Fēngduī	地片	莫村镇政府东北部
风木埌	Fēngmùlàng	地片	德庆县政府东北部
风水基	Fēngshuǐjī	地片	播植镇政府东南部
佛仔坑	Fózǎi Kēng	地片	悦城镇政府北部
付竹迳	Fùzhújìng	地片	高良镇政府西南部
附山	Fùshān	地片	高良镇政府西北部
甘塘	Gāntáng	地片	德庆县政府西南部
甘塘冲	Gāntáng Chōng	地片	德庆县政府东部
高洞	Gāodòng	地片	马圩镇政府东南部
高埌	Gāolàng	地片	凤村镇政府西部
搁浅塘	Gēqiǎn Táng	地片	高良镇政府西部
更古	Gēnggǔ	地片	高良镇政府东北部
更塘	Gēngtáng	地片	播植镇政府东部
官冲	Guānchōng	地片	新圩镇政府北部
官六	Guānliù	地片	新圩镇政府东北部
锅塘	Guōtáng	地片	回龙镇政府东北部

（续上表）

标准名称	汉语拼音	地名类别	相对位置
国合林场旧址	Guóhé Línchǎng Jiùzhǐ	地片	回龙镇政府西部
旱龙地	Hànlóngdì	地片	官圩镇政府东南部
禾叉坑	Héchā Kēng	地片	莫村镇政府西北部
河村大坑	Hécūn Dàkēng	地片	永丰镇政府东南部
河垌	Hédòng	地片	武垄镇政府东北部
河涝坪	Hélào Píng	地片	莫村镇政府西北部
河母	Hémǔ	地片	武垄镇政府东北部
河坡	Hépō	地片	官圩镇政府西北部
河尾	Héwěi	地片	官圩镇政府东北部
河尾	Héwěi	地片	新圩镇政府西北部
河杬	Héyuán	地片	永丰镇政府东北部
黑坭垌	Hēiní Dòng	地片	莫村镇政府东南部
横塘基	Héngtángjī	地片	官圩镇政府西北部
花甲岗坑	Huājiǎgǎng Kēng	地片	悦城镇政府东北部
花坪垌	Huāpíng Dòng	地片	武垄镇政府西北部
荒田垌	Huāngtián Dòng	地片	高良镇政府西北部
黄蜂塘	Huángfēng Táng	地片	莫村镇政府东北部
黄麻	Huángmá	地片	悦城镇政府西北部
黄茅辽	Huángmáoliáo	地片	官圩镇政府东北部
黄茅田	Huángmáotián	地片	莫村镇政府西北部
黄坭坑	Huángní Kēng	地片	九市镇政府东南部
黄坭塘	Huángní Táng	地片	新圩镇政府东部
黄石埌	Huángshílàng	地片	官圩镇政府西北部
黄塘岔	Huángtángchà	地片	回龙镇政府西北部
黄塘坪	Huángtáng Píng	地片	回龙镇政府西北部
黄杬坑	Huángyuán Kēng	地片	悦城镇政府北部
黄竹坑	Huángzhú Kēng	地片	莫村镇政府东南部
灰窑	Huīyáo	地片	悦城镇政府东部
火炭坪	Huǒtàn Píng	地片	高良镇政府东北部
鸡肠冲	Jīcháng Chōng	地片	官圩镇政府东南部

（续上表）

标准名称	汉语拼音	地名类别	相对位置
鸡公坑	Jīgōng Kēng	地片	播植镇政府西南部
鸡冠石	Jīguànshí	地片	悦城镇政府西部
鸡㙟坪	Jīnǎpíng	地片	武垄镇政府北部
鸡湾	Jīwān	地片	悦城镇政府东南部
吉堆垌	Jíduī Dòng	地片	播植镇政府西北部
江头坑	Jiāngtóu Kēng	地片	永丰镇政府东南部
金斗塘	Jīndǒu Táng	地片	高良镇政府南部
金水坑	Jīnshuǐ Kēng	地片	莫村镇政府东北部
金仔坑	Jīnzǎi Kēng	地片	莫村镇政府东北部
旧屋埌	Jiùwūlàng	地片	悦城镇政府东北部
旧寨	Jiùzhài	地片	悦城镇政府北部
掘蛇	Juéshé	地片	回龙镇政府北部
康乐里	Kānglèlǐ	地片	德庆县政府西部
坑口塘	Kēngkǒu Táng	地片	新圩镇政府东北部
坑洼	Kēngwā	地片	播植镇政府西南部
拦塘坪	Lántáng Píng	地片	新圩镇政府西北部
烂坑尾	Lànkēngwěi	地片	悦城镇政府东北部
埌坑	Làngkēng	地片	悦城镇政府西部
埌头	Làngtóu	地片	播植镇政府东部
梨泼	Lípō	地片	播植镇政府西部
鲤鱼岗	Lǐyúgǎng	地片	悦城镇政府东北部
利垌	Lìdòng	地片	九市镇政府东北部
两塘间	Liǎngtángjiān	地片	新圩镇政府东北部
两头塘	Liǎngtóu Táng	地片	莫村镇政府东北部
两头塘	Liǎngtóu Táng	地片	永丰镇政府南部
岭脚	Lǐngjiǎo	地片	播植镇政府西南部
岭头儿	Lǐngtóu'ér	地片	官圩镇政府北部
六罗	Liùluó	地片	莫村镇政府西北部
龙架崩	Lóngjiàbēng	地片	高良镇政府西南部
龙母田	Lóngmǔtián	地片	武垄镇政府北部

(续上表)

标准名称	汉语拼音	地名类别	相对位置
鹿颈岗	Lùjǐng Gǎng	地片	新圩镇政府东北部
罗白垌	Luóbái Dòng	地片	播植镇政府东南部
罗岑	Luócén	地片	凤村镇政府西北部
罗洪垌	Luóhóng Dòng	地片	悦城镇政府西部
罗林	Luólín	地片	播植镇政府南部
罗岭	Luólǐng	地片	凤村镇政府西北部
罗沙垌	Luóshā Dòng	地片	凤村镇政府东南部
罗山	Luóshān	地片	马圩镇政府东北部
洛枯塘	Luòjú Táng	地片	凤村镇政府东北部
落雁坑	Luòyàn Kēng	地片	高良镇政府西南部
马田坑口	Mǎtián Kēngkǒu	地片	凤村镇政府南部
马圩河口	Mǎxū Hékǒu	地片	新圩镇政府东部
马屋田	Mǎwūtián	地片	播植镇政府南部
麦地	Màidì	地片	德庆县政府东南部
茅根垌	Máogēn Dòng	地片	新圩镇政府东北部
茅坪	Máopíng	地片	新圩镇政府西北部
茅坪	Máopíng	地片	莫村镇政府东北部
门口垌	Ménkǒu Dòng	地片	播植镇政府西南部
庙坑	Miào Kēng	地片	悦城镇政府西北部
南山尾	Nánshānwěi	地片	马圩镇政府东南部
南蛇坑	Nánshé Kēng	地片	德庆县政府东部
南塘	Nántáng	地片	官圩镇政府东北部
泥蛇坑	Níshé Kēng	地片	悦城镇政府北部
柠檬凹	Níngméng Āo	地片	悦城镇政府西部
牛肚	Niúdù	地片	播植镇政府南部
牛湖	Niúhú	地片	莫村镇政府东北部
牛栏塘	Niúlán Táng	地片	永丰镇政府东北部
牛人埌	Niúrénlàng	地片	回龙镇政府东南部
农中塘	Nóngzhōng Táng	地片	官圩镇政府东南部
抛播陂头	Pāobōbēitóu	地片	武垄镇政府西北部

（续上表）

标准名称	汉语拼音	地名类别	相对位置
平地㙟	Píngdìliǎng	地片	马圩镇政府东北部
平山埌	Píngshānlàng	地片	回龙镇政府南部
桥头	Qiáotóu	地片	高良镇政府东北部
茄坑	Qié Kēng	地片	武垄镇政府东南部
清水坑	Qīngshuǐ Kēng	地片	悦城镇政府北部
曲龙窖	Qǔlóngjiào	地片	播植镇政府西南部
人茸河口	Rénrónghékǒu	地片	高良镇政府北部
三板斧	Sānbǎnfǔ	地片	悦城镇政府北部
三星亭	Sānxīngtíng	地片	高良镇政府西南部
沙坝塘	Shābà Táng	地片	官圩镇政府东南部
沙带垌	Shādài Dòng	地片	官圩镇政府西北部
沙地	Shādì	地片	播植镇政府西北部
沙利坑	Shālì Kēng	地片	莫村镇政府东北部
沙罗塘	Shāluó Táng	地片	高良镇政府东北部
沙田冲	Shātiánchōng	地片	新圩镇政府东北部
沙头	Shātóu	地片	官圩镇政府西北部
沙洲	Shāzhōu	地片	悦城镇政府东部
山厂	Shānchǎng	地片	悦城镇政府东北部
山鸡冲	Shānjī Chōng	地片	高良镇政府东部
山咀	Shānzuǐ	地片	高良镇政府西南部
山口	Shānkǒu	地片	官圩镇政府东部
山门塘	Shānmén Táng	地片	莫村镇政府南部
山田	Shāntián	地片	官圩镇政府西北部
山窑地	Shānyáodì	地片	高良镇政府西部
山猪坑	Shānzhū Kēng	地片	莫村镇政府东北部
山猪坑	Shānzhū Kēng	地片	悦城镇政府东部
杉掘冲	Shānjué Chōng	地片	新圩镇政府西北部
杉木车西	Shānmùchēxī	地片	官圩镇政府东部
上白木埇	Shàngbáimù Yǒng	地片	高良镇政府东南部
上白藤	Shàngbáiténg	地片	回龙镇政府西部

(续上表)

标准名称	汉语拼音	地名类别	相对位置
上河胎	Shànghétāi	地片	武垄镇政府东北部
上迳峒	Shàngjìng Dòng	地片	回龙镇政府西北部
上树埌	Shàngshùlàng	地片	回龙镇政府南部
上旺油峒	Shàngwàngyóu Dòng	地片	回龙镇政府西北部
韶洞口	Sháodòngkǒu	地片	新圩镇政府西部
少段	Shǎoduàn	地片	高良镇政府东北部
深坑	Shēnkēng	地片	凤村镇政府南部
深水河	Shēnshuǐhé	地片	高良镇政府东北部
神仙峒	Shénxiān Dòng	地片	官圩镇政府东部
十二坑	Shí'èr Kēng	地片	莫村镇政府东北部
十甲田	Shíjiǎtián	地片	悦城镇政府西北部
石柴坑	Shíchái Kēng	地片	悦城镇政府北部
石咀	Shízuǐ	地片	凤村镇政府西南部
石子冲	Shízǐ Chōng	地片	新圩镇政府西北部
双冲坑	Shuāngchōng Kēng	地片	莫村镇政府东南部
双对坑	Shuāngduì Kēng	地片	武垄镇政府西北部
双吨	Shuāngdūn	地片	武垄镇政府东南部
双垓	Shuānggāi	地片	武垄镇政府西南部
双禾坑	Shuānghé Kēng	地片	武垄镇政府西北部
双开	Shuāngkāi	地片	凤村镇政府西北部
双林塘	Shuānglín Táng	地片	凤村镇政府东北部
双牛坑口	Shuāngniú Kēngkǒu	地片	悦城镇政府东北部
双枝塘	Shuāngzhī Táng	地片	凤村镇政府西北部
水地口	Shuǐdìkǒu	地片	播植镇政府东南部
水瓜墩	Shuǐguādūn	地片	莫村镇政府东北部
水井埇	Shuǐjǐng Yǒng	地片	回龙镇政府东北部
水米槽	Shuǐmǐcáo	地片	马圩镇政府东北部
水上	Shuǐshàng	地片	悦城镇政府东南部
水声圩	Shuǐshēngxū	地片	武垄镇政府西部
四罗	Sìluó	地片	播植镇政府西南部

（续上表）

标准名称	汉语拼音	地名类别	相对位置
四片	Sìpiàn	地片	官圩镇政府东部
松岗	Sōnggǎng	地片	莫村镇政府西北部
松英亭	Sōngyīngtíng	地片	播植镇政府东部
滩底	Tāndǐ	地片	高良镇政府西北部
簪笨	Tánbèn	地片	永丰镇政府东南部
簪步	Tánbù	地片	官圩镇政府东北部
簪菜塘	Táncài Táng	地片	莫村镇政府东北部
簪朝赊	Táncháoshē	地片	莫村镇政府东北部
簪陈坑	Tánchén Kēng	地片	武垄镇政府东部
簪除坑	Tánchú Kēng	地片	莫村镇政府西南部
簪带塘	Tándài Táng	地片	凤村镇政府东南部
簪堆冲	Tánduī Chōng	地片	官圩镇政府东北部
簪共坑	Tángòng Kēng	地片	凤村镇政府南部
簪黄	Tánhuáng	地片	莫村镇政府西南部
簪黄冲	Tánhuáng Chōng	地片	官圩镇政府北部
簪臼	Tánjiù	地片	莫村镇政府东北部
簪康	Tánkāng	地片	官圩镇政府东北部
簪埌塘	Tánlàng Táng	地片	高良镇政府西南部
簪流	Tánliú	地片	凤村镇政府西北部
簪木塘	Tánmù Táng	地片	官圩镇政府东北部
簪袍口	Tánpáokǒu	地片	永丰镇政府东北部
簪蓬	Tánpéng	地片	高良镇政府西南部
簪沙塘	Tánshā Táng	地片	莫村镇政府西南部
簪田	Tántián	地片	新圩镇政府西北部
簪选	Tánxuǎn	地片	官圩镇政府东北部
簪洲	Tánzhōu	地片	武垄镇政府西北部
簪座塘	Tánzuò Táng	地片	凤村镇政府西北部
塘儿头	Táng'értóu	地片	高良镇政府北部
塘虱窿	Tángshīlóng	地片	九市镇政府西部
塘尾	Tángwěi	地片	回龙镇政府西南部

（续上表）

标准名称	汉语拼音	地名类别	相对位置
桃仔坑	Táozǎi Kēng	地片	悦城镇政府东北部
田垌	Tiándòng	地片	悦城镇政府东南部
田螺塘	Tiánluó Táng	地片	回龙镇政府东北部
桐油冲	Tóngyóu Chōng	地片	官圩镇政府北部
土地坑	Tǔdì Kēng	地片	悦城镇政府西北部
瓦窑垌	Wǎyáo Dòng	地片	永丰镇政府东北部
卫星	Wèixīng	地片	官圩镇政府东部
乌草塘	Wūcǎo Táng	地片	新圩镇政府东部
乌石塘	Wūshí Táng	地片	新圩镇政府东部
五塘	Wǔtáng	地片	凤村镇政府西南部
西湖塘	Xīhú Táng	地片	官圩镇政府北部
西坑	Xīkēng	地片	武垄镇政府东南部
西塘	Xītáng	地片	官圩镇政府西南部
西塘冲	Xītáng Chōng	地片	官圩镇政府西南部
虾塘	Xiātáng	地片	凤村镇政府西南部
虾塘	Xiātáng	地片	马圩镇政府东北部
虾塘坑	Xiātáng Kēng	地片	莫村镇政府东北部
下白木埇	Xiàbáimù Yǒng	地片	高良镇政府东南部
下白藤	Xiàbáiténg	地片	回龙镇政府西部
下河胎	Xiàhétāi	地片	武垄镇政府东部
下莴	Xiàliǎng	地片	马圩镇政府东南部
下塘	Xiàtáng	地片	高良镇政府北部
下旺油垌	Xiàwàngyóu Dòng	地片	回龙镇政府西北部
象牙湖	Xiàngyáhú	地片	凤村镇政府西部
消湖口	Xiāohúkǒu	地片	回龙镇政府西北部
小河口	Xiǎohékǒu	地片	马圩镇政府东南部
小双龙	Xiǎoshuānglóng	地片	永丰镇政府西部
小蚁塘	Xiǎoyǐ Táng	地片	新圩镇政府北部
新坑	Xīnkēng	地片	悦城镇政府东北部
新庙背	Xīnmiàobèi	地片	官圩镇政府东北部

（续上表）

标准名称	汉语拼音	地名类别	相对位置
新庙儿	Xīnmiào'ér	地片	高良镇政府西部
新屋	Xīnwū	地片	高良镇政府西部
新屋	Xīnwū	地片	九市镇政府东北部
鸭利咀坑	Yālìzuǐ Kēng	地片	九市镇政府西北部
艳村口	Yàncūnkǒu	地片	武垄镇政府西南部
洋勒坑	Yánglè Kēng	地片	新圩镇政府东部
夜鸡茄	Yèjīqié	地片	悦城镇政府北部
鱼汕塘	Yúshàn Táng	地片	悦城镇政府东北部
芋头冲	Yùtóu Chōng	地片	新圩镇政府西北部
长冲垌	Chángchōng Dòng	地片	莫村镇政府西南部
长垌	Chángdòng	地片	武垄镇政府北部
圳底	Zhèndǐ	地片	官圩镇政府东部
正门垌	Zhèngmén Dòng	地片	莫村镇政府东部
猪肠冲	Zhūcháng Chōng	地片	官圩镇政府东南部
竹尾坑	Zhúwěi Kēng	地片	莫村镇政府东北部
大江片	Dàjiāng Piàn	区片	官圩镇政府东北部
金银片	Jīnyín Piàn	区片	官圩镇政府东北部

（三）群众自治组织类

标准名称	汉语拼音	地名类别	相对位置
播植村委会	Bōzhí Cūnwěihuì	村民委员会	播植镇政府驻地西南部
虎岗村委会	Hǔgǎng Cūnwěihuì	村民委员会	播植镇政府驻地东南部
龙福村委会	Lóngfú Cūnwěihuì	村民委员会	播植镇政府驻地西南部
洛阳村委会	Luòyáng Cūnwěihuì	村民委员会	播植镇政府驻地西南部
前案村委会	Qián'àn Cūnwěihuì	村民委员会	播植镇政府驻地西南部
社香村委会	Shèxiāng Cūnwěihuì	村民委员会	播植镇政府驻地东南部
桃村村委会	Táocūn Cūnwěihuì	村民委员会	播植镇政府驻地东南部
文定村委会	Wéndìng Cūnwěihuì	村民委员会	播植镇政府驻地东部
新合村委会	Xīnhé Cūnwěihuì	村民委员会	播植镇政府驻地南部
植村村委会	Zhícūn Cūnwěihuì	村民委员会	播植镇政府驻地北部
城郊村委会	Chéngjiāo Cūnwěihuì	村民委员会	德庆县政府驻地西南部

(续上表)

标准名称	汉语拼音	地名类别	相对位置
大桥村委会	Dàqiáo Cūnwěihuì	村民委员会	德庆县政府驻地东南部
登云村委会	Dēngyún Cūnwěihuì	村民委员会	德庆县政府驻地东南部
香山村委会	Xiāngshān Cūnwěihuì	村民委员会	德庆县政府驻地西部
宝坪村委会	Bǎopíng Cūnwěihuì	村民委员会	凤村镇政府驻地南部
大村村委会	Dàcūn Cūnwěihuì	村民委员会	凤村镇政府驻地西北部
凤村村委会	Fèngcūn Cūnwěihuì	村民委员会	凤村镇政府驻地西北部
岗坪村委会	Gǎngpíng Cūnwěihuì	村民委员会	凤村镇政府驻地南部
格塘村委会	Gétáng Cūnwěihuì	村民委员会	凤村镇政府驻地西南部
古合村委会	Gǔxìng Cūnwěihuì	村民委员会	凤村镇政府驻地北部
桂村村委会	Guìcūn Cūnwěihuì	村民委员会	凤村镇政府驻地西南部
吉利村委会	Jílì Cūnwěihuì	村民委员会	凤村镇政府驻地西南部
龙须村委会	Lóngxū Cūnwěihuì	村民委员会	凤村镇政府驻地西北部
禄村村委会	Lùcūn Cūnwěihuì	村民委员会	凤村镇政府驻地西南部
农联村委会	Nónglián Cūnwěihuì	村民委员会	凤村镇政府驻地西北部
乾相村委会	Qiánxiàng Cūnwěihuì	村民委员会	凤村镇政府驻地南部
棠下村委会	Tángxià Cūnwěihuì	村民委员会	凤村镇政府驻地南部
新红村委会	Xīnhóng Cūnwěihuì	村民委员会	凤村镇政府驻地西北部
新生村委会	Xīnshēng Cūnwěihuì	村民委员会	凤村镇政府驻地西北部
新星村委会	Xīnxīng Cūnwěihuì	村民委员会	凤村镇政府驻地西南部
愉快村委会	Yúkuài Cūnwěihuì	村民委员会	凤村镇政府驻地西南部
匝村村委会	Zācūn Cūnwěihuì	村民委员会	凤村镇政府驻地西北部
冲口村委会	Chōngkǒu Cūnwěihuì	村民委员会	高良镇政府驻地东北部
大江村委会	Dàjiāng Cūnwěihuì	村民委员会	高良镇政府驻地东北部
大同村委会	Dàtóng Cūnwěihuì	村民委员会	高良镇政府驻地西北部
大寨村委会	Dàzhài Cūnwěihuì	村民委员会	高良镇政府驻地西部
都合村委会	Dūhé Cūnwěihuì	村民委员会	高良镇政府驻地南部
都洪村委会	Dūhóng Cūnwěihuì	村民委员会	高良镇政府驻地东南部
高良村委会	Gāoliáng Cūnwěihuì	村民委员会	高良镇政府驻地北部
官村村委会	Guāncūn Cūnwěihuì	村民委员会	高良镇政府驻地西南部
和平村委会	Hépíng Cūnwěihuì	村民委员会	高良镇政府驻地东北部

（续上表）

标准名称	汉语拼音	地名类别	相对位置
江南村委会	Jiāngnán Cūnwěihuì	村民委员会	高良镇政府驻地北部
金山村委会	Jīnshān Cūnwěihuì	村民委员会	高良镇政府驻地东北部
联合村委会	Liánhé Cūnwěihuì	村民委员会	高良镇政府驻地西北部
罗阳村委会	Luóyáng Cūnwěihuì	村民委员会	高良镇政府驻地北部
沙水村委会	Shāshuǐ Cūnwěihuì	村民委员会	高良镇政府驻地北部
石头村委会	Shítóu Cūnwěihuì	村民委员会	高良镇政府驻地西南部
万星村委会	Wànxīng Cūnwěihuì	村民委员会	高良镇政府驻地东北部
旺埠村委会	Wàngbù Cūnwěihuì	村民委员会	高良镇政府驻地东北部
五星村委会	Wǔxīng Cūnwěihuì	村民委员会	高良镇政府驻地北部
新江村委会	Xīnjiāng Cūnwěihuì	村民委员会	高良镇政府驻地西南部
永福村委会	Yǒngfú Cūnwěihuì	村民委员会	高良镇政府驻地西北部
云利村委会	Yúnlì Cūnwěihuì	村民委员会	高良镇政府驻地北部
云贞村委会	Yúnzhēn Cūnwěihuì	村民委员会	高良镇政府驻地西北部
中雄村委会	Zhōngxióng Cūnwěihuì	村民委员会	高良镇政府驻地南部
崩坭村委会	Bēngní Cūnwěihuì	村民委员会	官圩镇政府驻地东北部
冲源村委会	Chōngyuán Cūnwěihuì	村民委员会	官圩镇政府驻地西北部
大蒗村委会	Dàliǎng Cūnwěihuì	村民委员会	官圩镇政府驻地西北部
定安村委会	Dìng'ān Cūnwěihuì	村民委员会	官圩镇政府驻地北部
凤凰山农场	Fènghuángshān Nóngchǎng	村民委员会	官圩镇政府驻地东部
富禄村委会	Fùlù Cūnwěihuì	村民委员会	官圩镇政府驻地西部
官圩村委会	Guānxū Cūnwěihuì	村民委员会	官圩镇政府驻地北部
红光村委会	Hóngguāng Cūnwěihuì	村民委员会	官圩镇政府驻地西部
红中村委会	Hóngzhōng Cūnwěihuì	村民委员会	官圩镇政府驻地西北部
金光村委会	Jīnguāng Cūnwěihuì	村民委员会	官圩镇政府驻地东北部
金林村委会	Jīnlín Cūnwěihuì	村民委员会	官圩镇政府驻地北部
金西村委会	Jīnxī Cūnwěihuì	村民委员会	官圩镇政府驻地东北部
良安村委会	Liáng'ān Cūnwěihuì	村民委员会	官圩镇政府驻地东部
民生村委会	Mínshēng Cūnwěihuì	村民委员会	官圩镇政府驻地西南部
庆安村委会	Qìng'ān Cūnwěihuì	村民委员会	官圩镇政府驻地北部
沙旁村委会	Shāpáng Cūnwěihuì	村民委员会	官圩镇政府驻地西北部

(续上表)

标准名称	汉语拼音	地名类别	相对位置
胜敢村委会	Shènggǎn Cūnwěihuì	村民委员会	官圩镇政府驻地东南部
四村村委会	Sìcūn Cūnwěihuì	村民委员会	官圩镇政府驻地西部
五福村委会	Wǔfú Cūnwěihuì	村民委员会	官圩镇政府驻地东北部
西河村委会	Xīhé Cūnwěihuì	村民委员会	官圩镇政府驻地西北部
仙罗村委会	Xiānluó Cūnwěihuì	村民委员会	官圩镇政府驻地西部
谢村村委会	Xiècūn Cūnwěihuì	村民委员会	官圩镇政府驻地东南部
永安村委会	Yǒng'ān Cūnwěihuì	村民委员会	官圩镇政府驻地北部
直安村委会	Zhí'ān Cūnwěihuì	村民委员会	官圩镇政府驻地北部
宾村村委会	Bīncūn Cūnwěihuì	村民委员会	回龙镇政府驻地北部
陈村村委会	Chéncūn Cūnwěihuì	村民委员会	回龙镇政府驻地北部
大塘村委会	Dàtáng Cūnwěihuì	村民委员会	回龙镇政府驻地西北部
戴垌村委会	Dàidòng Cūnwěihuì	村民委员会	回龙镇政府驻地南部
回龙村委会	Huílóng Cūnwěihuì	村民委员会	回龙镇政府驻地南部
建发村委会	Jiànfā Cūnwěihuì	村民委员会	回龙镇政府驻地西部
建丰村委会	Jiànfēng Cūnwěihuì	村民委员会	回龙镇政府驻地西部
六水村委会	Liùshuǐ Cūnwěihuì	村民委员会	回龙镇政府驻地西部
升平村委会	Shēngpíng Cūnwěihuì	村民委员会	回龙镇政府驻地西北部
洞寮村委会	Dòngliáo Cūnwěihuì	村民委员会	九市镇政府驻地东南部
扶号村委会	Fúhào Cūnwěihuì	村民委员会	九市镇政府驻地北部
甘力村委会	Gānlì Cūnwěihuì	村民委员会	九市镇政府驻地南部
高村村委会	Gāocūn Cūnwěihuì	村民委员会	九市镇政府驻地东北部
江尾村委会	Jiāngwěi Cūnwěihuì	村民委员会	九市镇政府驻地东北部
九市村委会	Jiǔshì Cūnwěihuì	村民委员会	九市镇政府驻地北部
旧圩村委会	Jiùxū Cūnwěihuì	村民委员会	九市镇政府驻地东南部
辣头村委会	Làtóu Cūnwěihuì	村民委员会	九市镇政府驻地东南部
榄山村委会	Lǎnshān Cūnwěihuì	村民委员会	九市镇政府驻地东北部
留村村委会	Liúcūn Cūnwěihuì	村民委员会	九市镇政府驻地东部
六冲村委会	Liùchōng Cūnwěihuì	村民委员会	九市镇政府驻地东部
上村村委会	Shàngcūn Cūnwěihuì	村民委员会	九市镇政府驻地东部
上垌村委会	Shàngdòng Cūnwěihuì	村民委员会	九市镇政府驻地西北部

（续上表）

标准名称	汉语拼音	地名类别	相对位置
云朗村委会	Yúnlǎng Cūnwěihuì	村民委员会	九市镇政府驻地东北部
大益村委会	Dàyì Cūnwěihuì	村民委员会	马圩镇政府驻地东南部
东升村委会	Dōngshēng Cūnwěihuì	村民委员会	马圩镇政府驻地东北部
都舅村委会	Dūjiù Cūnwěihuì	村民委员会	马圩镇政府驻地东北部
诰赠村委会	Gàozèng Cūnwěihuì	村民委员会	马圩镇政府驻地东北部
古垒村委会	Gǔlěi Cūnwěihuì	村民委员会	马圩镇政府驻地东南部
罗横村委会	Luóhéng Cūnwěihuì	村民委员会	马圩镇政府驻地东北部
马圩村委会	Mǎxū Cūnwěihuì	村民委员会	马圩镇政府驻地南部
前进村委会	Qiánjìn Cūnwěihuì	村民委员会	马圩镇政府驻地东北部
荣村村委会	Róngcūn Cūnwěihuì	村民委员会	马圩镇政府驻地北部
上彭村委会	Shàngpéng Cūnwěihuì	村民委员会	马圩镇政府驻地东南部
旺岗村委会	Wànggǎng Cūnwěihuì	村民委员会	马圩镇政府驻地西北部
车牛村委会	Chēniú Cūnwěihuì	村民委员会	莫村镇政府驻地东北部
大田村委会	Dàtián Cūnwěihuì	村民委员会	莫村镇政府驻地西南部
扶赖村委会	Fúlài Cūnwěihuì	村民委员会	莫村镇政府驻地西南部
富源村委会	Fùyuán Cūnwěihuì	村民委员会	莫村镇政府驻地西北部
古楼村委会	Gǔlóu Cūnwěihuì	村民委员会	莫村镇政府驻地西南部
古有村委会	Gǔyǒu Cūnwěihuì	村民委员会	莫村镇政府驻地东北部
光明村委会	Guāngmíng Cūnwěihuì	村民委员会	莫村镇政府驻地东北部
前锋村委会	Qiánfēng Cūnwěihuì	村民委员会	莫村镇政府驻地东北部
三联村委会	Sānlián Cūnwěihuì	村民委员会	莫村镇政府驻地东北部
曙光村委会	Shǔguāng Cūnwěihuì	村民委员会	莫村镇政府驻地东北部
平岗村委会	Pínggǎng Cūnwěihuì	村民委员会	莫村镇政府驻地西部
双栋村委会	Shuāngdòng Cūnwěihuì	村民委员会	莫村镇政府驻地东北部
双楼村委会	Shuānglóu Cūnwěihuì	村民委员会	莫村镇政府驻地西南部
太宪村委会	Tàixiàn Cūnwěihuì	村民委员会	莫村镇政府驻地西南部
益村村委会	Yìcūn Cūnwěihuì	村民委员会	莫村镇政府驻地东北部
播荫村委会	Bōyīn Cūnwěihuì	村民委员会	武垄镇政府驻地东南部
豆岭村委会	Dòulǐng Cūnwěihuì	村民委员会	武垄镇政府驻地东部
兰源村委会	Lányuán Cūnwěihuì	村民委员会	武垄镇政府驻地北部

(续上表)

标准名称	汉语拼音	地名类别	相对位置
栗村村委会	Lìcūn Cūnwěihuì	村民委员会	武垄镇政府驻地东南部
罗冲村委会	Luóchōng Cūnwěihuì	村民委员会	武垄镇政府驻地东南部
罗坪村委会	Luópíng Cūnwěihuì	村民委员会	武垄镇政府驻地西部
明星村委会	Míngxīng Cūnwěihuì	村民委员会	武垄镇政府驻地西部
双象村委会	Shuāngxiàng Cūnwěihuì	村民委员会	武垄镇政府驻地东部
四围村委会	Sìwéi Cūnwěihuì	村民委员会	武垄镇政府驻地西北部
武垄村委会	Wǔlǒng Cūnwěihuì	村民委员会	武垄镇政府驻地西部
云楼村委会	Yúnlóu Cūnwěihuì	村民委员会	武垄镇政府驻地东北部
大沙洲村委会	Dàshāzhōu Cūnwěihuì	村民委员会	新圩镇政府驻地西北部
大同村委会	Dàtóng Cūnwěihuì	村民委员会	新圩镇政府驻地东部
格木村委会	Gémù Cūnwěihuì	村民委员会	新圩镇政府驻地东北部
官车村委会	Guānchē Cūnwěihuì	村民委员会	新圩镇政府驻地东部
河东村委会	Hédōng Cūnwěihuì	村民委员会	新圩镇政府驻地东部
历麻村委会	Lìmá Cūnwěihuì	村民委员会	新圩镇政府驻地西北部
山咀村委会	Shānzuǐ Cūnwěihuì	村民委员会	新圩镇政府驻地西北部
上咀村委会	Shàngzuǐ Cūnwěihuì	村民委员会	新圩镇政府驻地东部
塘北村委会	Tángběi Cūnwěihuì	村民委员会	新圩镇政府驻地东北部
新圩村委会	Xīnxū Cūnwěihuì	村民委员会	新圩镇政府驻地东南部
中垌村委会	Zhōngdòng Cūnwěihuì	村民委员会	新圩镇政府驻地东北部
古蓬村委会	Gǔpéng Cūnwěihuì	村民委员会	永丰镇政府驻地东北部
河村村委会	Hécūn Cūnwěihuì	村民委员会	永丰镇政府驻地东南部
金郡村委会	Jīnjùn Cūnwěihuì	村民委员会	永丰镇政府驻地南部
郡市村委会	Jùnshì Cūnwěihuì	村民委员会	永丰镇政府驻地东南部
荔枝村委会	Lìzhī Cūnwěihuì	村民委员会	永丰镇政府驻地西北部
南田村委会	Nántián Cūnwěihuì	村民委员会	永丰镇政府驻地东北部
双城村委会	Shuāngchéng Cūnwěihuì	村民委员会	永丰镇政府驻地南部
文罗村委会	Wénluó Cūnwěihuì	村民委员会	永丰镇政府驻地东南部
文善村委会	Wénshàn Cūnwěihuì	村民委员会	永丰镇政府驻地西南部
新乐村委会	Xīnlè Cūnwěihuì	村民委员会	永丰镇政府驻地北部
紫迳村委会	Zǐjìng Cūnwěihuì	村民委员会	永丰镇政府驻地西部

(续上表)

标准名称	汉语拼音	地名类别	相对位置
翠塘村委会	Cuìtáng Cūnwěihuì	村民委员会	悦城镇政府驻地东北部
顶底村委会	Dǐngdǐ Cūnwěihuì	村民委员会	悦城镇政府驻地西部
高灶头村委会	Gāozàotóu Cūnwěihuì	村民委员会	悦城镇政府驻地东北部
关塘坪村委会	Guāntángpíng Cūnwěihuì	村民委员会	悦城镇政府驻地西北部
江边村委会	Jiāngbiān Cūnwěihuì	村民委员会	悦城镇政府驻地西部
军岗村委会	Jūngǎng Cūnwěihuì	村民委员会	悦城镇政府驻地东北部
里村村委会	Lǐcūn Cūnwěihuì	村民委员会	悦城镇政府驻地东北部
罗洪村委会	Luóhóng Cūnwěihuì	村民委员会	悦城镇政府驻地西部
响水村委会	Xiǎngshuǐ Cūnwěihuì	村民委员会	悦城镇政府驻地东部
小水村委会	Xiǎoshuǐ Cūnwěihuì	村民委员会	悦城镇政府驻地北部
永增村委会	Yǒngzēng Cūnwěihuì	村民委员会	悦城镇政府驻地东北部
悦城村委会	Yuèchéng Cūnwěihuì	村民委员会	悦城镇政府驻地东北部
云帮村委会	Yúnbāng Cūnwěihuì	村民委员会	悦城镇政府驻地东北部
中地村委会	Zhōngdì Cūnwěihuì	村民委员会	悦城镇政府驻地东南部
洲林村委会	Zhōulín Cūnwěihuì	村民委员会	悦城镇政府驻地东部
播植居委会	Bōzhí Jūwěihuì	社区居委	播植镇政府驻地西南部
城东居委会	Chéngdōng Jūwěihuì	社区居委	德庆县政府驻地西南部
城南居委会	Chéngnán Jūwěihuì	社区居委	德庆县政府驻地西南部
城西居委会	Chéngxī Jūwěihuì	社区居委	德庆县政府驻地西南部
城中居委会	Chéngzhōng Jūwěihuì	社区居委	德庆县政府驻地西南部
凤村居委会	Fèngcūn Jūwěihuì	社区居委	凤村镇政府驻地东北部
高良居委会	Gāoliáng Jūwěihuì	社区居委	高良镇政府驻地西北部
沙旁居委会	Shāpáng Jūwěihuì	社区居委	官圩镇政府驻地西北部
官圩居委会	Guānxū Jūwěihuì	社区居委	官圩镇政府驻地北部
回龙居委会	Huílóng Jūwěihuì	社区居委	回龙镇政府驻地南部
九市居委会	Jiǔshì Jūwěihuì	社区居委	九市镇政府驻地东北部
马圩居委会	Mǎxū Jūwěihuì	社区居委	马圩镇政府驻地东南部
莫村居委会	Mòcūn Jūwěihuì	社区居委	莫村镇政府驻地西南部
古有居委会	Gǔyǒu Jūwěihuì	社区居委	莫村镇政府驻地东北部
武垄居委会	Wǔlǒng Jūwěihuì	社区居委	武垄镇政府驻地西北部

（续上表）

标准名称	汉语拼音	地名类别	相对位置
新圩居委会	Xīnxū Jūwěihuì	社区居委会	新圩镇政府驻地东部
永丰居委会	Yǒngfēng Jūwěihuì	社区居委会	永丰镇政府驻地东南部
悦城居委会	Yuèchéng Jūwěihuì	社区居委会	悦城镇政府驻地西南部

（四）居民点类

标准名称	汉语拼音	别名	地名类别	相对位置
播植教师村	Bōzhí Jiàoshīcūn	——	城镇	播植社区
百福嘉园	Bǎifú Jiāyuán	——	城镇	德城街道城中居委环城路22—2号
百福聚	Bǎifújù	——	城镇	德城镇朝阳东路
碧华雅苑	Bìhuá Yǎyuàn	——	城镇	德城街道环城路
碧华苑	Bìhuá Yuàn	——	城镇	德城街道城西居委环城路33号
碧华苑一期	Bìhuá Yuàn 1 Qī	——	城镇	德城街道城西居委沙帽塘二巷7—1号
碧云天豪庭	Bìyúntiān Háotíng	——	城镇	德城街道德庆大道西
滨江豪庭	Bīnjiāng Háotíng	——	城镇	德城街道东豪东路与端溪路交会处
城中华庭	Chéngzhōng Huátíng	——	城镇	德城街道解放路
翠湖珺城	Cuìhú Jùnchéng	——	城镇	德城街道德庆大道西
德庆教师村	Déqìng Jiàoshīcūn	——	城镇	新圩镇香山大道中15号
东海湾小区	Dōnghǎiwān Xiǎoqū	——	城镇	德城街道沿江路
东湖新村	Dōnghú Xīncūn	——	城镇	德城街道青云路
东升花园	Dōngshēng Huāyuán	——	城镇	德城街道朝阳东路13—2号
工商行宿舍	Gōngshāngháng Sùshè	——	城镇	德城街道朝阳东路
光明苑	Guāngmíng Yuàn	——	城镇	德城街道康城大道西
合富明珠花园	Héfùmíngzhū Huāyuán	——	城镇	德城街道德庆大道与文武路交会处
恒辉苑	Hénghuī Yuàn	——	城镇	德城街道朝辉路
恒基聚龙湖畔	Héngjījùlónghúpàn	——	城镇	德城街道龙母大街

（续上表）

标准名称	汉语拼音	别名	地名类别	相对位置
恒景楼	Héngjǐng Lóu	——	城镇	德城街道康城大道西与朝辉路交会处
恒裕楼	Héngyù Lóu	——	城镇	德城街道城南居委光明路65号
湖滨楼	Húbīn Lóu	——	城镇	德城街道龙母大街
湖景楼	Hújǐng Lóu	——	城镇	德城街道龙母大街
环城路镇府宿舍	Huánchéng Lù Zhènfǔ Sùshè	——	城镇	德城街道环城路与朝辉路交会处
建行宿舍	Jiànháng Sùshè	——	城镇	德城街道康城大道中
金汇豪庭	Jīnhuì Háotíng	——	城镇	德城街道登云北路
金山楼	Jīnshān Lóu	——	城镇	德城街道康城大道中与解放路交会处
金叶楼	Jīnyè Lóu	——	城镇	德城街道康城大道中与解放路交会处
锦江花园	Jǐnjiāng Huāyuán	——	城镇	德城街道龙母大街与德庆大道西交会处
锦润汇景园	Jǐnrùnhuìjǐng Yuán	——	城镇	德城街道东豪东路与环城路交会处
锦绣雅居	Jǐnxiù Yǎjū	——	城镇	德城街道康达路
锦园首府	Jǐnyuánshǒufǔ	——	城镇	德城街道仁寿北路与青云路交会处
旧车站宿舍	Jiùchēzhàn Sùshè	——	城镇	德城街道环城路
康城花园	Kāngchéng Huāyuán	——	城镇	德城街道城东居委康城大道东90—1号
康华名居	Kānghuá Míngjū	——	城镇	德城街道城东居委康城大道东78号
康蓝花园	Kānglán Huāyuán	——	城镇	德城街道城东居委文武南苑276号
康裕花园	Kāngyù Huāyuán	——	城镇	德城街道城东居委登云中路56号
康州名苑	Kāngzhōu Míngyuàn	——	城镇	德城街道城中居委德庆大道西1—2号
粮局所长楼	Liángjúsuǒzhǎng Lóu	——	城镇	德城街道城解放路
龙珠花园	Lóngzhū Huāyuán	——	城镇	德城街道城龙母大街与康城大道中交会处

(续上表)

标准名称	汉语拼音	别名	地名类别	相对位置
名人豪苑	Míngrén Háoyuàn	——	城镇	德城街道城康城大道中
名雅轩	Míngyǎ Xuān	——	城镇	德城街道城人寿南路
农行宿舍	Nóngháng Sùshè	——	城镇	康城大道中与解放路交会处
农金大厦	Nóngjīn Dàshà	——	城镇	康城大道西与解放路交会处
农信新村	Nóngxìn Xīncūn	——	城镇	德城街道城东居委康城大道东67—1号
侨苑新村	Qiáoyuàn Xīncūn	——	城镇	德城街道城龙母大街
清华花园	Qīnghuá Huāyuán	——	城镇	德城街道城东居委康寿路9号
荣达楼	Róngdá Lóu	——	城镇	德城街道康达路与朝辉路交会处
社保局宿舍	Shèbǎojú Sùshè	——	城镇	德城街道康城大道中
升晖新村	Shēnghuī Xīncūn	——	城镇	德城街道康达路
盛雅苑	Shèngyǎ Yuàn	——	城镇	德城街道城南居委光明路89号
水泥厂宿舍	Shuǐníchǎng Sùshè	——	城镇	德城街道城北南路与丰收路交会处
谭泉里	Tánquán Lǐ	——	城镇	德城街道城中居委谭泉里85号
文德楼	Wéndé Lóu	——	城镇	德城街道城中社区
文兰苑	Wénlán Yuàn	——	城镇	德城街道朝阳东路与文兰路交会处
五星豪庭	Wǔxīng Háotíng	——	城镇	德城街道城东社区
县府宿舍	Xiànfǔ Sùshè	——	城镇	德城街道朝阳中路
德庆县公安局宿舍	Déqìng Xiàn Gōng'ānjú Sùshè	——	城镇	德城街道城东居委康寿路2号
县长线局宿舍	Xiànchángxiànjú Sùshè	——	城镇	德城街道城东居委登云中路56号
幸福家园	Xìngfú Jiāyuán	——	城镇	德城街道东豪东路与通津路交会处
雅怡花园	Yǎyí Huāyuán	——	城镇	德城街道登云村仁寿村28号
阳光花园	Yángguāng Huāyuán	——	城镇	德城街道光明路
怡景花苑	Yíjǐng Huāyuán	——	城镇	德城街道仁寿南路

（续上表）

标准名称	汉语拼音	别名	地名类别	相对位置
怡轩居	Yíxuān Jū	——	城镇	德城街道城东居委广场花园2号
银龙邨	Yínlóng Cūn	——	城镇	德城街道康城大道中
裕轩源	Yùxuān Yuán	——	城镇	德城街道仁寿北路
凤城小区	Fèngchéng Xiǎoqū	——	城镇	凤村镇凤村社区
凤村教师村	Fèngcūn Jiàoshīcūn	——	城镇	凤村镇凤村社区
农民街	Nóngmín Jiē	——	城镇	凤村镇凤村社区
高良教师村	Gāoliáng Jiàoshīcūn	——	城镇	高良镇高良社区
高良卫生院宿舍	Gāoliáng Wèishēngyuàn Sùshè	——	城镇	高良镇高良社区
高良镇府大院	Gāoliáng Zhènfǔ Dàyuàn	——	城镇	高良镇高良社区
林业站宿舍	Línyèzhàn Sùshè	——	城镇	高良镇高良社区
万和小区	Wànhé Xiǎoqū	——	城镇	高良镇高良社区
官圩教师村	Guānxū Jiàoshīcūn	——	城镇	新圩镇新圩居委会香山大道中10号
银晟花园	Yínshèng Huāyuán	——	城镇	官圩镇官圩居委凤凰大道69号
广东省象牙山林场宿舍	Guǎngdōng Shěng Xiàngyáshān Línchǎng Sùshè	——	城镇	九市镇九市居委林场街11号
九市教师村	Jiǔshì Jiàoshīcūn	——	城镇	九市镇九市社区
九市镇府小区	Jiǔshì Zhènfǔ Xiǎoqū	——	城镇	九市镇九市社区
象林街小区	Xiànglínjiē Xiǎoqū	——	城镇	九市镇九市社区
新街小区	Xīnjiē Xiǎoqū	——	城镇	九市镇九市社区
回龙渔业队	Huílóng Yúyè Duì	——	城镇	回龙镇回龙社区
六水渔民新村	Liùshuǐ Yúmín Xīncūn	——	城镇	回龙镇回龙社区
马圩教师村	Mǎxū Jiàoshīcūn	——	城镇	马圩镇马圩社区
安逸雅居	Ānyì Yǎjū	——	城镇	莫村镇莫村社区
莫村教师村	Mòcūn Jiàoshīcūn	——	城镇	莫村镇莫村社区
莫村圩	Mòcūn Xū	——	城镇	莫村镇莫村社区
武垄教师村	Wǔlǒng Jiàoshīcūn	——	城镇	武垄镇武垄社区

（续上表）

标准名称	汉语拼音	别名	地名类别	相对位置
河筛	Héshāi	——	城镇	武垄镇武垄社区
财政局宿舍	Cáizhèngjú Sùshè	——	城镇	新圩镇丰收路与卫星南路交会处
德庆碧桂园	Déqìng Bìguì Yuán	——	城镇	新圩镇商业街
公路局宿舍	Gōnglùjú Sùshè	——	城镇	新圩镇龙母大街
鸿景城	Hóngjǐng Chéng	——	城镇	新圩镇龙母西街
江山御花园	Jiāngshānyù Huāyuán	——	城镇	新圩镇新圩社区
龙湖湾小区	Lónghúwān Xiǎoqū	——	城镇	新圩镇龙母大街152号
名雅苑	Míngyǎ Yuàn	——	城镇	新圩镇新圩社区
县教育印刷厂宿舍	Xiànjiàoyùyìnshuāchǎng Sùshè	——	城镇	新圩镇新圩社区
县饮料厂宿舍	Xiànyǐnliàochǎng Sùshè	——	城镇	新圩镇新圩社区
新圩教师村	Xīnxū Jiàoshīcūn	——	城镇	新圩镇新圩社区
新圩信用社宿舍	Xīnxū Xìnyòngshè Sùshè	——	城镇	新圩镇新圩社区
壹号公馆	Yīhào Gōngguǎn	——	城镇	新圩镇新圩社区
镇府宿舍	Zhènfǔ Sùshè	——	城镇	新圩镇新圩社区
永丰教办宿舍	Yǒngfēng Jiàobàn Sùshè	——	城镇	永丰圩镇一排街
永丰中学宿舍	Yǒngfēng Zhōngxué Sùshè	——	城镇	永丰镇永丰社区
永丰中心小学宿舍	Yǒngfēng Zhōngxīnxiǎoxué Sùshè	——	城镇	永丰镇永丰社区
永丰镇府大院宿舍	Yǒngfēng Zhènfǔdàyuàn Sùshè	——	城镇	永丰镇永丰社区
永丰圩镇一排街	Yǒngfēng Xūzhèn Yīpáijiē	——	城镇	永丰镇永丰社区
永丰圩镇二排街	Yǒngfēng Xūzhèn Èrpáijiē	——	城镇	永丰镇永丰社区
永丰圩镇三排街	Yǒngfēng Xūzhèn Sānpáijiē	——	城镇	永丰镇永丰社区
悦城教师村	Yuèchéng Jiàoshīcūn	——	城镇	悦城镇悦城大道东28号

（续上表）

标准名称	汉语拼音	别名	地名类别	相对位置
水上新村	Shuǐshàng Xīncūn	——	城镇	悦城镇悦城村水上新村18—2号
案村	Àncūn	——	农村	播植镇政府驻地西南部
八仙	Bāxiān	——	农村	官圩镇政府驻地西部
八元	Bāyuán	——	农村	莫村镇政府驻地西北部
白凡	Báifán	——	农村	新圩镇政府驻地西北部
白坟	Báifén	——	农村	九市镇政府驻地东南部
白坟脚	Báifénjiǎo	——	农村	官圩镇政府驻地北部
白鹤塘	Báihè Táng	——	农村	高良镇政府驻地东北部
白花	Báihuā	——	农村	回龙镇政府驻地东北部
白马	Báimǎ	——	农村	莫村镇政府驻地西南部
白梅根	Báiméigēn	——	农村	官圩镇政府驻地北部
白梅根	Báiméigēn	——	农村	马圩镇政府驻地东北部
白木坑	Báimù Kēng	——	农村	莫村镇政府驻地东北部
白沙	Báishā	——	农村	德庆县政府驻地东部
白沙	Báishā	——	农村	官圩镇政府驻地北部
白沙	Báishā	——	农村	新圩镇政府驻地北部
白石冲	Báishíchōng	——	农村	官圩镇政府驻地西北部
白石岗	Báishí Gǎng	——	农村	莫村镇政府驻地西南部
白石坑	Báishí Kēng	——	农村	莫村镇政府驻地东南部
白石坑口	Báishí Kēngkǒu	——	农村	悦城镇政府驻地东北部
白石埇	Báishíyǒng	——	农村	德庆县政府驻地西部
白水	Báishuǐ	——	农村	官圩镇政府驻地西北部
百步	Bǎibù	——	农村	凤村镇政府驻地东南部
百家	Bǎijiā	——	农村	新圩镇政府驻地北部
百丈峒	Bǎizhàng Dòng	——	农村	新圩镇政府驻地东北部
百足岗	Bǎizú Gǎng	——	农村	新圩镇政府驻地东部
斑鸠山	Bānjiūshān	——	农村	回龙镇政府驻地西北部
办塘坑	Bàntáng Kēng	——	农村	九市镇政府驻地东北部
办田坑	Bàntián Kēng	——	农村	九市镇政府驻地北部

(续上表)

标准名称	汉语拼音	别名	地名类别	相对位置
办埇	Bànyǒng	—	农村	官圩镇政府驻地西北部
半垌	Bàndòng	—	农村	永丰镇政府驻地南部
半垌	Bàndòng	—	农村	九市镇政府驻地东部
半垌	Bàndòng	—	农村	九市镇政府驻地东北部
半河	Bànhé	—	农村	凤村镇政府驻地西北部
半坑	Bànkēng	—	农村	凤村镇政府驻地西南部
半蒗	Bànliǎng	—	农村	官圩镇政府驻地东北部
半塘	Bàntáng	—	农村	新圩镇政府驻地东部
半天新寨	Bàntiān Xīnzhài	—	农村	高良镇政府驻地东北部
半埇	Bànyǒng	—	农村	高良镇政府驻地西北部
半埇	Bànyǒng	—	农村	马圩镇政府驻地东北部
包山坑	Bāoshān Kēng	—	农村	九市镇政府驻地东北部
宝坪	Bǎopíng	—	农村	凤村镇政府驻地南部
保安	Bǎo'ān	—	农村	武垄镇政府驻地东北部
保圩	Bǎoxū	—	农村	九市镇政府驻地东部
抱塘冲	Bàotángchōng	—	农村	回龙镇政府驻地东北部
抱塘底	Bàotángdǐ	—	农村	回龙镇政府驻地东北部
鲍洞	Bàodòng	—	农村	高良镇政府驻地东北部
碑头	Bēitóu	—	农村	官圩镇政府驻地西北部
北村	Běicūn	—	农村	莫村镇政府驻地西南部
北门	Běimén	—	农村	莫村镇政府驻地西北部
北胜街	Běishèngjiē	—	农村	悦城镇政府驻地南部
北永	Běiyǒng	—	农村	莫村镇政府驻地东部
伻佃	Bàngdiàn	—	农村	高良镇政府驻地北部
崩岗坑	Bēnggǎng Kēng	—	农村	九市镇政府驻地东南部
崩岭	Bēnglǐng	—	农村	武垄镇政府驻地北部
崩坭	Bēngní	—	农村	官圩镇政府驻地东北部
崩坭	Bēngní	—	农村	新圩镇政府驻地西北部
崩塘	Bēngtáng	—	农村	高良镇政府驻地东北部
宾二村	Bīn'èrcūn	—	农村	回龙镇政府驻地北部

（续上表）

标准名称	汉语拼音	别名	地名类别	相对位置
宾三村	Bīnsāncūn	——	农村	回龙镇政府驻地北部
宾四村	Bīnsìcūn	——	农村	回龙镇政府驻地北部
宾一村	Bīnyīcūn	——	农村	回龙镇政府驻地北部
钵湖	Bōhú	——	农村	高良镇政府驻地西北部
播荫	Bōyīn	——	农村	武垄镇政府驻地东部
播植圩	Bōzhíxū	——	农村	播植镇政府驻地西部
布村	Bùcūn	——	农村	九市镇政府驻地东北部
步和塘	Bùhé Táng	——	农村	马圩镇政府驻地东北部
步田	Bùtián	——	农村	九市镇政府驻地东北部
埠南里	Bùnánlǐ	——	农村	播植镇政府驻地西南部
草枯地	Cǎokūdì	——	农村	高良镇政府驻地西北部
叉路口	Chàlùkǒu	——	农村	马圩镇政府驻地东北部
茶根	Chágēn	——	农村	悦城镇政府驻地东北部
茶根咀	Chágēnzuǐ	——	农村	凤村镇政府驻地西北部
茶亭	Chátíng	——	农村	新圩镇政府驻地北部
蟾蜍地	Chánchúdì	——	农村	官圩镇政府驻地西北部
朝阳	Cháoyáng	——	农村	播植镇政府驻地南部
朝阳	Cháoyáng	——	农村	悦城镇政府驻地东部
车脚	Chējiǎo	——	农村	高良镇政府驻地东北部
车口	Chēkǒu	——	农村	官圩镇政府驻地北部
车田	Chētián	——	农村	官圩镇政府驻地西北部
陈村	Chéncūn	——	农村	回龙镇政府驻地北部
陈家村	Chénjiācūn	——	农村	官圩镇政府驻地北部
陈门	Chénmén	——	农村	官圩镇政府驻地东部
陈裔	Chényì	——	农村	高良镇政府驻地东北部
城里	Chénglǐ	——	农村	官圩镇政府驻地东部
赤丽岗	Chìlì Gǎng	——	农村	高良镇政府驻地东北部
赤土	Chìtǔ	——	农村	新圩镇政府驻地东部
冲池	Chōngchí	——	农村	九市镇政府驻地东部
冲德	Chōngdé	——	农村	回龙镇政府驻地西北部

（续上表）

标准名称	汉语拼音	别名	地名类别	相对位置
冲二村	Chōng'èrcūn	——	农村	马圩镇政府驻地东部
冲黄坑	Chōnghuáng Kēng	——	农村	九市镇政府驻地东北部
冲黄姓江村	Chōnghuángxìngjiāngcūn	——	农村	官圩镇政府驻地西北部
冲黄姓徐村	Chōnghuángxìngxúcūn	——	农村	官圩镇政府驻地西北部
冲角	Chōngjiǎo	——	农村	高良镇政府驻地东北部
冲口	Chōngkǒu	——	农村	高良镇政府驻地东北部
冲口	Chōngkǒu	——	农村	悦城镇政府驻地北部
冲口	Chōngkǒu	——	农村	马圩镇政府驻地东北部
冲口	Chōngkǒu	——	农村	官圩镇政府驻地北部
冲口	Chōngkǒu	——	农村	新圩镇政府驻地西北部
冲口	Chōngkǒu	西演村	农村	九市镇政府驻地西部
冲里	Chōnglǐ	——	农村	回龙镇政府驻地西北部
冲里	Chōnglǐ	——	农村	官圩镇政府驻地北部
冲里	Chōnglǐ	——	农村	新圩镇政府驻地西北部
冲芒	Chōngmáng	——	农村	高良镇政府驻地东部
冲耨	Chōngnòu	——	农村	官圩镇政府驻地西北部
冲袍	Chōngpáo	——	农村	回龙镇政府驻地西北部
冲塘	Chōngtáng	——	农村	九市镇政府驻地东北部
冲尾	Chōngwěi	——	农村	马圩镇政府驻地东部
冲霞	Chōngxiá	——	农村	凤村镇政府驻地西北部
冲项	Chōngxiàng	——	农村	回龙镇政府驻地西北部
冲一村	Chōngyīcūn	——	农村	马圩镇政府驻地东部
冲源	Chōngyuán	——	农村	新圩镇政府驻地东部
冲源新村	Chōngyuán Xīncūn	——	农村	官圩镇政府驻地西北部
川贝	Chuānbèi	——	农村	官圩镇政府驻地西北部
春谷	Chūngǔ	——	农村	莫村镇政府驻地西北部
春牛亭	Chūnniútíng	——	农村	德庆县政府驻地东南部
翠地	Cuìdì	——	农村	悦城镇政府驻地东部
翠塘	Cuìtáng	——	农村	悦城镇政府驻地东北部

（续上表）

标准名称	汉语拼音	别名	地名类别	相对位置
村头垌	Cūntóu Dòng	——	农村	九市镇政府驻地东部
答源	Dáyuán	——	农村	凤村镇政府驻地西南部
大办	Dàbàn	——	农村	九市镇政府驻地东部
大宝	Dàbǎo	——	农村	回龙镇政府驻地北部
大报岗	Dàbào Gǎng	——	农村	莫村镇政府驻地西南部
大陂	Dàbēi	——	农村	官圩镇政府驻地北部
大碑头	Dàbēitóu	——	农村	九市镇政府驻地北部
大崩	Dàbēng	——	农村	官圩镇政府驻地西北部
大播	Dàbō	——	农村	永丰镇政府驻地东南部
大播	Dàbō	——	农村	播植镇政府驻地南部
大播地	Dàbōdì	——	农村	悦城镇政府驻地西部
大步垌	Dàbù Dòng	——	农村	新圩镇政府驻地东部
大车	Dàchē	——	农村	回龙镇政府驻地南部
大虫跳	Dàchóngtiào	——	农村	回龙镇政府驻地西部
大村	Dàcūn	——	农村	凤村镇政府驻地西北部
大道山	Dàdàoshān	——	农村	马圩镇政府驻地北部
大地山	Dàdìshān	——	农村	悦城镇政府驻地东北部
大东田	Dàdōngtián	——	农村	官圩镇政府驻地北部
大垌	Dàdòng	——	农村	莫村镇政府驻地东北部
大垌上村	Dàdòng Shàngcūn	——	农村	莫村镇政府驻地东北部
大垌下村	Dàdòng Xiàcūn	——	农村	莫村镇政府驻地东北部
大都塘	Dàdū Táng	——	农村	高良镇政府驻地北部
大段头	Dàduàntóu	——	农村	高良镇政府驻地西北部
大方垌	Dàfāng Dòng	——	农村	马圩镇政府驻地东南部
大干头	Dàgàntóu	——	农村	马圩镇政府驻地北部
大岗	Dàgǎng	——	农村	莫村镇政府驻地西南部
大岗	Dàgǎng	——	农村	莫村镇政府驻地西北部
大岗	Dàgǎng	——	农村	悦城镇政府驻地东北部
大岗脚	Dàgǎngjiǎo	——	农村	悦城镇政府驻地西部
大格	Dàgé	——	农村	高良镇政府驻地北部

（续上表）

标准名称	汉语拼音	别名	地名类别	相对位置
大棍塘	Dàgùn Táng	——	农村	回龙镇政府驻地西北部
大禾坑	Dàhé Kēng	——	农村	凤村镇政府驻地西部
大合垌	Dàhé Dòng	——	农村	凤村镇政府驻地北部
大河	Dàhé	——	农村	播植镇政府驻地西部
大河	Dàhé	——	农村	高良镇政府驻地西北部
大河埌	Dàhélàng	——	农村	高良镇政府驻地东北部
大亨	Dàhēng	——	农村	莫村镇政府驻地东北部
大湖	Dàhú	——	农村	回龙镇政府驻地西部
大湖塘	Dàhú Táng	——	农村	回龙镇政府驻地西部
大甲口	Dàjiǎkǒu	——	农村	高良镇政府驻地东北部
大尖脚	Dàjiānjiǎo	——	农村	凤村镇政府驻地西南部
大建垌	Dàjiàn Dòng	——	农村	马圩镇政府驻地北部
大江	Dàjiāng	——	农村	官圩镇政府驻地东北部
大江	Dàjiāng	——	农村	永丰镇政府驻地南部
大江咀	Dàjiāngzuǐ	——	农村	高良镇政府驻地东北部
大降底	Dàjiàngdǐ	——	农村	高良镇政府驻地南部
大降底	Dàjiàngdǐ	——	农村	马圩镇政府驻地东南部
大降坑	Dàjiàng Kēng	——	农村	悦城镇政府驻地东北部
大降口	Dàjiàngkǒu	——	农村	高良镇政府驻地东部
大降坪	Dàjiàng Píng	——	农村	悦城镇政府驻地东北部
大蕉根	Dàjiāogēn	——	农村	新圩镇政府驻地东部
大较	Dàjiào	——	农村	马圩镇政府驻地东南部
大径	Dàjìng	——	农村	回龙镇政府驻地西北部
大迳口	Dàjìngkǒu	——	农村	高良镇政府驻地西北部
大科田	Dàkētián	——	农村	悦城镇政府驻地东北部
大坑	Dàkēng	——	农村	悦城镇政府驻地西北部
大坑	Dàkēng	——	农村	悦城镇政府驻地东部
大坑	Dàkēng	——	农村	凤村镇政府驻地西北部
大坑	Dàkēng	——	农村	凤村镇政府驻地西南部
大榄	Dàlǎn	——	农村	高良镇政府驻地北部

（续上表）

标准名称	汉语拼音	别名	地名类别	相对位置
大榄	Dàlǎn	——	农村	高良镇政府驻地西北部
大埌	Dàlàng	——	农村	播植镇政府驻地东南部
大埌	Dàlàng	——	农村	凤村镇政府驻地西部
大埌	Dàlàng	——	农村	凤村镇政府驻地西南部
大埌	Dàlàng	——	农村	凤村镇政府驻地西部
大埌	Dàlàng	——	农村	高良镇政府驻地西南部
大埌	Dàlàng	——	农村	官圩镇政府驻地西北部
大埌	Dàlàng	——	农村	九市镇政府驻地东部
大埌	Dàlàng	——	农村	回龙镇政府驻地北部
大埌	Dàlàng	——	农村	马圩镇政府驻地北部
大埌	Dàlàng	——	农村	莫村镇政府驻地东北部
大埌新村	Dàlàng Xīncūn	——	农村	悦城镇政府驻地东北部
大梨塘	Dàlí Táng	——	农村	官圩镇政府驻地北部
大立庙	Dàlìmiào	——	农村	马圩镇政府驻地东北部
大菵	Dàliǎng	——	农村	官圩镇政府驻地东北部
大菵新村	Dàliǎng Xīncūn	——	农村	莫村镇政府驻地东南部
大辽	Dàliáo	——	农村	德庆县政府驻地东南部
大辽坪	Dàliáo Píng	——	农村	高良镇政府驻地西南部
大岭脚	Dàlǐngjiǎo	——	农村	凤村镇政府驻地西北部
大岭山	Dàlǐngshān	——	农村	高良镇政府驻地西北部
大岭头	Dàlǐngtóu	——	农村	官圩镇政府驻地北部
大楼	Dàlóu	——	农村	永丰镇政府驻地南部
大碌窝	Dàlùwō	——	农村	马圩镇政府驻地北部
大路垌	Dàlù Dòng	——	农村	官圩镇政府驻地北部
大罗	Dàluó	——	农村	新圩镇政府驻地西北部
大木根	Dàmùgēn	——	农村	马圩镇政府驻地东北部
大宁	Dàníng	——	农村	莫村镇政府驻地西部
大平	Dàpíng	——	农村	马圩镇政府驻地北部
大坪	Dàpíng	——	农村	高良镇政府驻地东部
大坪	Dàpíng	——	农村	武垄镇政府驻地东南部

(续上表)

标准名称	汉语拼音	别名	地名类别	相对位置
大坪	Dàpíng	——	农村	悦城镇政府驻地东北部
大坪	Dàpíng	——	农村	官圩镇政府驻地北部
大坪	Dàpíng	——	农村	播植镇政府驻地东南部
大坡	Dàpō	——	农村	官圩镇政府驻地东北部
大坡尾	Dàpōwěi	——	农村	马圩镇政府驻地北部
大铺	Dàpù	——	农村	回龙镇政府驻地西北部
大沙	Dàshā	——	农村	莫村镇政府驻地东北部
大沙洲	Dàshāzhōu	——	农村	新圩镇政府驻地西北部
大沙洲	Dàshāzhōu	——	农村	高良镇政府驻地西北部
大山	Dàshān	——	农村	悦城镇政府驻地东北部
大社根	Dàshègēn	——	农村	高良镇政府驻地东北部
大石	Dàshí	——	农村	回龙镇政府驻地北部
大石	Dàshí	——	农村	官圩镇政府驻地东北部
大石垌	Dàshí Dòng	——	农村	高良镇政府驻地西北部
大水	Dàshuǐ	——	农村	官圩镇政府驻地西北部
大水河	Dàshuǐhé	——	农村	官圩镇政府驻地西北部
大滩	Dàtān	——	农村	官圩镇政府驻地西北部
大塘	Dàtáng	——	农村	新圩镇政府驻地西北部
大塘	Dàtáng	——	农村	永丰镇政府驻地西南部
大塘	Dàtáng	——	农村	马圩镇政府驻地东南部
大塘边	Dàtángbiān	——	农村	凤村镇政府驻地西北部
大塘角	Dàtángjiǎo	——	农村	官圩镇政府驻地东北部
大塘角	Dàtángjiǎo	——	农村	莫村镇政府驻地东北部
大塘岭	Dàtáng Lǐng	——	农村	回龙镇政府驻地北部
大塘坪	Dàtáng Píng	——	农村	九市镇政府驻地北部
大塘尾	Dàtángwěi	——	农村	永丰镇政府驻地东部
大田	Dàtián	——	农村	莫村镇政府驻地西南部
大田头	Dàtiántóu	——	农村	莫村镇政府驻地西南部
大同	Dàtóng	——	农村	高良镇政府驻地西北部
大头王岗	Dàtóuwáng Gǎng	——	农村	马圩镇政府驻地北部

（续上表）

标准名称	汉语拼音	别名	地名类别	相对位置
大洼	Dàwā	——	农村	悦城镇政府驻地东北部
大旺坑	Dàwàng Kēng	——	农村	九市镇政府驻地东北部
大文	Dàwén	——	农村	回龙镇政府驻地西北部
大文	Dàwén	——	农村	新圩镇政府驻地东北部
大窝	Dàwō	——	农村	官圩镇政府驻地西北部
大屋山	Dàwūshān	——	农村	九市镇政府驻地东部
大五	Dàwǔ	——	农村	新圩镇政府驻地西北部
大巷	Dàxiàng	——	农村	马圩镇政府驻地西部
大雅	Dàyǎ	——	农村	官圩镇政府驻地北部
大埇埌	Dàyǒnglàng	——	农村	马圩镇政府驻地北部
大右	Dàyòu	大祐村	农村	悦城镇政府驻地北部
大柚根	Dàyòugēn	——	农村	高良镇政府驻地北部
大运坑	Dàyùn Kēng	——	农村	凤村镇政府驻地西南部
大寨	Dàzhài	——	农村	高良镇政府驻地西北部
大寨	Dàzhài	——	农村	马圩镇政府驻地西部
大罩	Dàzhào	——	农村	莫村镇政府驻地西南部
大圳	Dàzhèn	——	农村	凤村镇政府驻地西南部
大圳口	Dàzhènkǒu	——	农村	凤村镇政府驻地西北部
大竹埌	Dàzhúlàng	——	农村	播植镇政府驻地东南部
担水坑	Dānshuǐ Kēng	——	农村	莫村镇政府驻地东北部
担梯埌	Dāntīlàng	——	农村	九市镇政府驻地东部
单竹根	Dānzhúgēn	——	农村	马圩镇政府驻地北部
刀盆	Dāopén	——	农村	莫村镇政府驻地西北部
到收	Dàoshōu	——	农村	凤村镇政府驻地东北部
登云	Dēngyún	——	农村	德庆县政府驻地南部
邓村	Dèngcūn	——	农村	新圩镇政府驻地北部
地豆坪	Dìdòu Píng	——	农村	悦城镇政府驻地东北部
地古坪	Dìgǔ Píng	——	农村	高良镇政府驻地东部
地咀	Dìzuǐ	——	农村	凤村镇政府驻地西南部
地头	Dìtóu	——	农村	九市镇政府驻地东南部

(续上表)

标准名称	汉语拼音	别名	地名类别	相对位置
地洲	Dìzhōu	——	农村	悦城镇政府驻地北部
叠洞	Diédòng	——	农村	悦城镇政府驻地东北部
东岸	Dōng'àn	——	农村	悦城镇政府驻地东北部
东岸咀	Dōng'ànzuǐ	——	农村	悦城镇政府驻地东南部
东村	Dōngcūn	——	农村	莫村镇政府驻地西南部
东发	Dōngfā	——	农村	莫村镇政府驻地东北部
东发咀	Dōngfāzuǐ	——	农村	莫村镇政府驻地东北部
东风	Dōngfēng	——	农村	德庆县政府驻地东北部
东风	Dōngfēng	——	农村	新圩镇政府驻地东北部
东官塘	Dōngguān Táng	——	农村	高良镇政府驻地西南部
东坑	Dōngkēng	——	农村	高良镇政府驻地东北部
东坑	Dōngkēng	——	农村	九市镇政府驻地东南部
东坑	Dōngkēng	——	农村	悦城镇政府驻地东北部
东宁	Dōngníng	——	农村	莫村镇政府驻地东北部
东升	Dōngshēng	——	农村	德庆县政府驻地东南部
东升	Dōngshēng	——	农村	莫村镇政府驻地西南部
冻田	Dòngtián	——	农村	九市镇政府驻地东北部
峒表	Dòngbiǎo	——	农村	回龙镇政府驻地北部
峒表	Dòngbiǎo	——	农村	新圩镇政府驻地西北部
峒表	Dòngbiǎo	——	农村	新圩镇政府驻地北部
峒表	Dòngbiǎo	——	农村	官圩镇政府驻地西北部
峒表	Dòngbiǎo	——	农村	高良镇政府驻地西北部
峒佛	Dòngfó	——	农村	高良镇政府驻地东北部
峒坑河	Dòngkēnghé	——	农村	凤村镇政府驻地西北部
峒坑坪	Dòngkēng Píng	——	农村	凤村镇政府驻地西北部
峒尾埌	Dòngwěilàng	——	农村	马圩镇政府驻地东北部
峒心	Dòngxīn	——	农村	官圩镇政府驻地北部
洞督	Dòngdū	——	农村	莫村镇政府驻地北部
洞寮	Dòngliáo	——	农村	九市镇政府驻地东南部
洞心	Dòngxīn	——	农村	武垄镇政府驻地西南部

（续上表）

标准名称	汉语拼音	别名	地名类别	相对位置
洞夜	Dòngyè	——	农村	武垄镇政府驻地东南部
都合	Dūhé	——	农村	高良镇政府驻地南部
都洪	Dūhóng	——	农村	高良镇政府驻地东南部
都杰	Dūjié	——	农村	高良镇政府驻地西南部
都臼	Dūjiù	——	农村	马圩镇政府驻地东北部
都巨	Dūjù	——	农村	回龙镇政府驻地西北部
都林口	Dūlínkǒu	——	农村	官圩镇政府驻地北部
都蓬	Dūpéng	——	农村	莫村镇政府驻地西北部
都蓬岗	Dūpéng Gǎng	——	农村	莫村镇政府驻地西北部
斗执	Dǒuzhí	——	农村	莫村镇政府驻地东北部
豆岭二村	Dòulǐng Èrcūn	——	农村	武垄镇政府驻地东部
豆岭旧村	Dòulǐng Jiùcūn	——	农村	武垄镇政府驻地东部
豆岭一村	Dòulǐng Yīcūn	——	农村	武垄镇政府驻地东部
独片	Dúpiàn	——	农村	马圩镇政府驻地北部
独山	Dúshān	——	农村	高良镇政府驻地北部
独山	Dúshān	——	农村	官圩镇政府驻地西部
独山儿	Dúshān'ér	——	农村	马圩镇政府驻地东南部
独洼	Dúwā	——	农村	凤村镇政府驻地西南部
独屋	Dúwū	——	农村	九市镇政府驻地南部
独洲	Dúzhōu	——	农村	新圩镇政府驻地西北部
杜江	Dùjiāng	——	农村	新圩镇政府驻地东北部
肚门	Dùtóng	——	农村	莫村镇政府驻地东北部
度村	Dùcūn	——	农村	永丰镇政府驻地西北部
渡头	Dùtóu	——	农村	回龙镇政府驻地北部
对面	Duìmiàn	——	农村	播植镇政府驻地东部
对面山	Duìmiànshān	——	农村	德庆县政府驻地东部
对面山	Duìmiànshān	——	农村	回龙镇政府驻地西北部
对面山	Duìmiànshān	——	农村	马圩镇政府驻地东北部
对田侧	Duìtiáncè	——	农村	武垄镇政府驻地西北部
对燕	Duìyàn	——	农村	新圩镇政府驻地西北部

(续上表)

标准名称	汉语拼音	别名	地名类别	相对位置
鹅景岗	É Jǐng Gǎng	——	农村	回龙镇政府驻地西部
鹅寮	É liáo	——	农村	马圩镇政府驻地西南部
耳环冲	Ěrhuánchōng	——	农村	新圩镇政府驻地西北部
二坑	Èrkēng	——	农村	高良镇政府驻地东北部
二坑	Èrkēng	——	农村	悦城镇政府驻地东北部
二印	Èryìn	——	农村	莫村镇政府驻地西部
发甲	Fàjiǎ	——	农村	马圩镇政府驻地东南部
凡时塘	Fánshí Táng	——	农村	马圩镇政府驻地东北部
芳村	Fāngcūn	——	农村	九市镇政府驻地东北部
放田	Fàngtián	——	农村	九市镇政府驻地东北部
分水	Fēnshuǐ	——	农村	九市镇政府驻地东部
丰门	Fēngmén	——	农村	九市镇政府驻地东部
丰收	Fēngshōu	——	农村	凤村镇政府驻地东南部
丰堂新村	Fēngtáng Xīncūn	——	农村	高良镇政府驻地西北部
枫木根	Fēngmùgēn	——	农村	高良镇政府驻地西北部
枫木根	Fēngmùgēn	——	农村	高良镇政府驻地西南部
枫木埌	Fēngmùlàng	——	农村	高良镇政府驻地东北部
枫木埌	Fēngmùlàng	——	农村	九市镇政府驻地东北部
枫木茼	Fēngmùliǎng	——	农村	官圩镇政府驻地东北部
枫木塘	Fēngmùtáng	——	农村	回龙镇政府驻地西北部
枫香根	Fēngxiānggēn	——	农村	悦城镇政府驻地北部
凤背	Fèngbèi	——	农村	播植镇政府驻地东南部
凤村	Fèngcūn	——	农村	马圩镇政府驻地东北部
凤村圩	Fèngcūnxū	——	农村	凤村镇政府驻地西部
凤村寨	Fèngcūnzhài	——	农村	凤村镇政府驻地西北部
凤岗	Fènggǎng	——	农村	莫村镇政府驻地东北部
凤合	Fènghé	——	农村	武垄镇政府驻地东南部
凤凰	Fènghuáng	——	农村	莫村镇政府驻地东北部
凤凰大道	Fènghuáng Dàdào	——	农村	官圩镇政府驻地东南部
凤脚	Fèngjiǎo	——	农村	莫村镇政府驻地西南部

(续上表)

标准名称	汉语拼音	别名	地名类别	相对位置
凤库	Fèngkù	——	农村	永丰镇政府驻地东南部
凤山	Fèngshān	——	农村	莫村镇政府驻地西北部
凤山村三队	Fèngshāncūn Sānduì	——	农村	莫村镇政府驻地西北部
凤市	Fèngshì	——	农村	凤村镇政府驻地西南部
凤围坑	Fèngwéikēng	——	农村	播植镇政府驻地西南部
佛坑	Fókēng	——	农村	高良镇政府驻地东北部
佛料	Fóliào	——	农村	高良镇政府驻地东北部
佛塘坳	Fótáng Ào	——	农村	悦城镇政府驻地东北部
佛子	Fózǐ	——	农村	高良镇政府驻地北部
佛子	Fózǐ	——	农村	官圩镇政府驻地北部
佛子	Fózǐ	——	农村	新圩镇政府驻地东北部
佛子埌	Fózǐlàng	——	农村	新圩镇政府驻地西北部
佛子岭	Fózǐ Lǐng	——	农村	高良镇政府驻地西北部
佛子埇	Fózǐyǒng	——	农村	高良镇政府驻地西北部
扶号	Fúhào	——	农村	九市镇政府驻地北部
扶赖	Fúlài	——	农村	悦城镇政府驻地西北部
扶扫	Fúsǎo	——	农村	马圩镇政府驻地东南部
芙芦冲	Fúlúchōng	——	农村	九市镇政府驻地南部
芙蓉岗	Fúróng Gǎng	——	农村	悦城镇政府驻地西北部
福村	Fúcūn	——	农村	武垄镇政府驻地北部
福善	Fúshàn	——	农村	莫村镇政府驻地西北部
福寿	Fúshòu	——	农村	新圩镇政府驻地东北部
付六	Fùliù	——	农村	莫村镇政府驻地西北部
付如垌	Fùrú Dòng	——	农村	回龙镇政府驻地西北部
付竹坑	Fùzhú Kēng	——	农村	莫村镇政府驻地西部
富林	Fùlín	——	农村	永丰镇政府驻地西南部
富门	Fùmén	——	农村	新圩镇政府驻地西北部
富石	Fùshí	——	农村	回龙镇政府驻地西南部
富石	Fùshí	——	农村	新圩镇政府驻地西北部
富务田	Fùwùtián	——	农村	高良镇政府驻地西北部

（续上表）

标准名称	汉语拼音	别名	地名类别	相对位置
富源	Fùyuán	——	农村	莫村镇政府驻地西北部
甘力	Gānlì	——	农村	九市镇政府驻地南部
甘坡	Gānpō	——	农村	高良镇政府驻地西南部
甘田	Gāntián	——	农村	高良镇政府驻地西南部
柑子冲	Gānzǐchōng	——	农村	新圩镇政府驻地西北部
柑子坑	Gānzǐ Kēng	——	农村	九市镇政府驻地北部
柑子坑	Gānzǐ Kēng	——	农村	凤村镇政府驻地西部
干联	Gànlián	——	农村	马圩镇政府驻地东北部
岗边	Gǎngbiān	——	农村	官圩镇政府驻地南部
岗顶	Gǎngdǐng	——	农村	莫村镇政府驻地西南部
岗顶新村	Gǎngdǐng Xīncūn	——	农村	莫村镇政府驻地西南部
岗咀	Gǎngzuǐ	——	农村	马圩镇政府驻地东南部
岗咀	Gǎngzuǐ	——	农村	莫村镇政府驻地东北部
岗咀	Gǎngzuǐ	——	农村	莫村镇政府驻地西南部
岗面	Gǎngmiàn	——	农村	莫村镇政府驻地西部
岗面	Gǎngmiàn	——	农村	莫村镇政府驻地西北部
岗坪山	Gǎngpíngshān	——	农村	高良镇政府驻地东北部
岗头	Gǎngtóu	——	农村	官圩镇政府驻地东南部
高陂	Gāobēi	——	农村	播植镇政府驻地西南部
高村	Gāocūn	——	农村	九市镇政府驻地北部
高村	Gāocūn	——	农村	悦城镇政府驻地东北部
高岗	Gāogǎng	——	农村	官圩镇政府驻地西北部
高埌	Gāolàng	红中村	农村	官圩镇政府驻地西北部
高埌	Gāolàng	——	农村	永丰镇政府驻地西南部
高埌头	Gāolàngtóu	——	农村	马圩镇政府驻地东北部
高良圩	Gāoliángxū	——	农村	高良镇政府驻地西部
高山	Gāoshān	——	农村	马圩镇政府驻地东北部
高阳	Gāoyáng	——	农村	莫村镇政府驻地东北部
诰赠	Gàozèng	——	农村	马圩镇政府驻地东北部
诰赠垌	Gàozèng Dòng	——	农村	高良镇政府驻地西北部

(续上表)

标准名称	汉语拼音	别名	地名类别	相对位置
格岸	Gé'àn	——	农村	播植镇政府驻地西南部
格木	Gémù	——	农村	新圩镇政府驻地北部
格木根	Gémùgēn	——	农村	马圩镇政府驻地北部
格木咀	Gémùzuǐ	——	农村	永丰镇政府驻地东北部
格塘	Gétáng	——	农村	凤村镇政府驻地东北部
葛村	Gěcūn	——	农村	新圩镇政府驻地西北部
更口	Gēngkǒu	——	农村	高良镇政府驻地西北部
更口	Gèngkǒu	——	农村	官圩镇政府驻地西部
更心	Gēngxīn	——	农村	马圩镇政府驻地西北部
更心	Gèngxīn	——	农村	官圩镇政府驻地东北部
公正坪	Gōngzhèng Píng	——	农村	莫村镇政府驻地西部
狗尾咀	Gǒuwěizuǐ	——	农村	九市镇政府驻地东北部
古串	Gǔchuàn	——	农村	高良镇政府驻地西部
古金	Gǔjīn	——	农村	回龙镇政府驻地北部
古垒	Gǔlěi	——	农村	马圩镇政府驻地东南部
古垒坑	Gǔlěi Kēng	——	农村	播植镇政府驻地南部
古里	Gǔlǐ	——	农村	永丰镇政府驻地南部
古蓬	Gǔpéng	——	农村	永丰镇政府驻地东北部
古台	Gǔtái	——	农村	高良镇政府驻地西北部
古塘	Gǔtáng	——	农村	官圩镇政府驻地西部
古调	Gǔdiào	——	农村	播植镇政府驻地东北部
古望	Gǔwàng	——	农村	武垄镇政府驻地东北部
古杏	Gǔxìng	——	农村	凤村镇政府驻地北部
古亦	Gǔyì	——	农村	悦城镇政府驻地东部
谷加埌	Gǔjiālàng	——	农村	播植镇政府驻地东南部
谷埇	Gǔyǒng	——	农村	官圩镇政府驻地东北部
关口	Guānkǒu	——	农村	凤村镇政府驻地南部
关塘	Guāntáng	——	农村	官圩镇政府驻地北部
关塘坪	Guāntáng Píng	——	农村	悦城镇政府驻地西北部
官车	Guānchē	——	农村	新圩镇政府驻地东部

(续上表)

标准名称	汉语拼音	别名	地名类别	相对位置
官村	Guāncūn	——	农村	高良镇政府驻地西南部
官地	Guāndì	——	农村	莫村镇政府驻地东北部
官都田	Guāndūtián	——	农村	高良镇政府驻地东北部
官塘	Guāntáng	——	农村	德庆县政府驻地东部
官塘	Guāntáng	——	农村	武垄镇政府驻地东南部
官塘	Guāntáng	——	农村	悦城镇政府驻地东北部
官圩	Guānxū	——	农村	官圩镇政府驻地东北部
官埇	Guānyǒng	——	农村	高良镇政府驻地东北部
冠光	Guānguāng	——	农村	悦城镇政府驻地东北部
光辉	Guānghuī	——	农村	高良镇政府驻地西部
光辉口	Guānghuīkǒu	——	农村	高良镇政府驻地西部
光癞头	Guānglàitóu	——	农村	凤村镇政府驻地东南部
广大街	Guǎngdàjiē	——	农村	悦城镇政府驻地南部
龟山	Guīshān	——	农村	回龙镇政府驻地西北部
贵境	Guìjìng	——	农村	高良镇政府驻地西北部
贵龙巢	Guìlóngcháo	——	农村	高良镇政府驻地北部
贵头	Guìtóu	——	农村	官圩镇政府驻地北部
桂村	Guìcūn	——	农村	凤村镇政府驻地西南部
桂境	Guìjìng	——	农村	播植镇政府驻地西南部
桂尾	Guìwěi	——	农村	回龙镇政府驻地南部
郭宅	Guōzhái	——	农村	莫村镇政府驻地东北部
果子埌	Guǒzǐlàng	——	农村	永丰镇政府驻地西南部
蛤抱	Hábào	——	农村	高良镇政府驻地西南部
蛤塘	Hátáng	——	农村	官圩镇政府驻地东北部
含蔬	Hánshū	——	农村	永丰镇政府驻地西北部
旱水埌	Hànshuǐlàng	——	农村	高良镇政府驻地东北部
豪塘	Háotáng	——	农村	新圩镇政府驻地北部
禾地仔	Hédìzǎi	——	农村	九市镇政府驻地东部
禾甲塘	Héjiǎ Táng	——	农村	凤村镇政府驻地南部
合口	Hékǒu	——	农村	莫村镇政府驻地西部

（续上表）

标准名称	汉语拼音	别名	地名类别	相对位置
合石	Héshí	——	农村	马圩镇政府驻地南部
合水河	Héshuǐhé	——	农村	新圩镇政府驻地东北部
和平	Hépíng	——	农村	马圩镇政府驻地东南部
和平新村	Hépíng Xīncūn	——	农村	高良镇政府驻地东部
河播埌	Hébōlàng	——	农村	播植镇政府驻地东南部
河赤底	Héchìdǐ	——	农村	永丰镇政府驻地东北部
河冲	Héchōng	——	农村	九市镇政府驻地东南部
河村	Hécūn	——	农村	九市镇政府驻地东部
河村	Hécūn	——	农村	永丰镇政府驻地东南部
河淡	Hédàn	——	农村	永丰镇政府驻地东部
河儿	Hé'ér	——	农村	官圩镇政府驻地东北部
河富	Héfù	——	农村	莫村镇政府驻地东北部
河圭底	Héguīdǐ	——	农村	武垄镇政府驻地西北部
河基脚	Héjījiǎo	——	农村	播植镇政府驻地西南部
河口	Hékǒu	——	农村	高良镇政府驻地西北部
河口	Hékǒu	——	农村	高良镇政府驻地北部
河里	Hélǐ	——	农村	播植镇政府驻地西南部
河练	Héliàn	——	农村	永丰镇政府驻地南部
河良	Héliáng	——	农村	永丰镇政府驻地西北部
河拾	Héshí	——	农村	播植镇政府驻地西部
河头	Hétóu	——	农村	官圩镇政府驻地西北部
河头	Hétóu	——	农村	官圩镇政府驻地北部
河尾	Héwěi	——	农村	官圩镇政府驻地西北部
河尾	Héwěi	——	农村	官圩镇政府驻地北部
河源	Héyuán	——	农村	莫村镇政府驻地北部
荷木岭	Hémù Lǐng	——	农村	官圩镇政府驻地西北部
荷叶	Héyè	——	农村	播植镇政府驻地西南部
鹤顶	Hèdǐng	——	农村	悦城镇政府驻地西部
鹤塘	Hètáng	——	农村	德庆县政府驻地东部
鹤塘	Hètáng	——	农村	九市镇政府驻地东南部

(续上表)

标准名称	汉语拼音	别名	地名类别	相对位置
恒昌	Héngchāng	——	农村	莫村镇政府驻地西北部
横垌	Héngdòng	——	农村	凤村镇政府驻地西北部
横洞	Héngdòng	——	农村	官圩镇政府驻地东北部
红光	Hóngguāng	——	农村	莫村镇政府驻地西南部
红花咀	Hónghuāzuǐ	——	农村	高良镇政府驻地东北部
红塘	Hóngtáng	——	农村	悦城镇政府驻地东部
红卫	Hóngwèi	——	农村	新圩镇政府驻地西北部
红卫二村	Hóngwèi Èrcūn	——	农村	回龙镇政府驻地西部
红卫一村	Hóngwèi Yīcūn	——	农村	回龙镇政府驻地西部
红阳	Hóngyáng	——	农村	悦城镇政府驻地北部
红院	Hóngyuàn	——	农村	悦城镇政府驻地东部
洪表塘	Hóngbiǎo Táng	——	农村	马圩镇政府驻地东北部
吼塘	Hǒutáng	——	农村	官圩镇政府驻地西部
后塘	Hòutáng	——	农村	悦城镇政府驻地东北部
厚理塘	Hòulǐ Táng	——	农村	回龙镇政府驻地西部
虎岗	Hǔgǎng	——	农村	播植镇政府驻地南部
花坪	Huāpíng	——	农村	武垄镇政府驻地西北部
化龙	Huàlóng	——	农村	九市镇政府驻地东南部
荒田坑	Huāngtián Kēng	——	农村	高良镇政府驻地南部
黄蜂洪	Huángfēnghóng	——	农村	凤村镇政府驻地西南部
黄蜂岭咀	Huángfēnglǐngzuǐ	——	农村	新圩镇政府驻地西北部
黄岗	Huánggǎng	——	农村	九市镇政府驻地东部
黄岗	Huánggǎng	——	农村	莫村镇政府驻地西部
黄岗	Huánggǎng	——	农村	马圩镇政府驻地东南部
黄姜	Huángjiāng	——	农村	悦城镇政府驻地东北部
黄落塘	Huángluò Táng	——	农村	新圩镇政府驻地西北部
黄坭岭	Huángní Lǐng	——	农村	高良镇政府驻地西北部
黄牛岗	Huángniú Gǎng	——	农村	九市镇政府驻地东南部
黄旗甲	Huángqíjiǎ	——	农村	悦城镇政府驻地东北部
黄茄	Huángqié	——	农村	九市镇政府驻地东北部

(续上表)

标准名称	汉语拼音	别名	地名类别	相对位置
黄球埌	Huángqiúlàng	——	农村	马圩镇政府驻地北部
黄石降	Huángshíjiàng	——	农村	高良镇政府驻地东北部
回村	Huícūn	——	农村	高良镇政府驻地东北部
回村	Huícūn	——	农村	高良镇政府驻地南部
回龙	Huílóng	——	农村	回龙镇政府驻地南部
回屋	Huíwū	——	农村	高良镇政府驻地西北部
获口	Huòkǒu	——	农村	播植镇政府驻地西南部
鸡近埌	Jījìnlàng	——	农村	高良镇政府驻地西北部
鸡近片	Jījìnpiàn	——	农村	官圩镇政府驻地西北部
鸡颈埌	Jījǐnglàng	——	农村	播植镇政府驻地东南部
鸡母	Jīmǔ	——	农村	高良镇政府驻地东北部
鸡田	Jītián	——	农村	莫村镇政府驻地东北部
鸡爪山	Jīzhǎoshān	——	农村	悦城镇政府驻地西部
吉董	Jídǒng	——	农村	高良镇政府驻地西南部
吉笃坑	Jídǔ Kēng	——	农村	播植镇政府驻地东南部
吉堆	Jíduī	——	农村	播植镇政府驻地西北部
吉鸿	Jíhóng	——	农村	九市镇政府驻地东南部
吉利	Jílì	——	农村	凤村镇政府驻地西南部
集塘	Jítáng	——	农村	高良镇政府驻地东北部
佳偶颈	Jiā'ǒujǐng	——	农村	官圩镇政府驻地西北部
架榜	Jiàbǎng	——	农村	高良镇政府驻地西部
架简	Jiàjiǎn	——	农村	永丰镇政府驻地东北部
架简垌	Jiàjiǎn Dòng	——	农村	悦城镇政府驻地东北部
枧水埇	Jiǎnshuǐyǒng	——	农村	官圩镇政府驻地东北部
建华寨	Jiànhuázhài	——	农村	新圩镇政府驻地东部
健康	Jiànkāng	——	农村	莫村镇政府驻地东北部
江边	Jiāngbiān	——	农村	悦城镇政府驻地西部
江边	Jiāngbiān	——	农村	莫村镇政府驻地西北部
江边	Jiāngbiān	——	农村	九市镇政府驻地东部
江埠	Jiāngbù	——	农村	莫村镇政府驻地西北部

（续上表）

标准名称	汉语拼音	别名	地名类别	相对位置
江村	Jiāngcūn	——	农村	官圩镇政府驻地西部
江底	Jiāngdǐ	——	农村	官圩镇政府驻地东北部
江底	Jiāngdǐ	——	农村	新圩镇政府驻地东北部
江根	Jiānggēn	——	农村	马圩镇政府驻地东南部
江积	Jiāngjī	——	农村	永丰镇政府驻地南部
江咀	Jiāngzuǐ	——	农村	九市镇政府驻地北部
江面	Jiāngmiàn	——	农村	新圩镇政府驻地东北部
江上	Jiāngchàng	——	农村	官圩镇政府驻地西北部
江胜	Jiāngshèng	——	农村	武垄镇政府驻地西北部
江头	Jiāngtóu	——	农村	永丰镇政府驻地东南部
江尾	Jiāngwěi	——	农村	九市镇政府驻地东北部
将军岗	Jiāngjūn Gǎng	——	农村	悦城镇政府驻地东北部
降底	Jiàngdǐ	——	农村	高良镇政府驻地西北部
降坑埌	Jiàngkēnglàng	——	农村	悦城镇政府驻地东北部
降口	Jiàngkǒu	——	农村	高良镇政府驻地东南部
降面	Jiàngmiàn	——	农村	高良镇政府驻地北部
降埇	Jiàngyǒng	——	农村	高良镇政府驻地西北部
角子埌	Jiǎozǐlàng	——	农村	悦城镇政府驻地西北部
较场	Jiàochǎng	——	农村	新圩镇政府驻地南部
较岗	Jiàogǎng	——	农村	播植镇政府驻地南部
较岗	Jiàogǎng	——	农村	九市镇政府驻地东部
结坑	Jiékēng	——	农村	悦城镇政府驻地东北部
金板埌	Jīnbǎnlàng	——	农村	高良镇政府驻地东部
金斗	Jīndǒu	——	农村	官圩镇政府驻地西部
金盖埇	Jīngàiyǒng	——	农村	官圩镇政府驻地西北部
金官咀	Jīnguānzuǐ	——	农村	官圩镇政府驻地西北部
金郡	Jīnjùn	——	农村	永丰镇政府驻地南部
金坑	Jīnkēng	——	农村	悦城镇政府驻地东北部
金林	Jīnlín	——	农村	官圩镇政府驻地东北部
金其冲	Jīnqíchōng	——	农村	高良镇政府驻地东北部

（续上表）

标准名称	汉语拼音	别名	地名类别	相对位置
金山	Jīnshān	——	农村	凤村镇政府驻地西南部
金塘	Jīntáng	——	农村	播植镇政府驻地南部
金银埌	Jīnyínlàng	——	农村	官圩镇政府驻地东北部
筋竹	Jīnzhú	——	农村	官圩镇政府驻地西北部
京村	Jīngcūn	——	农村	播植镇政府驻地南部
井坑	Jǐngkēng	——	农村	武垄镇政府驻地西部
井头	Jǐngtóu	——	农村	回龙镇政府驻地西北部
井尾	Jǐngwěi	——	农村	高良镇政府驻地东北部
井汶咀	Jǐngwènzuǐ	——	农村	永丰镇政府驻地东部
迳口	Jìngkǒu	——	农村	凤村镇政府驻地西南部
九江	Jiǔjiāng	——	农村	新圩镇政府驻地东北部
九市二村	Jiǔshì Èrcūn	——	农村	九市镇政府驻地西北部
九市一村	Jiǔshì Yīcūn	——	农村	九市镇政府驻地西部
九头埌	Jiǔtóulàng	——	农村	凤村镇政府驻地西部
旧地	Jiùdì	——	农村	莫村镇政府驻地东北部
旧斗	Jiùdǒu	——	农村	永丰镇政府驻地东南部
旧庙地	Jiùmiàodì	——	农村	九市镇政府驻地北部
旧圩	Jiùxū	——	农村	九市镇政府驻地东南部
旧围尾	Jiùwéiwěi	——	农村	九市镇政府驻地东部
旧屋岗	Jiùwū Gǎng	——	农村	高良镇政府驻地东北部
旧屋岗新村	Jiùwūgǎng Xīncūn	——	农村	高良镇政府驻地东北部
旧屋埌	Jiùwūlàng	——	农村	高良镇政府驻地东部
旧寨	Jiùzhài	——	农村	悦城镇政府驻地北部
旧寨坪	Jiùzhài Píng	——	农村	悦城镇政府驻地西北部
军田头	Jūntiántóu	——	农村	高良镇政府驻地西北部
军田头	Jūntiántóu	——	农村	官圩镇政府驻地东北部
军屯	Jūntún	——	农村	凤村镇政府驻地西南部
军屯	Jūntún	——	农村	高良镇政府驻地西北部
军战	Jūnzhàn	——	农村	回龙镇政府驻地西部
郡市	Jùnshì	——	农村	永丰镇政府驻地南部

(续上表)

标准名称	汉语拼音	别名	地名类别	相对位置
坎底	Kǎndǐ	——	农村	凤村镇政府驻地西南部
坎底	Kǎndǐ	——	农村	凤村镇政府驻地西南部
坎底	Kǎndǐ	——	农村	官圩镇政府驻地东北部
坎头	Kǎntóu	——	农村	官圩镇政府驻地东北部
康垌	Kāngdòng	——	农村	官圩镇政府驻地东部
坑公尾	Kēnggōngwěi	——	农村	悦城镇政府驻地东北部
坑口	Kēngkǒu	——	农村	凤村镇政府驻地西部
坑口	Kēngkǒu	——	农村	高良镇政府驻地北部
坑尾	Kēngwěi	——	农村	莫村镇政府驻地西部
坑尾	Kēngwěi	——	农村	播植镇政府驻地东南部
坑仔	Kēngzǎi	——	农村	九市镇政府驻地南部
孔埇	Kǒngyǒng	——	农村	官圩镇政府驻地东北部
孔竹根	Kǒngzhúgēn	——	农村	德庆县政府驻地西部
葵坑埌	Kuíkēnglàng	——	农村	悦城镇政府驻地东北部
辣头	Làtóu	力头	农村	九市镇政府驻地南部
兰石	Lánshí	——	农村	官圩镇政府驻地东北部
兰源	Lányuán	——	农村	武垄镇政府驻地北部
蓝村	Láncūn	——	农村	新圩镇政府驻地东北部
蓝地	Lándì	——	农村	高良镇政府驻地东北部
蓝田	Lántián	——	农村	悦城镇政府驻地东北部
榄根	Lǎngēn	——	农村	回龙镇政府驻地东北部
榄根	Lǎngēn	——	农村	播植镇政府驻地西南部
榄山	Lǎnshān	——	农村	九市镇政府驻地东北部
榄塘	Lǎntáng	——	农村	官圩镇政府驻地东北部
榄未岗	Lǎnwèi Gǎng	——	农村	凤村镇政府驻地南部
榄庄	Lǎnzhuāng	——	农村	悦城镇政府驻地西北部
烂涊	Lànbàn	——	农村	高良镇政府驻地北部
朗塘岗	Lǎngtáng Gǎng	——	农村	悦城镇政府驻地东北部
塱塘	Lǎngtáng	——	农村	悦城镇政府驻地东部
埌儿	Làng'ér	——	农村	高良镇政府驻地东北部

（续上表）

标准名称	汉语拼音	别名	地名类别	相对位置
埌岗	Lànggǎng	——	农村	高良镇政府驻地东北部
埌根	Lànggēn	——	农村	新圩镇政府驻地西南部
埌吉	Làngjí	——	农村	高良镇政府驻地东北部
埌坪	Làngpíng	——	农村	凤村镇政府驻地西部
埌山	Làngshān	——	农村	马圩镇政府驻地东北部
埌头	Làngtóu	——	农村	官圩镇政府驻地东南部
埌头	Làngtóu	——	农村	高良镇政府驻地东北部
埌头	Làngtóu	——	农村	高良镇政府驻地南部
埌头	Làngtóu	——	农村	官圩镇政府驻地西北部
埌尾	Làngwěi	——	农村	官圩镇政府驻地西部
捞离督	Lāolídū	——	农村	九市镇政府驻地北部
老社	Lǎoshè	——	农村	高良镇政府驻地西南部
老鼠嘴	Lǎoshǔzuǐ	——	农村	九市镇政府驻地东北部
老王坑	Lǎowáng Kēng	——	农村	悦城镇政府驻地西北部
老郑	Lǎozhèng	——	农村	凤村镇政府驻地西部
勒竹根	Lèzhúgēn	——	农村	九市镇政府驻地南部
勒竹根	Lèzhúgēn	——	农村	高良镇政府驻地东北部
雷垌	Léidòng	——	农村	马圩镇政府驻地东南部
雷霞	Léixiá	——	农村	新圩镇政府驻地东部
冷水	Lěngshuǐ	——	农村	高良镇政府驻地东北部
冷水	Lěngshuǐ	——	农村	高良镇政府驻地南部
犁头厂	Lítóuchǎng	——	农村	高良镇政府驻地北部
黎村	Lícūn	——	农村	九市镇政府驻地东部
黎路迳	Lílùjìng	——	农村	官圩镇政府驻地东北部
礼村	Lǐcūn	——	农村	新圩镇政府驻地东北部
李家庄	Lǐjiāzhuāng	——	农村	九市镇政府驻地东南部
里都洪	Lǐdūhóng	——	农村	高良镇政府驻地东南部
鲤鱼岗	Lǐyúgǎng	——	农村	凤村镇政府驻地西北部
鲤鱼岗	Lǐyúgǎng	——	农村	回龙镇政府驻地西部
鲤鱼洲	Lǐyúzhōu	——	农村	悦城镇政府驻地西部

（续上表）

标准名称	汉语拼音	别名	地名类别	相对位置
力木埌	Lìmùlàng	—	农村	马圩镇政府驻地北部
历麻	Lìmá	—	农村	新圩镇政府驻地西北部
立保	Lìbǎo	—	农村	高良镇政府驻地东南部
吏目岗	Lìmù Gǎng	—	农村	高良镇政府驻地西北部
丽岸	Lì'àn	—	农村	新圩镇政府驻地西北部
丽冲	Lìchōng	—	农村	官圩镇政府驻地南部
丽江	Lìjiāng	—	农村	官圩镇政府驻地东北部
丽雄	Lìxióng	—	农村	德庆县政府驻地西部
利孟	Lìmèng	—	农村	九市镇政府驻地东北部
利塘冲	Lìtángchōng	—	农村	悦城镇政府驻地西部
荔枝	Lìzhī	—	农村	凤村镇政府驻地西南部
荔枝	Lìzhī	—	农村	永丰镇政府驻地西北部
荔枝根	Lìzhīgēn	—	农村	德庆县政府驻地东南部
荔枝坪	Lìzhī Píng	—	农村	凤村镇政府驻地西南部
栗村	Lìcūn	—	农村	武垄镇政府驻地东南部
栗里	Lìlǐ	—	农村	高良镇政府驻地西南部
栗子岗	Lìzǐ Gǎng	—	农村	官圩镇政府驻地东北部
连迳	Liánjìng	—	农村	播植镇政府驻地东南部
连塘	Liántáng	—	农村	马圩镇政府驻地西部
连塘	Liántáng	—	农村	新圩镇政府驻地西北部
连宅	Liánzhái	—	农村	高良镇政府驻地西南部
莲花山	Liánhuāshān	—	农村	官圩镇政府驻地东北部
莲坑	Liánkēng	—	农村	永丰镇政府驻地南部
莲塘	Liántáng	—	农村	九市镇政府驻地东部
联合	Liánhé	—	农村	凤村镇政府驻地东南部
联珠	Liánzhū	—	农村	永丰镇政府驻地东北部
恋珠	Liànzhū	—	农村	九市镇政府驻地东部
良义	Liángyì	—	农村	莫村镇政府驻地西部
凉羌塘	Liángqiāng Táng	—	农村	新圩镇政府驻地东部
蓢村	Liǎngcūn	—	农村	官圩镇政府驻地北部

（续上表）

标准名称	汉语拼音	别名	地名类别	相对位置
辽景	Liáojǐng	——	农村	官圩镇政府驻地北部
寮车	Liáochē	——	农村	九市镇政府驻地东南部
林场	Línchǎng	——	农村	悦城镇政府驻地东北部
林冲表	Línchōngbiǎo	——	农村	官圩镇政府驻地西北部
林冲口	Línchōngkǒu	——	农村	官圩镇政府驻地西北部
林村垌	Líncūn Dòng	——	农村	高良镇政府驻地北部
林佛	Línfó	——	农村	官圩镇政府驻地西北部
凌角冲	Língjiǎochōng	——	农村	高良镇政府驻地北部
岭脚	Lǐngjiǎo	——	农村	高良镇政府驻地西北部
岭脚	Lǐngjiǎo	——	农村	官圩镇政府驻地北部
岭脚	Lǐngjiǎo	——	农村	官圩镇政府驻地西南部
岭咀	Lǐngzuǐ	——	农村	永丰镇政府驻地西部
岭头	Lǐngtóu	——	农村	官圩镇政府驻地北部
刘塘	Liútáng	——	农村	回龙镇政府驻地西部
留村	Liúcūn	——	农村	新圩镇政府驻地西北部
留村圩	Liúcūnxū	——	农村	九市镇政府驻地东部
留村寨	Liúcūnzhài	——	农村	九市镇政府驻地东部
柳树垌	Liǔshù Dòng	——	农村	新圩镇政府驻地东部
六冲	Liùchōng	——	农村	九市镇政府驻地东部
六冲口	Liùchōngkǒu	——	农村	九市镇政府驻地东部
六冲乡	Liùchōng Xiāng	——	农村	九市镇政府驻地东部
六滚	Liùgǔn	——	农村	莫村镇政府驻地北部
六湖	Liùhú	——	农村	高良镇政府驻地西南部
六湖坪	Liùhú Píng	——	农村	马圩镇政府驻地东北部
六景埌	Liùjǐnglàng	——	农村	悦城镇政府驻地西北部
六洛	Liùluò	——	农村	永丰镇政府驻地西部
六水	Liùshuǐ	——	农村	回龙镇政府驻地西部
六塘	Liùtáng	——	农村	九市镇政府驻地东北部
六仰	Liùyǎng	——	农村	悦城镇政府驻地北部
六月垌	Liùyuè Dòng	——	农村	凤村镇政府驻地西北部

(续上表)

标准名称	汉语拼音	别名	地名类别	相对位置
六宅	Liùzhái	——	农村	马圩镇政府驻地东北部
龙村	Lóngcūn	——	农村	播植镇政府驻地西南部
龙村	Lóngcūn	——	农村	高良镇政府驻地北部
龙凤	Lóngfèng	——	农村	播植镇政府驻地东南部
龙凤头	Lóngfèngtóu	——	农村	凤村镇政府驻地西南部
龙岗	Lónggǎng	——	农村	播植镇政府驻地西南部
龙降	Lóngjiàng	——	农村	悦城镇政府驻地北部
龙角	Lóngjiǎo	——	农村	新圩镇政府驻地东北部
龙劲	Lóngjìn	——	农村	回龙镇政府驻地西北部
龙景	Lóngjǐng	——	农村	官圩镇政府驻地西部
龙迳	Lóngjìng	——	农村	永丰镇政府驻地西北部
龙胫	Lóngjìng	——	农村	官圩镇政府驻地北部
龙坑	Lóngkēng	——	农村	官圩镇政府驻地西北部
龙口塘	Lóngkǒu Táng	——	农村	官圩镇政府驻地西北部
龙窟	Lóngkū	——	农村	新圩镇政府驻地东北部
龙目	Lóngmù	——	农村	九市镇政府驻地西部
龙目坑	Lóngmù Kēng	——	农村	九市镇政府驻地西北部
龙湾	Lóngwān	——	农村	永丰镇政府驻地西北部
龙心	Lóngxīn	——	农村	莫村镇政府驻地东北部
龙须二村	Lóngxū Èrcūn	——	农村	凤村镇政府驻地西北部
龙须三村	Lóngxū Sāncūn	——	农村	凤村镇政府驻地西北部
龙须一村	Lóngxū Yīcūn	——	农村	凤村镇政府驻地西北部
萎垌	Lóudòng	——	农村	回龙镇政府驻地北部
鹿饭塘	Lùfàn Táng	——	农村	新圩镇政府驻地东部
鹿颈	Lùjǐng	——	农村	新圩镇政府驻地东北部
禄村	Lùcūn	——	农村	凤村镇政府驻地西南部
碌窝	Lùwō	——	农村	凤村镇政府驻地西南部
碌窝脑	Lùwōnǎo	——	农村	官圩镇政府驻地西北部
伦冲	Lúnchōng	——	农村	九市镇政府驻地东南部
罗白	Luóbái	——	农村	高良镇政府驻地西北部

（续上表）

标准名称	汉语拼音	别名	地名类别	相对位置
罗帛	Luóbó	——	农村	武垄镇政府驻地西北部
罗陈	Luóchén	——	农村	播植镇政府驻地东部
罗冲	Luóchōng	——	农村	武垄镇政府驻地东南部
罗翠	Luócuì	——	农村	永丰镇政府驻地北部
罗带	Luódài	——	农村	武垄镇政府驻地西北部
罗淡	Luódàn	——	农村	播植镇政府驻地西南部
罗东	Luódōng	——	农村	悦城镇政府驻地西北部
罗格背	Luógébèi	——	农村	凤村镇政府驻地西北部
罗谷	Luógǔ	——	农村	永丰镇政府驻地东北部
罗横	Luóhéng	——	农村	马圩镇政府驻地东北部
罗洪	Luóhóng	——	农村	悦城镇政府驻地西部
罗花	Luóhuā	——	农村	播植镇政府驻地南部
罗江垌	Luójiāng Dòng	——	农村	凤村镇政府驻地南部
罗金	Luójīn	——	农村	高良镇政府驻地北部
罗克垌	Luókè Dòng	——	农村	高良镇政府驻地西北部
罗孔	Luókǒng	——	农村	凤村镇政府驻地西北部
罗陇	Luólǒng	——	农村	凤村镇政府驻地西南部
罗楼	Luólóu	——	农村	马圩镇政府驻地东北部
罗茅	Luómáo	——	农村	永丰镇政府驻地东部
罗坪	Luópíng	——	农村	悦城镇政府驻地北部
罗秋	Luóqiū	——	农村	高良镇政府驻地西北部
罗容	Luóróng	——	农村	播植镇政府驻地西南部
罗容	Luóróng	——	农村	官圩镇政府驻地西北部
罗蕊	Luóruǐ	——	农村	悦城镇政府驻地北部
罗社	Luóshè	——	农村	凤村镇政府驻地西北部
罗胜	Luóshèng	——	农村	永丰镇政府驻地东北部
罗虾垌	Luóxiā Dòng	——	农村	高良镇政府驻地西北部
罗巷	Luóxiàng	——	农村	永丰镇政府驻地南部
罗学	Luóxué	——	农村	凤村镇政府驻地西南部
罗阳	Luóyáng	——	农村	高良镇政府驻地西北部

（续上表）

标准名称	汉语拼音	别名	地名类别	相对位置
罗阳	Luóyáng	——	农村	官圩镇政府驻地西北部
罗云岗	Luóyún Gǎng	——	农村	播植镇政府驻地东南部
罗泽	Luózé	——	农村	马圩镇政府驻地东北部
萝卜埌	Luóbolàng	——	农村	马圩镇政府驻地东南部
洛阳	Luòyáng	——	农村	播植镇政府驻地西南部
落马坪	Luòmǎ Píng	——	农村	官圩镇政府驻地西北部
马步塘	Mǎbù Táng	——	农村	马圩镇政府驻地西部
马地岗	Mǎdì Gǎng	——	农村	马圩镇政府驻地东南部
马地尾	Mǎdìwěi	——	农村	马圩镇政府驻地北部
马福	Mǎfú	——	农村	官圩镇政府驻地北部
马迹河	Mǎjìhé	——	农村	官圩镇政府驻地西北部
马埌	Mǎlàng	——	农村	官圩镇政府驻地东北部
马岭峒	Mǎlǐng Dòng	——	农村	九市镇政府驻地东南部
马路傍	Mǎlùbàng	——	农村	悦城镇政府驻地东北部
马棚	Mǎpéng	——	农村	高良镇政府驻地西南部
马山	Mǎshān	——	农村	莫村镇政府驻地东北部
马塘	Mǎtáng	——	农村	新圩镇政府驻地北部
马头岗	Mǎtóu Gǎng	——	农村	九市镇政府驻地东部
马王塘	Mǎwáng Táng	——	农村	官圩镇政府驻地西北部
马圩	Mǎxū	——	农村	马圩镇政府驻地东南部
马宣埌	Mǎxuānlàng	——	农村	马圩镇政府驻地东北部
麦埇	Màiyǒng	——	农村	官圩镇政府驻地北部
茅坪	Máopíng	——	农村	悦城镇政府驻地东北部
茅田	Máotián	——	农村	永丰镇政府驻地西部
茅田八村	Máotián Bācūn	——	农村	高良镇政府驻地东北部
茅田九村	Máotián Jiǔcūn	——	农村	高良镇政府驻地东北部
茂香	Màoxiāng	——	农村	播植镇政府驻地东南部
梅花脚	Méihuājiǎo	——	农村	官圩镇政府驻地北部
梅坑	Méikēng	——	农村	莫村镇政府驻地东北部
梅塘坪	Méitáng Píng	——	农村	永丰镇政府驻地南部

（续上表）

标准名称	汉语拼音	别名	地名类别	相对位置
梅湾	Méiwān	——	农村	新圩镇政府驻地东北部
门楼	Ménlóu	——	农村	悦城镇政府驻地东北部
米罗	Mǐluó	——	农村	武垄镇政府驻地西北部
密屋	Mìwū	——	农村	武垄镇政府驻地东南部
苗平	Miáopíng	——	农村	官圩镇政府驻地北部
妙景	Miàojǐng	——	农村	回龙镇政府驻地西部
庙背坑	Miàobèi Kēng	——	农村	悦城镇政府驻地西南部
庙咀	Miàozuǐ	——	农村	九市镇政府驻地东南部
庙门山	Miàoménshān	——	农村	马圩镇政府驻地北部
庙坪	Miàopíng	——	农村	悦城镇政府驻地北部
磨刀坪	Módāo Píng	——	农村	高良镇政府驻地东北部
磨刀石	Módāoshí	——	农村	高良镇政府驻地北部
磨坑	Mókēng	——	农村	凤村镇政府驻地西北部
木湖岗	Mùhú Gǎng	——	农村	莫村镇政府驻地东北部
木埌	Mùlàng	——	农村	新圩镇政府驻地南部
木路	Mùlù	——	农村	回龙镇政府驻地西北部
木棉根	Mùmiángēn	——	农村	回龙镇政府驻地南部
睦村阁	Mùcūngé	——	农村	官圩镇政府驻地北部
南暴	Nánbào	——	农村	武垄镇政府驻地东北部
南冲	Nánchōng	——	农村	新圩镇政府驻地西北部
南村	Náncūn	——	农村	莫村镇政府驻地西南部
南豆	Nándòu	——	农村	悦城镇政府驻地东北部
南方	Nánfāng	——	农村	莫村镇政府驻地东北部
南风埌	Nánfēnglàng	——	农村	悦城镇政府驻地西北部
南华坑	Nánhuá Kēng	——	农村	高良镇政府驻地东北部
南江头	Nánjiāngtóu	——	农村	永丰镇政府驻地东南部
南坑	Nánkēng	——	农村	凤村镇政府驻地西南部
南眉	Nánméi	——	农村	武垄镇政府驻地北部
南眉	Nánméi	——	农村	永丰镇政府驻地南部
南眉塘	Nánméi Táng	——	农村	武垄镇政府驻地北部

（续上表）

标准名称	汉语拼音	别名	地名类别	相对位置
南门	Nánmén	——	农村	莫村镇政府驻地西北部
南木坑	Nánmù Kēng	——	农村	悦城镇政府驻地东北部
南庆	Nánqìng	——	农村	莫村镇政府驻地东北部
南山	Nánshān	——	农村	悦城镇政府驻地西部
南蛇勾	Nánshégōu	——	农村	悦城镇政府驻地东北部
南蛇埇	Nánshéyǒng	——	农村	官圩镇政府驻地东北部
南塘	Nántáng	——	农村	悦城镇政府驻地西部
南田	Nántián	——	农村	永丰镇政府驻地东部
南星	Nánxīng	——	农村	莫村镇政府驻地东北部
南阳	Nányáng	——	农村	高良镇政府驻地西南部
南永	Nányǒng	——	农村	莫村镇政府驻地东南部
南埇	Nányǒng	——	农村	官圩镇政府驻地北部
南埇新村	Nányǒng Xīncūn	——	农村	官圩镇政府驻地北部
南源	Nányuán	——	农村	高良镇政府驻地北部
南镇	Nánzhèn	——	农村	莫村镇政府驻地东北部
南祝	Nánzhù	——	农村	莫村镇政府驻地西北部
牛鼻咀	Niúbízuǐ	——	农村	高良镇政府驻地北部
牛鼻咀	Niúbíjǔ	——	农村	九市镇政府驻地东部
牛古塘	Niúgǔ Táng	——	农村	回龙镇政府驻地西北部
牛角塘	Niújiǎo Táng	——	农村	高良镇政府驻地东北部
牛口大田	Niúkǒudàtián	——	农村	凤村镇政府驻地西北部
牛岭	Niúlǐng	——	农村	莫村镇政府驻地西北部
牛律	Niúlǜ	——	农村	九市镇政府驻地东北部
牛仁根	Niúréngēn	——	农村	高良镇政府驻地西北部
牛头塘	Niútóu Táng	——	农村	九市镇政府驻地西部
牛尾埇	Niúwěiyǒng	——	农村	官圩镇政府驻地东北部
藕塘	Ǒutáng	——	农村	凤村镇政府驻地西南部
蟠龙咀	Pánlóngzuǐ	——	农村	官圩镇政府驻地北部
抛播	Pāobō	——	农村	武垄镇政府驻地西北部
抛播咀	Pāobōzuǐ	——	农村	武垄镇政府驻地西北部

(续上表)

标准名称	汉语拼音	别名	地名类别	相对位置
朋村	Péngcūn	—	农村	播植镇政府驻地东部
朋村	Péngcūn	—	农村	高良镇政府驻地东北部
蓬办	Péngbàn	—	农村	高良镇政府驻地西北部
蓬冲	Péngchōng	—	农村	新圩镇政府驻地西北部
蓬塘	Péngtáng	—	农村	高良镇政府驻地西南部
平基底	Píngjīdǐ	—	农村	高良镇政府驻地东北部
平基塘	Píngjī Táng	—	农村	马圩镇政府驻地东南部
平埌	Pínglàng	—	农村	官圩镇政府驻地西北部
平南	Píngnán	—	农村	高良镇政府驻地西北部
平坡	Píngpō	—	农村	马圩镇政府驻地北部
平山	Píngshān	—	农村	回龙镇政府驻地西北部
平山	Píngshān	—	农村	马圩镇政府驻地东南部
平山埌	Píngshānlàng	—	农村	官圩镇政府驻地东北部
平山埌	Píngshānlàng	—	农村	马圩镇政府驻地北部
平塘围	Píngtángwéi	—	农村	官圩镇政府驻地东南部
平治	Píngzhì	—	农村	高良镇政府驻地西北部
坪地	Píngdì	—	农村	悦城镇政府驻地东部
奇槎	Qíchá	—	农村	悦城镇政府驻地东部
旗岗	Qígǎng	—	农村	悦城镇政府驻地东北部
企岭	Qǐlǐng	—	农村	新圩镇政府驻地西部
企岭	Qǐlǐng	—	农村	回龙镇政府驻地东南部
前村	Qiáncūn	—	农村	播植镇政府驻地西南部
前后街	Qiánhòujiē	—	农村	德庆县政府驻地东南部
前进	Qiánjìn	—	农村	马圩镇政府驻地东北部
钳迳	Qiánjìng	—	农村	回龙镇政府驻地西北部
乾岗	Qiángǎng	—	农村	凤村镇政府驻地南部
乾蓬	Qiánpéng	—	农村	凤村镇政府驻地南部
乾相	Qiánxiàng	—	农村	凤村镇政府驻地南部
桥里二村	Qiáolǐ Èrcūn	—	农村	德庆县政府驻地东南部
桥里三村	Qiáolǐ Sāncūn	—	农村	德庆县政府驻地东南部

(续上表)

标准名称	汉语拼音	别名	地名类别	相对位置
桥里一村	Qiáolǐ Yīcūn	——	农村	德庆县政府驻地东南部
桥头	Qiáotóu	——	农村	德庆县政府驻地东南部
茄埌	Qiélàng	——	农村	武垄镇政府驻地东北部
芹塘	Qíntáng	——	农村	回龙镇政府驻地东北部
青菜咀	Qīngcàizuǐ	——	农村	悦城镇政府驻地北部
青榕	Qīngróng	——	农村	新圩镇政府驻地东部
青山	Qīngshān	——	农村	官圩镇政府驻地西北部
清水岗	Qīngshuǐ Gǎng	——	农村	莫村镇政府驻地东北部
曲田	Qǔtián	——	农村	官圩镇政府驻地西北部
让塘	Ràngtáng	——	农村	新圩镇政府驻地东部
让塘新村	Ràngtáng Xīncūn	——	农村	新圩镇政府驻地东部
人容洼	Rénróngwā	——	农村	凤村镇政府驻地西南部
仁寿	Rénshòu	——	农村	德庆县政府驻地西南部
任村	Rèncūn	艳村	农村	武垄镇政府驻地西部
日坑	Rìkēng	——	农村	播植镇政府驻地东部
茸草	Róngcǎo	——	农村	高良镇政府驻地东北部
荣村	Róngcūn	——	农村	马圩镇政府驻地北部
荣村埌	Róngcūnlàng	——	农村	马圩镇政府驻地北部
榕树	Róngshù	——	农村	莫村镇政府驻地东北部
榕树根	Róngshùgēn	——	农村	官圩镇政府驻地东南部
榕树河	Róngshùhé	——	农村	九市镇政府驻地北部
榕塘	Róngtáng	——	农村	回龙镇政府驻地南部
如良咀	Rúliángzuǐ	——	农村	凤村镇政府驻地西北部
瑞洞	Ruìdòng	——	农村	悦城镇政府驻地东北部
瑞洞口	Ruìdòngkǒu	——	农村	悦城镇政府驻地北部
三柏	Sānbǎi	——	农村	永丰镇政府驻地西南部
三公洞	Sāngōng Dòng	——	农村	高良镇政府驻地东北部
三华	Sānhuá	——	农村	马圩镇政府驻地东北部
三家寨	Sānjiāzhài	——	农村	九市镇政府驻地东南部
三教	Sānjiào	——	农村	马圩镇政府驻地东北部

（续上表）

标准名称	汉语拼音	别名	地名类别	相对位置
三教埌	Sānjiàolàng	——	农村	马圩镇政府驻地东北部
三坑	Sānkēng	——	农村	高良镇政府驻地东北部
三马坪	Sānmǎ Píng	——	农村	悦城镇政府驻地东北部
三姓二村	Sānxìng Èrcūn	——	农村	回龙镇政府驻地西部
三姓三村	Sānxìng Sāncūn	——	农村	回龙镇政府驻地西部
三姓四村	Sānxìng Sìcūn	——	农村	回龙镇政府驻地西部
三姓一村	Sānxìng Yīcūn	——	农村	回龙镇政府驻地西部
三中村	Sānzhōngcūn	——	农村	德庆县政府驻地东南部
三州	Sānzhōu	——	农村	高良镇政府驻地东北部
三洲	Sānzhōu	——	农村	九市镇政府驻地东南部
三洲口	Sānzhōukǒu	——	农村	九市镇政府驻地东南部
森木根	Sēnmùgēn	——	农村	官圩镇政府驻地西部
森木桥	Sēnmùqiáo	——	农村	马圩镇政府驻地北部
沙村	Shācūn	——	农村	播植镇政府驻地西南部
沙河埇	Shāhéyǒng	——	农村	官圩镇政府驻地东北部
沙湖角	Shāhújiǎo	——	农村	悦城镇政府驻地东北部
沙街	Shājiē	——	农村	播植镇政府驻地西部
沙利	Shālì	——	农村	莫村镇政府驻地东北部
沙罗埌	Shāluólàng	——	农村	高良镇政府驻地东北部
沙旁	Shāpáng	——	农村	官圩镇政府驻地西北部
沙水	Shāshuǐ	——	农村	高良镇政府驻地北部
沙滩	Shātān	——	农村	马圩镇政府驻地东北部
沙田二村	Shātián Èrcūn	——	农村	回龙镇政府驻地北部
沙田一村	Shātián Yīcūn	——	农村	回龙镇政府驻地北部
沙头埌	Shātóulàng	——	农村	马圩镇政府驻地东北部
沙湾	Shāwān	——	农村	悦城镇政府驻地西部
沙湾里	Shāwānlǐ	——	农村	播植镇政府驻地西南部
沙尾	Shāwěi	——	农村	莫村镇政府驻地东北部
沙尾	Shāwěi	——	农村	悦城镇政府驻地东北部
沙尾	Shāwěi	——	农村	悦城镇政府驻地西部

（续上表）

标准名称	汉语拼音	别名	地名类别	相对位置
沙圳口	Shāzhènkǒu	——	农村	九市镇政府驻地东南部
沙洲	Shāzhōu	——	农村	官圩镇政府驻地东北部
山边	Shānbiān	——	农村	九市镇政府驻地西部
山边	Shānbiān	——	农村	新圩镇政府驻地东部
山边岗	Shānbiān Gǎng	——	农村	官圩镇政府驻地东北部
山顶	Shāndǐng	——	农村	九市镇政府驻地北部
山顶	Shāndǐng	——	农村	回龙镇政府驻地东北部
山垌	Shāndòng	——	农村	官圩镇政府驻地西北部
山儿	Shān'ér	——	农村	回龙镇政府驻地西部
山儿尾	Shān'érwěi	——	农村	官圩镇政府驻地东北部
山岗	Shāngǎng	——	农村	播植镇政府驻地北部
山根	Shāngēn	——	农村	马圩镇政府驻地东南部
山根	Shāngēn	——	农村	回龙镇政府驻地西部
山根	Shāngēn	——	农村	高良镇政府驻地西北部
山根	Shāngēn	——	农村	德庆县政府驻地西部
山根	Shāngēn	——	农村	播植镇政府驻地西南部
山根塘	Shāngēn Táng	——	农村	马圩镇政府驻地西部
山咀	Shānzuǐ	——	农村	官圩镇政府驻地西南部
山咀	Shānzuǐ	——	农村	九市镇政府驻地南部
山咀	Shānzuǐ	——	农村	新圩镇政府驻地西北部
山路口	Shānlùkǒu	——	农村	马圩镇政府驻地东北部
山坪	Shānpíng	——	农村	高良镇政府驻地西北部
山其底	Shānqídǐ	——	农村	九市镇政府驻地东北部
山三村	Shānsāncūn	——	农村	德庆县政府驻地东南部
山四村	Shānsìcūn	——	农村	德庆县政府驻地东南部
山塘	Shāntáng	——	农村	官圩镇政府驻地西北部
山塘	Shāntáng	——	农村	回龙镇政府驻地东北部
山塘	Shāntáng	——	农村	官圩镇政府驻地西北部
山塘口	Shāntángkǒu	——	农村	凤村镇政府驻地西部
山塘脑	Shāntángnǎo	——	农村	官圩镇政府驻地西北部

（续上表）

标准名称	汉语拼音	别名	地名类别	相对位置
山塘新村	Shāntáng Xīncūn	——	农村	回龙镇政府驻地东北部
山田峇	Shāntiánbā	——	农村	官圩镇政府驻地东北部
山屋	Shānwū	——	农村	官圩镇政府驻地东北部
山虾	Shānxiā	——	农村	高良镇政府驻地东北部
山窑塘	Shānyáo Táng	——	农村	高良镇政府驻地东北部
山耀田	Shānyàotián	——	农村	九市镇政府驻地东部
杉坑	Shānkēng	——	农村	永丰镇政府驻地西北部
杉坑	Shānkēng	——	农村	回龙镇政府驻地南部
杉山脚	Shānshānjiǎo	——	农村	凤村镇政府驻地西部
上冲地	Shàngchōngdì	——	农村	悦城镇政府驻地西部
上村	Shàngcūn	——	农村	九市镇政府驻地东北部
上大塘	Shàngdà Táng	——	农村	回龙镇政府驻地西北部
上戴垌	Shàngdài Dòng	——	农村	回龙镇政府驻地西部
上地	Shàngdì	——	农村	悦城镇政府驻地东部
上地心	Shàngdìxīn	——	农村	回龙镇政府驻地西部
上顶底	Shàngdǐngdǐ	——	农村	悦城镇政府驻地西部
上垌	Shàngdòng	——	农村	九市镇政府驻地西部
上垌冲	Shàngdòngchōng	——	农村	悦城镇政府驻地西北部
上垌岗	Shàngdòng Gǎng	——	农村	九市镇政府驻地东北部
上斗执	Shàngdǒuzhí	——	农村	莫村镇政府驻地东北部
上坊	Shàngfáng	——	农村	莫村镇政府驻地东北部
上更	Shànggēng	——	农村	回龙镇政府驻地西北部
上河	Shànghé	——	农村	回龙镇政府驻地北部
上河备	Shànghébèi	——	农村	永丰镇政府驻地东北部
上河濂	Shànghélián	——	农村	永丰镇政府驻地东南部
上河头	Shànghétóu	——	农村	凤村镇政府驻地西北部
上咀	Shàngzuǐ	——	农村	新圩镇政府驻地东部
上兰	Shànglán	——	农村	新圩镇政府驻地东部
上荔枝	Shànglìzhī	——	农村	悦城镇政府驻地西部
上柳	Shàngliǔ	——	农村	新圩镇政府驻地东部

（续上表）

标准名称	汉语拼音	别名	地名类别	相对位置
上龙	Shànglóng	——	农村	莫村镇政府驻地东北部
上鹿颈	Shànglùjǐng	——	农村	新圩镇政府驻地东北部
上罗	Shàngluó	——	农村	马圩镇政府驻地东北部
上落	Shàngluò	——	农村	新圩镇政府驻地西北部
上梅坑	Shàngméi Kēng	——	农村	莫村镇政府驻地东北部
上门	Shàngmén	——	农村	回龙镇政府驻地西北部
上宁	Shàngníng	——	农村	莫村镇政府驻地东北部
上泮月	Shàngpànyuè	——	农村	永丰镇政府驻地东北部
上彭	Shàngpéng	——	农村	马圩镇政府驻地东南部
上彭新村	Shàngpéng Xīncūn	——	农村	马圩镇政府驻地东南部
上沙	Shàngshā	——	农村	回龙镇政府驻地西部
上山村	Shàngshāncūn	——	农村	德庆县政府驻地东南部
上山垌	Shàngshān Dòng	——	农村	官圩镇政府驻地西北部
上石脚	Shàngshíjiǎo	——	农村	回龙镇政府驻地西部
上桃	Shàngtáo	——	农村	播植镇政府驻地东南部
上头岗	Shàngtóu Gǎng	——	农村	官圩镇政府驻地西北部
上坨	Shàngtuó	——	农村	悦城镇政府驻地东北部
上旺维塘	Shàngwàngwéi Táng	——	农村	新圩镇政府驻地东部
上围	Shàngwéi	——	农村	悦城镇政府驻地东北部
上围	Shàngwéi	——	农村	永丰镇政府驻地南部
上文	Shàngwén	——	农村	莫村镇政府驻地西南部
上下镇	Shàngxiàzhèn	——	农村	德庆县政府驻地南部
上谢	Shàngxiè	——	农村	官圩镇政府驻地东南部
上新	Shàngxīn	——	农村	新圩镇政府驻地东北部
上云么	Shàngyúnme	——	农村	官圩镇政府驻地西北部
上宅	Shàngzhái	——	农村	高良镇政府驻地西南部
上寨	Shàngzhài	——	农村	武垄镇政府驻地西南部
上长安	Shàngcháng'ān	——	农村	播植镇政府驻地西北部
少垌	Shàodòng	——	农村	回龙镇政府驻地东北部
少垌	Shǎodòng	——	农村	高良镇政府驻地东南部

（续上表）

标准名称	汉语拼音	别名	地名类别	相对位置
少端	Shàoduān	——	农村	新圩镇政府驻地东部
少六	Shàoliù	——	农村	官圩镇政府驻地西北部
少罗	Shàoluó	——	农村	回龙镇政府驻地北部
少水	Shàoshuǐ	——	农村	高良镇政府驻地北部
蛇山	Shéshān	——	农村	高良镇政府驻地东北部
社贝岗	Shèbèi Gǎng	——	农村	凤村镇政府驻地西北部
社步	Shèbù	——	农村	马圩镇政府驻地东南部
社底	Shèdǐ	——	农村	播植镇政府驻地南部
社二	Shè'èr	——	农村	播植镇政府驻地东南部
社劳	Shèláo	——	农村	高良镇政府驻地西北部
社面	Shèmiàn	——	农村	悦城镇政府驻地东北部
社山头	Shèshāntóu	——	农村	高良镇政府驻地东北部
社塘冲	Shètángchōng	——	农村	高良镇政府驻地北部
社田	Shètián	——	农村	官圩镇政府驻地西部
社尾	Shèwěi	——	农村	官圩镇政府驻地东北部
社一	Shèyī	——	农村	播植镇政府驻地东南部
深圳	Shēnzhèn	——	农村	莫村镇政府驻地东北部
胜所	Shèngsuǒ	——	农村	凤村镇政府驻地西北部
胜田	Shèngtián	——	农村	回龙镇政府驻地北部
师姑	Shīgū	——	农村	回龙镇政府驻地南部
狮子	Shīzǐ	——	农村	回龙镇政府驻地南部
狮子	Shīzǐ	——	农村	新圩镇政府驻地西北部
狮子岗	Shīzǐ Gǎng	——	农村	凤村镇政府驻地西南部
十字巷	Shízìxiàng	——	农村	回龙镇政府驻地西北部
石板	Shíbǎn	——	农村	九市镇政府驻地东部
石碑	Shíbēi	——	农村	官圩镇政府驻地西北部
石步	Shíbù	——	农村	马圩镇政府驻地北部
石曹	Shícáo	——	农村	莫村镇政府驻地西部
石村	Shícūn	——	农村	马圩镇政府驻地东北部
石村	Shícūn	——	农村	永丰镇政府驻地东部

（续上表）

标准名称	汉语拼音	别名	地名类别	相对位置
石佛	Shífó	——	农村	高良镇政府驻地西北部
石佛平	Shífópíng	——	农村	新圩镇政府驻地西北部
石角	Shíjiǎo	——	农村	回龙镇政府驻地西部
石角	Shíjiǎo	——	农村	回龙镇政府驻地南部
石角新村	Shíjiǎo Xīncūn	——	农村	回龙镇政府驻地南部
石迳	Shíjìng	——	农村	莫村镇政府驻地东北部
石咀	Shízuǐ	——	农村	播植镇政府驻地东南部
石榴	Shíliú	——	农村	莫村镇政府驻地西北部
石柳	Shíliǔ	——	农村	高良镇政府驻地西北部
石龙坑	Shílóng Kēng	——	农村	高良镇政府驻地东北部
石门坑	Shímén Kēng	——	农村	悦城镇政府驻地西北部
石狮	Shíshī	——	农村	新圩镇政府驻地南部
石树表	Shíshùbiǎo	——	农村	马圩镇政府驻地东部
石台	Shítái	——	农村	悦城镇政府驻地西北部
石塘	Shítáng	——	农村	凤村镇政府驻地西南部
石塘	Shítáng	——	农村	永丰镇政府驻地东北部
石塘	Shítáng	——	农村	马圩镇政府驻地东北部
石塘	Shítáng	——	农村	官圩镇政府驻地西南部
石头	Shítóu	——	农村	高良镇政府驻地西南部
石头	Shítóu	——	农村	莫村镇政府驻地东北部
石头	Shítóu	——	农村	武垄镇政府驻地北部
石头湖	Shítóuhú	——	农村	悦城镇政府驻地东北部
石头塘	Shítóu Táng	——	农村	凤村镇政府驻地西南部
石羊	Shíyáng	——	农村	高良镇政府驻地东北部
石子埇	Shízǐyǒng	——	农村	高良镇政府驻地西北部
石子埇姓何村	Shízǐyǒngxìnghécūn	——	农村	高良镇政府驻地西北部
拾排	Shípái	——	农村	德庆县政府驻地西北部
寿地埌	Shòudìlàng	——	农村	新圩镇政府驻地东部
书房	Shūfáng	——	农村	德庆县政府驻地西部
树根	Shùgēn	——	农村	悦城镇政府驻地西部

（续上表）

标准名称	汉语拼音	别名	地名类别	相对位置
双保	Shuāngbǎo	——	农村	永丰镇政府驻地西南部
双城	Shuāngchéng	——	农村	永丰镇政府驻地南部
双栋	Shuāngdòng	——	农村	莫村镇政府驻地东北部
双斗	Shuāngdǒu	——	农村	播植镇政府驻地东南部
双坟岭	Shuāngfén Lǐng	——	农村	官圩镇政府驻地西北部
双峰	Shuāngfēng	——	农村	悦城镇政府驻地东北部
双根洼	Shuānggēnwā	——	农村	凤村镇政府驻地西南部
双官咀	Shuāngguānzuǐ	——	农村	永丰镇政府驻地东北部
双桂	Shuāngguì	——	农村	播植镇政府驻地南部
双郭	Shuāngguō	——	农村	凤村镇政府驻地西北部
双禾坑	Shuānghé Kēng	——	农村	凤村镇政府驻地西南部
双河	Shuānghé	——	农村	播植镇政府驻地东部
双建	Shuāngjiàn	——	农村	武垄镇政府驻地东南部
双江	Shuāngjiāng	——	农村	播植镇政府驻地西南部
双臼	Shuāngjiù	——	农村	凤村镇政府驻地西南部
双款	Shuāngkuǎn	——	农村	永丰镇政府驻地西南部
双林	Shuānglín	——	农村	凤村镇政府驻地西部
双令	Shuānglìng	——	农村	凤村镇政府驻地西部
双龙	Shuānglóng	——	农村	永丰镇政府驻地西部
双楼	Shuānglóu	——	农村	莫村镇政府驻地西南部
双庙	Shuāngmiào	——	农村	马圩镇政府驻地东北部
双楠	Shuāngnán	——	农村	莫村镇政府驻地东北部
双坡	Shuāngpō	——	农村	凤村镇政府驻地西南部
双筛	Shuāngshāi	——	农村	播植镇政府驻地西南部
双少	Shuāngshào	——	农村	凤村镇政府驻地西南部
双水	Shuāngshuǐ	——	农村	马圩镇政府驻地东北部
双苏坑	Shuāngsū Kēng	——	农村	凤村镇政府驻地东北部
双塘	Shuāngtáng	——	农村	九市镇政府驻地东部
双塘	Shuāngtáng	——	农村	回龙镇政府驻地西北部
双头	Shuāngtóu	——	农村	回龙镇政府驻地西北部

(续上表)

标准名称	汉语拼音	别名	地名类别	相对位置
双汶	Shuāngwèn	——	农村	凤村镇政府驻地南部
双乌	Shuāngwū	——	农村	高良镇政府驻地西北部
双蚬埌	Shuāngxiǎnlàng	——	农村	凤村镇政府驻地西北部
双象	Shuāngxiàng	——	农村	武垄镇政府驻地东部
双象坑	Shuāngxiàng Kēng	——	农村	武垄镇政府驻地东部
双埇	Shuāngyǒng	——	农村	高良镇政府驻地东南部
双祐	Shuāngyòu	——	农村	九市镇政府驻地东部
双寨	Shuāngzhài	——	农村	凤村镇政府驻地西部
双足边	Shuāngzúbiān	——	农村	新圩镇政府驻地东北部
水冲	Shuǐchōng	——	农村	高良镇政府驻地东北部
水对冲	Shuǐduìchōng	——	农村	高良镇政府驻地东部
水对冲	Shuǐduìchōng	——	农村	九市镇政府驻地西部
水掘	Shuǐjué	——	农村	播植镇政府驻地南部
水流塘	Shuǐliú Táng	——	农村	官圩镇政府驻地西南部
水上社区	Shuǐshàng Shèqū	——	农村	回龙镇政府驻地西部
水滩	Shuǐtān	——	农村	官圩镇政府驻地北部
水围	Shuǐwéi	——	农村	九市镇政府驻地东部
思近二村	Sījìn Èrcūn	——	农村	回龙镇政府驻地北部
思近一村	Sījìn Yīcūn	——	农村	回龙镇政府驻地北部
思罗	Sīluó	——	农村	马圩镇政府驻地北部
四方垌	Sìfāng Dòng	——	农村	凤村镇政府驻地西北部
四剑口	Sìjiànkǒu	——	农村	马圩镇政府驻地北部
四六地	Sìliùdì	——	农村	马圩镇政府驻地东北部
四炉脚	Sìlújiǎo	——	农村	永丰镇政府驻地南部
四路围	Sìlùwéi	——	农村	播植镇政府驻地西部
四马塘九村	Sìmǎtáng Jiǔcūn	——	农村	官圩镇政府驻地西部
四马塘十村	Sìmǎtáng Shícūn	——	农村	官圩镇政府驻地西部
四片	Sìpiàn	——	农村	回龙镇政府驻地西北部
四巷	Sìxiàng	——	农村	官圩镇政府驻地西北部
松柏	Sōngbǎi	——	农村	回龙镇政府驻地西部

(续上表)

标准名称	汉语拼音	别名	地名类别	相对位置
松崩	Sōngbēng	——	农村	永丰镇政府驻地东北部
松岗	Sōnggǎng	——	农村	悦城镇政府驻地东北部
松岗岭	Sōnggǎng Lǐng	——	农村	德庆县政府驻地东部
松岗巷	Sōnggǎngxiàng	——	农村	播植镇政府驻地西部
松木塘	Sōngmù Táng	——	农村	回龙镇政府驻地北部
松坪	Sōngpíng	——	农村	莫村镇政府驻地东北部
苏村	Sūcūn	——	农村	马圩镇政府驻地南部
苏江	Sūjiāng	——	农村	悦城镇政府驻地西北部
塔根	Tǎgēn	——	农村	德庆县政府驻地东南部
塔坭	Tǎní	——	农村	回龙镇政府驻地南部
太平	Tàipíng	——	农村	高良镇政府驻地东北部
太平岗	Tàipíng Gǎng	——	农村	凤村镇政府驻地南部
太平田	Tàipíngtián	——	农村	高良镇政府驻地东部
太宪	Tàixiàn	——	农村	莫村镇政府驻地西南部
太阳升	Tàiyángshēng	——	农村	凤村镇政府驻地西北部
滩底	Tāndǐ	——	农村	官圩镇政府驻地北部
谈塘	Tántáng	——	农村	官圩镇政府驻地北部
簕必塘	Tánbì Táng	——	农村	高良镇政府驻地西北部
簕拨	Tánbō	——	农村	播植镇政府驻地西南部
簕卜坪	Tánbo Píng	——	农村	凤村镇政府驻地西南部
簕坟	Tánfén	——	农村	高良镇政府驻地西北部
簕贡坪	Tángòng Píng	——	农村	凤村镇政府驻地西南部
簕鹤	Tánhè	——	农村	播植镇政府驻地南部
簕湖	Tánhú	——	农村	官圩镇政府驻地西北部
簕花	Tánhuā	——	农村	莫村镇政府驻地西北部
簕黄埇	Tánhuángyǒng	——	农村	官圩镇政府驻地北部
簕九曲	Tánjiǔqǔ	——	农村	凤村镇政府驻地南部
簕埌	Tánlàng	——	农村	高良镇政府驻地南部
簕连垌	Tánlián Dòng	——	农村	官圩镇政府驻地西北部
簕辽	Tánliáo	——	农村	官圩镇政府驻地东部

（续上表）

标准名称	汉语拼音	别名	地名类别	相对位置
簕龙	Tánlóng	——	农村	莫村镇政府驻地东北部
簕马	Tánmǎ	——	农村	高良镇政府驻地西北部
簕妙	Tánmiào	——	农村	莫村镇政府驻地西南部
簕磨	Tánmó	——	农村	凤村镇政府驻地北部
簕木咀	Tánmùzuǐ	——	农村	凤村镇政府驻地东部
簕袍	Tánpáo	——	农村	永丰镇政府驻地东北部
簕蓬塘	Tánpéng Táng	——	农村	官圩镇政府驻地西北部
簕沙	Tánshā	——	农村	高良镇政府驻地西部
簕沙坪	Tánshā Píng	——	农村	莫村镇政府驻地东北部
簕昔	Tánxī	——	农村	莫村镇政府驻地西南部
簕杏	Tánxìng	——	农村	高良镇政府驻地东北部
簕雪	Tánxuě	——	农村	永丰镇政府驻地西部
簕玉	Tányù	——	农村	高良镇政府驻地西北部
簕灶塘	Tánzào Táng	——	农村	官圩镇政府驻地北部
簕踵	Tánzhǒng	——	农村	凤村镇政府驻地西南部
簕钻	Tánzuàn	——	农村	播植镇政府驻地东南部
坦山	Tǎnshān	——	农村	回龙镇政府驻地东北部
棠下	Tángxià	——	农村	凤村镇政府驻地南部
塘边	Tángbiān	——	农村	高良镇政府驻地西南部
塘冲	Tángchōng	——	农村	回龙镇政府驻地南部
塘村	Tángcūn	——	农村	悦城镇政府驻地东部
塘基头	Tángjītóu	——	农村	新圩镇政府驻地东部
塘坑	Tángkēng	书塘村	农村	九市镇政府驻地西北部
塘坑咀	Tángkēngzuǐ	——	农村	永丰镇政府驻地东北部
塘口	Tángkǒu	——	农村	九市镇政府驻地西部
塘埔	Tángpǔ	——	农村	新圩镇政府驻地东部
塘尾	Tángwěi	——	农村	德庆县政府驻地西北部
塘尾	Tángwěi	——	农村	悦城镇政府驻地东北部
塘尾新村	Tángwěi Xīncūn	——	农村	德庆县政府驻地西部
塘瓮	Tángwèng	——	农村	九市镇政府驻地东南部

(续上表)

标准名称	汉语拼音	别名	地名类别	相对位置
塘心	Tángxīn	——	农村	官圩镇政府驻地西北部
塘怨	Tángyuàn	——	农村	高良镇政府驻地东北部
塘则	Tángzé	——	农村	高良镇政府驻地东北部
塘州	Tángzhōu	——	农村	新圩镇政府驻地东北部
塘洲	Tángzhōu	——	农村	悦城镇政府驻地西部
桃子庙	Táozǐmiào	——	农村	新圩镇政府驻地北部
腾埌	Ténglàng	——	农村	马圩镇政府驻地北部
体仁	Tǐrén	——	农村	莫村镇政府驻地西北部
天和咀	Tiānhézuǐ	——	农村	永丰镇政府驻地南部
天湖	Tiānhú	——	农村	九市镇政府驻地东北部
天昔	Tiānxī	——	农村	播植镇政府驻地西南部
田寮	Tiánliáo	——	农村	高良镇政府驻地南部
田头	Tiántóu	——	农村	新圩镇政府驻地东部
田头屋	Tiántóuwū	——	农村	马圩镇政府驻地东南部
田头屋	Tiántóuwū	——	农村	官圩镇政府驻地北部
甜水	Tiánshuǐ	——	农村	官圩镇政府驻地北部
铁坑塘	Tiěkēng Táng	——	农村	播植镇政府驻地东南部
铁子冲	Tiězǐchōng	——	农村	高良镇政府驻地北部
桐油根	Tóngyóugēn	——	农村	官圩镇政府驻地西南部
桐油根	Tóngyóugēn	——	农村	新圩镇政府驻地东部
桐油坪	Tóngyóu Píng	——	农村	莫村镇政府驻地西部
铜古塘	Tónggǔ Táng	——	农村	新圩镇政府驻地东北部
铜鼓埌	Tónggǔlàng	——	农村	凤村镇政府驻地西南部
驮孔	Tuókǒng	——	农村	永丰镇政府驻地西北部
洼肚	Wādù	——	农村	莫村镇政府驻地东北部
瓦窑埌	Wǎyáolàng	——	农村	马圩镇政府驻地北部
湾塘	Wāntáng	——	农村	新圩镇政府驻地西北部
湾头	Wāntóu	——	农村	播植镇政府驻地西南部
万禾地	Wànhédì	——	农村	回龙镇政府驻地北部
王其垌	Wángqí Dòng	——	农村	官圩镇政府驻地北部

(续上表)

标准名称	汉语拼音	别名	地名类别	相对位置
旺埠	Wàngbù	——	农村	高良镇政府驻地东北部
旺村	Wàngcūn	——	农村	高良镇政府驻地西北部
旺峒	Wàngdòng	——	农村	悦城镇政府驻地西北部
旺岗	Wànggǎng	——	农村	马圩镇政府驻地北部
旺坑	Wàngkēng	——	农村	播植镇政府驻地东部
旺僚	Wàngliáo	——	农村	官圩镇政府驻地东北部
旺羌	Wàngqiāng	——	农村	高良镇政府驻地东北部
旺塘	Wàngtáng	——	农村	高良镇政府驻地东北部
旺祥	Wàngxiáng	——	农村	马圩镇政府驻地西部
望龙坑	Wànglóng Kēng	——	农村	凤村镇政府驻地西部
望天冲	Wàngtiānchōng	——	农村	新圩镇政府驻地西北部
望天峒	Wàngtiān Dòng	——	农村	回龙镇政府驻地西部
圩镇	Xūzhèn	——	农村	高良镇政府驻地西部
围墩	Wéidūn	——	农村	播植镇政府驻地东部
围墩	Wéidūn	——	农村	播植镇政府驻地东南部
围河塘	Wéihé Táng	——	农村	莫村镇政府驻地西南部
围联	Wéilián	——	农村	莫村镇政府驻地西南部
围心	Wéixīn	——	农村	九市镇政府驻地南部
文榜	Wénbǎng	——	农村	武垄镇政府驻地东部
文兰	Wénlán	——	农村	德庆县政府驻地西南部
文罗	Wénluó	——	农村	永丰镇政府驻地南部
文庙	Wénmiào	——	农村	莫村镇政府驻地东北部
文善	Wénshàn	——	农村	永丰镇政府驻地南部
文武	Wénwǔ	——	农村	官圩镇政府驻地西部
汶傍	Wènbàng	——	农村	凤村镇政府驻地东南部
汶靓	Wènliàng	——	农村	凤村镇政府驻地西南部
汶苏	Wènsū	——	农村	莫村镇政府驻地西北部
乌梅化	Wūméihuà	——	农村	凤村镇政府驻地东北部
乌石碑	Wūshíbēi	——	农村	马圩镇政府驻地东北部
屋冲	Wūchōng	——	农村	马圩镇政府驻地东南部

（续上表）

标准名称	汉语拼音	别名	地名类别	相对位置
五村	Wǔcūn	——	农村	播植镇政府驻地东部
五里	Wǔlǐ	——	农村	悦城镇政府驻地北部
五一村	Wǔyīcūn	——	农村	德庆县政府驻地东南部
武垄	Wǔlǒng	——	农村	武垄镇政府驻地西部
西村	Xīcūn	——	农村	官圩镇政府驻地东北部
西村	Xīcūn	——	农村	莫村镇政府驻地西南部
西瓜坑	Xīguā Kēng	——	农村	悦城镇政府驻地北部
西江	Xījiāng	——	农村	官圩镇政府驻地东北部
西坑	Xīkēng	——	农村	播植镇政府驻地东南部
西湾	Xīwān	——	农村	德庆县政府驻地西南部
西演二村	Xīyǎn Èrcūn	——	农村	九市镇政府驻地西部
西演一村	Xīyǎn Yīcūn	——	农村	九市镇政府驻地西部
细咀	Xìzuǐ	——	农村	播植镇政府驻地西南部
细坑	Xìkēng	——	农村	凤村镇政府驻地西南部
细坪	Xìpíng	——	农村	凤村镇政府驻地西北部
虾塘	Xiātáng	——	农村	高良镇政府驻地西北部
霞洞	Xiádòng	——	农村	官圩镇政府驻地东北部
下冲	Xiàchōng	——	农村	德庆县政府驻地东南部
下大塘	Xiàdà Táng	——	农村	回龙镇政府驻地西北部
下戴垌	Xiàdài Dòng	——	农村	回龙镇政府驻地南部
下地	Xiàdì	——	农村	悦城镇政府驻地东部
下地心	Xiàdìxīn	——	农村	回龙镇政府驻地西部
下顶底	Xiàdǐngdǐ	——	农村	悦城镇政府驻地西部
下垌冲	Xiàdòngchōng	——	农村	悦城镇政府驻地西北部
下斗执	Xiàdǒuzhí	——	农村	莫村镇政府驻地东北部
下贯	Xiàguàn	——	农村	官圩镇政府驻地东部
下河	Xiàhé	——	农村	回龙镇政府驻地北部
下河备	Xiàhébèi	——	农村	永丰镇政府驻地东北部
下河濂	Xiàhélián	——	农村	永丰镇政府驻地东南部
下河头	Xiàhétóu	——	农村	凤村镇政府驻地西北部

(续上表)

标准名称	汉语拼音	别名	地名类别	相对位置
下湖	Xiàhú	—	农村	悦城镇政府驻地东北部
下迳	Xiàjìng	—	农村	马圩镇政府驻地北部
下咀	Xiàzuǐ	—	农村	回龙镇政府驻地西部
下兰	Xiàlán	—	农村	新圩镇政府驻地东部
下塱	Xiàlǎng	—	农村	永丰镇政府驻地东北部
下荔枝	Xiàlìzhī	—	农村	悦城镇政府驻地西部
下蒗	Xiàliǎng	—	农村	凤村镇政府驻地西南部
下蒗	Xiàliǎng	—	农村	官圩镇政府驻地东北部
下寮	Xiàliáo	—	农村	马圩镇政府驻地北部
下柳	Xiàliǔ	—	农村	新圩镇政府驻地东部
下六冲	Xiàliùchōng	—	农村	回龙镇政府驻地西部
下六口	Xiàliùkǒu	—	农村	回龙镇政府驻地西部
下鹿颈	Xiàlùjǐng	—	农村	新圩镇政府驻地东北部
下罗	Xiàluó	—	农村	马圩镇政府驻地东北部
下梅坑	Xiàméi Kēng	—	农村	莫村镇政府驻地东北部
下庙	Xiàmiào	—	农村	悦城镇政府驻地东北部
下泮月	Xiàpànyuè	—	农村	永丰镇政府驻地东南部
下彭	Xiàpéng	—	农村	马圩镇政府驻地东南部
下坪	Xiàpíng	—	农村	高良镇政府驻地东北部
下棋埌	Xiàqílàng	—	农村	高良镇政府驻地西北部
下企	Xiàqǐ	—	农村	回龙镇政府驻地西北部
下山峒	Xiàshān Dòng	—	农村	官圩镇政府驻地西北部
下石脚	Xiàshíjiǎo	—	农村	回龙镇政府驻地西部
下桃	Xiàtáo	—	农村	播植镇政府驻地东南部
下坨	Xiàtuó	—	农村	悦城镇政府驻地东北部
下旺维塘	Xiàwàngwéi Táng	—	农村	新圩镇政府驻地东部
下圩	Xiàxū	—	农村	九市镇政府驻地南部
下围	Xiàwéi	—	农村	悦城镇政府驻地东北部
下围	Xiàwéi	—	农村	莫村镇政府驻地西北部
下文凤	Xiàwénfèng	—	农村	凤村镇政府驻地南部

（续上表）

标准名称	汉语拼音	别名	地名类别	相对位置
下谢	Xiàxiè	——	农村	官圩镇政府驻地东南部
下新	Xiàxīn	——	农村	新圩镇政府驻地东北部
下云么	Xiàyúnme	——	农村	官圩镇政府驻地西北部
下寨	Xiàzhài	——	农村	莫村镇政府驻地西北部
下寨	Xiàzhài	——	农村	武垄镇政府驻地西南部
夏凤岗	Xiàfèng Gǎng	——	农村	凤村镇政府驻地西北部
仙谷	Xiāngǔ	——	农村	高良镇政府驻地北部
仙吉垌	Xiānjí Dòng	——	农村	悦城镇政府驻地西北部
先锋	Xiānfēng	——	农村	莫村镇政府驻地东北部
先进	Xiānjìn	——	农村	莫村镇政府驻地东北部
冼村	Xiǎncūn	——	农村	新圩镇政府驻地西北部
冼村	Xiǎncūn	——	农村	凤村镇政府驻地西部
香粉厂	Xiāngfěnchǎng	——	农村	马圩镇政府驻地东南部
香山	Xiāngshān	——	农村	官圩镇政府驻地北部
响水	Xiǎngshuǐ	——	农村	悦城镇政府驻地东部
象市	Xiàngshì	——	农村	高良镇政府驻地南部
象牙	Xiàngyá	——	农村	高良镇政府驻地东南部
小垌	Xiǎodòng	——	农村	永丰镇政府驻地东北部
小河	Xiǎohé	——	农村	回龙镇政府驻地北部
小水	Xiǎoshuǐ	——	农村	悦城镇政府驻地北部
小右	Xiǎoyòu	——	农村	悦城镇政府驻地北部
晓埇	Xiǎoyǒng	——	农村	官圩镇政府驻地北部
谢村	Xiècūn	——	农村	官圩镇政府驻地东南部
谢村二村	Xiècūn Èrcūn	——	农村	官圩镇政府驻地东南部
谢村三村	Xiècūn Sāncūn	——	农村	官圩镇政府驻地东南部
谢村四村	Xiècūn Sìcūn	——	农村	官圩镇政府驻地东南部
谢村五村	Xiècūn Wǔcūn	——	农村	官圩镇政府驻地东南部
谢村一村	Xiècūnyīcūn	——	农村	官圩镇政府驻地东南部
新安市	Xīn'ānshì	——	农村	官圩镇政府驻地东部
新城岗	Xīnchéng Gǎng	——	农村	永丰镇政府驻地东北部

（续上表）

标准名称	汉语拼音	别名	地名类别	相对位置
新冲	Xīnchōng	——	农村	回龙镇政府驻地西北部
新村	Xīncūn	——	农村	凤村镇政府驻地西南部
新村	Xīncūn	——	农村	悦城镇政府驻地北部
新村	Xīncūn	——	农村	永丰镇政府驻地西南部
新村	Xīncūn	——	农村	悦城镇政府驻地东北部
新村	Xīncūn	——	农村	九市镇政府驻地东北部
新村	Xīncūn	——	农村	九市镇政府驻地东南部
新村	Xīncūn	——	农村	悦城镇政府驻地东北部
新村	Xīncūn	——	农村	播植镇政府驻地东部
新村	Xīncūn	——	农村	永丰镇政府驻地东北部
新村	Xīncūn	——	农村	新圩镇政府驻地东北部
新村	Xīncūn	——	农村	高良镇政府驻地南部
新村	Xīncūn	——	农村	马圩镇政府驻地东南部
新村	Xīncūn	——	农村	回龙镇政府驻地北部
新村	Xīncūn	——	农村	官圩镇政府驻地西北部
新村	Xīncūn	——	农村	莫村镇政府驻地西南部
新村	Xīncūn	——	农村	播植镇政府驻地西南部
新地	Xīndì	——	农村	永丰镇政府驻地西部
新垌	Xīndòng	——	农村	高良镇政府驻地东北部
新斗	Xīndǒu	——	农村	永丰镇政府驻地东南部
新建	Xīnjiàn	——	农村	播植镇政府驻地东南部
新江	Xīnjiāng	——	农村	高良镇政府驻地西南部
新街	Xīnjiē	——	农村	播植镇政府驻地西南部
新开田	Xīnkāitián	——	农村	凤村镇政府驻地西南部
新连垌	Xīnlián Dòng	——	农村	官圩镇政府驻地西北部
新庙	Xīnmiào	——	农村	悦城镇政府驻地东北部
新民里	Xīnmínlǐ	——	农村	播植镇政府驻地西南部
新农	Xīnnóng	——	农村	悦城镇政府驻地西部
新蓬	Xīnpéng	——	农村	永丰镇政府驻地东部
新桥	Xīnqiáo	——	农村	马圩镇政府驻地东北部

（续上表）

标准名称	汉语拼音	别名	地名类别	相对位置
新塘	Xīntáng	——	农村	武垄镇政府驻地东南部
新塘	Xīntáng	——	农村	播植镇政府驻地南部
新圩	Xīnxū	——	农村	新圩镇政府驻地北部
新圩	Xīnxū	——	农村	莫村镇政府驻地东北部
新围	Xīnwéi	——	农村	马圩镇政府驻地北部
新围	Xīnwéi	——	农村	悦城镇政府驻地东部
新围	Xīnwéi	——	农村	悦城镇政府驻地西北部
新围东村	Xīnwéi Dōngcūn	——	农村	莫村镇政府驻地东北部
新围塘	Xīnwéi Táng	——	农村	马圩镇政府驻地东北部
新围西村	Xīnwéi Xīcūn	——	农村	莫村镇政府驻地东北部
新屋	Xīnwū	——	农村	播植镇政府驻地南部
新屋	Xīnwū	——	农村	莫村镇政府驻地西南部
新屋	Xīnwū	——	农村	凤村镇政府驻地西北部
新屋垌	Xīnwū Dòng	——	农村	高良镇政府驻地西北部
新屋洞	Xīnwū Dòng	——	农村	高良镇政府驻地东北部
新寨	Xīnzhài	——	农村	永丰镇政府驻地北部
新寨	Xīnzhài	——	农村	新圩镇政府驻地东部
新寨	Xīnzhài	——	农村	马圩镇政府驻地东北部
新寨	Xīnzhài	——	农村	悦城镇政府驻地北部
新寨	Xīnzhài	——	农村	回龙镇政府驻地北部
新寨	Xīnzhài	——	农村	高良镇政府驻地西南部
新寨	Xīnzhài	——	农村	凤村镇政府驻地西南部
新寨	Xīnzhài	——	农村	悦城镇政府驻地东北部
新圳	Xīnzhèn	——	农村	播植镇政府驻地东南部
信地	Xìndì	——	农村	悦城镇政府驻地西部
姓李村	Xìnglǐcūn	——	农村	高良镇政府驻地东北部
姓梁村	Xìngliángcūn	——	农村	德庆县政府驻地东部
姓王村	Xìngwángcūn	——	农村	德庆县政府驻地东南部
姓温园	Xìngwēnyuán	——	农村	德庆县政府驻地东南部
姓庄	Xìngzhuāng	——	农村	凤村镇政府驻地西北部

(续上表)

标准名称	汉语拼音	别名	地名类别	相对位置
宿岸	Sù'àn	——	农村	永丰镇政府驻地东南部
秀林	Xiùlín	——	农村	马圩镇政府驻地东南部
秀绿河	Xiùlǜhé	——	农村	官圩镇政府驻地西南部
徐家村	Xújiācūn	——	农村	官圩镇政府驻地北部
学景	Xuéjǐng	——	农村	高良镇政府驻地北部
学塘咀	Xuétángzuǐ	——	农村	凤村镇政府驻地西南部
雪啰	Xuěluō	——	农村	官圩镇政府驻地西部
寻岗冲	Xúngǎngchōng	——	农村	马圩镇政府驻地东北部
巡安岗	Xún'ān Gǎng	——	农村	九市镇政府驻地东北部
鸦播	Yābō	——	农村	武垄镇政府驻地东南部
鸦翅埇	Yāchìyǒng	——	农村	德庆县政府驻地西部
鸦辽头	Yāliáotóu	——	农村	德庆县政府驻地东部
鸭利咀	Yālìzuǐ	——	农村	九市镇政府驻地西北部
鸭利咀	Yālìzuǐ	——	农村	马圩镇政府驻地东北部
鸭利咀坑	Yālìzuǐ Kēng	——	农村	九市镇政府驻地西北部
牙齿岭	Yáchǐ Lǐng	——	农村	凤村镇政府驻地西北部
牙梳	Yáshū	——	农村	九市镇政府驻地东部
牙鹰磅	Yáyīngbàng	——	农村	悦城镇政府驻地北部
岩背	Yánbèi	——	农村	九市镇政府驻地东南部
岩村	Yáncūn	——	农村	悦城镇政府驻地东北部
燕村	Yàncūn	——	农村	高良镇政府驻地西北部
燕子塘	Yànzǐ Táng	——	农村	官圩镇政府驻地西北部
杨梅	Yángméi	——	农村	永丰镇政府驻地北部
杨梅塘	Yángméi Ttáng	——	农村	悦城镇政府驻地东北部
洋池塘	Yángchí Táng	——	农村	新圩镇政府驻地东部
耀麻埌	Yàomáláng	——	农村	九市镇政府驻地东部
耀麻石	Yàomáshí	——	农村	九市镇政府驻地东部
益村	Yìcūn	——	农村	莫村镇政府驻地东北部
营头	Yíngtóu	——	农村	悦城镇政府驻地东部
营头新村	Yíngtóu Xīncūn	——	农村	悦城镇政府驻地东部

（续上表）

标准名称	汉语拼音	别名	地名类别	相对位置
雍沙	Yōngshā	——	农村	九市镇政府驻地东南部
永康	Yǒngkāng	——	农村	莫村镇政府驻地东北部
埇表	Yǒngbiǎo	——	农村	高良镇政府驻地西北部
埇表	Yǒngbiǎo	——	农村	官圩镇政府驻地东北部
埇儿佛	Yǒng'érfó	——	农村	官圩镇政府驻地北部
埇坪	Yǒngpíng	——	农村	官圩镇政府驻地西北部
用咀	Yòngzuǐ	——	农村	官圩镇政府驻地北部
柚柑岗	Yòugān Gǎng	——	农村	莫村镇政府驻地西南部
余家巷	Yújiāxiàng	——	农村	德庆县政府驻地东南部
鱼科	Yúkē	——	农村	悦城镇政府驻地东北部
鱼龙塘	Yúlóng Táng	——	农村	悦城镇政府驻地西北部
玉村	Yùcūn	——	农村	官圩镇政府驻地西部
玉带塘	Yùdài Táng	——	农村	官圩镇政府驻地西南部
芋荚塘	Yùjiá Táng	——	农村	高良镇政府驻地西部
芋荚塘	Yùjiá Táng	——	农村	高良镇政府驻地东部
杬田	Yuántián	——	农村	高良镇政府驻地西北部
源盛	Yuánshèng	——	农村	莫村镇政府驻地西南部
院村	Yuàncūn	——	农村	莫村镇政府驻地东北部
岳垌	Yuèdòng	——	农村	回龙镇政府驻地西北部
悦围	Yuèwéi	——	农村	凤村镇政府驻地北部
云帮	Yúnbāng	——	农村	悦城镇政府驻地东北部
云堡	Yúnbǎo	——	农村	悦城镇政府驻地东北部
云暴	Yúnbào	——	农村	凤村镇政府驻地西南部
云冲	Yúnchōng	——	农村	悦城镇政府驻地东北部
云冲坑	Yúnchōng Kēng	——	农村	悦城镇政府驻地西北部
云谷	Yúngǔ	——	农村	凤村镇政府驻地西南部
云谷坑尾	Yúngǔ Kēngwěi	——	农村	凤村镇政府驻地西南部
云吉	Yúnjí	——	农村	永丰镇政府驻地北部
云建	Yúnjiàn	——	农村	播植镇政府驻地东部
云朗	Yúnlǎng	——	农村	九市镇政府驻地东北部

（续上表）

标准名称	汉语拼音	别名	地名类别	相对位置
云冷口	Yúnlěngkǒu	——	农村	高良镇政府驻地西北部
云利	Yúnlì	——	农村	高良镇政府驻地东北部
云楼	Yúnlóu	——	农村	武垄镇政府驻地东北部
云楼岗	Yúnlóu Gǎng	——	农村	武垄镇政府驻地西南部
云路塘	Yúnlù Táng	——	农村	播植镇政府驻地西南部
云么	Yúnme	——	农村	官圩镇政府驻地西北部
云眉	Yúnméi	——	农村	高良镇政府驻地西北部
云氹	Yúnnáng	——	农村	悦城镇政府驻地东北部
云坪	Yúnpíng	——	农村	凤村镇政府驻地西南部
云首	Yúnshǒu	——	农村	莫村镇政府驻地西南部
云梳	Yúnshū	——	农村	官圩镇政府驻地西北部
云簪	Yúntán	——	农村	凤村镇政府驻地西部
云屋	Yúnwū	——	农村	马圩镇政府驻地东北部
云植	Yúnzhí	——	农村	马圩镇政府驻地东北部
云致	Yúnzhì	——	农村	新圩镇政府驻地西北部
云作	Yúnzuò	——	农村	悦城镇政府驻地东北部
匝村	Zācūn	——	农村	凤村镇政府驻地西北部
仔围	Zǎiwéi	——	农村	悦城镇政府驻地东北部
寨头	Zhàitóu	——	农村	悦城镇政府驻地北部
寨尾	Zhàiwěi	——	农村	悦城镇政府驻地北部
寨仔	Zhàizǎi	——	农村	永丰镇政府驻地西南部
樟乌根	Zhāngwūgēn	——	农村	马圩镇政府驻地东部
长安	Cháng'ān	——	农村	播植镇政府驻地西北部
长岗	Chánggǎng	——	农村	莫村镇政府驻地东北部
长岗上队	Chánggǎng Shàngduì	——	农村	莫村镇政府驻地东北部
长岗下队	Chánggǎng Xiàduì	——	农村	莫村镇政府驻地东北部
长红	Chánghóng	——	农村	播植镇政府驻地西南部
长坑口	Chángkēngkǒu	——	农村	凤村镇政府驻地东南部
长埌	Chánglàng	——	农村	播植镇政府驻地西南部
长胜	Chángshèng	——	农村	莫村镇政府驻地东北部

（续上表）

标准名称	汉语拼音	别名	地名类别	相对位置
长塘	Chángtáng	——	农村	凤村镇政府驻地北部
长英	Chángyīng	——	农村	播植镇政府驻地南部
长泽	Chángzé	——	农村	武垄镇政府驻地东南部
长征	Chángzhēng	——	农村	播植镇政府驻地南部
珍竹	Zhēnzhú	——	农村	悦城镇政府驻地北部
圳边	Zhènbiān	——	农村	永丰镇政府驻地东北部
正冲	Zhèngchōng	——	农村	九市镇政府驻地东部
正垌	Zhèngdòng	——	农村	悦城镇政府驻地西北部
正坑口	Zhèngkēngkǒu	——	农村	凤村镇政府驻地西北部
枝围	Zhīwéi	——	农村	悦城镇政府驻地东部
直安	Zhí'ān	——	农村	官圩镇政府驻地北部
直地	Zhídì	——	农村	官圩镇政府驻地北部
植村	Zhícūn	——	农村	播植镇政府驻地北部
植市	Zhíshì	——	农村	播植镇政府驻地西部
中厂	Zhōngchǎng	——	农村	高良镇政府驻地东北部
中地	Zhōngdì	——	农村	悦城镇政府驻地东部
中垌	Zhōngdòng	——	农村	新圩镇政府驻地东北部
中坊	Zhōngfáng	——	农村	莫村镇政府驻地东北部
中坑	Zhōngkēng	——	农村	凤村镇政府驻地西部
中山	Zhōngshān	——	农村	官圩镇政府驻地西北部
中塘	Zhōngtáng	——	农村	官圩镇政府驻地北部
中围	Zhōngwéi	——	农村	永丰镇政府驻地南部
中心	Zhōngxīn	——	农村	莫村镇政府驻地西南部
中秀	Zhōngxiù	——	农村	新圩镇政府驻地西北部
中央	Zhōngyāng	——	农村	高良镇政府驻地南部
中原六村	Zhōngyuán Liùcūn	——	农村	莫村镇政府驻地东北部
中原五村	Zhōngyuán Wǔcūn	——	农村	莫村镇政府驻地东北部
忠庆	Zhōngqìng	——	农村	莫村镇政府驻地东南部
舟霖新村	Zhōulín Xīncūn	——	农村	马圩镇政府驻地东南部
洲林	Zhōulín	——	农村	悦城镇政府驻地东部

(续上表)

标准名称	汉语拼音	别名	地名类别	相对位置
洲林六队	Zhōulín Liùduì	——	农村	悦城镇政府驻地东部
洲林七队	Zhōulín Qīduì	——	农村	悦城镇政府驻地东部
洲仔	Zhōuzǎi	——	农村	九市镇政府驻地东南部
朱备	Zhūbèi	——	农村	悦城镇政府驻地东北部
珠江	Zhūjiāng	——	农村	官圩镇政府驻地西北部
珠源	Zhūyuán	——	农村	悦城镇政府驻地北部
竹冲	Zhúchōng	——	农村	高良镇政府驻地西南部
竹村	Zhúcūn	——	农村	武垄镇政府驻地西南部
竹根洞	Zhúgēn Dòng	——	农村	凤村镇政府驻地西北部
竹沙	Zhúshā	——	农村	播植镇政府驻地南部
竹山	Zhúshān	——	农村	莫村镇政府驻地东北部
竹山	Zhúshān	——	农村	高良镇政府驻地西南部
竹洼	Zhúwā	——	农村	永丰镇政府驻地西北部
竹围	Zhúwéi	——	农村	回龙镇政府驻地西部
竹围	Zhúwéi	——	农村	九市镇政府驻地南部
竹围	Zhúwéi	——	农村	莫村镇政府驻地西南部
祝村	Zhùcūn	——	农村	播植镇政府驻地西南部
紫迳	Zǐjìng	——	农村	永丰镇政府驻地西部
佐岗	Zuǒgǎng	——	农村	悦城镇政府驻地北部
佐塘	Zuǒtáng	——	农村	马圩镇政府驻地东南部
作望	Zuòwàng	——	农村	播植镇政府驻地东部
座地头	Zuòdìtóu	——	农村	凤村镇政府驻地西南部
罈冚	Tándū	——	农村	官圩镇政府驻地西北部
埇冚	Yǒngdū	——	农村	官圩镇政府驻地北部

（五）交通运输设施类

1. 水上运输

标准名称	汉语拼音	地名类别	相对位置	所在水域
八角坑码头	Bājiǎokēng Mǎtóu	河港	悦城镇政府驻地西部	西江
大坑码头	Dàkēng Mǎtóu	河港	悦城镇政府驻地东南部	西江
德鑫矿场码头	Déxīn Kuàngchǎng Mǎtóu	河港	九市镇政府驻地西北部	西江
富源装卸码头	Fùyuán Zhuāngxiè Mǎtóu	河港	悦城镇政府驻地东北部	西江
海全码头	Hǎiquán Mǎtóu	河港	悦城镇政府驻地东北部	西江
旧圩码头	Jiùxū Mǎtóu	河港	九市镇政府驻地东南部	西江
康州港码头	Kāngzhōu Gǎng Mǎtóu	河港	德庆县政府驻地东南部	西江
伦冲天宇矿码头	Lúnchōngtiānyǔkuàng Mǎtóu	河港	九市镇政府驻地南部	西江
石井码头	Shíjǐng Mǎtóu	河港	悦城镇政府驻地东南部	西江
源远公司码头	Yuányuǎn Gōngsī Mǎtóu	河港	悦城镇政府驻地西南部	西江
悦城港	Yuèchéng Gǎng	河港	悦城镇政府驻地西南部	西江
悦城码头	Yuèchéng Mǎtóu	河港	悦城镇政府驻地东南部	西江
悦兴旺码头	Yuèxīngwàng Mǎtóu	河港	悦城镇政府驻地东南部	西江
洲林码头	Zhōulín Mǎtóu	河港	悦城镇政府驻地东北部	西江
大铺码头	Dàpù Mǎtóu	河港	回龙镇政府驻地西部	西江

2. 公路运输、城镇交通运输

标准名称	汉语拼音	地名类别	相对位置	起讫点
321国道	321 Guódào	国道	德庆县德城街道北部	广州—成都
怀集至悦城公路	Huáijí Zhì Yuèchéng Gōnglù	省道	悦城镇北部	怀集—悦城
荔枝岗至池洞公路	Lìzhīgǎng Zhì Chídòng Gōnglù	省道	德庆县德城街道北部	荔枝岗—池洞
河莫公路	Hémò Gōnglù	省道	莫村镇西北部	莫村—河儿口
广梧高速	Guǎngwú Gāosù	省道	德庆县德城街道北部	广州—梧州
高良至香山公路	Gāoliáng Zhì Xiāngshān Gōnglù	县道	高良镇西北部	高良—香山

（续上表）

标准名称	汉语拼音	地名类别	相对位置	起讫点
官圩至沙旁公路	Guānxū Zhì Shāpáng Gōnglù	县道	官圩镇西北部	官圩街口—沙旁
河村至水南公路	Hécūn Zhì Shuǐnán Gōnglù	县道	永丰镇东南部	河村—云楼
九市至凤村公路	Jiǔshì Zhì Fèngcūn Gōnglù	县道	九市镇东部	九市—百步口
禄步至任村公路	Lùbù Zhì Rèncūn Gōnglù	县道	播植镇西部	铁坑塘—任村口
马圩至河口公路	Mǎxū Zhì Hékǒu Gōnglù	县道	马圩镇南部	马圩—上咀下村
寺村至六水公路	Sìcūn Zhì Liùshuǐ Gōnglù	县道	回龙镇西北部	古靖—六水
旺埠至凤村公路	Wàngbù Zhì Fèngcūn Gōnglù	县道	高良镇东北部	旺埠—凤村
杏花至大塘公路	Xìnghuā Zhì Dàtáng Gōnglù	县道	回龙镇西北部	小圩—大塘
白鸡口至云首公路	Báijīkǒu Zhì Yúnshǒu Gōnglù	乡道	莫村镇西南部	923乡道—云首
崩梅至梅岭河公路	Bēngméi Zhì Méilǐnghé Gōnglù	乡道	官圩镇东北部	崩圾村委会出口—梅岭河
宾村至八仙洞公路	Bīncūn Zhì Bāxiāndòng Gōnglù	乡道	回龙镇东北部	宾村—951乡道
宾村至大伍村公路	Bīncūn Zhì Dàwǔcūn Gōnglù	乡道	回龙镇东北部	宾村—广州至成都公路
播植至吉堆公路	Bōzhí Zhì Jíduī Gōnglù	乡道	播植镇西北部	414县道—四炉脚
播植至栗村公路	Bōzhí Zhì Lìcūn Gōnglù	乡道	播植镇东部	414县道—460乡道
播植至长安公路	Bōzhí Zhì Zhǎng'ān Gōnglù	乡道	播植镇东北部	播植—长安
茶亭至社香公路	Chátíng Zhì Shèxiāng Gōnglù	乡道	播植镇东南部	460乡道—社香
朝辉路至西湾公路	Cháohuī Lù Zhì Xīwān Gōnglù	乡道	德庆县西南部	朝辉路—西湾
冲河口至三北口公路	Chōnghékǒu Zhì Sānběikǒu Gōnglù	乡道	回龙镇东北部	小圩—广州至成都公路

（续上表）

标准名称	汉语拼音	地名类别	相对位置	起讫点
冲口至车岗公路	Chōngkǒu Zhì Chēgǎng Gōnglù	乡道	悦城镇东北部	小水—鲤鱼岗
冲口至大坪公路	Chōngkǒu Zhì Dàpíng Gōnglù	乡道	莫村镇东北部	冲口—大坪
冲口至南元公路	Chōngkǒu Zhì Nányuán Gōnglù	乡道	高良镇东北部	荔枝岗至池峒公路—南元
冲源至山峒公路	Chōngyuán Zhì Shāndòng Gōnglù	乡道	官圩镇西北部	冲源—山峒
翠塘至关塘坪公路	Cuìtáng Zhì Guāntángpíng Gōnglù	乡道	悦城镇北部	怀集至悦城公路—关塘坪
大江至三马坪公路	Dàjiāng Zhì Sānmǎpíng Gōnglù	乡道	悦城镇东北部	悦城至云帮公路—三马坪
大坪至白沙公路	Dàpíng Zhì Báishā Gōnglù	乡道	官圩镇西北部	453县道—白沙
大寨至白马公路	Dàzhài Zhì Báimǎ Gōnglù	乡道	马圩镇西南部	荔枝岗至池峒公路—新圩至龙屈公路
戴洞至回龙公路	Dàidòng Zhì Huílóng Gōnglù	乡道	回龙镇东南部	广州至成都公路—回龙
地洲至石台公路	Dìzhōu Zhì Shítái Gōnglù	乡道	悦城镇西北部	怀集至悦城公路—921乡道
电站至微波站公路	Diànzhàn Zhì Wēibōzhàn Gōnglù	乡道	回龙镇西北部	818县道—微波站
东岸咀至大坑公路	Dōng'ànzuǐ Zhì Dàkēng Gōnglù	乡道	悦城镇东南部	东岸咀—悦城至云帮公路
都逢至富源公路	Dūféng Zhì Fùyuán Gōnglù	乡道	莫村镇中部	莫村至河儿口公路—文苏
都洪至大坪公路	Dūhóng Zhì Dàpíng Gōnglù	乡道	高良镇东南部	都洪—大降口
都洪至少峒公路	Dūhóng Zhì Shàodòng Gōnglù	乡道	高良镇东南部	901乡道—小峒
豆岭至双象公路	Dòulǐng Zhì Shuāngxiàng Gōnglù	乡道	武垄镇东南部	河村至水南公路—双象
凤村口至罗宏公路	Fèngcūnkǒu Zhì Luóhóng Gōnglù	乡道	马圩镇东北部	前进村委会—三华村
凤村口至石树公路	Fèngcūnkǒu Zhì Shìshù Gōnglù	乡道	马圩镇东北部	荔枝岗至池峒公路—石树

（续上表）

标准名称	汉语拼音	地名类别	相对位置	起讫点
凤村至双城公路	Fèngcūn Zhì Shuāngchéng Gōnglù	乡道	凤村镇东北部	454 县道—914 乡道
凤村圩至产踵公路	Fèngcūnxū Zhì Chǎnzhǒng Gōnglù	乡道	凤村镇西南部	965 乡道—产踵
凤村至新星公路	Fèngcūn Zhì Xīnxīng Gōnglù	乡道	凤村镇西南部	454 县道—狮子岗
凤村至牙齿岭公路	Fèngcūn Zhì Yáchǐlǐng Gōnglù	乡道	凤村镇西北部	454 县道—牙齿岭
佛子至中峒公路	Fózǐ Zhì Zhōngdòng Gōnglù	乡道	新圩镇东北部	佛子—荔枝岗至池峒公路
扶赖至大灯笼公路	Fúlài Zhì Dàdēnglóng Gōnglù	乡道	莫村镇西南部	怀集至悦城公路—大灯笼
扶赖至古蓬公路	Fúlài Zhì Gǔpéng Gōnglù	乡道	莫村镇东南部	怀集至悦城公路—915 乡道
富源至降面公路	Fùyuán Zhì Jiàngmiàn Gōnglù	乡道	莫村镇西北部	富源—降面
富源至六罗公路	Fùyuán Zhì Liùluó Gōnglù	乡道	莫村镇东北部	莫村至河儿口公路—六罗
富源至牛岭公路	Fùyuán Zhì Niúlǐng Gōnglù	乡道	莫村镇东北部	929 乡道—牛岭
高村至办田坑公路	Gāocūn Zhì Bàntiánkēng Gōnglù	乡道	九市镇东北部	983 乡道—办田坑
高良至冷水公路	Gāoliáng Zhì Lěngshuǐ Gōnglù	乡道	高良镇东北部	冷水村口—冷水
高良至嗒玉公路	Gāoliáng Zhì Tányù Gōnglù	乡道	高良镇西北部	高良—嗒沙河
高良至象牙山公路	Gāoliáng Zhì Xiàngyáshān Gōnglù	乡道	高良镇东南部	高良—象牙
诰赠至丽江公路	Gàozèng Zhì Lìjiāng Gōnglù	乡道	马圩镇北部	诰赠—丽江
格岸至双江公路	Gé'àn Zhì Shuāngjiāng Gōnglù	乡道	播植镇西南部	格岸—双江
格木桥至大沙洲公路	Gémùqiáo Zhì Dàshāzhōu Gōnglù	乡道	新圩镇西北部	荔枝岗至池峒公路—大沙洲
格塘至坑根公路	Gétáng Zhì Kēnggēn Gōnglù	乡道	凤村镇东南部	格塘—坑根

（续上表）

标准名称	汉语拼音	地名类别	相对位置	起讫点
古楼至桃子坪公路	Gǔlóu Zhì Táozǐpíng Gōnglù	乡道	莫村镇西南部	怀集至悦城公路—桃子坪
关塘坪至正垌公路	Guāntángpíng Zhì Zhèngdòng Gōnglù	乡道	悦城镇西北部	关塘坪—大坑
官塘至鸦拨公路	Guāntáng Zhì Yābō Gōnglù	乡道	武垄镇东南部	官塘—河村至水南公路
官圩至龙山公公路	Guānxū Zhì Lóngshāngōng Gōnglù	乡道	新圩镇东北部	荔枝岗至池垌公路—谢村
官圩至落马坪公路	Guānxū Zhì Luòmǎpíng Gōnglù	乡道	官圩镇西北部	453县道—落马坪
光明至梅坑公路	Guāngmíng Zhì Méikēng Gōnglù	乡道	莫村镇西北部	怀集至悦城公路—梅坑
光明至蕃沙坪公路	Guāngmíng Zhì Tánshāpíng Gōnglù	乡道	莫村镇北部	光明—金狗顶
杭未岗至石头塘公路	Hángwèigǎng Zhì Shítóutáng Gōnglù	乡道	凤村镇西南部	428县道—石头塘
合水至扶扫公路	Héshuǐ Zhì Fúsào Gōnglù	乡道	马圩镇东南部	453乡道—大益
河口至官车公路	Hékǒu Zhì Guānchē Gōnglù	乡道	新圩镇东部	广州至成都公路—新圩至龙屈公路
河口至塘北公路	Hékǒu Zhì Tángběi Gōnglù	乡道	莫村镇东北部	807县道—塘北
河头至猫儿坪公路	Hétóu Zhì Māo'érpíng Gōnglù	乡道	官圩镇北部	河头—猫儿坪
河尾至旺岗公路	Héwěi Zhì Wànggǎng Gōnglù	乡道	官圩镇东北部	453县道—945乡道
黄岗坪至双象公路	Huánggǎngpíng Zhì Shuāngxiàng Gōnglù	乡道	武垄镇东南部	河村至水南公路—双象
回龙至富石公路	Huílóng Zhì Fùshí Gōnglù	乡道	回龙镇西南部	回龙—富石
回龙至桂尾公路	Huílóng Zhì Guìwěi Gōnglù	乡道	回龙镇东南部	回龙—桂尾
回龙至下六冲公路	Huílóng Zhì Xiàliùchōng Gōnglù	乡道	回龙镇西南部	959乡道—下六冲
吉鸿至旧圩公路	Jíhóng Zhì Jiùxū Gōnglù	乡道	九市镇东南部	吉鸿—旧圩

(续上表)

标准名称	汉语拼音	地名类别	相对位置	起讫点
江边至江尾公路	Jiāngbiān Zhì Jiāngwěi Gōnglù	乡道	九市镇东北部	428县道—江尾
江村至富禄公路	Jiāngcūn Zhì Fùlù Gōnglù	乡道	官圩镇东北部	948乡道—富禄
江村至仙罗水库公路	Jiāngcūn Zhì Xiānluóshuǐkù Gōnglù	乡道	官圩镇西南部	仙罗村委会入口—仙罗水库
江南至贵龙巢公路	Jiāngnán Zhì Guìlóngcháo Gōnglù	乡道	高良镇西北部	904乡道—贵龙巢
江南至两岔公路	Jiāngnán Zhì Liǎngchà Gōnglù	乡道	高良镇西北部	455县道—两岔
交塘口至小垌公路	Jiāotángkǒu Zhì Xiǎodòng Gōnglù	乡道	永丰镇东北部	古蓬村尾—小垌
金郡至富林公路	Jīnjùn Zhì Fùlín Gōnglù	乡道	永丰镇西南部	怀集至悦城公路—文善
金郡至文罗公路	Jīnjùn Zhì Wénluó Gōnglù	乡道	永丰镇东南部	914乡道—文罗
金郡至文善公路	Jīnjùn Zhì Wénshàn Gōnglù	乡道	永丰镇西南部	917乡道—914乡道
金林至大江公路	Jīnlín Zhì Dàjiāng Gōnglù	乡道	官圩镇东北部	453县道—大江
金林至金西公路	Jīnlín Zhì Jīnxī Gōnglù	乡道	官圩镇东北部	947乡道—下僚
金林水库至崩泥公路	Jīnlínshuǐkù Zhì Bēngní Gōnglù	乡道	官圩镇东北部	455县道—崩坭村委会出口
金林水库至盘龙峡公路	Jīnlínshuǐkù Zhì Pánlóngxiá Gōnglù	乡道	官圩镇东北部	455县道—桃花寨
迳古至金其冲公路	Jìnggǔ Zhì Jīnqíchōng Gōnglù	乡道	高良镇东北部	金其冲村口—金其冲
九市至离洞公路	Jiǔshì Zhì Lídòng Gōnglù	乡道	九市镇东北部	广州至成都公路—965乡道
塱坪至大塱公路	Lǎngpíng Zhì Dàlǎng Gōnglù	乡道	凤村镇西北部	965乡道—大塱
里村至黄旗甲公路	Lǐcūn Zhì Huángqíjiǎ Gōnglù	乡道	悦城镇东北部	里村—黄旗甲
连泽至挂榜公路	Liánzé Zhì Guàbǎng Gōnglù	乡道	高良镇西南部	荔枝岗至池垌公路—架榜

（续上表）

标准名称	汉语拼音	地名类别	相对位置	起讫点
联合至东升公路	Liánhé Zhì Dōngshēng Gōnglù	乡道	高良镇西北部	908乡道—943乡道
留村至企岭公路	Liúcūn Zhì Qǐlǐng Gōnglù	乡道	回龙镇东南部	广州至成都公路—挂牌山
留村至三洲公路	Liúcūn Zhì Sānzhōu Gōnglù	乡道	九市镇东南部	428县道—广州至成都公路
龙垌坑至坑尾公路	Lóngdòngkēng Zhì Kēngwěi Gōnglù	乡道	播植镇东南部	龙垌坑—坑尾
龙窟至古垒公路	Lóngkū Zhì Gǔlěi Gōnglù	乡道	新圩镇东北部	大益—807县道
芦迪塘至都合公路	Lúdítáng Zhì Dūhé Gōnglù	乡道	高良镇东南部	都合村委会入口—都合
罗白至武垄公路	Luóbái Zhì Wǔlǒng Gōnglù	乡道	武垄镇西南部	河村至水南公路—武垄
罗卜至云贞公路	Luóbo Zhì Yúnzhēn Gōnglù	乡道	高良镇西北部	455县道—草古地
罗冲至双健公路	Luóchōng Zhì Shuāngjiàn Gōnglù	乡道	武垄镇东南部	罗冲—双健
罗阳至联合公路	Luóyáng Zhì Liánhé Gōnglù	乡道	高良镇西北部	455县道—联合
绿村至桂村公路	Lùcūn Zhì Guìcūn Gōnglù	乡道	凤村镇西南部	怀集至悦城公路—965乡道
绿村至愉快公路	Lùcūn Zhì Yúkuài Gōnglù	乡道	凤村镇西南部	绿村—大运坑
绿水至华表石公路	Lùshuǐ Zhì Huábiǎoshí Gōnglù	乡道	回龙镇西北部	绿水—华表
绿水至建发公路	Lùshuǐ Zhì Jiànfā Gōnglù	乡道	回龙镇西北部	绿水—下六水
马圩至荣村公路	Mǎxū Zhì Róngcūn Gōnglù	乡道	马圩镇北部	荔枝岗至池垌公路—荣村
马圩至新光公路	Mǎxū Zhì Xīnguāng Gōnglù	乡道	马圩镇西部	荔枝岗至池垌公路—旺岗
帽塘至百家坪公路	Màotáng Zhì Bǎijiāpíng Gōnglù	乡道	新圩镇西北部	荔枝岗至池垌公路—百家坪
莫村至大灯笼公路	Mòcūn Zhì Dàdēnglóng Gōnglù	乡道	莫村镇西部	怀集至悦城公路—926乡道

（续上表）

标准名称	汉语拼音	地名类别	相对位置	起讫点
莫村至双栋公路	Mòcūn Zhì Shuāngdòng Gōnglù	乡道	莫村镇南部	双楼村委会—双栋
莫村至双筛公路	Mòcūn Zhì Shuāngshāi Gōnglù	乡道	莫村镇西南部	923乡道—双筛
南蛇咀至湾头公路	Nánshézuǐ Zhì Wāntóu Gōnglù	乡道	播植镇西南部	怀集至悦城公路—湾头
三叉口至云朗公路	Sānchākǒu Zhì Yúnlǎng Gōnglù	乡道	九市镇东北部	428县道—九美嘴村
沙旁至迳坳公路	Shāpáng Zhì Jìng'ào Gōnglù	乡道	官圩镇西北部	453县道—巢顶脚
沙旁至杏花公路	Shāpáng Zhì Xìnghuā Gōnglù	乡道	官圩镇西北部	453县道—杏花
沙棚口至仙罗公路	Shāpéngkǒu Zhì Xiānluó Gōnglù	乡道	官圩镇西部	952乡道—仙罗
沙水至五星公路	Shāshuǐ Zhì Wǔxīng Gōnglù	乡道	高良镇东北部	五星—塘儿河
山咀至葛村公路	Shānzuǐ Zhì Gěcūn Gōnglù	乡道	新圩镇西北部	广州至成都公路—葛村
上村至槛山公路	Shàngcūn Zhì Lǎnshān Gōnglù	乡道	九市镇东北部	982乡道—天湖两
上彭至山根公路	Shàngpéng Zhì Shāngēn Gōnglù	乡道	马圩镇东南部	上彭—山根
上桃村至丰收公路	Shàngtáocūn Zhì Fēngshōu Gōnglù	乡道	播植镇东南部	上桃—丰收
社步至苏村公路	Shèbù Zhì Sūcūn Gōnglù	乡道	马圩镇东南部	社步—苏村
社底至新合公路	Shèdǐ Zhì Xīnhé Gōnglù	乡道	播植镇西南部	414县道—新合
升平至大石公路	Shēngpíng Zhì Dàshí Gōnglù	乡道	回龙镇西北部	818县道—大石尾
石碑至中山公路	Shíbēi Zhì Zhōngshān Gōnglù	乡道	官圩镇西北部	453县道—中山
石岗至车牛公路	Shígǎng Zhì Chēniú Gōnglù	乡道	莫村镇西北部	怀集至悦城公路—黄蜂塘
石岗至三联公路	Shígǎng Zhì Sānlián Gōnglù	乡道	莫村镇东北部	怀集至悦城公路—三联

（续上表）

标准名称	汉语拼音	地名类别	相对位置	起讫点
双城至三柏公路	Shuāngchéng Zhì Sānbǎi Gōnglù	乡道	永丰镇西南部	双城—三柏
水声至云楼村尾公路	Shuǐshēng Zhì Yúnlóucūnwěi Gōnglù	乡道	武垄镇西南部	河村至水南公路—957乡道
四围至切塱公路	Sìwéi Zhì Qiēlǎng Gōnglù	乡道	武垄镇东北部	河村至水南公路—切塱
塘口至象牙公路	Tángkǒu Zhì Xiàngyá Gōnglù	乡道	九市镇西北部	广州至成都公路—象牙山
桃村至栗村公路	Táocūn Zhì Lìcūn Gōnglù	乡道	播植镇东南部	414县道—栗村
桃子咀至大伍村公路	Táozǐzuǐ Zhì Dàwǔcūn Gōnglù	乡道	新圩镇东北部	荔枝岗至池垌公路—大伍村
桃子坪至铜鼓岭公路	Táozǐpíng Zhì Tónggǔlǐng Gōnglù	乡道	莫村镇西南部	938乡道—铜鼓岭
桐油根至民生公路	Tóngyóugēn Zhì Mínshēng Gōnglù	乡道	官圩镇西南部	荔枝岗至池垌公路—951乡道
驮孔至含疏公路	Tuókǒng Zhì Hánshū Gōnglù	乡道	永丰镇西北部	怀集至悦城公路—含疏
旺埠至沙水公路	Wàngbù Zhì Shāshuǐ Gōnglù	乡道	高良镇东北部	旺埠—大坪
武垄至崩岭公路	Wǔlǒng Zhì Bēnglǐng Gōnglù	乡道	武垄镇北部	河村至水南公路—南眉塘
武垄至罗卜公路	Wǔlǒng Zhì Luóbo Gōnglù	乡道	武垄镇西部	河村至水南公路—江胜
武垄至罗冲公路	Wǔlǒng Zhì Luóchōng Gōnglù	乡道	武垄镇东南部	河村至水南公路—垌夜
下坑口至永增公路	Xiàkēngkǒu Zhì Yǒngzēng Gōnglù	乡道	悦城镇东北部	下坑口—悦城至云帮公路
仙罗至陈村公路	Xiānluó Zhì Chéncūn Gōnglù	乡道	官圩镇西南部	仙罗—垌表
小水至军岗公路	Xiǎoshuǐ Zhì Jūngǎng Gōnglù	乡道	悦城镇北部	小水—军岗
小水至罗坪公路	Xiǎoshuǐ Zhì Luópíng Gōnglù	乡道	悦城镇北部	918乡道—罗坪
新江至古垒公路	Xīnjiāng Zhì Gǔlěi Gōnglù	乡道	高良镇西南部	新江—807县道

（续上表）

标准名称	汉语拼音	地名类别	相对位置	起讫点
新江至官村公路	Xīnjiāng Zhì Guāncūn Gōnglù	乡道	高良镇西南部	903 乡道—大降底
新江至中雄公路	Xīnjiāng Zhì Zhōngxióng Gōnglù	乡道	高良镇西南部	新江—中雄
新农至罗洪公路	Xīnnóng Zhì Luóhóng Gōnglù	乡道	悦城镇西南部	广州至成都公路—083 乡道
新桥至黄牛埌公路	Xīnqiáo Zhì Huāng Gniúlàng Gōnglù	乡道	马圩镇东北部	943 乡道—黄牛埌
新生至新雄公路	Xīnshēng Zhì Xīnxióng Gōnglù	乡道	凤村镇西北部	新生—新雄
新生至中坑公路	Xīnshēng Zhì Zhōngkēng Gōnglù	乡道	凤村镇东北部	454 县道—刘郑村
新圩至龙屈公路	Xīnxū Zhì Lóngqū Gōnglù	乡道	新圩镇东北部	荔枝岗至池垌公路—龙窟至古垒公路
燕子塘至多林公路	Yànzǐtáng Zhì Duōlín Gōnglù	乡道	官圩镇西北部	979 乡道—多林
益村至竹山公路	Yìcūn Zhì Zhúshān Gōnglù	乡道	莫村镇东北部	怀集至悦城公路—266 省道
永安至替尾冲公路	Yǒng'ān Zhì Tánwěichōng Gōnglù	乡道	官圩镇西北部	453 县道—替尾
永丰至南田公路	Yǒngfēng Zhì Nántián Gōnglù	乡道	永丰镇东北部	915 乡道—江胜
永丰至小垌公路	Yǒngfēng Zhì Xiǎodòng Gōnglù	乡道	永丰镇东北部	怀集至悦城公路—小垌
永增至大山村公路	Yǒngzēng Zhì Dàshāncūn Gōnglù	乡道	悦城镇东北部	永增—云帮
悦城至大屋山公路	Yuèchéng Zhì Dàwūshān Gōnglù	乡道	悦城镇西北部	悦城—大屋山
悦城至双汶口公路	Yuèchéng Zhì Shuāngwènkǒu Gōnglù	乡道	悦城镇东北部	悦城至云帮公路—大降坑
悦城至云帮公路	Yuèchéng Zhì Yúnbāng Gōnglù	乡道	悦城镇东北部	怀集至悦城公路—云帮
云利至五星公路	Yúnlì Zhì Wǔxīng Gōnglù	乡道	高良镇东北部	云利—五星
匝村至农联公路	Zācūn Zhì Nónglián Gōnglù	乡道	凤村镇西北部	454 县道—462 乡道

（续上表）

标准名称	汉语拼音	地名类别	相对位置	起讫点
植村至河村公路	Zhícūn Zhì Hécūn Gōnglù	乡道	播植镇东北部	414县道—河村
忠庆至云吉公路	Zhōngqìng Zhì Yúnjí Gōnglù	乡道	莫村镇东南部	忠庆—云吉
紫迳至茅田公路	Zǐjìng Zhì Máotián Gōnglù	乡道	永丰镇西北部	荔枝岗至池垌公路—茅田
坡荫至罗闪公路	Pōyīn Zhì Luóshǎn Gōnglù	乡道	德庆县东部	坡荫村—罗闪村
将军至云邦公路	Jiāngjūnzhìyúnbāng Gōnglù	乡道	德庆县东部	将军村—云邦村
长岗至世基塘公路	Zhǎnggǎng Zhì Shìjītáng Gōnglù	乡道	回龙镇	长岗—世基塘
德庆大道	Déqìng Dàdào	主干路	德庆县政府驻地南部	龙母大街—广州至成都
德庆大道西	Déqìng Dàdàoxī	主干路	德庆县政府驻地西南部	荔枝岗—池垌
解放北路	Jiěfàng Běilù	主干路	德庆县政府驻地西部	香山村民委员会—城北南路
迎宾大道	Yíngbīn Dàdào	主干路	德庆县政府驻地东部	德庆大道—康城大道东
朝阳东路	Cháoyáng Dōnglù	次干路	德庆县政府驻地南部	荔枝岗—池垌—雅怡花园
朝阳西路	Cháoyáng Xīlù	次干路	德庆县政府驻地西南部	德庆县供水有限公司西湾水厂—朝辉路
朝阳中路	Cháoyáng Zhōnglù	次干路	德庆县政府驻地西南部	朝辉路—荔枝岗至池垌
城北东路	Chéngběi Dōnglù	次干路	新圩镇政府驻地东南部	龙母西街—龙母大街
城北南路	Chéngběi Nánlù	次干路	新圩镇政府驻地东南部	龙母西街—解放北路
登云南路	Dēngyún Nánlù	次干路	德庆县政府驻地南部	荔枝岗至池垌—康城大道东
登云中路	Dēngyún Zhōnglù	次干路	德庆县政府驻地南部	登云路—德庆大道
东豪东路	Dōngháo Dōnglù	次干路	德庆县政府驻地南部	东豪西路—端溪路

（续上表）

标准名称	汉语拼音	地名类别	相对位置	起讫点
工业大道	Gōngyè Dàdào	次干路	德庆县政府驻地东北部	龙湖大道东—平安路
环城路	Huánchéng Lù	次干路	德庆县政府驻地西南部	东豪东路—荔枝岗至池峒
环市路	Huánshì Lù	次干路	德庆县政府驻地北部	德庆大道—中国石化德新南加油站
解放路	Jiěfàng Lù	次干路	德庆县政府驻地西部	香山村民委员会—康城大道西
康城大道东	Kāngchéng Dàdàodōng	次干路	德庆县政府驻地南部	康城大道中—广州—成都
康城大道西	Kāngchéng Dàdàoxī	次干路	德庆县政府驻地西南部	朝辉路—荔枝岗至池峒
康城大道中	Kāngchéng Dàdàozhōng	次干路	德庆县政府驻地西南部	荔枝岗至池峒—龙母大街
龙母大街	Lóngmǔ Dàjiē	次干路	德庆县政府驻地西部	康城大道东—丰收路
播植街	Bōzhí Jiē	支路	播植镇政府驻地西部	怀集—悦城省道—播植桥
朝辉路	Cháohuī Lù	支路	德庆县政府驻地西部	东豪东路—环城路
朝辉路五巷	Cháohuī Lù 5 Xiàng	支路	德庆县政府驻地西南部	环城路—朝辉路
程溪路	Chéngxī Lù	支路	悦城镇政府驻地南部	广州至成都—新街
登云北路	Dēngyún Běilù	支路	德庆县政府驻地东部	德庆大道—青云路
端溪路	Duānxī Lù	支路	德庆县政府驻地东南部	德庆大道—东豪东路
丰收路	Fēngshōu Lù	支路	新圩镇政府驻地东南部	城北南路—德庆县中等职业学校
枫华路	Fēnghuá Lù	支路	德庆县政府驻地东北部	平安路—康杰路
枫兴路	Fēngxīng Lù	支路	德庆县政府驻地东北部	平安路—康杰路

（续上表）

标准名称	汉语拼音	地名类别	相对位置	起讫点
官圩街	Guānxū Jiē	支路	官圩镇政府驻地北部	荔枝岗至池峒省道—官圩至沙旁县道
光明路	Guāngmíng Lù	支路	德庆县政府驻地西南部	朝辉路—康城大道西
广场路	Guǎngchǎng Lù	支路	德庆县政府驻地南部	登云中路—仁寿中路
康达路	Kāngdá Lù	支路	德庆县政府驻地西南部	朝辉路—解放路
康杰路	Kāngjié Lù	支路	德庆县政府驻地东北部	枫华路交会点—德庆县华丰印刷厂西面
康中路	Kāngzhōng Lù	支路	德庆县政府驻地东北部	工业大道—伟业五金制造公司西面
孔中路	Kǒngzhōng Lù	支路	德庆县政府驻地北部	城北东路—德庆县孔子中学
莲花二巷	Liánhuā 2 Xiàng	支路	德庆县政府驻地西南部	康城大道东—德庆大道
莲花一巷	Liánhuā 1 Xiàng	支路	德庆县政府驻地西南部	康城大道东—德庆大道
留村街	Liúcūn Jiē	支路	九市镇政府驻地东部	留村街口—九市至凤村县道
龙湖大道东	Lónghú Dàdàodōng	支路	德庆县政府驻地北部	龙母大街交会处—工业大道
龙湖大道西	Lónghú Dàdàoxī	支路	德庆县政府驻地西北部	龙母大街—新圩木埌根开发区
庙东街	Miào Dōngjiē	支路	悦城镇政府驻地东部	悦城镇中心幼儿园—悦城龙母庙
平安路	Píng'ān Lù	支路	德庆县政府驻地东北部	登云北路与工业大道交会点—龙母大街
青云路	Qīngyún Lù	支路	德庆县政府驻地北部	龙母大街—登云北路
仁寿北路	Rénshòu Běilù	支路	德庆县政府驻地西部	青云路—德庆大道
仁寿南路	Rénshòu Nánlù	支路	德庆县政府驻地南部	东豪东路—康城大道东

（续上表）

标准名称	汉语拼音	地名类别	相对位置	起讫点
仁寿中路	Rénshòu Zhōnglù	支路	德庆县政府驻地南部	德庆大道—康城大道东
通津北路	Tōngjīn Běilù	支路	德庆县政府驻地西南部	康城大道中—龙湖公园环湖路
通津路	Tōngjīn Lù	支路	德庆县政府驻地西南部	康城大道中—朝阳东路
卫星南路	Wèixīng Nánlù	支路	新圩镇政府驻地东南部	教师村路—城北东路
卫星南路八巷	Wèixīng Nánlù 8 Xiàng	支路	新圩镇政府驻地东南部	荔枝岗至池垌—县公路局
卫星南路二巷	Wèixīng Nánlù 2 Xiàng	支路	新圩镇政府驻地东南部	荔枝岗至池垌—龙湖湾小区
卫星南路九巷	Wèixīng Nánlù 9 Xiàng	支路	新圩镇政府驻地东南部	荔枝岗至池垌—县公路局
卫星南路六巷	Wèixīng Nánlù 6 Xiàng	支路	新圩镇政府驻地东南部	荔枝岗至池垌—县公路局
卫星南路七巷	Wèixīng Nánlù 7 Xiàng	支路	新圩镇政府驻地东南部	荔枝岗至池垌—县公路局
卫星南路三巷	Wèixīng Nánlù 3 Xiàng	支路	新圩镇政府驻地东南部	荔枝岗至池垌—龙湖湾小区
卫星南路十二巷	Wèixīng Nánlù 12 Xiàng	支路	新圩镇政府驻地东南部	中国石化德庆城区加油站—德庆农村信用社新圩分社
卫星南路十六巷	Wèixīng Nánlù 16 Xiàng	支路	新圩镇政府驻地东南部	广东电网肇庆德庆供电局新圩中心供电所—德庆农村信用社新圩分社
卫星南路十七巷	Wèixīng Nánlù 17 Xiàng	支路	新圩镇政府驻地东南部	广东电网肇庆德庆供电局新圩中心供电所—德庆农村信用社新圩分社
卫星南路十三巷	Wèixīng Nánlù 13 Xiàng	支路	新圩镇政府驻地东南部	中国石化德庆城区加油站—德庆农村信用社新圩分社
卫星南路十四巷	Wèixīng Nánlù 14 Xiàng	支路	新圩镇政府驻地东南部	中国石化德庆城区加油站—德庆农村信用社新圩分社

（续上表）

标准名称	汉语拼音	地名类别	相对位置	起讫点
卫星南路十五巷	Wèixīng Nánlù 15 Xiàng	支路	新圩镇政府驻地东南部	广东电网肇庆德庆供电局新圩中心供电所—德庆农村信用社新圩分社
卫星南路十巷	Wèixīng Nánlù 10 Xiàng	支路	新圩镇政府驻地东南部	中国石化德庆城区加油站—德庆农村信用社新圩分社
卫星南路十一巷	Wèixīng Nánlù 11 Xiàng	支路	新圩镇政府驻地东南部	中国石化德庆城区加油站—德庆农村信用社新圩分社
卫星南路四巷	Wèixīng Nánlù 4 Xiàng	支路	新圩镇政府驻地东南部	荔枝岗至池垌—龙湖湾小区
卫星南路五巷	Wèixīng Nánlù 5 Xiàng	支路	新圩镇政府驻地东南部	荔枝岗至池垌—龙湖湾小区
卫星南路一巷	Wèixīng Nánlù 1 Xiàng	支路	新圩镇政府驻地东南部	荔枝岗—池垌—龙湖湾小区
文兰路	Wénlán Lù	支路	德庆县政府驻地西南部	东豪东路—康城大道中
文武路	Wénwǔ Lù	支路	德庆县政府驻地东南部	德庆大道—康城大道东
文武南路	Wénwǔ Nánlù	支路	德庆县政府驻地东南部	康城大道东—东豪东路
文武南苑	Wénwǔ Nányuàn	支路	德庆县政府驻地东南部	康城大道东—东豪东路
香山东路	Xiāngshān Dōnglù	支路	德庆县政府驻地西部	香山中路—环城路
香山公路	Xiāngshān Gōnglù	支路	德庆县政府驻地西部	香山中路—德庆县香山广播电视转播站
香山西路	Xiāngshān Xīlù	支路	德庆县政府驻地西部	环城路—广东省德庆县香山中学
香山中路	Xiāngshān Zhōnglù	支路	德庆县政府驻地西部	香山东路—香山公路
新街	Xīn Jiē	支路	悦城镇政府驻地西南部	程溪路交会处—广州至成都线交会处
新圩大道	Xīnxū Dàdào	支路	新圩镇政府驻地南部	解放北路（即新圩花坛）—321国道交会点

(续上表)

标准名称	汉语拼音	地名类别	相对位置	起讫点
新兴路	Xīnxīng Lù	支路	凤村镇政府驻地北部	凤村至双城线交会处—旺埠至凤村线交会处
兴城路	Xīngchéng Lù	支路	德庆县政府驻地西北部	龙母大街—新圩埌根开发区
中埌东路	Zhōnglàng Dōnglù	支路	新圩镇政府驻地东南部	荔枝岗至池垌—卫星南路
政通路	Zhèngtōng Lù	支路	马圩镇政府驻地西南部	马圩镇政府—荔枝岗至池垌
百川东路	Bǎichuān Dōnglù	支路	莫村镇政府驻地西南部	德庆农村信用社莫村分社后面—怀集至悦城线
光明路	Guāngmíng Lù	支路	莫村镇政府驻地西部	德庆县莫村镇世纪幼儿园—莫村至双栋线
光明一路	Guāngmíng 1 Lù	支路	莫村镇政府驻地西部	德庆县莫村镇世纪幼儿园—怀集至悦城线
莫村大道	Mòcūn Dàdào	支路	莫村镇政府驻地西部	德庆县粮食局莫村粮管所—中化石油莫村加油站
中良路	Zhōngliáng Lù	支路	莫村镇政府驻地西部	莫村镇中学—怀集至悦城线
永丰大街	Yǒngfēng Dàjiē	支路	永丰镇政府驻地东部	永丰桥—永丰中国石化油站
永丰旧街	Yǒngfēng Jiùjiē	支路	永丰镇政府驻地东部	南田村—永丰大街
东豪西路	Dōngháo Xīlù	支路	德庆县政府驻地南部	东豪东路—环城路

3. 桥梁

标准地名	汉语拼音	地名类别	相对位置	所在线路	所跨河流（道路）
播植桥	Bōzhí Qiáo	桥梁	播植镇政府驻地西北部	禄步至任村公路	武垄河
播植新桥	Bōzhí Xīnqiáo	桥梁	播植镇政府驻地西部	怀集至悦城公路	武垄河

（续上表）

标准地名	汉语拼音	地名类别	相对位置	所在线路	所跨河流（道路）
大河桥	Dàhé Qiáo	桥梁	播植镇政府驻地西部	——	悦城河
龙岗桥	Lónggǎng Qiáo	桥梁	播植镇政府驻地西南部	——	悦城河
洛阳桥	Luòyáng Qiáo	桥梁	播植镇政府驻地西南部	怀集至悦城公路	——
朋村桥	Péngcūn Qiáo	桥梁	播植镇政府驻地东部	桃村至栗村公路	——
前进桥	Qiánjìn Qiáo	桥梁	播植镇政府驻地西北部	播植至吉堆公路	悦城河
沙村大桥	Shācūn Dàqiáo	桥梁	播植镇政府驻地西南部	怀集至悦城公路	悦城河
沙村桥	Shācūn Qiáo	桥梁	播植镇政府驻地西南部	怀集至悦城公路	——
上桃村桥	Shàngtáocūn Qiáo	桥梁	播植镇政府驻地东南部	——	桃村河
胜利大桥	Shènglì Dàqiáo	桥梁	播植镇政府驻地南部	——	悦城河
石咀桥	Shízuǐ Qiáo	桥梁	播植镇政府驻地东南部	桃村至栗村公路	桃村河
桃村桥	Táocūn Qiáo	桥梁	播植镇政府驻地东南部	禄步至任村公路	桃村河
西河桥	Xīhé Qiáo	桥梁	播植镇政府驻地南部	社底至新合公路	悦城河
德庆西江大桥	Déqìng Xījiāng Dàqiáo	桥梁	德庆县政府驻地东南部	荔枝岗至池洞公路	西江
水闸二桥	Shuǐzhá 2 Qiáo	桥梁	德庆县政府驻地东南部	广州至成都公路	大冲河
水闸桥	Shuǐzhá Qiáo	桥梁	德庆县政府驻地东南部	荔枝岗至池洞公路	大冲河
百步桥	Bǎibù Qiáo	桥梁	凤村镇政府驻地东南部	怀集至悦城公路	——
垌坑坪桥	Dòngkēngpíng Qiáo	桥梁	凤村镇政府驻地西北部	匝村至农联公路	——
凤村桥	Fèngcūn Qiáo	桥梁	凤村镇政府驻地西部	旺埠至凤村公路	凤村河

(续上表)

标准地名	汉语拼音	地名类别	相对位置	所在线路	所跨河流（道路）
凤村一桥	Fèngcūn 1 Qiáo	桥梁	凤村镇政府驻地西部	凤村至双城公路	凤村河
横垌桥	Héngdòng Qiáo	桥梁	凤村镇政府驻地西北部	匝村至农联公路	——
九龙桥	Jiǔlóng Qiáo	桥梁	凤村镇政府驻地西北部	旺埠至凤村公路	凤村河
六村桥	Liùcūn Qiáo	桥梁	凤村镇政府驻地南部	怀集至悦城公路	凤村河
龙须桥	Lóngxū Qiáo	桥梁	凤村镇政府驻地西北部	凤村至牙齿岭公路	凤村河
罗岗桥	Luógǎng Qiáo	桥梁	凤村镇政府驻地南部	九市至凤村公路	——
罗稀桥	Luóxī Qiáo	桥梁	凤村镇政府驻地西北部	匝村至农联公路	——
农联桥	Nónglián Qiáo	桥梁	凤村镇政府驻地西北部	匝村至农联公路	——
双坡桥	Shuāngpō Qiáo	桥梁	凤村镇政府驻地西南部	绿村至桂村公路	——
棠下桥	Tángxià Qiáo	桥梁	凤村镇政府驻地南部	九市至凤村公路	——
匝村桥	Zācūn Qiáo	桥梁	凤村镇政府驻地西北部	旺埠至凤村公路	——
竹根桥	Zhúgēn Qiáo	桥梁	凤村镇政府驻地西北部	匝村至农联公路	——
鲍洞桥	Bàodòng Qiáo	桥梁	高良镇政府驻地东北部	荔枝岗至池洞公路	寺田河
背脚桥	Bèijiǎo Qiáo	桥梁	高良镇政府驻地东南部	高良至象牙山公路	——
陈锐桥	Chénruì Qiáo	桥梁	高良镇政府驻地东北部	荔枝岗至池洞公路	——
冲口桥	Chōngkǒu Qiáo	桥梁	高良镇政府驻地西北部	罗卜至云贞公路	——
大化桥	Dàhuà Qiáo	桥梁	高良镇政府驻地东北部	荔枝岗至池洞公路	——
大坪桥	Dàpíng Qiáo	桥梁	高良镇政府驻地东部	大坪至白沙公路	——

（续上表）

标准地名	汉语拼音	地名类别	相对位置	所在线路	所跨河流（道路）
大同桥	Dàtóng Qiáo	桥梁	高良镇政府驻地西北部	——	——
带田桥	Dàitián Qiáo	桥梁	高良镇政府驻地北部	江南至两岔公路	罗阳河
风雨亭桥	Fēngyǔtíng Qiáo	桥梁	高良镇政府驻地西北部	高良至香山公路	罗阳河
高峰桥	Gāofēng Qiáo	桥梁	高良镇政府驻地东南部	高良至象牙山公路	——
高良桥	Gāoliáng Qiáo	桥梁	高良镇政府驻地西部	荔枝岗至池洞公路	罗阳河
河口桥	Hékǒu Qiáo	桥梁	高良镇政府驻地西北部	高良至香山公路	——
江南桥	Jiāngnán Qiáo	桥梁	高良镇政府驻地西北部	高良至香山公路	罗阳河
降口村桥	Jiàngkǒucūn Qiáo	桥梁	高良镇政府驻地东部	都洪至大坪公路	——
迳古桥	Jìnggǔ Qiáo	桥梁	高良镇政府驻地东北部	旺埠至沙水公路	——
连宅桥	Liánzhái Qiáo	桥梁	高良镇政府驻地西南部	荔枝岗至池洞公路	——
两岔桥	Liǎngchà Qiáo	桥梁	高良镇政府驻地西北部	江南至两岔公路	罗阳河
龙弯桥	Lóngwān Qiáo	桥梁	高良镇政府驻地东南部	高良至象牙山公路	——
磨刀石桥	Módāoshí Qiáo	桥梁	高良镇政府驻地北部	江南至两岔公路	——
奇石桥	Qíshí Qiáo	桥梁	高良镇政府驻地东部	都洪至大坪公路	——
石门桥	Shímén Qiáo	桥梁	高良镇政府驻地东北部	——	——
石容坑桥	Shíróngkēng Qiáo	桥梁	高良镇政府驻地东北部	旺埠至凤村公路	——
石头桥	Shítóu Qiáo	桥梁	高良镇政府驻地西南部	新江至官村公路	马圩河
太平桥	Tàipíng Qiáo	桥梁	高良镇政府驻地东北部	旺埠至沙水公路	马圩河

（续上表）

标准地名	汉语拼音	地名类别	相对位置	所在线路	所跨河流（道路）
田基底桥	Tiánjīdǐ Qiáo	桥梁	高良镇政府驻地东北部	旺埠至凤村公路	——
旺埠桥	Wàngbù Qiáo	桥梁	高良镇政府驻地东北部	荔枝岗至池洞公路	——
象市桥	Xiàngshì Qiáo	桥梁	高良镇政府驻地南部	芦迪塘至都合公路	——
小河桥	Xiǎohé Qiáo	桥梁	高良镇政府驻地西南部	新江至官村公路	中雄河
新江大桥	Xīnjiāng Dàqiáo	桥梁	高良镇政府驻地西南部	新江至中雄公路	马圩河
新屋洞桥	Xīnwūdòng Qiáo	桥梁	高良镇政府驻地东北部	旺埠至凤村公路	——
冲王桥	Chōngwáng Qiáo	桥梁	官圩镇政府驻地西北部	官圩至沙旁公路	——
大坑冲桥	Dàkēngchōng Qiáo	桥梁	官圩镇政府驻地东北部	——	——
定安河头桥	Dìng'ān Hétóu Qiáo	桥梁	官圩镇政府驻地西北部	永安至䗉尾冲公路	——
凤凰桥	Fènghuáng Qiáo	桥梁	官圩镇政府驻地东北部	官圩至龙山公公路	金林河
富禄桥	Fùlù Qiáo	桥梁	官圩镇政府驻地西部	江村至富禄公路	——
高埌桥	Gāolàng Qiáo	桥梁	官圩镇政府驻地西北部	官圩至落马坪公路	官圩河
更口桥	Gēngkǒu Qiáo	桥梁	官圩镇政府驻地西部	官圩至落马坪公路	官圩河
官圩二桥	Guānxū 2 Qiáo	桥梁	官圩镇政府驻地西南部	荔枝岗至池洞公路	——
官圩桥	Guānxū Qiáo	桥梁	官圩镇政府驻地北部	官圩至沙旁公路	官圩河
官圩一桥	Guānxū 1 Qiáo	桥梁	官圩镇政府驻地西部	荔枝岗至池洞公路	官圩河
官圩一桥	Guānxū 1 Qiáo	桥梁	官圩镇政府驻地西南部	——	官圩河
河尾桥	Héwěi Qiáo	桥梁	官圩镇政府驻地西北部	河尾至旺岗公路	官圩河

（续上表）

标准地名	汉语拼音	地名类别	相对位置	所在线路	所跨河流（道路）
红光桥	Hóngguāng Qiáo	桥梁	官圩镇政府驻地西部	官圩至落马坪公路	——
洪道桥	Hóngdào Qiáo	桥梁	官圩镇政府驻地东北部	金林水库至盘龙峡公路	——
黄茅冲口桥	Huángmáochōngkǒu Qiáo	桥梁	官圩镇政府驻地东北部	金林水库至崩泥公路	——
黄茅辽桥	Huángmáoliáo Qiáo	桥梁	官圩镇政府驻地东北部	金林水库至崩泥公路	——
江堤桥	Jiāngdī Qiáo	桥梁	官圩镇政府驻地东北部	金林水库至崩泥公路	——
江底桥	Jiāngdǐ Qiáo	桥梁	官圩镇政府驻地东北部	金林水库至崩泥公路	——
金林桥	Jīnlín Qiáo	桥梁	官圩镇政府驻地东北部	金林至大江公路	金林河
筋竹桥	Jīnzhú Qiáo	桥梁	官圩镇政府驻地西北部	官圩至落马坪公路	——
兰石桥	Lánshí Qiáo	桥梁	官圩镇政府驻地东北部	金林水库至崩泥公路	——
犁头河桥	Lítóu Hé Qiáo	桥梁	官圩镇政府驻地东北部	高良至香山公路	金林河
栗子岗桥	Lìzǐgǎng Qiáo	桥梁	官圩镇政府驻地东北部	——	金林河
洛河桥	Luòhé Qiáo	桥梁	官圩镇政府驻地东北部	——	——
梅岭河桥	Méilǐng Hé Qiáo	桥梁	官圩镇政府驻地东北部	崩梅至梅岭河公路	——
南冲口桥	Nánchōngkǒu Qiáo	桥梁	官圩镇政府驻地东北部	金林水库至崩泥公路	——
牛屎坑桥	Niúshǐkēng Qiáo	桥梁	官圩镇政府驻地西部	沙棚口至仙罗公路	官圩河
上谢桥	Shàngxiè Qiáo	桥梁	官圩镇政府驻地东南部	——	官圩河
五福桥	Wǔfú Qiáo	桥梁	官圩镇政府驻地东北部	——	金林河
西河桥	Xīhé Qiáo	桥梁	官圩镇政府驻地西北部	沙旁至杏花公路	——

(续上表)

标准地名	汉语拼音	地名类别	相对位置	所在线路	所跨河流（道路）
溪河桥	Xīhé Qiáo	桥梁	官圩镇政府驻地西北部	——	——
香山脚桥	Xiāngshānjiǎo Qiáo	桥梁	官圩镇政府驻地东北部	官圩至沙旁公路	官圩河
香山桥	Xiāngshān Qiáo	桥梁	官圩镇政府驻地东北部	高良至香山公路	金林河
大塘桥	Dàtáng Qiáo	桥梁	回龙镇政府驻地西北部	广州至成都公路	——
西基塘桥	Xījītáng Qiáo	桥梁	回龙镇政府驻地西北部	——	陆水河
大埌桥	Dàlàng Qiáo	桥梁	九市镇政府驻地东北部	江边至江尾公路	——
榄山桥	Lǎnshān Qiáo	桥梁	九市镇政府驻地东北部	上村至榄山公路	——
勒头桥	Lètóu Qiáo	桥梁	九市镇政府驻地南部	广州至成都公路	留村河
留村桥	Liúcūn Qiáo	桥梁	九市镇政府驻地东部	九市至凤村公路	留村河
六冲桥	Liùchōng Qiáo	桥梁	九市镇政府驻地东部	九市至凤村公路	——
人民桥	Rénmín Qiáo	桥梁	九市镇政府驻地东北部	九市至凤村公路	扶号河
石板桥	Shíbǎn Qiáo	桥梁	九市镇政府驻地东部	三叉口至云朗公路	——
石合陂桥	Shíhébēi Qiáo	桥梁	九市镇政府驻地东部	九市至凤村公路	——
塘口桥	Tángkǒu Qiáo	桥梁	九市镇政府驻地西部	广州至成都公路	塘坑河
云朗桥	Yúnlǎng Qiáo	桥梁	九市镇政府驻地东北部	三叉口至云朗公路	留村河
大益桥	Dàyì Qiáo	桥梁	马圩镇政府驻地东南部	马圩至河口公路	——
东升桥	Dōngshēng Qiáo	桥梁	马圩镇政府驻地东北部	联合至东升公路	诰赠河
古垒桥	Gǔlěi Qiáo	桥梁	马圩镇政府驻地东南部	马圩至河口公路	马圩河

（续上表）

标准地名	汉语拼音	地名类别	相对位置	所在线路	所跨河流（道路）
莲塘桥	Liántáng Qiáo	桥梁	马圩镇政府驻地西部	荔枝岗至池洞公路	——
莲塘桥	Liántáng Qiáo	桥梁	马圩镇政府驻地西南部	大寨至白马公路	——
龙迳桥	Lóngjìng Qiáo	桥梁	马圩镇政府驻地东北部	荔枝岗至池洞公路	诰赠河
马圩桥	Mǎxū Qiáo	桥梁	马圩镇政府驻地南部	荔枝岗至池洞公路	马圩河
平坡桥	Píngpō Qiáo	桥梁	马圩镇政府驻地西北部	——	——
上步桥	Shàngbù Qiáo	桥梁	马圩镇政府驻地东南部	马圩至河口公路	诰赠河
上彭桥	Shàngpéng Qiáo	桥梁	马圩镇政府驻地东南部	马圩至河口公路	上彭河
四六地桥	Sìliùdì Qiáo	桥梁	马圩镇政府驻地东北部	——	诰赠河
苏村桥	Sūcūn Qiáo	桥梁	马圩镇政府驻地东南部	社步至苏村公路	官圩河
下彭桥	Xiàpéng Qiáo	桥梁	马圩镇政府驻地东南部	——	上彭河
白鸡口桥	Báijīkǒu Qiáo	桥梁	莫村镇政府驻地西南部	白鸡口至云首公路	驮孔河
大田桥	Dàtián Qiáo	桥梁	莫村镇政府驻地西南部	白鸡口至云首公路	——
带田桥	Dàitián Qiáo	桥梁	莫村镇政府驻地西南部	莫村至双筛公路	——
凤脚桥	Fèngjiǎo Qiáo	桥梁	莫村镇政府驻地西南部	怀集至悦城公路	良义河
付六桥	Fùliù Qiáo	桥梁	莫村镇政府驻地西北部	莫村至河儿口公路	——
富源桥	Fùyuán Qiáo	桥梁	莫村镇政府驻地西北部	都逢至富源公路	富源河
古楼桥	Gǔlóu Qiáo	桥梁	莫村镇政府驻地西南部	怀集至悦城公路	——
古有桥	Gǔyǒu Qiáo	桥梁	莫村镇政府驻地东北部	怀集至悦城公路	浊水河

（续上表）

标准地名	汉语拼音	地名类别	相对位置	所在线路	所跨河流（道路）
官地桥	Guāndì Qiáo	桥梁	莫村镇政府驻地东部	忠庆至云吉公路	悦城河
光明桥	Guāngmíng Qiáo	桥梁	莫村镇政府驻地东北部	光明至梅坑公路	悦城河
红岗桥	Hónggǎng Qiáo	桥梁	莫村镇政府驻地北部	怀集至悦城公路	富源河
平岗桥	Pínggǎng Qiáo	桥梁	莫村镇政府驻地西北部	——	富源河
前锋桥	Qiánfēng Qiáo	桥梁	莫村镇政府驻地东北部	石岗至车牛公路	牛湖河
三联二桥	Sānlián 2 Qiáo	桥梁	莫村镇政府驻地东北部	石岗至三联公路	——
三联桥	Sānlián Qiáo	桥梁	莫村镇政府驻地东北部	石岗至三联公路	浊水河
上文桥	Shàngwén Qiáo	桥梁	莫村镇政府驻地西南部	扶赖至古蓬公路	悦城河
水库桥	Shuǐkù Qiáo	桥梁	莫村镇政府驻地西北部	富源至降面公路	——
太宪桥	Tàixiàn Qiáo	桥梁	莫村镇政府驻地西南部	——	悦城河
桃子坪桥	Táozǐpíng Qiáo	桥梁	莫村镇政府驻地西部	古楼至桃子坪公路	驮孔河
益村桥	Yìcūn Qiáo	桥梁	莫村镇政府驻地东北部	怀集至悦城公路	——
柚柑岗桥	Yòugāngǎng Qiáo	桥梁	莫村镇政府驻地西南部	怀集至悦城公路	——
院村桥	Yuàncūn Qiáo	桥梁	莫村镇政府驻地东北部	——	悦城河
冲口桥	Chōngkǒu Qiáo	桥梁	武垄镇政府驻地东南部	桃村至栗村公路	——
大垌桥	Dàdòng Qiáo	桥梁	武垄镇政府驻地北部	武垄至崩岭公路	武垄河
大桥头	Dàqiáo Tóu	桥梁	武垄镇政府驻地西部	河村至水南公路	——
武垄大桥	Wǔlǒng Dàqiáo	桥梁	武垄镇政府驻地西部	罗白至武垄公路	武垄河

（续上表）

标准地名	汉语拼音	地名类别	相对位置	所在线路	所跨河流（道路）
武垄桥	Wǔlǒng Qiáo	桥梁	武垄镇政府驻地东南部	河村至水南公路	武垄河
格木桥	Gémù Qiáo	桥梁	新圩镇政府驻地北部	荔枝岗至池洞公路	——
河口大桥	Hékǒu Dàqiáo	桥梁	新圩镇政府驻地东部	马圩至河口公路	马圩河
河口桥	Hékǒu Qiáo	桥梁	新圩镇政府驻地东部	广州至成都公路	马圩河
蓝村桥	Láncūn Qiáo	桥梁	新圩镇政府驻地东北部	龙窟至古垒公路	马圩河
留村桥	Liúcūn Qiáo	桥梁	新圩镇政府驻地西北部	留村至企岭公路	——
鹿颈岗桥	Lùjǐnggǎng Qiáo	桥梁	新圩镇政府驻地北部	荔枝岗至池洞公路	——
山咀桥	Shānzuǐ Qiáo	桥梁	新圩镇政府驻地西北部	广州至成都公路	——
洋勒桥	Yánglè Qiáo	桥梁	新圩镇政府驻地东部	广州至成都公路	——
富林水库桥	Fùlínshuǐkù Qiáo	桥梁	永丰镇政府驻地西南部	金郡至富林公路	——
河良桥	Héliáng Qiáo	桥梁	永丰镇政府驻地北部	——	悦城河
金郡大桥	Jīnjùn Dàqiáo	桥梁	永丰镇政府驻地东南部	金郡至文善公路	悦城河
迳口桥	Jìngkǒu Qiáo	桥梁	永丰镇政府驻地南部	金郡至文善公路	——
荔枝桥	Lìzhī Qiáo	桥梁	永丰镇政府驻地西北部	怀集至悦城公路	悦城河
荔枝小桥	Lìzhī Xiǎoqiáo	桥梁	永丰镇政府驻地西北部	怀集至悦城公路	荔枝河
龙湾桥	Lóngwān Qiáo	桥梁	永丰镇政府驻地西北部	——	悦城河
南田桥	Nántián Qiáo	桥梁	永丰镇政府驻地东部	——	永丰河
双城桥	Shuāngchéng Qiáo	桥梁	永丰镇政府驻地南部	金郡至富林公路	——

(续上表)

标准地名	汉语拼音	地名类别	相对位置	所在线路	所跨河流（道路）
驮孔桥	Tuókǒng Qiáo	桥梁	永丰镇政府驻地西北部	怀集至悦城公路	驮孔河
新地桥	Xīndì Qiáo	桥梁	永丰镇政府驻地西部	荔枝岗至池洞公路	荔枝河
永丰桥	Yǒngfēng Qiáo	桥梁	永丰镇政府驻地东南部	怀集至悦城公路	永丰河
元直桥	Yuánzhí Qiáo	桥梁	永丰镇政府驻地北部	扶赖至古蓬公路	——
里村桥	Lǐcūn Qiáo	桥梁	悦城镇政府驻地东北部	悦城至云帮公路	里村河
鲤鱼岗桥	Lǐyúgǎng Qiáo	桥梁	悦城镇政府驻地东北部	悦城至云帮公路	悦城河
龙母大桥	Lóngmǔ Dàqiáo	桥梁	悦城镇政府驻地东南部	广州至成都公路	悦城河
龙母二桥	Lóngmǔ 2 Qiáo	桥梁	悦城镇政府驻地东南部	广州至成都公路	庙东街
罗洪桥	Luóhóng Qiáo	桥梁	悦城镇政府驻地西部	悦城至大屋山公路	——
罗洪水库桥	Luóhóngshuǐkù Qiáo	桥梁	悦城镇政府驻地西部	悦城至大屋山公路	——
罗洪水库一桥	Luóhóngshuǐkù 1 Qiáo	桥梁	悦城镇政府驻地西部	悦城至大屋山公路	——
小水桥	Xiǎoshuǐ Qiáo	桥梁	悦城镇政府驻地北部	小水至军岗公路	悦城河
小水桥	Xiǎoshuǐ Qiáo	桥梁	悦城镇政府驻地北部	——	凤村河
小佑桥	Xiǎoyòu Qiáo	桥梁	悦城镇政府驻地北部	翠塘至关塘坪公路	龙降河

4. 其他

标准名称	汉语拼音	地名类别	相对位置
德庆县莫村汽车客运站	Déqìng Xiàn Mòcūn Qìchē Kèyùnzhàn	长途汽车站	莫村镇政府西部
肇庆市粤运汽车运输有限公司德庆汽车站	Zhàoqìng Shì Yuèyùn Qìchē Yùnshū Yǒuxiàngōngsī Déqìng Qìchēzhàn	长途汽车站	德庆县政府西北部

（续上表）

标准名称	汉语拼音	地名类别	相对位置
德庆县九市公路收费站	Déqìng Xiàn Jiǔshì Gōnglù Shōufèizhàn	收费站	九市镇政府东南部
县城东市场站	Xiàn Chéngdōng Shìchǎng Zhàn	公共交通车站	德庆县政府东南部
妇幼保健医院站	Fùyòu Bǎojiàn Yīyuàn Zhàn	公共交通车站	德庆县政府西北部
德庆粤运汽车站	Déqìng Yuèyùn Qìchē Zhàn	公共交通车站	新圩镇政府东北部
人民医院站	Rénmín Yīyuàn Zhàn	公共交通车站	德庆县政府西南部
通津路口站	Tōngjīn Lùkǒu Zhàn	公共交通车站	德庆县政府西南部
文武南路口站	Wénwǔ Nán Lùkǒu Zhàn	公共交通车站	德庆县政府东南部
县电信局站	Xiàn Diànxìnjú Zhàn	公共交通车站	德庆县政府南部
县规划局站	Xiàn Guīhuàjú Zhàn	公共交通车站	德庆县政府西南部
中医院站	Zhōngyīyuàn Zhàn	公共交通车站	德庆县政府西南部
新丽都大酒店站	Xīnlìdū Dàjiǔdiàn Zhàn	公共交通车站	德庆县政府西北部
龙母庙停车场	Lóngmǔ Miào Tíngchēchǎng	停车场	悦城镇政府南部
播植镇养道班	Bōzhí Zhèn Yǎngdàobān	道班	播植镇政府驻地南部
匝村道班	Zācūn Dàobān	道班	凤村镇政府驻地西北部
高良镇养道班	Gāoliáng Zhèn Yǎngdàobān	道班	高良镇政府驻地北部
高良镇镇养中心道班	Gāoliáng Zhèn Zhènyǎngzhōngxīn Dàobān	道班	高良镇政府驻地西北部
江南大道班	Jiāngnán Dàdàobān	道班	高良镇政府驻地北部
万星道班	Wànxīng Dàobān	道班	高良镇政府驻地东北部
旺羌道班	Wàngqiāng Dàobān	道班	高良镇政府驻地东北部
庆安道班	Qìng'ān Dàobān	道班	官圩镇政府驻地北部
官圩公路养护中心	Guānxū Gōnglù Yǎnghùzhōngxīn	道班	官圩镇政府驻地北部
回龙镇养道班	Huílóng Zhèn Yǎngdàobān	道班	回龙镇政府驻地北部
上戴道班	Shàngdài Dàobān	道班	回龙镇政府驻地西北部
九市镇中心道班	Jiǔshì Zhèn Zhōngxīn Dàobān	道班	九市镇政府驻地北部
留村道班	Liúcūn Dàobān	道班	九市镇政府驻地东部
马圩镇养中心道班	Mǎxū Zhèn Yǎngzhōngxīn Dàobān	道班	马圩镇政府驻地西部

(续上表)

标准名称	汉语拼音	地名类别	相对位置
莫村镇养道班	Mòcūn Zhèn Yǎngdàobān	道班	莫村镇政府驻地西南部
都蓬道班	Dūpéng Dàobān	道班	莫村镇政府驻地西北部
武垄道班	Wǔlǒng Dàobān	道班	武垄镇政府驻地西北部
武垄镇养道班	Wǔlǒng Zhèn Yǎngdàobān	道班	武垄镇政府驻地东南部
新圩镇养道班	Xīnxū Zhèn Yǎngdàobān	道班	武垄镇政府驻地北部
德庆县公路管养中心德城养护站	Déqìng Xiàn Gōnglù Guǎnyǎng Zhōngxīn Déchéng Yǎnghù Zhàn	道班	新圩镇政府驻地东南部
永丰镇养道班	Yǒngfēng Zhèn Yǎngdàobān	道班	永丰镇政府驻地南部
悦城镇养道班	Yuèchéng Zhèn Yǎngdàobān	道班	悦城镇政府驻地北部
播植东诚加油站	Bōzhí Dōngchéng Jiāyóuzhàn	加油站	播植镇政府驻地西南部
德庆县三通加油站	Déqìng Xiàn Sāntōng Jiāyóuzhàn	加油站	新圩镇政府驻地东部
康城加油站	Kāngchéng Jiāyóuzhàn	加油站	德庆县政府驻地东南部
中国石油	Zhōngguó Shíyóu	加油站	德庆县政府驻地东南部
中石化肇庆德庆建仁水上加油站	Zhōngshíhuà Zhàoqìng Déqìng Jiànrén Shuǐshàng Jiāyóuzhàn	加油站	德庆县政府驻地东南部
凤村加油站	Fèngcūn Jiāyóuzhàn	加油站	凤村镇政府驻地南部
德高加油站	Dégāo Jiāyóuzhàn	加油站	高良镇政府驻地北部
官圩凤凰山加油站	Guānxū Fènghuángshān Jiāyóuzhàn	加油站	官圩镇政府驻地东南部
官圩油站	Guānxū Yóuzhàn	加油站	官圩镇政府驻地西南部
九市油站	Jiǔshì Yóuzhàn	加油站	九市镇政府驻地北部
九洲加油站	Jiǔzhōu Jiāyóuzhàn	加油站	九市镇政府驻地东南部
四通加油站	Sìtōng Jiāyóuzhàn	加油站	回龙镇政府驻地西北部
新大塘油站	Xīndàtáng Yóuzhàn	加油站	回龙镇政府驻地西北部
马圩镇农机加油站	Mǎxū Zhèn Nóngjī Jiāyóuzhàn	加油站	马圩镇政府驻地东北部
扶赖加油站	Fúlài Jiāyóuzhàn	加油站	莫村镇政府驻地西南部
金力加油站	Jīnlì Jiāyóuzhàn	加油站	莫村镇政府驻地南部
永庆加油站	Yǒngqìng Jiāyóuzhàn	加油站	莫村镇政府驻地西南部

（续上表）

标准名称	汉语拼音	地名类别	相对位置
中国石化古有加油站	Zhōngguó Shíhuà Gǔyǒu Jiāyóuzhàn	加油站	莫村镇政府驻地东北部
中化石油	Zhōnghuà Shíyóu	加油站	莫村镇政府驻地东北部
中化石油莫村加油站	Zhōnghuà Shíyóu Mòcūn Jiāyóuzhàn	加油站	莫村镇政府驻地西南部
华发加油站	Huáfā Jiāyóuzhàn	加油站	德庆县政府驻地东部
中国石化山咀加油站	Zhōngguó Shíhuà Shānzuǐ Jiāyóuzhàn	加油站	新圩镇政府驻地西北部
中国石化城北加油站	Zhōngguó Shíhuà Chéngběi Jiāyóuzhàn	加油站	新圩镇政府驻地西北部
中国石化德庆城区加油站	Zhōngguó Shíhuà Déqìng Chéngqū Jiāyóuzhàn	加油站	新圩镇政府驻地西北部
中国石化德新北加油站	Zhōngguóshíhuà Déxīnběi Jiāyóuzhàn	加油站	新圩镇政府驻地东南部
中国石化德新南加油站	Zhōngguóshíhuà Déxīnnán Jiāyóuzhàn	加油站	新圩镇政府驻地西北部
中国石化新圩加油站	Zhōngguó Shíhuà Xīnxū Jiāyóuzhàn	加油站	新圩镇政府驻地西北部
永丰庆安油站	Yǒngfēng Qìng'ān Yóuzhàn	加油站	永丰镇政府驻地东南部
永丰中国石化油站	Yǒngfēng Zhōngguó Shíhuà Yóuzhàn	加油站	永丰镇政府驻地北部
龙江加油站	Lóngjiāng Jiāyóuzhàn	加油站	悦城镇政府驻地东部
新康洲加油站	Xīnkāngzhōu Jiāyóuzhàn	加油站	悦城镇政府驻地东部
星海加油站	Xīnghǎi Jiāyóuzhàn	加油站	悦城镇政府驻地东北部
悦龙加油站	Yuèlóng Jiāyóuzhàn	加油站	悦城镇政府驻地西南部
洲林加油站	Zhōulín Jiāyóuzhàn	加油站	悦城镇政府驻地东部

（六）水利、电力、通信设施类

标准名称	汉语拼音	地名类别	相对位置
白荷水库	Báihé Shuǐkù	水库	回龙镇政府驻地驻地西北部
白沙水库	Báishā Shuǐkù	水库	官圩镇政府驻地西北部
办头水库	Bàntóu Shuǐkù	水库	莫村镇政府驻地东北部
爆花降水库	Bàohuājiàng Shuǐkù	水库	莫村镇政府驻地西北部

(续上表)

标准名称	汉语拼音	地名类别	相对位置
朝阳水库	Cháoyáng Shuǐkù	水库	马圩镇政府驻地北部
冲源水库	Chōngyuán Shuǐkù	水库	官圩镇政府驻地西北部
翠塘水库	Cuìtáng Shuǐkù	水库	悦城镇政府驻地东北部
大鸡脚水库	Dàjījiǎo Shuǐkù	水库	马圩镇政府驻地东南部
大降坑水库	Dàjiàngkēng Shuǐkù	水库	播植镇政府驻地东南部
大降面水库	Dàjiàngmiàn Shuǐkù	水库	马圩镇政府驻地东南部
大佑水库	Dàyòu Shuǐkù	水库	悦城镇政府驻地北部
都逢水库	Dūféng Shuǐkù	水库	莫村镇政府驻地西北部
多滤水库	Duōlǜ Shuǐkù	水库	莫村镇政府驻地东北部
丰涌水库	Fēngchōng Shuǐkù	水库	永丰镇政府驻地西北部
凤凰水库	Fènghuáng Shuǐkù	水库	莫村镇政府驻地东北部
富林水库	Fùlín Shuǐkù	水库	永丰镇政府驻地西北部
河赤水库	Héchì Shuǐkù	水库	永丰镇政府驻地东北部
河淡水库	Hédàn Shuǐkù	水库	永丰镇政府驻地东部
河涝坪水库	Hélàopíng Shuǐkù	水库	莫村镇政府驻地西北部
黑水塘水库	Hēishuǐtáng Shuǐkù	水库	九市镇政府驻地东南部
葫芦坑水库	Húlúkēng Shuǐkù	水库	永丰镇政府驻地东北部
黄羌水库	Huángqiāng Shuǐkù	水库	莫村镇政府驻地东北部
黄铜降水库	Huángtóngjiàng Shuǐkù	水库	莫村镇政府驻地东北部
鸡咀水库	Jīzuǐ Shuǐkù	水库	九市镇政府驻地东南部
降督水库	Jiàngdū Shuǐkù	水库	武垄镇政府驻地东南部
金江水库	Jīnjiāng Shuǐkù	水库	武垄镇政府驻地南部
金林水库	Jīnlín Shuǐkù	水库	官圩镇政府驻地东北部
兰清水库	Lánqīng Shuǐkù	水库	九市镇政府驻地东南部
利垌水库	Lìdòng Shuǐkù	水库	九市镇政府驻地东北部
林旁水库	Línpáng Shuǐkù	水库	武垄镇政府驻地东南部
龙目水库	Lóngmù Shuǐkù	水库	九市镇政府驻地西北部
罗洪水库	Luóhóng Shuǐkù	水库	悦城镇政府驻地西北部
罗柳塘水库	Luóliǔtáng Shuǐkù	水库	悦城镇政府驻地东北部
民塘水库	Míntáng Shuǐkù	水库	九市镇政府驻地东北部

（续上表）

标准名称	汉语拼音	地名类别	相对位置
莫村镇崩塘水库	Mòcūnzhèn Bēngtáng Shuǐkù	水库	莫村镇政府驻地西南部
木棉冲水库	Mùmiánchōng Shuǐkù	水库	回龙镇政府驻地西北部
牛湖水库	Niúhú Shuǐkù	水库	莫村镇政府驻地东北部
牛哨塘水库	Niúshàotáng Shuǐkù	水库	回龙镇政府驻地西北部
茸草水库	Róngcǎo Shuǐkù	水库	高良镇政府驻地东北部
沙涌水库	Shāchōng Shuǐkù	水库	官圩镇政府驻地西北部
山塘坑水库	Shāntángkēng Shuǐkù	水库	永丰镇政府驻地西北部
杉塘水库	Shāntáng Shuǐkù	水库	回龙镇政府驻地西南部
舍栏塘水库	Shělántáng Shuǐkù	水库	播植镇政府驻地西部
双斗水库	Shuāngdǒu Shuǐkù	水库	武垄镇政府驻地东北部
双会水库	Shuānghuì Shuǐkù	水库	武垄镇政府驻地西南部
双枝塘水库	Shuāngzhītáng Shuǐkù	水库	凤村镇政府驻地西北部
水鸡冲水库	Shuǐjīchōng Shuǐkù	水库	新圩镇政府驻地东北部
寺田水库	Sìtián Shuǐkù	水库	高良镇政府驻地东北部
桃子坪水库	Táozǐpíng Shuǐkù	水库	莫村镇政府驻地西北部
仙罗水库	Xiānluó Shuǐkù	水库	官圩镇政府驻地西南部
小罗水库	Xiǎoluó Shuǐkù	水库	回龙镇政府驻地西北部
雪罗水库	Xuěluó Shuǐkù	水库	回龙镇政府驻地西北部
永丰水库	Yǒngfēng Shuǐkù	水库	永丰镇政府驻地西北部
永丰镇大坑水库	Yǒngfēng Zhèn Dàkēng Shuǐkù	水库	永丰镇政府驻地西南部
悦城镇沙尾水库	Yuèchéng Zhèn Shāwěi Shuǐkù	水库	悦城镇政府驻地东北部
长冲水库	Chángchōng Shuǐkù	水库	新圩镇政府驻地东南部
中坑水库	Zhōngkēng Shuǐkù	水库	凤村镇政府驻地西北部
中雄水库	Zhōngxióng Shuǐkù	水库	高良镇政府驻地东南部
浊水涌水库	Zhuóshuǐchōng Shuǐkù	水库	回龙镇政府驻地西南部
冲源灌区	Chōngyuán Guànqū	灌区	官圩镇政府驻地西北部
大同灌区	Dàtóng Guànqū	灌区	新圩镇政府驻地东北部
富林水库灌区	Fùlín Shuǐkù Guànqū	灌区	永丰镇政府驻地西南部
河涝坪灌区	Hélàopíng Guànqū	灌区	莫村镇政府驻地西北部
黄铜降灌区	Huángtóngjiàng Guànqū	灌区	莫村镇政府驻地东北部

(续上表)

标准名称	汉语拼音	地名类别	相对位置
金林灌区	Jīnlín Guànqū	灌区	官圩镇政府驻地东北部
利垌水库灌区	Lìdòng Shuǐkù Guànqū	灌区	九市镇政府驻地东北部
茸草灌区	Róngcǎo Guànqū	灌区	高良镇政府驻地东北部
双枝塘水库灌区	Shuāngzhītáng Shuǐkù Guànqū	灌区	凤村镇政府驻地西北部
永丰水库灌区	Yǒngfēng Shuǐkù Guànqū	灌区	永丰镇政府驻地东北部

（七）纪念地、旅游胜地类

标准名称	汉语拼音	别名	地名类别	相对位置
秉传廖公祠	Bǐngchuán Liàogōng Cí	——	人物纪念地	武垄镇政府驻地北部
伯甫陈公祠	Bófǔ Chéngōng Cí	——	人物纪念地	永丰镇政府驻地东北部
陈氏大宗祠	Chénshì Dàzōngcí	——	人物纪念地	武垄镇政府驻地西南部
陈氏大宗祠	Chénshì Dàzōngcí	——	人物纪念地	莫村镇政府驻地南部
陈氏大宗祠	Chénshì Dàzōngcí	——	人物纪念地	永丰镇政府驻地东部
成宇梁公祠	Chéngyǔ Liánggōng Cí	——	人物纪念地	官圩镇政府驻地北部
粹祥陈公祠	Cuìxiáng Chéngōng Cí	——	人物纪念地	凤村镇政府驻地北部
大宁龙氏大宗祠	Dàníng Lóngshì Dàzōngcí	——	人物纪念地	莫村镇政府驻地西部
旦华谢公祠	Dànhuá Xiègōng Cí	——	人物纪念地	武垄镇政府驻地西部
德化张公祠	Déhuà Zhānggōng Cí	——	人物纪念地	官圩镇政府驻地东北部
德庆革命烈士纪念碑	Déqìng Gémìnglièshì Jìnànbēi		人物纪念地	德城街道办事处西北部
奠安梁公祠	Diàn'ān Liánggōng Cí	——	人物纪念地	播植镇政府驻地东南部
端遐陈公祠	Duānxiá Chéngōng Cí	——	人物纪念地	永丰镇政府驻地东北部
端岩陈公祠	Duānyán Chéngōng Cí	——	人物纪念地	永丰镇政府驻地东北部
法君岑公祠	Fǎjūn Céngōng Cí	——	人物纪念地	武垄镇政府驻地西南部
古垒何氏大宗祠	Gǔlěi Héshì Dàzōngcí	——	人物纪念地	马圩镇政府驻地东南部
古蓬陈氏宗祠	Gǔpéng Chénshì Zōngcí	——	人物纪念地	永丰镇政府驻地东北部
古洲何公祠	Gǔzhōu Hégōng Cí	——	人物纪念地	莫村镇政府驻地东北部
广成冯公祠	Guǎngchéng Fénggōng Cí	——	人物纪念地	莫村镇政府驻地西南部
广元陈公祠	Guǎngyuán Chéngōng Cí	——	人物纪念地	凤村镇政府驻地北部
国卿陈公祠	Guóqīng Chéngōng Cí	——	人物纪念地	莫村镇政府驻地南部

（续上表）

标准名称	汉语拼音	别名	地名类别	相对位置
衡望陈公祠	Héngwàng Chéngōng Cí	—	人物纪念地	永丰镇政府驻地东北部
积善梁公祠	Jīshàn Liánggōng Cí	—	人物纪念地	莫村镇政府驻地东北部
介夫陈公祠	Jièfū Chéngōng Cí	—	人物纪念地	永丰镇政府驻地东北部
兰源龙母庙	Lányuán Lóngmǔ Miào	—	人物纪念地	武垄镇政府驻地北部
乐康梁公祠	Lèkāng Liánggōng Cí	—	人物纪念地	官圩镇政府驻地东北部
丽先谈公祠	Lìxiān Tángōng Cí	—	人物纪念地	官圩镇政府驻地北部
梁氏宗祠	Liángshì Zōngcí	—	人物纪念地	凤村镇政府驻地东南部
亮臣冯公祠	Liàngchén Fénggōng Cí	—	人物纪念地	悦城镇政府驻地东北部
林氏宗祠	Línshì Zōngcí	—	人物纪念地	九市镇政府驻地东南部
刘富成刘天成墓	Liúfùchéng Liútiānchéng Mù	—	人物纪念地	悦城镇政府驻地北部
罗氏大宗祠	Luóshì Dàzōngcí	—	人物纪念地	永丰镇政府驻地东南部
履恕莫公祠	Lǔshù Mògōng Cí	—	人物纪念地	悦城镇政府驻地西部
莫氏大宗祠	Mòshì Dàzōngcí	—	人物纪念地	悦城镇政府驻地西部
南宿梁公祠	Nánsù Liánggōng Cí	—	人物纪念地	永丰镇政府驻地西部
欧氏大宗祠	Ōushì Dàzōngcí	—	人物纪念地	九市镇政府驻地东北部
翘庄陈公祠	Qiàozhuāng Chéngōng Cí	—	人物纪念地	永丰镇政府驻地东北部
青宇冼公祠	Qīngyǔ Xiǎngōng Cí	—	人物纪念地	莫村镇政府驻地西部
清轩谢公祠	Qīngxuān Xiègōng Cí	—	人物纪念地	官圩镇政府驻地北部
庆丰潘公祠	Qìngfēng Pāngōng Cí	—	人物纪念地	武垄镇政府驻地东北部
儒锡陈公祠	Rúxī Chéngōng Cí	—	人物纪念地	永丰镇政府驻地东北部
石氏大宗祠	Shíshì Dàzōngcí	—	人物纪念地	悦城镇政府驻地东南部
世袭韩公祠	Shìxí Hángōng Cí	—	人物纪念地	悦城镇政府驻地西部
双林周氏宗祠	Shuānglín Zhōushì Zōngcí	—	人物纪念地	凤村镇政府驻地西南部
松岩谢公祠	Sōngyán Xiègōng Cí	—	人物纪念地	官圩镇政府驻地东北部
唐氏宗祠	Tángshì Zōngcí	—	人物纪念地	德城街道办事处东南部
武陵莫公祠	Wǔlíng Mògōng Cí	—	人物纪念地	新圩镇政府驻地西北部
锡九欧公祠	Xījiǔ Ōugōng Cí	—	人物纪念地	悦城镇政府驻地东北部
秀枝陈公祠	Xiùzhī Chéngōng Cí	—	人物纪念地	永丰镇政府驻地东北部

(续上表)

标准名称	汉语拼音	别名	地名类别	相对位置
绪存陈公祠	Xùcún Chéngōng Cí	——	人物纪念地	武垄镇政府驻地西南部
铉望陈公祠	Xuànwàng Chéngōng Cí	——	人物纪念地	永丰镇政府驻地东北部
延兰陈公祠	Yánlán Chéngōng Cí	——	人物纪念地	凤村镇政府驻地西南部
益九聂公祠	Yìjiǔ Niègōng Cí	——	人物纪念地	新圩镇政府驻地西北部
逸云陈公祠	Yìyún Chéngōng Cí	——	人物纪念地	武垄镇政府驻地西南部
应业谈公祠	Yìngyè Tángōng Cí	——	人物纪念地	官圩镇政府驻地东北部
浴池梁公祠	Yùchí Liánggōng Cí	——	人物纪念地	悦城镇政府驻地西南部
源隆陆氏宗祠	Yuánlóng Lùshì Zōngcí	——	人物纪念地	凤村镇政府驻地西南部
苑客何公祠	Yuànkè Hégōng Cí	——	人物纪念地	凤村镇政府驻地西部
悦城龙母祖庙	Yuèchéng Lóngmǔ Zǔmiào	——	人物纪念地	悦城镇政府驻地南部
择言黎公祠	Zéyán Lígōng Cí	——	人物纪念地	官圩镇政府驻地西部
贞寿之门	Zhēnshòuzhīmén	——	人物纪念地	官圩镇政府驻地西北部
直尊谢公祠	Zhízūn Xiègōng Cí	——	人物纪念地	永丰镇政府驻地南部
仲甫陈公祠	Zhòngfǔ Chéngōng Cí	——	人物纪念地	永丰镇政府驻地东北部
仲辉龙公祠	Zhònghuī Lónggōng Cí	——	人物纪念地	凤村镇政府驻地西北部
位素书室	Wèisù Shūshì	——	人物纪念地	永丰镇政府驻地东北部
宜遐书室	Yíxiá Shūshì	——	人物纪念地	永丰镇政府驻地东北部
承天书室	Chéngtiān Shūshì	——	人物纪念地	永丰镇政府驻地东北部
乐善书室	Lèshàn Shūshì	——	人物纪念地	永丰镇政府驻地南部
斗山书室	Dǒushān Shūshì	——	人物纪念地	永丰镇政府驻地西部
昇浦书室	Shēngpǔ Shūshì	——	人物纪念地	永丰镇政府驻地西南部
然藜书室	Ránlí Shūshì	——	人物纪念地	莫村镇政府驻地西北部
天俸书室	Tiānfèng Shūshì	——	人物纪念地	莫村镇政府驻地东北部
会经书室	Huìjīng Shūshì	——	人物纪念地	武垄镇政府驻地西南部
秩元书室	Zhìyuán Shūshì	——	人物纪念地	播植镇政府驻地西南部
清任书室	Qīngrèn Shūshì	——	人物纪念地	凤村镇政府驻地西北部
景星书室	Jǐngxīng Shūshì	——	人物纪念地	凤村镇政府驻地西南部
世绮书室	Shìqǐ Shūshì	——	人物纪念地	凤村镇政府驻地西北部
楚扬书室	Chǔyáng Shūshì	——	人物纪念地	凤村镇政府驻地西北部
运兴书室	Yùnxīng Shūshì	——	人物纪念地	凤村镇政府驻地北部

(续上表)

标准名称	汉语拼音	别名	地名类别	相对位置
六美书室	Liùměi Shūshì	——	人物纪念地	凤村镇政府驻地西部
瑞堂书室	Ruìtáng Shūshì	——	人物纪念地	凤村镇政府驻地西北部
北顾书室	Běigù Shūshì	——	人物纪念地	悦城镇政府驻地西部
宁蕃书室	Níngfān Shūshì	——	人物纪念地	永丰镇政府驻地东北部
祐桂书室	Yòuguì Shūshì	——	人物纪念地	永丰镇政府驻地西北部
就正书室	Jiùzhèng Shūshì	——	人物纪念地	永丰镇政府驻地东部
润亭书室	Rùntíng Shūshì	——	人物纪念地	武垄镇政府驻地东北部
定阳书室	Dìngyáng Shūshì	——	人物纪念地	播植镇政府驻地东南部
旭山书室	Xùshān Shūshì	——	人物纪念地	凤村镇政府驻地西北部
怀基书室	Huáijī Shūshì	——	人物纪念地	凤村镇政府驻地西部
光耀书室	Guāngyào Shūshì	——	人物纪念地	永丰镇政府驻地东北部
德庆二·二八武装起义纪念亭	Déqìng 2.28 Wǔzhuāngqǐyì Jìniàntíng	——	事件纪念地	德城街道
忠良第一泉	Zhōngliáng Dìyī Quán	——	事件纪念地	莫村镇政府驻地西北部
南阳楼	Nányáng Lóu	——	事件纪念地	武垄镇政府驻地南部
云武桥	Yúnwǔ Qiáo	状元桥	事件纪念地	武垄镇政府驻地西南部
鹿鸣书院	Lùmíng Shūyuàn	——	事件纪念地	播植镇政府驻地东部
龙山宫	Lóngshān Gōng	——	事件纪念地	官圩镇政府驻地东部
江村故砖城	Jiāngcūn Gùzhuānchéng	——	事件纪念地	官圩镇政府驻地西部
光裕堂	Guāngyù Táng	——	事件纪念地	高良镇政府驻地西北部
隐山书院	Yǐnshān Shūyuàn	——	事件纪念地	九市镇政府驻地东北部
古蓬村祠堂群古民居	Gǔpéngcūn Cítángqún Gǔmínjū	——	事件纪念地	永丰镇政府驻地东北部
北帝观	Běidì Guān	——	庙	凤村镇政府驻地西南部
聚龙宫	Jùlóng Gōng	——	庙	新圩镇政府驻地东北部
回澜寺	Huílán Sì	——	庙	回龙镇政府驻地西北部
平安宫	Píng'ān Gōng	——	庙	永丰镇政府驻地西南部
玉虚宫	Yùxū Gōng	——	庙	官圩镇政府驻地西北部
金龙圣地	Jīnlóngshèngdì	——	庙	德城街道
盘古庙	Pángǔ Miào	——	庙	德城街道办事处西北部

（续上表）

标准名称	汉语拼音	别名	地名类别	相对位置
基督教德庆礼拜堂	Jīdūjiào Déqìng Lǐbài Táng	——	教堂	德城街道办事处南部
天主堂	Tiānzhǔ Táng	——	教堂	德城街道办事处东南部
高良聚会点	Gāoliáng Jùhuìdiǎn	高良福音堂	教堂	高良镇政府驻地西北部
龙湖湿地公园	Lónghú Shīdì Gōngyuán	——	公园	德城街道办事处北部0.8千米
德庆县文化公园	Déqìng Xiàn Wénhuà Gōngyuán	——	公园	德城街道办事处西南部0.58千米
德庆儿童乐园	Déqìng Értóng Lèyuán	——	公园	德城街道办事处西部0.56千米
城雕公园	Chéngdiāo Gōngyuán	——	公园	德庆县政府驻地东南部
德庆花世界生态旅游区	Déqìng Huāshìjiè Shēngtài Lǚyóuqū	——	风景区	官圩镇政府驻地北部
德庆盘龙峡生态旅游景区	Déqìng Pánlóngxiá Shēngtài Lǚyóujǐngqū	——	风景区	官圩镇政府驻地北部
金林水乡	Jīnlín Shuǐxiāng	——	风景区	官圩镇政府驻地北部
三元塔	Sānyuán Tǎ	——	风景区	德庆县政府驻地东南部
三洲岩旅游风景区	Sānzhōuyán Lǚyóu Fēngjǐngqū	仙翁岛	风景区	九市镇政府驻地东南部
香山森林公园	Xiāngshān Sēnlín Gōngyuán	——	风景区	德城街道
玉龙寨旅游景区	Yùlóngzhài Lǚyóujǐngqū	——	风景区	悦城镇政府驻地西北部
百册山森林公园	Bǎicèshān Sēnlín Gōngyuán	——	风景区	武垄镇政府驻地北部

（八）建筑物类

标准名称	汉语拼音	别名	地名类别	相对位置
保安人民会堂	Bǎo'ān Rénmín Huìtáng	——	房屋	武垄镇政府驻地东北部
播荫会堂	Bōyīn Huìtáng	——	房屋	武垄镇政府驻地东北部
播荫文化楼	Bōyīn Wénhuà Lóu	——	房屋	武垄镇政府驻地东北部
播植镇综合文化站	Bōzhí Zhèn Zōnghé Wénhuàzhàn	——	房屋	播植镇政府驻地南部

（续上表）

标准名称	汉语拼音	别名	地名类别	相对位置
德城镇文化大楼	Déchéng Zhèn Wénhuà Dàlóu	——	房屋	德庆县政府驻地西南部
福恩楼	Fú'ēn Lóu	——	房屋	德庆县政府驻地西南部
高良文化大楼	Gāoliáng Wénhuà Dàlóu	——	房屋	高良镇政府驻地西北部
高良镇综合文化站	Gāoliáng Zhèn Zōnghé Wénhuàzhàn	——	房屋	高良镇政府驻地西北部
官圩镇综合文化站	Guānxū Zhèn Zōnghé Wénhuàzhàn	——	房屋	官圩镇政府驻地南部
规划楼	Guīhuà Lóu	——	房屋	德庆县政府驻地西南部
恒康楼	Héngkāng Lóu	——	房屋	德庆县政府驻地西南部
恒颐楼	Héngyí Lóu	——	房屋	德庆县政府驻地西南部
鸿福楼	Hóngfú Lóu	——	房屋	德庆县政府驻地西北部
回龙镇综合文化站	Huílóng Zhèn Zōnghé Wénhuàzhàn	——	房屋	回龙镇政府驻地西南部
计划楼	Jìhuà Lóu	——	房屋	德庆县政府驻地西南部
金福楼	Jīnfú Lóu	——	房屋	德庆县政府驻地西南部
九市镇综合文化站	Jiǔshì Zhèn Zōnghé Wénhuàzhàn	——	房屋	九市镇政府驻地东北部
李家大屋	Lǐjiā Dàwū	——	房屋	德庆县政府驻地西南部
莫村商贸城	Mòcūn Shāngmàochéng	——	房屋	莫村镇政府驻地西部
莫村镇综合文化站	Mòcūn Zhèn Zōnghé Wénhuàzhàn	——	房屋	莫村镇政府驻地西南部
石角村文化楼	Shíjiǎo Cūn Wénhuà Lóu	——	房屋	回龙镇政府驻地西北部
物资大厦	Wùzī Dàshà	——	房屋	德庆县政府驻地西南部
新村文化楼	Xīncūn Wénhuà Lóu	——	房屋	莫村镇政府驻地东北部
永丰综合文化站	Yǒngfēng Zōnghé Wénhuàzhàn	——	房屋	永丰镇政府驻地东南部
悦城文化站	Yuèchéng Wénhuàzhàn	——	房屋	悦城镇政府驻地西南部
莫村镇综合大楼	Mòcūn Zhèn Zōnghé Dàlóu	——	房屋	莫村镇政府驻地
马圩镇综合文化站	Mǎxū Zhèn Zōnghé Wénhuàzhàn	——	房屋	马圩镇政府驻地东南部
朝阳中心市场	Cháoyáng Zhōngxīn Shìchǎng	——	房屋	德庆县政府驻地西南部

(续上表)

标准名称	汉语拼音	别名	地名类别	相对位置
城东市场	Chéngdōng Shìchǎng	——	房屋	德庆县政府驻地东南部
城西集贸市场	Chéngxī Jímào Shìchǎng	——	房屋	德庆县政府驻地西南部
德庆巴戟交易市场	Déqìng Bājǐ Jiāoyì Shìchǎng	——	房屋	高良镇政府驻地东北部
凤村市场	Fèngcūn Shìchǎng	——	房屋	凤村镇政府驻地西部
高良农贸市场	Gāoliáng Nóngmào Shìchǎng	——	房屋	高良镇政府驻地西北部
官圩农贸市场	Guānxū Nóngmào Shìchǎng	——	房屋	官圩镇政府驻地西北部
九市市场	Jiǔshì Shìchǎng	——	房屋	九市镇政府驻地西北部
康达中心市场	Kāngdá Zhōngxīn Shìchǎng	——	房屋	德庆县政府驻地西南部
龙兴市场	Lóngxīng Shìchǎng	——	房屋	德庆县政府驻地西南部
马圩市场	Mǎxū Shìchǎng	——	房屋	马圩镇政府驻地西南部
莫村中心市场	Mòcūn Zhōngxīn Shìchǎng	——	房屋	莫村镇政府驻地西部
农贸市场	Nóngmào Shìchǎng	——	房屋	播植镇政府驻地东南部
武垄镇农贸市场	Wǔlǒng Zhèn Nóngmào Shìchǎng	——	房屋	武垄镇政府驻地东南部
新圩市场	Xīnxū Shìchǎng	——	房屋	新圩镇政府驻地东南部
永丰中心市场	Yǒngfēng Zhōngxīn Shìchǎng	——	房屋	永丰镇政府驻地东南部
悦城市场	Yuèchéng Shìchǎng	——	房屋	悦城镇政府驻地东南部
德庆学宫	Déqìng Xuégōng	孔庙、文庙	房屋	德城街道
李氏大夫第	Lǐshì Dàfūdì	——	房屋	德城街道
潘家大屋	Pānjiā Dàwū	——	房屋	德城街道
富宁亭	Fùníng Tíng	——	亭	官圩镇政府驻地西北部
古里思乡亭	Gǔlǐ Sīxiāng Tíng	——	亭	永丰镇政府驻地东南部
观光亭	Guānguāng Tíng	——	亭	悦城镇政府驻地西北部
河练茶亭	Héliàn Chátíng	——	亭	永丰镇政府驻地西南部
河六岗茶亭	Héliùgǎng Chátíng	——	亭	播植镇政府驻地东北部
悦善茶亭	Yuèshàn Chátíng	——	亭	永丰镇政府驻地东南部
正贤亭	Zhèngxián Tíng	——	亭	德庆县政府驻地东南部
华表石摩崖石刻	Huábiǎoshí Móyá Shíkè	——	碑	回龙镇政府驻地东部

（续上表）

标准名称	汉语拼音	别名	地名类别	相对位置
三洲岩摩崖石刻	Sānzhōuyán Móyá Shíkè	——	碑	九市镇政府驻地东南部
香山佛迹摩崖石刻	Xiāngshān Fójì Móyá Shíkè	——	碑	德庆县政府驻地西北部
凯旋门小广场	Kǎixuánmén Xiǎoguǎngchǎng	——	广场	德庆县政府驻地南部
龙母广场	Lóngmǔ Guǎngchǎng	——	广场	德庆县政府驻地西南部
文化广场	Wénhuà Guǎngchǎng	——	广场	德庆县政府驻地南部
恒基广场	Héngjī Guǎngchǎng	——	广场	德庆县政府驻地西南部
百福城市广场	Bǎifúchéngshì Guǎngchǎng	——	广场	德庆县政府驻地西南部
德庆体育中心	Déqìng Tǐyùzhōngxīn	——	体育场	德庆县政府驻地西部

（九）单位类

标准名称	汉语拼音	地名类别	相对位置
德庆县人民检察院	Déqìng Xiàn Rénmín Jiǎncháyuàn	党政机关	德庆大道16号
播植镇人民政府	Bōzhí Zhèn Rénmín Zhèngfǔ	党政机关	播植镇政府大院
德城街道办事处	Déchéng Jiēdào Bànshìchù	党政机关	德城镇高街23号
德庆县财政局	Déqìng Xiàn Cáizhèngjú	党政机关	德庆大道
播植财政所	Bōzhí Cáizhèngsuǒ	党政机关	播植圩镇中学路
新圩财政所	Xīnxū Cáizhèngsuǒ	党政机关	德庆新圩镇卫星南路
德城财政所	Déchéng Cáizhèngsuǒ	党政机关	德城镇康城大道东20号
凤村财政所	Fèngcūn Cáizhèngsuǒ	党政机关	格塘村委会
高良财政所	Gāoliáng Cáizhèngsuǒ	党政机关	高良圩镇
官圩财政所	Guānxū Cáizhèngsuǒ	党政机关	官圩镇
回龙财政所	Huílóng Cáizhèngsuǒ	党政机关	回龙镇三北口圩镇
九市财政所	Jiǔshì Cáizhèngsuǒ	党政机关	九市圩镇大街321国道旁
马圩财政所	Mǎxū Cáizhèngsuǒ	党政机关	马圩镇圩镇
莫村财政所	Mòcūn Cáizhèngsuǒ	党政机关	莫村镇圩镇过境路边
武垄财政所	Wǔlǒng Cáizhèngsuǒ	党政机关	宝岗中路
永丰财政所	Yǒngfēng Cáizhèngsuǒ	党政机关	永丰镇新街1号
德庆县城市管理局	Déqìng Xiàn Chéngshìguǎnlǐjú	党政机关	康城大道47号

(续上表)

标准名称	汉语拼音	地名类别	相对位置
德庆县财政局悦城分局	Déqìng Xiàn Cáizhèngjú Yuèchéng Fēnjú	党政机关	悦城镇新街 82 号
城区税务分局	Chéngqū Shuìwù Fēnjú	党政机关	德城镇康城大道东 6 号
官圩税务分局	Guānxū Shuìwù Fēnjú	党政机关	德城镇康城大道东 6 号
莫村税务分局	Mòcūn Shuìwù Fēnjú	党政机关	德城镇康城大道东 6 号
悦城税务分局	Yuèchéng Shuìwù Fēnjú	党政机关	悦城镇 321 国道边
德庆县发展和改革局	Déqìng Xiàn Fāzhǎnhégǎigéjú	党政机关	德城镇康城大道东 133 号
德庆县公安局	Déqìng Xiàn Gōng'ānjú	党政机关	德庆大道 1 号
播植派出所	Bōzhí Pàichūsuǒ	党政机关	播植镇人民政府大院内
城东派出所	Chéngdōng Pàichūsuǒ	党政机关	德城镇康城大道东 163 号
德城派出所	Déchéng Pàichūsuǒ	党政机关	光明街 88 号
凤村派出所	Fèngcūn Pàichūsuǒ	党政机关	凤村镇圩镇凤晖路
高良派出所	Gāoliáng Pàichūsuǒ	党政机关	高良镇旧中心小学大院内
官圩派出所	Guānxū Pàichūsuǒ	党政机关	官圩镇凤凰大道 43 号
回龙派出所	Huílóng Pàichūsuǒ	党政机关	回龙镇三北口圩镇
交通警察大队城区中队	Jiāotōngjǐngchá Dàduì Chéngqū Zhōngduì	党政机关	德城街道城香山西路
交通警察大队新圩中队	Jiāotōngjǐngchá Dàduì Xīnxū Zhōngduì	党政机关	新圩镇格木村委会旁
交通警察大队悦城中队	Jiāotōngjǐngchá Dàduì Yuèchéng Zhōngduì	党政机关	悦城镇响水村委会旧院村旁
九市派出所	Jiǔshì Pàichūsuǒ	党政机关	九市政府大院内
马圩派出所	Mǎxū Pàichūsuǒ	党政机关	马圩镇圩镇
莫村派出所	Mòcūn Pàichūsuǒ	党政机关	莫村镇百川路
德庆县公安局森林分局	Déqìng Xiàn Gōng'ānjú Sēnlín Fēnjú	党政机关	德庆大道林业大楼
公安局森林分局播植派出所	Gōng'ānjú Sēnlín Fēnjú Bōzhí Pàichūsuǒ	党政机关	播植镇沙村口
公安局森林分局高良派出所	Gōng'ānjú Sēnlín Fēnjú Gāoliáng Pàichūsuǒ	党政机关	高良镇圩镇 455 县道旁
公安局森林分局官圩派出所	Gōng'ānjú Sēnlín Fēnjú Guānxū Pàichūsuǒ	党政机关	官圩镇圩镇 321 国道边

(续上表)

标准名称	汉语拼音	地名类别	相对位置
武垄派出所	Wǔlǒng Pàichūsuǒ	党政机关	武垄镇府大院内
新圩派出所	Xīnxū Pàichūsuǒ	党政机关	新圩镇政府大院内
悦城派出所	Yuèchéng Pàichūsuǒ	党政机关	悦城镇悦城村委会庙背坑村
德庆县国土资源局	Déqìng Xiàn Guótǔzīyuánjú	党政机关	德城镇德庆大道
播植国土资源所	Bōzhí Guótǔzīyuánsuǒ	党政机关	播植镇政府大院内
官圩国土资源所	Guānxū Guótǔzīyuánsuǒ	党政机关	官圩镇府大院内
回龙国土资源所	Huílóng Guótǔzīyuánsuǒ	党政机关	回龙镇三北口
九市国土资源所	Jiǔshì Guótǔzīyuánsuǒ	党政机关	九市镇
马圩国土资源所	Mǎxū Guótǔzīyuánsuǒ	党政机关	九市镇
莫村国土资源所	Mòcūn Guótǔzīyuánsuǒ	党政机关	莫村镇
武垄国土资源所	Wǔlǒng Guótǔzīyuánsuǒ	党政机关	武垄圩镇
永丰国土资源所	Yǒngfēng Guótǔzīyuánsuǒ	党政机关	永丰镇政府大院内
悦城国土资源所	Yuèchéng Guótǔzīyuánsuǒ	党政机关	悦城镇政府大院内
德庆县交通运输局	Déqìng Xiàn Jiāotōngyùnshūjú	党政机关	德城镇康城大道东68号
德庆县教育局	Déqìng Xiàn Jiàoyùjú	党政机关	康城大道东133号
德庆县经济贸易和信息化局	Déqìng Xiàn Jīngjìmàoyì-héxìnxīhuàjú	党政机关	康城大道海关大楼
德庆县粮食局	Déqìng Xiàn Liángshíjú	党政机关	县城解放路69号
德庆县林业局	Déqìng Xiàn Línyèjú	党政机关	德城镇德庆大道
德庆县农业局	Déqìng Xiàn Nóngyèjú	党政机关	新圩镇解放北路上铁垌
德庆县人力资源和社会保障局	Déqìng Xiàn Rénlìzīyuán-héshèhuìbǎozhàngjú	党政机关	孔中路
德庆县人民代表大会常务委员会	Déqìng Xiàn Rénmín Dàibiǎo-dàhuìchángwù Wěiyuánhuì	党政机关	德庆大道县委大楼五楼
德庆县人民法院	Déqìng Xiàn Rénmín Fǎyuàn	党政机关	德庆县城德庆大道东
德庆县人民政府办公室	Déqìng Xiàn Rénmín Zhèngfǔ Bàngōngshì	党政机关	德城街道德庆大道
德庆县食品药品监督管理局	Déqìng Xiàn Shípǐnyàopǐn Jiāndūguǎnlǐjú	党政机关	康城大道东余家巷
德庆县市场监督管理局	Déqìng Xiàn Shìchǎng-jiāndūguǎnlǐjú	党政机关	德庆大道原工商局大楼

(续上表)

标准名称	汉语拼音	地名类别	相对位置
德城市场监督管理所	Déchéng Shìchǎngjiāndūguǎnlǐ Suǒ	党政机关	德城镇环城路 90 号
官圩市场监督管理所	Guānxū Shìchǎngjiāndūguǎnlǐ Suǒ	党政机关	官圩镇官圩大道
莫村市场监督管理所	Mòcūn Shìchǎngjiāndūguǎnlǐ Suǒ	党政机关	莫村镇莫村大道
悦城市场监督管理所	Yuèchéng Shìchǎngjiāndūguǎnlǐ Suǒ	党政机关	悦城镇农贸市场二楼
德庆县水务局	Déqìng Xiàn Shuǐwùjú	党政机关	东豪东路 15 号
德庆县司法局	Déqìng Xiàn Sīfǎjú	党政机关	德庆县城朝阳东路 122 号
德庆县卫生和计划生育局	Déqìng Xiàn Wèishēnghéjìhuàshēngyù Jú	党政机关	德城康城大道东 141 号
德庆县文化广电新闻出版局	Déqìng Xiàn Wénhuàguǎngdiànxīnwénchūbǎn Jú	党政机关	德城街道朝阳中路 57 号
德庆县住房和城乡规划建设局	Déqìng Xiàn Zhùfánghéchéngxiāngguīhuàjiànshè Jú	党政机关	康城大道与仁寿路交叉口建设大楼
德庆县总工会	Déqìng Xiàn Zǒnggōnghuì	党政机关	德城街道朝阳西路 13 号
凤村镇人民政府	Fèngcūn Zhèn Rénmín Zhèngfǔ	党政机关	凤村镇府前路 004 号
高良镇人民政府	Gāoliáng Zhèn Rénmín Zhèngfǔ	党政机关	高良镇高良村委会古台村政通路
官圩镇人民政府	Guānxū Zhèn Rénmín Zhèngfǔ	党政机关	官圩镇圩镇凤凰大道 63 号
德庆县地方税务局	Déqìng Xiàn Dìfāng Shuìwùjú	党政机关	德城镇康城大道东 6 号
回龙镇人民政府	Huílóng Zhèn Rénmín Zhèngfǔ	党政机关	回龙镇戴垌村委会旁
九市镇人民政府	Jiǔshì Zhèn Rénmín Zhèngfǔ	党政机关	九市镇辖区范围内的九市圩镇大塘开发区
马圩镇人民政府	Mǎxū Zhèn Rénmín Zhèngfǔ	党政机关	352 省道附近
莫村镇人民政府	Mòcūn Zhèn Rénmín Zhèngfǔ	党政机关	莫村镇府大院
新圩镇人民政府	Xīnxū Zhèn Rénmín Zhèngfǔ	党政机关	新圩镇人民政府大院
悦城镇人民政府	Yuèchéng Zhèn Rénmín Zhèngfǔ	党政机关	悦城圩镇 321 国道旁
中共德庆县委办公室	Zhōnggòng Déqìng Xiànwěi Bàngōngshì	党政机关	德城街道德庆大道县委大院

（续上表）

标准名称	汉语拼音	地名类别	相对位置
中共德庆县县委老干部局	Zhōnggòng Déqìng Xiàn Xiànwěi Lǎogànbùjú	党政机关	德城龙母大街祥和宾馆后面
德庆县国家税务局	Déqìng Xiàn Guójiā Shuìwùjú	党政机关	德庆大道6号
德庆县公路局	Déqìng Xiàn Gōnglùjú	党政机关	环城路62号
永丰派出所	Yǒngfēng Pàichūsuǒ	党政机关	新乐村委会永丰街
武垄镇人民政府	Wǔlǒng Zhèn Rénmínhèngfǔ	党政机关	武垄圩镇415县道旁
永丰镇人民政府	Yǒngfēng Zhèn Rénmín Zhèngfǔ	党政机关	永丰镇居委会永丰街001号
交通警察大队荔枝岗中队	Jiāotōngjǐngchá Dàduì Lìzhīgǎng Zhōngduì	党政机关	永丰镇荔枝岗桥头
德庆县人民政府	Déqìng Xiàn Rénmín Zhèngfǔ	党政机关	德城街道德庆大道
德庆县民政局	Déqìng Xiàn Mínzhèngjú	党政机关	德城街道仁寿路西侧
德庆县社会福利院	Déqìng Xiàn Shèhuì Fúlìyuàn	事业单位	仁寿中路
德庆县香山广播电视转播站	Déqìng Xiàn Xiāngshān Guǎngbōdiànshìzhuǎnbō Zhàn	事业单位	香山山顶
广东省德庆县烟草专卖局	Guǎngdōng Shěng DéqìngXiàn Yāncǎozhuānmài Jú	事业单位	德城街道德庆大道
德庆综合服务中心	Déqìng Zōnghé Fúwùzhōngxīn	事业单位	德城街道德庆大道
德庆县慢性病防治站	Déqìng Xiàn Mànxìngbìngfángzhì Zhàn	事业单位	德城街道解放北路28号
德城街道社区卫生服务中心	Déchéng Jiēdào Shèqū Wèishēngfúwù Zhōngxīn	事业单位	德城朝阳东路103号
德庆县人民医院	Déqìng Xiàn Rénmín Yīyuàn	事业单位	德城朝阳西路50号
德庆县卫生监督所	Déqìng Xiàn Wèishēng Jiāndūsuǒ	事业单位	龙母大街
德庆县中医院	Déqìng Xiàn Zhōngyīyuàn	事业单位	康城大道4号
德庆县博物馆	Déqìng Xiàn Bówùguǎn	事业单位	德城街道朝阳中路57号
德庆县地方公路管理站	Déqìng Xiàn Dìfānggōnglù Guǎnlǐzhàn	事业单位	香山西路4号
德庆县图书馆	Déqìng Xiàn Túshūguǎn	事业单位	德城镇朝阳中路67号
史诺比幼儿园	Shǐnuòbǐ Yòu'éryuán	事业单位	德庆县城登云南路登云综合楼二楼
东豪幼儿园	Dōngháo Yòu'éryuán	事业单位	德城镇康城大道供电楼二楼

(续上表)

标准名称	汉语拼音	地名类别	相对位置
大桥小学	Dàqiáo Xiǎoxué	事业单位	德城街道大桥村
登云小学	Dēngyún Xiǎoxué	事业单位	德庆大道东北边
德城镇第三小学	Déchéng Zhèn Dì 3 Xiǎoxué	事业单位	德城街道光明路69号
德城镇第一小学	Déchéng Zhèn Dì 1 Xiǎoxué	事业单位	德城镇朝阳西路26号
德城中学	Déchéng Zhōngxué	事业单位	德城街道登云路2号
德信幼儿园	Déxìn Yòu'éryuán	事业单位	德庆大道西
德庆县机关第二幼儿园	Déqìng Xiàn Jīguān Dì 2 Yòu'éryuán	事业单位	德城镇朝辉路儿童乐园内
金太阳幼儿园	Jīntàiyáng Yòu'éryuán	事业单位	龙母大街碧桂园路口旁
德庆县启智示范学校	Déqìng Xiàn Qǐzhìshìfàn Xuéxiào	事业单位	德城街道光明路69号
德庆县实验小学	Déqìng Xiàn Shíyàn Xiǎoxué	事业单位	朝阳东路40号
香山初级中学	Xiāngshān Chūjí Zhōngxué	事业单位	德庆县德城镇香山路70号
德庆县直属机关幼儿园	Déqìng Xiàn Zhíshǔjīguān Yòu'éryuán	事业单位	朝阳中路47号
德庆县中等职业学校	Déqìng Xiàn Zhōngděngzhíyè Xuéxiào	事业单位	德城镇解放北路83号
香山中学	Xiāngshān Zhōngxué	事业单位	香山中路70号
德庆县妇幼保健院	Déqìng Xiàn Fùyòu Bǎojiànyuàn	事业单位	龙母大街文兰北路中段
德庆县畜牧兽医局	Déqìng Xiàn Xùmùshòuyījú	事业单位	县城龙母大街畜牧水产大楼
德庆县文化馆	Déqìng Xiàn Wénhuàguǎn	事业单位	朝阳中路29号
德庆县广播电视台	Déqìng Xiàn Guǎngbōdiànshìtái	事业单位	德庆大道综合服务中心大楼五、六楼东边及中部
三元塔文物管理所	Sānyuántǎ Wénwù Guǎnlǐsuǒ	事业单位	德庆县城东4千米风景秀丽的白沙山上
科教幼儿园	Kējiào Yòu'éryuán	事业单位	德城镇龙母大街
德城镇阳光幼儿园	Déchéng Zhèn Yángguāng Yòu'éryuán	事业单位	德城镇朝阳西路13号
靖虹幼儿园	Jìnghóng Yòu'éryuán	事业单位	文兰路8号雅怡花园内
德庆县蓝天幼儿园	Déqìng Xiàn Lántiān Yòu'éryuán	事业单位	余家巷

（续上表）

标准名称	汉语拼音	地名类别	相对位置
德庆县体育培训中心	Déqìng Xiàn Tǐyùpéixùn Zhōngxīn	事业单位	环城路46号
德庆学宫管理所	Déqìng Xuégōng Guǎnlǐsuǒ	事业单位	德城街道朝阳西路26号
德庆县气象局	Déqìng Xiàn Qìxiàng Jú	事业单位	新圩镇G321国道德通公司东侧
悦城镇敬老院	Yuèchéng Zhèn Jìnglǎoyuàn	事业单位	离悦城镇人民政府西南面0.84千米
新圩镇卫生院	Xīnxū Zhèn Wèishēngyuàn	事业单位	新圩镇圩镇
德庆县教育幼儿园	Déqìng Xiàn Jiàoyù Yòu'éryuán	事业单位	文兰北路德庆教师村大院内
孔子中学	Kǒngzǐ Zhōngxué	事业单位	新圩镇孔中路
大沙洲教学点	Dàshāzhōu Jiàoxuédiǎn	事业单位	新圩镇大沙洲村
大同教学点	Dàtóng Jiàoxuédiǎn	事业单位	大同村委会寿地塱村
格木教学点	Gémù Jiàoxuédiǎn	事业单位	格木村委会龙角村
官车教学点	Guānchē Jiàoxuédiǎn	事业单位	官车村委会官车村
河东教学点	Hédōng Jiàoxuédiǎn	事业单位	河东村委会龙角村
历麻教学点	Lìmá Jiàoxuédiǎn	事业单位	历麻村委会留村
山咀教学点	Shānzuǐ Jiàoxuédiǎn	事业单位	新圩镇山咀村
上咀小学	Shàngzuǐ Xiǎoxué	事业单位	上咀村委会赤土村
塘北教学点	Tángběi Jiàoxuédiǎn	事业单位	塘北村委会江底村
新圩镇阳光幼儿园	Xīnxū Zhèn Yángguāng Yòu'éryuán	事业单位	新圩镇卫星南路
中垌教学点	Zhōngdòng Jiàoxuédiǎn	事业单位	新圩镇中垌村委会杜江村侧边
新圩镇中心小学	Xīnxū Zhèn Zhōngxīn Xiǎoxué	事业单位	新圩镇新圩村
德庆县殡仪馆	Déqìng Xiàn Bìnyíguǎn	事业单位	新圩镇格木村委会沙田冲
德庆县疾病预防控制中心	Déqìng Xiàn Jíbìngyùfángkòngzhì Zhōngxīn	事业单位	德城文兰北路
回龙镇敬老院	Huílóng Zhèn Jìnglǎoyuàn	事业单位	回龙镇戴垌村委会牛茵塱
宾村教学点	Bīncūn Jiàoxuédiǎn	事业单位	回龙镇宾村管理区平顶山村
陈村教学点	Chéncūn Jiàoxuédiǎn	事业单位	回龙镇陈村

(续上表)

标准名称	汉语拼音	地名类别	相对位置
大塘教学点	Dàtáng Jiàoxuédiǎn	事业单位	回龙镇大塘村
大旺山幼儿园	Dàwàngshān Yòu'éryuán	事业单位	回龙镇都巨村牌坊对面
回龙教学点	Huílóng Jiàoxuédiǎn	事业单位	回龙镇回龙村
建发小学	Jiànfā Xiǎoxué	事业单位	回龙镇建发村
建丰教学点	Jiànfēng Jiàoxuédiǎn	事业单位	回龙镇建丰小学
六水教学点	Liùshuǐ Jiàoxuédiǎn	事业单位	回龙镇六水村
升平教学点	Shēngpíng Jiàoxuédiǎn	事业单位	回龙镇升平村
回龙镇中心小学	Huílóng Zhèn Zhōngxīn Xiǎoxué	事业单位	回龙镇三北口
回龙镇中心幼儿园	Huílóng Zhèn Zhōngxīn Yòu'éryuán	事业单位	回龙镇大塘村
回龙中学	Huílóng Zhōngxué	事业单位	回龙镇回龙中学
回龙镇卫生院	Huílóng Zhèn Wèishēngyuàn	事业单位	回龙镇三北口
冲源水库管理处	Chōngyuán Shuǐkùguǎnlǐchù	事业单位	官圩镇红中村委会筋竹
崩坭教学点	Bēngní Jiàoxuédiǎn	事业单位	崩坭村
大蒗教学点	Dàliǎng Jiàoxuédiǎn	事业单位	官圩镇大蒗村
定安教学点	Dìng'ān Jiàoxuédiǎn	事业单位	官圩镇定安小学
红光教学点	Hóngguāng Jiàoxuédiǎn	事业单位	官圩镇红光村
红中教学点	Hóngzhōng Jiàoxuédiǎn	事业单位	红中村委会高琅村
金光教学点	Jīnguāng Jiàoxuédiǎn	事业单位	金光村
金林教学点	Jīnlín Jiàoxuédiǎn	事业单位	金林村委会金林村西山寺
金西教学点	Jīnxī Jiàoxuédiǎn	事业单位	官圩镇金西村
官圩镇蓝天幼儿园	Guānxū Zhèn Lántiān Yòu'éryuán	事业单位	官圩镇栗子岗（原金林小学）
庆安教学点	Qìng'ān Jiàoxuédiǎn	事业单位	官圩镇庆安小学
沙旁小学	Shāpáng Xiǎoxué	事业单位	官圩镇沙旁小学
胜敢教学点	Shènggǎn Jiàoxuédiǎn	事业单位	官圩镇胜敢村民委员会352省道旁
五福教学点	Wǔfú Jiàoxuédiǎn	事业单位	官圩镇五福村
永安教学点	Yǒng'ān Jiàoxuédiǎn	事业单位	官圩镇永安小学
直安教学点	Zhí'ān Jiàoxuédiǎn	事业单位	直安村内
官圩镇中心小学	Guānxū Zhèn Zhōngxīn Xiǎoxué	事业单位	官圩镇圩镇

（续上表）

标准名称	汉语拼音	地名类别	相对位置
官圩镇中心幼儿园	Guānxū Zhèn Zhōngxīn Yòu'éryuán	事业单位	官圩镇原国税大楼
官圩中学	Guānxū Zhōngxué	事业单位	官圩镇圩镇北边
沙旁中学	Shāpáng Zhōngxué	事业单位	官圩镇沙旁
金林水库管理处	Jīnlínshuǐkù Guǎnlǐchù	事业单位	官圩镇大满村委会内
官圩镇卫生院	Guānxū Zhèn Wèishēngyuàn	事业单位	官圩镇官沙大道旁
马圩镇卫生院	Mǎxū Zhèn Wèishēngyuàn	事业单位	马圩镇马圩街
马圩镇敬老院	Mǎxū Zhèn Jìnglǎoyuàn	事业单位	马圩镇斌山脚
斌山中学	Bīnshān Zhōngxué	事业单位	马圩镇圩镇
大益教学点	Dàyì Jiàoxuédiǎn	事业单位	马圩镇大益村民委员会发甲村
东升小学	Dōngshēng Xiǎoxué	事业单位	马圩镇东升村委会大立庙自然村
都舅教学点	Dūjiù Jiàoxuédiǎn	事业单位	马圩镇都舅村民委员会都舅村
诰赠教学点	Gàozèng Jiàoxuédiǎn	事业单位	马圩镇诰赠村
古垒教学点	Gǔlěi Jiàoxuédiǎn	事业单位	马圩镇古垒村
罗宏小学	Luóhóng Xiǎoxué	事业单位	马圩镇罗横村
荣村教学点	Róngcūn Jiàoxuédiǎn	事业单位	属马圩镇辖区范围内
上彭教学点	Shàngpéng Jiàoxuédiǎn	事业单位	马地岗自然村
旺岗教学点	Wànggǎng Jiàoxuédiǎn	事业单位	马圩镇旺岗村
马圩镇中心小学	Mǎxū Zhèn Zhōngxīn Xiǎoxué	事业单位	马圩镇中心小学
马圩教育中心幼儿园	Mǎxū Jiàoyùzhōngxīn Yòu'éryuán	事业单位	马圩镇
马圩幼儿园	Mǎxū Yòu'éryuán	事业单位	马圩镇圩镇
德庆县林业科学研究所	Déqìng Xiàn Línyèkēxué Yánjiūsuǒ	事业单位	马圩镇林科所
茸草水库管理处	Róngcǎo Shuǐkùguǎnlǐchù	事业单位	高良镇云利村
高良镇卫生院	Gāoliáng Zhèn Wèishēngyuàn	事业单位	高良镇圩镇
高良镇冲口教学点	Gāoliáng Zhèn Chōngkǒu Jiàoxuédiǎn	事业单位	高良镇冲口村
大江教学点	Dàjiāng Jiàoxuédiǎn	事业单位	高良镇大江村委会对面
都洪教学点	Dūhóng Jiàoxuédiǎn	事业单位	都洪村

(续上表)

标准名称	汉语拼音	地名类别	相对位置
和平教学点	Hépíng Jiàoxuédiǎn	事业单位	和平村委会
江南教学点	Jiāngnán Jiàoxuédiǎn	事业单位	江南村委会
金龙教学点	Jīnlóng Jiàoxuédiǎn	事业单位	高良镇大同村
平南教学点	Píngnán Jiàoxuédiǎn	事业单位	高良镇永福村
石头教学点	Shítóu Jiàoxuédiǎn	事业单位	高良镇石头村
万星教学点	Wànxīng Jiàoxuédiǎn	事业单位	万星村委会
新江小学官村教学点	Xīnjiāng Xiǎoxué Guāncūn Jiàoxuédiǎn	事业单位	高良镇官村
云贞教学点	Yúnzhēn Jiàoxuédiǎn	事业单位	云贞村委会
高良镇中心小学	Gāoliáng Zhèn Zhōngxīn Xiǎoxué	事业单位	高良镇圩镇
高良镇中心幼儿园	Gāoliáng Zhèn Zhōngxīn Yòu'éryuán	事业单位	高良镇高良派出所旁边
中雄教学点	Zhōngxióng Jiàoxuédiǎn	事业单位	高良镇中雄村
高良中学	Gāoliáng Zhōngxué	事业单位	高良镇独山儿
高良幼儿园	Gāoliáng Yòu'éryuán	事业单位	高良镇桥西兴业大街
金山教学点	Jīnshān Jiàoxuédiǎn	事业单位	高良镇金山教学点
联合教学点	Liánhé Jiàoxuédiǎn	事业单位	高良镇联合村
罗阳小学	Luóyáng Xiǎoxué	事业单位	罗阳村委会
旺埠小学	Wàngbù Xiǎoxué	事业单位	高良镇旺埠村
新江小学	Xīnjiāng Xiǎoxué	事业单位	高良镇新江村
云利教学点	Yúnlì Jiàoxuédiǎn	事业单位	高良镇云利村
莫村镇敬老院	Mòcūn Zhèn Jìnglǎoyuàn	事业单位	莫村镇源盛村西面
河涝坪水库管理处	Hélàopíng Shuǐkùguǎnlǐchù	事业单位	莫村镇河涝坪水库区
黄铜降水库管理处	Huángtóngjiàng Shuǐkùguǎnlǐchù	事业单位	莫村镇黄铜降
车牛教学点	Chēniú Jiàoxuédiǎn	事业单位	莫村镇车牛村
大田教学点	Dàtián Jiàoxuédiǎn	事业单位	莫村镇大田村
富源教学点	Fùyuán Jiàoxuédiǎn	事业单位	富源村委会
古楼教学点	Gǔlóu Jiàoxuédiǎn	事业单位	莫村古楼新村
古有中心小学	Gǔyǒu Zhōngxīn Xiǎoxué	事业单位	莫村镇古有圩镇
前锋教学点	Qiánfēng Jiàoxuédiǎn	事业单位	莫村镇前锋村
三联教学点	Sānlián Jiàoxuédiǎn	事业单位	莫村镇三联村

（续上表）

标准名称	汉语拼音	地名类别	相对位置
世纪幼儿园	Shìjì Yòu'éryuán	事业单位	莫村镇百川路13号
双栋教学点	Shuāngdòng Jiàoxuédiǎn	事业单位	双栋村委会
小天使幼儿园	Xiǎotiānshǐ Yòu'éryuán	事业单位	莫村镇文化广场A栋
莫村镇中心小学	Mòcūn Zhèn Zhōngxīn Xiǎoxué	事业单位	莫村镇中心小学
莫村镇中心幼儿园	Mòcūn Zhèn Zhōngxīn Yòu'éryuán	事业单位	莫村镇光明村
德庆县莫村中学	Déqìng Xiàn Mòcūn Zhōngxué	事业单位	莫村镇百川路
莫村镇卫生院	Mòcūn Zhèn Wèishēngyuàn	事业单位	莫村镇百川路13号
曙光教学点	Shǔguāng Jiàoxuédiǎn	事业单位	莫村镇曙光村
益村教学点	Yìcūn Jiàoxuédiǎn	事业单位	益村
永丰镇卫生院	Yǒngfēng Zhèn Wèishēngyuàn	事业单位	永丰镇圩镇
贝贝乐幼儿园	Bèibèilè Yòu'éryuán	事业单位	永丰镇新街旧林业站一栋五层楼房
古蓬教学点	Gǔpéng Jiàoxuédiǎn	事业单位	永丰镇古蓬村
河村教学点	Hécūn Jiàoxuédiǎn	事业单位	河村岗
金郡教学点	Jīnjùn Jiàoxuédiǎn	事业单位	金郡村
郡市教学点	Jùnshì Jiàoxuédiǎn	事业单位	金郡村
文逻教学点	Wénluó Jiàoxuédiǎn	事业单位	永丰镇文逻村
文善教学点	Wénshàn Jiàoxuédiǎn	事业单位	永丰镇文善村
永丰镇中心小学	Yǒngfēng Zhèn Zhōngxīn Xiǎoxué	事业单位	永丰镇圩镇永丰旧街旁
荔枝教学点	Lìzhī Jiàoxuédiǎn	事业单位	永丰镇荔枝村
双城教学点	Shuāngchéng Jiàoxuédiǎn	事业单位	永丰镇双城村
永丰镇中心幼儿园	Yǒngfēng Zhèn Zhōngxīn Yòu'éryuán	事业单位	永丰镇南田村
紫迳教学点	Zǐjìng Jiàoxuédiǎn	事业单位	永丰镇紫迳村
永丰中学	Yǒngfēng Zhōngxué	事业单位	永丰镇
永丰水库管理所	Yǒngfēng Shuǐkù Guǎnlǐsuǒ	事业单位	永丰镇古蓬村民委员会
永丰镇幼儿园	Yǒngfēng Zhèn Yòu'éryuán	事业单位	永丰镇新街
武垄镇敬老院	Wǔlǒng Zhèn Jìnglǎoyuàn	事业单位	离圩镇西面0.6千米
武垄镇卫生院	Wǔlǒng Zhèn Wèishēngyuàn	事业单位	武垄镇圩镇
播荫教学点	Bōyīn Jiàoxuédiǎn	事业单位	播荫村
豆岭教学点	Dòulǐng Jiàoxuédiǎn	事业单位	豆岭村

（续上表）

标准名称	汉语拼音	地名类别	相对位置
兰源教学点	Lányuán Jiàoxuédiǎn	事业单位	兰源村
武垄镇乐乐幼儿园	Wǔlǒng Zhèn Lèlè Yòu'éryuán	事业单位	武垄镇中学路口
栗村教学点	Lìcūn Jiàoxuédiǎn	事业单位	栗村村
罗冲教学点	Luóchōng Jiàoxuédiǎn	事业单位	罗冲村
罗坪教学点	Luópíng Jiàoxuédiǎn	事业单位	罗坪村
三坊教学点	Sānfāng Jiàoxuédiǎn	事业单位	井坑村旁
双象教学点	Shuāngxiàng Jiàoxuédiǎn	事业单位	双象村
云楼教学点	Yúnlóu Jiàoxuédiǎn	事业单位	云楼村
武垄镇中心小学	Wǔlǒng Zhèn Zhōngxīn Xiǎoxué	事业单位	武垄圩镇东区
武垄中学	Wǔlǒng Zhōngxué	事业单位	武垄镇香源路29号
武垄镇中心幼儿园	Wǔlǒng Zhèn Zhōngxīn Yòu'éryuán	事业单位	武垄教师村内
播植镇卫生院	Bōzhí Zhèn Wèishēngyuàn	事业单位	播植镇圩镇
播植镇敬老院	Bōzhí Zhèn Jìnglǎoyuàn	事业单位	播植镇沙村口
虎岗教学点	Hǔgǎng Jiàoxuédiǎn	事业单位	虎岗小学
龙福教学点	Lóngfú Jiàoxuédiǎn	事业单位	播植镇龙福村
洛阳教学点	Luòyáng Jiàoxuédiǎn	事业单位	播植镇洛阳村
前案教学点	Qián'àn Jiàoxuédiǎn	事业单位	播植镇前案村
社香教学点	Shèxiāng Jiàoxuédiǎn	事业单位	播植镇社香村
桃村教学点	Táocūn Jiàoxuédiǎn	事业单位	桃村村委会
播植镇乐乐幼儿园	Bōzhí Zhèn Lèlè Yòu'éryuán	事业单位	播植中心小学门口
文定教学点	Wéndìng Jiàoxuédiǎn	事业单位	播植镇文定村
新合教学点	Xīnhé Jiàoxuédiǎn	事业单位	新合京村
播植镇中心小学	Bōzhí Zhèn Zhōngxīn Xiǎoxué	事业单位	播植镇圩镇
播植镇中心幼儿园	Bōzhí Zhèn Zhōngxīn Yòu'éryuán	事业单位	播植中学侧旁
播植中学	Bōzhí Zhōngxué	事业单位	播植圩镇
凤村镇卫生院	Fèngcūn Zhèn Wèishēngyuàn	事业单位	凤村圩镇
岗坪教学点	Gǎngpíng Jiàoxuédiǎn	事业单位	岗坪村
古杏教学点	Gǔxìng Jiàoxuédiǎn	事业单位	古杏村
桂村教学点	Guìcūn Jiàoxuédiǎn	事业单位	桂村村
吉利教学点	Jílì Jiàoxuédiǎn	事业单位	吉利村

（续上表）

标准名称	汉语拼音	地名类别	相对位置
九龙小学	Jiǔlóng Xiǎoxué	事业单位	九龙洞
六村教学点	Liùcūn Jiàoxuédiǎn	事业单位	六村村
龙须教学点	Lóngxū Jiàoxuédiǎn	事业单位	龙须村
农联教学点	Nónglián Jiàoxuédiǎn	事业单位	农联村
乾相教学点	Qiánxiàng Jiàoxuédiǎn	事业单位	乾相村
棠下教学点	Tángxià Jiàoxuédiǎn	事业单位	棠下村
新生教学点	Xīnshēng Jiàoxuédiǎn	事业单位	新生村
新星教学点	Xīnxīng Jiàoxuédiǎn	事业单位	新星村
愉快教学点	Yúkuài Jiàoxuédiǎn	事业单位	愉快村
匝村教学点	Zācūn Jiàoxuédiǎn	事业单位	匝村
凤村镇中心小学	Fèngcūn Zhèn Zhōngxīn Xiǎoxué	事业单位	宝坪村
凤村中学	Fèngcūn Zhōngxué	事业单位	凤村镇圩镇
凤村镇中心幼儿园	Fèngcūn Zhèn Zhōngxīn Yòu'éryuán	事业单位	凤村圩镇
龙母小学	Lóngmǔ Xiǎoxué	事业单位	悦城镇新街
悦城镇冲口教学点	Yuèchéng Zhèn Chōngkǒu Jiàoxuédiǎn	事业单位	翠塘村委会正对面
顶底教学点	Dǐngdǐ Jiàoxuédiǎn	事业单位	悦城镇下顶底村
悦城镇高村教学点	Yuèchéng Zhèn Gāocūn Jiàoxuédiǎn	事业单位	悦城镇高灶头村
关塘坪教学点	Guāntángpíng Jiàoxuédiǎn	事业单位	悦城镇关塘坪管理区关塘坪村
军岗教学点	Jūngǎng Jiàoxuédiǎn	事业单位	悦城镇军岗村
里村小学	Lǐcūn Xiǎoxué	事业单位	悦城镇里村村委会下围村
罗洪小学	Luóhóng Xiǎoxué	事业单位	罗洪村
罗平教学点	Luópíng Jiàoxuédiǎn	事业单位	悦城镇小水村
沙田教学点	Shātián Jiàoxuédiǎn	事业单位	江边村委会沙尾村
响水教学点	Xiǎngshuǐ Jiàoxuédiǎn	事业单位	悦城镇响水村
永增教学点	Yǒngzēng Jiàoxuédiǎn	事业单位	悦城镇永增村委会沙尾村
云帮教学点	Yúnbāng Jiàoxuédiǎn	事业单位	悦城镇云帮村

(续上表)

标准名称	汉语拼音	地名类别	相对位置
中地教学点	Zhōngdì Jiàoxuédiǎn	事业单位	城镇镇中地村委会中地村
洲林教学点	Zhōulín Jiàoxuédiǎn	事业单位	悦城镇洲林村
悦城中学	Yuèchéng Zhōngxué	事业单位	悦城镇圩镇东北边
悦城镇中心幼儿园	Yuèchéng Zhèn Zhōngxīn Yòu'éryuán	事业单位	悦城镇百胜街
悦城镇卫生院	Yuèchéng Zhèn Wèishēngyuàn	事业单位	悦城镇广大街74号
九市镇卫生院	Jiǔshì Zhèn Wèishēngyuàn	事业单位	九市镇圩镇
垌寮教学点	Dòngliáo Jiàoxuédiǎn	事业单位	九市镇垌寮村
扶号雨佳教学点	Fúhào Yǔjiā Jiàoxuédiǎn	事业单位	扶号村南侧
甘力教学点	Gānlì Jiàoxuédiǎn	事业单位	九市镇甘力村
九市镇高村教学点	Jiǔshì Zhèn Gāocūn Jiàoxuédiǎn	事业单位	高村村委会
江尾教学点	Jiāngwěi Jiàoxuédiǎn	事业单位	九市镇江尾村委会江尾村村道旁边
留村小学	Liúcūn Xiǎoxué	事业单位	九市镇留村圩
六冲教学点	Liùchōng Jiàoxuédiǎn	事业单位	六冲村
上垌教学点	Shàngdòng Jiàoxuédiǎn	事业单位	上垌村
云朗教学点	Yúnlǎng Jiàoxuédiǎn	事业单位	云朗村
九市中心学校	Jiǔshì Zhōngxīn Xuéxiào	事业单位	九市镇
九市中心小学	Jiǔshì Zhōngxīn Xiǎoxué	事业单位	九市镇山顶村
九市镇敬老院	Jiǔshì Zhèn Jìnglǎoyuàn	事业单位	九市村委会珠江山
旧圩小学	Jiùxū Xiǎoxué	事业单位	九市镇旧圩小学
辣头教学点	Làtóu Jiàoxuédiǎn	事业单位	九市镇辣头村
榄山教学点	Lǎnshān Jiàoxuédiǎn	事业单位	九市镇榄山村
上村教学点	Shàngcūn Jiàoxuédiǎn	事业单位	上村村委会大楼旁
九市镇中心幼儿园	Jiǔshì Zhèn Zhōngxīn Yòu'éryuán	事业单位	九市镇教师村后侧
百利鞋业有限公司德庆分厂	Bǎilì Xiéyè Yǒuxiàngōngsī Déqìng Fēnchǎng	企业	大桥村
大亚木业有限公司	Dàyà Mùyè Yǒuxiàngōngsī	企业	肇庆市德庆县城东工业集约基地内
大一家具有限公司	Dàyī Jiājù Yǒuxiàngōngsī	企业	登云工业区1号

（续上表）

标准名称	汉语拼音	地名类别	相对位置
德兴摩托车销售有限公司	Déxīng Mótuōchē Xiāoshòu Yǒuxiàngōngsī	企业	摩托车市场内
恒大混凝土有限公司	Héngdà Hùnníngtǔ Yǒuxiàngōngsī	企业	德城镇甘塘开发区
华彩合成树脂有限公司	Huácǎi Héchéngshùzhī Yǒuxiàngōngsī	企业	德城镇朝阳西路245号
德庆华润村镇银行股份有限公司	Déqìng Huárùncūn Zhèn Yínháng Gǔfènyǒuxiàngōngsī	企业	康城大道东012号第一、二层商铺
锦龙投资有限公司	Jǐnlóng Tóuzī Yǒuxiàngōngsī	企业	德城镇青云路南侧清华花园四期夹层第1卡
明亮树脂有限公司	Míngliàng Shùzhī Yǒuxiàngōngsī	企业	县城工业区精细化工危险化学品专区
德庆农村信用社朝阳分社	Déqìng Nóngcūnxìnyòngshè Cháoyáng Fēnshè	企业	德城镇朝阳中路45号
德庆农村信用社城郊分社	Déqìng Nóngcūnxìnyòngshè Chéngjiāo Fēnshè	企业	德城镇朝阳西路51号
德庆农村信用社大桥分社	Déqìng Nóngcūnxìnyòngshè Dàqiáo Fēnshè	企业	德城镇朝阳东路39号路
德庆农村信用社东城分社	Déqìng Nóngcūnxìnyòngshè Dōngchéng Fēnshè	企业	德城镇德庆大道西路北侧第一卡、第二卡和第三卡
德庆农村信用社渡口分社	Déqìng Nóngcūnxìnyòngshè Dùkǒu Fēnshè	企业	德城镇登云荔枝根
德庆农村信用社康泰分社	Déqìng Nóngcūnxìnyòngshè Kāngtài Fēnshè	企业	德城镇解放中路46号路
醉然居假日酒店分公司	Zuìránjū Jiǎrì Jiǔdiàn Fēngōngsī	企业	德城镇青云山路
顺龙木业有限公司	Shùnlóng Mùyè Yǒuxiàngōngsī	企业	德庆县城东大桥鹤山咀
泰禾实业发展有限公司	Tàihéshíyè Fāzhǎn Yǒuxiàngōngsī	企业	德城镇甘塘工业开发区
唐龙丝绸有限公司	Tánglóng Sīchóu Yǒuxiàngōngsī	企业	德城镇东郊工业区（大桥五一村）
阿尔戈斯酒店管理有限公司	Ā'ěrgēsī Jiǔdiàn Guǎnlǐ Yǒuxiàngōngsī	企业	德城镇德庆大道和煌大酒店内（即财政局后面）
程飞亦元生农业发展有限公司	Chéngfēiyìyuánshēng Nóngyè Fāzhǎn Yǒuxiàngōngsī	企业	马圩镇桥西区南路

（续上表）

标准名称	汉语拼音	地名类别	相对位置
德润茶叶有限公司德城销售部	Dérùn Cháyè Yǒuxiàngōngsī Déchéng Xiāoshòu Bù	企业	德城镇德庆大道南侧碧华苑五期（康州名居）E、F栋商铺（首层南面第1卡）
德森木业有限公司	Désēn Mùyè Yǒuxiàngōngsī	企业	工业园
登云酒店	Dēngyún Jiǔdiàn	企业	德城镇康城大道东128号
丰泰服饰有限公司	Fēngtài Fúshì Yǒuxiàngōngsī	企业	德城镇东豪东路100号
德庆县供水有限公司	Déqìng Xiàn Gōngshuǐ Yǒuxiàngōngsī	企业	德城镇朝阳西西湾
好邻居超级商场	Hǎolínjū Chāojí Shāngchǎng	企业	德城镇朝阳中路11号第1—4层
皓森家具有限公司	Hàosēn Jiājù Yǒuxiàngōngsī	企业	德城大桥城东区大辽村北侧
宏业电路板有限公司	Hóngyèdiànlùbǎn Yǒuxiàngōngsī	企业	德城镇工业集约基地（德庆伟业五金制造有限公司第一车间内东北角）
华丰印刷厂	Huáfēng Yìnshuāchǎng	企业	德城镇工业集约基地康杰路银龙厂北面
捷兴顺混凝土有限公司	Jiéxìngshùn Hùnníngtǔ Yǒuxiàngōngsī	企业	工业园
君悦大酒店	Jūnyuè Dà Jiǔdiàn	企业	德城镇德庆大道西路西侧
粮食中心储备库	Liángshí Zhōngxīn Chǔbèikù	企业	德城街道解放路156号
龙江大世界餐饮服务有限公司	Lóngjiāng Dàshìjiè Cānyǐnfúwù Yǒuxiàngōngsī	企业	德城镇登云村委会荔枝根
龙珠大酒店有限公司	Lóngzhū Dà Jiǔdiàn Yǒuxiàngōngsī	企业	德城镇文兰北路（五、六层）
德庆县农村信用合作联社	Déqìng Xiàn Nóngcūnxìnyònghézuòliánshè	企业	德城镇德庆大道东
德庆县农村信用合作联社文兰分社	Déqìng Xiàn Nóngcūnxìnyònghézuòliánshè Wénlán Fēnshè	企业	文兰中路（旧疾控中心大楼）第一层第一卡、第二卡和第三卡
德庆县水利水电工程有限公司	Déqìng Xiàn Shuǐlìshuǐdiàngōngchéng Yǒuxiàngōngsī	企业	德城镇康城大道大桥电排站水闸桥旁

（续上表）

标准名称	汉语拼音	地名类别	相对位置
万松林产香料制造有限公司	Wànsōng Línchǎnxiāngliàozhìzào Yǒuxiàngōngsī	企业	德城镇甘塘开发区
德庆县污水处理厂	Déqìng Xiàn Wūshuǐchǔlǐ Chǎng	企业	德城镇城东工业区
德庆县新圩农村信用合作社康城分社	Déqìng Xiàn Xīnxū Nóngcūnxìnyòng Hézuòshè Kāngchéng Fēnshè	企业	德城镇康城大道新时代大酒店对面
新圩镇汽车检测有限公司	Xīnxū Zhèn Qìchējiǎncè Yǒuxiàngōngsī	企业	德城工业集约基地（即工业园）
雅兴内衣有限公司	Yǎxìng Nèiyī Yǒuxiàngōngsī	企业	德城镇工业集约基地康中路东侧
银龙林产化工有限公司	Yínlóng Línchǎnhuàgōng Yǒuxiàngōngsī	企业	工业创业园
银龙实业有限公司	Yínlóngshíyè Yǒuxiàngōngsī	企业	工业创业园
新华侨大厦有限公司	Xīnhuáqiáo Dàshà Yǒuxiàngōngsī	企业	德城镇朝阳中路46号
新丽都大酒店有限公司	Xīnlìdū Dà Jiǔdiàn Yǒuxiàngōngsī	企业	德城镇文兰路北路
兴邦稀土新材料有限公司	Xìngbāng Xītǔxīncáiliào Yǒuxiàngōngsī	企业	工业创业园
雅昌不锈钢管业有限公司	Yǎchāng Búxiùgāngguǎnyè Yǒuxiàngōngsī	企业	德庆县城工业集约基地生态不锈钢城
众辉科技热管有限公司	Zhònghuī Kējì Règuǎn Yǒuxiàngōngsī	企业	不锈钢生态城
广东德庆电表制造公司	Guǎngdōng Déqìng Diànbiǎozhìzào Gōngsī	企业	德城工业集约基地
无比养生酒业有限公司	Wúbǐ Yǎngshēng Jiǔyè Yǒuxiàngōngsī	企业	德城镇朝阳西路169号
康州建材有限公司	Kāngzhōu Jiàncái Yǒuxiàngōngsī	企业	德城镇城东大桥鹤山咀
德庆土产进出口公司	Déqìng Tǔchǎnjìnchūkǒu Gōngsī	企业	德庆县城朝阳东路93号
德庆县建筑工程公司	Déqìng Xiàn Jiànzhùgōngchéng Gōngsī	企业	德城镇环城路69号
天龙精细化工有限公司	Tiānlóng Jīngxìhuàgōng Yǒuxiàngōngsī	企业	县城工业集约基地精细化工危化品专区
新广厦建筑设计院有限公司德庆分公司	Xīnguǎngshà Jiànzhù Shèjìyuàn Yǒuxiàngōngsī Déqìng Fēngōngsī	企业	德城镇康城大道登云德庆商业广场

（续上表）

标准名称	汉语拼音	地名类别	相对位置
新顺福食品有限公司	Xīnshùnfú Shípǐn Yǒuxiàngōngsī	企业	德庆县城区环市路
江门华润万家生活超市有限公司德庆店	Jiāngmén Huárùnwànjiā Shēnghuó Chāoshì Yǒuxiàngōngsī Déqìng Diàn	企业	德城镇德庆大道与龙母大街交汇处龙母广场（即锦江花园酒店首层至三层）
挺好面料制造有限公司	Tǐnghǎomiànliào Zhìzào Yǒuxiàngōngsī	企业	德城街道甘塘工业开发区
新利达电池实业有限公司	Xīnlìdá Diànchíshíyè Yǒuxiàngōngsī	企业	德庆县城朝阳西路108号
广丽酒店有限公司	Guǎnglì Jiǔdiàn Yǒuxiàngongsī	企业	德城镇端溪路东侧广丽酒店主楼
国通风机有限公司	Guótōng Fēngjī Yǒuxiàngōngsī	企业	德城工业集约基地（德庆凯源有色金属材料有限公司东面的第一、三车间）
利而安实业有限公司	Lì'ér'ānshíyè Yǒuxiàngōngsī	企业	县城工业集约基地
宝骏化工有限公司	Bǎojùn Huàgōng Yǒuxiàngōngsī	企业	环市路顺德龙江（德庆）产业转移工业园精细化工专区
新中元高新材料有限公司	Xīnzhōngyuán Gāoxīncáiliào Yǒuxiàngōngsī	企业	县城工业集约基地
扬光油墨有限公司	Yángguāng Yóumò Yǒuxiàngōngsī	企业	县城工业区精细化工危险化学品专区
中国电信股份有限公司德庆分公司德城营销服务中心	Zhōngguó Diànxìn Gǔfènyǒuxiàngōngsī Déqìng Fēngōngsī Déchéng Yíngxiāofúwù Zhōngxīn	企业	德城镇康城大道东50号
中国工商银行股份有限公司德庆支行	Zhōngguó Gōngshāng Yínháng Gǔfènyǒuxiàngōngsī Déqìng Zhīháng	企业	德城镇朝阳东路13号
中国建设银行股份有限公司德庆支行	Zhōngguó Jiànshè Yínháng Gǔfènyǒuxiàngōngsī Déqìng Zhīháng	企业	德城镇德庆大道南侧合富明珠花园首层C18商铺
中国农业发展银行德庆县支行	Zhōngguó Nóngyèfāzhǎn Yínháng Déqìng Xiàn Zhīháng	企业	德庆县城青云山片区登云北路东侧
中国农业银行股份有限公司德庆朝东支行	Zhōngguó Nóngyè Yínháng Gǔfènyǒuxiàngōngsī Déqìng Cháodōng Zhīháng	企业	德城镇康城路北侧（即粤西小商品城）F栋第2、4、6、8、10、12卡首层商铺

(续上表)

标准名称	汉语拼音	地名类别	相对位置
中国农业银行股份有限公司德庆县支行	Zhōngguó Nóngyè Yínháng Gǔfènyǒuxiàngōngsī Déqìng Xiàn Zhīháng	企业	德城镇解放路48号
中国平安人寿保险股份有限公司肇庆中心支公司德庆营销服务部	Zhōngguó Píng'ān Rénshòubǎoxiǎn Gǔfènyǒuxiàngōngsī Zhàoqìng Zhōngxīn Zhīgōngsī Déqìng Yíngxiāofúwù Bù	企业	德城镇康城大道北侧（陈、罗宅）1-3层
中国人寿保险股份有限公司德庆县支公司	Zhōngguó Rénshòubǎoxiǎn Gǔfènyǒuxiàngōngsī Déqìng Xiàn Zhīgōngsī	企业	德城镇朝阳东路58号
中国移动通信集团广东有限公司德庆分公司	Zhōngguó Yídòngtōngxìn Jítuán Guǎngdōng Yǒuxiàngōngsī Déqìng Fēngōngsī	企业	德城镇德庆大道南侧
中国邮政储蓄银行股份有限公司德庆县朝阳中支行	Zhōngguó Yóuzhèng Chǔxù Yínháng Gǔfènyǒuxiàngōngsī Déqìng Xiàn Cháoyáng Zhōng Zhīháng	企业	德城镇朝阳中路36号
中国邮政储蓄银行股份有限公司德庆县德庆大道西营业所	Zhōngguó Yóuzhèng Chǔxù Yínháng Gǔfènyǒuxiàngōngsī Déqìng Xiàn Déqìng Dàdào Xī Yíngyè Suǒ	企业	德城镇德庆大道西路北侧康州名苑G栋首层
中国邮政储蓄银行股份有限公司德庆县支行	Zhōngguó Yóuzhèng Chǔxù Yínháng Gǔfènyǒuxiàngōngsī Déqìng Xiàn Zhīháng	企业	德城镇德庆大道南侧（康州华亭楼）1-3层
德庆农村信用社新圩分社	Déqìng Nóngcūnxìnyòngshè Xīnxū Fēnshè	企业	新圩镇
东豪农业发展有限公司	Dōngháo Nóngyè Fāzhǎn Yǒuxiàngōngsī	企业	新圩镇下铁新圩教师村综合楼东边首层
港德进口汽车修配厂有限公司	Gǎngdé Jìnkǒu Qìchē Xiūpèichǎng Yǒuxiàngōngsī	企业	新圩镇城北东路22号
格木农业发展有限公司	Gémù Nóngyè Fāzhǎn Yǒuxiàngōngsī	企业	新圩镇格木村委会新北源地段
汉唐商务酒店	Hàntáng Shāngwù Jiǔdiàn	企业	新圩镇大花坛东南侧（321国道边）
骏杰汽车配件部	Jùnjié Qìchēpèijiàn Bù	企业	德城大桥村委会下山儿村地段肇庆浩翔房地产有限公司商铺东边第A9卡
康城纸品包装有限公司	Kāngchéng Zhǐpǐnbāozhuāng Yǒuxiàngōngsī	企业	德城工业集约基地

(续上表)

标准名称	汉语拼音	地名类别	相对位置
龙腾大酒店	Lóngténg Dà Jiǔdiàn	企业	德城镇文兰北路东侧龙腾大酒店（莫宅）
龙洲大酒店	Lóngzhōu Dà Jiǔdiàn	企业	德城镇文兰北路东侧（杨宅）
南雄燃气有限公司	Nánxióng Ránqì Yǒuxiàngōngsī	企业	新圩格木垃坷石
德庆县农村信用合作联社九江分社	Déqìng Xiàn Nóngcūnxìnyònghézuòliánshè Jiǔjiāng Fēnshè	企业	新圩镇圩镇
泰生小额贷款有限责任公司	Tàishēng Xiǎo'édàikuǎn Yǒuxiànzérèngōngsī	企业	城北东路北边
兴华农资	Xīnghuá Nóngzī	企业	新圩镇城北路林宅
粤西五金化工有限公司	Yuèxī Wǔjīnhuàgōng Yǒuxiàngōngsī	企业	德城镇文兰北路中恒龙湖湾商业小区B区第6栋首层二卡
新圩中心供电所	Xīnxū Zhōngxīn Gōngdiànsuǒ	企业	德城镇解放北路上铁塘
德通有限公司	Détōng Yǒuxiàngōngsī	企业	新圩镇榄树桥开发区
伟业五金制造公司	Wěiyè Wǔjīnzhìzào Gōngsī	企业	德城镇工业集约基地康中路
湘德电力建设有限公司	Xiāngdé Diànlìjiànshè Yǒuxiàngōngsī	企业	新圩镇新圩村委会三角垌德新南加油站南侧
中国大地财产保险股份有限公司肇庆中心支公司新圩营销服务部	Zhōngguó Dàdì Cáichǎnbǎoxiǎn Gǔfènyǒuxiàngōngsī Zhàoqìng Zhōngxīn Zhīgōngsī Xīnxū Yíngxiāofúwù Bù	企业	新圩镇格木村委会六景村（即公安局交通警察大队新圩中队大院门楼左侧第一、第二卡）
中国平安财产保险股份有限公司肇庆市德庆支公司	Zhōngguó Píng'ān Cáichǎnbǎoxiǎn Gǔfènyǒuxiàngōngsī Zhàoqìng Shì Déqìng Zhīgōngsī	企业	德城镇香山大道东路1号德庆碧桂园云山秀色商业街第1—3号商铺
中国邮政储蓄银行股份有限公司德庆县新圩营业所	Zhōngguó Yóuzhèng Chǔxù Yínháng Gǔfènyǒuxiàngōngsī Déqìng Xiàn Xīnxū Yíngyè Suǒ	企业	新圩镇
德庆县农村信用合作联社回龙信用社	Déqìng Xiàn Nóngcūnxìnyònghézuòliánshè Huílóng Xìnyòngshè	企业	回龙镇回龙居委会
基信合成树脂有限公司	Jīxìn Héchéngshùzhī Yǒuxiàngōngsī	企业	回龙镇三北口
德天塑胶制品有限公司	Détiān Sùjiāozhìpǐn Yǒuxiàngōngsī	企业	德庆县官圩镇沙井涌
德庆县农村信用合作联社官圩信用社	Déqìng Xiàn Nóngcūnxìnyònghézuòliánshè Guānxū Xìnyòngshè	企业	官圩镇官圩居委会

（续上表）

标准名称	汉语拼音	地名类别	相对位置
耀和五金制品有限公司	Yàohé Wǔjīnzhìpǐn Yǒuxiàngōngsī	企业	官圩镇西塘（打火机基地）
卓业打火机制造有限公司	Zhuóyè Dǎhuǒjī Zhìzào Yǒuxiàngōngsī	企业	官圩镇县打火机生产基地
中国电信股份有限公司德庆分公司官圩营销服务中心	Zhōngguó Diànxìn Gǔfènyǒuxiàngōngsī Déqìng Fēngōngsī Guānxūyíngxiāofúwù Zhōngxīn	企业	官圩镇圩镇
中国邮政储蓄银行股份有限公司德庆县官圩营业所	Zhōngguó Yóuzhèng Chǔxù Yínháng Gǔfènyǒuxiàngōngsī Déqìng Xiàn Guānxū Yíngyè Suǒ	企业	官圩镇
德峰家具有限公司	Défēng Jiājù Yǒuxiàngōngsī	企业	马圩镇马圩居委会
盈丰竹制品厂	Yíngfēng Zhúzhìpǐn Chǎng	企业	马圩镇舟林新村
德庆县农村信用合作联社马圩信用社	Déqìng Xiàn Nóngcūnxìnyònghézuòliánshè Mǎxū Xìnyòngshè	企业	马圩镇马圩开发区路口
马圩中心供电所	Mǎxū Zhōngxīn Gōngdiànsuǒ	企业	马圩镇马街
中国电信股份有限公司德庆分公司马圩营销服务中心	Zhōngguó Diànxìn Gǔfènyǒuxiàngōngsī Déqìng Fēngōngsī Mǎxūyíngxiāofúwù Zhōngxīn	企业	马圩镇圩镇
中国邮政储蓄银行股份有限公司德庆县马圩营业所	Zhōngguó Yóuzhèng Chǔxù Yínháng Gǔfènyǒuxiàngōngsī Déqìng Xiàn Mǎxū Yíngyè Suǒ	企业	马圩镇圩镇
东昇食品工业有限公司	Dōngshēng Shípǐngōngyè Yǒuxiàngōngsī	企业	高良镇桥西南路035号
德庆县农村信用合作联社高良信用社	Déqìng Xiàn Nóngcūnxìnyònghézuòliánshè Gāoliáng Xìnyòngshè	企业	高良镇高良居委会
中国邮政储蓄银行股份有限公司德庆县高良营业所	Zhōngguó Yóuzhèng Chǔxù Yínháng Gǔfènyǒuxiàngōngsī Déqìng Xiàn Gāoliáng Yíngyè Suǒ	企业	高良镇圩镇
百奥污水处理有限公司	Bǎi'ào Wūshuǐchùlǐ Yǒuxiàngōngsī	企业	德城镇沙帽塘一巷（李宅）（仅作办公场所）
德隆铸造厂	Délóng Zhùzào Chǎng	企业	莫村镇古楼村东队
嘉美电器城	Jiāměi Diànqìchéng	企业	莫村镇莫村大道
庆丰陶瓷原料场	Qìngfēng Táocí Yuánliào Chǎng	企业	莫村镇光明村中播洞
太宪砂砖厂	Tàixiàn Shāzhuān Chǎng	企业	莫村镇太宪村
永成陶瓷原料场	Yǒngchéng Táocí Yuánliào Chǎng	企业	莫村镇太宪村

（续上表）

标准名称	汉语拼音	地名类别	相对位置
德庆县农村信用合作联社古有信用社	Déqìng Xiàn Nóngcūnxìnyònghézuòliánshè Gǔyǒu Xìnyòngshè	企业	莫村镇莫村
德庆县农村信用合作联社莫村信用社	Déqìng Xiàn Nóngcūnxìnyònghézuòliánshè Mòcūn Xìnyòngshè	企业	莫村镇莫村
莫村食品站	Mòcūnshípǐn Zhàn	企业	莫村汽车客运站背面
盈源陶瓷原料有限公司	Yíngyuán Táocíyuánliào Yǒuxiàngōngsī	企业	莫村镇平岗村委会岗埠村银岗山
莫村中心供电所	Mòcūn Zhōngxīn Gōngdiànsuǒ	企业	莫村镇莫村大道
中国电信股份有限公司德庆分公司莫村营销服务中心	Zhōngguó Diànxìn Gǔfènyǒuxiàngōngsī Déqìng Fēngōngsī Mòcūnyíngxiāofúwù Zhōngxīn	企业	莫村镇圩镇
中国移动通信集团广东有限公司德庆分公司莫村营业厅	Zhōngguó Yídòngtōngxìn Jítuán Guǎngdōng Yǒuxiàngōngsī Déqìng Fēngōngsī Mòcūn Yíngyètīng	企业	莫村镇百川路商住区4号一层
中国邮政储蓄银行股份有限公司德庆县莫村营业所	Zhōngguó Yóuzhèng Chǔxù Yínháng Gǔfènyǒuxiàngōngsī Déqìng Xiàn Mòcūn Yíngyè Suǒ	企业	莫村镇（莫村邮政支局内）
德庆县农村信用合作联社永丰信用社	Déqìng Xiàn Nóngcūnxìnyònghézuòliánshè Yǒngfēng Xìnyòngshè	企业	永丰镇永丰居委会
恒丰酒店	Héngfēng Jiǔdiàn	企业	永丰镇圩镇桥头
恒丰木制品厂	Héngfēng Mùzhìpǐn Chǎng	企业	永丰镇圩镇
运通陶瓷原料加工场	Yùntōng Táocíyuánliàojiāgōng Chǎng	企业	永丰镇荔枝村委会新地自然村
中国电信股份有限公司德庆分公司永丰营销服务中心	Zhōngguó Diànxìn Gǔfènyǒuxiàngōngsī Déqìng Fēngōngsī Yǒngfēngyíngxiāofúwù Zhōngxīn	企业	永丰镇圩镇
中国移动通信集团广东有限公司德庆分公司永丰营业厅	Zhōngguó Yídòngtōngxìn Jítuán Guǎngdōng Yǒuxiàngōngsī Déqìng Fēngōngsī Yǒngfēng Yíngyètīng	企业	永丰镇政府驻地东北部
中国邮政储蓄银行股份有限公司德庆县永丰营业所	Zhōngguó Yóuzhèng Chǔxù Yínháng Gǔfènyǒuxiàngōngsī Déqìng Xiàn Yǒngfēng Yíngyè Suǒ	企业	永丰镇圩镇
炬林环保新能源开发有限公司	Jùlín Huánbǎo Xīnnéngyuán Kāifā Yǒuxiàngōngsī	企业	武垄镇武垄村委会井坑村竹坑
德庆县农村信用合作社武垄分社	Déqìng Xiàn Nóngcūnxìnyòng Hézuòshè Wǔlǒng Fēnshè	企业	武垄镇圩镇
武垄供销社	Wǔlǒng Gōngxiāoshè	企业	武垄镇武垄居委会

（续上表）

标准名称	汉语拼音	地名类别	相对位置
华明香料油加工厂	Huámíng Xiāngliàoyóujiāgōng Chǎng	企业	武垄镇宝金圩
中国电信股份有限公司德庆分公司武垄营销服务中心	Zhōngguó Diànxìn Gǔfènyǒuxiàngōngsī Déqìng Fēngōngsī Wǔlǒngyíngxiāofúwù Zhōngxīn	企业	武垄镇圩镇
中国邮政集团公司广东省德庆县武垄邮政支局	Zhōngguó Yóuzhèng Jítuán Gōngsī Guǎngdōng Shěng Déqìng Xiàn Wǔlǒng Yóuzhèng Zhījú	企业	武垄镇四围村
德庆县农村信用合作联社播植分社	Déqìng Xiàn Nóngcūnxìnyònghézuòliánshè Bōzhí Fēnshè	企业	播植镇圩镇播植居委会
德庆县农村信用合作联社播植分社	Déqìng Xiàn Nóngcūnxìnyònghézuòliánshèbōzhífènshè	企业	播植镇圩镇播植居委会
播植中心供电所	Bōzhí Zhōngxīn Gōngdiànsuǒ	企业	播植镇植村
中国邮政储蓄银行股份有限公司德庆县播植营业所	Zhōngguó Yóuzhèng Chǔxù Yínháng Gǔfènyǒuxiàngōngsī Déqìng Xiàn Bōzhí Yíngyè Suǒ	企业	播植镇圩镇
凤村供销社	Fèngcūn Gōngxiāoshè	企业	凤村镇新生村
德庆县农村信用合作联社凤村信用社	Déqìng Xiàn Nóngcūnxìnyònghézuòliánshè Fèngcūn Xìnyòngshè	企业	凤村镇凤村
中国电信股份有限公司德庆分公司凤村营销服务中心	Zhōngguó Diànxìn Gǔfènyǒuxiàngōngsī Déqìng Fēngōngsī Fèngcūnyíngxiāofúwù Zhōngxīn	企业	凤村镇圩镇
中国移动通信集团广东有限公司德庆分公司凤村营业厅	Zhōngguó Yídòngtōngxìn Jítuán Guǎngdōng Yǒuxiàngōngsī Déqìng Fēngōngsī Fèngcūn Yíngyètīng	企业	凤村镇圩镇
中国邮政储蓄银行股份有限公司德庆县凤村营业所	Zhōngguó Yóuzhèng Chǔxù Yínháng Gǔfènyǒuxiàngōngsī Déqìng Xiàn Fèngcūn Yíngyè Suǒ	企业	凤村镇圩镇
金辉罗洪水泥厂有限公司	Jīnhuī Luóhóng Shuǐníchǎng Yǒuxiàngōngsī	企业	悦城镇西郊
广庄严陶瓷材料有限公司	Guǎngzhuāngyán Táocícáiliào Yǒuxiàngōngsī	企业	悦城镇顶底村
德庆县农村信用合作联社悦城信用社	Déqìng Xiàn Nóngcūnxìnyònghézuòliánshè Yuèchéng Xìnyòngshè	企业	悦城镇悦城居委会
罗洪石业有限责任公司	Luóhóng Shíyè Yǒuxiànzérèngōngsī	企业	悦城镇西郊

（续上表）

标准名称	汉语拼音	地名类别	相对位置
源远陶瓷原料有限公司	Yuányuǎn Táocíyuánliào Yǒuxiàngōngsī	企业	悦城镇顶底村
悦城中心供电所	Yuèchéng Zhōngxīn Gōngdiànsuǒ	企业	悦城镇国道边程溪小区
昌华机电铸造厂	Chānghuá Jīdiànzhùzào Chǎng	企业	悦城镇西郊
广州石井德庆水泥厂有限公司	Guǎngzhōu Shíjǐng Déqìng Shuǐní Chǎng Yǒuxiàngōngsī	企业	悦城镇龙珠
德圣陶瓷有限公司	Déshèng Táocí Yǒuxiàngōngsī	企业	悦城镇新型建材基地
东辉陶瓷有限公司	Dōnghuī Táocí Yǒuxiàngōngsī	企业	悦城镇新型建材基地
金顺通陶瓷有限公司	Jīnshùntōng Táocí Yǒuxiàngōngsī	企业	悦城镇新型建材基地
新顺兴陶瓷有限公司	Xīnshùnxīng Táocí Yǒuxiàngōngsī	企业	悦城镇新型建材基地
信和陶瓷有限公司	Xìnhé Táocí Yǒuxiàngōngsī	企业	悦城镇新型建材基地
中国电信股份有限公司德庆分公司悦城营销服务中心	Zhōngguó Diànxìn Gǔfènyǒuxiàngōngsī Déqìng Fēngōngsī Yuèchéngyíngxiāofúwù Zhōngxīn	企业	悦城镇圩镇 321 国道边
中国移动通信集团广东有限公司德庆分公司悦城营业厅	Zhōngguó Yídòngtōngxìn Jítuán Guǎngdōng Yǒuxiàngōngsī Déqìng Fēngōngsī Yuèchéng Yíngyètīng	企业	悦城镇国道边
中国邮政储蓄银行股份有限公司德庆县悦城营业所	Zhōngguó Yóuzhèng Chǔxù Yínháng Gǔfènyǒuxiàngōngsī Déqìng Xiàn Yuèchéng Yíngyè Suǒ	企业	悦城镇新街（悦城邮政支局内）
甘力人造板厂	Gānlì Rénzàobǎn Chǎng	企业	九市镇甘力管理区
九市镇木制品厂	Jiǔshì Zhèn Mùzhìpǐn Chǎng	企业	九市圩镇新街
德庆县农村信用合作联社九市信用社	Déqìng Xiàn Nóngcūnxìnyònghézuòliánshè Jiǔshì Xìnyòngshè	企业	九市镇九市居委会
荣业船舶有限公司	Róngyè Chuánbó Yǒuxiàngōngsī	企业	九市镇上垌村委会塘口村对开西江河滩地
九洲风机厂	Jiǔzhōu Fēngjī Chǎng	企业	广东九市镇旧圩管理区
中国邮政储蓄银行股份有限公司德庆县九市营业所	Zhōngguó Yóuzhèng Chǔxù Yínháng Gǔfènyǒuxiàngōngsī Déqìng Xiàn Jiǔshì Yíngyè Suǒ	企业	九市镇（九市邮政支局内）
德庆供电局	Déqìng Gōngdiànjú	企业	解放北路 25 号
金福实业发展有限公司	Jīnfúshíyèfāzhǎn Yǒuxiàngōngsī	企业	新圩镇西景山金福饲料厂办公楼二层

（十）陆地水系类

标准名称	汉语拼音	地名类别	相对位置	发源地	所在（跨）行政区
桃村河	Táocūn Hé	河流	德庆县东部	大木头顶	播植镇
西江	Xī Jiāng	河流	德庆县南部	——	德庆县
凤村河	Fèngcūn Hé	河流	德庆县东南部	该河流大岭头	凤村镇、悦城镇
都洪河	Dūhóng Hé	河流	德庆县中部	该河流双仔顶	高良镇
金山河	Jīnshān Hé	河流	德庆县中部	金山林场西北无名山	高良镇
罗阳河	Luóyáng Hé	河流	德庆县中部	大广山、鸡冠顶附近	高良镇
寺田河	Sìtián Hé	河流	德庆县中部	长坑顶附近	高良镇
中雄河	Zhōngxióng Hé	河流	德庆县中部	象牙山	高良镇
马圩河	Mǎxū Hé	河流	德庆县中部	德庆、封开两县交界的大顶山南麓	高良镇、马圩镇、新圩镇
金林河	Jīnlín Hé	河流	德庆县西部	禾鸡岭、八仙顶之间	官圩镇
仙罗河	Xiānluó Hé	河流	德庆县中部	大崩岭	官圩镇
官圩河	Guānxū Hé	河流	德庆县西部	巢顶西南大埌村山谷	官圩镇、马圩镇
陆水河	Lùshuǐ Hé	河流	德庆县西南部	封开县的黄岐岭	回龙镇
榕塘河	Róngtáng Hé	河流	德庆县西南部	架简头	回龙镇
下绿河	Xiàlǜ Hé	河流	德庆县西南部	大鸦山、石挞山之间	回龙镇
扶号河	Fúhào Hé	河流	德庆县南部	高山岭、亚鸡叉	九市镇
留村河	Liúcūn Hé	河流	德庆县南部	大尖山	九市镇
塘坑河	Tángkēng Hé	河流	德庆县南部	水晶顶、狗爪冲之间	九市镇
诰赠河	Gàozèng Hé	河流	德庆县中部	鸡冠顶、大广山之间	马圩镇
上彭河	Shàngpéng Hé	河流	德庆县南部	亚鸡叉	马圩镇
富源河	Fùyuán Hé	河流	德庆县东北部	三叉顶附近	莫村镇
良义河	Liángyì Hé	河流	德庆县东北部	蛤蓬顶	莫村镇
牛湖河	Niúhú Hé	河流	德庆县东北部	高望顶附近	莫村镇
浊水河	Zhuóshuǐ Hé	河流	德庆县东北部	禾叉顶东北山谷	莫村镇

(续上表)

标准名称	汉语拼音	地名类别	相对位置	发源地	所在（跨）行政区
驮孔河	Tuókǒng Hé	河流	德庆县东北部	木壳岭顶	莫村镇、永丰镇
悦城河	Yuèchéng Hé	河流	德庆县东部	德庆与广宁县交界的古望顶	莫村镇、永丰镇、播植镇、悦城镇
武垄河	Wǔlǒng Hé	河流	德庆县东部	百册顶南分水岭	武垄镇、播植镇
大冲河	Dàchōng Hé	河流	德庆县西南部	田螺塘东南山谷	新圩镇、德城街道
荔枝河	Lìzhī Hé	河流	德庆县东北部	督雪顶	永丰镇
文罗河	Wénluó Hé	河流	德庆县东部	十丈顶	永丰镇
永丰河	Yǒngfēng Hé	河流	德庆县东北部	百册山西北分水岭	永丰镇
里村河	Lǐcūn Hé	河流	德庆县东南部	雪顶附近	悦城镇
龙降河	Lóngjiàng Hé	河流	德庆县东南部	大拔脑	悦城镇
罗洪河	Luóhóng Hé	河流	德庆县东南部	分水垭附近	悦城镇
龙湖	Lóng Hú	湖泊	德庆县	——	德城街道
盘龙蛋瀑布	Pánlóngdàn Pùbù	瀑布	——	——	德庆县、德城街道
烟雨瀑布	Yānyǔ Pùbù	瀑布	——	——	德庆县、官圩镇
腾龙瀑布	Ténglóng Pùbù	瀑布	——	——	德庆县、官圩镇
聆天瀑布	Língtiān Pùbù	瀑布	——	——	德庆县、官圩镇

（十一）陆地地形类

标准名称	汉语拼音	别名	地名类别	相对位置	所在（跨）行政区
八仙坑	Bāxiān Kēng	——	山谷、谷地	九市镇政府北部	九市镇
冲黄茄	Chōnghuángqié	——	山谷、谷地	九市镇政府东北部	九市镇
大冲	Dàchōng	——	山谷、谷地	新圩镇政府西北部	新圩镇
大石峡	Dàshíxiá	——	山谷、谷地	九市镇政府西北部	九市镇
单竹坑	Dānzhú Kēng	——	山谷、谷地	九市镇政府西北部	九市镇
东叉	Dōngchā	——	山谷、谷地	新圩镇政府东北部	新圩镇
垌坑	Dòngkēng	——	山谷、谷地	新圩镇政府东部	新圩镇
付竹坑	Fùzhú Kēng	——	山谷、谷地	九市镇政府北部	九市镇
干笋坑	Gānsǔn Kēng	——	山谷、谷地	九市镇政府北部	九市镇

（续上表）

标准名称	汉语拼音	别名	地名类别	相对位置	所在（跨）行政区
岗脑坑	Gǎngnǎo Kēng	——	山谷、谷地	九市镇政府东北部	九市镇
高降坑	Gāojiàng Kēng	——	山谷、谷地	九市镇政府西北部	九市镇
蛤头坑	Hátóu Kēng	——	山谷、谷地	九市镇政府西北部	九市镇
花冰塘	Huābīng Táng	——	山谷、谷地	新圩镇政府东北部	新圩镇
黄茅坑	Huángmáo Kēng	——	山谷、谷地	新圩镇政府东北部	新圩镇
简底坑	Jiǎndǐ Kēng	——	山谷、谷地	九市镇政府东北部	九市镇
九演坑	Jiǔyǎn Kēng	——	山谷、谷地	九市镇政府西部	九市镇
辣子坑	Làzǐ Kēng	——	山谷、谷地	九市镇政府北部	九市镇
连九坑	Liánjiǔ Kēng	——	山谷、谷地	九市镇政府东北部	九市镇
猫迳冲	Māojìngchōng	——	山谷、谷地	新圩镇政府东北部	新圩镇
南蛇坑	Nánshé Kēng	——	山谷、谷地	九市镇政府东北部	九市镇
坭冲	Níchōng	——	山谷、谷地	新圩镇政府西部	新圩镇
企岭合	Qǐlǐnghé	——	山谷、谷地	新圩镇政府西北部	新圩镇
人爪冲	Rénzhuǎchōng	——	山谷、谷地	新圩镇政府东北部	新圩镇
三界坑	Sānjiè Kēng	——	山谷、谷地	九市镇政府东北部	九市镇
山窑车	Shānyáochē	——	山谷、谷地	新圩镇政府东北部	新圩镇
深冲	Shēnchōng	——	山谷、谷地	新圩镇政府北部	新圩镇
水鬼冲	Shuǐguǐ Chōng	——	山谷、谷地	新圩镇政府东北部	新圩镇
水晶坑	Shuǐjīng Kēng	——	山谷、谷地	九市镇政府西北部	九市镇
四凤冲	Sìfēngchōng	——	山谷、谷地	新圩镇政府东北部	新圩镇
天塘	Tiāntáng	——	山谷、谷地	新圩镇政府西北部	新圩镇
屋豆冲	Wūdòu Chōng	——	山谷、谷地	新圩镇政府西部	新圩镇
西演坑	Xīyǎn Kēng	——	山谷、谷地	九市镇政府西北部	九市镇
谢坑	Xiè Kēng	——	山谷、谷地	九市镇政府东部	九市镇
雪落	Xuěluò	——	山谷、谷地	新圩镇政府西北部	新圩镇
正冲	Zhèngchōng	——	山谷、谷地	新圩镇政府西北部	新圩镇
八仙顶	Bāxiān Dǐng	——	山峰	官圩镇政府北部	官圩镇
八仙山	Bāxiān Shān	八仙脑	山峰	九市镇政府北部	九市镇
白崩顶	Báibēng Dǐng	——	山峰	莫村镇政府东部	莫村镇
百册山	Bǎicè Shān	——	山峰	武垄镇政府北部	武垄镇

（续上表）

标准名称	汉语拼音	别名	地名类别	相对位置	所在（跨）行政区
百鸟归巢	Bǎiniǎoguīcháo	——	山峰	官圩镇政府北部	官圩镇
巢顶	Cháo Dǐng	——	山峰	官圩镇政府北部	官圩镇
大崩顶	Dàbēng Dǐng	——	山峰	高良镇政府东南部	高良镇
大朝山	Dàcháo Shān	——	山峰	莫村镇政府东部	莫村镇
大顶山	Dàdǐng Shān	大鼎山、戴顶山	山峰	高良镇政府北部	高良镇
大广山	Dàguǎng Shān	——	山峰	官圩镇政府东北部	官圩镇
大河坳	Dàhé Ào	——	山峰	官圩镇政府北部	官圩镇
大槐顶	Dàhuái Dǐng	——	山峰	官圩镇政府北部	官圩镇
大槐顶	Dàhuái Dǐng	——	山峰	凤村镇政府西南部	凤村镇
大辽顶	Dàliáo Dǐng	入凤山	山峰	官圩镇政府东北部	官圩镇
大旗岭顶	Dàqílǐng Dǐng	——	山峰	莫村镇政府东北部	莫村镇
大塘顶	Dàtáng Dǐng	——	山峰	九市镇政府西北部	九市镇
大旺顶	Dàwàng Dǐng	——	山峰	官圩镇政府西北部	官圩镇
凤肚坳	Fēngdù Ào	——	山峰	官圩镇政府北部	官圩镇
狗爪山	Gǒuzhuǎ Shān	——	山峰	高良镇政府南部	高良镇
高望顶	Gāowàng Dǐng	高尖顶	山峰	莫村镇政府东北部	莫村镇
观音山	Guānyīn Shān	——	山峰	高良镇政府北部	高良镇
广源顶	Guǎngyuán Dǐng	——	山峰	官圩镇政府西北部	官圩镇
蛤蓬顶	Hápéng Dǐng	匝蓬顶	山峰	莫村镇政府西北部	莫村镇
禾叉顶	Héchā Dǐng	——	山峰	莫村镇政府西北部	莫村镇
禾鸡岭	Héjī Lǐng	——	山峰	官圩镇政府东北部	官圩镇
红头脑	Hóngtóu Nǎo	——	山峰	高良镇政府西北部	高良镇
黄岗顶	Huánggǎng Dǐng	——	山峰	莫村镇政府西部	莫村镇
黄沙顶	Huángshā Dǐng	——	山峰	莫村镇政府东北部	莫村镇
火星顶	Huǒxīng Dǐng	——	山峰	官圩镇政府东北部	官圩镇
鸡关顶	Jīguān Dǐng	——	山峰	凤村镇政府西部	凤村镇
鸡冠顶	Jīguàn Dǐng	——	山峰	马圩镇政府东北部	马圩镇
鸡下巴	Jīxiàbā	——	山峰	官圩镇政府北部	官圩镇
尖峰顶	Jiānfēng Dǐng	广源山	山峰	官圩镇政府西北部	官圩镇

（续上表）

标准名称	汉语拼音	别名	地名类别	相对位置	所在（跨）行政区
犁坑顶	Líkēng Dǐng	——	山峰	莫村镇政府东部	莫村镇
荔枝山	Lìzhī Shān	——	山峰	莫村镇政府东北部	莫村镇
梅塘顶	Méitáng Dǐng	——	山峰	莫村镇政府东部	莫村镇
木壳岭顶	Mùké Lǐng Dǐng	大竹山	山峰	莫村镇政府西部	莫村镇
盘古顶	Pángǔ Dǐng	——	山峰	高良镇政府北部	高良镇
七星顶	Qīxīng Dǐng	——	山峰	莫村镇政府东部	莫村镇
三叉顶	Sānchā Dǐng	骨折脑山	山峰	官圩镇政府西北部	官圩镇
三县顶	Sānxiàn Dǐng	——	山峰	莫村镇政府东部	莫村镇
深冲顶	Shēnchōng Dǐng	金钗顶	山峰	官圩镇政府北部	官圩镇
狮子山	Shīzǐ Shān	——	山峰	官圩镇政府北部	官圩镇
狮子头	Shīzǐtóu	——	山峰	官圩镇政府北部	官圩镇
十丈顶	Shízhàng Dǐng	——	山峰	高良镇政府东北部	高良镇
石狗顶	Shígǒu Dǐng	——	山峰	官圩镇政府北部	官圩镇
石人头顶	Shíréntóu Dǐng	——	山峰	官圩镇政府北部	官圩镇
石羊顶	Shíyáng Dǐng	——	山峰	莫村镇政府西南部	莫村镇
水晶顶	Shuǐjīng Dǐng	——	山峰	九市镇政府西北部	九市镇
碴雪顶	Tánxuě Dǐng	——	山峰	高良镇政府东北部	高良镇
天堂顶	Tiāntáng Dǐng	——	山峰	莫村镇政府东北部	莫村镇
雪顶	Xuě Dǐng	——	山峰	悦城镇政府东北部	悦城镇
鸦桂叉	Yāguìchā	丫髻叉	山峰	官圩镇政府东北部	官圩镇
亚鸡叉	Yàjīchā	——	山峰	九市镇政府西北部	九市镇
亚鸡叉	Yàjīchā	——	山峰	九市镇政府北部	九市镇
杨梅山	Yángméi Shān	——	山峰	官圩镇政府东北部	官圩镇
云眉顶	Yúnméi Dǐng	——	山峰	马圩镇政府东北部	马圩镇
长坑顶	Chángkēng Dǐng	——	山峰	高良镇政府东北部	高良镇
直地顶	Zhídì Dǐng	——	山峰	官圩镇政府北部	官圩镇
阿公车坑顶	Āgōngchēkēng Dǐng	——	山峰	悦城镇政府东北部	悦城镇
大尖顶	Dàjiān Dǐng	樵云山	山峰	凤村镇政府西南部	凤村镇
立集顶	Lìjí Dǐng	——	山峰	莫村镇政府东北部	莫村镇

(续上表)

标准名称	汉语拼音	别名	地名类别	相对位置	所在(跨)行政区
八字顶	Bāzì Dǐng	—	山峰	官圩镇政府东北部	官圩镇
白仙顶	Báixiān Dǐng	—	山峰	九市镇政府西北部	九市镇
百丈岗	Bǎizhàng Gǎng	—	山峰	九市镇政府北部	九市镇
背后顶	Bèihòu Dǐng	—	山峰	高良镇政府北部	高良镇
曾子顶	Zēngzǐ Dǐng	—	山峰	高良镇政府北部	高良镇
船山	Chuán Shān	—	山峰	高良镇政府西北部	高良镇
答岭头	Dálǐngtóu	—	山峰	官圩镇政府北部	官圩镇
大崩	Dàbēng	—	山峰	莫村镇政府西北部	莫村镇
大播	Dàbō	—	山峰	高良镇政府西北部	高良镇
大担坪	Dàdān Píng	—	山峰	永丰镇政府东北部	永丰镇
大垌尾	Dàdòngwěi	—	山峰	莫村镇政府东部	莫村镇
大根咀	Dàgēnzuǐ	—	山峰	九市镇政府东北部	九市镇
大旱头	Dàhàntóu	—	山峰	官圩镇政府北部	官圩镇
大槐山	Dàhuái Shān	—	山峰	官圩镇政府西北部	官圩镇
大江山	Dàjiāng Shān	—	山峰	高良镇政府西北部	高良镇
大岭	Dàlǐng	—	山峰	高良镇政府北部	高良镇
大岭顶	Dàlǐng Dǐng	—	山峰	莫村镇政府西北部	莫村镇
大埇顶	Dàyǒng Dǐng	—	山峰	高良镇政府西北部	高良镇
大竹顶	Dàzhú Dǐng	—	山峰	莫村镇政府西部	莫村镇
灯芯垌	Dēngxīn Dòng	—	山峰	高良镇政府西北部	高良镇
第二额	Dì'èr'é	—	山峰	官圩镇政府西北部	官圩镇
吊丝顶	Diàosī Dǐng	—	山峰	莫村镇政府西北部	莫村镇
东加岭岗	Dōngjiālǐng Gǎng	—	山峰	莫村镇政府西部	莫村镇
二帝星	Èrdìxīng	—	山峰	凤村镇政府西南部	凤村镇
饭时山	Fànshí Shān	—	山峰	官圩镇政府西北部	官圩镇
飞蛾山	Fēi'é Shān	—	山峰	九市镇政府北部	九市镇
分水坳	Fēnshuǐ Ào	—	山峰	高良镇政府西北部	高良镇
峰蒙企	Fēngméngǐ	—	山峰	高良镇政府北部	高良镇
芙蓉坪坳	Fúróngpíng Ào	—	山峰	高良镇政府北部	高良镇

(续上表)

标准名称	汉语拼音	别名	地名类别	相对位置	所在(跨)行政区
富竹岇	Fùzhú Ào	——	山峰	莫村镇政府东部	莫村镇
富竹坑	Fùzhú Kēng	——	山峰	莫村镇政府东部	莫村镇
干冲坑尾顶	Gānchōngkēng Wěi Dǐng	——	山峰	莫村镇政府西南部	莫村镇
贵私冲	Guìsīchōng	——	山峰	官圩镇政府北部	官圩镇
禾沙河	Héshā Hé	——	山峰	官圩镇政府东北部	官圩镇
黄塘基	Huángtángjī	——	山峰	凤村镇政府西部	凤村镇
黄枝根	Huángzhīgēn	——	山峰	官圩镇政府北部	官圩镇
交梯顶	Jiāotī Dǐng	——	山峰	高良镇政府北部	高良镇
金鸡岭	Jīnjī Lǐng	——	山峰	九市镇政府东北部	九市镇
林景冲	Línjǐng Chōng	——	山峰	官圩镇政府东北部	官圩镇
龙目顶	Lóngmù Dǐng	——	山峰	九市镇政府西北部	九市镇
马头顶	Mǎtóu Dǐng	——	山峰	莫村镇政府西南部	莫村镇
面头岭	Miàntóu Lǐng	——	山峰	官圩镇政府西北部	官圩镇
南木坑	Nánmù Kēng	——	山峰	莫村镇政府东北部	莫村镇
坪垛头	Píngduǒ Tóu	——	山峰	官圩镇政府东北部	官圩镇
青山	Qīng Shān	——	山峰	官圩镇政府东北部	官圩镇
青山	Qīng Shān	——	山峰	官圩镇政府西北部	官圩镇
青山头	Qīngshāntóu	——	山峰	高良镇政府北部	高良镇
人仁河	Rénrén Hé	——	山峰	高良镇政府北部	高良镇
稔子头	Rěnzǐtóu	——	山峰	莫村镇政府西部	莫村镇
三叉顶	Sānchā Dǐng	——	山峰	高良镇政府北部	高良镇
山顶	Shān Dǐng	——	山峰	莫村镇政府东部	莫村镇
山马塘	Shānmǎ Táng	——	山峰	官圩镇政府北部	官圩镇
杉坑	Shānkēng	——	山峰	莫村镇政府西部	莫村镇
杉坑顶	Shānkēng Dǐng	——	山峰	莫村镇政府东北部	莫村镇
蛇岭	Shé Lǐng	——	山峰	莫村镇政府东部	莫村镇
深辽	Shēnliáo	——	山峰	官圩镇政府北部	官圩镇
十二级	Shí'èrjí	——	山峰	官圩镇政府西北部	官圩镇
十二脑	Shí'èrnǎo	——	山峰	高良镇政府东北部	高良镇

(续上表)

标准名称	汉语拼音	别名	地名类别	相对位置	所在(跨)行政区
石狗头	Shígǒutóu	——	山峰	官圩镇政府北部	官圩镇
石交椅坳	Shíjiāoyǐ Ào	——	山峰	官圩镇政府东北部	官圩镇
石人顶	Shírén Dǐng	——	山峰	官圩镇政府东北部	官圩镇
石仁顶	Shírén Dǐng	——	山峰	莫村镇政府东北部	莫村镇
四坑斗	Sìkēngdǒu	——	山峰	高良镇政府东北部	高良镇
滩头	Tāntóu	——	山峰	官圩镇政府北部	官圩镇
炭坑顶	Tànkēng Dǐng	——	山峰	九市镇政府西北部	九市镇
天堂	Tiāntáng	——	山峰	永丰镇政府西南部	永丰镇
天堂山	Tiāntáng Shān	——	山峰	高良镇政府东北部	高良镇
桅杆顶	Wéigǎn Dǐng	——	山峰	官圩镇政府西北部	官圩镇
五排山顶	Wǔpáishān Dǐng	——	山峰	莫村镇政府东部	莫村镇
五指山	Wǔzhǐ Shān	——	山峰	高良镇政府北部	高良镇
象牙山	Xiàngyá Shān	——	山峰	九市镇政府东北部	九市镇
长埇	Zhǎngyǒng	——	山峰	官圩镇政府北部	官圩镇
赵子塘冲	Zhàozǐtángchōng	——	山峰	官圩镇政府东北部	官圩镇
正河冲	Zhènghéchōng	——	山峰	官圩镇政府北部	官圩镇
正埇	Zhèngyǒng	——	山峰	官圩镇政府北部	官圩镇
直地界	Zhídìjiè	席地山	山峰	官圩镇政府北部	官圩镇
追子根	Zhuīzǐgēn	——	山峰	官圩镇政府北部	官圩镇
三洲岩	Sānzhōuyán	——	山峰	九市镇政府东南部	九市镇
阿打坑	Ādǎ Kēng	——	山	德庆县政府西部	德城街道
啊了红	Ālehóng	——	山	高良镇政府东北部	高良镇
暗逢坑	Ànféng Kēng	——	山	高良镇政府北部	高良镇
暗光坑	Ànguāng Kēng	——	山	播植镇政府南部	播植镇
暗罗	Ànluó	——	山	高良镇政府东部	高良镇
暗罗坑	Ànluó Kēng	——	山	凤村镇政府东南部	凤村镇
暗罗岭	Ànluó Lǐng	——	山	回龙镇政府西部	回龙镇
暗容顶	Ànróng Dǐng	——	山	官圩镇政府东北部	官圩镇
昂螺	Ángluó	——	山	武垄镇政府东南部	武垄镇
凹坑	Āokēng	——	山	马圩镇政府西南部	马圩镇

（续上表）

标准名称	汉语拼音	别名	地名类别	相对位置	所在(跨)行政区
凹竹崀	Āozhúliǎng	——	山	高良镇政府北部	高良镇
八角坑	Bājiǎo Kēng	——	山	悦城镇政府西部	悦城镇
八月教	Bāyuèjiào	——	山	官圩镇政府西部	官圩镇
八字坑顶	Bāzì Kēngdǐng	——	山	新圩镇政府东部	新圩镇
巴画山	Bāhuà Shān	——	山	高良镇政府西北部	高良镇
白冲尾山	Báichōngwěi Shān	——	山	马圩镇政府东南部	马圩镇
白凡冲	Báifánchōng	——	山	新圩镇政府北部	新圩镇
白烦降	Báifánjiàng	——	山	高良镇政府北部	高良镇
白坟	Báifén	——	山	悦城镇政府东部	悦城镇
白坟	Báifén	——	山	永丰镇政府东北部	永丰镇
白坟河	Báifén Hé	——	山	官圩镇政府北部	官圩镇
白坟坑	Báifén Kēng	——	山	悦城镇政府西北部	悦城镇
白坟头顶	Báiféntóu Dǐng	——	山	永丰镇政府西部	永丰镇
白狗坑	Báigǒu Kēng	——	山	莫村镇政府北部	莫村镇
白垢	Báigòu	——	山	回龙镇政府西北部	回龙镇
白荷	Báihé	——	山	回龙镇政府西部	回龙镇
白虎山	Báihǔ Shān	——	山	永丰镇政府东北部	永丰镇
白虎头	Báihǔtóu	——	山	武垄镇政府东北部	武垄镇
白花冲	Báihuāchōng	——	山	回龙镇政府西北部	回龙镇
白花坪	Báihuā Píng	——	山	莫村镇政府西北部	莫村镇
白花坪顶	Báihuāpíng Dǐng	——	山	高良镇政府东北部	高良镇
白兰冲	Báilánchōng	——	山	悦城镇政府西北部	悦城镇
白岭头	Báilǐngtóu	——	山	凤村镇政府北部	凤村镇
白路坑	Báilù Kēng	——	山	武垄镇政府南部	武垄镇
白马头	Báimǎtóu	——	山	武垄镇政府西北部	武垄镇
白帽顶	Báimào Dǐng	——	山	永丰镇政府西部	永丰镇
白梅	Báiméi	——	山	回龙镇政府西北部	回龙镇
白梅冲	Báiméichōng	——	山	回龙镇政府西北部	回龙镇
白梅坑	Báiméi Kēng	——	山	武垄镇政府东部	武垄镇
白梅埇	Báiméiyǒng	——	山	回龙镇政府西北部	回龙镇

（续上表）

标准名称	汉语拼音	别名	地名类别	相对位置	所在(跨)行政区
白米冲	Báimǐchōng	—	山	新圩镇政府东部	新圩镇
白木埇	Báimùyǒng	—	山	高良镇政府东南部	高良镇
白沙顶	Báishā Dǐng	—	山	高良镇政府西北部	高良镇
白沙坑	Báishā Kēng	—	山	回龙镇政府西南部	回龙镇
白石冲	Báishíchōng	—	山	回龙镇政府西北部	回龙镇
白石顶	Báishí Dǐng	—	山	悦城镇政府东北部	悦城镇
白石斗	Báishídǒu	—	山	回龙镇政府北部	回龙镇
白石界	Báishíjiè	—	山	回龙镇政府北部	回龙镇
白石坑	Báishí Kēng	—	山	悦城镇政府东北部	悦城镇
白石坑	Báishí Kēng	—	山	九市镇政府东北部	九市镇
白石坑	Báishí Kēng	—	山	武垄镇政府南部	武垄镇
白石口	Báishí Kǒu	—	山	莫村镇政府北部	莫村镇
白石岭头	Báishí Lǐngtóu	—	山	高良镇政府南部	高良镇
白石茄	Báishíqié	—	山	凤村镇政府南部	凤村镇
白石尾	Báishíwěi	—	山	九市镇政府东北部	九市镇
白石埇	Báishíyǒng	—	山	新圩镇政府西北部	新圩镇
白石埇	Báishíyǒng	—	山	官圩镇政府北部	官圩镇
白石埇口	Báishíyǒngkǒu	—	山	新圩镇政府西北部	新圩镇
白水降	Báishuǐjiàng	—	山	莫村镇政府东北部	莫村镇
白屋顶	Báiwū Dǐng	—	山	莫村镇政府东北部	莫村镇
白叶菜塘	Báiyècài Táng	—	山	莫村镇政府北部	莫村镇
白云岗	Báiyún Gǎng	—	山	永丰镇政府西南部	永丰镇
白纸扇	Báizhǐshàn	—	山	莫村镇政府西北部	莫村镇
百步梯	Bǎibùtī	—	山	永丰镇政府北部	永丰镇
百步梯	Bǎibùtī	—	山	高良镇政府东北部	高良镇
百鸟归巢	Bǎiniǎoguīcháo	—	山	官圩镇政府东北部	官圩镇
百片垌	Bǎipiàn Dòng	—	山	官圩镇政府北部	官圩镇
百务山	Bǎiwù Shān	—	山	播植镇政府西南部	播植镇
百竹	Bǎizhú	—	山	凤村镇政府西南部	凤村镇
百足岭	Bǎizú Lǐng	—	山	播植镇政府东部	播植镇

（续上表）

标准名称	汉语拼音	别名	地名类别	相对位置	所在（跨）行政区
百足龙	Bǎizúlóng	——	山	新圩镇政府东部	新圩镇
百足山	Bǎizú Shān	——	山	九市镇政府东南部	九市镇
佰群	Bǎiqún	——	山	播植镇政府西南部	播植镇
斑坑	Bānkēng	——	山	莫村镇政府西部	莫村镇
办坳坑	Bàn'ào Kēng	——	山	高良镇政府东北部	高良镇
办坑	Bànkēng	——	山	武垄镇政府东南部	武垄镇
办坑	Bànkēng	——	山	九市镇政府东北部	九市镇
办坑山	Bànkēng Shān	——	山	播植镇政府东南部	播植镇
办埌	Bànlàng	——	山	莫村镇政府西南部	莫村镇
办头顶	Bàntóu Dǐng	——	山	莫村镇政府东北部	莫村镇
湴坑坪	Bànkēng Píng	——	山	悦城镇政府西北部	悦城镇
湴埌尾	Bànlàngwěi	——	山	武垄镇政府东南部	武垄镇
湴蓬塘	Bànpéng Táng	——	山	高良镇政府北部	高良镇
湴头	Bàn Tóu	——	山	高良镇政府西南部	高良镇
帮鸡坑	Bāngjī Kēng	——	山	悦城镇政府北部	悦城镇
爆花降	Bàohuājiàng	——	山	莫村镇政府西部	莫村镇
北冲	Běichōng	——	山	新圩镇政府东北部	新圩镇
北帝头	Běidìtóu	——	山	永丰镇政府西南部	永丰镇
北山	Běi Shān	——	山	马圩镇政府东南部	马圩镇
北埇	Běiyǒng	——	山	回龙镇政府西北部	回龙镇
北丈冲	Běizhàngchōng	——	山	官圩镇政府西南部	官圩镇
背后岗	Bèihòu Gǎng	——	山	官圩镇政府北部	官圩镇
背后岭	Bèihòu Lǐng	——	山	回龙镇政府北部	回龙镇
背后岭	Bèihòu Lǐng	——	山	武垄镇政府东部	武垄镇
背后山	Bèihòu Shān	——	山	新圩镇政府北部	新圩镇
背后山	Bèihòu Shān	——	山	官圩镇政府东部	官圩镇
背后山	Bèihòu Shān	——	山	官圩镇政府东北部	官圩镇
背后山	Bèihòu Shān	——	山	官圩镇政府东南部	官圩镇
背后山	Bèihòu Shān	——	山	播植镇政府西南部	播植镇
背后山	Bèihòu Shān	——	山	武垄镇政府西南部	武垄镇

（续上表）

标准名称	汉语拼音	别名	地名类别	相对位置	所在(跨)行政区
背后山	Bèihòu Shān	——	山	官圩镇政府北部	官圩镇
背后塘	Bèihòu Táng	——	山	马圩镇政府北部	马圩镇
背后涌山	Bèihòuchōng Shān	——	山	官圩镇政府北部	官圩镇
崩车塘	Bēngchē Táng	——	山	回龙镇政府北部	回龙镇
崩坑山	Bēngkēng Shān	——	山	播植镇政府西南部	播植镇
崩圮对面山	Bēngnǐduìmiàn Shān	——	山	官圩镇政府东北部	官圩镇
崩山	Bēng Shān	——	山	播植镇政府北部	播植镇
崩山头	Bēngshāntóu	——	山	武垄镇政府西北部	武垄镇
崩塘岭	Bēngtáng Lǐng	——	山	凤村镇政府南部	凤村镇
崩塘山	Bēngtáng Shān	——	山	武垄镇政府西南部	武垄镇
槟榔顶	Bīnláng Dǐng	——	山	高良镇政府东北部	高良镇
槟榔顶	Bīnláng Dǐng	——	山	莫村镇政府北部	莫村镇
槟榔顶	Bīnláng Dǐng	——	山	悦城镇政府北部	悦城镇
播坑	Bōkēng	——	山	悦城镇政府东北部	悦城镇
勃山顶	Bóshān Dǐng	——	山	高良镇政府西南部	高良镇
博埇	Bóyǒng	——	山	回龙镇政府西北部	回龙镇
簸箕窝	Bòjī Wō	——	山	回龙镇政府西南部	回龙镇
菜塘	Càitáng	——	山	官圩镇政府西部	官圩镇
草鸡坑	Cǎojī Kēng	——	山	回龙镇政府西部	回龙镇
侧山	Cè Shān	——	山	永丰镇政府西部	永丰镇
曾子头	Zēngzǐtóu	——	山	高良镇政府西北部	高良镇
曾子头	Zēngzǐtóu	——	山	九市镇政府北部	九市镇
茶坑岭	Chákēng Lǐng	——	山	永丰镇政府南部	永丰镇
茶坑山	Chákēng Shān	——	山	凤村镇政府南部	凤村镇
茶坑山	Chákēng Shān	——	山	播植镇政府西南部	播植镇
茶仔岭	Cházǎi Lǐng	——	山	莫村镇政府北部	莫村镇
柴山	Chái Shān	——	山	官圩镇政府南部	官圩镇
柴山	Chái Shān	——	山	回龙镇政府西部	回龙镇
车转坑	Chēzhuǎn Kēng	——	山	凤村镇政府南部	凤村镇

（续上表）

标准名称	汉语拼音	别名	地名类别	相对位置	所在（跨）行政区
陈冲	Chénchōng	——	山	高良镇政府北部	高良镇
陈冲	Chénchōng	——	山	回龙镇政府北部	回龙镇
陈冲	Chénchōng	——	山	回龙镇政府西部	回龙镇
赤犁	Chìlí	——	山	播植镇政府东北部	播植镇
冲表	Chōngbiǎo	——	山	官圩镇政府西部	官圩镇
冲带顶	Chōngdài Dǐng	——	山	高良镇政府西北部	高良镇
冲儿	Chōng'ér	——	山	高良镇政府西北部	高良镇
冲儿顶	Chōng'ér Dǐng	——	山	官圩镇政府西部	官圩镇
冲儿岭	Chōng'ér Lǐng	——	山	高良镇政府北部	高良镇
冲过	Chōngguò	——	山	回龙镇政府西部	回龙镇
冲和冲山	Chōnghéchōng Shān	——	山	官圩镇政府北部	官圩镇
冲黄	Chōnghuáng	——	山	九市镇政府东北部	九市镇
冲黄	Chōnghuáng	——	山	官圩镇政府北部	官圩镇
冲坷冲	Chōngkěchōng	——	山	回龙镇政府东北部	回龙镇
冲梨	Chōnglí	——	山	官圩镇政府北部	官圩镇
冲林	Chōnglín	——	山	回龙镇政府北部	回龙镇
冲罗	Chōngluó	——	山	回龙镇政府北部	回龙镇
冲罗坑	Chōngluó Kēng	——	山	回龙镇政府北部	回龙镇
冲埔	Chōngpǔ	——	山	回龙镇政府西部	回龙镇
冲桃山	Chōngtáo Shān	——	山	高良镇政府西部	高良镇
冲头	Chōngtóu	——	山	高良镇政府南部	高良镇
冲乌	Chōngwū	——	山	回龙镇政府北部	回龙镇
冲星氹	Chōngxīngdàng	——	山	永丰镇政府西部	永丰镇
冲灶	Chōngzào	——	山	回龙镇政府南部	回龙镇
村头岗	Cūntóu Gǎng	——	山	凤村镇政府南部	凤村镇
答岭脚	Dálǐngjiǎo	——	山	官圩镇政府北部	官圩镇
打鼓脑	Dǎgǔnǎo	——	山	官圩镇政府北部	官圩镇
大矮山	Dà'ǎi Shān	——	山	凤村镇政府西北部	凤村镇
大凹	Dà'āo	——	山	悦城镇政府西北部	悦城镇

(续上表)

标准名称	汉语拼音	别名	地名类别	相对位置	所在(跨)行政区
大坳	Dà'ào	——	山	官圩镇政府西南部	官圩镇
大坳	Dà'ào	——	山	悦城镇政府东北部	悦城镇
大拔脑	Dàbánǎo	——	山	凤村镇政府南部	凤村镇
大板	Dàbǎn	——	山	回龙镇政府西北部	回龙镇
大办山	Dàbàn Shān	——	山	回龙镇政府北部	回龙镇
大磅	Dàpáng	——	山	悦城镇政府北部	悦城镇
大磅	Dàpáng	——	山	九市镇政府东部	九市镇
大磅	Dàpáng	——	山	九市镇政府北部	九市镇
大磅	Dàpáng	——	山	莫村镇政府北部	莫村镇
大宝冲	Dàbǎochōng	——	山	回龙镇政府北部	回龙镇
大陂面	Dàbēimiàn	——	山	回龙镇政府西部	回龙镇
大崩	Dàbēng	——	山	高良镇政府西北部	高良镇
大崩	Dàbēng	——	山	莫村镇政府西部	莫村镇
大崩	Dàbēng	——	山	永丰镇政府西部	永丰镇
大崩表	Dàbēngbiǎo	——	山	官圩镇政府西北部	官圩镇
大崩冲	Dàbēngchōng	——	山	官圩镇政府北部	官圩镇
大崩口	Dàbēngkǒu	——	山	凤村镇政府西北部	凤村镇
大崩岭	Dàbēng Lǐng	——	山	官圩镇政府西北部	官圩镇
大崩塘	Dàbēng Táng	——	山	武垄镇政府东部	武垄镇
大崩埇	Dàbēngyǒng	——	山	官圩镇政府西北部	官圩镇
大拨脑	Dàbōnǎo	——	山	悦城镇政府北部	悦城镇
大岔坑	Dàchà Kēng	——	山	凤村镇政府西北部	凤村镇
大蝉塘	Dàchán Táng	——	山	凤村镇政府南部	凤村镇
大车	Dàchē	——	山	回龙镇政府北部	回龙镇
大车岭头	Dàchēlǐngtóu	——	山	九市镇政府东北部	九市镇
大冲	Dàchōng	——	山	官圩镇政府北部	官圩镇
大冲	Dàchōng	——	山	官圩镇政府西北部	官圩镇
大冲	Dàchōng	——	山	高良镇政府南部	高良镇
大冲	Dàchōng	——	山	回龙镇政府西部	回龙镇
大冲	Dàchōng	——	山	高良镇政府东北部	高良镇

(续上表)

标准名称	汉语拼音	别名	地名类别	相对位置	所在(跨)行政区
大冲垌	Dàchōng Dòng	——	山	高良镇政府南部	高良镇
大冲坑	Dàchōng Kēng	——	山	悦城镇政府西北部	悦城镇
大冲尾	Dàchōngwěi	——	山	高良镇政府北部	高良镇
大凼	Dàdàng	——	山	悦城镇政府北部	悦城镇
大凼	Dàdàng	——	山	莫村镇政府西南部	莫村镇
大地山	Dàdì Shān	——	山	悦城镇政府西部	悦城镇
大顶坑	Dàdǐng Kēng	——	山	悦城镇政府西部	悦城镇
大肚坪	Dàdù Píng	——	山	新圩镇政府西北部	新圩镇
大段	Dàduàn	——	山	回龙镇政府北部	回龙镇
大段冲	Dàduànchōng	——	山	高良镇政府西北部	高良镇
大风坑	Dàfēng Kēng	——	山	武垄镇政府西北部	武垄镇
大峰坑	Dàfēng Kēng	——	山	悦城镇政府西北部	悦城镇
大富冲	Dàfùchōng	——	山	高良镇政府东北部	高良镇
大岗	Dàgǎng	——	山	武垄镇政府东部	武垄镇
大岗凹	Dàgǎng Āo	——	山	悦城镇政府西部	悦城镇
大岗顶	Dàgǎng Dǐng	——	山	九市镇政府东南部	九市镇
大岗顶	Dàgǎng Dǐng	——	山	悦城镇政府西北部	悦城镇
大岗顶	Dàgǎng Dǐng	——	山	悦城镇政府东北部	悦城镇
大岗顶	Dàgǎng Dǐng	——	山	凤村镇政府北部	凤村镇
大岗顶	Dàgǎng Dǐng	——	山	悦城镇政府东北部	悦城镇
大岗岭	Dàgǎng Lǐng	——	山	高良镇政府北部	高良镇
大岗岭	Dàgǎng Lǐng	——	山	播植镇政府东南部	播植镇
大岗山	Dàgǎng Shān	——	山	高良镇政府南部	高良镇
大岗山	Dàgǎng Shān	——	山	凤村镇政府南部	凤村镇
大各根	Dàgègēn	——	山	官圩镇政府东北部	官圩镇
大狗脚	Dàgǒujiǎo	——	山	官圩镇政府西北部	官圩镇
大崮桑	Dàgùsāng	——	山	悦城镇政府西北部	悦城镇
大广	Dàguǎng	——	山	马圩镇政府北部	马圩镇
大圭山	Dàguī Shān	——	山	回龙镇政府西北部	回龙镇
大龟山	Dàguī Shān	——	山	回龙镇政府西部	回龙镇

(续上表)

标准名称	汉语拼音	别名	地名类别	相对位置	所在(跨)行政区
大龟山	Dàguī Shān	——	山	永丰镇政府西南部	永丰镇
大海岭头	Dàhǎilǐngtóu	——	山	悦城镇政府北部	悦城镇
大航冲	Dàhángchōng	——	山	悦城镇政府东北部	悦城镇
大河	Dàhé	——	山	高良镇政府西北部	高良镇
大河头	Dàhétóu	——	山	莫村镇政府东北部	莫村镇
大鸡脚	Dàjījiǎo	——	山	马圩镇政府北部	马圩镇
大鸡头山	Dàjītóu Shān	——	山	马圩镇政府东部	马圩镇
大江边	Dàjiāngbiān	——	山	马圩镇政府东南部	马圩镇
大江村对面山	Dàjiāngcūn Duìmiàn Shān	——	山	官圩镇政府北部	官圩镇
大江河	Dàjiāng Hé	——	山	莫村镇政府西南部	莫村镇
大降	Dàjiàng	——	山	官圩镇政府北部	官圩镇
大降	Dàjiàng	——	山	武垄镇政府东南部	武垄镇
大降	Dàjiàng	——	山	永丰镇政府北部	永丰镇
大降顶	Dàjiàng Dǐng	——	山	莫村镇政府西北部	莫村镇
大降坑	Dàjiàng Kēng	——	山	播植镇政府东南部	播植镇
大降坑	Dàjiàng Kēng	——	山	莫村镇政府西南部	莫村镇
大降坑	Dàjiàng Kēng	——	山	永丰镇政府西南部	永丰镇
大降岭	Dàjiàng Lǐng	——	山	永丰镇政府西南部	永丰镇
大降面	Dàjiàngmiàn	——	山	马圩镇政府东南部	马圩镇
大降山	Dàjiàng Shān	——	山	永丰镇政府东北部	永丰镇
大降尾	Dàjiàngwěi	——	山	永丰镇政府西南部	永丰镇
大较塘口	Dàjiàotángkǒu	——	山	新圩镇政府东北部	新圩镇
大介顶	Dàjiè Dǐng	——	山	官圩镇政府北部	官圩镇
大界	Dàjiè	——	山	官圩镇政府西北部	官圩镇
大金盘	Dàjīnpán	——	山	武垄镇政府东南部	武垄镇
大旧傍	Dàjiùbàng	——	山	回龙镇政府西北部	回龙镇
大峇根	Dàbāgēn	——	山	高良镇政府西北部	高良镇
大坑	Dàkēng	——	山	播植镇政府南部	播植镇
大坑	Dàkēng	——	山	九市镇政府东北部	九市镇

（续上表）

标准名称	汉语拼音	别名	地名类别	相对位置	所在（跨）行政区
大坑	Dàkēng	——	山	新圩镇政府西北部	新圩镇
大坑	Dàkēng	——	山	永丰镇政府东北部	永丰镇
大坑	Dàkēng	——	山	播植镇政府南部	播植镇
大坑	Dàkēng	——	山	凤村镇政府南部	凤村镇
大坑	Dàkēng	——	山	新圩镇政府东部	新圩镇
大坑	Dàkēng	——	山	九市镇政府东部	九市镇
大坑岭	Dàkēng Lǐng	——	山	播植镇政府东南部	播植镇
大坑山	Dàkēng Shān	——	山	播植镇政府北部	播植镇
大坑尾	Dàkēngwěi	——	山	九市镇政府东南部	九市镇
大窟	Dàkū	——	山	悦城镇政府北部	悦城镇
大榄河	Dàlǎn Hé	——	山	官圩镇政府北部	官圩镇
大榄坑	Dàlǎn Kēng	——	山	悦城镇政府北部	悦城镇
大埌	Dàlàng	——	山	马圩镇政府北部	马圩镇
大埌	Dàlàng	——	山	官圩镇政府北部	官圩镇
大埌	Dàlàng	——	山	九市镇政府北部	九市镇
大埌坑	Dàlàng Kēng	——	山	永丰镇政府西南部	永丰镇
大埌山	Dàlàng Shān	——	山	回龙镇政府北部	回龙镇
大立山	Dàlì Shān	——	山	马圩镇政府北部	马圩镇
大蔃佛子	Dàliǎngfózǐ	——	山	莫村镇政府西部	莫村镇
大寮顶	Dàliáo Dǐng	——	山	悦城镇政府东北部	悦城镇
大岭	Dà Lǐng	——	山	回龙镇政府北部	回龙镇
大岭顶	Dàlǐng Dǐng	——	山	悦城镇政府西北部	悦城镇
大岭岗	Dàlǐng Gǎng	——	山	高良镇政府北部	高良镇
大岭咀	Dàlǐngzuǐ	——	山	九市镇政府东北部	九市镇
大岭咀	Dàlǐngzuǐ	——	山	凤村镇政府西北部	凤村镇
大岭头	Dàlǐngtóu	——	山	九市镇政府东南部	九市镇
大岭头	Dàlǐngtóu	——	山	播植镇政府东部	播植镇
大岭头	Dàlǐngtóu	——	山	播植镇政府西南部	播植镇
大岭头	Dàlǐngtóu	——	山	武垄镇政府东北部	武垄镇
大岭头	Dàlǐngtóu	——	山	凤村镇政府西北部	凤村镇

（续上表）

标准名称	汉语拼音	别名	地名类别	相对位置	所在（跨）行政区
大岭头	Dàlǐngtóu	—	山	高良镇政府西北部	高良镇
大马山	Dàmǎ Shān	—	山	悦城镇政府北部	悦城镇
大马山	Dàmǎ Shān	—	山	永丰镇政府西部	永丰镇
大马山	Dàmǎ Shān	—	山	永丰镇政府东南部	永丰镇
大马山	Dàmǎ Shān	—	山	凤村镇政府西部	凤村镇
大帽头	Dàmàotóu	—	山	永丰镇政府西南部	永丰镇
大蜢坑	Dàměng Kēng	—	山	播植镇政府南部	播植镇
大庙岗	Dàmiào Gǎng	—	山	官圩镇政府北部	官圩镇
大庙山	Dàmiào Shān	—	山	播植镇政府南部	播植镇
大庙山	Dàmiào Shān	—	山	播植镇政府东南部	播植镇
大脑顶	Dànǎo Dǐng	—	山	高良镇政府南部	高良镇
大脑山	Dànǎo Shān	—	山	马圩镇政府东南部	马圩镇
大脑头	Dànǎotóu	—	山	官圩镇政府西部	官圩镇
大泥塘山	Dànítáng Shān	—	山	播植镇政府西南部	播植镇
大努头	Dànǔtóu	—	山	官圩镇政府东北部	官圩镇
大努头	Dànǔtóu	—	山	高良镇政府西北部	高良镇
大旁头	Dàpángtóu	—	山	回龙镇政府西南部	回龙镇
大坪	Dà Píng	—	山	回龙镇政府北部	回龙镇
大坪	Dàpíng	—	山	九市镇政府北部	九市镇
大坪	Dàpíng	—	山	九市镇政府西北部	九市镇
大坪	Dàpíng	—	山	悦城镇政府西部	悦城镇
大坪	Dàpíng	—	山	莫村镇政府西南部	莫村镇
大坪	Dàpíng	—	山	永丰镇政府西部	永丰镇
大坪	Dàpíng	—	山	播植镇政府东南部	播植镇
大坪	Dàpíng	—	山	永丰镇政府西南部	永丰镇
大坪顶	Dàpíng Dǐng	—	山	悦城镇政府西部	悦城镇
大坪坑	Dàpíng Kēng	—	山	九市镇政府西北部	九市镇
大坪坑	Dàpíng Kēng	—	山	高良镇政府南部	高良镇
大坪口	Dàpíng Kǒu	—	山	悦城镇政府东北部	悦城镇
大旗山	Dàqí Shān	—	山	回龙镇政府西南部	回龙镇

（续上表）

标准名称	汉语拼音	别名	地名类别	相对位置	所在（跨）行政区
大墙回	Dàqiánghuí	——	山	悦城镇政府北部	悦城镇
大沙岭	Dàshā Lǐng	——	山	高良镇政府北部	高良镇
大沙岭坑	Dàshālǐng Kēng	——	山	高良镇政府北部	高良镇
大沙洲	Dàshāzhōu	——	山	莫村镇政府西部	莫村镇
大山	Dà Shān	——	山	回龙镇政府西部	回龙镇
大山	Dà Shān	——	山	官圩镇政府西北部	官圩镇
大山	Dà Shān	——	山	悦城镇政府北部	悦城镇
大山顶	Dàshān Dǐng	——	山	高良镇政府西北部	高良镇
大山根	Dàshāngēn	——	山	凤村镇政府西南部	凤村镇
大山咀	Dàshānzuǐ	——	山	莫村镇政府南部	莫村镇
大山坑	Dàshān Kēng	——	山	播植镇政府西南部	播植镇
大山岭	Dàshān Lǐng	——	山	新圩镇政府西北部	新圩镇
大山塘	Dàshān Táng	——	山	凤村镇政府南部	凤村镇
大山塘岭	Dàshāntáng Lǐng	——	山	官圩镇政府西北部	官圩镇
大山嘴	Dàshānzuǐ	——	山	播植镇政府南部	播植镇
大杉赊岭顶	Dàshānshēlǐng Dǐng	——	山	永丰镇政府北部	永丰镇
大扇	Dàshàn	——	山	武垄镇政府东南部	武垄镇
大深岭头	Dàshēnlǐngtóu	——	山	凤村镇政府南部	凤村镇
大石矿山	Dàshíkuàng Shān	——	山	播植镇政府东南部	播植镇
大石岭岗	Dàshílǐng Gǎng	——	山	高良镇政府东部	高良镇
大石岭头	Dàshílǐngtóu	——	山	永丰镇政府北部	永丰镇
大石岩	Dàshíyán	——	山	莫村镇政府东北部	莫村镇
大士塘	Dàshìtáng	——	山	马圩镇政府东南部	马圩镇
大水降	Dàshuǐjiàng	——	山	武垄镇政府北部	武垄镇
大水降坑	Dàshuǐjiàng Kēng	——	山	武垄镇政府北部	武垄镇
大水坑	Dàshuǐ Kēng	——	山	莫村镇政府北部	莫村镇
大松冲	Dàsōngchōng	——	山	播植镇政府南部	播植镇
大松坑	Dàsōng Kēng	——	山	播植镇政府南部	播植镇
大松山	Dàsōng Shān	——	山	凤村镇政府南部	凤村镇
大松山	Dàsōng Shān	——	山	悦城镇政府北部	悦城镇

（续上表）

标准名称	汉语拼音	别名	地名类别	相对位置	所在（跨）行政区
大礉山	Dàtán Shān	—	山	凤村镇政府西部	凤村镇
大塘	Dàtáng	—	山	马圩镇政府东北部	马圩镇
大塘高脑	Dàtánggāonǎo	—	山	新圩镇政府北部	新圩镇
大塘山	Dàtáng Shān	—	山	马圩镇政府东南部	马圩镇
大田冲	Dàtiánchōng	—	山	高良镇政府北部	高良镇
大湾	Dàwān	—	山	永丰镇政府西部	永丰镇
大湾	Dàwān	—	山	官圩镇政府西部	官圩镇
大湾头	Dàwāntóu	—	山	高良镇政府东部	高良镇
大王凹	Dàwáng Āo	—	山	悦城镇政府北部	悦城镇
大王山	Dàwáng Shān	—	山	回龙镇政府西北部	回龙镇
大网桑	Dàwǎngsāng	—	山	莫村镇政府西北部	莫村镇
大旺岗	Dàwàng Gǎng	—	山	高良镇政府西北部	高良镇
大尾岭头	Dàwěilǐng Tóu	—	山	播植镇政府西南部	播植镇
大尾山	Dàwěi Shān	—	山	武垄镇政府东部	武垄镇
大窝顶	Dàwō Dǐng	—	山	莫村镇政府北部	莫村镇
大屋冲	Dàwūchōng	—	山	高良镇政府北部	高良镇
大务埇	Dàwùyǒng	—	山	官圩镇政府北部	官圩镇
大雾山	Dàwù Shān	—	山	官圩镇政府北部	官圩镇
大线面	Dàxiànmiàn	—	山	官圩镇政府北部	官圩镇
大巷背后山	Dàxiàng Bèihòu Shān	—	山	马圩镇政府西北部	马圩镇
大象岭头	Dàxiànglǐngtóu	—	山	永丰镇政府北部	永丰镇
大垶	Dàxīng	—	山	武垄镇政府东南部	武垄镇
大袖坑	Dàxiù Kēng	—	山	凤村镇政府南部	凤村镇
大丫山	Dàyā Shān	—	山	回龙镇政府西部	回龙镇
大鸦山	Dàyā Shān	大雅山	山	回龙镇政府西北部	回龙镇
大崖顶	Dàyá Dǐng	—	山	武垄镇政府东部	武垄镇
大益背后山	Dàyì Bèihòu Shān	—	山	马圩镇政府东南部	马圩镇
大埇山顶	Dàyǒng Shān Dǐng	—	山	回龙镇政府西部	回龙镇
大园田	Dàyuántián	—	山	永丰镇政府南部	永丰镇

(续上表)

标准名称	汉语拼音	别名	地名类别	相对位置	所在(跨)行政区
大云顶	Dàyún Dǐng	——	山	武垄镇政府北部	武垄镇
大运	Dàyùn	——	山	凤村镇政府西南部	凤村镇
大造田	Dàzàotián	——	山	官圩镇政府北部	官圩镇
大圳	Dàzhèn	——	山	高良镇政府北部	高良镇
大正口岭	Dàzhèngkǒu Lǐng	——	山	凤村镇政府北部	凤村镇
大种头	Dàzhǒngtóu	——	山	永丰镇政府西部	永丰镇
大竹坑	Dàzhú Kēng	——	山	悦城镇政府东北部	悦城镇
大竹坑	Dàzhú Kēng	——	山	莫村镇政府西部	莫村镇
大竹塱	Dàzhúlǎng	——	山	莫村镇政府西南部	莫村镇
大竹岭	Dàzhú Lǐng	——	山	莫村镇政府西南部	莫村镇
大竹山	Dàzhú Shān	——	山	播植镇政府东部	播植镇
大撞	Dàzhuàng	——	山	武垄镇政府东部	武垄镇
大坐	Dàzuò	——	山	武垄镇政府东南部	武垄镇
丹竹坑口	Dānzhú Kēngkǒu	——	山	凤村镇政府西南部	凤村镇
担水凹	Dānshuǐ Āo	——	山	播植镇政府东部	播植镇
担水冲	Dānshuǐchōng	——	山	官圩镇政府北部	官圩镇
担水坑	Dānshuǐ Kēng	——	山	播植镇政府东南部	播植镇
担水坑山	Dānshuǐ Kēngshān	——	山	武垄镇政府东部	武垄镇
担水埌	Dānshuǐlàng	——	山	新圩镇政府西部	新圩镇
担水埇	Dānshuǐyǒng	——	山	回龙镇政府西北部	回龙镇
担水埇	Dānshuǐyǒng	——	山	官圩镇政府北部	官圩镇
单竹冲山	Dānzhúchōng Shān	——	山	新圩镇政府东北部	新圩镇
单竹杆	Dānzhúgǎn	——	山	悦城镇政府西北部	悦城镇
单竹坑	Dānzhú Kēng	——	山	播植镇政府西南部	播植镇
单竹岭	Dānzhú Lǐng	——	山	九市镇政府西北部	九市镇
刀口	Dāokǒu	——	山	武垄镇政府西北部	武垄镇
刀牛岭	Dāoniú Lǐng	——	山	九市镇政府北部	九市镇
到撑坑	Dàochēng Kēng	——	山	凤村镇政府北部	凤村镇
到氹头	Dàodàngtóu	——	山	武垄镇政府东部	武垄镇

（续上表）

标准名称	汉语拼音	别名	地名类别	相对位置	所在（跨）行政区
到降山	Dàojiàng Shān	——	山	凤村镇政府北部	凤村镇
灯水冲	Dēngshuǐchōng	——	山	马圩镇政府东南部	马圩镇
灯心塘凹	Dēngxīn Táng'āo	——	山	九市镇政府东北部	九市镇
灯芯埇	Dēngxīnyǒng	——	山	高良镇政府北部	高良镇
灯盏脑	Dēngzhǎnnǎo	——	山	官圩镇政府北部	官圩镇
灯盏山	Dēngzhǎn Shān	——	山	高良镇政府南部	高良镇
灯盏头	Dēngzhǎntóu	——	山	莫村镇政府北部	莫村镇
地母坑	Dìmǔ Kēng	——	山	高良镇政府东北部	高良镇
地头河	Dìtóu Hé	——	山	马圩镇政府东南部	马圩镇
地头坪	Dìtóu Píng	——	山	九市镇政府东部	九市镇
地头塘	Dìtóu Táng	——	山	马圩镇政府东部	马圩镇
地头塘埇	Dìtóu Tángyǒng	——	山	马圩镇政府东南部	马圩镇
第四坑	Dìsì Kēng	——	山	悦城镇政府西北部	悦城镇
第一坑	Dìyī Kēng	——	山	永丰镇政府东北部	永丰镇
第一埇	Dìyīyǒng	——	山	官圩镇政府北部	官圩镇
吊麻冲	Diàomáchōng	——	山	回龙镇政府北部	回龙镇
吊钟岭顶	Diàozhōnglǐng Dǐng	——	山	悦城镇政府西北部	悦城镇
顶冲	Dǐngchōng	——	山	回龙镇政府南部	回龙镇
东冲	Dōngchōng	——	山	回龙镇政府东南部	回龙镇
东坑	Dōngkēng	——	山	凤村镇政府北部	凤村镇
东坑	Dōngkēng	——	山	九市镇政府东北部	九市镇
东坑	Dōngkēng	——	山	新圩镇政府东部	新圩镇
东坑顶	Dōngkēng Dǐng	——	山	九市镇政府北部	九市镇
东坑顶	Dōngkēng Dǐng	——	山	高良镇政府东北部	高良镇
东坑山	Dōngkēng Shān	——	山	播植政府西部	播植镇
东叶岭	Dōngyè Lǐng	——	山	莫村镇政府西部	莫村镇
冬瓜坪	Dōngguā Píng	——	山	播植政府东部	播植镇
冬瓜山	Dōngguā Shān	——	山	回龙镇政府南部	回龙镇
冬瓜山	Dōngguā Shān	——	山	马圩镇政府西北部	马圩镇

（续上表）

标准名称	汉语拼音	别名	地名类别	相对位置	所在（跨）行政区
垌寮凹	Dòngliáo Āo	——	山	九市镇政府东南部	九市镇
垌坪	Dòngpíng	——	山	武垄镇政府东部	武垄镇
豆腐磨	Dòufǔmó	——	山	官圩镇政府北部	官圩镇
独敬冲	Dújìngchōng	——	山	高良镇政府东部	高良镇
独山	Dú Shān	——	山	莫村镇政府西部	莫村镇
独山	Dú Shān	——	山	新圩镇政府东北部	新圩镇
独石岗顶	Dúshígǎng Dǐng	——	山	九市镇政府东部	九市镇
独石坑	Dúshí Kēng	——	山	永丰镇政府西南部	永丰镇
独田	Dútián	——	山	高良镇政府南部	高良镇
独头岗	Dútóu Gǎng	——	山	九市镇政府南部	九市镇
杜管坑	Dùguǎn Kēng	——	山	悦城镇政府东北部	悦城镇
杜鸟	Dùniǎo	——	山	凤村镇政府西南部	凤村镇
端坑	Duānkēng	——	山	新圩镇政府东部	新圩镇
对便岗	Duìbiàn Gǎng	——	山	九市镇政府北部	九市镇
盾盾河山	Dùndùnhé Shān	——	山	官圩镇政府东北部	官圩镇
顿顿顶	Dùndùn Dǐng	——	山	悦城镇政府东北部	悦城镇
多博	Duōbó	——	山	武垄镇政府东部	武垄镇
多行	Duōháng	——	山	武垄镇政府西北部	武垄镇
多行坳	Duōháng Ào	——	山	武垄镇政府西北部	武垄镇
多笑	Duōxiào	——	山	莫村镇政府北部	莫村镇
多笑尾	Duōxiàowěi	——	山	莫村镇政府北部	莫村镇
鹅公尖	Égōngjiān	——	山	悦城镇政府西北部	悦城镇
鹅公咀	Égōngzuǐ	——	山	凤村镇政府北部	凤村镇
鹅颈头	Éjǐngtóu	——	山	永丰镇政府南部	永丰镇
二崩河	Èrbēng Hé	——	山	官圩镇政府西北部	官圩镇
二合塘	Èrhé Táng	——	山	高良镇政府东北部	高良镇
二坑尾	Èrkēngwěi	——	山	高良镇政府北部	高良镇
饭甑山	Fànzèng Shān	——	山	武垄镇政府东部	武垄镇
范塘表	Fàntángbiǎo	——	山	新圩镇政府西北部	新圩镇
方亩杉山	Fāngmǔshān Shān	——	山	高良镇政府西南部	高良镇

（续上表）

标准名称	汉语拼音	别名	地名类别	相对位置	所在(跨)行政区
飞凤	Fēifèng	——	山	九市镇政府西部	九市镇
飞凤山	Fēifèng Shān	——	山	永丰镇政府西南部	永丰镇
分界岭	Fēnjiè Lǐng	——	山	回龙镇政府北部	回龙镇
分水界	Fēnshuǐjiè	——	山	永丰镇政府西南部	永丰镇
分水岭	Fēnshuǐ Lǐng	——	山	九市镇政府东部	九市镇
分水岭	Fēnshuǐ Lǐng	——	山	永丰镇政府西南部	永丰镇
分水岭	Fēnshuǐ Lǐng	——	山	高良镇政府东部	高良镇
分水茄	Fēnshuǐqié	——	山	凤村镇政府南部	凤村镇
分水茄	Fēnshuǐqié	——	山	凤村镇政府西北部	凤村镇
分中坳	Fēnzhōng Ào	——	山	武垄镇政府东部	武垄镇
丰门茄	Fēngménqié	——	山	九市镇政府东部	九市镇
风柏石	Fēngbǎishí	——	山	悦城镇政府东北部	悦城镇
风门凹	Fēngmén Āo	——	山	悦城镇政府西南部	悦城镇
风门凹	Fēngmén Āo	——	山	武垄镇政府东南部	武垄镇
枫抱冲	Fēngbào Chōng	——	山	官圩镇政府西部	官圩镇
枫木咀	Fēngmùzuǐ	——	山	官圩镇政府北部	官圩镇
枫木坪	Fēngmù Píng	——	山	莫村镇政府东北部	莫村镇
逢塘	Féngtáng	——	山	播植镇政府西南部	播植镇
凤冠山	Fèngguān Shān	——	山	九市镇政府北部	九市镇
凤凰岭	Fènghuáng Lǐng	——	山	莫村镇政府西南部	莫村镇
凤塘	Fèngtáng	——	山	回龙镇政府西部	回龙镇
佛娘山	Fóniáng Shān	——	山	马圩镇政府北部	马圩镇
佛子	Fózǐ	——	山	武垄镇政府东部	武垄镇
佛子凹	Fózǐ Āo	——	山	凤村镇政府东南部	凤村镇
佛子冲	Fózǐchōng	——	山	回龙镇政府东部	回龙镇
佛子岗	Fózǐ Gǎng	——	山	莫村镇政府南部	莫村镇
佛子降	Fózǐjiàng	——	山	永丰镇政府东北部	永丰镇
佛子脚山	Fózǐjiǎo Shān	——	山	高良镇政府东北部	高良镇
佛子坑	Fózǐ Kēng	——	山	永丰镇政府东部	永丰镇
佛子塘	Fózǐ Táng	——	山	永丰镇政府北部	永丰镇

（续上表）

标准名称	汉语拼音	别名	地名类别	相对位置	所在（跨）行政区
夫晚	Fūwǎn	——	山	永丰镇政府南部	永丰镇
福船山	Fúchuán Shān	——	山	播植镇政府东南部	播植镇
腐竹	Fǔzhú	——	山	播植镇政府东北部	播植镇
腐竹坑	Fǔzhú Kēng	——	山	莫村镇政府西南部	莫村镇
腐竹塘	Fǔzhú Táng	——	山	回龙镇政府北部	回龙镇
付竹	Fùzhú	——	山	高良镇政府南部	高良镇
付竹坑	Fùzhú Kēng	——	山	高良镇政府北部	高良镇
付竹坑	Fùzhú Kēng	——	山	高良镇政府南部	高良镇
富竹	Fùzhú	——	山	莫村镇政府东部	莫村镇
富竹埇	Fùzhú Yǒng	——	山	高良镇政府南部	高良镇
甘罗	Gānluó	——	山	官圩镇政府北部	官圩镇
甘坡顶	Gānpō Dǐng	——	山	高良镇政府西南部	高良镇
干冲口	Gānchōngkǒu	——	山	莫村镇政府西部	莫村镇
干河	Gānhé	——	山	官圩镇政府北部	官圩镇
岗边山	Gǎngbiān Shān	——	山	官圩镇政府南部	官圩镇
岗顶	Gǎngdǐng	——	山	凤村镇政府南部	凤村镇
岗咀山	Gǎngzuǐ Shān	——	山	马圩镇政府东南部	马圩镇
岗垠坪	Gǎngyín Píng	——	山	高良镇政府西北部	高良镇
高凹	Gāo'āo	——	山	悦城镇政府西部	悦城镇
高村背后山	Gāocūn Bèihòu Shān	——	山	九市镇政府北部	九市镇
高地	Gāodì	——	山	悦城镇政府东北部	悦城镇
高顶	Gāodǐng	——	山	高良镇政府南部	高良镇
高顶	Gāodǐng	——	山	高良镇政府西南部	高良镇
高岗顶	Gāogǎng Dǐng	——	山	悦城镇政府北部	悦城镇
高尖山	Gāojiān Shān	——	山	永丰镇政府北部	永丰镇
高埌山	Gāolàng Shān	——	山	马圩镇政府东南部	马圩镇
高岭头	Gāolǐngtóu	——	山	高良镇政府东南部	高良镇
高脑岗	Gāonǎo Gǎng	——	山	官圩镇政府西部	官圩镇
高山顶	Gāoshān Dǐng	——	山	凤村镇政府西北部	凤村镇

(续上表)

标准名称	汉语拼音	别名	地名类别	相对位置	所在(跨)行政区
高山岭	Gāoshān Lǐng	—	山	九市镇政府东北部	九市镇
高山塘	Gāoshān Táng	—	山	莫村镇政府西南部	莫村镇
高双坑	Gāoshuāng Kēng	—	山	高良镇政府北部	高良镇
高埇	Gāoyǒng	—	山	马圩镇政府东南部	马圩镇
高圳	Gāozhèn	—	山	高良镇政府东北部	高良镇
格木坑	Gémù Kēng	—	山	新圩镇政府东部	新圩镇
格木山	Gémù Shān	—	山	马圩镇政府东部	马圩镇
根尖塘	Gēnjiān Táng	—	山	回龙镇政府北部	回龙镇
更古头	Gēnggǔtóu	—	山	高良镇政府东北部	高良镇
更鼓头	Gēnggǔtóu	—	山	永丰镇政府西南部	永丰镇
更心河山	Gēngxīnhé Shān	—	山	官圩镇政府东部	官圩镇
公塘	Gōngtáng	—	山	永丰镇政府南部	永丰镇
沟山冲	Gōushān Chōng	—	山	官圩镇政府西南部	官圩镇
狗肚腩	Gǒudùnǎn	—	山	官圩镇政府南部	官圩镇
狗儿头	Gǒu'értóu	—	山	凤村镇政府南部	凤村镇
狗咀山	Gǒuzuǐ Shān	—	山	官圩镇政府南部	官圩镇
狗恋圈	Gǒuliànquān	—	山	回龙镇政府西部	回龙镇
狗毛	Gǒumáo	—	山	回龙镇政府南部	回龙镇
狗𤞏中	Gǒunǎzhōng	—	山	九市镇政府东北部	九市镇
狗头坑	Gǒutóu Kēng	—	山	悦城镇政府北部	悦城镇
狗头脑	Gǒutóunǎo	—	山	马圩镇政府东南部	马圩镇
狗尾河	Gǒuwěihé	—	山	官圩镇政府西部	官圩镇
古垒坪	Gǔlěi Píng	—	山	播植镇政府南部	播植镇
古塘岭	Gǔtáng Lǐng	—	山	官圩镇政府西南部	官圩镇
固烟冲	Gùyān Chōng	—	山	回龙镇政府东部	回龙镇
故长山	Gùcháng Shān	—	山	播植镇政府西部	播植镇
挂牌山	Guàpái Shān	—	山	回龙镇政府东南部	回龙镇
关塘背后山	Guāntáng Bèihòu Shān	—	山	官圩镇政府北部	官圩镇
关塘坑尾	Guāntáng Kēngwěi	—	山	悦城镇政府北部	悦城镇

（续上表）

标准名称	汉语拼音	别名	地名类别	相对位置	所在(跨)行政区
观音顶	Guānyīn Dǐng	——	山	播植镇政府东南部	播植镇
观音山	Guānyīn Shān	——	山	官圩镇政府西北部	官圩镇
观音山	Guānyīn Shān	——	山	悦城镇政府西北部	悦城镇
官才冲	Guāncái Chōng	——	山	马圩镇政府北部	马圩镇
官才埇山	Guāncáiyǒng Shān	——	山	马圩镇政府北部	马圩镇
官塘	Guāntáng	——	山	高良镇政府北部	高良镇
官土山	Guāntǔ Shān	——	山	武垄镇政府东北部	武垄镇
棺材坑	Guāncái Kēng	——	山	回龙镇政府南部	回龙镇
光劣头	Guānglièrtóu	——	山	九市镇政府东北部	九市镇
龟儿山	Guī'ér Shān	——	山	回龙镇政府西北部	回龙镇
龟山	Guī Shān	——	山	播植镇政府南部	播植镇
贵垌冲	Guìdòngchōng	——	山	官圩镇政府北部	官圩镇
贵头背后山	Guìtóu Bèihòu Shān	——	山	官圩镇政府北部	官圩镇
桂境坳	Guìjìng Ào	——	山	播植镇政府西南部	播植镇
锅盖顶	Guōgài Dǐng	——	山	武垄镇政府东南部	武垄镇
过边坑	Guòbiān Kēng	——	山	高良镇政府北部	高良镇
哈𪙊顶	Hānǎ Dǐng	——	山	悦城镇政府西北部	悦城镇
蛤𪙊山	Hánǎ Shān	——	山	九市镇政府东北部	九市镇
蛤𪙊山	Hánǎ Shān	——	山	莫村镇政府西北部	莫村镇
汗坑山	Hànkēng Shān	——	山	武垄镇政府东部	武垄镇
旱槽	Hàncáo	——	山	凤村镇政府西北部	凤村镇
旱顶	Hàndǐng	——	山	高良镇政府东北部	高良镇
旱坑顶	Hànkēng Dǐng	——	山	悦城镇政府北部	悦城镇
旱坑坪	Hànkēng Píng	——	山	永丰镇政府东南部	永丰镇
旱龙	Hànlóng	——	山	莫村镇政府北部	莫村镇
旱垄	Hànlǒng	——	山	永丰镇政府东北部	永丰镇
旱塘	Hàntáng	——	山	回龙镇政府西部	回龙镇
旱塘顶	Hàntáng Dǐng	——	山	高良镇政府北部	高良镇
旱塘顶	Hàntáng Dǐng	——	山	莫村镇政府东部	莫村镇
禾厂顶	Héchǎng Dǐng	——	山	莫村镇政府西部	莫村镇

(续上表)

标准名称	汉语拼音	别名	地名类别	相对位置	所在(跨)行政区
禾厂坑	Héchǎng Kēng	——	山	莫村镇政府西南部	莫村镇
禾峰坑山	Héfēngkēng Shān	——	山	悦城镇政府东部	悦城镇
禾荚茄	Héjiáqié	——	山	凤村镇政府西南部	凤村镇
禾虾岭头	Héxiālǐngtóu	——	山	九市镇政府东北部	九市镇
合石迳	Héshíjìng	——	山	马圩镇政府南部	马圩镇
合掌岗	Hézhǎng Gǎng	——	山	莫村镇政府西南部	莫村镇
何木坑	Hémù Kēng	——	山	悦城镇政府东北部	悦城镇
和尚坪	Héshàng Píng	——	山	武垄镇政府北部	武垄镇
和尚头	Héshàngtóu	——	山	播植镇政府东部	播植镇
河冲	Héchōng	——	山	回龙镇政府东北部	回龙镇
河基岭	Héjī Lǐng	——	山	播植镇政府东北部	播植镇
河良山	Héliáng Shān	——	山	永丰镇政府西北部	永丰镇
河六山	Héliù Shān	——	山	武垄镇政府西南部	武垄镇
河木坑	Hémù Kēng	——	山	凤村镇政府西北部	凤村镇
河茄	Héqié	——	山	武垄镇政府西部	武垄镇
荷苞口	Hébāokǒu	——	山	九市镇政府西北部	九市镇
鹤塘降	Hètángjiàng	——	山	永丰镇政府西南部	永丰镇
鹤嘴山	Hèzuǐ Shān	——	山	回龙镇政府西部	回龙镇
黑冲	Hēichōng	——	山	马圩镇政府南部	马圩镇
黑石顶	Hēishí Dǐng	——	山	凤村镇政府西南部	凤村镇
黑石头	Hēishítóu	——	山	九市镇政府东北部	九市镇
黑水冲	Hēishuǐchōng	——	山	回龙镇政府北部	回龙镇
黑水塘	Hēishuǐ Táng	——	山	武垄镇政府东部	武垄镇
黑云坑	Hēiyún Kēng	——	山	悦城镇政府北部	悦城镇
横坑	Héngkēng	——	山	新圩镇政府东部	新圩镇
横坑	Héngkēng	——	山	永丰镇政府西部	永丰镇
横坑仔	Héngkēngzǎi	——	山	悦城镇政府东北部	悦城镇
红领	Hónglǐng	——	山	播植镇政府东部	播植镇
红朱山	Hóngzhū Shān	——	山	莫村镇政府东北部	莫村镇

(续上表)

标准名称	汉语拼音	别名	地名类别	相对位置	所在(跨)行政区
洪表塘背后山	Hóngbiǎotáng Bèihòu Shān	——	山	马圩镇政府东北部	马圩镇
吼塘山	Hǒutáng Shān	——	山	官圩镇政府西南部	官圩镇
狐来塘	Húlái Táng	——	山	回龙镇政府西北部	回龙镇
葫芦缸	Húlúgāng	——	山	新圩镇政府东部	新圩镇
葫芦岭	Húlú Lǐng	——	山	永丰镇政府东南部	永丰镇
湖冲	Húchōng	——	山	官圩镇政府西南部	官圩镇
湖斗埇	Húdǒuyǒng	——	山	回龙镇政府北部	回龙镇
湖竹坑	Húzhú Kēng	——	山	悦城镇政府东部	悦城镇
蝴蝶山	Húdié Shān	——	山	马圩镇政府东南部	马圩镇
虎山	Hǔ Shān	——	山	官圩镇政府北部	官圩镇
虎山	Hǔ Shān	——	山	官圩镇政府西南部	官圩镇
虎山	Hǔ Shān	——	山	悦城镇政府东北部	悦城镇
虎潭冲顶	Hǔtánchōng Dǐng	——	山	高良镇政府北部	高良镇
虎头咀	Hǔtóuzuǐ	——	山	悦城镇政府东北部	悦城镇
虎头山	Hǔtóu Shān	——	山	播植镇政府东南部	播植镇
花肚蛇	Huādùshé	——	山	播植镇政府东部	播植镇
花甲岗山	Huājiǎgǎng Shān	——	山	悦城镇政府北部	悦城镇
花燃园	Huāniǎnyuán	——	山	官圩镇政府北部	官圩镇
花稔迳	Huārěnjìng	——	山	回龙镇政府北部	回龙镇
花生冲	Huāshēngchōng	——	山	官圩镇政府东部	官圩镇
华表石	Huábiǎoshí	锦石山	山	回龙镇政府西部	回龙镇
荒田脑	Huāngtiánnǎo	——	山	官圩镇政府西北部	官圩镇
荒田头	Huāngtiántóu	——	山	悦城镇政府东北部	悦城镇
黄帝顶	Huángdì Dǐng	——	山	武垄镇政府东部	武垄镇
黄垌恶	Huángdòngnù	——	山	马圩镇政府东北部	马圩镇
黄洞山	Huángdòng Shān	——	山	马圩镇政府东南部	马圩镇
黄豆顶	Huángdòu Dǐng	——	山	莫村镇政府北部	莫村镇
黄峰坟	Huángfēngfén	——	山	播植镇政府东南部	播植镇
黄蜂佛	Huángfēngfó	——	山	九市镇政府西北部	九市镇

(续上表)

标准名称	汉语拼音	别名	地名类别	相对位置	所在(跨)行政区
黄蜂坑	Huángfēng Kēng	——	山	播植镇政府西南部	播植镇
黄蜂圹山	Huángfēngkuàng Shān	——	山	凤村镇政府南部	凤村镇
黄蜂脑	Huángfēngnǎo	——	山	凤村镇政府南部	凤村镇
黄高坑	Huánggāo Kēng	——	山	悦城镇政府北部	悦城镇
黄坑	Huángkēng	——	山	永丰镇政府西北部	永丰镇
黄坑	Huángkēng	——	山	武垄镇政府东部	武垄镇
黄坑云	Huángkēngyún	——	山	播植镇政府西部	播植镇
黄榄头	Huánglǎntóu	——	山	永丰镇政府西北部	永丰镇
黄犁岗	Huánglí Gǎng	——	山	播植镇政府东部	播植镇
黄岭	Huánglǐng	——	山	武垄镇政府东南部	武垄镇
黄茅冲	Huángmáochōng	——	山	回龙镇政府东南部	回龙镇
黄坭冲	Huángníchōng	——	山	新圩镇政府西北部	新圩镇
黄坭高尖	Huángní Gāojiān	——	山	悦城镇政府西北部	悦城镇
黄坭坑	Huángní Kēng	——	山	悦城镇政府东北部	悦城镇
黄坭坑	Huángní Kēng	——	山	莫村镇政府西南部	莫村镇
黄坭塘	Huángní Táng	——	山	凤村镇政府南部	凤村镇
黄坭埇	Huángníyǒng	——	山	官圩镇政府西北部	官圩镇
黄泥塘山	Huángnítáng Shān	——	山	播植镇政府东南部	播植镇
黄旗山	Huángqí Shān	——	山	悦城镇政府东部	悦城镇
黄沙坪	Huángshā Píng	——	山	高良镇政府南部	高良镇
黄塘	Huángtáng	——	山	凤村镇政府西南部	凤村镇
黄塘埇	Huángtángyǒng	——	山	官圩镇政府北部	官圩镇
黄土岗	Huángtǔ Gǎng	——	山	悦城镇政府东部	悦城镇
黄正冲	Huángzhèngchōng	——	山	马圩镇政府西南部	马圩镇
会南坑	Huìnán Kēng	——	山	武垄镇政府东南部	武垄镇
火车头	Huǒchētóu	——	山	官圩镇政府东北部	官圩镇
火烧坑	Huǒshāo Kēng	——	山	悦城镇政府东北部	悦城镇
火烧山	Huǒshāo Shān	——	山	永丰镇政府西南部	永丰镇
火炭冲	Huǒtànchōng	——	山	高良镇政府北部	高良镇

(续上表)

标准名称	汉语拼音	别名	地名类别	相对位置	所在(跨)行政区
火竹仔	Huǒzhúzǎi	——	山	播植镇政府西南部	播植镇
鸡白石	Jībáishí	——	山	九市镇政府西部	九市镇
鸡春顶	Jīchūn Dǐng	——	山	高良镇政府东北部	高良镇
鸡春河	Jīchūn Hé	——	山	高良镇政府东部	高良镇
鸡公顶	Jīgōng Dǐng	——	山	悦城镇政府西部	悦城镇
鸡公坑	Jīgōng Kēng	——	山	莫村镇政府东北部	莫村镇
鸡公脑	Jīgōngnǎo	——	山	官圩镇政府北部	官圩镇
鸡公头	Jīgōngtóu	——	山	九市镇政府东北部	九市镇
鸡冠顶	Jīguàn Dǐng	——	山	莫村镇政府东北部	莫村镇
鸡鹤儿	Jīhè'ér	——	山	官圩镇政府北部	官圩镇
鸡建岗	Jījiàn Gǎng	——	山	播植镇政府南部	播植镇
鸡笼坑	Jīlóng Kēng	——	山	永丰镇政府东北部	永丰镇
鸡笼山	Jīlóng Shān	——	山	武垄镇政府南部	武垄镇
鸡山	Jī Shān	——	山	官圩镇政府南部	官圩镇
鸡头山	Jītóu Shān	——	山	马圩镇政府东北部	马圩镇
鸡心石顶	Jīxīnshí Dǐng	——	山	莫村镇政府北部	莫村镇
吉笃大山	Jídǔ Dàshān	——	山	播植镇政府东部	播植镇
吉岗顶	Jígǎng Dǐng	——	山	官圩镇政府北部	官圩镇
鲫鱼塘	Jìyú Táng	——	山	武垄镇政府北部	武垄镇
迦劳	Jiāláo	——	山	武垄镇政府东部	武垄镇
甲子	Jiǎzǐ	——	山	回龙镇政府北部	回龙镇
架笕岭顶	Jiàjiǎnlǐng Dǐng	——	山	武垄镇政府东南部	武垄镇
架简冲	Jiàjiǎnchōng	——	山	回龙镇政府北部	回龙镇
架简坑	Jiàjiǎn Kēng	——	山	九市镇政府东北部	九市镇
架简坑	Jiàjiǎn Kēng	——	山	高良镇政府东北部	高良镇
架简头	Jiàjiǎntóu	——	山	回龙镇政府东北部	回龙镇
尖笔顶	Jiānbǐ Dǐng	——	山	永丰镇政府南部	永丰镇
尖峰顶	Jiānfēng Dǐng	——	山	九市镇政府东南部	九市镇
尖峰顶	Jiānfēng Dǐng	——	山	莫村镇政府南部	莫村镇
尖峰顶	Jiānfēng Dǐng	——	山	高良镇政府东部	高良镇

（续上表）

标准名称	汉语拼音	别名	地名类别	相对位置	所在(跨)行政区
尖峰顶	Jiānfēng Dǐng	——	山	官圩镇政府北部	官圩镇
尖峰顶	Jiānfēng Dǐng	——	山	九市镇政府北部	九市镇
尖岗	Jiāngǎng	——	山	回龙镇政府西北部	回龙镇
简战	Jiǎnzhàn	——	山	回龙镇政府东北部	回龙镇
箭猪窿	Jiànzhūlóng	——	山	莫村镇政府西南部	莫村镇
江拜山	Jiāngbài Shān	——	山	新圩镇政府东部	新圩镇
江底	Jiāngdǐ	——	山	莫村镇政府北部	莫村镇
降碧面	Jiàngbìmiàn	——	山	高良镇政府东北部	高良镇
降底	Jiàngdǐ	——	山	高良镇政府东北部	高良镇
降根	Jiànggēn	——	山	凤村镇政府西部	凤村镇
降坑	Jiàngkēng	——	山	悦城镇政府北部	悦城镇
降坑尾	Jiàngkēngwěi	——	山	悦城镇政府东北部	悦城镇
交战坑	Jiāozhàn Kēng	——	山	武垄镇政府西部	武垄镇
蕉根坑	Jiāogēn Kēng	——	山	武垄镇政府东南部	武垄镇
角仔坑	Jiǎozǎi Kēng	——	山	莫村镇政府北部	莫村镇
狡椅	Jiǎoyǐ	——	山	莫村镇政府北部	莫村镇
较雅山	Jiàoyǎ Shān	——	山	官圩镇政府北部	官圩镇
教椅山	Jiàoyǐ Shān	——	山	高良镇政府西北部	高良镇
金斗河	Jīndǒu Hé	——	山	官圩镇政府西部	官圩镇
金斗山	Jīndǒu Shān	——	山	马圩镇政府东北部	马圩镇
金峰顶	Jīnfēng Dǐng	——	山	官圩镇政府西部	官圩镇
金锋顶	Jīnfēng Dǐng	——	山	永丰镇政府西南部	永丰镇
金岗坑	Jīngǎng Kēng	——	山	九市镇政府北部	九市镇
金狗塘	Jīngǒu Táng	——	山	莫村镇政府北部	莫村镇
金鸡顶	Jīnjī Dǐng	——	山	官圩镇政府西部	官圩镇
金鸡顶	Jīnjī Dǐng	——	山	悦城镇政府西北部	悦城镇
金鸡顶	Jīnjī Dǐng	——	山	凤村镇政府西北部	凤村镇
金鸡坑	Jīnjī Kēng	——	山	凤村镇政府西北部	凤村镇
金鸡山	Jīnjī Shān	——	山	新圩镇政府东部	新圩镇
金鸡山	Jīnjī Shān	——	山	凤村镇政府西南部	凤村镇

（续上表）

标准名称	汉语拼音	别名	地名类别	相对位置	所在（跨）行政区
金鸡潭	Jīnjītán	——	山	悦城镇政府西北部	悦城镇
金礼岗	Jīnlǐ Gǎng	——	山	九市镇政府北部	九市镇
金星顶	Jīnxīng Dǐng	——	山	莫村镇政府西南部	莫村镇
金鱼山	Jīnyú Shān	——	山	高良镇政府南部	高良镇
尽坑山	Jìnkēng Shān	——	山	播植镇政府西南部	播植镇
进笋根山	Jìnsǔngēn Shān	——	山	永丰镇政府西南部	永丰镇
近河	Jìnhé	——	山	回龙镇政府北部	回龙镇
井岗山	Jǐnggǎng Shān	——	山	马圩镇政府东南部	马圩镇
井岷岗	Jǐngmín Gǎng	——	山	悦城镇政府东北部	悦城镇
径塘	Jìngtáng	——	山	悦城镇政府东北部	悦城镇
迳河顶	Jìnghé Dǐng	——	山	官圩镇政府北部	官圩镇
九坑	Jiǔkēng	——	山	高良镇政府北部	高良镇
九埌坑	Jiǔlàng Kēng	——	山	马圩镇政府东南部	马圩镇
九岭冲顶	Jiǔlǐngchōng Dǐng	——	山	高良镇政府西南部	高良镇
九曲迳	Jiǔqǔjìng	——	山	播植镇政府西南部	播植镇
九姊妹	Jiǔzǐmèi	——	山	高良镇政府北部	高良镇
旧屋地	Jiùwūdì	——	山	武垄镇政府东南部	武垄镇
桔洛顶	Júluò Dǐng	——	山	马圩镇政府东部	马圩镇
君子坑	Jūnzǐ Kēng	——	山	武垄镇政府北部	武垄镇
开荒平山	Kāihuāngpíng Shān	——	山	马圩镇政府东南部	马圩镇
㘵盖佬	Kǎngàilǎo	——	山	九市镇政府东北部	九市镇
坎盖头	Kǎngàitóu	——	山	永丰镇政府西南部	永丰镇
看牛冲	Kànniúchōng	——	山	悦城镇政府西北部	悦城镇
坑儿山	Kēng'ér Shān	——	山	永丰镇政府东北部	永丰镇
坑洼	Kēngwā	——	山	播植镇政府西南部	播植镇
坑尾	Kēngwěi	——	山	悦城镇政府西部	悦城镇
坑尾	Kēngwěi	——	山	莫村镇政府西部	莫村镇
坑尾	Kēngwěi	——	山	播植镇政府东南部	播植镇
坑尾	Kēngwěi	——	山	九市镇政府东北部	九市镇
坑尾山	Kēngwěi Shān	——	山	永丰镇政府西部	永丰镇

(续上表)

标准名称	汉语拼音	别名	地名类别	相对位置	所在(跨)行政区
坑云侧	Kēngyúncè	——	山	永丰镇政府西南部	永丰镇
坑仔	Kēngzǎi	——	山	播植镇政府西南部	播植镇
坑仔山	Kēngzǎi Shān	——	山	九市镇政府西北部	九市镇
坑仔山	Kēngzǎi Shān	——	山	播植镇政府西南部	播植镇
苦荚坑	Kǔmǎi Kēng	——	山	武垄镇政府北部	武垄镇
葵坑尾	Kuíkēngwěi	——	山	悦城镇政府东北部	悦城镇
拉板坑	Lābǎn Kēng	——	山	九市镇政府东北部	九市镇
腊鸭山	Làyā Shān	——	山	官圩镇政府北部	官圩镇
腊月岭	Làyuè Lǐng	——	山	永丰镇政府西部	永丰镇
兰花坑	Lánhuā Kēng	——	山	悦城镇政府东北部	悦城镇
蓝村峰	Láncūn Fēng	——	山	新圩镇政府东北部	新圩镇
榄根山	Lǎngēn Shān	——	山	凤村镇政府北部	凤村镇
榄坑	Lǎnkēng	——	山	武垄镇政府北部	武垄镇
榄坑	Lǎnkēng	——	山	悦城镇政府北部	悦城镇
榄坑	Lǎnkēng	——	山	莫村镇政府北部	莫村镇
榄坑仔	Lǎnkēngzǎi	——	山	莫村镇政府北部	莫村镇
榄坑仔	Lǎnkēngzǎi	——	山	悦城镇政府北部	悦城镇
榄山顶	Lǎnshān Dǐng	——	山	九市镇政府东北部	九市镇
榄树坑	Lǎnshù Kēng	——	山	新圩镇政府东部	新圩镇
榄仔山	Lǎnzǎi Shān	——	山	凤村镇政府西南部	凤村镇
烂疤冲山	Lànbāchōng Shān	——	山	新圩镇政府北部	新圩镇
烂兜装银	Làndōuzhuāngyín	——	山	莫村镇政府西部	莫村镇
狼笃山	Lángdǔ Shān	——	山	凤村镇政府东南部	凤村镇
埌儿山	Làng'ér Shān	——	山	官圩镇政府北部	官圩镇
埌头	Làngtóu	——	山	高良镇政府东北部	高良镇
埌头山	Làngtóu Shān	——	山	官圩镇政府东部	官圩镇
老湖	Lǎohú	——	山	官圩镇政府北部	官圩镇
老虎咀	Lǎohǔzuǐ	——	山	官圩镇政府西部	官圩镇
老虎坑	Lǎohǔ Kēng	——	山	回龙镇政府东南部	回龙镇
老虎山	Lǎohǔ Shān	——	山	高良镇政府东南部	高良镇

(续上表)

标准名称	汉语拼音	别名	地名类别	相对位置	所在(跨)行政区
老虎山	Lǎohǔ Shān	——	山	凤村镇政府东南部	凤村镇
老虎头	Lǎohǔtóu	——	山	悦城镇政府东北部	悦城镇
老虎窑	Lǎohǔyáo	——	山	悦城镇政府西北部	悦城镇
老鼠夹	Lǎoshǔjiá	——	山	莫村镇政府西南部	莫村镇
老鼠山	Lǎoshǔ Shān	——	山	永丰镇政府北部	永丰镇
老鼠岩	Lǎoshǔ Yán	——	山	官圩镇政府北部	官圩镇
老埇	Lǎoyǒng	——	山	回龙镇政府西北部	回龙镇
勒冲坪	Lèchōng Píng	——	山	高良镇政府西南部	高良镇
勒寒山	Lèhán Shān	——	山	播植镇政府西南部	播植镇
勒唛旺	Lèmàiwàng	——	山	莫村镇政府北部	莫村镇
勒水塘坪	Lèshuǐtáng Píng	——	山	新圩镇政府北部	新圩镇
了望山	Liǎowàng Shān	——	山	九市镇政府西北部	九市镇
雷冲	Léichōng	——	山	马圩镇政府东南部	马圩镇
雷垌大山	Léidòng Dàshān	——	山	马圩镇政府东南部	马圩镇
嘞格石	Leigéshí	——	山	新圩镇政府北部	新圩镇
冷水坑	Lěngshuǐ Kēng	——	山	悦城镇政府东部	悦城镇
梨埂坑	Lígěng Kēng	——	山	永丰镇政府北部	永丰镇
犁坑	Líkēng	——	山	莫村镇政府东北部	莫村镇
犁头	Lítóu	——	山	凤村镇政府西部	凤村镇
黎明坑	Límíng Kēng	——	山	凤村镇政府南部	凤村镇
黎竹坑	Lízhú Kēng	——	山	九市镇政府北部	九市镇
鲤鱼山	Lǐyú Shān	——	山	官圩镇政府北部	官圩镇
丽冲河山	Lìchōnghé Shān	——	山	官圩镇政府南部	官圩镇
利等壳	Lìděngké	——	山	高良镇政府北部	高良镇
荔枝顶	Lìzhī Dǐng	——	山	回龙镇政府西南部	回龙镇
荔枝塘	Lìzhī Táng	——	山	官圩镇政府西部	官圩镇
笠扫坑	Lìsǎo Kēng	——	山	莫村镇政府北部	莫村镇
连踏塘	Liántà Táng	——	山	永丰镇政府西南部	永丰镇
连塘坪	Liántáng Píng	——	山	高良镇政府西南部	高良镇
连藕山	Lián'ǒu Shān	——	山	马圩镇政府北部	马圩镇

(续上表)

标准名称	汉语拼音	别名	地名类别	相对位置	所在(跨)行政区
莲藕山	Lián'ǒu Shān	——	山	回龙镇政府西部	回龙镇
莲塘岗	Liántáng Gǎng	——	山	悦城镇政府东部	悦城镇
莲塘埂	Liántánggěng	——	山	马圩镇政府西南部	马圩镇
良头塘	Liángtóu Táng	——	山	永丰镇政府南部	永丰镇
良有塘	Liángyǒu Táng	——	山	官圩镇政府西南部	官圩镇
梁拔	Liángbá	——	山	官圩镇政府西南部	官圩镇
梁坑山	Liángkēng Shān	——	山	播植镇政府西南部	播植镇
两头塘	Liǎngtóu Táng	——	山	官圩镇政府东北部	官圩镇
两头塘	Liǎngtóu Táng	——	山	凤村镇政府西南部	凤村镇
寮坑	Liáokēng	——	山	悦城镇政府北部	悦城镇
林青	Línqīng	——	山	马圩镇政府东北部	马圩镇
岭凰山	Lǐnghuáng Shān	——	山	回龙镇政府西部	回龙镇
岭脚	Lǐngjiǎo	——	山	莫村镇政府西南部	莫村镇
岭头埌	Lǐngtóulàng	——	山	武垄镇政府北部	武垄镇
岭头坪	Lǐngtóu Píng	——	山	凤村镇政府西北部	凤村镇
岭头鹰顶	Lǐngtóuyīng Dǐng	——	山	高良镇政府东北部	高良镇
岭仔	Lǐngzǎi	——	山	播植镇政府东南部	播植镇
刘村面山	Liúcūnmiàn Shān	——	山	播植镇政府北部	播植镇
流水坑	Liúshuǐ Kēng	——	山	永丰镇政府西南部	永丰镇
硫磺山	Liúhuáng Shān	——	山	播植镇政府西南部	播植镇
六冲坑	Liùchōng Kēng	——	山	高良镇政府北部	高良镇
六湖坑	Liùhú Kēng	——	山	马圩镇政府东北部	马圩镇
六记	Liùjì	——	山	回龙镇政府西北部	回龙镇
六坑	Liùkēng	——	山	高良镇政府东北部	高良镇
六坑	Liùkēng	——	山	悦城镇政府北部	悦城镇
龙翻斗	Lóngfāndǒu	——	山	九市镇政府西北部	九市镇
龙华山	Lónghuá Shān	——	山	播植镇政府东南部	播植镇
龙角	Lóngjiǎo	——	山	回龙镇政府北部	回龙镇
龙颈凹	Lóngjǐng Āo	——	山	九市镇政府东部	九市镇
龙坑	Lóngkēng	——	山	官圩镇政府北部	官圩镇

(续上表)

标准名称	汉语拼音	别名	地名类别	相对位置	所在(跨)行政区
龙坑	Lóngkēng	——	山	播植镇政府西南部	播植镇
龙坑	Lóngkēng	——	山	回龙镇政府北部	回龙镇
龙马咀山	Lóngmǎzuǐ Shān	——	山	播植镇政府东南部	播植镇
龙马咀	Lóngmǎzuǐ	——	山	播植镇政府东南部	播植镇
龙气	Lóngqì	——	山	悦城镇政府东北部	悦城镇
龙湾山	Lóngwān Shān	——	山	悦城镇政府北部	悦城镇
龙湾山	Lóngwān Shān	——	山	高良镇政府西北部	高良镇
碌古头	Lùgǔtóu	——	山	播植镇政府西南部	播植镇
路锅埇	Lùguōyǒng	——	山	回龙镇政府北部	回龙镇
路虎头	Lùhǔtóu	——	山	永丰镇政府西南部	永丰镇
路旁冲	Lùpángchōng	——	山	马圩镇政府东北部	马圩镇
伦冲坑	Lúnchōng Kēng	——	山	九市镇政府东北部	九市镇
罗布山	Luóbù Shān	——	山	高良镇政府北部	高良镇
罗岑岗	Luócén Gǎng	——	山	凤村镇政府西北部	凤村镇
罗冲	Luóchōng	——	山	高良镇政府东部	高良镇
罗淡山	Luódàn Shān	——	山	播植镇政府南部	播植镇
罗碟塘	Luódié Táng	——	山	回龙镇政府东南部	回龙镇
罗迳	Luójìng	——	山	凤村镇政府西部	凤村镇
罗坑	Luókēng	——	山	悦城镇政府北部	悦城镇
罗楼冲	Luólóuchōng	——	山	马圩镇政府东北部	马圩镇
罗碌	Luólù	——	山	悦城镇政府北部	悦城镇
罗头埌	Luótóulàng	——	山	播植镇政府西南部	播植镇
螺山	Luóshān	——	山	回龙镇政府北部	回龙镇
洛河	Luòhé	——	山	官圩镇政府北部	官圩镇
落山蛇	Luòshānshé	——	山	武垄镇政府西北部	武垄镇
麻眉坑顶	Máméikēng Dǐng	——	山	悦城镇政府东北部	悦城镇
麻鸟顶	Mániǎo Dǐng	——	山	莫村镇政府北部	莫村镇
麻坪垌	Mápíng Dòng	——	山	官圩镇政府东北部	官圩镇
麻田坑	Mátián Kēng	——	山	悦城镇政府东北部	悦城镇
马鞍凹	Mǎ'ān Āo	——	山	悦城镇政府北部	悦城镇

（续上表）

标准名称	汉语拼音	别名	地名类别	相对位置	所在(跨)行政区
马鞍顶	Mǎ'ān Dǐng	——	山	高良镇政府西北部	高良镇
马鼻嘴	Mǎbízuǐ	——	山	播植镇政府西南部	播植镇
马步降	Mǎbùjiàng	——	山	高良镇政府东北部	高良镇
马步降坑	Mǎbùjiàng Kēng	——	山	高良镇政府东北部	高良镇
马槽	Mǎcáo	——	山	高良镇政府东北部	高良镇
马车塘	Mǎchē Táng	——	山	官圩镇政府西北部	官圩镇
马迹河	Mǎjì Hé	——	山	回龙镇政府北部	回龙镇
马颈坑	Mǎjǐng Kēng	——	山	永丰镇政府西南部	永丰镇
马力芦	Mǎlìlú	——	山	回龙镇政府西部	回龙镇
马骝凹	Mǎliú Āo	——	山	武垄镇政府西北部	武垄镇
马骝滩	Mǎliútān	——	山	官圩镇政府西北部	官圩镇
马骝头	Mǎliútóu	——	山	九市镇政府西北部	九市镇
马瘤茄	Mǎliúqié	——	山	九市镇政府东部	九市镇
马六凹	Mǎliù Āo	——	山	九市镇政府东部	九市镇
马六头	Mǎliùtóu	——	山	回龙镇政府西部	回龙镇
马箩顶	Mǎluó Dǐng	——	山	武垄镇政府西北部	武垄镇
马驴山	Mǎlǘ Shān	——	山	高良镇政府西北部	高良镇
马塞岗	Mǎsāi Gǎng	——	山	悦城镇政府东部	悦城镇
马山	Mǎshān	——	山	回龙镇政府西北部	回龙镇
马思冲	Mǎsīchōng	——	山	官圩镇政府东北部	官圩镇
马田垌	Mǎtián Dòng	——	山	高良镇政府西北部	高良镇
马尾坑	Mǎwěi Kēng	——	山	凤村镇政府西南部	凤村镇
马长塘	Mǎcháng Táng	——	山	莫村镇政府北部	莫村镇
麦竹坑	Màizhú Kēng	——	山	回龙镇政府西南部	回龙镇
脉儿冲	Mài'érchōng	——	山	回龙镇政府西部	回龙镇
脉儿埇	Mài'éryǒng	——	山	回龙镇政府西部	回龙镇
脉埇	Màiyǒng	——	山	回龙镇政府西部	回龙镇
芒坪	Máng Píng	——	山	高良镇政府北部	高良镇
猫儿迳	Māo'érjìng	——	山	马圩镇政府东南部	马圩镇
猫儿山	Māo'ér Shān	——	山	高良镇政府东北部	高良镇

（续上表）

标准名称	汉语拼音	别名	地名类别	相对位置	所在（跨）行政区
猫头顶	Māotóu Dǐng	——	山	九市镇政府西北部	九市镇
毛前坑	Máoqián Kēng	——	山	永丰镇政府西北部	永丰镇
毛塘冲	Máotáng Chōng	——	山	回龙镇政府北部	回龙镇
茅坑	Máokēng	——	山	莫村镇政府西北部	莫村镇
茅坑顶	Máokēng Dǐng	——	山	莫村镇政府西北部	莫村镇
茅坪	Máopíng	——	山	莫村镇政府西部	莫村镇
茅坪	Máopíng	——	山	莫村镇政府西南部	莫村镇
茅坪山	Máopíng Shān	——	山	永丰镇政府西部	永丰镇
茅田尾	Máotiánwěi	——	山	高良镇政府东北部	高良镇
帽塘	Màotáng	——	山	高良镇政府西部	高良镇
梅花顶	Méihuā Dǐng	——	山	悦城镇政府东北部	悦城镇
猛虎凹	Měnghǔ Āo	——	山	悦城镇政府西北部	悦城镇
猛虎跳墙	Měnghǔtiàoqiáng	——	山	播植镇政府西南部	播植镇
米罗坑	Mǐluó Kēng	——	山	武垄镇政府西北部	武垄镇
密浬山	Mìlǐ Shān	——	山	马圩镇政府东北部	马圩镇
面先山	Miànxiān Shān	——	山	永丰镇政府东部	永丰镇
面先山	Miànxiān Shān	——	山	永丰镇政府东南部	永丰镇
苗坪洼	Miáopíng Wā	——	山	悦城镇政府北部	悦城镇
庙背山	Miàobèi Shān	——	山	高良镇政府东北部	高良镇
庙背园	Miàobèi Yuán	——	山	悦城镇政府西部	悦城镇
庙冲山	Miàochōng Shān	——	山	马圩镇政府北部	马圩镇
庙岗	Miào Gǎng	——	山	永丰镇政府东南部	永丰镇
庙前山	Miàoqián Shān	——	山	武垄镇政府西南部	武垄镇
墨坑	Mòkēng	——	山	播植镇政府东南部	播植镇
木坎冲	Mùkǎnchōng	——	山	回龙镇政府东南部	回龙镇
木壳头	Mùkétóu	——	山	永丰镇政府西南部	永丰镇
木壳头	Mùkétóu	——	山	莫村镇政府西南部	莫村镇
木坑岭	Mùkēng Lǐng	——	山	九市镇政府东北部	九市镇
木莲冲	Mùliánchōng	——	山	回龙镇政府西北部	回龙镇
木林夹	Mùlínjiá	——	山	官圩镇政府北部	官圩镇

（续上表）

标准名称	汉语拼音	别名	地名类别	相对位置	所在(跨)行政区
木岭坑	Mùlǐng Kēng	——	山	九市镇政府北部	九市镇
木棉冲	Mùmiánchōng	——	山	回龙镇政府北部	回龙镇
木面头	Mùmiàntóu	——	山	九市镇政府东北部	九市镇
木稔洼	Mùrěnwā	——	山	播植镇政府西南部	播植镇
木山	Mù Shān	——	山	高良镇政府南部	高良镇
木塘头	Mùtángtóu	——	山	回龙镇政府西部	回龙镇
木头岭	Mùtóu Lǐng	——	山	九市镇政府东南部	九市镇
那那坑	Nànà Kēng	——	山	悦城镇政府北部	悦城镇
南岸山	Nán'àn Shān	——	山	永丰镇政府南部	永丰镇
南木坑顶	Nánmùkēng Dǐng	——	山	悦城镇政府东北部	悦城镇
南山	Nán Shān	——	山	马圩镇政府东南部	马圩镇
南山坑	Nánshān Kēng	——	山	九市镇政府北部	九市镇
南蛇劳	Nánshéláo	——	山	九市镇政府东北部	九市镇
南蛇塘	Nánshé Táng	——	山	九市镇政府东北部	九市镇
南蛇埇	Nánshéyǒng	——	山	高良镇政府南部	高良镇
南塘坑	Nántáng Kēng	——	山	高良镇政府北部	高良镇
泥坑	Níkēng	——	山	悦城镇政府东北部	悦城镇
泥涝埌	Nílàolàng	——	山	播植镇政府东部	播植镇
泥窿	Nílóng	——	山	官圩镇政府西北部	官圩镇
牛鼻山	Niúbí Shān	——	山	高良镇政府西南部	高良镇
牛恩冲	Niú'ēnchōng	——	山	回龙镇政府南部	回龙镇
牛粪	Niúfèn	——	山	永丰镇政府西部	永丰镇
牛粪坑	Niúfèn Kēng	——	山	永丰镇政府西部	永丰镇
牛公顶	Niúgōng Dǐng	——	山	九市镇政府东南部	九市镇
牛古	Niúgǔ	——	山	武垄镇政府南部	武垄镇
牛古埌	Niúgǔlàng	——	山	播植镇政府东部	播植镇
牛古卵	Niúgǔluǎn	——	山	播植镇政府南部	播植镇
牛股山	Niúgǔ Shān	——	山	马圩镇政府西南部	马圩镇
牛湖坑	Niúhú Kēng	——	山	莫村镇政府东北部	莫村镇
牛角迦山	Niújiǎojiā Shān	——	山	永丰镇政府东部	永丰镇

（续上表）

标准名称	汉语拼音	别名	地名类别	相对位置	所在（跨）行政区
牛角尾	Niújiǎowěi	——	山	武垄镇政府东南部	武垄镇
牛栏地	Niúlándì	——	山	永丰镇政府西南部	永丰镇
牛栏顶	Niúlán Dǐng	——	山	莫村镇政府北部	莫村镇
牛栏坑	Niúlán Kēng	——	山	悦城镇政府西北部	悦城镇
牛栏塘	Niúlán Táng	——	山	莫村镇政府北部	莫村镇
牛栏塘	Niúlán Táng	——	山	莫村镇政府西南部	莫村镇
牛脸冲	Niúliǎnchōng	——	山	回龙镇政府北部	回龙镇
牛岭塘山	Niúlǐngtáng Shān	——	山	官圩镇政府西部	官圩镇
牛陆坪	Niúlù Píng	——	山	高良镇政府南部	高良镇
牛山	Niú Shān	——	山	新圩镇政府西北部	新圩镇
牛山	Niú Shān	——	山	官圩镇政府北部	官圩镇
牛屎冲	Niúshǐchōng	——	山	官圩镇政府西部	官圩镇
牛头岭	Niútóu Lǐng	——	山	回龙镇政府东南部	回龙镇
牛头塘	Niútóu Táng	——	山	莫村镇政府西南部	莫村镇
牛搵冲	Niúwènchōng	——	山	回龙镇政府北部	回龙镇
欧埇	Ōuyǒng	——	山	官圩镇政府北部	官圩镇
耙庐	Pálú	——	山	播植镇政府南部	播植镇
炮楼山	Pàolóu Shān	——	山	九市镇政府西部	九市镇
盆古殿	Péngǔ Diàn	——	山	莫村镇政府东北部	莫村镇
盆古坑	Péngǔ Kēng	——	山	永丰镇政府东北部	永丰镇
皮壳山	Píké Shān	——	山	马圩镇政府东北部	马圩镇
埤头佛	Pítóufó	——	山	回龙镇政府北部	回龙镇
平顶山	Píngdǐng Shān	——	山	回龙镇政府东北部	回龙镇
平山	Píng Shān	——	山	马圩镇政府西南部	马圩镇
平山头	Píngshāntóu	——	山	回龙镇政府南部	回龙镇
平塘岭山	Píngtánglǐng Shān	——	山	官圩镇政府东部	官圩镇
平头	Píng Tóu	——	山	武垄镇政府东南部	武垄镇
坪岗	Píng Gǎng	——	山	凤村镇政府西北部	凤村镇
坪山	Píng Shān	——	山	武垄镇政府东南部	武垄镇
坪头	Píngtóu	——	山	武垄镇政府西北部	武垄镇

（续上表）

标准名称	汉语拼音	别名	地名类别	相对位置	所在(跨)行政区
坪头岭	Píngtóu Lǐng	—	山	悦城镇政府北部	悦城镇
坡头坪	Pōtóu Píng	—	山	莫村镇政府西部	莫村镇
菩萨埇	Púsàyǒng	—	山	官圩镇政府西南部	官圩镇
七宝莲山	Qībǎolián Shān	—	山	新圩镇政府东部	新圩镇
七星顶	Qīxīng Dǐng	—	山	九市镇政府西北部	九市镇
七星山	Qīxīng Shān	—	山	永丰镇政府西南部	永丰镇
七姊妹岭头	Qīzǐmèi Lǐngtóu	—	山	九市镇政府东北部	九市镇
棋山	Qí Shān	—	山	高良镇政府东北部	高良镇
旗坑顶	Qíkēng Dǐng	—	山	武垄镇政府东南部	武垄镇
麒麟顶	Qílín Dǐng	—	山	莫村镇政府西部	莫村镇
麒麟山	Qílín Shān	—	山	悦城镇政府西部	悦城镇
麒麟山	Qílín Shān	—	山	新圩镇政府东部	新圩镇
企山头	Qǐshān Tóu	—	山	高良镇政府东南部	高良镇
千人拜	Qiānrénbài	—	山	新圩镇政府东部	新圩镇
钳冲	Qiánchōng	—	山	回龙镇政府北部	回龙镇
茨坑	Qiànkēng	—	山	播植镇政府南部	播植镇
秦采根坑	Qíncǎigēn Kēng	—	山	高良镇政府北部	高良镇
青龙山	Qīnglóng Shān	—	山	永丰镇政府东北部	永丰镇
青水坑	Qīngshuǐ Kēng	—	山	凤村镇政府西部	凤村镇
清水涌山	Qīngshuǐchōng Shān	—	山	官圩镇政府东北部	官圩镇
秋风岭	Qiūfēng Lǐng	—	山	官圩镇政府北部	官圩镇
曲琴顶	Qǔqín Dǐng	—	山	莫村镇政府南部	莫村镇
雀儿埇	Què'éryǒng	—	山	回龙镇政府北部	回龙镇
群卜	Qúnbo	—	山	武垄镇政府东北部	武垄镇
群带坑	Qúndài Kēng	—	山	九市镇政府东北部	九市镇
群辽坑	Qúnliáo Kēng	—	山	高良镇政府东部	高良镇
群雀坑	Qúnquè Kēng	—	山	武垄镇政府西南部	武垄镇
染塘	Rǎntáng	—	山	回龙镇政府北部	回龙镇
人茸河	Rénróng Hé	—	山	高良镇政府北部	高良镇

（续上表）

标准名称	汉语拼音	别名	地名类别	相对位置	所在（跨）行政区
仁仔坑	Rénzǎi Kēng	——	山	莫村镇政府西北部	莫村镇
稔埇	Rěnyǒng	——	山	回龙镇政府东北部	回龙镇
榕树岗	Róngshù Gǎng	——	山	悦城镇政府东部	悦城镇
榕树坑	Róngshù Kēng	——	山	武垄镇政府西北部	武垄镇
榕树坑	Róngshù Kēng	——	山	悦城镇政府西北部	悦城镇
三北口	Sānběikǒu	——	山	回龙镇政府东北部	回龙镇
三带辽	Sāndàiliáo	——	山	官圩镇政府西部	官圩镇
三坟山	Sānfén Shān	——	山	永丰镇政府西南部	永丰镇
三级埌	Sānjíláng	——	山	悦城镇政府西北部	悦城镇
三角符	Sānjiǎofú	——	山	莫村镇政府西北部	莫村镇
三脚香炉	Sānjiǎoxiānglú	——	山	回龙镇政府北部	回龙镇
三教	Sānjiào	——	山	官圩镇政府西北部	官圩镇
三块田	Sānkuàitián	——	山	莫村镇政府西部	莫村镇
三马埇	Sānmǎyǒng	——	山	高良镇政府南部	高良镇
三杀山	Sānshā Shān	——	山	播植镇政府西南部	播植镇
三苏顶	Sānsū Dǐng	——	山	悦城镇政府西北部	悦城镇
三印	Sānyìn	——	山	莫村镇政府西部	莫村镇
森木仔	Sēnmùzǎi	——	山	永丰镇政府西部	永丰镇
沙冲	Shāchōng	——	山	马圩镇政府西南部	马圩镇
沙地顶	Shādì Dǐng	——	山	马圩镇政府北部	马圩镇
沙梨坑	Shālí Kēng	——	山	凤村镇政府西北部	凤村镇
沙梨坑	Shālí Kēng	——	山	武垄镇政府东南部	武垄镇
沙梨山	Shālí Shān	——	山	武垄镇政府西南部	武垄镇
沙仁埇	Shārényǒng	——	山	官圩镇政府东北部	官圩镇
沙田冲	Shātiánchōng	——	山	高良镇政府东北部	高良镇
沙田埇	Shātiányǒng	——	山	马圩镇政府北部	马圩镇
沙洲坑	Shāzhōu Kēng	——	山	播植镇政府西部	播植镇
沙子岭	Shāzǐ Lǐng	——	山	莫村镇政府东北部	莫村镇
晒谷石	Shàigǔshí	——	山	莫村镇政府东部	莫村镇
山柴	Shānchái	——	山	莫村镇政府东北部	莫村镇

（续上表）

标准名称	汉语拼音	别名	地名类别	相对位置	所在(跨)行政区
山峒尾	Shāndòngwěi	——	山	新圩镇政府东部	新圩镇
山河坑	Shānhé Kēng	——	山	莫村镇政府东北部	莫村镇
山脚	Shānjiǎo	——	山	官圩镇政府北部	官圩镇
山咀	Shānzuǐ	——	山	播植镇政府西南部	播植镇
山咀尾	Shānzuǐwěi	——	山	官圩镇政府东北部	官圩镇
山梅坑	Shānméi Kēng	——	山	永丰镇政府东部	永丰镇
山塘	Shāntáng	——	山	回龙镇政府西北部	回龙镇
山塘顶	Shāntáng Dǐng	——	山	回龙镇政府北部	回龙镇
山塘顶	Shāntáng Dǐng	——	山	武垄镇政府东南部	武垄镇
山塘尾	Shāntángwěi	——	山	播植镇政府西南部	播植镇
山腰坪顶	Shānyāopíng Dǐng	——	山	莫村镇政府西南部	莫村镇
山窑冲	Shānyáochōng	——	山	新圩镇政府东部	新圩镇
山窑塘	Shānyáotáng	——	山	回龙镇政府东北部	回龙镇
山窑塘口	Shānyáotángkǒu	——	山	回龙镇政府东北部	回龙镇
山窑屋	Shānyáowū	——	山	高良镇政府北部	高良镇
山早塘	Shānzǎo Táng	——	山	官圩镇政府北部	官圩镇
山寨	Shānzhài	——	山	莫村镇政府西南部	莫村镇
山寨	Shānzhài	——	山	莫村镇政府东北部	莫村镇
山寨顶	Shānzhài Dǐng	——	山	莫村镇政府北部	莫村镇
山寨顶	Shānzhài Dǐng	——	山	莫村镇政府西南部	莫村镇
山猪爆	Shānzhūbào	——	山	回龙镇政府北部	回龙镇
山猪坑	Shānzhū Kēng	——	山	悦城镇政府东北部	悦城镇
杉坑	Shānkēng	——	山	回龙镇政府西南部	回龙镇
杉坑	Shānkēng	——	山	悦城镇政府北部	悦城镇
杉坑顶	Shānkēng Dǐng	——	山	九市镇政府东部	九市镇
杉坑顶	Shānkēng Dǐng	——	山	悦城镇政府西北部	悦城镇
杉坑岭头	Shānkēnglǐng Tóu	——	山	悦城镇政府北部	悦城镇
杉坑山	Shānkēng Shān	——	山	播植镇政府东南部	播植镇
杉树顶	Shānshù Dǐng	——	山	悦城镇政府西北部	悦城镇
上冲河	Shàngchōng Hé	——	山	官圩镇政府西部	官圩镇

（续上表）

标准名称	汉语拼音	别名	地名类别	相对位置	所在（跨）行政区
上凼	Shàngdàng	——	山	悦城镇政府东北部	悦城镇
上岗	Shàng Gǎng	——	山	永丰镇政府西北部	永丰镇
上格岭头	Shànggélǐng Tóu	——	山	永丰镇政府东南部	永丰镇
上管冲	Shàngguǎnchōng	——	山	九市镇政府东北部	九市镇
上花灯	Shànghuādēng	——	山	武垄镇政府西部	武垄镇
上架	Shàngjià	——	山	新圩镇政府西部	新圩镇
上降九	Shàngjiàngjiǔ	——	山	莫村镇政府西北部	莫村镇
上坑	Shàngkēng	——	山	悦城镇政府北部	悦城镇
上垄	Shànglǒng	——	山	武垄镇政府西北部	武垄镇
上茅坪山	Shàngmáopíng Shān	——	山	永丰镇政府西部	永丰镇
上泮月背后山	Shàngpànyuè Bèihòu Shān	——	山	永丰镇政府东北部	永丰镇
上山咀	Shàngshān Zuǐ	——	山	马圩镇政府东南部	马圩镇
上树冲	Shàngshùchōng	——	山	回龙镇政府南部	回龙镇
上树根	Shàngshùgēn	——	山	新圩镇政府东北部	新圩镇
上水虾	Shàngshuǐxiā	——	山	武垄镇政府东南部	武垄镇
上塘冲	Shàngtángchōng	——	山	马圩镇政府东北部	马圩镇
上托	Shàngtuō	——	山	悦城镇政府东北部	悦城镇
上谢山	Shàngxiè Shān	——	山	官圩镇政府东南部	官圩镇
少端坑	Shǎoduān Kēng	——	山	新圩镇政府东部	新圩镇
少林	Shàolín	——	山	回龙镇政府西南部	回龙镇
少梅	Shàoméi	——	山	高良镇政府北部	高良镇
蛇儿山	Shé'ér Shān	——	山	回龙镇政府西部	回龙镇
社咀山	Shèzuǐ Shān	——	山	官圩镇政府东部	官圩镇
社坑顶	Shèkēng Dǐng	——	山	九市镇政府西北部	九市镇
社婆坑	Shèpó Kēng	——	山	高良镇政府东北部	高良镇
社山	Shè Shān	——	山	高良镇政府北部	高良镇
深冲	Shēnchōng	——	山	新圩镇政府东部	新圩镇
深计顶	Shēnjì Dǐng	——	山	永丰镇政府西南部	永丰镇
深坑	Shēnkēng	——	山	永丰镇政府西部	永丰镇

(续上表)

标准名称	汉语拼音	别名	地名类别	相对位置	所在(跨)行政区
深坑	Shēnkēng	——	山	悦城镇政府北部	悦城镇
深坑底	Shēnkēngdǐ	——	山	凤村镇政府西北部	凤村镇
深辽	Shēnliáo	——	山	高良镇政府东部	高良镇
深裂	Shēnliè	——	山	武垄镇政府东部	武垄镇
深岐口	Shēnqíkǒu	——	山	回龙镇政府西部	回龙镇
深岐岭	Shēnqí Lǐng	——	山	回龙镇政府西部	回龙镇
深塘	Shēntáng	——	山	悦城镇政府东北部	悦城镇
深塘坑	Shēntáng Kēng	——	山	凤村镇政府南部	凤村镇
深塘坑	Shēntáng Kēng	——	山	悦城镇政府东北部	悦城镇
深塘涌山	Shēntángchng Shān	——	山	官圩镇政府东北部	官圩镇
深涌	Shēnchōng	——	山	悦城镇政府北部	悦城镇
神仙桥	Shénxiān Qiáo	——	山	播植镇政府东南部	播植镇
生化脑	Shēnghuànǎo	——	山	官圩镇政府北部	官圩镇
狮山	Shīshān	——	山	回龙镇政府西北部	回龙镇
狮子顶	Shīzǐ Dǐng	——	山	九市镇政府东北部	九市镇
狮子岭头	Shīzǐlǐng Tóu	——	山	高良镇政府东北部	高良镇
狮子坪	Shīzǐ Píng	——	山	悦城镇政府东北部	悦城镇
狮子山	Shīzǐ Shān	——	山	马圩镇政府东南部	马圩镇
狮子山	Shīzǐ Shān	——	山	莫村镇政府东北部	莫村镇
狮子望楼台	Shīzǐwànglóutái	——	山	悦城镇政府东北部	悦城镇
湿水塘	Shīshuǐ Táng	——	山	官圩镇政府北部	官圩镇
十二磅	Shí'èrpáng	——	山	高良镇政府西北部	高良镇
十二碑顶	Shí'èrbēi Dǐng	——	山	新圩镇政府东部	新圩镇
十二坑	Shí'èr Kēng	——	山	莫村镇政府东北部	莫村镇
十五降顶	Shíwǔjiàng Dǐng	——	山	播植镇政府东南部	播植镇
十丈顶	Shízhàng Dǐng	——	山	永丰镇政府西南部	永丰镇
石碑坑	Shíbēi Kēng	——	山	播植镇政府西南部	播植镇
石碧底	Shíbìdǐ	——	山	武垄镇政府东南部	武垄镇
石壁	Shíbì	——	山	悦城镇政府东北部	悦城镇
石壁赊	Shíbìshē	——	山	永丰镇政府西北部	永丰镇

（续上表）

标准名称	汉语拼音	别名	地名类别	相对位置	所在（跨）行政区
石达	Shídá	——	山	永丰镇政府西南部	永丰镇
石底坑	Shídǐ Kēng	——	山	高良镇政府西北部	高良镇
石公坑	Shígōng Kēng	——	山	悦城镇政府东北部	悦城镇
石狗顶	Shígǒu Dǐng	——	山	莫村镇政府北部	莫村镇
石狗头	Shígǒutóu	——	山	永丰镇政府西部	永丰镇
石蛤凼	Shíhádàng	——	山	悦城镇政府东北部	悦城镇
石蛤山	Shíhá Shān	——	山	播植镇政府东南部	播植镇
石蛤头	Shíhátóu	——	山	高良镇政府东南部	高良镇
石蛤埇	Shíháyǒng	——	山	高良镇政府东北部	高良镇
石湖岭	Shíhú Lǐng	——	山	悦城镇政府北部	悦城镇
石角背后山	Shíjiǎo Bèihòu Shān	——	山	回龙镇政府西部	回龙镇
石脚	Shíjiǎo	——	山	永丰镇政府东部	永丰镇
石脚山	Shíjiǎo Shān	——	山	马圩镇政府西南部	马圩镇
石景脑	Shíjǐngnǎo	——	山	马圩镇政府东北部	马圩镇
石咀	Shízuǐ	——	山	永丰镇政府北部	永丰镇
石龙塘	Shílóng Táng	——	山	悦城镇政府西部	悦城镇
石龙头	Shílóngtóu	——	山	播植镇政府南部	播植镇
石龙头	Shílóngtóu	——	山	悦城镇政府东北部	悦城镇
石楼头	Shílóutóu	——	山	播植镇政府东部	播植镇
石眉	Shíméi	——	山	高良镇政府北部	高良镇
石门顶	Shímén Dǐng	——	山	凤村镇政府西部	凤村镇
石门塘山	Shíméntáng Shān	——	山	新圩镇政府东部	新圩镇
石人顶	Shírén Dǐng	——	山	九市镇政府东北部	九市镇
石人山	Shírén Shān	——	山	凤村镇政府北部	凤村镇
石山	Shí Shān	——	山	悦城镇政府西部	悦城镇
石山顶	Shíshān Dǐng	——	山	莫村镇政府西北部	莫村镇
石挞山	Shítà Shān	——	山	回龙镇政府西部	回龙镇
石台坳顶	Shítái'ào Dǐng	——	山	悦城镇政府西北部	悦城镇
石台头	Shítáitóu	——	山	悦城镇政府西北部	悦城镇
石头埇	Shítóuyǒng	——	山	马圩镇政府东北部	马圩镇

（续上表）

标准名称	汉语拼音	别名	地名类别	相对位置	所在(跨)行政区
石屋	Shíwū	——	山	官圩镇政府北部	官圩镇
石屋	Shíwū	——	山	莫村镇政府西部	莫村镇
石屋顶	Shíwū Dǐng	——	山	高良镇政府北部	高良镇
石屋坑	Shíwū Kēng	——	山	高良镇政府北部	高良镇
石物河冲	Shíwù Héchōng	——	山	官圩镇政府北部	官圩镇
石峡冲	Shíxiáchōng	——	山	官圩镇政府东南部	官圩镇
石埇山	Shíyǒng Shān	——	山	马圩镇政府东北部	马圩镇
树坑	Shùkēng	——	山	高良镇政府东部	高良镇
双八坑	Shuāngbā Kēng	——	山	莫村镇政府北部	莫村镇
双崩坑	Shuāngbēng Kēng	——	山	莫村镇政府西北部	莫村镇
双播岭	Shuāngbō Lǐng	——	山	武垄镇政府西南部	武垄镇
双不塘山	Shuāngbùtáng Shān	——	山	播植镇政府西南部	播植镇
双峒	Shuāngdòng	——	山	莫村镇政府西北部	莫村镇
双斗坑	Shuāngdǒu Kēng	——	山	武垄镇政府东北部	武垄镇
双豆山	Shuāngdòu Shān	——	山	武垄镇政府东部	武垄镇
双对坑	Shuāngduì Kēng	——	山	凤村镇政府南部	凤村镇
双坟头	Shuāngféntóu	——	山	高良镇政府北部	高良镇
双甘冲	Shuānggānchōng	——	山	马圩镇政府东北部	马圩镇
双葛坑	Shuānggě Kēng	——	山	播植镇政府西南部	播植镇
双行	Shuāngháng	——	山	武垄镇政府西南部	武垄镇
双行	Shuāngháng	——	山	播植镇政府南部	播植镇
双行坑	Shuāngháng Kēng	——	山	永丰镇政府东南部	永丰镇
双耗	Shuānghào	——	山	武垄镇政府西北部	武垄镇
双禾坑	Shuānghé Kēng	——	山	播植镇政府南部	播植镇
双河岭	Shuānghé Lǐng	——	山	播植镇政府东部	播植镇
双河山	Shuānghé Shān	——	山	播植镇政府西南部	播植镇
双鹤顶	Shuānghè Dǐng	——	山	播植镇政府东南部	播植镇
双鹤顶	Shuānghè Dǐng	——	山	播植镇政府东部	播植镇
双鹤坑	Shuānghè Kēng	——	山	播植镇政府东南部	播植镇
双湖坑	Shuānghú Kēng	——	山	播植镇政府西南部	播植镇

（续上表）

标准名称	汉语拼音	别名	地名类别	相对位置	所在（跨）行政区
双湖塘	Shuānghú Táng	——	山	播植镇政府南部	播植镇
双华坑	Shuānghuá Kēng	——	山	播植镇政府南部	播植镇
双会	Shuānghuì	——	山	武垄镇政府南部	武垄镇
双会岭	Shuānghuì Lǐng	——	山	武垄镇政府南部	武垄镇
双火咀	Shuānghuǒ Zuǐ	——	山	播植镇政府南部	播植镇
双火坑	Shuānghuǒ Kēng	——	山	播植镇政府南部	播植镇
双记坑	Shuāngjì Kēng	——	山	播植镇政府东部	播植镇
双金顶	Shuāngjīn Dǐng	——	山	播植镇政府南部	播植镇
双金坑	Shuāngjīn Kēng	——	山	播植镇政府南部	播植镇
双京坑	Shuāngjīng Kēng	——	山	武垄镇政府西北部	武垄镇
双冚坑	Shuāngkǎn Kēng	——	山	播植镇政府西部	播植镇
双宽头	Shuāngkuāntóu	——	山	武垄镇政府东部	武垄镇
双来坑	Shuānglái Kēng	——	山	凤村镇政府南部	凤村镇
双林迳	Shuānglínjìng	——	山	凤村镇政府西部	凤村镇
双六坑	Shuāngliù Kēng	——	山	武垄镇政府东南部	武垄镇
双龙坑	Shuānglóng Kēng	——	山	凤村镇政府西南部	凤村镇
双窿	Shuānglóng	——	山	莫村镇政府西南部	莫村镇
双芒头	Shuāngmángtóu	——	山	凤村镇政府西南部	凤村镇
双坪	Shuāngpíng	——	山	永丰镇政府西部	永丰镇
双钳坑	Shuāngqián Kēng	——	山	武垄镇政府北部	武垄镇
双琴	Shuāngqín	——	山	播植镇政府东北部	播植镇
双清	Shuāngqīng	——	山	武垄镇政府西南部	武垄镇
双筛	Shuāngshāi	——	山	莫村镇政府西北部	莫村镇
双山岭	Shuāngshān Lǐng	——	山	武垄镇政府西南部	武垄镇
双蛇坑	Shuāngshé Kēng	——	山	莫村镇政府西北部	莫村镇
双使山	Shuāngshǐ Shān	——	山	播植镇政府西南部	播植镇
双庶坑	Shuāngshù Kēng	——	山	永丰镇政府西南部	永丰镇
双思坑	Shuāngsī Kēng	——	山	悦城镇政府东北部	悦城镇
双松顶	Shuāngsōng Dǐng	——	山	播植镇政府东南部	播植镇
双台山	Shuāngtái Shān	——	山	永丰镇政府西南部	永丰镇

（续上表）

标准名称	汉语拼音	别名	地名类别	相对位置	所在(跨)行政区
双炭	Shuāngtàn	——	山	武垄镇政府东部	武垄镇
双啼	Shuāngtí	——	山	凤村镇政府东南部	凤村镇
双头	Shuāngtóu	——	山	悦城镇政府西北部	悦城镇
双头佛	Shuāngtóufó	——	山	回龙镇政府北部	回龙镇
双乌坑	Shuāngwū Kēng	——	山	武垄镇政府西部	武垄镇
双下段	Shuāngxiàduàn	——	山	回龙镇政府西部	回龙镇
双学山	Shuāngxué Shān	——	山	武垄镇政府东部	武垄镇
双尧坑	Shuāngyáo Kēng	——	山	播植镇政府南部	播植镇
双崟	Shuāngyín	——	山	永丰镇政府南部	永丰镇
双埇	Shuāngyǒng	——	山	回龙镇政府西部	回龙镇
双埇界	Shuāngyǒng Jiè	——	山	回龙镇政府西北部	回龙镇
双鱼	Shuāngyú	——	山	武垄镇政府西南部	武垄镇
双芋坑	Shuāngyù Kēng	——	山	武垄镇政府东部	武垄镇
双灶	Shuāngzào	——	山	武垄镇政府西南部	武垄镇
双植山	Shuāngzhí Shān	——	山	播植镇政府西部	播植镇
双猪	Shuāngzhū	——	山	播植镇政府东南部	播植镇
双孖顶	Shuāngmā Dǐng	——	山	高良镇政府东部	高良镇
双作坑	Shuāngzuò Kēng	——	山	莫村镇政府西北部	莫村镇
水对冲尾	Shuǐduìchōng Wěi	——	山	高良镇政府东南部	高良镇
水碓坪山	Shuǐduìpíng Shān	——	山	回龙镇政府西南部	回龙镇
水牯坑	Shuǐgǔ Kēng	——	山	回龙镇政府西南部	回龙镇
水晶顶	Shuǐjīng Dǐng	——	山	高良镇政府北部	高良镇
水井冲	Shuǐjǐngchōng	——	山	官圩镇政府西部	官圩镇
水蕨坑	Shuǐjué Kēng	——	山	永丰镇政府西部	永丰镇
水坑头	Shuǐkēngtóu	——	山	凤村镇政府南部	凤村镇
水姆山	Shuǐmǔ Shān	——	山	永丰镇政府西北部	永丰镇
水升坑	Shuǐshēng Kēng	——	山	回龙镇政府西部	回龙镇
水升岭	Shuǐshēng Lǐng	——	山	回龙镇政府西部	回龙镇
水声坑	Shuǐshēng Kēng	——	山	莫村镇政府西南部	莫村镇
水尾塘	Shuǐwěi Táng	——	山	官圩镇政府西北部	官圩镇

（续上表）

标准名称	汉语拼音	别名	地名类别	相对位置	所在（跨）行政区
水源	Shuǐyuán	——	山	高良镇政府北部	高良镇
水源坑	Shuǐyuán Kēng	——	山	悦城镇政府北部	悦城镇
四顶	Sì dǐng	——	山	九市镇政府东北部	九市镇
四季岭	Sìjì Lǐng	——	山	官圩镇政府西部	官圩镇
四炉脚头山	Sìlújiǎotóu Shān	——	山	永丰镇政府东南部	永丰镇
四炉头	Sìlútóu	——	山	播植镇政府西北部	播植镇
四螺旋顶	Sìluóxuán Dǐng	——	山	九市镇政府北部	九市镇
四牛头	Sìniútóu	——	山	永丰镇政府东南部	永丰镇
松岗岭	Sōnggǎng Lǐng	——	山	播植镇政府西南部	播植镇
松古老顶	Sōnggǔlǎo Dǐng	——	山	悦城镇政府北部	悦城镇
松和	Sōnghé	——	山	回龙镇政府西北部	回龙镇
松木根	Sōngmùgēn	——	山	九市镇政府东北部	九市镇
松山	Sōng Shān	——	山	播植镇政府西南部	播植镇
松山	Sōng Shān	——	山	回龙镇政府西部	回龙镇
松子脑	Sōngzǐnǎo	——	山	官圩镇政府西北部	官圩镇
苏坑	Sūkēng	——	山	凤村镇政府西部	凤村镇
苏坑山	Sūkēng Shān	——	山	播植镇政府西南部	播植镇
苏武	Sūwǔ	——	山	回龙镇政府西部	回龙镇
孙塞	Sūnsāi	——	山	回龙镇政府北部	回龙镇
踏稔	Tàrěn	——	山	马圩镇政府东南部	马圩镇
滩底	Tāndǐ	——	山	官圩镇政府西北部	官圩镇
滩底背后山	Tāndǐ Bèihòu Shān	——	山	官圩镇政府北部	官圩镇
罈汻涌	Tánbànchōng	——	山	官圩镇政府东北部	官圩镇
罈汆坑	Táncuān Kēng	——	山	武垄镇政府东部	武垄镇
罈汆岭	Táncuān Lǐng	——	山	播植镇政府西南部	播植镇
罈达	Tándá	——	山	凤村镇政府南部	凤村镇
罈笪	Tándá	——	山	永丰镇政府东南部	永丰镇
罈倒	Tándǎo	——	山	武垄镇政府东部	武垄镇
罈堆顶	Tánduī Dǐng	——	山	官圩镇政府东北部	官圩镇
罈二山	Tán'èr Shān	——	山	播植镇政府西南部	播植镇

（续上表）

标准名称	汉语拼音	别名	地名类别	相对位置	所在(跨)行政区
簹逢	Tánféng	——	山	马圩镇政府东北部	马圩镇
簹棍	Tángùn	——	山	莫村镇政府东北部	莫村镇
簹湖岭	Tánhú Lǐng	——	山	永丰镇政府南部	永丰镇
簹花尾	Tánhuāwěi	——	山	莫村镇政府西北部	莫村镇
簹亢咀山	Tánhuāngzuǐ Shān	——	山	播植镇政府东南部	播植镇
簹黄顶	Tánhuáng Dǐng	——	山	莫村镇政府西北部	莫村镇
簹黄辽	Tánhuángliáo	——	山	官圩镇政府北部	官圩镇
簹计	Tánjì	——	山	官圩镇政府西部	官圩镇
簹金坑	Tánjīn Kēng	——	山	永丰镇政府南部	永丰镇
簹晶	Tánjīng	——	山	武垄镇政府东部	武垄镇
簹晶尾	Tánjīngwěi	——	山	武垄镇政府东部	武垄镇
簹坑	Tánkēng	——	山	回龙镇政府北部	回龙镇
簹坑	Tánkēng	——	山	凤村镇政府西部	凤村镇
簹坑塘	Tánkēng Táng	——	山	播植镇政府西南部	播植镇
簹篸	Tánkòu	——	山	永丰镇政府东南部	永丰镇
簹来	Tánlái	——	山	播植镇政府西南部	播植镇
簹雷岭	Tánléi Lǐng	——	山	永丰镇政府西南部	永丰镇
簹犁山	Tánlí Shān	——	山	永丰镇政府东部	永丰镇
簹犁山	Tánlí Shān	——	山	播植镇政府西南部	播植镇
簹龙	Tánlóng	——	山	官圩镇政府西部	官圩镇
簹罗冲顶	Tánluóchōng Dǐng	——	山	马圩镇政府东北部	马圩镇
簹吕坑	Tánlǚ Kēng	——	山	武垄镇政府东部	武垄镇
簹茂顶	Tánmào Dǐng	——	山	莫村镇政府西南部	莫村镇
簹梅	Tánméi	——	山	武垄镇政府东部	武垄镇
簹木湖	Tánmù Hú	——	山	播植镇政府西南部	播植镇
簹木坑	Tánmù Kēng	——	山	悦城镇政府北部	悦城镇
簹坭坑	Tánní Kēng	——	山	播植镇政府西部	播植镇
簹贫山	Tánpín Shān	——	山	高良镇政府西北部	高良镇
簹仆坑	Tánpú Kēng	——	山	悦城镇政府东北部	悦城镇
簹雀山	Tánquè Shān	——	山	播植镇政府西南部	播植镇

(续上表)

标准名称	汉语拼音	别名	地名类别	相对位置	所在(跨)行政区
嶜榕	Tánróng	——	山	永丰镇政府南部	永丰镇
嶜榕坑	Tánróng Kēng	——	山	莫村镇政府西北部	莫村镇
嶜榕山	Tánróng Shān	——	山	武垄镇政府西北部	武垄镇
嶜榕山	Tánróng Shān	——	山	莫村镇政府西北部	莫村镇
嶜沙	Tánshā	——	山	永丰镇政府东北部	永丰镇
嶜社山	Tánshè Shān	——	山	播植镇政府西南部	播植镇
嶜深山	Tánshēn Shān	——	山	播植镇政府西南部	播植镇
嶜实	Tánshí	——	山	官圩镇政府西北部	官圩镇
嶜史坑	Tánshǐ Kēng	——	山	凤村镇政府西部	凤村镇
嶜塑	Tánsù	——	山	武垄镇政府东部	武垄镇
嶜塘顶	Tántáng Dǐng	——	山	高良镇政府西北部	高良镇
嶜尾冲	Tánwěichōng	——	山	官圩镇政府北部	官圩镇
嶜尾坑	Tánwěi Kēng	——	山	凤村镇政府西北部	凤村镇
嶜尾坑	Tánwěi Kēng	——	山	凤村镇政府西部	凤村镇
嶜文	Tánwén	——	山	回龙镇政府北部	回龙镇
嶜洋山	Tányáng Shān	——	山	永丰镇政府东南部	永丰镇
嶜又	Tányòu	——	山	永丰镇政府西部	永丰镇
嶜元山	Tányuán Shān	——	山	永丰镇政府东南部	永丰镇
嶜园山	Tányuán Shān	——	山	播植镇政府西南部	播植镇
嶜仔坑	Tánzǎi Kēng	——	山	凤村镇政府西南部	凤村镇
嶜住	Tánzhù	——	山	回龙镇政府北部	回龙镇
汤鸡坑	Tāngjī Kēng	——	山	莫村镇政府东北部	莫村镇
塘冲	Tángchōng	——	山	悦城镇政府西北部	悦城镇
塘儿	Táng'ér	——	山	回龙镇政府西北部	回龙镇
塘儿头坑	Táng'értóu Kēng	——	山	高良镇政府北部	高良镇
塘角顶	Tángjiǎo Dǐng	——	山	马圩镇政府东北部	马圩镇
塘咀	Tángzuǐ	——	山	高良镇政府西北部	高良镇
塘贫山	Tángpín Shān	——	山	永丰镇政府西南部	永丰镇
塘头山	Tángtóu Shān	——	山	悦城镇政府北部	悦城镇
塘瓮禁山	Tángwèng Jìnshān	——	山	九市镇政府东南部	九市镇

（续上表）

标准名称	汉语拼音	别名	地名类别	相对位置	所在(跨)行政区
塘仔尾	Tángzǎiwěi	——	山	九市镇政府西北部	九市镇
糖梨壁	Tánglíbì	——	山	悦城镇政府西北部	悦城镇
桃子山咀	Táozǐ Shānzuǐ	——	山	新圩镇政府北部	新圩镇
腾嘴山	Téngzuǐ Shān	——	山	马圩镇政府东北部	马圩镇
天保岗	Tiānbǎo Gǎng	——	山	九市镇政府东北部	九市镇
天地仁	Tiāndìrén	——	山	凤村镇政府西南部	凤村镇
天坑	Tiānkēng	——	山	高良镇政府东部	高良镇
天坑塘	Tiānkēng Táng	——	山	九市镇政府北部	九市镇
天马岗	Tiānmǎ Gǎng	——	山	高良镇政府西南部	高良镇
天堂	Tiāntáng	——	山	莫村镇政府东北部	莫村镇
天堂	Tiāntáng	——	山	莫村镇政府西南部	莫村镇
天堂头	Tiāntángtóu	——	山	高良镇政府东北部	高良镇
天塘	Tiāntáng	——	山	回龙镇政府北部	回龙镇
天塘	Tiāntáng	——	山	九市镇政府东部	九市镇
天塘口	Tiāntángkǒu	——	山	高良镇政府东北部	高良镇
天塘脑	Tiāntángnǎo	——	山	官圩镇政府西部	官圩镇
天乌平	Tiānwūpíng	——	山	回龙镇政府西北部	回龙镇
田螺坑	Tiánluó Kēng	——	山	播植镇政府西南部	播植镇
田螺旋顶	Tiánluóxuán Dǐng	——	山	九市镇政府西北部	九市镇
田特坳	Tiántè Ào	——	山	武垄镇政府东南部	武垄镇
田仔尾	Tiánzǎiwěi	——	山	悦城镇政府北部	悦城镇
铁厂坑	Tiěchǎng Kēng	——	山	永丰镇政府南部	永丰镇
铁炉头	Tiělútóu	——	山	莫村镇政府西南部	莫村镇
铁路涌	Tiělùchōng	——	山	高良镇政府南部	高良镇
铁簪头	Tiězāntóu	——	山	凤村镇政府西北部	凤村镇
冂竹	Tóngzhú	——	山	莫村镇政府东北部	莫村镇
同子顶	Tóngzǐ Dǐng	——	山	悦城镇政府西北部	悦城镇
桐油坑	Tóngyóu Kēng	——	山	悦城镇政府东北部	悦城镇
桐油坑山	Tóngyóukēng Shān	——	山	播植镇政府东南部	播植镇
桐油坪	Tóngyóu Píng	——	山	永丰镇政府西部	永丰镇

（续上表）

标准名称	汉语拼音	别名	地名类别	相对位置	所在（跨）行政区
铜古脑	Tónggǔnǎo	——	山	回龙镇政府北部	回龙镇
铜鼓顶	Tónggǔ Dǐng	——	山	悦城镇政府东部	悦城镇
铜鼓架	Tónggǔjià	——	山	永丰镇政府西南部	永丰镇
铜塘坑	Tóngtáng Kēng	——	山	播植镇政府西南部	播植镇
偷苟冲	Tōugǒuchōng	——	山	回龙镇政府北部	回龙镇
偷鸡冲	Tōujīchōng	——	山	新圩镇政府东北部	新圩镇
透狗坑山	Tòugǒukēng Shān	——	山	播植镇政府东北部	播植镇
瓦炫冲	Wǎxuànchōng	——	山	回龙镇政府西北部	回龙镇
万塘	Wàntáng	——	山	九市镇政府东北部	九市镇
王平山	Wángpíng Shān	——	山	武垄镇政府南部	武垄镇
旺羌埇尾	Wàngqiāngyǒngwěi	——	山	高良镇政府东北部	高良镇
望天龙	Wàngtiānlóng	——	山	高良镇政府东北部	高良镇
围杆顶	Wéigǎn Dǐng	——	山	高良镇政府北部	高良镇
围毫顶	Wéiháo Dǐng	——	山	武垄镇政府东部	武垄镇
文笔山	Wénbǐ Shān	——	山	马圩镇政府东南部	马圩镇
文笔山	Wénbǐ Shān	——	山	播植镇政府西南部	播植镇
文册岭头	Wéncè Lǐngtóu	——	山	播植镇政府东南部	播植镇
文善迳	Wénshàn Jìng	——	山	永丰镇政府西南部	永丰镇
汶佛坑	Wènfó Kēng	——	山	凤村镇政府西南部	凤村镇
乌榄坑	Wūlǎn Kēng	——	山	马圩镇政府东南部	马圩镇
乌榄坑	Wūlǎn Kēng	——	山	武垄镇政府西北部	武垄镇
乌石坑	Wūshí Kēng	——	山	播植镇政府西南部	播植镇
乌石坑尾	Wūshí Kēngwěi	——	山	回龙镇政府西南部	回龙镇
乌石坪	Wūshí Píng	——	山	凤村镇政府西北部	凤村镇
乌洲山	Wūzhōu Shān	——	山	新圩镇政府西北部	新圩镇
屋背山	Wūbèi Shān	——	山	凤村镇政府西南部	凤村镇
屋背塘山	Wūbèitáng Shān	——	山	马圩镇政府东北部	马圩镇
屋斗埇	Wūdǒu Yǒng	——	山	高良镇政府西南部	高良镇
屋头冲	Wūtóuchōng	——	山	回龙镇政府北部	回龙镇
屋头坑	Wūtóu Kēng	——	山	悦城镇政府北部	悦城镇

(续上表)

标准名称	汉语拼音	别名	地名类别	相对位置	所在(跨)行政区
屋头坑高顶	Wūtóukēng Gāodǐng	——	山	永丰镇政府北部	永丰镇
五鬼头	Wǔguǐtóu	——	山	回龙镇政府西北部	回龙镇
五坑	Wǔkēng	——	山	高良镇政府东北部	高良镇
五马厂	Wǔmǎchǎng	——	山	高良镇政府东南部	高良镇
五马归草山	Wǔmǎguīcǎo Shān	——	山	回龙镇政府西部	回龙镇
五指山	Wǔzhǐ Shān	——	山	回龙镇政府西部	回龙镇
西成云	Xīchéngyún	——	山	马圩镇政府东南部	马圩镇
西降坑	Xījiàng Kēng		山	永丰镇政府西南部	永丰镇
西坑	Xīkēng	——	山	武垄镇政府东北部	武垄镇
西面街	Xīmiànjiē	——	山	九市镇政府东北部	九市镇
西牛山	Xīniú Shān	——	山	回龙镇政府西部	回龙镇
西牛山	Xīniú Shān	——	山	武垄镇政府西南部	武垄镇
西闪山	Xīshǎn Shān	——	山	播植镇政府西南部	播植镇
西塘山	Xītáng Shān	——	山	马圩镇政府东南部	马圩镇
习关头	Xíguāntóu	——	山	高良镇政府东北部	高良镇
细尖	Xìjiān	——	山	凤村镇政府西南部	凤村镇
细坑顶	Xìkēng Dǐng	——	山	永丰镇政府东北部	永丰镇
虾坳山	Xiā'ào Shān	——	山	马圩镇政府东北部	马圩镇
下唇坑	Xiàchún Kēng	——	山	悦城镇政府东北部	悦城镇
下底山	Xiàdǐ Shān	——	山	凤村镇政府东南部	凤村镇
下佛仔	Xiàfózǎi	——	山	悦城镇政府北部	悦城镇
下黄岗	Xiàhuáng Gǎng	——	山	莫村镇政府西部	莫村镇
下降九	Xiàjiàngjiǔ	——	山	莫村镇政府西北部	莫村镇
下坑口	Xiàkēngkǒu	——	山	悦城镇政府东北部	悦城镇
下岭	Xiàlǐng	——	山	九市镇政府东北部	九市镇
下岭冲	Xiàlǐngchōng	——	山	官圩镇政府西南部	官圩镇
下马冲	Xiàmǎchōng	——	山	新圩镇政府西北部	新圩镇
下马山	Xiàmǎ Shān	——	山	马圩镇政府东北部	马圩镇
下茅坪	Xiàmáo Píng	——	山	永丰镇政府西部	永丰镇
下山岭	Xiàshān Lǐng	——	山	九市镇政府北部	九市镇

(续上表)

标准名称	汉语拼音	别名	地名类别	相对位置	所在(跨)行政区
下深岐	Xiàshēnqí	——	山	回龙镇政府西部	回龙镇
下塘叉	Xiàtángchā	——	山	回龙镇政府北部	回龙镇
下谢山	Xiàxiè Shān	——	山	官圩镇政府东南部	官圩镇
下丫	Xiàyā	——	山	凤村镇政府南部	凤村镇
下秧冲	Xiàyāngchōng	——	山	回龙镇政府东北部	回龙镇
仙人肚顶	Xiānréndù Dǐng	——	山	悦城镇政府西北部	悦城镇
仙仁地	Xiānréndì	——	山	新圩镇政府东北部	新圩镇
先塞表	Xiānsāibiǎo	——	山	马圩镇政府北部	马圩镇
咸鱼坑	Xiányú Kēng	——	山	九市镇政府北部	九市镇
相山头	Xiàngshāntóu	——	山	官圩镇政府北部	官圩镇
香炉坪	Xiānglú Píng	——	山	高良镇政府南部	高良镇
香山	Xiāng Shān	利人山	山	德庆县政府西北部	德城街道
象湖坑	Xiànghú Kēng	——	山	凤村镇政府西北部	凤村镇
象脉坑	Xiàngmò Kēng	——	山	永丰镇政府西南部	永丰镇
小被	Xiǎobèi	——	山	回龙镇政府东北部	回龙镇
小冲	Xiǎochōng	——	山	高良镇政府西北部	高良镇
小岭口	Xiǎolǐngkǒu	——	山	马圩镇政府东北部	马圩镇
小双禾	Xiǎoshuānghé	——	山	凤村镇政府南部	凤村镇
小塘坑	Xiǎotáng Kēng	——	山	悦城镇政府北部	悦城镇
小湾	Xiǎowān	——	山	新圩镇政府东部	新圩镇
小湾	Xiǎowān	——	山	马圩镇政府东南部	马圩镇
谢冲	Xièchōng	——	山	官圩镇政府东北部	官圩镇
新创河	Xīnchuàng Hé	——	山	高良镇政府西北部	高良镇
新岭	Xīnlǐng	——	山	回龙镇政府东部	回龙镇
新仆房	Xīnpúfáng	——	山	永丰镇政府东北部	永丰镇
新塞降	Xīnsāijiàng	——	山	播植镇政府西部	播植镇
新圳幸	Xīnzhènxìng	——	山	高良镇政府东部	高良镇
学塘	Xuétáng	——	山	莫村镇政府西南部	莫村镇
雪顶坑尾	Xuědǐng Kēngwěi	——	山	悦城镇政府东北部	悦城镇
雪管坑	Xuěguǎn Kēng	——	山	悦城镇政府东北部	悦城镇

(续上表)

标准名称	汉语拼音	别名	地名类别	相对位置	所在(跨)行政区
鸭颈冲	Yājǐngchōng	——	山	官圩镇政府西部	官圩镇
鸭仔湖	Yāzǎi Hú	——	山	悦城镇政府东北部	悦城镇
亚边埇	Yàbiānyǒng	——	山	回龙镇政府西北部	回龙镇
亚桂	Yàguì	——	山	回龙镇政府西部	回龙镇
亚孟坑	Yàmèng Kēng	——	山	播植镇政府西南部	播植镇
亚婆冲	Yàpóchōng	——	山	莫村镇政府东部	莫村镇
亚婆塘	Yàpó Táng	——	山	永丰镇政府西南部	永丰镇
炎宝头	Yánbǎotóu	——	山	九市镇政府北部	九市镇
炎坑	Yánkēng	——	山	永丰镇政府西部	永丰镇
炎塘顶	Yántáng Dǐng	——	山	马圩镇政府东部	马圩镇
炎塘埇	Yántángyǒng	——	山	马圩镇政府东南部	马圩镇
燕峒冲	Yàndòngchōng	——	山	马圩镇政府西南部	马圩镇
燕子顶	Yànzǐ Dǐng	——	山	播植镇政府东南部	播植镇
燕子坪	Yànzǐ Píng	——	山	悦城镇政府西北部	悦城镇
燕子尾	Yànzǐwěi	——	山	九市镇政府西北部	九市镇
秧地山	Yāngdì Shān	——	山	莫村镇政府西南部	莫村镇
羊栏坪	Yánglán Píng	——	山	回龙镇政府北部	回龙镇
羊猫塘	Yángmāo Táng	——	山	官圩镇政府西部	官圩镇
羊棉田	Yángmiántián	——	山	官圩镇政府西北部	官圩镇
羊窝冲	Yángwōchōng	——	山	官圩镇政府东北部	官圩镇
羊窝坑	Yángwō Kēng	——	山	官圩镇政府东北部	官圩镇
杨梅山	Yángméi Shān	——	山	播植镇政府西部	播植镇
仰天罗	Yǎngtiānluó	——	山	莫村镇政府东北部	莫村镇
仰天螺	Yǎngtiānluó	——	山	凤村镇政府西部	凤村镇
椰子坑顶	Yēzǐ Kēng Dǐng	——	山	永丰镇政府南部	永丰镇
野尸脑	Yěshīnǎo	——	山	官圩镇政府西部	官圩镇
益田峒	Yìtián Dòng	——	山	马圩镇政府东南部	马圩镇
银坑山	Yínkēng Shān	——	山	播植镇政府西南部	播植镇
莺塘	Yīngtáng	——	山	回龙镇政府北部	回龙镇
鱼花塘	Yúhuā Táng	——	山	永丰镇政府西南部	永丰镇

（续上表）

标准名称	汉语拼音	别名	地名类别	相对位置	所在（跨）行政区
鱼鳃坑	Yúsāi Kēng	—	山	悦城镇政府东部	悦城镇
玉叶塘	Yùyè Táng	—	山	永丰镇政府东北部	永丰镇
芋荚坑	Yùjiá Kēng	—	山	莫村镇政府西南部	莫村镇
芋荚塘顶	Yùjiátáng Dǐng	—	山	莫村镇政府西部	莫村镇
元珠坑尾	Yuánzhū Kēngwěi	—	山	悦城镇政府北部	悦城镇
园木冲	Yuánmù Chōng	—	山	高良镇政府北部	高良镇
园山	Yuánshān	—	山	播植镇政府东南部	播植镇
原坑山	Yuánkēng Shān	—	山	凤村镇政府东南部	凤村镇
圆珠脑	Yuánzhūnǎo	—	山	新圩镇政府东北部	新圩镇
云九寮	Yúnjiǔliáo	—	山	莫村镇政府西部	莫村镇
云夜	Yúnyè	—	山	凤村镇政府西北部	凤村镇
运官	Yùnguān	—	山	播植镇政府东南部	播植镇
灶鸡	Zàojī	—	山	高良镇政府北部	高良镇
贼坑	Zéikēng	—	山	永丰镇政府西部	永丰镇
扎树炎	Zhāshùyán	—	山	马圩镇政府西北部	马圩镇
樟湖坑	Zhānghú Kēng	—	山	高良镇政府东北部	高良镇
长白塘	Chángbái Táng	—	山	官圩镇政府东北部	官圩镇
长冲	Chángchōng	—	山	悦城镇政府西部	悦城镇
长冲	Chángchōng	—	山	回龙镇政府北部	回龙镇
长冲坑	Chángchōng Kēng	—	山	德庆县政府西部	德城街道
长达岭	Chángdá Lǐng	—	山	高良镇政府东部	高良镇
长江尾	Chángjiāngwěi	—	山	播植镇政府西南部	播植镇
长坑	Chángkēng	—	山	九市镇政府东部	九市镇
长坑	Chǎngkēng	—	山	播植镇政府东部	播植镇
长坑	Chǎngkēng	—	山	永丰镇政府西部	永丰镇
长坑	Chǎngkēng	—	山	悦城镇政府东部	悦城镇
长坑	Chǎngkēng	—	山	凤村镇政府西北部	凤村镇
长坑	Chǎngkēng	—	山	高良镇政府东北部	高良镇
长坑	Chǎngkēng	—	山	悦城镇政府东北部	悦城镇
长坑	Chǎngkēng	—	山	永丰镇政府东北部	永丰镇

（续上表）

标准名称	汉语拼音	别名	地名类别	相对位置	所在（跨）行政区
长坑	Chǎngkēng	——	山	悦城镇政府东北部	悦城镇
长坑冲	Chángkēng Chōng	——	山	高良镇政府东北部	高良镇
长坑口	Chángkēngkǒu	——	山	凤村镇政府西北部	凤村镇
长坑尾	Chángkēngwěi	——	山	悦城镇政府东北部	悦城镇
长埌山	Chánglàng Shān	——	山	播植镇政府西南部	播植镇
长里冲	Chánglǐchōng	——	山	高良镇政府西北部	高良镇
长龙埇	Chánglóngyǒng	——	山	回龙镇政府东北部	回龙镇
长木冲	Chángmùchōng	——	山	马圩镇政府东部	马圩镇
长塘	Chángtáng	——	山	高良镇政府西部	高良镇
长塘坑山	Chángtángkēng Shān	——	山	武垄镇政府西南部	武垄镇
长天龙	Chángtiānlóng	——	山	回龙镇政府北部	回龙镇
长田岗	Chángtián Gǎng	——	山	永丰镇政府南部	永丰镇
长田山	Chángtián Shān	——	山	播植镇政府西南部	播植镇
长尾坑	Chángwěi Kēng	——	山	悦城镇政府北部	悦城镇
长尾坑	Zhǎngwěi Kēng	——	山	悦城镇政府西北部	悦城镇
长埇	Chángyǒng	——	山	马圩镇政府东部	马圩镇
长埇	Zhǎngyǒng	——	山	回龙镇政府西北部	回龙镇
召子冲	Zhàozǐchōng	——	山	马圩镇政府东南部	马圩镇
照镜山	Zhàojìng Shān	——	山	悦城镇政府东部	悦城镇
照麻坪	Zhàomá Píng	——	山	高良镇政府西北部	高良镇
鹧鸪	Zhègū	——	山	回龙镇政府西部	回龙镇
针鸡顶	Zhēnjī Dǐng	——	山	悦城镇政府北部	悦城镇
真竹岭头	Zhēnzhú Lǐngtóu	——	山	凤村镇政府西南部	凤村镇
真竹塘	Zhēnzhú Táng	——	山	九市镇政府东北部	九市镇
圳坑	Zhènkēng	——	山	九市镇政府东北部	九市镇
振竹头	Zhènzhútóu	——	山	莫村镇政府东北部	莫村镇
正冲	Zhèngchōng	——	山	回龙镇政府北部	回龙镇
正冲顶	Zhèngchōng Dǐng	——	山	高良镇政府西北部	高良镇
正坑	Zhèngkēng	——	山	播植镇政府西南部	播植镇

（续上表）

标准名称	汉语拼音	别名	地名类别	相对位置	所在（跨）行政区
正坑	Zhèngkēng	——	山	永丰镇政府东北部	永丰镇
正坑	Zhèngkēng	——	山	凤村镇政府西南部	凤村镇
正头岭	Zhèngtóu Lǐng	——	山	回龙镇政府北部	回龙镇
之字岭	Zhīzì Lǐng	——	山	永丰镇政府西南部	永丰镇
芝麻冲	Zhīmáchōng	——	山	新圩镇政府东北部	新圩镇
芝麻涌山	Zhīmáchōng Shān	——	山	官圩镇政府东北部	官圩镇
芝蔴冲	Zhīmáchōng	——	山	回龙镇政府东北部	回龙镇
织箕塘	Zhījī Táng	——	山	永丰镇政府东南部	永丰镇
直峰	Zhífēng	——	山	回龙镇政府西部	回龙镇
中坑	Zhōngkēng	——	山	九市镇政府西北部	九市镇
中南埇	Zhōngnányǒng	——	山	官圩镇政府北部	官圩镇
钟山	Zhōngshān	——	山	莫村镇政府西北部	莫村镇
种菜坑	Zhòngcài Kēng	——	山	悦城镇政府西北部	悦城镇
种子降	Zhǒngzǐjiàng	——	山	永丰镇政府东北部	永丰镇
周池	Zhōuchí	——	山	回龙镇政府西部	回龙镇
周井岗	Zhōujǐng Gǎng	——	山	马圩镇政府西北部	马圩镇
猪肚山	Zhūdù Shān	——	山	回龙镇政府西部	回龙镇
猪肚头	Zhūdùtóu	——	山	九市镇政府北部	九市镇
猪嫲咀	Zhūnǎzuǐ	——	山	播植镇政府西南部	播植镇
猪嫲坑	Zhūnǎ Kēng	——	山	永丰镇政府东部	永丰镇
猪嫲塘	Zhūnǎ Táng	——	山	马圩镇政府东南部	马圩镇
猪嫲头	Zhūnǎtóu	——	山	播植镇政府东部	播植镇
猪仔峡	Zhūzǎixiá	——	山	回龙镇政府东南部	回龙镇
猪鬃顶	Zhūzōng Dǐng	——	山	莫村镇政府西部	莫村镇
竹船山	Zhúchuán Shān	——	山	播植镇政府西部	播植镇
竹村坑	Zhúcūn Kēng	——	山	播植镇政府西南部	播植镇
竹斗埇头	Zhúdǒuyǒngtóu	——	山	回龙镇政府西北部	回龙镇
竹肚	Zhúdù	——	山	官圩镇政府西部	官圩镇
竹坑	Zhúkēng	——	山	凤村镇政府西北部	凤村镇
竹坑	Zhúkēng	——	山	悦城镇政府西北部	悦城镇

(续上表)

标准名称	汉语拼音	别名	地名类别	相对位置	所在(跨)行政区
竹坑顶	Zhúkēng Dǐng	—	山	莫村镇政府西部	莫村镇
竹坑顶	Zhúkēng Dǐng	—	山	武垄镇政府西北部	武垄镇
竹山	Zhú Shān	—	山	回龙镇政府西部	回龙镇
竹山	Zhú Shān	—	山	播植镇政府西南部	播植镇
竹山	Zhú Shān	—	山	高良镇政府西北部	高良镇
竹山头	Zhúshāntóu	—	山	武垄镇政府东南部	武垄镇
竹筒岭	Zhútǒng Lǐng	—	山	高良镇政府东北部	高良镇
竹头边	Zhútóubiān	—	山	九市镇政府西北部	九市镇
竹窝	Zhúwō	—	山	悦城镇政府西北部	悦城镇
竹埇顶	Zhúyǒng Dǐng	—	山	回龙镇政府北部	回龙镇
助兰	Zhùlán	—	山	官圩镇政府西部	官圩镇
砖塘坑	Zhuāntáng Kēng	—	山	播植镇政府南部	播植镇
追子山	Zhuīzǐ Shān	—	山	播植镇政府西南部	播植镇
浊水冲	Zhuóshuǐchōng	—	山	回龙镇政府西南部	回龙镇
孖尖峰	Mājiān Fēng	—	山	新圩镇政府东部	新圩镇
孖仔峰	Māzǎi Fēng	—	山	悦城镇政府东部	悦城镇
子京坑岭	Zǐjīngkēng Lǐng	—	山	永丰镇政府西南部	永丰镇
子亚塘	Zǐyà Táng	—	山	马圩镇政府东北部	马圩镇

二、历史地名

标准名称	汉语拼音	地名类型	废止时间	相对位置
罗阳林场	Luóyáng Línchǎng	林区	1996年	高良镇
官圩林场	Guānxū Línchǎng	林区	1989年	官圩镇
旺安林场	Wàng'ān Línchǎng	林区	1988年	官圩镇
中峒林场	Zhōngdòng Línchǎng	林区	1996年	新圩镇
二工区	Èr Gōngqū	林区	1977年	悦城镇
富石林场富石工区	Fùshílínchǎng Fùshí Gōngqū	林区	1985年	回龙镇
龙目工区	Lóngmù Gōngqū	林区	1984年	九市镇

（续上表）

标准名称	汉语拼音	地名类型	废止时间	相对位置
德庆县农业科学研究所	Déqìng Xiàn Nóngyè Kēxué Yánjiūsuǒ	事业单位	1998年	官圩镇
鸭利咀小学	Yālìzuǐ Xiǎoxué	事业单位	2012年	马圩镇
古有中学	Gǔyǒu Zhōngxué	事业单位	2010年	莫村镇
高良猪场	Gāoliáng Zhūchǎng	企业	1993年	高良镇
德庆县三元塔虫草巴戟酒厂	Déqìng Xiàn Sānyuántǎ Chóngcǎobājǐ Jiǔchǎng	企业	2014年	官圩镇
百片猪场	Bǎipiàn Zhūchǎng	企业	1989年	官圩镇
富有公司	Fùyǒu Gōngsī	企业	2012年	官圩镇
缸瓦厂	Gāngwǎ Chǎng	企业	1982年	官圩镇
三荣烟具制品有限公司	Sānróng Yānjùzhìpǐn Yǒuxiàngōngsī	企业	2017年	官圩镇
九市水泥厂	Jiǔshì Shuǐníchǎng	企业	1970年	九市镇
悦城水泥制造有限公司	Yuèchéng Shuǐní Zhìzào Yǒuxiàngōngsī	企业	2006年	悦城镇
悦城镇松香厂	Yuèchéng Zhèn Sōngxiāng Chǎng	企业	1994年	悦城镇
龙江市	Lóngjiāngshì	农村居民点	1986年	播植镇
罗虎岗	Luóhǔgǎng	农村居民点	1977年	播植镇
洞源	Dòngyuán	农村居民点	1962年	高良镇
掘子塘	Juézǐ Táng	农村居民点	1968年	德城街道
长生塱	Chángshēnglàng	农村居民点	1983年	凤村镇
冲少坑	Chōngshǎo Kēng	农村居民点	1974年	高良镇
火钳	Huǒqián	农村居民点	1990年	高良镇
白石	Báishí	农村居民点	1985年	高良镇
上平车	Shàngpíngchē	农村居民点	1986年	高良镇
小岔	Xiǎochà	农村居民点	1976年	高良镇
云贞	Yúnzhēn	农村居民点	1989年	高良镇
寨儿	Zhài'ér	农村居民点	1987年	高良镇
长径	Chángjìng	农村居民点	1975年	高良镇
径岗	Jìnggǎng	农村居民点	1978年	官圩镇
新寨	Xīnzhài	农村居民点	1988年	新圩镇

(续上表)

标准名称	汉语拼音	地名类型	废止时间	相对位置
水汶	Shuǐwèn	农村居民点	1992 年	官圩镇
抱塘	Bàotáng	农村居民点	1996 年	回龙镇
冲坷	Chōngkě	农村居民点	1990 年	回龙镇
里头冲	Lǐtóuchōng	农村居民点	1993 年	回龙镇
双湖	Shuānghú	农村居民点	1988 年	回龙镇
思近	Sījìn	农村居民点	1994 年	回龙镇
芙蓉	Fúróng	农村居民点	1978 年	回龙镇
屋头口	Wūtóukǒu	农村居民点	1983 年	回龙镇
西基塘	Xījī Táng	农村居民点	2002 年	回龙镇
葛菜塘	Gěcài Táng	农村居民点	1989 年	马圩镇
骨赠	Gǔzèng	农村居民点	1977 年	马圩镇
湾头咀	Wāntóuzuǐ	农村居民点	1986 年	马圩镇
西岸	Xī'àn	农村居民点	1992 年	马圩镇
平岗	Pínggǎng	农村居民点	1965 年	莫村镇
双鹤	Shuānghè	农村居民点	1975 年	武垄镇
麻风	Máfēng	农村居民点	1979 年	新圩镇
东门埌	Dōngménlàng	农村居民点	1983 年	新圩镇
三花塘	Sānhuā Táng	农村居民点	1973 年	新圩镇
斗村	Dǒucūn	农村居民点	1991 年	永丰镇
富林尾	Fùlínwěi	农村居民点	1979 年	永丰镇
河村围	Hécūnwéi	农村居民点	1996 年	永丰镇
河村寨	Hécūnzhài	农村居民点	1996 年	永丰镇
河濂	Hélián	农村居民点	1994 年	永丰镇
大坡坪	Dàpō Píng	农村居民点	1986 年	悦城镇
顶底	Dǐngdǐ	农村居民点	1988 年	悦城镇
坭折坑	Nízhé Kēng	农村居民点	1973 年	悦城镇
石龙围	Shílóngwéi	农村居民点	1977 年	悦城镇
新四乡	Xīnsìxiāng	农村居民点	1992 年	悦城镇
醋马坪	Tánmǎ Píng	农村居民点	1968 年	凤村镇
独山儿	Dúshān'ér	农村居民点	2003 年	高良镇

（续上表）

标准名称	汉语拼音	地名类型	废止时间	相对位置
恋墩	Liàndūn	农村居民点	1980年	高良镇
南华幸	Nánhuáxìng	农村居民点	2000年	高良镇
塘儿各	Táng'érgè	农村居民点	1976年	高良镇
百谷塘	Bǎigǔ Táng	农村居民点	1980年	官圩镇
冲塘	Chōngtáng	农村居民点	1958年	官圩镇
大山塘	Dàshān Táng	农村居民点	1990年	官圩镇
红花根	Hónghuāgēn	农村居民点	1970年	官圩镇
金桑	Jīnsāng	农村居民点	1999年	官圩镇
欧村	Ōucūn	农村居民点	2000年	官圩镇
蓬塘	Péngtáng	农村居民点	1990年	官圩镇
平基埌	Píngjīlàng	农村居民点	1978年	官圩镇
山咀	Shānjǔ	农村居民点	1970年	官圩镇
亚边冲	Yàbiānchōng	农村居民点	1960年	官圩镇
白云冲	Báiyúnchōng	农村居民点	2001年	回龙镇
大坪	Dàpíng	农村居民点	1990年	回龙镇
戴垌	Dàidòng	农村居民点	1986年	回龙镇
贵湖埌	Guìhúlàng	农村居民点	2000年	回龙镇
荒田埌	Huāngtiánlàng	农村居民点	2014年	回龙镇
回龙圩	Huílóngxū	农村居民点	1990年	回龙镇
角塘	Jiǎotáng	农村居民点	1981年	回龙镇
岭头儿	Lǐngtóu'ér	农村居民点	1990年	回龙镇
大禾坑	Dàhé Kēng	农村居民点	1970年	九市镇
担水坑	Dānshuǐ Kēng	农村居民点	1990年	九市镇
对面岗	Duìmiàn Gǎng	农村居民点	1980年	九市镇
高山	Gāoshān	农村居民点	1980年	九市镇
黄茅坪	Huángmáo Píng	农村居民点	2014年	九市镇
兰垌坑	Lándòng Kēng	农村居民点	1990年	九市镇
长子埌	Zhǎngzǐlàng	农村居民点	2008年	九市镇
仓垌	Cāngdòng	农村居民点	1995年	马圩镇
大埌	Dàlàng	农村居民点	1958年	马圩镇

(续上表)

标准名称	汉语拼音	地名类型	废止时间	相对位置
深塘	Shēntáng	农村居民点	1983 年	马圩镇
宝金圩	Bǎojīnxū	农村居民点	1970 年	武垄镇
班鸠地	Bānjiūdì	农村居民点	2009 年	新圩镇
大板埌	Dàbǎnlàng	农村居民点	1949 年	新圩镇
吉周	Jízhōu	农村居民点	1960 年	新圩镇
簕笮塘	Lèzé Táng	农村居民点	1970 年	新圩镇
两头塘	Liǎngtóu Táng	农村居民点	2000 年	新圩镇
山顶	Shāndǐng	农村居民点	1992 年	新圩镇
山鸡胡	Shānjīhú	农村居民点	1970 年	新圩镇
松树湾	Sōngshùwān	农村居民点	1970 年	新圩镇
新铺	Xīnpù	农村居民点	1980 年	新圩镇
凤山岗	Fèngshān Gǎng	农村居民点	1970 年	永丰镇
桂头坪	Guìtóu Píng	农村居民点	1983 年	永丰镇
河良坑	Héliáng Kēng	农村居民点	2014 年	永丰镇
六地埌	Liùdìlàng	农村居民点	1976 年	永丰镇
其深坑	Qíshēn Kēng	农村居民点	1978 年	永丰镇
中高埌	Zhōnggāolàng	农村居民点	1978 年	永丰镇
大化	Dàhuà	农村居民点	1978 年	悦城镇
大埌	Dàlàng	农村居民点	2014 年	悦城镇
旧屋	Jiùwū	农村居民点	2010 年	悦城镇
庙背	Miàobèi	农村居民点	1990 年	悦城镇
新屋	Xīnwū	农村居民点	2010 年	悦城镇
垌坑尾	Dòngkēngwěi	山	1978 年	九市镇
天川贺口	Tiānchuānhèkǒu	山	1983 年	莫村镇
鸭塘	Yātáng	山	1987 年	武垄镇
青云山	Qīngyún Shān	山	1991 年	新圩镇
德城收费站	Déchéng Shōufèizhàn	收费站	2010 年	德城街道
德庆悦城收费站	Déqìng Yuèchéng Shōufèizhàn	收费站	2013 年	悦城镇
南冲桥	Nánchōng Qiáo	桥梁	1996 年	高良镇

（续上表）

标准名称	汉语拼音	地名类型	废止时间	相对位置
平田桥	Píngtián Qiáo	桥梁	1996年	高良镇
中雄桥	Zhōngxióng Qiáo	桥梁	1996年	高良镇
大江桥	Dàjiāng Qiáo	桥梁	1998年	官圩镇
大河口桥	Dàhékǒu Qiáo	桥梁	2000年	回龙镇
六冲口桥	Liùchōngkǒu Qiáo	桥梁	2000年	回龙镇
下六冲桥	Xiàliùchōng Qiáo	桥梁	2000年	回龙镇
新桥桥	Xīnqiáo Qiáo	桥梁	1998年	马圩镇
植村桥	Zhícūn Qiáo	桥梁	1997年	播植镇
扶蓬桥	Fúpéng Qiáo	桥梁	1998年	永丰镇
翠塘桥	Cuìtáng Qiáo	桥梁	1997年	悦城镇
观音河	Guānyīn Hé	河流	1986年	高良镇
蛤水河	Háshuǐ Hé	河流	1977年	官圩镇
新厂河	Xīnchǎng Hé	河流	1999年	高良镇
风晖路	Fēnghuī Lù	支路	2002年	凤村镇

三、地名文化遗产保护

标准名称	汉语拼音	地名类别	建议保护等级	相对位置
古蓬	Gǔpéng	名村	县级	永丰镇
金林	Jīnlín	名村	县级	官圩镇
罗洪	Luóhóng	名村	县级	悦城镇
德庆二·二八武装起义纪念亭	Déqìng 2.28 Wǔzhuāngqǐyì Jìniàntíng	红色地名	县级	德庆县
中国人民解放军粤桂湘边纵队绥贺支队司令部旧址	Zhōngguó Rénmín Jiěfàngjun Yuèguìxiāngbiānzòngduì Suíhèzhīduì Sīlìngbù Jiùzhǐ	红色地名	县级	德庆县
悦城龙母祖庙	Yuèchéng Lóngmǔ Zǔmiào	著名建筑物	国家级	悦城镇
德庆学宫	Déqìng Xuégōng	著名建筑物	国家级	德庆县
华表石	Huábiǎo Shí	名山	省级	回龙镇

地名分类索引表

怀集县 ··· 513
 一、现今地名 ··· 516
  （一）行政区域类 ··· 516
  （二）非行政区域类 ·· 517
  （三）群众自治组织类 ·· 534
  （四）居民点类 ·· 545
  （五）交通运输设施类 ·· 677
   1. 公路运输、城镇交通运输 ··· 677
   2. 铁路运输 ·· 683
   3. 桥梁 ·· 683
   4. 其他类 ··· 689
  （六）水利、电力、通信设施类 ·· 690
  （七）纪念地、旅游胜地类 ·· 699
  （八）建筑物类 ·· 701
  （九）单位类 ··· 710
  （十）陆地水系类 ··· 734
  （十一）陆地地形类 ·· 735
 二、历史地名 ··· 822
 三、地名文化遗产保护 ··· 822

封开县 ··· 825
 一、现今地名 ··· 828
  （一）行政区域类 ··· 828
  （二）非行政区域类 ·· 829
  （三）群众自治组织类 ·· 833

（四）居民点类 ··· 839
　　　（五）交通运输设施类 ·· 914
　　　　1. 公路运输、城镇交通运输 ·· 914
　　　　2. 桥梁 ··· 930
　　　　3. 其他 ··· 934
　　　（六）水利、电力、通信设施类 ·· 937
　　　（七）纪念地、旅游胜地类 ··· 938
　　　（八）建筑物类 ··· 951
　　　（九）单位类 ·· 957
　　　（十）陆地水系类 ·· 992
　　　（十一）陆地地形类 ··· 992
　　二、历史地名 ··· 1057
　　三、地名文化遗产保护 ·· 1057
德庆县 ··· 1059
　　一、现今地名 ··· 1062
　　　（一）行政区域类 ·· 1062
　　　（二）非行政区域类 ··· 1063
　　　（三）群众自治组织类 ·· 1078
　　　（四）居民点类 ··· 1085
　　　（五）交通运输设施类 ·· 1144
　　　　1. 水上运输 ··· 1144
　　　　2. 公路运输、城镇交通运输 ·· 1144
　　　　3. 桥梁 ··· 1159
　　　　4. 其他 ··· 1169
　　　（六）水利、电力、通信设施类 ·· 1172
　　　（七）纪念地、旅游胜地类 ··· 1175
　　　（八）建筑物类 ··· 1179
　　　（九）单位类 ·· 1182
　　　（十）陆地水系类 ·· 1206
　　　（十一）陆地地形类 ··· 1207
　　二、历史地名 ··· 1267
　　三、地名文化遗产保护 ·· 1272